W0187674

Hintergründe & Infos

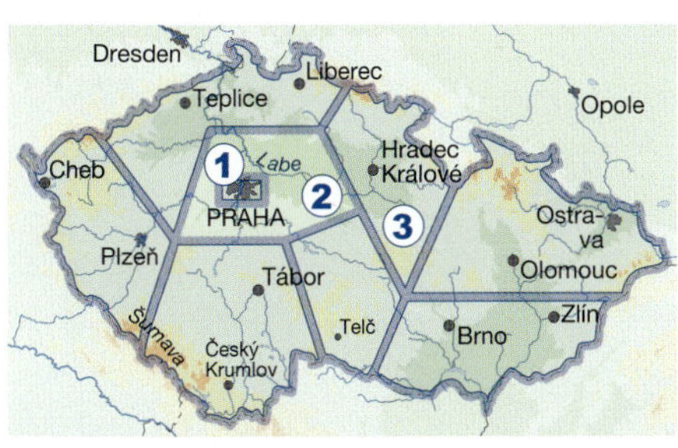


1 Praha (Prag)

2 Mittelböhmen

3 Ostböhmen

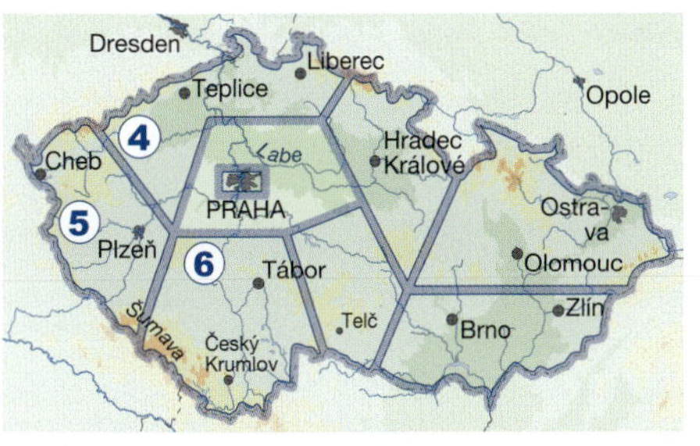


4 Nordböhmen

5 Westböhmen

6 Südböhmen

7 Böhmisch-Mährische Höhe

8 Südmähren

9 Nordmähren

# UNTERWEGS MIT MICHAEL BUSSMANN UND GABRIELE TRÖGER

Über ein Vierteljahrhundert ist es her, da brach der Sozialismus zusammen. Der Eiserne Vorhang wurde durchlässig und die Tschechoslowakei zum exotischen Reiseziel – zumindest für alle, die aus dem Westen kamen. Vieles war spannend, manches gewöhnungsbedürftig und einiges nicht immer ganz lecker. Vor allem in der Provinz. Wir bestellten „Spaghetti Bolognese" und bekamen einen Brei aus verkochten Eiernudeln, gewürfeltem Leberkäse und künstlich-rotem Ketchup. Wir zerflossen in Hotelzimmern mit nicht zu drosselnden Heizungen, fürchteten uns vor Matronen mit Haaren auf den Zähnen, die damals noch die Touristeninformationen besetzten, ärgerten uns über falsche Rechnungen und richtige Polizisten, die uns zu schröpfen versuchten. Spätestens seit dem EU-Beitritt aber vollzieht sich zwischen Erzgebirge und Beskiden ein erfreulicher Wandel. Aus Buckelpisten wurden aalglatte Sträßchen, aus verwaisten, grauen Marktplätzen fröhlich-bunte Treffpunkte. Die Angestellten der Touristinformationen versorgen uns heute mit mehr Material, als wir überhaupt verarbeiten können. In stimmungsvollen Bio-Landgasthöfen essen wir feinste Filetsteaks von glücklichen Rindern, die Kellner haben zu lächeln gelernt. Ein Jammer nur, dass die miefigverqualmten Bierpinten zunehmend verschwinden. Vor einem Vierteljahrhundert war eben doch nicht alles schlechter …

**Text und Recherche:** Michael Bussmann und Gabriele Tröger **Lektorat:** Dagmar Tränkle **Redaktion:** Heike Dörr **Layout:** Jana Dillner, Mirko Graf, Christiane Schütz, Heike Wurthmann **Karten:** Janina Baumbauer, Hans-Joachim Bode, Judit Ladik, Franziska Maaser, Stephan Moskophidis, Judith Reinhardt **Fotos:** siehe S. 12 **Grafik S.14/15:** Johannes Blendinger **Covergestaltung:** Karl Serwotka **Covermotive: oben:** Burg Loket@Dziurek/fotolia.com **unten:** Karlsbrücke Prag@rudi1976/fotolia.com **gegenüberliegende Seite:** Neptunbrunnen am Marktplatz von Liberec

**4. KOMPLETT ÜBERARBEITETE UND AKTUALISIERTE AUFLAGE 2015**

# TSCHECHIEN

MICHAEL BUSSMANN | GABRIELE TRÖGER

# Tschechien – Hintergründe & Infos 16

# Tschechien – Reiseziele 62

## Südmähren (Jižní Morava) 516



## Nordmähren (Severní Morava) 590



## Etwas Tschechisch 640

## Register 649

# Kartenverzeichnis

 Mit dem grünen Blatt haben unsere Autoren Betriebe hervorgehoben, die sich bemühen, regionalen und nachhaltig erzeugten Produkten den Vorzug zu geben.

# Alles im Kasten

**Vielen Dank!** Für die Überarbeitung und Aktualisierung von großen Teilen dieses Buchs danken wir ganz herzlich folgenden Osteuropa-Experten: Renate Zöller (Nord- und Südmähren sowie Teile Mittelböhmens), Markus Nowak (Nordböhmen) und Ivan Dramlitsch (Ostböhmen, Böhmisch-Mährische Höhe und ebenfalls Teile Mittelböhmens).

Ein besonderer Dank für die wertvollen Tipps gilt auch den Lesern: Martina Krammer (München), Anne Kessler (Mainz), Bettina Hoyme, Ernst Sulzberger (CH-Schaffhausen), Peter Märtens, Michael Mager (Ludwigsburg), Dorothee Leffers, Svenja Käshammer, Christina Schöning, Klaus Preen (Nürnberg), Günter Huth (Saarbrücken), Karl-Heinz Beck, Karin I. Voigt (Aachen), Jeannette Keiser (CH-Bannwil), Michael Jens Reiser, Josefine Herrmann, Horst Bättenhausen (Köln), Susanne und Ulli Roth, Reimund Neumann (Lage), Manon Lee, Gregor Lechner (Freiburg), Hannelore und Jürgen Witzel, Martha Eckl (A-Wien), Niklas Kramm (Berlin), Sven Müller (Hamburg), Marion Hölzl, Julia und Alexander Tettamanti, Michael Dahl (Linden), Marcus Schrömer (München), Renate Pieper (München), Marie Schneider (Dresden), Norbert Irgang, Hasso Strauß (Wilkau-Haßlau), Gabriele Pohbig (Pöhl), Heinz Schmid (Ratingen), Gerhard Kraushofer (A-Sankt Pölten), Karin Müller-Römheld, Karl Schmidt, Dr. Heinz Nawratil (Friedberg), Gerhard Küblbäck (A-Wien), Daniel Schmid, Ullrich Lippold (Nürnberg), Wolfgang Lanitz (Burgwedel), Cordula und Josef Väth, Katja Sündermann (Dortmund), Norbert Kallus (Wiesbaden), Tanja Wollenberg, Elisabeth Saigger (München), Bernd Lubitz (Berlin). Bianca Kerl, Maren Speth, Norbert Schwind, Engelbert Stütz (A-Linz), Jörg Henneberg, Eva Vogelmann und Vilém Marvan, Christiane Borschel, Siegfried Wagner (Ebermannstadt), Jenny Schmehl, Philine Schweikert (Stuttgart) und Alberto Trabalza (I-Rom), Gerhard Kraushofer (A-Sankt Pölten), Dr. Ursula Winter (Soest), Elke Pothoff, Margret Richter (Leipzig), Hartmut Maggauer (A-Klagenfurt-Viktring), Elke Schiller (München), Harald Lowatschek (A-Mödling), Christopher Schad und Andreas Bauer.

### Fotonachweis

Michael Bussmann: S. 2, 25, 29, 32, 34, 45, 48, 50, 53, 54, 58, 61, 64/65, 71, 74, 77, 80, 81, 83, 90, 92, 96, 97, 99, 101, 102, 104, 110, 114, 115, 119, 121, 127, 132, 137, 138, 143, 151, 152, 153, 154, 167, 175, 188, 218, 220, 221, 228, 229, 289, 301, 305, 306, 310/311, 314, 325, 327, 331, 336, 342, 344, 345, 347, 350/351, 353, 358, 365, 369, 372, 379, 380, 386, 386/387, 387, 406, 412/413, 418, 426, 430, 431, 436, 443, 451, 460, 464, 468, 471, 473, 475, 514/515, 516/517, 531, 546, 458/559, 570, 500, 605 | Ivan Dramlitsch: S. 130, 134, 141, 174, 179, 184, 192, 206, 209, 211, 224, 230, 478/479, 484, 487, 489, 492, 497, 503, 505 | Markus Nowak: S. 3, 232/233, 234, 239, 240, 243, 246/247, 253, 254, 258/259, 261, 267, 271, 276, 279, 294, 295, 299, 302 | Město Kroměříž/www.kromeriz.eu: S. 62/63, 586, 587, 589 | Město Znojmo: S. 554, 556/557 | Gabriele Tröger: S. 21, 41, 107, 318, 321, 400 | Tschechische Zentrale für Tourismus: S. 392/393, 415, 447, 454 | David Židlický: S. 536 | Renate Zöller: S. 13, 16/17, 128/129, 156, 159, 165, 520, 527, 528, 533, 538, 548/549, 563, 567, 573, 574, 582, 590/591, 598, 600, 604, 607, 611, 612, 614/615, 625, 628/629, 631, 632, 635, 636, 651 | Mandy Graupner/pixelio.de: S. 194 | Andreas Keller/pixelio.de: S. 168/169 | Jörg Naujokat/pixelio.de: S. 269 | pettys/fotolia.com: S. 163 | recki54/pixelio.de: S. 257

Holzkirche im Walachischen Freilichtmuseum

# Wohin in Tschechien?

## 3 Nordböhmen → S. 232

Märchenhafte Felslandschaften zum Durchwandern und Beklettern bieten das Böhmische Paradies und die Böhmische Schweiz. Mit Bilderbuchdörfern wartet das Lausitzer Gebirge auf. Schönste Stadt der Region ist Litoměřice, die gerade 3 km von der einstigen Hölle, dem Nazi-Durchgangslager Theresienstadt, entfernt liegt. Touristisch uninteressant: das Braunkohlebecken rund um Most.

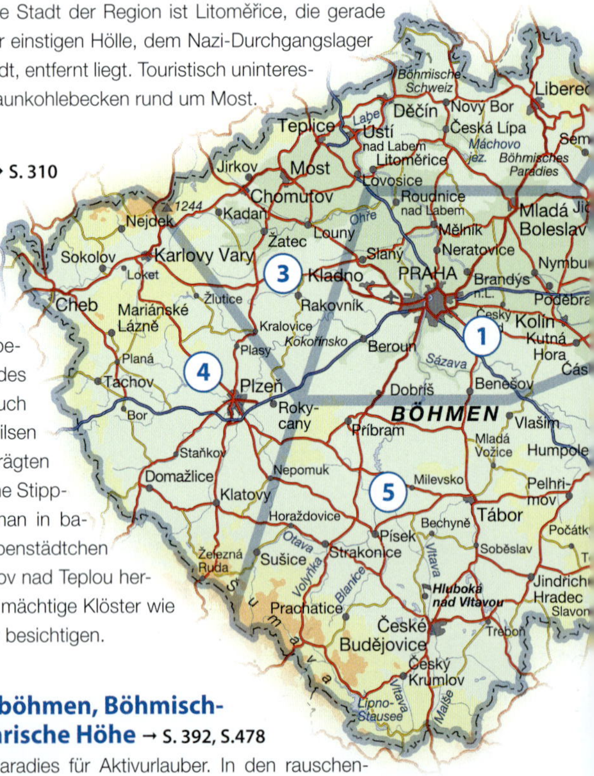

## 4 Westböhmen → S. 310

Die eleganten Kurbäder Marienbad, Karlsbad und Franzensbad sind es, die die Region zu einer der meistbesuchten des Landes machen. Aber auch die Biermetropole Pilsen mit ihrem ausgeprägten Kulturleben lohnt eine Stippvisite. Dazu kann man in barocken Puppenstubenstädtchen wie Loket oder Bečov nad Teplou herumschlendern oder mächtige Klöster wie Kladruby oder Plasy besichtigen.

## 5 Südböhmen, Böhmisch-Mährische Höhe → S. 392, S. 478

Ein Paradies für Aktivurlauber. In den rauschenden Wäldern des Böhmerwaldes, durch das stille „Böhmisch Kanada" oder durch die Teichlandschaften bei Třeboň lassen sich wunderschöne Touren mit dem Rad oder zu Fuß unternehmen. Wassersportler zieht es auf die Moldau oder den Lipno-Stausee. Und Vorzeigeorte gibt es auch, allen voran die UNESCO-Welterben Český Krumlov und Telč.

## (1) Prag, Mittelböhmen → S. 64, S. 128

Die tausendjährige Stadt mit ihren Gassen und Gässchen, Türmen und Türmchen, einer erhabenen Burg und prächtigen Einkaufsstraßen muss man einfach gesehen haben. Die Highlights der Region Mittelböhmen, die die Moldaumetropole von allen Seiten umarmt, sind das beschauliche UNESCO-Welterbestädtchen Kutná Hora, Schloss Konopiště und Burg Karlstein.

## (2) Ostböhmen → S. 168

Weite, fruchtbare Ebenen gibt es hier ebenso wie mit der Schneekoppe im Riesengebirge den höchsten Berg des Landes. Wirtschaftliche Zentren Ostböhmens sind Pardubice und Hradec Králové, zwei jederzeit besuchenswerte Städte mit hoher Lebensqualität. Ein Ort zum Verlieben ist Litomyšl, wo der Komponist Bedřich Smetana das Licht der Welt erblickte.

## (6) Südmähren → S. 516

Eine beliebte Touristenregion. In Mikulov und Znojmo kann man süffigen Wein trinken, in der Mährischen Walachei Holzkirchen bestaunen, in Brno mit Studenten feiern gehen, im Mährischen Karst durch die spektakulärsten Tropfsteinhöhlen der Republik laufen. Auch hier: überall imposante Burgen und beeindruckende Schlösser.

## (7) Nordmähren → S. 590

Nordmähren besitzt mit den Mährischen Beskiden und dem grünen Altvatergebirge landschaftlich sehr reizvolle Ecken, mit den tristen Industriegebieten im Oderbecken aber auch solche zum Davonlaufen. Ein Must-see ist die Studentenstadt Olomouc mit ihrer großen Altstadt und das Städtchen Nový Jičín, ein wahres Schmuckstück.

Apostel am Kirchenportal des Klosters Porta Coeli in Südmähren

# Hintergründe & Infos

Bilderbuchschloss Červená Lhota in Südböhmen

# Tschechien erleben ...

**Tschechien erblüht und erfindet sich neu. Aus bröckelndem Mauerwerk werden wieder Prachtbauten, die postrevolutionäre Orientierungslosigkeit hat sich in einen hoffnungsvollen Blick Richtung Zukunft verwandelt. Das gilt für die quicklebendige Kapitale genauso wie für die verträumten Provinzstädtchen zwischen weiten Wäldern und Feldern.**

Dass Tschechien einst Teil eines sowjetischen Satellitenstaates war und gute Sportler hervorbringt, ist allgemein bekannt. Dass das Bier des Landes, allen voran das Pilsner Urquell, zu den besten der Welt gehört, fällt einem beim Stichwort Tschechien auch noch ein. Und vielleicht hat man sogar schon mal die Hauptstadt besucht, dann schwärmt man von der Karlsbrücke und dem Hradschin, erinnert sich an die Knödelküche und den Schnaps danach – *Becherovka* war sein Name. Dann aber hört das Wissen über das kleine, von Mittelgebirgen umrahmte Land vor unserer Haustür oft auch schon auf.

Die Unkenntnis über den Nachbarn verwundert eigentlich nicht. Tschechien hat in der Weltpolitik wenig zu melden und ist kein Land der Superlative. Die Berge sind nicht sonderlich hoch, die Städte nicht sonderlich groß, die Täler keine spektakulären Cañons, und Küstenromantik gibt es gleich gar nicht. Einzig und allein die faszinierend-schöne Hauptstadt, das „Goldene Prag", braucht keine internationalen Vergleiche zu scheuen. Prag ist aber nicht Tschechien, zwischen der Hauptstadt und dem Land liegen oft Welten.

Tschechien umfasst die historischen Landschaften Böhmen und Mähren, die durch die Böhmisch-Mährische Höhe voreinander getrennt sind. Die Grenzen zu den Anrainerstaaten bilden weitestgehend Mittelgebirge, im Südwesten der Böhmerwald, im Nordwesten das Erzgebirge, an das Lausitzer-, Riesen-, Adler- und Altvatergebirge anschließen. An der östlichen Grenze zur Slowakei erheben sich die Mährischen Beskiden und die Weißen Karpaten. Dazwischen liegen größere und kleinere Beckenlandschaften.

Böhmen und Mähren präsentieren gewohnte Szenerien, diese jedoch oft überaus lieblich und beschaulich: Stellen Sie sich eine Hügellandschaft vor mit wildromantischen Flussläufen, tiefen Wäldern und endlosen Feldern, und Sie kommen dem Ganzen schon sehr nahe. Mittendrin machen es sich Dörfer gemütlich, die Otfried Preußler erfunden haben könnte. Verbunden sind sie durch lange Alleen, die andernorts längst dem Ausbau zum Opfer gefallen wären. Von Hügelkuppen grüßen charmante alte Städte, drohen dunkle Klöster, winken mächtige Burgen und prächtige Schlösser. Die Herrschaft der Přemysliden, Luxemburger, Habsburger und wie sie nicht noch alle hießen, lassen sich an ihnen ablesen wie die Zeiten an den Jahresringen eines Baumes.

Wohin man auch fährt, überall stößt man auf kulturhistorische Glanzlichter. Wahr ist aber auch: Wo immer man sich im Land bewegt, fast überall begegnet man dem Erbe der sozialistischen Ära – einer Epoche, die achtlos Altes dem Verfall preisgab oder es stillos durch Neues ersetzte. Glamour und Tristesse liegen oft eng beieinander. Aber Tschechien ist ein Land im Wandel. Der Restaurierungsboom ist ungebrochen. Braungraue Ruinen können morgen schon farbenprächtige Hingucker sein, heruntergekommene Herbergen charmante Boutiquehotels, manch urige Pinte kann sich aber genauso in ein modernisiertes, gesichtsloses 08/15-Lokal verwandeln.

# Anreise/Unterwegs

Welche Papiere Sie für eine Reise nach Tschechien mit sich führen müssen, erfahren Sie im Kapitel „Reisedokumente“ (→ S. 44). Damit Sie die richtige Währung parat haben, lesen Sie das Kapitel „Geld und Geldwechsel“ (→ S. 36). Und wie viele Zigaretten Sie bei der Ausreise aus Tschechien dabeihaben dürfen, steht im Kapitel „Zollbestimmungen“ (→ S. 46). In vielen Fällen hilfreich bei der Suche nach der besten und preiswertesten Anreisevariante – egal ob per Bus, Bahn oder Flugzeug – ist www.goeuro.de.

## Mit dem Auto, Motorrad oder Camper

Seit dem Beitritt Tschechiens zum Schengenraum hat man freie Fahrt über die deutsch-tschechische und die österreichisch-tschechische Grenze. Dennoch kommt es häufig zu innerstaatlichen Zoll- und Polizeikontrollen im Grenzgebiet.

Fahrzeuge mit ausländischen Kennzeichen verschwinden gerne. Die besseren Marken werden ins Ausland transferiert, ältere Modelle im Land ausgeschlachtet. Infolgedessen verbieten viele international operierende Autoverleiher Fahrten mit Fahrzeugen der Mittel- und Luxusklasse nach Tschechien. Um halbwegs sicherzugehen, dass Sie mit Ihrem Fahrzeug auch wieder abreisen können, parken Sie am besten auf bewachten (fast alle Parkplätze vor Sehenswürdigkeiten haben einen Parkwächter) oder abschließbaren Parkplätzen (viele Hotels und Pensionen verfügen über entsprechende Möglichkeiten). Lassen Sie zudem niemals Wertsachen im Fahrzeug liegen!

## Tschechien in Zahlen und Fakten

**Offizieller Name**: Česká Republika (Tschechische Republik)

**Größe/Verwaltung:** Mit 78.866 km$^2$ ist Tschechien nur wenig größer als Bayern, der höchste Berg des Landes ist mit 1602 m ü. d. M. die Schneekoppe (Sněžka) im Riesengebirge. Tschechien ist in 14 regionale Gebietskörperschaften *(kraj)* unterteilt, Prag in 22 Verwaltungsbezirke.

**Bevölkerung:** Von den ca. 10,5 Mio. Einwohnern bezeichnen sich 63,7 % als Tschechen, 5 % als Mährer und Schlesier, 1,4 % als Slowaken, 0,4 % als Polen, 0,3 % als Vietnamesen und 0,3 % als Deutsche (die fehlenden Prozent verweigerten bei der letzten Umfrage die Antwort). Die Zahl der Roma schätzt man auf 250.000–300.000. Die Bevölkerungsdichte beträgt durchschnittlich 133 Einwohner je km$^2$, der Ausländeranteil 4 %. In Prag wohnen knapp 1,27 Mio. Menschen, das sind rund 12 % der Gesamtbevölkerung.

**Sprache**: Landes- und Amtssprache ist Tschechisch, eine Minderheit spricht Slowakisch.

**Religion:** Tschechien ist das am stärksten säkularisierte Land des ehemaligen Ostblocks. Nach der letzten Volkszählung 2011 bekannten sich nur 20 % überhaupt zu einer Konfession, davon die meisten zur römisch-katholischen Kirche (10 %).

**Wirtschaft:** Die Wirtschaft des Landes boomte bis zum Ausbruch der Finanzkrise mit jährlichen Wachstumsraten von über 6 %, dann kam der Absturz. Auf ihn folgten Jahre der Rezession. Erst 2014 nahm die Wirtschaft wieder an Fahrt auf, für 2015 wird ein Wirtschaftswachstum von 2,2 % erwartet. Die Arbeitslosenquote ist in Tschechien regional extrem unterschiedlich, mancherorts sucht man händeringend Personal, andernorts ist beinahe ein Fünftel der Bevölkerung ohne Arbeit. Im Schnitt schwankte die Arbeitslosenquote zuletzt um die 6 %, in Prag herrscht nahezu Vollbeschäftigung. Das Bruttoinlandsprodukt hat sich in den vergangenen 15 Jahren mehr als verdoppelt und betrug 2014 etwa 80 % des EU-Durchschnitts (in Deutschland über 120 %). Zum BIP trägt die Industrie 27,7 % bei, nur 1,9 % die Landwirtschaft. Das durchschnittliche Monatseinkommen lag 2014 landesweit bei etwa 950 €, in Prag bei 1250 €. Die Inflationsrate schwankte in den letzten Jahren zwischen 2 und 4 %. Die bedeutendsten Handelspartner sind die EU-Staaten, unter diesen steht Deutschland an erster Stelle. Rund ein Viertel der tschechischen Wirtschaft befindet sich auch in deutscher Hand. Für mehr als die Hälfte der tschechischen Industrieproduktion, für über ein Drittel der Beschäftigten in der Industrie und für 70 % der tschechischen Exporte sorgen Tochtergesellschaften ausländischer Unternehmen.

**Tourismus:** Über 7 Mio. ausländische Besucher reisen jährlich nach Tschechien, wobei der Tourismus v. a. in Prag boomt. Nur ein Drittel aller ausländischen Besucher sieht auch etwas anderes als die Moldaumetropole, auf dem Land dominiert der Binnentourismus. Die meisten ausländischen Gäste kommen aus Deutschland, im Ranking folgen Russen, US-Amerikaner, Engländer und Italiener. Der Tourismus ist für das Land einer der größten Devisenbringer und ein bedeutender Wirtschaftsfaktor, über 10 % aller Jobs hängen von ihm ab.

**Politisches System:** Die Česká Republika ist eine parlamentarische Demokratie. Das Parlament besteht aus zwei Kammern, dem Abgeordnetenhaus (200 Mitglieder, nach dem Verhältniswahlrecht auf vier Jahre gewählt) und dem Senat (alle zwei Jahre wird ein Drittel der 81 Mitglieder für sechs Jahre per Mehrheitswahl bestimmt). Der Staatspräsident, seit 2013 Miloš Zeman, wird vom Volk für eine Amtszeit von fünf Jahren gewählt und besitzt ein aufschiebendes Vetorecht. Der Staats-

Deutsche und tschechische Straßenschilder waren bis 1945 vielerorts Normalität

präsident ernennt den vom Abgeordnetenhaus gewählten Ministerpräsidenten (seit 2014 Bohuslav Sobotka, ČSSD, Jg. 1971). Seit den letzten Wahlen zum Abgeordnetenhaus im Oktober 2013 sind im Parlament folgende Parteien vertreten: Česká strana sociálně demokratická/ČSSD (Sozialdemokraten, 50 Sitze), ANO (Protestpartei des Milliardärs Andrej Babiš, 47 Sitze), Komunistická strana Čech a Moravy/ KSČM (Altkommunisten, 33 Sitze), TOP 09 (Konservative, 26 Sitze), Občanská demokratická strana/ODS (Demokratische Bürgerpartei, 16 Sitze), Úsvit Přímé Demokracie (Rechtspopulisten, 14 Sitze) und KDU-ČSL (Christdemokraten, 14 Sitze).

**Umweltschutz:** Tschechien ist auf den ersten Blick ein sehr sauberes Land, Müll am Wegesrand die Ausnahme. Gleichzeitig gehört es jedoch zu den größten Luftverschmutzern Europas. Dafür zeichnen Industrie und Kraftwerke, die z. T. noch alten Fahrzeuge auf den Straßen und die uralten Heizsysteme vieler Gebäude verantwortlich. Zwei Drittel aller Tschechen leben in Gebieten mit extremer Feinstaubbelastung.

**Nationalparks:** Tschechien besitzt bislang vier Nationalparks: den Nationalpark Riesengebirge *(Krkonošský Národní Park),* den Nationalpark Böhmische Schweiz *(Národní Park České Švýcarsko),* den Nationalpark Böhmerwald *(Národní Park Šumava)* sowie den Nationalpark Thayatal *(Národní Park Podyjí)* in Mähren. Zum fünften Nationalpark soll nach Planungen des Umweltschutzministeriums das UNESCO-Biosphärenreservat Křivoklátsko (bislang Naturschutzgebiet) erhoben werden. Hinzu kommen 24 Landschaftsschutzgebiete (*Chráněné Krajinné Oblasti,* kurz *CHKO*).

**UNESCO-Welterbe:** Auf der Welterbeliste der UNESCO sind folgende Orte verzeichnet: Český Krumlov, Prag und Telč (jeweils der gesamte historische Stadtkern), das Bauerndorf Holašovice, die Kulturlandschaft Lednice-Valtice, die Wallfahrtskirche St. Johann von Nepomuk auf dem Zelená Hora bei Žďár nad Sázavou, das historische Stadtzentrum von Kutná Hora samt St.-Barbara-Kathedrale und Kathedrale der Jungfrau Maria im Vorort Sedlec, das erzbischöfliche Palais und die Gärten von Kroměříž, das Schloss von Litomyšl, die Villa Tugendhat in Brünn, die Dreifaltigkeitssäule von Olomouc und das ehemalige jüdische Viertel sowie die St.-Prokop-Basilika von Třebíč. Da die Aufnahme von Kirchen, Schlössern und sonstigen Denkmälern in die Welterbeliste der jeweiligen Region einen enormen touristischen Aufschwung beschert, wird angemeldet, was man anmelden kann. Bis zu Ihrem Besuch wird sich die Liste vielleicht schon verlängert haben.

Hilfreich für Fahrten durch die böhmische und mährische Prärie ist gutes und aktuelles Kartenmaterial, da vielerorts neue Umgehungsstraßen im Bau und an vielen kleineren Kreuzungen lediglich die nächstgelegenen Ortschaften ohne zusätzliche Richtungsangabe zur nächstgrößeren Stadt ausgeschildert sind. Laden Sie sich also vor Reiseantritt die neueste Version für Ihr Navigationssystem aus dem Netz. In gedruckter Form erhalten Sie detaillierte Karten in Tschechien überall sehr preiswert (sehr gut ist z. B. der *Autoatlas Česká Republika* 1:100.000 aus dem Verlag Kartografie Praha).

**Autobahngebühren** Für tschechische Autobahnen und Schnellstraßen benötigen Sie eine **Vignette**. Diese ist an den Grenzübergängen und an vielen Tankstellen erhältlich. Sie bekommen sie zudem in allen tschechischen Postämtern. Für Kfz bis 3,5 t kostet der Aufkleber für ein Kalenderjahr umgerechnet ca. 55 €, für 30 Tage (ab Stempelloch) 16 € und für 10 Tage (ab Stempelloch) 11,50 €. Wer ohne Vignette erwischt wird, zahlt mindestens 185 € Strafe (Stand Jan. 2015).

**Parken** Auf zentralen Parkplätzen ohne Parkwächter gibt es i. d. R. Parkscheinautomaten (funktionieren wie daheim). Gebührenfreie Parkabschnitte sind durch das Schild *Bez Poplatku* gekennzeichnet. Gelbe Linien am Straßenrand bedeuten Parkverbot. *Zakaz zastaveni* bedeutet Halteverbot. *Pro Drzitele Povoleni* oder *S Platnou Parkovací Karton* steht für Anwohnerparken. Zu Straßenbahnschienen muss Ihr Fahrzeug mindestens 3,5 m Abstand haben. Parken Sie nie auf Brücken, vor oder nach Bahnübergängen, Tunnels oder Unterführungen. Falschparker müssen mit Krallen und Bußgeldern von 35 € bis zu 175 € rechnen.

**Tanken** *Natural 95* entspricht Bleifrei Super, *Natural 98* Bleifrei Super plus, Diesel heißt *Nafta*. E 85 ist Biosprit mit 85 % Bioethanol. Für eine Betankung mit Gas benötigen Sie einen DISH-Anschluss oder einen Adapter.

**Pannenhilfe** Leistet der Automobilclub.

**UAMK ČR**, ✆ 1230. Die Mitarbeiter am Telefon sprechen Deutsch. Auch der **ADAC** hat eine Vertretung in Prag, zu erreichen unter ✆ 261104351.

**Unfall** Bei Schäden ab ungefähr 800 € muss die Polizei gerufen werden (Notruf ✆ 112 o. 158).

**Bußgelder** Zahlt man am besten sofort – billiger als der bürokratische Weg. Bestehen Sie **unbedingt** auf einer Quittung.

**Mietwagen** → Wissenswertes von A bis Z/Mietwagen, S. 42.

## Besondere Verkehrshinweise

**Alkohol**: Es gelten 0,0 Promille!

**Höchstgeschwindigkeit**: Sofern nicht anders angegeben, für Pkws innerorts 50 km/h, außerorts 90 km/h und auf Autobahnen (die stets vignettenpflichtig sind) und vielen Schnellstraßen (die fast immer vignettenpflichtig sind) 130 km/h. Fahrzeuge über 3,5 t und Gespanne dürfen außerorts nie schneller als 80 km/h fahren. Vor Bahnübergängen gilt ein Tempolimit von 30 km/h.

**Kinder**: Bis 12 Jahre und kleiner als 1,50 m dürfen sie nur im Kindersitz mitreisen.

**Licht**: Pkws, Motorräder und Camper müssen das ganze Jahr über auch tagsüber mit Licht fahren, andernfalls drohen bis zu 2000 Kč (ca. 75 €) Strafe. Zudem müssen Sie ein Set an Ersatzbirnen mit sich führen. Wer sie vergessen hat, bezahlt 300 Kč (ca. 11 €).

**Straßenbahnen**: Abbiegende Straßenbahnen haben grundsätzlich Vorfahrt.

# Mit dem Flugzeug

In Tschechien gibt es bislang vier internationale Flughäfen: **Brno** (Brünn, Flughafencode BRQ), **Karlovy Vary** (Karlsbad, KLV), **Prag** (PRG) und **Ostrava** (OSR), Informationen zum Airporttransfer im Reiseteil. In naher oder ferner Zukunft soll zudem der Flughafen **Vodochody** (LKVO) ca. 30 km nordwestlich von Prag zu einem internationalen Flughafen ausgebaut werden.

Jedoch taucht einzig und allein der **Prager Flughafen Ruzyně** im Flugplan vieler internationaler Airlines auf, Tickets dorthin kosten aus dem deutschsprachigen Raum zwischen 100 und 350 € für einen Hin- und Rückflug in der einfachsten Kategorie. **Inlandsflüge** bietet die *ČSA (Czech Airlines)* zwischen Prag und Ostrava an.

Billige Flüge finden Sie über www.kayak.com und direkt bei den *Airlines:* **Austrian Airlines**: www.aua.com, **Brussels Airlines**: www.brusselsairlines.com, **Czech Airlines**: www.czech-airlines.com, **EasyJet**: www.easyjet.com, **Germanwings**: www.germanwings.com, **Lufthansa**: www.lufthansa.com, **Luxair**: www.luxair.eu, **Ryanair**: www.ryanair.com, **Smartwings**: www.smartwings.com, **Swiss**: www.swiss.com.

### Entfernungen nach Prag

| | |
|---|---|
| von Hamburg: | 631 km |
| von Frankfurt/M.: | 531 km |
| von München: | 365 km |
| von Berlin: | 348 km |
| von Wien: | 309 km |
| von Zürich: | 670 km |

## Entfernungen Inland (Straßenkilometer)

| | Brno | České Budějovice | Cheb | Jeseník | Jindřichův Hradec | Liberec | Ostrava | Plzeň | Praha | Teplice | Trutnov | Zlín | Znojmo |
|---|---|---|---|---|---|---|---|---|---|---|---|---|---|
| Brno | • | 226 | 396 | 184 | 140 | 340 | 160 | 298 | 202 | 303 | 194 | 100 | 68 |
| České Budějovice | 226 | • | 237 | 326 | 57 | 248 | 401 | 139 | 139 | 246 | 263 | 318 | 150 |
| Cheb | 396 | 237 | • | 468 | 280 | 256 | 570 | 98 | 189 | 146 | 335 | 487 | 388 |
| Jeseník | 184 | 326 | 468 | • | 269 | 257 | 130 | 370 | 278 | 358 | 161 | 173 | 243 |
| Jindřichův Hradec | 140 | 57 | 280 | 269 | • | 251 | 310 | 151 | 159 | 250 | 212 | 261 | 96 |
| Liberec | 340 | 248 | 256 | 257 | 251 | • | 343 | 201 | 108 | 109 | 101 | 305 | 299 |
| Ostrava | 160 | 401 | 570 | 130 | 310 | 343 | • | 473 | 386 | 477 | 296 | 111 | 243 |
| Plzeň | 298 | 139 | 98 | 370 | 151 | 201 | 473 | • | 80 | 128 | 237 | 389 | 291 |
| Praha | 202 | 139 | 189 | 278 | 159 | 108 | 386 | 80 | • | 95 | 146 | 302 | 204 |
| Teplice | 303 | 246 | 146 | 358 | 250 | 109 | 477 | 128 | 95 | • | 191 | 394 | 295 |
| Trutnov | 194 | 263 | 335 | 161 | 212 | 101 | 296 | 237 | 146 | 191 | • | 256 | 233 |
| Zlín | 100 | 318 | 487 | 173 | 261 | 305 | 111 | 389 | 302 | 394 | 256 | • | 159 |
| Znojmo | 68 | 150 | 388 | 243 | 96 | 299 | 243 | 291 | 204 | 295 | 233 | 159 | • |

## Mit der Bahn

Eine gemütliche Anreisevariante und eine zuverlässige Reisevariante vor Ort. Das ausgedehnte Schienennetz bringt Sie in nahezu jedes Eck des Landes. Zugfahren vor Ort ist zudem preiswert, eine einfache Fahrt von Český Krumlov (Südböhmen) nach Prag (ca. 160 km) kostet rund 10 €.

Wer Tschechien **mit öffentlichen Verkehrsmitteln** (egal ob Bus oder Bahn) erkunden will, erfährt unter **www.jizdnirady.idnes.cz** (auch in deutscher Sprache) die schnellste und günstigste Verbindung. Die wichtigsten Bus- und Zugverbindungen sind aber auch im Reiseteil dieses Buches unter den jeweiligen Orten aufgelistet. Die dort angegebene Häufigkeit der Verbindungen bezieht sich auf Werktage. An Wochenenden verkehren auf vielen Strecken nur eingeschränkt Busse und Bahnen.

Die meisten Symbole und Zeichen auf den Fahrplänen sind identisch mit denen in Deutschland; so gibt z. B. ein Fahrrad-Piktogramm an, dass Sie Ihr Rad mitnehmen können. Auf kleinen Nebenstrecken sollten Sie sich jedoch noch mit folgenden Zeichen vertraut machen: Eine mit X markierte Haltestelle verweist darauf, dass der Zug nur auf Verlangen hält, d. h. Reisende, die zusteigen wollen, müssen dies dem Lokomotivführer signalisieren (also winken, wenn der Zug kommt), und Reisende, die aussteigen wollen, teilen es dem Schaffner mit. Ein Halbmond mit Rundung nach links bedeutet, dass der Zug nur zum Aussteigen hält, zeigt die Rundung nach rechts, hält er nur für Zusteigewillige.

**Information im Internet** www.bahn.de, www.vogtlandbahn.de, www.alex.info, www.trilex.de, www.waldbahn.de, www.sbb.ch, www.oebb.at, www.cd.cz, www.regiojet.cz.

**Hinweis**: Diverse grenzüberschreitende Ferien- und Gruppentickets erlauben das Bahnfahren auf ausgewählten Strecken in Bayern, Österreich und Böhmen (z. B. **Bayern-Böhmen-Ticket** der DB oder **EURegio-Ticket** der ÖBB).

## Mit dem Bus

Busverbindungen gibt es von diversen deutschen, österreichischen und Schweizer Städten nach Prag, z. T. auch in andere Zentren des Landes. Wohin man **innerhalb Tschechiens** nicht mit dem Zug gelangt, kommt man auf jeden Fall mit dem Bus, das Netz ist sehr gut ausgebaut. Die Preise (Tickets an Busbahnhöfen oder bei kürzeren Strecken direkt beim Busfahrer) liegen oft unter denen der Bahn. Die wichtigsten Busverbindungen sind im Reiseteil unter den jeweiligen Ortschaften aufgeführt. Achtung: Angegeben sind die Verbindungen unter der Woche; weniger, z. T. auch keine Fahrten zwischen vielen Orten am Wochenende.

**Information** und Fahrpläne der **Studentagency-Busse** unter www.studentagency.cz und der **Eurolines-Busse** unter www.touring.de, www.eurolines.at, www.eurolines.ch und www.elines.cz. Informationen über Bahnbusse auf www.bahn.de.

**Reiseveranstaltertipp „Begegnung mit Böhmen"**: Der Tschechienspezialist bietet mehrfach ausgezeichnete Rad-, Wander-, Literatur-, Eltern & Kind- sowie Kulturreisen in kleinen Gruppen an. Dechbettener Str. 74 b, 93049 Regensburg, ✆ 0941/26080, www.boehmen-reisen.de.

## Mit dem Taxi

Taxifahren ist theoretisch sehr preiswert, für den Touristen aber oft ein Nepp – nicht selten zahlt man als Ausländer das Zwei- bis Sechsfache des regulären Tarifs. Vor allem die Taxifahrer der Hauptstadt besitzen einen schon legendären schlechten Ruf. Eine einheitliche Taxifarbe gibt es nicht, auch keinen einheitlichen Kilometerpreis, dieser kann von Gesellschaft zu Gesellschaft variieren, er ist aber meist am Fahrzeug (i. d. R. an der Tür) klein angeschrieben. Bei dem seriösen Anbieter *AAA radiotaxi s.r.o.* aus Prag kostet 1 km z. B. rund 1,05 €, der Einstiegssatz beträgt 1,50 €. Achten Sie darauf, dass der Taxameter eingeschaltet ist, und erfragen Sie den Circapreis im Voraus. Falls Sie das Gefühl haben, bitterböse abgezockt zu werden, bestehen Sie auf einer Quittung, auf der Fahrtstrecke, Preis und Wagennummer vermerkt sind – ohne Quittung brauchen Sie nicht zu bezahlen.

## Mit dem Rad

Markierte Radwanderwege durchziehen das ganze Land. Die offizielle Webseite der Tschechischen Republik, www.czech.cz, spricht gar von knapp 30.000 km markierten Radwanderwegen und behauptet voller Stolz, es seien „die bestmarkierten Wege Europas". Dennoch ist es ratsam, sich mit detaillierten Radwanderkarten (*cykloturistická mapa,* z. B. aus dem SHOCart Verlag, www.shocart.cz) einzudecken. Für die Tourenplanung daheim oder per Smartphone ist das Kartenmaterial auf www.cykloserver.cz ein Tipp. Infomaterial für Radtouren halten ferner die Touristeninformationen vor Ort bereit. Radverleiher sind, sofern vorhanden, im Reiseteil des Buches vielerorts angegeben. Am besten aber bringt man sein eigenes Rad mit, oft werden nur Bikes von Kaufhausqualität verliehen. Auch verleiht die Tschechische

Pause am Wegesrand

Bahn an diversen Bahnhöfen Räder, genaue Infos dazu unter www.cd.cz. Für Kinder und Jugendliche unter 18 Jahren besteht Helmpflicht.

Um den Tourismus zu fördern, verkehren im Sommer in manchen Gebieten sog. **Cyklobusse,** die sich auf die Mitnahme von Fahrrädern spezialisiert haben. Die Busse ermöglichen Radwanderrouten mit unterschiedlichen Start- und Zielpunkten. Vielerorts ist das Cyklobus-System noch in der Experimentierphase und wird künftig je nach Akzeptanz und Mittelzufluss der EU ausgebaut oder wieder eingeschränkt werden. Erkundigen Sie sich diesbezüglich bei den Touristeninformationen vor Ort. Cyklobusse existieren bislang v. a. in Südböhmen, im Böhmischen Paradies, im Riesengebirge, im Raum Karlsbad/Erzgebirge und in den Beskiden, mehr dazu im Reiseteil.

Wer ausgedehnte Radtouren durch Tschechien plant, sollte bedenken, dass viele kleine Ortschaften **keine Unterkunfts- oder Verpflegungsmöglichkeiten** zu bieten haben.

## Wandern

Zum Nationalsport wurde das Wandern während der kommunistischen Ära (außer dem eigenen Land konnte man ja nicht viel erkunden). Dementsprechend gibt es rund 40.000 km perfekt markierte Wanderwege. In den letzten beiden Jahrzehnten sind in den Grenzregionen zahlreiche länderverbindende Wege hinzugekommen.

Rote Markierungen kennzeichnen Kammwege und Fernwanderstrecken, blau markierte Wege Strecken von mittlerer Länge, grüne kurze Touren und gelbe kurze Verbindungsstrecken. Naturlehrpfade sind weiß-grün markiert.

Detaillierte Wanderkarten (z. B. von *SHOCart*, www.shocart.cz) gibt es für wenig Geld überall zu kaufen, auch halten die örtlichen Touristeninformationen häufig Infomaterial für Wanderer bereit. Auch im Reiseteil dieses Buches finden Sie ein paar Tipps für Touren, insbesondere für solche in den Mittelgebirgen und den Nationalparks. Diese sind lediglich als Anregungen gedacht, da es aus Platzgründen nicht möglich ist, detaillierte Tourenbeschreibungen zu liefern.

### Verbotsschilder

Diverse Waldwege und Straßen in den Grenzgebieten sind aus Gründen des Naturschutzes mit Verbotsschildern (mit der Aufschrift *„Vjezd zakázán“* oder *„Průjezd zakázán“*) für den Verkehr gesperrt. Wanderern oder Radfahrern, denen am Wegesrand Schilder mit der Aufschrift *„Vstup zakázán“* („Betreten verboten“) begegnen, sollten diese nicht ignorieren: Nicht alle einstigen Truppenübungsplätze im Grenzgebiet sind bislang von explosiven Munitionsresten geräumt worden.

Grillwurst in Český Krumlov

# Essen und Trinken

**In Tschechien trinkt man bekanntlich nicht zum Essen, sondern isst zum Trinken. So ist für viele Tschechen nicht in erster Linie die Qualität der Küche der ausschlaggebende Punkt, sondern die des gezapften Bieres. Und das, was man zum Bier genießt, ist i. d. R. deftig, fleischig, kloßig und soßig.**

Die handfeste, kräftige Kost aus Böhmen und Mähren hatte während der k. u. k. Zeit einen nahezu legendären Ruf. In jedem Wiener Haushalt, der etwas auf sich hielt, stammte die Köchin aus Böhmen oder Mähren. Jenen Kochkünstlerinnen verdankt die vielgerühmte Wiener Cuisine bis heute so manche Spezialität, man denke nur an Palatschinken. Doch die Rezepte der böhmischen Kultköchinnen, die mit besten Zutaten, frischen Kräutern und extravaganten Gewürzen Köstlichkeiten zauberten, wurden während der sozialistischen Zeit ad acta gelegt und am heimischen Herd vergessen. Das häusliche Kochen erstarb, da über 90 % der Frauen berufstätig waren. Und wie die Küchenchefs die Gerichte zuzubereiten hatten, war bis ins Kleinste staatlich verordnet, damit der Kategorisierung der Restaurants Genüge getan werden konnte. Wer die Einheitsküche verfeinern wollte, dem drohte Strafe. Noch heute liegt die Ausbildung junger Köche zuweilen in den Händen jener, die selbst zu Zeiten der nationalen Einheitsküche in die Lehre gingen. Zum Glück aber nicht nur – zunehmend rücken junge, kreative Köche nach, die sich einerseits auf die hervorragenden alten Rezepte besinnen und andererseits versuchen, die böhmischen Standards mit neuen Ideen aufzupeppen.

## Wo isst man?

Günstig und gut, aber alles andere als in stilvoller Atmosphäre isst man in einer *pivnice, hospoda* bzw. *hostinec.* Erstere ist eine Bierstube, die anderen zwei sind eine Mischung aus Bierstube und Restaurant. Hauptgerichte (insbesondere Schnitzel und Braten mit Kloß) werden dort ab ca. 3,50 € serviert, zudem kommen auch kalte Speisen auf den Tisch. Eine größere Auswahl an Gerichten bieten *restauraces.* Diese gibt es in der einfach-rustikalen Version mit speckigen Tischdecken genauso wie in der gepflegt-gediegenen mit Kronleuchtern und Kellnern im Frack – Letztere findet man insbesondere in Prag und anderen größeren Städten. In der Preisklasse von 6 € und mehr für ein Hauptgericht isst man meist recht gut. In den Mittelklasserestaurants auf dem Land geht es dabei insgesamt freundlicher und ehrlicher zu als im touristischen Zentrum Prags.

Ein Gesetz für ein generelles Rauchverbot in Restaurants, Cafés und Kneipen könnte ab 2016 gelten, z. Z. d. letzten Recherche war ein diesbezüglicher Gesetzesentwurf in Bearbeitung. Schon zuvor aber untersagten viele Lokale das Rauchen oder hatten Nichtraucherräume bzw. -ecken eingerichtet.

**Fremdsprachige Speisekarten** sind in den besseren Restaurants der größeren Städte, in den Touristenzentren und in Orten nahe der deutschsprachigen Grenze gang und gäbe. Wo das nicht der Fall ist, hilft unser kleiner Sprachführer mit den wichtigsten Speisen und Getränken am Ende des Buches weiter.

## Wann isst man?

Die Hauptmahlzeit nehmen die Tschechen mittags ab 11 Uhr ein. In den meisten *restauraces* werden dann preiswerte Tagesgerichte angeboten. Am Abend wird früh gegessen. In Dorfkneipen macht die Küche oft schon gegen 20.30 Uhr zu, ansonsten ist um 22 oder 23 Uhr Zapfenstreich. Lediglich in den Trendrestaurants der größeren Städte wird bis spät in die Nacht serviert.

## Was isst man?

In Prag und anderen großen Städten findet man eine gastronomische Vielfalt und Qualität, die mit anderen europäischen Zentren durchaus vergleichbar ist. Auf dem Land hingegen haben sich die Speisekarten vielerorts seit Jahrzehnten nicht verändert. Serviert wird noch immer die nationale Einheitsküche, in der knackige Salate, frische Kräuter und Abwechslung rar sind. Erst in jüngster Zeit eröffneten auch auf dem Land hier und da innovative, qualitätsbewusste Restaurants. Manche verfügen über eine eigene Räucherei, andere arbeiten mit Biofarmen oder Züchtern edler Rinderrassen wie Charolais oder Angus zusammen. Ohnehin sind Bioprodukte im Kommen. Wer es sich im Land leisten kann, kauft „bio" – angefeuert durch die vielen tschechischen Lebensmittelskandale. Mittlerweile werden 12 % der landwirtschaftlichen Flächen des Landes ökologisch bewirtschaftet, das ist doppelt so viel wie in Deutschland.

## Was sind die böhmischen Standards?

Empfehlenswerte **Vorspeisen** sind sämige, herzhafte Kraut-, Kartoffel- oder Linsensuppen. Zu den böhmischen Standards in Sachen **Hauptgerichte** zählt zuallererst das „Dreigestirn" *vepřová pečeně* (Schweinebraten), *svíčková na smetaně* (Lenden- bzw. Lungenbraten mit Sahnesoße) und *guláš.* Auch das Schnitzel *(vepřový řízek)* fehlt auf keiner Karte. In besseren Restaurants werden zudem noch Wild und Fisch serviert. Fisch ist v. a. in Südböhmen sehr beliebt, wo die Teiche und Flüsschen voll sind von Karpfen, Hechten und Forellen. Den legendären *Mährischen Spatz (moravský vrabec)* – kein knochiges Federvieh, sondern gewürfeltes Schweinefleisch mit Knoblauch und Spinat – kann man auch in Böhmen kosten. Wichtigste **Beilage** und quasi der Schwamm zum Aufsaugen der Bratentunke sind Klöße, die in verschiedenen Variationen auf den Tisch kommen: als *houskové knedlíky* (in Scheiben geschnittene Mehlklöße, böse Zungen behaupten: geschmacksneutrale Pappscheiben), als *bramborové knedlíky* (Kartoffelklöße) und – seltener – als *špekové knedlíky* (Speckklöße). Kurzgebratenes wird hingegen meist mit Pommes serviert.

Entenbraten, ein böhmischer Klassiker

Berühmt ist das Land auch für seine **Süßspeisen**. Fragen Sie nach *lívance* (Liwanzen, mit Pflaumenmus bestrichene Hefeplätzchen), *buchty* (Buchteln, eine mit Pflaumenmus oder Mohn gefüllte Mehlspeise), Obstknödeln *(ovocné knedlíky)* oder den bekannten gefüllten Pfannkuchen *(palačinky)*. Den zwickenden Magen beruhigt hinterher ein mährischer *Slivovice* oder ein böhmischer *Becherovka,* die tschechischen Nationalschnäpse schlechthin.

In vielen Bierstuben gibt es nur **kalte Speisen** wie z. B. *utopenci* (Ertrunkene), das sind dicke Fleischwürste in Essig und Zwiebeln. Oder *pivní sýr,* ein Quarkkäse, der mit Zwiebeln, warmem Senf und Bier vermischt aufs Brot gestrichen wird. Äußerst lecker ist *nakládaný hermelín,* kein zähes Wiesel, sondern der tschechische Camembert, in Öl, Gewürzen und Knoblauch mariniert. Unter *topinka* versteht man ein mit Knoblauch bestrichenes und mit unterschiedlichen Zutaten belegtes Röstbrot.

Die **Preisangaben im Reiseteil des Buches** beziehen sich lediglich auf die Hauptgerichte (abgekürzt mit Hg.). Beilagen müssen, von den Tagesgerichten abgesehen, meist extra bestellt werden. Die Grammangaben vor Fleisch- und Fischgerichten auf den Speisekarten sind übrigens Relikte aus sozialistischer Zeit. Als **Trinkgeld** gibt man etwa 10 %, in touristischen Lokalen wird dieses oft automatisch berechnet. Dort sollte man stets Rechnung und Wechselgeld überprüfen! Einen Servicezuschlag bezahlen i. d. R. nur Ausländer.

## Was isst man als Vegetarier?

Vegetarier haben es nicht leicht in Tschechien, v. a. auf dem Land. Verhungern werden sie dort nicht, nur wird beim Thema „Essen" nicht viel Freude aufkommen. *Knedlíky s vejce* (gebratener Knödel mit Ei), *smažený sýr* (warmer panierter Käse) oder *šopský salát* (Gurken-Tomaten-Salat mit geriebenem Schafskäse) werden nahezu überall angeboten. In manchen Restaurants findet man auch unter der Überschrift *bezmasa* („Ohne Fleisch") ein paar Gerichte. Aber Achtung: Darunter fallen manchmal auch Speisen, deren Hauptbestandteil nicht aus Fleisch besteht, so z. B. ein Omelett mit Schinken oder Bratkartoffeln mit Speck. Eine gute Alternative für Vegetarier sind Pizzerien.

## Was isst man auf die Schnelle?

Fastfood auf Tschechisch ist z. B. *párek v rohlíku* (tschechischer Hotdog) oder eine dicke *klobása* (gegrillte Wurst) mit Brot und Senf: ein fettig-spritzendes Bisserlebnis, das die Handcreme ersetzt. Ebenso schwer verdaulich ist *langoš,* ein mit Ketchup, Käse und Knoblauch belegter Teig aus der Fritteuse. Sehr zu empfehlen sind hingegen sog. *chlebíčky,* kunstvoll arrangierte und reich mit Schinken, Edamer, Majonäse und Ei belegte Weißbrotscheiben. Sie gibt es auch noch in anderen Variationen. Diese „Brötchen fürs Volk" sollten allerdings am besten vormittags genossen werden – ab drei Uhr nachmittags beginnen sie langsam zu versteinern. Wer sie kosten will, muss nach einem *lahůdky* (einem tschechischen Delikatessengeschäft) Ausschau halten.

## Was trinkt an?

**Bier**, na klar – gehört das tschechische doch zu den besten der Welt! 154 Liter pro Kopf und Jahr konsumieren die Tschechen im Durchschnitt – Kinder und Abstinenzler eingerechnet (die Deutschen schaffen 107 Liter). Die Kommunisten nannten es gar „Brot der Bevölkerung". Der Sozialismus war jedoch der Untergang vieler Klein- und Mittelbrauereien, heute gibt es nur noch rund 40 größere Brauereien im Land. Dafür erleben die Mikrobrauereien, deren Bier nur in der eigenen Gaststätte ausgeschenkt wird, mittlerweile eine Renaissance. Immer mehr Lokale brauen selbst, inzwischen gibt es rund 120 davon. Überall zu haben sind das legendäre herbe *Plzeňský prazdroj* (Pilsner Urquell) und das ebenfalls in Pilsen gebraute *Gambrinus,* das bekannte südböhmische *Budvar* aus České Budějovice (Budweis) und das Prager *Staropramen.* Zu unseren persönlichen Favoriten gehören das Strakonicer *Dudák*, das Bier der Brünner Mikrobrauerei *Pegas* und das süffige Ungefilterte der *Měštanský Pivovar* aus Polička.

Man unterscheidet zwischen hellem *(světlé)* und dunklem Bier (*tmavé* bzw. *černé,* eine Art Malzbier für Erwachsene). Beide lassen sich auch mischen. Was herauskommt, heißt *řezané,* „Geschnittenes". Tschechisches Bier wird nicht nach seinem Alkoholgehalt, sondern nach den Platogradeii unterschieden, d. h. dem Anteil löslicher Stoffe in der Würze vor dem Gärungsprozess. Faustregel zum Ausrechnen des Alkoholgehaltes: Stammwürze geteilt durch drei. Meist wird 10- oder 12-gradiges Bier ausgeschenkt, das mit etwa 3,5–4,5 % Alkohol deutlich schwächer ist als deutsches Bier.

Am besten schmeckt das Bier in einer typischen *pivnice* (Bierstube), die leider von Jahr zu Jahr weniger werden bzw. durch modern-rustikale Restaurantkneipen im Einheitslook ersetzt werden. Der Prototyp einer Pivnice besteht aus nichts anderem als ein paar einfachen langen Holztischen, einer Schanktheke, ein bisschen Kitsch an den Wänden und einem derben Kellner. Frischluft ist ein Fremdwort, dicke Rauchschwaden vernebeln den Raum, zumindest bis ein Rauchverbot eingeführt wird. In Anzug und Krawatte ist man ebenso willkommen wie im verschmierten Werkstatt-Overall – Trinken ist in Tschechien eine demokratische Angelegenheit, und vor dem Zapfhahn einer *pivnice* sind alle Menschen gleich. Das Bier wird in traditionellen Kneipen übrigens so lange unaufgefordert auf den Tisch gestellt, bis man zahlt oder umfällt. Die Preise für einen halben Liter schwanken je nach Niveau der Gaststätte und Ort zwischen 1 und 2,50 €.

Aber auch **Wein** kann man zum Essen trinken. Seit dem EU-Beitritt versuchen immer mehr Winzer Klasse statt Masse zu produzieren. Flaschenweine unter 5 € Ladenpreis muss man aber mit Vorsicht genießen. Mehr zum Wein und den größten Anbaugebieten Mährens → S. 564 f.

Als **Kaffee** nach dem Essen stehen meist *Vídeňská káva* (Wiener Kaffee mit dicker Sahnehaube), *presso* (ein verlängerter Espresso) oder Cappuccino zur Auswahl. Der *Turecká* (türkischer Kaffee) – bis vor wenigen Jahren der tschechische Standardkaffee, heute von presso & Co etwas ins Abseits gedrängt – ist im Gegensatz zum Original ein ziemlich widerlicher, gallenbitterer Aufguss, bei dem man mit dem letzten Schluck den Kaffeesatz zwischen den Zähnen hat. Das Stückchen Kuchen dazu bekommt man in einer *kavárna* (Café) genauso wie in der einfacheren *cukrárna* (einer Art Schnellimbiss für Kuchen und Torten, auch gut zum Frühstücken geeignet).

Alle anderen Getränke sind, sofern man kein Billigimitat bestellt, wie daheim. Ein Genuss sind übrigens die tschechischen **Mineralwässer**.

# Übernachten

Zwischen mondän und marod – das Angebot umfasst die gesamte Bandbreite der Möglichkeiten. Vom Jugendstilpalast mit jeglichem Komfort über das Parkhotel in Plattenbauversion bis zur spartanischen Holzhütte ohne Dusche können Sie alles buchen. Und der Blick in die Zukunft ist vielversprechend, jedes Jahr entstehen neue Häuser oder erstrahlen alte in neuem Glanz.

**Die im Buch angegebenen Preise** für Unterkünfte beziehen sich auf die **Hauptsaison** (HS). In der Regel dauert diese von Anfang Mai bis Ende September, in den Wintersportorten jedoch von Weihnachten bis Mitte März und in Prag von Mitte März bis Ende Juni und von Anfang August bis Ende Oktober. Preisangaben für Doppelzimmer (DZ) gelten immer für zwei Personen und beinhalten, wenn nicht anders angegeben, Frühstück. Da die Preise ständigen Änderungen unterworfen sind, sind sie lediglich als Anhaltspunkte zu verstehen. In der **Nebensaison** (NS) spart man gegenüber der Hauptsaison in vielen Häusern bis zu 50 %.

Während der tschechischen Ferienzeit von Anfang Juli bis Mitte August empfiehlt sich in touristisch hochfrequentierten Regionen wie dem Böhmerwald oder dem Altvatergebirge eine Reservierung.

## Hotels und Pensionen

Gehobene Hotels und Pensionen, die westeuropäische Annehmlichkeiten offerieren und westeuropäische Preise verlangen, finden Sie in nahezu allen größeren Städten. Auch auf dem Land, insbesondere in touristischen Ecken wie dem

In Pustevny steht eines der schönsten Hotels Mährens

Böhmerwald und dem Riesengebirge, hat sich in den letzten beiden Jahrzehnten viel getan. Für jeden Komfortanspruch lässt sich meist eine passende Unterkunft finden, nur nicht für jeden Geschmack. Was das Thema Zimmereinrichtung angeht, so ist Tschechien leider nicht für große Stilsicherheit bekannt: 08/15-Kaufhausmobiliar auf blauem oder grauem Einheitsteppichboden überwiegt.

Preiswerte Zimmer oder Bungalows vermieten vielerorts auch Campingplätze (s. u.). Sauberkeit wird in Tschechien übrigens großgeschrieben, das gilt auch für die billigsten Unterkünfte.

Bei der Entscheidung für ein Hotel sollte man die Sterneanzahl mit Vorsicht genießen: Auch Hotels in modernisierten Plattenbauten können über einen Lift oder einen Safe in den Zimmern verfügen und haben so ein paar Sterne mehr, aber deswegen noch lange keinen Charme. Besichtigen Sie ein Zimmer, bevor Sie einchecken! Buchen Sie keine Voll- oder Halbpension – das kann eine kulinarisch überaus eintönige Angelegenheit werden. In Acht nehmen sollte man sich auch vor den mit roten Herzchen geschmückten „Pensionen“ an den grenzüberschreitenden Hauptverkehrswegen – es sind Kleinstbordelle. Eine sehr gute Wahl treffen Sie mit den im Buch mit „Unser Tipp“ hervorgehobenen Unterkünften.

Für ein DZ inkl. Frühstück in einem renovierten Mittelklassehaus sollte man – je nach Ort – mit 50–100 € rechnen, in einem First-Class-Hotel kosten DZ bis zu 300 €. Die Preisspanne bei Pensionen und einfachen Hotels bewegt sich zwischen 25 und 65 € für ein DZ.

**Spartipp**: Über www.cedok.de können Sie mit Glück so manche der im Buch aufgelisteten Hotels 20–60 % billiger buchen. Auch unter www.hipmunk.com, www.hotelscombined.com oder www.hotel.cz gibt es so manches Schnäppchen.

## Hostels und Jugendherbergen

Unterkünfte, in denen sich die internationale Backpackerszene trifft und die fröhliche Party am Abend wichtiger ist als die Dusche im Zimmer, existieren vorwiegend in Prag und in Český Krumlov. Bei den meisten Jugendherbergen *(domov mládeže)* Tschechiens handelt es sich um sterile Schüler- und Studentenwohnheime, in denen während der Sommerferien Zimmer an Touristen vermietet werden. Die Preise sind niedrig (11–13 €/Pers.), das Niveau lässt sich mit dem eines einfachen Hotels vergleichen. Das Gros der 2- und 3-Bett-Zimmer besitzt ein privates Bad, der Schlafsack kann zu Hause bleiben. Zimmer in Jugendherbergen vermitteln i. d. R. die örtlichen Touristeninformationen.

## Apartments und Ferienwohnungen

Apartments und Ferienwohnungen lassen sich über Seiten wie www.fewo-direkt.de, www.airbnb.com oder www.homeaway.com im ganzen Land finden, rustikale Einrichtung überwiegt. Ein Apartment für zwei Personen kostet je nach Standort und Ausstattung 40–120 €/Nacht.

## Camping

In Tschechien gibt es etliche Campingplätze, insbesondere an Stauseen, Teichen oder Flüssen, für Badefreuden ist also meist gesorgt. Die schönsten und aufgrund ihrer Lage interessantesten Plätze sind im Buch bei den jeweiligen Orten verzeichnet. Es kann aber durchaus sein, dass bis zu Ihrem Besuch der eine oder andere Campingplatz mangels Rentabilität schließen musste, denn immer weniger Tschechen campen im eigenen Land – immer mehr erkunden das Ausland.

Nur wenige Plätze sind ganzjährig geöffnet, viele haben nur von Mitte Mai bis Ende September geöffnet (genaue Daten bei den aufgeführten Plätzen im Reiseteil). Hochsaison herrscht zur tschechischen und holländischen Ferienzeit, davor und danach trifft man nur noch auf ein paar Rentner. Zwei Personen mit Auto und Zelt (was i. d. R. auch dem Preis für zwei Personen im Wohnmobil entspricht) zahlen pro Nacht je nach Ausstattung des Platzes 7–25 €. Die teureren sind meist komfortable Anlagen mit guten Sanitärbereichen, Restaurant, Küche, Minimarkt, Stromanschluss und vielen Holländern. Nicht selten sind die Plätze auch in holländischer Hand, was auf den Hinweisschildern am Zusatz „NL" zu erkennen ist. Bei den billigsten Plätzen handelt es sich um Wiesen, mit deren Vermietung als Campingareal sich die Bauern im Sommer ein Zubrot verdienen. Die Würstelbude mit Bierausschank fehlt aber auch hier nicht. Jedoch sind die sanitären Anlagen auf solchen Plätzen meist bescheiden, zuweilen teilen sich 100 Camper eine Toilette und eine Dusche. Dafür entschädigen Lagerfeuer und lustige Partys mit Klampfenmusik bis spät in die Nacht.

Viele Campingplätze vermieten *chatas*. Diese Holzhütten liegen im Niveau irgendwo zwischen gut ausgestatteten Ferienhäuschen mit eigenem Bad und Küche und spartanischen Pritschenunterkünften im größeren Hundehüttenformat. Für die Hauptreisezeit ist eine Reservierung empfehlenswert. Übernachten kann man hier schon ab 7 € pro Person.

Weitere **Informationen** zu Campingmöglichkeiten in Tschechien finden Sie unter www.camp.cz, auch gibt es Campingkarten, auf denen das Gros der Plätze verzeichnet ist.

Hundstage vorm Prager Museum Kampa

# Wissenswertes von A bis Z

## Ärztliche Versorgung

Für eine ärztliche Behandlung in Kliniken und Praxen, die dem staatlichen Versicherungssystem angeschlossen sind, benötigen Sie die Europäische Krankenversicherungskarte (EHIC). Darüber hinaus empfiehlt sich der Abschluss einer privaten Auslandskrankenversicherung, die einen Krankenrücktransport mit einschließt. Wanderern und allen, die sich viel in der Natur aufhalten, ist von Frühjahr bis Spätherbst eine Zeckenimpfung (FSME-Impfung) angeraten.

**Apotheke** heißt übrigens *Lekárna.* Medikamente sind in Tschechien deutlich billiger als im deutschsprachigen Raum. Wer eine Kur in Tschechien plant, sollte sich bei seiner Krankenkasse erkundigen, ob und inwieweit Kurkosten übernommen werden.

Die Anschrift der nächstgelegenen Krankenhäuser *(nemocnice)* finden Sie im Reiseteil unter der Rubrik „Basis-Infos" bei allen größeren Städten.

## Behinderte

Tschechien ist – mit Ausnahme der Kurbäder – vielerorts noch kein behindertenfreundliches Reiseziel, was Infrastruktur und Einrichtungen angeht. Organisierte Tschechien-Reisen für Behinderte bieten die folgenden zwei Agenturen an:

**Reiseagentur für Behindertenreisen Carsten Müller**, Straße 6/116, 13059 Berlin, ✆ 030/9244035, www.behindertenreisen-cm.de.

**Mare Nostrum**, Oudenardenstr. 7, 13347 Berlin, ✆ 030/45026454, www.mare-nostrum.de.

## Casinos

Casinos findet man insbesondere in den Grenzregionen und in allen größeren Städten. Vornehmlich Touristen und die im Land lebenden Vietnamesen suchen dort ihr Glück. Ein offizieller Dresscode besteht für die meisten Casinos nicht, erwartet wird dennoch feinere Kleidung als der Jogginganzug. Gespielt werden Roulette, Black Jack, Bakkarat usw. Eintritt wird i. d. R. nicht erhoben, jedoch müssen Sie sich ausweisen und registrieren lassen.

## Diplomatische Vertretungen

**Deutsche Botschaft Prag**: Vlašska 19, Malá Strana, ✆ 257113111, www.prag.diplo.de.

**Österreichische Botschaft Prag**: Viktora Huga 10, Smíchov, ✆ 257090511, www.bmeia.gv.at/botschaft/prag.html.

**Schweizer Botschaft Prag**: Pevnostní 7, Střešovice, ✆ 220400611, www.eda.admin.ch/prag.

## Einkaufen

Die drei mit Abstand beliebtesten Mitbringsel aus Tschechien sind Karlsbader Oblaten, Becherovka und Zigaretten. Zigaretten sind um einiges billiger als zu Hause, dürfen aber nur begrenzt ins Heimatland eingeführt werden (→ Zollbestimmungen). Gern gekauft werden ferner Bohemia-Sekt (gut, gehört zu Henkell), feingeschliffenes Kristallglas aus dem Böhmerwald, bunte Keramik, Holzspielzeug und Gartenzwerge in allen Größen. Nach Kleidung schaut man sich am besten in Prag um. Hochwertige Ware – egal ob Designerhose, Digitalkamera oder Brillanten – ist i. d. R. jedoch teurer als im Heimatland. Wer in Sachen ČSSR-Devotionalien unterwegs ist, sollte sein Glück in einem Trödelladen *(bazar zastavarna)* versuchen. Empfehlenswerte Geschäfte finden Sie im Reiseteil des Buches unter der Rubrik „Einkaufen“.

**TAX-FREE-Einkauf**: Schweizer Staatsbürger, die in Geschäften mit einem Tax-free-Symbol am Schaufenster einkaufen, können sich bei der Ausreise an sog. „Cash Refund Offices“ die Mehrwertsteuer von 21 % (ermäßigt 15 % u. a. auf Medikamente, Bücher, Nahrungsmittel) zurückerstatten lassen. Der Rechnungsbetrag muss jedoch mehr als 2000 Kč betragen. Dafür bedarf es eines vollständig ausgefüllten Tax-free-Schecks vom Verkäufer, der bei der Ausreise vom tschechischen Zoll abgestempelt werden muss. Mehr dazu unter www.globalblue.com.

## Elektrizität

Die elektrische Spannung beträgt 230 V. Wenn Ihre Geräte einen schmalen Eurostecker haben, brauchen Sie keinen Adapter. Sind die Stecker jedoch runde Schukostecker, so benötigen Sie einen Adapter für Südosteuropa.

## Feiertage

| | |
|---|---|
| 1. Januar: | Neujahr |
| Ostern: | Ostermontag ist Feiertag, am Karfreitag wird gearbeitet. |
| 1. Mai: | Tag der Arbeit |
| 8. Mai: | Tag der Befreiung Prags vom Faschismus 1945 |
| 5. Juli: | Tag der Slawenapostel Kyrill und Method |
| 6. Juli: | Gedenktag für Jan Hus |

**28. September:** Todestag des Hl. Wenzel (Landespatron)

**28. Oktober:** Gründungstag der ersten Tschechoslowakischen Republik (1918)

**17. November:** Gedenktag an die Novemberdemonstration von 1989

**24.–26. Dezember:** Weihnachten feiert kaum eine tschechische Familie ohne panierten Karpfen – sie werden in den Tagen vor Heiligabend auf den Marktplätzen aus Becken und Brunnen verkauft.

## Geld und Geldwechsel

Gesetzliches Zahlungsmittel ist die Tschechische Krone *(koruna česká)*, abgekürzt Kč. Im Umlauf sind Banknoten zu 100, 200, 500, 1000, 2000 und 5000 Kč, Münzen zu 1, 2, 5, 10, 20 und 50 Kč. Der Euro wird erst mit dem Beitritt zur Europäischen Währungsunion eingeführt (voraussichtlich nicht vor 2019). Der Beitritt ist allerdings noch nicht beschlossen und im Land umstritten, zudem müssten erst die Maastrichtkriterien erfüllt werden.

1 € entsprach im Jan. 2015 ca. 27,80 Kč, 1 sfr ca. 27,42 Kč

**Geldwechsel**: Wechselstuben findet man in den Kurorten, im Zentrum Prags und in allen Städten, die ausländische Touristen anziehen. Fragen Sie vor dem Umtausch nach, wie viele Kronen Sie für Ihr Geld bar ausbezahlt bekommen und lassen Sie sich den Betrag schriftlich bestätigen! Die beworbenen Umtauschkurse gelten oft nur für Wechselbeträge über 1000 oder 2000 €, und „No commission" bezieht sich in 99 % aller Fälle nur auf den Rückumtausch von Kronen. Teils werden auch satte Gebühren verlangt! Besser zieht man das Geld am Automaten.

**Geldautomaten** gibt es in allen größeren Ortschaften. Beim Abheben mit der Maestro-Karte ist der Kurs i. d. R. erheblich besser als beim Bar-Umtausch. Verzichten Sie aber unbedingt *darauf*, sich den Betrag am Automaten in Euro umrechnen und abbuchen zu lassen – das kann kostspielig werden! Wählen Sie am besten Automaten renommierter Banken wie z. B. die der *Česká Spořitelna* (die Tschechische Sparkasse hat das gleiche Logo wie die deutschen Sparkassen).

**Kreditkarten** werden in allen besseren Restaurants, Hotels und Geschäften akzeptiert.

**Bei Verlust einer Kredit- oder Maestro-Karte** wählen Deutsche die Servicenummer ✆ 0049-116116. Abhängig vom Ausstellungsland der Karte gelten zudem folgende Sperrnummern: Für **American Express**: ✆ 0049-69-97972000 (D/A), ✆ 0041-44-6596333 (CH). **Diners Club**: ✆ 0049-69-900150 (D), ✆ 0041-58-6661111 (CH), ✆ 0043-1-50135135 (A). **Visa**: ✆ 800-142121 (Servicenr. in CZ für D, A, CH). **Master/Eurocard**: ✆ 800-142-494 (Servicenr. in CZ für D, A, CH). **Maestro-Karte**: ✆ 0049-30-40504050 (D), ✆ 0043-1-2048800 (A), ✆ 0041-848888601 (UBS), ✆ 0041-800800488 (Credit Suisse), ✆ 0041-442712230 (für alle weiteren schweizerischen Maestro-Karten).

## Hausnummern

In allen größeren Städten Tschechiens hat jedes Haus zwei Nummern. Die weiße Nummer auf blauem Hintergrund bezeichnet i. d. R. die Lage des Hauses in der

Straße, wie es auch bei uns üblich ist. Die Zahl auf rotem Hintergrund ist die Nummer, unter der das Haus im Grundbuch eingetragen ist. Das Nummerierungssystem im Grundbuch wiederum spiegelt die Reihenfolge wider, in der die Häuser in der jeweiligen Stadt bzw. ihren Stadtteilen gebaut wurden. In ein paar Städten läuft das Farbenspiel jedoch genau andersrum ab.

## Haustiere

In vielen Hotels sind Haustiere gestattet, die meisten verlangen dafür einen Aufpreis. In öffentlichen Verkehrsmitteln benötigen Sie für Ihren Hund einen Maulkorb. Für die Einreise mit Haustieren → Reisedokumente, S. 44.

## Information

Die **Tschechische Zentrale für Tourismus** unterhält in Berlin (Wilhelmstr. 44, ✆ 030/2044770, berlin@czechtourism.com) eine Auslandsvertretung, an die sich auch Schweizer und Österreicher wenden können. Die Internetseite der Tschechischen Zentrale für Tourismus ist www.czechtourism.com (auch auf Deutsch), die zudem zu den Regionalseiten von Südmähren und Südböhmen verlinkt. **Auskünfte vor Ort** erhalten Sie bei den Touristeninformationen. Deren Adressen und Internetseiten sind im Reiseteil bei den jeweiligen Städten in der Rubrik „Basis-Infos" angegeben. Interessante Internetseiten sind zudem:

**Detailgenau**: Die örtlichen Touristeninformationen halten weiterführende Literatur zu städtischen Sehenswürdigkeiten, Serviceeinrichtungen, Schlössern, Burgen, Klöstern etc. bereit. Diese Broschüren oder Bücher glänzen oft durch ihre Detailgenauigkeit. Ein Beispiel aus dem Liberecer Stadtführer: „Um das Warten auf die Züge angenehmer zu gestalten, ist am Bahnhof ein öffentliches WC und auch ein Kultraum mit Fernseher, welcher meistens nicht funktioniert und wo man nicht schlafen, essen, rauchen und laut reden darf."

**www.prag-aktuell.cz**: Nachrichten, Hintergrundinformationen und ein kommentierter Veranstaltungskalender – alles auf Deutsch.

**www.radio.cz**: Das tschechische Pendant zur Deutschen Welle – aktuelle Nachrichten und sämtliche deutschsprachige Radiobeiträge zum Nachlesen und -hören.

**www.czech.cz**: Die offizielle Seite der Tschechischen Republik, auch in deutscher Sprache.

**www.expats.cz**: Englischsprachige Seite für in Prag lebende Ausländer (Wohnungen, Jobs, Veranstaltungen etc.).

**www.ticketpro.cz**: Hier erfahren Sie, welche kulturellen Veranstaltungen während Ihres Besuches über die Bühnen gehen und können dafür auch gleich Tickets kaufen.

Für die Hotelsuche im Internet → S. 32.

Aktuelle Informationen zu diesem Reiseführer, die die Autoren nach Redaktionsschluss erreichten, finden Sie auf den Tschechienseiten des Michael-Müller-Verlags unter **www.michael-mueller-verlag.de**.

## Internetzugang

Das Gros aller Hotels, egal welcher Kategorie, bietet WLAN, das Gleiche gilt für viele Bars und Cafés. Für mobiles Internet → Telefonieren, S. 46.

## Klima

Das Wetter Tschechiens wird zum einen vom ozeanischen Klima Westeuropas beeinflusst, zum anderen vom kontinentalen Klima, das von Polen und Russland kommt. Dabei fungieren die Randgebirge zuweilen als Wetterscheide – so kann es passieren, dass Tiefdruckgebiete vom Atlantik Regen bis nach Bayern bringen, über Böhmen und Mähren aber die Sonne scheint. Im Folgenden sind die Durchschnittswerte für Prag angegeben. Beachten Sie jedoch, dass die Temperaturen in den Höhen des Böhmerwaldes oder des Riesengebirges erheblich darunter liegen – selbst im Hochsommer kann es dort ziemlich frisch sein. Andererseits ist es in den Weinanbaugebieten Südmährens meist ein paar Grad wärmer.

**Klima**

| Monat | Ø Lufttemperatur (Min./Max. in °C) | | Ø Niederschlag (in mm) | Ø Regentage | Ø tägl. Sonnenstunden |
|---|---|---|---|---|---|
| Januar | -5 | 0 | 24 | 7 | 2 |
| Februar | -4 | 3 | 23 | 6 | 3 |
| März | -1 | 8 | 28 | 6 | 4 |
| April | 3 | 13 | 38 | 7 | 6 |
| Mai | 7 | 18 | 77 | 10 | 7 |
| Juni | 11 | 21 | 73 | 10 | 8 |
| Juli | 12 | 23 | 66 | 9 | 8 |
| August | 12 | 22 | 70 | 9 | 7 |
| September | 9 | 19 | 40 | 7 | 6 |
| Oktober | 4 | 13 | 30 | 6 | 4 |
| November | 0 | 6 | 32 | 7 | 2 |
| Dezember | -3 | 2 | 25 | 7 | 2 |

## Kriminalität

Das Land leidet unter Korruption: Egal ob Baugenehmigung, TÜV-Plakette oder Studienplatz – vieles ist nur eine Frage des Preises. Wer als Tourist durch Tschechien reist, hat wenig zu befürchten, sofern man bewachte Parkplätze wählt, beim Abheben mit der Bank- oder Kreditkarte darauf achtet, dass niemand den PIN-Code ausspäht, und in Prags überfüllten U- und Straßenbahnen auf seine Wertsachen ein Auge behält.

## Literatur

Zu den großen deutschsprachigen Autoren aus Böhmen und Mähren gehören u. a. Adalbert Stifter (1805–1866), Karl Kraus (1874–1936), Egon Erwin Kisch (1885–

## Václav Havel – vom Dichter zum Präsidenten und zurück

Die meisten Künstler und Intellektuelle des ehemaligen Ostblocks, die zum Sturz der dortigen Regime beitrugen, sind heute in Vergessenheit geraten. Nicht Václav Havel (1936–2011). Aus dem gefeierten Dichter wurde ein gefeierter Präsident und aus dem Präsidenten wieder ein gefeierter Dichter.

Havels Familie gehörte dem Großbürgertum der Stadt an. Die Kommunisten enteigneten die Havels, und dem jungen Václav verweigerten sie wegen seiner bourgeoisen Herkunft den Besuch des Gymnasiums. So begann Havels berufliche Laufbahn als Chemielaborant und Taxifahrer. 1960 startete Havels Karriere am Theater – zunächst als Kulissenschieber und Beleuchter. Nebenbei absolvierte er ein Fernstudium an der Theaterfakultät, schrieb seine ersten Stücke und stieg zum Dramaturgen auf. Vier Jahre später heiratete er Olga Spíchalová. 1967 erregte Havel auf dem IV. Prager Schriftstellerkongress erstmals politisches Aufsehen, als er die Zensur und die Widersinnigkeit des kommunistischen Machtapparates öffentlich kritisierte. Bald darauf hatte Havel in der Tschechoslowakei Aufführungs- und Publikationsverbot. Doch Havel verstummte nicht. Fortan führte er sein dramatisches und literarisches Schaffen aus dem Untergrund fort. Die Absurdität jener Zeit verarbeitete er in absurden Theaterstücken. 1977 wurde Havel Mitbegründer und Sprecher der *Charta 77* – zum Ärger der Machthaber (→ S. 55). Viermal wurde er verhaftet, insgesamt saß er 50 Monate im Gefängnis. Aus der verschärften Haft in einer nasskalten Zelle verfasste er seine viel gerühmten *Briefe an Olga.* War Havel in Freiheit, beschattete ihn der Geheimdienst rund um die Uhr. Verfolger und Verfolgter kannten sich im Laufe der Zeit – gerne wird die Geschichte erzählt, dass Havel seine Beschatter auch mal auf ein *Pivo* an den Tresen bat. Sieben Monate nach seiner letzten Haftentlassung jagte er voller Elan – das ist belegt – mit einem Tretroller durch die Gänge der Präsidentschaftskanzlei. Dahin hatte ihn das Volk nach der Samtenen Revolution geschickt, und dort ging er als letzter Präsident der Tschechoslowakei und als erster Präsident der Tschechischen Republik in die Geschichte ein. Havel punktete im In- und Ausland durch seine moralische Integrität. Dabei ging der Dichterpräsident mit dem eigenen Volk zuweilen recht hart ins Gericht: „Die Tschechen neigen zum Spießbürgertum, zum Isolationismus und Kleinmut.“ Und Tabus brach er auch – vielen ging es zu weit, dass sich Havel bei den Sudetendeutschen für die Vertreibung entschuldigte. Nach einer Reihe schwerer Schicksalsschläge – 1996 verstarb seine Frau Olga, kurz darauf wurde eine bösartige Geschwulst in seiner Lunge entdeckt – heiratete Havel 1997 die 17 Jahre jüngere Schauspielerin Dagmar „Dása“ Veskrnová. Das nahm ihm das Volk übel, das Olga wie eine Heilige verehrt hatte.

Nach dem Ausscheiden aus der großen Politik (2003) sammelte Havel Preise und Auszeichnungen wie andere Briefmarken. 2008 kehrte er mit dem Stück *Odcházení (Abgang)* zurück ins Theater – gefeiert von Kritikern und Publikum. Sein Tod am 18. Dezember 2011 schockierte das ganze Land. Eine dreitägige Staatstrauer wurde angeordnet. Auf dem Königsweg, jenem Weg, den die neuen Regenten Böhmens einst vor ihrer Krönung beschritten, fand die letzte große Prozession Prags statt. Aber ohne Jubel. Nur Tränen begleiteten Havels Sarg auf dem Weg zur Burg.

1948, der „rasende Reporter"), Franz Kafka (1883–1924), Max Brod (1884–1968, u. a. auch Herausgeber von Kafkas Werk), Franz Werfel (1890–1945), Rainer Maria Rilke (1875–1926), Marie von Ebner-Eschenbach (1830–1916) und – etwas weniger bekannt – Johannes Urzidil (1896–1970). Im Reiseteil werden Sie diesen Autoren immer wieder begegnen. Im Folgenden eine kleine Auswahl an Literatur zu Land und Leuten und ein paar Tipps zu tschechischen Autoren.

**Sachliteratur** **Zimmermann, Hans Dieter: Tschechien**. Verlag C.H. Beck, München 2009. Einer der neuesten und besten Beiträge zur tschechischen Geschichte. Das Buch des Berliner Germanisten Zimmermann entstammt der Reihe *Die Deutschen und ihre Nachbarn*, die von Helmut Schmidt und Richard Weizsäcker herausgegeben wird.

**Rokyta, Hugo: Die böhmischen Länder. Böhmen**. Vitalis, Prag 1997. Hier werden Burgen und Schlösser der Gegend nicht architektonisch beleuchtet, sondern mit den Persönlichkeiten in Verbindung gebracht, die darin einst lebten oder zu Besuch weilten. Ebenfalls empfehlenswert sind die ergänzenden Bände *Prag* sowie *Mähren und Schlesien*.

**Demetz, Peter: Prag in Schwarz und Gold**. Piper, München 2000. Die *Welt* nannte das Buch „ein Glanzstück lebendiger Geschichtsschreibung". Im flüssigen Erzählduktus werden sieben bedeutsame Epochen der Stadt vorgestellt. Der Autor ist in Prag geboren und aufgewachsen, wurde unter den Nazis deportiert, flüchtete kurz nach dem Krieg vor den Kommunisten nach England und wurde später Professor für deutsche und vergleichende Literaturwissenschaft in den USA. Wer noch tiefer in die Geschichte Prags einsteigen will, findet im Anhang eine weiterführende Bibliografie.

**Antikomplex: Zůstali tu s námi/Bei uns verblieben**. Antikomplex, Prag 2013. 14 spannende Porträts tschechischer Deutscher, die die Frage aufwerfen: Was ist Identität? Veröffentlicht von der Bürgerinitiative Antikomplex (www.antikomplex.cz).

**Alexander, Manfred: Kleine Geschichte der böhmischen Länder**. Reclam, Ditzingen 2008. Wie der Titel vermuten lässt, die Geschichte des Landes vom Großmährischen Reich bis zum EU-Beitritt – mit 600 Seiten aber alles andere als „klein".

**Belletristik tschechischsprachiger Autoren** **Němcová, Božena: Die Großmutter**, → Kasten S. 216.

**Miloš Urban: Mord in der Josefstadt**. Rowohlt, Berlin 2010. Spannend-gruseliger Historienroman, der von einer Mordserie in der Prager Judenstadt des 19. Jh. handelt.

**Hrabal, Bohumil**: → Kasten S. 139.

**Fischerová, Andrea/Nekula, Marek (Hg.): Ich träume von Prag**. Karl Sturz, Passau 2012. Der Sammelband vereint Texte von 19 Autoren, die in der einstigen Tschechoslowakei geboren wurden und die es in deutschsprachige Länder verschlug.

**Kundera, Milan: Die unerträgliche Leichtigkeit des Seins**. Fischer TB, Frankfurt 2009. Die bewegende Liebesgeschichte vor dem Hintergrund des Prager Frühlings wurde 1988 von Philip Kaufman mit Juliette Binoche in der Hauptrolle verfilmt. Kundera (geb. 1929) ist der international bekannteste tschechische Schriftsteller. Er lebt seit 1975 in Frankreich. Erst 2006 wurde *Die unerträgliche Leichtigkeit des Seins* in tschechischer Sprache verlegt.

**Škvorecký, Josef: Feiglinge**, → S. 214.

**Rudiš, Jaroslav: Grand Hotel**. Luchterhand, München 2008. Ein futuristisches Hotel in der nordböhmischen Provinz und ein junger Mann, der Orientierung im Leben sucht. Der Roman wurde 2006 verfilmt. 2014 erschien beim gleichen Verlag Rudiš' Roman *Vom Ende des Punk in Helsinki*, eine deutsch-tschechische Punkgeschichte.

**Viewegh, Michal: Blendende Jahre für Hunde**. Piper, München 2000. Humorvolle Familiengeschichte, die den Faden von den 1960er-Jahren bis zum Fall des Kommunismus spannt. Die leicht lesbaren Romane Vieweghs sind in Tschechien überaus populär.

**Neruda, Jan: Kleinseitner Geschichten**. Vitalis, Prag 2005. Eine zu Tränen rührende Geschichte aus dem alten Prag. Mehr zu Jan Neruda → S. 329.

**Topol, Jáchym: Engel Exit**. Volk und Welt, Berlin 1997. Die wilde Story eines drogensüchtigen Aussteigers spielt u. a. rund um die Metrostation Anděl im Stadtteil Smíchov. Topols jüngster Roman *Teufelswerkstatt* erschien 2010 im Suhrkamp Verlag. Der *Tagesspiegel* dazu: „Ein provozierender

Kommentar zu den Fallstricken der modernen Erinnerungskultur". Topol gilt als Star des tschechischen Undergrounds. Bereits mit 16 Jahren unterzeichnete er die Charta 77. Er war Mitbegründer des politischen Wochenmagazins *Respekt*, dem tschechischen *Spiegel*.

**Havel, Václav**, → S. 39. Sein Werk ist in Deutschland im Rowohlt Verlag erschienen.

**Hašek, Jaroslav: Die Abenteuer des braven Soldaten Schwejk**. Nach diesem Klassiker sind viele Restaurants benannt, → S. 484.

### Belletristik deutschsprachiger Autoren

**Reinerová, Lenka: Närrisches Prag: Ein Bekenntnis**. Aufbau Verlag, Berlin 2006. Lenka Reinerová, die letzte deutschsprachige Prager Autorin (s. o.), blickt auf das „alte Prag" zurück. Im Audio Verlag erschien 2006 die Hörbuchversion ihrer Erzählsammlung *Mandelduft*, die sie selbst liest – interessant, um dem Klang des alten Pragerdeutsch zu lauschen, das Josef Urzidil als „nicht akzentfrei, aber dialektfrei" bezeichnete.

**Perutz, Leo: Nachts unter der steinernen Brücke**. dtv, München 2002. Der historische Roman aus dem rudolfinischen Prag erschien erstmals 1953. Perutz selbst wurde 1882 in Prag geboren und verstarb 1957 in Bad Ischl.

**Stifter, Adalbert**, der Böhmerwalderzähler schlechthin, → S. 462.

**Klostermann, Karel**, auch er romantisierte den Böhmerwald, → S. 469.

**Werfel, Franz: Abituriententag**. Fischer, Frankfurt am Main 2011. Werfels Roman mit Pragbezug (auch wenn Prag nicht explizit als Handlungsort genannt wird) ist eine Geschichte von Schuld und Sühne. Werfels berühmtester Roman ist übrigens *Die 40 Tage des Musa Dagh*.

**Kisch, Egon Erwin: Der Mädchenhirt**. Aufbau Verlag, Berlin 1988. Der einzige Roman Kischs spielt wie so viele seiner Reportagebände (z. B. *Aus Prager Gassen und Nächten* oder *Die Abenteuer in Prag*) in der Prager Unterwelt, die er als Lokalreporter bestens kannte.

**Urzidil, Johannes: Die verlorene Geliebte**. Langen/Müller, München 1996. Charmante Erzählungen aus Prag und vom böhmischen Lande, als es noch deutschsprachig war.

**von Ebner-Eschenbach, Marie: Das Gemeindekind**. Reclam, Ditzingen 1986. 1887 veröffentlichter Bildungsroman, der in Südböhmen spielt und von einem Jungen erzählt, der wegen seiner Herkunft aus einer Problemfamilie vorverurteilt ist.

Gebraucht und neu: Buchladen auf der Prager Kleinseite

## Medien (fremdsprachig)

Hintergrundinformationen und Aktuelles zu Politik, Wirtschaft, Sport und Kultur bietet die deutschsprachige, stets donnerstags erscheinende *Prager Zeitung* (www.pragerzeitung.cz). Die Leserschaft der 1991 gegründeten Zeitung setzt sich aus in Prag lebenden Deutschen, deutschsprachigen Tschechen und Touristen zusammen. Die *Prager Zeitung* ist kein – wie manche vielleicht vermuten – rechtskonservatives Organ der Sudetendeutschen. Ebenfalls empfehlenswert ist die englischsprachige Wochenzeitung *Prague Post* (www.praguepost.com), die mittwochs als E-Paper herauskommt. *Radio Prag* (www.radio.cz/de) berichtet in deutscher Sprache über tagesaktuelle Ereignisse aus Tschechien.

## Mietwagen

Die preiswertesten Fahrzeuge liegen bei den großen, international operierenden Gesellschaften und bei den lokalen Verleihern bei 60–90 € pro Tag inkl. Diebstahlversicherung, für eine Mietdauer von zwei bis vier Tagen bei 50–80 € pro Tag. Viele Lockangebote lokaler Verleiher existieren nur auf dem Papier oder beinhalten keine Diebstahlversicherung (wichtig!). In der Regel kann nicht bar bezahlt werden! Eine Kreditkarte ist Voraussetzung, z. T. wird sogar eine zweite Kreditkarte als Sicherheit verlangt. Die international operierenden Autoverleiher haben Zweigstellen v. a. in Prag, Brünn und Ostrava (→ Reiseteil).

### Die ethnische Minderheit der Roma

Im 14. Jh. erreichten die Roma (von *Rom* = Mann) Mitteleuropa – rund sechs Jahrhunderte vorher hatten sie ihre ursprüngliche Heimat in Nordindien verlassen. Zunächst begegnete man ihnen neugierig, v. a. der Adel erfreute sich an ihren künstlerisch-artistischen Darbietungen, ihrem exotischen Erscheinungsbild, ihren außerordentlichen Handwerkskünsten und ihrer fremdartigen Lebensweise. Sie erhielten besondere Privilegien, der böhmische König Sigismund (1368–1437) stattete sie gar mit Schutzbriefen aus.

Doch schon zu Mitte des 15. Jh. änderte sich die Situation. Die Kirche begann gegen die Roma zu hetzen. Ihre Privilegien wurden aufgehoben, 1697 wurden sie in Böhmen gar für vogelfrei erklärt. Damit begann die bis heute andauernde Phase der Diskriminierung. Immer wieder, v. a. in schlechten Zeiten, machte man die Roma zu Sündenböcken, und es kam zu Verfolgungs- und Vergeltungsmaßnahmen. Unter Kaiserin Maria Theresia wurden Mitte des 18. Jh. die ersten Versuche unternommen, die kulturelle Identität der Roma zu brechen, sie sesshaft zu machen und in die Gesellschaft einzugliedern. Neben dem Fahren wurde ihnen auch untersagt, ihre Sprache, das *Romanes,* zu sprechen. Romakinder wurden ihren Eltern entzogen und in die Obhut bürgerlicher Familien übergeben. Erst im 19. Jh. folgten wieder bessere Zeiten: Als Musikanten und Artisten, aber auch als Händler und Handwerker wurden die Roma für die Landbevölkerung überaus wichtig.

Anfang des 20. Jh. zogen die Roma mehr und mehr in die Städte, oft nur zum Schein, da ein fester Wohnsitz für die Ausstellung eines Gewerbescheins Voraussetzung war. Mit dem von Tschechen (!) für Roma errichteten Konzentrationslager im südböhmischen Lety (→ S. 434) und der Verfolgung und Vernichtung durch die Nazis erreichte die Diskriminierung ihren Höhepunkt. Von den rund 8000 Roma Böhmens und Mährens jener Zeit überlebten nur 600 – die anderen wurden in Auschwitz ermordet.

## Öffnungszeiten

Es gibt kein Ladenschlussgesetz, an das der Einzelhandel gebunden ist, die Öffnungszeiten sind von Laden zu Laden unterschiedlich. Im touristischen Zentrum Prags haben die **Geschäfte** tägl. von etwa 9 bis 20 Uhr oder noch länger geöffnet. Auf dem Land kann man mit folgenden Öffnungszeiten rechnen: Mo–Fr 9–18 Uhr, Sa 9–12 Uhr (manche Geschäfte öffnen jedoch gar nicht), So geschlossen. Über Mittag haben viele Läden zu. **Banken** haben i. d. R. Mo–Fr bis etwa 16.30 Uhr geöffnet, **Postämter** Mo–Fr bis 18 Uhr, die größeren auch samstags und sonntags. Das Gros aller **Museen** hat montags geschlossen. **Burgen und Schlösser** sind im Winter geschlossen. Im April und Oktober sind sie i. d. R. nur an Wochenenden zugänglich, von Mai bis September täglich außer montags. Seit der Samtenen Revolution wurden aus **Kirchen** des Landes Kulturgüter in unbezifferbarem Wert geraubt, weshalb heute viele Gotteshäuser oft nur noch während der Messen ihre Pforten öffnen. Zu den Öffnungszeiten von **Restaurants** → Essen und Trinken, S. 27.

## Ortsnamen

Viele Städte und Dörfer Tschechiens, v. a. in den Grenzregionen zu Deutschland, Österreich und Polen, waren bis 1945 rein deutschsprachig besiedelt oder die deutschsprachige Bevölkerung stellte die überwältigende Mehrheit. Und da Böhmen und

Nach dem Zweiten Weltkrieg wurden Roma aus Ungarn, Rumänien und der Ostslowakei in den durch die Vertreibung entvölkerten Grenzgebieten zwangsangesiedelt. Billige Arbeitskräfte sollten sie sein. Bildungspolitische Maßnahmen wurden nicht ergriffen, die *Cikáni* (Zigeuner) sollten „unten" bleiben. Nach dem Zusammenbruch des Kommunismus erhielten die 250.000 bis 300.000 Roma in Tschechien den Status einer nationalen Minderheit und damit das Recht auf Förderung der eigenen Kultur sowie auf Gründung von Vereinen, Organisationen und Parteien. Im Endeffekt aber waren die Roma die Wendeverlierer: Der Verlust der sozialen Sicherheit und mangelnde Qualifikation führten zu hoher Arbeitslosigkeit (mehr als die Hälfte der tschechischen Roma sind ohne Arbeit) und dem Abdriften an den äußersten Rand der Gesellschaft. Als arbeitsscheue Kleinkriminelle verschrien, wurden sie im Land mehr verachtet als respektiert – ein Umstand, der von Attacken Rechtsradikaler oder durch Sterilisationen von Roma-Frauen ohne deren Zustimmung (bis 2001 sind Fälle bekannt) illustriert wurde.

Trotz des Beitritts zur EU, die auf Minderheitenschutz Wert legt, hat sich die Situation der Roma im Land nicht wesentlich verbessert. Noch immer zählt die EU-Grundrechte-Agentur FRA die tschechischen Roma zu den am meisten diskriminierten Minderheiten in der EU. Und noch immer machen sich Politiker im Land die vorherrschende Roma-Feindlichkeit zu eigen und gehen mit rassistischen Äußerungen auf Wählerfang. Traurigerweise gilt das nicht nur für ein paar wenige Politiker aus den Randparteien: Der ehemalige Vize-Premier Jiří Čunek z. B. verdankte seine Popularität der Tatsache, dass er als Bürgermeister der mährischen Stadt Vsetín Romas aus dem Vsetíner Stadtzentrum in abgelegene Containerwohnheime umsiedeln ließ. Kundgebungen gegen Roma sind keine Seltenheit, für größere setzt die Tschechische Bahn Sonderzüge für die anreisenden Neonazis ein. Mittlerweile regt sich aber auch Widerstand gegen den Antiziganismus, dafür sorgt insbesondere die Bürgerinitiative Konexe (mehr zu dem Thema auf www.romea.cz und www.facebook.com/konexe).

Mähren über Jahrhunderte hinweg zum Habsburger Reich gehörten, hatten einst nahezu alle Ortschaften auch einen deutschen Namen. Karlsbad ist z. B. noch heute weltweit unter seinem deutschen Namen bekannter als unter seinem tschechischen – auch die örtlichen Stellen wissen dies und werben dementsprechend. Im Reiseteil dieses Buches nennen wir in den jeweiligen Überschriften sowohl den alten deutschen Ortsnamen (meist in Klammern) als auch den heutigen tschechischen.

## Polizei

Grundsätzlich unterscheidet man zwischen der dem Innenministerium unterstellten **Staatspolizei** (Policie České Republiky) und der von den Städten unterhaltenen **Stadtpolizei** (Městská Policie). Erstere stellt Ihnen bei Diebstählen jeglicher Art ein Protokoll aus. Eine Fremdenpolizei, die sich um touristische Belange kümmert, gibt es nicht.

Den **polizeilichen Notruf** erreichen Sie unter ✆ 112, 158 (Staatspolizei) und 156 (Stadtpolizei).

## Post

Egal, ob die Grüße nach Österreich, Deutschland oder in die Schweiz gehen, das **Porto** ist einheitlich. Es lag im Januar 2015 bei umgerechnet 0,90 € (25 Kč) für Postkarten und für Briefe bis 50 g. Damit Sie in größeren Postämtern wissen, an welchen Schalter Sie müssen, achten Sie auf folgende Schilder: *známky* für Briefmarken, *balíky* für Pakete. Bis die Karte bei der Oma an der Küchenwand hängt, vergehen zwei bis fünf Tage.

## Prostitution

Tschechien gehört einer *BBC*-Reportage zufolge zu den 20 beliebtesten Sextourismus-Destinationen der Welt. Die Zahl der Prostituierten im Land wird von der Caritas auf rund 30.000 geschätzt, das Gros arbeitet in Prag und an den Grenzen zu Deutschland und Österreich (oft unübersehbar an der Straße). Unter den Prostituierten sind viele Asylbewerberinnen, dazu Frauen aus Bulgarien, Russland, Vietnam, China und der Ukraine, aber auch Roma-Frauen, deren Familien in Armut leben. Ein großes Problem stellt die Kinderprostitution dar. Immerhin wächst seit dem EU-Beitritt des Landes der Druck auf die tschechischen Politiker, dagegen vorzugehen.

## Reisedokumente

Deutsche, Österreicher und Schweizer können mit einem gültigen Reisepass oder Personalausweis bzw. der Identitätskarte nach Tschechien einreisen.

**Bei der Einreise mit Fahrzeug**: Selbstverständlich Führerschein und Fahrzeugschein, zudem die grüne Versicherungskarte. Ein Auslandsschutzbrief ist empfehlenswert. Ist man nicht mit dem eigenen Fahrzeug unterwegs, so bedarf es einer beglaubigten Vollmacht des Fahrzeughalters.

**Bei der Einreise mit Haustieren**: Sie benötigen für das mit einem Mikrochip versehene Tier den EU-Heimtierausweis bzw. das Schweizer Pendant. Welche Impfungen neben der Tollwutimpfung im Heimtierausweis bzw. in der Veterinärbescheinigung verzeichnet sein müssen, erfahren Sie bei Ihrem Tierarzt. Hunde benötigen in öffentlichen Verkehrmitteln einen Maulkorb.

## Schwule und Lesben

Tschechien war das erste Land des ehemaligen Ostblocks, in dem gleichgeschlechtliche Ehen anerkannt wurden, allerdings mit Adoptionsverbot. Laut einer Umfrage haben 70 % der Bevölkerung keine Vorurteile gegenüber Homosexuellen. Outings Prominenter gibt es jedoch mit Ausnahmen in der Künstlerszene kaum – ein Erbe der kommunistischen Ära, als Homosexualität öffentlich überhaupt nicht existierte, als man mit dem Strom schwamm und Privates nicht nach außen kehrte. Über die schwul-lesbische Szene in Prag (Nachtleben, aber auch gayfreundliche Unterkünfte) informieren die Seiten www.praguesaints.cz und http://prague.gayguide. net.

## Sport und Freizeit

Tschechen sind sportverrückt und dazu überaus naturverbunden. Unvorstellbare Massen bevölkern in den warmen Monaten die Wanderwege und im Winter die Loipen und Skilifte der Mittelgebirge. Und wer nicht mindestens jedes zweite Wochenende selbst schwitzt, geht ins Fußball- oder Eisstadion und schaut anderen dabei zu.

**Angeln**: Die Teiche und Flüsse bieten beste Möglichkeiten, kein Wunder, dass eine halbe Million Tschechen diesem Sport frönt. Zu den dicken Fischen, die man an Land zieht, gehören u. a. Forellen, Äschen, Karpfen, Hechte, Zander, Saiblinge und Welse. Informationen über Angellizenzen, deren Verkaufsstellen, Schonzeiten, Schutzgebiete etc. erhält man auf der Internetseite des Tschechischen Anglerverbands *(Český rybářský svaz)* unter www.rybsvaz.cz (auch in deutscher Sprache). Weitere Informationen diesbezüglich auch bei den örtlichen Touristeninformationen.

**Baden und Schwimmen**: Überall im Land findet man Stauseen oder Teiche mit Badestränden – die schönsten sind im Reiseteil aufgeführt.

Vyšší Brod – Kanuten auf der Moldau

**Golf**: In Tschechien gibt es über 80 Plätze, weitere werden in den nächsten Jahren entstehen – Golfen ist auf dem Vormarsch. Weitere Informationen unter www.czechgolfguide.cz.

**Kanu oder Kajak**: Es gibt kaum eine schönere Art, Tschechien zu erkunden, als auf seinen Flussläufen. Es lassen sich auch mehrtägige Touren unternehmen, bei denen i. d. R. auf Campingplätzen übernachtet wird. Zu den beliebtesten Paddelflüssen gehören die Moldau (Vltava), die Lužnice sowie die Otava in Südböhmen, außerdem die Sázava in Mittelböhmen und die Metuje in Ostböhmen.

**Radfahren**: → Anreise/Unterwegs, S. 25.

**Wandern**: → Anreise/Unterwegs, S. 26.

**Wintersport**: Die Areale für den alpinen Skisport sind selbstverständlich nicht so anspruchsvoll wie in der Schweiz oder in Österreich, da die Gipfel auch nur Höhen von 1600 m erreichen, dafür aber (mit Ausnahme von Špindlerův Mlýn) auch nicht so teuer. Alpinen Skisport können Sie u. a. im Riesen-, Iser-, Erz-, Adler- und Altvatergebirge, aber auch im Böhmerwald und in den Beskiden betreiben. In allen genannten Gebieten und darüber hinaus auf der Böhmisch-Mährischen Höhe finden Sie auch gute Langlaufmöglichkeiten. Über alle Skigebiete des Landes informiert die Seite www.holidayinfo.cz.

## Telefonieren

Das Telefonieren mit dem **Mobiltelefon** ist problemlos möglich, das Festnetzfreizeichen ist ein kurzer Ton, gefolgt von einem langen.

**Internationale Vorwahlnummern**: Deutschland ✆ 0049, Österreich ✆ 0043, Schweiz ✆ 0041. Danach wählt man die Ortsvorwahl, jedoch ohne die Null am Anfang, dann die Rufnummer.

Wer **nach Tschechien** telefonieren möchte, wählt ✆ 00420 und danach die Rufnummer. Es gibt keine Ortsvorwahl!

**Prepaid SIM-Karten/Mobiles Internet**: Vodafone, T-Mobile und $O_2$ bieten Prepaid-SIM-Karten (ab ca. 8 €), mit denen sich bei Gesprächen innerhalb Tschechiens und von Tschechien ins Heimatland Geld sparen lässt. Die Twist-Online-SIM-Karte von T-Mobile eignet sich auch bestens fürs mobile Internet. Infos auf www.vodafone.cz, www.t-mobile.cz und www.o2.cz.

**Notrufnummern**: Polizei ✆ 112 o. 156 o. 158, Feuerwehr ✆ 150, Rettungsdienst ✆ 155

## Toiletten

Sofern keine Symbole angebracht sind, sollten Damen auf die Bezeichnungen *Dámy* oder *Ženy* achten, Herren auf *Muži* oder *Páni*. Öffentliche Toiletten sind meist gebührenpflichtig, oder die Klofrau erwartet ein Trinkgeld.

## Zeit

Es gilt wie in Deutschland, Österreich und der Schweiz die mitteleuropäische Zeit (MEZ) inklusive Sommerzeit.

## Zollbestimmungen

**Für Bürger der EU**: Bei Reisen innerhalb der EU unterliegen Waren für den Eigenbedarf keinen Beschränkungen. Jedoch gibt es Richtmengen, bei deren Überschreitung die Zöllner den Eigenbedarf infrage stellen (kritische Marke bei Bier z. B. 110 l). Die Obergrenze für Zigaretten beträgt im Reiseverkehr innerhalb der EU 800 Stück.

**Antiquitäten** dürfen nur ausgeführt werden, sofern man eine Bescheinigung hat, dass sie nicht zum kulturellen Erbes des Landes gehören.

**Für Schweizer**: Eidgenossen haben die Möglichkeit des Tax-free-Einkaufs (→ S. 35). Auf der Rückreise dürfen für den privaten Gebrauch gekaufte Waren (wie z. B. Kleidung) bis zu einem Wert von 300 sfr zollfrei eingeführt werden. Ansonsten gelten für Schweizer für die zollfreie Ein- bzw. Ausfuhr folgende Richtmengen:

**Tabak**: 200 Zigaretten oder 50 Zigarren oder 250 g Tabak.

**Alkohol**: 1 l über 15 % Vol. und 2 l unter 15 % Vol.

## Sieben Fälle, sieben Fallen: Schwierigkeiten beim Tschechischlernen

*Peníze* heißt Geld, *škoda* schade, *popelník* ist der Aschenbecher, und mit *kozel* ist eine Biermarke gemeint. Nur selten klingen Wörter vertraut und haben wie beim *šnuptychl* deutsche („Schnupftüchl") oder wie beim *piškoty* (*biscotti* = Keks/Gebäck) italienische Paten. (Auch der umgekehrte Weg, nämlich dass Wörter aus dem Tschechischen in andere Sprachen entlehnt werden, ist eher die Ausnahme; vgl. aber *pistole, polka* oder *roboter*.)

Wer nie eine slawische Sprache gelernt hat, wird sich mit Tschechisch schwer tun. Das Kapitel Grammatik schlägt man am besten erst gar nicht auf. Sieben Fälle – sieben Fallen. Ein Graus. Mal taucht eine Endung auf, mal geht sie unter. Das erinnert an die Delfine auf See – vielleicht erklärt das, warum sich die Tschechen mit *ahoj* verabschieden. Hinzu kommt die Aussprache und die Tatsache, dass sich die Umgangssprache stark von der Schriftsprache unterscheidet.

Wo ein Haken drüber steht, steckt auch einer drin. Nahezu ein Ding der Unmöglichkeit ist die Aussprache des ř – *r* und *sch* sollten dabei gleichzeitig über die Lippen kommen. Zum Stottern verdammen auch die Wörter, die ganz und gar ohne Vokale auskommen, z. B. *vlk* (Wolf). Zu einschüchternden Demonstrationszwecken kann man sogar ganze nichts sagende Sätze ohne Vokale konstruieren: *Strč prst skrz krk!* – „Stecke den Finger durch den Hals!"

Zum Glück kann rund ein Viertel der Tschechen Deutsch, insbesondere ältere Menschen. Die Jugend – früher zum Russischlernen verpflichtet – übt sich heute fleißig in Englisch. Als Tourist in Böhmen sind Tschechischkenntnisse nicht dringend vonnöten. In vielen Geschäften, Restaurants oder Hotels, insbesondere in Prag und den Kurorten, wird perfektes Verkaufs- oder Speisekartendeutsch gesprochen. Zudem gibt's Erläuterungen auf vielen Hinweisschildern und Prospekten auch in deutscher und englischer Sprache. Um wenigstens die Namen der Sehenswürdigkeiten einigermaßen passabel vor sich hinstottern zu können, finden Sie am Ende des Buches Hilfen zur Aussprache und einen kleinen Grundwortschatz.

Theresienstadt: Eingang zur Kleinen Festung

# Geschichte

## Von Böhmen, Mährern und Tschechen – die Vorgeschichte

Mammutjäger und Sammler durchzogen das heutige Tschechien bereits in der Altsteinzeit. Sie hinterließen die älteste Keramik der Welt, die 25.000 Jahre alte *Venus von Věstonice,* eine gesäß- und busenbetonte Miniaturstatue aus feuergehärtetem Ton. Archäologen entdeckten sie beim gleichnamigen Dorf in Südmähren. Im 5. Jh. v. Chr. drang die keltische Volksgruppe der Bojer nach Mitteleuropa vor. Noch vor Christi Geburt wichen sie den germanischen Markomannen, der westlichen Hälfte der heutigen Tschechischen Republik hinterließen die Bojer aber ihren Namen: lat. *Boiohaemum* = Böhmen. Anfang des 6. Jh. erfolgte im Zuge der Völkerwanderung die Landnahme durch westslawische Stämme. In Mähren siedelten u. a. die Hannaken, nach denen die Hanna-Ebene rund um Olomouc benannt ist, und die Morawaner, von denen sich wiederum die Bezeichnung des Flusses Morava (March) ableitet, der schließlich namengebend für die gesamte Landschaft wurde (Morava = Mähren). Andere slawische Stämme stießen bis an die Moldau vor, der Mythologie zufolge hatte einer davon einen Anführer namens *Čech* (→ Říp, S. 288). Dieser sagenhafte Urvater Čech war es, nach dem später das ganze Land benannt wurde. Aber schon in der zweiten Hälfte des 6. Jh. wurden die erwähnten Slawenstämme von den Awaren unterworfen, einem nomadisierenden Steppenvolk aus Zentralasien.

## Von Karl dem Großen bis zum Großmährischen Reich – ab 796

Der Frankenkönig Karl der Große vertrieb die Awaren wieder. Die Fürstentümer Böhmens, Mährens und der Westslowakei fielen damit an das Fränkische Reich und mussten hohe Tributzahlungen leisten. Um sich diesen zu entziehen, bildeten sie einen Bund – Jahrhunderte später prägten Historiker dafür den Begriff „Großmährisches Reich" (Magna Moravia). Federführend waren dabei die Fürsten Mojmir I. und sein Neffe Rastislav aus Nitra (dt. Neutra, heute Westslowakei). Insbesondere Rastislav verstand es, den Einfluss der Franken durch geschickte Machtpolitik zurückzudrängen. So wandte er sich um 860 an den Papst in Rom und bat ihn, Lehrer für die Ausbildung einheimischer Priester zu entsenden, um die bis zu diesem Zeitpunkt von fränkischen Missionaren betriebene Christianisierung des Gebiets selbst kontrollieren und damit ein weiteres Stück fränkischer Einflussnahme beseitigen zu können. Als der Papst ablehnte, richtete er die gleiche Bitte an den großen Gegenspieler der Franken im Osten, den byzantinischen Kaiser, der nicht lange überlegte und einwilligte. Am 5. Juli 863 trafen die aus Konstantinopel entsandten Missionare, angeführt von den Brüdern Kyrill und Method aus Saloniki, in Mähren ein (seit der Samtenen Revolution ist dieser Tag ein Feiertag in Tschechien). Die beiden „Slawenapostel" verkündeten das Evangelium nicht in Latein, sondern – wie in der Ostkirche üblich – in der Sprache der Gemeinden, in diesem Fall also in einem slawischen Dialekt. Doch die Einführung der slawischen Liturgie, die später insbesondere in Russland und Bulgarien ganz bedeutende kulturgeschichtliche Folgen haben sollte, hatte auf dem Gebiet des heutigen Tschechien keinen nachhaltigen Effekt. Denn schon Ende des 9. Jh. wandten sich die böhmischen Fürsten erneut der lateinischen Kultur des Westens zu und verbündeten sich mit dem fränkischen Kaiser Arnulf.

Damit brach auch das sog. Großmährische Reich auseinander, und Teile der heutigen Slowakei wurden von den Magyaren, dem Urvolk der Ungarn, besetzt. Darin wurzelt übrigens die soziale und kulturelle Trennung zwischen Tschechen und Slowaken, die trotz des späteren gemeinsamen Staates nie überwunden wurde. Mähren teilte fortan weitestgehend das Schicksal Böhmens. Dort hatten nun die tschechischen Fürsten aus dem sagenumwobenen Geschlecht der Přemysliden (→ S. 127) im gerade entstehenden Prag eine führende Rolle inne.

## Böhmen wird Teil des Römischen Reiches – ab 950

In jenem Jahr schickte der deutsche König und spätere Kaiser Otto der Große sein Heer nach Böhmen. Der Přemyslidenfürst Boleslav unterwarf sich ihm, womit Böhmen dem Römischen Reich einverleibt wurde. Etwas mehr als ein Jahrhundert später folgte die Ernennung der ersten böhmischen Könige. Und wieder ein Jahrhundert später warben diese Siedler aus der ober- und niederdeutschen Nachbarschaft an, Soběslav II. räumte ihnen gar Sonderrechte ein. So wurden weite Gegenden Böhmens deutschsprachig, woran sich bis 1945 kaum etwas ändern sollte.

## Erste große Blüte unter Karl IV. – im 14. Jh.

Mit dem Tod König Václavs III. 1306 erlosch nach über drei Jahrhunderten die Přemysliden-Dynastie. Das Land erlebte daraufhin innenpolitische Wirren mit Rebellion und Anarchie, bis der böhmische Adel Johann von Luxemburg die Krone anbot. Der willigte ein und verfolgte während seiner Regentschaft ehrgeizige militärische Ziele. Feldzüge aber sind bekanntlich teuer, Adel und Volk verarmten. Der König selbst bezahlte 1346 auf dem Schlachtfeld mit seinem Leben. Erfolgreicher war sein Sohn Karl IV., der als klug, kunstsinnig und sehr fromm galt und goldene Zeiten herbeiführte. Getauft war er auf den Namen Wenzel, doch am königlichen Hof in Paris, wo er erzogen wurde, nahm er den Namen seines Onkels und Paten Karl IV. von Frankreich an. 1355 wurde er in Rom zum Kaiser des mittlerweile Heiligen

Römischen Reiches gekrönt. Prag stieg daraufhin zu einer der bedeutendsten und glanzvollsten Städte Europas auf.

Karls Sohn Wenzel IV., der nach dem Tod des Vaters 1378 den Königsthron bestieg, konnte das Erbe nicht auf dem Erfolgskurs weiterführen. Zwei Jahre nach seiner Krönung brach die Pest aus. Schätzungen gehen davon aus, dass jeder Siebte in seinem Reich dem Schwarzen Tod erlag. Auch politisch hatte Wenzel IV. wenig Glück, er brachte sowohl den böhmischen Adel als auch den hohen Klerus gegen sich auf und musste sich darüber hinaus noch mit den deutschen Kurfürsten herumschlagen. Auf deren Betreiben wurde er im Jahr 1400 als römisch-deutscher König abgesetzt, böhmischer König blieb er aber bis zu seinem Tod 1419. Es heißt, seine wahre Leidenschaft habe nicht den Regierungsgeschäften, sondern dem Wein gegolten, sodass er am Ende ganz folgerichtig als fauler Trunkenbold in die Geschichtsbücher einging.

## Im Zeichen der Hussiten – 15. Jh.

1402 begann ein gewisser Jan Hus aus Husinec im Böhmerwald in der Prager Bethlehemkapelle in tschechischer Sprache zu predigen. Die Botschaft des zwei Jahre vorher zum Priester Geweihten war eindeutig – er verabscheute die Habsucht des Klerus und dessen Lasterleben, kritisierte, dass die Kirche über weltliche Besitztümer verfügte, zweifelte die Autorität des Papstes an und betrachtete die Worte der Bibel als einzige verbindliche Richtlinie in Glaubensfragen. Natürlich konnte das nicht gut gehen – Hus wurde auf dem Konstanzer Konzil zum Feuertod verurteilt. Mit seiner Verbrennung am 6. Juli 1415 nahm die Zahl seiner Anhänger nur noch zu. Die Hussiten formierten sich in verschiedenen Gruppierungen (Kasten → S. 424), es kam zu Unruhen und 1419 mit dem ersten Prager Fenstersturz (→ S. 122) zur Revolte. Für den Papst waren die Hussiten jedoch nichts anderes als Ketzer aus Böhmen, und so erließ er die Kreuzzugsbulle. Doch die Hussiten stellten Heere auf und triumphierten in der berühmten Schlacht auf dem Vítkov (Veitsberg) mit Jan Žižka als Anführer über das zahlenmäßig weit überlegene Kreuzfahrerheer. Krieg auf Krieg folgte, 16 lange Jahre, dann war die Niederlage der Hussiten besiegelt. In der Folgezeit löste ein böhmischer König den anderen ab, darunter welche aus dem Geschlecht der Luxemburger und der polnischen Jagellonen. Sie alle aber waren zu schwache Persönlichkeiten für das Zeitalter religiöser Umwälzungen.

Hussitenführer Jan Žižka

## Böhmen unter den Habsburgern – ab 1526

1526 begann mit Ferdinand I. die Habsburgerherrschaft über Böhmen. Mitte des 16. Jh. holte er die Jesuiten ins Land, die die Gegenreformation durchführen sollten.

Am Ende der Regierungszeit Ferdinands I. und unter seinem Nachfolger Rudolf II. leisteten sich der katholische Adel und Klerus zahlreiche Paläste, entworfen von italienischen Baumeistern, die den Renaissancestil nach Böhmen brachten. Etliche protestantische Adelige hatten dafür mit ihrem Leben und Vermögen bezahlen müssen.

1618 eskalierten die Spannungen zwischen Protestanten und Katholiken erneut. Es kam zum berühmten zweiten Prager Fenstersturz (→ S. 122), der als Auslöser des Dreißigjährigen Krieges gilt. Die protestantischen böhmischen Stände verweigerten den katholischen Habsburgern die Gefolgschaft. Ein Jahr später wählten sie den jungen Kurfürsten Friedrich von der Pfalz zu ihrem neuen König. Als „Winterkönig" ging er in die Geschichte ein, was ungefähr der Zeitspanne seiner Regentschaft entsprach. Denn bereits 1620 setzte der Habsburger Ferdinand II. mit seinem kaiserlichen Heer in der siegreichen Schlacht am Weißen Berg *(Bílá hora)* bei Prag seine Thronrechte über Böhmen wieder durch. Die Strafe für die Aufständischen folgte auf dem Fuß: 27 Adelige wurden in Prag am Altstädter Ring hingerichtet, andere spießte man am Altstädter Brückenturm auf – zehn Jahre lang blieben ihre Überreste dort hängen. Fast die gesamte protestantische Aristokratie und alle nichtkatholischen Geistlichen wurden verfolgt. Wer konnte, verließ das Land. Grund und Vermögen der Geflüchteten fielen loyalen katholischen Adelsfamilien zu.

Infolge des Dreißigjährigen Krieges wurde das Land verwüstet, die Bevölkerung um fast zwei Drittel dezimiert. Bis zum Westfälischen Frieden 1648 zogen das sächsische und das schwedische Heer plündernd durch Böhmen. Nach dem Krieg regierten die Habsburger Böhmen von Wien aus und ließen das Land durch hohe Steuern förmlich ausbluten. Alle Formen des Protestantismus wurden verboten, die Rekatholisierung flächendeckend durchgesetzt, Kirchen und Klöster barockisiert. Die Tschechen wurden zu Menschen zweiter Klasse, ihre Sprache zu einem verachteten Dialekt, der nur von Leibeigenen, Bauern, Handwerkern und Dienstboten gesprochen wurde. Hingegen bestand die Händlerschicht überwiegend aus Deutschen, und die deutsche Sprache, die Lingua franca des habsburgischen Zentralismus, wurde zur alleinigen Amtssprache erhoben.

## Aufklärung und Industrialisierung – 18./19. Jh.

Während der österreichischen Erbfolgekriege, die auf den Tod Karls VI. 1740 folgten, wurde Böhmen vorübergehend von Bayern, Sachsen, Franzosen und Preußen belagert, die der Thronfolgerin Maria Theresia das Erbe streitig machen wollten. Ihr Sohn Joseph II. (1765–1790) reformierte das Habsburgerreich nach den Ideen der Aufklärung: Einführung der Schulpflicht, Glaubensfreiheit, Säkularisierung der Klöster usw. Aber weiterhin herrschte eine große Kluft zwischen dem, was deutsch, und dem, was tschechisch war.

Wirtschaftlich jedoch entwickelte sich Böhmen zu einer Perle in der Krone der Habsburger, und dank der Reformen auf dem Schul- und Bildungssektor bildete sich Anfang des 19. Jh. ein kleines tschechisches Bildungsbürgertum heraus. Aus diesem ging die Bewegung der nationalen Wiedergeburt *(národní obrození)* hervor, die zunächst nur die Wiederbelebung der tschechischen Sprache und Kultur auf ihre Fahnen geschrieben hatte, was sich in der Gründung zahlreicher tschechisch-nationaler Vereinigungen in Kunst und Literatur niederschlug. Diese fanden v. a. in Prag regen Zulauf, wo infolge der industriellen Revolution und des damit verbundenen Zuzugs an Tschechen das zahlenmäßige Verhältnis zwischen Deutschen und Tschechen zugunsten Letzterer kippte. Bald ging es nicht mehr nur um Sprache und Literatur, sondern um politische Emanzipation und

Widerstand gegen die deutsche Dominanz. Und die Habsburger Monarchie, die keine Gleichberechtigung kannte, die Presse- und Versammlungsfreiheit verweigerte und deren Erhalt Polizeispitzel und eine Bürokratie garantierten, die für ganz Afrika gereicht hätte, brachte mehr und mehr junge, anti-deutsch eingestellte böhmische Patrioten hervor.

Die Spannungen eskalierten schließlich im gesamteuropäischen Revolutionsjahr 1848. Um die aufständischen Tschechen zu besänftigen, wurde am 8. April ein kaiserliches Dekret erlassen, das die Gleichstellung der deutschen und tschechischen Sprache garantierte – ein Schritt, der zu spät kam. Der Traum von einem tschechischen Staat war bereits geboren, Straßenschlachten waren die Folge. Doch die Hoffnungen auf eine Hauptstadt namens *Praha* fanden schon bald ihr Ende. Bereits am 17. Juni 1848 verschaffte sich das österreichische Militär mit schwerem Geschützfeuer wieder Respekt.

Nach der kurzen Erschütterung der Habsburgerherrschaft übte sich die alte Oberschicht deutsch-böhmischer Prägung wieder in Ignoranz und Überheblichkeit. Doch das Streben der Tschechen nach nationalem Selbstbestimmungsrecht war nicht mehr umkehrbar.

## Erster Weltkrieg, erste Republik

Die Habsburgerherrschaft konnte sich noch ein gutes halbes Jahrhundert halten, dann kam der Erste Weltkrieg und mit ihm bzw. seinem Ende das Aus für die Doppelmonarchie Österreich-Ungarn. Gleichzeitig schlug die Geburtsstunde der ersten tschechoslowakischen Republik, deren Fundamente bereits während des Krieges gelegt worden waren, als sich eine Gruppe von Exilanten bei den späteren Siegermächten mit Erfolg für einen unabhängigen Nationalstaat von Tschechen und Slowaken stark gemacht hatte. Eine Schlüsselrolle unter ihnen nahm Tomáš Garrigue Masaryk (1850–1937, → S. 166) ein, der im November 1918 von der Nationalversammlung zum ersten Präsidenten des neuen Staates gewählt wurde.

Die neue ČSR hatte gute Karten, ca. 60 % der Industrieanlagen Österreich-Ungarns waren ihr in intaktem Zustand zugefallen – von heute auf morgen befand sich das Land an 10. Stelle unter den Industrienationen der Welt. Die Bevölkerung war bunt gemischt: 6,8 Mio. Tschechen, 3,1 Mio. Deutsche (über 80 % davon lebten in geschlossenen Siedlungsgebieten in Böhmen und Mähren), 1,9 Mio. Slowaken, 750.000 Ungarn, 460.000 Ukrainer und 70.000 Polen. Um ethnischen und sozialen Spannungen vorzubeugen, wurde unter Masaryk eine der liberalsten Verfassungen jener Zeit verabschiedet. Dennoch, viele Deutsche, insbesondere in den grenznahen Gebieten Böhmens, wollten die Eingliederung in die ČSR nicht akzeptieren. Und als peu à peu Gesetze folgten, die an ihrem Besitz rüttelten und ihre Rechte einschränkten (Enteignung durch Agrarreform, Entlassung von über 30.000 deutschsprachigen Beamten, da diese der tschechischen Sprache nicht ausreichend mächtig waren, Schließung deutscher Schulen etc.) formierten sie sich als Sudetendeutsche (die Bezeichnung existierte zuvor noch nicht) und forderten die Selbstbestimmung. 1933 wurde die *Sudetendeutsche Heimatfront* gegründet, aus der später die *Sudetendeutsche Partei* hervorging. Ihr Führer war Konrad Henlein, der die Nähe zum Führer in Berlin suchte. Sehnsüchtig blickten viele Sudetendeutsche ins Reich, wo die Nazis nach der Weltwirtschaftskrise für Aufschwung sorgten, während in der ČSR allein 500.000 Deutsche arbeitslos waren.

## Braune Hosen – ab 1938

Am 29. September 1938 unterzeichneten Hitler, Mussolini, Chamberlain und Daladier das Münchener Abkommen, das die Abtretung der sudetendeutschen Gebiete ans Deutsche Reich regelte. Zwei Tage später marschierten die deutschen Truppen ein. Doch die Nazis wollten mehr. Im März 1939 besetzten sie das restliche Staatsgebiet Tschechiens – die Slowakei war inzwischen auf deutschen Druck formal unabhängig geworden – und erklärten es zum sog. Reichsprotektorat Böhmen und Mähren. Wie andernorts auch festigten die Nazis ihre Herrschaft mit Unterdrückung und Terror, etwa 10.000 Tschechen nichtjüdischen Glaubens und 75.000 Juden wurden ermordet. Zu den größten Exzessen der Naziherrschaft kam es nach dem Attentat auf den stellvertretenden Reichsprotektor Reinhard Heydrich, als u. a. das Dorf Lidice nordwestlich von Prag dem Erdboden gleichgemacht und sämtliche männlichen Einwohner getötet wurden (→ S. 166 f.).

Im April und Mai 1945 erfolgte die Befreiung des Landes, im Westen durch die Amerikaner, im Osten durch die Russen. Konrad Henlein beging in alliierter Haft Selbstmord, der letzte Reichsprotektor Frick wurde in Nürnberg zum Tode verurteilt.

## Rote Socken – ab 1946

Kurz nach Kriegsende wurde die Tschechoslowakische Republik wiederhergestellt und Edvard Beneš ihr erster Präsident. Unter seiner Führung wurden 1945 auch jene von der Potsdamer Konferenz gebilligten Dekrete verabschiedet, die der deutschen Bevölkerung das Recht auf die tschechoslowakische Staatsangehörigkeit aberkannten, was deren gewaltsame Abschiebung zur Folge hatte. Fast drei Millionen Deutsche waren davon betroffen. Nur rund 200.000 Deutsche durften bleiben, insbesondere jene, die für Industrie und Wirtschaft unersetzlich waren. Noch heute sind zwei Drittel der Tschechen davon überzeugt, dass die Vertreibung der Deutschen richtig war. Die entvölkerten Gebiete versuchte man in den folgenden Jahren mit der Ansiedlung von Tschechen, Slowaken, Roma und Ukrainern wiederzubeleben.

Südböhmen: Dorf bei Nýrsko

1946 erhielten die Kommunisten bei den Wahlen zur Nationalversammlung mit knapp 40 % der Stimmen das beste Ergebnis, das eine kommunistische Partei je in einer freien Wahl erzielen konnte. 1948 führten sie eine Regierungskrise herbei, riefen den Generalstreik aus und zwangen Beneš zum Rücktritt. Neuer Staatspräsident wurde Klement Gottwald, eine tschechische Ausgabe Stalins. Mit ihm kam eine neue Verfassung und die Entmündigung des Volkes. Es folgten die kommunistische Ideologisierung von Kultur und Wissenschaft, die Verstaatlichung von Industrie und Handel, die gewaltsame Kollektivierung der Landwirtschaft, und es folgte Fünfjahresplan auf Fünfjahresplan. Etwa 2 Mio. Tschechen und Slowaken verließen ihr Land. 1960 wurde die Staatsdoktrin dann auch im Staatsnamen festgeschrieben: die Tschechoslowakische Republik (ČSR) mutierte zur Tschechoslowakischen Sozialistischen Republik, zur ČSSR.

Die einseitige Förderung der Schwerindustrie, Korruption und die Unfähigkeit der Regierenden führten das Land in die wirtschaftliche Krise. Wer das Regime kritisierte, wurde interniert oder zum Tod verurteilt. Einigen Quellen zufolge soll bis 1968 fast jeder fünfte männliche Erwachsene vorübergehend inhaftiert gewesen sein. Auf jeden Fall litt das Volk und mit ihm litten auch überzeugte Kommunisten, die sich eingestehen mussten, dass es so nicht mehr weitergehen konnte. Aus den innerparteilichen Streitigkeiten zwischen den selbstgefälligen Genossen stalinistischer Prägung und Reformern gingen schließlich Letztere als Sieger hervor.

## Prager Frühling – 1968

Im Januar 1968 wurde Alexander Dubček Erster Sekretär der Kommunistischen Partei. Die von ihm vorgestellten Liberalisierungs- und Demokratisierungsprogramme sollten zu einem „Sozialismus mit menschlichem Antlitz" führen, was viel über das vorherige Gesicht des Systems aussagt. Konkrete Ziele waren u. a. die Aufhebung der Zensur, die Gewährung von Presse- und Versammlungsfreiheit, der Abbau des Zentralismus und auch wirtschaftliche Reformen, die ein Abrücken von der Planwirtschaft vorsahen. Das Volk jubelte Dubček zu. Es herrschte Optimismus, der Prager Frühling verwandelte die Stadt und das Land.

Walter Ulbricht aber, dem Partei- und Staatschef der DDR, gingen die geplanten Reformen vor der eigenen Haustür zu weit. Und der Kalte Krieger Leonid Breschnew in der Sowjetunion sah sogleich die Außengrenzen des Warschauer Paktes in Gefahr. Als aller nichtmilitärische Druck auf die Prager Führung erfolglos blieb,

Schloss Lnáře

marschierten Truppen des Warschauer Paktes am 21. August 1968 in der Tschechoslowakei ein, insgesamt 650.000 Mann unter sowjetischer Führung. Es kam zu lang anhaltenden Protesten. Die Bilder gingen um die Welt: Tausende Prager auf den Straßen, in ihrer Mitte sowjetische Panzer. Sechs Studenten übergossen sich in aller Öffentlichkeit mit Benzin und zündeten sich an. Bevor der Eiserne Vorhang die Tschechoslowakei endgültig abriegelte, verließen mehr als 150.000 Menschen das Land. Das Vorgehen der Sowjetunion wurde von Breschnew im Nachhinein mit der Doktrin von der „begrenzten Souveränität der sozialistischen Staaten" und der „gemeinsamen Pflicht zur Verteidigung des Sozialismus" gerechtfertigt. Die Drohkulisse der Breschnew-Doktrin verschwand erst unter Gorbatschow und mit ihr schließlich das gesamte sozialistische Staatenbündnis.

## Lange Winter – ab 1968/1969

Die Tristesse des sozialistischen Alltags wurde wiederhergestellt, der große Hoffnungsträger Dubček zum Forstbeamten degradiert. Mit Hilfe eines gigantischen Sicherheitsapparates schaffte es die Kommunistische Partei, für Ruhe zu sorgen und den Lebensstandard sogar so weit zu verbessern, dass er im Ostblock nur noch von der DDR übertroffen wurde.

1976, in dem Jahr, in dem die ČSSR Fußballeuropameister wurde, landeten die Musiker der Undergroundband *The Plastic People of the Universe* im Gefängnis. Liberale Intellektuelle setzen sich daraufhin für sie ein und schlossen sich 1977 zur *Charta 77* zusammen, aus der das *Bürgerforum* hervorging. Einer der geistigen Urheber war Václav Havel (→ S. 39). Man forderte die Einhaltung der Menschenrechte und erlebte dafür das Gegenteil: Überwachung, Verfolgung und Inhaftierung.

### Von Burgen, Schlössern und der Restitution

Kein Wunder, dass die Tschechoslowakei für ihre Märchen- und Kinderfilme so berühmt war – wo sonst findet man so viele natürliche Kulissen, die wie geschaffen sind für Räuber Hotzenplotz & Co.? Kaum ein Hügel ohne Burg, kaum eine Stadt ohne Schloss. Vier Jahrzehnte Sozialismus sorgten jedoch dafür, dass viele dieser Bauten zu halben Ruinen wurden und nun nach und nach restauriert werden müssen. Nicht wenige Schlösser gehören heute wieder jenen Adelsfamilien, denen sie nach dem Zweiten Weltkrieg enteignet wurden. Die Rückgabe beschlagnahmten Eigentums wird als Restitution bezeichnet. Nach dem Restitutionsgesetz aus dem Jahr 1991 wird jedoch nur jener Besitz zurückgegeben, der nach der KP-Machtübernahme am 25. Februar 1948 enteignet wurde. Nur in wenigen Ausnahmen können Adelige ihren einstigen Besitz auch dann zurückerhalten, wenn er vor 1948 enteignet wurde. Dazu müssen die Antragsteller den Beweis erbringen, dass sie bzw. ihre Vorfahren zum Zeitpunkt der Enteignung Tschechen waren, sprich: dass ihre Enteignung nicht auf Grundlage der Beneš-Dekrete erfolgte.

## Samten fällt der Eiserne Vorhang – 1989

Gorbatschows Politik der Perestrojka läutete Ende der 80er-Jahre das Aus für die greisen Politfunktionäre des gesamten Ostblocks ein. In Berlin war die Mauer bereits gefallen (9. November 1989), in Polen, Ungarn und Bulgarien hatte sich das Volk schon erhoben, als in Prag am 17. November 1989 über 50.000 Menschen auf die Straße zogen. Die Kommunisten hatten die Kundgebung genehmigt, da sie offiziell an die Novemberdemonstration von 1939 erinnern sollte. Damals waren Studenten gegen Hitlers Einmarsch auf die Straße gegangen. Der Protest aber, so zeigte sich schnell, galt der eigenen politischen Führung. Die Demonstration schlug man brutal nieder. Über 100 Teilnehmer wurden verhaftet, ca. 500 verletzt. Dieser Tag gilt heute als der Auftakt zur *Samtenen Revolution*. Seit 2000 ist er ein Feiertag.

Es folgten Arbeitsniederlegung und Großdemonstrationen, und noch bevor das Jahr zu Ende war, hatten die Kommunisten ihre Führungsrolle verloren. Das Volk forderte mit Plakaten „Havel auf die Burg", und so kam es schließlich auch: Der Dichter zog als erster Präsident der postsozialistischen Ära in die Residenz der tschechischen Staatsoberhäupter ein. Um die Turbulenzen jener Zeit zu verdeutlichen, wird gerne die Geschichte von Jiří Dienstbier erzählt, der als Dissident im Gefängnis saß und danach für die Heizanlagen mehrerer Plattenbauten verantwortlich war. Seine Ernennung zum Außenminister kam so prompt, dass manche kalt duschen mussten, weil seine Stelle so schnell nicht wieder besetzt werden konnte.

1990 gab es schließlich nach langer Zeit wieder die ersten freien Wahlen, zu denen nicht nur jeder gehen durfte, sondern auch ging: Die Wahlbeteiligung lag bei 99 %. Havels *Bürgerforum* gewann. Die Demokratie war nun da, aber die Fragen der Zukunft blieben ungeklärt. Eine bewegte alle ehemaligen Ostblockstaaten: Wie schafft man den Übergang von einer maroden Planwirtschaft zu einer freien Marktwirtschaft, wenn die Gesellschaft – wie Havel es ausdrückte – an einer „Postgefangenschaftspsychose" leidet, nämlich der Unfähigkeit der Menschen, selbst Entscheidungen zu treffen und eigenverantwortlich zu handeln.

## Die Spaltung des Landes und der Beitritt zur EU

Am 1. Januar 1993 erfolgte die Trennung der ČSFR (der Name existierte seit 1990) in die Tschechische und die Slowakische Republik. Das Gros der 1,5 Mio. Mitglieder der Kommunistischen Partei hielt fortan das Fähnchen der Demokratie und des Kapitalismus in den Wind. Viele alte Parteimitglieder machten Karriere in Politik und Wirtschaft, brachten es auf Ministerposten oder in die Vorstände internationaler Unternehmen wie Škoda Auto oder HVB-Bank. Bei vielen einstigen Dissidenten herrscht darüber bittere Enttäuschung. Erst seit 2007 gibt es das staatliche Institut für das Studium totalitärer Systeme, das vergleichbar mit der Behörde für Stasi-Unterlagen in Deutschland ist und auf die Akten der Geheimdienste zurückgreifen kann.

Freuen konnten sich hingegen viele, die nach 1948 enteignet worden waren, unzählige Gebäude, Burgen, Schlösser, Klöster und Kirchen wurden ihren früheren Besitzern zurückgegeben. Durch ein radikales Privatisierungsprogramm versuchte man, die Wirtschaft des Landes wieder auf Vordermann zu bringen. Eine große Zahl ausländischer Unternehmen investierte in den neuen Standort; deren Tochtergesellschaften sorgen heute für ca. 50 % der tschechischen Industrieproduktion und für 70 % der tschechischen Exporte.

Am 1. Mai 2004 trat die Tschechische Republik zusammen mit der Slowakischen und acht weiteren Staaten der EU bei. Seitdem erhält das Land durch den EU-Strukturfonds Fördermittel insbesondere für die Bereiche Transport, Umwelt und Regionalentwicklung. Rund 3 Mrd. Euro überweist Brüssel jährlich nach Prag (seit 2014, zuvor waren es rund 3,5 Mrd.) – das spiegelt sich für den Besucher v. a. in neuen Parkplätzen und Umleitungen wider. Die Gelder werden aber auch für den Erhalt des baulichen Erbes und für vieles mehr verwendet.

# Notizen zur Architekturgeschichte

In Böhmen und Mähren sind alle bedeutenden europäischen Baustile des letzten Jahrtausends vertreten. Die größte architektonische Vielfalt präsentiert Prag, das in dieser Hinsicht nur von wenigen Städten der Welt übertroffen wird.

## Romanik

Aus der Romanik (950–1250) sind in erster Linie Sakralbauten und profane Repräsentationsbauten erhalten, denn die meisten anderen Gebäude aus jener Zeit waren einfache Holzbauten. Geschlossenheit und Festigkeit, Wucht und Strenge sind die Merkmale der Romanik. Sowohl durch ihr dickes, unverputztes Kleinquadermauerwerk als auch durch ihre Kargheit besitzen die Bauten von außen häufig Festungscharakter. Von außen wie von innen typische Beispiele für romanische Bauten sind u. a. die **Rotunde der Hl. Jungfrau Maria und der Hl. Katharina in Znojmo** und die **Kapelle der Egerer Burg**. Vielen ursprünglich romanischen Bauwerken wurden bei späteren Umbauten andere Stilelemente aufgesetzt. So präsentiert sich der bedeutendste romanische Bau des Landes, die **Sankt-Georgs-Basilika auf der Prager Burg**, heute nur noch von innen in seiner romanischen Pracht, außen trägt er ein barockes Kleid.

## Gotik

Wie überall in Europa hielt die Gotik auch in Böhmen und Mähren Mitte des 13. Jh. ihren großen Einzug. Himmelwärts strebende Bauwerke, Spitzbögen, Kreuzrippengewölbe und große Fensteröffnungen ersetzten die schweren, breit angelegten Bauten der Romanik. Als prototypisch für die Bauweise der Gotik gelten insbesondere hoch aufragende Kirchenbauten – meist Kathedralen –, in Böhmen etwa die **Bartholomäuskathedrale in Kolín**, die **St.-Barbara-Kathedrale in Kutná Hora** oder der **St.-Veits-Dom in Prag**. An den berühmtesten gotischen Bauwerken des Landes arbeitete der aus Schwäbisch Gmünd stammende Baumeister und Bildhauer Peter Parler mit. Zu den bedeutenden Profanbauten der Gotik zählen in Tschechien **Burg Kost** im Böhmischen Paradies sowie der **Altstädter Brückenturm** und die **Karlsbrücke** in Prag. Während die Epoche der Gotik im übrigen Europa gegen 1500 endete, blieb sie in Böhmen bis zum Anfang des 17. Jh. lebendig. Insbesondere die Hussiten förderten sie noch lange Zeit, da der neue Stil – die Baukunst der Renaissance – aus dem katholischen Italien kam.

## Renaissance

Als Epochenbegriff markiert die Renaissance den Beginn der Neuzeit, in der der Geist kritischer Forschung langsam an die Stelle mittelalterlicher Autoritätsgläubigkeit tritt und das profane Leben des Menschen in den Mittelpunkt der Betrachtungen rückt. In Philosophie und Kunst, insbesondere auch in der Baukunst, orientierte man sich an den Vorbildern der griechisch-römischen Antike. Als Musterbeispiele für die böhmische Renaissance-Architektur gelten z. B. die **Schlösser von Litomyšl** in Ostböhmen, **Horšovský Týn** in Westböhmen oder **Třeboň** in Südböhmen. Die typischen Stilelemente lassen sich dort bestens nachvollziehen: figürliche und geometrische Sgraffiti und nach altrömischen Vorbildern errichtete Arkadenloggien. Auch ganze Renaissanceensembles sind in Tschechien erhalten geblieben, so z. B. **Prachatice, Telč** oder **Slavonice.**

## Sgraffito-Technik – die Kratzkunst der Renaissance

Als die italienischen Baumeister im 16. Jh. die Renaissance nach Böhmen exportierten, brachten sie die sog. Sgraffito-Technik gleich mit – viele Hausfassaden zeugen noch heute von ihrer Kunst. „Kratzputz" nennt sich die Technik im Deutschen, die das Verfahren gleichzeitig auch erklärt: Auf einen Untergrund aus Rauputz wird dunkler oder farbiger Putz aufgetragen. Dieser wiederum wird mit einer sehr dicken hellen Farbschicht übertüncht. Noch bevor diese trocken ist, werden Muster und Ornamente herausgekratzt, sodass unter der hellen Oberfläche die dunklen bzw. farbigen Stellen sichtbar werden.

## Barock

Wohl kaum ein Baustil hatte in Böhmen und Mähren mehr Erfolg als der Barock. Er entstand im 16. Jh. ebenfalls in Italien und kam in Böhmen und Mähren v. a. nach der Schlacht am Weißen Berg zur Geltung. Der Sieg der katholischen Partei war zugleich der Auftakt für die neue Kunstepoche, für die zunächst überwiegend italienische Baumeister wie Carlo Lurago oder Giovanni Domenico Orsi verantwortliche zeichneten. Der Barock, von den katholischen Habsburgern zum „Reichsstil" erhoben, fällt in eine Zeit, die geprägt ist vom Widerstreit zwischen Lebensfreude und Todesbangen, Weltgenuss und Jenseitssehnsucht. Die barocke Architektur mit all ihrem Prunk und all ihrer Pracht stand im Dienste der Vitalisierung und Festigung christlicher Frömmigkeit und war gleichzeitig Ausdruck weltlicher Macht, die zwar als vergänglich, aber auch als gottgegeben und unantastbar galt. Gefördert wurde der Um- und Neubau von Kirchen von den Jesuiten, den Trägern der Gegenreformation im Lande. Sie engagierten so berühmte Baumeister wie Joseph Emanuel Fischer von Erlach aus Wien und Christoph Dientzenhofer aus Oberbayern (→ S. 213). Das Renaissance-Ideal von Harmonie und Ordnung wird im Barock zur stürmischen Dynamik. Gerade Linien mutieren zu schwungvollen Kurven, Flächen zu plastischen Gebilden. Typisch sind mächtige Kuppeln und illusionistische Deckengemälde (z. B. in der **Sankt-Nikolaus-Kirche** auf der Prager Kleinseite, der **Wallfahrtsbasilika im südmährischen Velehrad** und dem **Benediktinerkloster im ostböhmischen Broumov**), geschwungene Linien an Fenstern, Portalen und Gesimsen, mit Statuen geschmückte Portale und Fassaden und v. a. und überall: Putten, Putten, Putten. Zum bedeutendsten Bildhauer des Barock wurde Matthias Bernhard Braun (→ S. 187); seine grandiosen Skulpturen sieht man z. B. auf der Spitalterrasse von **Kuks** in Ostböhmen. Zu den prächtigsten Barockschlössern des Landes gehören u. a. **Karlova Koruna** in Chlumec nad Cidlinou, **Vranov nad Dyjí** in Südmähren, **Roudnice nad Labem** südlich von Litoměřice und **Jaroměřice nad Rokytnou** auf der Böhmisch-Mährischen Höhe.

Eine Sonderstellung nimmt die **Barockgotik** Giovanni Santinis (→ S. 491) ein, bei der, wie der Name schon sagt, Elemente des Barock und der Gotik verschmelzen. Besonders schöne Beispiele dieses eigenartigen symbolistischen Stils sind das **Kloster Želiv** und die **Nepomukkapelle in Žďár nad Sázavou** auf der Böhmisch-Mährischen Höhe sowie das **Kloster Kladruby** in Westböhmen.

## Rokoko

Es wird gerne gestritten, ob das Rokoko eine eigene Stilepoche oder als Variante des Spätbarock (etwa 1740–1780) anzusehen ist. Deutlich wird auf jeden Fall der Überdruss am schwülstigen Prunk und der Monumentalität des Hochbarock. Im Rokoko wurde das Dekor feiner, kleiner und verspielter. Neben Blumen und Ranken wurde die Muschel (französisch *rocaille*) zu einem der Grundmotive der Ornamentik, auffallend z. B. am 1765 errichteten **erzbischöflichen Palais im Prager Stadtteil Hradčany**. Schöne Beispiele für die Rokokoarchitektur sind außerdem die **Schlösser Dobříš** (Mittelböhmen) und **Nové Hrady** (bei Litomyšl in Ostböhmen). Zum berühmtesten Rokoko-Bildhauer Böhmens wurde Ignatz Platzer.

## Klassizismus/Empire

Stilistisch stellt der Klassizismus (1750–1840) v. a. eine Gegenreaktion auf die überschwängliche Formensprache von Barock/Rokoko dar; gleichzeitig ist er – wie der Name schon andeutet – ein erneuter Rückgriff auf die griechisch-römische (Bau-)Kunst mit ihren einfachen, klaren Formen. Insbesondere in den Kurorten Westböhmens sind tempelartige klassizistische Bauten, die sich durch Säulen, Kapitelle und Dreiecksgiebel klar an die Antike anlehnen, häufig vorzufinden. Das bedeutendste klassizistische Bauwerk Prags ist das zwischen 1781 und 1783 von Anton Haffenecker erbaute **Ständetheater.** Für die repräsentativen klassizistischen Palastbauten aus der ersten Hälfte des 19. Jh. verwendet man auch den Begriff Empire.

Die schönsten Empireschlösser des Landes sind **Schloss Kačina** bei Kutná Hora und **Schloss Kynžvart** bei Mariánské Lázně.

## Historismus

Der rapide Fortschritt von Wissenschaft und Technik und die damit einhergehende Industrialisierung in der zweiten Hälfte des 19. Jh. sowie wachsende Anforderungen an Rentabilität stellten die Architekten vor massive Probleme. Da Zeit mittlerweile Geld war und dieselbe zum Experimentieren knapp wurde, mussten schnelle Lösungen her – was lag näher als der Rückgriff auf historische Stile. Die Dekorteile wurden inzwischen maschinell produziert und wie Katalogware nach Bildern ausgesucht. Ein Bonmot aus der damaligen Zeit verdeutlicht die Situation: „Das Haus ist fertig, welcher Stil soll nun dran?“ So entstanden Gebäude des Neoklassizismus (Bäderarchitektur von **Karlsbad, Marienbad** oder **Franzensbad**), der Neogotik (**Schloss Hluboká nad Vltavou** in Südböhmen und **Schloss Lednice** in Südmähren) und der Neorenaissance (**Nationalmuseum** und **Nationaltheater in Prag**).

## Jugendstil

Eine Antwort auf die oft unmenschlich erscheinenden Zustände der Industrialisierung hieß zu Beginn des 20. Jh. „Zurück zur Natur". Der Jugendstil suchte seine Ausdrucksform v. a. in der Ornamentik, dominierend sind der Natur entlehnte geschwungene, fließende Linien, stilisierte Tier- und Pflanzendarstellungen, aber auch Motive aus mythischen Welten wie engelhafte Nymphen mit lang wallendem Haar. In Böhmen und Mähren war der Jugendstil v. a. an der Wiener Secession orientiert, einer kurz vor der Jahrhundertwende gegründeten Künstlervereinigung, die die österreichische Variante des Jugendstils begründete. So waren viele junge tschechische Architekten aus dem berühmten Atelier des Österreichers Otto Wagner mit neuen Ideen nach Böhmen und Mähren zurückgekehrt.

Die Formensprache des Jugendstils erstarrte aber schon bald zur Spielerei, noch vor dem Ersten Weltkrieg war der Stil wie eine veraltete Mode passé. Zu den großen tschechischen Jugendstilkünstlern gehört u. a. Alfons Mucha. Er wirkte am **Gemeindehaus Obecní dům** mit, dem Vorzeigebauwerk des Prager Jugendstils. Typische Elemente sind hier z. B. Intarsienfußböden, farbige Fenstergläser in der Kombination mit kunstgeschmiedetem Metall sowie das mit floralen Formen versehene Mosaik im Bogengiebel der Fassade. Auch außerhalb der Hauptstadt gibt es eine ganze Reihe schöner Jugendstilbauten, so das **Sparkassengebäude in Krnov** und das „Nationalhaus" **Národní dům in Prostějov**, beide in Nordmähren.

## Kubismus/Rondokubismus

Bezüglich seiner kubistischen Architektur ist Tschechien und v. a. Prag einzigartig auf der Welt. In der kubistischen Malerei und Bildhauerei wird versucht, Gegenstände auf ihre wesentlichen geometrischen Formen zurückzuführen: Kubus (= Würfel), Kegel und Kreis. Tschechische Architekten machten diese Idee Anfang des 20. Jh. für die Baukunst nutzbar, die bedeutendsten unter ihnen waren Josef Gočár und Josef Chochol. Dabei wurden die gesamten Gebäude einer plastischen Gestaltung unterzogen. Von außen vermitteln sie den Eindruck, als handele es sich um bewohnbare Skulpturen. Dies kommt z. B. durch kristallin gebrochene Fassaden oder diamantförmige Fensterbekrönungen zum Ausdruck. Sehenswert ist insbesondere das **Haus zur Schwarzen Madonna in der Prager Altstadt**.

Nach der Gründung der Ersten Republik 1918 entwickelte sich der sog. Rondokubismus, auch *Nationaler Stil* genannt, bei dem die eckigen, prismatischen Formen des Kubismus durch weichere, eher zylindrische ersetzt wurden. Sichtbar sind diese neuen Ansätze am von Josef Zasche und Pavel Janák projektierten **Palais Adria in der Prager Neustadt** (Corbusier nannte ihn einst etwas abfällig „assyrischer Palast"). Ein Schmankerl für speziell Interessierte stellt zudem die **Neustadt von Hradec Králové** dar. Der Rondokubismus hatte nur eine kurze Blüte.

## Funktionalismus

Ab den 1920er-Jahren stand in der Architektur die Funktion eines Gebäudes im Vordergrund, die Zweckmäßigkeit wurde zum leitenden Stilprinzip erhoben, entsprechend geradlinig und ornamentlos präsentieren sich die Gebäude. Die Ideen der *Neuen Sachlichkeit* wurden in Prag beispielsweise bei der **Müllervilla** (Architekt Adolf Loos) und beim **Messepalast** (Architekten Oldřich Tyl und Josef Fuchs), heute das Museum moderner und zeitgenössischer Kunst, provokant umgesetzt. Das faszinierendste funktionalistische Gebäude des Landes aber ist das von Mies van der Rohe entworfene **Tugendhat-Haus** in Brünn. Mit **Zlín** entstand für die Verwaltung und die Arbeiter der Baťa-Schuhwerke gar eine ganze funktionalistische Stadt.

## Architektur während der sozialistischen Zeit

Das Konzept des sozialistischen Realismus geht auf Stalin selbst zurück und war der Versuch, „eine getreue und historisch korrekte Abbildung der Wirklichkeit in ihrem revolutionären Fortschritt" zu schaffen. Der sozialistische Realismus sollte sich von den Visionen eines rigiden Funktionalismus zugunsten einer gegenständlichen, parteilichen Kunst abwenden. Die Frontfassaden schmückte man wieder mit Elementen historischer Baustile. Das heutige **Hotel Crowne Plaza** (1951–59) im Prager Stadtteil Dejvice wurde z. B. mit aus der Renaissance entlehnten und mit sozialistischer Symbolik angereicherten Sgraffiti verziert. Im westböhmischen **Ostrov** (der Ort taucht nicht im Reiseteil auf) wurde das Zentrum der Neustadt im Stil des sozialistischen Realismus geschaffen. Die meisten Bauten aus sozialistischen Ära aber sind Plattenbauten. Ein besonderes beeindruckendes Bild sozialistischer Wirklichkeit präsentiert diesbezüglich die nordböhmische Stadt **Most**.

## Architektur nach 1989

Als Beispiel für innovative postrevolutionäre Architektur ist Frank Owen Gehrys **Tanzendes Haus** in Prag zu nennen, ein extravagantes Gebäude im Stil des Dekonstruktivismus – die Auflösung traditioneller statischer Verhältnisse steht dabei im Vordergrund. Ansonsten sind außergewöhnliche moderne Bauten rar im Land, nicht für Touristen zugänglich oder sie liegen auch noch versteckt wie Petr Hájeks neues, nahezu unterirdisches Bildungszentrum des Nationalparks Riesengebirge in Vrchlabí. Über die neuesten Architekturprojekte informiert auf Englisch und Tschechisch die Seite www.archiweb.cz.

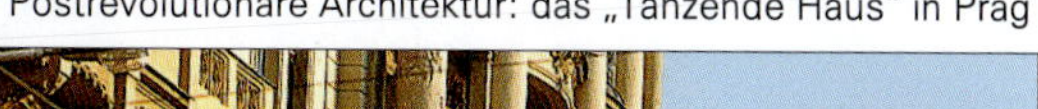

Postrevolutionäre Architektur: das „Tanzende Haus" in Prag

UNESCO-Welterbe: der Blumengarten von Kroměříž

# Reiseziele in Tschechien

Brückenpanorama von der Letná-Höhe

# Praha

Prag

**Um all die Facetten der tausendjährigen Stadt zu entdecken, bräuchte man Wochen. Um sie zu verstehen, Jahre. Genießen aber kann man Prag auf Anhieb.**

Prag ist eine Stadt im Wandel, eine Stadt auf dem Weg zu einer neuen Identität im Herzen Europas und innerhalb der EU. Die Tristesse aus der Zeit des Sozialismus ist passé, das Grau der Fassaden übertüncht. Das Attribut „golden" trägt Prag wieder zu Recht. Farbenprächtig und lebensfroh präsentiert sich das Zentrum – Anteil daran haben auch die Millionen Besucher aus aller Welt.

Prag zeigt seine Reize freizügig: eine erhabene Burg, hundert Türme und Kuppeln, verschlungene Gassen und prächtige Straßenzüge mit Bauten aus der Gründerzeit. Die Schätze liegen nicht wie in anderen Metropolen in Museen versteckt. Zwei Weltkriege hat die Stadt dank der ausgebliebenen Bomber nahezu unbeschadet überstanden, das kommt ihr zugute. Aber nicht nur die Vergangenheit ist an allen Ecken lebendig, auch die Gegenwart. Als eine pulsierende, weltoffene Metropole präsentiert sich Prag, als eine Stadt, die voller Optimismus in die Zukunft blickt.

Ein Optimismus allerdings, den nicht all ihre Bewohner teilen: Während sich in trendigen Cocktailbars die neureiche Oberschicht zur Caipirinha trifft, hinter mondänen Glasfassaden die Fäden für das Prag des neuen Jahrtausends gezogen werden, in eleganten Shoppingcentern die noch unentdeckten Karolína Kurkovás und Petra Němcovás flanieren und in prächtigen Jugendstilcafés Touristen über Kafka und den Golem plaudern, sitzen die einfachen Arbeiter in den Eckkneipen dicht gedrängt beim Pausenbier und studieren die Quoten der Fußballwetten. Ihre Frauen durchwühlen die Wäscheberge der Secondhandläden, von der glamourösen Hochglanzwelt können sie nur träumen. Auf den Straßen knattern Auspuffe, Presslufthämmer und Ampeln (!) um die Wette. Am Gehweg daneben erledigt der humpelnde Rauhaardackel sein Geschäft. Sein verarmtes Frauchen – zum Zaungast im neuen Prag geworden – kramt in der Mülltonne. Nur eine überfüllte Straßenbahn schaut zu. Prag hat verschiedene Gesichter.

**Geschichte**: Die ersten Siedlungen auf dem Gebiet des heutigen Prag entstanden ca. 3000 v. Chr. Alte Handelswege kreuzten sich hier an einer leicht zu überqueren-

## Prag – die Highlights

**Zuschauen**: Eine Opern- oder Ballettaufführung in einem der drei prächtigsten Prager Häuser (Staatsoper, Nationaltheater oder Ständetheater) kann zum Highlight Ihres Aufenthaltes an der Moldau werden.

**Kaffee trinken**: Ein Cappuccino in einem traditionsreichen Kaffeehaus sollte drin sein. Unser Tipp ist das *Imperial* in der Neustadt.

**Staunen**: Der Altstädter Ring zählt zu den schönsten Plätzen Europas. Nachts, im sanften Scheinwerferlicht angestrahlt, ist er einfach umwerfend.

**Spazieren gehen**: Vom Altstädter Ring über die Karlsbrücke und die malerische Kleinseite hinauf zur Burg – die touristische Standardroute, aber immer wieder empfehlenswert. Unterwegs lohnt ein Blick in die Kleinseitner Nikolauskirche, die mit Abstand schönste Kirche Prags.

**Anstoßen**: Die Bierstube *Zum Schwarzen Ochsen* (U černého vola) ist eine der urigsten der Stadt. Zum überaus leckeren Bier (kosten Sie das Dunkle!) gibt es kleine, deftige Snacks.

**Durch Museen ziehen**: Der ehemalige Messepalast (Veletržní palác) im Stadtteil Holešovice beherbergt heute das Museum moderner und zeitgenössischer Kunst. Er ist eine Augenweide – nicht nur wegen seiner Exponate!

den Furt über die Moldau. Die eigentliche Stadtgeschichte beginnt aber erst in der zweiten Hälfte des 9. Jh. Damals wählte Herzog Bořivoj I. aus dem Geschlecht der Přemysliden jenen Bergrücken, der sich heute Hradčany nennt, zu seiner Burgstätte. Schon ein Jahrhundert später gab es unterhalb der Prager Burg ein blühendes Marktzentrum, wo Slawen, Muslime und Juden mit Sklaven, Zinn und Pelzen handelten. Bald darauf entstanden die ersten Klöster. Gegen Ende des 10. Jh. wurde flussaufwärts die Burg Vyšehrad im heutigen Prager Süden (→ S. 127) befestigt und mit einer Münzprägestätte ausgestattet.

Im Jahr 1158 ließ der Herrscher Vladislav II. die erste Steinbrücke über die Moldau errichten, die nach seiner Frau „Judithbrücke" genannt wurde. Dieser wichtige Übergang trug erheblich zur Entwicklung der Stadt bei. Insbesondere am rechten Moldauufer siedelten daraufhin mehr und mehr Kolonisten, vorrangig aus Bayern und Sachsen. Und nachdem Soběslav II. Juden, Italienern und Deutschen das Recht auf Selbstverwaltung zugestanden hatte, war deren Zuzug enorm. Man schätzt, dass in der zweiten Hälfte des 13. Jh. bereits 35.000 Menschen dort lebten. Zu jener Zeit ging auch der Name „Prag" von der Burg auf die Stadt darunter über. Das Handelszentrum, das aus mehreren Märkten bestand, wurde von einer Befestigungsmauer umgeben, die entlang der heutigen, die Alt- von der Neustadt trennenden Fußgängerzone Na příkopě (Am Graben) verlief.

In der Mitte des 14. Jh. reihte sich Prag unter Karl IV. in die Liste der bedeutendsten Städte Europas ein und wurde Mittelpunkt des Heiligen Römischen Reiches. Unter seiner Herrschaft erfolgte die Grundsteinlegung des Sankt-Veits-Doms, der ersten Universität Mitteleuropas und der Karlsbrücke, welche die durch Treibeis beschädigte Judithbrücke ersetzte. Zudem ließ Karl auf der rechten Seite der Moldau Nové Město, die Neustadt, mit weiten Straßen und Plätzen anlegen. Auf Karls Tod folgte für Prag ein Jahrhundert schwerer Rückschläge, bedingt durch verheerende Pestepidemien und die sozialen Spannungen zwischen Katholiken und Hussiten, die mit dem ersten Prager Fenstersturz (→ Kasten S. 122) die Hussitenkriege auslösten.

Erst in der zweiten Hälfte des 16. Jh. (mittlerweile zählte die Stadt rund 60.000 Einwohner) wurde Prag wieder zu einer der glanzvollsten Metropolen des Heiligen Römischen Reiches – insbesondere unter der Regierungszeit Rudolfs II., der Maler und Bildhauer, Alchemisten und Astrologen an seinen Hof kommen ließ und eine der imposantesten Kunstsammlungen weltweit aufbaute. Aber dann kam der 30-jährige Krieg, ausgelöst durch den berühmten zweiten Prager Fenstersturz (→ Kasten S. 122), und die Schweden plünderten die Kunstschätze der Prager Burg. Nach dem Krieg wurde Prag von Wien aus regiert. Im Zuge der Gegenreformation erhielt die Stadt ihr barockes Gesicht, das noch heute das „Goldene Prag" ausmacht.

1713 erlebte Prag ein verheerendes Jahr: Zum letzten Mal brach die Pest aus, 13.000 Menschen fielen ihr zum Opfer. Während des österreichischen Erbfolgekriegs wurde Prag von Bayern, Sachsen, Franzosen und Preußen belagert. Dem Preußen Friedrich II. gelang es 1745 sogar, mit einem Heer von 80.000 Mann die Stadt vorübergehend einzunehmen. Zwölf Jahre später versuchte er sein Glück erneut: Dieses Mal stand er mit über 100.000 Mann vor den Toren der Stadt, auf die er ebenso viele Kanonenkugeln hageln ließ. Doch einnehmen konnte er sie diesmal nicht.

In der ersten Hälfte des 19. Jh. kippte infolge der Industriellen Revolution und des damit verbundenen Zuzugs von Tschechen das zahlenmäßige Verhältnis zwischen Deutschen und Tschechen zugunsten Letzterer. Daraus entwickelte sich ein vehementer Konkurrenzkampf zwischen beiden Kulturen, der bis in die Mitte des 20. Jh. anhielt. Durch den Bau feudaler Palais, großer Theater und prachtvoller Bürgerhäuser, die noch heute der Stadt ihren besonderen Reiz verleihen, versuchten sich beide Kulturen einander zu beweisen. 1843 wurde der erste Prager Bahnhof eröffnet, vier Jahre später brannten die ersten Gaslaternen, und 1896 fuhr die erste elektrische Straßenbahn. Im Ersten Weltkrieg blieb Prag von Kriegshandlungen verschont, auch den Zweiten Weltkrieg überstand die Stadt ohne große Zerstörungen.

Unter den Kommunisten begann der Verfall des historischen Zentrums und der Bau von Plattenbauten rund um die Stadt. 1960 zählte Prag eine Million Einwohner und rühmte sich der größten Stalinstatue der Welt (kurz nach ihrer feierlichen Einweihung jedoch war Stalin „out" und man riss sie wieder ab). 1968, während des Prager Frühlings, stand die Moldaustadt im Mittelpunkt des Weltgeschehens, aber kurz darauf verschwand sie hinter dem Eisernen Vorhang und geriet fast in Verges-

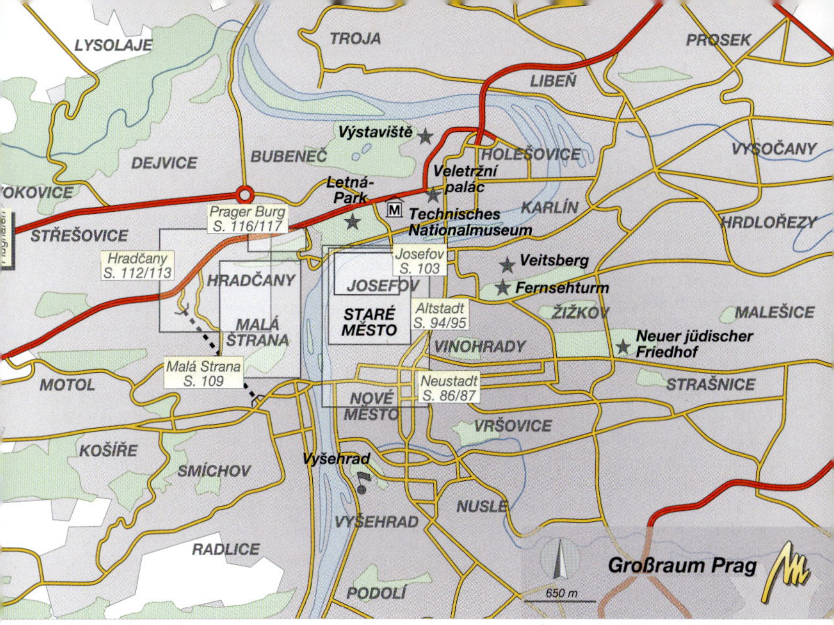


senheit. Seit der Samtenen Revolution hat sich das wieder geändert – Prag zählt heute zu den beliebtesten Zielen für Städtereisen. Die Stadt boomt und ist ein bevorzugter Ort internationaler Investoren, ihre Zukunft sieht rosig aus. An allen Ecken wird gebaut und restauriert.

**Orientierung**: Prag ist überschaubar. Das Gros aller Sehenswürdigkeiten, darunter die Prager Burg, der Staroměstské náměstí (Altstädter Ring), die Karlsbrücke, der Wenzelsplatz und der Alte Jüdische Friedhof, liegt in den historischen Stadtteilen Hradčany und Malá Strana westlich der Moldau und Staré Město, Josefov und Nové Město östlich der Moldau. Sie alle lassen sich problemlos zu Fuß erkunden. Aber auch mit der Straßenbahn oder der Metro gelangt man ohne Umstände in die Nähe jeder Sehenswürdigkeit. Die nächstgelegene Metrostation oder Straßenbahnhaltestelle sowie die dort hinführenden Linien sind unter den einzelnen Sehenswürdigkeiten angegeben. Es ist vorteilhaft, im Zentrum zu wohnen, die Auswahl an Unterkünften ist groß.

## Information

Die offizielle Internetseite der Stadt Prag ist www.prague.eu (auch auf Englisch). Die offiziellen Touristeninformationen der Stadt Prag firmieren unter dem Namen **Prague City Tourism** (www.praguecitytourism.cz) und sind unter ✆ 221714714 zu erreichen. Zweigstellen findet man am Flughafen und in der Innenstadt u. a. in:

**Staré Město** (Altstadt): Staroměstská radnice (Altstädter Rathaus), Staroměstské náměstí 1. Tägl. 9–19 Uhr. Ⓜ A Staroměstská.

**Malá Strana** (Kleinseite): im Kleinseitner Brückenturm an der Karlsbrücke. April–Okt. tägl. 10–18 Uhr. Ⓢ 12, 20, 22 Malostranské náměstí.

## Verbindungen

**Bus** Die meisten nationalen und internationalen Busse starten und enden am **Busbahnhof Florenc.** Hier befindet sich auch die gleichnamige Metrostation: Sowohl mit der roten Linie (Haltestelle Muzeum) als auch mit der gelben (Haltestelle Můstek) gelangen Sie direkt zum Wenzelsplatz. Weitere wichtige Busbahnhöfe sind **Na Knížeci** (Ⓜ B Anděl) südlich der Kleinseite im Stadtteil Smíchov, **Nádraží Holešovice** im Norden Prags (Ⓜ C) und **Roztyly** im Südosten der Stadt (Ⓜ C).

**Zug** Prag hat mehrere Bahnhöfe. Die meisten Züge enden entweder am **Hauptbahnhof (Hlavní nádraží)** im Zentrum der Stadt oder am **Bahnhof Holešovice** (auch *Nádraží Franze Kafky* bzw. Franz-Kafka-Bahnhof) im Norden Prags. Ins Zentrum gelangt man von Letzterem mit der Ⓜ C, nach Mitternacht mit Ⓢ 54. Des Weiteren gibt es die Bahnhöfe **Smíchovské nádraží** (Ⓜ B) im Stadtteil Smíchov südlich der Kleinseite und **Masarykovo nádraží** (Ⓜ B Náměstí Republiky) in der Neustadt nahe dem Náměstí Republiky.

**Flughafen** Prag besitzt zwei Flughäfen: den **Václav Havel Airport Prague** (auch: **Letiště Ruzyně**, Flughafencode PRG) etwa 20 km nordwestlich des Zentrums und den bislang noch privaten **Letiště Vodochody** (LKVO) ca. 30 km nordwestlich des Zentrums. Letzterer soll bis 2016 zu einer internationalen Drehscheibe für Billigflieger ausgebaut werden.

Der Václav Havel Airport Prague (www.prg.aero) verfügt über drei Terminals. Terminal 3 dient in erster Linie der Abfertigung kleiner Privatjets, Terminal 2 der Abfertigung von Maschinen, die zu Schengenstaaten pendeln (u. a. Deutschland, Österreich und Schweiz), und Terminal 1 der Abfertigung von Maschinen aus der restlichen Welt. Die Terminals 1 und 2 sind miteinander verbunden.

**Transfer zwischen Flughafen Ruzyně und Zentrum** Der Prager Flughafen besitzt bislang noch keinen Metroanschluss – bis 2018 soll sich das aber geändert haben. Die einfachste Alternative, um ins Zentrum zu gelangen, ist mit dem **Cedaz-Minibus-Shuttleservice**, der von 7.30–19 Uhr alle 30 Min. fährt, 5,50 €/Pers. Die Minibusse fahren von Terminal 1 (Ausgang F) und Terminal 2 (Ausgang E) ab. Wer auf diese Weise vom Zentrum zum Flughafen gelangen möchte, steigt nahe dem Náměstí Republiky (Neustadt) in der Straße V Celnici zu (Abfahrtsstelle vor dem ČSA-Büro).

**Taxis** ins Zentrum (Prag 1) kosten ca. 24 €. Am besten über einen AAA-Schalter (s. u.) buchen. Die Strecke zwischen Flughafen und Zentrum dauert ca. 30 Min., planen Sie zu den morgendlichen und abendlichen Stoßzeiten zur Sicherheit 1 Std. ein.

Wer mit **öffentlichen Verkehrsmitteln** vom Flughafen ins Zentrum fahren will, steigt vor dem Ankunftsterminal in Ⓑ**119** bis Dejvická und dort in die Ⓜ A zum Wenzelsplatz um. Die Busse fahren von 4–24 Uhr. Tickets bekommt man am Schalter der Prager Verkehrsbetriebe in den Ankunftsbereichen der Terminals 1 und 2. Zudem gibt es den sog. **Airport Express Bus (AE)**, der zwischen 5.30 und 21 Uhr ca. alle 30 Min. vom Flughafen über die Metrostation Dejvická (Ⓜ A) zum Hauptbahnhof (Hlavní nádraží, Abfahrt dort vor dem historischen Gebäudetrakt, mit „Historická budova nádraží" ausgeschildert) fährt. Tickets löst man beim Fahrer, die Fahrscheine der Prager Verkehrsbetriebe gelten hier nicht.

## Stadtverkehr/Parken

**Metro** Die schnellste Verbindung zwischen den Stadtteilen. Das Netz ist klein und übersichtlich. Es besteht aus drei Linien, die mit den Buchstaben und Farben A (Grün), B (Gelb) und C (Rot) gekennzeichnet sind. Die Metro fährt täglich von 5 Uhr morgens bis Mitternacht, zu Stoßzeiten alle 3–5 Min., in den verkehrsschwachen Zeiten alle 5–10 Min.

**Straßenbahn** Das Straßenbahnnetz ist sehr dicht und die meisten Linien sind auf die Minute pünktlich. Vor allem das Zentrum lässt sich besser mit der Straßenbahn als mit der Metro erkunden. Straßenbahnen *(tramvaj)* fahren i. d. R. von 4.30–0.15 Uhr, werktags alle 8–10 Min., am Wochenende und an Feiertagen alle 8–15 Min. Danach sind Nachttrams im Abstand von etwa 30 Min. unterwegs. Sie tragen 50er-Nummern und passieren das Stadtzentrum. Orientieren kann man sich an den Fahrplänen an jeder Haltestelle.

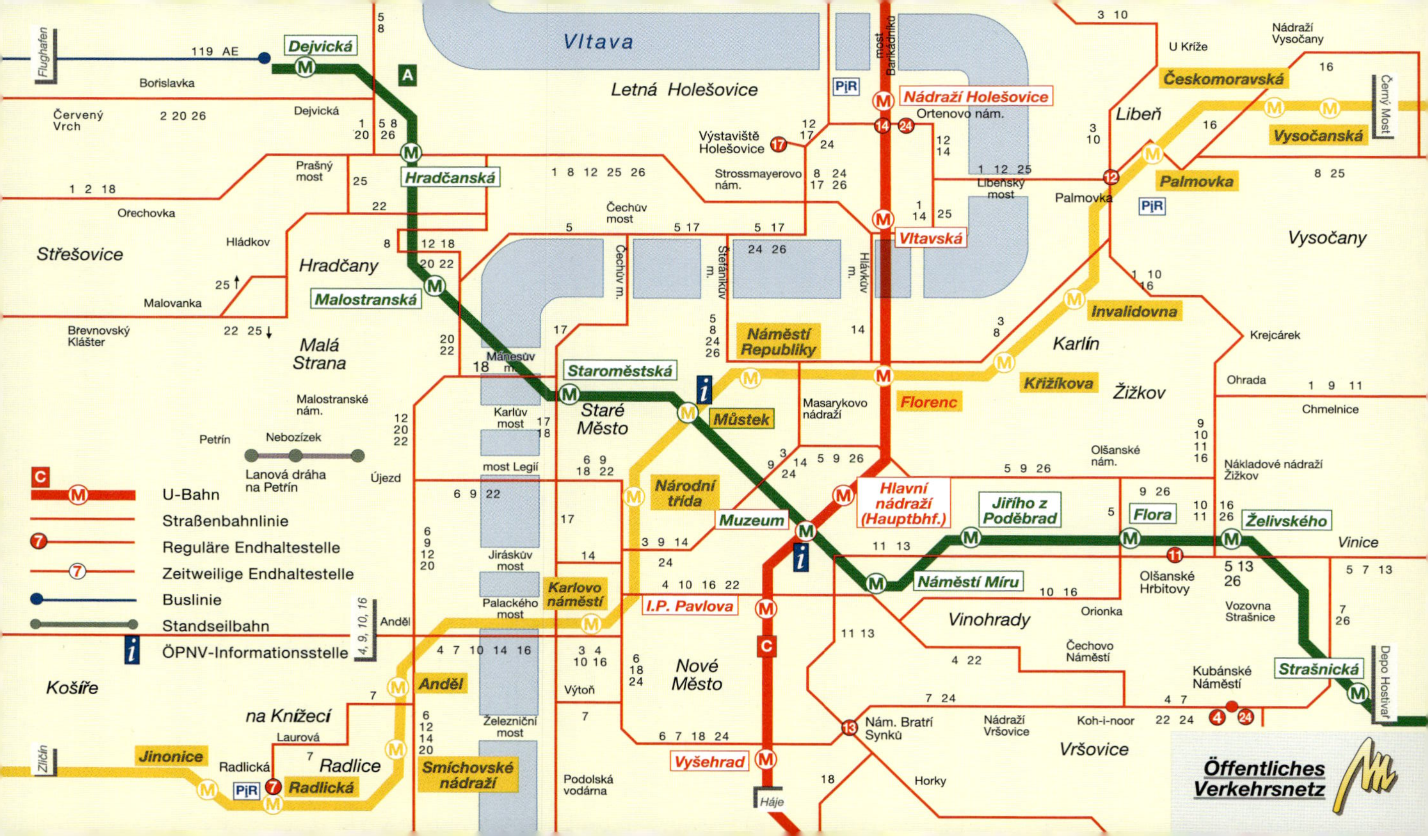

Öffentliches Verkehrsnetz
U-Bahn
Straßenbahnlinie
Reguläre Endhaltestelle
Zeitweilige Endhaltestelle
Buslinie
Standseilbahn
ÖPNV-Informationsstelle
Vltava
Letná Holešovice
Střešovice
Hradčany
Malá Strana
Staré Město
Nové Město
Karlín
Žižkov
Vinohrady
Vršovice
Libeň
Vysočany
Košíře
na Knížecí
Radlice
Dejvická
Hradčanská
Malostranská
Staroměstská
Můstek
Muzeum
Náměstí Míru
Jiřího z Poděbrad
Flora
Želivského
Strašnická
Depo Hostivař
Nádraží Holešovice
Vltavská
Florenc
Hlavní nádraží (Hauptbhf.)
I.P. Pavlova
Vyšehrad
Háje
Náměstí Republiky
Národní třída
Karlovo náměstí
Anděl
Smíchovské nádraží
Radlická
Jinonice
Zličín
Křižíkova
Invalidovna
Palmovka
Českomoravská
Vysočanská
Černý Most
Flughafen
119 AE
Bořislavka
Červený Vrch
Prašný most
Ořechovka
Hládkov
Malovanka
Břevnovský Klášter
Malostranské nám.
Petřín
Nebozízek
Lanová dráha na Petřín
Újezd
Mánesův m.
Karlův most
most Legií
Jiráskův most
Palackého most
Železniční most
Čechův most
Čechův m.
Štefánikův m.
Hlávkův m.
most Barikádníků
Výstaviště Holešovice
Strossmayerovo nám.
Ortenovo nám.
Libeňský most
Palmovka
U Kříže
Nádraží Vysočany
Krejcárek
Ohrada
Chmelnice
Masarykovo nádraží
Olšanské nám.
Nákladové nádraží Žižkov
Olšanské Hrbitovy
Vinice
Vozovna Strašnice
Orionka
Čechovo Náměstí
Kubánské Náměstí
Koh-i-noor
Nádraží Vršovice
Nám. Bratří Synků
Horky
Podolská vodárna
Výtoň
Anděl
Laurová
Radlická
PịR

Aktuelle Informationen zum öffentlichen Nahverkehr auf der Internetseite der Prager Verkehrsbetriebe unter **www.dpp.cz.**

**Bus** Auch die Busse verkehren meist auf die Minute genau, jedoch fahren sie vorrangig die Prager Außenbezirke an. Es existieren vier Nachtbuslinien – sie tragen 500er-Nummern und verkehren im 40-Min.-Takt.

**Taxis** Am besten fahren Sie mit Taxis von **AAA radiotaxi s.r.o.** (✆ 14014 o. 222333222). Die seriöse Gesellschaft (Tarife → S. 68) verfügt über eigene Taxistandplätze mit Preistafeln überall im Zentrum. Betrügerische Fahrer werden fristlos entlassen. Die Taxi-App von www.taxi.eu hilft Ihnen, die Taxipreise im Voraus zu berechnen.

**Parken** Die von uns aufgeführten Unterkünfte bieten, wenn nicht anders angegeben, sichere Parkplätze an oder können einen Parkplatz außer Haus reservieren. 2 Ausweichmöglichkeiten: Die Tiefgarage unter dem Rudolfinum nennt sich Garáže náměstí Jana Palacha (Zufahrt über den Dvořáko nabřeží, 2,20 €/Std., 24 €/Tag), des Weiteren gibt es eine Tiefgarage neben dem Nationaltheater (Zufahrt über die Ostrovní, bis zu 8 Std., 1,90 € für die erste Std., danach 0,80 € für jede weitere Std.).

## Nahverkehrstarife

Fahrscheine, die für alle öffentlichen Verkehrsmittel – egal ob Metro, Straßenbahn oder Bus – gültig sind, erhält man an den gelben Fahrkartenautomaten in den Metrostationen, zuweilen auch in Zeitungs- und Tabakläden. Auch über die *SEJF-App* kann man Tickets kaufen (Infos unter www.mobilnipenezenka.cz). Nur wenige Bus- und Straßenbahnhaltestellen haben Automaten!

**Preise**: Mit *Kurzfahrkarten (krátkodobá)* zu 0,90 € (24 Kč; alle Angaben Stand Jan. 2015; eine Preiserhöhung war noch für das gleiche Jahr angekündigt) darf man nicht länger als 30 Min. in Straßenbahnen, Bussen oder in der Metro unterwegs sein. Mit der *Grundfahrkarte (základní)* zu 1,20 € (32 Kč) kann man hingegen 90 Min. unterwegs sein. Für größere Gepäckstücke müssen Extratickets zu 0,60 € (16 Kč) gelöst werden – wer jedoch im Besitz einer Tages- oder Mehrtagekarte ist, kann ein größeres Gepäckstück kostenlos mitnehmen.

**Tipp**: Kaufen Sie sich Tages- bzw. Mehrtagekarten, auch wenn Sie mit Einzelfahrscheinen vielleicht billiger wegkämen. Die Sucherei nach dem nötigen Kleingeld und dem nächsten Automaten erledigt sich damit. Tages- und Mehrtagekarten gibt es an den Ticketschaltern der Metrostationen und am Flughafen zu kaufen. Das 24-Std.-Ticket kostet 4 € (110 Kč) und das 3-Tage-Ticket 11,50 € (310 Kč).

## Adressen

**Ärztliche Versorgung** **Medizinische Fakultät der Karlsuniversität**, auf die Behandlung von Ausländern vorbereitet ist die III. Interna, Abt. C. Die Ärzte sind deutsch- oder englischsprachig. Die Aufnahme ist unkompliziert. EHIC wird akzeptiert. Zentral gelegen: U nemocnice 2 (Karlsplatz), ✆ 224961111, Ⓜ B Karlovo náměstí.

**Autoverleih** Die hier aufgeführten Anbieter verfügen über Zweigstellen am Flughafen und im Zentrum. Für weitere Informationen Ⓜ Wissenswertes von A bis Z/Mietwagen, S. 42.

**Europcar**: Elišky Krasnohorské 9, Josefov, ✆ 232000600, www.europcar.com. Ⓜ A Staroměstská.

**Sixt**: Pobřežní 1 (Hilton), Nové Město, ✆ 222324995, www.sixt.com. Ⓜ B, C Florenc.

**Hertz**: Evropská 15 (Hotel Diplomat), Dejvice, ✆ 225345041, www.hertz.com. Ⓜ A Dejvická.

**Polizei** Freundlich und fremdsprachig ist z. B. die Dienststelle am Jungmannovo náměstí 9 nahe dem Wenzelsplatz (Ⓜ A, B Můstek), ✆ 158.

**Post** **Hauptpost** an der Jindřišská 14, Nové Město. Tägl. 2–24 Uhr. Ⓜ A, C Muzeum.

**Stadtrundfahrten und -führungen** Unzählige Veranstalter mit unterschiedlichsten Touren in der Innenstadt. 2 Adressen:

**Prague Walks**, Spaziergänge zu speziellen Themen, aber auch einfach zu den Highlights. Keine Voranmeldung nötig, auf Flyer achten, Treffpunkt Altstädter Ring links der Astronomischen Uhr, ✆ 222322309, www.praguewalks.com. Ⓜ A Staroměstská.

**Premiant City Tour**, bietet neben Standardtouren zu Fuß und mit dem Bus auch Fahrten nach Karlsbad, Pilsen usw. Stand vor der Na příkopě 23, Nové Město, ✆ 606600123 (mobil), www.premiant.cz. Ⓜ A, B Můstek.

**Waschsalon** **Andy's Laundromat**, ältester Waschsalon der Stadt, auch Selbstbedienung. Kostenlos Wifi und Kaffee während aller Waschvorgänge. Korunní 14, Vinohrady. Ⓜ A Náměstí Míru.

Praha → Übersicht S. 67

## Einkaufen

→ Karte S. 86/87, S. 94/95, S. 103, S. 109 und S. 116/117

Von einem Shoppingparadies à la London oder Paris ist Prag weit entfernt. Zum Stöbern aber – egal ob in Antiquariaten oder verstaubten Trödelläden – ist die Moldaumetropole eine gute Adresse.

**Kunsthandwerk/Souvenirs** Böhmisches Kristall, Töpferwaren, Holzspielzeug, Marionetten, Bernsteinschmuck und bemalte Ostereier (ganzjährig!) an jeder zweiten Ecke. Ein paar Extratipps:

**Truhlář Marionety** (9/S. 109), einer der schönsten Marionettenläden der Stadt ist der von Pavel Truhlář im Schatten der Karlsbrücke. Handgeschnitzte Puppen, deren Kostüme vor Ort genäht werden. U Lužického semináře 5/78, Malá Strana. Ⓢ 12, 20, 22 Malostranské náměstí.

**Erpet** (11/S. 94/95), museumsgroßer Glaspalast für böhmisches Kristall in allen Variationen, darunter auch Moser-Gläser (→ Karlsbad, S. 383). Staroměstské náměstí 27, Staré Město. Ⓜ A Staroměstská.

**Manufaktura** (14/S. 94/95), Kunsthandwerk und Naturprodukte von bemalten Ostereiern über Holzspielzeug bis zu wohlduftenden Seifen. Mehrere Filialen, eine große in der Melantrichova 17, Staré Město. Ⓜ A, B Můstek.

Im Shoppingcenter Palladium

**Mode** Für *Diesel* & Co → Shoppingcenter. Boutiquen junger tschechischer Designer (innen) findet man v. a. in Josefov: z. B. **Tatiana** (9/S. 103), Dušní 1, **Bohème** (6/S. 103), Dušní 8, oder **Klára Nademlýnská** (7/S. 103), Dlouhá 3. Über tschechische Designer informiert zudem www.czechfashion.cz. Noch 2 Adressen außerhalb Josefovs:

**Phase 2 Boutique** (7/S. 109), in diesem Lädchen liegt der Schwerpunkt auf gehobener, fast edler Vintage-Mode für die Dame. Auch originelle Schuhe und Accessoires. Tržiště 8, Malá Strana, Ⓢ 12, 20, 22 Malostranské náměstí.

**La Femme Mini** (14/S. 86/87), der Laden der in Vietnam geborenen Prager Designerin Mimi Lan. Romantisch-verspielt-kitschige, mädchenhafte Röcke und Kleider, dazu witzig bestickte Stofftaschen. Außerdem: handgefertigte Winterjäckchen für Ihren Bello. Štěpanská 51, Nové Město, Ⓢ 3, 9, 14, 24 Vodičkova.

**Shoppingcenter** **Palladium**, größte Shoppingmall der Innenstadt. 170 Läden, alle bekannten Marken sind vertreten. Ein Tipp ist die Foodmeile im OG. Náměstí Republiky, Staré Město. Ⓜ B.

**Märkte** **SAPA**, der größte Vietnamesenmarkt Tschechiens, ca. 10 km südlich des Zentrums. Riesiges, irgendwie trostloses Gelände mit Lagerhallen, ramschigen Basarzeilen (Koffer, Plastikblumen, Lebensmittel usw.) und sehr authentischen Asia-Bistros. Hier decken sich die Tante-Emma-Vietnamesen für die Ausstattung ihrer Läden ein, hier ergattern aber auch Tschechen so manches Schnäppchen. Am besten Fr oder Sa kommen, sonst eher tote Hose. Ⓜ C Budějovická (dort den Ausgang zu den Bussen nach „Barrandov, Roztyly, Spořilov" wählen), weiter mit Ⓑ331 o. 333 bis Sídliště Písnice. Oder: Von Ⓜ C Kačerov weiter mit Ⓑ113 bis Sídliště Písnice. Der Eingang zum Gelände liegt noch vor der Haltestelle linker Hand.

**Sammlermarkt in Buštěhrad**, der 2-mal monatlich freitags stattfindende Antiquitäten- und Trödelmarkt im ca. 30 km westlich von Prag gelegenen Örtchen Buštěhrad gilt laut eigener Webseite als drittgrößter Markt dieser Art in Europa. Ein Treffpunkt von Händlern, Sammlern und Neugierigen. Früh kommen! Infos über genaue Zeiten auf www.bustehradantik.cz. Ca. alle 30 Min. von Ⓜ A Dejvická mit dem Bus zu erreichen (Abfahrt gegenüber dem Hotel Diplomat). Der Markt befindet sich von Prag kommend am Ortseingang rechter Hand.

**Antiquitäten/Trödel** Hochwertigere Antiquitätengeschäfte findet man v. a. in Josefov und in der Altstadt. 2 Adressen: **Dorotheum** (12/S. 94/95), das älteste Auktionshaus Europas, gegründet 1707 in Wien. Alles, was angeboten wird, ist antik und teuer: Porzellan, Zigarettenetuis, Orden, Glas, Gemälde usw. Ovocný trh 2, Staré Město. Ⓜ A, B Můstek.

**Art deco Galerie** (15/S. 94/95), ausgefallener Nobeltrödler. Das meiste im Stil der 20er-Jahre, zudem viel Kleidung. Nur Mo–Sa 14–19 Uhr. Michalská 21, Staré Město, Ⓜ B Národní třída.

**Antiquariate/Buchhandlungen** **U Zlaté Číše** (2/S. 109), klein und chaotisch – eines der hübschesten Antiquariate der Stadt. Nerudova 16, Malá Strana, Ⓢ 12, 20, 22 Malostranské náměstí.

**Antikvariát** (5/S. 103), u. a. Literatur zum jüdischen Leben in Prag, zweisprachige Gebetbücher (deutsch/hebräisch) und zuweilen Erstausgaben deutscher Klassiker. Široká 7, Josefov, Ⓜ A Staroměstská.

**Vitalis** (1/S. 116/117), Buchhandlung des gleichnamigen, deutschsprachigen Prager Verlags. Viel Literatur zur Stadt, Übersetzungen tschechischer Autoren, zudem Kafka & Co. Im Goldenen Gässchen, Zlatá ulička 22, Pražský hrad, Ⓢ 22 Pražský hrad.

**Buchhaus Kanzelsberger** (12/S. 86/87), alteingesessene Buchhandlung mit 7 Filialen allein in Prag. In der Filiale am Václavské náměstí 42 auch Noten und deutschsprachige Literatur. Nové Město, Ⓜ A, B Můstek.

## Essen & Trinken

Das touristische Zentrum Prags bietet eine fast unglaubliche gastronomische Vielfalt. Leider legt so manches Restaurant den Fokus weniger auf gute Küche, sondern eher aufs Kassieren. Das gilt insbesondere für möchtegernschicke, bewusst traditionsbetonte Häuser und den Großteil der Restaurants, die mit einem Menüsonderangebot am Eingang werben. Das Essen ist dort meist keinen Deut besser als in der miefigsten Vorstadtkneipe, nur um ein Vielfaches teurer. Das Gros der Ausländer bekommt das gar nicht mit, da man von zu Hause solche Preise gewohnt ist oder sie für eine Großstadt als angemessen akzeptiert.

Empfehlenswerte Restaurants finden Sie in den Kapiteln zu den einzelnen Stadtteilen.

## Übernachten

→ Karte S. 86/87, S. 94/95 und S. 109

Angegeben sind wie immer die Hochsaisonpreise. In der Topsaison (d. h. über Silvester, Ostern, Pfingsten und – je nachdem, wie die Feiertage liegen – über die verlängerten Wochenenden) steigen die Preise um 20–30 %. Frühzeitig zu buchen lohnt daher. In der Nebensaison hingegen purzeln die Preise, ein DZ in einem zentral gelegenen 4-Sterne-Hotel ist dann auch schon mal für 40 € inkl. Frühstücksbüfett zu haben. Alle hier aufgelisteten Unterkünfte liegen im Zentrum oder zumindest in angrenzenden und problemlos zu erreichenden Stadtbezirken.

**Hotels** ***** **Four Seasons** (**7**/S. 94/95), eines der besten Prager Hotels, untergebracht in einem Gebäudekomplex, zu dem u. a. eine Barockvilla und ein Neorenaissancebau gehören. Großzügige, elegante Zimmer mit Marmorbädern, Telefon auf der Toilette und z. T. mit Blick auf die Burg. EZ und DZ ab 510 €, jedoch regelmäßig Specials. Veleslavinova 2A, Staré Město, PLZ 11000, Ⓜ A Staroměstská, ✆ 221427000, www.fourseasons.com.

»» **Unser Tipp:** ***** **The Augustine** (**3**/S. 109), Nobelherberge in einem historischen, labyrinthartigen Klosterkomplex, in dem bis heute Mönche leben. 101 überaus komfortable Zimmer, davon 4 Suiten, sehr gemütlich, individuell und mit Liebe zum Detail gestaltet: rustikale Holzböden, kubistische Reproduktionen, kuschelige Sofas, geschmackvolle Accessoires, Bücher zum Schmökern. Garten. Parken im Hof möglich. Perfekter Service. Wellnessbereich, Fitnessstudio. In der angeschlossenen „1887 Bar" bekommt man das süffige Sankt-Thomas-Bier, das heute jedoch nicht mehr im Kloster selbst, sondern außerhalb Prags gebraut wird. DZ ab ca. 395 €. Letenská 12, Malá Strana, PLZ 11800, Ⓢ 12, 20, 22 Malostranské náměstí, ✆ 266112242, www.augustinehotel.com. ««

*****Buddha-Bar Hotel Prague** (**5**/S. 94/95), kein Hotel für biedere Snobs, sondern für flippige Leute mit Geld. Altstadthaus mit 39 stylishen und sehr komfortablen, schwarz-rot-braun gehaltenen Zimmern, die asiatische Kitschelemente mit westlicher Eleganz verbinden. Frische Orchideen auf den Kingsize-Betten, in der Mosaikwanne kann man den legendären Buddha-Bar-Chillout-Compilations lauschen. In den Gängen schummriges Licht und Räucherstäbchen, in der Minibar Champagner satt. Bar-Restaurant mit einer 3 m hohen Buddha-Statue aus Fiberglas, DJ-Beschallung und satten Preisen. EZ und DZ ab 312 €. Jakubská 8, Staré Město, PLZ 11000, Ⓜ B Náměstí Republiky, ✆ 221776300, www.buddhabarhotelprague.cz.

**** **Josef** (**3**/S. 94/95), die Adresse für alle, die auf lichtes, minimalistisches Design stehen. Entworfen von der in London arbeitenden tschechischen Architektin Eva Jiřičná. Parken 27 €/Tag extra. Eine gute Wahl ist auch das Schwesterhotel Maximilian nahebei: ebenfalls zeitgemäßes Design, hier aber nicht in einem Neubau, sondern in einem historischen Stadthaus. EZ ab 144 €, DZ ab 159 €. Rybná 20, Staré Město, PLZ 11000, Ⓜ B Náměstí Republiky, ✆ 221700111, www.hoteljosef.com.

**** **Sax** (**5**/S. 109), alteingesessenes Haus nahe der deutschen Botschaft. Im 70er-Jahre-Retrostil durchgestylt. Jedes Zimmer sieht anders aus, es überwiegen die Farben Orange, Weiß und Schwarz. Witzige Bettwäsche, schöne Bäder. Ruhige Lage. Parkplätze (22 €/Nacht extra). DZ ab 92 €. Jánský Vršek 3, Malá Strana, PLZ

11800, Ⓢ 12, 20, 22 Malostranské náměstí, ✆ 257531268, www.sax.cz.

*** **Hotel 16** (24/S. 86/87), kleines, gut geführtes und etabliertes Haus. 14 leicht biedere Zimmer. Zuvorkommender Service, deutschsprachig. Kleiner Garten. Am besten bucht man direkt über die hoteleigene Webseite, dort liegen die Preise 10 % unter denen der Hotelbuchungsseiten! Wer früh bucht, bekommt einen kostenlosen Parkplatz (sonst 17 €/Tag). EZ ca. 89 €, DZ ca. 130 €. Kateřinská 16, Nové Město, PLZ 12800, Ⓜ B Karlovo náměsti, ✆ 224920636, www.hotel16.cz.

››› **Unser Tipp:** **Botel Matylda** (20/S. 86/87), neueres Hotelboot – eigentlich 2 nebeneinander liegende Boote – mit 25 freundlichen, modernen Zimmern (keine engen Kajüten wie bei den Hotelbooten aus sozialistischer Zeit). 7 davon befinden sich auf dem namengebenden Boot Matylda (dort ist auch das Restaurant, wo das Frühstück serviert wird), die 18 anderen auf dem benachbarten Boot Klotylda (mit Panoramadeck). Schön die oberen Zimmer zur Flussseite, aber auch die Suite am Bug mit Blick auf die Slaweninsel ist herrlich. EZ ab 79 €, DZ ab 89 €. Masarykovo nábřeží, Nové Město, PLZ 11000, Ⓢ 14, 17 Jiráskovo náměstí, ✆ 222511826, www.botelmatylda.cz. ‹‹‹

**Museum** (17/S. 86/87), in bester Lage schräg gegenüber dem Nationalmuseum. Die Zimmer und Suiten (viel Furnierholzmöbel, z. T. behindertengerecht) sind um einen gepflegten Innenhofgarten mit Sitzgelegenheiten angelegt. Bewachter Parkplatz nahebei. EZ 60 €, DZ 80 €. Mezibranská 15, Nové Město, PLZ 11000, Ⓜ A, C Muzeum, ✆ 296325186, www.hotelmuseum.cz.

**Little Town Budget Hotel** (6/S. 109), altes Stadthaus in bester Lage am Kleinseitner Ring. Darin eine Mischung aus Hotel und Hostel, eine empfehlenswerte Adresse für den kleineren Geldbeutel. Zimmer mit privatem Bad, Zimmer in Apartments, die sich Küche und Bad teilen, sowie Betten im Dormitory. Spartanisch, aber freundlich im IKEA-Stil eingerichtet. Kleine Innenhofterrassen. DZ mit Bad 80 €, ohne Bad 72 €, Bett im Schlafsaal 20 €, Frühstück extra. Malostranské náměstí 11, Malá Strana, PLZ 11800, Ⓢ 12, 20, 22 Malostranské náměstí, ✆ 242406965, www.littletownhotel.cz.

**Pensionen** **U zeleného věnce** (17/S. 94/95), die Familienpension „Zum Grünen Kranz" liegt in einer ruhigen Altstadtgasse. 9 großzügige, ordentliche Zimmer mit schwedischen Holzmöbeln, eigenem Bad und Deckenbalken. Sehr sauber, nette Betreiber. Bewachter Parkplatz 5 Fußmin. weiter. EZ 86 €, DZ ab 97 €. Řetězová 10, Staré Město,

Am Abend zeigt sich der Altstädter Ring von seiner Schokoladenseite

PLZ 11000, Ⓢ17, 18 Karlovy lázně, ✆ 220 220178, www.uzv.cz.

››› **Unser Tipp: Miss Sophie's** (23/S. 86/87), moderne Pension, schickes Hotel, cooles Hostel und lässige Apartmentvermietung in einem. Egal, was man bucht – gutes Preis-Leistungs-Verhältnis. Sehr freundlich. DZ ab 80 €, Bett im Schlafsaal ab 14 €, geräumige Apartments für 4 Pers. ab 106 €. Melounová 3, Nové Město, PLZ 12000, Ⓜ C I. P. Pavlova, ✆ 246032620, www.miss-sophies.com. ‹‹‹

**Church Pension** (13/S. 86/87), unter der Leitung der evangelischen Brüdergemeinde. Zentral gelegen, aber ruhig. 22 schlichte, altbackene, aber sehr saubere Zimmer in 3 Kategorien: mit Du/WC im Zimmer, mit Du im Zimmer (aber WC auf dem Korridor) oder nur mit Waschbecken (Sanitäranlagen auf dem Korridor). Bewachte Parkplätze in der Nähe. Freundliches Personal. EZ ab 36 €, DZ ab 47 €, Frühstück 4,30 € extra. Jungmannova 9, Nové Město, PLZ 11000, Ⓜ B Národní třída, ✆ 296245432, www.churchpension.cz.

**Pension 15**, renovierter Altbau. 15 einfache, saubere Zimmer mit Waschbecken, mit etwas IKEA aufgepeppt und mit Etagenbad. Dazu im Hinterhof noch Apartments für bis zu 5 Pers. Laundryservice. Parken im Hof möglich (8 €/Nacht). Preiswert: DZ 25 €, Apartments für 4 Pers. 71 €, Frühstück 2,60 € extra. Vlkova 15, Žižkov, PLZ 13000, Ⓢ5, 9, 26 Husinecká, ✆ 222721800, www.pension15.cz.

**Hostels** **Czech Inn**, Topadresse in einem neogotischen Stadtpalast. Designerhostel von der Lobby über die Bar bis zu den Zimmern, einige Gebrauchsspuren sind jedoch mittlerweile vorhanden. Witzig die „Basement Bar". Keine Parkplätze. Im Dormitory ab 9 €/Pers., DZ mit Bad 60 €, mit Etagenbad ab 48 €, Apartments für 5 Pers. 115 €. Frühstück extra. Francouská 76, Vinohrady, PLZ 10100, Ⓢ4, 22 Krymská, ✆ 267267600, www.czech-inn.com.

**Mosaic House** (19/S. 86/87), hippe Mischung aus Megahostel und -hotel, wird mit Biogas und erneuerbarer Energie betrieben. Neben Mehrbettzimmern auch viele DZ mit Bad auf dem Niveau eines 3-Sterne-Hotels, manche davon mit Terrasse und herrlichen Blicken über die Stadt. Mit dem La Loca befindet sich auch eine angesagte Bar im Mosaic House. Viele coole Babyfaces. DZ ab 92 €, im Schlafsaal ab 15 €/Pers., Frühstück stets extra. Odborů 4, Nové Město, PLZ 12000, Ⓜ B Karlovo náměstí, ✆ 2215 95350, www.mosaichouse.com. ■

››› **Unser Tipp: Sir Toby's**, 125 Betten in 25 liebevoll und kreativ eingerichteten Zimmern in einem Jugendstilbau. Zimmer in allen Größen, etwa die Hälfte davon mit privatem Bad. Waschservice, Innenhof für Grillpartys im Sommer, gemütliche Gemeinschaftsküche (Tee stets gratis). Deutscher Besitzer. Raucher müssen auf den Balkon oder in den Hof ausweichen. Bewachte Parkplätze nahebei. Radverleih. EZ ab 35 €, DZ ab 45 €, im Mehrbettzimmer ab 12 €/Pers., Frühstück 5 € extra. Dělnická 24, Holešovice, PLZ 17000, Ⓜ C Vltavská, weiter mit Ⓢ1, 14, 25 Dělnická, ✆ 246032610, www.sirtobys.com. ‹‹‹

**Apartments** **Nebozízek** (13/S. 109), ein Traum für Flitterwöchner: 2 klassisch-elegante Suiten (ohne Küche) mit Himmelbett und herrlichem Blick auf die Stadt. Dem gleichnamigen Restaurant am Petřín-Berg angeschlossen. 130 €/Tag. Petřínské sady 411, PLZ 11800, Ⓢ12, 20, 22 Újezd, weiter mit der Drahtseilbahn bis zur Station Nebozízek, ✆ 257315329, www.nebozizek.cz.

**Residence Belgická**, etabliertes Haus mit 30 luftigen, hübschen Suiten, Studios und Apartments. Business-Publikum. Gartenterrasse, ruhige Lage. Fitness-Center, Sauna, Babysitting etc. Studio für 2 Pers. (33 $m^2$) 92 €, Apartments (45–68 $m^2$) ab 112 €. Belgická 12, Vinohrady, PLZ 12000, Ⓜ A Náměstí Míru, ✆ 221401800, www.mamaison.com.

**Michal Machek**, Michal Machek (ein überaus freundlicher Typ) vermietet 6 Studios und Apartments, einfach, aber völlig okay. Ruhige Lage. Gutes Preis-Leistungs-Verhältnis, daher auch von Lesern gelobt. Sehr zuverlässig. Für 2 Pers. ab 53 €, günstiger ab 3 Tagen. Vorausbuchung nötig, da keine Rezeption. Zahřebská 18, Vinohrady, PLZ 12000, Ⓜ A Náměstí Míru, ✆ 234099999, www.apartmentsinprague.cz.

**Camping** Im Stadtteil Troja im Norden Prags reihen sich an der Straße Trojská 7 Plätze, meist auf Obstbaumwiesen, aneinander. Gute Anbindung ans Zentrum (auch nachts) mit Ⓢ17, Haltestelle „Trojská" für die Campingplätze. Mit dem eigenen Fahrzeug folgt man vom Zentrum (Neustadt, auf der Wilsonova am Hauptbahnhof vorbei) der Beschilderung „Teplice/Dres-

Praha → Übersicht S. 67

den" und, kurz nachdem man das 2. Mal die Moldau überquert hat, der Beschilderung „Troja/Zoo". Die Campingplätze passiert man auf dem Weg zum Zoo. Die 3 von uns empfohlenen Plätze besitzen allesamt 3 Sterne (gute Sanitäranlagen) und sind ganzjährig geöffnet. Die Preise liegen bei 4–7 €/Pers., Zelt je nach Größe 4–9 €, Pkw 3–5 €, Wohnmobil 8–13 €. Für eine Übernachtung in einem Zimmer mit Bad sollte man mit 35–40 € rechnen.

**Autocamp Trojská**, klein, aber nett und gepflegt, deswegen auch sehr beliebt. Bungalows und Zimmer, Gartenküche, Restaurant. Trojská 375/157, PLZ 17100, ✆ 283850487, www.autocamp-trojska.cz.

**Camp Dana Troja**, recht schöner, schmaler Platz, ebenfalls gepflegt und mit Zimmervermietung. Waschmaschine. Zusätzliches Plus: am nächsten zur Straßenbahnhaltestelle gelegen. Trojská 129, PLZ 17100, ✆ 28 3850482, www.campdana.cz.

**Sokol Troja**, für alle mit großen Gespannen oder größeren Wohnmobilen die beste Adresse in Troja. Leider kein Obstgartencharme, sondern eher Parkplatzambiente. Trojská 171 a, PLZ 17100, ✆ 233542908, www.camp-sokol-troja.cz.

## Kultur & Nachtleben

→ Karte S. 86/87, S. 94/95 und S. 109

Klassische Konzerte, Ballett, Theater – jeden Abend stehen unzählige Veranstaltungen in prunkvollen Opernhäusern, Kirchen und Konzertsälen auf dem Programm. Eine lange Tradition haben Prags **Schwarze Theater** (Černé divadlo). Dunkel gekleidete Schauspieler bewegen dabei unbemerkt vom Publikum Gegenstände vor einem schwarzen Hintergrund. Viele Vorstellungen bedienen sich rein pantomimischer Darstellung, Musik untermalt die einfach erzählten Geschichten. Zu viel des Zaubers, wie oft angepriesen, sollte man nicht erwarten – die Schwarzen Theater sind ein Stück Touristenkult. Berühmt ist die Stadt aber auch für ihre Jazzclubs, die rockenden Revivalbands und Avantgarde-Sessions – auf irgendeiner Bühne laufen die Verstärker immer heiß. Ohnehin steht in Prag dem Clubbing bis zum Morgengrauen nichts im Wege, denn eine Sperrstunde gibt es nicht. Einen Überblick über kulturelle Veranstaltungen bieten die deutschsprachige *Prager Zeitung* (www.pragerzeitung.cz) und die als E-Paper erscheinende englischsprachige *Prague Post* (www.praguepost.com).

**Konzertsäle** **Rudolfinum**, → S. 102. Vorverkauf u. a. im Haus. Alšovo nábřeží 12, Staré Město, ✆ 227059227, www.ceskafilharmonie.cz. Ⓜ A Staroměstská.

**Smetana-Saal**, → S. 92. Karten bekommt man im Haus. Náměstí Republiky 5, Staré Město, ✆ 222002101, www.obecnidum.cz. Ⓜ B Náměstí Republiky.

**Oper/Ballett** **Stavovské divadlo (Ständetheater)**, → S. 93. Vorverkauf gegenüber in der Touristeninformation. Ovocný trh 1, Staré Město, ✆ 224901448, www.narodni-divadlo.cz. Ⓜ A, C Můstek.

**Národní divadlo (Nationaltheater)**, → S. 83. Ticketverkauf u. a. im Haus. Národní třída 2, Nové Město, ✆ 224901448, www.narodni-divadlo.cz. Ⓢ 6, 9, 17, 18, 22 Národní divadlo.

**Státni opera (Staatsoper)**, → S. 82. Ticketverkauf u. a. im Haus. Wilsonova 4, Nové Město, ✆ 224901448, www.narodni-divadlo.cz. Ⓜ B Hlavní nádraží.

**Schwarze Theater** **Laterna Magica**, touristenüberlaufenes Multimediatheater mit Projektionen, Pantomime und Tanz – hört sich spannender an, als es ist. Spielort ist die Nová scéna neben dem Nationaltheater. Ticketverkauf im Haus. Národní třída 4, Nové Město, ✆ 224931482, www.laterna.cz. Ⓢ 6, 9, 17, 18, 22 Národní divadlo.

**Divadlo Image**, neben Schwarzlichteffekten auch Pantomime und moderner Tanz. Ticketverkauf vor Ort. ✆ 222329191, www.imagetheatre.cz. Pařížská 4, Josefov, Ⓜ A Staroměstská.

**Jazzclubs** **Reduta** (7/S. 86/87), legendärer Jazzschuppen seit 1958. Bill Clinton packte hier vor Václav Havel sein Saxophon aus. Dixie, Swing und Jazz-Rock. www.redutajazzclub.cz. Národní třída 20, Nové Město, Ⓜ B Národní třída.

**Jazz Dock**, der verglaste Pavillon, umspült von den Wogen der Moldau, ist eine der trendigsten Jazzlounges der Stadt. Fast

Beliebter Treffpunkt: Treppe vor dem Rudolfinum

Praha → Übersicht S. 67

jeden Abend Live-Jazz, dazu gute Snacks, und das alles zu fairen Preisen. www.jazzdock.cz. Janáčkovo nábřeží 2, Smíchov, Ⓢ 6, 9, 12, 20 Švandovo divadlo.

**AghaRTA Jazz Centrum** (10/S. 94/95), für viele bester Jazzclub der Stadt, zudem auch noch in einem wunderschönen Gewölbekeller untergebracht. Fusion und Modern Jazz. Kleiner Shop angeschlossen. www.agharta.cz. Železná 16, Staré Město, Ⓜ A, B Můstek.

**Rock, Dance usw. Lucerna Music Bar** (11/S. 86/87), Touristen und junge Prager geben sich hier ein Stelldichein. Gute Konzerte, 80s-Partys am Wochenende. Faire Preise für die Lage. www.musicbar.cz. Vodičkova 36, Nové Město, Ⓜ A, B Můstek oder A, C Muzeum.

**Vagon** (6/S. 86/87), verqualmter Laden für Altfreaks, die sich nicht von Jimi Hendrix und Led Zeppelin lösen können. Fast tägl. Live-Gigs. Viel Blues, faire Preise. Trotz zentralster Lage vornehmlich tschechisches Publikum. www.vagon.cz. Národní třída 25, Nové Město, Ⓜ B Národní třída.

››› **Unser Tipp: Palác Akropolis**, Kulturzentrum mit riesigem Angebot. Originelle Kneipe im Erdgeschoss (mit Gehwegterrasse im Sommer). Im Keller regelmäßig Konzerte (u. a. spielten hier schon *Nouvelle Vague*, die *Strokes*, *Ween*, aber auch schräge Trompeter aus Rumänien und und und). Dazu tägl. wechselnde DJs. Sehr empfehlenswert. www.palacakropolis.cz. Kubelíkova 27, Žižkov, Ⓜ A Jiřího z Poděbrad. ‹‹‹

**Klub Strahov 007** (14/S. 109), im Untergeschoss eines heruntergekommenen Plattenbau-Studentenwohnheims im Viertel Strahov westlich der Kleinseite. Empfehlenswerter Undergroundclub, der bereits seit 1969 (!) einheizt, aber seit Jahren von der Schließung bedroht ist (Lärm!). Fast tägl. Konzerte oder DJs: Ska, Hip-Hop, Punk, Hardcore, Jungle, Electroclash etc. Illustre Gäste aus der ganzen Welt, selbst Jello Biaffra und die Black Lips waren schon hier. Mit 150 Besuchern ist es allerdings bereits knallvoll. Günstig. www.klub007strahov.cz. Chaloupeckého, Strahov, Ⓜ C Anděl, weiter mit Ⓑ 191 Stadion Strahov (nachts zurück mit Ⓑ 510 in die Innenstadt).

**Radost FX** (21/S. 86/87), seit bereits rund 2 Jahrzehnten einer der angesagteren Clubs der Stadt. Schicke Sofas, Parketttanzfläche. Viel US-amerikanisches Publikum. Angegliedert sind ein gutes vegetarisches Restaurant und eine etwas protzige Lounge. House, Techno, Soul und Latin überwiegen. Lounge tägl., Club nur Di–Sa. www.radostfx.cz. Bělehradská 120, Vinohrady, Ⓜ C I. P. Pavlova.

**Mecca**, durchgestylter Danceclub in einem ehemaligen Fabrikgebäude. Mischung aus illustrem, reichem und schönem Publikum. Viel House. Nur Fr/Sa ab 22 Uhr. www.mecca.cz. U Průhonu 14, Holešovice, Ⓜ C Nádraží Holešovice, weiter mit Ⓢ 12, 14 U Průhonu.

**Roxy** (**2**/S. 94/95), die Techno-, House- und Reggae-Partys im großen Kellerclub ziehen seit Jahren ein internationales Publikum an, gelegentlich auch gute Konzerte renommierter Bands. Mo freier Eintritt. www.roxy.cz. Im 1. Stock das **NOD**, ein großräumiges, karges Szenecafé mit Künstler- und Intellektuellenpublikum. Galerie angegliedert, Sessions und Performances. Man kann auch Kleinigkeiten essen. www.roxy.cz. Dlouhá 33, Staré Město, Ⓢ 5, 8, 24, 26 Dlouhá třída.

**Tickets für kulturelle Veranstaltungen**: Karten können in der Innenstadt an diversen Vorverkaufsstellen erstanden werden – Plakate machen darauf aufmerksam. Die Preise sind niedriger als zu Hause, Karten für klassisches Theater, Oper oder Ballett bekommt man oft schon ab 10 €, lediglich die Schwarzen Theater sind teurer (25–30 €). Da viele Vorverkaufsstellen versuchen, zuerst oder ausschließlich die teuersten Tickets zu verkaufen (mehr Provision), lohnt es sich, die Häuser direkt aufzusuchen! Tickets verkaufen auch alle offiziellen städtischen Informationsbüros (→ S. 67). Bereits von zu Hause aus kann man auch über www.ticketportal.cz oder www.bohemiaticket.cz Tickets bestellen.

## Sport und Freizeit

**Boots- und Schiffsausflüge** Die Angebote variieren von Trips auf kleinen Tuckerbooten mit Platz für 8 Leute über Touren auf Moldaudampfern mit Schaufelrad bis hin zu Nachtfahrten. Ein 1- bis 2-stündiger Ausflug kostet 8–15 €, wer Live-Musik und Essen inklusive will, muss mit etwa 25–30 € rechnen. Die meisten Boote dümpeln zwischen Nationaltheater und Burg Vyšehrad vor sich hin. Tickets sind an den Kiosken der Tourenveranstalter und an den diversen Anlegestellen selbst erhältlich.

**Eishockey** **HC Sparta Praha**, spielt in der Tipsport-Arena beim Ausstellungsgelände Výstaviště, Holešovice. Ⓢ 12, 17, 24 Výstaviště. www.hcsparta.cz.

**HC Slavia Praha**, spielt in der modernen O2-Arena, Ocelářská 460/2, Libeň. Ⓜ B Českomoravská. www.hc-slavia.cz.

**Fußball** Prag stellt je nach Saison 3–5 Teams in der höchsten Liga des Landes. Am spannendsten sind die Lokalderbys. Die Top-Teams sind: **AC Sparta Praha**, der erfolgreichste Verein der Stadt und des Landes, spielt in der Generali Arena, Milady Horákové 98, Bubeneč. Ⓜ C Vltavská, weiter mit Ⓢ 1, 8, 12, 25, 26 Sparta. www.sparta.cz.

**SK Slavia Praha**, spielt in der Eden-Arena (auch Synot-Tip-Arena genannt). Vladivostocká 10, Vršovice. Ⓢ 4, 7, 22, 24 Slavia. www.slavia.cz.

**Bohemians 1905**, der Verein mit den schönsten Trikots spielt im Ďolíček-Stadion, Vršovická 31, Vršovice. Ⓢ 7, 24 Bohemians. www.bohemians.cz.

**Moldaubad** **Žluté Lázně**, das traditionsreiche Moldaubad ist heute eine moderne Beachmeile. Restaurant (zugleich Treffpunkt an Sommerabenden), Bar, Biergarten, Beachvolleyball-Felder, Tretbootverleih, Sandstrandabschnitt, Liegewiesen, Kinderbecken (Erwachsene baden wie seit über 80 Jahren in der Moldau) etc. In Podolí. Ⓢ 3, 17 Dvorce (vom Zentrum kommend kurz vor der Straßenbahnhaltestelle rechter Hand).

**Pferderennen** Galopp- und Trabrennen finden April–Okt. (Ausnahme Juni) nahezu jedes Wochenende auf der Rennbahn in **Velká Chuchle** (www.velka-chuchle.cz) statt, ca. 8 km südlich des Zentrums. Es kann auch gewettet werden. Ⓜ B Smíchovské nádraží, weiter mit Ⓑ 129, 172, 241, 244 bis Dostihová. Von dort aus noch ca. 10 Min. zu Fuß, ausgeschildert.

## Veranstaltungskalender – die Highlights

**Januar** An **Neujahr** feiert und feuert Prag. Menschenmassen und Rauchbomben gibt's am Wenzelsplatz und auf der Karlsbrücke. Wer das Feuerwerk in Ruhe genießen will, geht auf den Vítkov-Hügel in Žižkov oder auf die Moldauinsel Střelecký ostrov.

Beginn der **Ballsaison**. Jeder Stadtteil, jeder Verein feiert seinen repräsentativen Ball: Die Spannbreite reicht von feucht-fröhlichen Polkapartys bis zu elitären Veranstaltungen mit dem Wiener Opernball als Vorbild.

**Februar** Karneval wird seit Jahren im Stadtteil Žižkov gefeiert. **Masopust** nennt sich das dortige kleine, lustige Spektakel mit einem Umzug am Faschingsdienstag, bei dem es von Kneipe zu Kneipe geht.

**März** **Febiofest** – ein populäres Filmfestival. Es läuft Neues und Kultiges im Cinestar Anděl. www.febiofest.cz.

**April** **Days of European Film** – dauert rund eine Woche und liefert ein sehr interessantes Programm. Die meisten Filme laufen mit englischen Untertiteln. Hauptveranstaltungsorte sind die Kinos Světozor und Lucerna. www.eurofilmfest.cz.

**Mai** Das klassische Musikfestival **Prager Frühling** beginnt am 12. Mai mit einer Prozession vom Grab Smetanas (Ehrenfriedhof Vyšehrad) zum Obecní dům. Konzerte an verschiedenen Orten, Dauer 4 Wochen. www.festival.cz.

**Marathon** – die Strecke führt durch die ganze Stadt. Jeder kann nach Voranmeldung mitmachen. www.runczech.com.

**Khamoro** – größtes Romafestival Mitteleuropas mit Filmen, Tänzen und Konzerten, auf verschiedene Locations verteilt. www.khamoro.cz.

**Juni** **Festival United Islands of Prague** – an dem dreitägigen Musikfestival nehmen rund 100 Bands und DJs aus aller Herren Länder teil. Auf verschiedene Parks und Moldauinseln der Stadt verteilt. www.unitedislands.cz.

**Respect Festival** – zweitägiges Worldmusic-Open-Air im Ladronka-Park (im Westen Prags). www.respectfestival.cz.

**Juli/August** **Sommerfestival der alten Musik** – von Mitte Juli bis Anfang Aug. Teils hochkarätige Konzerte internationaler Musiker an den verschiedensten Orten. Aber nicht nur Barockmusik, im Programm auch Fado und anderes. www.letnislavnosti.cz.

**September** **Festival der sakralen Musik (Svatovaclavské Slavnosti)** – dem Hl. Wenzel gewidmetes Festival, bei dem der Fokus auf geistlicher Musik aus aller Welt liegt. Auf verschiedene Kirchen, Theater und Synagogen der Stadt verteilt. www.svatovaclavske.cz.

**Strings of Autumn** – internationales Musikfestival, das Klassik und Jazz bietet. Geht bis in den Nov. Verschiedene Veranstaltungsorte. www.strunypodzimu.cz.

**Oktober** **International Jazz Festival** – ältestes Jazzfestival Mitteleuropas, u. a. im Club Reduta (→ S. 76). www.jazzfestivalpraha.cz.

**November** **Prager Theaterfestival deutscher Sprache** – auf mehrere Theater der Stadt verteilt. Hervorragende Gastspiele verschiedener deutschsprachiger Bühnen. www.theater.cz.

**Dezember** Beim traditionellen **Moldauschwimmen** am 26.12. (seit 1923!) organisiert der „1. Prager Schwimmverein der Abgehärteten" den Sprung ins kalte Nass. Start am Nationaltheater.

Prag: Stadt der hundert Türme

# Sehenswertes in Nové Město

Neustadt

Nové Město ist das Handels- und Geschäftszentrum Prags, wenn nicht der ganzen Republik. Breite Boulevards und belebte Flaniermeilen, repräsentative Theater- und Opernhäuser, Einkaufszentren und Casinos prägen den Stadtteil. Ganz so neu aber, wie der Name vermuten lässt, ist er nicht. Bereits im 14. Jh. ließ Kaiser Karl IV. den großzügigen Grundriss von Nové Město anlegen. Das Bild bestimmen heute überwiegend monumentale Gebäude aus der Gründerzeit und der Epoche des Jugendstils, aber auch Bauten des Funktionalismus und des sozialistischen Realismus sind zu finden. Bis in die Gegenwart wird an Nové Město gefeilt. Es wird um-, an- und neu gebaut, oft werden auch nur die Fassaden gestrichen.

Nové Město zieht sich wie ein breiter Gürtel um Staré Město. Alt- und Neustadt treffen sich an den Straßen Revoluční, Na příkopě und Národní. Letztere zwei gehen vom Wenzelsplatz ab und bilden mit ihm das sog. Goldene Kreuz *(zlatý kříž)*, eines der teuersten Pflaster der Hauptstadt. Prag zeigt sich hier weltstädtisch und geschäftig. Fußgängerzonen laden zum Flanieren und Straßencafés zum Genießen ein.

**Václavské náměstí (Wenzelsplatz)**: Früher hatte er das Aussehen eines Platzes und hieß Rossmarkt. Im Revolutionsjahr 1848 gestaltete man ihn in einen Boulevard um und gab ihm einen neuen Namen, allerdings nicht „Wenzelsboulevard", sondern Wenzelsplatz. Zukünftig soll aus dem Boulevard mit den enormen Ausmaßen von 750 m auf 60 m wieder ein Platz werden. Pläne dazu liegen bereits in der Schublade, Streitigkeiten zwischen Stadt und Denkmalpflege lähmen das Projekt jedoch seit Jahren. Unter anderem soll der Verkehr auf dem Platz ganz verschwinden und die Magistrale, die den Platz unmittelbar vorm Nationalmuseum durchschneidet, unterirdisch verlaufen.

### David Černý, Meister der Provokation

David Černý (Jahrgang 1967) gilt als das Enfant terrible der tschechischen Kunstszene. International bekannt wurde der in Tschechien und Amerika ausgebildete Objektkünstler 1991, als er einen russischen Panzer, ein Ehrenmal für die sowjetischen Befreier, rosa anmalte. Es hagelte Proteste, bis der *Pink Tank* irgendwann vom Sockel gestoßen wurde und in der Versenkung verschwand. Andere Arbeiten Černýs sorgen aber noch immer für Kontroversen. Und wie kein anderer Gegenwartskünstler prägt Černý das Bild der Stadt mit. Übersehen kann man seine Kunst kaum, denn stets ragt sie irgendwie heraus – an Größe oder an Originalität: Vorm Kafka-Museum (→ S. 106) lässt er bronzene Männerfiguren auf die tschechische Landkarte pinkeln, in der Lucerna-Passage nahe dem Wenzelsplatz den heiligen Wenzel auf einem kopfüber hängenden Pferd sitzen, Sigmund Freud über das Gäschen Husova baumeln, kolossale Riesenbabys den Fernsehturm (→ S. 126) hochkrabbeln oder ein Metronom über den Dächern Prags pendeln (→ S. 125). In vielen seiner ironisch-erheiternden und zugleich provokanten Kunststreiche geht der Künstler mit den Herrschenden und seinem Land hart ins Gericht – kein Wunder also, dass fast all seine Auftraggeber aus dem Ausland kommen. Als ihm aus Anlass der EU-Ratspräsidentschaftsübernahme (2008) einmal die tschechische Regierung einen Auftrag erteilte, führte er diese gleich hinters Licht: Unter seiner Regie sollten Künstler aus allen EU-Staaten für das Ratsgebäude in Brüssel ein Kunstwerk schaffen. Tatsächlich aber schuf Černý seine Installation *Entropa* mit zwei Freunden im „Alleingang", Namen und Viten der anderen 27 „europäischen Künstler" waren frei erfunden. Die Installation zeigte die EU-Mitgliedstaaten klischeehaft in einer Art Bausatz: Bulgarien als „Hockklo", Polen als Land der homosexuellen Priester, Deutschland als hakenkreuzähnliches Labyrinth aus Autobahnen usw. Der Kunsthistoriker Tomaš Pospiszel, der bei Černýs Streich mit von der Partie war, verteidigte die Arbeit mit den Worten: „Täuschungen und Irreführungen sind Teil der tschechischen kulturellen Identität und unseres Erbes."

Wenzel in der Lucerna-Passage

In der Geschichte Prags und Tschechiens war der Wenzelsplatz immer wieder Schauplatz von Massenaufmärschen, -demonstrationen und -feiern, zumal es kaum einen anderen Platz in der Stadt gibt, auf dem sich das Volk in so großer Zahl hätte versammeln können.

Rund um den Platz findet man repräsentative Bankgebäude, aber auch Allerweltsketten wie *C & A* und *H & M* sowie Kaufhäuser und Souvenirshops, deren Warensortiment guten Geschmack auf die Probe stellt. Tagsüber marschieren die Touristen zügig auf und ab, und abends torkeln manche daher als leichte Beute für Taschendiebe. Ohnehin ist hier bis spät in die Nacht viel los, nicht zuletzt wegen der Kneipen, Casinos und rot beleuchteten „Cabarets" drum herum.
**Verbindungen**: Ⓜ A, C Muzeum oder Ⓜ B, C Můstek.

**Národní muzeum (Nationalmuseum)**: Das Nationalmuseum gilt als eines der größten Museen der Republik und zählt man die Exponate (rund 7 Mio., 14 Mio. im Fundus), dann ist es das garantiert. Allein die mineralogische Sammlung – Steinchen neben Steinchen in schönen alten Vitrinen – ist eine der umfangreichsten der Welt. Auch die zoologische Abteilung ist an Vielfalt kaum zu überbieten. Kein Tier, das nicht ausgestopft wurde: Giraffe, Hammerhai, Leopard, Eisbär, Elefant usw. Zudem gibt es einen Saal mit Büsten und Statuen berühmter tschechischer Persönlichkeiten, eine entomologische Sammlung, eine anthropologische Sammlung und so fort. Aber all das ist voraussichtlich nicht vor Anfang 2017 zu bewundern; bis dahin durchläuft das Haus die erste Generalsanierung in seiner Geschichte.

Der bronzefarbene, gläserne, auf Stelzen stehende Kasten, der nordöstlich an das Nationalmuseum anschließt, war einst das Parlamentsgebäude der ČSR und ČSSR. Den steinernen Sockel des Gebäudes bildet die ehemalige Börse. Doch mit der Machtübernahme der Kommunisten wurde die Börse überflüssig und der Klotz daraufgesetzt. Heute wird das Gebäude als *Nová Budova Národniho Muzea* (Neues Gebäude des Nationalmuseums) für temporäre Ausstellungen genutzt. Künftig soll es durch einen Tunnel mit dem Hauptgebäude verbunden werden.
**Verbindungen/Öffnungszeiten**: Václavské náměstí 68. Ⓜ A, C Muzeum. **Neues Gebäude des Nationalmuseums**, tägl. 10–18 Uhr. 4 €, erm. 2,80 €, Fam. 7 €. www.nm.cz.

**Státní opera (Staatsoper)**: Sie wurde Ende des 19. Jh. im Neorenaissancestil als das „Neue Deutsche Theater" gebaut. Viele berühmte Künstler gaben sich hier ein Stelldichein, u. a. Mahler, Seidl, Klemperer und Szell. Im Innern dominieren roter Samt und Gold – allein schon deshalb einen Besuch wert.
**Verbindungen**: Wilsonova 4. Ⓜ C Hlavní nádraží. www.narodni-divadlo.cz.

**Muzeum Antonína Dvořáka (Dvořák-Museum)**: In einer der schönsten Sommervillen Prags, einem Bau Kilian Ignaz Dientzenhofers aus dem frühen 18. Jh., befindet sich das Museum zum Gedenken an Antonín Dvořák (1841–1904). Das populärste Werk des wohl berühmtesten tschechischen Komponisten entstand in Amerika, die *Sinfonie in e-Moll*, auch bekannt unter dem Namen *Aus der Neuen Welt*. Dvořák selbst war übrigens gelernter Fleischer, bevor er mit Müh und Not die Aufnahme in die Prager Organistenschule schaffte. Von April bis Oktober finden im oberen Saal regelmäßig Konzerte statt (für gewöhnlich Di und Fr um 20 Uhr).
**Verbindungen/Öffnungszeiten**: Ke Karlovu 20. Ⓜ C I. P. Pavlova. Tägl. (außer Mo) 10–13.30 und 14–17 Uhr. 1,90 €, erm. 0,90 €. www.nm.cz.

**Karlovo náměstí (Karlsplatz)**: Er war einst der größte Platz der Stadt, mal Viehmarkt, mal Fischmarkt, und schließlich wurde er zu einem recht reizlosen, öffentlichen Park umgewandelt. Am nördlichen Ende steht das *Neustädter Rathaus* (Novoměstská radnice). Das Gebäude mit den markanten Renaissancegiebeln wurde in der Mitte des 14. Jh. im gotischen Stil errichtet und erlebte unzählige An- und Umbauten. Seine heutige weiße Fassade verdankt es der letzten großen Restaurierung Ende des 20. Jh. Berühmtheit erlangte das Neustädter Rathaus durch den Ersten Prager Fenstersturz (→ Kasten S. 122). Heute wird es nur noch für repräsentative Zwecke genutzt, gelegentlich finden auch Ausstellungen, Messen und Konzerte darin statt. Der 50 m hohe Turm (221 Stufen sind's hinauf) mit einer Kapelle im ersten Stock kann besichtigt werden. Weitere bedeutende Gebäude am Platz sind die barocke *Kirche St. Ignatius* (Kostel sv. Ignáce) von Giovanni Orsi und das sog. *Fausthaus* (Faustův dům) am südlichen Ende, in dem einst Alchemisten wohnten und das daher gerne mit der Sage des Doktor Faustus in Verbindung gebracht wird.

**Verbindungen/Öffnungszeiten**: Ⓜ B Karlovo náměstí. **Turm**, Mai–Sept. (in manchen Jahren auch April–Okt.) tägl. (außer Mo) 10–18 Uhr. 1,85 €, erm. 1,10 €. www.nrpraha.cz.

Kubistische Straßenlaterne

**Brauhaus U Fleků:** Seit 1499 existiert die traditionsreiche Brauerei, die eines der süffigsten Biere Prags, ein bitter-süßes Dunkles ausschenkt, das nirgendwo anders in der Stadt gezapft wird. Eine Volksweise besagt sogar, dass jeder Tscheche einmal im Leben ins U Fleků pilgern sollte. Nur, Tschechen trifft man hier außer als Bedienung kaum mehr an. Das Bier kostet doppelt so viel wie anderswo in Prag, und den „Willkommensschnaps" haben Sie hinterher selbstverständlich auf Ihrer Rechnung vermerkt. Busladung auf Busladung stolpert herein, und im Garten wird zu böhmischer Blasmusik geschunkelt. Dem Brauhaus ist ein kleines *Museum* angegliedert – Brauerei und Museum sind jedoch nur nach Voranmeldung zu besichtigen. Heute werden noch rund 6000 l in der Woche gebraut, ganz ohne Chemie. Dafür ist das Bier auch nur drei Wochen haltbar.

**Verbindungen/Öffnungszeiten**: Křemencova 11. Ⓜ B Národní třída oder Karlovo náměstí. **Wirtschaft**, tägl. 10–23 Uhr, ✆ 224934019, www.ufleku.cz.

**Národní divadlo (Nationaltheater)**: Das im Neorenaissancestil erbaute Theater wurde überwiegend aus Spendengeldern in der zweiten Hälfte des 19. Jh. errichtet. Doch kurz vor seiner Einweihung im Jahre 1881 brannte es aus. So fand die feierliche Eröffnung erst zwei Jahre später statt. Für alle bedeutenden tschechischen Künstler der damaligen Zeit war es eine Ehre, an der Ausschmückung des Theaters mitzuwirken. Und so präsentiert es sich heute äußerst prunkvoll. Auf dem Programm stehen Theater (in tschechischer Sprache), Oper und Ballett – sollten Sie daran Freude haben, versuchen Sie, Tickets zu bekommen. Unter Verwaltung des Nationaltheaters ist auch die *Neue Bühne* (Nová scéna) neben dem Nationaltheater. Der gläserne Kasten erinnert an ein deutsches Kaufhaus aus den 1970ern. Die Prager lästern, es sehe aus wie „gefrorene Pisse".

**Verbindungen**: Národní 2. Ⓢ 6, 9, 17, 18, 22 Národní divadlo.

**Tančící dům (Tanzendes Haus):** Das von 1992 bis 1996 errichtete dekonstruktivistische Gebäude des Versicherungskonzerns Nationale Nederlanden ist von allen modernen Bauten der Stadt eines der interessantesten. Dynamisch tritt es mit seinen massiven Stahlbetonsäulen in den Straßenraum ein. Mit Fantasie – viel Fantasie – kann man in der sich herausdrehenden, schwungvollen Fassade Ginger Rogers und Fred Astaire erkennen. Verantwortlich zeichnen der kanadische Architekt Frank O. Gehry und der Slowene Vladimír Milunič.
Verbindungen: Jiráskovo náměstí. Ⓢ 14, 17 Jiráskovo náměstí.

**Muchovo muzeum (Mucha-Museum):** Angeblich konnte Alfons Mucha (1860–1939) zeichnen, bevor er gehen konnte. Und als er gehen konnte und auf eigenen Füßen stand, zog es ihn nach Paris und Amerika. Dort illustrierte er Bücher und entwarf jene Plakate, die ihn als Vertreter des Jugendstils weltberühmt machten. Später, wieder zurück in seiner Heimat, stellte er sich ganz in den Dienst seines Landes, entwarf Banknoten, Orden und dergleichen. Noch ein Tipp für Mucha-Fans: Muchas monumentale *Slawische Epopöe* ist bis Ende 2015 im Messepalast, dem Museum für moderne und zeitgenössische Kunst (→ S. 124), zu sehen.
Verbindungen/Öffnungszeiten: Panská 7. Ⓜ A, C Muzeum. Tägl. 10–18 Uhr. 8,90 €, erm. 5,20 €, Fam. 22 €. www.mucha.cz.

**Kostel sv. Cyrila a Metoděje (Kirche Sankt Kyrill und Method):** Die barocke Kirche, in der ersten Hälfte des 18. Jh. von Kilian Ignaz Dientzenhofer erbaut, ist heute das Zentrum der tschechisch-orthodoxen Gemeinde. In der Krypta befindet sich eine kleine Gedenkstätte für die Opfer des nationalen Widerstandes während der deutschen Okkupation. Nach dem Anschlag auf Reinhard Heydrich (→ S. 53) im Mai 1942 suchten hier die Attentäter Zuflucht. Durch Verrat erfuhr die SS von dem Versteck und stürmte Kirche und Krypta mit 360 Mann.
Verbindungen/Öffnungszeiten: Resslova. Ⓜ B Karlovo náměstí. **Krypta**, tägl. (außer Mo) 9–17 Uhr. 2,80 €, erm. 1,30 €. www.pamatnik-heydrichiady.cz.

**Museum of Communism (Kommunismusmuseum):** Hier kann man einen Rundgang durch die 41 Jahre währende sozialistische Ära der Tschechoslowakei unternehmen – vom Wahlsieg der Kommunisten 1948 bis zu den Bürgerprotesten 1989. Die Dokumentation (auch auf Deutsch) setzt sich zwar kritisch mit der Vergangenheit auseinander, die Präsentation (Büsten und Statuen von Stalin und Lenin, eine nachgebaute Ladentheke usw.) ist jedoch alles andere als spannend. Für das Gebotene werden satte Preise verlangt – ein Versuch, mit dem Ostalgiekult den schnellen Euro zu machen.
Verbindungen/Öffnungszeiten: Na příkopě 10, 1. Stock. Ⓜ A, B Můstek. Tägl. 9–21 Uhr. 7 €, erm. 5,60 €. www.museumofcommunism.com.

## Essen & Trinken

→ Karte S. 86/87

**Restaurants** The Alcron **15**, das nur 24 Pers. fassende Restaurant des Radisson Blue Alcron Hotels verteidigt seit 2012 seinen Michelin-Stern. Internationale Küche (erstklassige Zutaten verstehen sich von selbst), modern und kreativ zubereitet, schön präsentiert. 5-Gänge-Menü um die 55 € ohne Weinbegleitung. Reservierung nötig. Štěpánská 40, Ⓜ A, C Muzeum, ✆ 222820000.

**››› Unser Tipp:** Sansho **1**, ein Lokal, das auch in Berlin-Mitte sein könnte. Simpelstilvoll eingerichtet, den Köchen kann man bei der Arbeit zusehen. Asiatisch inspirierte Fusionküche. Interessantes Konzept am Abend: Dann gibt es nur ein einziges 6-Gänge-Degustationsmenü mit einigen Überraschungen (nach Abneigungen und Allergien wird zuvor gefragt). Das geht jedoch ins Geld: 2 Pers. sollten inklusive Getränke mit rund 100 € rechnen. Mittags isst man deutlich günstiger. Man versteht sich als „Whole Animal Restaurant" – also nichts für Vegetarier. Unbedingt reservieren. So/Mo geschl., Sa nur Dinner. Petrská 25, Ⓢ 3, 8, 14 Bílá labuť, ✆ 222317425. «‹

**Pizzeria Nuova 3**, weitläufiges, durchgestyltes Lokal mit breiter Fensterfront. Originelles Konzept: Für einen All-you-can-eat-Preis von 14,50 € kann man sich stets neue Pasta- und Pizzavariationen an den Tisch bringen lassen. Wer sich dazu zusätzlich noch am Antipasti-Büfett bedienen will (nur wer schafft das?), zahlt 22 €. Bis 18 Uhr günstiger. Man kann aber auch à la carte essen. Fantastische Küche dank neapolitanischer Tomaten und Pizzabäcker. Freundliches Personal, Spielecke und Luftballons für Kinder. Revoluční 1, Ⓜ B Náměstí Republiky, ✆ 221803308.

›» **Unser Tipp:** **Čestr 16**, großräumiges, lichtes Restaurant, eine Wahnsinns-Steakadresse. Im Mittelpunkt steht bestes Rindfleisch, das man sich von einer „Kuhlandkarte" auswählt und das dann aus der offenen Küche von den Köchen selbst an den Tisch gebracht wird – je nach Wunsch in der 125-g- oder 250-g-Portion. Auch Vorspeisen und Beilagen sind von erstklassiger Qualität. Gute, freundliche Beratung. Terrasse (allerdings wenig idyllisch). Nicht billig, aber für das Gebotene faire Preise: 250-g-Steak ab 16 €, hinzu kommen die Beilagen. Legerova 57 (im Neuen Gebäude des Nationalmuseums), Ⓜ A, C Muzeum, ✆ 222727851. «‹

**Pivovarský dům 22**, Mikrobrauerei, die auch Bananenbier, Beerenbier oder Biersekt ausschenkt ... Lichtes, rustikales Ambiente im EG, etwas dunkel im Keller. Rauchen verboten. Viele Touristen. Ordentliche böhmische Küche (Hase, Wild, Steaks) in „Standard-" oder „Luxusportionen", Hg. 6,50–15,50 €. Lípová 15, Ⓢ 4, 10, 16, 22 Štěpánská, ✆ 296216666.

**U Fleků 18**, → Sehenswertes, S. 83.

**Bredovský Dvůr 5**, moderne, laute Bierschwemme im gepflegten Backsteinambiente. Wenn Länderspiele anstehen, kommen zuweilen auch verletzte Stars des tschechischen Teams zum Fußballschauen. Einsehbare Küche, in der variantenreiche böhmische Gerichte (kosten Sie das Gulasch mit Kartoffelpuffern!) gezaubert werden. Hg. 5,50–13 €. Rechnung überprüfen! Politických Vězňů 13, Ⓜ A, C Muzeum, ✆ 224215428.

**Pivnice Ferdinand 8**, lichte Bierstube auf 2 Etagen. Zum guten Ferdinand-Bier aus dem mittelböhmischen Benešov kann man auch günstige Gerichte von der „Piggy" oder der „Moo-Cow" essen. So geschl. Oplatalova 24, Ⓜ A, C Muzeum.

**Cafés** **Café Imperial 2**, eines der schönsten Kaffeehäuser der Stadt: Wände und Decken sind – einmalig weltweit – vollständig mit kunstvoll gearbeiteter Keramik ausgeschmückt. Leider seit der letzten Restaurierung deutlich steriler geworden. Aufgehoben wurde auch die witzige Tradition, nach der man für rund 60 € eine Schüssel mit Krapfen vom Vortag bestellen und andere Gäste damit bewerfen konnte ... Dafür kann man heute besser essen (höhere Preise, aber preiswerte, leckere Lunchangebote). Manko: Rechnung prüfen! Na Poříčí 15, Ⓜ B Náměstí Republiky.

**Kavárna Slavia 10**, einst Rilkes und Kunderas Wohnzimmer. Heute werden hier v. a. Reiseführer in allen Sprachen gelesen. Der Moldaublick durch die weite Fensterfront ist nach wie vor grandios. Smetanovo nábřeží 2, Ⓢ 6, 9, 18, 22 Národní divadlo.

**Café Louvre 7**, von den Kommunisten wegen bourgeoiser Tendenzen geschlossen, seit 1992 wieder Kaffeehaus. Hohe, kitschig altrosa gestrichene Wände, viel Stuck. Große Auswahl an internationalen Tageszeitungen, fesche Bedienungen. Restaurant (gutes Essen und beste Mousse au Chocolat) und Billardsalon angegliedert. Národní třída 20, Ⓜ B Národní třída.

**Café Evropa 9**, die Jugendstilperle in zentralster Lage war zuletzt wegen umfangreicher Restaurierungsarbeiten geschlossen. Vielleicht bleibt ja etwas von dem abgewetzten Charme erhalten, vielleicht aber erwartet Sie auch eine überschminkte Kulisse. Václavské náměstí 25, Ⓜ A, C Muzeum oder A, B Můstek.

**Weinbar** **Vinograf 4**, schöne, große, lichte Weinbar mit tollem Angebot: rund 500 Weine, die meisten davon kommen aus Europa. Eigene Sommeliers. Leckere Kleinigkeiten zum Wein, man kann aber auch richtig essen, dazu gibt es Mo–Fr ein günstiges Mittagsmenü. Sehr populär. So geschl. Senovážné nám. 23, Ⓢ 3, 9, 24, 24 Jindřišská.

Praha/Nové Město → Karte S. 86/87

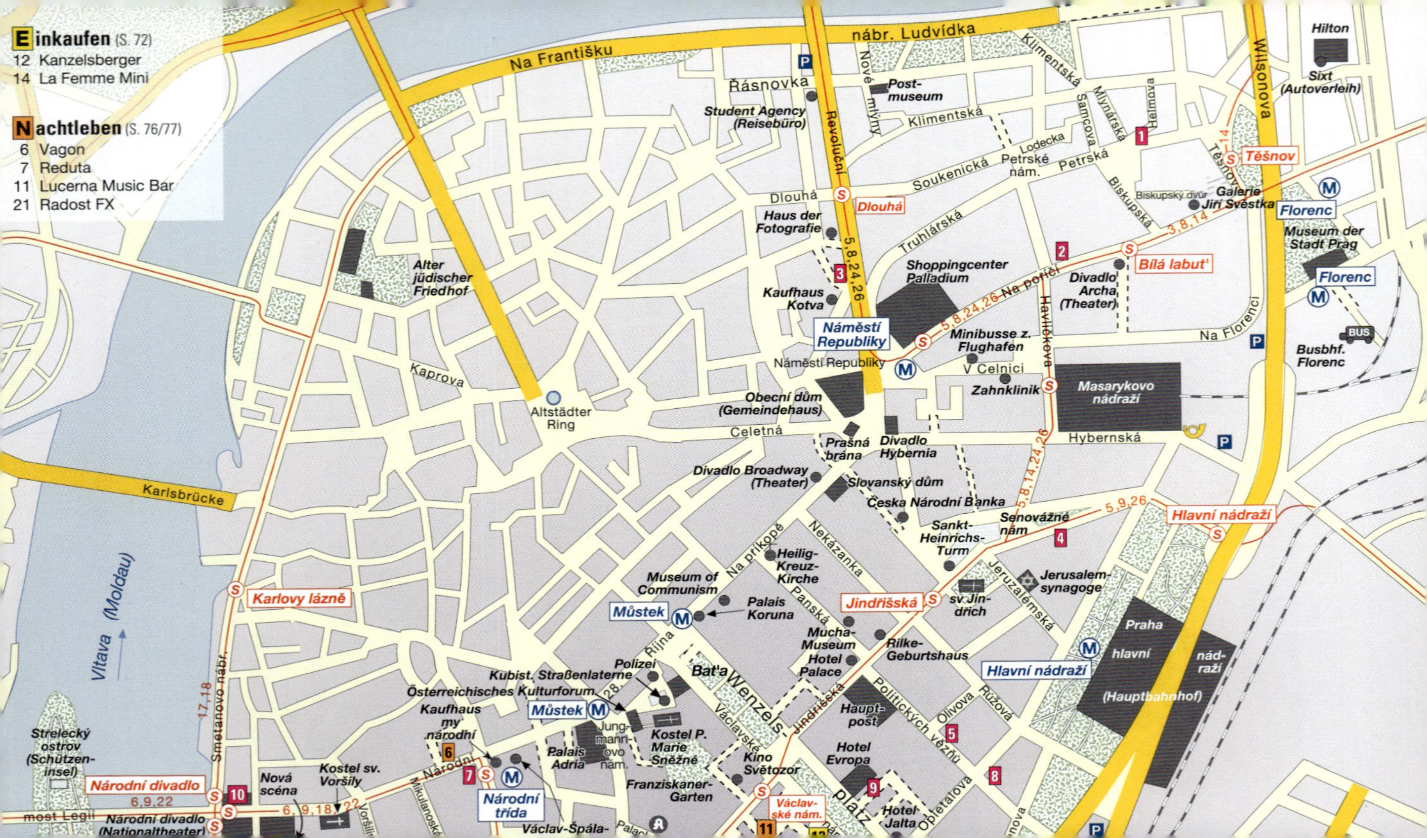

Einkaufen (S. 72)
12 Kanzelsberger
14 La Femme Mini
Nachtleben (S. 76/77)
6 Vagon
7 Reduta
11 Lucerna Music Bar
21 Radost FX
Na Františku
nábr. Ludvídka
Wilsonova
Hilton
Sixt (Autoverleih)
Řásnovka
Post-museum
Nové mlýny
Klimentská
Samcova
Mlynářská
Helmova
Lodecka
Petrské nám.
Petrská
Soukenická
Těšnov
Biskupský dvůr
Galerie Jiří Švestka
Biskupská
Florenc
Museum der Stadt Prag
Student Agency (Reisebüro)
Revoluční
Dlouhá
Haus der Fotografie
Truhlářská
5,8,24,26
3,8,14
Bílá labut'
Shoppingcenter Palladium
Divadlo Archa (Theater)
Na poříčí
Kaufhaus Kotva
Na Florenci
Náměstí Republiky
Minibusse z. Flughafen
Busbhf. Florenc
Havlíčkova
V Celnici
Zahnklinik
Masarykovo nádraží
Alter jüdischer Friedhof
Kaprova
Altstädter Ring
Obecní dům (Gemeindehaus)
Celetná
Prašná brána
Divadlo Hybernia
Hybernská
Divadlo Broadway (Theater)
Slovanský dům
Česka Národní Banka
5,8,14,24,26
5,9,26
Hlavní nádraží
Karlsbrücke
Senovážné nám
Sankt-Heinrichs-Turm
Na příkopě
Nekázanka
Heilig-Kreuz-Kirche
Jeruzalémská
Jerusalem-synagoge
Vltava (Moldau)
Karlovy lázně
Museum of Communism
Palais Koruna
Panská
Jindřišská
sv. Jindřich
Můstek
Mucha-Museum
Rilke-Geburtshaus
Praha hlavní nádraží (Hauptbahnhof)
Hotel Palace
Hlavní nádraží
Polizei
Řijna
28.
Bat'a
Wenzels-platz
Kubist. Straßenlaterne
Österreichisches Kulturforum
Jungmannovo nám.
Kostel P. Marie Sněžné
Václavské
Jindřišská
Politických vězňů
Olivova
Růžová
Hauptpost
17,18
Smetanovo nábr.
Kaufhaus my národní
Palais Adria
Kino Světozor
Hotel Evropa
Střelecký ostrov (Schützen-insel)
Národní divadlo
6,9,22
Nová scéna
Kostel sv. Voršily
Národní
Národní třída
Franziskaner-Garten
Václav-ské nám.
Hotel Jalta
Opletalova
most Legií
Národní divadlo (Nationaltheater)
6,9,18,22
Voršilí
Mikulanoská
Václav-Špála-

Nové Město
(Neustadt)
100 m
Übernachten (S. 74/75)
13 Church Pension
17 Museum
19 Mosaic House
20 Botel Matylda
23 Miss Sophie's
24 Hotel 16
Essen & Trinken
(S. 84/85)
1 Sansho
2 Café Imperial
3 Pizzeria Nuova
4 Vinograf
5 Bredovský Dvůr
7 Café Louvre
8 Ferdinand
9 Café Evropa
10 Kavárna Slavia
15 The Alcron
16 Čestr
18 U Fleků
22 Pivovarský dům

Blaue Stunde an der Karlsbrücke

# Sehenswertes in Staré Město Altstadt

Staré Město ist einer der lebhaftesten Stadtteile Prags – der mit den meisten Restaurants, Galerien und Wechselstuben. Er gehört den Touristen, kaum noch den Pragern. Sein Herz ist der Staroměstské náměstí (Altstädter Ring), der gerne als der schönste Platz Europas bezeichnet wird. Aber auch die angeblich schönste Brücke der Welt ist hier zu finden, die Karlsbrücke.

Ein Wirrwarr aus engen, verwinkelten Gassen prägt die Altstadt. Ohne Plan ist man schnell darin verloren, aber das macht nichts. Lassen Sie sich einfach treiben. Die belebtesten Gassen sind die Celetná und die Karlova. Beide werden gesäumt von alten Barock- und Renaissancefassaden, die mit viel Liebe restauriert wurden; kaum noch ein Winkel, der nicht der Postkartenharmonie entspricht.

Abseits dieser Gassen geht es erheblich ruhiger zu. Und je mehr man sich von ihnen entfernt, desto mehr taucht man ein in jenen Teil der Altstadt, wo nicht mehr alle Häuser aussehen, als hätte man sie gestern erst gebaut. Hier bröckelt der Putz noch ein wenig, und hier besitzen die Hinterhöfe gelegentlich einen Charme wie in Italien. Hier findet man noch ein paar Cafés und Kneipen, die auch Prager besuchen. Hier stellen in den Galerien junge Künstler aus, die auch etwas anderes malen als Aquarelle von der Karlsbrücke.

**Staroměstské náměstí (Altstädter Ring)**: „Es gibt wenige Plätze auf Erden, die sich an Schönheit mit dem Altstädter Ring in Prag messen können". Was der Arzt und Dichter Hugo Salus (1866–1929) Anfang des 20. Jh. schrieb, gilt noch immer, vielleicht sogar mehr denn je. Den stets belebten weiten Platz beherrscht ein *Denkmal für Jan Hus*. 1915 wurde es eingeweiht, zum 500. Todestag des Reformators

(→ S. 50). Seine eingravierten Worte „Milujte se, pravdy každému přejte“ sind ein Aufruf zu Brüderlichkeit und Ehrlichkeit.

Hinter der Häuserfront der Ostseite erhebt sich imposant die *Teinkirche* (Kostel P. Maria před Týnem). In der zweiten Hälfte des 14. Jh. wurde mit ihrem Bau, finanziert von deutschen Kaufleuten, begonnen. Die markanten Türme kamen erst im 15. und 16. Jh. hinzu. Der Zugang zum lichtdurchfluteten Inneren erfolgt durch den dritten Arkadenbogen in dem Bau davor. In der Teinkirche liegt der dänische Astronom Tycho Brahe begraben. 1599 war er an den kaiserlichen Hof Rudolfs II. gerufen worden. Er besaß eine Nasenprothese aus Messing, die er einem Duell wegen eines Wissenschaftsstreits in Rostock zu verdanken hatte. Auch sein Tod 1601 spricht nicht gerade für einen soliden Lebenswandel – er soll nach einem Saufgelage an einem Blasenriss gestorben sein.

An der nordwestlichen Seite des Platzes fällt die weiße barocke *Nikolauskirche* (Kostel sv. Mikuláše) ins Auge. Sie wurde 1732–35 von Kilian Ignaz Dientzenhofer errichtet. Die Fresken an Kuppel und Wänden beschreiben u. a. das Leben des Hl. Nikolaus. Um die Ecke erblickte Franz Kafka das Licht der Welt. Von seinem *Geburtshaus* blieb aber nicht mehr als das Portal erhalten.

Weitere Attraktionen am Altstädter Ring sind das Altstädter Rathaus und das Palais Kinský, die im Folgenden beschrieben werden.

Verbindungen/Öffnungszeiten: Ⓜ A Staroměstská. **Teinkirche**, Di–Sa 10–13 u. 15–17 Uhr, So 10.30–12 Uhr. **Nikolauskirche**, Mo–Sa 10–16 Uhr, So 12–16 Uhr.

**Staroměstská radnice (Altstädter Rathaus):** Das Rathaus ist der markanteste Bau am Altstädter Ring. Unter Johann von Luxemburg erhielten die Bürger der Altstadt im 14. Jh. das Recht, sich ein Rathaus zu bauen. Aus Geldmangel verzichteten sie jedoch und kauften lieber ein altes Gebäude. Was man heute sieht, ist letztendlich das Ergebnis unzähliger Um- und Anbauten. Die letzte große Restaurierung des Rathauses erfolgte nach dem Zweiten Weltkrieg, in dem es als eines der wenigen Gebäude der Stadt durch Kampfhandlungen stark beschädigt wurde. Eine Besonderheit ist die *Astronomische Uhr* (Orloj). Zu jeder vollen Stunde zieht der Tod (rechts über dem oberen zweiten Blatt als Skelett dargestellt) an einem Seil und dreht das Stundenglas herum. Dann öffnen sich zwei Fenster über der Uhr, und – von Petrus angeführt – defilieren die zwölf Apostel. Zum Schluss kräht noch der Hahn. Betrachtet man die Zifferblätter, so zeigt das obere mit römischen Zahlen die Zeit auf Ihrer Uhr an, das mit den alten arabischen Ziffern drum herum die mittelalterliche böhmische, bei welcher der Tag mit dem Sonnenuntergang endete. Der kleinere, innere Kreis steht für die Tierkreiszeichen, der farbige Hintergrund für Tag und Nacht. Darunter sieht man das Kalendarium. Und weil die Uhr so schön ist, und weil jede Stadtführung vor ihr Halt macht, hat man sich auch eine Legende einfallen lassen, um das Warten bis zur vollen Stunde unterhaltsam zu überbrücken. Demnach soll Meister Hanuš, der die Uhr im 15. Jh. geschaffen hatte, geblendet worden sein, um keiner anderen Stadt eine solche Uhr ans Rathaus basteln zu können. Bald darauf aber blieb die Uhr stehen, und kein Mensch wusste, wie man sie reparieren sollte.

Im Innern des Rathauses finden heute Wechselausstellungen statt, u. a. auch in den Kellergewölben. Besichtigen kann man ferner ein paar Repräsentationsräume und eine gotische Kapelle – beide gehören nicht unbedingt zum Pflichtprogramm. Wer sich für eine Besichtigung entscheidet, kann im Anschluss noch in den Prager Underground hinabsteigen. Das Kanalisationssystem, das sich 7 m unter dem

Astronomische Uhr

Rathaus erstreckt, stammt aus dem frühen 20. Jh. Besser ist die Luft jedoch oben auf dem Rathausturm, von dem man einen herrlichen Blick über die Altstadt genießt

Verbindungen/Öffnungszeiten: Staroměstská radnice 1. Ⓜ A Staroměstská. **Turm**, Mo 11–22 Uhr, sonst tägl. 9–22 Uhr. 4 €, erm. 1–2,50 €. **Säle, Kapelle und Kanalisation**, nur bis 18 Uhr. 3,70 €, erm. die Hälfte. www.staromestskaradnicepraha.cz.

**Palác Kinských (Palais Kinský)**: Das altrosafarbene Palais auf der Ostseite des Altstädter Rings wurde nach Plänen von Kilian Ignaz Dientzenhofer zwischen 1755 und 1765 erbaut. Im 19. Jh. verbrachte die Komtesse Bertha Kinský (1843–1914), spätere Freifrau von Suttner, darin ihre Kindheit. Als überzeugte Pazifistin und Schriftstellerin (u. a. des Romans *Die Waffen nieder!*) machte sie sich einen Namen. Zu ihren größten Verehrern zählte Alfred Nobel. Er war von ihr so angetan, dass er den Friedensnobelpreis stiftete, dessen erste weibliche Trägerin (1905) sie wurde. Heute präsentiert die Nationalgalerie im Palais neben temporären Ausstellungen ihre Sammlung antiker und orientalischer Kunst. Viele schöne Dinge auf zwei Etagen: altägyptische Sarkophage, Buddhastatuen aus Vietnam und Thailand, antike Kleinfunde wie filigrane Statuetten aus Mesopotamien und Kleinasien, Möbel aus Japan, Kalligrafien u. v. m.

Unmittelbar an das Palais grenzt ein mittelalterlicher Bau an, das *Haus zur Steinernen Glocke* (Dům U Kamenného Zvonu). Hier finden ebenfalls wechselnde Ausstellungen, aber auch Konzerte statt.

Verbindungen/Öffnungszeiten: Staroměstské náměstí 12. Ⓜ A Staroměstská. **Sammlung antiker und orientalischer Kunst**, tägl. (außer Mo) 10–18 Uhr. 5,60 €, erm. 3 €. www.ngprague.cz.

**Karlův most (Karlsbrücke)**: Sie ist das eigentliche Zentrum Prags, verbindet sie doch Malá Strana mit Staré Město. Und sie ist zweifelsohne das Prager Weltwunder, da sie trotz lange überfälliger Sanierung auch noch das Augusthochwasser 2002 überstand. Die Restaurierungsarbeiten am Brückenfundament werden voraussichtlich erst Ende 2015 abgeschlossen sein. Bereits saniert wurden Brückenbrüstung und -belag (2007–2011), seitdem besitzt die Brücke auch wieder Gaslaternen, die in der Vorweihnachtszeit von einem Nachtwächter im historischen Kostüm angezündet werden. So manche der barocken Statuen, die die Brüstung säumen, sind mittlerweile durch Kopien ersetzt.

Mit dem Bau der über 500 m langen und 10 m breiten Brücke wurde 1357 begonnen. Karl IV., nach dem sie seit 1870 benannt ist, hatte Peter Parler damit beauftragt. Bis 1741 stellte sie die einzige feste Verbindung zwischen den Stadtteilen rechts und links der Moldau dar. 1683 wurde die erste Statue aufgestellt, es ist die des heiligen Johann Nepomuk (von Staré Město die achte rechts). Das Bronzerelief darunter zeigt den Augenblick seines Brückensturzes (→ S. 357). Ein paar Studenten sollen es einst blank poliert und daraufhin die Geschichte erfunden haben, dass es dem, der es berührt, Glück bringt. Als letzte der insgesamt 21 Plastiken kam 1938 die der Heiligen Kyrill und Method hinzu (fünfte rechts). Ein wenig aus der Rahmen fällt das lebensgroße Kruzifix mit dem vergoldeten hebräischen Schriftzug „Heiliger, heiliger, heiliger Herr" (dritte Plastik rechts). Angeblich hatte man einen Juden dazu verurteilt, diesen anbringen zu lassen, da er vor dem Kreuz gelästert haben soll.

**Verbindungen**: Ⓢ 17, 18 Karlovy lázně.



## Karlsbrücken-Legenden

Der Überlieferung nach mengte man dem Mörtel beim Bau der Karlsbrücke Eier bei, um ihn härter und widerstandsfähiger zu machen. Angeblich waren dafür mehrere Tausend Eier vonnöten, die man aus sämtlichen Regionen des Landes anforderte. Zu den Schildbürgern der Tschechen wurden dabei – bei jeder Stadtführung zu erfahren – die Bürger von Velvary nordwestlich von Prag: Ihre Lieferung war angeblich hart gekocht. Doch alles Unsinn! Bei Materialanalysen während der jüngsten Sanierungsarbeiten an der Brücke entdeckte man Spuren von Wein (!) und Quark (!), nicht aber von Eiern.

**Staroměstská mostecká věž (Altstädter Brückenturm)**: Er ist wie die Karlsbrücke ein Werk des Baumeisters Peter Parler und wird vielfach als der schönste gotische Wehrturm Europas bezeichnet. 1357 begann man mit seinem Bau, und als hätte man damals schon geahnt, dass über die Karlsbrücke einmal Straßenbahnen holpern würden (bis 1950), errichtete man ihn mit einem ausreichend großen Durchgang. Man kann den Turm besteigen. In der Abenddämmerung, wenn die Prager Türme in ihrem schönsten Licht erscheinen, lohnen sich die vielen Stufen nach oben am ehesten.

**Verbindungen/Öffnungszeiten**: Křížovnické náměstí. Ⓢ 17, 18 Karlovy lázně. April–Sept. tägl. 10–22 Uhr, März u. Okt. 10–20 Uhr, Nov.–Feb. 10–18 Uhr. 3,30 €, erm. 2,40 €.

**Klementinum:** Das Gesamtareal beherbergt sechs Innenhöfe, zwei Kirchen und mehrere Kapellen. Einst war es Sitz der Prager Jesuiten, die von hier aus nach dem Dreißigjährigen Krieg die Rekatholisierung Böhmens mit aller Härte vorantrieben. Sie bezichtigten unzählige Menschen der Ketzerei und ließen sie in gutem katholischem Glauben verbrennen, allein im Jahr 1651 mehr als 200. Heute ist in dem Gebäudekomplex u. a. die Nationalbibliothek der Tschechischen Republik mit mehreren Millionen Bänden untergebracht. Sehenswert ist das *Observatorium*, der einzige Ort der Welt, in dem seit Mitte des 18. Jh. täglich Wetterdaten aufgezeichnet werden. Zudem gibt es einen barocken *Bibliothekssaal* mit herrlichen Deckenfresken, schweren, in Leder gebundenen Wälzern und alten Globen. Die Kirchen öffnen ihre Pforten meist nur zu den Gottesdiensten und zu Konzerten. In der *Spiegelkapelle* (Zrcadlová kaple) finden ebenfalls regelmäßig Konzerte statt.

Karlova 1. Ⓜ A Staroměstská. Bibliothekssaal, Spiegelkapelle und Observatorium sind nur im Rahmen einer Führung (50 Min.) zu besichtigen, tägl. 10–16 Uhr zu jeder halben Std. 8,20 €, erm. 5,20 €. www.klementinum.com.

**Obecní dům:** Anfang des 20. Jh. entstand der extravagante, monumentale Jugendstilbau, ein multifunktionales Repräsentationsgebäude mit sechs Sälen, französischem Restaurant, Kneipe, Kaffeehaus (s. u.) usw. Es gibt kaum einen tschechischen Künstler der Sezession, der nicht an der aufwendigen Innen- oder Außengestaltung beteiligt war. Die Gemälde im Primatorensaal stammen z. B. von Alfons Mucha. Der größte Raum ist der Smetanasaal mit 1500 Plätzen. Am 28. Oktober 1918 wurde darin die Selbstständigkeit der Tschechoslowakischen Republik verkündet; seitdem ist dieser Tag ein staatlicher Feiertag. Heute ist der Saal die Heimat des Prager Symphonieorchesters.

**Verbindungen/Öffnungszeiten**: Náměstí Republiky 5. Ⓜ B Náměstí Republiky. Bis zu 4-mal tägl. (je nach Saison) finden **Führungen** durch die Säle statt, die Zeiten erfahren Sie bei der Auskunft im Gebäude. Sie dauern 70 Min. und kosten 11 €, erm. 9 €. www.obecnidum.cz.

**Prašná brána (Pulvertor)**: Der Turm mit Durchgang ist der einzige existierende Wachturm aus der Zeit, als die Prager Altstadt befestigt war. Die Stadtmauer verlief entlang der heutigen Fußgängerzone Na příkopě (Am Graben). Erbaut wurde er in der zweiten Hälfte des 15. Jh., seinen heutigen Namen bekam er jedoch erst im 17. Jh., als man ihn als Pulvermagazin nutzte. Seit dem Mittelalter war er zudem der Ausgangspunkt des sog. „Königswegs“, des Královská cesta (s. u.). Man kann den Turm besteigen, der Ausblick ist aber bei weitem nicht so imposant wie vom Altstädter Rathaus.

**Verbindungen/Öffnungszeiten**: Na příkopě. Ⓜ B Náměstí Republiky. Im Sommer tägl. 10–22 Uhr, im Winter bis 18 Uhr. 3,30 €, erm. 2,40 €.

**Dům U Zlatého prstenu (Haus zum Goldenen Ring)**: Die Fundamente des gotischen Stadthauses stammen aus dem 13. Jh. Hier zeigt die *Städtische Galerie* (Galerie hlavního města Prahy) wechselnde Ausstellungen tschechischer Kunst. Angeschlossen ist ein Innenhofcafé.

Týnská 6. Ⓜ B Náměstí Republiky. Tägl. (außer Mo) 10–18 Uhr. 4,50 €, erm. die Hälfte. www.ghmp.cz

Obecní dům mit Pulvertor

Praha/Staré Město → Karte S. 94/95

**Stavovské divadlo (Ständetheater)**: Der neoklassizistische Bau entstand in der zweiten Hälfte des 18. Jh. und war kurz darauf im Besitz der böhmischen Stände, daher der Name. Hier fand am 29. Oktober 1787 die Uraufführung von Mozarts *Don Giovanni* statt. Das Innere ist ein blau-goldener Traum, nicht umsonst wählte es Miloš Forman als Kulisse für Szenen seines Films *Amadeus*. Leider ist das Theater nur in Verbindung mit einer Aufführung zu besichtigen. In unmittelbarer Nachbarschaft befindet sich das geschichtsträchtige, aber alles andere als unbedingt sehenswerte *Karolinum*. 1348 legte hier Karl IV. den Grundstock für die älteste Universität Mitteleuropas. Von dem ursprünglichen Gebäude ist heute aber von außen nicht mehr als ein gotischer Erker zu erkennen.

**Verbindungen**: Ovocný trh 1. Ⓜ A, B Můstek.

**Dům U Černé Matky Boží (Haus zur Schwarzen Madonna)**: Das Gebäude mit seinen facettenartig gebrochenen, breiten Fenstern wurde 1911 von Josef Gočár, einem Begründer der modernen tschechischen Architektur und einer der Initiatoren des Kubismus in Prag, als Waren- und Wohnhaus entworfen. Besuchenswert sind der Shop Kubista und das im kubistischen Stil gehaltene Café Grand Orient im 1. OG. Geplant ist, die Etagen darüber wie schon früher als Ausstellungsflächen zu nutzen – in welcher Form jedoch, stand zuletzt noch in den Sternen.

**Verbindungen/Öffnungszeiten**: Celetná 34. Ⓜ B Náměstí Republiky.

**Muzeum Bedřicha Smetany (Smetana-Museum)**: Wo könnte man zum Gedenken an den Komponisten Bedřich Smetana (1824–1884, → S. 227) passender ein kleines Museum einrichten als direkt an der Moldau? Korrespondenz, Zeichnungen, Pressekritiken, Porträts usw. führen in sein Werk und Leben ein.

**Verbindungen/Öffnungszeiten**: Novotného lávka. Ⓢ 17, 18 Karlovy lázně. Tägl. (außer Di) 10–17 Uhr. 1,90 €, erm. die Hälfte. www.nm.cz.

## Královská cesta oder Prag in 90 Minuten

Quer durch die Stadt verläuft der *Královská cesta*, jener Weg, den einst die Könige in einer feierlichen Prozession zu ihrer Krönung im Sankt-Veits-Dom abschritten. Bereits im Mittelalter hatte sich diese Tradition entwickelt, da viele Könige Böhmens aus dem Ausland kamen. Beim Eintreffen in Prag wurden sie vom Bürgermeister am Pulverturm begrüßt, wo man ihnen symbolisch den Schlüssel zu ihrer Residenzstadt aushändigte. Die letzte Krönungsprozession fand 1836 für Ferdinand V. statt. An dem Spektakel nahmen mehrere Tausend Reiter teil, nicht nur auf Pferden, auch auf Kamelen.

Der Weg führt an den schönsten Ecken und Winkeln Prags vorbei und wird von Millionen Touristen jedes Jahr bewusst oder unbewusst begangen. Auch wenn viele Sehenswürdigkeiten der Stadt abseits davon im Gassengewirr versteckt liegen, das viel gerühmte „Goldene Prag" präsentiert sich nirgendwo schöner als auf dieser Meile. Etwa 1:30 Std. benötigt man für den Weg. Er verläuft vom Pulvertor über die Celetná zum Staroměstské náměstí und weiter über die Karlova zur Karlsbrücke. Auf der Kleinseite führt er vom Malostranké náměstí schließlich über die Nerudova hinauf zur Prager Burg.

Vltava (Moldau)
nám. Curieových
Čechův most
17
Rudolfinum
P
17. listopadu
Jüdischer Friedhof
Maislova
Spanische Synagoge
Vězeňská
Kozí
Mánesův most
Široká
Josefov
Dlouhá
Skyservice (Reisebüro)
Dům U Zlatého prstenu
Týnská
18
Staroměstská
Žatecka
Pařížská
Dům U Kamenného Zvonu
4
Kaprova
M
S
Kostel sv. Mikuláše
Palác Kinských
7
17,18
Franz-Kafka-Geburtshaus
Městská knihovna
Jan-Hus-Denkmal
Týnská
Teinkirche
WC
Staroměstské nám.
8
U radnice
Křižovnická
9
Platnérska
Neues Rathaus
Altstädter Rathaus
Wax Museum
Klementinum
Haus zur Einhorn-apotheke
Museum of Torture Instrument
Mariánské nám.
Hard Rock Café
Křižovnický kostel
Křižovnické náměstí
Clam-Gallasův palác
Malé nám.
Sex Machines Museum
Karlsbrücken-museum
Husova
11
10
Karolinum
Železná
Kožná
Melantrichova
Karlsbrücke
Museum of medieval torture instruments
Prague Special Tours
Altstädter Brückenturm
Karlova
Karlova
Haus zu den zwei goldenen Bären
Haus zur Gold. Schlange
13
Galerie Montmartre
Kepler-Museum
15
14
sv. Havla
16
WC
Novotného lávka
Colloredo-Mansfeld-Palais
Dům Pánů z Kunštátu a Poděbrad
Betězová
17
Mu. B. Smetany
Michalská
Anenské nám.
Husova
Havelská (Markt)
Karlovy lázně
Divadlo na zábradlí
Stříbrná
Liliová
Betlémská kaple
sv. Jiljí
Jilská
Vejvodova
V. kotcích
Rytířská
Na Můstku
Můstek
18
Náprstkova
G. J. Fragnera
Betlémské nám.
WC
Boršov
Skořepka
Uhelný trh
Perlová
28. Října
Smetanovo nábř.
Betlémská
Náprstkovo muzeum
Karoliny
Konviktská
Na Perštýně
Martinská
19
sv. Martina ve zdi
20
Polizei
sv. Kříže (Rotunda)
Bartolomějská
Národní
Světlé
Kaufhaus my národní
W
Fundbüro
Národní
Národní třída
Galerie Hollar
Národní divadlo
6,9,18,22
Nationaltheater

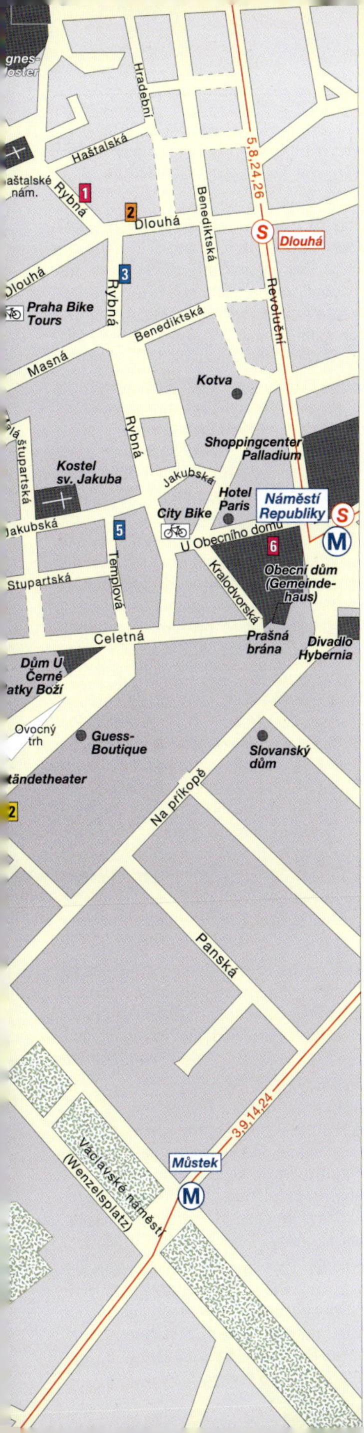

Hradební
Haštalská
Rybná
Dlouhá
Benediktská
5,8,24,26
Dlouhá
Revoluční
Praha Bike Tours
Masná
Kotva
Shoppingcenter Palladium
Kostel sv. Jakuba
Jakubská
Hotel Paris
City Bike
Náměstí Republiky
U Obecního domu
Kralodvorská
Obecní dům (Gemeindehaus)
Templová
Štupartská
Celetná
Prašná brána
Divadlo Hybernia
Dům U Černé Matky Boží
Ovocný trh
Guess-Boutique
Slovanský dům
Na příkopě
Panská
3,9,14,24
Můstek
Václavské náměstí (Wenzelsplatz)

## Übernachten (S. 73/74)

3 Josef
5 Buddha-Bar Hotel Prague
7 Four Seasons
17 U zeleného věnce

## Essen & Trinken (S. 96)

1 Lokál
4 Maitrea
6 Kavárna Obecní dům
8 Brasileiro
9 La Finestra und Bottega di Finestra
13 U zlatého tygra
16 Café Montmartre
18 Duende
19 NEB.O
20 U medvídků

## Nachtleben (S. 77/78)

2 Roxy
10 AghaRTA Jazz Centrum

## Einkaufen (S. 71/72)

11 Erpet
12 Dorotheum
14 Manufaktura
15 Art deco Galerie

## Essen & Trinken

→ Karte S. 94/95

**Restaurants** **La Finestra 9**, italienische Küche vom Feinsten, Pizza gibt's hier nicht, Pasta dafür auch in Hauptgerichtsportionen. Und das unter einem Backsteingewölbe und vor hohen Fensterfronten, ein großes Fenster lässt zudem in die Küche blicken. Für den Abend Reservierung ratsam. Nebenan die **Bottega di Finestra 9**, eine Mischung aus Feinkostladen und Bistro, wo man ebenfalls bestens schnabulieren kann. Hg. 14,50–23 €. Platnéřská 13, Ⓜ A Staroměstská, ✆ 222325325.

**Lokál 1**, Großes Restaurant (mit winzigem Raucherbereich). Retro-Abgesang auf die Bierstubenkultur der alten Tschechoslowakei: Brot im Plastikkorb, hässliche Kunststoffgardinen, Pin-up-Girls auf den Toiletten. Serviert werden wie damals spärlich dekorierte 100-g-Portionen Gulasch oder Braten. Hg. 6–11 €. Dlouhá 33, Ⓜ B Náměstí Republiky, ✆ 222316265.

››› Unser Tipp: **Brasileiro 8**, Erlebnisgastronomie im Gewölbekeller. Im Stil einer brasilianischen *Churrasqueira* kommen hier in einem fort leckere Riesenspieße (16 Sorten Fleisch!) an Ihren Tisch, dazu Fisch und Meeresfrüchte – bis man zahlt oder platzt. *All you can eat* je nach Zeit und Wochentag 20–26 €. Ohne Reservierung hat man am Abend keine Chance. U Radnice 8, Ⓜ A Staroměstská, ✆ 224234474. ‹‹‹

**NEB.O 19**, In diesem überaus puristischen Lokal reist man kulinarisch nach Vietnam und Thailand. Kleine Auswahl an Vorspeisen, dazu Asia-Salate, Suppen, Reis- und Nudelgerichte. Sehr appetitlich präsentiert, dazu auch sehr faire Preise: Hg. 6,50–7,40 €. Einziges Manko ist die etwas zu laute Chartsmusik. Perlová 10, Ⓜ B Národní třída, ✆ 224248678.

**Maitrea 4**, rein vegetarische Küche. Entspannte Atmosphäre, Feng-Shui-Raumgestaltung. Die Speisekarte führt rund um den Erdball, doch auch böhmische Klassiker werden nicht vergessen. Für die zentrale Lage sehr günstig, Hg. 6–7 €. Týnská ulička 6, Ⓜ B Náměstí Republiky, ✆ 221711631.

**Pivnices** **U medvídků 20**, einst waren die Literaten Jan Neruda und Jaroslav Hašek Stammgäste. Heute treffen sich hier Touristengruppen aus aller Welt, aber auch noch viele Prager. In der Bierhalle im Erdgeschoss gibt es gut gezapftes Budweiser und böhmische Standards zu Blasmusik, Hg. 5,60–13,60 €. Zudem ein Biershop, ein kleines Museum und eine Brauereikneipe, in der das selbst gebraute halbdunkle, 13-gradige *Oldgott* gezapft wird. Am Abend extrem voll, früh kommen oder reservieren. Na Perštýně 7, Ⓜ B Národní třída, ✆ 224211916.

**U zlatého tygra 13**, „Zum Goldenen Tiger". Die feuchtwarme Bierhöhle wurde berühmt durch ihren zechfreudigen Stammgast Bohumil Hrabal – er verewigte sie in seiner Erzählung *Eine Wirtshausgeschichte*. Heute hängt der 1997 verstorbene Literat als Riesenporträt an der Wand, umringt von zahlreichen Kneipenmaskottchen in Tigerform. Ruppige Bedienungen. Das Lokal ist schon kurz nach der Öffnung um 15 Uhr überfüllt. Bestellen Sie Bierkäse *(pivní sýr)* zum Pilsner Urquell – er soll hier erfunden worden sein. Husova 17, Ⓜ A Staroměstská.

**Cafés/Kneipe** **Kavárna Obecní dům 6**, Prunkvoller Jugendstilsaal. Gelegentlich Live-Pianomusik. Stets voller Touristen. Teuer, aber Kaffee und Kuchen in diesem Ambiente sind ihr Geld wert. Náměstí Republiky 5, Ⓜ B Náměstí Republiky.

**Café Montmartre 16**, Meyrink, Werfel, Kafka und Brod – das illustre Nachtcafé zog sie einst alle an. Heute präsentiert sich das Montmartre als ruhiges, gemütliches Kaffeehaus, in dem man auch mal alleine ein paar Stunden lesend verbringen kann. Snacks. Řetězová 7, Ⓜ B Národní třída.

**Duende 18**, Eine gemütliche Oase in der Altstadt, mit viel Trödel eingerichtet (Achtung: So manchem Gast brach hier schon der Stuhl unterm Hintern zusammen). Kunterbuntes Publikum. Karoliny Světlé 30, Staré Město, Ⓢ 17, 18 Karlovy lázně.

Kunst in den Gassen der Altstadt

Spanische Synagoge

# Sehenswertes in Josefov

Josefstadt

Es ist das einstige jüdische Viertel. Außer ein paar Synagogen blieb davon aber nicht viel erhalten – Ende des 19. Jh. riss man es ab. Heute findet man hier herrliche Jugendstilhäuser und eine der vornehmsten Straßen Prags: die Pařížská, die Pariser Straße.

Kein Viertel Prags wurde durch die Literatur mehr verewigt als Josefov. Doch das Josefov, von dem dort größtenteils die Rede ist, ist das Josefov der Tagelöhner, der Spieler, der Prostituierten und Zigeuner aus der zweiten Hälfte des 19. Jh. Das Josefov der Juden gab es zu diesem Zeitpunkt bereits nicht mehr. Das Gros der Juden hatte es längst verlassen. Lediglich das alte Ghetto existierte noch. Es entstand im 13. Jh., als man die Siedlung mit einer Mauer umschloss, deren Tore nachts verriegelt wurden. Sechs Jahrhunderte lebten die Prager Juden dort – mal verfolgt, mal toleriert. In schlechten Zeiten wurden sie zu Sündenböcken und Opfern von Pogromen. In guten Zeiten standen sie unter dem Schutz der Krone und verhalfen Prag zu kultureller und wirtschaftlicher Blüte. Eines der größten Probleme im Ghetto war die stets steigende Zahl seiner Einwohner. Anfang des 18. Jh. erließ die jüdische Gemeinde daher ein Gesetz, das vorschrieb, dass nur noch der älteste Sohn einer Familie heiraten durfte, und das erst nach dem Tod des Vaters. Aus der Isolation befreite Kaiser Joseph II. die Prager Juden in der zweiten Hälfte des 18. Jh. Die Mauern ums Ghetto wurden abgerissen, Kleidervorschriften aufgehoben und die Glaubensfreiheit wurde gewährt. Zum Dank benannte man das Viertel nach ihm. Als ab 1796 die Juden auch außerhalb des Ghettos leben durften, verkam es zum Armenviertel der Stadt mit miserabelsten hygienischen Verhältnissen. In den 280 Häusern hausten etwa 10.000 Menschen. Ein Jahrhundert später befahl der städtische Sanitätsrat deswegen die sog. Assanierung des Stadtteils, die einem Abriss gleichkam. Bürgerliche Wohnhäuser mit stolzen Jugendstilfassaden prägen Josefov heute, an das einstige jüdische Viertel erinnern nur noch wenige Gebäude.

**Staronová synagóga (Altneusynagoge)**: Der frühgotische Bau aus der zweiten Hälfte des 13. Jh. zählt zu den ältesten Synagogen Europas. Für seinen paradox klingenden Namen gibt es zwei Theorien: Die erste geht davon aus, dass die Synagoge eine an jenem Ort bereits existierende ersetzte, die andere, dass sie ursprünglich nur „Neue Synagoge" hieß, bis im 16. Jh. weitere Synagogen hinzu kamen – sprich: aus „neu" wurde „alt". Tatsache ist auf jeden Fall, dass sie das Zentrum der Juden westlicher Observanz war, die isoliert von den Juden mit östlichem Ritus lebten. Letztere hatten ihr Viertel bei der heutigen Spanischen Synagoge. Das erklärt zudem, warum man in Josefov auch Kirchen findet: Die verschiedenen jüdischen Gemeinden waren bis ins 13. Jh. durch „christliche Streifen" getrennt. Im Inneren der Synagoge, genau in deren Mitte, befindet sich das Almemor, ein von einem schmiedeeisernen Gitter umgebenes Podium, von dem aus der Thora, den fünf Büchern Mose, vorgelesen wird. Die Thorarollen sind im Schrein hinter einem Vorhang verborgen. Auffallend sind die schießschartenähnlichen Fenster. Sie wurden im 18. Jh. für die Frauen eingefügt, da ihnen der Besuch der Synagoge nicht gestattet war und sie wenigstens so dem Geschehen folgen konnten.

**Verbindungen/Öffnungszeiten**: Červená 2. Ⓜ A Staroměstská. Mai–Okt. 9–18 Uhr, Nov.–April 9–17 Uhr, Fr schließt man eine Std. vor dem Beginn des Sabbats (= Sonnenuntergang), Sa und an jüdischen Feiertagen geschl. Eintritt → Kasten S. 99. Ohne Sammelticket kostet der Eintritt 8 €, erm. 5,60 €. www.synagogue.cz.

**Starý Židovský Hřbitov (Alter Jüdischer Friedhof) und Pinkasova Synagóga (Pinkassynagoge)**: Das ummauerte Areal des alten jüdischen Friedhofs umschließt auch die Pinkassynagoge aus dem 15. Jh., die gleich hinter dem Kassenhäuschen steht. Sie ist benannt nach ihrem Stifter, dem Rabbiner Pinkas. Im Inneren erinnert sie heute an die Juden aus Böhmen und Mähren, die dem Holocaust zum Opfer fielen. Das geschieht auf eine schlichte und ergreifende Weise: An den Wänden stehen die Namen der Ermordeten, 77.297 an der Zahl. Im Obergeschoss sind Zeichnungen von Kindern aus Theresienstadt zu sehen. Der Friedhof selbst, auf dem Grabstein an Grabstein steht oder lehnt, wurde ebenfalls im 15. Jh. angelegt. Der älteste Stein stammt aus dem Jahr 1439, der jüngste aus dem Jahr 1787. Wie viele Menschen hier beigesetzt wurden, weiß man nicht. In der Sekundärliteratur schwanken die Zahlen erheblich: zwischen 10.000 und 110.000. Tatsache ist, dass der Friedhof, obwohl mehrmals erweitert, stets zu klein war. So begrub man die einen über den anderen.

Viele der Grabsteine tragen Barock- oder Rokokoverzierungen, aber auch Motive, die den Namen oder Beruf des Verstorbenen symbolisieren. Auf ein paar Grabsteinen liegen statt Blumen kleine Steinchen – ein alter jüdischer Brauch als Zeichen der Pietät. Der Grabstein, auf dem die meisten Steinchen liegen, ist der des Rabbi Löw (1570–1609), an dem der vorgeschriebene Weg durch den Friedhof automatisch vorbeiführt (→ Kasten). Oft sieht man auch Zettel darauf, es sind Bitten und Wünsche.

**Verbindungen/Öffnungszeiten**: Eingang zu Synagoge und Friedhof an der Široká. Ⓜ A Staroměstská. Öffnungszeiten und Eintritt → Jüdisches Museum, S. 95. Aufgrund des Besucherandrangs ist es – falls möglich – ratsam, den Friedhof früh am Morgen zu besuchen, ansonsten wird man von den Massen wie auf einer Einbahnstraße vom Eingang zum Ausgang geschoben.

## Das Jüdische Museum

Das Museum mit einer über 100-jährigen Geschichte besitzt eine einzigartige und umfangreiche Sammlung an jüdischem Kulturgut aus Böhmen und Mähren. Anlass zur Gründung gab die Sanierung der Josefstadt. Das Inventar zum Abriss freigegebener Synagogen, aber auch Gegenstände des häuslichen und religiösen Lebens wurden hier gesammelt. Das Gros des Fundus stammt jedoch aus der Zeit der deutschen Okkupation, als die Nazis die jüdische Bevölkerung nach Theresienstadt und von dort weiter in die Vernichtungslager deportierten. Das Museum war ab 1942 der Leitung des Zentralamtes für die Judenfrage direkt unterstellt und hatte die Aufgabe, das beschlagnahmte Gut zu katalogisieren. Nach dem Krieg fiel das Museum in staatlichen Besitz, seit 1994 ist es Eigentum der jüdischen Gemeinde von Prag. Diese zählt rund 1600 Mitglieder, Tendenz leicht steigend.

Auf mehrere Synagogen verteilt, zeigt das Jüdische Museum nur einen Bruchteil seiner Exponate, in erster Linie Drucke, Bücher, Gegenstände aus Silber, Tapisserien, Teppiche und Thoramäntel. Unter der Verwaltung des Jüdischen Museums stehen die Maiselsynagoge, die Spanische Synagoge mit der Robert-Guttmann-Galerie, die Pinkassynagoge, die Klausensynagoge, der Alte Judenfriedhof und der ehemalige Zeremoniensaal. Die Altneusynagoge gehört nicht zum Jüdischen Museum. Die verschiedenen Ausstellungen sind zwar interessant, aber alles andere als zeitgemäß – ein Facelifting würde der Präsentation gut tun. Mehr zum Jüdischen Museum auf www.jewishmuseum.cz und im Informationszentrum an der Maiselova 15.

Für alle Einrichtungen, die vom Jüdischen Museum verwaltet werden, gelten dieselben Öffnungszeiten: 9–18 Uhr (im Winter bis 16.30 Uhr), jeweils tägl. außer Sa und an jüdischen Feiertagen. Bei extrem großem Andrang werden auf der Eintrittskarte Besuchszeiten für die einzelnen Synagogen vermerkt, die vorschreiben, wann man was zu besichtigen hat. Das Ticket **Jüdisches Museum Prag** (Židovské muzeum v Praze, 12 €, erm. 8 €) ist für alle oben genannten Einrichtungen gültig. Wer die Altneusynagoge mit im Programm haben möchte, wählt das Ticket **Jüdische Stadt Prag** (Pražske židovské město, 18 €, erm. 12 €).

Ergreifend: das Innere der Pinkassynagoge

## Jehuda Liwa ben Bezal'el, genannt Rabbi Löw, und die Legende vom Golem

Polnische Chassiden waren es, die im 18. Jh. die Person des Prager Rabbi Löw mit dem legendären Golem in Verbindung brachten. Der historisch belegte Rabbi war oberster Lehrer einer Talmudschule und als Pädagoge und Theologe bereits zu Lebzeiten überaus angesehen. Die Inschrift seines Grabes auf dem Alten Jüdischen Friedhof – Löw starb 1609 – bekundet, dass er v. a. wegen seiner Weisheit geschätzt wurde. Auf die chassidischen Legenden, welche dem Rabbi übernatürliche Fähigkeiten nachsagen, ist der Glaube zurückzuführen, dass jeder Wunsch in Erfüllung geht, wenn man ihn in Zettelform auf das Grab des Rabbi legt.

Zu den sagenhaftesten Geschichten aber, die sich um den Rabbi ranken, zählt zweifelsohne die des Golem, einer mächtigen, menschenähnlichen Gestalt. Angeblich hatte der Rabbi diese aus Ton geformt und dann zum Leben erweckt, indem er ihr ein *Schma* (Zettel mit magischen Formeln) in den Mund legte. Der Golem war fortan ein treuer Diener des Rabbi, stand allen Juden bei und bewahrte sie vor Pogromen. Am Sabbat jedoch musste der Golem ruhen, und so nahm der Rabbi stets am Vorabend des Sabbats das Schma aus dem Mund des Geschöpfs. Doch eines freitags vergaß dies der Rabbi. Der Golem wurde böse, so böse, dass er das Ghetto zu vernichten drohte. In letzter Sekunde gelang es dem Rabbi, den magischen Zettel aus dem Mund des Golems zu ziehen und ihn so wieder in ewigen Schlaf zu versetzen. Seitdem, so heißt es, ruhen dessen Reste auf dem Dachboden der Altneusynagoge. Im Glauben der Menschen jedoch lebte der Golem im Ghetto noch lange fort, in der Literatur bis heute.

Den bekanntesten Golem-Roman schrieb Gustav Meyrink (1868–1932), ein gebürtiger Wiener. Er war Gründer mehrerer okkulter Orden und in seiner Golem-Fassung, einer Reise in das innerste Ich, verarbeitete er zugleich seine - Drogenerlebnisse. Auch Egon Erwin Kisch (1885–1948), der rasende Reporter, der u. a. für das *Prager Tagblatt* schrieb, widmete dem Golem eine Reportage.

**Španělská synagóga (Spanische Synagoge)**: Der Name der Synagoge hat nichts mit den sephardischen Juden zu tun, die 1492 mit dem Ende der Reconquista Spanien verlassen mussten, wenn sie sich nicht taufen lassen wollten, und u. a. auch nach Prag kamen. Die Spanische Synagoge entstand erst in der zweiten Hälfte des 19. Jh. und trägt den Namen aufgrund ihrer pseudomaurischen Stilelemente. Im sehenswerten Innern wird in Vitrinen die Geschichte der Juden Böhmens und Mährens von der Aufklärung bis in die Zeit der Tschechoslowakei dokumentiert. Von dem Kapitel Holocaust zeugen u. a. erschütternde Postkarten aus dem Ghetto Theresienstadt und eine Kiste voller Gebetsriemen (Tefillin) der Ermordeten. In einem separaten Raum werden Silberarbeiten ausgestellt, das älteste Exponat stammt aus dem Jahr 1600. Abends dient die Synagoge gelegentlich als Konzertsaal.

Verbindungen/Öffnungszeiten: Vězeňská 1. Ⓜ A Staroměstská. Öffnungszeiten und Eintritt → Jüdisches Museum, S. 99.

**Maiselova synagóga (Maiselsynagoge)**: Ursprünglich im Stil der Renaissance errichtet, wurde sie nach einem Brand barock wieder aufgebaut. Das gefiel aber nicht, und so erfolgte Ende des 19. Jh. ein schlichterer neugotischer Umbau. Wäh-

Grabsteine auf engstem Raum: der Alte Jüdische Friedhof

Praha/Josefov → Karte S. 103

rend der deutschen Okkupation machten die Nazis aus der Synagoge ein Lager für beschlagnahmtes jüdisches Vermögen. Auch diese Synagoge wird heute als Museum genutzt und liefert die historische Ergänzung zur Spanischen Synagoge: In ihr wird die Geschichte der böhmischen und mährischen Juden von den Anfängen der jüdischen Besiedelung im 10. Jh. bis zur Aufklärung dokumentiert. Zu sehen sind u. a., wie schon in der Spanischen Synagoge, hervorragende Silberarbeiten.
**Verbindungen/Öffnungszeiten**: Maiselova 10. Ⓜ A Staroměstská. Öffnungszeiten und Eintritt → Jüdisches Museum, S. 99.

**Klausová synagóga (Klausensynagoge) und Bývalá obřadní síň (Zeremoniensaal)**: Die beiden benachbarten Gebäude beherbergen die Ausstellung „Jüdische Traditionen und Bräuche". Von der Geburt über die Beschneidung und die Heirat bis zum Tod werden alle Stationen im Leben gläubiger Juden erläutert. Die Ausstellung beginnt in der Klausensynagoge.
**Verbindungen/Öffnungszeiten**: U Starého Hřbitova 1 und 3. Ⓜ A Staroměstská. Öffnungszeiten und Eintritt → Jüdisches Museum, S. 99.

**Jüdisches Rathaus (Židovská radnice)**: Das Eckhaus finanzierte Mordechaj Maisl, der reichste Mann im rudolfinischen Prag. Ein Blick nach oben lohnt sich: Die Zeiger der Uhr – nicht jener am Turm, sondern der darunter mit den hebräischen Ziffern – bewegen sich entgegen dem Uhrzeigersinn, so wie auch die hebräische Schrift nicht von links nach rechts, sondern von rechts nach links verläuft.
**Verbindungen**: Maiselova 18. Ⓜ A Staroměstská.

**Klášter sv. Anežky (Agneskloster)**: Gründerin des einstigen Klarissenklosters im 13. Jh. war die Hl. Agnes, die ihr Leben in den Dienst der Kranken gestellt hatte. Im Kloster befindet sich heute die grandiose Sammlung böhmischer Kunst des Mittelalters, die Teil der Nationalgalerie ist.
**Verbindungen/Öffnungszeiten**: Anežská 1. Ⓜ A Staroměstská oder Ⓜ B Náměstí Republiky. Tägl. (außer Mo) 10–18 Uhr. 6 €, erm. 3,40 €, Fam. 8 €. www.ngprague.cz.

**Rudolfinum:** Das Konzertgebäude entstand in der zweiten Hälfte des 19. Jh. im Zuge der tschechischen Nationalbewegung. Dvořák und Brahms dirigierten hier vor ausverkauftem Haus. Heute residiert hier die Tschechische Philharmonie. Das Gebäude beherbergt zudem eine Galerie und ein Café (Eingang auf der Moldauseite).

**Verbindungen/Öffnungszeiten**: Náměstí Jana Palacha 1. Ⓜ A Staroměstská. Galerie tägl. (außer Mo) 10–18 Uhr, Café bis 19.30 Uhr. www.ceskafilharmonie.cz bzw. www.galerierudolfinum.cz.

**Uměleckoprůmyslové muzeum (Kunstgewerbemuseum)**: Es existiert bereits seit 1885 und besitzt einen riesigen Fundus, für den man eigentlich mehr Platz bräuchte. In schönen Sälen sind künstlerisch wertvolle Exponate aus den verschiedensten Epochen ausgestellt: Glas, Porzellan, Uhren, Festtagskleidung, Möbelstücke, Gobelins, Schmuck, Werbeplakate usw. Zudem finden immer wieder interessante Wechselausstellungen statt.

**Verbindungen/Öffnungszeiten**: Ulice 17. listopadu 2. Ⓜ A Staroměstská. Di 10–19 Uhr, Mi–So 10–18 Uhr, Mo geschl. Eintritt für die Dauerausstellung 4,40 €, erm. 2,60 €, Fam. 7,50 €. www.upm.cz.

## Essen & Trinken

**Restaurants** **La Degustation Bohème Bourgoise** **1**, für seine noblen Interpretationen der klassischen böhmischen Küche erhielt Oldřich Sahajdák 2012 einen Michelin-Stern. Der Besuch ist ein Erlebnis, das bis zu 4 Std. dauern kann. Bei den 6-Gänge-Menüs (80 €, Weinbegleitung 50 €) kommen kunstvoll arrangierte Schmankerln wie Prager Schinken mit Apfelschaum, südböhmische Ente mit Orangensoße oder Třeboňer Forelle mit Sellerie-Béchamel-Soße auf den Teller. Modern-gediegenes Ambiente unter Gewölbedecken, einsehbare Küche. Nur abends. Haštalská 18, Ⓢ 3, 5, 14, 24, 26 Dlouhá třída, ✆ 222311234.

**Shalom** **2**, die Speisehalle der jüdischen Gemeinde Prags im alten jüdischen Rathaus steht zur Mittagszeit (11.30–14 Uhr)

Alles eine Spur nobler: Restaurants in Josefov

auch Touristen offen. Authentische koschere Küche, die vom Rabbi abgesegnet ist. Vouchers für das Menü (12 € inkl. kostenlosem Tischwasser) kauft man sich vorher in der Hohen Synagoge nebenan, gleichzeitig der Ticketverkauf für die Altneusynagoge. Für das Sabbat- und Feiertagsmenü (22 €) ist eine Reservierung erforderlich. Maiselova 18, Ⓜ A Staroměstská, ✆ 224800808.

**Kolkovna** **3**, ordentliche böhmische Gerichte wie marinierter Camembert oder Hirschgulasch mit Knödeln. Zum Nachtisch empfehlen wir den Apfelstrudel mit Kirschsoße und Walnusseis. Ambiente zwischen rustikal und modern. Hg. 7–14 €. V Kolkovně 8, Ⓜ A Staroměstská, ✆ 224819701.

**Grosseto Marina** **4**, Pizza und Pasta in spektakulärer Lage auf der Moldau in einem schön restaurierten alten Frachter. Zur Pizza (7–11 €) gibt's eine superbe Aussicht auf Burg und Karlsbrücke. Im Sommer zu den Stoßzeiten ohne Reservierung kaum etwas zu machen. Alšovo nábřeží, Ⓜ A Staroměstská, ✆ 605454020 (mobil).

**Pivnices** **U Parlamentu** **11**, gepflegte, gemütlich-rustikale Bierstube. Gute Hausmannskost: Matjes mit Zwiebeln, Bierkäse oder „Altböhmischer Teller" mit Ente, Schweinebraten und Rauchfleisch. Freundliche Bewirtung. Hg. 5–12 €. Valentinská 8, Ⓜ A Staroměstská, ✆ 721415747 (mobil).

**U Rudolfina** **10**, verraucht, laut, tschechisch. Eine der wenigen verbliebenen Bierstuben im Stadtteil. Von außen unscheinbar, innen recht groß und auf zwei Etagen. Die Bierstrichlisten mancher Gäste haben Gartenzauncharakter! Böhmische Küche zu 4–12 €. Erfragen Sie auf jeden Fall den Bierpreis im Voraus, sonst zahlen Sie evtl. das Doppelte wie der tschechische Stammgast neben Ihnen. Křížovnická 10, Ⓜ A Staroměstská.

**Café** **Au Gourmand** **8**, Französisch ausgerichteter Mix aus Patisserie, Boulangerie und Bistro in feinem Jugendstilambiente. Quiches, Antipasti und Baguettes, gute Tagessuppen. Zudem leckerste Schokolade und (im Sommer) himmlisches Schokoeis. Dlouhá 10, Ⓜ A Staroměstská.

John-Lennon-Gedenkmauer

## Sehenswertes in Malá Strana Kleinseite

Malá Strana, der Stadtteil unterhalb der Prager Burg am Ufer der Moldau, ist das malerischste Eck der Stadt – ein großes Schaufenster des Barock, kaum ein Gebäude, das nach dem 18. Jh. errichtet wurde. Doch so malerisch sich Malá Strana auch zeigt – die Kleinseite ist ein Stadtteil, den die Prager weitestgehend geräumt haben. Aus den Krämer- und Trödelläden von einst oder den kleinen Handwerksbetrieben wurden Restaurants, Cafés oder Galerien, aus den großen Palais Ministerien, Botschaften oder Hotels. Kinder sieht man nur noch selten spielen, und mit jedem neu restaurierten Gebäude werden sie weniger. In Malá Strana löst nicht mehr eine Generation die nächste ab, sondern eine Gesellschaftsschicht die andere. Zwar erstrahlt der Stadtteil nun in immer neuerem Glanz, verliert dadurch aber auch von seinem ursprünglichen Charme.

**Kostel svatého Mikuláše (Nikolauskirche)**: Sie zählt zu den prachtvollsten Barockbauten Europas und ihre mächtige Kuppel samt Glockenturm – nach Plänen Kilian Ignaz Dientzenhofers – zu den Wahrzeichen Prags. Errichtet wurde die Kirche von den Jesuiten im Zuge der Gegenreformation. Der protestantische Vorgängerbau musste dafür weichen. Lediglich der Name wurde beibehalten – schließlich wird der Hl. Nikolaus als Schutzpatron der Kaufleute verehrt, und wo steht eine Nikolauskirche besser als inmitten eines (einstigen) Marktplatzes? Viel Freude hatte der Orden an seinem Gotteshaus jedoch nicht, genau 100 Jahre nach der Grundsteinlegung 1673 wurden die Jesuiten des Landes verwiesen.

Im Innern der Kirche ist das Deckengemälde im Langhaus von Johann Lukas Kracker am beeindruckendsten. Mit 1500 $m^2$ ist es eines der größten seiner Art. Es zeigt Szenen aus dem Leben des Bischofs Nikolaus von Myra. Ansonsten, so weit das Auge reicht, Barock total – keine Ecke ohne Putte. Lohnenswert ist auch ein Blick über die Dächer Prags vom Kirchturm.

**Verbindungen/Öffnungszeiten**: Malostranské náměstí. Ⓢ 12, 20, 22 Malostranské náměstí. **Kirche** tägl. 9–17 Uhr. Eintritt (!) 2,60 €, erm. 1,90 €. **Turm** Nov.–Feb. tägl. 10–18 Uhr, März u. Okt. bis 20 Uhr, April–Okt. bis 22 Uhr. 3,30 €, erm. 2,40 €. Zugang zum Turm von der Südseite (außen). www.prazskeveze.eu.

Praha/Malá Strana → Karte S. 109

**Nerudova ulice (Nerudagasse)**: Sie ist zweifelsohne eine der schönsten Gassen der Kleinseite, und es gibt wohl keinen Pragreisenden, der sie nicht mindestens einmal auf- oder abschlendert. Benannt ist sie nach dem Schriftsteller Jan Neruda (1834–1891), der im *Haus zu den Zwei Sonnen* (Nr. 47) lebte und jenen Stadtteil in seinen *Kleinseitner Geschichten* literarisch verewigte. Herrliche Palais und Bürgerhäuser säumen die Gasse. Auffallend sind die reizvollen Hauszeichen. Zu den imposantesten Gebäuden gehören das Thun-Hohenstein-Palais und das Palais Czernín-Morzin. Beide sind leider nicht zugänglich, in Ersterem residiert die italienische Botschaft, in Letzterem die rumänische. In Hausnummer 13 befindet sich das *Muzeum Montanelli*, das mit wechselnden Ausstellungen zu zeitgenössischer Kunst aufwartet.

**Verbindungen/Öffnungszeiten**: Ⓢ 12, 20, 22 Malostranské náměstí. **Muzeum Montanelli**, nur Mi–Sa 14–18 Uhr. 3 €, erm. die Hälfte. www.muzeummontanelli.com.

**Chrám Panny Marie Vítězné (Wallfahrtskirche Maria zum Siege)**: Von allen Kirchen Prags zählt sie neben dem Dom die meisten Besucher, und darunter sind nicht nur Touristen auf Kulturtour, sondern echte Pilger. Der Grund ist das „Prager Jesulein" (→ Kasten) in einem Glaskasten. Die Kirche selbst wurde 1611 von deutschen Lutheranern erbaut und 1624 im Zuge der Gegenreformation dem Orden der Unbeschuhten Karmeliter übertragen. Der Orden verwaltet das Gotteshaus noch heute.

**Verbindungen/Öffnungszeiten**: Karmelitská. Ⓢ 12, 20, 22 Hellichova. Tägl. 8.30–19 Uhr.

**Kostel sv. Tomáše (Thomaskirche)**: Sie entstand zusammen mit dem Klostergebäude der Augustiner-Eremiten zwischen 1285 und 1379. Ihr heutiges barockes Aussehen verdankt sie Kilian Ignaz Dientzenhofer, der die Umbauarbeiten in der ersten Hälfte des 18. Jh. leitete. Aus jener Zeit stammen auch die leichten und farbenfrohen Deckenmalereien, eine Bilderfolge über den Hl. Augustinus, für welche die Kirche bis heute überaus berühmt ist. Geschaffen wurde sie von Böhmens bedeutendstem Freskenmaler Wenzel Lorenz Reiner (1689–1743). Im benachbarten Kloster leben heute noch fünf Mönche, außerdem wurden verschiedene Trakte der Klosteranlage in ein Fünf-Sterne-Hotel verwandelt.

**Verbindungen/Öffnungszeiten**: Letenská. Ⓢ 12, 20, 22 Malostranské náměstí. Geöffnet nur zu Messen.

**Valdštejnský palác (Palais Waldstein)**: Hier tagt heute der Senat. Der riesige Gebäudekomplex, der sich um fünf Höfe und eine große Gartenanlage gruppiert, wurde in der ersten Hälfte des 17. Jh. erbaut; knapp 30 Häuser mussten dafür weichen. Sein Bauherr war Albrecht von Waldstein, eine der zentralen Figuren des 30-jährigen Krieges (→ Kasten S. 238). Ein paar Räume sind, wenn der Senat sich ins Wochenende verabschiedet, der Öffentlichkeit zugänglich. Dazu gehört der große, sich über zwei Etagen erstreckende Festsaal, der wie die meisten Räume im Stil des Manierismus ausgeschmückt ist. Daneben kann man noch wechselnde Ausstellungen in der einstigen *Reithalle* (Valdštejnská jízdárna) und den frühbarocken *Valdštejnská zahrada* (Palaisgarten) besichtigen.

**Verbindungen/Öffnungszeiten**: **Palais**, Valdštejnské náměstí. Ⓢ 12, 20, 22 Malostranské náměstí. Nov.–März nur an jedem ersten Wochenende im Monat 10–16 Uhr geöffnet, April/Mai u. Okt. Sa/So 10–17 Uhr, Juni–Sept. Sa/So 10–18 Uhr. Eintritt frei. www.senat.cz. **Garten**, Zugang über die Letenská. Ⓜ A Malostranská. April–Okt. tägl. 7.30–18 Uhr.

### Kult und Kitsch und weltberühmt – das Prager Jesulein

In der gesamten katholischen Welt wird das Prager Jesulein verehrt – eine kniehohe Wachsfigur mit einer gigantischen Krone, die dem Jesulein das Aussehen eines kleinen Königs verleiht. Im 16. Jh. hatte ein spanischer Mönch die Figur modelliert, getreu dem Abbild des Jesuskindes, wie es ihm im Traum erschienen war. Die Prinzessin Maria Maximiliana Manriquez de Lara, eine spätere Lobkowitz, brachte das Jesulein nach Prag, ihre Tochter stiftete die Figur schließlich den Karmelitern. Und während der Gegenreformation, als Wunder bei der Rekatholisierung ja so nützlich waren, begann das Jesulein, eines nach dem anderen zu vollbringen. Es bewahrte Prag vor Pestepidemien und dem Siebenjährigen Krieg. Und bald sprach sich auch herum, dass es Kranke heilte, Armen half und sehnsüchtig Liebenden Glück brachte. Zum Dank wurde es reich beschenkt, unter den Gaben befanden sich auch Gewänder, die ihm nun regelmäßig angezogen werden. Eines schneiderte sogar Kaiserin Maria Theresia persönlich aus Samt und Gold. Nachahmungen des Prager Jesulein gibt es überall zu kaufen, groß und klein, aus Glas und Porzellan, einfarbig und handbemalt.

**Palácové zahrady pod Pražským hradem (Palastgärten unter der Prager Burg):** Im Mittelalter dienten die Südhänge der Burg als Weingärten. Erst als der Adel im 17. Jh. die Kleinseite entdeckte, ließ er hier zu seinen Palästen terrassenförmige Gärten anlegen. Im 18. Jh. verzierte man sie mit barocken Statuen, Galerien, Balustraden, Glorietten und Brunnen. Fünf solcher Gärten wurden zur Jahrtausendwende zu einem einzigen zusammengefasst. Darunter ist auch der *Ledeburská zahrada* (*Ledebour-Garten*) ganz im Westen der Anlage mit einer herrlichen Sala Terrena, einem offenen Gartensaal – hier finden im Sommer gelegentlich Konzerte statt.

Verbindungen/Öffnungszeiten: Valdštejnská (Zugang neben dem Restaurant Palffý palác). Ⓜ A Malostranská. Zum Teil mit „Ledeburská zahrada" ausgeschildert. April u. Okt. tägl. 10–18 Uhr, Mai–Sept. bis 19 Uhr. Eintritt 3 €, erm. 1,90 €. Die Gärten sind auch von den südlichen Wallgärten der Prager Burg zugänglich. www.palacove-zahrady.cz.

**Franz-Kafka-Museum:** Kafka und Prag, das ist wie Goethe und Weimar. Kein Buch über die Stadt, das dem deutsch-jüdischen Versicherungsangestellten und Literaten (1883–1924) nicht die Reverenz erweist, kein Souvenirshop, der ihn nicht vermarktet. Im Museum, das dem berühmtesten Sohn der Stadt gewidmet, wird Kafkas Welt in wahrlich kafkaesker Atmosphäre dokumentiert: beengende, manchmal labyrinthartige Gänge, schwarz gestrichene Wände, niedrige Decken. Spannend sind die vielen Faksimiles: Bewerbungsschreiben, ein Zeugnis der Prager Handels-Akademie, Briefe, der Nachruf seines Freundes und späteren Herausgebers Max Brod, die Todesanzeige der Familie Kafka. Zudem erfährt man Details über die Frauen in Kafkas Leben, über den deutschsprachigen Prager Literatenzirkel und die Symbolik der wichtigsten Kafka-Romane.

Verbindungen/Öffnungszeiten: Cihelná 2b. Ⓜ A Malostranská. Tägl. 10–18 Uhr. 7,40 €, erm. 4,50 €. www.kafkamuseum.cz.

**Vrtbovská zahrada (Vrtba-Garten):** Der barocke Terrassengarten zählt mit den Gärten unterhalb der Prager Burg zu den reizvollsten zugänglichen Gartenanlagen der Stadt. Ende des 20. Jh. war er jedoch so heruntergekommen, dass er sich von den Obstwiesen dahinter kaum unterschied. Fünf Jahre benötigte man für die Rekonstruktionsarbeiten – genauso lange, wie man zu Anfang des 18. Jh. brauchte, um ihn anzulegen. Von seiner obersten Terrasse genießt man eine herrliche Aussicht über die Kleinseite und auf die Prager Burg. Die antiken Götterstatuen, wie der Atlas mit der Erdkugel, sind das Werk des Tiroler Bildhauers Matthias Bernhard Braun (→ S. 187).

Verbindungen/Öffnungszeiten: Karmelitská 18. Ⓢ 12, 20, 22 Malostranské náměstí. April–Okt. tägl. 10–19 Uhr. 2,30 €, erm. 2 €. www.vrtbovska.cz.

**Insel Kampa:** Der Čertovka (Teufelsbach) mit seinen Mühlrädern trennt die Insel vom westlichen Moldauufer. Die Kommunisten wollten den Bach eigentlich zuschütten und in eine Straße verwandeln. Zum Glück kam es nie dazu, denn dann wäre es vorbei gewesen mit dem sog. *Klein-Venedig* von Prag. Das Zentrum bildet der ovale, baumbestandene Hauptplatz Na Kampě, auf dem einst der Töpfermarkt der Stadt stattfand. Heute gibt es hier eine Reihe von Straßencafés, und es geht recht beschaulich zu. Das war nicht immer so: Die Bewohner der Insel Kampa hatten häufig unter Moldauhochwasser zu leiden. Seinen bislang höchsten Stand erreichte der Fluss im August 2002, als die Häuser des Platzes Na Kampě bis zur ersten Etage unter Wasser standen. Die südliche Hälfte der Insel, hinter dem Museum Kampa (s. u.), nimmt der *Kampa-Park* ein, einer der idyllischsten zentralen Parks der Stadt mit alten Kastanienbäumen und Moldaublick.

Verbindungen: Ⓢ 12, 20, 22 Hellichova.

**Museum Kampa:** Das Museum in einer umgebauten Wassermühle am Ufer der Moldau kann einem mittlerweile leidtun. Seit seiner Eröffnung 2002 wurde es bereits zweimal von Hochwasser in Mitleidenschaft gezogen, nach dem letzten (2013) mussten 25 Container Schlamm beseitigt werden. Das Museum beherbergt die Kunstsammlung des einst nach Amerika ausgewanderten Ehepaars Jan und Meda Mládek, darunter viele abstrakte Werke des Malers František Kupka (1871–1957) und kubistische Skulpturen von Otto Gutfreund (1889–1927). Auch wird zeitgenössische Kunst, insbesondere der 60er- und 70er-Jahre, aus den ehemaligen sozialistischen Bruderstaaten von Polen bis Ungarn gezeigt. Durch den Kauf dieser Werke unterstützten die Mládeks Künstler, die staatskonträres Denken in Ländern zum Ausdruck brachten, in denen die schöpferische Freiheit durch die kommunistischen Machthaber stark eingeschränkt war. In einem Nebengebäude werden zudem spannende Wechselausstellungen gezeigt.

Verbindungen/Öffnungszeiten: U Sovových mlýnů 2. Ⓢ 12, 20, 22 Hellichova. Tägl. 10–18 Uhr. Eintritt für alle Ausstellungen 9,60 €, erm. die Hälfte, Fam. 15,60 €. www.museumkampa.cz.

Das Museum Kampa ist immer für eine Überraschung gut

Praha/Malá Strana → Karte S. 109

**Petřín (Laurenziberg)**: Früher baute man am Petřín Wein an, doch das ist Vergangenheit. Heute zieht sich eine steile Wiese voller Obstbäume den Prager Hausberg hinauf, der die Kleinseite vom südlichen Stadtteil Smíchov trennt. Auf dem Berg befindet sich auch ein Teil der ehemaligen Stadtbefestigung, die vom Kloster Strahov hinunter nach Újezd verlief. Einer Legende zufolge ließ sie Karl IV. errichten, um der Hunger leidenden Bevölkerung Arbeit zu geben. Daher wird sie auch Hungermauer genannt.

Auf den Petřín selbst gelangt man am einfachsten mit der *Standseilbahn* (lanová dráha). Als sie 1891 in Betrieb genommen wurde, funktionierte sie auf eine so einfache wie geniale Weise, die ein wenig an einen Flaschenzug erinnert: Beide Bahnen waren mit großen Wassertanks ausgestattet, die oben gefüllt und unten entleert wurden – stets zog die jeweils obere Bahn durch ihr höheres Gewicht die untere hinauf. Heute verkehrt eine elektrifizierte Bahn. In der Mitte der Strecke befindet sich die Haltestelle Nebozízek; daneben liegen zwei Lokale mit herrlichem Pragblick.

An der Endstation erwarten den Besucher ein im Sommer wohlduftender *Rosengarten*, eine *Sternwarte* (Štefánikova Hvězdárna), ein *Aussichtsturm* (Rozhledna) – oder besser eine missratene Kopie des Pariser Eiffelturms – und ein lustiges *Spiegelkabinett* (Zracadlové Bludiště).

**Verbindungen/Betriebszeiten**: Die **Drahtseilbahn** ist wenige Meter von der Straßenbahnhaltestelle Újezd (Ⓢ 6, 9, 12, 20, 22) entfernt. Verkehrt im Winter tägl. 9–20.45 Uhr, im Sommer 9–23.30 Uhr, jeweils alle 10–15 Min. Ticket 0,90 € oder mit einer Zeitfahrkarte des öffentlichen Nahverkehrs.

## Essen & Trinken

**Restaurants** **Kampapark 10**, schon Lou Reed, Phil Collins und Johnny Depp genossen die zeitgemäße, ausgefallene Küche dieses elegant-elitären Restaurants. „Ein absolutes Highlight", meinen Leser. Vorspeisen ab 15 €, Hg. 22–36 €. Tipp: Tisch auf der Terrasse mit herrlichem Blick auf die Karlsbrücke reservieren! Na Kampě 8b, Ⓢ 12, 20, 22 Malostranské náměstí, ✆ 296826102.

**Pálffy palác 1**, der ideale Ort für ein romantisches Abendessen bei Kerzenschein und klassischer Musik. Die Küche ist international, die Atmosphäre im barocken Saal mit leicht morbidem Charme einmalig. Herrliche Terrasse mit Blick auf Prager Burg und Kleinseite. Hg. 16–22 €, Mittagsmenü ab 11 €. Valdštejnská 14, Ⓜ A Malostranská, ✆ 257530522.

**Hergetova Cihelna 8**, trendiges Lokal in toller Lage direkt an der Moldau und mit Karlsbrückenblick. Große Terrasse, für die man abends reservieren sollte. Schwarzes Risotto mit Oktopus, Kürbisravioli, Burger mit Foie gras oder fein abgewandelte tschechische Klassiker zu 12–22 €. Cihelná 2b, Ⓜ A Malostranská, ✆ 296826103.

**Petřínské Terasy 11**, auf halber Höhe am Petřín, am einfachsten mit der Standseilbahn zu erreichen. Gemütlich-rustikales Restaurant (im Winter mit offenem Feuer). Und auch hier eine Wahnsinnsterrasse, die traumhafte Ausblicke auf die Stadt bietet. Fleischlastige tschechische Küche zwischen Steaks, Schweinerippchen und Schweinshaxe für 6–14,50 €. Seminářská zahrada 13, Ⓢ 12, 20, 22 Újezd, weiter mit der Standseilbahn (Mittelstation aussteigen), ✆ 257320688.

**Cantina 12**, etabliertes mexikanisches Restaurant, ein Renner bei amerikanischen *Expats* – ohne Reservierung ist am Abend kaum ein Tisch zu bekommen. Fröhlich-bunt eingerichtet, gemütlich, netter Service. Kosten Sie die *Fajitas*! Hg. 7–14 €. Újezd 38, Ⓢ 12, 20, 22 Hellichova, ✆ 257317173.

**Olympia 15**, gepflegte Bierschwemme mit gehobener böhmischer Küche. Hg. 6–15 €. Am Abend Reservierung empfehlenswert. Vítězná 7. Ⓢ 6, 9, 12, 20, 22 Újezd, ✆ 251511080.

**Baráčnická rychta 4**, versteckt gelegene, rustikale Gaststätte. Auf der Speisekarte steht Deftiges wie Mährischer Spatz, Entenbraten oder Schweinelendchen mit Speck. Hg. 6–12 €. Konzertsaal mit dem Flair eines katholischen Vereinshauses angeschlossen. So nur bis 21 Uhr. Tržiště 23, Ⓢ 12, 20, 22 Malostranské náměstí, ✆ 257532461.

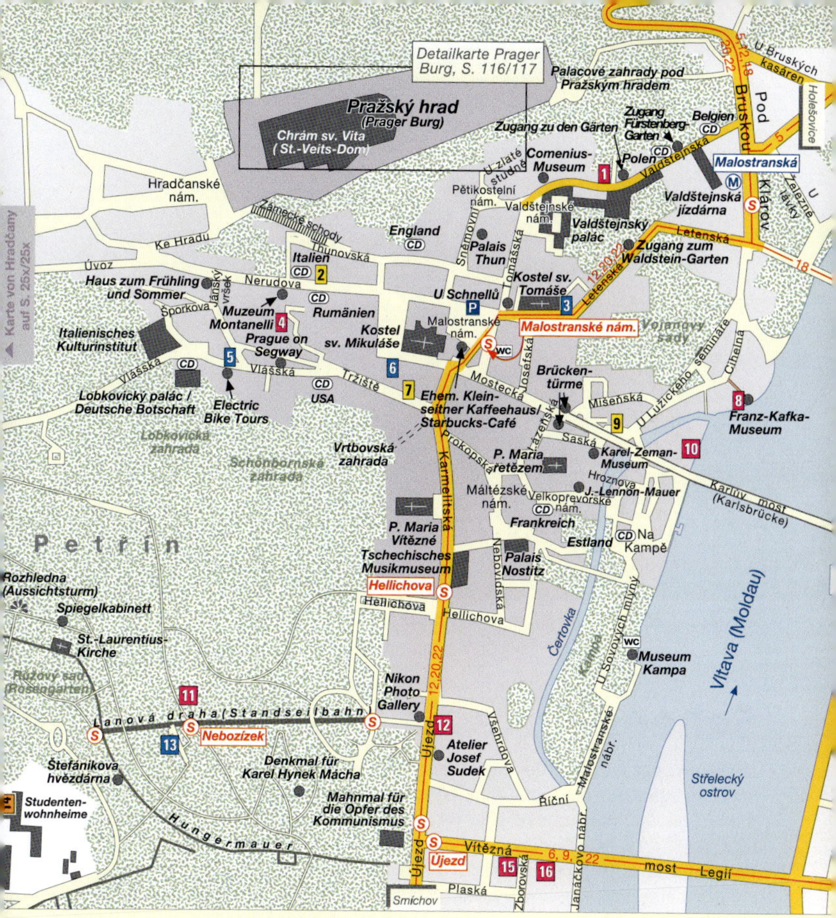

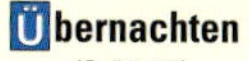

**Übernachten** (S. 73–75)

3 The Augustine Prague
5 Sax
6 Little Town Budget Hotel
13 Nebozízek

**Essen & Trinken** (S. 108/109)

1 Pálffy palác
4 Baráčnická rychta
8 Hergetova Cihelna
10 Kampapark
11 Petřínské Terasy
12 Cantina
15 Olympia
16 Café Savoy

**Einkaufen** (S. 71/72)

2 U Zlaté Číše
7 Phase 2 Boutique
9 Truhlář Marionety

**Nachtleben** (S. 77)

14 Klub Strahov 007

**Café** Café Savoy **16**, hier war Franz Kafka Stammgast und hier drehte Karel Gott schnulzige Musikvideos. Nach seiner letzten Komplettrenovierung wurde das Savoy als elegantes Kaffeehaus im Stil der Jahrhundertwende wieder eröffnet. Sehr populär. Herrliche klassizistische Stuckdecke, hauseigene Patisserie, Frühstück, man kann aber auch richtig essen. Besonders stolz ist man auf die heiße Schokolade. Vítězná 1, Ⓢ 6, 9, 12, 20, 22 Újezd.

Straßenmusikanten am Hradschiner Platz

# Sehenswertes in Hradčany

Hradschin

Hradčany, das ist nicht nur die Prager Burg, sondern auch die Burgvorstadt, der Stadtteil rund um die böhmische Akropolis. Trotz beeindruckender Palais wirkt dieser Teil der Moldaumetropole verschlafen und an manchen Ecken sogar dörflich. Bis ins 16. Jh. allerdings war die Vorstadt ein ärmliches Viertel, in dem die Burguntertanen (auf Tschechisch „Hradčani") lebten. 1541 brannten deren Hütten ab; das kleine Volk zog hinab nach Malá Strana. Der Adel übernahm den Wiederaufbau, und unzählige Paläste entstanden. Stets aber blieb Hradčany ein Anhängsel der Prager Burg, das nie einen eigenen städtischen Charakter entwickelte, was sich bis heute nicht geändert hat. In vielen der alten Paläste sind Museen und Ministerien untergebracht. Einen Metzger oder Bäcker sucht man hier nahezu vergebens, nicht jedoch Cafés, Restaurants und Souvenirshops, die auf die schnelle Krone aus sind. Schön zum Durchspazieren ist die Burgvorstadt aber allemal.

**Pražský hrad, die Prager Burg,** wird aufgrund ihrer vielen Sehenswürdigkeiten in einem eigenen, nachstehenden Kapitel behandelt.

**Strahovský klášter (Kloster Strahov):** Seit 1989 ist das Kloster wieder im Besitz des Prämonstratenserordens. Man muss kein Ungläubiger sein, wenn man den Namen zweimal liest. Die Blütezeit des Ordens ist heute zwar vorüber, im Mittelalter war er jedoch sehr populär und nahm eine zentrale Rolle bei der Christianisierung des Landes ein. Der Name des Ordens stammt von dessen erstem Kloster im Tal Prémontré in Frankreich. Gegründet hatte es Norbert von Xanten, nachdem er, vom Blitz getroffen, vom Pferd fiel und dazu eine Stimme flüsterte, er solle von der Hurerei ablassen und nur noch Anständiges tun. Das war 1115, schon fünf Jahre später gab es das Kloster in Frankreich und bereits 1140 entstand der Prager Ableger. Seit 1627 befinden sich sogar Norberts sterbliche Überreste hier in der *Abteikirche Mariä Himmelfahrt;* sie ist zugleich die größte und schönste Kirche des Klosters. In ihr liegt übrigens auch der kaiserliche Feldmarschall Gottfried Heinrich Graf zu Pappenheim begraben. Seine Popularität verdankt er Friedrich Schiller, der ihm im *Wallenstein* die geflügelten Worte „Ich kenne meine Pappenheimer“ in den Mund legte.

Gleich nebenan befindet sich der Eingang zur *Bibliothek,* deren Bestand auf knapp eine Million Bände geschätzt wird. Der Blick in die zwei imposanten Lesesäle beeindruckt (Betreten nicht erlaubt!) und lässt das Kloster ins Prager Pflichtprogramm aufrücken. Im ersten, dem sog. Philosophischen Saal, reichen die Bücherschränke, übrigens aus Nussbaum, bis an die Decke. Diese ist mit Fresken verziert, die der österreichische Maler Anton Maulpertsch 1870 schuf und welche den Drang der Menschheit nach dem wahren Wissen darstellen. Der zweite Saal, der sog. Theologische Saal, ist mit Globen bestückt. Die dortigen Fresken malte ein Ordensbruder; sie zeigen die Liebe zur Bildung und zur Wissenschaft. Auf dem Gang zwischen beiden Sälen be-findet sich in Glasvitrinen eine kleine Kuriositätensammlung: Muscheln, Skorpione, Seesterne usw., dazwischen auch das Geschlechtsteil eines Wals.

Im eigentlichen Klostergebäude ist die *Strahover Bildergalerie* (Strahovská obrazárna) untergebracht. Malerei von der Gotik bis zur Romantik wird gezeigt, darunter auch Werke von Lucas Cranach (1472–1553).

**Verbindungen/Öffnungszeiten**: Strahovské nádvoří, Ⓢ22 Pohořelec. **Abteikirche**, geöffnet nur zu Messen (tägl. um 18 Uhr, So auch um 10 Uhr), zu den Öffnungszeiten der Bibliothek kann man jedoch im Sommer i. d. R. einen Blick durch das Portal nach innen werfen. **Bibliothek**, tägl. 9–12 und 13–17 Uhr. 3 €, erm. 2 €. Unter ✆ 233107749 können Sie auch Führungen vereinbaren, bei denen man die Lesesäle betreten kann. **Bildergalerie**, tägl. (außer Mo) 10–11.30 und 12–17 Uhr. 4,50 €, erm. die Hälfte, Fam. 8 €. www.strahovskyklaster.cz.

**Loreta (Loretoheiligtum)**: Der Name des Heiligtums geht auf eine Legende zurück, die vom Wunder der Santa Casa, des Hauses der Jungfrau Maria, erzählt. Der Überlieferung nach wurde es Ende des 13. Jh. von Engeln aus Nazareth ausgeflogen, um es vor einem Sarazeneneinfall in Sicherheit zu bringen. Über Umwege gelangte das heilige Häuschen schließlich in einen Lorbeerhain bei Ancona. Dort entwickelte es sich zu einem berühmten Wallfahrtsort, der kurzerhand Loreto genannt wurde. Später, während der Gegenreformation, verkaufte die katholische Kirche das Wunder als – heute würde man sagen – PR-Gag. So entstanden überall in Böhmen und anderswo Loreto-Heiligtümer (das in Prag zwischen 1626 und 1631). Sie sind eine Kopie des Originals, und wer sie besichtigt, kann sich eine Fahrt nach Ancona sparen. Im Kreuzgang rund um die Santa Casa ist die wundersame Geschichte des Häuschens auf 47 Deckengemälden festgehalten. Die Schatzkammer des Heiligtums beherbergt ein paar liturgische Gegenstände. Der wertvollste ist eine Monstranz mit über 6000 Diamanten. Zuvor zierten die Steine übrigens das Hochzeitskleid einer Gräfin.

Nicht sehens-, aber hörenswert sind die Ende des 17. Jh. in Amsterdam gegossenen 24 Glocken im Turm über dem Eingang – dieser Trakt ist übrigens ein Werk von Christoph und Kilian Ignaz Dientzenhofer. Die Glocken können ähnlich wie ein Klavier gespielt bzw. in Gang gesetzt werden. Unter anderem improvisierte Franz

Praha/Hradčany → Karte S. 112/113

Liszt auf ihnen. Zu jeder vollen Stunde erklingt heute das Lied *Sei tausend mal gegrüßt, Maria.*

Verbindungen/Öffnungszeiten: Loretánské náměstí 5. Ⓢ22 Pohořelec. Nov.–März tägl. 9.30–12.15 und 13–16 Uhr, im Sommer etwas länger. 4,80 €, erm. 3,70 €. www.loreta.cz.

**Schwarzenberský palác (Palais Schwarzenberg) und Salmovského palác (Palais Salm):** Das mit venezianischen dreidimensional wirkenden S-graffiti in Briefchenform verzierte Palais Schwarzenberg gehört zu den prächtigsten Palastbauten Prags aus der Zeit der Renaissance. Zwischen 1545 und 1563 ließ es die Adelsfamilie Lobkowitz erbauen. Heute ist es ein würdiger Ort für die Barocksammlung der Nationalgalerie. Auf rund 4000 m² werden in teils herrlich ausgeschmückten Sälen rund 260 Gemälde und 160 Skulpturen präsentiert, darunter beeindruckende Monumentalstatuen von Matthias Bernhard Braun und Ferdinand Maximilian Brokoff sowie Gemälde der bedeutendsten böhmischen Barockmaler wie Wenzel Lorenz Reiner, Karel Škréta und Peter Brandl. An das Palais Schwarzenberg grenzt linker Hand das Palais Salm, in dem die Nationalgalerie wechselnde Ausstellungen zeigt.

Verbindungen/Öffnungszeiten: Hradčanské náměstí. Ⓢ22 Pražský hrad. **Palais Schwarzenberg**, tägl. (außer Mo) 10–18 Uhr. 6 €, erm. 3,20 €, Fam. 8 €. www.ngprague.cz. **Palais Salm**, tägl. 10–18 Uhr. Eintritt je nach Ausstellung meist um die 6 €, erm. 4 €, Fam. 15 €. www.ngprague.cz.

**Šternberský palác (Palais Sternberg):** Auch dieses hochbarocke Palais gehört zu den bedeutendsten Palastbauten Prags. Graf Wenzel Adalbert von Sternberg ließ ihn Anfang des 18. Jh. errichten. Heute wird das Gebäude ebenfalls von der Nationalgalerie Prag verwaltet. Im Erdgeschoss zeigt sie ihre Sammlung alter Meister aus den deutschen Landen und Österreich: Zeichnungen von Augustin Hirschvogel, Bilder von Cranach dem Älteren und dem Jüngeren, einen neunteiligen Passionsaltar von Hans Raplans u. v. m., darunter auch Albrecht Dürers *Rosenkranzfest,* das er 1506 für die San-Bartolomeo-Kirche in Venedig geschaffen hatte und das durch die Sammelleidenschaft Rudolfs II. im 17. Jh. nach Prag gelangte.

Der 1. Stock beherbergt italienische Kunst aus dem 14. bis 16. Jh. (darunter eine umfangreiche Ikonensammlung) und Werke niederländischer Maler aus dem 15. bis 16. Jh. Des Weiteren hat sich eine kleine Ausstellung antiker Kunst aus römischer und hellenistischer Zeit hierher verirrt. Die darüberliegende Etage beherrschen niederländische, italienische, flämische, spanische und französische Maler des 16. bis 18. Jh., darunter sind Werke von El Greco, van Dyck, Rubens, Goya, Tintoretto oder Rembrandt. Im Innenhof des Palais lädt ein Café auf eine Pause ein.

**Verbindungen/Öffnungszeiten**: Hradčanské náměstí 15, Ⓢ 22 Pražský hrad. Zugang über den Erzbischöflichen Palast. Tägl. (außer Mo) 10–18 Uhr. 6 €, erm. 3,20 €, Fam. 8 €. www.ngprague.cz.

## Essen & Trinken

→ Karte S. 112/113

**Restaurants/Pivnice** U zlaté hrušky **1**, Gediegenes Restaurant, in dem schon Margaret Thatcher speiste. So bieder wie die eiserne Lady, so bieder ist die Einrichtung. Auf der Karte aber: Thunfischtatar mit Wachtelei, Safranrisotto mit Jakobsmuscheln und Artischocken oder kanadischer Hummer mit Estragonbutter. Hg. 13–19 €. Angegliedert ein gemütliches Gartenrestaurant. Nový Svět 3, Ⓢ 22 Brusnice, ✆ 723764940 (mobil).

Bellavista **5**, Terrassenrestaurant mit traumhafter Aussicht auf Burg und Kleinseite – daher hier auch aufgeführt. Das Essen ist eine wundersame Mischung böhmisch-italienischer Küche. Hg. 7,50–17 €, ein halber Liter Pilsner über 4 €! Strahovské nádvoří 1, Ⓢ 22 Pohořelec, ✆ 220517274.

Klášterní Pivovar Strahov & Restaurace **4**, Brauereigaststätte auf dem Klosterareal, nicht zu verwechseln mit dem Velká Klášterní Restaurace nebenan. Leckeres 13- und 14-gradiges Svatý-Norbert-Bier, hinzu kommen je nach Saison verschiedene andere Bierspezialitäten. Böhmische Braten- und Steakküche zu 6–12 €. Viel Touristenrummel, Blasmusik, Außenbestuhlung. Strahovské nádvoří 10, Ⓢ 22 Pohořelec, ✆ 233353155.

»» **Unser Tipp:** U černého vola („Zum Schwarzen Ochsen") **3**, Traditionsreiche Bierstube, eine der urigsten der Stadt und ein Kandidat für die UNESCO-Welttrinkerbeliste. Die hübschesten Mädchen soll es einem tschechischen Schlager nach hier geben – auf jeden Fall aber gutes Bier: *Velkopopovický kozel*, frisch gezapft, dazu deftige Snacks. Und zudem heißt es: trinken für einen guten Zweck – das Gros der Erlöse fließt einer Blindenschule zu. Einziger Haken: Nach dem Besuch riechen Sie zuweilen wie der Besitzer einer Frittenbude. Loretánské náměstí 1, Ⓢ 22 Pohořelec. ««

**Cafe** U zavěšenýho kafe **2**, gemütliche, auch noch von Pragern gern besuchte Mischung aus Café und Bierstube mit dem originellen Namen „Zum aufgehängten Kaffee". Der Tipp für den preiswerten Imbiss zwischendurch, man kann aber auch richtig essen. Für die Lage faire Preise. Úvoz 6, Ⓢ 22 Pohořelec.

Bibliothek im Kloster Strahov

Die Prager Burg

# Sehenswertes auf der Pražský hrad

Prager Burg

Die Prager Burg ist das Wahrzeichen der Stadt, der Nabel des Landes und das seit eh und je. Tausend Jahre Geschichte treffen hier auf Millionen Besucher. Paläste, Kirchen, Museen, Klöster – es gibt viel zu sehen, mehr als genug. Von der Karlsbrücke aus wirkt die Burg zu später Stunde, wenn sich ihre Fassade gebieterisch im Scheinwerferlicht erhebt, am schönsten. Die Tschechen blickten über die Jahrhunderte hinweg mit Angst und Verachtung, aber auch mit Stolz und Anerkennung nach oben. Dunkle und goldene Zeiten wurden hier eingeläutet. Die Burg war Sitz von Fürsten, Königen, Kaisern, von Bischöfen und Erzbischöfen und damit stets ein Symbol weltlicher und geistlicher Macht. Heute empfängt hier der Präsident des Landes Staatsgäste aus aller Herren Länder. Für gewöhnlich betreten diese wie Sie die Burg vom Hradčanské náměstí.

### Wege zur Burg

Die beiden schönsten Fußwege von Malá Strana hinauf zur Prager Burg verlaufen über die Nerudova (→ S. 105) und über die Zámecke schody (viele Treppen). Beide Wege enden am Hradčanské náměstí, von wo sich ein herrlicher Blick über Prag auftut. Wer es bequemer haben will, nimmt die Ⓢ 22 von der Metrostation Malostranská bis zur Haltestelle Pražský hrad.

**Erster und zweiter Burghof:** Die Prager Burg war bis ins 18. Jh. durch einen Graben vom Hradčanské náměstí getrennt. Doch mit dem Bau des aristokratischen, repräsentativen ersten Burghofs, auch *Ehrenhof* genannt, verlor sie ihren Festungscharakter nach Westen hin. Die regungslos dastehende Burgwache hat ebenfalls nur noch repräsentative Funktion. Einst in paramilitärisches Khaki gekleidet, trägt sie heute blaue Uniformen, die Theodor Pištěk, Kostümausstatter des Forman-Films *Amadeus,* entworfen hat. Stets eine Stunde müssen die Soldaten ausharren, dann werden sie abgelöst. Mittags um zwölf Uhr wird daraus ein Spektakel gemacht: Fanfarenmusik erklingt dann zum Stechschritt und zur Übergabe der Standarte des Präsidenten im Blitzlichtgewitter. Das Tor, vor dem sie wachestehen, ziert ein Rokokogitter mit den Monogrammen der Kaiserin Maria Theresia und ihres Sohnes Josephs II. Die Furcht einflößenden, todbringenden Giganten rechts und links davon schuf Ignaz Platzer. So verrußt, wie sie sind, könnte man glauben, es seien noch die Originale, dabei handelt es sich um Kopien.

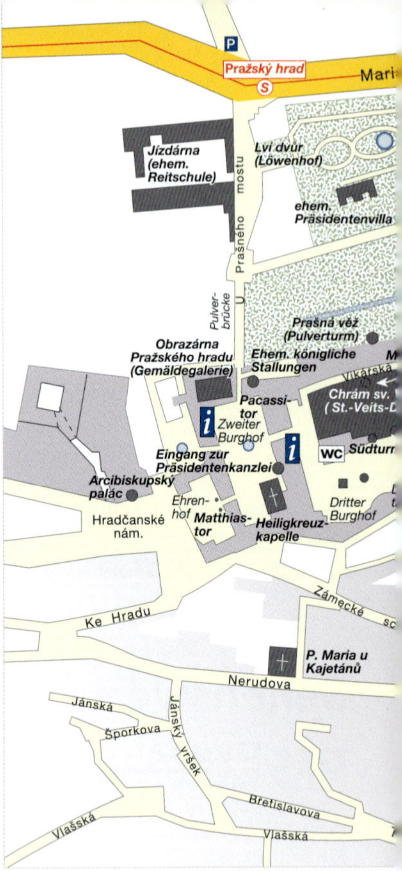

Zwei hohe Flaggenmasten aus Tannenholz flankieren das barocke *Matthiastor,* einst ein freistehender Triumphbogen. An den Gebäudekomplex darüber schließen mehrere prunkvolle Räumlichkeiten an. Die beeindruckendsten sind der *Spanische Saal* und die *Rudolfsgalerie,* doch sind diese – außer zu kulturellen Veranstaltungen – der Öffentlichkeit nur zweimal im Jahr zugänglich: am ersten Samstag nach dem 8. Mai und am ersten Samstag nach dem 28. Oktober. Den etwas nüchtern wirkenden zweiten Burghof lockert ein barocker Sandsteinbrunnen auf. Links davon, also nördlich, blickt man auf das sog. *Pacassitor,* nichts anderes als eine Durchfahrt. Zu beiden Seiten befanden sich früher Pferdestallungen. Heute wird dort Kunst gezeigt: Links liegt der Eingang zur *Gemäldegalerie der Prager Burg* (s. u.), rechter Hand der zu den *Císařská konírna,* den „Königlichen Stallungen", wo wechselnde Ausstellungen präsentiert werden. Schräg gegenüber, ins hinterste Eck des Hofes gedrängt, steht die *Kapelle des Heiligen Kreuzes* (s. u.) aus der zweiten Hälfte des 18. Jh.

Die Passage westlich des Brunnens führt zum dritten Burghof, in dem der Sankt-Veits-Dom steht.

**Obrazárna Pražského hradu (Gemäldegalerie der Prager Burg)**: Sie beherbergt eine kleine, aber feine Sammlung deutscher, italienischer, flämischer, niederländischer und böhmischer Meister der Renaissance- und Barockmalerei. Die Bilder gehörten einst zu einer der imposantesten Kunstsammlungen weltweit, die unter

Rudolf II. und Ferdinand II. begonnen wurde. Doch das Gros der Gemälde ging durch Plünderungen, insbesondere während des Dreißigjährigen Krieges, verloren. Glücklicherweise wussten nicht alle Diebe Gutes von Schlechtem zu unterscheiden und so blieben so wertvolle Originale wie Rubens *Versammlung olympischer Götter,* Tizians *Junge Frau bei der Toilette* oder Tintorettos *Geißelung Christi* erhalten.

**Zweiter Burghof**: Im Sommer tägl. 9–17 Uhr, im Winter bis 16 Uhr. 3,70 €, erm. 1,90 €, Fam. 7,40 € oder mit Kombiticket C (→ Kasten S. 118).

**Kaple svatého Kříže (Kapelle des Heiligen Kreuzes)**: Der Schatz des Sankt-Veits-Doms, der hier präsentiert wird, zählt zu den umfangreichsten und schönsten Kirchenschätzen Europas. Die kostbaren, nicht in Geld zu beziffernden Exponate reichen teilweise bis ins frühe Mittelalter zurück: Schmuckstücke kirchlicher Würdenträger, prächtig funkelnde Monstranzen und v. a. detailreich ausgearbeitete Reliquiare. Zu den bedeutendsten Ausstellungsstücken gehört ein fein ziseliertes, goldenes Reliquiarkreuz aus der Zeit Karls IV. (14. Jh.), das angeblich Bestandteile des Lendentuchs enthält, das Jesus am Kreuz getragen hat.

**Zweiter Burghof**: Tägl. 10–18 Uhr. 11,20 €, erm. die Hälfte, Fam. 22,30 € oder mit Kombiticket C (→ Kasten).

### Tickets und Öffnungszeiten

Um nur das Burggelände zu betreten, brauchen Sie kein Ticket. Es ist von April bis Okt. von 5 bis 24 Uhr zugänglich, von Nov. bis März von 6 bis 23 Uhr. Für die Sehenswürdigkeiten innerhalb des Burggeländes gibt es drei verschiedene Kombitickets, keines jedoch, das alle Attraktionen einschließt. Mit dem **Kombiticket A** (13 €, erm. die Hälfte, Fam. 26 €) darf man den Königspalast, die Ausstellung „Geschichte der Prager Burg", die Sankt-Georgs-Basilika, den Pulverturm, den Rosenberg-Palast, den Sankt-Veits-Dom und das Goldene Gässchen besichtigen. Das **Kombiticket B** (9,30 €, erm. die Hälfte, Fam. 18,60 €) erlaubt den Zutritt zum Königspalast, zur Sankt-Georgs-Basilika, zum Sankt-Veits-Dom und zum Goldenen Gässchen. **Kombiticket C** (13 €, erm. die Hälfte, Fam. 26 €) beinhaltet nur die Kapelle des Heiligen Kreuzes und die Gemäldegalerie der Prager Burg. Einzeltickets gibt es nur für einige wenige Sehenswürdigkeiten (Preise s. dort).

Die Kombitickets bekommt man u. a. bei den Infoschaltern im zweiten und dritten Burghof (im Winter 9–16 Uhr, im Sommer 9–17 Uhr). Die Tickets sind zwei Tage lang gültig. Weitere Infos auf www.hrad.cz.

**Chrám sv. Vita (Sankt-Veits-Dom)**: Von außen wirkt der Dom wie ein steinernes Tohuwabohu aus Strebe- und Tragpfeilern, Krabben und Kreuzblumen und riesigen Maßwerken. Statuen von Heiligen wechseln mit figürlichen, dämonenhaften Wasserspeiern ab, die, so der Glaube von einst, den Dom vor bösen Geistern bewahren, da diese beim Anblick ihres Ebenbildes die Flucht ergreifen. Da sich der Smog und der Ruß der Stadt über all dem niedergesetzt und das Bauwerk in ein einheitliches Graubraun getaucht haben, lassen sich auf den ersten Blick die einzelnen Bauabschnitte der Kathedrale nicht mehr unterscheiden.

1344 erfolgte unter Johann von Luxemburg und Kronprinz Karl die Grundsteinsetzung. Erster Baumeister war Matthias von Arras, der zuvor in Avignon tätig war. Er sollte jetzt auch in Böhmen den Idealtypus einer französischen Kathedrale realisieren. Ansätze davon zeigt jedoch lediglich das Chorhaupt, denn schon 1352 starb der Baumeister. Zu seinem Nachfolger berief Karl, der inzwischen zum Kaiser des Heiligen Römischen Reiches gekrönt worden war, den damals gerade erst 23-jährigen Peter Parler aus Schwäbisch Gmünd. Dieser überarbeitete die Entwürfe seines Vorgängers und ließ den bis dato in Ansätzen fertiggestellten Chor vollenden. Damit die Kathedrale auch schon als Gotteshaus genutzt werden konnte, schloss er den Chor dort, wo heute das Querschiff verläuft, mit einer „provisorischen" Fassade ab. Nach Parlers Tod 1399 schmückten seine Söhne die Kathedrale weiter aus. Am Grundriss sollte sich aber für die nächsten 450 Jahre nicht mehr viel ändern. Die Kathedrale war also lange Zeit nur halb so groß wie heute, und der Zutritt erfolgte über das beeindruckende *Goldene Tor* an der südlichen Längsseite, das mit einem Mosaikbild des Jüngsten Gerichts verziert ist. Erst als 1859 ein Förderverein zur Vollendung des Doms gegründet wurde, begann man mit dem Bau der westlichen Domhälfte, deren feierliche Einweihung 1929 erfolgte.

Die große, kreisförmige *Rosette* darüber schaut man sich am besten von innen an. Die lebendig-bunte Bilderfolge zeigt die Genesis – 27.000 Glasstücke wurden dafür verarbeitet. Der vorgegebene Rundgang durch den Dom beschreibt ein auf dem Kopf stehendes U. Es geht vorbei an 20 Seitenkapellen. Die dritte links ist die *Neue Erzbischöfliche Kapelle,* die als letzte Ruhestätte der Prager Bischöfe dient. Sie

Praha/Pražský hrad → Karte S. 116/117

Das goldene Tor am Sankt-Veits-Dom

besitzt eines der farbenfrohsten Fenster der westlichen Domhälfte. Im Auftrag der Banka Slavie gestaltete es Alfons Mucha im späten Jugendstil mit Szenen aus dem Leben der heiligen Slawenapostel Kyrill und Method.

Nachdem man das *Querschiff mit Orgel* (6500 Pfeifen) passiert hat, erreicht man den *Chor.* Vor dem Hauptaltar zieht das königliche Mausoleum den Blick auf sich, ein großer Sarkophag aus hellem Marmor, der von einem Renaissancegitter umgeben ist. Rudolf II. stiftete ihn für seinen Großvater Ferdinand I., dessen Gemahlin und deren Sohn. Rudolf selbst ruht etwas tiefer in der *Krypta* (zuletzt nicht mehr zugänglich).

Vorbei an der *Alten Sakristei* passiert man im Chorgang die schönsten Seitenkapellen des Doms, darunter die barocke *Kapelle des Heiligen Johann von Nepomuk.* Vor ihr steht das silberne Grabmal des Heiligen, ein Werk von Johann Bernhard Fischer von Erlach (u. a. Baumeister von Schloss Schönbrunn).

Die prunkvollste aller Seitenkapellen ist jedoch die *Kapelle des Heiligen Wenzel* (fünf Kapellen weiter, vor dem Querschiff). Durch ihre reiche Ausschmückung mit weit über 1000 Halbedelsteinen, violetten Amethysten, roten Jaspissen und grünen Chrysoprasen, z. T. in Gold eingefasst, wirkt sie wie ein riesiges Schmuckkästchen. Bereits 1372 wurde der Passionszyklus, der über dem Altar mit der Kreuzigungsszene seinen Höhepunkt erreicht, geschaffen; der Künstler ist unbekannt. Ein weiterer Zyklus mit Szenen aus dem Leben des heiligen Wenzel verläuft auf Fensterhöhe. Der frei stehende Altar darin ist zugleich das Grab des Heiligen. Hinter dem kleinen Portal auf der Südseite führt eine Treppe zu der über der Kapelle liegenden Krönungskammer. Dort werden – vor der Öffentlichkeit verborgen – die böhmischen Krönungskleinodien aufbewahrt, darunter die berühmte goldene *Wenzelskrone.* Die kleine Tür zur Krönungskammer ist mit sieben Schlössern versehen, deren sieben Schlüssel auf sieben Persönlichkeiten der Stadt und des Staates verteilt sind.

Auf dem Weg zurück zum Ausgang führt linker Hand eine Wendeltreppe auf die Aussichtsplattform des südlichen Domturms (96,5 m). Das Treppenhaus konnte zuletzt jedoch nur von außen betreten werden, der Zugang von innen war gesperrt. Kein anderer Turm der Stadt bietet einen faszinierenderen Ausblick über Prag, kaum ein anderer Aufstieg ist aber auch so mühselig: 287 Stufen!

**Dritter Burghof**: April–Okt. Mo–Sa 9–17 Uhr, So 12–17 Uhr, im Winter bis 16 Uhr. In den Eingangsbereich des Doms gelangt man ohne Eintrittskarte. Zutritt zum Chor nur in Verbindung mit Kombiticket A oder B, → Kasten S. 118. Der **Domturm** ist nur im Sommer geöffnet und kostet zusätzliche 5,60 €.

## Heiliger oder Lebemann – Wenzel und kein Ende

Die Geschichte des tschechischen Nationalheiligen begann im Jahr 924: Fürst Václav (auf Deutsch „Wenzel") war jetzt verantwortlich für die Geschicke Böhmens. Elf Jahre lang regierte er, dann war er tot, umgebracht von seinem eifersüchtigen Bruder. Manchen Quellen zufolge soll seine Ermordung überflüssig gewesen sein, da er ohnehin die Macht an seinen Bruder abgeben wollte. Nach Rom plante Wenzel zu reisen, dort die Weihen zu empfangen, um als erster Bischof nach Böhmen zurückzukehren. Andere Quellen jedoch behaupten, dass der Fürst gar nicht so ein Heiliger war. Mit Heiden soll er gezecht und sich nachts mit hübschen Frauen vergnügt haben.

Sei es, wie es will – Wenzels großes Verdienst war die Christianisierung des Landes. Darauf fußen auch die Wenzellegenden, die den Herrscher zum Märtyrer und zur Heiligengestalt aufsteigen ließen. Noch im 10. Jh. wurde er heiliggesprochen. Unter Kaiser Karl IV. – er ließ die Wenzelskapelle im Dom bauen – wurde er schließlich zur Ikone, zum Landesheiligen. Es folgten Wenzelsfresken, Wenzelsdenkmäler, Wenzelsstatuen und der Wenzelsplatz. Und schließlich wurde Wenzel zum Symbol der Einheit und Unabhängigkeit des Landes, zum Schutzpatron aller Tschechen. In Prag kafkat, brodelt und kischt es also nicht nur, es wenzelt noch viel mehr. Sogar Popkünstler David Černý widmete dem großen Fürsten ein kultiges Denkmal (→ S. 81).

**Královský palác (Königspalast)**: In ihm residierten vom 11. bis zum 16. Jh. die Regenten Böhmens. Vom dritten Burghof betritt man ihn im dritten und zugleich obersten Stockwerk. Dort befindet sich der berühmte *Vladislav-Saal,* der 62 m lang, 16 m breit und 13 m hoch ist. Er wurde in den Jahren 1492–1502 nach Plänen des Architekten Benedikt Ried gebaut. Die Gewölberippen haben nur z. T. eine tragende Funktion und dienen mehr der Ästhetik. Krönungsfeierlichkeiten und Hofbälle fanden darin statt, aber auch Turniere, bei denen die Ritter zu Pferd über die Reitertreppe im Nordflügel (heute der Ausgang) hereinkamen. Seit 1918 wird hier der Präsident des Landes vereidigt. Von der südwestlichen Ecke des Vladislav-Saals (rechter Hand des Besucherzugangs) gelangt man in den *Ludwigstrakt,* an sich nicht besonders sehenswert, dafür geschichtsträchtig: Hier war der Ort des zweiten Prager Fenstersturzes, der zum Dreißigjährigen Krieg führte (→ Kasten S. 122).

Der *Sitzungssaal des Landtags* grenzt im Nordosten an den Vladislav-Saal an. Das Mobiliar ist zwar nicht original – es stammt aus dem 19. Jh. –, wurde aber in der historischen Anordnung nachgestellt. Auf der Renaissancetribüne linker Hand saßen die Landesschreiber, rechts vom Thron der Bischof, auf den Bänken gegenüber die Adels- und Ritterstände.

**Dritter Burghof**: April–Okt. tägl. 9–17 Uhr, im Winter 9–16 Uhr. Zutritt nur in Verbindung mit Kombiticket A oder B (→ Kasten S. 118).

**Příběh Pražského Hradu (Geschichte der Prager Burg)**: Die Ausstellung in den unteren Etagen des Königspalastes ist eine Art Parforceritt durch die Historie der Prager Burg. Sie ist chronologisch aufgebaut und liefert Burgmodelle zu jeder Epoche. Doch die Fülle der behandelten Aspekte (Baugeschichte, Katastrophen, Begräbniskult etc.) geht in den verwinkelten Räumlichkeiten auf Kosten der Übersichtlichkeit. Zu den sehenswertesten Exponaten gehören ein Drahtmantel und ein silberner Helm – beide soll der heilige Wenzel getragen haben –, das gotische Tympanon *Thronende Madonna* aus der Georgsbasilika, diverse Kronjuwelen und die Grabbeigaben Rudolfs I.

Zugang zwischen drittem Burghof und Náměstí sv. Jiří. Öffnungszeiten wie Königspalast. 5,20 €, erm. die Hälfte, Fam. 10,40 € oder mit Kombiticket A (→ Kasten S. 118).

**Bazilika sv. Jiří (Georgsbasilika)**: Sie ist der bedeutendste und schönste romanische Sakralbau Prags und zugleich die zweitälteste Kirche der Stadt, wenn man dies von außen auch gar nicht vermuten mag. Bereits im Jahr 925 wurde die Kirche, damals noch einschiffig, der Fürstin Ludmila geweiht. Sie wurde als erste Märtyrerin Böhmens heilig gesprochen. Ihre Schwiegertochter hatte sie aufgrund von Machtstreitigkeiten erdrosselt. Die sterblichen Überreste Ludmilas befinden sich heute in der Kapelle, die sich an die Südseite des Chors anschließt. Die im Chor erhalten gebliebenen Fresken stammen aus dem 13. Jh. und lassen das himmlische Jerusalem nur noch erahnen. Neben Ludmila haben noch weitere Fürsten aus dem Geschlecht der Přemysliden hier ihre Grabstätte.

Adresse/Öffnungszeiten: Náměstí sv. Jiří. April–Okt. tägl. 9–17 Uhr, im Winter 9–16 Uhr. Zutritt nur in Verbindung mit Kombiticket A oder B (→ Kasten S. 118).

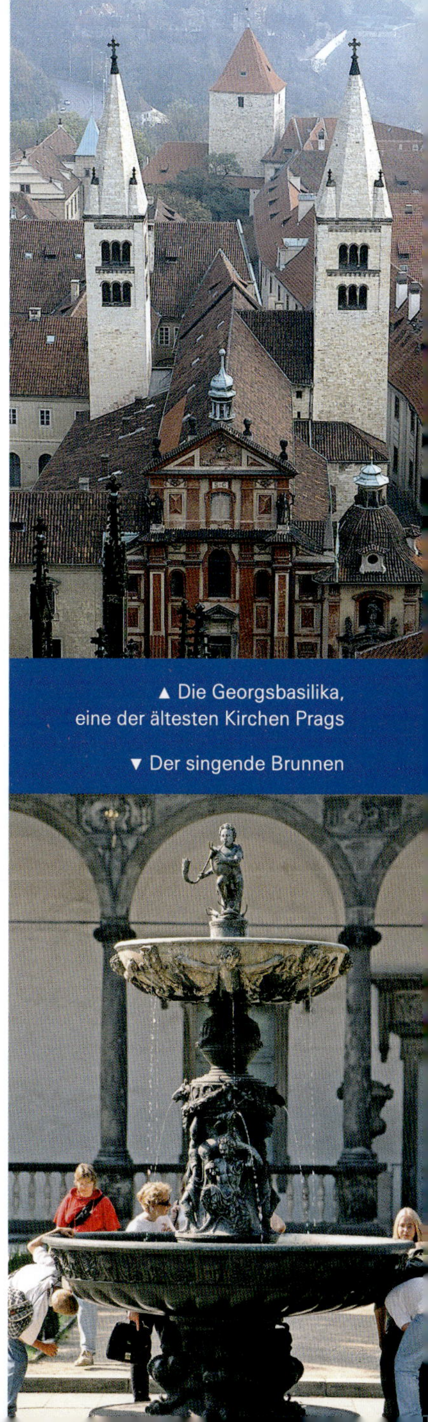

▲ Die Georgsbasilika, eine der ältesten Kirchen Prags

▼ Der singende Brunnen

### Prager Fensterstürze – eine lange Tradition

Die Premiere der Prager Fensterstürze fand am 30. Juli 1419 statt. Aufgebrachte Hussiten katapultierten damals zwei katholische Ratsherren aus den Fenstern des Neustädter Rathauses. Diese Tat markiert heute den Beginn der Hussitenkriege.

1483 rückte dann das Altstädter Rathaus in den Mittelpunkt. Dieses Mal musste der katholische Bürgermeister dran glauben. Der Wurf, den die Protestanten nun landeten, blieb aber für die europäische Geschichte ohne Folgen, und so wird dieser in der offiziellen Fenstersturzchronik nicht mitgezählt.

Der berühmte zweite Prager Fenstersturz fand am 23. Mai 1618 statt. Die Spannungen zwischen Protestanten und Katholiken waren erneut eskaliert. Radikale Protestanten warfen zwei Statthalter samt deren Sekretär aus der Böhmischen Kanzlei auf der Prager Burg. Alle drei überlebten den 16 m tiefen Sturz, sie landeten weich auf einem Misthaufen. Für die erlittene Schmach wurden sie übrigens von den Habsburgern reich entschädigt. Auch ihr Sekretär: Er wurde in den Adelsstand erhoben und durfte sich von nun an „von Hohenfall“ nennen.

Humorvoll stellte der englische Schriftsteller Jerome Klapka Jerome fest, dass die Geschichte Europas vielleicht anders verlaufen wäre, „wenn die Prager Fenster kleiner gewesen wären und zu solchen Taten nicht verlockt hätten“. Er gab den Ratschlag, öfter mal im Keller zu verhandeln.

Die Kette der Fensterstürze riss bis in jüngere Zeit nicht ab. Zum Glück lösten sie keine Kriege mehr aus. Der letzte Politiker, der aus dem Fenster fiel, war 1948 der einstige Außenminister Jan Masaryk kurz nach der kommunistischen Machtübernahme. Sein Tod ist bis heute nicht geklärt, man vermutet den russischen Geheimdienst hinter der Tat. Ebenso wenig der des Literaten Bohumil Hrabal, der 1997 angeblich beim Vogelfüttern aus dem Fenster gefallen war (→ Kasten S. 139).

**Klášter sv. Jiří (Georgskloster)**: Das Benediktinerinnenkloster wurde 973 als erstes Kloster Prags gegründet. Im Mittelalter war es durch seine illuminierten Handschriften aus dem klostereigenen Skriptorium weit über die Grenzen Böhmens hinaus bekannt. Von den vielen Um- und Anbauten erlebte es den letzten großen in der zweiten Hälfte des 17. Jh.; Ende des 18. Jh. wurde es aufgelöst und in eine Artilleriekaserne verwandelt. Bis vor wenigen Jahren beherbergte das Kloster die Sammlung „Böhmische Kunst des 19. Jh.“, die Bestandteil der Nationalgalerie ist. Da die klimatischen Verhältnisse den Kunstwerken nicht bekamen, wanderte die Sammlung 2012 ins Archiv. Was aus Kloster und Sammlung werden soll, stand 2014 noch in den Sternen.

Adresse: Náměstí u sv. Jiří.

**Rožmberský palác (Rosenberg-Palast):** Die meisten Gänge und Säle des Palais aus dem 16. Jh. sind dem Besucher verschlossen: Der Präsident des Landes hat sie für seine Kanzlei in Beschlag genommen. Lediglich ein paar Trakte sind der Öffentlichkeit zugänglich, darunter der große Renaissancesaal der Rosenberger und die Dreifaltigkeitskapelle mit ihrer grandiosen Akustik. Zwei Räumlichkeiten wurden zudem im Stile des einstigen Damenstiftes, das sich ab dem 18. Jh. darin befand, eingerichtet und sind mit kostbaren Biedermeier- und Rokokomöbeln versehen.

Adresse/Öffnungszeiten: Jiřská. April–Okt. tägl. 9–19 Uhr, im Winter 9–16 Uhr. 2,30 € oder in Verbindung mit Kombiticket A (→ Kasten S. 118).

**Lobkovický palác (Palais Lobkowicz)**: Das frühbarocke Palais, ursprünglich ein Renaissanceanwesen, wurde im Jahr 2003 der Adelsfamilie Lobkowitz restituiert, die Kommunisten hatten es 1952 konfisziert. Neben dem Palais bekam die Familie auch ihre Landschlösser und Güter zurück, dazu ihre Kunstsammlung, eine der größten Mitteleuropas. Die kostbarsten Exponate zeigt die Adelsfamilie heute im Palais Lobkowitz auf der Prager Burg, darunter Gemälde von Cranach d. Ä., Brueghel d. Ä. und Canaletto. Darüber hinaus werden Waffen und Rüstungen, Familienporträts, Beethovens Originalpartitur der 4. und 5. Symphonie u. v. m. präsentiert.

Adresse/Öffnungszeiten: Jiřská 1. Tägl. 10–18 Uhr. 10,20 €, erm. 7,40 €, Fam. 25,60 €. www.lobkowicz.cz.

**Zlatá ulička (Goldenes Gässchen)**: Einst wohnten hier die Ärmsten der Armen in einfachen Verschlägen rechts und links der Gasse, die gerade 1 m breit war. Für alle gab es nur eine Toilette, und die düngte den Hirschgraben. Nach einem Umbau der Burgmauern im 16. Jh. wurden aus den Hütten kleine Häuschen, und vorübergehend zog die Burgwache ein. Danach lebten hier ein paar Goldschmiede – daher der Name des Gässchens. Im 19. Jh. begannen sich Wahrsager, Handwerker und Künstler einzumieten. Berühmtester Anwohner sollte Franz Kafka werden. Madame de Thebes, eine damals bekannte Hellseherin, bewohnte das Haus Nr. 14. Nachdem sie den Untergang des Dritten Reiches prophezeit hatte, wurde sie von der Gestapo totgeschlagen. Heute wohnt niemand mehr hier. In einigen der winzigen Häuser sind Mini-Expositionen zum Leben ihrer einstigen Bewohner und zur Geschichte des Gässchens zu sehen, in anderen Souvenirshops untergebracht.

Eintritt: Zutritt nur in Verbindung mit Kombiticket A oder B (→ Kasten S. 118).

**Královská zahrada (Königsgarten)**: Er wurde einst vielfach als der schönste Renaissancegarten nördlich der Alpen gepriesen. 1534 ließ ihn Ferdinand I. anlegen. Erstmals in Europa wurden darin Tulpen gezüchtet; die Zwiebeln stammten aus Konstantinopel. Während des Dreißigjährigen Krieges verwüsteten Schweden und Sachsen den Garten, und vorbei war es vorerst mit dem herrschaftlichen Lustwandeln. Als man ihn im 18. Jh. als Barockgarten gerade neu angelegt hatte, kamen die Franzosen. Zum Glück konnte man sie durch eine Zahlung von 30 Ananas davon abhalten, dem oben erwähnten Beispiel zu folgen. Seine ursprüngliche Renaissanceform stellte man nach dem Ersten Weltkrieg wieder her.

Am östlichen Ende des Gartens befindet sich das *Lustschloss Belvedér*. Den Grundstein für den Renaissancebau mit seinem auffälligen Dach in Form eines kieloben schwimmenden Schiffsrumpfs ließ Ferdinand I. 1538 legen; seiner geliebten Gemahlin wollte er das Schlösschen schenken. Es sollte dem Vergnügen und der Erholung dienen, auch ein Tanzsaal war geplant. Letztendlich zogen sich die Bauarbeiten jedoch bis 1564 hin. Während der Regierungszeit Rudolfs II. wurde das Lustschloss als astronomisches Observatorium zweckentfremdet. Heute wird es überwiegend für Ausstellungen genutzt. Der berühmte *Singende Brunnen* davor stammt aus der Mitte des 16. Jh. Das Modell, einem römischen Brunnen gleich, schuf Francesco Terzio. Für den Guss war ein Glockengießer namens Thomas Jaroš verantwortlich. Vielleicht klingen deshalb die herabfallenden Wassertropfen auf der untersten Metallschüssel wie ein nie enden wollendes Glockenspiel, das am besten zu hören ist, wenn man den Kopf unter (nicht in) das untere Brunnenbecken hält.

Adresse/Öffnungszeiten: U prašného mostu. April u. Okt. tägl. 10–18 Uhr, Mai u. Sept. 10–19 Uhr, Aug. 10–20 Uhr, Juni/Juli 10–21 Uhr.

Burg Vyšehrad

# Ziele rund um die Innenstadt

Auch außerhalb der herausgeputzten touristischen Stadtteile liegen bedeutende Sehenswürdigkeiten und lassen sich schöne Ecken entdecken. Empfehlenswerte Viertel, durch die sich ein Spaziergang lohnt, sind Vinohrady und Žižkov östlich des Zentrums, Smíchov südlich von Malá Strana und Holešovice im Norden der Stadt. Wer mit der Metro oder Straßenbahn noch weiter hinausfährt, gelangt in den breiten, Prag umschließenden Gürtel von Plattenbausiedlungen, brachliegendem Land, Parks und Industriegebieten.

**Veletržní palác – Muzeum moderního a současného umění (Messepalast – Museum moderner und zeitgenössischer Kunst)**: Das Museum begeistert in zweierlei Hinsicht, aufgrund seiner Architektur und aufgrund seiner Exponate. Als der ehemalige Messepalast 1928 eröffnet wurde, war er das erste Bauwerk Europas im funktionalistischen Stil und zugleich das größte Messegebäude der Welt. Heute hat sich das Auge an solche Bauten gewöhnt, von außen nimmt man sie gar nicht mehr als etwas Besonderes wahr. Von innen jedoch ist der Palast noch immer beeindruckend. Den Kern des Gebäudes bildet eine Halle mit verglastem Dach, die von den offenen Galerien der sechs Stockwerke umgeben wird. Die Architekten Oldřich Tyl und Josef Fuchs schufen dadurch ein Bauwerk von solcher Leichtigkeit, dass sich Le Corbusier bei dessen Anblick wie ein Dilettant vorgekommen sein soll.

Das Gros des Gebäudes belegt heute die Nationalgalerie. Im Erdgeschoss werden temporäre Ausstellungen gezeigt, darunter auch der Bilderzyklus *Slawische Epopöe (Slovanská epopej)* des Jugendstilkünstlers Alfons Mucha (→ S. 84): 20 Gemälde von überwältigender Größe (teils über 6 x 8 m). 18 Jahre benötigte Mucha für sein

Meisterwerk, das Ereignisse und Persönlichkeiten der slawischen Geschichte aufgreift. Der Bilderzyklus soll bis 31. Dezember 2015 zu sehen sein, vielleicht auch länger, vielleicht dann aber auch an einem anderen Ort. Im 1. Stock werden Werke internationaler Künstler des 20. und 21. Jh. präsentiert (u. a. Klee, Kokoschka, Schiele, Klimt, Miro, Moore, Beuys usw.). Im 2. Stock bekommt man tschechische Kunst von 1930 bis heute zu sehen (Surrealismus, Aktionskunst, sozialistischer Realismus etc.). Im 3. Stock (der spannendste!) ist eine Sammlung tschechischer Kunst von 1900 bis 1930 untergebracht (Filla, Gutfreund, Čapek, Zrzavý). Darunter befinden sich zahlreiche kubistische Werke und Art-déco-Mobiliar. Zudem wird eine Kollektion französischer Kunst des 19. und 20. Jh. präsentiert (u. a. Delacroix, Rodin, Matisse, Gauguin, Toulouse-Lautrec, Picasso und Monet). Der 4. Stock ist der tschechischen Kunst an der Wende vom 19. zum 20. Jh. gewidmet (abermals Mucha, aber auch Kupka, Švabinský, Schikaneder oder Drtikol). Im 5. Stock werden in temporären Ausstellungen zeitgenössische Skulpturen aus Tschechien und der Slowakei gezeigt.

**Verbindungen/Öffnungszeiten**: Dukelských hrdinů 47, Ⓜ C Nádraží Holešovice, weiter mit Ⓢ 12, 17, 24 Veletržní. Tägl. (außer Mo) 10–18 Uhr. 7,50 €, erm. 3,75 €, inkl. Muchas *Slawischer Epopöe* 9 €, erm. 4,50 €. www.ngprague.cz.

**Národní technické muzeum (Technisches Nationalmuseum)**: Das Museum ist untergebracht in einem funktionalistischen Kasten aus den 1930er-Jahren und besitzt einen Fundus von 58.000 Exponaten. Das Highlight ist die Verkehrshalle, die sich dem Transportwesen zu Luft, zu Land und zu Wasser widmet und für Autoliebhaber ein paar Schmankerl bereithält: alte Bugattis, Renaults und Benz', aber auch Modelle von Praga, Wikov, Laurin Klement (Vorgänger von Škoda), Aero und Jawa (darunter der coole Jawa 750). Des Weiteren werden die Themen Fotografie (interessante Sammlung fotografischer und kinematografischer Apparate), Druckwesen (alte Druckerpressen), Astronomie (Instrumente, mit denen schon Tycho Brahe und Johannes Kepler Sonne, Mond und Sterne studierten) sowie Architektur und Design (diverse Modelle, Möbel und Lampen) behandelt. Per Führung (nur tschechischsprachig) kann im Untergeschoss zudem der Nachbau einer Erz- und Kohlegrube besichtigt werden.

**Verbindungen**: Kostelní 42, Ⓜ C Vltavská, weiter mit Ⓢ 1, 8, 12, 25, 26 Letenské náměstí. Di–Fr 9–17.30 Uhr, Sa/So 10–18 Uhr. 7 €, erm. 3,40 €, Fam. 15,20 €. www.ntm.cz.

**Letenské sady (Letná-Park)**: Hoch über der Moldau gelegen, bietet er herrliche Ausblicke über die Stadt. Auf Bierbänken sitzt man beim *Letenský zámeček*, einem kleinen Beinaheschlösschen, etwas gediegener im Westen der Parkanlage auf der Aussichtsterrasse des *Hanavský pavilón*. Dieser Jugendstilpavillon erinnert an eine russisch-orthodoxe Kirche, besitzt eine Stahlkonstruktion und wurde 1891 zur Landesjubiläumsausstellung gebaut. Noch zu sozialistischer Zeit wurden auf der Rückseite des Parks, beim Sparta-Stadion, die Maiparaden abgenommen. Aber das ist Vergangenheit. An die wechselvolle Geschichte des Landes erinnert heute das große *Metronom* des Popkünstlers David Černý, das sich im Adagio-Takt bewegt. Es ist jedoch von überall in der Stadt interessanter anzusehen als vor Ort.

**Verbindungen**: Holešovice. Ⓜ C Vltavská, weiter mit Ⓢ 1, 25 Sparta.

**Vítkov (Veitsberg)**: Hoch über Prag hat man hier Jan Žižka ein Denkmal gesetzt, so gigantisch, als hätte der einäugige Hussitenführer nicht nur ein Kreuzfahrerheer besiegt (→ S. 50), sondern die Erde auch noch vor einem Überfall der Klingonen bewahrt. Das Denkmal war, als es geschaffen wurde, das größte bronzene Reiterstandbild der Welt – aus der Nähe betrachtet, wirkt es aber gar nicht so imposant.

Hinter dem Denkmal liegt die *Nationale Gedenkstätte* (Národní památník), ein riesiger konstruktivistischer Würfel aus den 1920er-Jahren, der einst zum Ruhm der neuen Republik errichtet wurde. Die Kommunisten zweckentfremdeten das Bauwerk und machten daraus ein Mausoleum. Unter anderen fand darin auch der einstige Präsident Klement Gottwald seine Ruhestätte, aber nicht die letzte: 1990 bettete man ihn schließlich um auf den Friedhof Olšany (s. u.). Die Gedenkstätte gehört heute zum Nationalmuseum. In der Zentralhalle und im Untergeschoss informiert eine Ausstellung über die Eckdaten der Tschechoslowakei und der Tschechischen Republik. Besichtigt werden kann zudem die große Zeremonienhalle im Obergeschoss, eine Kapelle für gefallene Soldaten, ein Kolumbarium und die Aussichtsterrasse, von der einem Prag zu Füßen liegt.

Verbindungen/Öffnungszeiten: Žižkov. Ⓜ B, C Florenc, weiter mit Ⓑ133 U Památníku, von dort führen Spazierwege nach oben. **Nationale Gedenkstätte**, Mi–So 10–18 Uhr. 4 €, erm. 2,20 €, Fam. 6,30 €. www.nm.cz.

**Nové Židovské Hřbitovy (Neuer Jüdischer Friedhof)**: Er ist ein bizarr-idyllischer Ort und nicht weniger besuchenswert als der Alte Jüdische Friedhof in Josefov, zumal hier kein Gedränge herrscht. Das Gros der Grabsteine stammt aus dem 19. und der ersten Hälfte des 20. Jh. Das bekannteste Grab ist das Franz Kafkas, der 1924 im Alter von knapp 41 Jahren an Tuberkulose starb. Er liegt zusammen mit seinen Eltern an der Südmauer begraben. Seine Fangemeinde legt hier Briefe, Blumen und Steinchen nieder. Der riesige und ebenfalls überaus interessante Friedhof Olšany (Olšanské hřbitovy) nebenan wurde ursprünglich für die Toten der Pestepidemie des Jahres 1680 angelegt.

Verbindungen/Öffnungszeiten: Izraelská 1, Žižkov. Ⓜ A Želivského. Das Kafkagrab ist ab dem Eingang ausgeschildert. April–Okt. So–Do 9–17 Uhr, im Winter bis 16 Uhr, Fr 9–14 Uhr.

**Žižkovská Věž (Fernsehturm)**: Nach 7-jähriger Arbeitszeit wurde 1992 das letzte sozialistische Bauwerk Prags vollendet, mehr als 100 m ragt es in den Himmel. Ursprünglich sollte der Turm v. a. die Frequenzen westlicher Sender stören, heute dient er der Übertragung von Radio- und Fernsehprogrammen. Zudem befinden sich auf 66 m Höhe ein Restaurant (internationale Küche, Hg. 14–22 €), eine Bar (ebenfalls nicht billig) und ein trendiges Einzimmerhotel (1000 €/Nacht). Auf 93 m Höhe liegt das „Observatorium" (38 Sek. braucht der Aufzug hinauf), von wo man einen tollen Blick über Prag genießt.

Verbindungen/Öffnungszeiten: Mahlerovy sady, Žižkov. Ⓜ A Jiřího z Poděbrad. Observatorium tägl. 8–24 Uhr. 6,60 €, erm. 4,40 €. www.towerpark.cz.

**Müllerova vila (Müllervilla)**: Das eigenwillige funktionalistische Wohnhaus, errichtet 1928, entwarf der österreichische Architekt Adolf Loos (1870–1933). Benannt wurde das Gebäude nach den Auftraggebern František Müller und dessen Ehefrau Milada. Nach den Grundsätzen von Loos sollte ein Gebäude von außen schmucklos und schlicht sein und erst im Inneren seinen Reichtum entfalten. So besticht das Innere des weißen Würfels mit gelben Fensterrahmen durch eine grandiose, offene Raumgestaltung und erstklassige Materialien wie Marmor, Mahagoni oder Zitronenbaum. Der größte Teil der Originalmöbelstücke blieb erhalten. Eine kleine Ausstellung informiert zudem über Leben und Werk des Architekten, der durch seinen Einsatz für ein ornamentfreies Bauen einer radikal neuen Baukunst den Weg ebnete. Aufgrund seiner einzigartigen Architektur wurde das Gebäude 1995 zum nationalen Kulturdenkmal erhoben.

Verbindungen/Öffnungszeiten: Nad hradním vodojemem 14, Střešovice. Ⓢ1, 2, 18 Ořechovka. Führungen April–Okt. Di, Do und Sa/So um 9, 11, 13, 15 und 17 Uhr. Nov.–

März nur um 10, 12, 14 und 16 Uhr. Voranmeldung vonnöten, unter ✆ 224312012 oder www.mullerovavila.cz erfahren Sie, wann Sie sich einer deutsch- oder englischsprachigen Tour anschließen können. Eintritt 16,70 €, erm. 13 €.



**Burg Vyšehrad**: Zahlreiche Legenden ranken sich um die südlich von Nové Město gelegene Burg Vyšehrad auf einem Felsen hoch über der Moldau. Angeblich war sie die erste Residenz der böhmischen Könige. Prinzessin Libuše, die mythische Stammmutter der Přemysliden-Dynastie, soll von hier, wie vielfach in der Literatur verewigt, die glorreiche Zukunft Prags prophezeit haben. Leider alles Humbug – Vyšehrad entstand erst um das Jahr 930 und damit später als die Prager Burg. Von der ursprünglichen Burganlage ist heute außer den ziegelroten Festungsmauern und ein paar Toren kaum mehr etwas erhalten. Wirklich sehenswert ist lediglich der im 19. Jh. errichtete *Ehrenfriedhof*. Auf ihm ruht die Crème de la Crème der tschechischen Kunstszene unter reich verzierten Arkaden in prachtvollen Gräbern, darunter Antonín Dvořák und Bedřich Smetana. Der Friedhof liegt direkt neben der *Peter-und-Pauls-Kirche* (Kapitulní Chram sv. Petra a Pavla), deren Zwillingstürme die Burg dominieren. Ihre Fundamente reichen bis ins 11. Jh. zurück. Zu sehen gibt es ansonsten noch eine romanische *Rotunde*, auf der 1776 Prags erster Blitzableiter installiert wurde, eine kleine Kunstgalerie, die spärlichen Überreste einer Basilika aus dem 11. Jh. und die *Kasematten*, unterirdische Gewölbegänge des Befestigungswalls am nördlichen Ziegeltor. Sie münden in einen großen Saal, in dem einige Originalstatuen der Karlsbrücke aufbewahrt werden.

**Verbindungen/Öffnungszeiten**: Vyšehrad. Ⓜ C Vyšehrad, von dort ausgeschildert. Informationsbüro wenige Meter hinter dem Eingang, hier gibt es auch einen Plan zur Burganlage (alles ist jedoch bestens ausgeschildert). **Friedhof**, Nov.–Feb. tägl. 8–17 Uhr, März/April und Okt. bis 18 Uhr, Mai–Sept. bis 19 Uhr. www.praha-vysehrad.cz.

Ehrenfriedhof auf dem Burggelände Vyšehrad

Lust zum Wandeln? Barockgarten des Schlosses Dobříš

# Mittelböhmen

Střední Čechy

**„Und das war Böhmen, das ich kannte, hügelig wie leichte Musik und auf einmal wieder eben hinter seinen Apfelbäumen, flach ohne viel Horizont und eingeteilt durch die Äcker und Baumreihen wie ein Volkslied von Refrain zu Refrain."**

So lieblich beschrieb Rainer Maria Rilke (1875–1926) das Herz Böhmens, das in einem weiten Rund die Hauptstadt umarmt. Die Landschaft östlich von Prag wird geprägt durch das fruchtbare und waldarme Elbetiefland mit Feldern, so weit das Auge reicht. Den Süden und den Norden bestimmen die Flusslandschaften der Moldau und der bei Kanuten beliebten Sázava. Am abwechslungsreichsten ist der Westen, wo sich die Berounka zerklüftete Täler gegraben hat und Wanderer und Radfahrer die Rehe und Hirsche in den dichten Wäldern erschrecken. Mittelböhmen hat sich seit Rilkes Zeiten aber auch gewandelt: Prag ging in die Breite. Die Vorstädte aus der Retorte wucherten weit ins grüne Umland hinein. Aus so manchen schmucken Orten wurden trist-graue Käffer, andere wuchsen zu monotonen Städten an. Die Planwirtschaft hinterließ marode Agrarbetriebe und ausgediente Industrieanlagen. Doch in Mittelböhmen blieb zum Glück auch viel Besuchenswertes erhalten: pompöse Schlösser, publikumsträchtige Burgen und niedliche Bilderbuchdörfer.

## Nördlich von Prag

### Nelahozeves

Mühlhausen an der Moldau

35 km nördlich von Prag liegt das unscheinbare 1800-Seelen-Städtchen Nelahozeves. Darüber thront seit dem 16. Jh. jedoch ein alles andere als unscheinbares **Renaissanceschloss**, ein prächtiger, u-förmiger Bau mit einer schönen Sgraffitifassade und auffälligen Schornsteinen. 1623 fiel das Schloss an die Adelsfamilie Lobkowicz, in deren Besitz es mit Ausnahme der Jahre 1950–1993 bis heute ist. Wie das Prager Lobkowicz-Palais auf dem Hradschin (→ S. 123) machte die Adelsfamilie auch Schloss Nelahozeves der Öffentlichkeit zugänglich. Bei der

Schlossführung passiert man zwölf Räume, darunter repräsentative Salons, das Musizier-, Schlaf- und Raucherzimmer, die Schlosskapelle und die Bibliothek. Prächtigster Saal ist der Große Salon mit kostbarstem Interieur und Gemälden von Peter Paul Rubens und Paolo Veronese. Der Kunstsinn der Lobkowicz wird übrigens von Generation zu Generation weitervererbt. Als Mäzene von Beethoven, Mozart, Haydn und Gluck taten sie sich hervor. Und der heutige Schlossherr William E. Lobkowicz (geb. 1961) studierte in Harvard nicht etwa Ökonomie oder Politik, sondern Geschichte und Musik.

### Mittelböhmen – die Highlights

**Kokořínsko**: Klein, aber fein. Das Naturschutzgebiet 50 km nördlich von Prag gehört zu den idyllischsten Ecken Tschechiens.

**Kutná Hora**: Das UNESCO-Welterbestädtchen liegt rund 60 km östlich von Prag und verbindet provinziellen Charme mit architektonischen Perlen. Eine Art Gruselkabinett ist die Knochenkirche im Vorort Sedlec.

**Schloss Konopiště**: Rund 40 km südlich von Prag residierte einst Franz Ferdinand d'Este. Der Prunk im Innern des Schlosses und die zahlreichen Sammlungen machen es zu einem der größten Publikumsmagneten Mittelböhmens.

**Křivoklátsko**: Das Naturschutzgebiet rund 45 km westlich von Prag lädt zu Touren im Grünen ein. Als Zugabe gibt es Rehbraten in jedem zweiten Wirtshaus und eine Märchenburg im Märchenwald.

**Lidice**: Ein Dorf, das dem Nazi-Terror zum Opfer fiel und heute eine erschütternde Gedenkstätte besitzt.

Im Schatten des monumentalen Schlossbaus verbrachte Antonín Dvořák, der berühmte tschechische Komponist (1841–1904), die ersten elf Jahre seines Lebens. Das nur 100 m vom Schlossparkplatz entfernt gelegene **Geburtshaus Dvořáks** (gegenüber einer kleinen Kirche) kann besichtigt werden. Zu sehen gibt es hier u. a. den Schaukelstuhl des großen Meisters.

Keine 2 km südlich von Nelahozeves verschandelt die Industriestadt **Kralupy nad Vltavou** mit ihren Ölraffinerien und Chemiefabriken die Moldauauen. „Schlote (...) wie Phantombäume, ohne Äste, ohne Blätter, ohne

Bienen“, beschrieb sie der tschechische Literaturnobelpreisträger Jaroslav Seifert (1901–1986). Also nichts wie weiter!

**Verbindungen** Bis zu 12-mal tägl. **Züge** von Prag (Masarykovo nádraží), die Station Nelahozeves Zámek liegt nahe dem Schloss und dem Dvorák-Geburtshaus.

**Öffnungszeiten Schloss**, April–Okt. tägl. (außer Mo) 9–17 Uhr. Führung (mit dt. Text) 4,70 €, erm. 2,90 €. www.zameknelahozeves.cz. **Dvorák-Geburtshaus**, jede 1. u. 3. Woche im Monat Mi–Sa 9.30–12 u. 13–17 Uhr, jede 2. u. 4. Woche nur Mi–Fr zu den gleichen Zeiten, Nov.–Feb. nur bis 16 Uhr. 1,20 €, erm. die Hälfte.

## Zámek Veltrusy

Schloss Weltrus

Das Schloss am anderen Ufer der Moldau ist Luftlinie keine 3 km von Nelahozeves entfernt. Es liegt beim gleichnamigen Städtchen inmitten einer 300 ha großen Parkanlage, die gespickt ist mit Tempelchen, Statuen, Pavillons und einem Treibhaus. Das Schloss wurde in der ersten Hälfte des 18. Jh. als Lustschloss des Grafen Václav Antonín Chotek im Barockstil errichtet und später im Geist des Rokoko umgestaltet. 1754 war es Schauplatz des *Großen Marktes der Erzeugnisse des Böhmischen Königreiches,* der angeblich ersten Handelsmesse der Welt. Unter die Gäste mischte sich damals auch Kaiserin Maria Theresia. Seit dem Moldauhochwasser im Sommer 2002, als das Wasser bis an die Fenster des Erdgeschosses reichte und der umliegende Park zum See geworden war, wird das hennarote, vierflügelige Schloss mit einem Kuppelbau in der Mitte restauriert. Den Abschluss der Arbeiten erwartet man für 2015. Bereits jetzt werden in den Sommermonaten auf dem Schlossareal temporäre Ausstellungen gezeigt, alljährlich wiederaufgelegt wird dabei jene über die Restaurierungsarbeiten (www.zamek-veltrusy.cz).

Verbindungen: Regelmäßige **Busverbindungen** nach Mělník und Prag-Kobylisy (Ⓜ C).

Weiter Richtung **Nordwesten?** Informationen zu Zielen wie **Roudnice nad Labem** oder **Budyně nad Ohří** bekommen Sie ab S. 287.

Schloss Veltrusy

# Mělník

Melnik

Die 19.000-Einwohner-Stadt liegt etwa 35 km nördlich von Prag am Zusammenfluss von Elbe und Moldau. Ihr kleiner, kompakter Altstadtkern sitzt pittoresk auf einem Hügel, die weniger schönen Viertel erstrecken sich entlang der Zufahrtsstraßen darunter. Das Zentrum der Altstadt bildet der Hauptplatz Náměstí Míru, den einfache Bürgerhäuser aus dem 16. Jh. säumen. Darüber wacht ein **Schloss**, ein eigenartiges Durcheinander aus Renaissance und frühem Barock. Wie Schloss Nelahozeves (s. o.) wurde auch dieses Schloss dem Adelsgeschlecht der Lobkowicz in den 1990ern restituiert. Die Schlosstour führt durch diverse farbenfroh gestrichene Räumlichkeiten vom Schlafzimmer bis zum Speisesaal, außerdem durch die Schlosskapelle und die Keller aus dem 14. Jh. Im Hof befindet sich zudem ein wahrhaft königliches Schlosscafé. Im Sommer sitzt man aber schöner auf der Schlossterrasse und genießt den Panoramablicke über das fruchtbare Elbetiefland bei einem Gläschen Wein aus der lobkowizceigenen Kelterei.

An der Schloss und Hauptplatz verbindenden Straße Svatováclavská steht die **Pfarrkirche St. Peter und Paul** (Kostel sv. Petra a Pavla), in deren **Beinhaus** die Knochen von rund 15.000 Pestopfern aus der Mitte des 16. Jh. zu bizarren Formen gestapelt sind. Besichtigen kann man zudem noch eine Kinderwagensammlung im **Regionalmuseum** am Marktplatz. Der gotische Gewölbekeller darunter lädt ebenfalls zur Degustation ein, aber nur für Gruppen. „Die Einzelwesen", wie vor Ort zu lesen ist, können die Weine im Museumscafé kosten.

Mělník ist das Zentrum des winzigen böhmischen **Weinbaugebietes**. Der bekannteste Wein ist der trockene *Ludmila,* der in diversen Vinotheken verkauft wird. Benannt ist er nach der Fürstin Ludmila, der Großmutter des Hl. Wenzel. Angeblich hatte sie bereits im 9. Jh. den Weinbau in der Gegend angeregt. Wer zufällig am letzten Septemberwochenende nach Mělník kommt, kann das traditionsreiche Weinfest erleben.

**Information** **Infocentrum**, Legionářů 51 (beim Marktplatz), ✆ 315627503, www.melnik.info. Tägl. 9–13 u. 13.30–17 Uhr.

**Verbindungen** Bahnhof ca. 1,5 km östlich des Zentrums, Busbahnhof etwas näher. **Busse** regelmäßig zum und vom Prager Busbahnhof Holešovice (Ⓜ C). **Züge** regelmäßig über Liběchov und Litoměřice nach Ústí nad Labem, bis zu 4-mal tägl. nach Mladá Boleslav.

**Öffnungszeiten** **Schloss**, ganzjährig tägl. 10–18 Uhr. 4,70 €. www.lobkowicz-melnik.cz. **Beinhaus**, Di–Fr 9.30–16 Uhr, Sa/So 10–16 Uhr, Juli/Aug. bis 18 Uhr. 1,10 €, erm. 0,75 €. **Regionalmuseum**, tägl. (außer Mo) 9–12 u. 13–17 Uhr. 1 €, erm. 0,60 €. www.muzeum-melnik.cz.

Marktplatz von Mělník

**Übernachten/Essen** **** **Hotel U Rytířů**, beim Schloss bzw. Beinhaus. Bestes Haus der Stadt. Große, komfortable Zimmer von provinziellem Chic. Lokal mit Sommerterrasse und außergewöhnlicher böhmischer Küche: Entenbrust in Rotweinsoße, Wiener Schnitzel vom Kalb oder Beefsteak mit grünem Pfeffer zu 5–12 €. Extra Pizza-Karte. DZ 65 €. Svatováclavská 17, PLZ 27601, ✆ 603556 333 (mobil), www.urytiru.cz.

**Pension Hana**, ca. 400 m außerhalb des Zentrums (nahe dem Kaufland, ausgeschildert). Einfache, aber gepflegte Zimmer mit Bad/WC – besser als in so manchem Stadthotel. Parkplätze im Innenhof. Aufgeregte Hausdackel. Je nach Ausstattung EZ 21–25 €, DZ 34–44 €. Fügnerova 714, PLZ 27601, ✆ 315622485, www.pension-melnik.cz.

››› **Unser Tipp:** **U Beníšků**, sehr beliebtes Lokal, altböhmisches familiäres Ambiente. Mittags gibt's gut gemachte böhmische Klassiker, abends Steak und Fisch. Frische steht hoch im Kurs. Spezialitäten: Lammhaxe, Zander und Flanksteak. Hg. 4–15 €. Palackého 125/27, ✆ 315622883. ‹‹‹

**Camping** **Autocamp Mělník**, nahe dem Kaufland (beim Freibad, ca. 600 m nordöstlich des Zentrums). Hüttendorf mit einer Wiese für Zelte und Wohnmobile, gepflegt. Restaurant. Minigolf, Tischtennis. Man kann auch in umfunktionierten Bierfässern übernachten. Ganzjährig. 2 Pers. mit Zelt u. Auto 10 €, Bungalow mit Bad für 4 Pers. 52 €, Chata ohne Bad/WC für 4 Pers. 26 €. Klášterní, PLZ 27601, ✆ 315623856, www.campmelnik.cz.

**Außerhalb** ****Zámecký **Hotel Liblice**, ca. 11 km südöstlich von Mělník nahe Byšice. Das hochbarocke Schloss der Rayhofen und später Wallenstein dient heute als gepflegtes Wellness- und Konferenzhotel. DZ ab 80 €. Liblice 61, PLZ 27731, ✆ 315632111, www.schloss-liblice.com.

# Kokořínsko

Naturschutzgebiet Kokorschin

Die Räuber-Hotzenplotz-Landschaft, die rund 10 km nördlich von Mělník beginnt, ist das Schönste, was das nördliche Mittelböhmen zu bieten hat, insbesondere wenn man gerne wandert. Zahlreiche markierte Wege führen durch das Naturschutzgebiet, durch stille Wälder, cañonartige Täler und vorbei an bizarren, bis zu 20 m hohen, pilzförmigen Sandsteinfelsen. Unterwegs passiert man gepflegte Dörfer mit hübschen Fachwerkhäusern, die mit einfachen, aber gemütlichen Gaststätten und Unterkünften aufwarten.

Über das hügelige, wild zerklüftete Sandsteinplateau des Korkoschiner Tals wacht die trutzige **Burg Kokořín.** Sie liegt ca. 2 km nördlich des gleichnamigen Ortes und ist von dort über einen blau markierten Wanderweg zu erreichen (ca. 15 Min.). Die Festung entstand in der ersten Hälfte des 14. Jh., wurde jedoch bereits während der Hussitenkriege zerstört und dämmerte anschließend jahrhundertelang als romantische Ruine und Lagerplatz herumstreifender Räuberbanden dahin. 1894 erwarb sie Václav Špaček, ein Industrieller, der die Henne-Ei-Frage der Neureichen jener Zeit so gelöst hatte: erst Adelstitel kaufen, dann Burg. Sein Sohn ließ die Burg zwischen 1911 und 1918 aufwendig restaurieren – ihr heutiges pseudogotisches Aussehen geht darauf zurück. 1948 wurden die Špačeks enteignet, 2006 erhielten sie ihre Burg nach einem 16-jährigen Restitutionsstreit zurück. Zu besichtigen sind u. a. der Wappensaal, der Rittersaal und das Jägerzimmer, schön ist auch der Ausblick vom 38 m hohen Rundturm.

**Verbindungen** Bis zu 10-mal tägl. **Busse** von Mělník nach Kokořín, in alle anderen Dörfer des Gebiets sieht es sehr schlecht aus.

**Öffnungszeiten** **Burg Kokořín**, April u. Okt. nur Sa/So 9–16 Uhr, Mai u. Sept. tägl. (außer Mo) 9–16 Uhr, Juni–Aug. bis 17 Uhr. Burgführung (Dauer ca. 30 Min.) 4 €, erm. 2,90 €. www.hrad-kokorin.cz.

**Essen/Übernachten** »» **Unser Tipp: Penzion** und **Restaurant Kokořín**, direkt im Ort Kokořín gelegene Pension (22 €/Pers. inkl. Frühstück) mit gemütlichen Zimmern, Außenpool und einem sehr guten Lokal, das es in die Auswahl der besten Restaurants des Landes geschafft hat. Auf der Karte steht z. B. Entenbrust mit Graupenrisotto und Pfifferlingen. Interessante Weinkarte. Achtung: Restaurant nur Fr–So geöffnet. Hg. 8–15 €. Kokořín 12, PLZ 27723, ✆ 731175196 (mobil), www.penzionkokorin.cz. ««

**Pension V Ráji**, gelbes Fachwerkhaus mit Garten und Grillstelle im Dorf Ráj (ca. 5 km nordöstlich der Burg Kokořín). Idyllisch und gepflegt. Alle Zimmer mit Du/WC und Kühlschrank. Parken im Hof. Rezeption im gleichnamigen hübschen Restaurant mit Sommerterrasse in unmittelbarer Nähe. DZ ab 45 €, Frühstück extra. Ráj 07, PLZ 27735, ✆ 605833003 (mobil), www.hanauer.cz.

**Zámek Lobeč**, Billigunterkunft mit Charme – man übernachtet in einem Schloss im Örtchen Lobeč. Netter Garten und Tennisplatz. Einfache 2- bis 6-Bett-Zimmer, Sanitäranlagen auf dem Gang. 12 €/Pers., des Weiteren Apartments mit Küche und Bad für 17 €/Pers. Lobeč 1, PLZ 27736, ✆ 315693321, www.dvur-lobec.cz.

**Camping** **Autokempink Kokořín**, spartanischer, nicht sehr gepflegter Platz ca. 1 km südöstlich der Burg beim Dorf Kokořínský Důl, an der Straße nach Lhotka ausgeschildert. In Reihe gebaute Chatas, Campwiese. Meist tote Hose. Kürzlich renovierte Sanitäranlagen. Mai–Okt. 2 Pers. mit Zelt u. Auto 10 €, Chata für 2 Pers. 26 €. Kokořín, PLZ 27723, ✆ 731165669 (mobil), camp.kokorin.info.

Nur etwa 20 km nördlich des Kokořínsko liegt der schöne **Mácha-See**. Mehr dazu ab S. 260.

Mittelböhmen → Karte S. 131

Im ŠkodaAuto Muzeum

## Mladá Boleslav Jungbunzlau

Die wohlhabende, 44.200 Einwohner zählende Stadt wird mehr von Geschäftsreisenden als von Touristen frequentiert. Denn Industriestädte sind selten schön, und Mladá Boleslav will da nicht aus der Reihe tanzen. Größter Arbeitgeber mit rund 19.500 Beschäftigten ist der Autobauer Škoda (→ Kasten). Das Stadtbild präsentiert sich dementsprechend: Hier das Werksareal mit großen Montagehallen, dort die restaurierten Plattenbauten der Arbeiter, dazwischen Straßen so breit wie in einer Großstadt. Die Geschichte des Autobauers von seinen Anfängen bis zur Gegenwart zeichnet das moderne, gut konzipierte **ŠkodaAuto Muzeum** an der Třída Václava Klementa ca. 700 m nördlich des Zentrums nach. Zu sehen gibt es an die 50 Fahrzeuge – darunter schöne schwarze Limousinen aus den 1920er- und 30er-Jahren, wie man sie aus alten Gangsterfilmen kennt. Und wie der Mutterkonzern in Wolfsburg sponsert auch *Škoda* in Mladá Boleslav den lokalen Fußballverein, der es immerhin schon bis in die Gruppenphase des UEFA-Pokals schaffte.

Mladá Boleslav besitzt auch einen kleinen historischen Kern über dem Flusslauf der Jizera. Zentrum dort ist der Staroměstské náměstí, der lang gezogene Altstädter Platz mit einem Renaissancerathaus. Den Eingang zur einstigen Burg, die im 16. Jh. in ein **Renaissanceschloss** umgewandelt wurde, findet man an dessen südlichem Ende. Unter anderem ist dort das alles andere als aufregende **Kreismuseum** (Okresní muzeum) mit einer regionalgeschichtlichen Ausstellung untergebracht.

**Orientierung**: Mladá Boleslav erscheint auf den ersten Blick etwas verwirrend. Den gesamten Nordosten der Stadt nimmt das Gelände der Škoda-Werke ein, zudem befinden sich dort der Busbahnhof und das ŠkodaAuto Muzeum (von der Straße nach Kosmonosy/Bakov nad Jizerou ausgeschildert). Stadtbusse verbinden das Gebiet mit der kleinen Altstadt im Südwesten von Mladá Boleslav.

## Škoda, der Stolz der Tschechen

*ŠkodaAuto* ist der umsatzstärkste Exportschlager Tschechiens. Am Firmenhauptsitz in Mladá Boleslav rollen der *Fabia*, der *Octavia* und der *Rapid* vom Band (wenn's gut läuft, rund 1200 am Tag), über 90 % der Produktion gehen ins Ausland. Weltweit wurden 2014 über 1 Mio. Fahrzeuge abgesetzt. Begehrt war die Marke mit dem Vogel schon immer. Früher war die Wartezeit auf einen Škoda – auf Deutsch übrigens so viel wie „schade" oder „Mitleid" – so lange wie im Westen die Sparzeit auf einen Mercedes.

Die Firmengeschichte nahm 1895 ihren Anfang. Damals starteten der Buchhändler Václav Klement und der Schlosser Václav Laurin in Jungbunzlau mit der Produktion von Fahrrädern der Marke *Slavia*. Vier Jahre später produzierten sie das erste Motorrad und 1905 das erste *Laurin-&-Klement*-Automobil. Zwei Jahrzehnte später folgte die Fusion mit der Pilsner Waffen- und Maschinenfabrik *Škoda*. In den 1930ern lieferte man die legendären Modelle *420 Popular* und *Škoda 422* aus. Daneben wurden in Jungbunzlau auch Busse, Lkws, Flugzeugmotoren und landwirtschaftliche Maschinen gebaut. Nach dem Zweiten Weltkrieg wurde das Unternehmen verstaatlicht, und mit jedem Fünfjahresplan nahm die Innovationsbereitschaft ab. 1991 übernahm der Volkswagenkonzern den maroden Betrieb und brachte ihn wieder auf Vordermann. Heute ist *ŠkodaAuto* das Aushängeschild der tschechischen Wirtschaft.

**Information** **Informační středisko**, im Zentrum an der Železná 107 (ausgeschildert), ✆ 326322173, www.ic.kulturamb.eu. Mo–Fr 8–17 Uhr, Sa 9–12 Uhr.

**Verbindungen** Hauptbahnhof (Hlavní nádraží, nicht zu verwechseln mit dem für Touristen uninteressanten Stadtbahnhof Mladá Boleslav Město) ca. 1,5 km südwestlich der Altstadt. Von dort **Züge** regelmäßig nach Prag (Hauptbahnhof) und Nymburk sowie bis zu 4-mal tägl. nach Mělník. Zudem beste **Busverbindungen** von und nach Prag (i. d. R. Černý Most, Ⓜ B). Vom Busbahnhof neben dem ŠkodaAuto Muzeum **Stadtbusverbindungen** ins Zentrum.

**Öffnungszeiten** **ŠkodaAuto Muzeum**, tägl. 9–17 Uhr. 2,60 €, erm. die Hälfte. http://museum.skoda-auto.cz. **Kreismuseum**, Mai–Sept. tägl. (außer Mo) 9–17 Uhr, sonst bis 16 Uhr. 1,50 €, erm. die Hälfte. www.muzeum-mb.cz.

**Übernachten** Nur wenige preiswerte Unterkünfte, an Wochenenden jedoch großzügige Preisnachlässe in den Geschäftshotels.

**Hotel La Romantica**, nette, gehobene Unterkunft östlich der Altstadt (nahe dem Eisstadion). Mit Stil eingerichtete Zimmer. Wintergartenrestaurant (gehobene Preise) mit schöner Terrasse und mediterraner Küche. EZ 88 €, DZ 100 €. Viničná 134, PLZ 29301, ✆ 326734054, www.hotellaromantica.cz.

*** **Hotel U Hradu**, relativ neues, modern und komfortabel eingerichtetes Haus am Südende des Marktplatzes. 29 Zimmer. Restaurant. EZ 62 €, DZ 77 €. Staroměstské nám. 108, PLZ 29301, ✆ 326721049, www.uhradu.cz.

**Hotel Věnec**, ebenfalls am Hauptplatz. Verwinkeltes Haus mit einfachen, farbenfrohen Zimmern. DZ 50 €. Staroměstské nám. 89, PLZ 29301, ✆ 773556127 (mobil), www.venec.cz.

**Außerhalb** ***** **Hotel Chateau Mcely**, mehrfach ausgezeichnetes Luxushotel im einstigen Jagdschloss der Thurn und Taxis ca. 20 km südöstlich von Mladá Boleslav und 35 Automin. von Prag entfernt. Einziges „grünes" 5-Sterne-Hotel in Tschechien mit entsprechendem EU-Zertifikat. 23 stilvoll-individuell eingerichtete Zimmer und Apartments mit allem Komfort. Das hauseigene Restaurant Piano Nobile gilt als eines der besten des Landes. DZ ab ca. 190 €. Mcely 61, PLZ 28936, ✆ 325600000, www.chateaumcely.com. ■

Mittelböhmen → Karte S. 131

**Camping** Camping Škoda, in Kosmonosy, dort ausgeschildert. Recht gepflegte, baumbestandene Wiese. Hüttenvermietung. Kneipe mit Biergarten, internationales Publikum. Ältere Sanitäranlagen. Nebenan Tennisplätze und ein Freibad. Mai–Sept. 2 Pers. mit Zelt u. Auto 9 €, Chata für 2 Pers. 18 €. Kosmonosy, PLZ 29306, ✆ 607665045 (mobil), www.akskoda.cz.

**Essen & Trinken** Restaurace Zlatá Kovadlina, geschmackvolle, rustikal angehauchte Lokalität. Internationale Küche wie Schweinemedaillons mit Portwein, Entenbrust mit Honig und Schalotten oder Risotto zu 5–13 €. Adrettes junges Personal. Zentral am Marktplatz, im Sommer auch ein paar Tische draußen unter den Arkaden. ✆ 326734013.

## Dětenice

Diettenitz

Das von Apfelbaumplantagen umgebene Dorf liegt rund 20 km östlich von Mladá Boleslav. Hier steht ein im 18. Jh. barockisiertes **Schloss**, das durch zig Hände ging, u. a. durch die der Familien Waldstein und Clam-Gallas. Heute ist es in Privatbesitz. Die Schlossführung vorbei an vielen, vielen Fresken, Waffen und Kachelöfen ist nicht allzu spannend. Kurzweiliger ist die Tour durch die angeschlossene **Brauerei** (mit kleinem Museum), in der ein überaus süffiges, ungefiltertes Bier abgefüllt wird. Anschließend empfiehlt sich der Besuch der **Středověká Krčma**, einer urigen Kneipe im mittelalterlichen Stil mit einem super Biergarten. Dienstags bis samstags sorgen Gaukler, Burgfräuleins und Minnesänger für Stimmung, zum Wochenende ist hier die Hölle los und ohne Reservierung kaum ein Platz zu bekommen (✆ 493599142). Und das Beste für alle, die zu tief ins Glas geschaut haben: Nebenan kann man auch noch wunderbar übernachten.

**Verbindungen** Busse bis zu 10-mal tägl. nach Mladá Boleslav, 4-mal nach Jičín.

**Öffnungszeiten** Schloss und Brauerei, Okt.–März nur Sa/So 10–17 Uhr, April nur bis 16.30 Uhr, Mai/Juni u. Sept. tägl. (außer Mo) 10–17 Uhr, Juli/Aug. tägl. bis 17 Uhr. Schlossführung 4,40 €, erm. 3 €, Brauereiführung 3,50 €, erm. 2,20 €. **Brauereigaststätte**, tägl. 11–23 Uhr. www.detenice.cz.

**Übernachten** Středověký Hotel, hinter der Brauereigaststätte. Rustikaler geht's nicht. Recht dunkle Zimmer, auf Mittelalter getrimmt. Keine Sorge, die Bäder haben fließendes Wasser! DZ ab 81 €. Dětenice, PLZ 50724, ✆ 493599161, www.stredoveky hotel.cz.

*** Hotel Rustikal, 100 m vom Schloss entfernt. Freundliches, gepflegtes und mit Liebe gestaltetes Hotel. Individuell eingerichtete Zimmer mit Massivholzmöbeln. Hübsche Pizzeria angeschlossen. DZ ab 63 €. Dětenice, PLZ 50724, ✆ 493504210, www.hotelrustikal.cz.

Weiter ins **Böhmische Paradies?** Informationen zu **Jičín** bekommen Sie ab S. 234, zu **Sobotoka** ab S. 240 und zu **Mnichovo Hradiště** ab S. 242.

# Östlich von Prag

## Poděbrady

Podiebrad

Die ca. 55 km östlich von Prag gelegene Stadt ist stolz darauf, jährlich so viele Gäste willkommen heißen zu dürfen, wie sie Einwohner hat, nämlich rund 14.000. Dazu gesellen sich viele, die Poděbrady mit dem Fahrrad ansteuern – die Radwege entlang der Elbe *(Labe)* erfreuen sich einer ungeheuren Beliebtheit. Die

In Tschechien hat man die Straßen oft für sich allein

Mittelböhmen → Karte S. 131

anderen Gäste sind weniger rüstig: Poděbrady ist auch als **Kurort** bekannt. Vorrangig Herz- und Kreislauferkrankungen werden mit dem hiesigen eisenhaltigen Wässerchen behandelt. Dessen Entdeckung ist übrigens einem Zufall zu verdanken: 1905 – die Stadt litt unter Wassermangel – heuerte man einen Rutengänger an. Der zeigte auf jene Stelle, wo man in einer Tiefe von über 90 m auf das mineral- und kohlensäurehaltige Wasser stieß. 1908 kamen die ersten Kurgäste, Poděbrady ist damit der jüngste tschechische Kurort. Prachtbauten à la Marien- oder Karlsbad sind leider Mangelware, lediglich ein paar gepflegte Blumenbeete bringen Farbe ins Kurareal.

Südlich des Kurviertels breitet sich der **Jiřího náměstí** aus, ein freundlicher Platz, den eine monumentale Reiterstatue Georgs von Podiebrad (1420–1471) aus dem 19. Jh. überblickt. Den böhmischen König aus dem Geschlecht der Herren von Kunštát, gleichzeitig der letzte Tscheche auf dem böhmischen Thron, bezeichnete Goethe als eine „großdenkende, überschauende" Persönlichkeit: Bereits 1464 schlug er den europäischen Herrscherhäusern vor, in Anbetracht drohender Türkenüberfälle einen europäischen Fürstenbund zu gründen, der auf mittlere Sicht eine Organisation zur Konfliktvermeidung werden sollte, also eine Art UN der frühen Neuzeit. Leider war den schon erstaunlich weit ausgearbeiteten Plänen kein Erfolg beschieden.

Georg von Podiebrad soll in der angrenzenden einstigen **Přemysliden-Burg** zur Welt gekommen sein. Ihre Grundmauern stammen noch aus dem 13. Jh. Im 16. Jh. wurde sie in einen Renaissancepalast und im 18. Jh. in eine Residenz Kaiserin Maria Theresias umgebaut. Zugänglich sind nur wenige Räume, u. a. die Burgkapelle mit spätgotischen Wandmalereien sowie das angebliche Geburtszimmer Georgs. Zwei Dauerausstellungen befassen sich mit Georg und seiner Zeit sowie mit Bohuslav Schnirch, dem Schöpfer der oben erwähnten Georgsstatue. Etwa 300 m östlich des Schlosses befindet sich das **Museum der Elbniederung** (Polabské muzeum), das archäologische Funde der Umgebung zeigt, sich der Flora und Fauna widmet und auf die Entwicklung des Kurbetriebes eingeht.

**Information** **Kulturní a informační centrum**, am Hauptplatz, Jiřího nám. 19. April–Sept. Mo–Fr 9.30–18 Uhr, Sa/So bis 17 Uhr, sonst Mo–Fr 9.30–17 Uhr, Sa 9.30–13 Uhr. ✆ 325511946, www.polabi.com.

Kurinfos bei der **Kurbadverwaltung** ein paar Schritte weiter, Jiřího nám. 39/15. Mo–Fr 8–15.30 Uhr. ✆ 325606590, www.lazne-podebrady.cz.

**Verbindungen** Bahnhof und Busbahnhof zentral am nördlichen Ende der Kurpromenade. Regelmäßige **Busverbindungen** nach Prag und Nymburk, bis zu 4-mal tägl. nach Trutnov, bis zu 3-mal nach Hradec Králové und Spindlermühle. **Züge** tagsüber nahezu stündl. nach Hradec Králové, regelmäßig zudem nach Kolín und Prag.

**Öffnungszeiten** **Burg**, tägl. (außer Mo) 9–17 Uhr. 1,50 €, erm. die Hälfte. **Polabské muzeum**, Palackého 68. Gleiche Öffnungszeiten und Eintrittspreise. www.polabske muzeum.cz.

Georg von Podiebrad vor der Burg

**Übernachten** *** **Hotel Golfi**, ca. 600 m östlich des Marktplatzes, von der Straße nach Chlumec nad Cidlinou ausgeschildert. Älteres, aber gut in Schuss gehaltenes, kleines Hotel in schöner, ruhiger Lage. 22 ordentliche, der Sternezahl entsprechend ausgestattete Zimmer. Gediegenes Lokal mit netter Terrasse, wo man auch Schnecken, Wild und etliche Fischgerichte bekommt. Bar im Stil eines englischen Herrenclubs. Sehr zuvorkommendes Personal. Parkplätze. EZ 58 €, DZ 70 €. Na Kopečku 595, PLZ 29001, ✆ 325613263, www.hotelgolfi.cz.

**Pension U Linhartů**, Pension mit heller, freundlich-rustikaler Gaststätte, wo es neben den üblichen Gerichten auch Wild und Fisch gibt. Ruhige Lage, ca. 600 m östlich des Zentrums. Parkplätze im Hof. Ordentliche Zimmer. Restaurant Mo/Di geschl., Sa/So ab 11.30 Uhr (So nur bis 15 Uhr), sonst erst ab 17 Uhr. Anfahrt: von Chlumec nad Cidlinou kommend, erste Möglichkeit hinter dem Museum rechts ab, dann 2-mal hintereinander erneut rechts halten. EZ 50 €, DZ 58 €. Pavlova 270, PLZ 29001, ✆ 325610510, www.penzion-linhart.cz.

**Camping** **Autocamping Golf**, am südöstlichen Ortsrand. Wiesenfläche mit Chatas und genügend Platz für alle, nettes Gartenlokal, restaurierte Sanitäranlagen. Mai–Sept. Chata für 2 Pers. ab 19 €, 2 Pers. mit Wohnmobil 12 €. U Nové vodárny 428, PLZ 29001, ✆ 606561444, www.kemp-golf.cz.

**Essen & Trinken** »» **Unser Tipp: Sotto Ponte**, Nichtraucher-Restaurant mit vorwiegend italienischer Küche: hausgemachte Pasta, Salate, frischer Fisch und Meeresfrüchte. Schöne Sommerterrasse mit Blick auf die Elbe. Mo Ruhetag. Hg. 6–15 €. Pražská 62 (50 m südlich des Hauptplatzes), ✆ 325512024. ««

**Café Restaurant Zámek**, vor dem Schloss links die Treppe hinunter. Hübsches Lokal unterm Backsteingewölbe. Schmiedeeiserne Leuchter, junges Personal, netter Außenbereich. Gezapft wird das hervorragende *Hendrych*-Bier aus Vrchlabí. Hg. 4–8 €. ✆ 725285150 (mobil).

Über gute Restaurants verfügen zudem das **Hotel Golfi** und die **Pension U Linhartů** (s. o.).

# Nymburk

Nimburg

Das rund 11 km nordwestlich von Poděbrady gelegene 15.000-Einwohner-Städtchen rühmt sich einer rekonstruierten **Stadtmauer** mit sechs Basteien aus dem 13. bis 14. Jh. Deswegen aber kommt niemand, ein Ausflug nach Nymburk lohnt eigentlich nur für Bohumil-Hrabal-Fans. Der Literat und Tausendsassa lebte von 1920 bis 1947 in der Nymburker Brauerei, da sein Stiefvater dort Brauereiverwalter war – ein prägendes Erlebnis, das er in mehreren Werken, v. a. in der *Nymburker Trilogie* verarbeitete. Eine kleine Ausstellung im **Heimatmuseum** (Vlastivědné muzeum), das an der Straße Tyršova (geht vom Hauptplatz Náměstí Přemyslovců ab) liegt, widmet sich dem großen Autor. Zudem erinnert eine **Gedenktafel an der Brauerei** an Hrabal. Dabei wurde dem Wunsch des Schriftstellers entsprochen, der einst sagte: „Ich will keine Gedenktafel, und wenn, dann in einer Höhe, wo die Hunde gegenpinkeln können." Falls Sie noch auf Hrabal anstoßen wollen – kein Schriftsteller war ein so überzeugter Stammtischbruder wie er –, greifen Sie am besten auf das hiesige *Postřižinské pivo zurück.*

**Verbindungen** **Busse** regelmäßig nach Poděbrady, **Züge** regelmäßig nach Prag.

**Öffnungszeiten** **Heimatkundemuseum**, tägl. (außer Mo) 9–17 Uhr. 1,20 €, erm. die Hälfte. www.polabskemuzeum.cz.

**Essen & Trinken** **U Gregorů**, restauriertes Traditionslokal ein paar Schritte vom Hauptplatz entfernt, schönes Interieur. Böhmische Klassiker appetitlich angerichtet, gutes Pilsner und Budweiser vom Fass. Hg. 4–8 €. Palackého třída 440, ✆ 724587676 (mobil).

Mittelböhmen → Karte S. 131

## Bohumil Hrabal und der letzte Prager Fenstersturz

Bohumil Hrabal (geb. 1914 in Brünn, gest. 1997 in Prag) gehört zu den bekanntesten tschechischen Autoren und wohl auch zu denen mit der kurzweiligsten Biografie: Trotz Jurastudiums mit abschließender Promotion (1946) zog Hrabal stets die kleine Arbeiter- und Angestelltenwelt vor: Er verdingte sich u. a. als Versicherungsagent (1946), Handelsreisender (1947–49), Stahlwerker (1949–52), Sortierer in einer Altpapierpackerei (1954–58), Kulissenschieber und Statist (1959–62). Erst 1963 wagte er den Sprung zum freischaffenden Schriftsteller und begann, seine seit den 1950ern entstandenen humoristisch-satirischen Romane und Erzählungen zu publizieren. Die spaßigen, oft autobiografischen Geschichten aus dem Alltagsleben der einfachen Menschen brachten Hrabal 1968, während des Prager Frühlings, den tschechoslowakischen Staatspreis für Literatur, zwischen 1968 und 1975 aber auch mehrfach Publikationsverbote ein. Gerne wird die Geschichte erzählt, dass Hrabal daher fortan den Zensurbehörden geschönte Fassungen vorlegte, aber letztendlich seine unzensierten Originale in den Druck gab. Keinem strengen Genossen soll dies jemals aufgefallen sein. Zu Hrabals bekanntesten, auch ins Deutsche übersetzen Werken zählen *Ich habe den englischen König bedient* (1971, 2006 von Jiří Menzel verfilmt), *Tanzstunden für Erwachsene und Fortgeschrittene* (1964), *Harlekins Millionen* (1981) und *Hochzeiten im Haus* (1985). Hrabal starb 1997 auf mysteriöse Weise: Er fiel aus dem Fenster eines Prager Krankenhauses – ob aus freien Stücken oder weil er sich beim Vogelfüttern zu weit hinausgebeugt hatte, darüber wird bis heute gerätselt.

## Zámek Loučeň

Schloss Lautschin

Der barocke Landsitz Lautschin aus dem frühen 18 Jh. liegt rund 13 km nördlich von Nymburk. Nach jahrelangen Rekonstruktionsarbeiten wurde das Schlösschen erst vor wenigen Jahren der Öffentlichkeit zugänglich gemacht. Die Inneneinrichtung wurde im Stil des frühen 20. Jh. rekonstruiert, als Graf Alexander von Thurn und Taxis und seine Frau Marie auf Schloss Lautschin lebten. Eine Besichtigung ist im Vergleich zu anderen Schlössern jedoch nicht allzu spannend. Kinder aber können sich im Schlosspark austoben, wo der angeblich größte Komplex an Irrgärten und **Labyrinthen** Europas geschaffen wurde – es gibt ein Lichtlabyrinth, ein Glaslabyrinth, ein Steinlabyrinth, ein Heckenlabyrinth usw.

**Verbindungen** Loučeň ist ein Ziel für Selbstfahrer.

**Öffnungszeiten** **Schloss**, März/April u. Okt.–Dez. nur Sa/So 10–17 Uhr, Mai u. Sept. tägl. (außer Mo) 10–17 Uhr, Juni–Aug. tägl. 9–18.30 Uhr. Schlossbesichtigung einschließlich Park mit Labyrinthen 7 €, erm. 5,10 €. www.zamekloucen.cz.

**Übernachten** **** **Hotel Maximilian Lifestyle Resort**, neben dem Schloss. Komfortables Haus in himmlisch ruhiger Lage. Angenehme Zimmer, auch Apartments im Schloss. DZ bereits ab 48 €. Loučeň 1, PLZ 28937, ✆ 325585381, www.zamekloucen.cz.

## Chlumec nad Cidlinou

Chlumetz

Das 5400-Einwohner-Städtchen liegt auf halber Strecke von Poděbrady nach Hradec Králové nahe der Autobahn. Am westlichen Ortsrand steht das repräsentative **Schloss Karlova Koruna** (Karlskrone). Franz Ferdinand Graf Kinský ließ es 1721–23 als Lust- und Jagdschloss auf den Mauern einer Wasserburg errichten; für die Pläne war kein Geringerer als Giovanni Santini (→ S. 491) verantwortlich. Das Ergebnis ist bis heute beeindruckend: Das Schloss besteht aus einem hohen, kreisförmigen, von einer Kuppel gekrönten Mittelbau, in dem drei quadratische Seitenflügel „stecken". So kommt das Schloss, das heute wieder im Besitz der Familie Kinský ist, ohne Verbindungsgänge aus. Es können einige Säle besichtigt werden, der sog. Marmorsaal spiegelt den barocken Zeitgeist am besten wider. Drum herum lädt ein 20 ha großer **Park** zum Spazieren ein.

**Verbindungen** Viele **Busse** auf der Strecke Prag – Hradec Králové halten auch in Chlumec. **Züge** nahezu stündl. nach Prag, regelmäßig zudem nach Hradec Králové und Trutnov.

**Öffnungszeiten** **Schloss**, Juli/Aug. tägl. (außer Mo) 9–12 u. 13–17 Uhr. April–Juni u. Sept./Okt. nur Sa/So 9–12 u. 13–16 Uhr. 3,40 €, erm. 1,90 €. www.kinskycastles.com.

Weiter nach **Ostböhmen?** Informationen zu **Hradec Králové** bekommen Sie ab S. 178, zu **Pardubice** ab S. 168.

## Kladruby nad Labem

Kladrub an der Elbe

Wer sich mit Pferderassen auskennt, kennt Altkladruber. Die Rappen werden im ostböhmischen Slatiňany gezüchtet, die Schimmel hier im ca. 60 km östlich von Prag gelegenen, 2200 ha großen **Nationalgestüt Kladruby nad Labem** (Národní hřebčín Kladruby nad Labem). Als eines der ältesten Gestüte der Welt wurde es bereits 1579 von Kaiser Rudolf II. als „Seiner kaiserlichen Gnade Pferdegehege in Kladrub an der Elbe“ gegründet. Mit Pferden spanischer und neapolitanischer Herkunft wurden hier jahrhundertelang Prestigerösser für die höfischen Prunkkarossen gezüchtet. Seit dem Fall des Eisernen Vorhangs knüpft man an die alte Tradition wieder an – das dänische Königshaus hat sich bereits mit einigen Altkladrubern eingedeckt. Die rund 700 Tiere werden jeden Morgen auf die umliegenden Koppeln getrieben, wo man sie in Ruhe beobachten kann – sie gelten als überaus sanft. Leider sorgte das Gestüt Kladruby in jüngster Zeit auch für viele Negativschlagzeilen: Im Zusammenhang mit dessen umfassender Renovierung ermittelte mehrfach die Antikorruptionspolizei, es kam zu Razzien und Verhaftungen, mehrere Direktoren mussten ihren Hut nehmen. Im Sommer 2014 waren die Renovierungsarbeiten noch in vollem Gange. Versprochen wurde eine Wiedereröffnung zur Saison 2015. Dann soll es auch Pferdevorführungen und Besichtigungstouren für Besucher geben.

**Verbindungen** Die **Busverbindungen** (mehrmals tägl. nur nach Týnec nad Labem und Přelouč) sind sehr schlecht.

**Öffnungszeiten** Aktuelle Infos unter www.nhkladruby.cz.

Mittelböhmen → Karte S.131

## Kolín

Kolín liegt 50 km östlich von Prag und zählt rund 31.000 Einwohner. Wie Mladá Boleslav ist auch Kolín eine Automobilbaustadt, jedoch ohne Tradition. Erst seit 2005 werden hier von *TPCA,* einem Konsortium aus *Toyota, Peugeot* und *Citroën,* billige Kleinwagen produziert. 300.000 Fahrzeuge rollen in Kolín jährlich vom Band, darunter die Typen *Toyota Aygo, Peugoet 108* und *Citroën C1. TPCA* brachte zwar rund 3200 Jobs, jedoch mit Gehältern, die keinen Wohlstand erwarten lassen. Das sieht man der Stadt, bestehend aus viel Platte und Industrieanlagen, an.

Kolín: Altstadtgasse mit Bartholomäuskathedrale

Zentrum der klitzekleinen, schachbrettartig angelegten Altstadt ist der Hauptplatz Karlovo náměstí mit einigen hübschen Patrizierhäusern und einem neogotischen **Rathaus** (1887–88). Folgt man vom Südosteck des Platzes der Karlova bergauf, gelangt man zur dreischiffigen **Bartholomäuskathedrale** (Chrám sv. Bartoloměje), einem der schönsten Sakralbauten Böhmens. Die Kirche entstand gleich nach der Stadtgründung (um 1260). Nach einem Brand im Jahr 1349 wurde sie von Peter Parler, dem Hofbaumeister Karls IV., ohne den auch der Prager Sankt-Veits-Dom und die Karlsbrücke nicht denkbar wären, restauriert. Auf Parler geht der in ungewöhnlich intensivblaues Licht getauchte Chor mit seinem komplizierten Maßwerk zurück, der fast die Hälfte der Kirche einnimmt und über sieben Kapellen verfügt. Die Arbeiten daran dauerten 18 Jahre. Vom freistehenden, mächtigen Glockenturm (1504) kann man einen Blick über Kolín werfen.

Südwestlich des Hauptplatzes erstreckte sich einst das **jüdische Viertel**. Insbesondere zwischen dem 14. und 16. Jh. ließen sich viele Juden hier nieder. Sie waren maßgeblich am damaligen Aufstieg Kolíns zu einer reichen Handelsstadt beteiligt. Folgt man vom Hauptplatz (Südwesteck) dem dunklen Gässchen Zlatá und hält sich in der Karolíny Světlé rechts, gelangt man zur hübschen Gasse Na Hradbach. In Hausnummer 157/126, wo heute die Touristeninformation untergebracht ist, befand sich einst die jüdische Schule. Die Infostelle bildet zugleich den Zugang zur restaurierten Barocksynagoge aus der zweiten Hälfte des 17. Jh., die besichtigt werden kann. Ein besuchenswerter Ort ist auch der rund 200 m westlich der Altstadt gelegene Alte Jüdische Friedhof (ab 1418) mit über 2500 Grabsteinen. Um dorthin zu gelangen, folgt man vom Hauptplatz der Pražská, bis es nach rechts in die Kmochova abgeht. Auf dem Friedhof fand u. a. Becalel, der Sohn des berühmten Prager Rabbis Löw (→ S. 100), seine letzte Ruhe. Der Neue Jüdische Friedhof im nördlichen Stadtteil Zálabí, der im späten 19. Jh. angelegt wurde, besitzt nicht den Reiz des alten. Dort erinnert ein Denkmal an die 487 Holocaustopfer der Region (das todbringende Zyklon B ließ Nazideutschland übrigens u. a. in den hiesigen Chemiewerken produzieren). Wer die Friedhöfe besichtigen will, erhält bei der Touristeninformation gegen Pfand die Schlüssel (Friedhöfe Sa geschlossen).

**Information** **Městské informační centrum**, Na Hradbach 157, ✆ 321712021, www.infocentrum-kolin.cz. Mo 8.30–12 u. 13–17 Uhr, Di–Fr 8.30–17 Uhr, Sa/So 9–16 Uhr.

**Verbindungen** Bahnhof und Busbahnhof liegen nebeneinander (ca. 10 Fußmin. östlich des Zentrums). Nach Verlassen des Bahnhofsgebäudes rechts halten und auf die Kirchturmspitzen zulaufen. **Züge** regelmäßig nach Prag (Hauptbahnhof o. Masarykovo nádraží), Pardubice, Brno, Nymburk und Olomouc, alle 2 Std. nach Ostrava. **Busse** regelmäßig nach Kutná Hora und Prag.

**Öffnungszeiten** **Bartholomäuskathedrale**, 2014 fanden wegen Restaurierungsarbeiten nur Sa/So um 13.30 Uhr Führungen statt. Aktuelle Infos in der Touristeninformation. **Kirchturm**, Mo–Sa 10–15.30 Uhr, So 13–15.30 Uhr. 1,50 €, erm. 1,10 €. **Barocksynagoge**, offiziell Mo–Fr 9.30–17 Uhr, So 9–16 Uhr, Sa geschl., tatsächlich aber mehr nach Lust und Laune der Infostelle, die den Schlüssel besitzt. 1,50 €, erm. die Hälfte.

**Veranstaltung** Kolín ist eng mit František Kmoch (1848–1912), dem König der böhmischen Blasmusik, verbunden. Ihm zu Ehren findet alljährlich am 2. Juniwochenende das **Blasmusikfestival Kmochův Kolín** mit Kapellen aus dem ganzen Land statt. www.kmochuvkolin.cz.

**Übernachten** **** **Villa Romantica**, feines 4-Sterne-Hotel auf einer Anhöhe in einem ruhigen Villenviertel. Modernes Innendesign in einem Haus aus den 1920ern. Komfortable, schicke Zimmer, hochgelobtes Restaurant mit vorwiegend regionalen Produkten (Hg. 9–18 €). DZ 90 €. Zborovská 600, PLZ 28002, ✆ 321623844, www.villaromantica.cz.

**Pension U Rabína**, schräg gegenüber der Touristeninformation. Charmante Pension in einem historischen Gebäude. Gemütliche Zimmer mit Teppichböden, z. T. mit Pflanzen bestückt. Schnuckeliger Frühstücksraum, gutes Restaurant mit Außenbereich. DZ 46 €. Karolíny Světlé 151, PLZ 28001, ✆ 321724463, www.urabina.cz.

**Außerhalb** ››› Unser Tipp: **** **Hotel Chateau Kotěra**, eine tolle Unterkunft im Dorf Ratboř ca. 7 km südlich von Kolín. Schöne geräumige Zimmer mit zeitgemäßem Mobiliar, oft mit Parkettböden, in einem zwischen 1911 und 1914 von Jan Kotěra errichteten Schlösschen. Sauna, Tennisplatz, Pool, Fitnessraum. DZ ab 85 €. Komenského 40 (Straße nach Kořenice), PLZ 28141, ✆ 321613111, www.hotelkotera.cz. ‹‹‹

**Essen & Trinken** **U tří pírek**, gepflegtes, elegant-rustikales Nichtraucherlokal mit familiärer Kneipenatmosphäre direkt am Hauptplatz. Täglich wechselnde frische Küche, Burger, Salate, zahlreiche Biere vom Fass abseits des Mainstreams. Tolle Terrasse, netter Service, mittlere Preisklasse. So geschl. Karlovo nám. 72, ✆ 605700715 (mobil).

**Café & Bar Monet**, ebenfalls am Hauptplatz. Angenehme Kaffeehausatmosphäre mit hohen Wänden, Pflanzen und breiten Fenstern. Pasta und mediterran angehauchte Gerichte. Hg. 4–15 €. ✆ 321721482.

Zwölf barocke Statuen säumen den Weg zur St.-Barbara-Kathedrale

Mittelböhmen → Karte S. 131

# Kutná Hora

Kuttenberg

**Jahrhunderte ist es her, da war die königliche Bergbaustadt Kuttenberg nach Prag das vornehmste Zentrum Böhmens. Heute ist Kutná Hora ein beschauliches Städtchen. An den Glanz alter Tage erinnern aber noch immer prächtige Bauten, die so wertvoll sind, dass das historische Zentrum und zwei monumentale Kirchen in die Welterbeliste der UNESCO aufgenommen wurden.**

Die 20.400 Einwohner zählende Kreisstadt ist ein beliebtes Tagesausflugsziel von amerikanischen, japanischen und italienischen Touristen, die im 60 km westlich gelegenen Prag residieren. Das charmante alte Zentrum Kutná Horas erstreckt sich in reizvoller Lage hoch über dem Tal der Vrchlice. Es ist weitestgehend verkehrsberuhigt und lädt zum Schlendern ein. Jedoch sind nicht alle Ecken so geleckt und herausgeputzt wie in den südböhmischen Welterbestädtchen Český Krumlov oder Telč. Die meisten Besucher kommen auch nicht allein des Zentrums wegen, sondern um sich den mächtigen St.-Barbara-Dom und die Mariä-Himmelfahrts-Kirche im Stadtteil Sedlec anzuschauen. Eine weitere, überaus schaurige Attraktion in Sedlec ist eine mit Menschenknochen ausgeschmückte Kapelle. Wer alle Sehenswürdigkeiten besuchen möchte, sollte mindestens einen Tag einplanen, besser zwei – nicht jedoch einen Montag, dann sind die meisten Museen und selbst der Dom geschlossen.

**Geschichte**: Der Legende nach entdeckte ein Zisterziensermönch bei einem Spaziergang auf jener Anhöhe, auf der heute der Dom steht, eine Silberader. Um sie wiederzufinden, breitete er seine Kutte darüber aus, und die Stadt hatte ihren Namen: *Kuttenberg*. Belegt ist, dass man auf den Ländereien des Klosters um 1260 tatsächlich auf Silber stieß. Zum Abbau warb man deutsche Bergleute aus Iglau an. Zudem wurden florentinische Münzer angeheuert, die hier den Prager Groschen prägten, der schon bald wegen seiner Reinheit in ganz Europa geschätzt wurde. Die hiesigen Silbervorkommen machten die böhmischen Könige über die Jahrhunderte zu den reichsten Herrschern Europas, kein Wunder also, dass sie gerne auch in Kuttenberg residierten. Zwischen 1290 und 1620 förderte man 2500 t Silber und 100.000 t Kupfer zu Tage, und dementsprechend entwickelte sich die Stadt – bereits Mitte des 14. Jh. galt sie nach Prag als die größte und schönste des Landes.

Auf Drängen des Reformators Jan Hus erließ der trinkfreudige König Wenzel IV. 1409 in der Stadt die *Kuttenberger Dekrete*, welche eine „Tschechisierung" der Karlsuniversität zur Folge hatten. Ein Wandgemälde im Audienzsaal des Welschen Hofes (s. u.) erinnert an dieses Ereignis. Im 16. Jh. begann der langsame Niedergang Kuttenbergs. Silber aus der Neuen Welt verdarb die Preise, zudem waren viele Minen bereits erschöpft. Um überhaupt noch an das Edelmetall heranzukommen, musste man bis zu 500 m tief graben – für damalige Verhältnisse eine respektable Leistung. Als die Schweden während des Dreißigjährigen Krieges vor den Toren der Stadt auftauchten, mussten sich die Kuttenberger bereits mit Bier anstelle von Silber freikaufen. In der Folgezeit machten mehrere Pestepidemien der Stadt zu schaffen. Als schließlich noch die Klöster säkularisiert wurden, ging es mit Kutná Hora vollends bergab. Die Stadt schrumpfte zu einem Provinznest zusammen, was sie im Grunde bis heute ist. Der Versuch, im 20. Jh. nochmals sein Glück im Bergbau zu versuchen (nicht mehr Silber, sondern Blei- und Zinnerze wurden gefördert), endete mit der Schließung der letzten Grube 1991. Zehn Jahre später empfing die Stadt ihren vorerst letzten hohen Besuch: 2001 schauten Gérard Depardieu und John Malkovich zu Dreharbeiten für die Fernsehserie *Napoleon* vorbei.

**Orientierung**: Im kleinen historischen Stadtzentrum sind alle Sehenswürdigkeiten besten ausgeschildert. Im Süden wird die Altstadt vom Tal der Vrchlice begrenzt. Die „Umgehungsstraßen", auf welchen auch die Busse verkehren, sind im Westen und Norden die *Na Valech*, im Osten die *Štefánikova*. Von Letzterer zweigt die *Masarykova* in den rund 3 km östlich gelegenen Stadtteil *Sedlec* ab, wo sich das ehemalige Zisterzienserkloster, die Mariä-Himmelfahrts-Kirche und die Beinkirche befinden.

## Basis-Infos

→ Karte S. 146/147

**Information** **Information Centre**, Palackého nám. 377, ✆ 327512378, www.kutnahora.cz. April–Sept. tägl. 9–18 Uhr, Okt.–März Mo–Fr 9–17 Uhr, Sa/So 10–16 Uhr. In der Infostelle kann man deutschsprachige Führungen buchen und Kombitickets für die hiesigen Sehenswürdigkeiten erstehen, deren Erwerb sich lohnt. Weitere Infostellen am Hauptbahnhof, am Beinhaus in Sedlec und an der St.-Barbara-Kathedrale.

**Verbindungen** Hauptbahnhof ca. 3 km nordöstlich des Zentrums im Vorort Sedlec. Verbindung ins Zentrum ca. alle 30 Min. (ab 13 Uhr häufiger) mit **Stadtbus Nr. 1** – steigen Sie an der Straße Na Valech, Haltestelle „Centrum", westlich des Altstadtkerns aus bzw. ein. Wer zu Fuß ins Zentrum spaziert, passiert unterwegs die Sehenswürdigkeiten in Sedlec. Vom nördlich des Zentrums gelegenen Busbahnhof läuft man max. 10 Min. ins Zentrum.

**Züge** regelmäßig nach Kolín, Prag (Hlavní nádraží) und Havlíčkův Brod. **Busse** regelmäßig nach Kolín, bis zu 9-mal tägl. nach Prag, 1-mal tägl. direkt nach Havlíčkův Brod, Pardubice, Telč und Jihlava.

**Ärztliche Versorgung** Krankenhaus im Westen der Stadt in der Vojtěšská 237. ✆ 327503111, www.nemocnicekutnahora.cz.

**Einkaufen** **Díla českých autorů** **18**, Keramik, Marionetten, Bilder, Klamotten, Schmuck aus Moldawiten – alles entstammt der Hand tschechischer Kunsthandwerker. Barborská 629.

**Jordi's Chocolaterie** 10, hübscher Laden mit Schokoladen- und Kaffeespezialitäten. Komenského nám. 18.

Zudem findet man einige **Antiquitätengeschäfte** und **Antiquariate**.

**Kutschfahrten durch die Altstadt** Starten im Sommer am Hauptplatz, 15 Min. ca. 20 €, 1 Std. ca. 63 €.

**Parken** Gebührenpflichtige Parkplätze u. a. am Václavské nám. und an den Straßen Na Valech/Ecke Husova sowie Smiškova. Größerer kostenloser, zentrumsnaher Parkplatz beim Busbahnhof vor dem Supermarkt Billa.

**Radverleih** Über die Touristeninformation, allerdings nur im Sommer. 8 €/Tag.

**Veranstaltungen** Am meisten ist im Juni los: Zunächst findet ein **internationales Musikfestival** (www.mfkh.cz) statt, dem sich eine **Opernwoche** anschließt (www.opernityden.cz). Zeitgleich kehrt man in der zweiten Junihälfte beim Festival **Královské stříbření Kutné Hory** („Königliches Silber von Kutná Hora") für 2 Tage ins Mittelalter zurück (www.stribreni.cz). Anfang Juli wird zu einem internationalen **Solo-Gitarristen-Wettbewerb** geladen. Folk- und Countrymusik steht im Mittelpunkt des Festivals **Kutnohorská kocábka** Mitte Aug. (www.kocabka.wz.cz). Mitte Sept. findet schließlich ein **Festival der Orgelmusik** statt.

Mittelböhmen → Karte S.131

## Weinanbau in Kutná Hora

In den letzten Jahrzehnten begann man peu à peu, die bereits im Mittelalter bewirtschafteten, aber dann aufgegebenen Weinberge rund um Kutná Hora zu rekultivieren. Führend ist dabei die Winzerei **Vinné sklepy Kutná Hora** 3, ein zertifizierter Bio-Betrieb, der zudem biodynamisch wirtschaftet. Der Verkauf (Degustation möglich) befindet sich im einstigen Urselinerinnenkloster an der Jiřího z Poděbrad 288 (Mo–Do 10–18 Uhr, Fr 10–21.30 Uhr, Sa/So 10–16 Uhr, Okt.–Mai Sa/So 10–12 Uhr). Je nach Jahrgang erreichen die Tropfen durchaus ansprechende Qualitäten, allerdings werden dafür teilweise auch recht stolze Preise verlangt. Als interessanteste Weine des Sortiments gelten der *Ryzlink rýnský* (Riesling), der *Tramín červený* (Gewürztraminer) und der rote *Pinot noir* (Spätburgunder). ■

## Übernachten

→ Karte S. 146/147

Im Sommer kann es zu Engpässen kommen, eine Reservierung ist empfehlenswert.

**Hotels** **** **Hotel Opat** 8, in einem restaurierten Altstadthaus. Angenehme Zimmer im rustikal-ländlichen Stil, in der „De Luxe"-Variante blickt man auf herrlich bemalte Balkendecken. Ordentliches Restaurant. Eigene Parkplätze. Ansonsten aber wenig zusätzlicher Luxus. EZ ab 45 €, DZ ab 67 €. Husova 138, PLZ 28401, ✆ 327536900, www.hotelopat.eu.

*** **U vlašského dvora** 7, im historischen Zentrum. 10 sehr geräumige, gepflegte Zimmer mit hellem Mobiliar und Teppichböden, jedoch ohne besondere Note. Sauna, Restaurant. Eigene Parkplätze. DZ 55 €. 28. Října 511, PLZ 28401, ✆ 327514618, www.vlasskydvur.cz.

*** **U Zvonu** 4, eher Pension als Hotel. Große Zimmer mit privaten Bädern, Teppichböden und bunter Einrichtung mit Landhausstiltouch. Restaurant. Parkplätze. DZ 48 €. Zvonarská 286, PLZ 28401, ✆ 777680992 (mobil), www.uzvonu.cz.

*** **U Hrnčíře** 17, gedrungenes historisches Gebäude. Nur 5 Zimmer unterschiedlicher Größe, freundlich und farbenfroh. Beim billigsten liegt das private Bad außerhalb. Restaurant und idyllisches Gärtchen. Keine Parkplätze. Sehr freundliches junges Personal. DZ je nach Größe 30–55 €. Barborská 24, PLZ 28401, ✆ 327512113, www.hoteluhrncire.cz.

**Pensionen** **Barbora** 19, moderner Flachbau, der so gar nicht zur Stadt passen will. In unmittelbarer Nähe zum Dom. 10 Zimmer mit Kaufhausmobiliar. Sichere Parkplätze. Nettes, fast schickes Nichtraucherrestaurant mit tollen Dom-Blicken angegliedert. Der Service könnte jedoch freundlicher sein. DZ ab 66 €. Kremnická 909, PLZ 28401, ✆ 327316327, www.pensionbarbora.cz.

**Centrum 12**, zentrale, ruhige Lage. 7 Zimmer (nichts Besonderes) mit eigenen Bädern. Netter Innenhof, wo man nicht nur schön sitzen, sondern auch sein Auto sicher parken kann (sofern noch Platz). Cafébar. Oft ausgebucht. DZ 40 €. Jakubská 57, PLZ 28401, ✆ 608735578 (mobil), www.pen zioncentrum.com.

**Pension Bed & Breakfast 13**, relativ neue Pension am Rande der Altstadt. Schlichter, schnörkelloser Stil. 21 klimatisierte Zimmer, Parkplätze. DZ 47 €. Kouřimská 28, PLZ 28401, ✆ 733301507 (mobil), www.bed-breakfast.cz.

**Camping** **Camping Santa Barbara 1**, kleiner Platz in Laufnähe zum Zentrum. Viel Schatten, parzellenartig abgetrennte Stellplätze. Internationales Publikum. Relativ neue, sehr saubere Sanitäranlagen, Kneipe. April–Okt. (Rezeption nur 14–22 Uhr). 2 Pers. mit Zelt u. Auto 12 €. Česká 988, PLZ 28401, ✆ 327512051, www.santabarbara.cz.

**Außerhalb** **Chateau Hostačov**, 22 km südöstlich von Kutná Hora im Dorf Hostačov. 14 stilvolle Zimmer und Suiten in einem Renaissanceschloss aus dem 16. Jh. Oft von Hochzeitsgesellschaften in Beschlag genommen. Im Schlossrestaurant kocht man vorwiegend mit regionalen Bioprodukten (Hg. 8–13 €). Jan./Feb. i. d. R. geschl. Anfahrt: Von Kutná Hora die Straße Nr. 38 nach Havlíčkův Brod nehmen, ca. 8 km hinter Čáslav links ab nach Chrastice und dann der Beschilderung nach Skryje/Hostačov folgen, von der Abzweigung noch 3 km. DZ 80–120 €. Hostačov 59, PLZ 58282, ✆ 569433198, www.zamek-hostacov.com. ■

## Essen & Trinken/Nachtleben

**Restaurants** **Pizzeria Piazza Navona 6**, die erste Pizzeria der Stadt (1992 gegründet) und laut Inhaber, dem Italiener Massimo, die „einzig Wahre". Die Pizzen kosten 4–5,60 €, sind ganz okay, aber auch keine Wunderwerke. Terrasse zum Platz, Garten nach hinten. Palackého nám. 90, ✆ 327512588.

**››› Unser Tipp: Dačický pivnice 14**, urige, aber dennoch gepflegte Pivnice mit einem der schönsten Biergärten Tschechiens. Wegen der etwas höheren Preise leider mittlerweile vorrangig Touristenpublikum. Sehr gute (alt-)böhmische Küche – die geräucherte Gänsebrust mit Birnen oder den

**Ü**bernachten
1 Camping Santa Barbara
4 U Zvonu
7 U vlašského dvora
8 Opat
12 Centrum
13 Pension Bed & Breakfast
17 U Hrnčíře
19 Barbora

**E**inkaufen
3 Vinné sklepy Kutná Hora
10 Jordi's Chocolaterie
18 Díla českých autorů

**N**achtleben
2 Česká 1
5 Planet Music Club

**E**ssen & Trinken
6 Pizzeria Piazza Navona
9 Harmonia U sv. Jakuba
11 Dobrá Čajovna
14 Dačický pivnice
15 Kavárna Mokate
16 U Ruthardce

60 m

**Kutná Hora**

eingelegten Hermelin-Käse sollte man sich nicht entgehen lassen. Auch gute Wildgerichte. Hg. 4–15 €. Dazu trinkt man das hiesige *Dačický*-Bier (köstlich!). Rakova 8, ✆ 327512248. «<

**U Ruthardce 16**, rustikales Lokal mit netter Atmosphäre, schwere Holzbänke, Grill, alte Emailleschilder an der Wand. Im Sommer schöne Gartenterrasse. Auf der Karte u. a. Kartoffelpuffer, gefüllte Knödel, Steaks und Würste. Hg. 4–13 €. Dačického nám. 15, ✆ 607286298 (mobil).

**Harmonia U sv. Jakuba 9**, wegen des gemütlichen Gärtchens eine Empfehlung für den Sommer. Neben tschechischen Gerichten (vorrangig Kurzgebratenes) auch Experimente mit der mexikanischen und italienischen Küche, zudem ein paar vegetarische Gerichte. Mährische Weine, junges Publikum. Hg. 4–10 €. Vysokostelská 104, ✆ 327512275.

**Café/Teestube** **Kavárna Mokate 15**, kleines, sympathisches Café, ideal für eine Pause an kalten Wintertagen. Barborská 36.

**Dobrá Čajovna 11**, populäre tschechische Teestuben-Kette mit alternativem jungem Publikum als Hauptzielgruppe. Havlíčkovo nám. 84.

**Nachtleben** **Česká 1 2**, *der* Club der Stadt, regelmäßig Rockkonzerte und andere Veranstaltungen. Im gleichen Haus (Vorderseite) die nette Pizzeria Vyžlovka mit großer Terrasse. Česka 983, www.ceska1.cz.

**Planet Music Club 5**, etwas außerhalb in Sedlec gelegen. Relativ neuer Club. DJs (vorwiegend elektronische Musik), aber auch Live-Bands und Mottopartys. Vítězná 409, www.planetmusic.cz.

## Sehenswertes im Zentrum

Die hier beschriebenen Sehenswürdigkeiten sind so aufgeführt, dass sie theoretisch der Reihe nach abgegangen werden können, die reine Gehzeit beträgt nicht mehr als 45 Minuten. Beachten Sie jedoch die unterschiedlichen Öffnungszeiten der Kirchen und Museen und bedenken Sie, dass viele Museen nur im Rahmen einer Führung zu besichtigen sind.

**Palackého náměstí (Palacký-Platz)**: Im Vergleich zu den Hauptplätzen vieler anderer böhmischer Städte ist der von Kutná Hora nur zweitklassig. Obwohl die Stadt einst überaus reich war, mangelt es hier erstaunlicherweise an prächtigen alten Bürgerhäusern. Auch ein Besuch des *Alchemiemuseums* (Muzeum Alchymie) im Untergeschoss des barocken *Sankturin-Haus* (Santurinovský dům), einem ursprünglich gotischen Bau aus dem 13. Jh., in dem sich heute auch die Touristeninformation befindet, ist nicht allzu spannend: Da steht z. B. ein altes Fläschchen Kalksalpeter vom Stickstoffsyndikat Berlin – als hätten die mittelalterlichen Alchimisten versucht, damit Gold zu machen. In der zweiten Etage gibt es seit 2014 ein *Lego-Museum* (Muzeum Lega), in dem man sich u. a. ein Modell des Sedlecer Beinhauses anschauen kann.

**Alchemiemuseum**, April–Sept. tägl. 9–18 Uhr, sonst nur bis 17 Uhr und Sa/So 10–16 Uhr. 2,20 €, erm. 1,50 €. www.alchemy.cz. **Lego-Museum**, tägl. 10–17 Uhr. 4,40 €, erm. 2,90 €. www.muzeumlega.cz.

**Vlašský dvůr (Welscher Hof)**: Über die 28. Října erreicht man vom Hauptplatz in wenigen Schritten den Welschen Hof, die königliche Münze. Diese wurde Ende des 13. Jh. eingerichtet und war bis 1727 in Betrieb. Der Name des Hofes erinnert an die florentinischen Münzer, die hier den Prager Groschen prägten. Die böhmischen Könige, die gerne an der Quelle ihres Reichtums residierten, ließen die Münze um einen Königspalast erweitern. Heute sitzt in dem Gebäudekomplex u. a. die Stadtverwaltung. In den Räumlichkeiten der ehemaligen Schatzkammer befindet sich eine kleine Münzausstellung. Über dem dortigen Eingang ist die Mahnung zu lesen: *„Noli me tanger“ – „Berühre mich nicht“*. Wählt man eine Führung durch die Münzausstellung, besichtigt man auch den königlichen Audienzsaal. Vor dessen Eingang wird man ebenfalls ermahnt, diesmal von der sog. Ratsherrentafel aus dem Jahr 1595 (heute eine Kopie, Original im Kastell), deren lateinische Inschrift auch im UNO-Gebäude in New York zu lesen ist: *„Wenn du als Mitglied der Gemeinde in deiner Amtspflicht durch diese Tür eintrittst, leg all deine Leidenschaften ab: Hass, Feindseligkeit, Gewalt, Freundschaft, Heuchelei, ordne deine eignen Sorgen denen der Gemeinde unter."* Im Audienzsaal wurde 1471 der Jagellone Vladislav II. zum böhmischen König gewählt, ein Wandgemälde erinnert daran. Zum Abschluss der Führung besichtigt man noch die Wenzelskapelle, die 1386 geweiht und 1904 mit Jugendstilmalereien ausgeschmückt wurde.

Des Weiteren beherbergt der Welsche Hof eine Galerie und ein Museum namens *Die Enthüllung des geheimen Gesichtes von Kuttenberg* (Muzeum Odhalení tajemné tváře Kutné Hory). Das klingt spannender als es ist: Zu sehen gibt es ein paar Folterinstrumente und alte Fotos der Stadt.

**Adresse/Öffnungszeiten**: Havlíčkovo nám. **Führungen durch den Welschen Hof** (auch auf Deutsch) Nov.–Feb. tägl. 10–16 Uhr, März u. Okt. 10–17 Uhr, April–Sept. 9–18 Uhr. Dauer ca. 40 Min. 3,90 €, erm. 3,10 €. **Foltermuseum**, gleiche Öffnungszeiten. 2,20 €, erm. 1,50 €. www.odhalenitajemnetvare.cz.

**Chrám sv. Jakuba (Jakobskirche)**: Neben dem Welschen Hof erhebt sich die mächtige gotische Jakobskirche (Eingang von der Nordseite). Sie entstand in den Jahren 1340–1420 als erste steinerne Kirche Kuttenbergs. Durch ihren Bau wollte man sich dem religiösen und weltlichen Einfluss des nahe gelegenen Zisterzienserklosters in Sedlec entziehen. Von den ursprünglich geplanten zwei Türmen wurde der Südturm nie vollendet, der Nordturm steht etwas schief, da die Grundmauern durch die unterirdischen Silberminen ein wenig abgesackt sind. Die Gemälde am barocken Hochaltar stammen von Peter Brandl und Franz Xaver Palko.

**Adresse/Öffnungszeiten**: Havlíčkovo nám. Im Sommer tägl. 10–17 Uhr. 1,50 €. Ansonsten nur zu Gottesdiensten geöffnet.

**Hrádek (Kastell)**: Über die schmale Gasse Ruthardská gelangt man von der Jakobskirche zum Hrádek, einst eine kleine, freistehende Burganlage über der Vrchlice, die nach der Gründung Kuttenbergs in die Stadtbefestigung integriert wurde. 1490 kaufte der in königlichem Dienst stehende Jan Smíšek von Vrchovišť das Kastell und ließ es in einen prunkvollen Adelssitz umbauen. Man munkelt, dass er die dazu nötigen Prager Groschen aus der königlichen Münze abzweigte. Heute befindet sich im Kastell das *Böhmische Silbermuseum,* das sich, wie soll es auch anders sein, der Geschichte der Silber- und Kupferförderung in Kuttenberg widmet. Das Museum verwaltet auch ein mittelalterliches Bergwerk und rüstet all jene, die einmal in einen alten Stollen hinabsteigen möchten, mit Schutzkleidung (weiße Kittel), Helm und Lampe aus. Achtung: Es ist verboten, das Bergwerk nach Genuss von Alkohol zu betreten. Zudem wird Personen mit Herz- und Nervenleiden, Klaustrophobie und Problemen mit den Atemwegen vom Besuch abgeraten.

**Adresse/Öffnungszeiten**: Barborská 28. Juli/Aug. tägl. (außer Mo) 10–18 Uhr, Mai/Juni u. Sept. 9–18 Uhr, April u. Okt. 9–17 Uhr, Nov. 10–16 Uhr. Nur mit Führung (auf Tschechisch, mit dt. Text) zu besichtigen. Museumstour 60 Min. 2,60 €, erm. 1,50 €, Bergwerk 90 Min. 4,40 €, erm. 2,90 €, beide Führungen zusammen 5,10 €, erm. 3,30 €. www.cms-kh.cz.

Mittelböhmen → Karte S. 131

**Jezuitská kolej a Kaple Božího těla (Jesuitenkolleg und Fronleichnamskapelle):** Vom Kastell führt die ansteigende Barborská an ein paar netten Terrassenlokalen vorbei zum Jesuitenkolleg, einem monumentalen Barockgebäude, das zwischen 1626 und 1667 nach einem Entwurf von Domenico Orsi entstand. Heute sitzt darin die *Galerie der Mittelböhmischen Region* (Galerie Středočeského kraje, kurz GASK), die oft spannende Wechselausstellungen präsentiert. Auf der Frontseite des Jesuitenkollegs verläuft eine Balustrade mit zwölf Barockstatuen des Bildhauers Franz Baugut zur St.-Barbara-Kathedrale. Bevor man diese betritt, kann man am Ende der Balustrade linker Hand die etwas tiefer an den Hang gebaute gotische Fronleichnamskapelle, eine alte Friedhofskapelle, besichtigen. Sie entstand um 1380 und sollte ursprünglich zwei Geschosse haben, von denen jedoch nur eines mit imposanten Gewölberippen realisiert wurde. Die Kapelle diente lange Zeit als Beinhaus, heute wird sie zuweilen für temporäre Ausstellungen genutzt.

**Fronleichnamskapelle**, April–Okt. tägl. 9–18 Uhr, Nov./Dez. 10–17 Uhr, Sa/So 10–18 Uhr, Jan./Feb. 10–16 Uhr, März 10–17 Uhr. 0,80 €, erm. die Hälfte. **Galerie der Mittelböhmischen Region**, tägl. (außer Mo) 10–18 Uhr. Eintritt für das gesamte Objekt 7,30 €, erm. die Hälfte. www.gask.cz.

**Chrám sv. Barbory (St.-Barbara-Kathedrale):** In der zweiten Hälfte des 14. Jh., als Geld in Kuttenberg keine Rolle spielte, wollte sich die aufstrebende Stadt neben der Jakobskirche noch eine weitere Prestigekirche leisten, die doppelt so groß wie der Prager Sankt-Veits-Dom werden sollte. Als Architekten beauftragte man den aus Schwäbisch Gmünd stammenden Peter Parler. 1388 wurden die Arbeiten am Chor begonnen, erst viel, viel später folgte die Schlusssteinsetzung am gegenüberliegenden Portal. Kriege und spätere Geldprobleme hatten zu einer mehrmaligen Revision der Baupläne geführt, aber auch dazu, dass der Dom heute die Handschrift verschiedener großer Baumeister trägt. Das Netzgewölbe im Chor ist z. B. ein Werk Matthias Rejseks, der ab 1506 an der Kathedrale arbeitete, das Schleifensterngewölbe im Hauptschiff (1512–1547) hingegen stammt von Benedikt Ried. Geweiht wurde der Dom der Heiligen Barbara, der Schutzpatronin der Bergleute. Der rechte Flügel des neugotischen Hauptaltars zeigt ein Bildnis von ihr (mit einem Buch in der Hand vor einem Turm stehend). Beachtenswert sind zudem die bemalten Fenster und Fresken der Kapellen im Chor, die Statue eines Bergknappen in der Tracht um 1700 und die gotische Kanzel – halb Holz, halb Stein –, die sich an einer der tragenden Säulen emporrankt.

April–Okt. tägl. 9–18 Uhr, Nov./Dez. 10–17 Uhr, Sa/So 10–18 Uhr, Jan./Feb. 10–16 Uhr, März 10–17 Uhr. 2,20 €, erm. 1,50 €.

**Kamenná kašna (Steinerner Brunnen):** Der Brunnen am Rejskovo náměstí ist ein überaus ungewöhnliches Bauwerk, das eher wie eine kleine gotische Kapelle mit eingestürztem Dach aussieht. Gebaut wurde er Ende des 15. Jh. Das Brunnenbecken versteckt sich hinter der prismenförmigen, mit Maßwerken und Filialen reich verzierten Außenwand und ist deshalb nicht einsehbar, der Zugang ist i. d. R. verschlossen.

**Kostel sv. Jan Nepomucký (Nepomukkirche):** An der Husova, wenige Meter unterhalb des Steinernen Brunnens, steht die spätbarocke Nepomukkirche mit Rokoko- und Klassizismus-Elementen. Mit ihrem Bau wurde am 16. Mai 1734, dem Namenstag Nepomuks, begonnen. Im hellen Innern lächeln Putten an jeder Ecke. Die Fresken im Gewölbe, die die Legende des Hl. Nepomuk erzählen, stammen größtenteils vom schlesischen Maler Franz Xaver Palko, der auch an der Ausschmückung der Nikolauskirche auf der Prager Kleinseite beteiligt war. Die Kirche wird heute u. a. für Konzertveranstaltungen und Ausstellungen genutzt – während sozialistischer Zeit diente sie als Feuerwehr- und Mülldepot.

Eingang um die Ecke über die Lierova-Straße. April–Okt. tägl. 10.30–16.30 Uhr. 1,50 €, erm. die Hälfte.

**Kamenný dům (Steinernes Haus)**: Das Steinerne Haus ist das schönste gotische Patrizierhaus der Stadt. Es entstand zwischen 1485 und 1495. Beachtenswert ist der reiche Skulpturenschmuck, insbesondere unter dem Giebel, wo Adam und Eva unter dem Baum der Erkenntnis stehen. Im sehenswerten Inneren wird die Dauerausstellung *Die königliche Bergstadt – bürgerliches Leben und Kultur vom 17. bis zum 19. Jh.* präsentiert. Im zweiten Stock wird u. a. Kuttenbergs berühmtester Sohn geehrt: der Dramatiker Josef Kajetán Tyl (1808–1856), dessen von Frantisek Skroup vertontes Bühnenlied *Kde domov muj?* („Wo ist meine Heimat?“) seit 1920 tschechische Nationalhymne ist. Im Untergeschoss befindet sich das *Lapidarium* mit originalen Dekorfragmenten des Steinernen Hauses, der St.-Barbara-Kirche und des Steinernen Brunnens, die später durch Kopien ersetzt wurden.

**Adresse/Öffnungszeiten**: Václavské nám./ Ecke Česká. April u. Okt. tägl. (außer Mo) 9–17 Uhr, Mai/Juni u. Sept. tägl. (außer Mo) 9–18 Uhr, Juli/Aug. tägl. (außer Mo) 10–18 Uhr, Nov. tägl. (außer Mo) 10–16 Uhr. Eintritt Ausstellung „Die königliche Bergstadt“ 2 €, erm. 1,10 €, Lapidarium 1,50 €, erm. die Hälfte, beides zusammen 3 €, erm. die Hälfte. www.cms-kh.cz.

**Morový sloup P. Marie a Klášter Voršilek (Mariensäule und Ursulinerinnenkloster)**: Spaziert man vom Steinernen Haus geradewegs bergab, gelangt man zum Ursulinerinnenkloster an der Jiřího z Poděbrad. Dabei passiert man den Václavské náměstí, früher der Töpfermarkt. Hier lohnt ein Blick nach rechts in die Šultysova, wo eine Mariensäule an die verheerende Pest von 1713 erinnert. 6000 Kuttenberger fielen ihr zum Opfer. Ein Jahr vor dem Pestausbruch hatte sich der Ursulinerinnenorden in Kuttenberg niedergelassen. Mit dem Bau des Klosters wurde 1735 nach Plänen von Kilian Ignaz Dientzenhofer begonnen, wegen Geldmangels blieb

Gotische Bildhauerkunst am Steinernen Haus

Mittelböhmen → Karte S.131

das Projekt aber unvollendet. Die angrenzende neubarocke Kirche (meist verschlossen) kam erst Ende des 19. Jh. hinzu. Im Gebäude befindet sich heute eine Klosterschule.

**Chrám Matky Boží na Náměti (Muttergotteskirche):** Die Muttergotteskirche vom Ende des 14. Jh. steht ganz im Osten der Altstadt an der Straße Na Náměti. Im Inneren befindet sich das Grab des Barockmalers Peter Brandl (gest. 1735), der mit seinem Werk in unzähligen Kirchen, Klöstern und Museen des Landes vertreten ist.
Geöffnet lediglich Juli/Aug. jeweils Sa/So 10–17 Uhr.

## Sehenswertes in Sedlec

Die Mariä-Himmelfahrts-Kirche und das Tabakmuseum liegen an der Durchgangsstraße des 3 km östlich gelegenen Vorortes. Die Beinkirche findet man, indem man von der Kathedrale der Zámecká folgt.

**Cisterciácký klášter/Muzeum Tabáku (Zisterzienserkloster/Tabakmuseum):** 1142 gründeten Mönche aus dem bayerischen Waldsassen das Zisterzienserkloster in Sedlec, das erste auf böhmischem Boden. Als etwas mehr als 100 Jahre später Silber auf den Ländereien des Klosters entdeckt wurde, besaß es die nötigen Mittel, seine kleine Basilika durch eine prächtige Klosterkirche, die Mariä-Himmelfahrts-Kirche (s. u.), zu ersetzen. 1785 wurde das Kloster infolge der josephinischen Reformen säkularisiert und 1812 in eine Tabakfabrik umgewandelt, heute – durch neue Produktionsanlagen erweitert – im Besitz von *Philip Morris ČR a.s.* Der Fabrik ist ein kleines modernes Tabakmuseum angeschlossen.
**Museum**, April–Okt. tägl. (außer Mo) 10–16 Uhr. Eintritt frei.

**Chrám Panny Marie (Mariä-Himmelfahrts-Kirche):** Die fünfschiffige gotische Welterbekirche wurde zwischen 1290 und 1330 im Grundriss eines lateinischen Kreuzes erbaut. Pracht besitzt sie nur ansatzweise, da die Zisterzienser Schlichtheit forderten, deswegen fehlen z. B. auch Türme. Den beachtenswerten Umbau im Stil der

Mariensäule an der Šultysova

Barockgotik führte Anfang des 18. Jh. Giovanni Santini (→ S. 491) durch. Das Innere zieren u. a. Plastiken des Prager Meisters Matthäus Wenzel Jäckel und Gemälde von Peter Brandl.

April–Okt. Mo–Sa 9–17 Uhr, So 11–17 Uhr. 1,90 €, erm. 1,10 €, in Kombination mit dem Beinhaus 2,90 €, erm. 1,80 €. www.sedlec.info.

**Kostnice (Beinhaus)**: Ca. 400 m nördlich der Mariä-Himmelfahrts-Kirche liegt Kutná Horas heimliche Hauptattraktion, die ziemlich schief stehende Knochenkapelle von Sedlec. Die ursprünglich gotische Kapelle aus dem 14. Jh., zwischen 1703 und 1710 ebenfalls von Giovanni Santini umgebaut, steht inmitten eines Friedhofs. Da hier ein Abt 1278 eine Hand voll Erde vom Jerusalemer Kalvarienberg ausstreute, galt der Ort als überaus heilig und wurde bevorzugte Begräbnisstätte – selbst Adelige aus Bayern und Belgien erhofften sich hier einen Bonus im Jenseits. Anfang des 16. Jh. mussten die Mönche ihren Klosterfriedhof verkleinern, weil sie Platz für Ackerland benötigten. Sie legten Knochen von rund 40.000 Menschen frei – darunter auch viele Opfer der Pestepidemie von 1318 und der Hussitenkriege im 15. Jh. – und lagerten sie in der Kirche. 1870 machte sich František Rint, ein unbekannter „Künstler", daran, die Knochen so zu drapieren, wie sie heute noch zu sehen sind: da ein Kronleuchter aus Oberschenkelknochen und Rippen, dort Schädelketten, Schulterblätter als Teile eines Wappens, eine makabre Knochenmonstranz ... Viele Besucher vergessen leider, dass die Knochenkapelle keine Geisterbahn, sondern immer noch ein Ort der Andacht ist.

April–Sept. tägl. 8–18 Uhr, So 9–18 Uhr, März u. Okt. 9–17 Uhr, Nov.–Feb. 9–16 Uhr. 3,30 €, erm. 2,20 €, in Kombination mit der Mariä-Himmelfahrts-Kirche 2,90 €, erm. 1,80 €. www.sedlec.info.

Bizarr: Beinhaus in Sedlec

## Umgebung von Kutná Hora

**Zámek Kačina (Schloss Katschina)**: Das 8 km nordöstlich von Kutná Hora gelegene, von einem weiten Park umgebene Schloss gehört zu den stilreinsten Empirebauten Böhmens: Der säulenreiche Palast, der an einen griechischen Tempel erinnert, besitzt den ausgefallenen Grundriss einer halben Ellipse. Errichtet wurde das Schloss zwischen 1806 und 1824 für den Grafen Jan Rudolf Chotek, dessen Familie es bis 1911 bewohnte. Bereits die Kommunisten richteten darin eine *Dauerausstellung zur Geschichte der Landwirtschaft, über Handwerk und Handel auf dem Land sowie zur Lebensmittelindustrie* ein, die bis heute zu besichtigen ist. Besser entscheidet man sich für eine der anderen Trassen, die vom Leben der gräflichen

Familie Chotek erzählen: Bei der einen durchläuft man 14 *historische Wohnräume*, bei der anderen sieht man die ehemalige *Schlossbibliothek*, eine *Apotheke aus dem 19. Jh.*, das *Schlosstheater* und die *Orangerie*.

**Verbindungen** Vom Busbahnhof in Kutná Hora fahren nahezu stündl. **Busse** Richtung Schloss.

**Öffnungszeiten** Schloss, Mai–Okt. tägl. (außer Mo) 9–17 Uhr, April nur Sa/So. Pro Ausstellung/Trasse 3,70 €, erm. 2,60 €. www.kacina.cz.

**Kostel sv. Jakuba (St.-Jakobs-Kirche) in Církvice (Zirkwitz)**: Knapp 5 km östlich von Kutná Hora (Richtung Čáslav) befindet sich das Dorf Církvice, dessen Besuch sich v. a. für Kirchenfans lohnt – die St.-Jakobs-Kirche im nördlichen Ortsteil Jakub ist ein einzigartiger romanischer Bau aus dem 12. Jh. Die Größenverhältnisse der kleinen Kirche muten seltsam an: Ein gedrungen wirkendes Schiff lehnt sich an einen scheinbar überdimensionierten Turm. Von besonderem Wert sind die romanischen Plastiken an der Südseite der Kirche, die es in diesem Umfang so nirgends sonst im Land gibt.

Die Kirche ist in erster Linie ein Ziel für Selbstfahrer. Von Kutná Hora auf der Straße 38 kommend, biegt man in Církvice die erste Straße nach der Tankstelle am Ortseingang links ab, nach 800 m nochmals links. Nach weiteren 700 m findet man die Kirche linker Hand.

**Zámek Žleby (Schloss Schleb)**: Das Märchenschloss liegt rund 6 km südöstlich von Čáslav. Ständig wechselnde Besitzer und unzählige Umbauten machten aus der ursprünglich gotischen Burg im 16. Jh. zunächst einen Renaissancepalast, der im frühen 18. Jh. spätbarock umgestaltet wurde. Das heutige romantische, vieltürmige Antlitz des Schlosses geht schließlich auf die Adelsfamilie Auersperk zurück, die es im 19. Jh. neogotisch umbaute. Die Auersperk besaßen das Schloss bis zu seiner Verstaatlichung im Jahr 1945. Drei Führungen werden angeboten. Dabei geht es u. a. durch diverse Repräsentationssäle (besonders eindrucksvoll der reich ausgeschmückte *Rittersaal*), die *Schlosskapelle* mit wertvollen Stuckverzierungen, die *Bi-*

Empire pur: Schloss Kačina

*bliothek* und die ehemalige *Küche.* Weitere Touren führen u. a. durch den *Westflügel* mit den Privatgemächern, hinab in die mittelalterlichen Kellergewölbe, hinauf auf den Großen Turm und durch das *Schlosstheater.* In einem Teil des weitläufigen Schlossparks wurde ein *Musterwildpark* (Obora Žleby) angelegt. Dort tummeln sich neben Falken, Mufflons, wilden Truthähnen und Wildschweinen auch seltene weiße Hirsche.

Etwa 6 km östlich von Žleby liegt, am Fuße des Gebirgszuges Železné hory, das Dorf *Žlebské Chvalovice* – ein nicht weiter erwähnenswertes Kaff, gäbe es dort nicht eine gleichnamige Minibrauerei, die hervorragendes Bier in kleinen Chargen braut. Angeschlossen ist eine kleine Brauereikneipe (Hausnr. 88). Das unfiltrierte Bier gibt es auch zum Mitnehmen. Noch ein Geheimtipp!

**Verbindungen** **Busse** und **Züge** regelmäßig von Čáslav nach Žleby.

**Öffnungszeiten** **Schloss**, April u. Okt. nur Sa/So 9–16 Uhr, Mai/Juni u. Sept. tägl. (außer Mo) 9–16 Uhr, Juli/Aug. tägl. (außer Mo) 9–17 Uhr. Eintritt je nach Trasse (mit dt. Text) 6,90–9,45 €, erm. 4,70–6,90 €. www.zamek-zleby.cz.

**Brauerei**: Ausschank und Verkauf nur Fr–So 9–18 Uhr. www.kutilovapalirna.cz.

Weiter Richtung **Ostböhmen?** Informationen zu **Pardubice** bekommen Sie auf S. 168, zu **Chrudim** auf S. 176.

## Hrad Český Šternberk

Burg Böhmisch Sternberg

Die riesige Burganlage erhebt sich 45 km südöstlich von Prag inmitten ausgedehnter Wälder hoch über dem Flusslauf der Sázava und dem gleichnamigen Städtchen.

Ihr Anblick ist überaus imposant. Aufgrund ihrer wuchtigen Bastionen und ihrer Lage auf einem Felsvorsprung galt sie lange Zeit als uneinnehmbar. Ihre Grundmauern stammen noch aus dem 13. Jh. Schon damals ging die Burg in den Besitz der Adelsfamilie Sternberg über, die sie bis heute (mit Ausnahme der Zeit zwischen 1949 und 1991) ihr Eigen nennt.

Die Sternberg, die übrigens zu den wenigen Adelsfamilien gehörten, denen in sozialistischer Zeit Wohnrecht auf ihrem einstigen Anwesen eingeräumt wurde, ließen die Burg im 17. und 18. Jh. durch eine Palastanlage erweitern. Heute zählt sie zu den am besten erhaltenen Festungen Tschechiens. Berühmtester Spross des Geschlechts war Kaspar von Sternberg (1761–1838), der Mitbegründer des Prager Nationalmuseums. Ihm erweist man durch eine kleine Ausstellung die Reverenz. Bei einer Führung durch das Innere der Burganlage, das vorrangig das barocke Zeitalter widerspiegelt, durchläuft man insgesamt 15 Räume, am spannendsten ist der Rittersaal mit seinen prächtigen Stuckreliefs und Ahnenwappen. Interessant ist zudem die Sammlung grafischer Blätter aus der Zeit des Dreißigjährigen Krieges, bestehend aus 545 Kupferstichen. Nach der Tour lädt das Burgrestaurant im Innenhof zu einer Pause ein.

**Verbindungen** **Busse** halten zentral im Ort. Bis zu 3-mal tägl. nach Benešov, 1-mal direkt nach Prag-Roztyly (Ⓜ C).

**Öffnungszeiten** **Burg**, April u. Okt. nur Sa/So 9–17 Uhr, Mai u. Sept. tägl. (außer Mo) 9–17 Uhr, Juni–Aug. tägl. (außer Mo) 9–18 Uhr. Fremdsprachige Führung (50 Min.) 7,10 €, erm. 4,90 €. www.hradceskysternberk.cz.

Mittelböhmen → Karte S. 131

Touristenmagnet Schloss Konopiště

# Südlich von Prag

## Zámek Konopiště

Schloss Konopischt

**Die Nähe zu Prag und die publikumsträchtige Vermarktung in der Hauptstadt sorgen dafür, dass das Schloss mit seinen kostbaren Sammlungen von amerikanischen und japanischen Reisegruppen nur so überrannt wird.**

Schloss Konopiště thront 40 km südöstlich von Prag erhaben auf einem bewaldeten Hügel. Bereits im 13. Jh. stand hier eine gotische Burg. Im frühen 17. Jh. wurde diese zu einem Renaissancepalast umgebaut. 1887 gelangte Konopiště in den Besitz des österreichischen Thronfolgers Erzherzog Franz Ferdinand d'Este, dessen Ermordung in Sarajewo 1914 den Ersten Weltkrieg ins Rollen brachte. Für das heutige, wieder eher gotische Aussehen der Schlossanlage zeichnete der Architekt Josef Mocker verantwortlich, der das Schloss im Auftrag Franz Ferdinands in einen ansehnlichen Familiensitz umgestalten sollte. Ruhe und Entspannung vom politischen Tagesgeschehen wollte Franz Ferdinand hier finden, zudem seiner großen Leidenschaft, der Jagd, nachgehen. Angeblich soll er auf alles geschossen haben, was kreuchte und fleuchte. Bis 1906 erlegte er allein über 171.000 Tiere – dies zumindest verkündet die Abschussliste im Schloss. Für Besucher stehen drei geführte Touren zur Auswahl: Tour 1 führt durch die prunkvollen Empfangssäle Franz Ferdinands mit einer großen Sammlung präparierter Tiere, Tour 2 durch Waffenkammer (die hiesige Sammlung mit 4682 Exponaten zählt zu den größten Europas), Bibliothek und Rauchsalon, Tour 3 durch die Privatgemächer der Familie. Zu sehen gibt es dort jede Menge Renaissancemöbel und Meißner Porzellan.

Kleine Extragebühren zahlt man für das Treibhaus, den Schießstand aus dem Jahr 1900 und das St.-Georgs-Museum (Muzum sv. Jiří): Der Erzherzog sammelte nämlich nicht nur Jagdtrophäen, sondern auch alles, was mit dem heiligen Drachentöter zusammenhing. Lohnenswert ist zudem ein Spaziergang durch den weitläufigen Schlosspark, wo sich mehrere Teiche und ein Rosengarten befinden. Im Bärengraben wohnt seit 2011 der Bär Jiří. Nahe dem Parkplatz gibt es außerdem ein **Motorradmuseum** (ausgeschildert), das ca. 80 Maschinen der Firma *JAWA* aus dem nahe gelegenen Týnec nad Sázavou ausstellt.

Vom Parkplatz zur Burg läuft man sieben bis zehn Minuten, man kann aber auch mit einer Pferdekutsche oder einem Bummelzug nach oben fahren. Die nächstgelegene Stadt **Benešov** hat Besuchern außer ein paar Unterkünften und der Brauerei *Ferdinand* nichts zu bieten.

**Verbindungen** **Züge** nahezu alle 30 Min. vom Prager Hauptbahnhof nach Benešov (und zurück), regelmäßig auch **Busse** vom Busbahnhof Roztyly (Ⓜ C) nach Benešov. Bus- und Zugbahnhof liegen in Benešov (2,5 km von der Burg entfernt) nahe beieinander, von dort mehrmals tägl. Busse zum Schloss.

**Öffnungszeiten** **Schloss**, April/Mai u. Sept. tägl. 10–12 u. 13–16 Uhr, Juni u. Aug. tägl. 10–12 und 13–17 Uhr, Okt./Nov. nur Sa/So 10–12 u. 13–15 Uhr, Dez.–März geschl. Je nach Tour (fremdsprachig) 5,50–17 €, erm. 3–11,60 €. www.zamek-konopiste.cz.

**Motorradmuseum**, tägl. 10–18 Uhr. 4 €, erm. die Hälfte. Ein weiteres Museum für Oldtimerfreaks (auch Autos) befindet sich übrigens im 10 km entfernten Netvořice. www.eltsen.cz/jawa.

**Übernachten** ****** Zámecký Hotel Konopiště**, ca. 9 Fahrkilometer (5 Fußkilometer) südwestlich des Schlosses beim Dorf Tvoršovice, von der 114 nach Neveklov ausgeschildert. Kleines Landschloss auf dem Golfareal Konopiště (zwei 18-Loch-Plätze, Greenfee 32–72 €) mit 22 klassischen Hotelzimmern und 3 Apartments. DZ ab 83 €. Tvoršovice 27, PLZ 25601, ✆ 317784044, www.gcko.cz.

**Hotel Nová Myslivna**, neben dem Parkplatz unter dem Schloss. Altes Haus aus sozialistischer Zeit. Zimmer keineswegs stilvoll, aber für eine Nacht okay. Teils ohne eigenes Badezimmer. Restaurant mit netter Terrasse. DZ mit Bad 26 €. Konopiště, PLZ 25601, ✆ 317 722496, www.e-stranka.cz/novamyslivna.

**Essen & Trinken** Das rustikale **Restaurace Stará Myslivna** ist in einem alten, aber aufwendig restaurierten Forsthaus untergebracht, dementsprechend viele Hirschgeweihe an der Wand. Wildspezialitäten, Hg. 9–20 €. Auf dem Fußweg vom Parkplatz zur Burg ausgeschildert, ✆ 317700280.

Mittelböhmen → Karte S. 131

## Umgebung von Zámek Konopiště

**Zámek Jemniště (Schloss Jemnischt)**: 12 km südöstlich von Konopiště liegt das elegant-verträumte, von Feldern umgebene Landschloss Jemniště. Erbaut wurde es 1725 für den Grafen Adam Trautmannsdorff im Übergangsstil vom Barock zum Rokoko. 1868 kaufte es Graf Zdeněk von Šternberg, der Ur-Ur-Großvater des jetzigen Besitzers Jiří Šternberg, der heute wieder einen Teil des Schlosses bewohnt. Erst 1995 bekam die Adelsfamilie das Schloss zurück, nachdem es 1943 von den Nazis konfisziert und nach dem Zweiten Weltkrieg verstaatlicht wurde. Was Jemniště zu einem Ziel für Verliebte macht, ist die Tatsache, dass man auf dem Landsitz romantisch übernachten und sogar heiraten kann. Kunsthistorisch bedeutsam ist eigentlich nur die Schlosskapelle, an deren Ausschmückung die berühmtesten Barockkünstler jener Zeit mitwirkten: Das Gewölbefresko der Sakristei stammt von Wenzel Lorenz Reiner, die Kalvariengruppe auf dem Hochaltar aus der Werkstatt Matthias Bernhard Brauns. Vor und nach der Besichtigung laden das nette Schlosscafé auf einen Cappuccino und das etwas gediegene Schlossrestaurant zu böhmisch-internationaler Küche ein. Schloss Jemniště ist nur ein Ziel für Motorisierte.

**Öffnungszeiten** **Schloss**, April/Mai u. Okt. nur Sa/So 10–16.30 Uhr, Juni u. Sept. tägl. 10–17.30 Uhr, Juli/Aug. tägl. 10–18.30 Uhr. Führungen (45 Min.) 5,40 €, erm. 4,30 €. www.jemniste.cz.

**Übernachten** **Schloss Jemniště**, es werden 3 herrliche Apartments für bis zu 3 Pers. im Nebengebäude des Schlosses vermietet. Das Frühstück wird auf Wunsch ans Bett serviert. 110 €/Apartment wochentags, ansonsten 145 €. Zámek 1, PLZ 25701, ✆ 317796212, www.jemniste.cz.

## Slapská Přehrada

Slapy-Stausee

Der rund 40 km südlich der Hauptstadt gelegene Stausee ist *das* Naherholungsziel gestresster Prager. Dementsprechend herrscht an Sommerwochenenden reger Verkehr auf der Straße 102, die Prag mit dem See verbindet. Die Straße verläuft parallel zur Moldau. Nach dem Zusammenfluss der Moldau mit der Sázava bei Davle ist die Strecke überaus reizvoll. Der 1400 ha große und immerhin 44 km lange Stausee wirkt eher wie ein breiter, verästelter Flusslauf. Aufgestaut wurde er zwischen 1949 und 1954. Die Staumauer befindet sich 5 km östlich von Slapy, dem namengebenden Ort, der selbst nicht am See liegt. Auch wenn der See zur Energiegewinnung geschaffen wurde, größere Bedeutung besitzt er heute als Wassersportparadies vor den Toren Prags. Man kann angeln, surfen, segeln oder sich faul auf einer Liegewiese ausstrecken – Bademöglichkeiten bestehen z. B. bei Nová Rabyně am östlichen Ufer. Die meisten Urlauber wohnen in ihren eigenen Datschen oder Hausbooten. Mit Unterkünften sieht es deswegen, abgesehen von den rund zehn Campingplätzen am See, mager aus.

Segelrevier Slapy-Stausee

**Verbindungen** Regelmäßig **Busse** von Prag-Smíchov nach Slapy und Nová Rabyně. Im Sommer Sa/So und feiertags **Ausflugsschiffe** ab Prag.

**Camping** So Idyllisch der See, so unidyllisch die meisten Campings, die selbst 25 Jahre nach der Revolution ihren sozialistischen Touch noch nicht abgelegt haben. Anstelle von hölzernen Chatas oft steinerne kasernenartige Baracken, dazu viel junges Partyvolk aus Prag, das zum Feiern kommt. Eine Adresse:

**Autocamp Nová Rabyně**, weitläufiger, netter Wiesenplatz direkt am See. Einfache Sanitäranlagen. Der Strand kann gegen Gebühr (1,10 €) auch von Nichtgästen benutzt werden. Juni–Sept. 2 Pers. mit Zelt u. Auto 7,60 €. Nová Rabyně, PLZ 25208, ✆ 602327527 (mobil), www.novarabyne.cz.

## Zámek Vrchotovy Janovice

Schloss Janowitz

Das nette, große Dorf Vrchotovy Janovice liegt ca. 65 km südlich von Prag und prahlt mit einem pfirsichfarbenen Märchenschloss. Die Industriellenfamilie Nádherný von Borutín verpasste dem ursprünglichen Renaissanceschloss um 1856 sein neugotisch-romantisches Aussehen. Erst ein paar Jahre zuvor hatten sich die Nádherný Adelstitel und Schloss geleistet. Baronin Sidonie war die letzte Nádherný auf Schloss Janowitz – die Nazis vertrieben sie und richteten im Schloss eine Panzerreparaturwerkstatt ein. Die junge, kunstsinnige Baronin hatte sich hier gerne mit Intellektuellen umgeben, zu ihren Gästen gehörten u. a. Adolf Loos, Karel Čapek, Rainer Maria Rilke und Karl Kraus. Für Karl Kraus (1874–1936) wurde Sidonie zur größten, wenn auch unglücklichsten Liebe seines Lebens. Viele Abschnitte des Lesedramas *Die letzten Tage der Menschheit* verfasste Karl Kraus im schönen

Schlosspark. Die Gedichte und Briefe, die Kraus zwischen 1913 und 1936 an Sidonie schrieb, wurden 2005 im Wallstein Verlag herausgegeben (1616 Seiten). Die Briefe, die Rilke an Sidonie schrieb, erschienen 2007 ebenfalls im Wallstein Verlag (576 Seiten). Die beiden Eifersüchtigen vermieden es, sich in Janovice zu begegnen. Die Wahl Sidonies fiel schließlich auf einen italienischen Grafen.

Heute gehört das Schloss dem Prager Nationalmuseum. In den teilweise noch mit dem Originalmobiliar ausgestatteten Räumen werden drei Ausstellungen gezeigt, die sich mit der *Gesellschaft in Böhmen im 19. Jh., Rilke und Kraus in Vrchotovy Janovice* sowie *Glockengießerei in Böhmen* beschäftigen.

**Verbindungen/Öffnungszeiten**: Bis zu 6-mal tägl. **Busse** nach Benešov. **Schloss**, Mai–Aug. Mi–So 9–12 u. 13–17 Uhr, Sept. nur Sa/So. Führung 1,80 €, erm. 1,10 €. www.nm.cz.



## Zámek Dobříš

Schloss Doberschisch

42 km südwestlich von Prag liegt in unmittelbarer Nähe zur Staatsstraße 4 das 8800-Einwohner-Städtchen Dobříš, das man getrost ignorieren könnte, gäbe es hier nicht ein sehenswertes Rokokoschloss. Der dunkelapricot-gelb gestrichene, dreiflügelige Bau am östlichen Ortsrand entstand zwischen 1745 und 1765 aus einem Renaissanceschloss. Hier residierte die tschechische Adelsfamilie Colloredo-Mansfeld (→ Opočno, S. 221) bis zu ihrer Enteignung durch die Nazis im Jahr 1942, woraufhin sich der stellvertretende „Reichsprotektor" Kurt Dalueg darin niederließ. Als deutscher Besitz wurde das Schloss 1945 von den Tschechen beschlagnahmt, die hier ein Erholungsheim für Schriftsteller einrichteten. Erst 1998 gelangte Schloss Dobříš wieder in die Hände der Familie Colloredo-Mansfeld. Feinfühlig restauriert, ist es seitdem zu besichtigen, auch werden Bankette und Hochzeitsfeiern veranstaltet. Zudem kann man im Schloss übernachten.

Bei der 60-minütigen Führung durchläuft man insgesamt elf Räumlichkeiten, darunter die Bibliothek mit 4000 Bänden. Highlight aber ist der 220 m$^2$ große, prunkvolle Spiegelsaal mit reicher Stuckverzierung und einem prächtigen Deckengemälde

Feines Rokokoschloss: Zámek Dobříš

aus dem Jahr 1746. Zum Lustwandeln lädt der angrenzende französische Barockgarten ein, aufgrund dessen Schloss Dobříš auch „böhmisches Versailles“ genannt wird. Den Garten bereichern ein wunderschöner Kaskadenbrunnen und Statuen von Ignaz Franz Platzer (1717–87), einem der bedeutendsten böhmischen Barockbildhauer. Seine eindrucksvollste Arbeit hier ist die Apollonstatue in der Orangerie.

Auf dem Schlossareal gibt es zudem das **Städtische Museum** (Městské muzeum) mit einer Ausstellung historischer Motorräder.

**Verbindungen** Regelmäßige **Busverbindungen** nach Příbram und Prag-Smíchov (Busbahnhof Na Knížeci). Der Bahnhof liegt weit außerhalb.

**Öffnungszeiten** **Schloss**, Okt.–Mai tägl. 8–16.30 Uhr, Juni–Sept. 8–17.30 Uhr. Fremdsprachige Schlossführung 6,90 €, verkürzte 30-minütige Führung 4,70 €, Museum 0,80 € extra, erm. die Hälfte. www.zamekdobris.cz.

**Übernachten** **** Schlosshotel Dobříš, 10 Zimmer und eine Honeymoon-Suite. Klassisch-moderne Einrichtung, richtige „Schlossatmosphäre“ kommt jedoch nicht auf. DZ ab 98 €. Zámek 1, PLZ 26301, ✆ 318586411, www.zamekdobris.cz.

**Essen & Trinken** Das Schlossrestaurant **Zámecká Restaurace** bietet böhmische Küche der mittleren Preisklasse. Gepflegt, aber etwas steril. Schöne Terrasse im Schlossinnenhof. ✆ 318520525.

## Příbram

Pibrans

Die Fahrt in die 33.500-Einwohner-Stadt lohnt nur für den, der Interesse an Bergbaumuseen (das hiesige zählt zu den größten Böhmens) oder an Marienheiligtümern (das hiesige ist das bedeutendste des Landes) mitbringt.

Das Marienheiligtum auf dem **Heiligen Berg** (Svatá Hora) ist vom Zentrum über eine 450 m lange, überdachte Korridortreppe (Svatohorské schody) zu erreichen, an deren Ausgestaltung 1728 u. a. Kilian Ignaz Dientzenhofer mitwirkte. In alten, frommeren Zeiten quälten sich die Wallfahrer auf Knien über die 323 Stufen hinauf. Die Wallfahrtskirche, ursprünglich eine kleine Kapelle, ließen die Jesuiten zwischen 1658 und 1675 nach Plänen von Carlo Lurago zu einem monumentalen Juwel des böhmischen Barock ausbauen. Die Basilika besitzt eine 7 m hohe, filigran ausgearbeitete Altarwand aus Příbramer Silber. In dieser steht eine rund 50 cm große Birnenholzstatue der Jungfrau Maria aus dem 14. Jh. Seit ihrer feierlichen Krönung 1723 werden ihre Kleider regelmäßig gewechselt. Drum herum führt ein sog. Ambitenrundgang, ein Arkadengang mit mehreren Kapellen. Viel Stuck und Deckengemälde zieren ihn.

Das **Bergbaumuseum** (Hornické muzeum) im Vorort Březové Hory besteht aus drei nicht zusammenhängenden Arealen. Start der Besichtigung ist für gewöhnlich der Ševčin-Schacht (Důl Ševčinský). Auf diesem Areal befinden sich auch Ausstellungen über Mineralogie, über die Geschichte des hiesigen Bergbaus (Ende des 19. Jh. wurden hier über 90 % der gesamten österreichisch-ungarischen Fördermenge an Blei und Silber abgebaut) und über Leben und Tod der Bergarbeiter (u. a. erinnert man an den Grubenbrand von 1892, bei dem 319 Menschen starben). Auf dem Areal des Anna-Schachts (Důl Anna) kann man mit der Grubenbahn 260 m in den Prokop-Stollen hineinfahren. Im Förderturm des Adalbert-Schachtes (Důl Vojtěch) steht eine Dampfmaschine aus dem Jahr 1873, zudem erinnert auf dem Areal eine Ausstellung an das Jahr 1875, als man erstmals 1000 m tief in die Erde einfuhr.

Als königliches Bergbaustädtchen erlebte Příbram zwischen dem 16. und 19. Jh. seine größte Blüte, 1991 wurde das letzte Bergwerk geschlossen. 1948 begann man mit der gefährlichen Uranerzförderung, die vorrangig von politischen Häftlingen verrichtet werden musste. Über dieses dunkle Kapitel der Stadtgeschichte und über den antikommunistischen Widerstand im Allgemeinen informiert das kleine **Museum des dritten Widerstandes** (Muzeum III. Odboje) im ersten Stock des Schlösschens **Zámeček-Ernestinum** an der Tyršova. Eine Etage höher widmet man sich dem in Příbram geborenen Fotografen **František Drtikol** (1883–1961), zu sehen sind u. a. Porträts und Akte.

Orientierung: Vom Hauptplatz *Náměstí T. G. Masaryka* ist das *Schlösschen Zámeček-Ernestinum,* in dem sich das *Infocentrum* und das *Museum des dritten Widerstandes* befinden, ausgeschildert. Die Fußgängerzone Pražská beginnt am Hauptplatz links des Hotels Modrý Hrozen, von ihr ist die *Korridortreppe* (s. u.) hinauf zur Wallfahrtskirche ausgeschildert (mit dem Auto fährt man einen kleinen Bogen hinauf). Das *Bergbaumuseum* liegt ganz im Westen der Stadt. Es ist von der Straße 18 Richtung Rožmital ausgeschildert und mit den Stadtbussen Nr. 3 und 10 ab dem Hauptplatz zu erreichen.

**Information** Infocentrum, im Zámeček-Ernestinum an der Tyršova 106, ✆ 318402381, www.pribram-city.cz. Tägl. 9–17 Uhr.

**Öffnungszeiten** Heiliger Berg, Mo–Sa 5.45–18 Uhr, So 5.45–16.45 Uhr. Wer Glück hat, kann sich von 9–16 Uhr einer deutschsprachigen Führung anschließen (3,60 €). www.svata-hora.cz. Bergbaumuseum, April–Okt. tägl. (außer Mo) 9–17 Uhr, sonst Di–Fr 9–16 Uhr. Es werden verschiedene Führungen durch die Minen angeboten, je nach Führung 1,50–7,30 €, erm. die Hälfte. www.muzeum-pribram.cz. Ausstellungen im Zámeček-Ernestinum, tägl. (außer Mo) 10–16 Uhr. 0,70–1,10 €. www.galerie-drtikol.com.

**Verbindungen** Busbahnhof und Bahnhof nebeneinander (rund 10 Fußmin. westlich des Zentrums). Gute Zugverbindungen nach Březnice, bis zu 5-mal tägl. nach Písek. Busse regelmäßig nach Dobříš und Prag, bis zu 9-mal tägl. nach Březnice, 2-mal direkt nach Pilsen.

**Essen & Trinken** Šatlava, stilvolles Restaurant in einem Gewölbekeller. Kleiner Außenbereich. Böhmisch-internationale Küche, Hg. 6–12 €. Vom Hauptplatz kommend, die Fußgängerzone bei der ersten Möglichkeit nach rechts verlassen, kurz darauf rechter Hand. Potoční 139, ✆ 326531970.

## Březnice

Brschesnitz

Das Zentrum des 3600-Einwohner-Städtchens Březnice 20 km südlich von Příbram muss man nicht gesehen haben. Einen Stopp lohnt allerdings das **Schloss Brschesnitz** (Zámek Březnice) am Stadtrand (an der Straße nach Dobrá Voda). Sein Renaissanceaussehen erhielt es in den Jahren 1548–51. Die Besitzer wechselten mehrmals, die letzte Adelsfamilie, die es ihr Eigen nannte, waren die Pálffy (bis 1945). Mit ihnen und den vorherigen Schlossherren kann man sich bei einer Führung durch die bestens restaurierten Räumlichkeiten vertraut machen. Zwei Touren werden angeboten. Tour 1 führt u. a. durch den Renaissancespeisesaal und durch verschiedene Barock-, Rokoko- und Empiresäle. Kuriose Details sind die exotischen Trophäen des Afrikaliebhabers Jan Pálffy und die zwei Spucknäpfe in Form türkischer Turbane – Schlossherr Přibík Jeníšek von Újezd, der als Soldat der kaiserlichen Armee 1726 in türkische Gefangenschaft geriet, ließ sie anfertigen. Bei Tour 2 sieht man neben der Rüstkammer mit Waffen aus dem 16.–18. Jh. eine wunderschöne Renaissancebibliothek aus dem Jahr 1558, die zu den ältesten Böhmens zählt. Wer mag, kann vor dem Getränk im netten Schlosscafé noch einen Blick in

Mittelböhmen → Karte S. 131

die frühbarocke Schlosskapelle aus den Jahren 1625–32 werfen, für die Carlo Lurago verantwortlich zeichnete. Durch den weitläufigen Schlosspark werden im Sommer Kutschfahrten angeboten.

**Verbindungen** **Züge** bis zu 6-mal tägl. nach Strakonice. Bahnhof östlich des Zentrums (nahe der Straße nach Dobrá Voda, 5 Fußmin. vom Schloss entfernt). Bis zu 9-mal tägl. **Busse** nach Příbram. Busbahnhof an der Straße nach Rožmitál, 500 m vom Zentrum entfernt.

**Öffnungszeiten** **Schloss**, April/Mai und Sept./Okt. tägl. (außer Mo) 9–16 Uhr, Juni–Aug. tägl. (außer Mo) 9–17 Uhr. Fremdsprachige Führungen 5,10–6,60 €, erm. 4–5,10 €. Schlosskapelle 1,80 € extra, erm. 1,10 €. www.zamek-breznice.cz.

Nach **Südböhmen?** Auf dem Weg nach Süden können Sie Abstecher zu den Schlössern von **Lnáře** und **Blatná** (ab S. 437) unternehmen.

# Westlich von Prag

## Hrad Karlštejn

Burg Karlstein

**Burg Karlstein, das ist Disneyland in Böhmen: Menschenmassen, Wachsfiguren, saftige Preise und viele enttäuschte Besucher.**

Kaiser Karl IV. ließ die ca. 28 km südwestlich von Prag im Böhmischen Karst (→ Beroun) gelegene Burg Karlštejn im 14. Jh. zur Aufbewahrung seiner Kronjuwelen und Reliquiensammlung errichten. Heute zählt sie zu den berühmtesten Baudenkmälern Tschechiens. Wenn man sie aus der Ferne sieht, mächtig auf einem Kalksteinfelsen thronend, wirkt sie äußerst imposant. Aus der Nähe jedoch sieht der Sachverhalt anders aus: Zum einen geht es auf und rund um das Burggelände zu, als würde man eine Plastikburg in Eurodisney besuchen, zum anderen lassen die Ende des 19. Jh. ohne Feingefühl vorgenommenen Restaurierungsarbeiten den ursprünglichen Burgcharakter nur noch erahnen. Mittlerweile ist man dabei, die alten Restaurierungsarbeiten wieder wegzurestaurieren.

Eine Führung durch die Burg ist im Ganzen ebenfalls eine Enttäuschung, da die größte Attraktion, die Heilig-Kreuz-Kapelle, nur nach vorheriger Reservierung zugänglich ist. In ihr wurden einst die Kronjuwelen aufbewahrt, hinter meterdicken Mauern, deren Wände mit 2200 Halbedelsteinen und Tafelbildern des Meisters Theodoricus verziert sind. So spaziert man durch ein paar kärglich möblierte Räume, lediglich der holzvertäfelte Audienzsaal beeindruckt ein wenig.

Durch das gleichnamige Dorf unterhalb der Burg am Flüsschen Berounka laufen etwa eine Million Touristen jährlich. Kaum ein Haus, das nicht an ihnen zu verdienen versucht. Neben unzähligen Restaurants gibt es im Dorf auch ein nettes Krippenmuseum (Muzeum Betlémů) und ein Wachsfigurenkabinett. Letzteres ist ein wenig spannender Ableger aus Prag und präsentiert 40 Wachsfiguren aus verschiedenen Epochen.

**Verbindungen** **Züge** regelmäßig vom und zum Prager Hauptbahnhof. Vom Bahnhof in Karlštejn sind es noch ca. 35 Min. zu Fuß bis zur Burg, der Beschilderung „Hrad" folgen.

**Öffnungszeiten** **Burg**, Jan./Feb. u. Nov./Dez. tägl. (außer Mo) 10–15 Uhr, März tägl. (außer Mo) 9.30–16 Uhr, April 9.30–17 Uhr, Mai u. Sept. 9.30–17.30 Uhr, Juni 9–17.30 Uhr, Juli/Aug. 9–18.30 Uhr. Unter ✆ 274008154

Burg Karlstein

Mittelböhmen → Karte S. 131

(oder per E-Mail über rezervace@stc.npu.cz) kann man für die Monate Juni–Okt. eine ausgedehntere Führung inkl. Heilig-Kreuz-Kapelle buchen (mindestens einen Monat vorher!). Normale fremdsprachige Führung (stündl., Dauer ca. 50 Min.) 9,80 €, erm. 6,50 €, Führung mit Heilig-Kreuz-Kapelle 11 €, erm. 7,20 €. www.hradkarlstejn.cz.

**Parken** Großer gebührenpflichtiger Parkplatz nahe dem Dorf Karlštejn (Auto 2,90 €, Wohnmobil satte 11 €!). Von dort sind es noch ca. 15 Min. zu Fuß steil bergauf auf einer Straße, die für Autos gesperrt ist. Am Parkplatz warten auch **Sammeltaxis**, die 5 €/Pers. verlangen. Zudem kann man mit **Pferdekutschen** nach oben fahren (6 €/Pers.).

**Übernachten/Essen** Es gibt zahlreiche Unterkünfte in jeder Preisklasse.

**Romantic Hotel Mlýn**, eine schöne Übernachtungsmöglichkeit. Die alte Wassermüh-le (ausgeschildert) bietet 21 klassische Hotelzimmer mit einer netten Prise Individualismus, komfortabel ausgestattet. Restaurant mit schönem Außenbereich. Sichere Parkplätze, Fitnessraum, Sauna. EZ 76 €, DZ ab 82 €. Karlštejn 329, PLZ 26718, ✆ 311744411, www.hotelmlynkarlstejn.cz.

**Camping Karlštejn**, idyllisch zwischen Straße (nach Beroun) und Fluss gelegen – der Verkehr auf der 116 hält sich in Grenzen. Hohe Bäume, sehr gepflegt. April–Sept. Nur Kiosk, aber Restaurants in Laufnähe. Chata für 2 Pers. 9,50 €, 2 Pers. mit Auto u. Zelt 8 €. Karlštejn, PLZ 26718, ✆ 311681263, www.karlstejn-kemp.cz.

**Außerhalb** **Restaurace/Penzion Pod Dračí Skálou**, von Lesern gelobtes Ausflugslokal in einem engen grünen Tal nördlich (15 Fußmin.) der Burg. Nette Terrasse, plätschernder Bach davor. Hier entgeht man dem Trubel Karlštejns. Günstige Knödelküche, dicke Steaks und etwas Wild. Es werden auch schlichte Zimmer mit Bad (DZ 40 €) vermietet. Karlštejn 130 (mit dem Auto in einem weiten Bogen über Mořina zu erreichen), ✆ 311681177, PLZ 26718, www.poddraciskalou.eu.

# Beroun

Beraun

Beroun, ca. 25 km südwestlich von Prag gelegen, ist ein Industriestädtchen mit rund 19.000 Einwohnern am Flusslauf der Berounka. Die teilweise noch recht gut erhaltene Stadtmauer mit zwei Toren schirmt die kleine Altstadt von der Tristesse drum herum ab (Eisen- und Zementwerke sowie die dazugehörigen Arbeiterviertel). Eines der schönsten Gebäude am Marktplatz, dem Husovo náměstí, ist das sog. Jenštejn-Haus aus dem Jahr 1612, in dem heute das **Museum des Böhmischen Karstes** (Muzeum českého krasu) untergebracht ist. Die Geologie des höhlenreichen Karstgebietes südlich der Stadt, wo sich die Berounka ein zerklüftetes Tal gegraben hat, steht im Vordergrund. Zu sehen gibt es u. a. Versteinerungen von längst ausgestorbenen Meerestieren, die der französische Geologe und Paläontologe Joachim Barrande (1799–1883) in den Kalkstein- und Schieferschichten des Karstes fand. Die zweite „Attraktion" der Stadt liegt im südlichen Vorort Zavadilka: Hier kann man sich mit dem *Berounský medvěd,* dem *Berauner Bärenbräu,* stärken (→ Essen & Trinken). Die einfache, skurrile **Kleinstbrauerei** inmitten eines Schrottplatzes besteht seit 1998 und schenkt ihr Dunkles und Helles nur in der eigenen Gastwirtschaft aus.

**Verbindungen** Bahnhof in Laufnähe südlich des Zentrums. Sehr gute **Zugverbindungen** von und nach Prag.

**Öffnungszeiten** **Museum des Böhmischen Karstes**, Di–Sa 9–12 u. 12.45–17 Uhr, So 10–12 u. 12.45–17 Uhr. 2,20 €, erm. 1,10 €. www.muzeum-beroun.cz.

**Essen & Trinken** **Rodinny Pivovar Berounský medvěd**, rustikaler Saal mit schönen alten Bodenfliesen und schweren Bierbänken. Zum guten Bier gibt es variantenreiche böhmische Küche, mittags zu 3,20–5,50 €, abends etwas teurer. Terrasse. Tyršova 135 (der Straße nach Koněprusy bzw. zur Konieprus-Höhle folgen; 700 m nachdem man die Autobahn unterfahren hat, in einer Rechtskurve nach links abbiegen, dann ausgeschildert), ✆ 311625239.

## Umgebung von Beroun

**Koněpruské jeskyně (Konieprus-Höhle)**: Der Tropfsteinhöhlenkomplex 5 km südlich von Beroun ist dank bester Ausschilderung nicht zu verfehlen. Er liegt inmitten des bei Kanuten, Wanderern und Radfahrern beliebten, 129 km² großen Naturschutzgebiets Böhmischer Karst. Der Höhlenkomplex entstand vor 25 bis 30 Millionen Jahren. In ihm wurden bis zu 200.000 Jahre alte Tierknochen (u. a. die eines Nashorns!) und bis zu 70.000 Jahre alte Menschenknochen gefunden. Von den insgesamt drei Geschossen sind nur das mittlere und das obere auf einer 600 m langen Trasse begehbar. Der größte und dank seiner nahezu surrealen Tropfsteingebilde schönste Raum ist *Prošeks Dom,* benannt nach dem tschechischen Höhlenforscher Franz Prošek. Im Obergeschoss wurde eine Falschmünzerwerkstätte rekonstruiert; hier sollen zwischen 1469 und 1472 bis zu 10.000 Kupfermünzen versilbert worden sein.

**Verbindungen/Öffnungszeiten**: Im Sommer bis zu 4-mal tägl. Busse vom Berouner Busbahnhof. April–Juni u. Sept. tägl. 8–16 Uhr, Juli/Aug. 8–17 Uhr, Okt. 8.30–15 Uhr. 4,70 €, erm. 2,60 €. www.konepruske-jeskyne.cz.

## Hrad Křivoklát

Burg Pürglitz

Westlich von Beroun erstreckt sich das 630 km² große **UNESCO-Biosphärenreservat Křivoklátsko**. Es hat bislang den Status eines Naturschutzgebietes, soll nach Planungen des Umweltministeriums aber zum fünften Nationalpark der Republik erkoren werden. Es ist landschaftlich sehr reizvoll, insbesondere entlang der sich wild windenden und bei Kanuten beliebten Berounka. Die dichten Wälder sind von Rad- und Wanderwegen durchzogen. Am Nordrand des Křivoklátsko (rund 26 km

Hrad Křivoklát: Burg im Naturschutzgebiet



nordwestlich von Beroun) thront auf einem markanten Felsvorsprung Burg Pürglitz (Hrad Křivoklát), eine mächtige gotische Feste aus der Mitte des 13. Jh. Karl IV. (1316–1378) ging hier gerne auf die Jagd, und sein Sohn Wenzel IV. erlebte einen großen Teil seiner Kindheit auf Burg Pürglitz. Im 16. Jh. diente die Burg als Gefängnis. Einer der prominentesten Gefangenen war der englische Alchimist Edward Kelley, der in Diensten Rudolfs II. stand (aber offenbar auch nicht so genau wusste, wie man den Stein der Weisen findet). Nach einem großen Brand Mitte des 17. Jh. verfiel die Burg, bis sie im 19. und Anfang des 20. Jh. unter den Fürstenberg, den letzten adeligen Besitzern, im spätgotischen Stil restauriert wurde. Seit 1929 ist die Burg Staatseigentum. Ihr Inneres ist sehenswert. Die Besichtigungstouren beinhalten u. a. die Burgkapelle (1499–1516) mit einem außergewöhnlichen Netzgewölbe, einem herrlichen Flügelaltar und schönen Fenstermalereien, den Großen Saal mit spätgotischem Interieur sowie die Galerie und die Bibliothek der Fürstenberg.

**Verbindungen** Wer von Prag anreist, muss in Beroun umsteigen (bis zu 10-mal tägl. **Züge** von Beroun nach Křivoklát).

**Kanuverleih** Über **Asksport**, im nahen Roztoky. Kanu 9,50 €/Tag zzgl. Kosten für den Rücktransport der Kanus bei längeren Strecken. ✆ 605266162 (mobil), www.pujcovnaberounka.cz.

**Öffnungszeiten** **Burg Křivoklát**, Jan.–März Mo–Fr 10–15 Uhr. April u. Okt. tägl. (außer Mo) 9–16 Uhr, Mai/Juni u. Sept. tägl. (außer Mo) 9–17 Uhr, Juli/Aug. 9–18 Uhr, Nov./Dez. nur Sa/So 9–15 Uhr. Mit deutscher Führung je nach Tour ab 6 €, ohne Führung 3 €, erm. 30 % weniger. www.krivoklat.cz.

**Übernachten/Essen** **Hrad Krivoklat**, in der Burg kann man auf Jugendherbergsniveau in Mehrbettzimmern übernachten, aber auch schöner eingerichtete Apartments mieten. Die Räume sind frisch restauriert und sauber, aber schlicht. Dazu gibt es nächtliche Führungen durch die Burg. Bett im 3- bis 4-Bett-Zimmer 15 €, Apartments 35–62 €. PLZ 27023, ✆ 724331922 (mobil), www.krivoklat.cz.

**Penzion U Jelena**, freundliche kleine, aus mehreren Gebäuden bestehende Anlage.

Nur 6 gepflegte, komfortable Teppichbodenzimmer. Angeschlossen ein gutes Restaurant im Jägerstil mit vielen Wild-Gerichten (innen mit Kachelofen, außen schöne Sommerterrasse). DZ 36 €. Hradní 53 (unterhalb der Burg), PLZ 27023, ✆ 313558529, www.ujelena.eu.

**Camping** **Kempink Višnová II**, einer von mehreren Plätzen entlang der Berounka. In der gleichnamigen Siedlung (ca. 4 km südlich der Burg, nördliche Flussseite). Sehr schön am Fluss gelegen. Ältere Sanitäranlagen. Viele Wohnwagen (Camper mit Zelt bevorzugen den direkt daneben gelegenen Platz Višnová I). Imbiss, Restaurant in der Nähe. Mai–Okt. 2 Pers. mit Wohnmobil 4,40 €. Višnová, PLZ 27023, ✆ 312249416.

# Lány

Lana

Lány ist ein einfaches Dorf 12 km nördlich der Burg Křivoklát. Auf dem hiesigen Friedhof am nördlichen Ortsrand befindet sich das schlichte **Grab Tomáš Garrigue Masaryks**, des ersten tschechoslowakischen Staatspräsidenten (1918–1935). Masaryk starb 1937 auf Schloss Lány. Das Schloss dient bis heute als Sommersitz der tschechischen Präsidenten und kann nicht besichtigt werden; lediglich der angrenzende Schlosspark ist zugänglich. Wer mehr über Masaryk erfahren möchte, kann das gleichnamige **Museum** an der Durchgangstraße besuchen.

Verbindungen/Öffnungszeiten: Bis zu 6-mal tägl. **Busse** ab Prag-Hradčanská (Ⓜ A). **Masaryk-Museum**, Nov.–März tägl. (außer Mo) 9–16 Uhr, Mai–Okt. tägl. (außer Mo) 9–17 Uhr. 1,80 €, erm. 1,10 €, Zámecká 197. www.muzeumtgm.cz.

### TGM – vom Bauernsohn zum Staatspräsidenten

Tomáš Garrigue Masaryk wurde 1850 im mährischen Hodonín als Sohn eines einfachen slowakischen Bauern und einer deutschen Mutter geboren. Trotz seiner Herkunft schaffte er den Aufstieg zum Philosophieprofessor an der Prager Karlsuniversität, zum sozialdemokratischen Abgeordneten und schließlich zum ersten Staatspräsidenten des Landes. Als solcher war Masaryk, der als liberaler Humanist galt, maßgeblich am Aufbau eines der progressivsten demokratischen Staatengebilde Europas jener Zeit beteiligt (mit allgemeinem Wahlrecht und einem guten Sozialversicherungssystem). Das ganze Land trauerte, als er 1937 starb. Nach dem Staatsstreich 1948 versuchten die Kommunisten, den „Mythos Masaryk“ systematisch zu entzaubern, indem sie ihn als den führenden Repräsentanten einer bürgerlichen Epoche sozialer Ungleichheit verunglimpften. Als nationale Integrationsfigur wiederentdeckt wurde er erst zur Zeit des Prager Frühlings 1968 und dann in besonderer Weise während der Samtenen Revolution von 1989, als sein bebrilltes Gesicht mit dem Spitzbart allerorten zu sehen war. Heute gibt es wohl keine Stadt Tschechiens ohne eine Masaryk-Straße oder einen Masaryk-Platz.

# Lidice

Liditz

Der Name des ehemaligen Bergbaudorfes Lidice, rund 20 km nordwestlich von Prag nahe der Industriestadt Kladno gelegen, ging im Sommer 1942 um die Welt. In einem brutalen Racheakt – die SS hatte fälschlicherweise die tschechischen

Rädelsführer des Attentats auf Reinhard Heydrich mit dem Dorf in Verbindung gebracht – radierten die Nazis Lidice am 10. Juni 1942 von der Landkarte. 173 Männer wurden an Ort und Stelle erschossen, 184 Frauen in KZs verschleppt (49 davon kamen in Ravensbrück ums Leben). Anschließend brannte man die 102 Häuser des Dorfes bis auf die Grundmauern nieder. Von den 98 Kindern wurden ein paar „eingedeutscht", die meisten jedoch interniert und später mit Auspuffabgasen erstickt. Das Massaker löste weltweites Entsetzen aus. Unter dem Motto „Lidice soll leben" benannten sich Städte auf der ganzen Welt – u. a. in Brasilien, Mexiko, Venezuela und Südafrika – in Lidice um.

Dort, wo einst das Dorf lag, befinden sich heute ein kleines, aber erschütterndes **Museum** und eine parkähnliche Anlage mit einem Bronzedenkmal zur Erinnerung an die ermordeten Kinder sowie ein großer Rosengarten als Friedenssymbol. Die rund 30.000 Rosenstöcke entstammen internationalen Spenden. Der Garten wurde zwischen der Gedenkstätte und dem sterilen „neuen" Lidice angelegt, das 1947 für jene Frauen geschaffen wurde, die das KZ überlebt hatten. Dort gibt es auch eine interessante **Galerie** mit zahlreichen Werken internationaler Künstler, die sich mit dem Thema Lidice befasst haben. Joseph Beuys steuerte die Plastik *Für Lidice* bei, ein Stillleben mit einer Blechdose und einem menschlichen Knochen.

**Verbindungen/Anfahrt** Regelmäßig **Busse** von Prag-Dejvice (Ⓜ A) und Prag-Zličín (Ⓜ B). Der Bus hält neben der Gedenkstätte. Lidice ist von der Autobahn Slany – Prag ausgeschildert.

**Öffnungszeiten** **Museum**, April–Okt. tägl. 9–18 Uhr, Nov.–Jan. bis 16 Uhr, März bis 17 Uhr. **Galerie**, April–Okt. tägl. 10–18 Uhr, Nov.–Jan. bis 16 Uhr, März bis 17 Uhr. Kombiticket für Museum und Galerie 3 €, erm. die Hälfte. www.lidice-memorial.cz.

**Literaturtipp** Eduard Stehlík: Lidice. Geschichte eines tschechischen Dorfes. Verlag V Ráji: Prag 2004.

Die ermordeten Kinder von Lidice

Mittelböhmen → Karte S. 131

Der Marktplatz von Hradec Králové gehört zu den schönsten Böhmens

# Ostböhmen

Východní Čechy

**Ostböhmen steckt voller Widersprüche: Da gibt es die weitesten Ebenen und zugleich den höchsten Berg des Landes. Da stößt man auf internationale Touristenorte und gerät schon ein paar Kilometer weiter in die vergessensten Winkel der Republik. Da wechselt zur Schau getragener Wohlstand mit Perspektivlosigkeit ab.**

Was die Vielfalt der Landschaften angeht, ist Ostböhmen unschlagbar. Im Osten grenzt das nahezu menschenleere Adlergebirge (Orlické hory) die Region ab, im Norden das touristisch bestens erschlossene Riesengebirge. Dort entspringt die Elbe. Sie fließt gen Süden durch ein weites, flaches und überaus fruchtbares Land, das Polabí (Elbniederung) genannt wird. Weite goldene Kornfelder bestimmen das Bild. In den heißen Sommermonaten hängt meist ein staubiger Dunst darüber, im Winter sind die Stoppelfelder oft nebelverhangen. Inmitten dieser brettebenen Landschaft liegen Pardubice und Hradec Králové, die zwei größten Städte Ostböhmens und zugleich bedeutende Wirtschafts- und Industriezentren. Zwischen beiden Städten herrscht seit jeher eine gewisse Rivalität.

## Pardubice

Pardubitz

**Welche berühmte Tradition pflegt Pardubice wie Liverpool? Pferderennen! Was verbindet Pardubice mit Lockerbie? Semtex! Was hat Pardubice mit Hänsel und Gretel gemein? Pfefferkuchen! Und in was steht die böhmische Stadt kaum einer italienischen nach? In ihrer Piazza.**

Die 89.500 Einwohner zählende Industriestadt (vornehmlich Chemie und Elektronik) ist in ihrer Gesamtheit alles andere als schön. Lediglich 500 x 500 m bilden die Ausnahme – das Schlossareal und die Altstadt. Dieser winzige historische Kern ist einer der schönsten Böhmens. Einen Vergleich mit italienischen Renaissanceensembles braucht das Pardubicer Herz nicht zu scheuen.

Legendär ist neben der Altstadt das seit 1874 ausgetragene Pferderennen *Pardubitzer Steeplechase*, das nach dem *Grand National* von Liverpool/Aintree schwierigste

Hindernisrennen Europas – ein Highlight für alle, die nicht in einem Tierschutzverband engagiert sind. Berühmt ist die Stadt auch für ihren Eishockeyclub, den mehrmaligen tschechischen Meister, und für ihren Lebkuchen, den *Pardubický Perník*, der hier angeblich schon seit dem Mittelalter hergestellt wird. Und schließlich wäre da noch der bekannteste Exportschlager der Stadt – der Plastiksprengstoff *Semtex*, der seit 1966 in Pardubice hergestellt wird (→ S. 176).

**Orientierung**: Altstadt und Schloss werden im Norden von der Elbe und im Osten vom Flusslauf der Chrudimka umschlossen. Das Nadelöhr zur westlich gelegenen Neustadt ist das *Grüne Tor*, vor dem sich der *Náměstí Republiky* mit dem *Městské Divadlo*, einem herrlichen Jugendstiltheater, dem Shoppingcenter *Grand* und diversen Banken ausbreitet. Von hier führt die verkehrsberuhigte *Třída Míru*, die „Straße des Friedens" (später als *Palackého*), zu Brauerei, Bahnhof und Busbahnhof.

## Basis-Infos

→ Karte S. 172/173

**Information** **Informační centrum Pardubice**, Nám. Republiky 1, ✆ 466768390, www.ipardubice.cz. Tägl. 9–18 Uhr.

**Verbindungen** Busbahnhof und Bahnhof nahe beieinander an der Palackého (ca. 20 Fußmin. westlich der Altstadt). Ins Zentrum (Nám. Republiky) fahren Ⓑ 2, 6, 8, 9, 12 und 13.

**Busse** regelmäßig nach Hradec Králové, bis zu 3-mal tägl. nach Liberec, 1-mal nach Budweis, 1-mal nach Spindlermühle.

**Züge** regelmäßig nach Prag, Hradec Králové, Jaroměř, Havlíčkův Brod, Kolín, Brünn und Ostrava, alle 2 Std. nach Liberec.

**Ärztliche Versorgung** **Krankenhaus**, Kyjevská 44 (südöstlich des Zentrums). ✆ 466011111, www.nemocnice-pardubice.cz.

**Einkaufen** Hauptgeschäftsader ist die verkehrsberuhigte Třída Míru mit den südlich von ihr abgehenden Straßen. In der Altstadt befinden sich ein paar nette Antiquariate, z. B. in der Pernštýnská.

**AFI Palace Pardubice** 15, große Mall an der Palackého/Ecke 17. listopadu. Ein weiteres Shoppingcenter ist das **Grand** 10 in einem ehemaligen Hotel an der Třída Míru/Ecke Nám. Republiky.

**Pardubický Perník** 16, Pardubitzer Lebkuchen in Hülle und Fülle, selbst das Pfefferkuchenhaus der Hexe samt Hänsel und Gretel gibt es zu kaufen. Jindřišská 2025.

**Eishockey** Die **ČEZ-Arena** liegt an der U Stadiónu westlich des Schlossareals, Ticketverkauf dort (✆ 466741611) – vom Stadionrestaurant kann man den Spielen zusehen.

**Goethe-Zentrum Pardubice** Ein Partner des Prager Goethe-Instituts. Pernštýnské nám. 54. Bibliothek Di–Do 15–17.30 Uhr. www.goethepardubice.org/de.

**Parken** Sicheres Parkhaus an der Karla IV. südlich der Altstadt. Im Parkhaus unter dem AFI Palace ist die erste Std. gratis, jede weitere kostet 1,10 €.

**Veranstaltungen** Highlight ist natürlich die **Pardubitzer Steeplechase** am 2. Oktobersonntag (Pferderennbahn im südwestl. Vorort Svítkov, Shuttlebusse vom Zentrum, www.vpcp.cz). Ansonsten gibt es den **Musikalischen Frühling** (www.pardubicke hudebnijaro.cz), ein **Festival der klassischen Musik** im April, ein **Folklorefestival** Anfang Juni (www.folklornifestival.cz) und diverse Rockmusikfestivals im Sommer. Das **Czech Open** Ende Juli ist eines der größten internationalen Schachturniere Europas mit über 2000 Teilnehmern (www.czechopen.net). Jeweils am 3. Augustwochenende findet im Schlossareal ein feuchtfröhliches **Weinfestival** statt (www.pardubickyfestivalvina.cz).

## Ostböhmen – die Highlights

**Pardubice**: Wenn sich das Dunkel der Nacht über die tristen Außenbezirke legt und der Marktplatz der Stadt, einer der malerischsten des Landes, im Scheinwerferlicht erstrahlt, ist Pardubice unwiderstehlich schön.

**Kuks und Betlém**: Kuks zählte zu den prächtigsten Kurbädern Böhmens. An den einstigen Glanz erinnert das Spital mit zahlreichen barocken Statuen aus der Werkstatt Matthias Bernhard Brauns. Ein paar Kilometer weiter hat sich der Barockbildhauer mit einem Skulpturenpark verewigt.

**Riesengebirge**: Das Grenzgebirge besitzt mit der Schneekoppe den höchsten Berg und die besten Skigebiete des Landes. Auch zum Wandern und Mountainbiken lädt es ein. Den Charme des Böhmerwaldes teilt es jedoch nicht.

**Adršpašsko-Teplické Skály**: Die Adersbach-Weckelsdorfer Felsenstadt (auch Adersbacher und Wekelsdorfer Felsen genannt) ist ein Wirrwarr aus Felsbrücken, Felstürmen, Felsnadeln und den bizarrsten Sandsteinformationen.

**Broumovsko**: Der vergessenste Winkel des Landes mit einer Vielzahl von Kirchen- und Klosterbauten, für welche die Barockbaumeisterfamilie Dientzenhofer verantwortlich zeichnete.

**Babiččino údolí**: Die Pilgerstätte für alle Fans der *Babička*, „einer der schönsten Frauengestalten der Weltliteratur" (Kindlers Literaturlexikon). Entsprungen ist die „Großmutter" der Feder Božena Němcovás.

**Litomyšl**: Ganz im Südosten Ostböhmens gelegen, gehört Litomyšl zu den schönsten Kleinstädten des Landes. Hier erblickte der große Komponist Bedřich Smetana das Licht der Welt.

## Übernachten/Camping

→ Karte S. 172/173

Im Sommer haben Budgetreisende die Möglichkeit, für ein paar Euro ein Bett in einem der verlassenen Studentenwohnheime zu bekommen (Informationen über die TI). Während der Steeplechase Anfang Oktober ist ohne Reservierung kaum etwas zu machen.

**Hotels** **** **Hotel Euro** 22, moderner, aber recht unpersönlicher Hotelneubau 5 Fußmin. von der Altstadt. Restaurant, Bar, Konferenzräume etc. EZ 70 €, DZ 78 €. Jiráskova 2781, PLZ 53002, ✆ 466414255, www.hoteleuro.cz.

*** **Zlatá Štika** 5, in Altstadtnähe. Sehr gepflegtes Haus mit Restaurant, Weinkeller und Bierstube. Bewachte Parkplätze. EZ ab 51 €, DZ ab 58 €. Štrossova 127, PLZ 5303, ✆ 466052100, www.zlatastika.cz.

POLEN
Jawor
A4
Jelenia Góra
Bolków
Walbrzych
Kamienna Góra
Harrachov
Krkonoše (Riesengebirge)
Sněžka (Schneekoppe) 1602
Špindlerův Mlýn
Rokytnice nad Jizerou
Bedrichov
Labská
Herlikovice
Před. Plan 1195
Pec pod Sněžkou
Malá Úpa
Velká Úpa
Horní Maršov
Janské Lázně
Černá hora 1299
Jilemnice
Vrchlabí
Semily
Mladé Buky
Trutnov
Lomnice nad Popelkou
Labe
Adršpach
Vižnov
Ruprechtice
Vernérovice
Broumovsko
Broumov
Adršpašsko-Teplické Skály
Teplice nad Metují
Bukovice
Krinice
Hvězda
Broumovské stěny
Police nad Metují
Hronov
Nová Paka
Jičín
Dvůr Králové nad Labem
Babiččino údolí
Ratibořice
Náchod
Betlém
Kuks
Česká Skalice
Hořice
Jaroměř
Josefov
Nové Město nad Metují
Milovice
Chlum
Librice
Dobruška
Deštné
Orlické hory (Adlergebirge)
Lodín
Opočno
Trnov
Nový Bydžov
Hradec Králové
Hrádek u Nechanic
Třebechovice pod Orebem
Rokytnice
Kostelec nad Orlicí
Rychnov nad Kněžnou
Chlumec nad Cidlinou
Hrobice
Častolovice
Doudleby nad Orlicí
Žamberk
Altvatergebirge
Hradiště na Písku
Kunětická Hora
St. Hradiště
Holice
Kolín
Pardubice
Choceň
Letohrad
Heřmanův Městec
Chrudim
Ústí nad Orlicí
Kutná Hora
Konopač
Slatiňany
Vysoké Mýto
Česká Třebová
Čáslav
Litomyšl
Nasavrky
Ležáky
Nové Hrady
Svitavy
Olomouc
Hlinsko
Polička
Chotěboř
Liberec
Jihlava
12,5 km
Ostböhmen

**Hotel 100 6**, in der Altstadt. 6 rustikal-gediegene Zimmer mit eigenem Bad und Minibar. Freundliches deutschsprachiges Personal, Bistro mit Terrasse, Waschservice, kostenlose Parkplätze. EZ 38 €, DZ 50 €. Kostelní 100, PLZ 53002, ✆ 466511179 u. 603140187 (mobil), www.hotel100.cz.

**U Zlatého Anděla 2**, stilvolles kleines Hotel in einem historischen Gebäude in Schlossnähe. Sehr geräumige Zimmer mit Teppichböden, guten Bädern (teils mit alten Deckenbalken) und einem Mix aus rustikalem und modernem Mobiliar. Personal nicht immer fremdsprachig. EZ ab 33 €, DZ 43 €. Zámecká 25, PLZ 53002, ✆ 466511028, www.hotelzlandel.pardubicko.com.

**Pensionen** 102 **4**, zentral in einer ruhigen Altstadtgasse. Freundlich möblierte, großzügige Zimmer mit Sitzecke und Kühlschrank. Private Bäder, Gemeinschaftsküche. Sehr sauber. 2 Zimmer mit Gartenterrasse. Parken 2 €/Tag. Englischsprachig. DZ 38 €. Kostelní 102, PLZ 53002, ✆ 725058560 (mobil), www.penzionkulendova.cz.

**U Kohoutka 1**, ca. 10 Fußmin. nordöstl. der Altstadt. Die 6 Zimmer sind sauber, besitzen private Bäder und sind mit Kiefernholzmobiliar ausgestattet. Gutes Preis-Leistungs-Verhältnis. Das dazugehörige Nichtraucher-Restaurant bietet fleischlastige böhmische Küche. DZ 30 €. Husova 157, PLZ 53003, ✆ 606708864 (mobil), www.ukohoutka.cz.

**Camping Autokemp Cihelna**, beim städtischen Freibad im Norden der Stadt, von der Straße nach Staré Hradiště ausgeschildert. Nach 3-jähriger Schließung 2014 wiedereröffnet. Neue Sanitäranlagen und „mobile Bungalows". Juni bis Mitte Okt. 2 Pers. mit Zelt u. Auto 8,40 €, Chata für 4 Pers. 22 €, Bungalow für 6 Pers. 37 €. Husova 298, PLZ 53003, ✆ 466415833, www.autokemppardubice.cz.

## Essen & Trinken/Nachtleben

**Restaurants Bonté 14**, gut beleumundetes „besseres" Restaurant gegenüber dem AFI Palace. Kleine, aber feine Speisekarte, modern interpretierte Klassiker. Hg. 9–16 €. Masarykovo nám. 1458, ✆ 467007400.

**U dvou kohoutků 19**, überregional bekanntes Restaurant für den etwas gehobeneren Anspruch. Zeitgemäße Küche, günstige Mittagsmenüs, Sommerterrasse. Hg. 6–14 €. So geschl. Smilova 364, ✆ 466615227.

**Na staré rybárně 20**, Relaunch eines ehemaligen Fischlokals, jetzt Steakspezialist. Ob es dort die „besten weit und breit" gibt, sei dahingestellt, gut sind sie. Idyllisch gelegen im Park am Wasser. Mittlere Preisklasse. Bulharská 1784, ✆ 466614056.

**Plzeňka 21**, großes, rustikal-gepflegtes Lokal mit Sommerterrasse, der „Pilsner Urquell

Original Restaurants"-Kette zugehörig, die tschechienweit für Qualität bürgt. Korrekter Service, mittlere Preisklasse. Smilova 386 (etwas außerhalb der Altstadt), ✆ 774721423 (mobil).

**Pivovarka 17**, Gaststätte der örtlichen Brauerei *Pernštejn*. Große Bierhalle mit günstiger böhmischer Küche, dazu trinkt man 12-gradiges Helles, 10-gradiges Halbdunkles, das 19-gradige (!) Starkbier *Porter* oder das alkoholfreie *Pito*. Biergarten. So geschl. Beim Busbahnhof an der Palackého 250, ✆ 466746913.

**Pohanka 11**, für den gesunden Mittagstisch: Bio-Kantine mit täglich wechselnden vegetarischen, veganen und glutenfreien Gerichten. Mo–Fr 10.30–15.30 Uhr. Třída Míru 2670. ■

**Cafés** ››› Unser Tipp: **Bakla Café 7**, hübsches, etwas versteckt gelegenes, kleines Café, jüngeres Publikum. Hervorragende Kaffeespezialitäten, kleine Snacks und Kuchen. Sa/So erst ab 13 Uhr. Pod Sklípky 112 (Wernerovo nábř.). ‹‹‹

**Café Bajer** 12, verspielt-liebevoll eingerichtetes Café mit Wintergarten und Innenhof. Möbel vom Trödler, viele Pflanzen und ein echter Papagei im Käfig. Gute Kuchen und etliche Kaffeesorten (z. B. Fiaker mit einem Schuss Rum). Sa/So erst ab 16 Uhr. Třída Míru 763. Die Filiale **Čokoláda Bajer** 8 im Wiener Kaffeehausstil befindet sich in Nachbarschaft des Grünen Tors. Spezialität: heiße Schokolade. Zelenobranská 2.

**Weinstube** **Kabinet** 9, in historischen Räumen. Tägl. wechselnde offene Weine, dazu kleine Snacks und Weinverkauf. So geschl. Zelenobranská 70.

**Snacks** **Pekárna Hrubý** 13, Mischung aus Bäckerei, Delikatessladen und Stehimbiss. Diverse Sorten *chlebíčky* und Majonäsesalate, warme Fertiggerichte mit (N)Ostalgiefaktor. Sehr billig. Mo–Fr 7–18 Uhr, Sa 7–12 Uhr, So geschl. Třída Míru.

**Nachtleben** Ältester und bekanntester Musikclub der Stadt ist der **Žlutý pes** („Gelber Hund") im nördlichen Vorort Cihelna. Tägl. ab 19.30 Uhr, regelmäßig ab 21 Uhr Konzerte (HipHop, Punk, Blues, Reggae etc., www.zlutak.cz). Ke Koupališti 62. Zu erreichen mit Ⓑ 10 ab dem Masarykovo nám. (AFI Palace), Haltestelle Univerzita aussteigen.

Jünger ist das verkiffte Publikum im **Club Ponorka** 18 an der zentrumsnahen Jiráskova 29: Technopartys und schräg-schrille Konzerte. Mit Biergarten. www.ponorka-rc.cz.

Konzerte auch im **Divadlo 29** 3, einem kleinen Theater an der Sv. Anežky České 29. www.divadlo29.cz.

## Sehenswertes

Durch US-amerikanische Bomber wurden im Zweiten Weltkrieg über 1000 Häuser zerstört. Wie durch ein Wunder blieb die pittoreske, heute **denkmalgeschützte Altstadt** verschont. Das Gros der Reisenden betritt sie vom **Náměstí Republiky** aus (mehr Kreuzung als Platz). Dabei durchquert man das **Grüne Tor** (Zelená brána), das durch einen 60 m hohen Turm führt, der zugleich das Wahrzeichen Pardubices ist. Er entstand Mitte des 16. Jh., kurz nachdem die Stadt zum zweiten Mal innerhalb weniger Jahre (1507 und 1536) niedergebrannt war. Im Sommer kann er bestiegen werden.

Durch das Grüne Tor gelangt man automatisch auf den **Pernstein-Platz** (Pernštýnské náměstí), der nach dem ersten Stadtbrand angelegt wurde. Der an sich schon

Altstadtgasse in Pardubice

malerische Platz mit seinen vielen Terrassenlokalen läuft zur Höchstform auf, wenn er nachts angestrahlt wird. In seiner Mitte steht eine Mariensäule aus dem Jahr 1698. Das größte Gebäude am Platz ist das zweitürmige **Rathaus** (Radnice) im Stil der Neorenaissance, das durch den Umbau eines älterer Gebäudekomplexes Ende des 19. Jh. entstand. Die Vorlagen für die Sgraffitifassade stammen von Mikoláš Aleš. Das schönste Gebäude am Platz ist jedoch das auf der Ostseite gelegene **Jonas-Haus** (Dům u Jonáše) vom Ende des 18. Jh. Die Fassade ziert eine plastische Darstellung des Propheten Jonas mit dem Wal. Heute ist hier die **Ostböhmische Galerie** (Východočeská galerie) untergebracht, die in temporären Ausstellungen Kunst des 20. Jh. zeigt.

Am Pernstein-Platz

Vom Pernštýské náměstí führt die Bartolomějská zur **Bartholomäuskirche** (Kostel sv. Bartoloměje), einem ursprünglich gotischen Bau, der durch den ersten Stadtbrand von 1507 zerstört wurde. Die Stadtkirche ziert ein hübsches Fassadenmosaik, das zu Beginn des 20. Jh. ebenfalls nach Entwürfen von Mikoláš Aleš geschaffen wurde.

Folgt man vom Pernštýnské náměstí der Pernštýnská und ihrer Verlängerung, der Zámecká, gelangt man zum **Schloss** (Zámek). Errichtet wurde der vierflügelige Renaissancebau nach dem Brand von 1536 an der Stelle einer Wasserfeste aus dem 13. Jh. Den inneren Schlosshof betritt man durch ein Tor, das mit einem Relief versehen ist, auf dem ein Stier dargestellt ist, dem mit einem Beil der Kopf abgeschlagen wird. Die Szene steht in Zusammenhang mit der Ursprungslegende der Adelsfamilie Pernstein (Pardubitz ging 1490 in ihren Besitz über), die einen Stier mit Nasenstrick im Wappen trägt (→ Hrad Pernštejn, S. 545). Im Inneren präsentiert das **Ostböhmische Museum** (Východočeské muzeum) heute diverse Sammlungen, u. a. *Alte Postkarten, Waffen* und *Böhmisches Geld*. Darüber hinaus werden wechselnde Ausstellungen gezeigt.

**Zelená brána (Grünes Tor)**, Turmbesteigung Mai u. Sept. Di–So, Juli/Aug. tägl., April u. Okt. nur Sa/So jeweils 10–17 Uhr. 0,75 €, erm. 0,55 €. www.zelenabrana.eu. **Ostböhmische Galerie**, tägl. (außer Mo) 10–18 Uhr. Der Eintritt variiert je nach Ausstellung. www.vcg.cz. **Ostböhmisches Museum**, tägl. (außer Mo) 10–18 Uhr. Je nach Ausstellung 1,10–3,70 €. www.vcm.cz.

**Sehenswertes außerhalb der Altstadt**: Rund um die Altstadt ist man seit Jahren damit beschäftigt, mit etwas Farbe die vorrevolutionäre Tristesse wegzuschminken. Einen architektonisch interessanten Bau gibt es aber auch dort. Ganz im Süden der

Stadt (im Stadtteil Dukla) steht das von Pavel Janák in den 1920er-Jahren entworfene Krematorium. Es gilt als das schönste rondokubistische Gebäude (→ S. 60) des Landes. Anfahrt mit Ⓑ 10 ab Masarykovo náměstí (AFI Palace), Haltestelle Krematorium.

### Semtex – tödliches Marzipan aus Pardubice

Nordöstlich von Pardubice liegt Semtín, ein Vorort halb so groß wie Pardubice selbst. Er besteht aus nichts anderem als aus Schloten und Produktionsstätten der Firma *Explosia a.s.* Im Auftrag der tschechoslowakischen Regierung entwickelte Stanislav Breberavon dort 1966 den Plastiksprengstoff *Semtex*, der die kommunistischen Brüder Nordvietnams im Kampf gegen die US-Amerikaner unterstützen sollte. Als der Krieg 1975 zu Ende war, beglich Vietnam die noch offene Rechnung durch Entsendung von Arbeitern in die Tschechoslowakei. In der Folgezeit wurde *Semtex* zu einem der bekanntesten und begehrtesten Exportartikel des Landes. Pardubice belieferte u. a. den Iran, den Irak, Syrien, Nordkorea und v. a. Libyen, wo allein 690 Tonnen landeten. Muammar el Gaddafi reichte Hunderte von Kilo davon an die Terrorgruppen Europas (u. a. an die IRA und die Roten Brigaden) und des Vorderen Orients weiter. Und *Semtex*, formbar wie Marzipan, leicht schmuggelbar, da von Metalldetektoren an Flughäfen nicht aufspürbar, wurde zum berüchtigtsten Sprengstoff. Zum Einsatz kam es bei den Bombenanschlägen auf das World Trade Center, auf die US-Botschaft in Nairobi, auf das Zentrum von Manchester, auf die Diskothek *La Belle* in Berlin und, und, und ... Viel ist übrigens nicht nötig für den großen Knall: Für die Explosion des PanAm-Jumbos über dem schottischen Lockerbie genügten 300 g, versteckt in einem kleinen Radio. Verkauft wird der Sprengstoff noch heute. Ab Werk mit einer Metallbeimischung, unter der Hand ohne. Das Material kommt dann u. a. aus den Militärbeständen des Landes. Immer wieder werden korrupte tschechische Militärs festgenommen, die *Semtex* für rund 500 US-Dollar pro Kilo auf dem Schwarzmarkt anbieten.

## Umgebung von Pardubice

**Chrudim:** Der 9 km südlich von Pardubice gelegene Ort (23.000 Einwohner) gleicht einem gut gereiften Käse: außen schimmlig, innen fein. Die Altstadt rund um den Resselovo náměstí lädt zum Schlendern ein, insbesondere Anfang August, wenn sie ein riesiger Jahrmarkt mit Leben füllt. Der Hauptplatz trägt den Namen des Chrudimer Ingenieurs Josef Ressel (1793–1857), seines Zeichens Erfinder der Schiffsschraube (eine Schande, dass Böhmen nicht am Meer liegt!). Am oberen Ende des Platzes erhebt sich die mächtige gotische *Hauptkirche Mariä Himmelfahrt.* Ein paar Schritte rechts von ihr führt die Břetislavova zum sog. *Mydlář-Haus,* einem herrlichen Renaissancegebäude mit Balkonen und sehenswerten Steinmetzarbeiten (1573–77). Heute befindet sich darin ein interessantes Marionettenmuseum (Muzeum Loutek) mit einem Fundus von 7000 Marionetten aus rund 40 Ländern (es wird jedoch nur ein Bruchteil gezeigt). Spaziert man vom Hauptplatz bergab, gelangt man zum *Regionalmuseum* (Regionalní muzeum v Chrudimi), einem herrschaftlichen Gebäude aus dem Jahr 1898 an der Široka. Es beherbergt u. a. 39 Plakate des Jugendstilkünstlers Alfons Mucha, die in den Jahren 1897/98 entstanden sind. Sehenswert ist zudem das *Museum der Barockskulpturen* (Muzeum barokních soch) oberhalb des Marktplatzes. Es befindet sich in den rekonstruierten Räumen der St.-Josefs-Kirche im Areal eines ehemaligen Kapuzinerklosters. In stilvollem Ambiente kann man u. a. Meisterwerke des berühmten Matthias Bernhard Braun bewundern.

**Information** **Informační centrum**, Resselovo nám. 1, ✆ 469657821, www.chrudim.eu. Im Sommer Mo–Fr 8–12 u. 12.30–17 Uhr, Sa/So ab 9 Uhr, sonst verkürzt.

**Verbindungen** **Zug-** und **Busbahnhof** nebeneinander (ca. 500 m westlich des Zentrums), von beiden gute Verbindungen nach Pardubice.

**Öffnungszeiten** **Marionettenmuseum**, tägl. (außer Mo) 9–18 Uhr. 2,20 €, erm. 1,50 €. www.puppets.cz. **Regionalmuseum**, tägl. (außer Mo) 9–12 u. 13–17 Uhr. 1,50 €, erm. die Hälfte. www.muzeumcr.cz. **Museum der Barockskulpturen**, April–Okt. 9–12 u. 13–17 Uhr, Nov.–März nur Sa/So. 2,20 €, erm. 1,50 €. www.mubaso.cz.

**Übernachten** **** **Hotel Fortna**, bestes Haus der Stadt in einer Parallelstraße zum Marktplatz. Gepflegte Zimmer mit barockem Charme. Im Restaurant gehobenere Küche, bei der auch Wild, Lamm und Zander zum Zuge kommen (Hg. 6–15 €). DZ 58–77 €. Fortenská 43, PLZ 53701, ✆ 469312128, www.fortna.cz.

**Pension a Polo Café U lávky**, gestylte und hübsch gelegene Pension 300 m westlich des Hauptplatzes am Flusslauf der Chrudimka. Der Chef spricht fließend Deutsch. 5 Zimmer und 3 Apartments. Bewachter Parkplatz im Preis inbegriffen, Café-Restaurant angeschlossen. Reservierung empfehlenswert. EZ 30 €, DZ 48 €, Apartment für 2 Pers. 60 €. Radoušova 17, PLZ 53703, ✆ 777766416 (mobil), www.penzionchrudim.cz.

**Essen & Trinken** **Fortna**, das Restaurant des gleichnamigen Hotels (s. o.). Direkt am Hauptplatz (Resselovo nám. 76, rechts von der Kirche) bietet die **Pizzeria Balustráda** riesige leckere Pizzen und gute Nudelgerichte. Service manchmal etwas schleppend. ✆ 469620666.

Ostböhmen → Karte S. 171

**Slatiňany (Slatinan)**: 3 km südlich von Chrudim liegt die Gemeinde Slatiňany mit einem Renaissanceschloss, das heute ein *Pferdemuseum* (Hippologické muzeum) und ein hübsches Hofcafé beherbergt. Das hiesige Gestüt ist bekannt für die Zucht von Altkladruber Rappen (→ Kladruby nad Labem, S. 140).

**Pferdemuseum**, April u. Okt. nur Sa/So 10–15 Uhr, Mai/Juni tägl. (außer Mo) 9.30–16 Uhr, Juli/Aug. 10–17 Uhr, Sept. 10–15 Uhr. 3,30 €, erm. 2,20 €. www.hipologickemuzeum slatinany.cz.

**Ležáky (Lezaky)**: Als die Nazis am 10. Juni 1942 das nordwestlich von Prag gelegene Dorf Lidice als Racheakt für das Attentat auf Reinhard Heydrich verwüsteten sowie deren Einwohner ermordeten und in Konzentrationslager verschleppten, ging die Nachricht um die ganze Welt (→ S. 53). Sehr viel weniger bekannt ist die Geschichte des Dorfes Ležáky, das ein ganz ähnliches Schicksal ereilte: Im Zuge der „Vergeltungsmaßnahmen" nach dem Heydrich-Attentat wurde am 24. Juni 1942 auch die rund 20 km südöstlich von Chrudim gelegene Gemeinde von den deutschen Besatzern dem Erdboden gleichgemacht. 41 Einwohner Ležákys wurden hingerichtet, elf Kinder des Dorfes im polnischen Chmelno vergast. Im Gegensatz zu Lidice stand Ležáky tatsächlich mit dem Heydrich-Attentat in Verbindung: Dort betrieben Mitglieder der mit dem Attentat in Verbindung stehenden Widerstandsgruppe „Silver B" eine Sendeanlage; das Gros der Einwohner wusste davon nichts. Heute ist Ležáky eine nationale Gedenkstätte. Dort, wo früher die Häuser der Gemeinde standen, mahnen große Steinblöcke mit Kreuzöffnungen an die Tragödie. Ein kleines Museum klärt über die Geschichte des Ortes und seiner Einwohner auf.

**Anfahrt/Verbindungen** Von der Straße 37 Chrudim – Nasavrky mit „NKP Ležáky" ausgeschildert. Ležáky ist nur ein Ziel für Selbstfahrer.

**Öffnungszeiten** März–Okt. tägl. (außer Mo) 9–17 Uhr, Nov.–März Mo–Fr 9–16 Uhr. 1,10 €, erm. 0,70 €. www.lezaky-memorial.cz.

**Kunětická Hora (Kunietitzer Berg)**: Der Name steht für einen ca. 7 km nordöstlich von Pardubice gelegenen Basalthügel und die darauf thronende Burg. Letztere wurde 1645 von den Schweden zerstört und verfiel, zu Beginn des 20. Jh. rekonstruierte man den Burgpalast samt Rundturm. Am Fuß des Burghügels laden mehrere nette Terrassenlokale auf eine Pause ein. Vom Parkplatz bis zur Burg läuft man ca. 15 Minuten.

**Anfahrt/Verbindungen** Die Burg ist von Hradiště na Písků (an der Straße nach Hrobice) ausgeschildert. Von Pardubice mit Ⓑ 16 ab Hauptbahnhof oder Masarykovo nám./AFI Palace zu erreichen, Haltestelle Ráby, odb. Kunětická hora aussteigen. Von dort noch ca. 20 Min. zu Fuß.

**Öffnungszeiten** April u. Okt. nur Sa/So 10–16 Uhr, Mai–Aug. tägl. (außer Mo) 9.30–17.30 Uhr, Sept. Di–Fr 10–16 Uhr, Sa/So 10–17 Uhr. Eintritt mit teilweiser Führung (Burgpalast, Turm und Kapelle) 2,90 €, erm. 2,20 €. www.hrad-kunetickahora.cz.

Weiter Richtung Süden oder Osten? Informationen zu **Hlinsko** auf der Böhmisch-Mährischen Höhe finden Sie auf S. 486, zu **Litomyšl** ganz im Südosten Ostböhmens auf S. 224.

# Hradec Králové

Königgrätz

**Die 93.000-Einwohner-Stadt besitzt zwei bemerkenswerte Zentren: eine angenehme, schöne Altstadt und eine architektonisch interessante Neustadt, die zu Anfang des 20. Jh. angelegt wurde.**

Ruhig und gepflegt, fast museal präsentiert sich die restaurierte Altstadt. Im Schatten der Arkaden rund um den Hauptplatz laden Cafés und Restaurants auf eine Pause ein. In der Neustadt aus dem frühen 20. Jh. hingegen pulsiert das Leben. Die breiten Straßen säumen unkonventionelle, am Kubismus orientierte Gebäude. Zwischen Alt- und Neustadt wird fleißig in die Pedale getreten – in kaum einer anderen tschechischen Stadt sind mehr Radfahrer unterwegs als im brettflachen Hradec Králové.

Hradec Králové ist das kulturelle und wirtschaftliche Zentrum Ostböhmens und Hauptstadt des gleichnamigen Verwaltungsbezirks, der den Statistikern Höchstnoten abverlangt: Hier werden – abgesehen von Prag – im Durchschnitt die besten Gehälter der Republik gezahlt, hier gibt es die beste medizinische Versorgung des Landes, und hier ist die Kriminalitätsrate landesweit auf dem niedrigsten Stand. Auch wer nur kurz vorbeischaut, merkt schnell, dass es Hradec Králové augenscheinlich gut geht.

**Geschichte**: Die Stadt an der Mündung der Orlice (Adler) in die Labe (Elbe) zählt zu den ältesten Böhmens. Bedeutung erlangte sie jedoch erst im 14. Jh., als sie zum Witwensitz der böhmischen Königinnen wurde: *Hradec Králové* = „Burg der Königinnen". Die Burg aber, von der im Stadtnamen die Rede ist, wurde im 15. Jh. zerstört, als Königgrätz sich zu einem Zentrum der Hussitenbewegung entwickelte. Im 17. Jh. folgte die Rekatholisierung durch die Jesuiten. Im ausgehenden 18. Jh. ließ Maria Theresia die Stadt mit einer mächtigen barocken Festungsanlage umgürten

Ruhig und gepflegt präsentiert sich die Altstadt von Hradec Králové

Ostböhmen → Karte S. 171

– die Straßen Čs. armády und Komenského zeichnen deren Verlauf grob nach. Die Vorstädte wurden aus wehrtechnischen Gründen abgerissen. Mit Theresienstadt (Terezín) und Olmütz (Olomouc) bildete Königgrätz fortan die nördliche Verteidigungslinie des Habsburger Reiches. Den Preußen aber imponierte diese wenig. Nach der Schlacht von Königgrätz (→ S. 186) waren die politischen Karten neu gemischt und die Stadtwälle überflüssig. Durch deren Schleifung konnte die Stadt wieder expandieren. So entstand Anfang des 20. Jh. westlich der Elbe die Neustadt unter Federführung Josef Gočárs, eines der bedeutendsten tschechischen Architekten jener Zeit (→ S. 185). Danach sorgten die Kommunisten für Tristesse und jede Menge Plattenbauten. Mit der Samtenen Revolution kam wieder Farbe in die Stadt, die von vielen Studenten (große medizinische Fakultät) mit einem bunten Kulturleben bereichert wird.

**Orientierung**: Hradec Králové erstreckt sich zu beiden Seiten der Elbe. Westlich des Flusses liegt die *Neustadt*, zugleich das Geschäftsviertel. Das Zentrum dort bildet der *Masarykovo náměstí*. Die *Altstadt* auf der anderen Flussseite umgibt eine *Ringstraße* (bestehend aus der Čs. armády und der Komenského). Der zentrale Platz dort ist der *Velké náměstí*, der in den *Malé náměstí* übergeht. Die Nummerierung der Häuser folgt in vielen Straßenzügen übrigens keinem System, was die Suche nach Adressen erschwert.

## Basis-Infos

→ Karte S. 182/183

**Information Hauptbüro** nahe dem Bahnhof an der Gočárova 1225/33, ✆ 495534482, www.ic-hk.cz. Mo–Fr 8–17.30 Uhr. **Zweigstellen** in der Altstadt am Velké nám. 165 und im Hauptbahnhof.

**Verbindungen** Bahnhof rund 20 Fußmin. westlich des Zentrums, Verbindung u. a. mit Ⓑ 2, 6, 7, 12 u. 13. Überlandbusse starten entweder direkt vor dem Bahnhof oder am Busbahnhof ums Eck an der Puškinova.

**Züge** regelmäßig nach Pardubice, Prag, Jaroměř, Turnov und Jičín, alle 2 Std. nach Trutnov und Liberec.

**Busse** regelmäßig nach Prag und Pardubice, bis zu 9-mal tägl. nach Trutnov, Turnov und Liberec, 2-mal nach Spindlermühle.

**Ärztliche Versorgung** **Krankenhaus** im Süden der Stadt an der Sokolská 581. ✆ 495831111, www.fnhk.cz.

**Einkaufen** Wie wäre es mit einem original **Petrof-Flügel?** Der traditionsreiche Instrumentenbauer (seit 1864) hat seinen Sitz in der Brněnska 207, der **Verkaufssalon** **2** befindet sich in der Střelecká 45/2, ungefähr auf halbem Weg zwischen Bahnhof und Altstadt.

**Eurocenter** **3**, große Mall an der Straße Nr. 11 Richtung Třebechovice (vom Zentrum mit Ⓑ 5, 11 u. 17 zu erreichen). Ein weiteres Shoppingcenter ist das **Futurum** **24** an der Straße nach Brno (vom Zentrum mit Trolleybus Nr. 2 zu erreichen).

**Antikvariát Na Rynku** **13**, kleine Auswahl an deutscher Literatur, darunter einige Gesamtausgaben und günstige Taschenbücher neueren Datums. Zudem Kunstdrucke, Postkarten und CDs mit Schwerpunkt auf Jazz und keltischer Musik. Malé nám. 129.

**Dobré Vino** **16**, gut sortierte Vinothek an der V Kopečku/Ecke Tomkova. Etwas kleiner ist die Auswahl in der **Česká Vinotéka** **6** am Malé nám. 113. In beiden Geschäften sind auch Weine vom Fass erhältlich.

**Parken** Gebührenpflichtige Parkplätze u. a. am Velké nám. in der Altstadt. Teuer!

## Übernachten/Camping

→ Karte S. 182/183

**Hotels** **** **U Královny Elišky** **7**, kleines Hotel in der Altstadt. Behutsam restauriertes, altes Bürgerhaus mit Innenhof unter einem Glasdach, Fitnesscenter, Innenpool und Sauna, Kongresssaal und Konferenzräumen, Restaurant und Weinstube. 33 komfortable Zimmer und Apartments ohne spezielle Note. EZ ab 65 €, DZ ab 80 €. Malé nám. 117, PLZ 50003, ✆ 495518052, www.hotelhradeckralove.cz.

**Boromeum Residence** **14**, Aparthotel in einem schönen restaurierten Altstadthaus. Schicke Apartments für 1–4 Pers. Zentralste Lage. Viele Langzeitgäste. Für 2 Pers. ab 66 €. Špitálská 183, PLZ 50003, ✆ 495580344, www.boromeum.cz.

**Okresní Dům** **9**, das ehemalige Bezirkshaus der Stadt, zwischen 1903 und 1904 nach Plänen von Jan Kotěra erbaut, dient heute als atmosphärisches Hotel, in dem zeitgemäßes Mobiliar der Architektur des frühen 20. Jh. eine besondere Note verleiht. Angegliedert ein gutes Restaurant. EZ 53 €, DZ 63 €, Apartment 92 €, Frühstück und Parkgebühr extra. Palackého 409, PLZ 50003, ✆ 495054300, www.hotelokresnidum.cz.

**Pod Věží** **19**, gepflegtes Haus mit 19 etwas nüchternen Zimmern (auch behindertengerechte), z. T. mit tollem Blick auf den Marktplatz. Gute Bäder. Restaurant, Fitnessraum, Sauna. Parken im Hof. EZ 42 €, DZ ab 55 €. Velké nám. 165, PLZ 50003, ✆ 495514932, www.pod-vezi.cz.

**Stadion** **22**, beim Eisstadion, etwas südlich der Altstadt. Kleiner, hässlicher Kasten aus der Kommunistenzeit. Zimmer von unvorstellbarer Geschmacklosigkeit, immerhin mit privaten Bädern. Verdient lediglich aufgrund mangelnder Alternativen in dieser Preisklasse und der Zentrumsnähe Erwähnung. Eigene Parkplätze. EZ 24 €, DZ 29 €. Komenského 1214, PLZ 50003, ✆ 495514664, www.hotel-stadion.cz.

**Pensionen** **Nové Adalbertinum** **20**, in einem ehemaligen Jesuitenkloster. Ordentlich ausgestattete Zimmer mit Teppichböden und privaten Bädern. Eigene Parkplätze im Innenhof. EZ 50 €, DZ 62 €. Velké nám. 32, PLZ 50003, ✆ 495063111, www.nove adalbertinum.cz.

**Amátka** **8**, die billigste Wohnmöglichkeit in der Altstadt – dafür gar nicht schlecht. 7 ausreichend große, schlichte Zimmer. Gehört zu einer Weinstube mit netter Sommerterrasse. EZ mit Bad 20 €, DZ mit Bad 35 €, ohne Bad etwas billiger. Rezeption nur zu folgenden Zeiten besetzt: Mo–Fr 8–11 u. 14–20 Uhr, Sa/So 16–20 Uhr, Check-in jeweils am Nachmittag. Malé nám. 120, PLZ 50003, ✆ 606776795 (mobil), www.amatka.cz.

**Camping** **Camping Stříbrný rybník**, 3 km östlich der Stadt, von der vierspurigen

Ringstraße Gočáruv okruh ausgeschildert. Verbindung ins Zentrum mit Ⓑ 11 u. 17. Großer, wenig charmanter Platz am gleichnamigen Badesee. Neuere Sanitäranlagen, Restaurant mit Friteusenküche. Kinderspielplatz. Chatavermietung. Mitte Mai bis Mitte Sept. 2 Pers. mit Zelt u. Auto 11 €, Chata für 2 Pers. ab 20 €. Malšova Lhota, PLZ 50002, ✆ 495482677, www.stribrny-rybnik.cz.

Für einen weiteren Platz → Hrádek u Nechanic, S. 185.

## Essen & Trinken/Nachtleben

→ Karte S. 182/183

**Restaurants** **Okresní Dům** **9**, dem gleichnamigen Hotel (s. o.) angegliedert. Eines der schönsten Restaurants der Republik, eine architektonische Perle. Übersichtliche Speisekarte mit Spaghetti Carbonara oder Schweinefilet mit Pilzragout zu 4–10 €. Palackého 409, ✆ 773218007 (mobil).

**Everest** **11**, indisches Restaurant mit gutem Ruf. Hinterm Herd stehen keine Tschechen mit Kochkünsten aus dem letzten Urlaub, sondern echte Inder und Nepalesen. Als Spezialität gelten die Lammgerichte. Rauchen verboten. Hg. 6–9 €. So geschl. Špitálská 183, ✆ 606647667 (mobil).

**Šatlava** **5**, schönes Restaurant mit modernem Interieur zwischen den Backsteinwänden der alten Stadtmauer. Freundliches junges Personal. Klassische Küche mit Pfiff: Französisches Senfkaninchen, Entenbrust mit Mandelkroketten, Kräuterhühnchen mit Polenta. Hg. 5–12 €. Dlouhá 101, ✆ 776817856 (mobil).

**U svatého Lukáše** **12**, gediegenes Lokal mit Wohnzimmeratmosphäre. Neben den gängigen Standards auch diverse Wildgerichte. Schöner Innenhof für den Sommer. Zimmervermietung. Hg. 4–12 €. Úzká 208, ✆ 495511652.

**U Rytíře** **17**, Mittelalter-Lokal mit entsprechendem Ambiente. Schöne Terrasse, es dominieren Gerichte mit altböhmisch-deftigem Touch. Hg. 4–12 €. Velké nám. 144, ✆ 603464389 (mobil).

**Sport Café** **18**, sehr populäres Lokal (Restaurant, Bar und Café in einem), nicht zuletzt wegen der Sommerterrasse direkt am Hauptplatz. Kredenzt wird wenig Böhmisches, dafür Pizza aus dem Steinofen, Pasta, asiatisch Angehauchtes, Steaks, Chicken Wings oder große Salate. Auch Vegetarier kommen auf ihre Kosten. Hg. 5–12 €. Velké nám. 151, ✆ 495514202.

»» **Unser Tipp:** **Aquarium** **23**, ca. 3 km außerhalb der Altstadt. Für Fischfans ein Muss: täglich frische (Meeres-)Fische, Meeresfrüchte, diverse Tapas, Paella, auch feines Fleisch, alles gekonnt zubereitet. Gute Weinkarte, schickes Ambiente, offene Küche. Hg. 4,50–17 €. Anfahrt mit dem Auto: Hradec Králové auf der Str. 35 Richtung Olomouc verlassen, bei der Ampel 500 m hinter der Mall Futurum links ab (erste Möglichkeit), beim Kreisverkehr 800 m weiter wieder links halten, beim nächsten Kreisverkehr Augen auf! Rybova 1901/14, ✆ 495490495. ««

**Pivnice/Kneipe** **Hospoda Na Hradě** **15**, die ideale Adresse für einen gemütlichen Abend mit viel Bier, bei dem das Essen (Kuttelflecksuppe, Lendenbraten mit Knödeln, Presssack) nicht unbedingt im Mittelpunkt stehen muss. Fröhliches Kneipenrestaurant unter schwerer Balkendecke, orange gestrichen, nett gestylt. Oft gestopft voll, viel junges Publikum. Špitálská 175.

»» **Unser Tipp:** **Pivovarská brána** **10**, ein Muss für Bierfans: regelmäßig wechselndes Angebot an Bieren guter kleiner Brauereien in rauchfreier (!), rustikal-gepflegter Atmosphäre, dazu einfache böhmische Gerichte. V kopečku 83/5. ««

**Cafés** **Bazar Caffé-Caffé** **4**, sehr schönes Café im Wiener Kaffeehausstil. Fliesenböden, trödelige Möbel. Publikum aller Altersklassen. Ideal für den Apfelstrudel zum gemütlichen Nachmittagskaffee. Auch kleine Gerichte. Wintergarten. Etwas außerhalb der Altstadt am Eliščino nábřeží 304/17.

**Café na Kole** **1**, hübsches kleines Café für Kaffeefreaks: verschiedene Sorten aus aller Welt, alternative Herstellungsverfahren (Aeropress, Vacuumpot etc.), dazu kleine, süße und deftige Snacks. Junges, nettes Personal. Rauchfrei. Mo geschl. Velké nám. 130/24.

**Nachtleben** Ein beliebter Treffpunkt ist der **NOX Club** **21** an der Komenského nahe dem Eishockeystadion. Buntes Programm mit wechselnden DJs und Mottopartys. Mi–Sa ab 21 Uhr, kleiner Eintritt.

Ostböhmen → Karte S. 171

## Sport & Freizeit/Veranstaltungen

**Baden** Der Badesee **Stříbrný rybník** (sandstrandähnliche Liegefläche) liegt 3 km östlich des Zentrums und ist mit Ⓑ 11 u. 17 ab der Divišova (Haltestelle Muzeum) zu erreichen, Haltestelle Stříbrný rybník aussteigen.

**Bootsausflüge** Am westlichen Elbeufer nahe dem Botel Čechie kann man im Sommer für 1,90 €/Std. Ruderboote ausleihen. Von Mai–Sept. verkehren von dort auch kleine Ausflugsdampfer (Dauer 50 Min., 3,30 €, erm. 2,20 €, Abfahrt wochentags stündl. ab 15 Uhr, Sa/So ab 10 Uhr).

**Radverleih** Räder ab 8 €/Tag über das Radgeschäft **Kulhánek**, Karla IV. 662. ✆ 495211365, www.vseprokolo.cz.

**Veranstaltungen** Anfang Juni veranstaltet man zusammen mit Pardubice ein **Folklorefestival** (www.folklornifestival.cz). Ende Juni findet das traditionelle **Theaterfestival der europäischen Regionen** (www.klicperovodivadlo.cz) statt; geboten werden mehr als 100 Vorstellungen europäischer Ensembles, darunter auch Straßentheater. Regelmäßig im Juli findet mit **Rock for People** eines der größten Rockfestivals des Landes mit oft internationalen Stars statt (www.rockforpeople.cz). Junge Freaks aus dem In- und Ausland lockt das **Hip-Hop Kemp** Ende Aug. an (www.hiphopkemp.cz). Anfang Sept. findet auf dem Flugplatz nördlich der Stadt mit der CIAF die größte **Flugshow** des Landes statt (www.airshow.cz). Mitte Okt. gibt es das Jazzfestival **Jazz goes to Town** (www.jazzgoestotown.cz).

## Sehenswertes in der Altstadt

Der **Velké náměstí**, der schöne „Große Platz“, wird zugleich als der größte Parkplatz der Stadt missbraucht, was ihm ein wenig Charme raubt. Pläne zu einer grundsätzlichen Umgestaltung gibt es seit Langem. Die Umsetzung wurde jedoch immer wieder verschoben, z. Z. d. Drucklegung war von 2016 bis 2018 die Rede. Wie dem auch sei: Wenn Sie Pech haben, verwandelt sich der Ort genau dann in eine große Baustelle, wenn Sie zu Besuch sind.

In der Mitte des lang gezogenen, sich verjüngenden Platzes steht eine knapp 20 m hohe Mariensäule, die nach der Pestepidemie 1717 errichtet wurde. Die Westseite des Platzes dominieren fünf Türme. Die zwei spätbarocken, weißen zieren seit 1787 das **Rathaus** (Radnice). Links davon erheben sich der Chor und die zwei Türme der **Hl.-Geist-Kathedrale** (Katedrální kostel sv. Ducha), ein gotischer Backsteinbau aus dem 14. Jh., wie er eher für Schlesien typisch ist. Die Kathedrale besitzt ein sehenswertes Triptychon mit Szenen aus dem Marienleben (um 1500) und ein Ge-

mälde des Hl. Antonius von Peter Brandl (ca. 1730). Etwas zurückversetzt, in der Mitte zwischen Kathedrale und Rathaus, ragt der imposante, mittlerweile ergraute **Weiße Turm** (Bílá věž) in den Himmel. Zwischen 1574 und 1580 wurde er aus weißem Sandstein als Wachturm erbaut. Seine Glocke ist zehn Tonnen schwer, seine Höhe wird – je nach Quelle – mit 74, 72, 68 oder 64 m angegeben. Auf jeden Fall besitzt er eine Aussichtsgalerie in luftiger Höhe. Bei der Uhr darunter zeigt übrigens kurioserweise der kleine Zeiger die Minuten und der große die Stunden an.

Die Bürgerhäuser auf der Nordseite des Platzes besitzen allesamt Arkadengänge. Das einzige Gebäude, das die historische Harmonie unterbricht, wurde 1911/12 von Osvald Polívka errichtet. Heute befindet sich darin das Museum der modernen Kunst (s. u.). Schräg gegenüber erhebt sich die barocke **Jesuitenkirche Mariä Himmelfahrt** (Kostel Nanebevzetí Panny Marie), die nach Plänen von Carlo Lurago in der zweiten Hälfte des 17. Jh. entstand. Auch sie beherbergt ein Gemälde von Peter Brandl, es zeigt den Hl. Ignatius (in der gleichnamigen Kapelle). Ein paar Häuser weiter westlich befindet sich die ehemalige **Bischofsresidenz** (Biskupská rezidence) aus dem frühen 18. Jh. mit einem Portal von Giovanni Santini (→ S. 491).

**Weißer Turm**, 2014 wegen Sanierungsarbeiten geschl., Wiedereröffnung noch 2015. **Kirchen**, i. d. R. nur zu Messen.

**Galerie moderního umění (Museum der modernen Kunst)**: 2016 soll hier nach Abschluss der Komplettsanierung der Galerie wieder tschechische Kunst des 20. Jh. gezeigt werden, und damit eine der besten Sammlungen des Landes. Vor der Schließung war das Erdgeschoss wechselnden Ausstellungen vorbehalten. Im ersten Stock zeigte man überwiegend Werke aus der Zeit um 1900, darunter Bilder von Jan Preisler (1872–1918) und Josef Čapek (1887–1945), Holzskulpturen von František Bílek (1872–1941) und Bronzereliefs von Vojtěch Sucharda (1866–1916). Im zweiten Stock wurden Werke von Realisten und Surrealisten gezeigt, zu den bedeutendsten Künstlern zählten hier Emil Filla (1882–1953) und Josef Šíma (1891–1971). Letzterer war Mitglied des 1920 gegründeten provokanten Künstlerbundes *Devětsil*, einer surrealistischen Avantgardegruppierung, die eine „neue proletarische Kunst" etablieren wollte. Einen weiteren Schwerpunkt der Galerie bildete die Kunst der Nachkriegszeit bis 1975, u. a. vertreten durch Werke von Mikuláš Medek (1926–1974), dessen Arbeiten lange Zeit von der Zensur auf den Index gesetzt waren. Ähnliches galt für weitere ausgestellte Werke diverser anderer Künstler, die einen Einblick in das künstlerische Schaffen zwischen 1975 und 1990 gewährten. Tschechische Gegenwartskünstler waren bislang leider nicht vertreten.

**Adresse/Öffnungszeiten**: Velké nám. 139–140. Die nach der Sanierung geltenden Öffnungszeiten und Eintrittspreise erfahren Sie unter www.galeriehk.cz.

## Sehenswertes rund um die Altstadt

Im Norden schließt heute der **Žižkovy sady** an die alte Festungsstadt Königgrätz an, eine kleine, freundliche Parkanlage. Reste der ehemaligen Stadtmauern sind noch zu sehen. Am Zusammenfluss von Labe und Orlice in südwestlicher Richtung erstreckt sich der **Jiráskovy sady**, ebenfalls eine Grünanlage. Dort steht eine Holzkirche, die man im 16. Jh. aus Ruthenien (in der heutigen Ukraine) nach Königgrätz brachte. Keine zehn Fußminuten weiter nördlich liegt direkt an der Elbe das monumentale und allein wegen seiner Räumlichkeiten sehenswerte **Ostböhmische Museum** (Muzeum východních Čech). Es wurde nach Plänen von Jan Kotěra zwischen 1909 und 1912 erbaut. Den Eingang zieren zwei sphinxähnliche allegorische Figuren, die Kunst und Gewerbe symbolisieren. Neben den für ein Regionalmuseum üblichen Abteilungen bereichern temporäre historische Expositionen sowie Architektur-, Kunst- und Designausstellungen das Programm.

Das Ostböhmische Museum entstand nach Plänen des Architekten Jan Kotěra

**Adresse/Öffnungszeiten**: **Ostböhmisches Museum**, Eliščino nábřeží 465. Tägl. (außer Mo) 9–17 Uhr. 1,80 €, erm. 0,80 €. www.muzeumhk.cz.

### Gočár & Co: Architektur in der Neustadt

Anfang des 20. Jh. wurde mit den Planungen der Neustadt auf grüner Wiese am gegenüberliegenden Ufer der Elbe begonnen. Es sollte eines der größten urbanen Projekte der Ersten Republik werden. Einer der leitenden Architekten war Josef Gočár (1880–1945). Als führender Vertreter der kubistischen Architektur wird er heute zu den Größen seiner Zunft gezählt; sein 1911/12 erbautes *Haus zur Schwarzen Madonna* (→ Prag, S. 93) fehlt in keinem Bildband zur Architektur des 20. Jh. Nach dem Ersten Weltkrieg kreierte er mit anderen Architekten einen neuen Baustil, den Rondokubismus (→ S. 60). Im Gegensatz zu Pavel Janák, der als der bedeutendste rondokubistische Architekt gilt, verzichtete Gočár bei seinen Bauwerken auf eine reiche plastische Ornamentik. In Hradec Králové entwarf Gočár u. a. den Schulkomplex *V Lipkách* (1925–28) an der gleichnamigen Straße, die schräg gegenüberliegende Hussitenkirche *Ambrož* (1926–27) und die *Poštovní Banka* (urspr. Anglo-Tschechoslowakische Bank, 1924–26) am Masarykovo náměstí, dazu diverse an den Platz grenzende Gebäude – sehenswert sind sie allesamt allerdings nur für speziell Interessierte. Diese aber können in Hradec Králové noch so manch weitere architektonische Überraschung entdecken, z. B. ein 1933 errichtetes mehrstöckiges funktionalistisches Parkhaus *(Palace garáže)* an der Průmyslova oder verschiedene Jugendstilbauten von Jan Kotěra (1871–1923) wie das *Ostböhmische Museum* und das nahe gelegene Bezirkshaus *Okresní Dům* (1903–1904) an der Palackého. Letzteres beherbergt heute das gleichnamige Hotel. Das Eckhaus links daneben, das Grand Hotel, ist ebenfalls ein Kotěra-Bau und war im Gegensatz zum Okresní Dům von Anfang an als Hotel entworfen.



## Umgebung von Hradec Králové

**Hrádek u Nechanic**: 12 km westlich von Hradec Králové liegt das Städtchen Nechanice und rund 2 km südöstlich davon, romantisch im Grünen, das rote, einer Plastikburg ähnelnde *Schloss* Hrádek u Nechanic (bestens ausgeschildert). Graf Franz Ernst Harrach ließ es zwischen 1841 und 1854 nach dem Vorbild englischer Herrensitze im Stil der Tudorgotik als Sommerresidenz errichten. Die diversen mit kostbaren Möbeln und Sammlungen aus aller Welt ausgestatteten Schlossräume kann man sich im Rahmen von Führungen anschauen. Je nachdem, welche Tour man wählt (große Trasse 80 Min., kleine 45 Min.), besichtigt man beispielsweise den Rittersaal mit Porträts der Harrach, die Waffensammlung, den Speisesaal oder die Bibliothek. Ein Teil des englischen Schlossparks mit altem Baumbestand ist heute ein Neun-Loch-Golfplatz.

**Verbindungen** Busse bis zu 10-mal tägl. von und nach Hradec Králové, sie halten direkt vorm Schloss.

**Öffnungszeiten** Schloss, April u. Okt. nur Sa/So 10–12 u. 12.30–16 Uhr, Mai/Juni u. Sept. Di–Fr 10–12 u. 12.30–16 Uhr, Sa/So 10–12 u. 12.30–17 Uhr, Juli/Aug. tägl. (außer Mo) 9–12 u. 12.30–17 Uhr. 4,40 €, erm. 2,20 €, 100 % Aufschlag für eine fremdsprachige Führung.

**Camping** Kemp Lodín, 3-Sterne-Platz bei einem Freibad im gleichnamigen Ort ca. 9 km nordwestlich des Schlosses. Etwas steril, aber sehr ordentlich. Restaurant in Laufnähe. Mai–Okt. 2 Pers. mit Zelt u. Auto 13,20 €, Chata für 4 Pers. 26 €. Lodín 99, PLZ 50315, ✆ 495445192, www.camplodin.cz.

# Jaroměř und Josefov

Jarmirn und Josefstadt

Jaroměř (12.500 Einwohner) liegt 18 km nördlich von Hradec Králové und ist eine auf den ersten Blick recht unübersichtliche und wenig attraktive Stadt. Das alte Zentrum aber, von der Europastraße 67 ausgeschildert, besitzt Charme. Mittelpunkt ist der lang gezogene, teils von Arkaden gesäumte **Marktplatz** mit einer Mariensäule von Matthias Bernhard Braun (1727). Die mit Abstand größte Sehenswürdigkeit Jaroměřs ist keine Kirche (auch wenn es zwei gotische gibt) und auch kein Schloss (Fehlanzeige), sondern ein ehemaliges Kaufhaus, das heute nach seinem Bauherrn benannte **Wenke-Haus**. Es liegt abseits des alten Zentrums an der stark befahrenen Husova (Nr. 295), zugleich die Straße nach Náchod. 1910/11 wurde es nach Plänen von Josef Gočár erbaut – eines seiner ersten vorsichtigen Experimente mit der kubistischen Architektur. Ein Stahlbetongerüst ermöglichte eine für damalige Zeiten revolutionäre Glasfront und neue Raumaufteilungen. Heute befindet sich im gekonnt restaurierten Gebäude das **Städtische Museum** (Městské muzeum), das neben kubistischen Möbeln und spannenden Fotos aus der „Kaufhaus-Zeit" auch Werke dreier Jarmirner Künstler zeigt: der Bildhauer Otakar Španiel (1881–1955) und Josef Wagner (1901–1957) sowie des Malers Josef Šíma (1891–1971).

## Die Schlacht bei Königgrätz

Am 3. Juli 1866 fand 10 km nordwestlich von Königgrätz eine der größten Schlachten des 19. Jh. statt. Es ging um die Vorherrschaft im Deutschen Bund. Den österreichischen Truppen mit 178.000 Mann, verstärkt durch 20.000 verbündete Sachsen, standen rund 221.000 preußische Soldaten gegenüber. Um 8 Uhr morgens begann die Schlacht, sieben Stunden später, nachdem weit über 40.000 Mann gefallen waren, gingen die Preußen unter Helmuth von Moltke als Sieger hervor. Königgrätz war einer der entscheidenden Schritte auf dem Weg zur Gründung des Deutschen Reiches (unter Ausschluss von Österreich) von 1871.

An die Schlacht erinnern heute mehrere Gedenksteine und weit verstreute Gräberfelder rund um das Dorf Chlum, die ein markierter Weg erschließt. Von einem Aussichtsturm (daneben eine Kneipe mit Biergarten) kann man auf die einstigen Schlachtfelder blicken. Ein Museum in unmittelbarer Nähe des Turms informiert über den Preußisch-Österreichischen Krieg und die Schlacht.

Von Hradec Králové fährt man Richtung Jičín und folgt dann der Beschilderung nach Chlum. **Museum**, April–Sept. tägl. (außer Mo) 9–17 Uhr, Okt.–März nur Sa/So 10–16 Uhr. 1,90 €, erm. 0,80 €. **Aussichtsturm**, April/Mai u. Sept. nur Sa/So 9–17 Uhr, Juni–Aug. tägl. (außer Mo) 9–17 Uhr, Okt. nur Sa/So 10–16 Uhr. 0,80 €, erm. 0,40 €. www.chlum1866.cz.

1 km südlich von Jaroměř, durch den Zusammenflusses von Elbe und Metují (Mettau) getrennt, liegt die in der zweiten Hälfte des 18. Jh. unter Kaiser Joseph II. erbaute Festungsstadt **Josefov**. Zusammen mit den Bollwerken Olmütz (Olomouc), Königgrätz (Hradec Králové) und Theresienstadt (Terezín) sollte sie die feindlichen Preußen von bösen Taten abhalten. Vom Aufbau ähnelt Josefov Terezín (→ S. 285), glücklicherweise teilt es jedoch nicht Theresienstadts traurige Geschichte während

des Dritten Reiches. Die Monotonie der heute leer und ärmlich wirkenden, schachbrettartigen Straßenzüge unterbricht eine riesige **Empire-Garnisonskirche** am Hauptplatz. In den ehemaligen Kasernen wohnen heute überwiegend Roma-Familien. Besuchen kann man u. a. die **Kasematten** (mit „Podzemí Pevnosti Josefov" ausgeschildert) und ein **Militärmuseum** (Vojenské muzeum). Zwischen Jaroměř und Josefov verkehren Busse, ansonsten läuft man ca. 20 Minuten zu Fuß.

**Verbindungen** **Busse** regelmäßig nach Hradec Králové, Dvůr Králové und Česká Skalice. **Züge** ebenfalls regelmäßig nach Hradec Králové und Česká Skalice.

**Öffnungszeiten** **Wenke-Haus in Jaroměř**, Di–Fr 9–17 Uhr, Sa/So 13–17 Uhr, Nov.–März jeweils nur bis 16 Uhr. 1,10 €, erm. die Hälfte, www.muzeumjaromer.cz.

**Kasematten in Josefov**, April u. Okt. nur Sa/So 9–12 u. 13–16 Uhr, Mai/Juni u. Sept. tägl. (außer Mo) 9–12 u. 13–17 Uhr, Juli/Aug. tägl. 9–12 u. 13–18 Uhr. Eintritt (Führung ca. 50 Min.) 2,20 €, erm. 1,50 €, www.pevnostjosefov.cz.

**Militärmuseum**, April u. Okt. nur Sa/So 9–16 Uhr, Mai/Juni u. Sept. tägl. (außer Mo) 9–16 Uhr, Juli/Aug. tägl. (außer Mo) 9–17 Uhr. 2,20 €, erm. 1,50 €.

Informationen zum **Babiččino údolí** (Großmuttertal) und zu **Česká Skalice** rund 15 km nordöstlich von Jaroměř bekommen Sie ab S. 215.

Ostböhmen → Karte S. 171

# Kuks

Kukus

**Das einstmals berühmte Kurbad mit biblischem Skulpturenpark, das sich sogar mit Karlsbad messen konnte, ist heute wieder ein Dorf. Wer hierher kommt, will sich die Reste der barocken Pracht anschauen.**

Kuks liegt zwischen Jaroměř und Dvůr Králové am Elbufer. Franz Anton Graf von Sporck (1662–1738), ein Kunstliebhaber und ungewöhnlicher Aristokrat zwischen Barock und Aufklärung, ließ es nach der Entdeckung der hiesigen Heilquelle zwischen 1694 und 1730 als private Kuranlage erbauen. Am Nordufer der Elbe entstanden die Bäderanlagen, die Kurhäuser, ein Theater mit Konzertsaal, die Wirtschaftsgebäude, Holzhäuser für die Bediensteten und ein Schloss für den Grafen. Das Südufer wurde mit einem Klosterspital der Barmherzigen Brüder samt Dreifaltigkeitskirche, einem Spitalgarten sowie einer kuriosen, von 40 steinernen Zwergen gesäumten Rennbahn versehen. Die Blüte des Kurortes, der sogar Karlsbad Konkurrenz machte und gerne von Johann Sebastian Bach aufgesucht wurde, war aber nur von kurzer Dauer. 1740 trat die Elbe über die Ufer und zerstörte nicht nur die meisten Gebäude, sondern ließ auch die Quelle für immer versiegen. Das Schloss des Grafen wurde 1901 abgerissen, nur der Treppenaufgang erinnert daran – er endet heute mehr oder weniger im Nichts.

Erhalten blieb das höher gelegene, überaus sehenswerte **Klosterspital** mit der **Dreifaltigkeitskirche**, die nach Entwürfen von Giovanni Battista Alliprandi entstand. Ein **Zyklus barocker Statuen** von Matthias Bernhard Braun (s. u.) schmückt die Terrasse davor. Westlich der Kirche (steht man vor ihr, rechts) führen die Statuen der *Zwölf Laster* zum *Engel des schmerzvollen Todes,* auf der anderen Seite die *Zwölf Tugenden* zum *Engel des gesegneten Todes.* Direkt vor der Kirche (in der Mitte) stehen die *Acht Seligkeiten* in einem Halbkreis. Durch das Klosterspital werden Führungen angeboten. Dabei besichtigt man auch die Kirche, eine Barockapotheke

Die Dreifaltigkeitskirche von Kuks schmücken Statuen des Barockkünstlers Matthias Bernhard Braun

(Ausstellung zur Geschichte der Pharmazie) und das Lapidarium mit weiteren Arbeiten Brauns.

Im vergessenen Abseits 3 km Luftlinie westlich von Kuks liegt der **Skulpturenpark Betlém** (Bethlehem), zusammen mit Kuks UNESCO-Welterbe-Anwärter. Den Namen erhielt die bizarre Stätte mitten in einem Birkenwald von Statuengruppen wie *Die Ankunft der drei Weisen aus dem Morgenland* oder *Christi Geburt*. Aber nicht nur christliche Motive sind vorhanden. Dazwischen kriecht auch der wenig bekannte ägyptische Eremit Darnius aus seiner Höhle. Geschaffen wurde der Figurenpark von Matthias Bernhard Braun (1684–1738) aus frei stehenden Felsblöcken. In Rom lernte der Tiroler Bildhauer sein Handwerk und das italienische Formenvokabular, in Graf Sporck fand er seinen Mäzen. Ob Sporck Einfluss auf die Motivauswahl nahm oder ob er Braun freie Hand ließ, ist unbekannt. Vermutet wird auf jeden Fall, dass das Areal eine Art Mausoleum für Sporck werden sollte, der damit seiner Bestattung durch die Jesuiten entgehen wollte. Denn der Freigeist finanzierte den Druck von theologischen, philosophischen, medizinischen und astronomischen Werken und geriet dadurch immer wieder in Clinch mit den Jesuiten, denen die Zensur oblag. Letztendlich wurde Sporck in der Krypta der Dreifaltigkeitskirche von Kuks bestattet. Ein paar Wochen früher starb Matthias Bernhard Braun – wie viele Bildhauer jener Zeit an einer Staublunge.

**Verbindungen** In Kuks halten die meisten **Busse** zwischen Hradec Králové und Dvůr Králové. Der Skulpturenpark ist ab Kuks mit „Braunův Betlém" ausgeschildert. Vom Parkplatz noch 5 Min. zu Fuß.

**Öffnungszeiten** **Ehemaliges Kurbadgelände**, 2014 war das Areal wegen Restaurierungsarbeiten geschl. Die Wiedereröffnung war für Sommer 2015 geplant. www.hospital-kuks.cz.

Am **Skulpturenpark** gibt es zwar ein Kassenhäuschen, dieses ist jedoch nie besetzt.

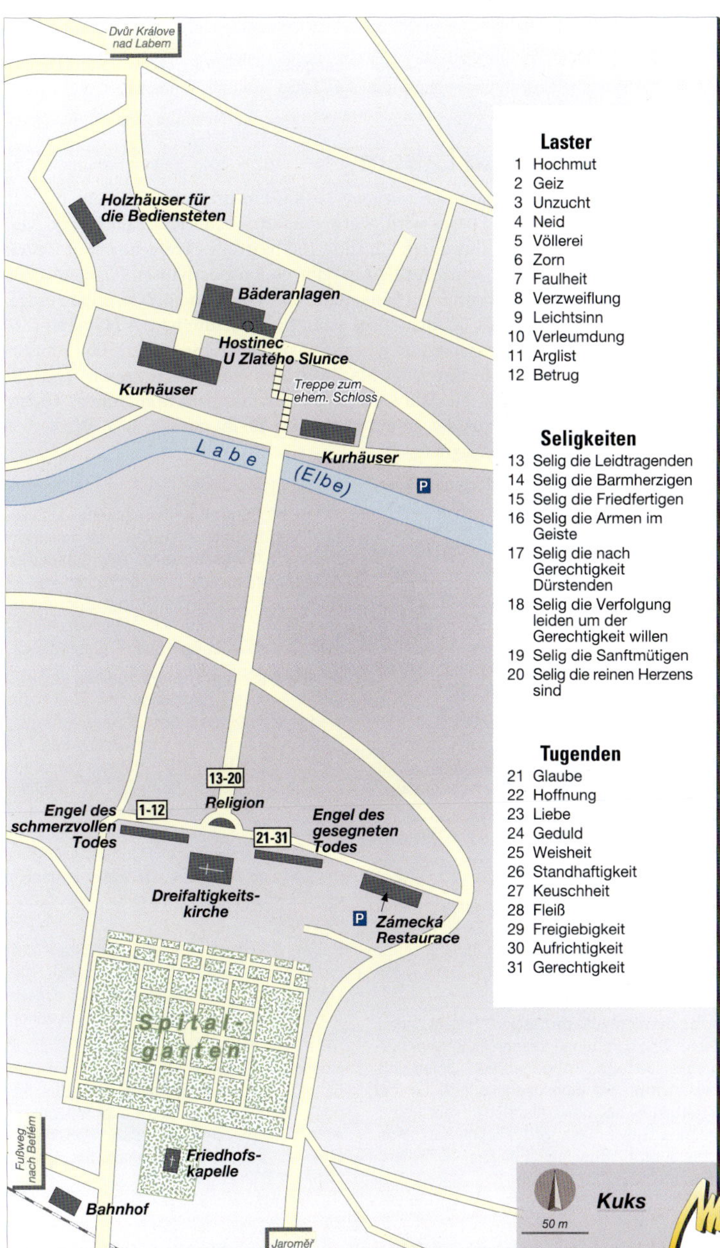


Ostböhmen → Karte S. 171

**Essen & Trinken** **Hostinec U Zlatého Slunce**, historisches Lokal in den alten Gassen von Kuks, von Graf von Sporck 1699 gegründet. Rustikaler Saal (Nichtraucher) mit konventioneller tschechischer Küche zu 3,50–10 €. Dazu *Krakonoš*-Bier aus dem Riesengebirge. Mo/Di geschl., Okt.–März nur Fr/Sa/So. ✆ 608352734 (mobil).

## Dvůr Králové nad Labem

Königinnenhof an der Elbe

Die 13 km nördlich von Jaroměř gelegene 16.000-Einwohner-Stadt steht für den größten **Zoo** des Landes. Dieser wird – etwas übertrieben– als „Safari-Park" vermarktet, da man mit dem Bus durch ein rund 100 ha großes Freigehege mit Zebras und Antilopen kutschiert wird. Außerdem gibt es Raubtierhäuser, Tropenhäuser usw. Insgesamt sollen hier rund 850 Säugetiere, 600 Vögel und 400 Reptilien eingesperrt sein. Die Stadt selbst ist nicht allzu attraktiv. Zentrum ist der **Náměstí T. G. Masaryka** mit einer Mariensäule und einem Renaissancerathaus. Fünf Fußminuten nördlich des Zentrums informiert das **Stadtmuseum** (Městské muzeum) über die Geschichte Dvůr Královés als Witwensitz der böhmischen Königinnen, zudem wird tschechische Kunst aus der ersten Hälfte des 20. Jh. gezeigt, u. a. Werke von Otto Gutfreund und Josef Wagner.

**Information** **Městské informační centrum**, Nám. T.G. Masaryka 2. Juni–Sept. Mo–Fr 8–17 Uhr, Sa 8–12 u. 12.30–15 Uhr, So 9–13 Uhr, sonst Mo–Fr 8–17 Uhr, Sa 9–13 Uhr, So geschl. ✆ 499321742, www.dvurkralove.cz.

**Verbindungen** Busbahnhof ca. 300 m südöstlich des Zentrums, gute **Busverbindungen** nach Hradec Králové und Trutnov. Der Bahnhof liegt weit außerhalb.

**Öffnungszeiten** **Zoo**, Mai–Sept. tägl. 9–18 Uhr, im Winter 9–16 Uhr. 7,20 €, erm. 5,50 bzw. 1,90 € (Kinder bis 4 Jahre). Juli/Aug. zudem 19.30–21.30 Uhr Nachtsafaris per Bus. www.zoodvurkralove.cz.

**Stadtmuseum**, Sladkovského 530; vom Hauptplatz der Palackého rechts an der Kirche vorbei folgen, am Ende der Straße rechts ab, nach ca. 150 m rechter Hand. Mai–Sept. tägl. (außer Mo) 9–12 u. 13–17 Uhr, Okt.–April Di–Fr nur bis 16 Uhr, Sa/So nur 13–17 Uhr. 1,50 €, erm. 0,75 €. www.muzeumdk.cz.

**Übernachten/Camping** *** **Hotel Safari**, beim Zoo. Um einen kleinen Außenpool gebaute Anlage. Angenehme Unterkunft, auch wenn die Einrichtung der 30 Zimmer (Tierbilder an den Wänden) nicht jedermanns Geschmack trifft. Parken kostenlos, Restaurant, Bowling. EZ 75 €, DZ 100 €. Štefánikova 1029, PLZ 54401, ✆ 499628255, www.hotelsafari.cz.

**** **Hotel Central**, am Hauptplatz. 13 ziemlich bieder und einfallslos eingerichtete Zimmer. Angeschlossen ein Restaurant und eine preiswerte Pension *(ubytovna)*. Im Hotel EZ 37 €, DZ 45 €, in der Pension DZ ohne Bad 19 €. Nám. T. G. Masaryka 6, PLZ 54401, ✆ 499622739, www.hotelcentraldknl.cz.

**Safarikemp**, der Campingplatz schließt direkt an das Zoogelände an. Eher klein, wenig Schatten, schöner Pool. Fahrradverleih, Kinderspielplatz. Vermietet werden zudem 10 Zimmer in 5 Bungalows (separater Zugang zu jedem Zimmer) im „afrikanischen Stil" mit Terrassen und Blick auf freilaufende Antilopen. Die Bungalows sollte man zeitig reservieren. Ganzjährig. 2 Pers. mit Zelt und Auto 25 €, DZ 102 €. Štefánikova 1029, PLZ 54401, ✆ 499421839, www.safarikemp.cz.

**Essen & Trinken** **Restaurant Stará radnice**, direkt am Marktplatz. Querbeet-Speisekarte mit Nudeln, Schnitzel und Steaks. Schöne Terrasse, innen recht altbacken. Hg. 3–7 €. ✆ 777244411 (mobil).

**Hostinec Rudolfa III.**, in Zoonähe und daher ideal zur Einkehr nach einer Besichtigung. Gepflegt-rustikales Lokal mit böhmischer Küche der mittleren Preisklasse. Ebenfalls netter Außenbereich. Štefánikova 2426, ✆ 499321751.

Weiter Richtung **Jičín**, dem Tor zum Böhmischen Paradies? → S. 234.

# Trutnov

Trautenau

17 km nördlich von Dvůr Králové liegt die 30.800 Einwohner zählende Industriestadt Trutnov. Einst war die Textilbranche der größte Arbeitgeber, heute ist es die Elektro- und Chipindustrie (am Ortsrand steht u. a. ein Werke von *Siemens VDO*). Bei der Anfahrt lassen riesige Plattenbauviertel z. T. nichts Gutes erwarten. Der alte Kern aber ist hübsch, auch wenn er über keine bedeutenden Sehenswürdigkeiten verfügt. Der zentrale Platz mit Pestsäule und Rübezahlbrunnen nennt sich **Krakonošovo náměstí**. Er ist von Arkadengängen umgeben, in denen Cafés untergebracht sind. Auch die Gassen drum herum zieren Laubenhäuser mit einigen recht schicken Läden. Dank guter Unterkünfte und Restaurants eignet sich Trutnov als angenehmer Standort zur Erkundung des nördlichen Ostböhmens.

In der Gasse Školní nördlich des Marktplatzes befindet sich das in einem Empirepalais untergebrachte **Museum des Riesengebirgsvorlandes** (Muzeum Podkrkonoší). Viele Exponate erinnern an jene Zeit, als drei Viertel der Einwohner Trautenaus noch deutschsprachig waren. Das Museum beleuchtet zudem die Schlacht bei Trautenau am 27. Juni 1866 während des Preußisch-Österreichischen Krieges. Hier trugen die österreichischen Truppen den Sieg davon, sechs Tage später in der entscheidenden Schlacht bei Königgrätz (→ S. 186) aber die Preußen.

Ostböhmen → Karte S. 171

## Basis-Infos

**Information** Turistické informační centrum, am Marktplatz, ✆ 499818245, www.ictrutnov.cz. Mitte Juni bis Mitte Sept. Mo–Fr 9–18 Uhr, Sa 9–15 Uhr, So 9–12 Uhr, sonst Mo–Fr 9–17 Uhr, Sa 9–12 Uhr, So geschl.

**Verbindungen** Busbahnhof ca. 600 m nördlich des Zentrums am Südufer der Úpa, Bahnhof schräg gegenüber am Nordufer. Bis zu 7-mal tägl. **Busverbindungen** nach Pec pod Sněžkou und Broumov, regelmäßig nach Dvůr Králové und Hradec Králové. Regelmäßige **Zugverbindungen** nach Jaroměř und Chlumec nad Cidlinou, bis zu 5-mal tägl. nach Adršpach und Teplice nad Metují.

**Ärztliche Versorgung** Krankenhaus an der Maxima Gorkého 77 östlich des Zentrums. ✆ 499866111, www.nemtru.cz.

**Öffnungszeiten** Museum, tägl. (außer Mo) 9–12 u. 13–17 Uhr. 1,10 €, erm. 0,40 €. www.muzumtrutnov.cz.

**Parken** Mehrere große, ausgeschilderte Parkplätze rund ums Zentrum.

**Veranstaltungen** In der zweiten Augusthälfte steht alljährlich ein großes alternatives **Open-Air-Festival** auf dem Programm (www.festivaltrutnov.cz), Anfang Sept. ein **Jahrmarkt**.

## Übernachten/Camping/Essen & Trinken

→ Karte S. 193

**Übernachten** Hotel Krakonoš **3**, gehört zur hiesigen Brauerei, daher auch mit netter angeschlossener Brauereigaststätte (s. u.). In der Brauerei selbst verdingte sich Anfang der 1970er übrigens auch Václav Havel. 18 freundliche, solide möblierte Zimmer. EZ 35 €, DZ 52 €. Barvířská 41, PLZ 54101, ✆ 499819190, www.hotel-krakonos.cz.

*** **Grand Hotel** **5**, am Marktplatz. 2014 wurde das Traditionshaus komplett renoviert, seitdem präsentiert es sich in frischen Farben. Die Zimmer sind okay, aber nicht überragend. Nettes Café. Das Restaurant rühmt sich, nur frische Produkte zu verwenden, auch Bio-Fleisch steht auf der Karte. EZ ab 34 €, DZ ab 54 €. Krakonošovo nám. 120, PLZ 54101, ✆ 499941072, www.glhotel.cz. ■

**** **Hotel Adam** **6**, ordentliches Haus in absolut zentraler Lage. Zimmer ohne Char-

Trutnov: historische Stadt mit Flair

me, eigene Parkplätze vorm Haus (5,50 €/Tag). Restaurant (s. u.), Sauna. EZ ab 33 €, DZ ab 45 €, Frühstück 3,70 € extra. Havlíkčova 10, PLZ 54101, ✆ 499811955, www.hotel-adam.cz.

**Penzion Pohoda 2**, eine empfehlenswerte Unterkunft in Marktplatznähe. 6 Zimmer mit Bad und Kühlschrank sowie 5 Apartments mit komplett ausgestatteten Küchen, alle modern und freundlich eingerichtet. Restaurant. Zuvorkommendes englischsprachiges Personal. DZ ab 36 €, Apartments ab 40 €. Horská 7, PLZ 54101, ✆ 499815425, www.penzionpohoda.com.

**Camping** **Camping Dolce Vita**, von der Straße 16 Richtung Jičín/Prag ausgeschildert, ca. 5 km außerhalb des Zentrums. Großer, gepflegter 4-Sterne-Platz an einem Badesee. Feuerstelle, anständiges Restaurant, Tennis- und Minigolfplatz, Radverleih etc. Ganzjährig. 2 Pers. mit Zelt u. Auto 10 €, in der Hütte (mit und ohne Bad) ab 21 €/Pers. Oblanov 37, PLZ 54101, ✆ 499828555, www.camp-dolce.cz.

**Restaurants** **Restaurace Nová Radnice 4**, im Rathausgebäude an der Horská, mit netter Sommerterrasse zum Peoplewatching. Beliebtes rustikales Restaurant mit Grillspezialitäten und einigen modern interpretierten Regionalspezialitäten. Hg. 4–10 €. ✆ 776886674 (mobil).

**Babiččina zahrádka – Le Jardin de Grand-Mère 5**, neues, dem Hotel Adam (s. o.) angegliedertes Restaurant. Die Küchenchefin ist Französin, was man der ambitioniert klingenden Speisekarte ansieht. Hg. 7–12 €. ✆ 737043978 (mobil).

**Restaurant Krakonoš 3**, zum gleichnamigen Hotel gehörend (s. o.). Brauereigaststätte mit gepflegter Bierhalle und zünftigem Biergarten. Im Ausschank sind zwei helle, ein dunkles und ein ungefiltertes *Krakonoš*-Bier. Dazu die böhmischen Standards, aber auch Wildgulasch oder Hirschsteak zu 4–12 €.

**Café** »» Unser Tipp: **Kafírna 1**, süßes, alternatives Café mit Möbeln vom Trödler. Man kann in Zeitschriften (auch deutschen) stöbern. Hervorragender Kaffee, Gebäckstücke, angenehme Musik, nettes Personal, sehr entspannt und gemütlich. Kleiner Hof. Nur Mo–Fr 8–19 Uhr. Spojenecká 61. ««

**Janské Lázně** (→ S. 205) und **Pec pod Sněžkou** (→ S. 205) sind die von Trutnov nächstgelegenen Ziele im Riesengebirge. Nach Osten bieten sich Ausflüge zur **Adersbach-Weckelsdorfer Felsenstadt** (→ S. 208) im Braunauer Land an.

Die Schneekoppe mit der Wiesenbaude im Vordergrund

# Riesengebirge

Krkonoše

**Die Heimat Rübezahls (tschech. Krakonoš) ist eine der meistbesuchten Regionen des Landes. Dafür sorgen v. a. die Wintersportzentren Špindlerův Mlýn und Harrachov. Aber ganz so riesig, wie es der Name vermuten lässt, ist das Grenzgebirge zu Polen nicht.**

Vor allem die englische Übersetzung wirkt übertrieben: *Giant Mountains.* Der Gebirgszug ist nämlich gerade mal 40 km lang und 20 km breit und steigt von rund 400 m auf lediglich 1600 m an; der höchste Berg ist die *Schneekoppe (Sněžka),* die noch 2 m mehr misst. Ungefähr zwei Drittel des Gebirges liegen auf tschechischer Seite, der Rest gehört zu Polen. Oft sind die Gipfel wolkenverhangen und die Täler im Nebel versunken. Es regnet viel. Und das, was jahrzehntelang herunternieselte, war sauer. Noch Mitte der 1990er mussten zigtausend Hektar kranker Wald gerodet werden. So präsentiert sich das Riesengebirge am schönsten im Winter, wenn die kahlen Höhen unter einer weißen Pracht versunken sind.

Der Raubbau an der Natur hat im Riesengebirge Tradition. Bereits im 14. Jh., als die ersten Bergwerke eröffnet wurden, begann man, die Wälder zu roden. Das Holz wurde für den Bau der Stollen und zur Aufbereitung der Erze in den Hütten benötigt. Baumstämme aus dem Riesengebirge wurden zudem über die Elbe, die hier entspringt, bis nach Kolín geflößt und von dort über Land nach Kuttenberg (Kutná Hora) gebracht. Dort dienten sie als Stützbalken zur Sicherung der Silberminen und als Brennmaterial zum Schmelzen des edlen Metalls. Auch die Glashütten und die Köhler nutzten die Wälder des Riesengebirges als Rohstofflieferanten. Man schätzt, dass im 16. Jh. rund 35.000 $m^3$ Holz jährlich gerodet wurden. Zu Anfang des 17. Jh. waren die Hänge schon so kahl geschlagen, dass viele Holzhauersiedlungen aufgegeben bzw. ins Adlergebirge verlegt wurden. Die gerodeten Hänge ermöglichten jedoch fortan eine Weidewirtschaft, die von Kolonisten aus der Steiermark und Tirol betrieben wurde. Es entstanden die ersten Bauden (ursprünglich Hütten für Viehhirten). Zum Schutz (z. B. vor Lawinen) wurden Teile der einstigen Wälder mit Fichtenmonokulturen aufgeforstet. In den Tälern hingegen entdeckte man die Leinenweberei als neuen Wirtschaftszweig; sie boomte im 18. Jh. Doch dann kam die industrielle Tuchproduktion und mit ihr der Niedergang der heimarbeitenden Weber. Ihren Aufstand 1844 verarbeitete der spätere Literaturnobelpreisträger Gerhart Hauptmann (1862–1946), der seit 1901 u. a. in Agnetendorf (heute Jagniątków im polnischen Teil des Riesengebirges) wohnte, in seinem Drama *Die Weber*, dessen schlesische Urfassung *De Waber* hieß. Schlesische Mundart spricht heute niemand mehr, fast die gesamte Bevölkerung des Riesengebirges wurde nach dem Zweiten Weltkrieg vertrieben. An die deutsche Vergangenheit der Orte erinnert hier und da nur noch ein Denkmal für die Opfer des Ersten Weltkriegs, in Harrachov z. B. steht ein solches nahe der Touristeninformation.

Heute lebt man im Riesengebirge in erster Linie vom Fremdenverkehr. Aber Achtung: Von Ende Ostern bis Mitte Mai und von Ende Oktober bis Anfang Dezember sind viele Unterkünfte geschlossen. Hochsaison ist im Winter, die Übernachtungspreise erreichen dann v. a. in Spindlermühle alpenländisches Niveau.

Ostböhmen → Karte S. 171

### Winter- und Sommersport im Riesengebirge

Der extrem hohe Niederschlag beschert relative Schneesicherheit, im Winter sind Schneehöhen von bis zu 3 m nicht selten. Für den alpinen **Skisport** stehen ca. 30 Seilbahnen und weit über 100 Schlepplifte zur Verfügung. Größere zusammenhängende Skiareale wie in den Alpen gibt es jedoch nicht. Langläufer finden rund 500 km Loipen vor, die alle Ortschaften des Riesengebirges miteinander verbinden.

Im Sommer kommt man zum **Wandern**. Es existieren rund 800 km markierte Wege, auch grenzüberschreitende (Personalausweis nicht vergessen!). In den Touristeninformationen liegen kostenlose Broschüren mit Routenbeschreibungen aus, der Kauf einer Wanderkarte ist dennoch ratsam. Das Faltblatt *Besucherordnung des Nationalparks Krkonoše* gibt zudem u. a. Auskunft darüber, wo Sie Preisel- oder Blaubeeren pflücken dürfen und wo nicht. Bevor Sie zu Kammtouren aufbrechen, erkundigen Sie sich nach dem Wetter! Wetterumschwünge können gefährlich sein.

Das Riesengebirge eignet sich auch hervorragend zum **Mountainbiking**, es gibt mehrere hundert Kilometer ausgeschilderte Wege, Infos dazu auf www.cykloserver.cz. Zudem existiert ein **Cyklobussystem** (www.krkonose.eu), das den Radtransport einschließt und damit auch Touren ermöglicht, bei denen Start- und Zielpunkt nicht identisch sind. So können Sie z. B. eine Radtour von Harrachov nach Pec pod Sněžkou unternehmen und am späten Nachmittag von dort mit dem Bus zurückfahren.

## Harrachov

Harrachsdorf

Der 700 m ü. d. M. und 3 km südlich der polnischen Grenze gelegene Ferienort ist das touristische Zentrum des westlichen Riesengebirges. Er zählt rund 1500 Einwohner und etwa die vierfache Zahl an Gästebetten. Zugleich ist Harrachov der international bekannteste Ort des gesamten Gebirgszugs. Das hat einzig und allein mit dem **Skispringen** zu tun. Immer wieder finden hier Weltcups statt und etwa alle zehn Jahre eine Weltmeisterschaft (zuletzt 2014). Den Skispringern zuzusehen, auch wenn es nur die Knirpse beim Training sind, ist ein eindrucksvolles Erlebnis (Rekordweite 214,5 m!). Die Schanzen liegen am Harrachsdorfer Hausberg, dem *Čertova hora* (Teufelsberg, 1020 m), wo auch alpiner Skisport betrieben wird. Im Sommer bringt der Sessellift Wanderer hinauf.

Schön ist Harrachov nicht unbedingt: Das Ortsbild ist zerrissen, gleicht eher einem Straßendorf, hinzu kommen schreiend bunte Reklameflächen und das „Billig-Schnaps-und-Zigaretten"-Ambiente der tschechischen Grenzstädte. Verglichen mit Špindlerův Mlýn oder Pec pod Sněžkou ist Harrachov daher eher die dritte Wahl. Aber auch von Harrachov lassen sich im Sommer schöne Ausflüge unternehmen (s. u.), zudem gibt es hier den einzigen Golfplatz im Riesengebirge und eine Mikrobrauerei (→ Essen & Trinken). Sie gehört zur **Glashütte Novosad** (Sklárna Novosad), einem orangefarbenen Gebäudekomplex mit **Glasmuseum** (Muzeum Skla) und -verkaufsstelle. Der Komplex befindet sich nahe der mit einer gläsernen Glocke aus dem Jahr 1910 ausgestatteten **St.-Elisabeth-Kapelle** (Kaple sv. Alžbeta) am westlichen Ortseingang. Am anderen Ende von Harrachov kann man schließlich noch ein **Bergbaumuseum** (Hornické muzeum) besuchen und in einen Stollen hinabsteigen. Die **St.-Wenzels-Kirche** (Kostel sv. Václav) im Zentrum dazwischen besitzt einen mit reichlich Glas verzierten Hochaltar.

## Basis-Infos

**Information** **Turistické informační centrum**, zentral an der Hauptstraße (Harrachov 150), ausgeschildert. Mo–Fr 9–12 u. 13–17 Uhr, Sa/So 9–13 Uhr. ✆ 481529600, www.info.harrachov.cz.

**Verbindungen** Bis zu 8-mal tägl. **Busse** über Tanvald nach Jablonec nad Nisou, 4-mal nach Prag und Turnov, regelmäßig nach Rokytnice.

Bahnhof weit, weit außerhalb (im Westen des Ortes dem roten Wanderweg folgen). Die **Zugfahrt** nach Tanvald (bis zu 7-mal tägl.) ist dafür ein schönes Erlebnis, im Sommer finden zuweilen Fahrten mit historischen Zügen statt. In Tanvald bestehen Umsteigemöglichkeiten Richtung Liberec und Železný Brod.

**Bierbad** In der **Brauerei Novosad** (→ Essen & Trinken). 1 Std. im Gerstensaft plantschen 26 €, 1 Std. zu zweit (= „Lovestory privat") inkl. „Relaxphase" und 2 kleinen Bieren stolze 58 €. www.sklarnaharrachov.cz.

**Golf** **Golf Club Harrachov**, von der E 65 ausgeschildert. Weitläufig angelegter 9-Loch-Platz, 60 PAR. Greenfee 15–23 €. ✆ 728638474 (mobil), www.golf-harrachov.cz.

**Radverleih** Unter anderem über die **JPK-Skischule** an der Durchgangsstraße. Ab 9 €/Tag. ✆ 481529635, www.jpk.cz.

**Rodelbahn** Die Harrachsdorfer Rodelbahn *(bobová dráha)* ähnelt der von Špindlerův Mlýn (→ S. 201). 3,30 €/Fahrt. Ausgeschildert. www.bobovka.cz.

**Skifahren/Snowboarden** Mehrere Areale, am besten am Čertova hora. Infos unter www.skiareal.com.

**Öffnungszeiten** **Glasmuseum**, tägl. 9–17 Uhr. 1,50 €, inkl. fremdsprachiger Fabrikführung 6,60 €, erm. 4,40 €. www.sklarna harrachov.cz.

**Bergbaumuseum**, Mai–Sept. tägl. (außer Mo) 9–15.30 Uhr, So bis 14 Uhr. 1,10 €, mit Stollenführung (45–60 Min., dt. Text verfügbar) 3,70 €, erm. die Hälfte. www.hornicke-muzeum.eu.

## Übernachten/Camping/Essen & Trinken

**Übernachten** Die Höchstpreise werden im Winter verlangt, die Preisstaffelung ähnelt der von Špindlerův Mlýn, siehe dort.

*** **Sport Hotel Pomi**, nur ca. 100 m vom Sessellift auf den Čertova hora entfernt. Zimmer und Apartments mit massivem

Mobiliar und der Sterneanzahl entsprechendem Komfort, viele mit Balkon. Sauna, Whirlpool, Skiverleih und Skischule. DZ je nach Saison 32–80 €. Harrachov 646, PLZ 51246, ✆ 481528060, www.hotel-pomi.cz.

**Pension Roubenka**, relativ neues Haus an der Hauptstraße. 5 sachlich, aber angenehm eingerichtete Zimmer mit Kiefernholzmobiliar und Du/WC. Gemeinschaftsküche, Sauna, Restaurant mit solider Hausmannskost. Je nach Saison 20–30 €/Pers. Harrachov 253, PLZ 51246, ✆ 739212502 (mobil), www.roubenka-harrachov.cz.

**Pension Encián**, etwa 5 Gehmin. vom Zentrum entfernt, schön am Waldrand gelegen. Rustikal-gemütliches Haus im Alpenhütten-Stil, Zimmer mit Holzbalkendecken. Sauna, Terrasse mit kleinem Pool, Gemeinschaftsküche, eigene Garagen. Je nach Saison 17–30 €/Pers. Anenské údolí 358, PLZ 51246, ✆ 481529388, www.pensionencian.cz.

**Pension U studny**, an der Durchgangsstraße im Zentrum. Großzügige Zimmer mit guten Bädern und Laminatböden. Angenehmes Restaurant mit deftiger böhmischer Küche im EG. Netter Frühstückssalon mit kleiner Terrasse. DZ je nach Saison 32–46 €. Harrachov 407, PLZ 51246, ✆ 481529607, www.pensionustudny.cz.

**Camping** **Camping Jískra**, gepflegter, komfortabler und schattiger Platz. Ein Nachteil ist die Lage direkt an der E 65 nach Polen – zum Glück nur selten Schwerverkehr. Tennisplatz, Tischtennis, Radverleih, Waschmaschine. Ganzjährig. 2 Pers. mit Zelt u. Auto 12 €, Chata für 2 Pers. 18 €, für 4 Pers. mit Du/WC 37 €. Harrachov 257, PLZ 51246, ✆ 481529536, www.camp.harrachov.cz.

**Essen & Trinken** **Minipivovar Novosad**, am westlichen Ortseingang neben der Glashütte. Ziemlich steriles Restaurant mit Bierkesseln und Blick auf die Glasöfen. Zu essen gibt es die böhmischen Klassiker, Hg. 4–7,50 €. ✆ 481529395.

**Restaurace Praha**, zentral an der Durchgangsstraße. Von innen viel schöner als von außen – ein Riesengebirgsoriginal. Urgemütliche Bierschwemme mit derbem Holzboden und trinkfreudigem einheimischem Publikum. Günstige böhmische Küche, lecker die Grillspezialitäten im Sommer. Draußen überdachte Terrasse. ✆ 776643882 (mobil).

**Bierstube Formanka**, dem Hotel Karolina angeschlossen. Urige Atmosphäre mit knarrenden Dielenböden und altem Krempel an den Wänden – nicht zu verwechseln mit dem Restaurant im gleichen Gebäude, einer charakterlosen Busgruppenabsteige. Nur Snacks und Bier zu Touristenpreisen. Am westlichen Ortseingang nahe der Glashütte.

**Restaurant Terassa**, modern gestaltetes Bar-Restaurant an der Durchgangsstraße. Nette Terrasse, kleiner Kinderspielplatz. Die Speisekarte bietet von allem ein bisschen – Pizza, Salate, Nudeln, Steaks, Böhmisches, Fisch. Hg. 4–14 €. Harrachov 378, ✆ 777577972 (mobil).



# Umgebung von Harrachov

**Tal der Mumlava (Mummel)**: Durch Harrachov fließt der Gebirgsbach Mumlava. Sein Quellgebiet liegt rund 6 km weiter östlich nahe dem der Elbe. Ein blau markierter Wanderweg führt am wildromantischen Bachtal entlang, vorbei an einem Wasserfall gelangt man schließlich zur Quelle. Von dort kann man weiter zur Elbquelle und nach Špindlerův Mlýn (→ S. 200) wandern.

**Rokytnice nad Jizerou (Rochlitz an der Iser)**: Der sich ewig hinziehende, 5 km Luftlinie südlich von Harrachov gelegene Ort war lange Jahre in ein geradezu deprimierendes Grau gehüllt. Mittlerweile tut sich endlich etwas, und die eine oder andere Fassade strahlt in freundlich-frischer Farbe. Nordöstlich des Ortes erhebt sich der Lysá hora (1344 m), der „Kahlberg", was das Aussehen des Gipfels passend beschreibt. Hinauf bringt einen der längste Sessellift des Landes (auch im Sommer), hinunter saust man auf den längsten Pisten Tschechiens. Übernachtungsmöglichkeiten bestehen in schlichten Hotels und Pensionen, dazu werden Privatzimmer angeboten.

**Verbindungen** **Busse** 3-mal tägl. nach Vrchlabí, regelmäßig nach Harrachov.

**Skifahren/Snowboarden** Es gibt in der Region an die 30 Lifte, mehr dazu auf www.rokytnice.com.

Informationen zu Zielen im **Isergebirge**, das sich westlich an das Riesengebirge anschließt, bekommen Sie ab S. 256. **Liberec**, das über **Jablonec nad Nisou** (→ S. 255) zu erreichen ist, wird ab S. 247 behandelt.

# Vrchlabí

Hohenelbe

Das 12.600 Einwohner zählende Städtchen an der Elbe ist das wirtschaftliche und administrative Zentrum des Riesengebirges. Nahezu alle wichtigen Einrichtungen liegen an der kilometerlangen Krkonošská, der Durchgangsstraße. So etwas wie das Zentrum bildet der Náměstí T. G. Masaryka, ein unauffälliger, aber weiter Platz westlich der Straße. An ihn grenzen ein kleines Shoppingcenter und ein weiß-rotes, viertürmiges Schlösslein. Mitte des 16. Jh. ließ es Christoph von Gendorf erbauen, der aus Hohenelbe eine Bergmannstadt machte. Heute ist es Sitz des Stadtamtes.

Die Krkonošská wird von einer Reihe traditioneller, arkadengeschmückter Giebelhäuser gesäumt, wie sie einst typisch für die Orte der Region waren. Sie besitzen einen gemauerten Unter- und einem gezimmerten Aufbau. In einem ca. 300 m nördlich des Náměstí T. G. Masaryka gelegenen Ensemble aus drei dieser volkstümlichen Bauten befinden sich heute das **Infozentrum des Nationalparks Riesengebirge** (Správa Krkonošského národního parku informační středisko) und ein Ableger des **Riesengebirgsmuseums** (Krkonošské muzeum), in dem Volkskunst präsentiert und über die Anfänge des Tourismus in der Region informiert wird. Der Hauptsitz des Museums im nahe gelegenen ehemaligen **Augustinerkloster** (die Krkonošská wieder ein paar Schritte zurück Richtung Platz und dann rechts ab in die Husova) widmet sich der Flora und Fauna der Gegend, der Geologie und der Besiedlungsgeschichte. Die barocke Klosterkirche dient als Konzertsaal.

**Information** **Městské informační centrum**, beim Rathaus am Nám. T. G. Masaryka, ✆ 499405744, www.muvrchlabi.cz. Mitte Juni bis Mitte Sept. u. Mitte Dez.–Feb. Mo–Fr 9–17 Uhr, Sa/So 9–14 Uhr, außerhalb der Saison So geschl.

**Verbindungen** Busbahnhof ca. 1 km südlich des Zentrums. Regelmäßige **Busverbindungen** nach Spindlermühle, Trutnov und Prag. Die Zugverbindungen sind nicht interessant.

**Öffnungszeiten** **Riesengebirgsmuseum in den Giebelhäusern**, Juni–Sept. tägl. (außer Mo) 9–12 u. 13–17 Uhr, sonst tägl. (außer Mo) 9–12 u. 13–16 Uhr. 2,20 €, erm. die Hälfte.

**Riesengebirgsmuseum im Kloster**, tägl. (außer Mo) 8–17 Uhr. Nur mit Führung. Lange Führung (2 Std.) 4,40 €, kurze (1 Std.) 3,70 €, erm. jeweils die Hälfte.

**Essen/Übernachten** *** **Hotel Gendorf**, gepflegtes Haus mit 36 komfortablen, klassischen Zimmern. Kleiner Wellnessbereich. EZ je nach Saison 42–90 €, DZ 56–95 €, Garagenparkplatz 6 €/Nacht. Krkonošská 153 (etwas zurückversetzt von der Durchgangsstraße), PLZ 54301, ✆ 499429629, www.gendorf.cz.

*** **Hotel Pivovarská bašta**, ganz im Norden der Stadt an der verkehrsreichen Straße nach Spindlermühle. Touristenlokal, das 5 Sorten selbst gebrautes Bier (darunter auch eines mit 7 % Alkohol!) ausschenkt. Die Zimmer besitzen ordentlichen 3-Sterne-Standard, aber keine persönliche Note. Viele Busgruppen. DZ je nach Saison 40–60 €. Horská 198, PLZ 54302, ✆ 4994721272, www.pivovarskabasta.cz.

**Penzion Hendrych**, etwas außerhalb an der Straße Richtung Spindlermühle. 2012 eröffnete Familienbrauerei mit angeschlossener Pension, 11 DZ und 8 Dreier, eher klein, aber hübsch und gepflegt. Barbetrieb, aber kein Restaurant. Die hauseigenen Biere haben Charakter und schmecken sehr markant.

DZ je nach Saison ab 32 €, Apartment für 4 Pers. 64 €. Horská 192, PLZ 54302, ✆ 734463040 (mobil), www.penzionhendrych.cz.

››› **Unser Tipp: La Petite France**, relativ neues, fein designtes Restaurant, derzeit bestes Lokal der Stadt. Moderne Fusionküche mit französisch-mediterranem Einschlag, sehr schmackhaft. Offene Küche. Gutes Preis-Leistungs-Verhältnis. Gezapft wird das süffige Hendrych-Bier (s. o.). Krkonošska 186, ✆ 773937880 (mobil). ‹‹‹

**Camping Eurocamp Lišcí Farma**, im Westen von Vrchlabí an der Straße 295 nach Spindlermühle (trotz Lärmschutz zu hören). Sehr gepflegt und groß. Waschraum, Sommerküche, Pool, Restaurant, Kinderspielplatz. In erster Linie holländisches Publikum. Großes Freizeitangebot: Tennis, Bogenschießen, Mountainbikeverleih usw. Hütten- und Zimmervermietung. Nicht ganz billig. Ganzjährig, 2 Pers. mit Zelt u. Auto je nach Saison 9–12 €, Hütte für 4 Pers. 22 €, DZ mit Bad 40 €. Dolní Branná 350, PLZ 54362, ✆ 733636797 (mobil), www.liscifarma.cz.

## Umgebung von Vrchlabí

**Přední Žalý (Heidelberg)**: Der festungsartige Aussichtsturm mit Satellitenschüsseln auf dem nordöstlich von Vrchlabí gelegenen Žalý (1019 m) ist ein beliebtes Wanderziel. Von Vrchlabí bringt Sie ein gelb markierter Weg bis fast unter den Gipfel, für die letzten Meter folgt man der roten Markierung (insgesamt ca. 6 km). Vom rund 4 km nördlich von Vrchlabí gelegenen Herlikovice kann man auch mit dem Sessellift nach oben schweben.

**Sessellift**: Mai u. Sept./Okt. nur Sa/So, Juni–Aug. tägl. zu jeder vollen Std. Einfache Fahrt 5,80 €, hin/zurück 8 €.

### Rübezahl, König des Riesengebirges

Seit wann der Berggeist Rübezahl (tschech. *Krakonoš*) durch das Riesengebirge spukt, weiß man nicht. Erstmals abgebildet wurde er auf einer Schlesienkarte von 1561: in Gestalt eines auf zwei Beinen gehenden Ziegenbocks mit Hirschgeweih. Ganz anders ist er auf dem berühmten Gemälde von Moritz von Schwind (1859) dargestellt, wo er als mäßig sympathischer Geselle mit langem rotem Bart, stierem Blick und einer mächtigen Holzkeule bewaffnet in groben Holzpantinen mürrisch durchs Riesengebirge stapft.

Die erste Sammlung von Rübezahlgeschichten gab Johannes Praetorius 1662 heraus. Diese griff uralte Volkserzählungen auf, in welchen Rübezahl Eindringlingen in sein Reich das Fürchten lehrte. Getarnt als Kröte, Pferd oder Uhu führte er Fremde in die Irre oder schickte Unwetter über sie. Berggeister können aber auch Gutes tun, und so weiß die Sage u. a. zu berichten, dass Rübezahl einst eine arme Kräutersammlerin mit Blättern aus feinem Gold beschenkte und einem in Geldnot geratenen Bauern mit ein paar hundert Talern aushalf – ohne auch nur einen Heller davon zurückzuverlangen, als der gebeutelte Mann wieder wirtschaftlichen Boden unter den Füßen hatte!

Wenn Sie durchs Riesengebirge wandern und den alten Berggeist treffen, brauchen Sie sich also nicht allzu sehr zu fürchten. An eines sollten Sie aber immer denken: Nennen Sie ihn nicht Rübezahl, denn das könnte seine Laune nachhaltig drücken. Vielleicht sogar so, dass er wieder die alte Nummer auspackt und Sie auf irgendwelche abseitigen Pfade führt, um dann mit einem schallenden Lachen auf Nimmerwiedersehen zu entschwinden ...

Ostböhmen → Karte S. 171

# Špindlerův Mlýn

Spindlermühle

**Spindlermühle ist der mit Abstand niveauvollste Ferienort des Riesengebirges und das nach Prag teuerste Pflaster der Republik. Man setzt alles daran, sich irgendwann „böhmisches St. Moritz“ nennen zu dürfen.**

12.000 Gästebetten weist die Statistik für Špindlerův Mlýn (700–850 m ü. d. M.) aus, aber nicht einmal die Hälfte davon liegt im Ort selbst. Špindlerův Mlýn ist der Sammelbegriff für mehrere Siedlungen, die fast vollständig aus Hotels und Pensionen bestehen. Auf der Stichstraße von Vrchlabí kommend, passiert man zunächst den etwas stillosen Vorort **Labská** (Krausebauden). Danach folgt **Bedřichov** (Friedrichsthal), das sich in dem engen Tal nördlich der Elbe (hier noch ein klarer Gebirgsbach) ausbreitet und dahinter den Berg hinaufklettert. Erst nachdem man die Elbe auf einer Brücke überquert hat, befindet man sich auch nominell in **Špindlerův Mlýn** und zugleich im Zentrum des Feriengebiets. Hier und da wird man herrschaftliche Gebäude aus der Zeit um 1900 entdecken, als der Adel Spindlermühle als Sommerfrische wählte. Damals konnte man sich Träger mieten, die einem das Gepäck samt Picknick zum Gipfel brachten. Heute muss man seinen Rucksack leider selbst tragen. Eine Stichstraße führt von Špindlerův Mlýn in den weiter östlich gelegenen Ortsteil **Svatý Petr** (Sankt Peter), eine weit verstreute Pensions- und Hotelansammlung in idyllischer Lage.

Hochsaison herrscht im Winter, das hiesige Skigebiet gilt als das beste des Landes. Leider ziehen die Preise dann so an, dass das Preis-Leistungs-Verhältnis – verglichen mit österreichischen oder italienischen Wintersportorten – ins Wanken gerät. Im Sommer dagegen stimmen die Preise so halbwegs, und es lassen sich herrliche Ausflüge unternehmen.

## Basis-Infos

**Information** Turistické informační centrum, in Špindlerův Mlýn zentral gelegen, aber etwas versteckt in der Svatopetrská 173 (schräg gegenüber dem Hotel Lomnice), ✆ 499523656, www.spindlmu.info. Tägl. 9–17 Uhr. Daneben eine Reihe von privaten Infozentren.

**Verbindungen** Von Špindlerův Mlýn stündl. **Busse** zur Spindlerbaude, regelmäßig nach Vrchlabí, bis zu 7-mal tägl. nach Prag, 5-mal nach Jičín, 2-mal nach Hradec Králové. Busbahnhof am Ortseingang.

**Adventure** Beste Adresse ist **Yellow Point**, zentral in der Svatopetrská 278, ✆ 499433505, www.ypoint.cz. Paragliding-Tandemflüge (65 €), geführte Mountainbiketrips (5-stündiger Ausflug für eine Gruppe von 4 Pers. ab 19 €/Pers.), Rafting (25 €) usw.

**Ärztliche Versorgung** Es gibt kein Krankenhaus vor Ort, nur eine **Krankenstation** an der Svatopetrská 278 neben der Touristeninformation, ✆ 499523864. Nächstes **Krankenhaus** in Vrchlabí (✆ 499502111, www.nemocnice-vrchlabi.cz).

**Baden** Man kann in den **Labská-Stausee** springen, das Wasser ist aber eiskalt. Das Gleiche gilt für ein Bad in der **Weißen Elbe** (→ Umgebung/Důl Bílého Labe). Zudem gibt es einen kleinen **Aquapark** an der Špindlerovská (nahe dem Parkplatz bei der Seilbahn Medvědín). Eintritt für 2 Std. 11 €, Kinder 6,20 €. www.aquaparkspindl.cz.

**Radfahren/-verleih** Einen Streckenplan hält die Touristeninformation bereit. Infos erhält man auch bei **Yellow Point** (s. o.). Dort kann man auch Bikes leihen: je nach Kategorie ab 11 €/Tag.

**E-Bikes** gibt es für 26 €/Tag bei **Snow Wolves** im Zentrum am Špindlerovské nám. 11, ✆ 728335533 (mobil), www.snowwolves.cz. Zudem Tourenangebote, Verleih konventioneller Räder, Schneemobile, Bergtouren mit Hundegespann usw.

**Rodelbahn/Hochseilgarten** Die *Bobová dráha* ist 1400 m lang, hat 22 Kurven und ist im Sommer und Winter in Betrieb. 3,30 €/ Fahrt, Kinder 2,50 €. Beim Hotel Hamry im Stadtteil Bedřichov, www.bobovka.cz. Neben der Rodelbahn befindet sich der **Monkey Park**, ein Hochseilgarten.

**Skifahren/Snowboarden** Zur Verfügung stehen insgesamt 17 Lifte und 26 km Piste, das Skigebiet ist jedoch nicht zusammenhängend. Es gibt 2 Areale, eines am **Medvědín** (1235 m) im Norden von Špindlerův Mlýn und eines am **Plan** (1198 m) beim Ortsteil Svatý Petr, dazu hier und dort noch ein paar Lifte. Weitere Infos auf www.skiareal.cz.

**Parken** Sie nur auf gebührenpflichtigen Parkplätzen oder auf Hotelparkplätzen. Ansonsten drohen hohe Strafen! Parkplätze (z. T. leider unverschämt teuer!) finden Sie am Ortseingang, aber auch am Ortsausgang beim Sessellift zum Medvědín.

## Übernachten/Camping

→ Karte S. 202/203

Ostböhmen → Karte S. 171

Die Preisunterschiede zwischen Sommer und Winter sind bei den meisten Häusern enorm, über Weihnachten/Silvester werden die Höchstpreise verlangt. Zur groben Orientierung: Ein DZ, das an Silvester 110 € kostet, bekommt man außerhalb der Schulferienzeit im Winter für ca. 70–80 €, im Sommer für ca. 50–60 €, im April o. Okt. für ca. 35 €. Viele Häuser bieten auch HP oder VP – aber Achtung: Das kann sehr eintönig werden!

**In Špindleruv Mlýn** *** **Hotel Windsor** **7**, Hotel im Alpenstil mit Geranien an den Balkonen. Besteht aus 2 gegenüberliegenden Gebäuden, die Zimmer im hinteren Gebäude sind älteren Datums. Neben klassischen Hotelzimmern auch Apartments. Parkplatz, Restaurant mit schöner Terrasse, Jazzclub, Friseur, Wellness, Bowling etc. DZ je nach Saison 72–210 €. Okružní 13, PLZ 54341, ✆ 499405911, www.hotel-windsor.cz.

***–**** **Hotel pod Jasany** **2**, ca. 1 km vom Zentrum entfernt gegenüber der Medvědín-Skipiste. 40 Betten, rustikale, hochwertig wirkende Einrichtung, Wellness-Bereich mit Sauna und Whirlpool, Restaurant (s. u.). DZ je nach Saison 50–150 €. Horní 213, PLZ 54351, ✆ 499433520, www.hotelpodjasany.com.

*** **Hotel Sněžka Felicity** **5**, hoch über dem Ort, ca. 200 m vom Zentrum entfernt. 31 klassische Hotelzimmer, viele davon mit herrlicher Bergsicht. Whirlpool und Sauna. Restaurant und Bar. Eigene Parkplätze. Je nach Saison 22–60 €/Pers. Okružní 155, PLZ 54351, ✆ 499433360, www.felicity.cz.

**Pension Silva** **10**, traumhaft über dem Ort gelegene Pension, sehr gepflegt und freundlich. Nichtraucherzimmer mit 2 und 3 Betten sowie Apartments mit kleiner Küche, eines davon sogar mit eigenem türkischem Bad! Im Landhausstil eingerichtet, Speiseraum mit Kamin. Eigene Parkplätze. DZ je nach Saison und Zimmer 32–100 €, Apartment für 4 Pers. 59–190 €. Školní 242, PLZ 54351, ✆ 606715456 (mobil), www.pension-silva.cz.

**Pension Seidl** **3**, hübsches Berghaus mit Erkern und großem Giebel in Hanglage über dem Zentrum. 10 Teppichbodenzimmer. Sauna, Restaurant, Terrasse mit Grill. Frühzeitige Buchung empfehlenswert. Je nach Saison 20–50 €/Pers. Okružní 192, PLZ 54351, ✆ 605851028 (mobil), www.pension-seidl.cz.

**In Bedřichov** *** **Hotel Bedřiška** **4**, hoch über dem Ort, ca. 10 Fußmin. vom Zentrum entfernt. Angenehmes familiäres Mittelklassehotel. 22 Zimmer, unterschiedlich ausgestattet, von eher schick bis eher bieder. Tischtennis, Tennis, Sauna, Hallenbad, gutes Restaurant mit Sommerterrasse (s. u.), großer Garten. Je nach Saison 22–70 €/ Pers., Parken inkl. Lesní 50, PLZ 54351, ✆ 499433103, www.bedriska.cz.

**In Svatý Petr** ***** **Apartments Esplanade Svatý Petr** **13**, der Spindlermühler Ableger des Prager Nobelhotels Esplanade. Mit das Beste, was die Gegend zu bieten hat. Kleineres Haus mit sehr stilvollen, gepflegten Apartments. Für 2 Pers. 150–350 €. Údolni 44, PLZ 54351, ✆ 499405211, http://apartments.esplanade.cz.

*** **Hotel Zátiší** **15**, 41 der Sterneanzahl ent-

*** **Hotel Zátiší** **15**, 41 der Sterneanzahl entsprechend ausgestattete Zimmer, geräumig und gepflegt, wie das gesamte Hotel aber nicht sonderlich geschmackvoll eingerichtet. Restaurant, Fitnessraum, Sauna, Solarium. Herrliche Terrasse. DZ je nach Saison 50–180 €. Luční 46, PLZ 54351, ✆ 499433368, www.hotel-zatisi.com.

››› **Unser Tipp:** **Pension Slunečnice** **14**, sehr hübsche Pension. Liebevoll eingerichtete Zimmer mit viel Holz, schönes Restaurant, tolle Terrasse. Freundlicher Service, sichere Parkplätze. Je nach Saison 22–54 €/ Pers. Svatý Petr 67, PLZ 54351, ✆ 499433329, www.slunecnice.svpetr.cz. ‹‹‹

**Camping** **Autokemp U Labe** **1**, in der Saison gut belegter Platz ganz im Norden von Špindlerův Mlýn, kurz vor der Schranke zur Spindlerbaude am rauschenden Bach. Achtung – selbst im Hochsommer kann es hier nachts extrem frisch werden! Moderne Sanitäranlagen. Ganzjährig. 2 Pers. mit Zelt u. Auto 17 €, Bungalow für 4 Pers. ab 40 €. Špindlerův Mlýn, 276, PLZ 54351, ✆ 499523534, www.kemp-spindl.cz.

## Essen & Trinken/Nachtleben

**Restaurants** ››› **Unser Tipp:** **Steak Restaurant Bakchus** **6**, verdammt gut. Dicke Steaks, aber auch Pasta, *Lamb Chops* oder Forelle in Rosmarinbutter. Danach hausgemachter Apfelstrudel. Sehr gemütliches Interieur. Hg. 7–20 €. Špindlerův Mlýn 223 (zentral, nahe dem Hauptplatz), ✆ 499523060. ‹‹‹

**Orange le Moon** **4**, recht neues Lokal im Hotel Bedřiška (s. o.). Modern und elegant eingerichtet. Die Speisekarte liest sich gut: Lamm mit Oliven und Polenta, Zander mit Erbsenpüree und Weißweinschaum, Entenbrust mit Schalottenrisotto. Hg. 8–15 €. Lesní 50, ✆ 499433022.

**Le Petit Gourmand** **2**, Restaurant des Hotels Pod Jasany (s. o.). Sympathisch-schlichtes Ambiente, schöner Ausblick, auf der Karte geröstete *Foie gras* mit Trüffelkartoffeln, Hirschfilet oder geschmorte Rinderbacke. Umfangreiche Weinkarte mit viel Burgunder und Bordeaux. Hg. 10–15 €.

**Špindlerovská Hospoda** **8**, gepflegt-rustikale Gaststätte mit Holzdecke, Fliesenböden und alten Fotos an den Wänden. Riesengebirgsküche – Suppen im Brotteig, Wildgulasch, Bierkäse etc. Rauchfrei, kleine

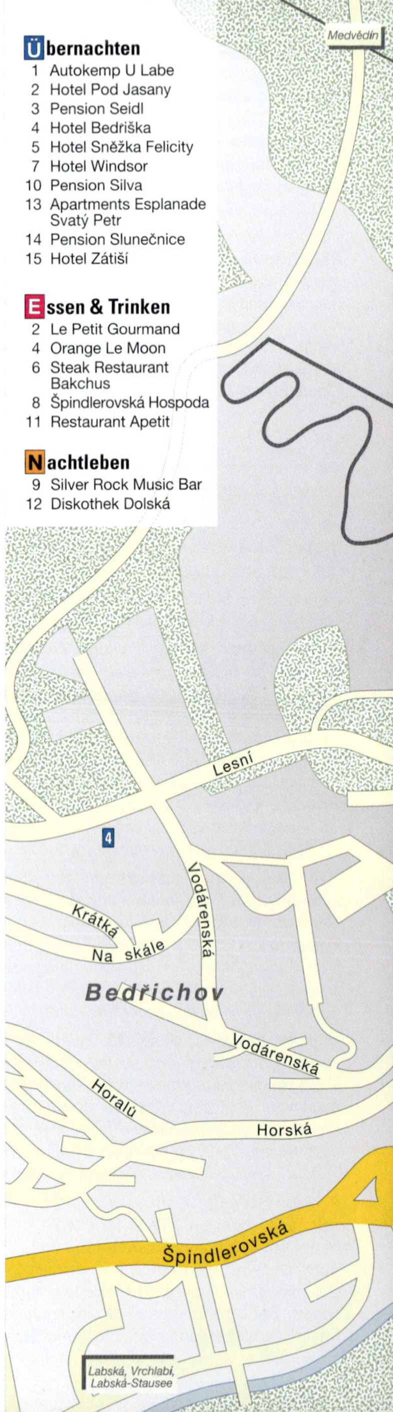

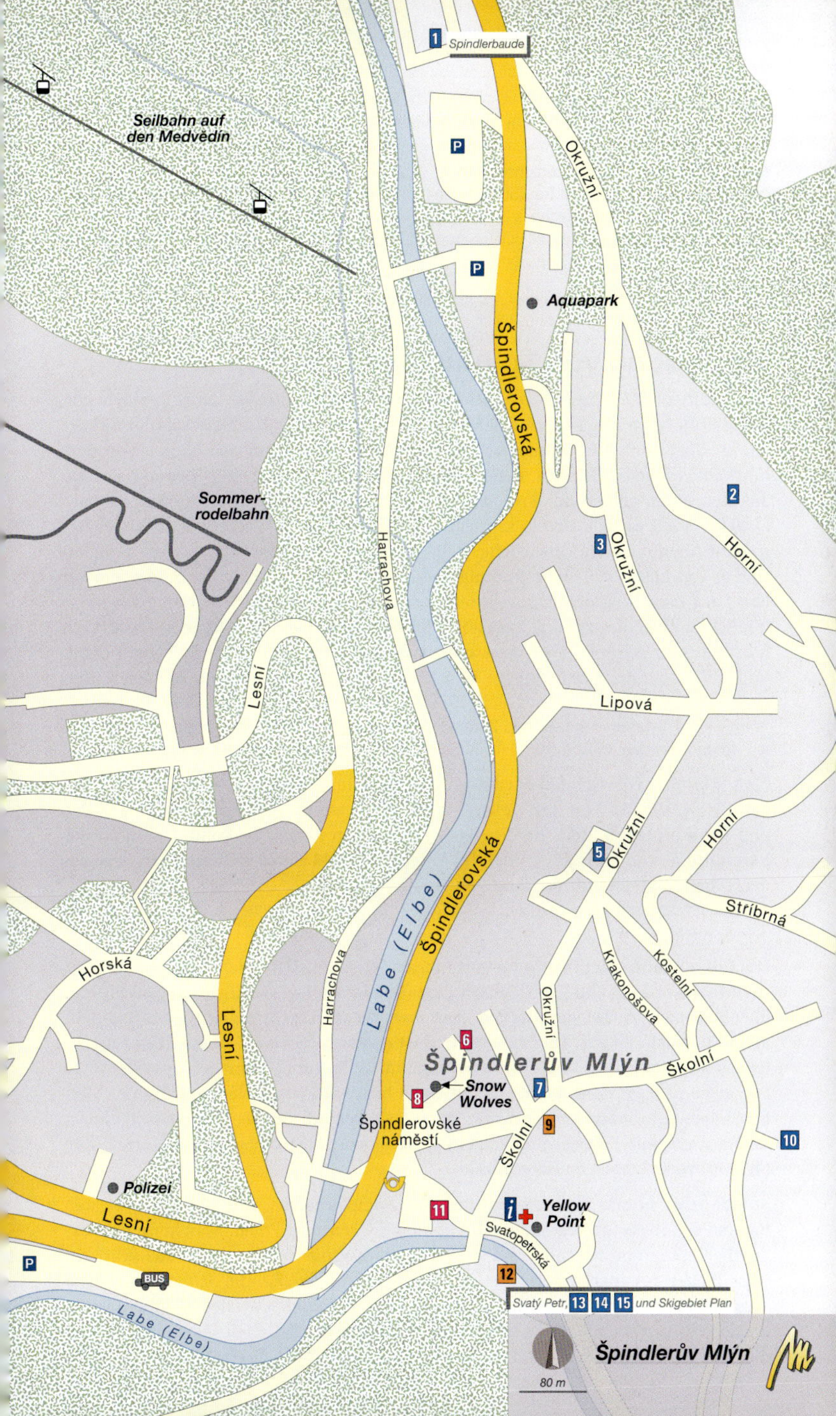

Spindlerbaude
Seilbahn auf den Medvědín
Okružní
Aquapark
Špindlerovská
Sommer-rodelbahn
Harrachova
Horní
Lipová
Lesní
Okružní
Horní
Stříbrná
Špindlerovská
Labe (Elbe)
Horská
Kostelní
Krakonošova
Okružní
Harrachova
Lesní
Špindlerův Mlýn
Školní
Snow Wolves
Špindlerovské náměstí
Školní
Polizei
Yellow Point
Lesní
Svatopetrská
BUS
Labe (Elbe)
Svatý Petr 13 14 15 und Skigebiet Plan
80 m
Špindlerův Mlýn

Kinderecke. Hg. 3,50–12,50 €. In Špindlerův Mlýn am Špindlerovské nám. 11, ✆ 499629533.

**Restaurant Apetit** **11**, gemütliches Restaurant mit offener Küche. Regionaler Einschlag, aber auch italienische Vorspeisen, Honig-Orangen-Ente, Ossobuco oder frische Forelle. Hg. 4–12 €. Im Zentrum von Špindlerův Mlýn schräg gegenüber der Touristeninformation, ✆ 732899712 (mobil).

**Nachtleben** Im Sommer ist in Špindlerův Mlýn nur wenig los, im Winter trifft man sich in der **Diskothek Dolská** **12** (www.dolska.cz) mit Go-go-Tänzerinnen und gelegentlichen Beachpartys. Im **Hotel Windsor** **7** finden ab und an Jazzabende statt. Ein netter Treffpunkt ist zudem die **Silver Rock Music Bar** **9** gegenüber dem Hotel Windsor. Im alpinen Stil eingerichtet, Terrasse mit schöner Aussicht, Mi–Sa Disco (freier Eintritt).

## Umgebung von Špindlerův Mlýn

**Medvědín und Pramen Labe (Schlüsselberg und Elbquelle)**: Nordwestlich von Špindlerův Mlýn erhebt sich der Medvědín (1235 m). Im Winter wird hier Ski gefahren, aber auch im Sommer bringt Sie eine Sesselbahn auf den Gipfel. Von dort führt ein erst gelb, dann rot markierter Weg zur Berghütte *Vrbatova bouda*, von wo Sie über einen gelben oder roten Weg weiter zur Elbquelle gelangen (ca. 6,5 km). Dabei handelt es sich um ein kreisrundes, ausgemauertes Wasserloch, das stellvertretend für die vielen Quellbäche steht, aus denen der Fluss entspringt. 1091 km sind es von hier bis zur Elbmündung in die Nordsee. An ein paar der Städte, die der Fluss auf dem Weg dahin durchfließt, erinnern Wappen. Entlang der noch jungfräulichen Elbe, die schon ganz schön wild sein kann (nach ca. 2 km ein Wasserfall), führt ein sehr schöner, blau markierter Weg zurück nach Špindlerův Mlýn (8 km). Von der *Vrbatova bouda* bieten sich übrigens auch verschiedene Wanderrouten nach Harrachov an (je nach Strecke 3–4 Std.).

**Sessellift**: Talstation nördlich des Zentrums von Špindlerův Mlýn, der Špindlerovská bergauf folgen. Betrieb im Sommer 8–18 Uhr alle 30 Min. Einfache Fahrt 5,80 €, retour 8 €.

**Plan (Planur)**: Wie auf den Medvědín bringt Sie im Sommer auch ein Sessellift auf den Plan (1195 m). Von dort gelangt man über einen grünen Wanderweg nach Pec pod Sněžkou (ca. 3 Std.). Bereits nach rund einem Kilometer kommt man an der Berghütte *Bouda na Pláni* vorbei. Im Winter 1943/44 trafen sich hier Offiziere des deutschen Widerstands um Graf von Stauffenberg.

**Sessellift**: Talstation am Weg nach Svatý Petr. Betrieb im Sommer 8–18 Uhr alle 30 Min. Einfache Fahrt 5,10 €, retour 7,60 €.

**Důl Bílého Labe (Weißwassergrund)**: Eines der schönsten Täler rund um Špindlerův Mlýn ist das Bachtal der Weißen Elbe (Bílé Labe). Der Gebirgsbach rauscht hier über Kaskaden zu Tal, dazwischen kann man ein auch im Sommer eisiges Bad nehmen. Ein Ausflug zum Weißwassergrund ist mit dem Rad oder zu Fuß leicht machbar. Vom Zentrum Spindlermühles folgt man für rund 2 km der Špindlerovská bergauf und biegt dann rechts ab auf einen blau markierten Weg entlang der Weißen Elbe. Auf diesem erreicht man nach weiteren 3,5 km die Berghütte *Bouda u Bílého Labe* mit Einkehrmöglichkeiten. Von dort führt ein gelb markierter Weg (4,7 km) zurück nach Spindlermühle.

**Špindlerova bouda (Spindlerbaude)**: Die Spindlerbaude, eine der bekanntesten Bauden des Riesengebirges, liegt direkt an der Grenze zu Polen. Man kann dort ordentlich essen und anschließend gut gestärkt loswandern. Von der Baude führt ein 9 km langer, rot markierter Weg gen Osten auf die *Sněžka*, die *Schneekoppe*. Gen Westen bringt Sie der Weg zur *Petrova bouda (Peterbaude)*, wo der Wintersport im Riesengebirge seinen Anfang nahm. Per Pferdekutsche ließ man sich zur Peterbaude chauffieren und jagte dann mit Hörnerschlitten zu Tal. Der rot markierte Wanderweg ist übrigens ein Abschnitt des insgesamt 26 km langen Kammweges, der als *Tschechisch-Polnischer Freundschaftsweg* angelegt wurde. Zur Spindlerbaude kann man mit dem stündlich verkehrenden Bus fahren. Mit dem Pkw dürfen nur Anlieger Richtung Spindlerbaude aufbrechen.

## Janské Lázně

Johannesbad

Janské Lázně ist sowohl **Kurbad** als auch **Wintersportzentrum** in Kleinformat. Der Ort liegt zu Füßen des Černá hora (Schwarzberg, 1299 m, → S. 208), hinauf schwebt eine Kabinen-Seilbahn. In den 1930ern war Johannesbad einer der ersten Kurorte Europas, die sich in Anlehnung an Warm Springs (USA) vorrangig der Behandlung von Kinderlähmung widmeten. Aus jener Zeit sind einige schöne Gebäude erhalten. Das hiesige Kindersanatorium Vesna besitzt noch immer einen sehr guten Ruf. Die z. T. leicht radioaktiven Heilwässerchen helfen bei Erkrankungen des Bewegungsapparates und bei Nervenleiden. Im Sommer finden im netten Kurareal um die Kolonnade regelmäßig Promenadenkonzerte statt.

**Information** **Infocentrum** an der Seilbahn-Talstation. Tägl. 9–17 Uhr. ✆ 499875186, www.janskelazne.cz.

**Verbindungen** Regelmäßig **Busse** nach Trutnov, bis zu 10-mal tägl. nach Pec pod Sněžkou, 1-mal nach Hradec Králové.

**Golf** **Golf Club Mladé Buky**, beim gleichnamigen Dorf ca. 6 km südöstlich von Janské Lázně. 18-Loch-Platz, PAR 62, Greenfee 15–38 €. ✆ 499421954, www.mladebuky.com.

**Parken** Das Zentrum ist für den Verkehr gesperrt. Zentraler Parkplatz bei der Talstation der Seilbahn auf den Černá hora.

**Radverleih** In der Talstation der Seilbahn. Mountainbike 9,50 €/Tag.

**Seilbahn** Im Sommer 9–18 Uhr stündl. bis halbstündl., einfach 5,10 €, hin/zurück 6,50 €, erm. 4 bzw. 5,10 €.

**Skifahren** Das Skigebiet am Černá hora verfügt über 2 Seilbahnen und 12 Schlepplifte, mehr Infos auf www.cerna-hora.cz.

**Essen/Übernachten** Es gibt viele Kurhäuser, aber nur wenige unabhängige Hotels und Pensionen. Die Höchstpreise werden im Winter verlangt, die Preisstaffelung ähnelt der von Špindlerův Mlýn siehe dort.

**** **Hotel Omnia**, direkt an der Talstation. Von außen zwiespältig, fast abweisend wirkendes Haus. Innen komfortable, stylishe Zimmer und Apartments. Wellnessbereich. Beliebtes Restaurant (Hg. 7–15 €). DZ je nach Saison 75–160 €. Černohorská 327, PLZ 54225, ✆ 499850780, www.omniahotel.cz.

*** **Hotel Vyhlídka**, schöne, restaurierte Villa nahe dem zentralen Parkplatz, leider aber auch in der Nähe einiger Plattenbauten. Ordentliche Zimmer mit Kaufhausmobiliar, z. T. mit Balkon. Familiäre Atmosphäre, Restaurant mit Sommerterrasse, eigene Parkmöglichkeiten, seit 2014 neuer Wellnessbereich. Je nach Saison 20–50 €/Pers. Černohorská 151, PLZ 54225, Janské Lázně, ✆ 602465682 (mobil), www.vyhlidkahotel.cz.

**Penzion Kamínek**, Haus im alpenländischen Stil. 8 gepflegte, saubere Zimmer, z. T. mit Balkon. Von Trutnov kommend an der Durchgangsstraße rechter Hand. Je nach Saison 16–32 €/Pers. Krkonošská 67, PLZ 54225, ✆ 603243332 (mobil), www.penzionkaminek.cz.

**Hoffmanova bouda**, kurz hinter dem eigentlichen Ortsausgang Richtung Vrchlabí. Urig-rustikale Stube mit Kachelofen und guter Hausmannskost zu 3,50–8,50 €. Zudem werden auch schlichte Unterkunftsmöglichkeiten in DZ und Mehrbettzimmern angeboten (keine privaten Bäder). 12–18 €/Pers. Janské Lázně 125, PLZ 54225, ✆ 499329793, www.retomgroup.cz.



## Pec pod Sněžkou

Petzer unter der Schneekoppe

Die ehemalige Bergbausiedlung liegt zu Füßen der Schneekoppe (→ Umgebung von Pec pod Sněžkou) auf 700 bis 800 m. ü. d. M. Heute leben die 600 Einwohner von ihren rund 8500 Gästebetten. Pec pod Sněžkou ist dank des „böhmischen

Mount Everest" vor der Tür *der* Touristenmagnet des östlichen Riesengebirges. Im Sommer pilgern Tausende auf den Gipfel der Schneekoppe – die Jungen zu Fuß, die Älteren mit der neuen Kabinenseilbahn (seit 2014 in Betrieb), die Fahrt zum Gipfel dauert jetzt ca. 15 Minuten. Im Winter lockt der Ort Skifahrer an. Gecarvt wird aber nur an Hängen zwischen 830 und 1215 m Höhe und nicht an der Schneekoppe selbst.

Das Zentrum wird überragt von einem architektonischen Sündenfall aus sozialistischer Zeit, einem kleinen „Wolkenkratzer", heute das Hotel Horizont. Die Bar im 18. Stock (!) serviert immerhin gute Cocktails. Noch bevor man Pec pod Sněžkou erreicht, passiert man übrigens den unteren Ortsteil **Velká Úpa**, ebenfalls ein alter Bergbauort mit vielen Pensionen.

**Information** Es gibt mehrere private Infostellen vor Ort, z. B. das Büro **Veselý Výlet** („Lustiger Ausflug") nahe dem Busbahnhof. ✆ 499736130, www.veselyvylet.cz. In der HS tägl. 8.30–18 Uhr, in der NS verkürzt.

Das **Informační středisko** (betrieben von der Nationalparkverwaltung, im Zentrum neben dem Rathaus) vermittelt Führer für Bergtouren. Juni–Sept. sowie Ende Dez. bis Ende März tägl. 8.30–12 u. 12.30–17 Uhr, Okt. bis Ende Dez. sowie April/Mai nur bis 15 Uhr. ✆ 499896213, www.krnap.cz.

Pec pod Sněžkou: Rübezahl lässt grüßen

**Verbindungen** Busbahnhof im Zentrum, bis zu 7-mal tägl. **Busverbindungen** nach Trutnov, bis zu 10-mal nach Janské Lázně, 3-mal nach Dvůr Králové und Prag, 1-mal nach Hradec Králové.

**Parken** Parken Sie nur auf den gebührenpflichtigen, ausgeschilderten Parkplätzen. Ansonsten wird es teuer.

**Rodelbahn** Sie nennt sich **Relaxpark** und befindet sich beim Parkplatz des Schneekoppe-Lifts. Ganzjährig. Nebenan ein Hochseilgarten. 2,80 €/Fahrt, Kinder 2 €. www.relaxpark.cz.

**Seilbahn** Die Talstation der Kabinenbahn auf die Schneekoppe befindet sich ca. 1 km nördlich des Ortes, gut ausgeschildert. Tägl. 8–18 Uhr. Betriebspause im Nov. Retour 14 €, erm. 6,50 €, einfach 7,60 €, erm. 3,70 €. www.snezkalanovka.cz.

**Skifahren/Skiverleih** Es stehen 10 Schlepplifte und ein Sessellift zur Verfügung, Pistenlänge 12,5 km. Mehr Infos auf www.skiresort.cz.

**Essen/Übernachten** »» Unser Tipp: **Enzian**, Restaurant in einem ursprünglichen, geschmackvoll modernisierten Riesengebirgshaus an der Durchfahrtsstraße hinter dem Busbahnhof. Sehr gute Küche mit gelungener Kombination aus Traditionellem und Zeitgemäßem, großartige Suppen. Schöne Terrasse, Bar, mittlere Preisklasse. Pec pod Sněžkou 209, ✆ 499736357. ««

**Hospoda Na Peci**, zentral an der Durchgangsstraße. Gibt es seit 1793. Urige Gaststätte im Blockhüttenstil, sehr beliebt. Hg.

3,50–9 €. Nur kleine, täglich wechselnde Karte mit sehr guter böhmischer Braten- und Knödelküche, dazu hausgemachte Kuchen. Es werden auch einfache Zimmer mit Bad vermietet, je nach Saison 13–24 €/Pers. PLZ 54221, ✆ 499896210, www.hospodanapeci.cz.

Wer mit dem Fahrrad oder Auto einen Ausflug nach Polen unternimmt, kommt an Dolní Malá Úpa vorbei. Dort lohnt es sich, nach der Pension **Rusalka** Ausschau zu halten (von Pec kommend beim Hotel Spálený Mlýn rechts ab). In der angeschlossenen Gaststätte gibt es mit die besten Germknödel der Gegend. ✆ 499329150.

**** **Apartments Hotel Pecr**, 2014 eröffneter, etwas klotzig wirkender Neubau im Zentrum. 33 modern gestaltete Apartments in unterschiedlichen Größen sowie 3 DZ. Bar und Wellness-Spa-Center, das jedoch extra kostet. Apartment je nach Größe und Saison 60–125 €. Pec pod Sněžkou 344, PLZ 54221, ✆ 739329441 (mobil), www.pecr.cz.

** **Romantikhotel Nebozízek**, sehr gepflegtes Haus in ruhiger Lage am Waldrand. Schön gestaltete, komfortable Zimmer, teilweise mit Balkon. Freundliches Lokal mit toller Terrasse, familiäre Atmosphäre. Viel deutsches Publikum. 25 €/Pers., im Winter bis zu 50 €. Malá Plan 164, PLZ 54221, ✆ 499736154, www.hotelnebozizek.cz.

**Pension Avia**, eine preisgünstige Alternative für Familien ohne großen Komfortanspruch. Gelbes Holzhaus, am Waldrand und gleichzeitig hoch über dem Ort gelegen. Zimmer mit viel Holz, nur teilweise mit privaten Bädern, traumhafte Terrasse mit Bergblick, Restaurant, Parkplätze sowie laut hauseigener Broschüre „Kinderschlepper direkt beim Haus". Mit Bad 18 €/Pers., ohne Bad 14 €, im Winter bis zu 30 €/Pers. (mit Bad). Pec pod Snežkou 155 (oberhalb des Hotels Horizont), PLZ 54221, ✆ 499896253, www.pensionavia.cz.

**Luční Bouda**, große Berghütte in toller einsamer Lage. Das Restaurant mit Minibrauerei wurde kürzlich renoviert. Angeboten werden sehr unterschiedlich ausgestattete Unterkünfte von der Kategorie „Schlafsack" über „Klassik", „Standard" und „Economy" bis zu voll ausgestatteten Apartments. Je nach Kategorie und Saison 6–40 €/Pers. Pec pod Snežkou 203, ✆ 733740888 (mobil), www.lucnibouda.cz.

Ostböhmen → Karte S. 171

## Umgebung von Pec pod Sněžkou

**Sněžka (Schneekoppe)**: Der oft wolkenverhangene, raue Gipfel der Schneekoppe, mit 1602 m ü. d. M. der höchste Berg Böhmens, liegt über der Waldgrenze. Über den Gipfel verläuft zugleich die Grenze zu Polen. Auf polnischer Seite steht die Laurentiuskapelle (17. Jh.) und eine Baude mit Imbiss und meteorologischer Station. Auf tschechischer Seite gibt es ein Postamt, das die Urlaubsgrüße mit einem Sněžka-Sonderstempel versieht. Ein Erlebnis ist es, sich wie Goethe (1790) den Sonnenuntergang vom Gipfel anzuschauen. Von Pec pod Sněžkou gelangt man am einfachsten mit der neuen Seilbahn (s. o.) hinauf, dabei passiert man die Zwischenstation Růžova hora (Rosenberg) auf 1390 m. Wenn Sie auf den Gipfel der Schneekoppe wandern möchten, folgen Sie von Pec zuerst dem grün markierten Weg bis zur Zwischenstation, dann dem gelben bis zum Gipfel (5,5 km Gesamtlänge). Für den Rückweg bietet sich eine Tour durch den Riesengrund (s. u.) an, der Weg ist erst rot, dann blau markiert (9 km).

**Obří důl (Riesengrund)**: Das Tal der Úpa (Aupa) nördlich von Pec, wo auch die Talstation der Seilbahn zur Schneekoppe liegt, nennt sich Riesengrund. Es ist eines der schönsten Täler des Riesengebirges, durch das ein blau markierter Wanderweg führt. Auf diesem erreicht man nach ca. 1:30 Stunden das alte *Bergwerk Kovárna*, von wo man in das Innere der Schneekoppe vorstoßen kann. Das alte Stollensystem diente einst dem Abbau von Erzen und Kupfer. Führungen finden i. d. R. aber nur im Juli und August statt (je nach Tour 6–13 €). Ziehen Sie sich warm an – die Temperatur beträgt in den Stollen nur um die 7 °C!

**Černá hora (Schwarzberg)**: Der 1299 m hohe Berg erhebt sich südlich von Pec, seine Südhänge bilden das Skigebiet von Janské Lázně (→ S. 205). Nördlich des Gipfels erstreckt sich ein Hochmoor. Auf den Berg führt von Pec ein erst gelb (bis zur Berghütte *Kolínská bouda*) und dann rot markierter Wanderweg. Für den Rückweg bietet sich der gelb markierte Wanderweg nach Velká Úpa an.

**Aussichtsturm Hnědý vrch (Braunberg)**: Der 30 m hohe Aussichtsturm auf dem 1207 m hohen Braunberg südöstlich von Pec bietet ein eindrucksvolles Riesengebirgspanorama. Nach oben fährt ein Sessellift (Juli/Aug. tägl. 9–17 Uhr stündl., Juni u. Sept./Okt. nur Sa/So; hin/zurück 5,80 €, erm. 4,40 €).

Der Turm ist Juni–Okt. den Betriebszeiten der Seilbahn entsprechend geöffnet. Eintritt frei.

Zwischen den Riesengebirgsorten Pec und Janské Lázně und dem Braunauer Land (Broumovsko) liegt das freundliche Städtchen **Trutnov** (→ S. 191).

# Broumovsko

Braunauer Land

**Braunauer Land nennt sich der nach Polen hineinragende Zipfel ganz im Nordosten Böhmens. Das Eck ist abgeschieden und arm, jedoch reich an Kirchenbauten, die die Handschrift der Barockbaumeisterfamilie Dientzenhofer tragen. Zudem warten bizarre Sandsteingebirge auf ihre Erkundung.**

Die vergessene Region wird auch als der „tote Winkel“ der Republik bezeichnet und besitzt keinen guten Ruf. Das war nicht immer so: Riesige, heute dem Verfall preisgegebene Gutshöfe zeugen vom einstigen Wohlstand der Region. Doch nach der Vertreibung von über 22.000 Deutschen war das nach der größten Ortschaft benannte Braunauer Land so gut wie ausgestorben. Viele Dörfer verschwanden, und die neuen, z. T. unter Zwang angesiedelten Bewohner konnten sich mit der Gegend nicht anfreunden, viele Gehöfte und Kirchen verfielen, weil sich niemand um sie kümmerte. Wer konnte, zog wieder weg. Zurück blieben die sozial Schwachen. Mit Programmen zur Wiederbelebung des Braunauer Lands versucht man, die Region wieder attraktiver zu machen. Potenzial ist auf jeden Fall vorhanden, denn das Naturschutzgebiet Broumovsko bietet eine ganze Reihe landschaftlicher Highlights und lädt zum Wandern nur so ein.

## Adršpašsko-Teplické Skály

Adersbacher und Wekelsdorfer Felsen

Eines dieser Highlights liegt ungefähr auf halber Strecke zwischen Trutnov und Broumov: das 17 km² große Naturschutzgebiet Adršpašsko-Teplické Skály, ein Tohuwabohu aus Felsbrücken, Felstürmen und Felsnadeln. Die bizarre Felsenstadt (Skalní Město) ist das Resultat der Jahrmillionen währenden Erosion an einer mächtigen Sandsteinmasse. Das Felsenlabyrinth mit seinen wilden Schluchten und imposanten Felstürmen war bis vor gar nicht allzu langer Zeit noch weitestgehend Terra incognita. Lediglich in Kriegszeiten wagten sich die Menschen 100–200 m hinein, um sich zu verstecken. Erst durch einen mehrwöchigen Waldbrand 1824 wur-

Spaziergang durch die Adersbacher Felslandschaft

Ostböhmen → Karte S. 171

den die zuvor verwilderten, tiefen Schluchten passierbar. In manchen davon liegt noch bis ins späte Frühjahr Schnee.

Da im Norden das Örtchen **Adršpach** (Adersbach) an die Felsenstadt grenzt, bezeichnet man die nordwestliche Hälfte des Massivs als *Adršpašské skály* (Adersbacher Felsen). Hindurch führt ein grün markierter Rundweg (3,5 km, Einstieg nahe dem Bahnhof), auf dem man auch den **Adersbacher See** passiert (Möglichkeit einer Floßfahrt). Die südöstliche Hälfte der Felsenstadt bilden die *Teplické skály* (Wekelsdorfer Felsen), benannt nach dem Städtchen **Teplice nad Metují** (Wekelsdorf). Durch diesen Teil führt ein 6 km langer, blau markierter Rundweg (Einstieg knapp 2 km westlich des Zentrums an der Straße nach Adršpach). Verbunden sind die beiden Teile durch die **Wolfsschlucht**, durch die ein gelb markierter Weg verläuft. Wer nicht beide Felsenstädte besichtigen will, sollte den imposanteren Adersbacher Felsen den Vorzug geben. Viele Felsgebilde tragen Namen, manche so lustige wie *Rübezahls Zahn, Liebespaar, Geballte Faust, Fleischerbeil* oder *Smetana am Klavier*. Die Besichtigung der Felsenstädte ist kostenpflichtig (s. u.).

Das Gebiet ist auch ein Eldorado für **Kletterer**, eine Herausforderung sind insbesondere die senkrecht aufsteigen, bis zu 70 m hohen Felstürme. Angeblich können mehr als 1700 Türme bestiegen werden. Wer sich hier länger zum Klettern oder Wandern aufhalten will, findet in Adersbach und in Wekelsdorf eine Reihe von Unterkünften und Restaurants. Im Sommer sind allerdings viele Häuser ausgebucht. Im kleinen Adersbacher Schlösschen befindet sich ein **Museum des Bergsteigens** (Horolezecké muzeum), in dem u. a. historische Kletterutensilien gezeigt werden.

**Information** Infostellen gibt es in Teplice nad Metují und Adršpach: ✆ 491581197, www.teplickeskaly.com bzw. ✆ 491586012, www.skalyadrspach.cz. Die Büros sind in beiden Orten ausgeschildert.

**Verbindungen** Bis zu 5-mal tägl. Zugverbindungen von Teplice (Bahnhof im Ort selbst und beim Zugang zur Felsenstadt, Station Skály) über Adršpach nach Trutnov. Zudem regelmäßig **Busse** von Teplice nach

Broumov und Adršpach.

**Klettern** **Alptrend** in Teplice erteilt Infos und bietet Kurse an. Adršpach 73, ✆ 602125333 (mobil), www.alptrend.cz.

**Öffnungszeiten** **Felsenstädte**, April–Nov. tägl. 8–18 Uhr. Eintritt (egal ob von Teplice oder Adršpach) 2,60 €, erm. die Hälfte. Es lohnt sich der Kauf einer Wanderkarte.

**Museum des Bergsteigens**, Mi–Fr 7.30–16 Uhr, Sa/So 8–16.30 Uhr. 2,20 €, erm. die Hälfte. www.zamekadrspach.cz.

**Übernachten** **Pension Skalní Mlýn**, historische Mühle zwischen Teplice und Adršpach. Sehr hübsche Zimmer im romantischen Landhausstil, nettes Restaurant. 2014 wegen Gesamtrenovierung geschl., Wiedereröffnung 2015. Dolní Adršpach 1, PLZ 54951, ✆ 491586961, www.skalni-mlyn.cz.

**Hotel Javor**, am Ortseingang von Adršpach (von Teplice kommend). Angenehme, z. T. recht großzügige, komfortable Zimmer. Sichere Parkplätze, freundliches Personal. Restaurant. Je nach Aufenthaltsdauer und Zimmerkategorie DZ 60–110 €. Dolní Adršpach 10, PLZ 54957, ✆ 491586187, www.hotel-adrspach.cz.

**Pension U Karabiny**, neueres Haus in einem renovierten Ausflugslokal von 1885. Eher schlichte, aber saubere und funktionale 2- bis 4-Bett-Zimmer mit Fliesenböden, dazu ein Apartment. Gemeinschaftsküche. 17 €/Pers., bei nur einer Übernachtung kleiner Zuschlag. Dolní Adršpach 110, PLZ 54957, ✆ 603368346 (mobil), www.ukarabiny.cz.

**Pension Dita**, Lesertipp. 23 Betten in 9 Zimmern, jedes mit Du/WC, Kühlschrank und Kochmöglichkeit. Gemeinschaftsraum, großer Garten. 9–15 €/Pers., in der HS Mindestaufenthalt 1 Woche. Ungefähr auf halbem Weg von Teplice nach Adršpach auf der linken Seite. Bučnice 203, PLZ 54937, ✆ 606611640 (mobil), www.ubytovani-adrspach.cz.

**Penzion U Skalního Potoka**, direkt hinter dem Eingang zu den Teplicer Felsen. 6 schlichte Zimmer, die meisten mit privaten Bädern. Gemeinschaftsküche, Aufenthaltsraum, Terrasse am Bach mit Grillmöglichkeiten. 13 €/Pers., Zuschlag bei nur einer Übernachtung. Kein Frühstück. Střmenské podhradí 130, PLZ 54957, ✆ 491581317, www.penzion.adrspach.cz.

**Camping** **Autokempink Bučnice**, Wiese mit Chatas direkt an der Straße von Teplice nach Adršpach, daher wenig Flair. Sanitäranlagen kürzlich erneuert, aber Duschen nur stundenweise geöffnet! Kiosk. Mai–Sept., bei gutem Wetter auch Okt. Bett in der Chata 5,30 €, 2 Pers. mit Zelt u. Auto 9 €. Teplice, PLZ 54957, ✆ 491581387, www.autokemp.wz.cz.

## Broumov

Braunau

Noch bis 2010 wirkte die 7700-Einwohner-Stadt grau, verfallen, ausgelaugt und immens renovierungsbedürftig – ein Schatten vergangener besserer Zeiten. Seitdem wurde jedoch viel investiert und renoviert, eine eigens gegründete Entwicklungsagentur trieb zahlreiche Projekte voran, rief mehrere Kultur- und Tourismusinitiativen ins Leben und sorgt dadurch für deutlich mehr Lebendigkeit in der Stadt. Zwar leuchten nicht alle Fassaden in hellen Farben, und auch die Nutzung des Tourismuspotenzials hat noch Luft nach oben, aber die Fortschritte sind unübersehbar. Broumov hat einen großen Schritt nach vorn getan.

Inmitten des ansehnlichen **Marktplatzes Mírové náměstí** reckt sich eine über 10 m hohe Mariensäule (1706) in den Himmel, die Madonna ganz oben soll ein Werk Johann Brokoffs sein. Folgt man vom oberen Ende des Platzes der Gasse Klášterní nach rechts, steht man nach rund 30 m vor dem sehenswertesten Bau der Stadt, dem monumentalen **Benediktinerkloster**. Bereits 1322 wurde es gegründet. Für den barocken Umbau sorgten Christoph Dientzenhofer und sein Sohn Kilian Ignaz (→ Kasten). 1945 musste Abt Dominikus Prokop mit seinen Mönchen die Abtei verlassen, in Rohr (Bayern) begründeten sie einen neuen Konvent. Aus dem Braunauer Kloster machten die Kommunisten ein Arbeitslager für Geistliche. Heute kann der größte Teil des Klosters besichtigt werden, u. a. das Refektorium und die

Benediktinerkloster in Broumov

prächtige Bibliothek mit ihren 17.000 Bänden – einst waren es viel mehr, doch während des Sozialismus wurden wertvolle Handschriften ins Ausland verkauft, aus anderen produzierte man Alt- bzw. Klopapier.

Zudem lohnt die Klosterkirche einen Besuch, eine der prächtigsten Kirchen Böhmens. Das Altarbild in der ersten Kapelle rechts ist ein Werk von Wenzel Lorenz Reiner. In der Klosterprälatur ist ein **Stadtmuseum** untergebracht. Das Kloster hat darüber hinaus die Funktion eines **Bildungs- und Kulturzentrums**. Auf dem Areal befinden sich eine Galerie und zwei Cafés, wo man die interessanten Biere der Brauerei Broumov probieren kann – wenn mal nicht wieder eine polnische Reisegruppe sämtliche Vorräte aufgekauft hat.

Folgt man der Straße Protifašistických bojovníků rechts des Hauptplatzes bergab, gelangt man zur barocken **Wenzelskirche** (Kostel sv. Václava), ebenfalls ein Werk Kilian Ignaz Dientzenhofers. Und wer von Kirchen gar nicht genug bekommt, kann schließlich die **Kirche zu Unserer Lieben Frau** (Kostel Panny Marie) ansteuern. Die Holzkirche, eine der ältesten des Landes (1449), steht rund einen Kilometer südlich des Zentrums an der Straße nach Křinice inmitten eines verwunschenen Friedhofs. Ihr mit einem Rokokoaltar ausgestattetes Inneres ist sehenswert. Die Grabsteine auf dem Friedhof geben Zeugnis von der einstigen deutschen Bevölkerung ab.

**Information** **Informační centrum Broumovska**, Mírové nám. 105, ✆ 491524168, www.broumov.net. Mai/Juni u. Okt. Mo–Fr 8–17 Uhr, Sa 9–14 Uhr, Juli/Aug. u. Sept. auch So 9–14 Uhr, Nov.–April Mo–Fr 8–16 Uhr.

**Verbindungen** Regelmäßig **Busse** nach Křinice, Adršpach, Teplice nad Metují und Náchod sowie über Hradec Králové nach Prag. Die Zugverbindungen sind uninteressant.

**Öffnungszeiten** **Kloster**, April–Juni u. Sept./Okt. Di–Sa 9–11 u. 13–16 Uhr stündl. Führungen, So nur um 10, 11, 14, 15 u. 16 Uhr. Juli/Aug. auch Mo geöffnet, mit stündl. Führungen von 9–16 Uhr, So ab 10 Uhr. 3,50 €, erm. 2,20 €. www.klasterbroumov.cz.

**Stadtmuseum**, Mai–Sept. tägl. (außer Mo) 8–12 u. 13–17 Uhr. 0,55 €, erm. 0,35 €.

**Kirche zu Unserer Lieben Frau**, nur Juli/Aug. tägl. 9–17 Uhr, sonst durch ein Gitterfenster einsehbar. 1,10 €.

**Übernachten** **Hotel Veba**, bestes Haus der Stadt, untergebracht in einer Art Landvilla westlich des Zentrums (an der Straße nach Nowa Ruda). Parkähnlicher Garten. Nette Terrasse. Zimmer etwas schwerfällig-bieder ausgestattet, aber okay. Die kleineren und billigeren Zimmer befinden sich in der Dependance im Garten. Restaurant. DZ je nach Standard ab 65 €. Šalounova 127, PLZ 55001, ✆ 491580211, http://hotel.veba.cz.

*** **Manor House**, Nichtraucher-Pension in einer ehemaligen Fabrikantenvilla nahe dem Zentrum, gehört zum Hotel Veba. 7 ordentliche DZ und 2 Vierer. Restaurant mit gutem Preis-Leistungs-Verhältnis. Sommerterrasse, Wintergarten. Von Lesern sehr gelobt. DZ 58 €. Vančurova 126 (nahe dem Hotel Veba), PLZ 55001, ✆ 491523715, http://hotel.veba.cz.

*** **Hotel Praha**, am Marktplatz. Die z. T. sehr geräumigen Zimmer sind mit Kiefernholzmöbeln ausgestattet, wirken durch die Fliesenböden allerdings etwas kühl. Freundliches Personal. EZ 33 €, DZ 44 €, auch HP (Büfett) möglich. Mírové nám. 49, PLZ 55001, ✆ 491523786, www.hotel-praha.cz.

## Broumovské stěny

Braunauer Wand

Im Westen wird der Braunauer Kessel von einem Sandsteingebirgszug abgegrenzt. Aus der Ferne wirkt er eher wie ein bewaldeter Hang, Ähnlichkeit mit einer Wand bekommt er erst aus der Nähe. Das Gebiet lädt zum Wandern ein. Höchste Erhebung der Braunauer Wand ist der Božanovský Špičák (773 m). Auf 674 m Höhe, am Rande der Felsen, steht die **Kapelle der Jungfrau Maria** (Panny Marie Sněžné), die nach Plänen von Kilian Ignaz Dientzenhofer in Form eines fünfzackigen Sterns erbaut wurde (daher auch *hvězda,* „Stern", genannt). Von hier genießt man herrliche Ausblicke übers Braunauer Ländchen bis hinüber nach Polen. Danach kann man in der benachbarten *Chata* einkehren.

**Anfahrt/Weg zur Kapelle**: Von Broumov fährt man nach Křinice und durch das Dorf hindurch bis zum Ende der Straße. Am Restaurant Amerika parken, von dort geht es ca. 700 m zu Fuß weiter (ausgeschildert, rote Markierung). Zudem ist die Kapelle von der Straße Nr. 303 in Bukovice, dem nördlichen Vorort von Police nad Metují, ausgeschildert; von der Abzweigung noch 5 km und abschließende 5 Fußmin.

## Dientzenhoferkirchen am Flusslauf der Stěnava

Christoph und Kilian Ignaz Dientzenhofer (→ Kasten) bauten Anfang des 18. Jh. nicht nur das Kloster Braunau um, sondern erhielten zudem den Auftrag für eine ganze Reihe von Dorfkirchen in der Umgebung (auch in der Klodzko-Region jenseits der Grenze). Die neuen barocken Bauten sollten helfen, die protestantischen deutschen Schlesier für den Katholizismus zurückzugewinnen. Bei jeder Kirche experimentierten die beiden Baumeister aufs Neue. In **Vernéřovice** (Wernersdorf, rund 10 km nordwestlich von Broumov) ist der Grundriss oval. In **Ruprechtice** (Ruppersdorf, ca. 6 km nordwestlich von Broumov) plante man den Bau in Form eines verlängerten Achtecks, und in **Vižňov** (Wiesen, ca. 8 km nordwestlich von Broumov) hat der Kirchenbau die Form eines unregelmäßigen Ovals. Die Öffnungszeiten der Kirchen erfährt man in der Touristeninformation Broumov. Individuelle Kirchenführungen können darüber hinaus über info@omniumos.cz und ✆ 739385928 (mobil) angefragt werden.

Ostböhmen → Karte S. 171

### Familie Dientzenhofer – die großen Meister des Barock

Der Baustil des Barock, im 16. Jh. in Italien kreiert, hielt im 17. Jh. seinen großen Einzug in Böhmen. Unter den Jesuiten, die die Gegenreformation des Landes vornehmlich in die Hände genommen hatten, wurde der prunkvolle barocke Um- und Neubau sakraler Bauten gefördert. Dazu wurden auch die Dientzenhofers aus dem oberbayrischen Bad Aibling herangezogen. Es waren mehrere – fünf Söhne hatte der Bergbauer Georg Dientzenhofer –, und alle begaben sich in die Lehre nach Prag. Während vier davon später nach Süddeutschland zurückkehrten und zahlreiche Städte mit prachtvollen Barockbauten verschönerten, blieb **Christoph Dientzenhofer** (1665–1727) in Böhmen. Hier verwirklichte er grandiose Projekte wie das Benediktinerkloster Braunau oder das Stift Tepl in Westböhmen. An Berühmtheit übertraf ihn lediglich sein in Prag geborener Sohn **Kilian Ignaz Dientzenhofer** (1689–1751), der als großer Meister des Spätbarock gilt. Studienreisen führten ihn nach Italien und Frankreich. 1720 kehrte der Künstler an die Moldau zurück. Bis zu seinem Tode lebte er dort, abgesehen von zahlreichen Dienstreisen kreuz und quer durch Böhmen, wo er für unzählige Barockbauten verantwortlich war. Zu seinen Meisterwerken gehört die Sankt-Nikolaus-Kirche auf der Prager Kleinseite (→ S. 104).

## Náchod

Nachod

Náchod ist eine Industriestadt (Textil, Chemie, Maschinenbau) mit 20.400 Einwohnern an der Grenze zu Polen. Die hiesige *Pivovar Náchod* braut das *Primátor*-Bier – das dunkle *Double 24°* ist das stärkste Bier Tschechiens (10 % Alkohol!) und mit das Beste, was die Stadt zu bieten hat. Zentrum ist der **Masarykovo náměstí,** ein weiter (Park-)Platz mit der **St.-Lorenz-Kirche** (Kostel sv. Vavřince) in der Mitte, deren Grundmauern aus dem 14. Jh. stammen. Sie besitzt unterschiedliche Holzschindeltürme, die ziemlich lustig ausschauen und vom Volksmund *Adam und Eva* genannt werden. An den Platz grenzt auch das **Neue Rathaus** (Nová Radnice), ein großer Neorenaissancebau mit Turm vom Beginn des 20. Jh. Ihm gegenüber steht das schlichte barocke **Alte Rathaus** (Stará Radnice, 1657–59) von Carlo Lurago, das heute ein Optikergeschäft und ein Antiquariat beherbergt. Ums Eck, ebenfalls am Platz, gibt das **Stadtmuseum** (Městské muzeum) Einblicke in die Geschichte Náchods.

### Josef Škvorecký, Náchods berühmtester Sohn

In Náchod wurde 1924 Josef Škvorecký geboren, einer der international bekanntesten tschechischen Schriftsteller. Unter dem Namen *Kostelec* machte Škvorecký Náchod zum Schauplatz mehrerer seiner Romane. Der bekannteste ist *Feiglinge,* eine Geschichte über Liebe, Jazz und das Chaos in den letzten Kriegstagen 1945. Dieser 1948/49 entstandene und mit autobiografischen Zügen versehene Roman war unter den Kommunisten lange Zeit verboten, da er den tschechischen Widerstand alles andere als heroisierte. 1969 emigrierte Škvorecký nach Kanada, gründete dort den Verlag *Sixty-Eight Publishers* für Exil- und Dissidentenliteratur und erhielt 1971 eine Professorenstelle an der Universität von Toronto. 1999 ehrte man ihn in der Tschechischen Republik mit dem Staatspreis für tschechische Literatur. In Náchod tat man sich lange Zeit schwer, den bekanntesten Sohn der Stadt zu würdigen. Erst 2014, zwei Jahre nach seinem Tod, wurde auf dem Marktplatz feierlich eine Škvorecký-Skulptur eingeweiht, die den Schriftsteller in entspannter Pose auf einer Bank sitzend darstellt.

Spaziert man links am Alten Rathaus vorbei bergauf, gelangt man über 315 Stufen zum hoch über der Stadt gelegenen, mächtigen **Schloss**. Es ging aus einer frühgotischen Feste hervor, an die heute nur noch der Rundturm erinnert. In der zweiten Hälfte des 16. Jh. wurde die Burg in ein Renaissanceschloss verwandelt, in der zweiten Hälfte des 17. Jh. folgte dann unter dem Adelsgeschlecht der Piccolomini die Barockisierung, verantwortlicher Baumeister war auch hier Carlo Lurago. Die letzten adeligen Besitzer – aus dem Geschlecht Schaumburg-Lippe – bewohnten das Schloss von 1842 bis 1945. Näheres über die Adelsfamilie erfährt man beim Schlossrundgang. Sehenswert sind zudem der *Spanische Saal* im Stil des Rokoko mit einem Fresko, das Octavio Piccolomini verherrlicht, und die *Sammlung flämischer Gobelins.* An das Schloss grenzt ein *französischer Garten* und ein *englischer Park.* Die Reitschule des Schlosses beherbergt die **Galerie der Bildenden Künste** (Galerie výtvarného umění). Gezeigt werden russische und tschechische Malerei des 19. und 20. Jh. sowie wechselnde Expositionen. Ach ja – die zwei Bären im Burggraben heißen Ludvik und Dascha.

**Information** Informační centrum, Masarykovo nám. 74 (im Hotel U Beránka). Mo–Fr 9–12 u. 12.30–17 Uhr, Sa 10–15 Uhr, So 10–13 Uhr. ✆ 491426060, www.mestonachod.cz.

**Verbindungen** Bahnhof und Busbahnhof rund 300 m östlich des Zentrums. Per **Zug** regelmäßig nach Teplice nad Metují und Starkoč (dort Umsteigemöglichkeit zu vielen Zielen in Ostböhmen). Nach Hradec Králové gelangt man schneller mit dem **Bus** (ebenfalls regelmäßig).

**Öffnungszeiten** **Stadtmuseum**, tägl. (außer Mo) 9–12 u. 13–17 Uhr. 1,30 €, erm. 0,70 €. www.rmn.wz.cz.

**Schloss**, April u. Okt. nur Sa/So 10–16 Uhr, Mai/Juni u. Sept. tägl. (außer Mo) 9–17 Uhr, Juli/Aug. Di–So 9–18 Uhr, Mo 10–16 Uhr. Je nach Tour 2,90–5,60 €, erm. 2–3,60 €, 100 % Aufschlag für fremdsprachige Führungen. Wegbeschreibung für Autofahrer: vom Marktplatz Richtung Červený Kostelec fahren, dann mit „Zámek" ausgeschildert. www.zameknachod.cz.

**Galerie der Bildenden Künste**, tägl. (außer Mo.) 9–17 Uhr. 1,10 €, erm. die Hälfte. www.gvun.cz.

**Übernachten/Essen** ****__Hotel U Beránka__, Stadthotel am Marktplatz. 55 Zimmer, z. T. mit Klimaanlage. Nett und abwechslungsreich gestaltet. Restaurant mit üppiger Speisekarte, Hg. 4–13 €. DZ je nach Standard ab 53 €. Masarykovo nám. 74, PLZ 54701, ✆ 491433118, www.hotel-beranek.cz.

*** **Hotel Bonato**, am nordöstlichen Stadtrand, von der Straße nach Polen ausgeschildert. Klassisch-moderne Zimmer, hoch gelobtes Restaurant, Wintergarten mit Kamin, im Sommer schöne Terrasse. DZ 50 €. Lázeňká 102, PLZ 54701, ✆ 491424540, www.bonato.cz.

**Marco Polo**, Pension und Bar in unmittelbarer Nähe zum Marktplatz (die Gasse beim Restaurant U Slovana nehmen). Empfehlenswerte Unterkunft für junge Leute. Nur 4 Zimmer, alle in unterschiedlichen Farben gestaltet und mit Holzböden sowie eigenen Bädern versehen. Freundliches Personal. DZ 25 €. Weyrova 12, PLZ 54701, ✆ 602113029 (mobil).

Ostböhmen → Karte S. 171

Informationen zum nur ca. 10 km südwestlich gelegenen Städtchen **Nové Město nad Metují** bekommen Sie ab S. 217.

## Babiččino údolí

Großmuttertal

Das idyllische Großmuttertal erstreckt sich nördlich von Česká Skalice (s. u.). Es ist ein Teil des Tals der Aupa (Úpa) und verdankt seinen Namen dem Roman *Die Großmutter* von Božena Němcová (→ Kasten), der hier in der Gegend spielt. Das ist kein Zufall: Božena Němcová, die ursprünglich Barbara Pankl hieß, kannte das Tal wie ihre Westentasche, denn ihre Mutter war Kammerfrau der Fürstin von Sagan auf dem hiesigen Schloss Ratiborschitz, zur Schule ging Božena in Česká Skalice.

Die liebliche Landschaft des Tals lädt zu längeren Spaziergängen – am besten mit Němcovás Roman im Picknickkorb – nur so ein. Von Česká Skalice kommend, passiert man zuerst erwähntes **Schloss Ratiborschitz** (Ratibořice), ein ursprünglich barockes Schloss, das im Empirestil umgebaut wurde. Die hiesige Herzogin von Sagan lernt man bei der Lektüre der *Großmutter* als „Frau Fürstin" kennen. Sie war die Gastgeberin des sog. Dreikaisertreffens 1813, als auf Schloss Ratiborschitz Zar Alexander I., König Friedrich Wilhelm III. und Kanzler Fürst von Metternich berieten, wie man sich Napoleon I. gegenüber verhalten sollte. Das romantisch gelegene Schlösschen kann besichtigt werden, die Räumlichkeiten des Obergeschosses erinnern an die Zeit der Herzogin, die des Erdgeschosses an die letzten adeligen Besitzer, die Fürstenfamilie Schaumburg-Lippe.

Auch die im Roman erwähnte *Alte Bleiche*, die *Alte Mühle* und der *Wirtschaftshof*, in dem die Familie Pankl lebte, stehen noch im Tal – einen Übersichtsplan findet man am Eingang zum Schloss. Neueren Datums ist die Statuengruppe der Großmutter mit zwei Hunden und vier Kindern, ein Werk Otto Gutfreunds aus dem Jahr 1923. Sie steht ca. 500 m nördlich des Schlosses. Entweder man läuft hin, oder man fährt am Schloss vorbei gen Norden und nimmt die erste Abzweigung (rechts) wieder hinab zum Tal.

**Verbindungen** Das Tal ist nur ein Ziel für Selbstfahrer.

**Öffnungszeiten** Schloss Ratiborschitz, April u. Okt. Sa/So 10–15 Uhr, Mai/Juni tägl. (außer Mo) 10–16 Uhr, Sept. nur bis 15 Uhr, Juli/Aug. tägl. 9–17 Uhr. Es werden 2 Führungen angeboten, die stündl. stattfinden, beide zusammen (ca. 80 Min.) 5,80 €, erm. 3,30 €. www.zamek-ratiborice.cz.

Tipp: Für den insgesamt ca. 7,5 km langen sog. Großmuttertal-Lehrpfad kann man sich im Infozentrum von Česká Skalice (s. u.) Audioguides (auch auf Deutsch) leihen.

## Božena Němcová und die *Babička*

Božena Němcová (1820–1862), die „tschechische George Sand“, gilt als die Begründerin des tschechischen Realismus. Das Konterfei der bedeutendsten Schriftstellerin des Landes ziert heute den 500-Kronen-Schein. In vielen Novellen und Erzählungen prangerte sie die soziale Ungleichheit der Frauen an. Wer sich ins Babiččino údolí aufmacht, sollte ihr bekanntestes Werk gelesen haben, den Roman *Babička*, der in mehr als 20 Sprachen übersetzt wurde und auf Deutsch *Die Großmutter* heißt. Er ist mehr Dichtung als Wahrheit, auch wenn die Geschichte an realen Orten angesiedelt ist und viele autobiografische Züge enthält.

Geboren wurde Božena Němcová als Barbara Pankl. Ihr Vater war Deutscher und oft auf Reisen, ihre Mutter Tschechin und Kammerfrau (später Kastellanin) der Fürstin von Sagan auf Schloss Ratiborschitz. Da die Eltern kaum Zeit für die kleine Barbara hatten, wuchs sie in der Obhut ihrer Großmutter mütterlicherseits auf. Aus dieser machte sie später die Titelheldin des Romans – eine Großmutter, die mit schlichter Weisheit, Güte und Liebe das Idealbild mütterlicher Fürsorge verkörpert.

Viele Jahre später schrieb Božena Němcová: „Meine Kinderjahre waren die schönsten meines Lebens. Als ich heiratete, weinte ich über meine verlorene Freiheit, über die Träume und Ideale, die zunichte gemacht wurden.“ Auf Drängen der Mutter hatte sich Božena im Alter von 17 Jahren mit dem fast doppelt so alten und ihr intellektuell weit unterlegenen Finanzbeamten Josef Němec vermählt. Die Ehe war von Kummer und Entbehrungen geprägt – nur das poetische Schaffen tröstete Božena über die wachsende Entfremdung von ihrem Mann, Geldnot und Krankheit hinweg. *Die Großmutter* war zugleich eines ihrer letzten Werke. Božena Němcovás Grab befindet sich auf dem Prager Ehrenfriedhof Vyšehrad (→ S. 127).

# Česká Skalice

Böhmisch Skalitz

Česká Skalice ist alles andere als ein idyllisches Städtchen an einem See, wie es auf der Landkarte wirken mag. Denn Städtchen und See trennt die Europastraße 67, über die der Schwerverkehr rollt. Auf dem Marktplatz mit einer Büste Božena Němcovás steht eine Übersichtstafel, auf der man erfährt, wo sie die Schule besuchte (heute die Gedenkstätte **Areál Barunčiny školy**) und in welcher Kirche sie später heiratete. Im alten Gasthaus Steidler, wo ihre Hochzeitsfeier über die Bühne ging, befindet sich heute das **Božena-Němcová-Museum** (Muzeum Boženy Němcove) mit einer Ausstellung über Leben und Werk der Schriftstellerin. Gleich daneben informiert ein **Textilmuseum** (Textilní muzeum) über die Geschichte der regionalen Textilindustrie. Am 10 km² großen, 1972 angelegten Rozkoš-Stausee südlich der Stadt liegt einer der größten Campingplätze des Landes, der **Autocamping Rozkoš** (s. u.) mit Stellflächen für rund 3500 Camper. Im Sommer ist hier die Hölle los. Da der See kaum Tiefe hat, ist das Wasser recht warm.

**Information** **Regionalní informační centrum**, T.G. Masaryka 33, unweit des Marktplatzes. Mo–Fr 9–12 u. 12.30–17 Uhr, Sa 9–12 Uhr, Juli/Aug. bis 15 Uhr. ✆ 491453870, www.centrumrozvoje.eu.

**Verbindungen** Regelmäßige **Busverbindungen** nach Náchod und Nové Město nad Metují, zudem alle 2 Std. **Zugverbindungen** über Jaroměř nach Hradec Králové.

**Öffnungszeiten** **Areál Barunčiny školy**, B. Němcové 9. Mai/Juni tägl. (außer Mo) 8–17 Uhr, Juli/Aug. tägl. 9–17 Uhr, Sept. tägl. (außer Mo) 9–16 Uhr. 1,10 €, erm. 0,70 €. www.bozenanemcova.cz.

**Božena-Němcová-Museum und Textilmuseum**, Mai/Juni tägl. (außer Mo) 8–17 Uhr, Juli/Aug. tägl. 9–17 Uhr, Sept. tägl. (außer Mo) 9–16 Uhr, Okt.–April Mo–Fr 8–15 Uhr. Eintritt für beide Museen 1,80 €, erm. 1,10 €. www.bozenanemcova.cz.

**Camping** **Autocamping Rozkoš**, Megaareal am See (am Ortsausgang von Česká Skalice Richtung Náchod). Kneipen, Disco, Kinderspielplatz, Riesenrutsche ins Wasser, Hüttenvermietung. Nichts für Ruhebedürftige! Ganzjährig. 2 Pers. mit Zelt u. Auto 10 €, „Luxushütte" mit Bad und Küche für 4 Pers. 51 €, „Wohnzelle" mit 4 Betten 19 €. Třída T. G. Masaryka 836, PLZ 55203, ✆ 491451112, www.atcrozkos.com.

Nach **Westen?** 17 km südwestlich von Česká Skalice liegt **Jaroměř**, das auf S. 186 beschrieben wird. Auch nach **Kuks** (→ S. 187) und **Dvůr Králové nad Labem** (→ S. 190) ist es nicht weit.

# Nové Město nad Metují

Neustadt an der Mettau

Das 9700-Einwohner-Städtchen rund 30 km nordöstlich von Hradec Králové besitzt zwei völlig gegensätzliche Ortsteile. Beschränkt man sich auf die Beschreibung der kleinen, verschlafenen Altstadt, gerät man leicht ins Schwärmen. Das historische Zentrum Nové Městos, voll musealen Charmes, thront pittoresk auf einem Bergsporn über einer Flussschleife der Metují und ist noch in weiten Abschnitten von einer Stadtbefestigung aus dem 16. Jh. umgeben. Treffpunkt ist der von Arkaden gesäumte, bildhübsche Husovo náměstí mit einer Mariensäule und einer Statue der Heiligen Dreifaltigkeit. An den Hauptplatz grenzt auch das hiesige **Schloss** (Zámek), das aus einer mittelalterlichen Feste hervorging. Unter der Herrschaft der Grafen von Pernstein Mitte des 16. Jh. wurde die Burg in ein mächtiges Renaissanceschloss verwandelt. Mitte des 17. Jh. ließ das schottische Adelsgeschlecht der

Ostböhmen → Karte S. 171

Der Bär tanzt hier vorm Schloss

Leslies das Schloss durch italienische Baumeister (u. a. Carlo Lurago) im frühbarocken Stil erneuern. Anfang des 19. Jh. starben die Leslies aus, und das Schloss verfiel. 1908 kaufte der Textilindustrielle Josef Bartoň das Anwesen und ließ es vom slowakischen Architekten Dušan Jurkovič (→ Luhačovice, S. 576) im Geist des Jugendstils (v. a. in den Innenräumen) und der walachischen Volksarchitektur (z. B. die hölzerne Brücke im Garten) restaurieren. Jurkovič schaffte auch die lustigen barocken Zwergenstatuen heran, die heute den Besucher vorm Schloss anlachen. Der Bildhauer Matthias Bernhard Braun hatte sie ursprünglich für das Heilbad Kuks geschaffen. Bis 1941 werkelte schließlich Pavel Janák, der durch seine rondokubistischen Bauten in Prag berühmt geworden war, am Schloss herum. Josef Bartoň wurde 1948 enteignet, durfte jedoch in drei Räumen im Obergeschoss seinen Lebensabend mit Frau und Koch verbringen. Er verstarb 1951 im Alter von 98 Jahren. Seit 1992 gehört das Schloss seinen Erben.

Die Schlossführung umfasst die barocke *Schlosskapelle,* die Räumlichkeiten der ersten Etage *(Wintergarten, Arbeitszimmer, Schlafgemach, Speisezimmer)* mit einem faszinierend-schönen Durcheinander verschiedenster Stilrichtungen sowie die zweite Etage mit den *Repräsentationssälen* und einem *orientalischen Speisesaal.*

Etwas zurückversetzt vom Hauptplatz befindet sich das nett eingerichtete **Stadtmuseum** (Městské muzeum) im Gebäude der Touristeninformation. Es widmet sich der Geschichte Nové Městos, der Natur der Region und alten Handwerksberufen. Angeschlossen ist eine Galerie.

**Orientierung**: Vom *Husovo náměstí,* dem Altstädter Hauptplatz mit Parkmöglichkeit, führt die *U Zázvorky,* die in die *Komenského* übergeht, gen Norden in die geschäftige, aber recht graue *Neustadt* und zum Busbahnhof.

Bahnhof, Jaroměř und Hradec Králové
Náchod
BUS
Nádražní
T. G. Masaryka
Na Bořetíně
Čs. armády
Přibyslavská
Sokolská
Sokolská
Klosova
Komenského
Polizei
Českých legií
K Beranovu mostu
Komenského
Pod Hradištěm
Rezecká
nám. Republiky
Českých legií
U Zázvorky
Schloss
P
Husovo náměstí
Stadt-museum
M
WC
Rathaus
Pod Hradbami
Zelená
Na Zádomí
Metuje
Pod Výrovem
Českých bratří
Pod Vinicemi
Übernachten
1 Hotel Rambousek
2 Hotel Rajská zahrada
3 Penzion Na Hradčanech
7 Hotel U Broučka
Essen & Trinken
4 Dům 14
5 Zámek Bar
6 Seladon Espresso Boutique
100 m
Nové Město nad Metují

**Information** **Městské informační centrum**, etwas versteckt am Südosteck des Hauptplatzes, dort ausgeschildert. ✆ 491472119, www.infocentrum-nmnm.cz. April–Okt. tägl. 9–12 u. 12.30–17 Uhr, Nov.–März nur Mo–Sa 10–16 Uhr.

**Verbindungen** Busbahnhof in der Neustadt (1 km nördlich der Altstadt). Viele **Busse** halten und starten aber auch in der Altstadt, von dort geht es z. B. regelmäßig nach Náchod, Deštné und Česká Skalice.

Bahnhof ca. 2,5 km nordwestlich der Altstadt, regelmäßig **Züge** nach Náchod, bis zu 7-mal tägl. nach Teplice nad Metují, 2-mal nach Broumov.

**Öffnungszeiten** **Schloss**, April u. Okt. nur Sa/So 10–16 Uhr, Mai/Juni u. Sept. tägl. (außer Mo) 9–16 Uhr, Juli/Aug. tägl. 9–17 Uhr. 3,60 € (mit dt. Text), erm. 2,20 €. www.zameknm.cz. **Stadtmuseum**, Mai–Sept. tägl. (außer Mo) 10–12.30 u. 13–17 Uhr, Okt.–April Di–Sa 10–12.30 u. 13–16 Uhr. 1,80 €, erm. 0,70 €. www.muzeum-nmnm.cz.

**Übernachten** **** **Hotel Rajská zahrada** **2**, zwischen Alt- und Neustadt. Bestes Haus der Stadt, 2013 eröffnet. 24 teilweise recht geräumige, modern und komfortabel gestaltete Zimmer in unterschiedlichen Komfort-Stufen. Restaurant mit netter Speisekarte (Hg. 5,50–11 €), umfangreicher Wellness-/Fitness-Bereich. DZ je nach Kategorie 72–117 €. Komenského 70, PLZ 54901, ✆ 773777773 (mobil), www.hotelrajskazahrada.cz.

Hingucker in Nové Město nad Metují

*** **Hotel Rambousek** **1**, gleich daneben. Einfaches Haus mit 18 schlichten Zimmern und Apartments. Restaurant (So geschl.). EZ 22 €, DZ 32 €. Komenského 60, PLZ 54901, ✆ 491470403, www.rambousekhotel.cz.

**Hotel U Broučka** **7**, in einem schönen historischen Gebäude am Hauptplatz in der Altstadt. Hinter dem Namen verbirgt sich jedoch nicht mehr als eine Bierstube mit Zimmervermietung. Diese sind stillos und schlicht, dafür mit privaten Bädern versehen. EZ 22 €, DZ 32 €, kein Frühstück. Husovo nám. 1245, PLZ 54901, ✆ 491472571, www.hotelubroucka.cz.

››› **Unser Tipp: Penzion Na Hradčanech** **3**, in absolut idyllischer Lage am rauschenden Bach. 4 Apartments für jeweils 2 Pers. mit Küche, 2 mit Balkon. Parkplätze, Garten mit Grill, Elektrorad-Verleih. Für 2 Pers. ab 27 €. Na Hradčanech 1095, PLZ 54901, ✆ 777557665 (mobil), www.penzionnahradcanech.cz. ‹‹‹

**Essen & Trinken** **Dům 14** **4**, etwas düsteres, aber sehr populäres Lokal mit langer Theke. Verschiedene Pastagerichte, lecker sind zudem die Lendenstückchen mit Lachs in Estragonsoße. Hg. 3,50–11 €. Husovo nám. 14, ✆ 491471355.

**Zámek Bar** **5**, direkt im Schloss. Küche (v. a. Steaks, mittlere Preisklasse) geht so, aber tolles Ambiente mit herrlicher Terrasse. Billard, gut bestückter Weinkeller. Husovo nám.1202, ✆ 777604800 (mobil).

**Seladon Espresso Boutique** **6**, am Marktplatz (Hausnr. 1220). Mischung aus Café, Kaffeemaschinenverkauf (!) und Vinothek mit netter Außenbestuhlung unter den Arkaden. Zudem gemütlicher Hinterhof. Neben etlichen Sorten Wein auch Eisbecher.

## Adlergebirge

Orlické hory

Östlich von Nové Město nad Metují erstreckt sich an der Grenze zu Polen das Adlergebirge mit Höhen von bis zu 1115 m. Es ist ein abgeschiedenes, weitestgehend unbewohntes Eck, in dem sich Fuchs und Hase gute Nacht sagen. Unendlich weite Wälder, rauschende Bäche und holprige Straßen bestimmen das Bild. Die Region ist touristisch kaum erschlossen, in manchen Dörfern werden ein paar Chatas vermietet. Lediglich **Deštné v Orlických horách** kann man als so etwas wie ein Ferienzentrum bezeichnen, jedoch ohne einen Funken Bergdorfromantik. Dafür ist die Umgebung schön. Im Sommer laden die verkehrsarmen Straßen zum Radfahren ein, an Wochenenden sind Cyklobusse im Einsatz (www.audis.cz). Im Winter bestehen gute Langlaufmöglichkeiten, auch alpiner Skisport wird betrieben.

**Information** Informační centrum, privates Infozentrum in Deštné an der Durchgangsstraße. ✆ 492601601, www.destne.info. Tägl. 9–11 u. 13–16 Uhr, in der NS verkürzt.

**Verbindungen** Deštné ist per **Bus** regelmäßig von Nové Město nad Metuji zu erreichen, zudem 3-mal tägl. von Hradec Králové und Prag.

**Skifahren** Es gibt es 6 Schlepplifte und einen Sessellift am **Zimní Kopec** (883 m). Mehr dazu unter www.skicentrumdestne.cz.

**Übernachten** *** **Hotel Praha**, in Deštné direkt an der Liftstation Marta I. Klassische Hotelzimmer mit farbenfroh gestrichenen Wänden. Restaurant. DZ je nach Saison 40–69 €. Deštné 175, PLZ 51791, ✆ 724168070 (mobil), www.hotel-praha-destne.cz.

Ostböhmen → Karte S. 171

## Opočno

Opotschno

Opočno liegt rund 16 km südlich von Nové Město nad Metují und ist ein unscheinbares Städtchen mit alter Substanz – von den Gebäuden bis zur Herrenrunde am weiten Hauptplatz. Der Platz ist nach dem Maler František Kupka (1871–1957) benannt, dem berühmtesten Sohn der Stadt. Kupkas vom Kubismus geprägte Bilder erzielen auf internationalen Auktionen die mit Abstand höchsten Preise für Werke tschechischer Künstler.

Im Zentrum, etwas abseits der Hauptdurchgangsstraße, steht ein **Renaissanceschloss** aus dem 16. Jh. mit einer herrlichen dreistöckigen Loggia. 1634 ging es in den Besitz der Colloredo (später Colloredo-Mansfeld) über, die bis zum Zweiten Weltkrieg mit den Schwarzenberg und den Liechtenstein zu den größten Grundbesitzern der Tschechoslowakei zählten.

Arkadenloggia des Schlosses Opočno

Wie Schloss Dobříš (→ S. 159), das ebenfalls den Colloredo-Mansfeld gehörte, wurde auch Schloss Opočno von den Nazis beschlagnahmt. Ihren Protest gegen diese Entscheidung begründeten die Colloredo-Mansfeld mit ihrer Gegnerschaft zu Edvard Beneš, der ab 1935 tschechoslowakischer Präsident gewesen und 1938 ins politische Exil nach London gegangen war. Die Nazis lehnten den Einspruch ab. Als Beneš 1945 zurückkam und erneut Präsident wurde, las er die Akte und verlängerte verärgert die Beschlagnahme. Erst 2003 bekam Kristina Colloredo-Mansfeld – die Familie war nach Österreich emigriert – Schloss Opočno (zunächst) zurück und machte es der Öffentlichkeit zugänglich. Doch in den Jahren danach tauschte der damalige Präsident Václav Klaus (2003–2013), der die Restitutionen als Raubbau am tschechischen Staat betrachtet, peu à peu die Verfassungsrichter aus. Diese interpretierten die Gesetze fortan in seinem Sinne und hoben 2005 den Beschluss von 2003 auf. Ihre Begründung: Schlossherr Josef Colloredo-Mansfeld hatte während des Zweiten Weltkrieges einen Antrag auf Einbürgerung ins Deutsche Reich gestellt (was Kristina Colloredo-Mansfeld abstreitet, zumal ihr Vater Jude war), womit die Verstaatlichung auf Grundlage der Beneš-Dekrete rechtmäßig gewesen war. Eine Wiederaufnahme des Restitutionsverfahrens wurde kurz vor Drucklegung bekannt gegeben.

Das Schloss kann im Rahmen von Führungen besichtigt werden. Auf der kleinen Tour (50 Min.) kann man sich die Bibliothek mit rund 12.000 Bänden anschauen, die Gemäldegalerie mit Werken italienischer, flämischer und böhmischer Meister aus dem 16–18. Jh. und diverse Räume und Säle mit historischem Interieur. Auf der großen Tour (75 Min.) bekommt man darüber hinaus u. a. noch die Waffensammlung zu sehen. Zum Schloss gehört ein englischer Park (22 ha) mit einem chinesischen Pavillon und einem Lustschloss.

**Verbindungen** Bahnhof weit außerhalb, besser ist die Anfahrt mit dem **Bus**. Regelmäßig Verbindungen nach Hradec Králové, 2-mal tägl. nach Nové Město nad Metují.

**Öffnungszeiten** **Schloss**, April u. Okt. nur Sa/So 9–11.30 u. 12.30–14.45 Uhr, Mai/Juni u. Sept. tägl. (außer Mo) 9–11.30 u. 12.30–15.45 Uhr, Juli/Aug. bis 16.45 Uhr. Je nach Führung 4–5 €, erm. 2,90–3,60 €. www.zamek-opocno.cz.

**Camping** **Camping Broumar**, am Ortsrand Richtung Trnov. Sehr einfacher, schattenloser Platz am Badesee. Mai–Sept. 2 Pers. mit Zelt und Auto 7,30 €, Chata für 4 Pers. 27 €. U Broumaru 555, PLZ 51773, ✆ 494668309, www.broumar.cz.

## Zámek Častolovice

Schloss Tschastolowitz

Schloss Častolovice steht fast direkt an der Nationalstraße 11 und fast exakt 28 km östlich von Hradec Králové. Erbaut wurde es im 16. Jh. unter der Adelsfamilie Oppersdorff auf den Grundmauern einer verödeten Wasserburg. 1694 erwarb die Familie Sternberg das Schloss, in deren Besitz es – mit Ausnahme der Jahre 1948–1992 – bis heute ist. Die Sternberg ließen es mehrmals umbauen, im Stil des Barock, des Klassizismus und der Tudorgotik. Anfang des 20. Jh. gaben sie dem Schloss wieder sein Renaissance-Aussehen zurück.

Die Führungen durch die Räumlichkeiten dauern etwa 45 Minuten. Die Repräsentationssäle besitzen neben kostbaren Möbeln und Gemäldesammlungen grandiose Kassettendecken mit biblischen und antiken Motiven (am beeindruckendsten im Rittersaal). An das Schloss grenzt ein 40 ha großer englischer Park mit weißen Damhirschen. Im gepflegt-gediegenen Schlosslokal *Zámecká restaurace* wird böhmisch-internationale Küche (Hg. 4–8 €) serviert, im Winter im Gewölbesaal, im Sommer im bildschönen Innenhof, wo man zu klassischer Musik speist.

**Verbindungen** Častolovice passieren sämtliche **Busse** und **Züge** auf der Strecke Hradec Králové – Vamberk.

**Öffnungszeiten** Schloss Častolovice, April–Sept. tägl. (außer Mo) 9–18 Uhr. 4,20 €, erm. 2,70 €. www.zamek-castolovice.cz.

**Schlösserfreaks aufgepasst!** Rund um Častolovice gibt es noch weitere Schlösser zu besichtigen: 3 km östlich, in *Kostelec nad Orlicí* (Adlerkosteletz), steht in einem englischen Landschaftspark das schöne Empireschloss der Adelsfamilie Kinský (www.zamekkostelecno.cz). In *Rychnov nad Kněžnou* (Reichenau an der Knjeschna) 8 km nordöstlich von Častolovice thront das monumentale Schloss der Kolowrat, dessen hochbarocker Umbau unter der Regie des großen Architekten Giovanni Santini vonstatten ging (www.kolowrat.com). Und das hübsche, kleine Schloss von *Doudleby nad Orlicí* (Daudleb) 8 km östlich von Častolovice besitzt einen herrlichen Arkadenhof und eine bemerkenswerte Sgraffitofassade, die den örtlich hergestellten Spitzenarbeiten ähnelt (www.zamek-doudleby).



# Letohrad

ehem. Kyšperk/Geiersberg

Aus Letohrad stammen die Großeltern der ehemaligen US-Außenministerin Madeleine Albright. Diese Tatsache allein macht das große Dorf 7 km südöstlich von Žamberk natürlich nicht zu einer Touristenattraktion. Wer zufällig am hübschen Marktplatz landet, kann das **Barockschloss** besuchen. Es entstand zwischen 1680 und 1685 unter dem Grafen Hynek Jetřich Vitanovský Vlčkovice, die letzten adeligen Besitzer waren die Grafen von Stubenberg, die 1948 enteignet wurden. Zu den Highlights der Schlosstour gehören einige Werke des Jugendstilkünstlers Alfons Mucha (→ S. 84), der sich hin und wieder nach Letohrad zurückzog. Das **Stadtmuseum** (Městské muzeum) am Marktplatz neben der Touristeninformation ist stolz darauf, den Schlitten zu besitzen, mit dem Napoleon 1812 aus Russland geflohen ist. Etwa 300 m vom Marktplatz entfernt (ausgeschildert) kann man schließlich das große **Museum der Handwerkskunst** (Muzeum řemesel) besichtigen, in dem 40 rekonstruierte Werkstätten aus den Jahren 1890–1930 zu sehen sind.

**Verbindungen** **Busse** regelmäßig nur nach Žamberk, bis zu 2-mal tägl. nach Pardubice. Die Busse halten am Marktplatz.

**Öffnungszeiten** Handwerksmuseum, Jan.–März Mi–So 9–16 Uhr, April–Sept. tägl. 9–17 Uhr, Okt. tägl. (außer Mo) 9–17 Uhr, Nov./Dez. Di–Sa 9–16 Uhr. Es gibt 2 Trassen, jeweils 3,30 €, erm. 2,50 €. www.muzeumremesel.cz.

**Schloss**, nur Juli/Aug. Mo–Sa 9–16 Uhr, So 13–16 Uhr stündl. Führungen (Führer über die Touristeninformation am Marktplatz). 0,80 €, erm. die Hälfte. www.info.letohrad.eu.

**Stadtmuseum**, Juli/Aug. → Schloss, Sept.–Juni Mo–Fr 8–11 u. 11.30–16 Uhr, Sa 8–11 Uhr. 0,80 €, erm. 0,50 €. www.info.letohrad.eu.

**Übernachten/Essen** **Tvrz Orlice**, in und an einer ehemaligen Festung am Ostrand der Stadt. Ordentliche, relativ moderne Zimmer in den Kategorien „Standard" und „VIP". Restaurant in Mittelalterambiente und mit ebenso rustikaler Speisekarte (Hg. 5–10 €). DZ 65–87 €. Orlice 1, PLZ 56151, ✆ 465677720, www.tvrzorlice.cz.

**Hotel na Zámku**, in einem Teil des Schlosses. Alle Zimmer mit Bad, TV und Blick in den Schlosshof, leider nur mit billigsten Mitteln restauriert. Restaurant mit Wintergarten. DZ 32 €, Frühstück 4 € extra. Václavské nám. 1, PLZ 56151, ✆ 465621980, www.hotelnazamkuletohrad.cz.

**Nový dvůr**, großes Nichtraucher-Restaurant mit Scheunenflair im Handwerksmuseum. Rustikal-gemütlich, viel Holz. Flinker Service. Überdurchschnittlich gute böhmische Küche, darunter etliche Sorten Kurzgebratenes und Wild. Sehr günstige Tagesgerichte, sonst Hg. 4,80–9,60 €. ✆ 465621555.

# Litomyšl

Leitomischl

**Litomyšl gehört zu den schönsten Kleinstädten des Landes. Hier wurde der große Komponist Bedřich Smetana geboren, und hier steht ein Musterbeispiel der Renaissancebaukunst, eingetragen in der Welterbeliste der UNESCO.**

10.100 Einwohner zählt Litomyšl, das sich gerne mit dem Beinamen „Smetana-Stadt“ schmückt. Dem Komponisten zu Ehren gehen alljährlich im Sommer die Smetana-Festspiele über die Bühne. Sie finden im Schlosshof statt, nur ein paar Schritte von Smetanas Geburtsort entfernt: einer ehemaligen Brauerei. Das Festival lockt Besucher aus nah und fern, ansonsten hält sich der Touristenandrang noch in Grenzen. Dementsprechend bescheiden fällt die Zahl der Galerien und Souvenirshops rund um den reizvoll-natürlichen Smetanovo náměstí, den Hauptplatz Litomyšls, aus. Unter den Arkaden werden Gemüse und Waschpulver verkauft, nicht Keramik, Oblaten oder Postkarten.

**Geschichte**: Im 12. Jh. wurde auf dem heutigen Schlosshügel auf Initiative des Olmützer Bischofs ein Prämonstratenserkloster namens Ölberg gegründet, zu dessen Füßen sich die Stadt entwickelte. Das Kloster war maßgeblich an der Besiedlung des Schönhengstgaus (→ Svitavy, S. 231) beteiligt, wurde aber bereits im 14. Jh. aufgelöst. 1547 ging das Areal in den Besitz der Adelsfamilie Pernstein über, die 1568 italienische Architekten mit dem Bau des Schlosses beauftragte. 1640 holten die Pernstein die Piaristen in die Stadt, die Lateinschulen gründeten und die Gegenreformation vorantrieben. Von 1650 bis 1757 gehörten Schloss und Stadt den Trautmannsdorf, von 1757 bis 1855 den Waldstein-Wartenberg. Die letzten adeligen Besitzer des Schlosses waren die Thurn und Taxis (bis 1945). Danach geriet Litomyšl in Vergessenheit und verfiel. Das erste Facelifting erfolgte 1993, nachdem

Klare Worte am Hauptplatz von Litomyšl

sich Václav Havel entschieden hatte, im darauffolgenden Sommer sechs Staatspräsidenten (u. a. Richard von Weizsäcker) in Litomyšl zu empfangen. Das Schloss bekam zwischen 2011 und 2014 eine Frischzellenkur verpasst, 16 Mio. Euro wurden dafür aufgebracht. Dass bei der Rekonstruktion hier und da auch behutsam modernere Architekturelemente integriert wurden, gefällt nicht jedem.

## Basis-Infos

→ Karte S. 226

**Information** Infocentrum, Smetanovo nám. 72, ✆ 461612161, www.litomysl.cz. Mo–Fr 8.30–18 Uhr, Sa/So 9–14 Uhr, Okt.–Mai Mo–Fr 8.30–17 Uhr, Sa 9–12 Uhr, So geschl. Weitere Infostelle am Schlosseingang. www.ticlitomysl.cz.

**Parken** Gebührenpflichtige Parkplätze am Hauptplatz.

**Verbindungen** Busbahnhof 200 m südwestlich des Zentrums, Bahnhof 500 m nordwestlich davon. Busse regelmäßig nach Polička und Svitavy, bis zu 10-mal tägl. nach Brünn, 2-mal direkt nach Prag. Züge bis zu 6-mal tägl. nur nach Choceň, dort Umsteigemöglichkeiten nach Pardubice.

**Ärztliche Versorgung** Krankenhaus in der J.E. Purkyně 652 südlich des Zentrums. ✆ 461655111, www.litnem.cz.

**Einkaufen** Vinotéka **8**, mährische Weine und Metweine. Smetanovo nám. 86.

Dům Keramiky **9**, Porzellan und Keramik zwischen kitschig, lustig und praktisch. Smetanovo nám. 105.

**Veranstaltungen** Das bedeutendste Ereignis ist das Opernfestival Smetanas Litomyšl Mitte–Ende Juni. www.smetanova litomysl.cz.

## Übernachten/Camping/Essen & Trinken/Nachtleben

→ Karte S. 226

**Hotels/Pensionen** **** Hotel Aplaus **6**, Komforthotel ein paar Schritte vom Marktplatz. 21 Zimmer und 2 Apartments, alle sehr großzügig, modern und der Sterneanzahl entsprechend ausgestattet. Sehr gutes Restaurant (s. u.). DZ ab 70 €. Šantovo nám. 181, PLZ 57001, ✆ 461614900, www.hotel aplaus.cz.

*** Hotel Zlatá Hvězda **10**, von außen nicht besonders ansprechendes Haus am Marktplatz. Teils recht biedere Teppichbodenzimmer und -apartments, teils schon frisch renoviert. Schöner Blick von manchen Zimmern. Sehr beliebtes Restaurant mit tschechischer und internationaler Küche. DZ 50–95 €. Smetanovo nám. 84, PLZ 57001, ✆ 461615338, www.zlatahvezda.com.

Penzion Petra **5**, in zentraler, aber ruhiger Lage. 4 ordentliche und großzügige Zimmer, unterschiedlich ausgestattet. DZ 65 €. B. Nemcové 166, PLZ 57001, ✆ 777613061 (mobil), www.penzion-petra.cz.

Apartment im Smetana-Geburtshaus **2**, vermietet wird ein Apartment mit 2 Schlafzimmern (4 Betten) und schwerem Mobiliar. Nur mit Vorausbuchung, oft belegt. Für 2 Pers. 53 €. Jiráskova 133, PLZ 57001, ✆ 461612575, www.apartman.smetanova litomysl.cz.

Paseka **3**, in einer vom Marktplatz abgehenden Seitenstraße. 4 freundliche Apartments und 3 Zimmer mit Holzböden und Massivholzmöbeln. Rezeption im Lokal Na Sklípku. DZ 44–55 €. Váchalova 127, PLZ 57001, ✆ 731173543 (mobil), www.pensionpaseka.cz.

Pension Pod Klášterem **4**, nur 2 schöne DZ und ein Apartment für 4 Pers. Jugendlich-farbenfroh gestaltet und freundlich eingerichtet. Gutes Restaurant (s. u.). DZ 36 €, Apartment 43–58 €, Frühstück extra. B. Němcové 158, PLZ 57001, ✆ 461615901, www.podklasterem.cz.

**Camping** Camping Primátor, von der Straße nach Svitavy ausgeschildert. Einfacher Platz mit Chatas. Schattige Wiese. Mai–Sept. 2 Pers. mit Zelt und Auto 9 €, in der Hütte 7 €/Pers. Strakovská, PLZ 57001, ✆ 461612238, www.camplitomysl.cz.

**Essen & Trinken** Restaurace Karlov **1**, im feudalen Smetanův dům. Gediegenes Restaurant mit böhmischer und Internationaler Küche der mittleren Preisklasse. Hohe Wände, Parkettböden. Nette Terrasse. Komenského nám. 402, ✆ 461613417.

››› **Unser Tipp: Restaurace Bohém 6**, im Hotel Aplaus (s. o.), 2014 die wohl beste Adresse in Litomyšl. Gut zubereitete Klassiker sowie leichte, schmackhafte und moderne Küche. Sympathischer Service, nettes Ambiente, gute Auswahl (nicht nur) mährischer Weine. Preiswerte Mittagsmenüs, sonst Hg. 5–15 €. Šantovo nám. 181, ✆ 461614900. ‹‹‹

**Restaurace Pod Klášterem 4**, Terrassenlokal, zur gleichnamigen Pension gehörend (s. o.). Gute Auswahl an leckeren Pastagerichten, Salaten, Fisch und Fleisch, alles frisch zubereitet. Große Auswahl an mährischen Weinen. Hg. 3,70–11 €, Couvert 0,60 €. ✆ 461615901.

**Nachtleben** **Garáž Bar 7**, Backstein, Stühle aus Omas Küche, große Deckenventilatoren und schicke Theke im wilden Mix. Dient auch als Galerie. Im Ausschank sind *Staropramen* und *Kelt*. Ropkova 53.

### Bedřich Smetana (1824–1884), das Wunderkind aus Litomyšl

Zur Geburt des kleinen Bedřich am 2. März 1824 ließ der Vater, Direktor der Brauerei Leitomischls, angeblich Freibier an die Belegschaft ausschenken. Man stieß auf ein Kind an, das ein Wunderkind werden sollte. Im Alter von sechs Jahren trat Bedřich erstmals am Klavier im hiesigen Schlosstheater auf, mit acht komponierte er seine erste Symphonie. In Prag erhielt er bei dem damals bekannten Musikpädagogen Josef Proksch eine professionelle Ausbildung, doch eine Karriere als Klaviervirtuose wollte nicht glücken. Smetana wandte sich daraufhin an Franz Liszt (1811–1886), der ihn förderte und der neben Richard Wagner (1813–1883) zu seinem großen Vorbild wurde. Die Ereignisse des Revolutionsjahres 1848 bewegten den noch jungen Smetana. Obwohl oder vielleicht gerade weil er in einem deutschsprachigen Umfeld aufgewachsen war – Tschechisch beherrschte er bis zu seinem Lebensende nicht fehlerfrei –, begeisterte er sich für die tschechische Nationalbewegung *(národní obrození)*, später wurde er sogar zu einer ihrer Leitfiguren.

Der künstlerische Durchbruch gelang ihm mit der Oper *Die verkaufte Braut* (1866/1869). Für seine Opern *Dalibor* (1868) und *Libuše* (1870–72) schrieb der deutsche, ebenfalls von der tschechischen Nationalbewegung angetane Dichter Josef Wenzig (1807–1876) die Libretti, die Ervin Špindler ins Tschechische übersetzte. Diese beiden Werke sind bis heute so etwas wie die „tschechischen Nationalopern". Aufgrund einer Syphilisinfektion ertaubte Smetana 1874, komponierte jedoch weiter. Zwischen 1874 und 1879 entstand der symphonische Zyklus *Ma vlast* („Mein Vaterland"), zu dem Smetanas wohl bekanntestes Stück *Vltava* („Die Moldau") gehört. Seine zwei letzten Lebensjahre verbrachte er geistig verwirrt in einer Nervenheilanstalt. Smetana ist heute neben Dvořák der wohl international bekannteste Komponist des Landes. Grund dafür sind v. a. seine leicht fassbaren Melodien, die oft Volksliedern entlehnt und mit fesselnden Polka-Rhythmen unterlegt sind.

## Sehenswertes

**Rund um den Smetanovo náměstí**: Den gut 500 m langen Hauptplatz, selbstverständlich mit Mariensäule und Brunnen bestückt, säumen überwiegend spätbarocke und neoklassizistische Fassaden mit Arkadengängen. In Haus Nr. 27 brachte die Schriftstellerin Božena Němcova (→ S. 216) ihren Sohn Karel auf die Welt. Das wohl schönste Gebäude am Platz aber ist das *Haus zu den Rittern* (Dům U rytířů) aus dem 16. Jh. – man beachte die Steinmetzarbeiten im Obergeschoss. Heute hat hier eine *Kunstgalerie* ihren Sitz. Am spaßigsten jedoch ist die Verzierung des Hauses Nr. 127, in dem sich das Antiquariat Paseka befindet: Ums Eck (an der Váchalova) ist es mit Sgraffitoverzierungen von Josef Váchal (s. u.) geschmückt, darunter recht bizarre Bilder und überaus denkwürdige Sinnsprüche, z. B. „Sauf'st, stirb'st, sauf'st net, stirb'st auch".

**Kunstgalerie im Haus zu den Rittern**, Smetanovo nám 110. Okt.–April tägl. (außer Mo) 9–12 u. 13–16 Uhr, Mai–Sept. tägl. (außer Mo) 10–12 u. 13–17 Uhr. Der Eintritt variiert je nach Ausstellung.

Ostböhmen → Karte S. 171

**Zámek (Schloss)**: Das Schlossareal erstreckt sich auf einer Anhöhe keine 200 m östlich des Hauptplatzes. Man betritt es über einen Gebäudekomplex, der einst die Brauerei Leitomischls beherbergte. In ihr wurde Bedřich Smetana geboren. Heute erweist man dem großen Komponisten dort mit einer kleinen Ausstellung die Reverenz. In der einstigen Drei-Zimmer-Wohnung der Familie gibt es u. a. das Klavier des jungen Smetana zu sehen. An die Brauerei schloss gen Osten die Reitschule an, heute zeigt darin das *Antikenmuseum* (Muzeum Antického sochařství a architektury) Kopien antiker Skulpturen und Architekturfragmente. Die den Hof gen Osten abschließenden Gebäude hinter dem Brunnen waren einst die Kutschenhalle und die Stallungen.

Das Schloss selbst – ein vierflügeliges Gebäude mit einem quadratischen Schlosshof – ist eine Augenweide. Errichtet wurde es zunächst unter der Regie des kaiserlichen Baumeisters Giovanni Battista Aostalli (1510–1575), der später von seinem Neffen Ulrico Aostalli abgelöst wurde. Am beeindruckendsten ist die prächtige Fassadenverzierung mit rund 8000 verschiedenen Briefchensgraffiti, die von Šimon Vlach stammt. Selbst die Schornsteine sind sgraffitogeschmückt, auf ihnen entdeckt man Krokodile, Trompetenspieler, sämtliche Obstsorten, lachende und weinende Gesichter und, und, und … Der Schlosshof begeistert aufgrund der wohl schönsten dreistöckigen Loggia Böhmens. Bei den Schlossführungen kann man zwischen zwei Touren wählen: Die Basis-Tour (50 Min.) führt u. a. durch das *Schlosstheater*, die *Arkaden*, die *Bankettsäle des Nordflügels* und die *Musiksalons;* die andere umfasst zusätzlich die *Gästezimmer* und *Speisesäle* sowie die *Schlosskapelle* (90 Min.). Des Weiteren kann man im Schloss die *städtische Galerie* mit Wechselausstellungen zur tschechischen Kunst des 19. und 20. Jh. und die *Skulpturenexposition Olbram Zoubeks* besuchen. Der Leitomischler Künstler Olbram Zoubek (geb. 1926), einer der angesehensten des Landes, war ein Schüler Josef Wag-

Schloss Litomyšl

Wo Mauern Geschichten erzählen: Schloss Litomyšl

Ostböhmen → Karte S. 171

ners. Der Ausstellungsort könnte nicht passender gewählt sein: Zoubek verdingte sich in der kommunistischen Ära als Restaurator am hiesigen Schloss.

April u. Okt. nur Sa/So 10–16 Uhr, Mai tägl. (außer Mo) 10–16 Uhr, Juni u. Sept. tägl. (außer Mo) 10–17 Uhr, Juli/Aug. bis 18 Uhr. Schlossführung jeweils 4,40–6,90 €, erm. 2,50–4 €; Smetana-Gedenkstätte 2,20 €, erm. die Hälfte; Antikenmuseum 1,10 €, erm. die Hälfte; Zoubek-Ausstellung 1,80 €, erm. die Hälfte; der Eintritt für die Galerie variiert je nach Ausstellung. www.zamek-litomysl.cz.

**Piarististcký chrám a Regionalní muzeum (Piaristenkirche und Regionalmuseum)**: Die schräg gegenüber dem Eingang zum Schlossareal gelegene Piaristenkirche wurde zwischen 1714 und 1722 nach Plänen von Giovanni Battista Alliprandi (1665–1720) gebaut. Für die bildhauerische Ausschmückung sollen Matthias Bernhard Braun und dessen Schüler verantwortlich zeichnen. Im ehemaligen Piaristengymnasium ist heute das Regionalmuseum untergebracht. Das Gebäude wurde zuletzt komplett renoviert und ist ein Beispiel für die gelungene Symbiose zwischen traditioneller Architektur und erfrischenden modernen Elementen. Die Exponate unterscheiden sich freilich nicht sonderlich von jenen anderer tschechischer Regionalmuseen.

**Regionalmuseum**, Jiráskova 9. Tägl. (außer Mo) 9–12 u. 13–17 Uhr. 2,20 €, erm. die Hälfte. www.rml.cz.

**Portmoneum**: Josef Portman (1893–1968), ein Beamter im Rentenwesen, wohnte ca. 300 m östlich des Marktplatzes in der Terézy Novákové 75. Zu seinen Freunden zählte Josef Váchal (1884–1969), ein Autodidakt, der sich als Maler, Grafiker und Schriftsteller versuchte. 1920 bat Portman Váchal um die Ausschmückung zweier Räume. Und Váchal begann, die Wände, Decken und Möbel wild zu bemalen. Seitdem tummeln sich hier Teufel, Geister, sündhafte Gestalten neben Puttchen und himmlischen Lichtgestirnen. Dazwischen kann man sich an hindustanischen Gedichten u. v. m. ergötzen. Váchals schräge „Kunst“ lässt sich nicht kategorisieren, vielleicht am ehesten noch als „naiv-absurd“ beschreiben.

Mai–Sept. tägl. (außer Mo) 9–12 u. 13–17 Uhr, April u. Okt. nur Sa/So 9–12 u. 13–17 Uhr. 2,20 €, erm. 1,50 €.

## Oskar Schindler und der Umgang mit der Realität

In einem unscheinbaren Haus an der Poličská 24 in Svitavy (der Straße nach Polička) wurde 1908 Oskar Schindler geboren. Im Alter von 66 Jahren starb er in Hildesheim, beigesetzt wurde Schindler auf dem Zionsberg in Jerusalem. 20 Jahre nach seinem Tod, nachdem Steven Spielberg *Schindlers Liste* in die Kinos gebracht hatte, setzte man ihm im Park schräg gegenüber seinem Geburtshaus eine kleine Gedenktafel mit der Aufschrift „Dem unvergessenen Lebensretter 1200 verfolgter Juden Oskar Schindler". Der Enthüllung des Denkmals waren Proteste im Stadtrat vorausgegangen, da Schindler früh der NSDAP beigetreten war und ab 1935 als Informant der deutschen Abwehr brisante Informationen über die Tschechoslowakei preisgegeben hatte. Viel mehr wussten die Einwohner Svitavys über Schindler nicht. Denn als Schindler hier lebte, gab es hier so gut wie keine Tschechen, und unter den Kommunisten wurde später das Nazi-Image Schindlers gepflegt.

In Zwittau war Schindler als trinkfester Frauenheld bekannt, der von der Schule geflogen war, weil er angeblich die Zeugnisse gefälscht hatte. 1939 gelang es ihm über seine Parteiverbindungen, in Krakau eine Fabrik aufzubauen, in der jüdische Zwangsarbeiter beschäftigt wurden. Er behandelte sie mit einfacher Menschlichkeit, nicht mit brutaler, obszöner Willkür. Um später Juden der Vernichtungsmaschinerie der Nazis zu entziehen, stellte er Kranke und Schwache zur Arbeit ein. Als 1944 die Ostfront näher rückte, viele Fabriken schnellstens aufgelöst und die jüdischen Zwangsarbeiter dem sicheren Tod in den KZs entgegengekarrt wurden, entschloss sich Schindler, seinen Betrieb ins „sicherere" Hinterland nach Brünnlitz (heute Brněnec, 15 km südlich von Svitavy) zu verlegen. Für die Transportgenehmigung wurde eine Namensliste – Schindlers Liste – erstellt, auf der rund 1000 Menschen als Zwangsarbeiter z. T. mit fingierten Alters- und Berufsangaben verzeichnet waren. Da seine neue Waffenfabrik in Brünnlitz nur wenig produzierte, kaufte Schindler Ware auf dem Schwarzmarkt, um sie als eigene Ware wieder zu verkaufen. Das dazugehörige Lager Brünnlitz wurde am 25. Mai 1945 durch die Rote Armee befreit. Schindler hatte sich kurz zuvor gen Westen abgesetzt, zum Abschied schenkten ihm „seine" Juden einen goldenen Ring mit der Aufschrift „Wir danken". Im Stadtmuseum an der Máchova alej 1 (Městské muzeum ve Svitavách, vom Marktplatz ausgeschildert) erinnert heute eine Ausstellung an Oskar Schindler.

Schindler-Gedenktafel in Svitavy

# Umgebung von Litomyšl

**Zámek Nové Hrady (Schloss Nové Hrady)**: Im gleichnamigen Dorf rund 13 km westlich von Litomyšl steht eines der stilreinsten Rokokoschlösser Tschechiens, auch „böhmisches Versailles" und „Klein Schönbrunn" genannt. Fertig gestellt wurde es 1777 unter dem Grafen Jean Antoine Harbuvale de Chamaré. 1991 wurde die Ruine, aus deren Dach bereits Bäume wuchsen, den Nachkommen der letzten Besitzer, der Adelsfamilie Bartoň, zurückgegeben. Diese ließen das Schloss leider weiter verfallen, bis sie es schließlich 1997 an die Familie Kučera verkauften. Die Kučeras zogen in den ersten Stock und restaurieren seitdem fleißig. Bei einer Führung sieht man u. a. den prächtig ausgeschmückten Rokokosaal und acht Salons mit historischem Mobiliar aus der Sammlung des Kunstgewerbemuseums Prag. Eine Galerie zeigt zudem wechselnde Ausstellungen, außerdem gibt es ein Schlossrestaurant und ein Fahrradmuseum.

Verbindungen/Öffnungszeiten: Bis zu 8-mal tägl. **Busse** von und nach Litomyšl. **Schloss**, April u. Okt. nur Sa/So 10–16 Uhr, Mai–Sept. tägl. 10–16 Uhr. Eintritt mit fremdspr. Führung 5 €, sonst 4 €, erm. 3 €. www.nove-hrady.cz.

**Svitavy (Zwittau)**: Eine hübsche 17.000-Einwohner Stadt mit einem von Arkaden umrahmten Marktplatz, der in seiner Pracht dem von Litomyšl nicht arg nachsteht – doch Svitavy besitzt keine herausragenden Sehenswürdigkeiten und liegt so im touristischen Abseits. Als sich die Einwohner noch Zwittauer nannten, war die Stadt eines der Zentren des Schönhengstgaus, der größten deutschen Sprachinsel, die es auf dem Boden der heutigen Tschechischen Republik einst gab. Der rund 1200 km$^2$ große Landstrich an der ostböhmisch-nordmährischen Grenze umfasste zudem die Städte Mährisch-Trübau (Moravská Třebová), Landskron (Lanškron), Müglitz (Mohelnice) und Hohenstadt (Zábřeh). Besiedelt wurde der Schönhengstgau im 13. und 14. Jh. von Bauern, Kaufleuten und Handwerkern aus Bayern, Franken, Schwaben und Sachsen. 1930 lebten im Schönhengstgau rund 125.000 Deutsche und 6000 Tschechen.

**Information** Informační centrum města Svitavy, Nám. Míru 48, ✆ 461534300, www.icsvitavy.cz. Mo–Fr 8–17 Uhr, Sa/So 9–12 Uhr.

**Verbindungen** Busbahnhof zentrumsnah, Bahnhof östlich des Zentrums. Regelmäßig **Busse** nach Polička, Litomyšl und Hradec Králové, bis zu 3-mal tägl. nach Pardubice und Olomouc. Stündl. **Züge** nach Brünn, alle 2 Std. nach Prag.

**Öffnungszeiten** Stadtmuseum, Di–Fr 9–12 u. 13–17 Uhr, Sa/So 13–17 Uhr, Juli/Aug. tägl. (außer Mo) 9–12 u. 13–17 Uhr. 2,20 €, erm. 1,50 €. www.muzeum.svitavy.cz.

**Übernachten** Penzion Zlatý lev, kleine, restaurierte Pension. Alle 5 Zimmer mit Bad. Gepflegtes Restaurant. DZ 44 €. An der Pražská 16 (der Straße nach Litomyšl), PLZ 56802, ✆ 608024878 (mobil), www.hotelzlatylev.cz.

Nur 17 km trennen Svitavy von **Polička**, das bereits zur Böhmisch-Mährischen Höhe gehört und auf S. 486 beschrieben wird.

Die Basaltformationen von Kamenický Šenov

# Nordböhmen

Severní Čechy

**Die bezauberndsten und die erschreckendsten Landschaften Tschechiens geben sich in Nordböhmen die Hand.**

Nordböhmen, das ist zunächst der vielfältige Gebirgsstreifen an den Grenzen zu Sachsen und Polen. Die Kammlinie des Erzgebirges kuschelt sich ans bizarre Elbsandsteingebirge, dieses ans kleine Lausitzer Gebirge und das an die Hochmoore des Isergebirges, welches im Osten Rübezahls Riesengebirge Hallo sagt. Von den Höhen neigt sich die Landschaft sanft zum Binnenland hin und geht über in das Böhmische Mittelgebirge mit seinen zahlreichen Vulkankuppen. Dazwischen haben sich Eger, Elbe und ihre zahlreichen Nebenflüsse reizvolle Täler geschaffen. Auch wenn Nordböhmen mit Märchenlandschaften wie der Böhmischen Schweiz und dem Böhmischen Paradies sowie mit etlichen kulturhistorischen Sehenswürdigkei-

### Nordböhmen – die Highlights

**Böhmisches Paradies**: Felsen über Felsen. Die kleinen steinernen Meere nordwestlich von Jičín gehören zu den spektakulärsten Ecken, die Tschechien zu bieten hat. Ein Tipp für Naturverbundene, Wanderer und Kletterer.

**Frýdlant**: Ein altertümliches Städtchen im Isergebirge und darüber eine mächtige Burg mit einem sehenswerten Museum.

**Máchovo jezero**: Abkühlung gefällig? Dann nichts wie ab an den Mácha-See.

**Horní Světla, Krompach und Mařenice**: Idyllischer als diese drei Siedlungen im Südosten des Lausitzer Gebirges können Dörfer kaum sein. Hänsel und Gretel lassen grüßen.

**Böhmische Schweiz**: Wie im Böhmischen Paradies findet man auch hier skurrile Felsformationen. Die schönste ist das Prebischtor.

**Litoměřice**: Die himmlischste Stadt Nordböhmens. Die Hölle aber lag einst nur 3 km weiter im **Ghetto Theresienstadt**.

ten über ein großes touristisches Potential verfügt, ist es doch gleichzeitig eines der bedeutendsten industriellen Zentren des Landes. Das Braunkohlebecken rund um Most lässt trotz aller Rekultivierungsmaßnahmen noch immer jeden Tschechienurlauber gruseln: Der „verkohlte“ Landstrich bietet v. a. Schlote am Horizont und „modern bebaute“ Städte – der einstige Stolz der sozialistischen Tschechoslowakei.

## Böhmisches Paradies

Český Ráj

**Das Land der erstarrten Riesen – immer wieder ragen märchenhafte Sandsteingebilde aus den Wäldern empor. Man wandert durch verwunschene Täler oder erkraxelt mittelalterliche Burgruinen auf felsigen Höhen.**

Das böhmische Eden erstreckt sich im Dreieck zwischen Jičín, Mnichovo Hradiště und Železný Brod. Es ist gespickt mit mehreren bizarren Felsenstädten. Diese Felslabyrinthe entstanden im Verlauf von rund 100 Millionen Jahren: Tektonische Bewegungen spalteten die hiesigen Sandsteinablagerungen aus der Kreidezeit auf, und Wind, Wasser, Frost und Sonne formten daraus natürliche Plastiken. Heraus kam eine vielerorts surreal anmutende Märchenwelt. Auf den schwer zugänglichen Felsentürmen errichtete man im Mittelalter Festungsanlagen, und so gibt es heute kaum ein Felsental ohne Burgruine(n). Die schönsten Felsenstädte findet man bei Jičín und Hrubá Skála. Die Fläche aller Felsenstädte zusammen beträgt jedoch nicht mehr als 20 km². Die bedeutendsten hat man bei der UNESCO als Weltnaturerbe angemeldet – das soll den Tourismus fördern. Im Hochsommer herrscht aber schon jetzt gewaltiger Andrang. Die die steinerne Idylle umgebenden Städtchen geizen leider größtenteils mit ihren Reizen, einzige Ausnahme ist Jičín. Dafür kann man hier und dort – wie überall in Böhmen – noch ein Schloss besichtigen.

**Hinweis für Radfahrer**: Durch das Böhmische Paradies fahren im Sommer sog. **Cyklobusse**, die Fahrräder mitnehmen und so Touren ermöglichen, bei denen Start- und Endpunkt nicht identisch sein müssen. Es gibt sechs verschiedene Linien, aktuelle Fahrpläne erhält man in den Touristeninformationen vor Ort oder im Internet unter www.ceskycyklobus.cz.

Der Hauptplatz von Jičín wurde nach Albrecht von Waldstein benannt

## Jičín

Jitschin/Gitschin

**Jičín, das „Tor zum Böhmischen Paradies", ist fest mit dem Namen Waldstein verbunden.**

Die 16.300-Einwohner-Stadt liegt dort, wo die fruchtbare Elbniederung auf die Ausläufer des Riesengebirges trifft. Sie ist ein guter Standort für Ausflüge in die Felsentäler des Böhmischen Paradieses, die Prachower Felsen liegen direkt vor der Tür. Schon Albrecht von Waldstein (→ S. 238) wusste dies zu schätzen und fand Gefallen an der Stadt. Er prägte Jičín wie kein anderer. So steht der Name des Generals hier nicht wie anderswo für Folter, Tod und Verwüstung, sondern für die größte Blüte. Ohne ihn besäße die Stadtchronik nur austauschbare Ereignisse. Nach der Schlacht am Weißen Berg war der Flecken Jitschin in Waldsteins Besitz gelangt, und nur ein paar Jahre später wurde aus ihm die Hauptstadt seines Herzogtums Friedland. 1623 ließ Waldstein italienische Architekten kommen. Sie bauten ihm ein Jesuitenkolleg, ein Kartäuserkloster, ein Gymnasium, eine Münzstätte und eine Residenz, die seinem Prager Palais (→ S. 105) in nichts nachstehen sollte – was jedoch misslang.

Waldstein drückte Jitschin seinen Stempel auf, und so ist es kein Wunder, dass der weite Hauptplatz nach ihm benannt ist. Der **Valdštejnovo náměstí**, das Zentrum der in großen Teilen verkehrsberuhigten Altstadt, ist umgeben von hübschen Laubenhäusern. Zwei Brunnen und eine Pestsäule schmücken ihn zusätzlich. Seit Waldsteins Tod hat er sein Gesicht kaum verändert. Am Platz, in Haus Nr. 43 (Ecke Valdštejnovo náměstí/Fortná), hatte übrigens der Vater von Karl Kraus (1874–1936) einen Kolonialladen – Verkaufsschlager waren geklebte Papiertüten, eine Marktlücke zu jener Zeit. Durch sein apokalyptisches Lesedrama *Die letzten Tage der Menschheit* wurde der Gesellschaftskritiker Kraus in Literatenkreisen weltberühmt.

## Basis-Infos

**Information Městské informační centrum**, am Hauptplatz, dem Valdštejnovo nám. 1, ✆ 493534390, www.jicin.org. Im Sommer Mo–Fr 8–18 Uhr, Sa 9–16 Uhr, So 10–17 Uhr, im Winter verkürzt.

**Verbindungen** Busbahnhof in Zentrumsnähe südöstlich der Altstadt, Bahnhof ebenfalls südöstlich, ca. 1 km vom Zentrum entfernt.

**Busse** regelmäßig nach Mladá Boleslav und Sobotka, bis zu 5-mal tägl. nach Poděbrady, nach Turnov und zu den Prachower Felsen.

**Züge** regelmäßig nach Hradec Králové und Nymburk, bis zu 8-mal tägl. nach Turnov.

**Ärztliche Versorgung Krankenhaus** an der Bolzanova 512 nordöstlich des Zentrums. ✆ 493582111, www.nemjc.cz.

**Parken** Gebührenpflichtige Parkplätze am Valdštejnovo nám. Günstiger sind die Parkplätze außerhalb des Zentrums, z. B. an der Na Hrádku.

**Radverleih** Über **Velomat** (zugleich Fahrradladen). Husova 556, ✆ 493534939. 9 €/Tag.

**Rundflüge Tec-Air**, in Cessnas über das Böhmische Paradies. 54 €/15 Min. für bis zu 3 Pers. Startpunkt ist am Flugplatz in Vokšice ca. 3 km südwestlich von Jičín. ✆ 602464970 (mobil), www.tec-air.cz.

**Veranstaltungen** Größte Veranstaltung ist das **Märchenfest** Mitte Sept. (www.pohadka.cz). Es huldigt dem Märchenerzähler Václav Čtvrtrek (1911–1976), der die Gestalt des im Jičíner Umland umherstreifenden Räubers Rumcajs schuf. Eine kleine Rumcajs-Galerie befindet sich übrigens neben der Touristeninformation.

## Übernachten

→ Karte S. 235

*** **Hotel Jičín** **3**, in einem historischen Gebäude. 16 großzügige und komfortable, z. T. suitenähnliche Zimmer mit farbenfroh gestrichenen Wänden. Freundliches Personal. Eigene Parkplätze. EZ 47 €, DZ 63 €. Havlíčkova 21, PLZ 50601, ✆ 493544250, www.hoteljicin.cz.

*** **Hotel U Krále** **1**, ruhig gelegenes Haus unweit des Marktplatzes. 11 Zimmer und 1 Apartment mit geschmackvoller Ausstattung aus dunklem Holz. Fahrradräume u. Verleih. EZ 46 €, DZ 56 €. Nerudova 45, PLZ 50601, ✆ 777137305 (mobil), www.ukrale.cz.

**Hotel Paříž** **6**, 29 Zimmer mit und ohne Bad, größtenteils jugendlich restauriert und mit Massivholzmöbeln ausgestattet. Hoteleigener Parkplatz, uriges Restaurant, Bierstube und Bowling. DZ mit Bad 34 €, ohne Bad 20 €. Žižkovo nám. 3, PLZ 50601, ✆ 493532750, www.hotel-pariz-jicin.cz.

**Penzion Lucie** **8**, anständige Pension abseits der Altstadt. Alle Zimmer mit Bad. Restaurant. EZ ab 22 €, DZ 33 €, Frühstück 4 € extra. Fügnerova 197, PLZ 50601, ✆ 493531192, www.penzion-lucie.cz.

**Penzion Na Rynečku** **7**, 2 ordentliche, farbenfroh gestrichene Apartments mit jeweils 4 Betten, Bad und Küche. Zentrale Lage. Ordentliches Restaurant (s. u.). Nur das Personal könnte freundlicher sein. Parkplätze. Für 2 Pers. 34 €. Nám. Svobody 19, PLZ 50601, ✆ 493534857, www.rynecek.wz.cz.

**Camping** **Camping Rumcajs**, ca. 1,5 km abseits des Zentrums an der Ausfallstraße nach Mladá Boleslav. Trostloser Chataplatz mit Stellflächen zwischen den Holzhütten. Akzeptables Restaurant. Mai–Sept. 2 Pers. mit Zelt u. Auto 8 €, Chata ab 5 €/Pers. Koněvova 331, PLZ 50601, ✆ 725299990 (mobil), www.camprumcajs.cz.

**Autokemp Košťálov**, ab vom Schuss ca. 24 km nördlich von Jičín, im gleichnamigen Ort ausgeschildert. Idyllischer Platz im Grünen, Wiese perfekt gemäht. Mit (öffentlichem) Freibad. Mai–Sept. 2 Pers. mit Zelt u. Auto 6 €, Chata 14 €. Košťálov, PLZ 51202, ✆ 731157369 (mobil), www.kostalov.cz.

## Essen & Trinken

→ Karte S. 235

**Restaurants** **U dělové koule** **3**, gepflegtes Restaurant im k. u. k. Stil im Hotel Jičín (→ Übernachten). Böhmisch-internationale Küche: Froschschenkel, Entenleber, Muscheln in Rotwein, Hühnerbrust in Thymian und Honig, auch Grillspezialitäten. Hg. 3,50–21 €.

**Restaurant Divá Bára** **4**, Lokal im Industriedesign, lange Theke, schöner Biergarten. Leckere Steaks von regionalen Produzenten aus dem nahen Nový Dvůr. Probieren Sie auch die *Fajtas* (Weizentortillas mit verschiedenen Fleischfüllungen). Hg. 6–14 €. Žižkovo náměstí 39, ✆ 493524887. ■

**Na Rynečku** **7**, zur gleichnamigen Pension gehörend (s. o.). Uriges Restaurant mit böhmischem Mittagstisch und abends internationaler Küche (v. a. vom Grill). Mittlere Preisklasse.

**Restaurant Harmonie** **5**, einfache Pinte, zu jeder Tageszeit bestens besucht. Nichts für Vegetarier. Ellenlange Speisekarte, viele

Steaks für den großen Hunger. Hg. 7–10 €. Chelčického 9, ✆ 777651916 (mobil).

**Café** Café-Café **2**, kleines Café im französischen Stil mit winzigem Garten. Hausgemachte Kuchen, das Highlight: Baileystorte. Fortna 52.

## Sehenswertes

**Zámek/Regionalní muzeum (Schloss/Regionalmuseum)**: Etwas zurückversetzt vom Valdštejnovo náměstí (Südseite) steht die einstige Residenz Albrecht von Waldsteins, die durch einen Umbau in der Mitte des 19. Jh. ihr heutiges Aussehen erhielt. 1813 unterzeichneten darin Zar Alexander I., der österreichische Kaiser Franz I. und der preußische König Friedrich Wilhelm II. die *Heilige Allianz* gegen Napoleon. Heute befindet sich in einem Teil des Schlosses das Regionalmuseum, das eine umfangreiche Sammlung an historischem Plunder und Kuriosem besitzt: das Grab eines spätsteinzeitlichen Afrikaners, der nach langen Wanderjahren in Mähren starb, Münzen aus der Wallensteinzeit, Trachten, ausgestopfte Tiere, eine Kücheneinrichtung aus den Jahren zwischen den Weltkriegen usw. Eine Passage führt vom Museum in ein Oratorium, von wo man in die benachbarte St.-Jakobs-Kirche (s. u.) blicken kann. Hier konnten die Adeligen der Messe beiwohnen, ohne von ihren Untertanen belästigt zu werden.

**Museum**, Juli/Aug. tägl. 9–18 Uhr, Jan., März–Juni u. Sept.–Dez. tägl. (außer Mo) 9–17 Uhr, Feb. tägl. (außer Mo) 10–16 Uhr. 2,40 €, erm. 1,20 €. www.muzeumhry.cz.

**Kirchen:** Mit dem Bau der *St.-Jakobs-Kirche* (Kostel sv. Jakob) neben dem Schloss wurde 1627 begonnen, er zog sich rund 100 Jahre hin. Ursprünglich sollte die

Kirche ein Bischofsdom werden, doch das von Albrecht Waldstein geplante Jitschiner Bistum kam nie zustande. Auch wurden die Kirchtürme nie realisiert. Nach dem Tod des Generals war zudem kein Geld mehr da für eine prunkvolle Ausschmückung des Inneren. Einzig die illusionistischen Kuppelmalereien beeindrucken. Die im Südwesten der Altstadt am Náměstí Svobody gelegene *St.-Ignatius-Kirche* (Kostel sv. Ignác) ist die älteste Kirche der Stadt. Sie stammt ursprünglich aus dem 14. Jh., wurde jedoch mit der Ankunft der Jesuiten 1622 grundlegend umgebaut.

## Wie aus Albrecht von Waldstein „Wallenstein" wurde

Nach dem Horoskop, das der kaiserliche Hofastrologe Johannes Kepler für Albrecht von Waldstein anhand von dessen Geburtszeit (14. September 1583 um 16 Uhr) erstellte, sollte der spätere General Charaktereigenschaften wie „habgierig" und „betrügerisch" aufweisen. Kepler schien Recht zu behalten. Albrecht von Waldstein, eine der zentralen Figuren des Dreißigjährigen Krieges, stammte aus einer protestantischen böhmischen Adelsfamilie, konvertierte zum Katholizismus und kam durch Heirat zu großem Reichtum. Diesen wusste er geschickt zu vermehren. Für Ferdinand II., Kaiser des Heiligen Römischen Reiches, stellte er auf eigene Kosten Heere von bis zu 40.000 Mann Stärke auf, denn die Kriegsbeute gehörte stets dem, der die Söldner bezahlte. Er ließ aus Raffgier morden, vertrieb nichtkatholische Adelige und eignete sich deren Vermögen an. Machtbesessen, wie er war, mussten sich seine Offiziere auf seine Person statt auf den Kaiser verpflichten. 1630 erwarb sich Wallenstein das Recht, seinen Hut in Gegenwart des Kaisers aufzubehalten. Als er schließlich 1634 offen gegen Ferdinand II. zu rebellieren begann, verdächtigte dieser ihn des Hochverrats und ließ seine Ermordung anordnen. Eine bunt zusammengewürfelte Truppe u. a. aus englischen, irischen und schottischen Söldnern wurde nach Eger geschickt und schlug zu, als sich der General gerade im Nachthemd aus seinem Bett erhob. Unsterblich wurde er jedoch durch Friedrich Schillers Historiendrama, das aus einem *Waldstein* einen *Wallenstein* machte.

**Valdická Brána (Valdicer Tor)**: Der 52 m hohe Torturm, die Verbindung zwischen dem Žižkovo und dem Valdštejnovo náměstí, entstand zwischen 1658 und 1678 als Teil der alten Stadtbefestigung. Wer die 156 Stufen zur Galerie nicht scheut, genießt einen Panoramablick über die Stadt.

Mai–Aug. tägl. 10–18 Uhr, April nur Di–So, Sept. nur Sa/So. 0,90 €, erm. 0,50 €.

**Jüdisches Jičín**: Von den 84 Jitschiner Juden, die 1943 in Konzentrationslager verschleppt wurden, überlebten nur sechs die Gräuel. An die einstige jüdische Gemeinde der Stadt erinnern heute eine liebevoll restaurierte *Synagoge* (Synagóga) an der Židovská, ums Eck das 2014 eröffnete *Museum in der ehemaligen jüdischen Schule* (Dům Židovská 100), das sich schwerpunktmäßig mit jüdischen Schriftstellern in Böhmen beschäftigt, und ein *Friedhof* beim Waldstein-Gehege (s. u.).

**Synagoge**, Mai–Okt. tägl. 9–17 Uhr. 0,80 €, erm. die Hälfte. **Museum**, Juni–Okt. tägl. 9–17 Uhr, Juli/Aug. bis 19 Uhr. 1,90 €, erm. 1,20 €.

**Lipová alej (Lindenallee)**: Die vierreihige, ca. 2 km lange Lindenallee (ca. 1200 Bäume!), die von der Innenstadt nach Nordosten führt, war ein Geschenk Wallensteins an die Stadt. Sie endet an der *Waldsteinschen Loggia* (Valdštejnská lodžie) aus dem

Museum in der ehemaligen jüdischen Schule

Nordböhmen → Karte S. 236/237

Jahr 1632, einem großartigen Beispiel des italienischen Manierismus. Waldstein blieben gerade noch zwei Jahre, um in der Sala Terrena die feine Gesellschaft zu unterhalten. Südlich der Loggia erstrecken sich der weitläufige *Libosad-Garten* und das ehemalige *Tiergehege* des Generals. Gleich in der Nähe (im Vorort Valdice) befindet sich das von Waldstein begründete Kartäuserkloster. Waldsteins sterbliche Überreste ruhten hier bis zur Überführung in die Schlosskapelle von Mnichovo Hradiště (→ S. 242) im Jahre 1758. Sowohl den Habsburgern als auch den Kommunisten diente das Kloster später als Gefängnis.

## Umgebung von Jičín

**Prachovské skály (Prachower Felsen):** Die größte Felsenstadt des Böhmischen Paradieses erstreckt sich ca. 7 km nordwestlich von Jičín. Mehrere markierte Wege führen durch das Areal, die sich zu Touren unterschiedlicher Längen kombinieren lassen – eine gute Übersichtskarte ist an den Eingängen erhältlich. Die Wege verlaufen durch labyrinthische Felsgänge, es geht hinauf auf Aussichtspunkte und wieder hinab in enge Schluchten. Man passiert unzählige schlanke Felstürme mit Namen wie *Rübezahl, Madonna mit Jesuskind* oder *Prachower Nadel.* Vor allem an der „Nadel" hängen im Sommer Schwärme von Kletterern. Der Waldboden ist vielerorts von einem Teppich aus Sand bedeckt, daher der Name der Felsenstadt *(prach = Staub).*

**Verbindungen** Busse bis zu 10-mal tägl. von und nach Jičín.

**Öffnungszeiten** April–Okt. tägl. 8–18 Uhr. 2,20 €, erm. 1,10 €. Es gibt 2 Eingänge: den Haupteingang beim gleichnamigen Dorf mit kleinem naturkundlichem Museum und den Nebeneingang etwas weiter nordwestlich.

**Übernachten** *** Parkhotel Skalní Město, nahe den Felsen, dort bestens ausgeschildert. In die Jahre gekommene Busgruppenabsteige mit nettem Personal. Zum Teil renovierungsbedürftige Zimmer. Restaurant. Vorteil: parkähnlicher Garten, absolut ruhige Lage. Von hier führt eine blaue Route zur Felsenstadt. EZ 32 €, DZ ab 43 €. Pařezská Lhota 34, PLZ 50601, ✆ 493525011, www.skalnimesto.cz.

**Turistická chata**, einfache Holzhütte beim Nebeneingang zu den Felsen mit 40 Betten. Uriges Restaurant. Sehr simple Zimmer ohne private Sanitäranlagen, dafür auch sehr günstig. Ab 10 €/Pers. im Mehrbettzimmer. Prachovské skály, PLZ 50601, ✆ 493524641, www.prachov.cz.

**Sobotka:** „Ein hübscher ovaler Gipfel und darauf ein rundes Schlösschen oder eher ein Turm mit einem Halbmond oben (...). Dieses Schlösschen ist meilenweit sichtbar und unten ist ein altes hölzernes Städtchen mit einem Marktplatz und einer schweren Kirche (...)". Heute besteht das 2400-Einwohner-Städtchen zwar weitestgehend aus steinernen Häusern, ansonsten hat sich an dem von Karel Čapek (1890–1938, → S. 370) gezeichneten Bild von Sobotka (13 km westlich von Jičín) nur wenig geändert. Die mächtige weiße Kirche gibt es noch, dazu einen teilweise von Arkaden gesäumten Marktplatz und das alles überblickende *Jagdschlösschen Humprecht*. Errichtet wurde es zwischen 1666 und 1668 für den Adeligen Johann Humprecht Czernín von Chudenice nach Plänen von Carlo Lurago. An die türkische Gefangenschaft Czeríns sollte nicht nur der Halbmond auf dem Dach erinnern, sondern auch die dem Istanbuler Galataturm nachempfundene Form des Gebäudes. Im Inneren beeindruckt ein 16 m hoher ovaler Saal, der im Trompe-l'Œil-Stil gestaltet ist und durch seine außergewöhnliche Akustik mit mehrfachem Widerhall besticht.

**Verbindungen** **Züge** bis zu 10-mal tägl. nach Mladá Boleslav. **Busse** regelmäßig nach Jičín und Mladá Boleslav.

**Öffnungszeiten** **Jagdschloss Humprecht**, April u. Okt. nur Sa/So 9–15.30 Uhr, Mai/Juni tägl. (außer Mo) 9–16.30 Uhr, Juli/Aug. tägl. (außer Mo) 9–17 Uhr, Sept. tägl. (außer Mo) 9–16 Uhr. Eintritt je nach Rundgang 0,60–2,60 €, erm. 0,40–1,40 €. www.humprecht.cz.

**Hrad Kost (Burg Kost):** Die bestens erhaltene gotische Burg thront imposant auf einem Sandsteinfelsen 4 km nordwestlich von Sobotka. Jan Žižka biss sich an ihr die Zähne aus. „Diese Burg ist hart wie ein Knochen, und Knochen gehören den Hunden", soll der Hussitenführer nach seiner erfolglosen Belagerung geflucht haben. Žižka ging, und die Burg hatte ihren Namen: *Kost* = Knochen. So die Legende.

Tatsache ist, dass die Burg Kost Mitte des 14. Jh. von den Herren von Wartenberg gegründet wurde. Die folgenden Besitzer vergrößerten sie im Laufe der nächsten Jahrhunderte durch verschiedene Palastanbauten. Seit 1993 gehört die Burg wieder – wie bis 1948 – der Familie Kinský dal Borgo. Aus der Gründungszeit stammt der mächtige Hauptturm. Er besitzt den Grundriss eines Trapezes. Wer unter der Burg (bei der Brücke am Bach) nach oben schaut, kann deswegen mit Glück alle vier Ecken des Turmes gleichzeitig erblicken. Durch das Innere der Festung werden drei verschiedene Führungen angeboten. Der erste Rundgang beinhaltet den *Burgpalast*, den *Waffensaal*, die *Kapelle* und eine *schwarze Küche* aus dem 17. Jh. Die zweite Tour führt u. a. in die *Folterkammer*, die dritte u. a. in die *Parkanlage*.

Burg Kost

Bei der Burg befindet sich die gemütliche Gartenkneipe *U Draka*. Eine

schöne kleine Wanderung (erst rot, dann blau markiert) führt von Kost ins romantische *Plakánek-Tal* (Údolí Plakánek) und von dort weiter ins Bilderbuchdorf *Vesec* mit einigen alten Blockhäusern.

**Verbindungen** Mo–Fr von der Bushaltestelle unterhalb der Burg bis zu 6-mal tägl. **Busse** nach Jičín.

**Öffnungszeiten** **Burg Kost**, April u. Okt. tägl. (außer Mo/Di) 9–16 Uhr, Mai/Juni u. Sept. tägl. (außer Mo) 9–17 Uhr, Juli/Aug. tägl. 9–18 Uhr. Je nach Führung 2,10–6,50 €, erm. 3,20 €. www.hrad-kost.cz.

**Übernachten** **Penzion Křineč**, ca. 6 km nordwestlich der Burg, von der Straße nach Branžež ausgeschildert. Nette Pension in abgeschiedener Lage, wie in einen Felsen eingebaut, 50 m vom Komárovský-See entfernt. Tischtennisplatte, Liegestühle im Garten, Sauna. Freundliche Zimmer mit Bad und TV. Sichere Parkplätze. Kein Restaurant! DZ 36 €. Zakopaná 14, PLZ 29402, ✆ 724052636 (mobil), www.penzionkrinec-ceskyraj.cz.

**Camping** **Duo Camp**, rund 7 km nordwestlich der Burg, von Kost kommend am Ortseingang von Branžež, am Komárovský-See. Umzäunte Wiese hinterm See, einfach, aber ganz okay. Idyllische Lage, nettes Terrassenlokal, Tretbootverleih. In der ersten Reihe werden Hundehüttenchatas vermietet, dahinter die Zelte aufgestellt. Gute Sanitäreinrichtungen. März–Okt. 2 Pers. mit Zelt u. Auto 8,20 €, Chata für 2 Pers. ab 10 €. Branžež, PLZ 29402, ✆ 604287501 (mobil), www.duocamp.cz.

## Mnichovo Hradiště

Münchengrätz

Das 8400 Einwohner zählende Städtchen begrenzt das Böhmische Paradies im Westen. Einzig und allein sehenswert ist das große **Schloss** (ausgeschildert), das Albrecht von Waldstein nach der Schlacht am Weißen Berg konfiszierte und das bis 1945 im Besitz der Waldstein blieb. Zwischen 1697 und 1703 ließ es die Adelsfamilie im Barockstil umbauen. In der Gruft der Schlosskapelle der Hl. Anna ruhen seit 1785 die sterblichen Überreste Albrecht von Waldsteins – zumindest das, was davon übrig blieb: Angeblich fehlt der Kopf des Feldherrn. Im Lapidarium unter der Kapelle sind Barockstatuen des wenig bekannten tschechischen Bildhauers Josef Jelínek ausgestellt. Die erste der drei Touren durch das Innere des Schlosses (50 Min.) führt durch repräsentative Salons und private Räumlichkeiten, in denen die Waldstein dem Luxus frönten. Zu sehen sind Sammlungen von Delfter Fayencen, Meißner Porzellan sowie die Waldsteinsche Bibliothek aus dem Schloss Dux (→ S. 295), die u. a. die Hinterlassenschaft Casanovas enthält. Wer das Schlosstheater besichtigen will, sollte sich für die zweite Schlossrunde (45 Min.) entscheiden, und wer einmal die Wallenstein-Gruft betreten möchte, für die dritte (30 Min.). Sparen kann man sich das Stadtmuseum im zweiten Stock des Schlosses.

**Verbindungen** Bahnhof südöstlich des Zentrums, Busbahnhof am zentralen Masarykovo nám. **Züge** regelmäßig nach Turnov und bis zu 5-mal tägl. über Mladá Boleslav nach Prag. **Busse** regelmäßig nach Mladá Boleslav.

**Öffnungszeiten** **Schloss**, April u. Okt. nur Sa/So 9–15 Uhr, Mai–Sept. tägl. (außer Mo) 9–16 Uhr. Fremdsprachige Führung je nach Tour 3,20–7,20 €, erm. 2,20–5,40 €. www.mnichovo-hradiste.cz.

Weiter nach Westen **Richtung Mácha-See?** Lesen Sie weiter ab S. 260.

## Hrubá Skála

Groß-Skal

Hrubá Skála, ca. 8 km südlich von Turnov gelegen, steht für das gleichnamige Dorf, für ein Schloss und die daran angrenzende Felsenstadt. Das **Schloss**, das bis 1821 den Waldstein gehörte, wurde im 19. Jh. von der Adelsfamilie Aehrenthal im neogotischen Stil umgebaut. Die Brücke, über die man zum Schloss gelangt, konnte früher hochgezogen werden, sodass die auf einem Sandsteinfelsen thronende Anlage uneinnehmbar wurde. Heute beherbergt das Schloss ein Hotel (→ Übernachten), der Aussichtsturm ist auch Nichthotelgästen zugänglich.

Zur Erkundung der zweitgrößten **Felsenstadt** (Hroboskálské Skalní Město) des Böhmischen Paradieses besorgt man sich am Parkplatz vorm Schloss am besten einen Orientierungsplan. Es erwartet Sie eine verwunschene Felslandschaft mit rund 400 bis zu 55 m hohen Felstürmen auf ca. 4 km$^2$, dazu schmale Treppen und enge Durchgänge. Auch in Hrubá Skála tummeln sich die Kletterer. Auf vielen Felsen gibt es Bücher in metallenen Kästchen, in die sich die Gipfelstürmer eintragen können.

Über die zunächst rote, dann gelbe Markierung gelangt man von Hrubá Skála zur *Marienaussicht* (Mariánská vyhlídka) mit fotogenen Blicken auf die Felsenstadt, auf Schloss Hrubá Skála und Burg Trosky (s. u.). Unterhalb des Aussichtspunktes befindet sich ein *symbolischer Bergsteigerfriedhof* (Symbolícký hřbitov horolezců), der

der in allen möglichen Gebirgen der Welt umgekommenen tschechoslowakischen Bergsteigern gedenkt. Weiter verläuft der gelb markierte Weg zur *Burg Valdštejn* (ca. 4 km, → S. 245). Zu erreichen ist diese von Hrubá Skala auch über einen rot markierten Weg (auch mit dem Rad machbar). Man kommt vorbei an einigen Aussichtspunkten und dem *Arboretum Bukovina* mit einer Reihe von südamerikanischen Hölzern.

**Verbindungen** **Busse** ca. 8-mal tägl. nach Turnov und über Sobotka nach Jičín.

**Öffnungszeiten** **Schloss**, das Areal ist tagsüber stets zugänglich. 2,50 €, erm. die Hälfte.

**Übernachten** Im Dorf gibt es mehrere einfache Privatunterkünfte. Außerdem:

** **EA Zámecký hotel Hrubá Skála**, das Schlosshotel. Romantische Atmosphäre und für jedermann erschwinglich. 57 Zimmer, darunter ganz einfache mit Etagentoilette (ab 8 €/Pers.), aber auch schön restaurierte mit viel Komfort sowie eine Suite in der alten Schlosskapelle. Restaurant mit nettem Ausblick und gut sortierter Weinkarte. Klettergarten. Renoviertes EZ 66 €, DZ 79 €. Hrubá Skála 1, PLZ 51101, ✆ 481659111, www.hrubaskala.cz.

**Hotel Štekl**, am Parkplatz rechter Hand vorm Schloss. Palastähnlicher Bau mit Deko-Zinnen. Innen viel Stuck, besonders die Flure sind charmant. Die Zimmer (alle mit Bad) werden peu à peu restauriert. Restaurant, ruhige Lage. Nur April–Okt. DZ je nach Größe und Ausstattung 36–54 € (Letztere mit Balkon). Hrubá Skála 5, PLZ 51101, ✆ 481389684, www.hotel-stekl.cz.

**Camping** **Camp Sedmihorky**, von der E 442 ausgeschildert. Schöner, gepflegter und sehr ruhiger 4-Sterne-Platz am Waldrand und an einem Badesee mit künstlichem Sandstrand. Gute Sanitäranlagen, Kinderspielplatz, Minigolf, im Sommer Animationsprogramm, Volleyballfeld. April–Okt. 2 Pers. mit Auto u. Zelt 11 €, 2-Pers.-Chata 17 €. Sedmihorky 72, PLZ 51101, ✆ 481389162, www.campsedmihorky.cz.

Nordböhmen → Karte S. 236/237

## Hrad Trosky

Burg Trosky

Die beiden Türme der auf steilen Basaltfelsen thronenden Burgruine Trosky sind *das* Wahrzeichen des Böhmischen Paradieses; schon Goethe und Alexander von Humboldt waren von ihrem Anblick begeistert. Gegründet wurde die Burg zwischen 1380 und 1390 von den Herren von Wartenberg. Dank der natürlichen Begebenheiten waren Sicherheitsvorkehrungen wie Schanzen, Gräben oder Brücken nicht nötig. Im 17. Jh. verödete die Burganlage, übrig blieben die beiden Türme *Panna* („Jungfrau", 57 m) und *Baba* („Altes Weib", 47 m). Die einstigen Wohngebäude standen auf dem Sattel zwischen den Felsen. Die Weitsicht von der jungfräulichen Aussichtsterrasse ist herrlich. Ihren bezeichnenden Namen *Trosky*, „Ruinen", erhielt die Burg übrigens erst in jüngerer Zeit. Von Hrubá Skála führt ein 5,5 km langer Wanderweg zur Burg.

Hrad Trosky, Wahrzeichen des Böhmischen Paradieses

**Verbindungen** Regelmäßig **Züge** von Jičín und Turnov nach Ktová, von dort noch ca. 2,5 km zu Fuß (grün markiert). Mit dem **Auto** fährt man über Troskovice an, von dort ausgeschildert.

**Öffnungszeiten** **Burg Trosky**, April u. Okt. nur Sa/So 9–16 Uhr, Mai–Aug. tägl. (außer Mo) 9–17.30 Uhr, Sept. bis 16 Uhr. 2,50 €, erm. 1,40 €. www.hrad-trosky.eu.

## Turnov

Turnau

Turnov (14.400 Einwohner) liegt im Herzen des Böhmischen Paradieses. Zentrum ist der Marktplatz Náměstí Českého Ráje, den eine viel befahrene Straße durchkreuzt. Eyecatcher ist dort einmal nicht das Rathaus, sondern das dekorative Gebäude der örtlichen Sparkasse (Česká Spořitelna). Gleich ums Eck, in der Skálova, liegt das **Museum des Böhmischen Paradieses** (Muzeum Českého Ráje). Es beschäftigt sich vorrangig mit den Bodenschätzen der Region und der damit zusammenhängenden Kunst des Edelsteinschleifens. Bereits 1884 wurde in Turnov eine Kunstgewerbeschule für Schmuckherstellung gegründet, sie besteht bis heute. Unter den glitzernden Exponaten befindet sich ein Replikat des Edelsteinkreuzes, das 1992 vom Turnauer Betrieb *Granat* für Papst Johannes Paul II. angefertigt wurde. Quelle des hiesigen Kunsthandwerks ist der östlich gelegene **Berg Kozákov** (744 m), der u. a. Achate, Jaspisse, Amethyste und v. a. Granate ausspuckt. Hinter dem Museum entstand mit Fördermitteln der EU das sog. **Steinschneidehaus** (Kamenářský dům), die Kopie eines typischen nordböhmischen Umgebindehauses aus dem 18. Jh., in dem eine Kunsthandwerksausstellung gezeigt wird. Eindrucksvoller ist der Besuch der Turnauer **Synagoge** (1719) in der Krajířova nahebei.

Im Norden der Stadt (nördlich der Jizera, dort ausgeschildert) steht **Schloss Hrubý Rohozec** (Groß Rohosetz), ursprünglich ein Renaissancebau, der 1822 in ein Empireschloss umgewandelt wurde. In die Literatur ging das Schloss als Schauplatz von Rainer Maria Rilkes Novelle *Teufelsspuk* ein. Die letzten adeligen Besitzer (1628–1945) kamen aus dem Geschlecht der Des Fours. Durch das Schloss werden drei Touren angeboten. Beim ersten Rundgang (60 Min.) besichtigt man v. a. den ersten Stock, darunter den neogotischen Speisesaal aus dem 19. Jh. mit vielen Waffen, eine Bibliothek mit rund 10.000 Bänden und den sog. Grünen Salon. Der zweite Rundgang (60 Min.) führt durch eine kleine Ausstellung im zweiten Stock, die die Entwicklung des Mobiliars von der Renaissance bis zum Biedermeier thematisiert. In einem dritten Rundgang (30 Min.) steigt man ab in die historischen Keller.

**Information** **Regionální turistické centrum**, am Marktplatz. Sept.–Juni Mo–Fr 8–17 Uhr, Sa 9–12 Uhr, Juli/Aug. Mo–Fr 8–18 Uhr, Sa 9–16 Uhr, So 9.30–15 Uhr. ✆ 481366256, www.turnov.cz. Ein **Stadtplan** am Marktplatz hilft bei der Orientierung.

**Verbindungen** Regelmäßige **Zugverbindungen** nach Liberec (über Sychrov) und Hradec Králové, bis zu 9-mal tägl. nach Pardubice (über Malá Skála, Železný Brod, Kuks und Jaroměř) und Jičín sowie bis zu 7-mal tägl. nach Prag (über Mladá Boleslav).

Die regelmäßigen **Busse** von Turnov nach Železný Brod und Jablonec nad Nisou passieren auch Schloss Hrubý Rohozec.

**Öffnungszeiten** **Museum/Steinschneiderhaus**, Mai–Sept. tägl. (außer Mo) 9–17 Uhr, Okt.–April bis 16 Uhr. 1,80 €, erm. die Hälfte. www.muzeum-turnov.cz.

**Synagoge**, Mai/Juni u. Sept. tägl. (außer Mo) 9–17 Uhr, Juli/Aug. tägl. 9–17 Uhr. 1,60 €, erm. die Hälfte. www.synagoga-turnov.cz.

**Schloss Hruby Rohozec**, April u. Okt. Di–Fr 10–15 Uhr, Sa/So ab 9 Uhr, Mai–Sept. tägl. (außer Mo) 9–16 Uhr. Je nach Rundgang 1,80–5,40 €, erm. 1–4,40 €. www.hruby-rohozec.eu.

**Übernachten/Essen** *** **Hotel Karel IV.**, kleines Kongresshotel etwas abseits der Altstadt. 26 Zimmer ohne persönliche Note, dazu 10 Studios und Apartments für bis zu 4 Pers. Kleiner Außenpool, Planschbecken, Spielplatz, Parkplätze. Angeschlossen ist die Pizzeria U Karla mit Pizzen aus dem Holzofen. EZ ab 32 €, DZ 44 €. Žižkova 501, (vom Hauptplatz stets der Skálova vorbei am Museum für rund 750 m gen Norden folgen, dann linker Hand), PLZ 51101, ✆ 481323855, www.hotelkareliv.cz.

## Hrad Valdštejn

Burg Waldstein

Die 4 km südlich von Turnov gelegene Stammburg der gleichnamigen Raubritter, die erst Albrecht von Waldstein salonfähig machte, wurde im 13. Jh. gegründet. Bereits im 16. Jh. war sie eine Ruine. 1722 errichtete man auf der Vorburg eine dem Hl. Nepomuk geweihte Kapelle, wodurch die Burg zum Wallfahrtsort wurde. Aus jener Zeit stammt auch die barocke zweibogige Brücke mit prächtigen Heiligenfiguren. Auf die romantischen Bestrebungen des 19. Jh. gehen schließlich die neogotischen Restaurierungsversuche der Anlage zurück. Schöne Wanderwege führen von Hrubá Skála (→ S. 242) zur Burg, grün markiert ist der Weg ab dem Bahnhof Turnov-Město.

**Anfahrt** Von der Straße nach Jičín ausgeschildert. Vom Parkplatz noch 500 m zu Fuß. Keine Verbindung mit öffentlichen Verkehrsmitteln.

**Öffnungszeiten** April u. Okt. nur Sa/So 9–17.30 Uhr, Mai–Sept. tägl. 9–17.30 Uhr. 1,80 €, erm. die Hälfte. www.hrad-valdstejn.cz.

Informationen zum **Schloss Sychrov**, das bereits **auf dem Weg nach Liberec** liegt, bekommen Sie ab S. 246.

## Malá Skála

Kleinskal

Das rund 1100 Einwohner zählende Örtchen liegt an sich reizvoll im Flusstal der Jizera. Leider führt durch das enge Tal jedoch auch die Europastraße 65. Den Ort überblickt eine neogotische Kapelle, das **Pantheon** – ein toller Aussichtspunkt. Die Kapelle geht zurück auf den skurrilen Fabrikanten Franz Zacharias Römisch, der hier Anfang des 19. Jh. auf den Ruinen der gotischen Festung Vranov eine „Gedenkstätte" berühmter Persönlichkeiten errichtete. Im sog. Heldensaal stehen die Büsten der drei Monarchen der Allianz gegen Napoleon. Von der Brücke am nördlichen Ortsende ist die Kapelle auf einem rot markierten Wanderweg zu erreichen. Dieser führt weiter zu der rund 3,5 km westlich gelegenen **Burgruine Frýdštejn** aus dem 14. Jh. mit einem walzenförmigen, 15 m hohen Turm. Von dort kann man den Rückweg über das romantische kleine **Felsental Drábovna** südlich von Malá Skála auf dem blauen Weg antreten. Hauptattraktion rund um Malá Skálá sind jedoch die **Suché Skály** („Trockene Felsen") östlich des Ortes, ein Felskamm, der von weitem an eine riesige Orgel erinnert. Das Klettereldorado ist vom Zentrum Malá Skálas auf einem roten und auf einem blauen Wanderweg zu erreichen.

**Verbindungen** **Busse** regelmäßig nach Turnov, Železný Brod und Mladá Boleslav, bis zu 5-mal tägl. nach Harrachov. **Züge** → Turnov und Železný Brod.

**Öffnungszeiten** **Pantheon**, Juni–Aug. tägl. 9–18 Uhr, April/Mai u. Sept./Okt. nur Sa/So 9–18 Uhr. 1,30 €, erm. 0,75 €. www.vranov-pantheon.org.

**Burg Frydštejn**, Mai–Okt. tägl. (außer Mo) 10–17 Uhr. 1,80 €, erm. 1,10 €.

**Übernachten** *** **Hotel Skála**, in zentraler Lage. Stillose Busgruppenabsteige mit 80 Betten, zuvorkommender Service. Sauna, Billard, Radverleih. Restaurant. EZ 27 €, DZ 51 €. Malá Skála 69, PLZ 46822, ✆ 776778377 (mobil), www.hotelskala.cz.

*** **Hotel Kavka**, über dem Ort (Westseite) gelegen, von der E 65 ausgeschildert. Minipool, Terrasse, Restaurant. Zuweilen mäßiger Service. 33 durchschnittliche Zimmer mit eigenen Bädern, aber auch ganz einfache mit Etagenbädern. DZ je nach

Nordböhmen → Karte S. 236/237

Standard 29–46 €. Vranové 159, PLZ 46831, ✆ 775339073 (mobil), www.hotelkavka.cz.

**Camping** **Camping Ostrov**, einfacher Platz zwischen E 65 und Fluss. Mäßige Sanitäranlagen, Restaurant. Für eine Nacht okay. Mai–Sept. 2 Pers. mit Zelt u. Auto 6 €. Malá Skála, PLZ 46831, ✆ 777880203 (mobil), www.camp-ostrov.info.

**Essen & Trinken** **Hostinec a Galerie u Boučků**, absolut urige Wirtschaft in einem gezimmerten Holzhaus. Hausmannskost wie gefüllte Paprika, Szegediner Gulasch oder Buchteln, Hg. um die 4 €. Stets bestens besucht. Im 1. Stock eine Galerie mit wechselnden Ausstellungen. So nur bis 19 Uhr, Mo Ruhetag. Mit „Boůčkův statek" ausgeschildert, ✆ 775260841 (mobil).

Weiter Richtung **Norden?** Informationen zum **Isergebirge** bekommen sie auf S. 256, zum **Riesengebirge** auf S. 194.

## Zámek Sychrov

Schloss Sichrow

Das zwischen 1690 und 1693 errichtete Schloss nahe der Autobahn von Turnov nach Liberec (von dort ausgeschildert) ist sehenswert. Unter der aus der Bretagne stammenden Adelsfamilie Rohan, die das Schloss ab 1820 besaß, erhielt es sein heutiges Aussehen im Stil der französischen Neogotik. Die Rohan ließen auch den weiten Schlosspark mit vielen exotischen Bäumen anlegen. Durch das gepflegte, aus mehreren Gebäudekomplexen bestehende Schlossareal werden verschiedene Führungen angeboten. Bei der Standardtour (60 Min.) durchstreift man reichlich mit Schnitzwerk verzierte und kunstvoll ausgeschmückte neogotische Räumlichkeiten und bekommt Fayencen- und Glassammlungen der Rohans zu sehen. Eine zweite Tour führt in die Schatzkammer, in der Silberskulpturen und Schmuck des aus Turnov stammenden Künstlers František Khynl (1907–2003) ausgestellt sind.

Zámek Sychrov: französische Neogotik

Sehenswert ist zudem der Englische Park hinter dem Schloss. Im Sommer finden auf Sychrov gelegentlich Konzertveranstaltungen statt, die an die zahlreichen Aufenthalte Antonín Dvořáks anknüpfen.

**Verbindungen** Wochentags bis zu 3-mal tägl. **Busse** von und nach Turnov, am Wochenende besser die Bahn bis zur Station Sychrov nehmen.

**Öffnungszeiten** Nov.–März tägl. 10–14 Uhr, April u. Sept./Okt. tägl. 9–15.30 Uhr, Mai–Aug. tägl. 9–16.30 Uhr. Führungen 2,30–5,60 €, erm. 1,20–3,70 €. Fremdsprachige Führungen müssen vorab gebucht werden. www.zamek-sychrov.cz.

**Übernachten** **** **EA Zámecký Hotel Sychrov**, Neubau neben dem Schloss. Schickes Hotel mit ebensolchem Restaurant. 34 unterschiedlich ausgestattete, sehr schöne Zimmer und Apartments bzw. Suiten im minimalistischen Stil. Spricht Business People an, daher auch mit Kongresssaal. Relaxzentrum inkl. Whirlpool, Sauna, Fitness. EZ ab 66 €, DZ ab 94 €. Sychrov, PLZ 46344, ✆ 482425444, www.hotelsychrov.cz.

# Liberec

Reichenberg

**Liberec liegt in einem vom Jeschken- und Isergebirge umrahmten Becken. Ein pompöses Rathaus, feudale Villen und prächtige Stadthäuser erinnern an die Zeit, als Reichenberg einmal wirklich reich war.**

„Wohl nirgends anderswo leben so viele Musikanten, Gaukler, Sonderlinge, bärtige Skifahrer, allabendliche Läufer, Touristen, alte Weiber ...“, verkündet die Stadtbroschüre. Tatsache ist, dass Liberec über 102.000 Einwohner zählt und das industrielle, wirtschaftliche und kulturelle Zentrum Nordböhmens ist. Touristen können hier gut einen Tag zubringen, neben einem freundlichen Zentrum gibt es zwei ordentliche Museen, dazu einen botanischen und zoologischen Garten. Im Winter kann man am Hausberg, dem Jeschken (Ještěd), Ski fahren. Dort finden fast jedes Jahr auch Weltcupspringen statt. Sportliche Unterhaltung bietet zudem der lokale Fußballverein *FC Slovan,* der schon diverse Bundesligisten aus dem UEFA-Cup geschossen hat. Eines der Mankos von Liberec ist jedoch das Wetter. Scherzhaft bezeichnen die Einwohner ihre Stadt als „Nachttopf Europas“. „Wenn es nicht gerade regnet, dann schneit es“, sagt man. Statistisch gesehen ist die hiesige Niederschlagsmenge aber nicht viel höher als anderswo in der Republik. Doch die Temperaturen liegen deutlich unter denen Prags.

**Geschichte**: Jahrhundertelang war Reichenberg nichts anderes als eine kleine Poststation auf dem Handelsweg von der Lausitz nach Böhmen. Boden und Klima ließen keine ertragreiche Landwirtschaft zu, die Menschen lebten mehr schlecht als recht von der Schafzucht. Erst unter der Herrschaft der Herren von Redern, die hier im 16. Jh. ein Schloss erbauen ließen, stieg die

Nordböhmen → Karte S. 236/237

Siedlung zur Stadt auf. Nach der Schlacht am Weißen Berg (1620) fiel Reichenberg an Albrecht von Waldstein (→ S. 238). Er ließ hier die ersten Leinenwebereien errichten, in denen die Uniformen für seine Armeen hergestellt wurden. Doch die Stadt blieb noch bis ins 19. Jh. klein und unbedeutend und bestand aus nicht viel mehr als einer Vielzahl an geduckten Holzhäusern rund um ein großes Schloss. Dann aber folgte Reichenbergs rapider Aufstieg zu einem Zentrum der Textilindustrie. Eines der größten Unternehmen wurden die *Liebig*-Werke, ihre Baumwoll- und Seidenstoffe, Teppiche und Gobelins genossen Weltruf. So kam Geld in die Stadt, die alten Holzhäuser wurden abgerissen und an ihrer Stelle Stadtpalais, das imposante Rathaus, Theater und Villen errichtet. Zu jener Zeit erblickte im südöstlichen Vorort Maffersdorf (heute Vratislavice) der spätere Autobauer Dr. Ferdinand Porsche (1875–1951) das Licht der Welt.

Anfang des 20. Jh. gab es über 50 Textilfabriken wie auch Metall verarbeitendes Gewerbe. Zugleich wurde Reichenberg zum Zentrum verschiedener Arbeiterbewegungen. Als sich die Deutschen Nordböhmens dem Anschluss an die Tschechoslowakische Republik 1918 entziehen wollten, wählten sie Reichenberg zum Sitz der deutschböhmischen Landesregierung, die sogar eigene Banknoten in Druck gab. Doch noch bevor das Jahr vorüber war, war die Regierung vor dem tschechischen Militär nach Wien geflohen.

1930 lebten 30.023 Deutsche zusammen mit 6314 Tschechen in Reichenberg. Die Nazis machten die Stadt zum administrativen Zentrum des Reichsgaus Sudetenland. Nach dem Zweiten Weltkrieg wurde das Gros der Deutschen aus Liberec vertrieben, dennoch durften viele bleiben – sie sollten das Fortbestehen der lokalen Industrie sichern. Noch heute leben rund 4000 Deutsche in Liberec.

1968 war Liberec neben Prag einer der wenigen tschechoslowakischen Orte, in denen es zu Auseinandersetzungen mit den Truppen des Warschauer Pakts kam. Seit der Samtenen Revolution blüht die Grenzstadt wieder auf. Die Universität wurde ausgebaut, die Industrie modernisiert. Auch in den Fremdenverkehr wurde investiert, 2009 fand hier die größte Sportveranstaltung in der Geschichte Tschechiens statt, die 47. Nordische Ski-WM. Die heimischen Athleten erkämpften sich immerhin eine Silbermedaille.

**Orientierung**: Das Zentrum von Liberec ist klein und übersichtlich, alle Sehenswürdigkeiten dort lassen sich spielend zu Fuß erkunden. Herz der Stadt ist der *Náměstí Dr. E. Beneše*, der autofreie und deswegen sehr beschauliche Hauptplatz vor dem Rathaus. Die davon bergab führenden Pflastergassen *Pražská* und *Moskevská* sind die belebtesten Einkaufsstraßen. Zu Füßen der Moskevská liegt der Stadtbusbahnhof, von wo auch die Straßenbahnen zu den umliegenden Sehenswürdigkeiten und nach Jablonec nad Nisou fahren. Das Bild rund um das Zentrum ist uneinheitlich: alte Palais, triste Fabrikanlagen mit rauchenden Schloten, moderne Shoppingcenter, Plattenbauten und Parkanlagen.

## Basis-Infos

→ Karte S. 251

**Information Městské informační centrum**, am nám. Dr. E. Beneše 1 in Nachbarschaft zum Rathaus. Juni–Sept. Mo–Fr 8–18 Uhr, Sa/So 9–12 Uhr, Okt.–Mai Mo–Fr 8–17 Uhr, Sa 9–12 Uhr. ✆ 485101709, www.infolbc.cz.

**Verbindungen** Ⓢ 2 u. 3 (→ Stadtverkehr) fahren vom Zentrum zum südwestlich gelegenen Bahnhof und Intercitybusbahnhof – zu Fuß ca. 15 Min.

Gute **Busverbindungen** in alle nord- und ostböhmischen Städte, halbstündl. zudem von und nach Prag (Černý Most an der Ⓜ C, nur 70 Min.). Mitte Dez. bis Ende März auch regelmäßig zum Skigebiet Bedřichov.

**Züge** regelmäßig nach Frýdlant und Děčín, alle 2 Std. über Turnov nach Pardubice, bis zu 8-mal tägl. nach Ústí nad Labem, 5-mal nach Harrachov, 4-mal nach Dresden.

**Stadtverkehr**: Für Touristen interessant sind die Straßenbahnlinien Ⓢ 2, die den Zoo ganz im Nordosten der Stadt via Nordböhmisches Museum, Zentrum und Bahnhof mit den südwestlichen Vororten verbindet, Ⓢ 3 (vom Zentrum über den Bahnhof zur Gondelbahn auf den Ještěd) und Ⓢ 11, die von Liberec nach Jablonec fährt (Dauer ca. 30 Min.). Zentraler Stadtbusbahnhof Nádraží MHD an der Fügnerova. Tickets bekommt man an allen Kiosken und bei der Touristeninformation.

**Ärztliche Versorgung** **Krankenhaus** an der Husova 357 östlich des Zentrums. ✆ 485311111, www.nemlib.cz.

**Einkaufen** Im Zentrum viele Läden an der **Pražská** und der **Moskevská**.

Neben dem Stadtbusbahnhof steht das **Shoppingcenter Forum** **19** mit Geschäften auf dem Niveau von *C & A* und *H & M*. Nördlich davon an der Palachova steht das **Liberec Plaza** **10** mit einem Dino-Park für Kinder. Noch 2 Extratipps:

**Fryčovo Antikvariát & Knihkupectví** **15**, Buchhandlung, der ein gut bestücktes Antiquariat mit einer ausgesprochen großen Auswahl an deutschsprachiger Literatur angegliedert ist. Pražská 14.

**Naš Grunt** **17**, kleine Lebensmittelkette, die sich rühmt, Produkte v. a. von regionalen Bauern, manche davon bio, zu vertreiben. Revoluční 66/2. ■

**Parken** Recht sicher steht Ihr Fahrzeug im **Parkhaus der Bibliothek** (knihovna), Einfahrt von der Pastýřská.

## Übernachten

→ Karte S. 251

Die Touristeninformation vermittelt während der Sommermonate Betten in den Studentenwohnheimen der Technischen Universität (ab 10 €). Eine Reihe von günstigen Privatpensionen findet man auch unterhalb des Ještěd (zwischen Straßenbahnendstation und Talstation der Gondelbahn), auf dem Ještěd selbst zudem ein überaus ungewöhnliches Hotel (→ S. 254).

**Hotels** **** **Hotel Babylon**, großer Komplex, etwas abseits des Zentrums, angegliedert ein Shoppingcenter und ein Freizeitpark (Aqua- und Lunapark gibt es im „Vergnügungspaket"). Der Sternezahl entsprechend ausgestattete Zimmer ohne besondere Note. Wellnesslandschaft mit Sauna und Massage. Spiegellabyrinth für Kinder, kleines Casino, Bowlingbahn. EZ ab 67 €, DZ ab 74 €. Nitranská 1, PLZ 46012, ✆ 485251597, www.centrumbabylon.cz.

**** **Grandhotel Zlatý lev** **14**, Jugendstilbau im Zentrum. Die 117 in hellen Farben gehaltenen Zimmer sind komfortabel, aber nichts Besonderes. Gediegen-biederes Ambiente. Sauna, Whirlpool, Friseursalon. Eigene Parkplätze. EZ 73 €, DZ ab 81 €. Gutenbergova 3, PLZ 46001, ✆ 485256700, www.clariongrandhotelzlatylev.com.

*** **Hotel Praha** **9**, Jugendstilbau am zentralen Platz. Feudaler Eingang, die Zimmer wurden 2014 größtenteils restauriert. Aussicht auf den Marktplatz. Café, Restaurant. Rollstuhlfahrergerecht. Parkplätze. EZ ab 38 €, DZ ab 53 €. Železná 2/1, PLZ 46001, ✆ 485102655, www.hotel-praha-liberec.cz.

**** **Hotel Radnice** **12**, in bester Lage ebenfalls am Hauptplatz. Historisches Gebäude mit 22 komfortablen Zimmern mit viel Teppichboden, auch an den Wänden. Peu à peu werden sie erneuert. Restaurant mit Außenbestuhlung. Parkplätze (3 €/Tag). EZ ab 47 €, DZ ab 55 €. Moskevská 11, PLZ 46001, ✆ 485105257, www.hotelradnice.cz.

**Pensionen** **Pension Bambino** **3**, familienfreundliches, etwas hellhöriges Haus in Zentrumsnähe. Einfache, farbenfrohe Zimmer mit Küchenzeile. Große Kinderspielecke. EZ 20 €, DZ 33 €, 4-Bett-Zimmer 50 €. Heliova 287, PLZ 46001, ✆ 603449185 (mobil), www.pensionbambino.cz.

**Penzion U Muzea** **1**, familiengeführt, im Villenviertel nahe dem Nordböhmischen Museum. 11 Zimmer, die nach und nach aufgepeppt werden (schön!). Kostenlose Parkmöglichkeiten. Großer Garten, nettes Personal, gutes Preis-Leistungs-Verhältnis. DZ ab 36 €., Frühstück 3 € extra. Vítězná 24 (Ⓢ 2, Haltestelle Muzeum-Výstaviště), PLZ 46001, ✆ 485102693, www.penzionumuzea.cz.

**Camping** **Autocamp Liberec**, im nördlichen Stadtteil Staré Pavlovice, mit Ⓑ 12 vom Zentrum zu erreichen (Haltestelle Pavlovice Stadion). Zwar abseits zwischen Wohnblocks, aber gepflegt. Restaurant und gute Sanitäranlagen. Launisches Personal! Supermärkte nebenan. Jan./Feb. geschl. 2 Pers. mit Zelt u. Auto 13 €, Bett in der Chata ab 9 €/Pers. Ulice Letná, PLZ 46001, ✆ 723043582 (mobil), www.autokempliberec.cz.

››› **Unser Tipp: Camping 2000**, ca. 22 km südwestlich von Liberec im Dorf Janův Důl. Unter holländischer Leitung, daher überwiegend holländisches Publikum. Liebevoll angelegter Platz um einen alten Gutshof. Tischtennis, Kneipe in der Scheune, schöne Poolanlage mit langer Rutsche, Abenteuerspielplatz. Stellflächen zwischen noch jungen Bäumen. 2 Pers. mit Zelt u. Auto satte 27 €, Hütte für 4–6 Pers. je nach Saison 35–95 €. Janův Důl 15, PLZ 46352, ✆ 485179621, www.camping2000.com. ‹‹‹

## Essen & Trinken/Nachtleben

Für ein Essen mit Panoramablick bietet sich auch ein Ausflug auf den Ještěd-Fernsehturm (→ Sehenswertes) an.

**Restaurants** **Zoo 1320** **2**, Lifestyle-Restaurant im ziemlich schrägen „Engel-Ambiente", draußen nette Terrasse samt Minigolf. Gemischte Küche, von guten Suppen über Salate bis zum Schweinefilet XXL (7,50 €) und ordentlichen Pfeffersteaks (12 €). Masarykova 1320, ✆ 482311834.

**Masa Buka** **6**, hübsches griechisches Lokal in den Farben der Ägäis. Umlaufende Galerieetage. Große Auswahl an Vorspeisen, danach kann man zu Moussaka, *Stífado* (geschmortes Rindfleisch mit Kartoffeln) oder *Tsipoura* (Dorade vom Grill) greifen. Hg. 4,80–11,20 €. So/Mo geschl. Sokolská 168, ✆ 723153523 (mobil).

**Balada** **16**, jugendliches Restaurant mit internationaler Küche: Pasta, Steaks und Salate zu 4–7 €. Warm-holziges Interieur mit Backsteintheke, fast eine Spur zu dunkel. Gezapft wird das nordböhmische *Svijany*-Bier. Nette Terrasse zur Fußgängerzone davor, Nichtraucherraum vorhanden. Moskevská 13, ✆ 485110109.

**Pizzeria Maškova** **4**, Pizzeria (in diesem Fall mal bosnisch) mit Scheunenambiente und Hinterhofflair. Gute Pizzen aus dem Holzofen, die vor den Augen der Gäste zubereitet werden. Wer keine Pizza mag, greift zur Grillplatte. Hg. 5–11 €. Mariánská 285, ✆ 485105695.

**Svijanská Hospůdka U Lva** **13**, modern-rustikales, helles Kneipenrestaurant. Hier gibt es ebenfalls das gute regionale *Svijany*-Bier (10- bis 13-gradig), und zwar auch in 2,5-Liter-Giraffengläsern! Ordentliche Küche, leckere Aufläufe. Billige Mittagsmenüs (ca. 3 €), abends besser reservieren. So Ruhetag. Gutenbergova 126/3, ✆ 485256719.

**Radniční sklípek** **8**, nochmals *Svijany* – hier fließt das leckere Gesöff aber direkt aus Tanks in die Gläser. Die perfekte Mischung aus Bierhalle und urbanem Restaurant eröffnete erst Ende 2014. Im imposanten säulengeschmückten Rathauskeller gibt es extrem deftige Küche wie Schweinebacken mit Wurzelgemüse, Hirschragout mit Pilzen oder gefüllte Kartoffelpuffer. Hg. 3,70–12,60 €. Nám. Dr. E. Beneše 1, ✆ 602602260 (mobil).

**Ananda** **5**, vegetarisches Schnellrestaurant für Nichtraucher, günstig. Kuchen zum Mitnehmen, Verkauf von Bioprodukten, Tee und Kaffee. Nur bis 18 Uhr, Sa bis 15 Uhr, So geschl. Frýdlantská 12, ✆ 606601122 (mobil). ■

**Cafés** **Kavárna Role** **18**, familiengeführtes, einfaches Nichtraucher-Café. Ordentliches Frühstück (3–4 €) und guter Kaffee. So Ruhetag. Rumunská 665/9.

**Porta Café** **11**, Lifestyle-Café und Cocktailbar am Marktplatz. Gemischtes Publikum. Sommerterrasse mit Blick auf das Rathaus. Zum Frühstücken (ab 3 €) und für den schnellen Lunch (Steaks ab 12 €) gleichfalls geeignet. Nám. Dr. E. Beneše 4.

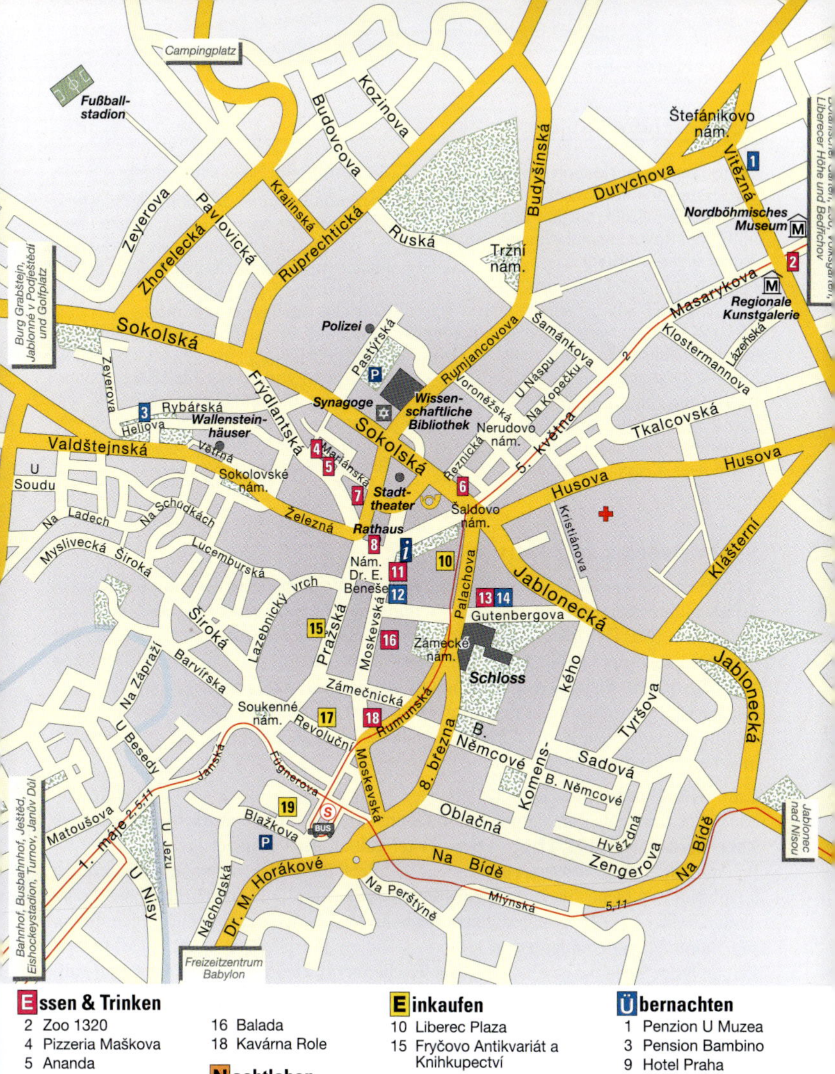


**E**ssen & Trinken
2 Zoo 1320
4 Pizzeria Maškova
5 Ananda
6 Masa Buka
7 Tatáž-Pakáž
8 Radniční sklípek
11 Porta Café
13 Svijanská Hospůdka U Lva
16 Balada
18 Kavárna Role

**N**achtleben
5 Top Star

**E**inkaufen
10 Liberec Plaza
15 Fryčovo Antikvariát a Knihkupectví
17 Naš Grunt
19 Shoppingcenter Forum

**Ü**bernachten
1 Penzion U Muzea
3 Pension Bambino
9 Hotel Praha
12 Hotel Radnice
14 Grandhotel Zlatý lev

**Kneipen** **Tatáž-Pakáž 7**, Kneipe mit Holzboden, derben, langen Tischen und gut gelaunten Gästen. Terrasse in Hinterhof-Flair. Grungige Musik. Zum Bier gibt's Snacks wie panierten Käse, fettig-spritzige Würste oder eingelegten Hermelín-Käse (empfehlenswert). Unter der Woche ab 14 Uhr, Sa/So ab 17 Uhr. Frýdlantská 185.

**Nachtleben** **Top Star 5**, Disco auf 2 Ebenen, zentral gelegen. Gute Cocktailkarte, Publikum und Musik querbeet. Nur Fr/Sa ab 20 Uhr. Kleiner Eintritt. Mariánská 587/7, www.topstarclub.cz.

## Sport & Freizeit/Kultur

**Eishockey** Die **Tipsport Arena**, zugleich das Eisstadion der *Bílí tygři* („Weiße Tiger"), liegt ca. 20 Fußmin. südlich des Bahnhofs (Ⓑ 17 vom Busbahnhof, Haltestelle Tipsport Arena). www.hcbilitygri.cz.

**Fußball** Der *FC Slovan* spielt im nördlich des Zentrums gelegenen Stadion U Nisy (Ⓑ 13, 24 u. 26 ab dem zentralen Stadtbusbahnhof, Haltestelle Dopr. Hřiště). www.fcslovanliberec.cz.

**Radfahren** Im Sommer verkehren Cyklobusse (Busse, die Radfahrer und Räder mitnehmen) auf der Strecke Liberec – Bedřichov – Turnov – Jablonec. www.ceskycyklobus.cz.

**Skifahren** Am Hausberg **Ještěd**, → S. 254.

**Veranstaltungen** **Skispringwettbewerbe** am Ještěd im Jan. und Feb. Cineasten freuen sich auf das internationale Filmfestival **Febiofest** in der ersten Aprilhälfte (www.febiofest.cz). Eine kuriose Veranstaltung sind die **Liberecké primátorky** im Juni, eine Wettfahrt skurriler Wasserfahrzeuge auf der Neiße. In der zweiten Monatshälfte wird zudem ein **historischer Jahrmarkt** mit Rittern, Burgfräuleins etc. am zentralen Platz abgehalten (www.krajskeslavnosti.cz). Im Sept. steht ein **Blaskapellenfestival** an.

## Sehenswertes im Zentrum

Das Wahrzeichen der Stadt ist das **Rathaus** (Radnice), mächtig wie eine Kathedrale. Es ist ohne Übertreibung eines der schönsten Böhmens und entstand zwischen 1888 und 1893. Die Ähnlichkeit zum Wiener Rathaus kommt nicht von ungefähr: Für beide zeichnete Architekt Franz Ritter von Neumann verantwortlich. Der 56 m hohe Turm, der sich über dem frohen Stilmix erhebt, kann bestiegen werden. Gegenüber dem Rathaus steht der **Neptunbrunnen** (Neptunova kašna), allerdings nur als Kopie. Das Original aus der ersten Hälfte des 19. Jh. befindet sich im Nordböhmischen Museum.

Unmittelbar hinter dem Rathaus hingegen steht das **Stadttheater** (Městské divadlo, 1881–83), das heute den Namen des in Liberec geborenen Literaturkritikers František Xaver Šalda (1867–1937) trägt. Etwas weiter fällt an der Rumjancevova ein moderner Bau ins Auge, die **Knihovna**, eine wissenschaftliche Bibliothek, die nach der Samtenen Revolution als tschechisch-deutsches Projekt unter der Schirmherrschaft der Präsidenten beider Länder errichtet wurde. Sie beherbergt einen umfangreichen Fundus an sog. *Sudetika* (sudetendeutscher Literatur). Bis zur Reichskristallnacht (1938) befand sich an jener Stelle die größte Synagoge Reichenbergs. Heute trifft sich die kleine jüdische Gemeinde von Liberec in der modernen Minisynagoge neben der Bibliothek.

Ein paar Straßenzüge westlich des Theaters verstecken sich die **Wallenstein- bzw. Waldsteinhäuser** (Valdštejnské domky) in der engen Seitengasse Větrná. Das Gebäudeensemble aus vier Fachwerkhäusern aus dem späten 17. Jh. ist leider nicht zugänglich. Tuchmacher und Handwerker wohnten einst darin. Außer dem Namen haben die Häuser aber mit Wallenstein nichts gemein.

In entgegengesetzter Richtung (südöstlich des Benešovo náměstí) steht das Liberecer **Schloss** (Zámek), das auf die Herren von Redern zurückgeht. Lange Zeit war darin ein Glasmuseum der Glasmanufaktur *Sklo Export* untergebracht. Seit dem Konkurs des Unternehmens ist das Schloss samt sehenswerter Schlosskapelle (1604) der Öffentlichkeit nicht mehr zugänglich.

**Rathaus**, über die Touristeninformation können Führungen durch das Rathaus (Juni–Sept. Mo–Sa bis 15 Uhr, im Winter nur Do) gebucht werden. In der Regel wird dabei auch der Rathausturm bestiegen. Je nach Umfang der Führung 3,60 €, erm. 1,80 €. **Bibliothek**, Mo u. Mi–Fr 9–19 Uhr, Di 12–19 Uhr, Sa 9–13 Uhr.

Fast wie ein Schloss: Rathaus in Liberec

Nordböhmen → Karte S. 236/237

## Sehenswertes nordöstlich des Zentrums

Vom Zentrum führt die 5. května, die in die Masarykova übergeht, durch ein ansehnliches Villenviertel (Schweizer Stil, Secession und Neorenaissance) zum Zoologischen Garten. Die Straßenbahn Nr. 2 nimmt den gleichen Weg. Unterwegs passiert man das **Nordböhmische Museum** (Severočeské Muzeum, Masarykova 6, 15 Fußmin. vom Zentrum), das in einem repräsentativen Gebäude vom Ende des 19. Jh. untergebracht ist und eindrucksvoll über die wirtschaftliche und kulturelle Vergangenheit Nordböhmens informiert.

Schräg gegenüber befindet sich die **Regionale Kunstgalerie** (Oblastní Galerie), die 2014 im alten Stadtbad wiedereröffnet wurde. Sie beherbergt eine kleine Sammlung an Werken französischer, holländischer und flämischer Maler, ein Vermächtnis des Industriellen Johann Liebig (→ Geschichte). Das Gros der Gemälde und Skulpturen stammt jedoch von tschechischen Künstlern des 19. und 20 Jh., darunter Werke des Kubisten Josef Čapek (1887–1945), des Avantgardisten Mikuláš Medek (1926–1974) und des Symbolisten Josef Váchal (1884–1969, → Litomyšl, S. 229). Auch bekommt man eine der wenigen erhaltenen Skulpturen Otokar Švecs zu sehen, jenes Künstlers, der in den 1950er-Jahren das größte Stalinmonument der Welt schuf (→ Prag, S. 66).

Eine Straßenbahnstation weiter führt linker Hand die Lesní bergauf zum **Botanischen Garten** (Botanická zahrada), der insbesondere für seine Orchideen bekannt ist. Die größte Attraktion ist jedoch das angeblich seltene Exemplar einer Seerose namens *victoria regia*, deren Blatt so stabil ist, dass es ein Kind tragen könnte. Sie blüht nur eine Nacht lang, zu dieser Gelegenheit ist der botanische Garten dann rund um die Uhr geöffnet.

Der **Zoologische Garten** (Zoologická zahrada) von Liberec ist der älteste Tiergarten Böhmens (1906 eröffnet). Neben den üblichen Verdächtigen sind darin weiße

Tiger zu sehen. Hinter dem Zoo schließt der **Volksgarten** (Lidové sady) an, von wo Sie ein gelb markierter Wanderweg in ca. 15 Minuten zur **Liberecer Höhe** (Liberecká Výšina) bringt, der einstigen Heinrichshöhe. Den dortigen Bau im Stil einer mittelalterlichen Burg mit Aussichtsturm ließ der Industrielle Heinrich Liebig um 1900 als Ausflugsziel errichten. Seit 2013 ist er wieder der Öffentlichkeit zugänglich. Nebenan gibt es ein kleines Hotel und ein nettes Restaurant.

**Nordböhmisches Museum**, tägl. (außer Mo) 9–17 Uhr. 1,60 €, erm. die Hälfte. www.muzeumlb.cz. **Botanischer Garten**, im Sommer tägl. 8–18 Uhr, im Winter bis 16 Uhr. 5 €, erm. die Hälfte. www.botanilieberc.cz. **Zoo**, April–Okt. tägl. 8–18 Uhr, Juni–Aug. bis 19 Uhr, März u. Nov. bis 17 Uhr, Dez.–Feb. bis 16 Uhr. 3–4,30 €, erm. 2–2,50 €. www.zooliberec.cz. **Regionale Kunstgalerie**, tägl. (außer Mo) 10–17 Uhr, Do bis 19 Uhr. 2,80 €, erm. 1,40 €. www.ogl.cz. **Liberecer Höhe**, So–Do 10–19 Uhr, Fr/Sa 9–22 Uhr. www.libereckavysina.cz.

## Ještěd

Jeschken

Der Hausberg von Liberec ist mit 1012 m. ü. d. M. die höchste Erhebung des gleichnamigen Höhenzuges südwestlich der Stadt. Auf seinen Gipfel führt eine Kabinenseilbahn der Tschechischen Bahn. Gekrönt wird er seit 1973 von einem sich kegelförmig verjüngenden Sendeturm, der nachts eindrucksvoll illuminiert wird. Darin befindet sich ein Hotel (→ Übernachten) mit einem miefigen und überteuerten Restaurant – wegen des abgefahrenen Science-Fiction-Designs trotzdem besuchenswert. Der Gipfel, der bis zu 150 Tage im Jahr schneebedeckt ist und einen herrlichen Fernblick bis nach Deutschland und Polen bietet, ist im Sommer Ausgangspunkt von Wandertouren. Im Winter ist der Jeschken ein beliebtes Wintersportzentrum.

Im Sendeturm auf dem Ještěd ist ein außergewöhnliches Hotel untergebracht

**Anfahrt/Verbindung** Vom Zentrum nimmt man Ⓢ 3 bis zur Endstation (Horní Hanychov). Von dort sind es bis zur Talstation der Ještěd-Gondelbahn noch ca. 15 Min. zu Fuß (1 km) bergauf, bis zur Talstation des Sesselliftes auf den zum Ještěd-Skiareal gehörenden Skalka 150 m. Mit dem **eigenen Fahrzeug** kann man bis auf den Gipfel fahren (Beschilderung „Ještěd" folgen), allerdings sind dort viele der wenigen Parkplätze (3 €) für Hotelgäste reserviert. Die Parkplätze zu Füßen der Gondelbahn sind ebenfalls gebührenpflichtig (ebenfalls der Beschilderung „Ještěd" folgen).

**Betriebszeiten der Gondelbahn** Mo 14–18 Uhr, Di–So 8–19 Uhr halbstündl. bis stündl. Einfach 2,90 €, retour 4,30 €. www.lanovka-jested.cz.

**Skifahren** Neben der Gondelbahn gibt es noch 3 Sessellifte und 4 Schlepplifte, mehr Infos unter www.skijested.cz.

**Übernachten** *** **Horský Hotel Ještěd**, Hotel im Fernsehturm auf dem Ještěd. 2014 noch phänomenal! Für 2015 steht jedoch eine Grundsanierung an. Bis dahin alles im Raumschiff-Enterprise-Design – von den Lampen der Lobby bis zu den Zimmerfenstern. Ostcharme ohne Ende, dafür teils recht wenig Komfort. Grandiose Aussicht. Nur wenige Parkplätze. Das Hotel diente als Kulisse für die Verfilmung des Jaroslav-Rudiš-Bestsellers *Grand Hotel*. DZ mit Bad je nach Saison 65–83 €, DZ ohne Bad 36–50 €. Horní Hanychov 153, PLZ 46001, ✆ 485104291, www.jested.cz.

**Essen & Trinken** **Hospoda Domov**, nahe der Straßenbahnendstation, unweit der Gondelbahn. Das Lokal ist in einem schönen historischen Gebäude untergebracht, einst eine Raststation der Postkutschen auf dem Weg nach Deutschland und Polen. Gediegenes Ambiente und eher gehobene tschechisch-mediterrane Küche zwischen Lendenbraten, Lasagne mit Spinat und Hühnerbrust mit Basilikumbutter. Manche Fleischgerichte werden vom Koch auf einem Lava-Stein direkt am Tisch zubereitet. Abends oft Live-Pianomusik. Mittags günstiger Lunch ab 4,50 €, sonst Hg. 5,20–13,50 €. So nur bis 16.30 Uhr. Ještědská 149, ✆ 482771251.

## Umgebung von Liberec

**Jablonec nad Nisou (Gablonz an der Neiße):** 45.500 Einwohner zählt das südöstlich an Liberec anschließende Jablonec nad Nisou. Unter dem Namen Gablonz war es einst als Bijouterie-Stadt bekannt. Die ersten Glasmacher kamen im 16. Jh. aus Sachsen hierher. Im 18. Jh. begann man, Edelsteine zu imitieren, und die Bijouterie-Produktion wurde zum lukrativen Geschäft. Während des preußisch-französischen Krieges 1870/71, als die Konkurrenz ausgeschaltet war, exportierte man Ohrringe, Arm- und Halsbänder bis nach Übersee. Bis zu 16.000 Arbeiter waren in den 200 hiesigen Bijouteriemanufakturen beschäftigt. Der Reichtum der boomenden Bijouterie-Zeit spiegelte sich im frühen 20. Jh. auch im Bau herrschaftlicher Villen, Bürgerhäuser und prunkvoller öffentlicher Gebäude wider, die bis heute Hingucker sind. Erwähnenswert sind u. a. die *altkatholische Jugendstilkirche* (Starokatolický kostel Povýšení svatého kříže, 1900–1902) am Náměstí Božena Němcové ca. 500 m östlich des Zentrums, das *Stadttheater* (Městské divadlo, 1907 erbaut von dem Wiener Architekturbüro *Helmer & Fellner*) an der Poštovní westlich des Zentrums und der elegante Ziegelbau der konstruktivistischen *Herz-Jesu-Stadtpfarrkirche* (Kostel Nejsvětějšího srdce Ježíšova) nördlich des Zentrums an der Palackého. Das funktionalistische *Neue Rathaus* (1931–33) am Hauptplatz, dem Mírové Náměstí, mag für den einen ein architektonisches Juwel sein, für den anderen hingegen nur ein trister Klotz.

Nach der Vertreibung der Deutschen (rund 90 % der Einwohner) war es mit den fetten Jahren vorbei. Viele der Vertriebenen ließen sich nahe dem schwäbisch-bayerischen Kaufbeuren nieder und gründeten dort die Gemeinde *Neugablonz,* wo sie ihre Bijouterietradition fortsetzten. Die einheimische Glasschmuckproduktion hingegen wurde mit sozialistischer Geschmacklosigkeit fortgesetzt. Produziert wird bis heute in mehreren kleinen Betrieben, nur wenige fertigen originelle Stücke, die meisten eher schrillbunten Billigkitsch. Zwei Schulen bilden zudem den Glasmachernachwuchs in der Stadt aus. Einen Besuch wert ist das moderne *Glas- und Bijouteriemuseum* (Muzeum skla a bižuterie). Es ist untergebracht in einem herrlichen Jugendstilbau in der U Muzea 398/4 – einfach zu finden, wenn man vom Rathaus die Kamenná bergab geht und sich bei dem darauffolgenden Platz (Dolní Náměstí) links hält. Neben sehenswerten Glas- und Schmuckarbeiten aus verschiedenen Jahrhunderten beherbergt es u. a. die mit 220 m angeblich längste Perlenkette der Welt, die örtliche Kunststudenten in nur vier Stunden hergestellt haben sollen.

**Information** **Informační centrum** im alten Pfarrhaus in der Kostelní 1/6, ✆ 774667677 (mobil), www.jablonec.com. Mo–Fr 9–17 Uhr, Sa 10–13 Uhr, Juli/Aug. auch So. Kostenlose Stadtpläne, die die Orientierung deutlich erleichtern.

Nordböhmen → Karte S. 236/237

**Anfahrt/Verbindungen** Die Stadt ist sehr unübersichtlich und das Zentrum weitestgehend für den Verkehr gesperrt. Daher fährt man am besten mit Ⓢ 11 von Liberec an (alle 20 Min., Dauer ca. 30 Min.). Von der Endstation ist der Weg ins Zentrum ausgeschildert.

**Einkaufen** Vor Ort hergestellten Glitzerkram kann man in den vielen kleineren Geschäften in der Fußgängerzone erwerben. Eine Übersicht über die örtlichen Hersteller und Händler hält die Touristeninformation in Form einer Broschüre bereit. Zudem macht es Spaß, die **Trödler** der Stadt nach alten Glasperlenketten zu durchforsten.

**Öffnungszeiten** **Glas- und Bijouteriemuseum**, tägl. (außer Mo) 9–17 Uhr. 3,20 €, erm. 2 €. www.msb-jablonec.cz.

**Hrad Grabštejn (Burg Grafenstein)**: Die im 16. Jh. zu einem Schloss umgestaltete gotische Grenzfeste 17 km nordwestlich von Liberec, im heutigen Dreiländereck, fügte Albrecht von Waldstein im Dreißigjährigen Krieg in seine Friedländer Herrschaft ein. Alle späteren Umbauten gehen auf die nachfolgenden Besitzer, die Clam-Gallas, zurück, die das Schloss bis in die 1930er als Sommerresidenz nutzten. Nach deren Enteignung wanderten die kostbaren Möbel und Gemälde z. T. ins Ausland und schmückten tschechoslowakische Botschaften. Vorübergehend zog das Militär ins Schloss ein, dann verfiel die Anlage. Seit 1989 wird peu à peu restauriert. Auch ist man bemüht, das einstige Inventar und verschiedene Sammlungen der Clam-Gallas auf die Burg zurückzubringen. Für Besichtigungen offen sind bislang der *Nordflügel*, der *Burgturm*, die reich verzierte *St.-Barbara-Kapelle* mit Renaissance-Wandfresken und seit 2014 die sog. *Oberwaldmeisterwohnung* (Wohnung des Jägers).

Verbindungen/Öffnungszeiten: Mehrmals tägl. **Busse** von und nach Liberec. April u. Okt. Di–Fr 10–15 Uhr, So 9–16 Uhr, Mai–Sept. tägl. (außer Mo) 9–16 Uhr, Juni–Aug. tägl. (außer Mo) 9–17 Uhr. Führung (auf Tschechisch, dt. Text) 3,60 €, erm. 2,50 €. www.hrad-grabstejn.cz.

Weiter **gen Westen?** Informationen zu **Jablonne v Podještědí** bekommen Sie ab S. 259.

# Isergebirge

Jizerské Hory

**Nordöstlich von Liberec, entlang der Grenze zu Polen, erheben sich die glatzköpfigen Berge des Isergebirges – eine überaus dünn besiedelte Region mit weiten Hochmooren.**

Das Isergebirge, der westliche Ausläufer des Riesengebirges, ist benannt nach dem gleichnamigen Fluss (tschech. *Jizera*), der hier entspringt. Höchster Berg ist der 1124 m hohe Smrk (Tafelfichte). Im 15. Jh. wurde das Gebirge durch Köhler besiedelt, später kamen Abenteurer, die in den Bächen und an den Flussläufen Gold und Edelsteine schürften (heute ist das Schürfen verboten!), und dann Glasbläser. Im 18. und 19. Jh. wurden die hiesigen Mischwälder durch Fichtenwälder ersetzt – mit fatalen Auswirkungen im 20. Jh. Gegen die Emissionen des polnischen Kraftwerkes Bogatynia und den damit verbundenen sauren Regen zeigten sich die Monokulturen wenig resistent. Heute wird fleißig aufgeforstet. Trotz des angeschlagenen Images ist das Isergebirge bei Aktivurlaubern beliebt. Die Region ist durchzogen mit Rad- und Wanderwegen, die über die Hochebenen führen, zudem ist die Isermagistrale ein Tipp für Langläufer. Unterwegs stößt man nicht selten auf alte Ge-

Das Isergebirge im Winterkleid



denksteine, die an diverse Unglücksfälle erinnern („Verirrt und erfroren", „Versehentlich von einem Wilderer erschossen" etc.). Bei der abgeschiedenen Bergsiedlung **Jizerka** (mit Unterkünften) kann man einem Naturlehrpfad durch eines der für die Region charakteristischen Hochmoore folgen. Mit dem Auto erreicht man Jizerka nur von Süden, von Kořenov.

**Frýdlant (Friedland)**: „Das überraschend übereinander gebaute Schloss, das sich, wenn man in den Hof tritt, lange nicht ordnet, da der dunkle Efeu, die grauschwarze Mauer, der weiße Schnee, das schieferartige, Abhänge überziehende Eis die Mannigfaltigkeit vergrößern. Das Schloss ist eben nicht auf einen breiten Gipfel aufgebaut, sondern der ziemlich spitze Gipfel ist umbaut." Franz Kafka notierte dies 1911 in sein *Reisetagebuch*. Ob ihm die schöne *Schlossburg Friedland,* die sich auf einem Basaltfelsen im nordwestlichen Zipfel des Isergebirges erhebt, als Vorbild für seinen Roman *Das Schloss* diente, so die These mancher Literaturhistoriker, ist bis heute ein Rätsel. Der Anblick ist auf jeden Fall märchenhaft: ein walzenförmiger, 49 m hoher Turm, darunter der sgraffitiverzierte Renaissancepalast der Herren von Redern, die die ehemals gotische Burganlage umbauen und erweitern ließen. 1622 fiel das Anwesen an Albrecht von Waldstein (→ S. 238), den späteren Herzog von Friedland. Bis zu seiner Ermordung im Jahre 1634 verbrachte der General hier aber nur wenige Tage. Danach gehörte Frýdlant der Adelsfamilie Gallas (ab 1759 Clam-Gallas), die die Schlossburg bis 1945 bewohnte. Bereits 1801 hatte die Adelsfamilie darin ein Museum eingerichtet, das bis heute besteht: Es zeigt u. a. Delfter Keramik, eine Pfeifensammlung und eine historische Küche. Zudem beherbergt das Schloss eine Waffenkammer und eine Gemäldegalerie mit Werken von Karel Škréta, Wenzel Lorenz Reiner, Peter Brandl und weiteren Barockmeistern.

Unterhalb des Schlosses erstreckt sich das gleichnamige 7600-Einwohner-Städtchen mit schöner alter Bausubstanz. Auffälligstes Gebäude am Marktplatz, dem Náměstí T. G. Masaryka, ist das *Neorenaissance-Rathaus* (1893–1895) mit einem Glockenspiel im Turm.

**Verbindungen** **Busse** regelmäßig nach Liberec und Hejnice, bis zu 10-mal tägl. nach Lázně Libverda. **Züge** regelmäßig von und nach Liberec.

**Öffnungszeiten** **Schloss**, April u. Okt. tägl. (außer Mo) 9–15.30 Uhr, Mai–Sept. tägl. (außer Mo) 9–16 Uhr. Fremdsprachige Führung Trasse 1 (90–120 Min., Museum und Gemäldegalerie) 7,60 €, Trasse 2 (60 Min., Waffenkammer) 6,90 €. www.zamek-frydlant.cz.

**Übernachten** **Hotel Zámeček**, rund 3 km südöstlich von Frýdlant im Örtchen Raspenava an der Durchgangsstraße. Restauriertes Schlösschen. Klassische, relativ schnörkellose und helle Hotelzimmer mit Satelliten-TV. Pool im Garten, Tennisplätze, Restaurant mit deftiger böhmischer Küche (Spezialität ist das Eisbein). Freundlicher Service. Für das Gebotene günstig. EZ 28 €, DZ 40 €. Fučíkova 500, PLZ 46401, ✆ 482319064, www.hotelzamecek.com.

**Hejnice (Haindorf)**: Hejnice ist ein lang gezogenes Straßennest mit einem einfachen Campingplatz und einem ehemaligen Franziskanerkloster, zu dem die mächtige *Wallfahrtskirche Maria Heimsuchung* (Chrám Navštívení Panny Marie) gehört. Sie ist Station auf der sog. *Via Sacra*, einer mit EU-Geldern ins Leben gerufenen touristischen Route, die insgesamt 16 sakrale Stätten in Sachsen, Polen und Tschechien miteinander verbindet (mehr Infos dazu auf www.oberlausitz.com). In der Kirche wird die *Mater Formosa* verehrt, eine rotbäckige Madonnenstatue mit Jesuskind, die angeblich schon seit dem 13. Jh. hilft und heilt. Ursprünglich stand die Statue in einer frei stehenden gotischen Kapelle (heute eine Seitenkapelle), über die man nach Plänen von Thomas Haffenecker zwischen 1722 und 1729 eine prächtige Barockkirche setzte. Schon zuvor, 1691, war neben dem heiligen Ort ein Franziskanerkloster gegründet worden. 1950 wurde aus diesem ein Internierungslager für Geistliche, später eine Kantine und ein Kinderhort. Seit der Samtenen Revolution unterhält das Bistum Leitmeritz im Kloster ein *Internationales Zentrum der geistlichen Erneuerung* mit Unterkunftsmöglichkeiten für Pilger und Touristen. Die Kirche ist im Inneren schön restauriert und kann mit Führung besichtigt werden. Unter der Kirche befindet sich die Familiengruft der Adelsfamilie Clam-Gallas.

Wallfahrtskirche von Hejnice

**Verbindungen** Regelmäßige **Busverbindungen** nach Frýdlant.

**Öffnungszeiten** **Kloster/Kirche**, April–Sept. tägl. 9–17 Uhr, Okt.–März 9–16 Uhr. Führung 2,50 €, erm. 1,50 €. www.mcdo.cz.

**Übernachten** **Mezinárodní centrum duchovní obnovy**, wer einmal hinter (ehemaligen) Klostermauern übernachten möchte, kann das hier tun. Solide eingerichtete Zimmer. EZ ab 24 €, DZ ab 28 €. Klášterní 1, PLZ 46362, ✆ 482360211, www.mcdo.cz.

**Lázně Libverda (Bad Liebwerda)**: Gerade 2 km nördlich von Hejnice liegt dieser kleine Kurort, dessen Heilquellen schon im 16. Jh. geschätzt wurden – selbst Alb-

Lázně Libverda, Kurbad im Kleinformat

Nordböhmen → Karte S. 236/237

recht von Waldstein ließ sich das hiesige Mineralwasser auf seinen Kriegszügen hinterherschicken. Carl Maria von Weber, Kapellmeister am Prager Ständetheater, verbrachte 1814 seinen Urlaub in Bad Liebwerda und komponierte hier einen Teil seiner Oper *Der Freischütz*. Das winzige Kurareal im Stil der klassizistischen Bäderarchitektur stammt aus dem 19. Jh. Heute werden hier Erkrankungen des Nervensystems und des Bewegungsapparates mit Kohlensäure- und Moorbädern geheilt. Rüstigere Kurgäste spazieren gerne zum 500 m oberhalb von Libverda gelegenen Restaurant Obří Sud (s. u.), das 1931 in der Form eines riesigen Fasses errichtet wurde. Als Dessert empfehlen wir die vor Ort hergestellten Oblaten.

**Verbindungen** Bis zu 10-mal tägl. **Busse** nach Frýdlant, der Bus hält auch am Fassrestaurant.

**Essen & Trinken** **Obří Sud**, vor Ort ausgeschildert. Tolle Lage, vom Biergarten schöne Aussicht. Deftige böhmische Küche, kosten Sie die Obstknödel mit Blaubeeren oder den Schweinebraten. Hg. 4–6 €. Mo geschl., Okt.–April nur Fr/Sa 11–20 Uhr, So bis 18 Uhr. ✆ 724165174 (mobil).

**Weiter ins Riesengebirge?** Im Sommer führt ein schönes Bergsträßlein von Hejnice nach Desná (nahe Tanvald), von wo man über die Europastraße 65 nach Harrachov gelangt. Im Winter ist die Strecke häufig gesperrt!

# Jablonné v Podještědí

Deutsch Gabel

Das unauffällige 3700-Einwohner-Städtchen liegt rund 25 km westlich von Liberec. Die Attraktion des Ortes ist das heute wieder von Mönchen bewohnte **Dominikanerkloster** nahe dem Marktplatz mit der prächtigen barocken **St.-Laurentius-Basilika** (Chrám sv. Vavřinec, 1699–1729) von Johann Lukas von Hildebrandt. Gegründet wurde das Kloster 1250 von Zdislava, der Ehefrau des Burgherrn von Lemberk. Zdislava kümmerte sich aufopferungsvoll um Schwache und Kranke, viele genasen unter ihrer Obhut. Selbst Wunder wurden ihr nachgesagt, weswegen sie 1995 von Papst Johannes Paul II. heiliggesprochenen wurde. Die Krypta mit ihren sterblichen Überresten ist nur am letzten Samstag im Mai, dem Wallfahrtstag, zugänglich. Dann strömen zahlreiche Pilger zur Wallfahrtstätte der böhmischen Schutzpatronin der Armen und Kranken. Die Kirche und das kleine **Klostermuseum** mit sakraler Kunst können besichtigt werden.

Zdislava verbrachte ihr Leben auf der von ihrem Mann Havel aus dem Geschlecht der Markvartic errichteten **Burg Lemberk** 2 km nordöstlich von Jablonné. Jan Rudolf Breda, ein Oberst Albrecht von Waldsteins, dem die Burg ab 1634 gehörte, ließ sie im Barockstil umbauen. In den Räumlichkeiten präsentiert man heute eine Ausstellung über modernes Kunstglas, zudem wird das Leben der Hl. Zdislava veranschaulicht. Bei der eigentlichen Burgführung durchläuft man u. a. eine schwarze Küche, die Schlosskapelle und den herrlichen Fabelsaal, auf dessen Kassettendecke 77 Szenen aus äsopischen Fabeln gemalt wurden.

**Verbindungen** **Busse** regelmäßig nach Liberec. **Züge** regelmäßig nach Liberec und Česká Lípa. Wer die Burg Lemberk besichtigen will, steigt an der Station Lvova aus.

**Öffnungszeiten** **Kloster**, Mai–Sept. Di–Fr 9–11 u. 14–16 Uhr, Sa/So nur 14–16 Uhr, April u. Okt. Sa/So Führungen um 14, 15 u. 16 Uhr. 1,80 €, erm. 1 €. www.zdislava.cz.

**Burg Lemberk**, April u. Okt. nur Sa/So 9–15 Uhr, Mai/Juni tägl. (außer Mo) 9–16 Uhr, Juli/Aug. tägl. (außer Mo) 9–16.30 Uhr. Je nach Rundgang bzw. Ausstellung 4–4,80 €, erm. 2,80–3,60 €. www.zamek-lemberk.cz.

**Essen/Übernachten** *** **Pension U Salvátora**, freundliche kleine Pension in einem schönen alten Haus am Marktplatz. 9 farbenfrohe Zimmer, die mit einfachen Mitteln liebevoll restauriert wurden. Hübsches Restaurant mit Außenterrasse. EZ 16 €, DZ 32 €. Náměstí Míru 161, PLZ 47125, ✆ 487754333, www.pensionusalvatora.cz.

**Restaurant** **U Českého Lva**, am Marktplatz. Rustikales, gepflegtes Restaurant mit ordentlicher böhmische Küche zu 3–6 €, schöner Garten. Náměstí Míru 158, ✆ 487762800.

Weiter ins **Lausitzer Gebirge**? Näheres ab S. 264.

## Máchovo jezero

Mácha-See

Der 278 ha große, von Wäldern umrahmte See und die sanft gewellte Landschaft drum herum gehören zu den schönsten Ecken Nordböhmens. Schon der romantische Dichter Karel Hýnek Mácha (1810–36) verliebte sich in die Gegend, die heute wie der See nach ihm benannt ist: *Máchův kráj*, „Mácha-Land".

Die zwei Siedlungen hinter dem See – in sozialistischer Zeit voller Erholungsheime für Arbeiter – haben sich in den letzten Jahren zu netten Urlaubsorten für Familien ohne große Ansprüche gemausert. Man kann segeln, surfen, eine kleine Fährfahrt unternehmen oder einfach ein Nickerchen an einem der Sandstrände (!) machen. Das mit 5200 Einwohnern größere **Doksy** liegt am südlichen Seeufer. Im schlichten Zentrum, an der Ecke Valdštejnská/Máchova, widmet sich das kleine **Mácha-Museum** dem kurzen Leben und dem literarischen Werk des Romantikers. Die bunte Urlauberschar strömt i. d. R. an dem schönen alten Holz-Stein-Haus vorbei und direkt zum Hauptstrand im Norden des Ortes. Auf dem Weg dahin passiert

Herbst am Mácha-See

man unzählige Asiastände und einen **Hochseilgarten**. **Staré Splavy** am Nordufer des Sees ist eine reine Feriensiedlung mit etlichen Pensionen, Privatunterkünften und Datschendörfern.

Das sich fast bis zum Berg Ještěd bei Liberec erstreckende menschenleere Terrain nordöstlich des Mácha-Sees erweckt auf Karten den Eindruck eines Wanderparadieses. Doch Achtung: Das nach dem höchsten Berg (696 m) **Ralsko** benannte riesige Areal war bis 1990 ein sowjetischer Militärstützpunkt. Als die Truppen abzogen, hinterließen sie jede Menge Schad- und Sprengstoffe. Zwar ist die Kampfmittelräumung abgeschlossen, dennoch sollte man die markierten Wege nicht verlassen.

**Information** **Infocentrum Doksy**, zentral am Nám. Republiky 191, ✆ 487872067, www.doksy.com. Juli/Aug. Mo–Sa 9–17 Uhr, So 9–13 Uhr, sonst verkürzt und mit Mittagspause.

**Verbindungen** **Busse** von beiden Orten regelmäßig nach Česká Lípa, von Doksy zudem regelmäßig nach Bezděz und 2-mal tägl. direkt nach Prag. **Züge** von beiden Orten regelmäßig nach Česká Lípa, bis zu 6-mal tägl. über Mladá Boleslav nach Nymburk. **Fähren** verkehren in der Saison 6-mal tägl. zwischen Staré Splavy und Doksy (Hauptstrand, 2,10 €/Fahrt, erm. die Hälfte).

**Öffnungszeiten** **Mácha-Museum in Doksy**, April u. Okt. nur Sa/So 9–12 u. 14–17 Uhr, Mai–Sept. tägl. (außer Mo) 9–12 u. 14–18 Uhr. 1,10 €, erm. die Hälfte.

**Übernachten** **** **Hotel Port**, zwischen Staré Splavy und Doksy, von der Straße Nr. 38 ausgeschildert. Eines der wenigen Hotels direkt am See. 62 modern ausgestattete Zimmer, Innenpool mit Sauna, Fitnessraum, Bowling, barrierefrei. Bootsverleih. Im Sommer Haltepunkt der Fähre. In der HS Mindestaufenthalt 3 Nächte. EZ 70 €, DZ ab 108 €, Seeblick-Zimmer mit Zuschlag. Valdštejnská 530, PLZ 47201, ✆ 487809711, www.hotelport.cz.

*** **Hotel Bellevue**, Villa in Doksy auf dem Weg zum Strand. Zimmer zwischen sehr altbacken und möchtegernschick. Pool, Billard, Solarium, Restaurant, Sommerterrasse, abschließbare Parkplätze, Radverleih. EZ 33 €, DZ 57 €. Máchova 129, PLZ 47201, ✆ 487873516, www.hotelbellevue.cz.

**Penzion Diana**, familiengeführte Pension mit kleinem Lokal in Staré Splavy (300 m vom Strand entfernt). Ganzjährig. Kleine, einfache Zimmer mit Bad. Nettes deutschsprachiges Personal. 20 €/Pers. Jana Roháče 80, PLZ 47163, ✆ 487523550, www.machovo-jezero-diana.cz.

**Camping** **Camp Borný**, von den Campings am See u. E. der Beste. Ca. 3 km von Staré Splavy (dort ausgeschildert) entfernt, direkt am See. Großer 3-Sterne-Platz mit modernen Sanitäranlagen, 2 recht guten Restaurants (eines mit Disco) und Sandstrand. Traumhaft in der Vor- und Nachsaison, im Hochsommer extrem voll und nachts laut. Es werden auch Zimmer und Chatas vermietet. Mai–Sept. 2 Pers. mit Zelt u. Auto 7,60 €, Bett in der Chata ab

Nordböhmen → Karte S. 236/237

12,80 €. Staré Splavy, PLZ 47163, ✆ 777101090 (mobil), www.campborny.cz.

**Essen & Trinken** **Restaurace Alfa**, schnuckeliges Garten- und Wohnzimmerrestaurant in einer ruhigen Seitenstraße von Stare Splavy. Überschaubare Karte mit individuell zubereiteten Gerichten (böhmische und internationale Küche). Liebevoll eingerichtet (im Winter die Wohnräume der Gastgeber). Man vermietet auch Zimmer (DZ 40 €). Nur Mai–Sept. Krále Václava II., ✆ 487873281.

**Restaurant U Doušů**, im Zentrum von Doksy. Angenehmes Restaurant mit kleinem Hof. Günstige böhmische Mittagskarte, abends das übliche Kurzgebratene in zig Varianten, darunter auch Fisch. Hg. 5–10 €. Di–Fr 17–22 Uhr, Sa ab 11 Uhr, So/Mo geschl. Máchova 143, ✆ 487872136.

**Hrad Bezděz (Burg Bösig)**: Schönste Art und Weise, die südöstlich des Sees gelegene Königsburg zu erreichen, ist der 7 km lange, rot markierte *Mácha-Weg* von Doksy. Die Festung ruht imposant auf einem spitzen Bergkegel oberhalb des gleichnamigen Dorfes. Da sie über die Jahrhunderte hinweg nie bedeutende Umbauten erfuhr, ist ihr gotisches Aussehen bis heute weitestgehend erhalten geblieben. Gegründet wurde sie 1264 vom Přemyslidenkönig Otakar II. 1623 wurde sie von Wallenstein konfisziert und nach dessen Tod in ein Benediktinerkloster umgewandelt. 1785 verließen die letzte Mönche Bezděz, danach verödete die Burg. Zugänglich sind u. a. der 30 m hohe, sog. *Große Turm* und die *St.-Michaels-Kapelle*, die zu den bedeutendsten frühgotischen Sakralbauten des Landes gehört.

**Verbindungen** **Busse** regelmäßig nach Doksy. **Selbstfahrer** parken am besten im Dorf, von wo es je nach Kondition noch 20–35 Min. hinauf zur Burg sind.

**Öffnungszeiten** **Burg**, April nur Sa/So 10–16.30 Uhr, Mai–Sept. tägl. (außer Mo) 9–16.30 Uhr, Okt. nur Sa/So 9–15.30 Uhr. 2,40 €, erm. 1,50 €. www.hrad-bezdez.cz.

Nur etwa 20 km südlich des Mácha-Sees liegt das wunderschöne **Naturschutzgebiet Kokořínsko**. Mehr darüber im Kapitel Mittelböhmen ab S. 133.

## Česká Lípa

Böhmisch Leipa

Česká Lípa liegt rund 20 km nordwestlich des Mácha-Sees. Nach dem Zweiten Weltkrieg verlor die Stadt mehr als 80 % ihrer Einwohner, keine 2000 blieben übrig, heute zählt man rund 36.800 Seelen. Der rapide Bevölkerungsanstieg ist dem Uranboom in den 1970ern zu verdanken, der zudem für einen unschönen Gürtel um die Stadt sorgte. Das kleine Zentrum rund um den schmucken Hauptplatz Náměstí T. G. Masaryka präsentiert sich jedoch sehr freundlich. An der Paní Zdislavy, nur ein paar Schritte vom Platz entfernt (die Gasse bei der Pizzeria Moravanka nehmen), liegt das von Albrecht von Waldstein 1627 gegründete ehemalige **Augustinerkloster** (Augustiánský klášter). Der schwarz-weiße Bau, der an portugiesische Sakralbauten erinnert, beherbergt ein wenig spannendes **Heimatmuseum**. Das Kloster selbst ist jedoch einen Besuch wert.

**Verbindungen** **Busse** regelmäßig nach Nový Bor und zum Mácha-See. **Züge** regelmäßig nach Nový Bor, zum Mácha-See, nach Benešov nad Ploučnici, Děčín und über Jablonné v Podještědí nach Liberec, bis zu 8-mal tägl. nach Litoměřice, bis zu 4-mal über Mladá Boleslav nach Nymburk.

**Öffnungszeiten** **Museum im Kloster**, Mai–Sept. tägl. (außer Mo) 9–12 u. 13–17 Uhr, März/April u. Okt.–Dez. nur Mi–So zu den gleichen Zeiten. 1,80 €, erm. die Hälfte. www.muzeumcl.cz.

**Übernachten** **** **Hotel Morris**, restauriertes Stadthaus am Marktplatz, auf Luxus getrimmt. 28 komfortable Zimmer mit Jugendstilanklängen. Sauna, Whirlpool. Freundlicher Service. Kostenpflichtiger Parkplatz. EZ 116 €, DZ 123 €. Nám. T. G. Masaryka 132, PLZ 47001, ✆ 487829761, www.hotelmorris.cz.

**Pension U Hrabala**, ebenfalls am Marktplatz. 5 schön möblierte Zimmer mit Holzböden und guten Bädern. Café mit Außenterrasse und Restaurant angegliedert. DZ 47 €. Nám. T.G. Masaryka 130, PLZ 47001, ✆ 487522040, www.uhrabala.cz.

**Minipenzion Heger**, unweit des Marktplatzes. 3 einfache Zimmer mit Etagenbädern, sehr altbackenes Ambiente. Nette deutschsprachige Eigentümerin. DZ 22 €. Tržní 162, PLZ 47001, ✆ 487523630, www.minipenzionheger.cz.

**Essen & Trinken** **Klášterní Restaurace**, nettes Lokal in den Klostergemäuern mit historischem Ambiente. Böhmische Küche. So Ruhetag. Nám. Osvobození 297 (neben dem Klostermuseum), ✆ 487521395.

# Nový Bor

Haida

Nový Bor (12.000 Einwohner) ist von alters her als Glasmacherstadt bekannt. Im 19. Jh. wurde hier das rote Rubinglas erfunden, das bis heute u. a. charakteristisch für böhmische Glasprodukte ist. Zentrum ist der ausgedehnte Náměstí Míru, eher Park- als Hauptplatz. Ihn und die abgehenden Straßen säumt eine bunte Mischung aus Häusern mit dörflichem Charakter, Empiregebäuden der reichen Industriellen des 19. Jh. und sozialistischen Schandflecken. Über die Geschichte der regionalen Glasherstellung informiert das schön restaurierte **Glasmuseum** (Sklářské muzeum) am Platz. Wer sich mit Zerbrechlichem eindecken will, kann sich z. B. bei der Firma *Crystalex* (www.crystalex.cz) am Ortsausgang Richtung Děčín umschauen.

Nový Bor steht auch für ein dunkles Kapitel der deutsch-tschechischen Geschichte. Am 2. Juni 1945 erschossen tschechische Revolutionsgarden auf dem Marktplatz acht deutsche Männer und Frauen und ließen die Leichen zur Abschreckung zwei Tage vor dem Rathaus liegen. Heute erinnert ein Gedenkstein auf dem Friedhof daran.

**Information** **Turistické informační centrum**, an der T.G. Masaryka 46, ca. 150 m südlich des Marktplatzes, von dort ausgeschildert. Mai–Sept. tägl. 9–12 u. 13–17 Uhr, So 9–12 Uhr, Okt.–April Mo–Fr 9–12 u. 13–16 Uhr. Im 1. Stock die kostenlose Ausstellung „Handwerk und Kunst im Glas". ✆ 487726815, www.novy-bor.cz.

**Verbindungen** Busbahnhof und Bahnhof nahe beieinander, keine 10 Fußmin. westlich des Zentrums. **Busse** regelmäßig nach Česká Lípa, über Kamenický Šenov nach Česká Kamenice und nach Sloup v Čechách. **Züge** häufig nach Česká Lípa.

**Öffnungszeiten** **Glasmuseum**, tägl. (außer Mo) 9–12 u. 13–17 Uhr. 1,50 €, erm. die Hälfte. www.glassmuseum.eu.

**Essen/Übernachten** **Ajeto Restaurant**, Erlebnisgastronomie der besonderen Art: In der Schauwerkstatt des Glasmacherbetriebs Ajeto wird an den kunstvollen Glaserzeugnissen gearbeitet, während man im modern eingerichteten Lokal durch eine Scheibe getrennt speisen kann. Gehobenes Preisniveau, leichte Küche, aber auch Deftig-Böhmisches. Eigenes Glasmuseum (tägl. außer Mo 9–17 Uhr, im Sommer auch So, 1,80 €, erm. die Hälfte, www.ajetoglass.com). An der zentralen T.G. Masaryka 805, ✆ 487521660.

**** **Parkhotel**, ca. 100 m vom Marktplatz entfernt. Altes Palais mit angesetztem Neubau. Bestes Haus der Stadt. 39 Zimmer, dunkle Rottöne dominieren. Viele Businessgäste. Gediegenes Restaurant, das meist leer ist, eigener Parkplatz (3,60 €/Tag). EZ 90 €, DZ 105 €. Žižkova 269, PLZ 47301, ✆ 487723157, www.hotelmorris.cz.

**Pension & Restaurant Verona**, 900 m südlich des Zentrums, der T. G. Masaryka stadtauswärts folgen. 5 Standardzimmer mit privaten Bädern. Die Einrichtung des Restaurants könnte aus dem Asiakatalog stammen, dafür nettes Gärtchen. Eigene Parkplätze. EZ 24 €, DZ 36 €. T. G. Masaryka 240, PLZ 47301, ✆ 605077240 (mobil), www.pension-verona.cz.

Nordböhmen → Karte S. 236/237

## Umgebung von Nový Bor

**Sloup v Čechách (Bürgstein):** Die Attraktion des Dorfes 4 km südöstlich von Nový Bor ist ein etwa 35 m hoher, ähnlich den kappadokischen Tuffsteinfelsen (Türkei) durchlöcherter *Sandsteinfelsen*. Auf ihm wurde vermutlich im 13. Jh. eine kleine Burganlage errichtet, die bis zum Dreißigjährigen Krieg bestand. Um 1670 ließen sich Einsiedler in den Felsräumen nieder, im 19. Jh. avancierte der Felsen zum beliebten Ausflugsziel. Bei einem Rundgang sieht man u. a. eine aus dem Sandstein geschlagene Kapelle, einen Brunnen, eine schwarze Einsiedlerküche und einige Wohnräume.

Verbindungen/Öffnungszeiten: **Busse** → Nový Bor. Juni–Aug. tägl. 9–17 Uhr, Mai u. Sept. tägl. (außer Mo) 9–17 Uhr, April u. Okt. nur Sa/So 9–16 Uhr. 2,50 €, erm. 1,50 €. www.hrad-sloup.cz.

**Kamenický Šenov (Steinschönau):** Im 18. und 19. Jh. war der Ort 5 km westlich von Nový Bor für seine Glasveredlungsmanufakturen bekannt. Ludwig XV. dinierte unter einem Kristalllüster aus Steinschönau genauso wie Kaiserin Maria Theresia. Noch immer wird hier Glas veredelt, aber schon lange nicht mehr für Königshäuser. Wer Interesse an einem protzigen Lüster hat, kann im *Preciosa*-Shop an der Straße nach Česká Kamenice einen Stopp einlegen. Zudem wirbt Kamenický Šenov wirbt mit einer der angeblich größten Basaltformationen Mitteleuropas, dem sog. *Herrenhausfelsen* (Panská skála). Wer von Nový Bor kommt, kann ihn links der Straße beim Vorort Práchen ausmachen. Doch das, was man vor Ort sieht, wirkt nur durch ein Weitwinkelobjektiv gigantisch. Zu sehen ist nämlich lediglich die Spitze des Basaltfelsens. Die fünf- und sechskantigen Basaltsäulen ragen gerade 10–15 m aus dem Boden. Das Basaltmassiv entstand durch eine unterirdische Explosion vor Millionen von Jahren, als geschmolzener Basalt an die Erdoberfläche geschleudert wurde, sich abkühlte und kristallisierte. Der kleine Teich davor ist ein altes Abbauloch.

**Busse** regelmäßig nach Česká Kamenice und Nový Bor.

**Česká Kamenice (Böhmisch Kamnitz):** Die 5400-Einwohner-Stadt 5 km nordwestlich von Kamenický Šenov ist einer der hübschesten Orte der Glasmachergegend am Fuße des Lausitzer Gebirges. Der kleine Marktplatz kokettiert mit einigen gezimmerten Häusern im Stil der nordböhmischen Volksarchitektur; daneben stehen schöne alte Bürgerhäuser, Zeugen des einstigen Wohlstandes. Zu tun gibt es hier allerdings nichts.

**Verbindungen** **Busse** → Nový Bor. **Züge** regelmäßig durchs Lausitzer Gebirge nach Rumburk, regelmäßig nach Děčín.

Weiter Richtung Děčín? Unterwegs passiert man das nette Städtchen **Benešov nad Ploučnicí**. Mehr dazu ab S. 275.

## Lausitzer Gebirge

Lužické Hory

Das kleine Lausitzer Gebirge – 270 km² sind Naturschutzgebiet – erstreckt sich nördlich der Linie Nový Bor – Jablonné v Podještědí in einem weit nach Sachsen hineinragenden Zipfel. Auf deutscher Seite schließt das Zittauer Gebirge an. Aus dem durchschnittlich rund 600 m hohen Plateau ragen einige Vulkankegel empor, darunter die **Luž** (Lausche, 793 m), der höchste Berg der Region. Ihr Gipfel ist vom Dörfchen Horní Světla auf einem rot markierten Wanderweg zu erreichen. Der Landstrich südlich der Luž gleicht einem natürlichen Freilichtmuseum. Egal, ob **Horní** und **Dolní Světla, Krompach** oder **Mařenice**, idyllischer und verträumter kann Tschechien kaum sein. Die volkstümlichen nordböhmischen Blockbauten – die ältesten stammen aus dem 18. Jh. – sieht man in den Dörfern in den verschiedensten Farbkombinationen. Giebel, Fenster und Türen sind oft mit herrlichen Schnitzereien verziert. Wer nicht aufpasst, überfährt hier einen der sieben Zwerge, und wer gut aufpasst, sieht Hänsel und Gretel zwischen den Lebkuchenhäusern grüßen. Die meisten der gepflegten Holzhäuschen dienen heute als Feriendatschen, traditionelle Dorfstrukturen bestehen nicht mehr. Das Gebiet ist fest in der Hand inländischer Touristen, nicht wenige erkunden es per Rad.

Die ländliche Romantik hört leider schnell auf. Elefantenfarbene Städte und Asiastände am Straßenrand bestimmen das Bild des nördlichen Lausitzer Gebirges. Marode Industrieanlagen und prächtige, aber heruntergekommene Fabrikantenvillen aus dem 19. Jh. erinnern vielerorts an das einst blühende Textilgewerbe der Region, etwa im 3600-Einwohner-Städtchen **Krásná Lípa. Jiřetín pod Jedlovou** hat im Süden ein kleines Skigebiet am Jedlova (774 m) und die Burgruine Tolštejn (→ Übernachten) aufzuweisen. **Rumburk** (11.100 Einwohner) schließlich besitzt ein Kapuzinerkloster mit einer Loreto-Kapelle aus den Jahren 1704–1707.

Nordböhmen → Karte S. 236/237

**Verbindungen** Rumburk, Krásná Lípa und Jiřetín pod Jedlovou sind von Děčín ca. 7-mal tägl. mit dem **Bus** zu erreichen. Regelmäßige **Zugverbindungen** zwischen Rumburk und Krásná Lípa, zudem von beiden Städten über Benešov nad Ploučnicí nach Děčín.

Die Dörfer im Südosten des Lausitzer Gebirges steuert man am besten **mit dem eigenen Fahrzeug** an.

**Übernachten** Die Region weist ein überaus gutes Preis-Leistungs-Verhältnis im Übernachtungssektor auf. Jährlich kommen neue Unterkünfte hinzu. An Sommerwochenenden ist es trotzdem schwer, ohne Reservierung ein Zimmer zu bekommen.

»› **Unser Tipp: Ranč Malevil**, Pferderanch in Heřmanice v Podještedí am südöstlichen Rand des Lausitzer Gebirges, gut ausgeschildert. Ein Tipp für Aktivurlauber. Weites Gelände mit 18-Loch-Golfplatz (Greenfee 18–36 €), Hochseilgarten, Paintball etc. Die Zimmer sind klein und okay. Es werden auch Apartments für Gäste mit mehr Platzanspruch vermietet. 2 Restaurants, eines mit afrikanischem (!) Einfluss (Speisekarten in „Suaheli-Tschechisch"). Haustiere (2 €) sind herzlich willkommen – sogar das Pferd (11 €) kann mitkommen. Country-Abende. Radverleih, Pool, Tennisplatz, Sauna, Solarium und Ausritte. DZ ab 54 €, Frühstück 5,50 € extra. Heřmanice 280, PLZ 47125, ✆ 487762760, www.malevil.cz. «‹

**Penzion Ceská Chalupa**, in Horní Světlá. Sehr gepflegt. 10 geräumige Zimmer mit Teppichboden und Kiefernholzmobiliar. Fahrradraum. Restaurant (Mo Ruhetag), netter Hof, deutschsprachiger Wirt, daher viel deutsches Publikum. 20 €/Pers. inkl. Frühstück. Horní Světlá 14, PLZ 47156, ✆ 487754311, www.ceskachalupa.ic.cz.

**Hradní restaurace a ubytování Na Tolštejně**, Gästehaus und Restaurant (schöne Terrasse) in rund 700 m Höhe mit malerischer Aussicht bis nach Deutschland. 1865 wurde die erste Gaststätte auf den Ruinen der ehemals mittelalterlichen Burg Tollenstein errichtet. Heute bietet sie einfache Zimmer mit Holzverkleidung, aber ohne Bad. Ab 12 €/Pers. Jiřetín pod Jedlovou, Rozhled 79, PLZ 40756, ✆ 412386657, www.restaurace-tolstejn.cz.

**Česká Hospoda**, in Heřmanice v Podještedí. 40 ordentliche, etwas sterile Zimmer mit Teppichboden und Bad, aufgeteilt auf 2 Häuser. Rustikales Restaurant mit Sommerterrasse. Bowlingbahn. Tennisplatz, Fahrradraum und -verleih. DZ 22 €, Frühstück 3 € extra. Heřmanice 116, PLZ 47125, ✆ 487762299, www.ceska-hospoda.cz.

# Böhmische Schweiz

České Švýcarsko

**Die Böhmische Schweiz, das sind wildromantische Schluchten, niedliche Fachwerkdörfer, steinerne Riesen, sagenumwobene Felsenburgen, spitz aufragende Vulkankegel und eine mal träge, mal reißend dahinfließende Elbe.**

1776 führten die Schweizer Künstler Adrian Zinng und Anton Graff, die durch die bizarre Felslandschaft wanderten und sich dabei an ihre Heimat erinnert fühlten, den Namen „Böhmische Schweiz" ein. Mittlerweile gibt es einen Nationalpark Böhmische Schweiz (Národní Park České Švýcarsko), an den im Nordwesten der Nationalpark Sächsische Schweiz anschließt. Obwohl man zwischen Böhmischer und Sächsischer Schweiz unterscheidet, handelt es sich geologisch gesehen um eine Region. Als solche tritt sie auch immer mehr in Erscheinung. Grenzüberschreitende Fuß- und Radwanderwege verbinden die beiden Nationalparks, die zusammen das Elbsandsteingebirge (Labské pískovce) bilden. Die mit 700 km² größte Sandsteinregion Europas wird sogar als Anwärter auf einen Platz auf der UNESCO-Weltnaturerbeliste gehandelt.

Die Entstehungsgeschichte der Felsenwelt gleicht der des Böhmischen Paradieses (→ S. 233). Die mächtigen Sandsteinablagerungen aus der Kreidezeit wurden im Laufe der Jahrmillionen durch Regen, Frost, Wind und Sonne aufgebrochen und ausgewaschen. Die Flussläufe der Kamenice und der Elbe fraßen tiefe Schluchten in den Sandstein. Die faszinierende Landschaft lockt im Sommer viele Touristen an, eine frühzeitige Zimmerreservierung ist daher ratsam. Die schönsten Ecken entdeckt man nur per pedes. Klettern ist sehr populär, aber nur an ausgewiesenen Stellen erlaubt und vom 1. März bis 30. Juni grundsätzlich verboten.

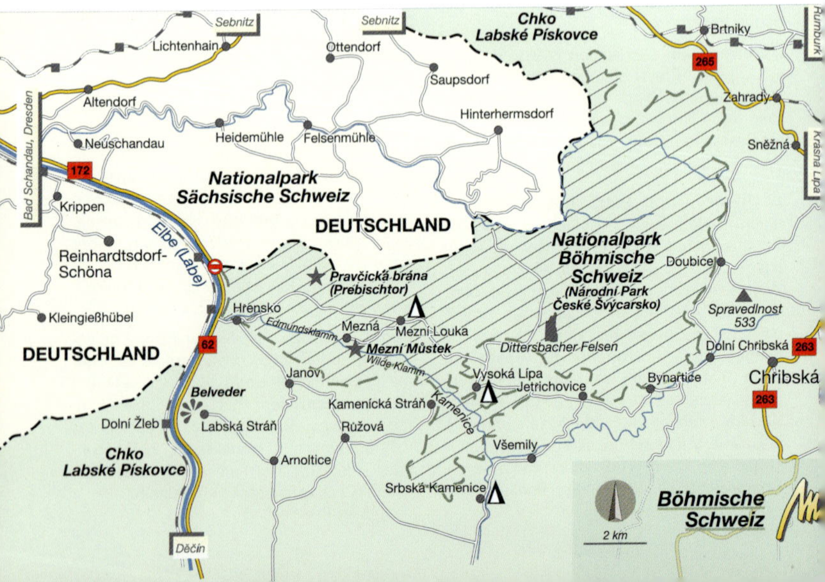

Schöne Lage an der Elbe: Hřensko



# Hřensko

Herrnskretschen

Die Grenzgemeinde Hřensko liegt 14 km nördlich von Děčín. Die Häuser quetschen sich in das von hohen Felsen umrahmte Tal der Kamenice, die hier in die Elbe mündet. Die Gemeinde leidet immer wieder unter schweren Hochwassern. Früher als Schmugglernest und Holzhauerstädtchen bekannt (die Stämme wurden auf der Elbe bis nach Hamburg geflößt), lebt man heute vorrangig vom Tourismus. Es kommen Naturliebhaber mit dicken Wanderschuhen, aber noch viel mehr sächsische Tagestouristen, angelockt von günstigen Zigaretten und Gartenzwergen. So präsentiert sich der an sich hübsche Ort tagsüber als ein geschmackloser Asiamarkt. Dennoch bietet sich Hřensko aufgrund seiner Infrastruktur – es gibt eine Reihe von Unterkünften und Restaurants – und seiner Nähe zu den größten Sehenswürdigkeiten der Böhmischen Schweiz als Standort an.

**Wandervorschläge von Hřensko**: Eine wunderschöne **Rundwanderung** führt vom östlichen Ortsende zunächst auf einem rot markierten Weg zum Prebischtor, dann weiter ins Dorf Mezní Louka. Von dort gelangt man auf einem erst blau, dann gelb markierten Weg hinab in die imposanten Schluchten der Kamenice, in der es – zu Fuß und mit dem Boot – durch die Wilde Klamm und die Edmundsklamm zurück nach Hřensko geht. Die Gesamtlänge beträgt ca. 16 km, planen Sie 5–6 Std. ein, bitte beachten Sie den Hinweis auf S. 269. Ein weiterer schöner Wanderweg führt von Hřensko hoch über dem Flusslauf der Elbe nach Děčín. Er ist 18 km (6–7 Std.) lang, ebenfalls rot markiert und gespickt mit Aussichtspunkten. Einer der schönsten ist der **Belveder** (s. u.) beim Örtchen Labská Stráň auf einem 160 m hohen Sandsteinfelsen. Auf der Terrasse darauf lud im 18. Jh. der hiesige Adel zu kulturellen Veranstaltungen ein.

**Information** **Informační středisko Národního parku Česko Švýcarsko**, am Ufer der Kamenice gegenüber dem Hotel Labe. April–Okt. tägl. 9–18 Uhr, Nov.–März 9–16 Uhr. Hřensko 82, ✆ 412554286, www.ceskosaske-svycarsko.cz. Zweigstelle am

Prebischtor.

**Verbindungen** **Busse** bis zu 5-mal tägl. nach Děčín, regelmäßig nach Bad Schandau, sehr unregelmäßig in die Dörfer der Böhmischen Schweiz.

**Ausflugsschiffe** April–Okt. tägl. (z. T. mehrmals) nach Děčín (Fahrtdauer 90 Min., 4 €), 2-mal wöchentl. nach Ústí nad Labem (4 Std.), 3-mal nach Bad Schandau (90 Min.). www.labskaplavebni.cz.

**Übernachten** **** **Hotel Praha**, im Zentrum. Traditionsreiches Haus, 1910 eröffnet. Komfortable, geräumige, klassische Hotelzimmer mit staubigem Nachwendecharme, mit und ohne Balkon, auch behindertengerechte. Parkplatz, Restaurant, Bar, Terrasse. Sehr freundliches Personal. DZ 62 €. Hřensko, PLZ 40717, ✆ 412554006, www.hotel-hrensko.cz.

**Hotel Labe**, altes, an einen Felsen gepresstes Haus. Zentral. Sicher nicht stilvoll, dafür manche Zimmer mit Balkon und gutes Preis-Leistungs-Verhältnis. DZ ab 36 €. Hřensko 13, PLZ 40717, ✆ 412554088, www.labehotel.cz.

**Außerhalb** **Belveder**, Ausflugsrestaurant mit Hotel ca. 7 km südlich von Hřensko nahe dem Dorf Labská Stráň (→ Wandervorschläge von Hřensko). Herrliche Aussichtsterrasse auf einem 160 m hohen Sandsteinfelsen über der Elbe. Böhmische Küche der mittleren Preisklasse. 10 einfache Zimmer, viele mit toller Aussicht. DZ 47–56 €. Labská Stráň 105, PLZ 40714, ✆ 412553121, www.belvederhotel.cz.

**Penzion u Lipy**, ebenfalls ca. 7 km südlich von Hřensko, jedoch im Dorf Arnoltice. Ein Lesertipp, der erst nach unserer Recherche einging und deshalb nicht mehr überprüft werden konnte. Freundliches, traditionelles Holzhaus mit gepflegten rustikal eingerichteten Teppichbodenzimmern. Schöne Bäder. Schnuckeliges Restaurant. Garten mit kleinem Pool. DZ ab 35 €. Arnoltice 40, PLZ 40714, ✆ 412553288, www.pension-ulipy.cz.

**Essen & Trinken** **Restaurace u Kostela**, am Ende der Einkaufsstraße gegenüber der kleinen Kirche. Sehr gemütlicher Biergarten mit Blick auf den Fluss. Vor allem Kurzgebratenes, empfehlenswert ist das Kaninchenschnitzel. Deutsche Tagestouristen dominieren. ✆ 412554080.

**Restaurace U Raka**, im Zentrum. Die Wirtsstube ist etwas für Jäger und Waffennarren, die Terrasse direkt an der Kamenice schattig und hübsch. Lecker ist der Gulaschtopf. ✆ 412554157.

## Pravčická brána

Prebischtor

Der spektakuläre Sandsteinbogen ist die größte natürliche Felsbrücke Europas (Spannweite 26,5 m, Höhe 16 m) und zugleich die bekannteste und meistbesuchte Attraktion des Nationalparks. Schon Märchenonkel Hans Christian Andersen geriet bei dessen Anblick ins Schwärmen. Damit die vor Millionen von Jahren entstandene Felsformation noch mehreren Generationen erhalten bleibt, darf sie seit über zwei Jahrzehnten nicht mehr bestiegen werden. Am Fuß des Bogens errichtete man im 19. Jh. ein prächtiges Hotel, das *Falkennest* (Sokolní hnízdo). Übernachten kann man darin heute nicht mehr, das Gebäude dient als Ausflugslokal und Ausstellungsort. Das Prebischtor liegt 4 km nordöstlich von Hřensko und ist von dort über einen rot markierten Wanderweg (s. o.) zu erreichen.

April–Okt. tägl. 10–18 Uhr, Nov.–März 10–16 Uhr. 3 €, erm. 1 €. www.pbrana.cz.

## Mezní Louka und Mezná

Rainwiese und Stimmersdorf

Die nur wenige Kilometer östlich von Hřensko gelegenen netten Dörfer Mezní Louka und Mezná bieten sich ebenfalls als Ausgangspunkte für Wanderungen an. Auch hier findet man Unterkünfte und Restaurants. Zudem befindet sich die eindrucksvolle **Kamenice-Schlucht** (s. u.) direkt vor der Haustür. Die Schlucht wurde über die Jahrhunderte hinweg als unüberwindbare Wildnis betrachtet. Erst 1877 wurde sie erstmals auf Flößen durchfahren.

Das Prebischtor ist die größte natürliche Felsbrücke Europas

Nordböhmen → Karte S. 236/237

**Verbindungen** **Busse** bis zu 6-mal tägl. von Mezní Louka nach Hřensko.

**Übernachten** **Hospůdka u Fořta**, geschmackvoll eingerichtete Pension im alten Forsthaus. Sehr schön die 2014 neu errichteten Blockhütten im Garten mit modernen Mini-Apartments, zum großen Teil in Backsteinoptik. Restaurant mit netter Terrasse. DZ in der Pension 50–87 €, in der Blockhütte 58 €. Mezní Louka 37, PLZ 40717, ✆ 412554090, www.uforta.cz.

**Hotel-Restaurant Mezní Louka**, traditionsreiches, schlossähnliches Haus (seit 1892) an der Durchgangsstraße in Mezní Louka. 23 ordentliche, aber noch lange nicht stilvolle Zimmer (ohne TV!). Terrassenrestaurant. DZ 51 €, Frühstück 5,50 € extra. Mezní Louka 71, PLZ 40717, ✆ 412511839, www.meznilouka.cz.

**Penzion Zvoneček**, ca. 4 km östlich von Mezní Louka im Dorf Vysoka Lípa. Geschmackvoll eingerichtete Apartments mit Holzböden. Nette Terrasse. Am besten frühzeitig buchen. 20 €/Pers. Vysoká Lípa 101, PLZ 40502, ✆ 603119692 (mobil), www.zvonecek.euroregin.cz.

**Camping** **Camping Mezní Louka**, an der Durchgangsstraße von Mezní Louka. Gepflegter Platz unter Birken. Top Sanitäranlagen! April–Okt. 2 Pers. mit Auto u. Zelt 11 €, Zimmer im alten Zollhaus ab 15 €/Pers. Mezní Louka, PLZ 40717, ✆ 724509005 (mobil).

## Divoká soutěska/ Edmundova soutěska

Wilde Klamm/Edmundsklamm

Von Mezná führt ein grün markierter Weg hinab (steiler Treppenabstieg) in die Kamenice-Schlucht zur Hängebrücke Mezní Můstek. Der Schluchtabschnitt zur Linken (gen Osten) nennt sich **Wilde Klamm** (Divoká soutěska) – 450 m des Canoñs sind nicht begehbar und müssen mit dem Boot überwunden werden. Vom östlichen Ende der Wilden Klamm führt ein erst gelb, dann blau markierter Wanderweg nach Mezní Louka, von wo man über einen grün markierten Weg zurück zum Ausgangspunkt gelangt (Dauer ca. 3 Std.). Wandert man von der Hängebrücke Mezní Můstek hingegen auf dem gelb markierten Weg nach rechts (Westen), gelangt man in den nach dem Fürsten Edmund Clary-Aldringen **Edmundsklamm** (Edmundova soutěska) genannten Schluchtabschnitt. 1890 heuerte der Fürst italienische Tunnelbauer an, die unter schwierigsten Bedingungen Wege und Stege in die bis zu 150 m hohen, senkrechten Felswände hauten. 960 m durch den Canoñ müssen aber auch hier mit Booten überbrückt werden. Folgt man nach der Bootspassage dem gelb markierten Weg weiter, gelangt man nach Hřensko.

**Klammen**, Mitte April–Sept. tägl. 9–18 Uhr, kürzer im Okt. Eintritt für beide Klammen 5 €, erm. die Hälfte. Achtung: Im Sommer Wartezeiten (ca. 15 Min.) an den Bootsanlegestellen!

## Jetřichovice

Dittersbach

Jetřichovice ist ein bildhübsches Dorf mit den für die Region typischen reich verzierten Fachwerkhäusern, von denen gefühlt jedes zweite eine Pension ist. Die Umgebung ist beliebt bei Kletterern, zudem kreuzen sich hier mehrere Wanderwege. Ein schöner, rot markierter Wanderweg führt von Jetřichovice bis nach Hřensko. Er verläuft vorbei an den sog. **Dittersbacher Felsen** (Jetřichovické stěny), die sich nordwestlich des Dorfes erstrecken. Man passiert u. a. den **Marienfelsen** (Mariina skála) mit tollen Ausblicken, das **Kleine Prebischtor** (Malá Pravická brána, nur 2,3 m hoch und 3,3 m breit) sowie seinen gewaltigen Bruder.

**Verbindungen** **Busse** etwa 4-mal tägl. nach Děčín.

**Übernachten** »» Unser Tipp: **Hotel Zámeček**, sehr empfehlenswerte Anlage. Komfortables neueres Landhotel in einem alten Herrenhaus im ca. 2 km östlich von Jetřichovice gelegenen Dorf Rynartice. Ruhigste Lage, mit nettem Innenhof. Freundliche, z. T. barrierefreie Zimmer. Schwimmbad, Sauna, Fitnessraum. Restaurant mit Marmorböden und Kronleuchtern. Schöne Terrasse. EZ ab 33 €, DZ ab 44 €. Rynartice 44, PLZ 40716, ✆ 412588031, www.hotel-zamecek.cz. ««

**Pension Starý Mlýn**, an der Straße nach Hřensko ausgeschildert. Alte Mühle, etwas abseits der Straße in absolut idyllischer Lage. Vermietet werden kleine Apartments. Für Gäste offene Wirtsstube, Terrasse am rauschenden Bach. Für 2 Pers. 34 €. Jetřichovice 43, PLZ 40716, ✆ 602587431 (mobil), www.penzion-stary-mlyn.cz.

**Pension Pod Skalou**, sehr schöner Komplex mit angeschlossenem Restaurant im Landhausstil – wie der tschechische Name sagt, direkt an einem Felsen. 5 schlicht eingerichtete Zimmer mit Bad, z. T. holzverkleidet, auf 3 Fachwerkhäuser verteilt. Nette Terrasse, abschließbarer Parkplatz und Fahrradunterstellmöglichkeit. Grill. Für jeden Gast gibt es sogar Hausschuhe. 16 €/Pers. Jetřichovice 105, PLZ 40716, ✆ 605339383 (mobil), i.avramova@seznam.cz.

## Doubice

Daubitz

Auch diesem Dorf an der Grenze des Nationalparks Böhmische Schweiz zum Naturschutzgebiet Lausitzer Gebirge gebührt im Wettbewerb um das schönste Örtchen der Region ein vorderer Platz. Die meisten der schnuckeligen Fachwerkhäuser dienen heute als Feriendatschen – Doubice zählt nur 100 feste Einwohner. Ein gelb markierter Wanderweg (ca. 30 Min.) führt vom Dorf zum 533 m hohen **Basaltberg Spravedlnost.**

**Verbindungen** Bis zu 2-mal tägl. ein **Bus** von und nach Krásná Lípa, häufiger am Wochenende.

**Essen/Übernachten** **Penzion U Matyáše**, am Ortsausgang Richtung Jetřichovice. Rustikales Haus, das angeblich älteste im Dorf. 5 schlichte Zimmer (eigene Bäder außerhalb) und ein Apartment. Sauna. Restaurant mit idyllischer Terrasse. DZ 40 €. Doubice 196, PLZ 40746, ✆ 604651170 (mobil), www.umatyase.cz.

Děčín bei Nacht

Nordböhmen → Karte S. 236/237

## Děčín

Tetschen

**Die alte Hafen- und junge Universitätsstadt besitzt viele Brücken, unzählige Kreisverkehre und zwei Zentren, eins auf der westlichen und eins auf der östlichen Elbseite. Ein wenig Charme hat Děčín auch, aber nicht auf den ersten Blick.**

Die geschäftige 50.100-Einwohner-Stadt liegt 12 km südlich der deutsch-tschechischen Grenze. Wer seine Wanderungen durch das Elbsandsteingebirge mit ein bisschen Urbanität verbinden will, kann das „Tor zur Böhmischen Schweiz" als Standort nutzen. Děčín besitzt einige nette Ecken, aber auch ein extrem zerrissenes, von breiten Verkehrsschneisen durchschnittenes Stadtbild. Östlich der Elbe befindet sich die ursprüngliche Altstadt von Děčín. Hauptplatz ist dort der Masarykovo náměstí mit dem neogotischen Alten Rathaus und einem interessanten Jugendstilbrunnen. Die südlich davon abgehenden Gassen zur barocken Kreuzkirche (Kostel sv. Kříže) und zum Schloss sind hübsch restauriert. Das zweite Zentrum befindet sich im Stadtteil **Podmokly** am gegenüberliegenden Elbufer – Mittelpunkte sind hier der Husovo náměstí mit einer pseudoromanischen Kirche und der Mírové náměstí. Dahinter klettern prächtige Villen die Hänge hinauf.

**Geschichte**: Über Jahrhunderte hinweg profitierte und litt die Stadt von bzw. unter ihrer Lage an der Elbe. Tetschen erlebte seine erste große Blüte unter den Rittern von Bünau, denen die Stadt ab dem 16. Jh. gehörte. Für den wirtschaftlichen Aufschwung sorgten Zolleinnahmen (Tetschen lag an einem bedeutenden Handelsweg), aber auch Schiffsbau und Salzhandel. Im Zuge der Rekatholisierung ging das Schloss der protestantischen Ritter von Bünau 1628 in den Besitz des Südtiroler Adelsgeschlechts der Thun-Hohenstein über. Die neuen Schlossherren konnten gut zwei Jahrhunderte später miterleben, wie die ersten Dampfer die Elbe entlangfuhren (1838) und die ersten Züge auf der 1851 eröffneten Bahnlinie Prag – Dresden im nagelneuen Bahnhof Station machten. Der lag allerdings nicht in Tetschen selbst, sondern am westlichen Elbufer im Dorf Bodenbach (heute Stadtteil Podmokly), das sich schnell zu einer modernen Stadt mit viel Industrie entwickelte. 1945, nachdem Tetschen und Bodenbach drei Viertel ihrer Einwohner verloren hatten, wurden die zwei Elbschwestern zu Děčín zusammengeschlossen.

## Basis-Infos

**Information** **Městské informační centrum Atlantik**, im Gebäude der Bibliothek am östlichen Flussufer. Karla Čapka 1441/3, ✆ 412532227, www.idecin.cz. Mai–Sept. tägl. 8–17 Uhr, Okt.–April ab 9 Uhr. Weiteres Infozentrum im Bahnhofsgebäude im Stadtteil Podmokly.

**Verbindungen** Hauptbahnhof und Busbahnhof liegen nahe beieinander im westlichen Stadtteil Podmokly. Fast alle Stadtbusse, die dort starten, fahren hinüber nach Děčín.

**Züge** regelmäßig über Velké Březno nach Ústí nad Labem, nach Benešov nad Ploučnicí, Česká Lípa, Roudnice nad Labem und nach Prag (Hauptbahnhof), bis zu 10-mal tägl. nach Rumburk, alle 2 Std. nach Dresden.

Gute bis sehr gute **Busverbindungen** mit allen größeren Städten Nord- und Westböhmens sowie mit Prag.

**Ausflugsschiffe** nach Hřensko (Fahrtdauer 90 Min.) von Mai bis Ende Okt. www.labskaplavebni.cz. Ablegestelle bei der Brücke Tyršův most.

**Ärztliche Versorgung** Poliklinik in der U Plovárny 14, südlich des Schlosses in Děčín. ✆ 412502250, www.poliklinikadecin.cz.

**Parken** Gebührenpflichtige Parkplätze überall im Zentrum, in Děčín u. a. am zentralen Masarykovo nám., in Podmokly am Mírové nám. und beim Bahnhof.

## Übernachten/Camping

**Stadtteil Děčín** **** **Hotel Ceská Koruna** **4**, zentral gelegen. Zimmer in 2 Kategorien: Standard und First Class. Die Letzteren sind größer und mit besserem Mobiliar ausgestattet. Gutes Restaurant. EZ je nach Ausstattung 33–44 €, DZ 44–56 €, Parken 3,60 €/Tag. Masarykovo nám. 60, PLZ 40501, ✆ 412516104, www.hotelceskakoruna.cz.

*** **Hotel Faust** **7**, am Schlossteich. 30 Zimmer, z. T. neu möbliert. Videoüberwachte Parkplätze. Freundliches Personal. Wird häufig von deutschen Busreisegruppen angesteuert. Restaurant. EZ 27 €, DZ 53 €. U Plovárny 43, PLZ 40502, ✆ 412518859, www.hotelfaust.cz.

**Hotel Kocanda** **12**, unweit der Elbe, 2012 eröffnet. 14 modern-geschmackvoll eingerichtete Zimmer, z. T. mit Fachwerkbalken. Eigene Sporthalle, beliebtes Terrassenrestaurant, großer Kinderspielplatz mit altem Bunker (!). DZ 49 €, „Deluxe-Zimmer" mit Infrarotsauna 62 €. Rytířská 77/2, PLZ 405002, ✆ 736481003 (mobil), www.kocanda-decin.cz.

**Hotel Pošta** **2**, zentral am Hauptplatz gelegene einfache (Arbeiter-)Unterkunft. Teils sehr spartanisch eingerichtete Zimmer. Etwas für die, die nur ein Dach über dem Kopf brauchen. DZ ab 18 € mit Etagenbad. Masarykovo nám. 82/9, PLZ 40501, ✆ 412511544, www.hotelposta.cz.

**Stadtteil Podmokly** *** **Hotel Andy** **9**, etwas versteckt liegende Unterkunft in Synagogennähe. Sehr angenehme, großzügige Zimmer im Landhausstil, Dielenböden. Solarium, eigene Parkplätze. Nicht immer perfekter Service. EZ 36 €, DZ 50 €. Teplická 346, PLZ 40502, ✆ 725265524 (mobil), www.andydc.cz.

**Camping** **Kemp Děčín** **10**, zentrumsnah, Luftlinie 500 m südlich des Schlosses, jedoch durch die nahe Elbbrücke kein Idyll. 2014 neu gestalteter Platz unter junger Leitung, die Aktivurlauber anlocken will. Saubere Container-Sanitäranlagen, statt Chatas gibt es Tipi-Zelte. April–Okt. 2 Pers. mit Zelt u. Auto 11 €, Platz im Tipi 4,40 €/Pers. Polabí, PLZ 40502, ✆ 774262111 (mobil), www.kempdecin.cz.

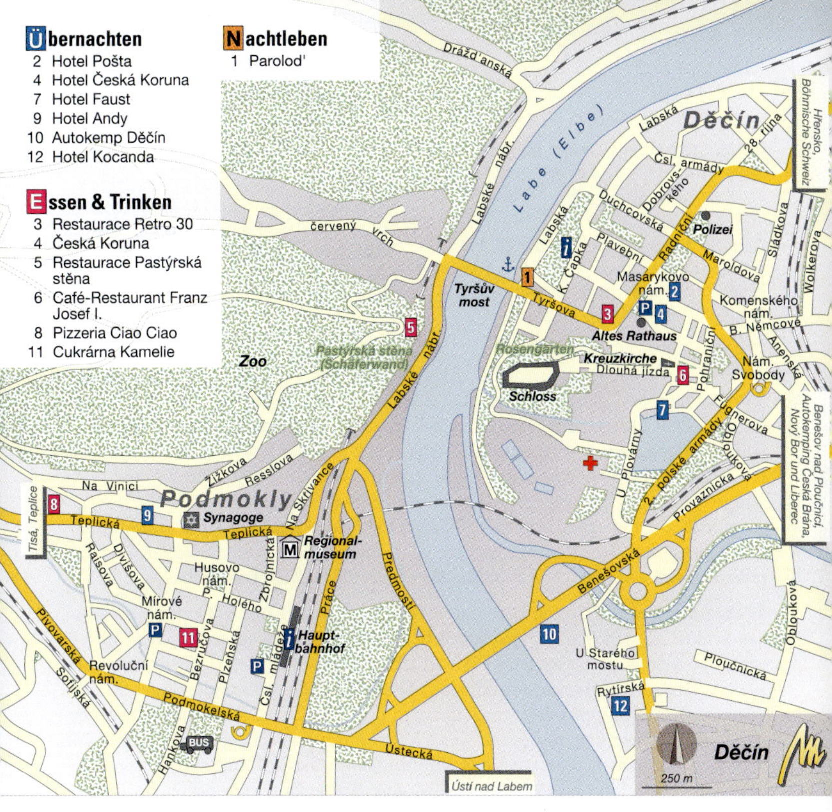


Autokempink Česká Brána, ca. 12 km östlich von Děčín, von der E 442 bei Huntířov ausgeschildert. Schöner, gepflegter, fast idyllischer Platz an einem See. Angenehmes internationales Publikum, dazu viele Hunde. Zu mieten gibt es auch kleine Bungalows und große „Hundehütten". Mitte April bis Ende Sept. 2 Pers. mit Zelt u. Auto 8,50 €, Chata für 2 Pers. ab 9 €. Stará Oleška, PLZ 40502, ✆ 412555094, www.ceskabrana.cz.

## Essen & Trinken/Nachtleben

**Restaurants** **Česká Koruna** 4, Restaurant des gleichnamigen Hotels (→ Übernachten) am Masarykovo nám. in Děčín. Pseudogediegenes Inneres mit Fliesenböden und ein paar eleganten Lämpchen – bei schönem Wetter sitzt man netter draußen auf den rustikalen Bierbänken. Neben den böhmischen Klassikern Kurzgebratenes, Pasta und Salate. Hg. 4–12 €.

**Restaurace Pastýřská stěna** 5, → Sehenswertes/Pastýřská stěna. Traumhaft über der Stadt gelegenes Aussichtslokal mit toller Sommerterrasse. Speisesaal mit Teppichböden. Forelle, Lende oder Burritos zu 6–12 €. Von der Teplická ausgeschildert, Žižkova 236/6, ✆ 724122787 (mobil).

**Pizzeria Ciao Ciao** 8, kleines, oft volles italienisches Lokal mit etwas lauter Dachterrasse. Einsehbare Küchenecke. Die Antipasti kann man sich aus der Vitrine wählen. Ansonsten Pizza und Pasta. Hg. 4–8 €. Teplická 365/60, ✆ 412530953.

**Restaurace Retro 30** 3, gemütliches, rustikales Kneipenrestaurant für junge Leute. Bierselige Atmosphäre. Viel Holz, rockige Musik, Raucher- und Nichtraucherbereich. Neben typisch böhmischen Gerichten wie Lendenbraten auch Vegetarisches, dazu eine Reihe von Snacks zum Bier. Hg. 4–8 €. Tyršova/Ecke Radniční, ✆ 412510400.

**Cafés** **Cukrárna Kamelie** **11**, Konditorei, zugleich ein nettes Örtchen zum Frühstücken (So erst ab 10 Uhr). Stets volle Kuchenvitrine. Ecke Č. S. Legii/Bezručova.

**Café-Restaurant Franz Josef I.** **6**, Restaurant und Kaffeehaus im k.u.k.-Stil in Schlossnähe. Im Sommer hausgemachtes Eis, für das man Schlange steht. U Plovárny 38/2.

**Nachtleben** **Parolod'** **1**, außergewöhnliche Location am Flussufer direkt an der Elbbrücke. Auf der Terrasse hat man das Gefühl, auf einem Dampfschiff zu sitzen, insbesondere abends, wenn die Lichterketten an sind. Im EG ein Café, im 1. Stock ein Restaurant (Pizza und Pasta), im Keller der **Club Škuner** – mal Disco, mal Livemusik, mal andere kulturelle Events. Tyršova 347/30, www.parolod.cz.

## Sehenswertes

**Zámek (Schloss)**: Das mächtige Schloss blickt von einem Felsvorsprung auf Děčín und die Elbe herab. Sein klassizistisches Mäntelchen bekam es um 1790 übergestülpt. An seine barocke Vergangenheit erinnert u. a. der knapp 300 m lange, 10 m breite und von einer Mauer gesäumte Zufahrtsweg (um 1672), der *Dlouhá jízda*, „lange Fahrt“, genannt wird. An seinem oberen Ende (noch vor dem Schlosstor) gelangt man rechter Hand in den frühbarocken *Rosengarten* (Růžová zahrada). Der lang gezogene Ziergarten mit Statuen, Sala Terrena, Glorietten, Treppen und Terrassen ist eine wunderschöne Kulisse für sommerliche Klassikkonzerte.

1932 verkauften die letzten adeligen Schlossherren, die Familie Thun-Hohenstein, das Schloss an den Staat. Danach wurde es als Kaserne zweckentfremdet. Die sowjetische Armee, die zwischen 1968 und 1991 darin hauste, ließ es derart verwüstet zurück, dass die Restaurierungsarbeiten bis heute nicht vollständig abgeschlossen sind. Ein Teil der *repräsentativen Räume*, in denen die Adelsfamilie lebte, kann bereits besichtigt werden, insgesamt werden drei Führungen angeboten. Zudem kann man sich auf dem Schlossareal das *Kreismuseum* (Okresní muzeum) ansehen. Es zeigt eine Exposition zu barocker Kunst, eine Waffenkammer und Stadtansichten des alten Tetschen. Im Schlosshof befindet sich auch ein Café mit gelegentlichen Kunstausstellungen.

**Rosengarten**, Mai–Aug. tägl. 10–20 Uhr, Sept. 10–18 Uhr, April u. Okt. nur Sa/So 10–18 Uhr. 0,50 €, erm. die Hälfte. **Schlossführungen**, Nov.–Feb. tägl. 10–16 Uhr, Sa/So 10–17 Uhr, März–Juni u. Sept./Okt. tägl. 9–17 Uhr, Juli/Aug. 9–18 Uhr. Jeweils 3,30 €, erm. 2,50 €. www.zamekdecin.cz. **Museum**, April–Juni u. Sept./Okt. tägl. 9–17 Uhr, Juli/Aug. 9–18 Uhr. 1,20 €, erm. die Hälfte. Für alle Sehenswürdigkeiten gibt es auch Kombitickets zu 8 €. www.muzeumdc.cz.

**Oblastní muzeum (Regionalmuseum)**: Das hübsche klassizistische Gebäude im Stadtteil Podmokly wurde 1735 errichtet und diente einst als Jagdschloss. Wer ihm einen Besuch abstattet, sollte sich für die Geschichte der Elbschifffahrt und/oder die gotische Bildhauerei Nordböhmens interessieren.
**Adresse/Öffnungszeiten**: České Mládeže 1/31. Tägl. (außer Mo) 9–12 u. 13–17 Uhr. 1,20 €, erm. die Hälfte. www.muzeumdc.cz.

**Synagoga (Synagoge)**: Die gelb gestrichene Synagoge ist in einem kurzen Spaziergang vom Husovo náměstí in Podmokly zu erreichen. Sie wurde zwischen 1906/07 im pseudoorientalischen Stil mit deutlichen Jugendstileinflüssen errichtet. Damals zählte die jüdische Gemeinde rund 500 Mitglieder. Den Naziterror überlebten die wenigsten. Seit 1996 ist die Synagoge wieder im Besitz der jüdischen Gemeinde Děčíns und dient als Kulturzentrum.
**Adresse/Öffnungszeiten**: Žižkova 4. Mo–Fr 8–15 Uhr. 1,10 €.

**Pastýřská stěna (Schäferwand)**: Seitdem der Aufzug vom Labské nábřeží auf die 150 m hohe Sandsteinanhöhe nicht mehr funktioniert, ist der Weg hinauf für Nichtmotorisierte eine schweißtreibende Qual. Aber er lohnt sich. Auf der Schäferwand thront ein schlossähnliches Gebäude aus dem Jahr 1905, in dem ein Restaurant (→ Essen & Trinken) untergebracht ist. Vom gegenüberliegenden Flussufer sieht es in mondlosen Nächten aus, als würde es im Himmel schweben. Traumterrasse! Auf dem Weg dahin kommt man am Eingang zum hiesigen *Zoo* (Zoologická zahrada) vorbei, einem der kleinsten Tschechiens. Die Attraktion sind Grizzlybären.

Öffnungszeiten: **Zoo**, Mai–Aug. tägl. 8–19 Uhr, April u. Sept. bis 18 Uhr, März u. Okt. bis 17 Uhr, Nov.–Feb. bis 16 Uhr. Im Sommer 3,60 €, im Winter 2,90 €, erm. die Hälfte. www.zoodecin.cz.

Alles Wissenswerte zur imposanten Felslandschaft der **Böhmischen Schweiz** nordöstlich von Děčín finden Sie ab S. 266.

## Umgebung von Děčín

**Benešov nad Ploučnicí (Bensen)**: Das von grünen Hügeln umrahmte Städtchen mit 3800 Einwohnern liegt rund 12 km südöstlich von Děčín. Unten am Fluss erinnern marode Industrieanlagen an verlorene Arbeitsplätze, am Hang hoch darüber träumt der nette, abschüssige Marktplatz vor sich hin. An diesen grenzt ein Renaissanceschlosskomplex, für dessen Bau die sächsische Adelsfamilie Salhausen verantwortlich zeichnete. Das sog. *Obere Schloss* (Horní Zámek) entstand zwischen 1522 und 1524. Architektonisch interessanter ist das *Untere Schloss* (Dolní Zámek, 1540–44), das die schlichte sächsische Renaissance präsentiert, auf die man in Böhmen sonst kaum irgendwo stößt. Die Ausstellung im Oberen Schloss befasst sich u. a. mit dem Leben des niederen Adels im 16. und 17. Jh. (Führung 30 Min.). Im Unteren Schloss sieht man jede Menge historisches Mobiliar, Porzellan, Waffen und Gemälde (Führung 50 Min.).

**Verbindungen** Die regelmäßig von und nach Děčín fahrenden **Busse** halten am Marktplatz. Der Bahnhof liegt außerhalb des Zentrums.

**Öffnungszeiten** **Schloss**, April u. Okt. Mi–So 9–16 Uhr, Mai u. Sept. tägl. (außer Mo) 9–17 Uhr, Juni–Aug. tägl. (außer Mo) 9–18 Uhr. Führung durch beide Schlösser 5,80 €, erm. 3,60 €. www.zamek-benesov.cz.

**Essen & Trinken** **Limma Pekařství**, am Marktplatz. Kleine Bäckerei mit sehr gutem Landbrot, leckeren süßen Teilchen und Kaffee aus dem Automaten. Leider keine richtige Sitzgelegenheit. So geschlossen.

**Tisá (Tyssa)**: Tisá liegt ca. 20 km westlich von Děčín nahe der E 442 nach Teplice. Nördlich des Dorfes droht die gewaltige Kulisse der *Tyssauer Wände* (Tiské stěny), ein Sandsteinmassiv mit bis zu 70 m hohen Felstürmen. Vom Parkplatz nahe der Dorfkirche führt ein rot markierter Wanderweg in die bizarre Landschaft. Die Felsen haben so lustige Namen wie *Warzenstein, Elefantenfuß, Dünner Doktor* oder *Napoleonschuh*. Tisá kann man auch zu Fuß in einer schönen Tageswanderung von Děčín erreichen (Wegbeginn bei der Brücke Tyršův most). Der rot markierte Weg führt zunächst auf den *Schneeberg* (Děčínský sněžník), den mit 726 m höchsten Tafelberg des Landes. Auf dem riesigen Felsplateau steht ein Aussichtsturm aus dem Jahr 1864. Weiter geht es zum Weiler *Ostrov*, der im felsigen Flusstal der Bělá direkt an der deutschen Grenze liegt. Vorbei an den Tyssauer Wänden erreicht man schließlich Tisá.

Nordböhmen → Karte S. 236/237

Die Gegend rund um Tisá ist ein Wanderparadies

**Verbindungen** Gute **Busverbindungen** nur nach Ústí nad Labem.

**Übernachten/Essen** **** **Hotel Ostrov**, ca. 4 km nordöstlich von Tisá in der Siedlung Ostrov. Idyllisch an einem kleinen Badeweiher gelegenes Haus. 31 klassische Hotelzimmer, viele davon mit Balkon. Relaxzentrum mit Schwimmbecken, Whirlpool und Dampfbad. Restaurant, nette Lobbybar. Große Sommerterrasse. DZ je nach Standard 37–67 €. Ostrov u Tisé 12, PLZ 40336, ✆ 475222428, www.hotelostrov.com.

**Pension Refugio**, schöne familiengeführte Pension in Tisá mit dazugehörigem Outdoor-Laden. Modern eingerichtete Zimmer mit viel Holz. Helles Restaurant, viel Vegetarisches auf der Karte, mittlere Preisklasse. DZ 44 €. Tisá 372, PLZ 40336, ✆ 702017774 (mobil), www.refugio.cz.

Zudem gibt es in Tisá noch eine Fülle an einfachen **Privatpensionen**.

Informationen zu **Teplice** bekommen Sie ab S. 289.

## Ústí nad Labem

Aussig

Ústí nad Labem stieg im 19. Jh. durch den Braunkohleabbau zu einem der größten böhmischen Industriezentren auf und im 20. Jh. zu einer der hässlichsten tschechischen Städte ab. Rauchende Schlote der Chemiewerke prägen die Silhouette der unübersichtlichen 93.500-Einwohner-Stadt an der Elbe. Ústís altes Zentrum wurde im Zweiten Weltkrieg von den Alliierten zerbombt und danach mit realsozialistischen Standardbauten „verziert“. Heute versucht man, zu retten, was noch zu retten ist. Mit jedem neu gestrichenen oder abgerissenen Gebäude wird die Stadt in kleinen Schritten netter.

Wer einen Stopp am zweitgrößten Elbhafen nach Hamburg einlegen will, folgt den „Centrum“-Schildern bis zum tristen Hauptplatz, dem Mírové náměstí. Man erkennt ihn an einem riesigen Betonklotz, dem einstigen Sitz der Kommunistischen Partei. Südlich davon ragen zwei Kirchen in den Himmel. Die mit dem kupfergrünen, spitzen Turm ist die gotische **Erzdekanatskirche Mariä Himmelfahrt** (Kostel Nanebevzetí Panny Marie). Im Zweiten Weltkrieg schlug in ihrer Nähe eine Bombe ein, seitdem neigt sich ihr Turm um annähernd 2 m zur Seite. Die barocke **St.-Adalbert-Kirche** (Kostel sv. Vojtěch) stammt in ihrer heutigen Form aus dem Jahr 1731 und dient als Ausstellungsort.

Westlich des Hauptplatzes, an der Masarykova, liegt das Neorenaissancegebäude des **Stadtmuseums** (Městské Muzeum). Seit Langem ist dort eine Ausstellung zur Geschichte der Deutschen in den Böhmischen Ländern in Planung. Bislang widmet sich immerhin manch temporäre Exposition dem deutschböhmischen Kulturerbe und damit einem Thema, das lange Zeit in Tschechien tabu war.

Über der Stadt thront auf dem gleichnamigen Gipfel (205 m) das Ende des 19. Jh. vom Aussiger Bergverein erbaute romantische Restaurant- und Ausflugsschlösschen **Větruše** (Ferdinandshöhe) – tolle Aussicht auf Burg Střekov! Vom zentralen Shoppingcenter Forum an der Bílinská führt eine Seilbahn hinauf (ganzjährig 8–22 Uhr, 0,65 €/Fahrt).

### Werwölfe und das Massaker von Aussig

*Werwölfe* nannte sich eine weit verzweigte nationalsozialistische Terrorvereinigung, deren Mitglieder mit brutalsten Mitteln als Freischärler für das Deutsche Reich kämpften, und das sogar noch, als der NS-Staat längst besiegt war. In Böhmen schürten ihre grausamen Aktionen zusätzlichen Hass gegen alles Deutsche. Dem Konto der sudetendeutschen *Werwölfe* schrieb man lange Zeit auch die Sprengung eines Depots mit konfiszierten deutschen Waffen im Aussiger Ortsteil Krásné Březno (Schönpriesen) am 30. Juli 1945 zu. Halb Schönpriesen lag danach in Schutt und Asche, 14 Tschechen kamen ums Leben. Als Antwort darauf folgte ein Massaker an den deutschen Einwohnern Aussigs. Wie viele Frauen, Kinder und Männer gelyncht und in die Elbe geworfen wurden, ist umstritten. Tschechische Quellen sprechen von höchstens 80–100 Opfern, deutsche Quellen von bis zu 2000. Das Massaker verübten tschechische „Revolutionsgardisten", die mit dem Zug aus Prag gekommen waren – es waren also nicht, wie später behauptet wurde, die Tschechen Aussigs. Im Gegenteil, die Tschechen Aussigs, die zu jener Zeit nur ein Fünftel der Einwohner ausmachten, hatten vielfach ihre deutschen Nachbarn davor gewarnt, auf die Straße zu gehen und die weiße Armbinde zu tragen, die damals jeder Deutsche anlegen musste.

Heute gehen Historiker davon aus, dass der Sabotageakt von der Prager Führung unter Beneš angeordnet wurde. Der Terrorakt sollte am vorletzten Tag der Potsdamer Konferenz als weiterer Beweis dafür dienen, dass ein Zusammenleben zwischen Tschechen und Deutschen unmöglich sei. Beneš, der, wie viele seiner Äußerungen belegen, antideutsch eingestellt und davon besessen war, die deutsche Frage in Böhmen und Mähren ein für allemal zu klären, fürchtete, dass die Vertreibungspolitik ins Stocken geraten oder gar verhindert werden könnte. Denn selbst Stalin hatte Beneš noch im Juni des Jahres um Geduld gebeten, da die Sowjets gar nicht mehr wussten, wohin mit den bis dato schon 400.000 Vertriebenen in ihrer Besatzungszone.

Nordböhmen → Karte S. 236/237

**Information** **Informační středisko**, Mírové nám. 1/1 (im Zentrum), ✆ 475271700, www.usti-nad-labem.cz. Mai–Sept. tägl. 8–17 Uhr, Okt.–April Mo–Fr 9–17, Sa 9–12 Uhr.

**Verbindungen** Hauptbahnhof im Osten des Zentrums an der Elbe, Westbahnhof (Ústí nad Labem západ) südwestlich des Zentrums in Laufnähe, Busbahnhof südlich des Zentrums, ebenfalls in Laufnähe.

**Züge** vom Hauptbahnhof regelmäßig nach Děčín, über Teplice und Most nach Chomutov sowie nach Prag. Vom Westbahnhof regelmäßig über Litoměřice nach Mělník. Gute bis sehr gute **Busverbindungen** mit allen größeren nord- und westböhmischen Städten, mit Prag, Dresden und Berlin.

**Übernachten/Essen** **** **Clarion Congress Hotel**, wie der Name schon sagt, v. a. Businesspublikum, Bügeleisen und -brett daher auf jedem der 83 Zimmer. Hell möbliert, Restaurant, Tiefgarage (7 €/Tag). DZ 133 €, fragen Sie nach den Tagespreisen! Špitálské nám. (600 m nordwestlich des Hauptplatzes), PLZ 40001, ✆ 270004200, www.clarioncongresshotelustinadlabem.com.

**** **Hotel Větruše**, über der Stadt in schöner Lage, 2012 eröffnet. 40 Zimmer, schicke Einrichtung, Wellness- und Fitness-Angebot, Restaurant mit schönem Blick und Küche in gehobener Preisklasse. EZ 54 €, DZ 62 €, inkl. Parken. Fibichova 392/25, PLZ 40001, ✆ 474620330, www.hotelveltruse.cz.

**Pension Duel**, einfache, saubere Pension in Laufnähe zum Zentrum. Zimmer nett restauriert. Freundliches Personal. DZ 31–40 €, Frühstück 3 € extra, videoüberwachter Parkplatz 1,80 €/Tag. Moskevská 30, PLZ 40001, ✆ 475210640, www.pensionduel.cz.

››› **Unser Tipp:** **Pivovar na Rychtě**, Hausbrauerei mit lecker-süffigem dunklem und hellem Bier. Probieren Sie mal das *Brusinka* mit Preiselbeeraroma! Terrasse. Auf der Karte die übliche böhmische Küche. Die Brauerei betreibt auch ein Hotel mit 15 sehr hübschen Parkettboden-Zimmern (EZ 37 €, DZ 60 €). Klášterní 75/9 (nahe dem Hauptplatz), PLZ 40001, ✆ 475213138, www.pivovarnarychte.cz. ‹‹‹

**Restaurace Pivovarská Šenkovna**, dem Namen nach eine Bierschenke, in Wirklichkeit ein nettes Lokal, angeblich das älteste in der Stadt! Verwinkelter Innenraum mit ruhigen Ecken. Außenbestuhlung an der lauten Straße. Günstiger Mittagstisch, abends das typische Kurzgebratene, Hg 8–14 €. Zentral an der Velká Hradební 235/20, ✆ 475216015.

# Umgebung von Ústí nad Labem

**Hrad Střekov (Burg Schreckenstein):** Die Burg thront 2 km südlich von Ústí auf einem 85 m hohen, fast senkrecht abfallenden Felsen über dem rechten Elbufer – Loreley lässt grüßen! Gegründet wurde die Festung um 1318 zur Sicherung der Landesgrenzen, später kontrollierte man von hier aus die Schifffahrt auf der Elbe. Im 18. Jh. verödete die Burganlage, erst die Romantiker entdeckten sie im 19. Jh. wieder. Goethe bezeichnete sie als eine der schönsten Burgen Europas, und Richard Wagner soll hier in einer Vollmondnacht zur Komposition seines *Tannhäuser* inspiriert worden sein. Unter den Lobkowicz, denen die Burg bis 1945 gehörte und seit der Samtenen Revolution wieder gehört, wurden erste Restaurierungsarbeiten eingeleitet. Heute ist die Burg ein beliebtes Ausflugsziel mit zwei Restaurants (s. u.). Die Besichtigung der historischen Burgräume ist nicht allzu spannend, obwohl zuletzt der Rittersaal zugänglich gemacht wurde. Auch bietet der Blick von der Aussichtsterrasse keine Spur von Romantik mehr, Industrialfans sollten aber den Marker zücken.

**Anfahrt/Verbindungen** Im Zentrum Ústís Richtung Litoměřice halten, dann ausgeschildert. **Stadtbus Nr.17** (ab Hauptbahnhof) fährt am Burgfels vorbei, von der Haltestelle Pod Hradem sind es ca. 400 m steil bergauf.

**Öffnungszeiten** April u. Okt. nur Sa/So 9.30–16 Uhr, Mai u. Sept. tägl. (außer Mo) 9.30–17 Uhr, Juni–Aug. tägl. (außer Mo) 9.30–18 Uhr. Eintritt mit dt. Text 2,70 €, erm. 2 €. Die Aussichtsterrasse ist kostenlos.

**Essen & Trinken** Das **Wágnerka** (März–Okt.) hat eine wunderbare Aussichtsterrasse und das überaus süffige *Lobkowicz*-Bier im Ausschank. ✆ 776544564 (mobil).

Das **Kovárna**, ein edles, teilweise in den Fels gehauenes Lokal am Eingang zum Gelände, hat die besseren Köche und schöne Gewölbe. Kosten Sie die Kaninchenfilets oder den „Klosterrostbraten". Reichhaltige Weinkarte. Hg. 6–13 €. ✆ 475531644.

**Velké Březno (Großpriesen)**: 10 km östlich von Ústí nad Labem liegt Velké Březno, ein Ort mit vielen alten Villen. Die größte davon (am westlichen Ortseingang, südlich der Bahngleise und der Elbe; mit „Zámek" ausgeschildert) hat den Sprung zum *Schloss* geschafft. Es wurde als einer der letzten Feudalbauten Böhmens im Empirestil zwischen 1842 und 1845 für Karel Graf Chotek errichtet. Ein halbes Jahrhundert später folgte der Umbau im Stil der Neorenaissance. Das Innere entführt den Besucher in das ländliche Leben der Adeligen an der Wende vom 19. zum 20. Jh. Die Räume sind noch mit dem Originalmobiliar ausgestattet, so die Bibliothek, der Speisesaal mit üppig geschnitzter Täfelung und der Große Saal mit reicher Stuckdekoration und Kamin. Den Grafen Chotek ist übrigens auch die 1853 gegründete *Brauerei Březňák* gleich in der Nähe zu verdanken. Deren 10- und 12-gradige Biere gehören zu den beliebtesten der Region.

**Verbindungen** Stündl. **Züge** nach Ústí nad Labem und Děčín. Zudem regelmäßig **Busse** nach Ústí.

**Öffnungszeiten** **Schloss**, April u. Okt. nur Sa/So 10–16 Uhr, Mai–Sept. tägl. (außer Mo) 9–18 Uhr. Je nach Tour 1,90–3,30 €. www.zamek-vbrezno.cz.

**Zubrnice (Saubernitz)**: Das Dorf am Fuße des Buková hora kuschelt sich 6 km südöstlich von Velké Březno in die Hügellandschaft des Böhmischen Mittelgebirges (České středohoří). Mit dem *Museum der ländlichen Architektur* (Muzeum lídové architektury) besitzt es ein ansprechendes Freilichtmuseum. Ein Teil der schönen alten Gebäude steht an den Originalplätzen, andere wurden aus den Dörfern der Umgebung nach Zubrnice transferiert. Bislang gibt es u. a. einen Dorfladen aus dem 19. Jh., eine ursprünglich gotische Dorfkirche, zwei kleine Mühlen mit Mühlrad, ein bäuerliches Fachwerkhaus und eine Dorfschule. Weitere Bauten sollen folgen. Hinter dem kleinen *Eisenbahnmuseum* (Malé Železníční muzeum) nahebei verbirgt sich bislang noch nicht viel mehr als ein wenig spektakulärer Zugschrottplatz. An Samstagen im Juli und August ist so manche historische Lok wieder in Betrieb.

**Verbindungen** Regelmäßige **Busverbindungen** nach Velké Březno, bis zu 4-mal tägl. nach Úštěk.

**Öffnungszeiten** **Museum der ländlichen Architektur**, April u. Okt. nur Sa/So 10–16 Uhr, Mai–Sept. tägl. (außer Mo) 9–18 Uhr. 2,90 €, erm. 1,40 €. www.zubrnice.cz. **Eisenbahnmuseum**, April–Juni u. Sept./Okt. nur Sa/So 10–17 Uhr, Juli/Aug. tägl. (außer Mo) 10–17 Uhr. 1,50 €, erm. 1 €. www.zubrnickazeleznice.cz.

## Úštěk

Auscha

Das 2800-Einwohner-Städtchen 16 km nordöstlich von Litoměřice ist ein charmanter, liebenswert-zurückgebliebener Ort. Er entstand im Mittelalter um eine heute kaum mehr erhaltene Burg auf einem Felsvorsprung. Der lang gezogene Marktplatz ist bestückt mit hübschen Giebelhäusern (Gotik und Renaissance),

In den Gassen von Úštěk

Nordböhmen → Karte S. 236/237

an seiner breitesten Stelle steht die barocke **Pfarrkirche St. Peter und Paul** aus der zweiten Hälfte des 18. Jh. Der schmucke Marktplatz war immer wieder Kulisse für tschechische Filme, darunter den oscarprämierten Streifen *Kolya*. Westlich des Marktplatzes kann man der kleinen **Synagoge** einen Besuch abstatten. Sie bildete einst das Zentrum des Auschaer Judenviertels, wurde in den 1990er-Jahren aufwendig restauriert und wird heute für wechselnde Ausstellungen genutzt (April–Okt. tägl. außer Sa 10–17 Uhr, www.synagoga-ustek.cz).

**Verbindungen** **Bus** regelmäßig über Velké Březno nach Ústí nad Labem, bis zu 5-mal tägl. nach Litoměřice. Die Busse halten am Marktplatz. **Züge** alle 2 Std. nach Česká Lípa, regelmäßig nach Litoměřice.

**Camping** **ATC Chmelař**, schattiger, weitläufiger, aber nicht sehr gepflegter Platz am gleichnamigen Badesee (Sandstrände!). Überwiegend tschechische Gäste mit Zelten. Restaurant. Auch günstige Chatas. Mai–Sept. 2 Pers. mit Zelt u. Auto 6,50 €, 2-Pers.-Chata ab 9 €. Levínská 3, 41145 (an der Straße nach Ústí nad Labem, von dort ausgeschildert), PLZ 41145, ✆ 416795429, www.kempustek.cz.

Weiter nach Westen? Informationen zu **Česká Lípa** bekommen Sie ab S. 262, zum **Mácha-See** ab S. 260.

## Zámek Ploskovice

Schloss Ploschkowitz

Das schöne **Schloss** liegt im Zentrum des gleichnamigen Ortes 6 km nordöstlich von Litoměřice. Errichtet wurde es zwischen 1720 und 1730 im hochbarocken Stil für Großherzogin Anna Maria Franziska, Baumeister war vermutlich Kilian Ignaz Dientzenhofer. Besonderheiten sind die zwei vom Haupttrakt abgehenden Arkadengalerien und die künstliche, mit Wassergottheiten verzierte Grotte im Souterrain. Ab 1849 nutzte der als „gutmütiger Depp“ bekannte 1848 abgetretene Habsburgerkaiser Ferdinand I. (1835–48) Schloss Ploschkowitz als Sommerresidenz. Er ließ es aufstocken und engagierte den Biedermeiermaler Josef Navrátil zur Ausgestaltung der Wände und Decken. Ab 1918 diente das Schloss als Sommersitz des Außenministeriums, während des Protektorats richteten die Nazis darin eine Schulungsstätte ein. Heute ist das Schloss Staatsbesitz. Im Inneren bekommt man u. a. ein paar schöne Möbelstücke aus dem 19. Jh. zu Gesicht, frivole, vergnüglich anzusehende Stuckarbeiten, Porzellan und eine Glassammlung aus Nový Bor (→ S. 263).

**Verbindungen** **Busse** regelmäßig von und nach Litoměřice, der Bus hält vorm Schloss.

**Öffnungszeiten** April Sa/So 10–17 Uhr, Mai u. Sept. tägl. (außer Mo) 9–17 Uhr, Juni–Aug. tägl. (außer Mo) 9–18 Uhr, Okt. Sa/So 9–16 Uhr. 3,30 €, erm. 2,50 €, Grotte 0,70 € extra. www.zamek-ploskovice.cz.

## Litoměřice

Leitmeritz

**Litoměřice ist ein nordböhmisches Kleinod an der Mündung der Eger in die Elbe. Nicht nur Kirchenfans kommen in der Bistumsstadt auf ihre Kosten.**

Die ruhig-beschauliche 24.100-Einwohner-Stadt liegt inmitten des Böhmischen Mittelgebirges (České středohoří), einer überaus fruchtbaren Region, die auch „Garten Böhmens“ genannt wird: Obstbäume prägen die Gegend, auch Wein wird angebaut. Die meisten Touristen besuchen Litoměřice in Verbindung mit dem nahen Theresienstadt. Besichtigen Sie das Ghetto am besten im Anschluss, ansonsten ist Ihre Stimmung zu getrübt, um Freude an einem Spaziergang durch das reizvolle Litoměřice zu haben. Zentrum der denkmalgeschützten Altstadt ist der kopfsteingepflasterte, restlos unverschandelte Mírové náměstí, der „Friedensplatz". Er gehört zu den größten und schönsten Plätzen Böhmens. Ihn säumen prächtige Laubenhäuser im Stil der Gotik und der Renaissance. Drum herum gibt es ein Labyrinth an geschäftigen oder verwunschen-einsamen Gassen zu entdecken.

**Geschichte**: Im 8. und 9. Jh. siedelten auf dem Domhügel die *Ludomericen*, ein slawischer Stamm, auf den der Stadtname zurückzuführen ist. Im 12. Jh. folgte die Besiedlung durch deutschsprachige Kolonisten. Bereits 1227 erhielt Leitmeritz die Stadtrechte und entwickelte sich zu einer florierenden Handelsstadt mit eigener Münze. Nach einem großen Brand im Jahr 1537 wurde die Stadt im Renaissancestil umgebaut, das Ergebnis beeindruckt bis heute. Tod und Verwüstung brachte dann der Dreißigjährige Krieg: Die Einwohnerzahl sank von 6000 auf 600, nur die Hälfte der Häuser blieb stehen. Mit der Errichtung des Bistums 1655 kam neben neuem Wohlstand der Barock in die Stadt. Haus- und Hofbaumeister des Klerus wurde der Italiener Octavio Broggio (1670–1742), kaum ein repräsentatives Gebäude, an dem er nicht mitwirkte. Von 1810 bis zu seinem Tod 1836 lebte mit Karel Hynek Mácha *der* tschechische Romantiker schlechthin in Litoměřice. Als bedeutendstes Werk Máchas gilt das Versepos *Máj*, eine Hommage an den Frühling und die Verliebten. 1877 wurde der expressionistische Zeichner und Schriftsteller Alfred Kubin (gest. 1959) in Leitmeritz geboren. Mitte des 20. Jh. endete die Zweisprachigkeit, mehr als die Hälfte der Einwohner wurde vertrieben. Heute hat das unverfälscht-provinzielle Litoměřice mit dem hessischen Fulda eine passende Partnerstadt gefunden.

Nordböhmen → Karte S. 236/237

**Orientierung**: Alle wichtigen Sehenswürdigkeiten befinden sich am oder um den Marktplatz sowie am Domhügel südwestlich davon und sind spielend zu Fuß abzuspazieren. Gen Osten führt die *Einkaufsstraße Dlouhá* Richtung Stadtbahnhof und Busbahnhof. Um nach Terezín (3 km) zu gelangen, folgt man der *Mezíbraní* über die Elbe stadtauswärts.

## Basis-Infos

→ Karte S. 283

**Information** **Centrum cestovního ruchu Litoměřice**, Mirové nám. 16/8a, ✆ 416732440, www.litomerice-info.cz. Im Sommer tägl. 9–18 Uhr, im Winter verkürzt und So geschl.

**Verbindungen** Es gibt 2 Bahnhöfe, den Horní nádraží ca. 800 m nördlich des Zentrums und den Stadtbahnhof (Litoměřice-město) ca. 450 m südöstlich des Zentrums, wo sich auch der Busbahnhof befindet.

Gute bis sehr gute **Busverbindungen** nach Terezín und in alle größeren Städte Nord- und Mittelböhmens sowie nach Prag (Busbahnhof Nádraží Holešovice, Ⓜ C).

**Züge** vom Horní nádraží alle 2 Std. über Úštěk nach Česká Lípa, vom Stadtbahnhof regelmäßig nach Ústí nad Labem und über Liběchov nach Mělník.

**Ausflugsschiffe** Verkehren u. a. zwischen Litoměřice und Ústí nad Labem (3:30 Std., 9 €) in den Sommermonaten tägl. www.labskaplavebni.cz.

**Ärztliche Versorgung** **Krankenhaus** an der Žitenická 1365. ✆ 416723111, www.nemocnice-lt.cz.

**Einkaufen** **Vinotéka Podlipný** **5**, internationale Weine und Tröpfchen aus der Region, z. B. aus Velké Žernoseky (ca. 2 km westlich) oder Roudnice nad Labem (→ S. 287). Okružní/Ecke 5. května.

**Klášterní vinné sklepy** **7**, Weinkeller im

ehemaligen Dominikanerkloster mit angeschlossenem Weinverkauf (nur Mo/Mi/Fr 8–14 Uhr). Den Wein kann man auch auf der Burg (→ Sehenswertes) erstehen. Velká Dominikánská 11.

**Dílna Ruční Papír 9**, Einladungskarten, Briefpapier, Bücher – hier wird Papier nach traditionellen Methoden per Hand hergestellt. Wer mag, kann sein eigenes Papier produzieren. Mit Galerie. Nur Mo/Do 10–17 Uhr, klingeln. Velká Dominikánská 33.

**Parken** Kostenpflichtige Parkplätze am Mírové nám. und bei der Brauerei.

**Veranstaltungen** **Vinobraní**, das örtliche Weinlesefest, findet stets Ende Sept. statt. www.vinobranilitomerice.cz.

## Übernachten/Camping

**** **Hotel Salva Guarda 12**, 16 gediegene, leicht altbackene Zimmer und 4 Apartments in einem Renaissancehaus am Marktplatz. Restaurant mit Gewölbedecke. Bewachte Parkplätze (2 €/Tag), Radverleih. EZ 43 €, DZ ab 63 €, Frühstück 5 € extra. Mírové nám. 12, PLZ 41201, ✆ 416732506, www.salvaguarda.cz.

*** **Hotel Apollón 6**, 12 etwas sterile Zimmer mit Standardmobiliar und Teppichböden. Sichere kostenlose Parkplätze. EZ 40 €, DZ 51 €. Na Valech 2094, PLZ 41201, ✆ 416531450, www.apollonhotel.cz.

*** **Hotel Roosevelt 3**, ruhig gelegen und in einer netten Villa untergebracht. Die 32 Zimmer sind mit eher billig-schickem Mobiliar versehen. Restaurant, abgeschlossene Parkplätze, Fahrradraum, Sauna. EZ 32 €, DZ 50–65 €. Rooseveltova 18, PLZ 41201, ✆ 416733595, www.hotelroosevelt.cz.

**Pension U Svatého Václava 8**, sehr gepflegte Unterkunft in einem altehrwürdigen Gebäude in ruhiger Lage bei der St.-Wenzels-Kirche. 5 sehr saubere Zimmer, alle mit Bad. Kleiner Garten, Bierkeller. Kostenloser Parkplatz. EZ 29 €, DZ 44 €. Svatováclavská 12, PLZ 41201, ✆ 416737500, www.usvatehovaclava.com.

**Hostel U Sv. Štěpána 2**, Hostel (eher Billighotel) in einer ehem. katholischen Schule. Zum Teil recht freundliche Zimmer, jedoch einfache Ausstattung. 2 Zimmerkategorien, die besseren mit Bad. Super Preis-Leistungs-Verhältnis: EZ ab 11 €, DZ ab 22 €, das Frühstück (2,40 € extra) kann man sich sparen. Komenského 4, PLZ 41201, ✆ 416732077, www.inprincipio.cz.

**Camping** **Autocamp Slavoj 13**, kleiner, enger Wiesenplatz am Elbufer, extrem populär bei Holländern und Dänen. Nahe dem Stadtbahnhof (Zugverkehr auch in der Nacht – laut!) und damit in Laufnähe zum Zentrum. Saubere Sanitäranlagen. Nebenan Tennisplätze. Restaurant. Mai–Sept. 2 Pers. mit Zelt u. Auto 10 €, Hütte für 2 Pers. 17 €. Střelecký ostrov, PLZ 41201, ✆ 416734481, www.autokempslavojlitomerice.w1.cz.

## Essen & Trinken

**Radniční sklípek 10**, kleines, dunkel-uriges Weinlokal in den Kellergeschossen des Rathauses. Verwinkelt und eng – Kopf einziehen! Wenn voll, wegen fehlender Klimaanlage recht stickig. Im Sommer tischt man draußen auf dem Marktplatz auf. Gulasch, Ente oder Wildschweinschnitzel, dazu mährische Weine, Hg. ab 6 €. Mírové nám. 21/13, ✆ 416731142.

**Hostinec U Kata 1**, beliebtes Kneipenrestaurant in einem alten Fachwerkhaus. An sich idyllische Terrasse, denkt man sich die Plattenbauten drum herum weg. Grundehrliche böhmische Küche ohne Schnörkel, sehr günstig. Husova 869/12, ✆ 606871285 (mobil).

**Original pivnice Budvarka 4**, typische Gewölbekneipe, deren Atmosphäre leider von Plasmabildschirmen gestört wird. Gezapft wird, wie der Name schon sagt, bis zu 16-gradiges Budweiser, dazu wird das Übliche serviert. Sehr lecker schmeckt hier der *Hermelín*. Lidická 58/13, ✆ 416533533.

**Café Espresso 11**, nettes Café zum Frühstücken. Günstige Preise. Die Pfannkuchen sind Glückssache, der Kaffee ist dafür gut. Tische draußen unter den Arkaden. Mírové nám./Ecke Dlouhá.

## Sehenswertes

**Stará radnice/Oblastní muzeum (Altes Rathaus/Regionalmuseum)**: Das Alte Rathaus an der Ostseite des Mírové náměstí ist das älteste Renaissancegebäude im Zentrum (1537–39). Auf seinem linken Strebepfeiler hat es sich eine *Rolandstatue* bequem gemacht, ein Symbol des Stapelrechts, sprich des Rechts, vorbeireisende Händler zu zwingen, ihre Waren für eine bestimmte Zeit in der Stadt feilzubieten. Darunter sieht man die *böhmische Elle,* anhand derer man betrügerische Tuchhändler überführen konnte. Im Gebäude befindet sich heute das *Regionalmuseum,* das die Stadtgeschichte – wie die meisten Regionalmuseen des Landes – nur bis

1945 nachzeichnet. Stolz ist man auf ein Stadtmodell aus dem Jahr 1700 und die gotische Glocke des Leitmeritzer Rathauses.

Adresse/Öffnungszeiten: **Museum**, Mírové nám. 171. Tägl. (außer Mo) 10–17 Uhr. 1 €, erm. die Hälfte. www.muzeumlitomerice.cz.

**Kostel Všech svatých a Kostel Zvěstování P. Marie (Stadtkirche Allerheiligen und Mariä-Verkündigungs-Kirche)**: Die 1235 erstmals erwähnte Allerheiligenkirche mit dem auffälligen dreiteiligen Zeltdach steht gegenüber dem Alten Rathaus an der Dlouhá. Einst war sie in die Stadtbefestigung integriert. Ihre umfangreiche Barockisierung erfolgte 1717–29 durch Octavio Broggio, der hier auch begraben ist. Im Inneren sollte man dem wertvollen Tafelgemälde *Christus auf dem Ölberg* (um 1500) des sog. *Meisters des Leitmeritzer Altars* Beachtung schenken. Der nebenstehende Turm ist leider nicht zugänglich. Nur ein paar Schritte südlich der Stadtkirche steht an der Jezuitská die Mariä-Verkündigungs-Kirche. Sie wurde 1731 ebenfalls nach Plänen von Octavio Broggio erbaut. Durch einen gedeckten Gang ist sie mit dem einstigen Jesuitenkolleg verbunden. Nach der Auflösung des Ordens 1773 diente sie einer Brauerei als Lagerraum. Heute ist sie nur zu Ausstellungen geöffnet.

**Dům U Kalicha (Haus zum Kelch)**: Das 1560–70 errichtete Gebäude besitzt einen ungewöhnlichen, kelchförmigen Turm, heute ein Aussichtsturm. Er erinnert an die hussitische Tradition der Kelchkommunion. Im Gebäude sind das Stadtamt und die Touristeninformation untergebracht.

Adresse/Öffnungszeiten: Mírové nám. 15/7. April–Okt. zu den Öffnungszeiten der Touristeninformation zugänglich. 1,40 €.

**Radniční sklípek (Rathauskeller)**: Die historischen Keller der Häuser am Marktplatz sind durch ein System weit verzweigter Gänge miteinander verbunden, die Gesamtlänge beträgt über 3 km. Vom Restaurant Radniční sklípek (→ Essen & Trinken) kann man in die Leitmeritzer Unterwelt absteigen und die Gänge auf 366 m begehen. Achten Sie auf das Hinweisschild am Eingang: „Auch Vorsicht auf den Kopf, überall sind die niedrige Decke. Wenn wir durch Alkohol gestärkt werden, haben wir die Probleme mit der Beherrschung unseres Körpers und kann man passieren, dass wir uns einfach die Beule nach Hause bringen."

Adresse/Öffnungszeiten: Mírové nám. 21/13. Im Restaurant fragen. 1,50 €, erm. die Hälfte.

**Diecézní muzeum a Severočeská galerie výtvarného umění (Diözesanmuseum und Nordböhmische Galerie der bildenden Künste)**: Das Museum beherbergt Kunstwerke aus den Sammlungen des Leitmeritzer Bistums, darunter auch romanische Plastiken. Glanzstücke sind die Gemälde *Hl. Antonius* und *Madonna mit Halsband* von Lucas Cranach d. Ä. (1472–1553), dazu das Tafelbild *Madonna im geschlossenen Garten*, das dem *Meister der tiburtinischen Sibylle* zugeschrieben und auf das Jahr 1494 datiert wird. Nur ein paar Schritte weiter empfängt die modern konzipierte Nordböhmische Galerie der bildenden Künste ihre Besucher. Die Dauerausstellung befasst sich mit der Kunst des 14. bis 20. Jh. Die wechselnden Ausstellungen zeitgenössischer Künstler sind teilweise recht spannend.

**Diözesanmuseum**, Mírové nám. 24.; April–Sept. tägl. (außer Mo) 9–12 u. 13–18 Uhr, Okt.–März tägl. (außer Mo) bis 17 Uhr. 1,80 €, erm. die Hälfte. **Galerie der bildenden Künste**, Michalská 7. Gleiche Öffnungszeiten und gleicher Eintritt. www.galerie-ltm.cz.

**Katedrála sv. Štěpána a Kostel sv. Václav (St.-Stephans-Dom und St.-Wenzels-Kirche)**: Der Domhügel war schon in keltischer Zeit besiedelt, im 11. Jh. stand hier bereits eine romanische Basilika. Der heutige, einschiffige Dombau im frühbarocken Stil wurde 1681 geweiht, Baumeister war wahrscheinlich Domenico Orsi. Ein Glockenturm war nicht geplant, der Turm (begehbar Mai u. Okt. je nach Wetterlage, Juni–Sept. tägl. 10–17 Uhr, 1,80 €, erm. die Hälfte) kam erst im späten 19. Jh. hinzu. Man verband ihn durch eine brückenartige Arkade mit dem Dom. Dessen schwarz-goldenes Interieur kann man leider nur zu Messen bewundern, ausgeschmückt ist es u. a. mit Gemälden des Barockmeisters Karel Škréta.

Die hellblau-apricotfarbene St.-Wenzels-Kirche am Václavské náměstí nördlich des Domplatzes wurde aus Dank für das Ausbleiben der Pest zwischen 1714 und 1716 nach Plänen von Octavio Broggio errichtet. Heute trifft sich hier die kleine orthodoxe Gemeinde Litoměřices. Auch diese Kirche ist nur zu Messen geöffnet. Ab 2015 soll sie wegen Renovierungsarbeiten längere Zeit ganz geschlossen werden.

**Hrad Litoměřice (Burg)**: Die Burg am Rande der Altstadt hat gotische Wurzeln, diente im 18. Jh. als städtisches Brauhaus und beherbergt seit ihrem letzten Umbau (2009–2011) ein Kulturzentrum mit Konferenzräumen und einer interaktiven Ausstellung zum Thema *Weinanbau in Tschechien* (Expozice Českého Vinářství). Auch kann man sich in der Burg mit den hiesigen Tröpfchen eindecken oder im Burgrestaurant damit anstoßen.

**Adresse/Öffnungszeiten**: Tyršovo nám. **Weinausstellung**, tägl. 9–17 Uhr. 1,90 €, erm. die Hälfte. www.hradlitomerice.cz.

Weiter **nach Teplice?** Auf dem Weg über die E 55 passieren Sie den **Milešovka**, den mit 837 m höchsten Berg des Böhmischen Mittelgebirges. Glaubt man Alexander von Humboldt, genießt man von oben den „drittschönsten Blick der Welt".

Nordböhmen → Karte S. 236/237

## Terezín

Theresienstadt

**Durch die Nazis wurde die Festung Theresienstadt zu einem Symbol für Deportation und Barbarei. An das Leben im Ghetto erinnern heute mehrere Museen. Ein Besuch hinterlässt unvergessliche schmerzliche Eindrücke.**

Die Festungsstadt Terezín – benannt nach der österreichischen Kaiserin Maria Theresia – wurde Ende des 18. Jh. von den Habsburgern zur Verteidigung der nördlichen Grenze gegen die Preußen gebaut. Sie besteht aus einer **Großen Festung** (Hlavní pevnost) und einer etwa einen Kilometer weiter südlich gelegenen **Kleinen Festung** (Malá pevnost). Die Große Festung hat die Form eines länglichen Oktogons mit acht Bastionen und vier Toren. Die Stadt in ihrem Inneren hat eine Fläche von 700 x 500 m und ist schachbrettförmig angelegt. Die klassizistischen Häuserblocks beherbergten einst Kasernen und Wohnungen für 15.000 Menschen, Waffenarsenale, Spitale usw. In der Mitte, vor der Empirekirche, befand sich der Exerzierplatz. Beim Preußisch-Österreichischen Krieg 1866 lagen die Schlachtfelder jedoch weiter östlich, und so erlebte die modernste Festungsanlage ihrer Zeit nie den Ernstfall. 1886 wurde die Garnisonsstadt aufgelöst und die Kleine Festung in ein Staatsgefängnis umgebaut. Im Ersten Weltkrieg diente Theresienstadt als Kriegsgefangenenlager.

Im Oktober 1941 entschieden sich die Nazis für die Einrichtung eines Ghettos in der Großen Festung. Geplant war, vorzugsweise Juden aus dem sog. Protektorat

Böhmen und Mähren, deutsch-jüdische Soldaten des Ersten Weltkriegs und jüdische Prominente aus anderen europäischen Ländern nach Theresienstadt zu deportieren. Man gewährte ihnen eine Art Selbstverwaltung, es gab Schulen, Theater- und Opernaufführungen. Aber schon ab Juni 1942 entwickelte sich Theresienstadt zu einem Sammel- und Durchgangslager auf dem Weg in die osteuropäischen Vernichtungslager. Zu den Deportierten zählten nun auch Juden aus Holland, Ungarn und Dänemark. Die Zahl der Gefangenen stieg rapide an, und die Lebensverhältnisse verschlechterten sich drastisch. Dort, wo in Vor-Ghetto-Zeiten gerade mal etwa 7000 Menschen gelebt hatten, fristeten nun zeitweise bis zu 60.000 Inhaftierte ihr Dasein.

Im Jahr 1944 nutzten die Nazis Theresienstadt dann für einen großen Propagandacoup: Am 23. Juni öffneten sie einer Delegation des Internationalen Roten Kreuzes die Ghetto-Tore und kamen damit vordergründig den schon lange erhobenen Forderungen nach einer von unabhängiger Seite durchzuführenden Inspektion der deutschen Konzentrationslager nach. Was der Delegation präsentiert wurde, war aber nichts weiter als eine von langer Hand vorbereitete Inszenierung, denn die Nazis hatten schon ab Ende 1943 Verschönerungsaktionen angeordnet, die Theresienstadt in eine Art „Musterghetto“ verwandeln sollten. Und so fuhr die Delegation fast zwangsläufig mit einem positiven Bericht im Gepäck nach Hause, denn sie hatte eine kurortähnliche Anlage mit Parks, Musikpavillons, einem „Gesellschaftshaus“ und einer Gebetsstube vorgefunden. Dass für die Propagandaaktion viele Kranke und unterernährte Häftlinge, die das Bild der Sommerfrische getrübt hätten, vorher nach Auschwitz abtransportiert worden waren, konnten die Inspekteure nicht wissen. Kurz vor Kriegsende wurde Theresienstadt schließlich zu einem reinen Durchgangslager auf dem Weg nach Auschwitz. Bis Mai 1945 hatten etwa 150.000 Juden das Ghetto durchlaufen, davon starben 33.000 Menschen bereits vor Ort, 87.000 bestiegen die Züge in die todbringenden Vernichtungslager.

Heute wirkt die Stadt unheimlich und seelenlos, nur 2900 Einwohner leben noch hier. Hingegen sieht der Ort jährlich rund 200.000 Touristen, häufig sind es Israelis oder Amerikaner, die sich als Angehörige jüdischer Opfer Jahrzehnte nach dem Holocaust auf die Spurensuche nach ihren Vorfahren machen. Zwei hervorragende Museen konfrontieren auf erschütternde Weise mit dem dunkelsten Kapitel deutscher Vergangenheit. Das zentral am Hauptplatz gelegene **Ghetto-Museum** informiert über das Schicksal der Juden und die Lebensverhältnisse im Ghetto von 1941 bis 1945 – absolut sehenswert, nehmen Sie sich Zeit dafür. In der ehemaligen **Magdeburger Kaserne** (Magdeburská kasárna, etwa 350 m südlich des Ghetto-Museums, ausgeschildert), einst Sitz der jüdischen Selbstverwaltung, widmet man sich dem kulturellen Leben im Ghetto: dem literarischen Schaffen, den Theateraufführungen, der Musik und der Bildenden Kunst. Zudem wurde hier eine Häftlingsunterkunft aus der Ghettozeit rekonstruiert. Des Weiteren verteilen sich über das Areal noch ein paar zusätzliche Expositionen: Im einstigen **Krematorium,** ca. 400 m außerhalb der Festungsmauern (ausgeschildert), befindet sich eine Ausstellung zum Thema „Tod im Ghetto“. Gezeigt werden Statistiken zu den Todesursachen, man sieht die alten Sektionsräume usw. Auf dem Weg dahin passiert man die **Zeremonienräume** und die **zentrale Leichenhalle** des Ghettos. Sie befinden sich inmitten des Festungswalls. Hier erinnert eine kleine Ausstellung an die Beisetzungszeremonien im Ghetto, zudem hat man Erde von all jenen Orten hierher gebracht, an denen die Deportierten ermordet wurden. Schräg gegenüber lag das **Kolumbarium.** Hier wurde die Asche der im Krematorium Verbrannten aufbewahrt. Als die Front jedoch näher rückte, kippte man die Urnen (rund 22.000) in die Eger

– keiner sollte von den Morden in Theresienstadt erfahren. Heute erinnern im Kolumbarium Gedenktafeln an das Grauen.

Besichtigen kann man auch die **Kleine Festung** (Malá pevnost), die die Prager Gestapo ab 1940 als Gefängnis für Oppositionelle nutzte. Etwa 32.000 Häftlinge wurden während des Krieges darin interniert. Die Gemeinschaftszellen waren mit bis zu 600 Mann belegt. Es wurde gefoltert und gemordet. Dazwischen, im sog. Herrenhaus, wohnten die Aufseher mit ihren Familien. Der zynische Nazi-Slogan „Arbeit macht frei" ist über einem Tor links nach dem Eingang noch zu sehen. Auf dem Friedhof vor dem Eingang liegen über 10.000 Menschen begraben.

**Verbindungen/Anfahrt** Terezín ist von Litoměřice mit dem **Bus** oder zu Fuß (3 km) zu erreichen. Zudem nahezu stündl. Busse von Prag/Holešovice (Ⓜ C) nach Terezín.

**Öffnungszeiten** **Ghetto-Museum und Magdeburger Kaserne**, April–Okt. tägl. 9–18 Uhr, sonst 9–17.30 Uhr. **Kleine Festung**, April–Okt. tägl. 8–18 Uhr, sonst 8–16.30 Uhr. **Jüdischer Friedhof und Krematorium**, Nov.–März tägl. (außer Sa) 10–16 Uhr, sonst tägl. (außer Sa) 10–18 Uhr. **Kolumbarium, Zeremonienräume und Zentrale Leichenhalle**, im Sommer tägl. 9–18 Uhr, im Winter 9–17 Uhr. Kombiticket für Ghetto-Museum, Magdeburger Kaserne und Kleine Festung 7,60 €, erm. 5,80 €, Fam. 15 €. Die übrigen Sehenswürdigkeiten dürfen kostenlos besichtigt werden.

Nordböhmen → Karte S. 236/237

## Weitere Ziele südlich von Litoměřice

**Doksany (Doxan)**: In dem ansonsten unscheinbaren Ort 15 km südlich von Litoměřice steht ein mächtiges, 1144 gegründetes Prämonstratenserinnenkloster. Zwischen 1710 und 1729 wurde es im Barockstil umgebaut, Octavio Broggio soll daran beteiligt gewesen sein. 1782 folgte im Zuge der josephinischen Reformen die Säkularisierung, in der zweiten Hälfte des 20. Jh. der Verfall des Klosters. Mittlerweile leben wieder sieben Nonnen auf dem morbid-charmanten Klosterareal, das hin und wieder auch als Filmkulisse dient. Bereits restauriert ist die *Kirche Mariä Geburt,* eine reich dekorierte dreischiffige Basilika. Barockmaler Peter Brandl war an der Ausschmückung des Hauptaltars beteiligt. Highlight ist jedoch die von 47 Säulen getragene romanische *Krypta* unter der Kirche. Im Kloster wurden 2012 übrigens sieben angeblich aus der Privatsammlung Adolf Hitlers stammende Bilder entdeckt, die über Umwege nach Doksany gelangten.

**Verbindungen** **Busse** regelmäßig nach Litoměřice und Terezín.

**Öffnungszeiten** **Kirche Mariä Geburt**, Besichtigungen April–Juni u. Sept./Okt. Sa 10.30–12.20 u. 12.50–16 Uhr sowie So 12–12.30 u. 13–16 Uhr, Juli/Aug. Di–Do 9.45–12.20 u. 12.50–16 Uhr, Sa ab 10.30 Uhr u. So ab 12 Uhr. Spende erbeten.

**Camping** **Autokemping Brozany**, 1,5 km südwestlich von Doksany nahe dem Dorf Brozany, vom Kloster ausgeschildert. Für seine 3 Sterne bietet der Platz außer sehr sauberen Sanitäranlagen eigentlich wenig. Chatavermietung, kleine Kneipe (nur in der HS) und ein Teich daneben. Die nahe Autobahn ist zu hören. April–Okt. 2 Pers. mit Zelt u. Auto 10 €, Bett in der Chata ab 6 €. Ke Kempu 372, PLZ 41181, ✆ 416861263, www.kempbrozany.cz.

**Roudnice nad Labem (Raudnitz an der Elbe)**: Das 12.900-Einwohner-Städtchen 21 km südöstlich von Litoměřice hat insgesamt wenig zu bieten, auch wenn es über ein paar ganz interessante historische Bauten verfügt. Dazu gehört das am abschüssigen, freundlichen Marktplatz gelegene auffällige rosa-weiße *Barockschloss,* einst Stammsitz der Herren von Lobkowicz, später Militärkonservatorium. Heute ist es wieder im Besitz der Lobkowicz. Bei einer Tour geht es u. a. in die Schlosskapelle, auch kann man Wein der schlosseigenen Winzerei erstehen.

Einen Besuch wert ist auch das 1333 gegründete *Augustinerkloster* nordöstlich des Zentrums an der Komenského.

**Verbindungen** **Busse** bis zu 8-mal tägl. nach Prag (Holešovice, Ⓜ C), regelmäßig nach Litoměřice und Mělník. **Züge** alle 2:30 Std. nach Děčín, regelmäßig nach Prag (Holešovice).

**Öffnungszeiten** **Schloss**, Führungen zu jeder vollen Std., von März–Mai tägl. (außer Mo) 10–14 Uhr, Juni–Okt. tägl. 10–16 Uhr. 2,50 €, erm. 1,80 €. www.lobkowicz.cz. **Kloster**, nur Juli/Aug. Mo–Fr 10–17 Uhr. 1,20 €, erm. die Hälfte.

**Říp (Georgsberg)**: 7 km südöstlich von Roudnice erhebt sich der Říp (456 m), der „Heilige Berg" der Tschechen. Der Legende nach kolonisierte Urvater Čech Anfang des 6. Jh. von hier aus das Land. Seit 1126 steht auf dem Berg eine dem Hl. Georg geweihte romanische Rotunde. Der Berg ist von Rovné ausgeschildert, die letzten Meter müssen zu Fuß zurückgelegt werden.

**Rotunde**, April u. Okt. Sa/So 9–16 Uhr, Mai u. Sept. tägl. (außer Mo) 9–17 Uhr, Juni–Aug. bis 19 Uhr. 1,80 €, erm. 1,10 €.

Weiter **Richtung Prag?** Informationen zu den Schlössern **Veltrusy** und **Nelahozeves** auf dem Weg dorthin bekommen Sie ab S. 128.

**Budyně nad Ohří (Budin an der Eger)**: Das geruhsame, große Dorf liegt ca. 25 km südlich von Litoměřice. Abwechslung vom Vogelgezwitscher am Marktplatz bietet der Besuch der benachbarten *Wasserfestung*, die gerne als Filmkulisse genutzt wird. Sie stammt aus dem 14. Jh. und wurde im Laufe der Zeit mehrmals umgebaut. Bis 1614 gehörte sie den Herren von Házmburk. Der letzte Burgbesitzer aus jenem Geschlecht, Jan Zbyněk Zajíc von Házmburg, ging an der Alchimie Bankrott. Sie lieferte ihm kein Gold, sondern verschlang nur sein Geld, sodass er die Burg letztendlich verkaufen musste. An ihn erinnert eine witzige nachgestellte Alchimistenküche mit Totenschädel und diversen „Kochgeräten". Zudem kann man sich eine Ausstellung zur Regionalgeschichte und den Goldenen Saal mit schönen Renaissancemalereien anschauen.

Verbindungen/Öffnungszeiten: **Busse** regelmäßig nach Roudnice nad Labem und Libochovice, 2-mal tägl. direkt nach Prag. **Wasserburg**, April–Okt. tägl. (außer Mo.) 10.30–12.30 u. 13–17 Uhr. 1,80 €, erm. 1,10 €.

**Libochovice (Libochowitz)**: Die Attraktion des verschlafenen 3500-Seelen-Städtchens 26 km südwestlich von Litoměřice ist das frühbarocke *Schloss* am schmalen, langen Marktplatz. Ein paar Kübelpalmen und umherspazierende Pfauen sorgen im Garten für einen Hauch mediterranes Flair. Das stattliche Schloss war im Besitz mehrerer Adelsfamilien, u. a. der Lobkowicz, Sternberg, Dittrichstein und zuletzt der Herberstein. 1787 wurde im Schloss der Pathologe, Physiologe, Politiker und Sänger Jan Evangelista Purkyně geboren (gest. 1869) – nach ihm sind die Purkinje-Fasern und das Purkinje-Phänomen benannt. Bei einer Schlossführung kann man sich über sein Leben informieren, zudem besichtigt man bei einer Tour durch die Räumlichkeiten u. a. den sog. Saturnsaal, den schönsten Saal des Schlosses, der sich über zwei Etagen des Südflügels hinzieht, die Schlosskapelle und die Sala Terrena mit Trompe-l'Œil-Fresken von italienischen Künstlern.

**Verbindungen** **Busse** bis zu 6-mal tägl. nach Litoměřice, regelmäßig nach Roudnice nad Labem und Budyně nad Ohří. **Züge** regelmäßig nach Louny.

**Öffnungszeiten** **Schloss**, April u. Okt. tägl. (außer Mo/Di) 10–16 Uhr, Mai/Juni u.

Schloss Libochovice

Sept. tägl. (außer Mo) 9–17 Uhr, Juli/Aug. tägl. (außer Mo) 9–18 Uhr. Schlossführung (letzte Führung 1 Std. vor Schließung) 2,90 €, erm. 2,20 €. www.zamek-libochovice.cz.

Informationen zum 24 km südwestlich von Libochovice gelegenen **Louny** bekommen Sie ab S. 304. Wer über Třebenice nach Litoměřice zurückkehrt, passiert 4 km nördlich von Libochovice die Ruinen der weithin sichtbaren **Burg Házmburk** (14. Jh.). Ihre zwei Türme thronen imposant auf einem Vulkankegel – ein schöner Anblick.

Nordböhmen → Karte S. 236/237

# Teplice

ehem. Teplice-Šandov/Teplitz-Schönau

**Einst bildete Teplitz-Schönau mit Karlsbad, Marienbad und Franzensbad das Quartett der vier großen böhmischen Bäder. Heute gehört Teplice zu den modernen industriellen Zentren des Landes, gekurt aber wird noch immer.**

Die 50.000 Einwohner zählende Stadt am Fuß des Erzgebirges ist das älteste Kurbad des Landes. Der Legende nach wurde das warme, leicht radioaktive Heilwasser im Jahr 762 von einem Hirten entdeckt, dessen wühlende Schweine die Quellen zum Vorschein brachten. Tatsache ist, dass Teplice bereits im 14. Jh. wegen seines Heilwassers geschätzt und besucht wurde. 1793 brannte ein großer Teil der Kurstadt nieder. Der Wiederaufbau im klassizistischen Stil leitete Teplitz-Schönaus große Blüte ein. Als „Klein-Paris“ lockte der Kurort im 19. Jh. die geistige Elite Europas an. Wer war nicht alles hier – Niccolò Paganini, Franz Liszt, Richard Wagner, Arthur Schopenhauer ... Selbst Beethoven und Goethe lernten sich in Teplitz kennen. 1880 aber setzten der Braunkohleabbau rund um Teplitz und die damit einhergehende Industrialisierung ein. Der Kurort verlor peu à peu an Reputation. Im

Sozialismus verwandelte sich Teplice schließlich in eine triste Industriestadt. Seit 1990 versucht man wieder an die Kurtradition anzuknüpfen. Zugleich lösen moderne Industrieanlagen die alten ab, deren Giftwolken nahezu alle WHO-Grenzwerte um das Zigfache überstiegen hatten.

Das Facelifting ist fortgeschritten, aber noch lange nicht beendet. Teplice ist eine Stadt im Wandel und mittlerweile besser als ihr Ruf. Immer mehr Prachtbauten im Zentrum erstrahlen in neuem Glanz, und in den Kurparks sprudeln die Brunnen wieder. Die Eleganz von Karls- oder Marienbad wird man dennoch nie mehr erreichen, dafür hat der Sozialismus zu viele Schandflecken hinterlassen. Heute mischen sich überraschenderweise viele wohlhabende Araber unter die gicht- und rheumakranken Kurgäste.

**Orientierung**: Die Innenstadt gliedert sich in zwei Teile. Das lebendige Geschäftszentrum erstreckt sich rund um die Plätze *Benešovo náměstí, Náměstí Svobody* (ziemlich trist) und *Zámecké náměstí* (Schlossplatz). Der östlich davon gelegene Stadtteil *Šanov* (Schönau) wird von weitläufigen Parkanlagen und Kurhäusern dominiert. Beide Teile verbindet die von Linden gesäumte *Lípová*.

## Basis-Infos

→ Karte S. 292/293

**Information** **Informační centrum**, am Benešovo nám. 840, ✆ 417510666, www.teplice.cz. Mo–Fr 8–17 Uhr, Mai–Sept. auch Sa 8–12 Uhr.

**Verbindungen** Bahnhof (sehr schön, aber restaurierungsbedürftig) und Busbahnhof nah beieinander, ca. 500 m nördlich des Zentrums, Stadtbusverbindungen dahin.

Gute bis sehr gute **Busverbindungen** in alle größeren Orte Nordböhmens und in die Orte des Kohlebeckens, bis zu 8-mal tägl. nach Prag-Holešovice (Ⓜ C).

**Züge** regelmäßig über Bílina und Most nach Chomutov, nach Ústí nad Labem und nach Osek, bis zu 4-mal tägl. nach Prag, alle 2 Std. nach Cheb.

**Ärztliche Versorgung** **Krankenhaus** westlich des Zentrums an der Duchcovská 53. ✆ 417519111, www.kzcr.eu.

**Einkaufen** **Teplické lázeňské oplatky** **10**, hier gibt's Teplitzer Oblaten in allen Geschmacksvariationen. Lázeňská 75/4 (gegenüber dem Kurhaus Beethoven).

**Vineta** **9**, große Vinothek mit Weinen aus der ganzen Welt, darunter auch Tröpfchen von rund 20 mährischen und böhmischen Winzereien. Rooseveltova 1 (neben dem Hotel Paradies).

**Galerie Teplice** **8**, größere Mall am Nám. Svobody.

**Parken** Das Parkhaus der Galerie Teplice (s. o.) bietet 3 Std. Gratisparken, danach gebührenpflichtig. Südlich vom Bahnhof gebührenpflichtiger Parkplatz am Tržní nám.

## Übernachten/Camping

→ Karte S. 292/293

**Hotels** **** **Payer** **4**, im Kurbereich. Auf 2 traditionsreiche Gebäude verteiltes Komforthotel. 35 Zimmer mit Klimaanlage und Minibar, die teuren sind im Stil eines Designhotels restauriert. Behindertengerecht. Parkplätze kosten extra. EZ 58–72 €, DZ 94–112 €. U Hadích Lázní 1153/44, PLZ 41501, ✆ 417531446, www.hotelpayer.cz.

**** **Prince de Ligne** **11**, Stadtpalast. 32 Zimmer mit größtenteils roten Teppichböden, zudem ein Apartment im Stil Ludwigs XIV. Das gehoben-rustikale Restaurant (Spezialität: Steaks) ist zu empfehlen. EZ 50 €, DZ 83 €, Parken 9 €/Tag. Zámecké nám. 136, PLZ 41501, ✆ 417514111, www.princedeligne.cz.

**** **Giovanni Giacomo** **1**, 18 Zimmer und 4 Apartments in villenähnlichen Gebäuden. Laut Prospekt (bzw. Selbstüberschätzung) ein „Luxus-Hotel". Zimmer zwar stilvoll eingerichtet, eine besondere Note fehlt aber. Massage, Restaurant. Viele russische Gäste. EZ ab 47 €, DZ 64 €. Vrchlického 1243/17, PLZ 41501, ✆ 417537583, www.giovanni-hotel-teplice.cz.

*** **Avenida Park 7**, im Kurviertel. Jugendlich-moderne Zimmer mit Kiefernholzmobiliar. Im EG ein Möchtegern-Szenecafé. DZ 38–44 €, Frühstück 3 € extra. U Kamenných lázní 335/23, PLZ 41501, ✆ 777100013 (mobil), www.avenidaparkhotel.cz.

**Pensionen** *** **U Kozičky 14**, sehr empfehlenswerte Unterkunft am Hang mit Blick auf den Schlosspark. 6 klassische Zimmer und 4 Apartments auf 3-Sterne-Hotelstandard. Freundliches Restaurant mit großer Sommerterrasse und böhmischer Küche. 2015 soll ein großer Anbau eröffnet werden. Internationales Publikum. EZ 40 €, DZ 58 €. Rooseveltova 262, PLZ 41501, ✆ 417816411, www.ukozicky.cz.

*** **Dexter 2**, in einem Villenviertel und selbst in einer klassizistischen Villa untergebracht. 8 recht große Zimmer und 2 Apartments (alle Raucher!) in unterschiedlicher Ausstattung, alle mit Bad. Kostenlose Parkplätze. EZ 21 €, DZ 32 €. Vrchlického 701/16, PLZ 41501, ✆ 417536538, www.dexter-tp.cz.

**Camping** → Osek, S. 296.

## Essen & Trinken/Nachtleben

→ Karte S. 292/293

Für weitere Restaurants → auch Übernachten. Rund um das Kurviertel findet man aufgrund der vielen arabischen Kurgäste auch das eine oder andere libanesische Restaurant.

**Restaurants** **Beethoven Café Restaurant 10**, der große Komponist soll hier 1811 eingekehrt sein, daher der Name. Entsprechendes Ambiente: Noten hängen von der Decke, im Speisesaal steht ein Flügel etc. Die Küche gilt als die beste der Stadt. Fleischlastige Karte, edle Weine erleichtern die Verdauung. Probieren Sie das Beethoven-Gulasch (7 €). Lázeňský sad 2 (gegenüber dem Kurhaus Beethoven), ✆ 417977161.

**U Petra 13**, auch: Švejk Restaurant. In einem Renaissancebau neben der Dekanatskirche. Böhmische Küche auf hohem Niveau (z. B. Gulasch mit Speckknödeln oder hausgemachte Knoblauchsuppe), Hg. 5–10 €. Rooseveltova 1, ✆ 417538337.

**Bulldog Steakhouse 5**, wer von Kloß mit Soß die Nase voll hat, kann dieses jugendliche Restaurant probieren. Schwere Steaks in etlichen Varianten vom Huhn, Schwein, Truthahn oder Rind. Hg. 6–15 €. Erst ab 15 Uhr, am Wochenende ab 16 Uhr. U Hadích Lázní 42, ✆ 417569050.

**Café** **Dubrovnik Cukrárna a Kavárna 3**, Eiscafé mit Fotos aus Kroatien an den Wänden. Gute Kuchenauswahl, leckeres Eis. U Cisařských lázní (gegenüber dem Theater).

**Nachtleben** Es ist nicht viel los. Fr/Sa kann man sein Glück im **Unico Me Club 6** neben dem Stadion versuchen. 2 Ebenen, aufgebrezeltes junges Publikum. Buntes Programm, Go-go-Tänzerinnen. Na Stínadlech 3113, www.unicomeclub.cz.

**El Cubanito 12**, tagsüber Restaurant im Zeichen Kubas. Abends beliebte Cocktailbar. Karibische Stimmung kommt zwar selten auf, die Tanzfläche im Keller ist aber ganz nett. Zámecké nám. 7.

## Sport & Freizeit/Kur & Kultur

**Fußball** Der **FK Teplice** kickt im Stadion Na Stínadlech westlich des Zentrums (von dort in Laufnähe). Tickets am Stadion. www.fkteplice.cz.

**Kuren/Baden** Behandelt werden insbesondere Krankheiten des Bewegungsapparates, Venenleiden, Gicht und Rheuma, und zwar mit Thermalbädern, Schlammpackungen, Gasinjektionen, Akupunktur usw. Infos zum Kuren unter www.lazneteplice.cz.

Ohne ärztliche Voruntersuchung kann jedermann im **Kurhaus Beethoven** baden. Mo 15–21 Uhr, Di–Fr 14–21 Uhr, Sa 14–20 Uhr u. So 8–20 Uhr. Sprudel-, Kohlensäure- oder Salzbad 3,60 €/Std.

**Theater** Das schöne **Erzgebirgstheater** (Krušnohorské divadlo) an der U Cisařských lázní wurde zwischen 1919 und 1924 im neoklassizistischen Stil errichtet. ✆ 417515940, www.dkteplice.cz.

## Sehenswertes

**Zámecké náměstí (Schlossplatz) und Umgebung**: Der Zámecké náměstí vor dem Teplitzer Schloss (s. u.) gehört zu den freundlichsten Plätzen der Stadt. Ihn ziert eine herrliche Pestsäule, die 1717 nach einem Entwurf von Matthias Bernhard Braun errichtet wurde. Hinter der neogotischen *Kreuzerhöhungskirche* (Pravoslavný chrám Povýšení sv. Kříže), die an das Schloss grenzt, steht die barocke *Dekanatskirche Johannes' des Täufers* (Kostel sv. Jana Křitele) aus dem 12. Jh. Ihr heutiges Aussehen erhielt sie zwischen 1700 und 1703. Ihr Inneres ist mit Gemälden der Barockmaler Wenzel Lorenz Reiner und Peter Brandl ausgeschmückt. Nur ein paar Schritte sind es von der Kirche zum *Přavidlo,* der bedeutendsten Teplicer Quelle. Der „Urbrunnen" tröpfelt aus dem Maul eines Wildschweins. Nahebei markiert eine kleine Pyramide jene Stelle, unter der sich der 51 m tiefe Quellschacht befindet, aus dem täglich rund 24.000 Hektoliter des 46 °C warmen Wassers emporsprudeln. Schon mehrmals aber versiegte die Quelle, und der Kurbetrieb stand vor dem Aus: 1755 z. B. während des großen Erdbebens von Lissabon (!) und 1879 infolge von Grubenarbeiten. Vorbei am schönen *Kurpark* (Lázeňský sad) gelangt man zum Laubého náměstí. 230 Stufen führen von dort hinauf auf den *Letná-Hügel,* von wo sich ein Blick auf Teplice auftut.

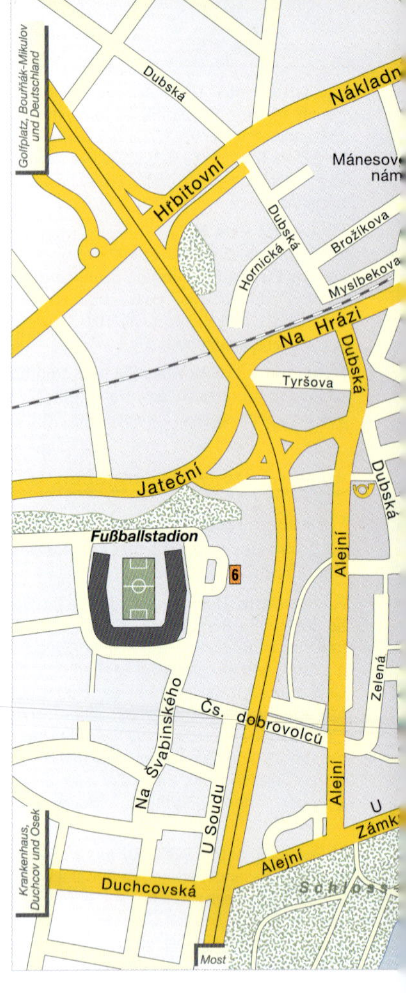


**Zámek/Regionální museum (Schloss/Regionalmuseum)**: Das Teplitzer Schloss wurde zwischen 1585 und 1635 im Stil der Renaissance errichtet und 1751 barock umgestaltet. Sein heutiges Antlitz erhielt es im 19. Jh. durch einen weiteren Umbau im Empirestil. Bis 1945 residierte hier die Adelsfamilie Clary-Aldringen, die großen Anteil am Aufbau des hiesigen Kurwesens hatte. Heute befindet sich im Schloss das Regionalmuseum, das sich der Geschichte des Bäderwesens widmet, zudem gibt es gotische und barocke Kunst, alte Uhren, Porzellan und eine Münzsammlung zu sehen. Die Führung beinhaltet zudem die Besichtigung mehrerer Schlossräume und einer *romanischen Krypta,* die Archäologen neben der Kreuzerhöhungskirche (s. o.) freilegten. Diese ist ein Überbleibsel des 1153 auf dem Schlosshügel errichteten und im 15. Jh. verlassenen Benediktinerinnenklosters. Im Süden schließt ein schöner *Park* an das Schloss an.

Tägl. (außer Mo) 10–12 u. 13–17 Uhr. 1,80 €, erm. 0,80 €. www.muzeum-teplice.cz.

**Šanov (Schönau)**: Der ehemals selbstständige Ort – bis 1945 hieß Teplice *Teplitz-Schönau* – gehört schon lange zur Innenstadt und steht heute wie ehedem ganz im Zeichen des Bädertourismus. Gepflegte Parkanlagen und mit Villen geschmückte Straßen laden zu Spaziergängen ein – werfen Sie beispielsweise einen Blick in die Vrchlického und die Českobratřská. Dazwischen stehen die Kurhäuser. Viele von ihnen sind schön restauriert wie das *Steinbad* (Kamenné Lázně), ein edler neobarocker Bau aus dem Jahr 1911.

## Umgebung von Teplice

**Krupka (Graupen)**: Das sich ewig hinziehende 13.300-Einwohner-Straßennest an den Ausläufern des Erzgebirges liegt 7 km nordöstlich von Teplice. Am Marianské náměstí im „Ortszentrum“ steht die pompöse *Wallfahrtskirche der schmerzhaften*

*Mutter Gottes* (Kostel Sedmibolestné Panny Marie), die zu Anfang des 18. Jh. nach Plänen von Octavio Broggio erbaut wurde. Sehenswert ist insbesondere der Kreuzgang mit den sieben Kapellen, welche die sieben Schmerzen der Mutter Gottes symbolisieren. An die Geschichte der Stadt als einstige Bergmannssiedlung – bis in die 1950er wurde Zinnerz gefördert – erinnern das *Stadtmuseum* (Muzeum Krupka) westlich der Kirche und das der Öffentlichkeit zugänglich gemachte *Bergwerk Alter Martin* im Ortsteil Horní Krupka 2 km nördlich. Wen es eher nach oben treibt, der schwebt mit dem Sessellift (mit „Lanová dráha“ bzw. „Lanovka“ ausgeschildert) in 15 Minuten auf den Gipfel des 808 m hohen *Komáří Hůrka* (Mückentürmchen). Mit Glück kann man von dort bis zum Riesengebirge blicken. Im Winter sind Skiabfahrten möglich.

**Verbindungen** Sehr gute **Busverbindungen** nach Teplice. **Züge** bis zu 5-mal tägl. nach Děčín.

Goethedenkmal in Krupka

**Öffnungszeiten** **Wallfahrtskirche**, tägl. (außer Mo/Do) 9–15.30 Uhr, So 12–15 Uhr, ggf. beim Pfarramt gegenüber klingeln. Spende wird erbeten. **Stadtmuseum**, Mi–So 9.30–16.30 Uhr. 1,50 €, erm. 1 €. **Besucherbergwerk**, Mai–Okt. tägl. 9.30–16.15 Uhr, stündl. Führungen. 2,50 €, erm. 1,80 €.

**Sessellift**, im Sommer tägl. 8.30–18.30 Uhr, im Winter bis 16.30 Uhr. Einfache Fahrt 2,90 €, hin u. zurück 5,40 €, erm. 3,60 €.

**Übernachten/Essen** **Růžový hrádek**, Hotel und Restaurant inmitten der Ruinen der Burg Graupen hoch über der Stadt (ausgeschildert). Hier soll schon Goethe geschlafen haben. 10 Zimmer mit Teppichboden und Holzmöbeln. Bewachter Parkplatz. Speisekarte fleischlastig, schöner Kaminsaal. DZ 54 €. Panský dům 12, PLZ 41741, ✆ 417852052, www.hrad-krupka.cz.

## Nordböhmisches Kohlebecken

**„Schwarzes Dreieck“ nannte man die Region zwischen Chomutov, Teplice und Most bis vor gar nicht allzu langer Zeit. Immer noch bietet sie wenig Schönes, dafür so manch Interessantes.**

Mit der Braunkohleförderung begann man in der zweiten Hälfte des 19. Jh. Sie bildete den Grundstock für die Entstehung einer gigantischen Industrieagglomeration. Insbesondere die Kommunisten protegierten den Abbau des minderwertigen Energieträgers für die Schwerindustrie und für Wärmekraftwerke. Zu besten Zeiten kam 75 % des tschechoslowakischen Kohlebedarfs aus dem Nordböhmischen Becken. Gigantische Schürfmaschinen zermalmten die einst liebliche Landschaft, etliche Ortschaften wurden vom Tagebau – man grub selten tiefer als 10 m – einfach verschluckt. Der Fünfjahresplan kannte nur die Ausbeutung der Natur, nicht deren Schutz: Es entstand eine Mondlandschaft aus braunen Schlammfeldern, in der Chemiefabriken und Kraftwerke farbig-giftige Wolken in den Himmel furzten. Auf das Verschwinden des alten politischen Systems jedoch folgte auch der Untergang vieler Betriebe – aus ökologischer Sicht ein Glücksfall für die Region. Nach und nach drosselte man die Braunkohleförderung, die verbliebenen Kraftwerke wurden modernisiert, die alten Gruben werden heute rekultiviert. Inzwischen gibt es immer mehr Seen, Badeweiher und Naher-

Auf Schloss Dux verbrachte der legendäre Casanova seinen Lebensabend

Nordböhmen → Karte S. 236/237

holungsgebiete, die die Region gerade auch für Wassersportler interessant machen. An den Südhängen versucht man sich im Weinanbau.

**Duchcov (Dux)**: Das 8500 Einwohner zählende Duchcov 9 km südwestlich von Teplice ist eine der freundlichsten Städte der Region. Seine Attraktion ist das weißockerfarbene *Schloss* am kleinen Hauptplatz. Es wurde von den Lobkowicz in der zweiten Hälfte des 16. Jh. als Renaissanceschloss errichtet und erfuhr unter den Waldstein zwischen 1675 und 1685 große barocke Um- und Anbauten. Verantwortlich zeichnete der französische Architekt Jean Baptiste Mathey, an der Ausschmückung beteiligten sich die größten Barockkünstler jener Zeit, u. a. Matthias Bernhard Braun und Maximilian Brockoff. Die gegenwärtige klassizistische Fassade des Schlosses, das seit 1921 in Staatsbesitz ist, stammt aus dem frühen 19. Jh. In den 1950ern kamen die Kohle fressenden Schaufelradbagger Duchcov immer näher. Nur vehemente Bürgerproteste konnten den Abriss eines Großteils der Stadt verhindern. Es traf jedoch den Schlosspark und die barocke Spitalkapelle des Schlosses mit einem wertvollen Fresko des Barockmalers Wenzel Lorenz Reiner. Der Garten wurde rekultiviert, das Fresko 1982 in einen Betonpavillon transferiert. Zuletzt war es jedoch leider nicht möglich, das kunstvolle Wandgemälde zu besichtigen.

Die meisten Besucher werden vom Mythos Giacomo Girolamo Casanova (→ Kasten S. 296) nach Duchcov gelockt. Der große Verführer starb 1798 auf Schloss Dux, wo er die letzten 13 Jahre seines Lebens als Bibliothekar und Gesellschafter des Grafen Josef Karl von Waldstein verbrachte. Bei einer der Führungen durch das Schloss (2014 waren wegen Restaurierungsarbeiten viele Säle für die Öffentlichkeit gesperrt) sieht man für gewöhnlich auch die Wohnräume Casanovas, selbst seinen Sterbesessel.

**Verbindungen** Regelmäßige **Busverbindungen** nach Teplice.

**Öffnungszeiten** **Schloss**, April u. Okt. Sa/So 10–17 Uhr, Mai u. Sept. tägl. (außer Mo) 10–17 Uhr, Juni–Aug. bis 18 Uhr. Je nach Führung (mit dt. Text) 3,30–4 €, erm. 2,50–3,30 €. www.zamek-duchcov.cz.

**Übernachten** *** **Hotel Casanova**, beim

Barbora-Teich, die beste Unterkunft des Ortes. 30 ordentliche Zimmer und Apartments. Kleines Restaurant mit Terrasse, Parkplätze. EZ 25 €, DZ 36 €, Frühstück 3,60 € extra. Husova 101/45, PLZ 41901, ✆ 417835714, www.hotelcasanova.eu.

**Osek (Ossegg)**: Rund 5 km trennen Duchcov von der verschlafenen Kleinstadt Osek (4800 Einwohner) am Nordrand des Reviers. Dort steht ein *Zisterzienserkloster* (Cisterciácký klášter), das zum Ende des 12. Jh. gegründet wurde und lange Zeit die Entwicklung der Gegend prägte. Seine größte Blüte erlebte es im 18. Jh. Eine klostereigene ertragreiche Textilmanufaktur (angeblich die älteste Böhmens) erlaubte zwischen 1712 und 1718 den prächtigen Barockumbau der dreischiffigen Basilika durch Octavio Broggio und eine Erneuerung der Klostergebäude. Seit 1991 wird das Kloster wieder von Mönchen bewohnt, die Führungen anbieten. Neben der sehenswerten Kirche (die Fresken im Inneren stammen vornehmlich von Wenzel Lorenz Reiner) besichtigt man den Kreuzgang, die Galerie und den frühgotischen Kapitelsaal (1220–1250). Blickfang ist dort neben einer Madonnenstatue (1340) ein steinernes romanisches Lesepult.

**Verbindungen** Gute **Busverbindungen** nach Teplice.

**Öffnungszeiten** **Kloster**, stündl. Führungen, April/Mai tägl. (außer Mo) 10–16 Uhr, Juni–Okt. bis 17 Uhr, Mittagspause 12–12.30 Uhr. Fremdsprachige Führung 2,80 €, erm. die Hälfte. www.klaster-osek.info.

**Camping** **Autocamp Osek**, im Westen von Osek, im Ort ausgeschildert. Schöner Platz an einem Badesee. Sehr freundliches Personal. Nette Atmosphäre, gemischtes Publikum. Dazu eine Pension und ein gutes Restaurant. Mai–Sept. 2 Pers. mit Auto u. Zelt 11 €, kleine Chata für max. 4 Pers. 20 €, Pensionszimmer 16 €/Pers. Nelsonská 669, PLZ 41705, ✆ 603523489 (mobil), www.autocamposek.cz.

## Casanova – von Venedig nach Dux

Giacomo Girolamo Casanova, am 2. April 1725 in Venedig geboren, ist der Inbegriff des *homme à femmes*. So zahlreich seine Affären waren, so zahlreich waren auch seine Begabungen. In seinen Lebenserinnerungen begegnet man ihm als Literaten und Spieler, Advokaten und Spitzel, Humanisten und Abenteurer, Laienprediger, Musiker und Scharlatan. Er verkehrte in Adelskreisen, an den Spieltischen der Casinos, in den verruchtesten Bordellen und stellte sogar den Nonnen nach. Stets war er in Händel verwickelt, doch einflussreiche Gönner halfen ihm fast immer wieder heraus. Als Opfer einer Denunziation wurde Casanova im Juli 1755 wegen Blasphemie verhaftet. Fünf Jahre sollte er in den sog. Bleikammern des venezianischen Dogenpalastes eingesperrt bleiben. Doch nach rund 15 Monaten gelang ihm nach nächtelangen Bohrarbeiten die Flucht aus der Zelle. Er setzte sich ins europäische Ausland ab, von wo er erst nach 18 Jahren, mittlerweile amnestiert, zurückkehrte – nur kurzfristig, denn eine abermalige Denunziation führte zur endgültigen Verbannung. Chevalier de Sengalt, wie er sich fortan nannte, trieb es nun in den verschiedensten Funktionen an die Höfe von Paris, London, Wien, St. Petersburg und schließlich als Bibliothekar des Grafen Waldstein nach Dux. Hier konnte er all das genießen, was er sein Leben lang vermisst hatte: ein festes Einkommen, eine bequeme Wohnung, Ruhe und eine gute Bibliothek. Er nutzte die Stellung, um seine berühmte, mit erotischen Anekdoten gespickte *Geschichte meines Lebens* zu schreiben. Casanova verschied 1798 in Dux angeblich mit den Worten: „Ich habe als Philosoph gelebt und sterbe als Christ." Er wurde auf dem örtlichen Friedhof beigesetzt, die Lage seines Grabes ist heute nicht mehr bekannt.

**Zámek Červený hrádek (Schloss Rothenhaus)**: Das prachtvolle frühbarocke Schloss aus dem 17. Jh. befindet sich am nördlichen Rand des Städtchens Jirkov unweit der Europastraße 442 zwischen Most und Chomutov. Letzter Besitzer vor der Verstaatlichung 1945 war Max Egon Hohenlohe-Langenburg, der sich u. a. durch seine vermittelnden Tätigkeiten während der Sudetenkrise 1938 einen Namen machte. Bei einer Schlosstour besichtigt man dessen *Arbeitszimmer*, zudem besucht man die *Kapelle* und mehrere beeindruckende Säle wie *Spiegel-* und *Rittersaal*. Im Schloss, das übrigens mit öffentlichen Verkehrsmitteln nicht zu erreichen ist, ist zudem ein atmosphärisches Hotel untergebracht.

**Öffnungszeiten** Mai–Sept. tägl. (außer Mo) 9–17 Uhr, April u. Okt. bis 16 Uhr. 2,90 €, erm. 1,50 €. www.zamek-cerveny-hradek.cz.

**Übernachten/Essen** Červený hrádek, im Westflügel des Schlosses lässt sich vorzüglich und sogar preiswert übernachten. Schön gestaltete Räume mit dunklen Möbeln. Kleiner Wellnessbereich mit Sauna und Whirlpool. Restaurant, Weinkeller. EZ (mit Gemeinschaftsbad) ab 21 €, DZ mit Bad 54 €, Suite 81 €. Červený Hrádek 1, PLZ 43111, ✆ 474684560, www.zamek-cerveny-hradek.cz.

**Most (Brüx)**: Das historische Brüx fiel ab den 1960ern nach und nach dem Übertageabbau zum Opfer, denn die alte Bausubstanz stand auf zig Millionen Tonnen Braunkohle. Dafür wurde das neue Most aufgebaut – monotone Wohnblocks und dazwischen breite Straßen, auf denen die Trambahnen träge ihre Runden ziehen. 67.300 Einwohner leben heute hier. Neben einer fast grotesk wirkenden barocken Pestsäule, die am tristen Hauptplatz wieder aufgestellt wurde, erinnert nur noch die spätgotische *Dekanatskirche Mariä Himmelfahrt* (Děkanský kostel Nanebevzetí Panny Marie) an das alte Brüx. Die Kirche wurde 1517 von Jakob Heilmann, einem Schüler Benedikt Rieds, errichtet und 1975 bei einer spektakulären Transferaktion vor dem Abriss gerettet. Dabei wurde das Interieur vollkommen demontiert und der Kirchturm Stein für Stein abgetragen. Den über 10.000 t schweren, mit einer Stahlkonstruktion gefestigten Kirchenkörper verschob man auf Gleisen um 841 m (ca. 30 m pro Tag) und setzte ihn auf ein neues Fundament zwischen der heutigen Autobahn und einer mittlerweile rekultivierten Grube am nördlichen Stadtrand. Die darauf folgenden Restaurationsarbeiten dauerten bis 1993, dann war auch der Barockaltar aus dem Jahr 1730 wieder integriert. Heute ist das von außen recht schlichte Gotteshaus mit seinem herrlichen Netzgewölbe im Inneren ein Museum. In den Seitenkapellen wird nordböhmische Kunst der Renaissance und Gotik präsentiert, zudem zeigt man einen 15-minütigen Film über den Kirchentransfer.

Wer Most und Umgebung aus der Vogelperspektive betrachten will, kann die *Burg Hněvín* auf einem Hügel am nordwestlichen Ortsende ansteuern (vom Zentrum ausgeschildert). Die Burg ist das romantisierende Replikat einer mittelalterlichen Feste vom Anfang des 20. Jh. In ihr befindet sich ein Restaurant, zudem kann man dort nett übernachten (s. u.). Die Ausblicke von der Burg ändern sich durch die Rekultivierung der Industrielandschaft von Jahr zu Jahr. Zuletzt wurde nahe Most der zweitgrößte *See* Tschechiens (75 m tief!) geflutet. Planungen zufolge soll darin das Baden ab 2017 möglich sein. Infolge der Rekultivierungsmaßnahmen entstanden bereits die *Pferderennbahn* (Hipodrom Most) im Süden und das *Freibad Matylda* samt Inline-Parcours im Nordosten. 2015 trägt Most den Titel „Europäische Sportstadt".

**Verbindungen** Bahnhof im Norden der Stadt nahe der Kirche. **Züge** regelmäßig nach Chomutov, Ústí nad Labem, Louny und Žatec, bis zu 9-mal tägl. nach Prag.

**Öffnungszeiten** **Dekanatskirche Mariä Himmelfahrt**, April u. Okt. Mi–So 10–16 Uhr, Mai u. Sept. tägl. (außer Mo) 10–17 Uhr, Juni–Aug. tägl. (außer Mo) 10–18 Uhr.

Nordböhmen → Karte S. 236/237

2,50 €, erm. 1,80 €. www.kostel-most.cz. **Burg Hněvin**, Mai–Sept. tägl. Der Aussichtsturm kostet 0,70 € Eintritt, erm. 0,20 €. www.hradhnevin.cz.

**Essen/Übernachten** **Hotel Hrad Hnevín**, angenehme, komfortable Zimmer und Apartments in toller Lage. Angeschlossen ein sehr gepflegtes Restaurant mit Rittersaalambiente und herrlicher Terrasse. Ruhige Lage, abgesehen von den Geräuschen des nahen Motodroms. DZ 80 €, Apartment für 2 Pers. 94 €. Hradní 577, PLZ 43401, ✆ 476449955, www.hradhnevin.cz.

## Leben zwischen Plattenbau und Datscha

Most und Chomutov sind Paradebeispiele sozialistischer Wohnungsbaupolitik aus der Zeit der Tschechoslowakei: Plattenbauten, so weit das Auge reicht, wobei sich jedoch viele heute nicht mehr sofort als solche zu erkennen geben. Die graue Trostlosigkeit ist weggeschminkt, die Modularbauten sind neu verschalt und frisch gestrichen. In den 1950ern schraubte man die ersten Blocks zusammen. Als der Staat auseinanderbrach, lebte jeder dritte Tscheche in einem Plattenbau, mittlerweile sind es weniger. Durch Altbausanierung und Neubau – vielerorts sieht man weitläufige Neubauviertel an den Stadträndern – wurde begehrterer Wohnraum geschaffen. Trotz Facelifting lebt im Inneren vieler Plattenbauten der Geruch des Sozialismus meist noch bis heute fort, ein eigenartiger Dreiklang aus Bohnerwachs, Küchenmief und dem in jeder Betonritze festsitzenden Gestank verheizter Braunkohle. Die Gänge erinnern an Flure von Krankenhäusern, in denen man niemals gesund wird. Die Klospülung im 10. Stock ist auch noch im Keller zu hören und der Streit des jungen Ehepaars im Erdgeschoss durch die ganze Etage – als Mega-Reality-Soap entpuppt sich schließlich das Leben. Die Enge der Wohnung ist bedrückend, aus dem Weg kann man sich kaum gehen – kein Wunder also, dass tschechische Kneipen stets gut gefüllt sind. Die Raumknappheit führte übrigens auch dazu, dass die Tschechen überaus früh heirateten, eine Tradition, die bis heute fortbesteht, wenn auch in abgeschwächter Form. Es war die einzige Möglichkeit, den vier Wänden bei Mama und Papa zu Hause zu entkommen.

Einen Ausgleich zur Anonymität der Plattenbauten finden die Tschechen in ihren Datschen. Sie sind ebenfalls ein Relikt aus sozialistischer Zeit. Die meisten Laubenkolonien findet man an Seen und Flussläufen, viele im alten Sudentenland. Fast jede Familie besitzt ein Wochenendhäuschen. Dort vergisst man Arbeitsstress und grauen Beton, grillt stattdessen Würstchen und plaudert mit dem Nachbarn am Gartenzaun. Wie die Zukunft der Plattenbauten liegt auch die der Datscha-Kultur im Ungewissen – für viele Tschechen ist ein Badeurlaub an der türkischen Riviera mittlerweile erstrebenswerter als ein Schrebergarten an der Eger.

**Chomutov (Komotau)**: Die 49.200-Einwohner-Stadt grenzt das Kohlerevier gen Westen ab. Wären Sie vor 70 Jahren gekommen, hätten Sie Komotau als idyllisches Städtchen kennengelernt. Der Hauptplatz, der *Náměstí 1. Máje* mit seinen herrlichen Laubenhäusern, und die davon abgehenden Gassen bezeugen dies. Noch heute weht hier Kleinstadt-Wind, doch der alte Kern nimmt nur noch etwa 5 % der Stadtfläche ein. Der große Rest der Stadt besteht weitestgehend aus Wohnsilos und Industrieanlagen.

Laubenhäuser am Marktplatz von Chomutov



Wertvollstes Gebäude am Hauptplatz ist die 1281 geweihte *St.-Katharinen-Kirche* (Kostel sv. Kateřina). Sie bildet eine Einheit mit dem Rathaus, dem einstigen Schloss, in dem heute auch ein Teil der Sammlungen des *Gebietsmuseums* (Oblastní muzeum) untergebracht ist. Zu sehen bekommt man u. a. gotische Kunst aus der Komotauer Region, eine Barockapotheke und eine Rüstkammer. Ausgelagert ins ehemalige Jesuitenkolleg (südwestlich des Marktplatzes an der Palackého) ist die wenig überzeugende naturwissenschaftliche Exposition. Einen Rundblick über Chomutov ermöglicht der *Stadtturm* (Městská věž) im Norden des Marktplatzes. Er wurde 1525 errichtet und 1874 im neugotischen Stil umgebaut. Halten Sie von oben Ausschau nach dem *Alaunsee* (Kamencové jezero) nördlich des Zentrums, einem beliebten Naherholungsziel. Bevor der 16 ha große Baggersee geflutet wurde, baute man hier Alaun, ein als Ätz- und Beizmittel verwendetes Salz sowie Schwefel ab. Fische können in dem See nicht überleben, ein Bad aber soll gut für die menschliche Haut sein. Am See gibt es eine Reihe von Liegeflächen, einen Campingplatz und nördlich davon einen *Zoo* mit rund 130 Tierarten. Man läuft vom Zentrum zum See etwa 15 Minuten oder steigt am Marktplatz in Bus Nr. 3 und bei der Haltestelle Jezero aus.

**Information** **Městské informační centrum**, zentral in der U Městských mlýnů 5885, ✆ 474341438, www.chomutov-mesto.cz. Tägl. 8–17 Uhr.

**Verbindungen** Hauptbahnhof im Westen der Stadt, Busbahnhof ebenfalls im Westen, aber etwas näher zum Zentrum.

Gute **Busverbindungen** in alle größeren Städte Nordwestböhmens.

**Züge** regelmäßig nach Žatec, alle 2 Std. nach Prag, über Most nach Ústí nad Labem sowie über Kadaň und Klášterec nad Ohří nach Karlsbad.

**Öffnungszeiten** **Gebietsmuseum**, Di–Fr 10–17 Uhr, Sa 9–14 Uhr. Eintritt für beide Expositionen 1 €, erm. die Hälfte. www.muzeum-cv.net. **Stadtturm**, April–Juni u. Sept. Di–Sa 9–17 Uhr, Juli/Aug. Mi–So. 0,90 €, erm. 0,40 €. **Alaunsee**, Mai–Sept. tägl. 9–19 Uhr. 2,20 €, ab 17 Uhr die Hälfte. **Zoo**, tägl. 9–17 Uhr. 2,70 €, erm. 1,60 €. www.zoopark.cz.

**Hinweis für Autofahrer**: Nur eine einzige Straße führt auf den Hauptplatz – folgen Sie von der Ringstraße, die um die Altstadt führt, der Beschilderung „Městská policie/Infocentrum“. Parken (gebührenpflichtig) ist auf dem Hauptplatz möglich.

**Übernachten** **** **Hotel Royal**, Altstadthaus am Marktplatz. Sehr gepflegt und komfortabel. Lobbybar, Restaurant mit Terrasse, abgeschlossene Parkplätze, behindertengerecht. EZ ab 36 €, DZ ab 50 €. Nám. 1. Máje 14, PLZ 413001, ✆ 474345175, www.royalhotel.cz.

*** **Hotel U dvou medvídků**, kleines familiäres Hotel in einem Haus aus dem 16. Jh. 13 Standardzimmer und Apartments mit Minibar, behindertengerecht. Ruhige und doch zentrale Lage. Sichere Parkplätze. Vom Marktplatz die Gasse rechts am Stadtturm vorbei nehmen, dann die erste wieder rechts. EZ 36 €, DZ 43 €. Revoluční 32, PLZ 43001, ✆ 474652817, www.udvoumedvidku.cz.

**Pension Zlatý Kaštan**, gepflegte Pension ca. 7 Fußmin. vom Zentrum. 6 Zimmer mit Bad, TV und Minibar. Im EG ein gemütliches Restaurant mit Biergarten, das böhmische Küche über dem Standard serviert. Vom Zentrum der Beschilderung nach Blatno folgen, kurz vor einer Bahnunterführung rechter Hand. DZ 29 €, Frühstück 2,50 € extra. Blatenská 800, PLZ 43001, ✆ 731558809 (mobil), www.zlatykastan.cz.

**Essen & Trinken** **Radora Restaurant**, schick-cooles Lokal unter Gewölbe. Günstiger Mittagstisch, abends kleine, aber feine Karte mit internationaler Küche wie Barbarie-Entenbrust mit Calvadossoße oder Zander mit Couscous. Beim Essen kann man den Fischen im Aquarium zusehen. So Ruhetag. Vom Marktplatz die Gasse rechts am Stadtturm vorbei nehmen, die nächste links ab, dann rechter Hand. Klostermannova 148, ✆ 723867092 (mobil).

Informationen zum rund 20 km westlich gelegenen Städtchen **Kadaň** bekommen Sie ab S. 305.

# Žatec

Saaz

**„Kde se pivo vaří, tam se dobře daří“ – „Wo Bier gebraut wird, lässt es sich gut leben“ heißt ein tschechisches Sprichwort. Bei einem Besuch der böhmischen Hopfenmetropole können Sie prüfen, ob's stimmt.**

Die sympathische 19.300-Einwohner-Stadt thront auf einem Hügelrücken inmitten des fruchtbaren Saazer Beckens. Endlose grüne Hopfenfelder prägen die Landschaft drum herum. 1004 wurde der Flecken erstmals erwähnt, 1234 zur Stadt erhoben. Um jene Zeit begann man auch schon Hopfen anzubauen, das Braurecht erhielt Saaz offiziell 1265. Das „Grüne Gold“ (→ Kasten S. 304) brachte der Bevölkerung ab dem 15. Jh. einen gewissen Wohlstand, im 19. Jh. gar Reichtum. Im frühen 20. Jh. exportierte man bereits nach Amerika und Japan. Nach der Samtenen Revolution hing Žatec im Facelifting lange Zeit noch vielen anderen böhmischen Kleinstädten hinterher, was der Stadt aber gleichzeitig einen gewissen morbiden Charme verlieh. Dieser wiederum lockte immer wieder internationale Filmteams an. Szenen für rund 100 Filme wurden in Žatec gedreht, darunter für *Yentl* (1983), für die Neuauflage von *Doktor Schiwago* (2002), für *Oliver Twist* (2005) und für *La Vie en Rose* (2006). Heute sind die meisten Häuserfassaden herausgeputzt und erstrahlen in neuem Glanz.

Das Zentrum der denkmalgeschützten Altstadt bildet der Náměstí Svobody. Blickfang des hübschen Hauptplatzes mit einer figurenreichen Pestsäule (1582) ist das weiß-graue **Rathaus** aus dem 14. Jh. Seinen barocken Zwiebelturm erhielt es im 18. Jh.; er dient heute als Aussichtsturm. Schräg gegenüber befindet sich der **kleinste Hopfengarten der Welt**, der Stolz der Stadt. Dahinter erblickt man die **Synagoge**, eine der größten Böhmens (1871). In der Reichskristallnacht wurde sie niedergebrannt und seitdem nie mehr religiös genutzt. Hin und wieder finden kulturelle Veranstaltungen in der Synagoge statt, Besichtigungen sind möglich (Schlüssel im Infozentrum). Den Norden der Altstadt beherrscht die mächtige **Kirche Mariä Himmelfahrt** (Chrám Panny Marie). Die barocke Fassade erhielt das dreischiffige Gotteshaus, ursprünglich eine gotische Hallenkirche, im Jahr 1738.

Žatec: Vor der Kirche Mariä Himmelfahrt

Am Náměstí Svobody findet stets am letzten August- oder ersten Septemberwochenende das **Saazer Hopfenfest** statt. Bei dem zweitägigen Spektakel wird natürlich ordentlich gezecht, zudem versucht man alljährlich, einen neuen Weltrekord in der Sparte „Bierbecherschlange" aufzustellen – alle leeren Bierbecher werden dabei übereinander gestülpt. Die älteste Brauerei der Stadt ist übrigens die *Žatecký pivovar* (gegründet 1801). Ganz so außergewöhnlich, wie man es in der Hopfenmetropole erwarten könnte, schmeckt das Bier aber nicht. Touristen trinken es bislang nur selten. Damit sich das ändert, streben die Stadtväter den Eintrag Žatecs in die UNESCO-Welterbeliste an.

## Basis-Infos

**Information** **Turistické informační centrum**, Nám. Svobody 1, ✆ 415736156, www.mesto-zatec.cz. Im Sommer Mo–Fr 8–17 Uhr, Sa 9–13 Uhr, im Winter verkürzt.

**Verbindungen** Hauptbahnhof ca. 1,5 km nordöstlich des Zentrums, Busbahnhof zentral südlich des Hauptplatzes. **Busse** regelmäßig nach Louny und Chomutov, bis zu 5-mal tägl. nach Kadaň. **Züge** regelmäßig nach Chomutov und Most, bis zu 6-mal tägl. nach Pilsen.

**Ärztliche Versorgung** **Krankenhaus** im Süden der Stadt an der Husova 2796. ✆ 414110111, www.nemzatec.cz.

**Parken** Gebührenpflichtige Parkplätze am Hauptplatz.

Žatec: „Bierselige" Uhr am Bier- und Hopfentempel

## Übernachten/Camping/Essen & Trinken

**Hotels/Pensionen** **** **Hotel Zlatý Lev** **4**, das beste Haus der Stadt. 30 komfortable Zimmer, jede Etage in einer anderen Farbe, viel Marmor an Böden und Wänden. Radverleih, Kellerrestaurant, abgeschlossene Parkplätze (7 €/Tag), Wellness-Angebot mit Bierbad! DZ 70–139 €. Obloková 228, PLZ 43801, ✆ 4152400302, www.zlaty-lev.cz.

*** **Hotel U Hada** **1**, historisches Gebäude am Marktplatz. Beruft sich auf eine lange Tradition (seit 1547). Auf schick gemachte Rezeption. 22 recht kleine Zimmer, manche mit schönem Blick. Parkplätze im Preis inbegriffen. Gutes Restaurant (s. u.). EZ 29 €, DZ 43 €. Nám. Svobody 155, PLZ 43801, ✆ 415711000, www.zatec-hotel.cz.

*** **Hotel Černý Orel** **6**, am Busbahnhof. Im Haupthaus farbenfrohe Zimmer mit roten Teppichböden und privaten Bädern. Im zweiten Haus gegenüber gibt es für Budgetreisende einfache Zimmer mit Etagenbad. Restaurant mit Trophäen, Geweihen und Fellen an den Wänden. DZ mit Bad und Frühstück 31 €, mit Etagenbad und ohne Frühstück 9 €/Pers. Kruhové nám. 233, PLZ 43801, ✆ 602627777 (mobil), www.hotelzatec.cz.

**Penzion Černý Rytíř** **2**, 7 kleine, abgewohnte Zimmer mit Bad. Für das Gebotene gerade noch preiswert, dafür freundlicher deutschsprachiger Service. DZ 36 €. Oblouková 170, PLZ 43801, ✆ 415711203, www.ubytovanizatec.cz.

**Essen & Trinken** **U Medvěda** **3**, beliebtes Kneipenrestaurant im amerikanischen Stil. Leuchtreklame, Fahnen, Backstein, große Theke. Gute Küche: mittags günstige böhmische Gerichte zu ca. 4 €, am Abend Steaks in unzähligen Variationen zu 7–12 €. Oblouková 222, ✆ 415710755.

**Restaurace U Hada** **1**, das gehobene Hotelrestaurant serviert einen interessanten Mix aus alpenländischer, italienischer und tschechischer Küche: Forellen vom Grill, hausgemachte Kartoffelknödel, Tiroler *Gröstl* oder Risotto. Das Fleisch kommt von lokalen Lieferanten, auch Bioprodukte kommen zum Zuge. Mittagsgerichte um die 5,50 €, abends wird's teurer. ■

**U Orloje** **7**, die Brauereigaststätte des Bier- und Hopfentempels (s. u.). Na klar – mit Bierkesselatmosphäre und starkem

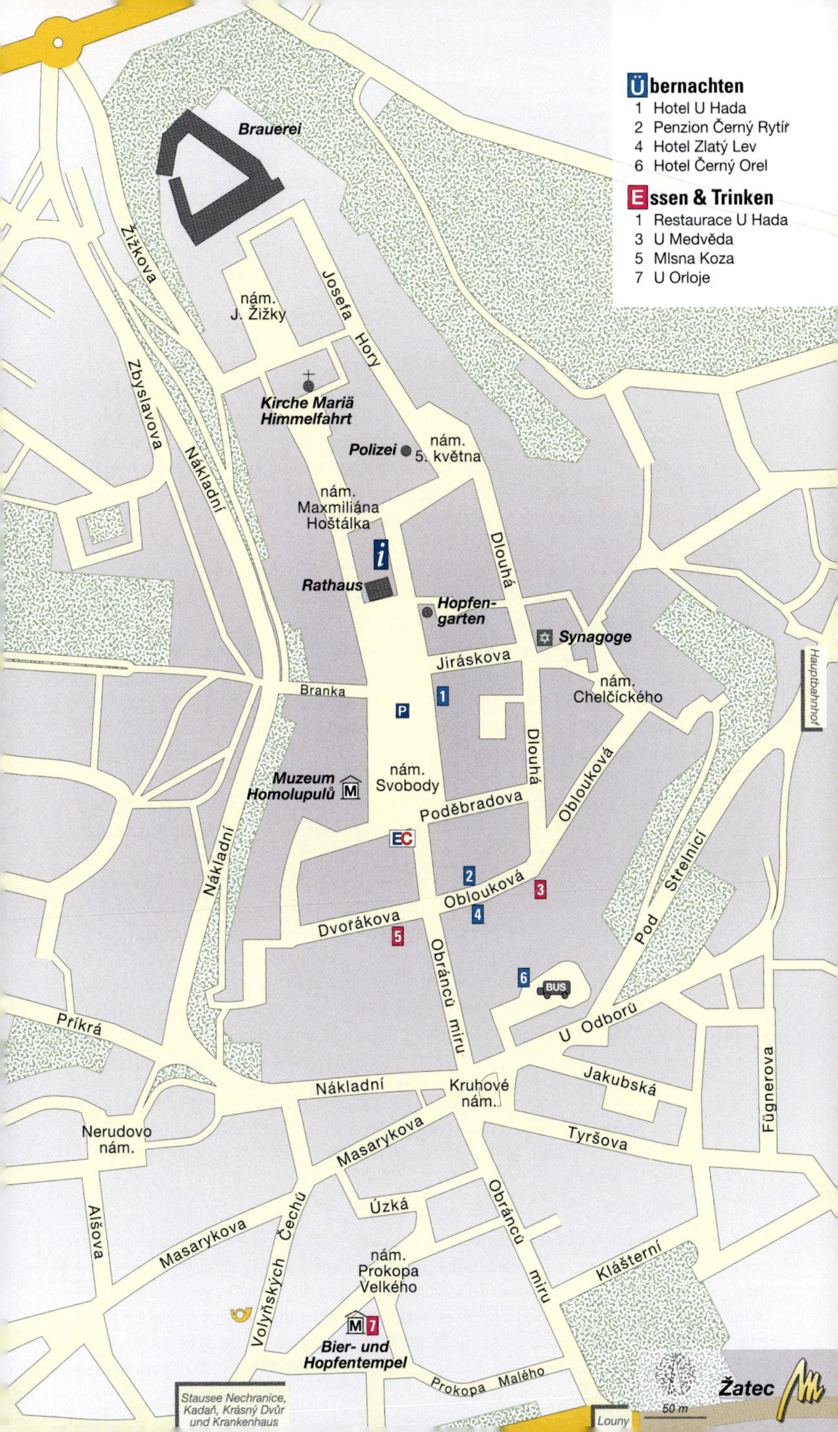
Übernachten
1 Hotel U Hada
2 Penzion Černý Rytíř
4 Hotel Zlatý Lev
6 Hotel Černý Orel
Essen & Trinken
1 Restaurace U Hada
3 U Medvěda
5 Mlsna Koza
7 U Orloje
Brauerei
Žižkova
nám. J. Žižky
Josefa Hory
Zbyslavova
Kirche Mariä Himmelfahrt
Nákladní
Polizei
nám. 5. května
nám. Maxmiliána Hoštálka
Dlouhá
Rathaus
Hopfengarten
Synagoge
Jiráskova
Branka
nám. Chelčického
Hauptbahnhof
Muzeum Homolupulů
nám. Svobody
Poděbradova
Oblouková
Dvořákova
Obránců míru
Pod Střelnicí
BUS
U Odborů
Příkrá
Nákladní
Kruhové nám.
Jakubská
Tyršova
Fügnerova
Nerudovo nám.
Masarykova
Úzká
Alšova
Volyňských Čechů
nám. Prokopa Velkého
Klášterní
Bier- und Hopfentempel
Prokopa Malého
Stausee Nechranice, Kadaň, Krásný Dvůr und Krankenhaus
Louny
50 m
Žatec

Hopfengeruch. Serviert werden die typischen böhmischen Klassiker. Preiswerte Mittagsgerichte um die 3,50 €. Gutes Bier. Nám. Prokopa Velkého, ✆ 415210952.

**Mlsná Koza 5**, 2014 eröffnetes hippes Café im alten Gebäude der Saazer Zeitung. Man sitzt auf Parkbänken oder bequemen Sofas. Neben Kaffee und Wraps mittags auch leckere Nudelgerichte. Nette Bedienung. Tägl. 8–20 Uhr, So ab 13 Uhr. Dvořákova 22.

## Hopfen, das grüne Gold Böhmens

Was wäre Pilsner Urquell ohne Saazer Hopfen? *Humulus lupulus* ist der botanische Begriff für die mit dem Hanf verwandte Kletterpflanze, die dem Bier Haltbarkeit, Schäumvermögen und den charakteristischen Bittergeschmack gibt. Schon die alten Ägypter sollen ihr Bier mit Hopfen gebraut haben. In Europa tauchte die Pflanze im 8. Jh. auf – angeblich veredelten die Mönche des bayerischen Klosters Weihenstephan ihren Gerstensaft erstmals mit Hopfen –, in Böhmen entdeckte man sie im 9. Jh. Heute werden jährlich rund 6000 t Hopfen in Tschechien eingebracht, das Gros davon in der Saazer Region. 80 % sind für den Export bestimmt, die größte Menge geht nach Japan. Die Pflanzen wachsen 10–35 cm pro Tag und brauchen dafür viel Feuchtigkeit. 150–400 g Hopfen reichen für einen Hektoliter Bier. Deutlich weniger braucht man für die immer mehr in Mode kommenden süßlichen Biere, das rote Tuch der hiesigen Hopfenbauern.

Wer mehr über den Saazer Hopfen wissen will, kann das örtliche **Hopfenmuseum** (Chmlařské muzeum) besuchen, das die Entwicklung des Hopfenanbaus vom Mittelalter bis zur Gegenwart nachzeichnet. Gleich gegenüber dem Museum gibt es den **Bier- und Hopfentempel** (Chrám chmele a piva) mit modernem Aussichtsturm („Hopfenleuchtturm"), einem Labyrinth im Zeichen des Hopfens, einer Mikrobrauerei samt Gaststätte, in der die Stammgäste Bierglas-Schließfächer haben, und einer Uhr an der Fassade, die ein bierseliges Figurenspiel zeigt. Witzig ist zudem das winzige **Muzeum Homolupulů**, das in einem Bollwerk der ehemaligen Stadtbefestigung aus dem Jahr 1463 untergebracht ist. Es beherbergt die sterblichen Überreste des angeblich „ältesten Biertrinkers der Welt", die 2001 unter dem Marktplatz entdeckt wurden. Nach Erkenntnissen der Saazer Spaßarchäologen gehört er zu den sog. *Homolupulen*, einem vorgeschichtlichen Hopfenvolk – auf Altersangaben verzichtet man. Im Grab fand man ein Tongefäß, die Reste eines Holzfasses und eine Tontafel mit sieben Kerben, sozusagen der erste Bierfilz der Welt. Der gute Mann erhielt den Namen Lojza Lupulin ...

**Hopfenmuseum**, Nám. Prokopa Velkého. Mai–Sept. Di–Sa 10–17 Uhr. 2,20 €, erm. 1,50 €. www.chmelarstvi.cz. **Bier- und Hopfentempel**, Nám. Prokopa Velkého. Im Sommer tägl. (außer Mo) 10–17 Uhr. Führungen 3,60–7,20 €, erm. 1,50–3,60 €. www.chchp.cz. **Muzeum Homolupulů**, etwas versteckt am Südende des Nám. Svobody. Das Museum kann man sich von Mai–Sept. vom Personal der Touristeninformation aufsperren lassen. 0,70 €.

**Louny (Laun)**: Louny (19.000 Einwohner), 20 km östlich von Žatec gelegen, wurde noch vor einigen Jahren von der tschechischen Tageszeitung *Mladá Fronta Dnes* zur Stadt mit den schlechtesten Lebensbedingungen des Landes gekürt. Niedriges Einkommen und hohe Arbeitslosigkeit waren die Hauptgründe. Trist aber ist die quirlige kleine Stadt ganz und gar nicht mehr. Die einzige große Sehenswürdigkeit ist die spätgotische *St.-Nikolaus-Kirche* (Kostel sv. Mikuláš) mit dreifachem Zeltdach und 60 m hohem prismatischem Turm. 1538 wurde das Gotteshaus nach 18-jähriger Bauzeit fertig gestellt. Verantwortlicher Baumeister war Pavel aus Pardubice und nicht – wie oft angenommen – Benedikt Ried, auch wenn die Kirche sehr an die St.-Barbara-Kathedrale in Kutná Hora (→ S. 150) erinnert. Das helle, nüchtern wirkende Innere lockern ein herrlicher, aus Lindenholz geschnitzter Barockaltar (1700–1708) und die gotische Tonschieferkanzel auf. Der Kirchturm kann bestiegen werden. Er ist das einzige Überbleibsel der gotischen Vorgängerkirche, die bei einem Brand im Jahr 1517 zerstört wurde.

**Verbindungen** Busbahnhof in bequemer Laufnähe südöstlich des Zentrums. **Busse** regelmäßig nach Žatec und Prag. Vom Hauptbahnhof am östlichen Ortsrand fahren **Züge** regelmäßig nach Most.

**Öffnungszeiten** **Kirche**, oft nur durch das Glasportal einsehbar. **Kirchturm**, 2014 wegen Sanierung geschlossen.

**Übernachten/Essen** »» Unser Tipp: **Caramell Hotel**, recht stilsicheres Hotel am Markt. Sehr hübsch designte Zimmer mit Parkettböden und Sichtsteinwänden. Das Restaurant (tschechisch-mediterrane Küche) kommt wie eine Cocktailbar daher. Der Hit aber ist die herrliche Dachterrasse für den Sommer. EZ 36 €, DZ 58 €. Mírové nám. 56, PLZ 44001, ✆ 602741034 (mobil), www.caramell.cz. ««

## Kadaň

Kaaden

Kadaň (17.900 Einwohner) im Vorland des Erzgebirges ist eine freundliche Stadt, auch wenn es die Umgebung auf den ersten Blick nicht vermuten lässt. Dort, wo sich einst weite Hopfenfelder erstreckten, ragen heute rußende Schornsteine, riesige Kühltürme und Schlote von Strom- und Heizkraftwerken in den Himmel. Bei der Anfahrt von Klášterec nad Ohří und im Zentrum von Kadaň merkt man von alldem glücklicherweise nichts. Die Altstadt steht komplett unter Denkmalschutz. Der weite, gepflasterte **Marktplatz** mit einer figurenreichen Pestsäule aus dem 18. Jh. ist umgeben von frisch restaurierten Laubenganghäusern. Am Marktplatz

Auf dem Marktplatz von Kadaň

Kadaň: Hübsches Städtchen in nicht ganz so hübscher Umgebung

steht auch das **Rathaus** mit einem eigenartigen gotischen Turm. Schräg gegenüber beginnt die **Katova ulička**, die Henkerstraße, die angeblich schmalste Gasse Böhmens, in die nur spärliches Licht durch ein Labyrinth von Stützpfeilern fällt. Der Henker wohnte einst übrigens am Ende der Gasse unter dem Tor.

Im Süden der Altstadt, über dem Flusslauf der Ohře (Eger), wo noch weite Abschnitte der Stadtbefestigung erhalten sind, erhebt sich eine **gotische Burg** (Gotický hrad). In ihrem Inneren befinden sich heute ein Seniorenheim, die städtische Bibliothek und eine meist geschlossene Galerie. Im Westen Kadaňs (etwas außerhalb der Altstadt) liegt das ehemalige **Franziskanerkloster der Vierzehn heiligen Nothelfer** (Františkánský klášter) aus dem 15. Jh., das heute das Stadtmuseum beherbergt. Es widmet sich in erster Linie der Archäologie, Mineralogie, Geologie und dem Bergbau. Der Andrang hält sich in Grenzen, doch das ist man gewohnt. Zu sozialistischer Zeit befand sich darin eine Ausstellung über die Arbeiterbewegung der Region, wegen Besuchermangels wurde sie schon bald nach der Eröffnung wieder geschlossen.

6 km südöstlich von Kadaň liegt der bei Campern und Surfern beliebte Nechranice-Stausee (Vod. nádrž Nechranice).

## Basis-Infos

**Information** **Městské informační centrum**, Jana Švermy 7. Mo/Mi 8–17 Uhr, Di u. Do/Fr bis 16 Uhr, Sa/So 9.30–12.30 Uhr. ✆ 474319550, www.mesto-kadan.cz.

**Verbindungen** Bahnhof außerhalb des historischen Zentrums im Norden der Stadt, ebenso der Busbahnhof. **Busse** häufig nach Klášterec nad Ohří (einige davon fahren weiter nach Perštejn) und Chomutov, 5-mal tägl. nach Žatec, 3-mal nach Karlsbad (über Ostrov), 2-mal nach Prag. Regelmäßig **Züge** nach Chomutov.

**Ärztliche Versorgung** Krankenhaus im Norden der Stadt an der Golovinova 1559. ✆ 474944111, www.nemkadan.cz.

**Öffnungszeiten** **Gotische Burg**, Mai/Juni

Krankenhaus, Polizei, Chomutov
Eisstadion
Kaufland
1. Máje
Poštovní
Bahnhof
Fibichova
Mánesova
Dvořákova
Kpt. Jaroše
Školní
Pod Nádražím
Jungmannova
5. Května
BUS
Hřbitovní
Komenského
Partyzánská
Koželužská
J. Švermy
Česko - Polského - Přátelství
Pokelská
Sokolovská
B. Němcové
ehem. Franziskanerkloster, Klášterec nad Ohří
Čsl. Armády
Sv. brána
Katova ulička
J. Švermy
Rathaus
Mírové náměstí
Věžní
Nerudova
Jiráskova
Čechova
Vrchlického
Tyršova
Žatecká
Sládkova
Sukova
Lázeňská
Žatecká brána
Gotische Burg
Říční
Zeyerova
Ohčre Eger
Übernachten
2 Penzion U Johanky
3 Penzion U Karla IV.
4 U zlaté koruny
6 Hotel Tercier
Essen & Trinken
1 Bílý Beránek
2 Café U Johanky
5 U svaté brány
7 Střelnice
Žatec und Autocamp U Hráze
Pokutická
100 m
Kadaň

**Öffnungszeiten** Gotische Burg, Mai/Juni u. Sept. nur Sa/So, Juli/Aug. tägl. 11–17 Uhr stündl. Führungen. 2 €, erm. 1,20 €. www.kultura-kadan.cz.

Franziskanerkloster, April–Juni u. Sept./ Okt. Führungen nur Di–Fr um 15 u. 16 Uhr, Sa/So 11–17 Uhr stündl., Juli/ Aug. tägl. (außer Mo) 11–17 Uhr stündl. Je nach Führung 1,20–2,80 €, erm. stets 1,20 €. www.kultura-kadan.cz.

**Parken** Gebührenpflichtiger Parkplatz am Mírove nám.

**Veranstaltung** Zwischen Ende Aug. und Mitte Sept. wird der **Kaisertag** (Císařský den) gefeiert, der an den Einzug Karls IV. in die Stadt erinnert – ein Kostümfest mit Rittern, Gauklern usw. www.cisarskyden.cz.

## Übernachten/Essen & Trinken

→ Karte S. 307

**Übernachten** Penzion U Johanky **2**, Familienbetrieb mit freundlicher deutschsprachiger Betreuung. 10 Zimmer und Apartments in einem historischen Gebäude. Hell eingerichtet. Nettes Café im EG. EZ 33 €, DZ 50 €. Jana Švermy 17, PLZ 43201, ✆ 474343307, www.ujohanky.com.

Penzion U Karla IV. **3**, in der Nachbarschaft und ebenfalls n einem Altstadthaus. 13 komfortable Zimmer mit dunklen Holzmöbeln auf 3-Sterne-Niveau (Tresor, Minibar, gute Bäder). Restaurant angeschlossen. Dazu Sauna und Fitnessraum. EZ 33 €, DZ 50 €. Jana Švermy 13, PLZ 43201, ✆ 737517996 (mobil), www.ukarla-kadan.cz.

** Hotel Tercier **6**, etwas einfachere Zimmer in warmen Farben, dazu ein Restaurant mit Höhlenambiente (künstliche Tropfsteine an der Decke). 21 €/Pers. Žatecká 566, PLZ 43201, ✆ 474345234, www.restaurace-kadan.cz.

U zlaté koruny **4**, am Marktplatz. Nur 3 Zimmer mit Bad, diese dafür sehr geräumig. Teils mit Holzböden, teils mit Teppich, recht rustikal und gepflegt. Die Vermieterin spricht nur Englisch. Eigene Parkplätze. EZ 24 €, DZ 36 €. Mírové nám. 72, PLZ 43201, ✆ 474345108, www.penzion-uzlatekoruny.cz.

**Camping** Autocamp u Hráze, kleiner Campingplatz direkt am Nechranice-Stausee. Saubere Sanitäranlagen, Restaurant, Kiosk mit Lebensmitteln, Volleyball- u. Tennisplatz. Mai–Okt. 2 Pers. mit Zelt u. Auto 6 €, 2-Pers.-Chata 18 €. Vikletice 48, PLZ 43801, ✆ 474392282, www.uhraze-nechranice.cz.

**Restaurants** Střelnice **7**, das „Schützenhaus". Etwas steril, aber sehr gepflegt. Am besten kommt man im Sommer in den lauschigen Biergarten. Tschechische Küche wie Lendenbraten, Gulasch oder Zander mit Zitronensoße zu 4–12 €. Čechova 147, ✆ 773075222 (mobil).

Bílý Beránek **1**, etwas gehobenere, populäre Lokalität. Internationale Karte: Schnecken, Garnelen, Borschtsch, Chili con Carne, Cordon bleu etc. Hg. 4–11 €. Čsla. Armády 27, ✆ 724873677 (mobil).

U svaté brány **5**, gute Pizzeria, die Alternative zu Kloß mit Soß. Pizzen 4–6,50 €, auch Pasta, Fleisch und Fisch. Kleiner Gartenbereich hinterm Haus. J. Švermy 18, ✆ 474343295.

# Umgebung von Kadaň

**Klášterec nad Ohří (Klösterle an der Eger)**: Das 15.000 Einwohner zählende Städtchen liegt 8 km westlich von Kadaň auf dem Weg nach Karlsbad. Einzige Sehenswürdigkeit ist das dunkelrote *Vitzthumer Schloss* (Zámek) in der Altstadt, das die aus Österreich zugewanderten Thuns in der ersten Hälfte des 17. Jh. im damaligen Klösterle an der Eger erwarben. Dabei handelt es sich um jene Thuns, die Ende des 18. Jh. eine Porzellanfabrik gründeten, und deren Name noch heute für Porzellan steht, das für einen Polterabend zu schade ist. Die Räumlichkeiten hinter der neugotischen Fassade beherbergen passend dazu das „Museum des böhmischen Porzellans", das durch chinesische und japanische Exponate sowie Stücke aus der

Meißner Manufaktur bereichert wird. Zudem kann man eine Führung buchen, die auch die Thun'sche Familiengruft im Programm hat.

Ganz im Süden des Städtchens am Flusslauf der Ohře liegt die **Mineralquelle Eugenie (Pramen Evženie)**, die ein Wasser mit einem erhöhten Gehalt an Kieselsäure fördert. Im kleinen **Kurareal Kyselka** wird dieses getrunken und für Bäder verwendet. Insbesondere bei Magenerkrankungen soll es Wirkung zeigen.

**Verbindungen** Nach Karlovy Vary regelmäßig mit dem **Zug**, nach Kadaň mit dem **Bus**. Busbahnhof und Bahnhof ganz im Osten der Stadt, Ⓑ1 bringt Sie in die Altstadt.

**Öffnungszeiten** **Schloss**, April–Sept. tägl. 9–17 Uhr, Okt.–März Di–Sa 9–15 Uhr. 3 Rundgänge, je nach Rundgang in dt. Sprache bzw. mit dt. Text 2,40–6 €, erm. 1,60–4 €. www.zamek-klasterec.cz.

**Übernachten/Essen** **Lázeňský Penzion**, in schöner Lage im Kurareal. Geräumige Zimmer, kleiner Fitnessraum, Sauna. Rezeption im Kurhaus nebenan. EZ 35 €, DZ 44 €. Kyselka 104, PLZ 43151, ✆ 474698770, www.arc-med.cz.

In der Nachbarschaft befindet sich das **Restaurant Peřeje**, ein freundliches Lokal mit netter Gartenterrasse und noch netterer junger Bedienung. Gute Küche – Fisch, Fleisch und sogar ein paar erfreuliche Angebote für Vegetarier. Hg. 3,50–15 €. ✆ 728492711 (mobil).

**Perštejn (Pürstein) und Umgebung**: Auf der reizvollen Strecke von Klášterec nach Ostrov passiert man das in einem schönen Tal gelegene Perštejn. Zu sozialistischer Zeit galt Perštejn als das tschechische Meran (ein Vergleich, den man nur so lange aufrechterhalten konnte, wie die Grenzen dicht waren). Im Ort findet man ein paar Restaurants und Unterkünfte. Auf einigen Höhen der Umgebung stehen Burgruinen. Eine der besuchenswertesten ist die *Burg Hauenštejn*. Oberhalb der Häuseransammlung Horní Hrad (von der Straße nach Ostrov kurz hinter Stráž nad Ohří ausgeschildert) ragt sie aus dem Wald. Ihre Grundmauern stammen aus der zweiten Hälfte des 13. Jh., im 19. Jh. wurde die Burg neugotisch im Windsor-Stil umgestaltet. Ihre letzten Bewohner mussten sie 1945 verlassen, danach verkam sie zusehends. Trotz laufender Restaurierungsarbeiten, die sich noch Jahre hinziehen werden, ist die romantische Baustelle zugänglich – eine Turmbesteigung belohnt mit tollen Ausblicken.

**Verbindungen** **Busse** regelmäßig von und nach Kadaň, jedoch nur 3-mal tägl. über Ostrov nach Karlsbad. Letztere halten auch an der Abzweigung zur Burg Hauenštejn. **Züge** (Bahnhof sehr weit außerhalb!) auf der Strecke Karlovy Vary – Klašterec nad Ohří halten i. d. R. in Perštejn.

**Öffnungszeiten** **Burg Hauenštejn**, März–Okt. tägl. 10–17 Uhr, Juli/Aug. bis 19 Uhr, alle anderen Monate Sa/So 10–17 Uhr. 4 €, erm. 2,80 €. www.hornihrad.cz.

**Übernachten/Camping** **Selský Dvůr**, die schönste Unterkunft Perštejns, hoch über dem Ort. Berghotel im alpenländischen Stil, innen wie außen sehr rustikal. Pool, Sauna, Restaurant (nicht immer mit dem besten Service), Fitnessraum und traumhafte Aussicht. Es werden auch Ausritte angeboten (12 €). Zudem kann man campen – leider überwiegend Hanglage! Von der Verbindungsstraße von Perštejn nach Klášterec nad Ohří unübersehbar ausgeschildert. DZ ab 64 €, Chata für 2 Pers. ohne Bad 26 €, Campen für 2 Pers. mit Wohnmobil 12 €. Perštejn 300, PLZ 43163, ✆ 474319410, www.selsky-dvur.com.

Weiter **nach Westböhmen?** Informationen zu **Karlsbad** bekommen Sie ab S. 371, zum **Erzgebirge** ab S. 388.

Im schmucken Stadtkern spiegelt sich die reiche Geschichte Chebs wider

# Westböhmen

Západní Čechy

**Ein Potpourri aus goldenen Weizenfeldern, dichten Wäldern, Teichen und Obstbäumen entlang der Straßen kennzeichnet das dünn besiedelte Westböhmen. Eine quirlige Metropole und elegante Kurbäder sorgen für Abwechslung.**

Kein Jahrhundert ist es her, da zählten die westböhmischen Kurorte Karlsbad, Marienbad und Franzensbad zu den bevorzugten Locations der vornehmen Gesellschaft. Kaiser und Könige, Dichter und Denker, Reiche und Schöne kamen hierher – weniger irgendwelcher Leiden wegen, mehr, um zu sehen und gesehen zu werden. Doch während der kommunistischen Abgeschiedenheit hinter dem Eisernen Vorhang fiel das Bäderdreieck in einen Dornröschenschlaf und geriet in Vergessenheit. Heute ist es längst wieder erwacht.

Westböhmen auf das Bäderdreieck zu reduzieren ist aber falsch. Die Region zwischen Erzgebirge und Tschechischem Wald, zwischen Cheb und Pilsen, zwischen

### Westböhmen – die Highlights

**Bäderdreieck**: Egal, ob Sie sich für das urbane **Karlsbad**, das wunderschön gelegene **Marienbad** oder das stille, kleine **Franzensbad** entscheiden – auch ohne Moorpackung und Schnabeltasse lässt es sich in den westböhmischen Kurorten gut aushalten.

**Bečov nad Teplou**: Idylle pur. Das romantische Städtchen zwischen Karlsbad und Marienbad besitzt ein sehenswertes Schloss.

**Klášter Kladruby**: Braun, Dientzenhofer und Santini – die drei größten Barockmeister der Landes verewigten sich hier. Die Klosterkirche ist ein architektonisches Highlight. Auch das nahe **Kloster Plasy** lohnt einen Besuch.

**Horšovský Týn**: Ein gemütlicher Ort für einen ebensolchen Nachmittag. Schauen Sie sich das prächtige Renaissanceschloss an!

**Loket**: Eine mächtige Burg und darunter ein schnuckeliges Städtchen oder – wie Goethe sagte – „ein landschaftliches Kunstwerk".

**Doubrava**: Das Dorf bei Cheb besticht durch Gehöfte im Egerländer Fachwerk.

# Westböhmen

slawischer Welt und deutschsprachigen Ländern bietet mehr: mittelalterliche Städte, unzählige Schlösser und Burgen, erstklassige Biere und stille, ursprünglich gebliebene Landschaften. Das wusste schon der gute alte Goethe, der Westböhmen – rechnet man all seine Reisen zusammen – mehrere Jahre durchstreifte.

## Františkovy Lázně

Franzensbad

**Franzensbad ist der Archetyp eines Heilbads. Ockerfarbene neoklassizistische Bauten prägen das Kurzentrum. Drum herum laden Parks zum Spazieren durch die Quellenlandschaft ein.**

Von den drei renommierten westböhmischen Kurorten ist Franzensbad mit rund 5500 Einwohnern der ruhigste und kleinste. Alles steht hier im Zeichen der Erholung. Das schachbrettartig angelegte Kurzentrum ist verkehrsberuhigt. Schrilles Nachtleben, das die Genesung beeinträchtigen oder die Nachtruhe stören könnte, gibt es nicht, lediglich ein paar „Nightclubs" am Stadtrand, die den deutsch-tschechischen Grenzverkehr ankurbeln. Ähnlich wie Marienbad oder Karlsbad lockte auch Franzensbad berühmte Persönlichkeiten an, nur nicht so viele. Von der Gästeliste des Ortes kennt man den Maler Carl Spitzweg, Komponisten wie Ludwig van Beethoven und Joseph Strauß, Philosophen wie Friedrich Nietzsche und Arthur Schopenhauer oder Staatsmänner wie Otto von Bismarck und den serbischen König Milan. Auch Dichter kamen, z. B. der Prager Schriftsteller Jan Neruda, aber selbstverständlich auch der überall in Böhmen kurende Johann Wolfgang von Goethe.

**Geschichte**: Schon im Mittelalter war die Gegend für ihr Quellwasser bekannt, der Säuerling (kohlensaures Wasser) wurde geschätzt und gerühmt. Dadurch entwickelte sich im 17. Jh. das 5 km entfernte Eger (das heutige Cheb) zu einem Kurort. Ganze Scharen von Trägern verdienten sich ihr Brot mit dem Transport des Wassers von der Quelle in die Stadt. Ein dortiger Kaufmann begann während des Dreißigjährigen Krieges, das Wasser in Tonkrüge abzufüllen und in verschiedene europäische Städte zu versenden. Schiller und Goethe z. B. ließen es sich später nach Weimar schicken. 1793 erst wurde das Heilbad nach Plänen des Abtes Tobias Gruber gegründet und die kleine Häuseransammlung von „Egerwasser" in „Kaiser Franzensdorf" nach Kaiser Franz I. umbenannt. Verständlicherweise hatte das Proteste der Wasserträger zur Folge, die um ihr Einkommen fürchteten. In den ersten Jahren des Kurbetriebs trank man nur das Wasser der Franzensquelle. Aufgrund der starken Nachfrage und der vielen Gäste reichte es bald nicht mehr aus, und man suchte und bohrte nach weiteren Quellen. So entdeckte man die Luisenquelle (benannt nach der Tochter Kaisers Franz I.) und Gasquellen, die zur Einrichtung der ersten Gasbäder führten. Auch begann man zu jener Zeit mit Moorbehandlungen zu experimentieren, Franzensbad war in diesem Punkt wegbereitend.

Mitte des 19. Jh. gab es schon drei Kurgebäude. 1865 wurde Franzensbad zur Stadt erhoben. Im gleichen Jahr erfolgte der Anschluss an das Eisenbahnnetz, was der weiteren Entwicklung der Stadt zugute kam. Damals machte Franzensbad übrigens noch einen recht bunten Eindruck, die Häuser waren in pastelligen Blau-, Grün-, Rot- und Gelbtönen gestrichen. Seine große Blütezeit erlebte der Kurort vor dem 1. Weltkrieg. Zum Wohle und zur Freizeitgestaltung der Besucher waren Sporteinrichtungen gebaut worden: Es entstanden Reitanlagen, Tennis- und Golfplätze, Kricketfelder usw. Damit die Kurgäste nicht durch Lärm gestört wurden, war schon damals das Bauen während der Kursaison verboten. Bis zu 20.000 Kurgäste und 80.000 Kurzbesucher zählte man im Jahr. Nach dem 1. Weltkrieg, in dem Franzensbad als Lazarett fungierte, wurden neue Quellen entdeckt. 1941 richtete man gar ein balneologisches Forschungsinstitut ein. Die Befreiung Franzensbads durch die Amerikaner erfolgte am 25. April 1945; ein Denkmal bei der Kolonnade erinnert heute daran. Bald darauf stand die Stadt leer, sämtliche deutsche Einwohner waren vertrieben. Unter den Kommunisten verfiel Franzensbad, die Gebäude wurden verstaatlicht. Zugleich wurde es eine Art kleine Künstlerenklave, da sich viele Journalisten, Schriftsteller, Schauspieler und Regisseure, die in Prag Publikations- oder Auftrittsverbot hatten, in Franzensbad niederließen. Seit der Wende wird fleißig restauriert – die Fassaden erstrahlen größtenteils in neuem Glanz.

**Orientierung**: Franzensbad liegt inmitten eines weiten, leicht welligen Beckens. Kein Hügel oder großes Bauwerk kann als Orientierungspunkt herangezogen werden. Das eigentliche Kurzentrum ist klein und fast quadratisch, es umfasst nur fünf Straßenzüge, ist aber weitgehend von Wäldern und Parkanlagen umgeben. Nördlich, entlang der Americká, schließt sich das „moderne" Franzensbad an. Dort liegen auch die Restaurants und Kneipen, die von den Einheimischen besucht werden.

## Basis-Infos

→ Karte S. 315

**Information** **Infocentrum**, in Nachbarschaft zur Franzensquelle. Zugleich die Infostelle der Bad Franzensbad AG. Tägl. 9–18 Uhr. ✆ 354201170, www.franzensbad.cz.

**Verbindungen** Bahnhof im Norden der Stadt an der Nádražní stezka. Bis zu 11-mal tägl. **Züge** nach Cheb und Aš, 1-mal tägl. nach Marienbad.

Die **Busse** fahren in der Americká/Ecke Ruská ab. Stündlich Verbindungen nach Cheb, regelmäßig nach Aš, bis zu 6-mal tägl. nach Prag und Karlovy Vary, 1-mal nach Stříbro und Plzeň.

**Ärztliche Versorgung** In vielen Kurhäusern gibt es einen ärztlichen Bereitschaftsdienst rund um die Uhr.

**Einkaufen** Im Kurzentrum wird viel böhmisches Glas angeboten, ansonsten gibt es nur wenig Interessantes oder Außergewöhnliches zu kaufen.

**Nature Life** 13, tschechische Naturkosmetik, dazu Wein aus Mähren. Neue Kolonnade.

**Franzensbader Kurshop** 11, hier kann man sich mit den leckeren hiesigen Oblaten eindecken und zudem den Kräuterlikör „Dr. Adler" kosten. Jiráskova 15.

**Parken** Recht sicher sind die Parkplätze an der Ecke Chebská/Klostermannova im Süden des Orts und der Großparkplatz gleich beim Bahnhof.

Zwickau
Chemnitz, Dresden, Leipzig
Zschopau
Greiz
Reichenbach
Gera, Leipzig
Auerbach
DEUTSCHLAND
Marienberg
Olbernhau
Annaberg-Buchholz
Schwarzenberg
Johann-Georgenstadt
Potůčky
Oberwiesenthal
Boží Dar
Klínovec 1244
Klingenthal
Adorf
Špičák 991
Pernink
Plešivec 1028
Nové Hamry
Abertamy
Jáchymov
Perštejn
Hauenštejn
Kraslice
Nejdek
Ostrov
Sadov
Kyselka
Doupovské Hory
Aš
Háj 758
Luby
Chodov
Sokolov
Karlovy Vary
Skalná
Soos
Chlum Sv. Maří
Loket
Andělská Hora
Hradiště 934
Podbořanky
elb
Nový Drahov
Mostov
Ostroh
v. n. Skalka
Cheb
Františkovy Lázně
v.n. Jesenice
Slavkovský les
Bečov n. Teplou
Valeč
Chyše
Rabštejn n. Střelou
Manětín
Zlatý Kříž
Starý Hroznatov
Doubrava
Kladská
Lázně Kynžvart
Kozly
Bayreuth, Nürnberg
Mitterteich
Dyleň 940
Hamrníky
Teplá
Mariánské Lázně
Nečtiny
Mähring
Chodová Planá
Bezdružice
Úterý
Čeliv
Konstantinovy Lázně
Krasíkov
Planá
Tachov
Černošín
v.n. Hracholusky
Hracholusky
Mže
Stříbro
Bělá
Plasy
Býkov
Hromnice
Darová
Plzeň
Neustadt a.d. Waldnaab
Weiden
Rozvadov
Waidhaus
Primda
Diana
Český les
Kladruby
Chotěšov
Úhlavka
Starý Plzenec
Radyně 569
Radyně
Šťáhlavy
Nebilovy
Dolní Lukavice
Přeštice
Lužany
Spálené Poříčí
Úslava
Dobříš
Rokycany
Příbram
Mirovice
BÖHMEN
Horšovský Týn
Klenči p. Čerchovem
Koloveč
Chudenice
Domažlice
Švihov
Žinkovy
Nepomuk
Nürnberg
A93
Babylon
Rýzmberk
Němčice
Nový Herštejn
Klatovy
Čerchov 1042
Kdyně
Čes. Kubice
Hnačov
Rötz
Janovice n. Úhl.
Úhlava
Klenová
Nýrsko
Běšiny
Podolí
Horažďovice
Rabí
Otava
Furth im Wald
Skelná Huť
Zelená Lhota
Velhartice
Javoříčko
Písek
Cham
Hamry
Hojsova Stráž
Pancíř 1214
Jiřičná
Sušice
Strakonice
Roding
Hartmanice
Nové Městečko
Kašperské Hory
Volyně
Volyňka
Blanice
Železná Ruda
Dobrá Voda
Řetenice
Großer Arber 1456
Bayerisch Eisenstein
Šumava
Regensburg
DEUTSCHLAND
Viechtach
Vimperk
Netolice
Prachatice
Regen
Straubing
Donau
Deggendorf
Grafenau
Volary
Freyung
Horní Planá
Passau
Westböhmen
15 km
Chomutov
Jirkov
Bílina
Most
Litvínov
Teplice
v. n. Fláje
Krušné hory
Ústí nad Labem
Děčín
Labe
Bílina
Litoměřice
Lovosice
Klášterec n. Ohří
Kadaň
Žatec
Libochovice
Ohře
Louny
Blšanka
Slaný
Kladno
Prag
Rakovník
Marián. Týnec
Beroun
D5
D8
A72
A3
A92
Rokycany

## Übernachten

An Kurzurlauber werden nicht in allen Kurhäusern Zimmer vermietet, in den hier aufgeführten Hotels dürfte dies jedoch kein Problem sein. Wer günstig unterkommen will, findet preiswerte Pensionen insbesondere im Norden der Stadt zwischen den Straßen Anglická und Americká.

**Hotels** **** **Imperial** **14**, bestes Hotel in Franzensbad. Freistehende, traditionsreiche, kitschig-pompöse Palastvilla. 49 komfortable Zimmer, darunter auch behindertengerechte. Schöne Terrasse zum Park hin, bewachte Parkplätze. Kuranwendungen im Haus. Absolute Ruhe, hier muss man einfach gesund werden. EZ ab 80 €, DZ ab 110 €. Dr. Pohoreckého 3, PLZ 35101, ✆ 354206600, www.franzensbad.cz.

**** **U tří lilie** **9**, das älteste Hotel Franzensbads inmitten des Kurzentrums. Goethe und Fürst von Metternich weilten schon hier. Zimmer teils mit schönem Stuck und großzügigen Bädern. Restaurant, Café. Kuranwendungen. EZ 75 €, DZ ab 110 €. Národní 3, PLZ 35101, ✆ 354208900, www.franzensbad.cz.

**Diana** **15**, privates Kurhaus ganz im Süden von Franzensbad. Neubau. Im Foyer grüßen Hirschgeweihe. Helle Zimmer mit Kaufhausmobiliar, die meisten davon mit Balkon. Es wird viel geboten: Außen- und Innenpool, Radverleih, Organisation von Jagdausflügen, Kurbehandlungen etc. EZ 40 €, DZ 76 €, Parken 1,50 €/Tag extra. Klostermannova 122/1A, PLZ 35101, ✆ 354402111, www.diana-ld.com.

**Pensionen** **Klima** **16**, ruhige und abseits des Zentrums gelegene, familienfreundliche, kleine Kuranlage im Fachwerkstil. Überaus populär – frühzeitige Buchung dringend notwendig. Große Zimmer mit Hotelkomfort. Kleiner Pool im Garten. Ärztliche Untersuchungen und Kuranwendungen im Haus. Ab 35 €/Pers. Lesní 1, PLZ 35101, ✆ 354542890, www.sanatoriumklima.cz.

**Lionetta** **7**, Teppichbodenzimmer mit Bad und Kühlschrank, nichts Besonderes. Küchenbenutzung möglich. Parken im Hof kostenlos. Mitten im Zentrum. EZ 20 €, DZ 36 €. Národní 10, PLZ 35101, ✆ 606716359 (mobil), www.penzion-franzensbad.cz.

Kurhaus Imperial

**Abbazia 5**, historisches Gebäude (1870) nördlich des Kurzentrums. 8 z. T. farbenfrohe Zimmer mit Naturholzmöbeln, ordentlichen Bädern und Satelliten-TV. Dazu auch ein Apartment. Abschließbarer Parkplatz. Ruhig. EZ 34 €, DZ 44 €. Francouská 169/1, PLZ 35101, ✆ 354542660, www.abbazia.cz.

**Lázeňský Pension Josef II. 4**, keine 10 Gehmin. nördlich des Kurzentrums. Historisches Stadthaus mit Turmansatz. Ordentliche Teppichbodenzimmer mit Bad. Dazu eine nette überdachte Restaurantterrasse. EZ 26 €, DZ ab 39 € inkl. Parken. Americká 27/35, PLZ 35101, ✆ 354542969, www.pensionjosef.cz.

**Außerhalb** **Štekrův Mlýn 2**, → Essen & Trinken.

**Hotel U Špejcharu 1**, im Dorf Kopanina ca. 15 km nordöstlich von Franzensbad. Historischer Vierseithof unter freundlicher deutsch-tschechischer Leitung. Schöne, liebevoll dekorierte, großzügige Zimmer im rustikalen Landhausstil. Wellnessbereich mit Whirlpool und Sauna, Ausritte und Kutschfahrten möglich. Im Restaurant (mit netter Hofterrasse) serviert man zu fairen Preisen sehr gute Küche, darunter Biofleisch aus der eigenen Zucht, Regional-Saisonales, aber auch schwäbische Käsespätzle. Sehr gutes Preis-Leistungs-Verhältnis: DZ ab 50 €. Kopanina 13, PLZ 35134, ✆ 354509310, www.hoteluspejcharu.cz. ■

**Camping** Amerika, am gleichnamigen See. Weitestgehend schattenloses Areal für Camper, dazu gepflegte Bungalows. Nagelneue Sanitäranlagen. 2 Pers. mit Wohnmobil 14 €, Strom nach Verbrauch. Bungalows ohne Bad 29 €, mit Bad 41 €. Jezerní 8, PLZ 35101, ✆ 354599093, www.camping-amerika.cz.

## Essen & Trinken/Nachtleben

→ Karte S. 315

**Restaurants** **Goethe Restaurant 12**, im Gesellschaftshaus Společenský dům. An sich schöner Saal mit gelb-weißem Stuck und einem Bodenaquarium mit japanischen Koi-Karpfen (!). Früher versuchte man, auf elitär und elegant zu machen, was (leider) nicht gefruchtet hat. Heute geht es hier, wie überall im Ort, sehr, sehr bieder zu, „Rosamunde"-Tanztee inklusive. Durchschnittliche böhmische Küche zwischen Schnitzel und Hirschbraten, Hg. 5,20–15,20 €. Národní třída, ✆ 354500146.

**Rybářská bašta 6**, kleines Fischlokal in einem romantischen Minischlösschen am Schwanensee (Labutí jezírko), hübsche Terrasse. Im Winter heizt der offene Kamin, im Sommer sitzt man draußen. Vor allem Forelle, Karpfen und Zander, leider wird oft sehr fettig gebraten. Hg. 7,20–13,20 €. Dlouhá 8, ✆ 354542964.

**Chaloupka U Vody 17**, Blockhaus direkt am Ufer des Amerika-Sees – herrliche Terrasse. Innen sehr rustikal. Grundehrliche Hausmannskost zwischen Matjes, gefüllten Knödeln und gebratener Forelle, dazu hausgebackene Kuchen. Hg. 7,20–10 €. Nur 11–18 Uhr, Mo bei schlechtem Wetter geschl. ✆ 354673135.

**Selská jizba 8**, ländlich eingerichtetes Lokal, das sich ganz der mährisch-slowakischen Küche verpflichtet. Es gibt *halušky* (eine Art Spätzle), dicke Würste oder große Rauchfleischplatten. Gute Auswahl an mährischen Weinen. Hg. 4–8 €. Hin und wieder Abende mit Akkordeonmusik. Jiráskova 21, ✆ 354204250.

**Außerhalb** **Štekrův Mlýn 2**, idyllisch gelegene alte Mühle ca. 3 km nördlich von Franzensbad. Nebenan fließt ein Bächlein, und die Pferde weiden auf der Koppel. Böhmische Hausmannskost, Hg. 4–10 €. Zudem Vermietung von 9 Zimmern mit Kiefernholzmöbeln (DZ ohne Bad 28 €, mit Bad 36 €). Von der Straße nach Vojtanov (E 49) ausgeschildert. Horní Lomany 40, PLZ 35002, ✆ 354542204, www.stekr.euweb.cz.

**Restaurace Hrad Vildštejn 3**, in der Burg Wildstein, ca. 6 km nördlich von Franzensbad in Skalná (im Ort ausgeschildert). Lokal im Stil einer mittelalterlichen Schenke, es werden auch Ritteressen angeboten. Der Ober im höfischen Kostüm, mittelalterliche Musik aus den Boxen. Vor allem eine Steakadresse, die Lappen kommen auch vom Bison, Strauß, Gnu und gar von der Python (16–27 €). Nebenbei werden auch die Standards serviert (mittlere Preisklasse). Im UG befindet sich zudem ein Museum mit Funden aus der Burg, im 2. Stock ein Feuerwehrmuseum. Ganz nebenbei: Der Burgherr selbst ist ein echter Ritter. Purnr Miroslav, zugleich auch Unternehmer, wurde dazu geschlagen, nachdem er sich um den Wiederaufbau der Burg verdient gemacht hatte. Regelmäßig mit dem Bus von Cheb und Franzensbad zu erreichen. ✆ 354594930.

››› **Unser Tipp:** **Hotel U Špejcharu 1**, → Übernachten. ‹‹‹

**Cafés** **Wiener Café 13**, im Gesellschaftshaus Společenský dům an der Národní třída. Gediegenes Kaffeehaus mit viel Gold und Stuckdecken. Guter Platz, Passanten zu beobachten, ohne selbst beobachtet zu werden – die Fenster sind verspiegelt. Terrasse, hauseigene Konditorei.

**Café Prestige 10**, hier wurde das wunderbare Foyer des ehemaligen Kinos in ein extravagantes Café im provinziellen Schick umgewandelt. Riesige Flatscreen-TVs, Polstermöbel, Teppichböden, toller Stuck. Torten und internationale Küche, Sommerterrasse in der Fußgängerzone. Národní 13.

## Sport & Freizeit/Kur & Kultur

**Baden** **Aquaforum**, nahe dem Caesarbad an der 5. května. Der Aquapark, in Anlehnung an einen antiken Tempel erbaut, bietet etliche Becken, Relaxräume, eine Liegewiese, eine Sauna, Solarium etc. Wellnesszentrum. Tägl. 9–21 Uhr. Eintritt für 2 Std. 5,20 €, für 4 Std. 8 €.

**Casino** **Casino Ingo**, im 1. Stock des Gesellschaftshauses Společenský dům an der Národní třída. Roulette, Poker und Black Jack. Für 10 € Eintritt bekommt man Jetons im gleichen Wert. Mindesteinsatz 1 €. Angemessene Kleidung erbeten. Tägl. 15–4 Uhr. www.ingo-casino.com.

**Kuren** Die über 20 Quellen von Franzensbad und die vor Ort gewonnene radioaktive Moorerde haben den Kurort zu einem Herz-, Rheuma- und Frauenheilbad von Weltrang gemacht. Infos zum Kuren unter ✆ 354201104, www.franzensbad.cz. Auch ohne Pauschalkur können einzelne Anwendungen gebucht werden, einfach in den Kurhäusern oder im Infozentrum nachfragen. Angeboten werden z. B. Reflexmassagen (15 €) oder Aromabäder (11,50 €).

**Radverleih** Immer wieder wechselnde Anbieter. Die Touristeninformation erteilt Auskünfte, wer gerade Räder verleiht.

**Theater** **Divadlo B. Němcové**, an der Ecke Dr. Pohoreckého/Ruská. Neben Vorstellungen in tschechischer Sprache auch Konzerte und Operetten. www.divadlofl.org.

**Veranstaltungen** Mitte Mai **Quellenweihe** und Eröffnung der Kursaison. Juli–Sept. **Musiksommer**.

## Sehenswertes

Das kleine **Kurzentrum**, umgeben von weiten Parks, ist ein Gesamtkunstwerk. Das Erscheinungsbild ist von Maß und Eleganz, nicht von überladener Tortigkeit wie in Marienbad oder Karlsbad. Dazu trägt jedes einzelne der in Schönbrunner Gelb und Stuckweiß gehaltenen Gebäude bei. Wirklich hervorzuheben ist abgesehen vom Společenský dům (s. u.) jedoch kaum eines. Auch die Kirchen machen da keine Ausnahme.

**Národní třída (Nationalstraße)**: Auch wenn der Name eine breite, stark befahrene Avenue vermuten lässt, ist sie die Hauptflaniermeile im Kurzentrum. Auf Deutsch hieß sie früher „Kaiserstraße". Einen schönen Blick auf die Straße genießt man vom Musikpavillon im *Stadtpark* (Městské sady), wo im Sommer regelmäßig Nachmittagskonzerte veranstaltet werden. Spaziert man die Straße hinab, vorbei an gusseisernen Laternen, Palmen und jungen Bäumchen, passiert man u. a. die *Kavárna Beethoven*. Hier wohnte Ludwig van Beethoven 1812. Weiter am ehemaligen Kino (mit Pilastern geschmückt, heute ein Café) und dem *Společenský dům* (s. u.) vorbei, führt die Národní třída direkt auf den Pavillon der *Franzensquelle* (Františkův pramen, s. u.) zu. Er wurde 1832 errichtet und löste einen Vorgängerbau aus dem Jahre 1793 ab. Linker Hand befindet sich die *Neue Kolonnade* mit einem gemütlichen Café. Wenige Meter rechts vom Pavillon steht die *Statue des František*, eines puttenartigen Jungen mit Fisch, der auf einer Kugel sitzt. Ein alter Volksglaube veranlasst Frauen, seine Füße und andere Körperteile zu berühren, um fruchtbar zu werden. Wer daran glauben will, sollte zumindest die Originalfigur anfassen; sie steht im städtischen Museum (s. u.).

Weiter südlich schließt sich der *Salzquellenpark* (Sadý Solného) an, in dem sich die Halle der berüchtigten Glaubersalzquelle (→ Quellen) befindet.

**Izabelina promenáda (Isabellapromenade)**: Hinter der Neuen Kolonnade führt die von klassizistischen Statuen und Vasen gesäumte Isabellapromenade zur *Kolonnade der Salz- und Wiesenquelle* (Kolonáda Solného a Lučního prmene). Einst war die Isabellapromenade selbst eine offene Kolonnade mit über 60 dorischen Säulen. Doch sie war nicht allzu standhaft; nachdem sie ein Sturm vernichtet hatte, baute sie niemand mehr auf. In der Kolonnade der Salz- und Wiesenquelle befindet sich auch ein *Oldtimermuseum* mit rund 60 Exemplaren, darunter einige Motorräder (tägl. 10–17 Uhr, im Sommer bis 20 Uhr, 2 €).

Nördlich der Isabellapromenade erstreckt sich der *Smetanapark* (Sady Bedřicha Smetany). Neben einem Goethedenkmal im Stil der Wiener Sezession aus dem Jahr 1906 findet man dort auch das *Kurhaus Imperial,* eines der pompösesten Hotels Westböhmens (→ Übernachten).

**Společenský dům (Gesellschaftshaus)**: Es wird auch Traiterhaus genannt und ist eines der ältesten und schönsten Gebäude der Stadt. 1795 wurde es feierlich eröffnet. Der Neue Saal im Stil der Neorenaissance wurde 1876 angebaut. Alle bedeutenden gesellschaftlichen Veranstaltungen – Bälle, Versammlungen und dergleichen – wurden zur Blütezeit des Kurbads darin abgehalten. Heute beherbergt es das Kasino des Orts, das ausgefallene Goethe-Restaurant und das Wiener Café (→ Essen & Trinken). Im Neuen Saal und im Restaurant finden noch immer Tanznachmittage und -abende statt, das Niveau hat aber fürchterlich nachgelassen.

**Městské muzeum (Stadtmuseum)**: Auf zwei Etagen informiert es über die Geschichte des Kurorts und des Kurwesens überhaupt. Zu sehen gibt es alte Badewannen, Arztbestecke zum Aderlass, Fitnesstrainer, Etiketten längst zerbrochener Wasserflaschen usw. Des Weiteren beherbergt das Museum die Originalstatue des František.

Adresse/Öffnungszeiten: Dlouhá 4. Tägl. (außer Mo) 10–17 Uhr. 1,40 €, erm. 1 €. www.muzeum-frantiskovylazne.cz.

**Quellen**: Rund um die Stadt entspringen rund 20 Quellen mit einer Temperatur zwischen 10,1 und 12,5 °C. Viele davon wurden in Empirepavillons gefasst, so z. B. die bekannteste Quelle des Ortes, die *Franzensquelle* (Františkův pramen) unter einer schlichten klassizistischen Rotunda. Ihr Wasser besitzt einen hohen Salzgehalt, unterstützt die Rekonvaleszenz und hilft bei Verdauungsstörungen. Einen besonderen Ruf haben die in ihrer Wirkung „durchschlagenden“ *Glauberquellen* (Glauberův pramen) von Franzensbad. Es gibt vier, die durch römische Zahlen un-

Mittelpunkt des kleinen Kurzentrums: Národní třída

terschieden werden. Glauberův pramen IV weist den höchsten Glaubersalzanteil aller Glauberquellen der Welt auf. Das Salz ist übrigens ein Natriumsulfat und trägt seinen Namen nach dem Apotheker und Chemiker Johann Rudolf Glauber (1604–1670). Verwendung findet es außer als bewährtes Abführmittel bei der Glasfabrikation und der Stofffärberei. Weitere bedeutende Quellen sind die *Neuquelle* (Nový pramen), die bei Anämie hilft, die schwefelhaltige *Salzquelle* (Solný pramen), deren Wasser insbesondere bei Atemwegserkrankungen eingesetzt wird, sowie die *Sophienquelle* (Pramen Žofie) und die *Natalienquelle* (Pramen Natálie), die Linderung bei Nierenerkrankungen schaffen. Das Wasser der *Adlerquelle* (Adlerův pramen), benannt nach Bernhard Vinzenz Adler, der sich um die Gründung des Kurorts verdient gemacht hatte, der *Luisenquelle* (Luisin pramen), die in einem herrlichen Empirepavillon aus dem Jahr 1826 gefasst ist, und der *Kaltquelle* (Studený pramen) wird insbesondere für Bäder verwendet. Das Wasser der *Wiesenquelle* (Luční pramen) unterstützt zudem noch die Magen- und Darmfunktion.

Die Quellen liegen über die ganze Stadt verteilt (→ Stadtplan), viele sind nur während der Kursaison zugänglich. Ganzjährig sind die Natalienquelle, die Eisenquelle, die Luisenquelle, die Kaiserquelle sowie die Quellen Glauber I und Glauber II zugänglich.

**Amerika**: Keine Stadt Europas liegt näher an Amerika als Franzensbad. Nur meinen die Franzensbader mit Amerika einen ca. 1,5 km südwestlich des Kurzentrums gelegenen See und den zwischen Ort und See angelegten Waldpark. An Sommertagen fährt mindestens stündlich eine Bummelbahn vom Aréal Milano zum See. Wer zu spät kommt, muss laufen, aber das tun viele, Amerika ist ein beliebtes Ausflugsziel. Beim See gibt es einen Minizoo (kostenlos) mit Ziegenböcken, Schafen und Straußen. Baden ist leider nicht erlaubt, der See dient der Fischzucht.

Westböhmen → Karte S. 313

## Umgebung von Františkovy Lázně

**Soos**: Das über 200 ha große Naturreservat liegt etwa 6 km nordöstlich von Franzensbad. Ein Lehrpfad, dem man auf einem Holzsteg folgt, führt an Sümpfen, Mooren, Quellen und schwarzen Seen vorbei (Dauer ca. 1 Std.). In manchen Abschnitten wirkt die Landschaft beinahe apokalyptisch, u. a. sieht man sog. Mofetten, kleine schlammgefüllte Erdlöcher, in denen Kohlendioxid blubbernd und gelegentlich auch zischend zutage tritt – letzte Zeichen vulkanischer Aktivität in Mitteleuropa. Früher transportierte man von hier Schlamm für Kurbehandlungen nach Karlsbad. Das Terrain bietet seltenen Vögeln und Pflanzen Schutz, auch gibt es viele Schlangen. Zwei Museen am Eingang des Naturreservats informieren über Soos, die Entstehung des Lebens und zeigen ein paar Modelldinos. Ganz nebenbei: Der angeblich jüngste Vulkan Mitteleuropas ist der *Komorní Hůrka* (Kammerbühl), ein 500 m hoher Hügel ca. 2 km westlich von Franzensbad. Leider ist der Hügel bewaldet, und an die Zeit, als er Lavafontänen gen Himmel spie, erinnert heute rein gar nichts mehr.

**Verbindungen** Nur selten **Busse** von Františkovy Lázně nach Nový Drahov, von da aus noch ca. 10 Min. zu Fuß. Jedoch bis zu 6-mal tägl. **Zugverbindungen** von Cheb nach Nový Drahov, der Bahnhof liegt außerhalb der Ortschaft direkt beim Naturreservat.

**Öffnungszeiten** **Soos**, März tägl. 10–16.30 Uhr, April u. Okt. 9–16.30 Uhr, Mai/Juni u. Sept. 9–17.30 Uhr, Juli/Aug. 9–18.30 Uhr. 2,80 €, erm. 1,20 €, die Eintrittskarte gilt für alle Sehenswürdigkeiten auf dem Gelände.

**Übernachten/Essen** **Selský dvůr**, in Nový Drahov, einem denkmalgeschützten Bauerndorf mit Weiher. Ehemaliger Gutshof, der zu einer Pension mit Restaurant umgebaut wurde. Beliebtes Tagesausflugsziel bayerischer Grenztouristen, obwohl das Personal nicht immer das freundlichste und das Essen (deftige Hausmannskost zu 4–9 €) nicht immer das beste ist. Dennoch sitzt man hier schön auf der großen Terrasse im Hof. Zudem Vermietung von 17 Zimmern, 18 €/Pers. Nový Drahov 5, PLZ 35134, ✆ 354542449, www.bauernhof.cz.

Informationen zum nur 5 km südlich von Franzensbad gelegenen **Cheb** bekommen Sie ab S. 321.

**Hrad Ostroh (Burg Seeberg)**: Über schmale Sträßlein erreicht man etwa 5 km westlich von Franzensbad das kleine Dorf Ostroh mit der mittelalterlichen gleichnamigen Burg. Der frühere, deutsche Name „Seeberg“ ist heute ein wenig irreleitend, denn einen See zu Füßen der Burg gibt es schon seit Jahrhunderten nicht mehr. Dennoch, die Burg liegt schön und ist ein beliebtes Ausflugsziel. Sie beherbergt in ihren restaurierten Räumlichkeiten verschiedene kleine Ausstellungen. In der Vorburg werden alte landwirtschaftliche Geräte, Bauernschränke, Spinnräder, Trachten, vergilbte Fotografien usw. aus dem Egerland gezeigt. In der Hinterburg, von der Vorburg durch einen Graben getrennt, präsentiert eine Werbeausstellung Karlsbader Porzellan; zudem sind mehrere Räume mit Möbeln verschiedener Stilrichtungen – von Empire bis Chippendale – ausgestattet. Ritterburgromantik kommt aber nicht auf. Ostroh ist mit öffentlichen Verkehrsmitteln kaum zu erreichen.

**Burg**, März/April sowie Okt./ Nov. tägl. 10–16 Uhr, Mai/Juni u. Sept. 10–17 Uhr, Juli/Aug. 10–18 Uhr. 2,80 €, erm. 1,60 €.

**Aš (Asch)**: Nordwestlich von Franzensbad erstreckt sich das *Ascher Ländchen*, auch Ascher Zipfel genannt, weit nach Deutschland hinein und trennt dort Bayern von Sachsen. Sein Zentrum ist Aš, das im 2. Weltkrieg stark in Mitleidenschaft gezogen wurde. Noch zu Kriegsende lebten hier rund 45.000 Deutsche und 500 Tschechen. Heute zählt das welke Mauerblümchen Aš rund 13.000 Einwohner. Die Durchgangsstraße ersetzt den Stadtkern, hier und da ein paar Häuser im Stil des Historismus, etliche warten noch immer auf ihre Restaurierung. Das einzig Gewerbe, das blüht, ist zugleich das älteste der Welt.

2011 installierte man mit EU-Hilfen eine neue Dauerausstellung im *Stadtmuseum* (Městské muzeum), das im *Neorenaissanceschlösschen* des Grafen Zedtwitz untergebracht ist. Im Mittelpunkt steht die Ascher Textilindustrie des 19. Jh. Man sieht eine Feinspinnmaschine und einen Schaftwebstuhl, schöne hier produzierte Spitzenhandschuhe und -kleider und erfährt Interessantes über die Ascher Textilfirma Geipel (heute nicht mehr existent), die zu Monarchiezeiten Österreich-Ungarns führend war. Bis zu Ihrem Besuch sollte die Dependance im alten Feuerwehrhaus am zentralen Poštovní náměstí eröffnet haben. Vielleicht hat man ja dann den Mut, die Geschichte bis in die jüngste Vergangenheit aufzurollen – sie endet im Ascher Schlösschen, wie in den meisten tschechischen Stadtmuseen, vor 1944.

**Verbindungen** **Busse** und **Züge** regelmäßig nach Cheb und Franzensbad.

**Übernachten** Wenig Auswahl: **Hotel U Radnice**, in einem historischen Gebäude oberhalb des ausgeschilderten *Penny*-Markts in zentraler Lage. Für sehr wenig Geld bekommt man hier ein ordentliches, wenn auch ältliches, aber evtl. sogar sehr großzügiges Zimmer mit privatem Bad. Miefiges Restaurant angeschlossen. DZ ohne Frühstück 24 €. Pivovarská 153, PLZ 35201, ✆ 720308804 (mobil), www.restauraceuradnice-cz.webnode.cz.

Bunt und still: Altstadt von Eger



## Cheb

Eger

**Cheb besitzt eine herrliche Altstadt und einen farbenfrohen Marktplatz, der eines Kostümfilms würdig ist. Nur kunterbuntes Markttreiben fehlt darauf. Das findet man jedoch im nahen Dragon Bazar, dem größten Asia-Markt Tschechiens.**

Cheb (32.600 Einw.) liegt gerade mal 10 km von der deutschen Grenze entfernt. Sehenswert ist die Altstadt mit ihrem schmucken Marktplatz, auf dem im Sommer Straßencafés und Restaurants auf eine gemütliche Pause einladen. Gotik-, Renaissance- und Barockbürgerhäuser, hinter deren fröhlichen Fassaden sich so manch geschichtsträchtiges Ereignis abgespielt hat, verleihen ihm ein besonderes Flair. Rund um die Altstadt liegen weniger einladende Viertel. Dort hat der Plattenbaugürtel allerdings schon Farbe bekommen, auch gibt es eine Reihe neuer Gewerbegebiete. Kehrt man diesen den Rücken, wird es gleich ländlich. Dann erfreuen Wiesen, Weiden und Wälder das Auge, zudem ist die Umgebung seenreich.

**Geschichte**: Erstmals urkundlich erwähnt wurde Eger 1061. Unter Kaiser Friedrich I. Barbarossa entwickelte sich die Stadt gegen Ende des 12. Jh. zu einem wichtigen Handels- und Verwaltungszentrum. 1355 erhielt sie von Kaiser Karl IV. das Münzrecht. Im folgenden Jahrhundert stieg Eger zu einer der größten und reichsten Städte der böhmischen Krone auf. Tuchmacher, Gerber und Kaufleute zählten zu den wichtigsten Zünften. Im 16. Jh. erlebte die Stadt eine kulturelle und wirtschaftliche Blütezeit, herrschaftliche Häuser im Zentrum bezeugen dies noch heute. Der Dreißigjährige Krieg führte die Stadt jedoch an den Rand des Abgrunds, viele Bewohner emigrierten. Erst mit der Entstehung des nahe gelegenen Kurorts Franzensbad Ende des 18. Jh. folgten wieder bessere Zeiten. Nach dem Anschluss an das Eisenbahnnetz Mitte des 19. Jh. siedelten sich Industriebetriebe rund um den Ort an.

Anfang des 20. Jh. fuhr man sogar auf den Straßen Berlins oder Londons mit Fahrrädern und Motorrädern der Marken *Premier* und *Eska* aus Eger. Die Einwohnerzahl stieg rapide an, zwischen 1870 und 1921 verdoppelte sie sich auf über 27.000, der Anteil an Tschechen betrug dabei keine 5 %. 1944 lag die Einwohnerzahl gar bei über 40.000. Vernichtend für Eger sollten sich der 2. Weltkrieg und dessen Folgen auswirken, weniger jedoch durch Schäden im Stadtbild als vielmehr durch den Aderlass an der Bevölkerung. Das Gros der jüdischen Einwohner war von den Nazis ermordet worden; lediglich die Židovská (Jüdische Straße) erinnert heute noch an sie. Und die Deutschen selbst, die sich stets vehement gegen alles Tschechische gewehrt hatten – Eger war z. B. die einzige Stadt Böhmens, die sich lange Zeit geweigert hatte, tschechische Straßennamen anzuschreiben –, wurden vertrieben. So blieb eine leere, tote Stadt zurück. Nicht gerade von Erfolg gekrönt waren die Versuche in den 1950ern, Tschechen in Cheb anzusiedeln, nur wenige wollten sich hier niederlassen. So versuchte man der Stadt durch Umsiedlung von Slowaken und Einbürgerung von Sinti und Roma neues Leben einzuhauchen. Seit der Grenzöffnung ist Cheb eine aufstrebende Kreisstadt, in der immer mehr deutsche Unternehmen billig produzieren lassen.

### Vom Egerland zur Euregio Egrensis

Das historische Egerland im Nordwesten Böhmens umfasste einst das Egertal bis Karlsbad, den Kaiserwald (Slavkovský les) und das Tepler Hochland (Tepelská plošina). Im 12. Jh. wurde das Gebiet von Westen her, überwiegend aus dem heutigen Bayern, besiedelt. Und obwohl hier über die Jahrhunderte hinweg Deutsch gesprochen wurde, gehörte die Region ab dem 14. Jh. stets zur böhmischen Krone. Die Bevölkerung blieb bis 1945 größtenteils deutschsprachig, sprach eine eigene Mundart und pflegte ihr besonderes Brauchtum mit Trachten, Dudelsackmusik usw.

Das Gros der Egerländer und Tschechen hegte keine Sympathien füreinander, aufgrund mangelnder Kontakte waren jedoch im Egerland – anders als in Prag oder Ostböhmen – ethnische Spannungen lange Zeit die Ausnahme. Das änderte sich, als die Egerländer gegen ihren Willen nach dem 1. Weltkrieg in die ČSR eingegliedert wurden. Mit der Sudetendeutschen Partei unter der Führung von Konrad Henlein bereiteten sie den Anschluss an das Deutsche Reich vor. Und als die Hakenkreuzfahne über Eger und später über Prag wehte, herrschte zunächst Jubelstimmung unter vielen. Den Gipfel nationalsozialistischer Gesinnung markiert Hitlers Aussage aus dem Jahr 1942: „Die Tschechen sind ein Fremdkörper inmitten der deutschen Gemeinschaft. Es gibt keinen Platz für uns beide. Einer muss verschwinden“. Diese Haltung gegenüber den Tschechen kehrte sich am Ende des 2. Weltkrieges um in einen offenen Hass gegenüber allem Deutschen und gipfelte in der Vertreibung der Egerländer.

Mit der Schaffung der „Euregio Egrensis“ (1992, www.euregio-egrensis.de), ein bayerisch-böhmisch-sächsischer Zusammenschluss grenznaher Regionen, will man sich wieder näher kommen und alte Mauern v. a. in den Köpfen einreißen. Die länderübergreifende Initiative hat sich zum Ziel gesetzt, insbesondere den Ausbau der Infrastruktur, des Tourismus, der Wirtschaft und der Kultur auf dem Gebiet des ehemaligen Egerlands zu fördern. Vielleicht verhilft dies der Region irgendwann einmal wieder zu einer neuen Identität.

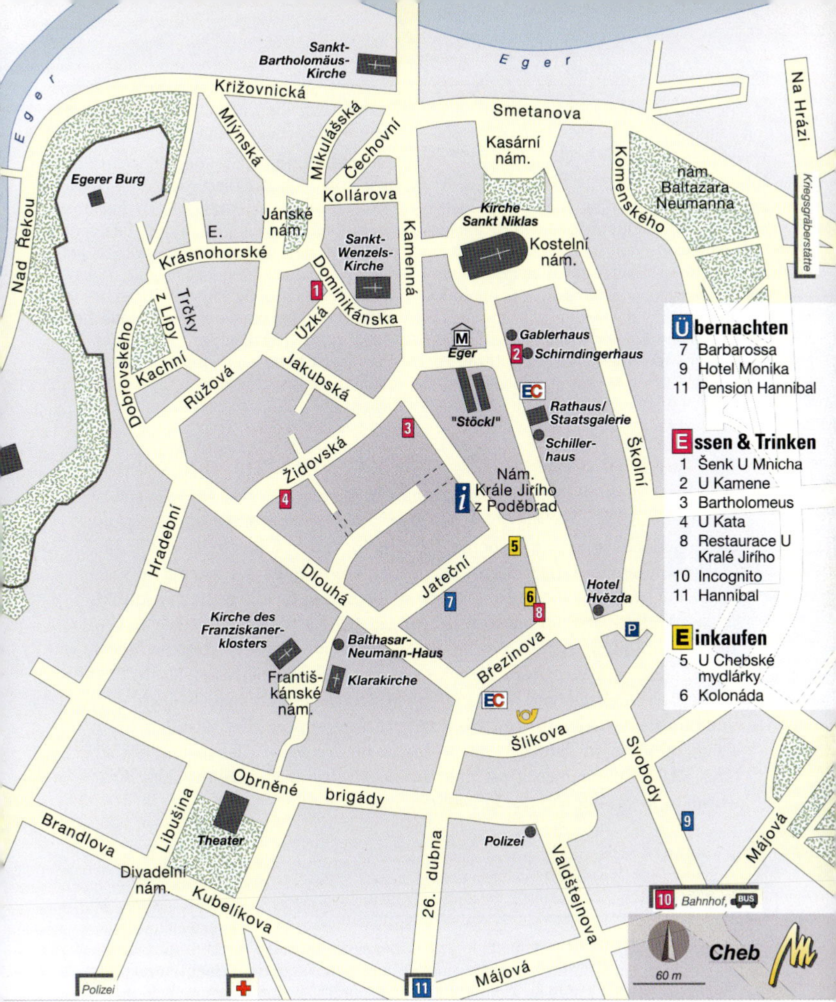


## Basis-Infos

**Information** **Turistické infocentrum** am Náměstí krále Jiřího z Poděbrad 33, ✆ 354440302, www.mestocheb.cz. Tägl. 9–17 Uhr.

**Verbindungen** Bahnhof und Busbahnhof ca. 500 m südlich des Zentrums.

**Busse**, regelmäßig nach Františkovy Lázně und Mariánské Lázně, bis zu 12-mal tägl. nach Prag, bis zu 7-mal nach Karlovy Vary, 2-mal nach Plzeň. **Züge**, regelmäßig Verbindungen nach Karlovy Vary, alle 1–2 Std. nach Prag und Plzeň.

**Ärztliche Versorgung** **Okresní nemocnice** (Bezirkskrankenhaus) in der K nemocnici 17 südlich des Zentrums. ✆ 359844111, www.nemcheb.cz.

**Einkaufen/Markt** Ein paar kleine **Kunsthandwerksläden** haben sich im Stöckl am Marktplatz eingemietet. Zu kaufen gibt es alles zwischen Keramik, Kristall und Holzspielzeug.

**Kolonáda** **6**, hier gibt es die berühmten Karlsbader Oblaten zu kaufen. Náměstí krále Jiřího z Poděbrad, gegenüber dem Hotel Hvězda.

**U Chebské mydlářky** **5**, hübscher Laden mit schöner Fassade. Hier kann man tschechische Naturkosmetik erstehen. Náměstí krále Jiřího z Poděbrad 474/29.

**Dragon Bazar**, größter Asia-Markt Tschechiens. Verkaufsgepflogenheiten ähnlich wie in Saigon. Viel Schrott (Markenimitate von der Rolex bis zur Levis, Bataillone von Gartenzwergen, Zigaretten, Schnapsflaschen und Crystal Meth unterm Ladentisch). Zählen Sie Ihr Wechselgeld genau nach! Am Grenzübergang Svatý Kříž/Waldsassen ca. 5 km südwestlich von Cheb.

**Parken** Mehrere bewachte Parkplätze im Zentrum, u. a. beim Hotel Hvězda.

**Veranstaltungen** Ein internationales **Festival der Jugendblasorchester** (www.fijo.cz) geht jedes gerade Jahr im Juni über die Bühne. Den Juli und August bestimmt alljährlich der **Kultursommer** mit zahlreichen Veranstaltungen. Ende Aug./Anfang Sept. gibt es die **Wallenstein-Tage** (www.valdstejnske-slavnosti.eu) mit historischem Markt, Umzügen etc. Im Okt. findet das **Jazz Jam Cheb** (www.jazzjam.cz) statt, ein traditionelles Jazzfestival.

### Aus der Fabrik an den Marktstand – Vietnamesen in Tschechien

In nahezu allen grenznahen Städten gibt es Vietnamesenmärkte. Sie schossen nach der Wende wie Pilze aus dem Boden, inzwischen ist der große Boom jedoch vorbei. Angeboten werden in erster Linie billiger Alkohol, Markenimitate und Zigaretten. Die Vietnamesen kamen v. a. nach dem Vietnamkrieg (ab 1975) ins Land. Die offene Rechnung für die tschechoslowakischen Waffen- und Sprengstofflieferungen (→ Kasten „Semtex ...", S. 176) an die kommunistischen Brüder in Nordvietnam beglich Vietnam durch Entsendung von Arbeitern für die hiesigen Industriebetriebe. Nach 1990 folgte der Nachzug der Verwandten. Mittlerweile sind jedoch auch viele Vietnamesen wieder in ihre Heimat zurückgegangen, rund 200.000 Menschen in Vietnam sprechen Tschechisch. In Tschechien leben heute noch etwa 83.000 Vietnamesen (geschätzte 25.000 davon illegal), in Cheb 3000, wo sie rund ein Zehntel der Einwohner ausmachen.

## Übernachten

→ Karte S. 323

**** **Barbarossa** **7**, gepflegtes Altstadthaus und bestes Hotel im Zentrum. In einer ruhigen Seitengasse. 21 geräumige Zimmer mit viel Kiefernholzmobiliar. Freundliches Personal. Dennoch: 4-Sterne-Niveau nach westeuropäischem Maßstab besitzt es nicht. Hotelgarage (kostenlos). Ordentliches Restaurant. EZ 44 €, DZ ab 59 €. Jateční 7, PLZ 35002, ✆ 354423446, www.hotel-barbarossa.cz.

**Hotel Monika** **9**, in der Fußgängerzone. Stillose Zimmer ohne besondere Note, schlicht, aber ordentlich, mit und ohne Bad. Sehr freundliches, junges Personal. Sehr beliebtes Restaurant. DZ mit Bad 48 €, ohne Bad 35 €. Svobody 9, PLZ 35002, ✆ 354430046, www.hotel-monika.com.

**Pension Hannibal** **11**, die charmanteste Adresse vor Ort, ca. 5 Fußmin. abseits des Zentrums. Hübsche Zimmer im Bauernstubenstil, wahlweise mit Du/WC oder nur mit Dusche (WC auf dem Gang). Gutes Restaurant mit Hinterhofgarten. Wegbeschreibung: Vom Marktplatz der Svobody folgen, bis es rechts ab in die Májová geht, von dort noch ca. 300 m. DZ je nach Standard 44–48 €. Májová 10, PLZ 35002, ✆ 354434477, www.pension-hannibal.webnode.cz.

**Außerhalb** *** **Hotel Stein**, alter restaurierter Gutshof am Nordufer des Skalka-Stausees, dort bestens ausgeschildert. Ordentliche Teppichbodenzimmer in verschiedenen Größen. Gemütliches Restaurant mit Sommerterrasse. Wellnessbereich, Rad- und Bootsverleih, Pferdeausritte (12 €/Std.), beliebt bei Familien. Keine Busanbindung. DZ 56 €, 3-Bett-Zimmer 72 €, Frühstück extra. Skalka u Chebu 10, PLZ 35002, ✆ 354423301, www.resortstein.cz.

**Camping** Mehrere Plätze an den stadtnahen Stauseen. Eine gute Empfehlung:

**Autokemp Václav**, großer Platz in schöner Lage am Nordufer des Jesenice-Sees, von Chebs südlichem Vorort Podhrad aus beschildert. Beliebt bei Holländern, freundliches Personal. Gutes Restaurant, noch bessere Sanitäranlagen, Kinderspielplatz, Fußballwiese, Waschmaschine etc. April–Sept. Bahnhof Všeboř in Laufnähe, bis zu 11-mal tägl. Zugverbindungen nach Cheb und Mariánské Lázně. Viel Komfort, dafür auch einer der teuersten Plätze des Landes: 2 Pers. mit Wohnmobil ab 27 €, teurer mit Seeblick. Všebořská ulice, Cheb-Podhrad, PLZ 35002, ✆ 354435653, www.kempvaclav.cz.

## Essen & Trinken

→ Karte S. 323

**Restaurants** **Hannibal 11**, etwas außerhalb des Zentrums, der gleichnamigen Pension angeschlossen (→ Übernachten). Sehr gepflegtes Restaurant mit Bauernstubentouch und Hinterhofgarten mit Goldfischteich. Fleischlappen jeder Art, dazu auch ein paar Fischgerichte. Hg. 5–13 €.

**Incognito 10**, das wohl Beste, was Eger gastronomisch zu bieten hat. Zeitgemäß eingerichtetes Barrestaurant mit guter international-kontinentaler Küche. Zu empfehlen: die Hühnerbrust mit Pilzen, Thymian und Polenta oder die Entenbrust mit Portweinsoße. Auch an Vegetarier wird gedacht. Faire Preise. Sa/So erst ab 17 Uhr. Svobody 26 a, ✆ 776232071 (mobil).

**Restaurace U Kralé Jiřího 8**, einfach-rustikale, typisch tschechische Gaststätte. Gewohnter Mief, gewohnt deftige Kost: Rauchfleisch mit Kartoffelknödeln und Kraut, Schweinefleisch mit Schwarzbiersoße oder ein gemischter Bauernteller zu 4–12 €. Süffiges Pilsner. Březinova 2, ✆ 775054183 (mobil).

**Cafés** **U Kamene 2**, Lounge, Café und Galerie, schöne Innenhofterrasse im Schirndinger Haus. Junges Publikum. Náměstí krale Jiřího z Poděbrad 7.

**Bartholomeus 3**, *die* Adresse am Hauptplatz – morgens, mittags und abends. Nette Cafébar mit gemütlichem Ambiente. Náměstí krale Jiřího z Poděbrad 37.

**Kneipen** Mehrere kleine Kneipen in der Židovská. Außerdem:

**U Kata 4**, grundehrliche Bierstube in einem schönen türkisfarbenen Altstadthaus. Aus dem Fass kommt u. a. das leckere nordböhmische *Svijany*-Bier. Židovská 17.

**Šenk U Mnicha 1**, ein feucht-fröhlicher Treffpunkt (günstiges Bier) mit vornehmlich jungem Publikum. Billard. Úzká 2.

Westböhmen → Karte S. 313

Terrassencafés säumen den Marktplatz

## Sehenswertes

Die Sehenswürdigkeiten Chebs liegen allesamt in der Altstadt, das Gros sogar rund um den Marktplatz. Von dessen Westseite zweigen romantische Gassen ab, wie man sie von der Prager Kleinseite kennt. Östlich des Platzes ist die Pracht der Altstadt hingegen schon nach ein paar Parallelstraßen dahin. Die geschäftigste Straße der Stadt stellt die Třída Svobody dar, die als Fußgängerzone vom Marktplatz Richtung Bahnhof verläuft.

**Náměstí krále Jiřího z Poděbrad (Marktplatz)**: Der lang gestreckte brunnengeschmückte Platz, heute benannt nach König Georg von Poděbrady (1458–71), dem ersten europäischen König, der dem katholischen Glauben abschwor, ist seit dem 12. Jh. das Zentrum des Städtchens. Der untere Teil diente früher als Gemüse-, der obere als Pferdemarkt. Er ist umgeben von schönen alten Bürgerhäusern; die wichtigsten im Überblick: An der Ostseite steht das *neue Rathaus* (Nová Radnice), ein auffälliger, gelber Barockbau mit Uhrturm aus der ersten Hälfte des 18. Jh., heute Sitz der Staatsgalerie (s. u.). Rechts daneben schließt das sog. *Schillerhaus* (Schillerův dům, Nr. 17), ein heute eher unauffälliges Patrizierhaus, an. Ende des 18. Jh. befand sich darin der Gasthof „Zum Goldenen Hirsch", in dem sich Schiller für seine Recherchen zur Wallensteintrilogie 1791 einmietete. Ebenfalls an der Ostseite, etwas tiefer am Platz, hebt sich das graue *Schirndinger Haus* (Schirndingerův dům, Nr. 7) ab, das einzige Gebäude, dessen Giebelseite zum Platz ausgerichtet ist. Hinter dem gotischen Portal besitzt es einen schönen Arkadenhof mit Bar (→ Essen & Trinken). Direkt daran grenzt linker Hand das rosa-weiße *Gablerhaus* (Gablerův dům, Nr. 6) mit einer reich verzierten Rokokofassade. Goethe übernachtete einst darin.

Den unteren Teil des Marktplatzes dominiert das *Stöckl* (Špalíček), ein verschachtelter Gebäudekomplex aus elf bizarren Fachwerkhäusern. Im Mittelalter befanden sich darin deutsch-jüdische Handelshäuser, später Krämerläden, heute sind hier Souvenir- bzw. Kunsthandwerksläden und Lokale untergebracht. Hinter dem Stöckl, im Stadthaus Nr. 3, hat heute das Egermuseum seinen Sitz.

**Chebské muzeum (Egermuseum)**: Das Museum informiert über die Entwicklung der Stadt und der Region von ihren Anfängen bis zur Gegenwart, das Thema Vertreibung wird jedoch nur gestreift, das Thema Neuansiedlung schlicht ignoriert. Zu sehen sind u. a. Heiligenfiguren, das Beil, das Karl Huss, dem letzten Henker von Eger gehörte, Folterinstrumente, Egerländer Trachten, Ölgemälde aus dem 17. und 18. Jh. usw. Zudem widmet sich das Museum in besonderem Maße Albrecht von Wallenstein (→ Kasten S. 238), der hier 1634 auf Anordnung von Kaiser Ferdinand ermordet wurde. Er selbst ist als Gipsbüste anwesend. Auch seinem Pferd, das in der Schlacht bei Lützen 1632 erschossen wurde, huldigt man mit einer Kopie. Zudem können Wallensteins Spitzenkragen, seine Stiefel, sein Sterbezimmer und anderes besichtigt werden.

Adresse/Öffnungszeiten: Náměstí Krále Jiřího z Poděbrad 3. Tägl. (außer Mo) 9–12.30 u. 13–17 Uhr. 2,80 €, erm. die Hälfte. www.muzeumcheb.cz.

**Státní galerie výtvarných umění (Staatsgalerie der bildenden Kunst)**: Sie beherbergt im 1. Stock eine durchaus sehenswerte Sammlung tschechischer Kunst des 19. und 20. Jh. Vertreten sind u. a. Werke von Emil Filla, Otakar Kubín und Jan Preisler, besonders beachtenswert sind die kubistischen Plastiken Otto Gutfreunds (leider oft an andere Galerien verliehen). Im 2. Stock zeigt die Galerie ihre Samm-

Sommermorgen am Jesenice-See



lung gotischer Plastik. Die sog. „Kleine Galerie" im Erdgeschoss dient wechselnden Ausstellungen zeitgenössischer Kunst.

**Adresse/Öffnungszeiten**: Náměstí krále Jiřího z Poděbrad 16. Di–So 10.30–12 u. 12.30–17 Uhr. 2,80 €, erm. 1,60 €. www.gavu.cz.

**Chebský hrad (Egerer Burg)**: Im Nordwesten der Stadt, hoch über dem Flusslauf, liegt die Egerer Burg, auch Kaiserburg genannt, da sie Kaiser Friedrich I. Barbarossa in der zweiten Hälfte des 12. Jh. auf den Fundamenten einer alten slawischen Befestigung errichten ließ. Eine Besonderheit ist die romanische *Burgkapelle*, komplett erhalten und bestens restauriert. Eigentlich handelt es sich dabei um zwei übereinander liegende Kapellen. Die untere, dunklere war für das Dienstpersonal bestimmt. Deren Kreuzgewölbe ruht auf vier stämmigen Granitsäulen mit Würfelkapitellen. Die obere, in der der Kaiser zu beten pflegte, ist beschwingter, schlanke Marmorsäulen tragen hier ein spitzbogiges Gewölbe.

Hinter der Burgkapelle befand sich früher der *Palast* mit einem großen Bankettsaal, in dem Wallensteins Generäle ermordet wurden, wenige Stunden bevor der große Feldherr selbst sterben musste. Seitdem soll der Geist Wallensteins stets um Mitternacht in einer von vier Rappen gezogenen Kutsche hier erscheinen. Von dem Palast sind ein paar Mauerreste mit einem Rundbogenfenster erhalten.

Wer will, kann noch den *Schwarzen Turm* (Černá věž) besteigen, ein Relikt der slawischen Befestigung mit 3 m dicken Mauern. Die vielen Stufen belohnen zwar nicht mit einer spektakulären, aber doch ganz netten Aussicht.

**Adresse/Öffnungszeiten**: Trčky z Lípy. April/Mai u. Sept./Okt. tägl. (außer Mo) 10–17 Uhr, im Juni bis 18 Uhr, Juli/Aug. tägl. bis 18 Uhr. Nov.–Feb. Sa/So 10–15 Uhr, im März Sa/So bis 16 Uhr. 2,40 €, erm. die Hälfte. www.hrad-cheb.cz.

**Kirchen**: Nordöstlich des Egermuseums steht die gotische *Hauptkirche Sankt Niklas* (Kostel sv. Mikulaše), ursprünglich eine romanische Basilika, im 18. Jh. nach einem

Brand u. a. durch Balthasar Neumann barockisiert – ihr Inneres ist sehenswert. Die *Mariä Verkündigungskirche des Franziskanerklosters* (Františkánský klášter) südwestlich des Marktplatzes entstand im 13. Jh. Leider wurde das Gros ihres kostbaren Interieurs während der sozialistischen Herrschaft beschädigt, zerstört oder geraubt. Heute ist das Gotteshaus stark renovierungsbedürftig. Nebenan kann jedoch der Kreuzgang, der auch wechselnden Ausstellungen dient, besichtigt werden. Die *Klarakirche* (Kostel Sv. Kláry) schräg gegenüber war einst die Klosterkirche des Klarissenordens. Sie wurde Anfang des 18. Jh. errichtet und ist vermutlich das Werk Christoph Dientzenhofers (→ S. 213). Heute dient die Kirche als Ausstellungs- und Konzertsaal. Eine weitere erwähnenswerte Kirche ist die *Sankt-Bartholomäus-Kirche* (Kostel sv. Bartoloměje) nahe dem Fluss Ohře (Eger), die zu Beginn des 15. Jh. von den Kreuzherren mit dem roten Stern erbaut wurde. Das einst dazugehörige Spital jagten deutsche Truppen 1945 versehentlich in die Luft, als man versuchte, die nahe gelegene Brücke zu sprengen, um den Amerikanern den Einzug in die Stadt zu erschweren.

**Sankt-Niklas-Kirche**, tagsüber i. d. R. geöffnet. **Klarakirche**, April–Sept. tägl. (außer Mo) 13–17 Uhr. Alle anderen Kirchen sind nur zu Messen oder Veranstaltungen geöffnet. **Kreuzgang des Franziskanerklosters**, Mai–Sept. tägl. (außer Mo) 10–12 u. 12.30–17 Uhr. Eintritt frei.

# Umgebung von Cheb

**Chlum Svaté Maří (Maria Kulm)**: Chlum Svaté Maří, ca. 18 km östlich von Franzensbad, ist eine kleine verschlafene Ortschaft. Das war nicht immer so: Im 17. Jh., als man zu Chlum Svaté Maří noch Maria Kulm sagte, war der Ort größer als Karlovy Vary. Man zählte über 1800 Einwohner, neun Schuhmacher und 21 Gasthäuser. Heute sind es 290 Einwohner, kein Schuhmacher und zwei Gasthäuser. In ganz Böhmen berühmt wurde Maria Kulm einst durch Heinrich Cunos (1796–1835) Drama *Die Räuber von Maria Kulm,* in welchem das tapfere Burgvogtstöchterlein Bibiena einer gefürchteten Räuberbande das Handwerk legt. Das Stück löste des Öfteren Tumulte unter den Zuschauern aus und geriet dadurch immer wieder in die Schlagzeilen. Heute ist Maria Kulm einzig und allein noch wegen der *Wallfahrtskirche Mariä Himmelfahrt* bekannt. Pilgerfahrten dahin finden von Mai bis Oktober statt. Über die letzte wundersame Heilung, so wurde uns mitgeteilt, durfte sich im Sommer 2000 ein Deutscher freuen. Obwohl evangelisch, bereitete ihm der Ischiasnerv vom einen auf den anderen Moment keine Beschwerden mehr. Die sehenswerte und reich ausgeschmückte Kirche wurde 1702 nach Plänen von Jean Baptiste Mathey fertig gestellt. Heute restauriert man fleißig. Die Kuppel der Kirche ist eine Kopie der Kuppel des Petersdoms. Das dazugehörige Kloster verwalten die Kreuzherren mit dem roten Stern. Dieser Männerorden wurde übrigens im 13. Jh. von der Hl. Agnes von Böhmen gegründet.

**Verbindungen** Mit dem **Bus** regelmäßig von Sokolov zu erreichen.

**Öffnungszeiten** **Kirche**, einfach klingeln, tagsüber ist immer jemand da. Führungen finden Fr–So statt. Eintritt frei, Spende erwünscht.

Weiter Richtung **Karlsbad** (→ S. 371)? Auf dem Weg liegt **Loket** (→ S. 385).

**Doubrava (Taubrath)**: Doubrava, ca. 10 km südöstlich von Cheb, ist ein Dorf wie aus dem Bilderbuch. Gäbe es keine Telefonleitungen und Straßenbeleuchtungen, würde man glauben, die Zeit sei hier vor 100 Jahren stehen geblieben. Der kleine idyllische Ort besteht aus typischen alten, Egerländer Fachwerkhäusern. Die Gebäude mit ihren bunt bemalten Balken sind allesamt restauriert – liebevoll, nicht mit der oft anderswo üblichen Gleichgültigkeit. Aus einem *Wehrhof* aus der Mitte des 18. Jh., einem der ältesten noch erhaltenen der Gegend, wurde ein Gasthof mit gemütlichem kleinem Biergarten und privatem Freilichtmuseum. Es zeigt alte landwirtschaftliche Geräte, antike Bauernmöbel und Hausrat.

**Verbindungen/Öffnungszeiten**: **Busse** nur 3-mal tägl. über Kozly von und nach Cheb. **Museum** offiziell nur Sa/So 10–18 Uhr (bei gutem Wetter im Sommer meist tägl.). 2 €, erm. 1,20 €. www.skanzendoubrava.cz.

## Mariánské Lázně

Marienbad

**„Marienbad ist unbegreiflich schön", schwärmte einst Franz Kafka. Und das ist der Kurort noch immer: Ein inmitten von dicht bewaldeten Hügeln gelegenes, mit weiten Parkanlagen durchsetztes Paradies. Es gibt nur wenige Städte Europas, die ohne Küstenromantik so viel Flair haben.**

Allein die Tatsache, dass Dichter und Denker, Könige und Adelige hier gerne verweilten, ist eigentlich schon Beweis genug. Die Gästeliste des Kurortes liest sich wie ein Who's who des 19. und frühen 20. Jh. Richard Wagner reiste mehrmals an und plante gar, seine Festspiele nicht in Bayreuth, sondern in Marienbad ins Leben zu rufen. Friedrich Hebbel verfasste in Marienbad den geistreichen Satz: „Hier sitz' ich in einem böhmischen Bade". Mit seiner Frau war er angereist, der die Leber Sorge bereitete. Der russische Literat Nikolaj Wassiljewitsch Gogol kam, er hatte es mit dem Magen. Ein gleichzeitig anwesender Millionär inspirierte ihn übrigens zur Gestalt des Kostausschogel in seinem Roman *Tote Seelen*. Ein anderer russischer Autor, Iwan Aleksandrowitsch Gontscharow, schuf in Marienbad die Gestalt der Olga Sergejewna Iljinska für seinen *Oblomov* – jener literarische Antiheld, der das Bett nie mehr verlassen wollte. Hugo von Hofmannsthal schrieb in Marienbad *Das Bergwerk von Falun*.

Seiten könnte man mit Schriftstellern füllen, die das westböhmische Bad besuchten: Johann Wolfgang von Goethe, Iwan Sergejewitsch Turgenjew, Henrik Ibsen, Rudyard Kipling, Mark Twain, Maxim Gorki, Jan Neruda, Alexander K. Tolstoj usw. Aber auch mit Komponisten wie Antonín Dvořák, Johann Strauß oder Anton Bruckner oder aber mit Wissenschaftlern wie dem Slawisten Josef Dobrovský, Sigmund Freud oder Samuel von Basch, der eine wissenschaftliche Methode zur Messung des Blutdrucks begründete. Gekrönte Häupter kamen ebenfalls, u. a. Napoleon III., Otto I. von Griechenland, Kaiser Franz Josef I. oder Englands König Eduard VII.

Es war en vogue, in den weltberühmten, von weiten Kiefernwäldern umgebenen Kurort Marienbad zu reisen. Die Gäste liebten die stets etwas frischere und kühle Luft des Ortes in den heißen Sommermonaten, immerhin liegt Marienbad auf 630 m ü. d. M. Aber sie genossen auch die in den Stadtkern einbezogene Quellenlandschaft, die Galanterie- und Luxuswarengeschäfte, die vielen Parks und nicht zuletzt den Prunk der Kurhäuser, Kasinos, Hotels und Musikpavillons, viele mit einem Überschwang an historisierenden Formen. Noch heute ist das alte Kurzentrum Marienbads eine fast unbeschreibliche Pracht. Wo man hinsieht, stehen klassizistische Brunnentempel, Schweizerhäuser und luxuriöse Prachtbauten, die ein Bild von der Üppigkeit des Fin de Siècle vermitteln.

Westböhmen → Karte S. 313

**Geschichte**: Erstmals erwähnt wurden die Quellen Marienbads im 16. Jh. Damals gab es den Ort jedoch noch nicht. Dort, wo die Quellen sprudelten, existierte nichts anderes als sumpfiges, bewaldetes Terrain. Bereits im ausgehenden 17. Jh. gewann man aus Verdampfung des Quellwassers der heutigen Kreuzquelle Glaubersalz, welches man als *sal teplensis* verkaufte und das sich schnell zu einem geschätzten Abführmittel entwickelte. Erst 1808 wurde hier auf Initiative des Abtes Karl Kasper Reitenberger vom nahe gelegenen Stift Tepl (→ S. 340) und des Arztes Dr. Joseph Johann Nehr ein Heilbad gegründet. Zehn Jahre später erklärte man Marienbad offiziell zum Kurort. Hohe Verdienste an der heutigen Erscheinung des Ortes hatte der Gartenarchitekt Václav Skalník. Nach seinen Plänen wurden im frühen 19. Jh. das gesamte Tal trockengelegt, weitläufige Parkanlagen geschaffen und gezielt Kurhäuser und Hotels drum herum platziert.

Einer der ersten VIPs, die den Ort populär machten, war der zu jener Zeit schon bejahrte Johann Wolfgang von Goethe. Die rapide Entwicklung Marienbads ließ ihn zu dem Ausspruch hinreißen: „Mir war es, als wäre ich in den nordamerikanischen Einsamkeiten, wo man Wälder aushaut, um in drei Jahren eine Stadt zu bauen." Wahre Worte. Etwas mehr als zehn Jahre vergingen und schon besaß der Ort ein Symphonieorchester. Zu Mitte des 19. Jh. kamen bereits 25.000 Kurgäste im Jahr. 1872 erhielt Marienbad Anschluss an das Eisenbahnnetz. Bis dato lag neben dem heutigen Chopin-Haus die Postkutschenstelle, die zugleich das Zentrum des Ortes bildete. Ende des 19. Jh. reihte sich Marienbad neben Karlsbad in die Liste der bedeutendsten europäischen Kurorte ein. Bis zur Weltwirtschaftskrise, welche der Ort schwer zu spüren bekam, stieg die Zahl der Gäste auf über 50.000 Besucher im Jahr.

Nach dem 2. Weltkrieg und mit der Teilung Europas durch den Eisernen Vorhang geriet Marienbad in Vergessenheit, sozialistisches Einheitsgrau legte sich über die Mauern. Mittlerweile sind viele der alten palastartigen Kurbäder und der feudalen Bauten restauriert und erstrahlen in neuem Glanz. Als Investoren treten dabei – wie in Karlsbad – immer häufiger Russen auf. Hier und da aber bröckelt noch der Putz, es wird wohl noch dauern, bis man den Anschluss an die international renommierten elitären Weltbäder wiederhergestellt hat. Bis dahin steht all das, was früher nur den Reichen und Berühmten vorbehalten war, jedem offen.

**Orientierung**: Die Hlavní třída, die Hauptstraße, ist die Hauptachse des Kurortes. Sie verbindet das nördlich gelegene feudale Kurzentrum mit den weniger reizvollen südlichen Vororten, wo das Gros der ca. 13.400 Einwohner Marienbads lebt. Elektrobusse fahren auf ihr hoch und runter. Der Schnittpunkt zwischen dem alten und neueren Teil Marienbads befindet sich ungefähr auf Höhe der Chebská, wo auch bislang die einzige Ampel des Ortes steht. Ein Zentrum im üblichen Sinne gibt es nicht.

## Basis-Infos

→ Karte S. 332/333

**Information** **Infocentrum** im Dům Chopin an der Hlavní třída 47. Tägl. 9–18 Uhr. ✆ 35-4622474, www.kisml.cz.

**Verbindungen** **Stadtbus** Ⓑ 5 fährt vom Zentrum zum Bahnhof, Ⓑ 13 zur Seilbahn und weiter bis zum Golfplatz.

**Seilbahn**: Sie nennt sich *Lanová dráha* und führt zum über der Stadt gelegenen Hotel Krakonoš. Mai–Okt. tägl. 10–17 Uhr. Einfache Fahrt 2 €, hin/zurück 3,60 €.

**Überlandbusse und Züge**: Intercity-Busbahnhof und Bahnhof im Süden Marienbads: Regelmäßige Busverbindungen nach Cheb, Chodová Planá, Planá und Lázně Kynžvart. Zudem ca. stündl. nach Teplá, ca. 6-mal tägl. nach Tachov sowie 1-mal nach Prag.

Per Zug bis zu 9-mal tägl. über Bečov nad Teplou nach Karlsbad (tolle Strecke!), ca. alle 2 Std. nach Prag, Plzeň und Chodová Planá, ca. stündl. nach Planá, Lázně Kynžvart, Stříbro und Cheb, 1-mal tägl. nach Františkovy Lázně.

**Ärztliche Versorgung** Krankenhaus in der Vorstadt Úšovice. U Nemocnice 1. ✆ 354625561, www.neml.cz.

**Parken** Am sichersten steht das Auto im Parkhaus **Parking Centrum** an der Pramenská 653/1 in der Nähe des Stadttheaters.

**Einkaufen** Böhmisches Kristall und Porzellan gibt es in Hülle und Fülle an der Hlavní třída. Dort findet man auch Juwelier- und ein paar Designerläden; insgesamt ist das Angebot an qualitativ hochwertigen Waren bislang aber eher bescheiden – zu viele reisen mit dem Bus an, zu wenige mit dem Rolls. Ein einziger Tipp:

**Lera** **13**, hochwertige Rindslederwaren aus Tschechien, insbesondere Damenhandtaschen. Man verkauft auch die außergewöhnlichen handbemalten und -gravierten *Bambas Art Bags*, jede ein Kunstwerk für sich (100–400 €/Tasche). Sie entstammen einem kleinen Atelier im Böhmerwald. 3 Geschäfte in der Hlavní třída, u. a. in Hausnr. 224.

Neue Kolonnade – ein Schmuckstück von innen wie von außen

## Übernachten

→ Karte S. 332/333

Das Gros der Mehr-Sterne-Hotels verfügt über eigene Kurbäder. Preiswerte Pensionen mit böhmischer Standardausstattung finden Sie in der südlichen Vorstadt in großer Zahl (DZ ab ca. 25–30 €).

***** **Esplanade** **2**, der über den Dächern Marienbads (ca. 5 Fußmin. ins Zentrum) gelegene weiße Prachtpalast wurde bereits 1911 als Luxushotel errichtet und 2002 nach einer Generalrestaurierung wiedereröffnet. Seitdem eines der besten Häuser Westböhmens. Nicht immer stilsicher, aber mit viel Komfort: 110 Zimmer und Suiten mit Klimaanlage, 200-Kanal-TV sowie Marmorbädern (inkl. Massagestrahl). Limousinenservice, Indoor-Pool, römisches Bad, eigenes Kurzentrum und, und, und ... DZ 310 €, Suiten ab 360 €. Karlovarská 438, PLZ 35301, ✆ 354676617, www.esplanade-marienbad.cz.

***** **Nové Lázně** **6**, das „Neue Bad" (→ Sehenswertes) ist eines der architektonisch schönsten Kurhäuser Marienbads. 98 komfortable Zimmer mit Stuck, Kronleuchtern und z. T. Originalkacheln aus dem späten 19. Jh. Sämtliche Kuranwendungen unter einem Dach, teils in herrlichen historischen Bädern. EZ ab 123 €, DZ ab 206 €. Reitenbergerova 53, PLZ 35301, ✆ 354644311, www.marienbad.cz.

**** **Falkensteiner Grand Spa** **12**, Kurhotel oberhalb des Zentrums – Aufstieg! Viele deutschsprachige Gäste, freundliches Personal. Gesundheits- und Wellnessbereich

Lázně Kynžvart, Kladská
Třebízského
Waldquelle
Chopinova
Evangelische Kirche
Purkyňova
Ibsenova
Kurverwaltung
1
Kreuz-Brunnen
P
Theater
Mírové nám.
Abrissareal Arnika
Neue Kolonnade
Úzká
Städtisches Museum
2
Karlovarská
3
4 Golfplatz, Karlovy Vary
Pramenská
EC
třída
Singender Brunnen
Masarykova
Goethovo nám.
Skalníkovy sady
Karolinen-Brunnen
Ruská
Chopin-haus
Dekanatskirche Mariä Himmelfahrt
Karlovarská
Hlavní
Pferdekutschen
Reitenbergerova
Anglikanische Kirche
5
Ambrosiusquelle
Marienquelle
Park Usmíření
6
Yellow Point
Dusíkova
Nové Lázně
7
Seilbahn
8
BUS
WC
Russisch-orthodoxe-Kirche
9
Masarykova
Poštovní
10
Klíčova
Anglická
11
Krakonoš I
Rozhledna
12
Park Střed
Lidická
Polizei
Hotel Panorama
Miniaturpark
Pod Panoramou
Dykova

Marienbad
120 m
E ssen & Trinken
1 U zlaté koule
4 Royal Golf Restaurant
5 Café Polonia
8 Kolonáda
9 Café Classic
11 Charlie
16 Doma
17 New York Barcaffé
18 Medité
19 Bio Vegetka
N achtleben
21 D-Club Dylen/Na Rampě
Ü bernachten
2 Esplanade
3 Sonnenstrahl
6 Nové Lázně
7 Villa Patriot
10 Zlatý zámek
12 Falkensteiner Grand Spa
14 Hostel Miláno
15 Edinburgh
16 Villa Regent
20 Swiss House
E inkaufen
13 Lera
Park Alfréd-Alexandra
Casino Bellevue
Tennis
Salzgrotte
Ampel
Ferdinandsquelle
Rudolfquelle
Park U Nemocnice
Reinigung
Bahnhof
BUS
Hamrníky, Chodovská Hut
Pilsen, Tachov, Planá
Ruská
Příkrá
Hlavní třída
Tyršova
B. Němcové
Anglická
Pod Panoramou
Zeyerova
Máchova
Chebská
Husova
Dvořákova
Lužická
Komenského
Jiráskova
U Nemocnice
Stavbařů
Přemyslova
Žižkova
Na Výsluní
Libušina
Na Třešňovce
U Pily
Plzeňská
Palackého
Jiráskova
Dobrovského
U Zastávky
Nákladní
Dřevěná
Družstevní

auf 2005 m². Schöner Pool, Sonnenterrasse, Bibliothekszimmer, Tiefgarage und diverse Extras mehr. DZ ab 202 €. Ruská 123, PLZ 35301, ✆ 354929399, www.falkensteiner.com.

**Villa Patriot** 7, klassizistische Villa mit 14 großzügigen, komfortablen Zimmern und 1 Apartment (ohne Küche!). Nettes Personal, gute Lage, sehr gutes Restaurant mit schöner Sommerterrasse. Parkplätze. Für 2 Pers. 100 €. Dusíkova 62, PLZ 35301, ✆ 354673143, www.villapatriot.cz.

*** **Villa Regent** 16, schöne Villa in ruhiger Lage. 25 geräumige, farbenfrohe Zimmer mit Jugendstilbildern, teilweise mit Balkon und toller Aussicht, sehr gepflegt. Kuranwendungen im Haus, Terrassenlokal. (→ Essen & Trinken), Parkplatz. EZ 56 €, DZ 88 €. Anglická 116, PLZ 35301, ✆ 354402010, www.villaregent.cz.

**Sonnenstrahl** 3, 1910 erbaute Villa 300 m oberhalb der Kolonnade. 9 im bunten Stilmix möblierte, auf elegant getrimmte Apartments. Garten mit Grill, Sandkasten und Goldfischteich. Sehr freundlicher Service. Je nach Apartmentgröße für 2 Pers. 75–85 €. Karlovarská 334, PLZ 35301, ✆ 354620825, www.villa-sonnenstrahl.com.

**Swiss House** 20, freundliches, heimeliges Hotel in einer historischen Villa in ruhiger Lage am Waldrand, ca. 10 Fußmin. vom Zentrum entfernt. Trotz des Namens unter tschechisch-australischer Leitung. Nur 12 Zimmer und Apartments in 5 Kategorien, geboten wird alles zwischen großzügigen, komfortablen Standard-DZ und Apartments mit Küche für bis zu 4 Pers. Zeitgemäße Einrichtung. Wellnessangebote im Haus, lauschiges Gartencafé, sichere Parkplätze. DZ ab 75 €, Apartment für 2 Pers. ab 89 €. Zeyerova 87, PLZ 35301, ✆ 354602200, www.swisshouse.cz.

**Edinburgh** 15, kleine Pension am Rande des Kurzentrums. 6 individuell eingerichtete, freundliche Zimmer in einem Altbau. Sichere Parkplätze. EZ 32 €, DZ ab 48 €. Ruská 56, PLZ 35301, ✆ 354620804, www.pension edinburgh.com.

**Zlatý zámek** 10, großes, verwinkeltes Gebäude in bester Lage, diente einst als Jugendherberge, heute ein einfaches Hotel. Ordentliche, wenn auch nicht unbedingt schöne Zimmer (mit Bad). Zudem alles etwas anonym. EZ 22 €, DZ 44 €. Klíčova 4, PLZ 35301, ✆ 354623924, www.hotelzlaty zamek.cz.

**Hostel Miláno** 14, restaurierter Altbau in unmittelbarer Zentrumsnähe. Man kommt in spartanischen Zimmern unter, Duschen und WC auf dem Gang. Gemeinschaftsküche. DZ 20 €, kein Frühstück, Parken 2 €/Nacht extra. Ruská 309, PLZ 35301, ✆ 774417065 (mobil), www.newyorkml.cz.

**Außerhalb/Camping** ››› Unser Tipp: **Camp Stanowitz**, im Dörfchen Stanoviště, ca. 3 km südlich von Marienbad, an der Straße nach Karlovy Vary ausgeschildert. Freundlicher, sympathisch geführter Privatplatz: idyllische Obstbaumwiese, die Pferde grasen nebenan, gemütliche Terrasse, sauberste Sanitäranlagen (wenn auch nicht viele), ordentliches Restaurant. Es werden auch nette Zimmer mit Bad vermietet. Keine Busanbindung. 2 Pers. mit Wohnmobil und Strom 18 €, DZ 44 €. Stanoviště 9, PLZ 35301, ✆ 354624673, www.stanowitz.com. ‹‹‹

## Essen & Trinken/Nachtleben

→ Karte S. 332/333

Preiswertere Restaurants, wo auch Tschechen essen, finden Sie insbesondere in der südlichen Vorstadt. Ein Traum sind im Sommer die vielen Cafés mit ihren herrlichen Terrassen. Was das Nachtleben angeht, so ist es im Ganzen vorwiegend auf Kurgäste zugeschnitten – Konzertabende à la Karel Gott und Tanztees veranstalten etliche Häuser.

**Restaurants** **Royal Golf Restaurant** 4, auf dem gleichnamigen Golfplatz (→ Sport & Freizeit/Golf). Gediegenes Restaurant mit Bar im Stil eines englischen Herrenclubs. Pasta, Steaks und feine Fischgerichte, dazu eine kleine Auswahl an böhmischen Gerichten. Alles sehr lecker, zuvorkommender Service. Das Gros der Hg. kostet 7–15,20 €. ✆ 354622623.

**U zlaté koule** 1, liebevoll und gemütlich eingerichtetes Restaurant mit ausgefallener Speisekarte, darunter Fasanenbrust, Wachteln mit Gänseleberfülle oder gegrillte Riesengarnelen. Unter anderem schauen Stoffbären und Holzpuppen beim Essen zu. Hg. 10–25 €. Nehrova 26, ✆ 354624455.

**Doma** 16, im Hotel Regent (→ Übernachten). Hier bereitet man leichtere, sog.

neuböhmische Gerichte zu wie Kürbissuppe mit Ingwer, Filet vom Jungbullen oder eingelegte Rote Bete mit Ziegenkäse. An sich recht stylishe Innenarchitektur, zu der die hässliche Kaufhausbestuhlung jedoch so gar nicht passen will. Hg. 8–18,40 €. Anglická 116/23, ✆ 354402005.

**Medité** 18, karg-schickes, lichtes Lokal, das sich ganz der mediterranen Küche verschrieben hat. Im Mittelpunkt stehen leckere, raffinierte Tapas, dazu gibt es immer den Fisch des Tages, Steaks oder feine Pastagerichte (z. B. mit Kaninchenragout). Draußen kleine Gehwegterrasse. Hg. 5,20–15,20 €. Hlavní třída 279/7, ✆ 354422018.

**Charlie** 11, dunkel-gemütliches Lokal mit Wohnzimmeratmosphäre. Wählen Sie z. B. spanische Hühnerbrust mit Oliven oder gedünstete Froschschenkel. Inhaber Charlie ist gleichzeitig Küchenchef – da kann es auch mal dauern. Tägl. mittags und abends. Hg. 8–15,20 €. Anglická 137, ✆ 354622974.

**Bio Vegetka** 19, Bioladen samt kleinem vegetarischem Schnellrestaurant mit tägl. wechselndem Angebot. Mittagsmenü günstige 4 €. Nur Mo–Fr 7–18 Uhr. Hlavní třída 276/13. ■

**Cafés** **Café Polonia** 5, Caférestaurant in einem historischen Saal mit üppiger ornamentaler Ausschmückung. Immer einen Blick wert, aber besser isst man woanders (ziemlich miefig, dazu altmodische Polstergruppen und zuweilen etwas gähnende Atmosphäre). Schade, man könnte mehr draus machen. Terrasse. Hlavní třída 34.

**New York Barcaffé** 17, trendige Cafébar samt Restaurant (internationale Küche). Bringt einen Hauch von Großstadtflair nach Marienbad. Junges Publikum. Faire Preise. Hlavní třída 233.

**Café Classic** 9, nettes Caférestaurant im Stil eines französischen Bistros, eine Adresse fürs Frühstück, dazu super Kuchen, böhmische Standards, aber auch große Salate, Fisch und Vegetarisches. Jeden letzten Fr im Monat Livejazz. Hlavní třída 50.

**Kolonáda** 8, Oblatenverkaufsstelle mit angegliedertem kleinem, preiswertem Café. Heiße Schoko-, Kakao- und Nussoblaten. Hlavní třída 44.

**Clubs** **Na Rampě** 21, großer Club, regelmäßig Konzerte und DJ-Partys (Rock, Reggae etc.; www.narampe.cz). Nur ein paar Schritte weiter (im gleichen Komplex) befindet sich der **D-Club Dylen** 21 mit wechselndem Programm zwischen Blackmusic-Nächten, Oldie-Abenden und Partys im Zeichen irgendeines Hochprozentigen (www.d-club.cz). Kollárova 707 (Vorstadt Úšovice).

## Sport & Freizeit/Kur & Kultur

**Casinos** Empfehlenswert ist das **Casino Bellevue**, eines der schönsten des Landes, 1835 als Kaffeehaus errichtet. Unter deutscher Leitung. 10 € Eintritt (für Jetons). Mindesteinsatz je nach Spiel ab 1 €. Die Turnschuhe sollten im Hotel bleiben. Restaurant (ab 18 Uhr). So–Do 15–3 Uhr, Fr–So 15–4 Uhr. Anglická 281.

**Golf** **Royal Golf Club Mariánské Lázně**, sehr schöner 18-Loch-Platz, 72 Par, am nordöstlichen Ende Marienbads. 1905 vom englischen König Edward VII. eröffnet, bei der 100-Jahr-Feier 2005 war Prinz Edward dabei. Greenfee 60–68 €. ✆ 354624300, www.golfml.cz.

**Kuren** Therapiert werden insbesondere Erkrankungen, die mit Nieren, Harnwegen, Atemwegen und Dickleibigkeit in Verbindung stehen. Dagegen helfen Moorpackungen, Inhalationen, Bäder, Trinkwasserkuren und – betrachtet man das Angebot in den Cafés vor den Heilbädern – ewig fette Sahnetorten. Alle Infos zum Thema Kuren und Wellness auf www.marienbad.cz.

**Radverleih** **Yellow Point**, Verleihstelle bei der unteren Seilbahnstation. Mountainbike 14 €/Tag. ✆ 602166640 (mobil),

**Theater** Im **Städtischen Theater** (Městské divadlo) überwiegend Gastspiele, hin und wieder auch Oper und Ballett. Třebízského 106, ✆ 354622036, http://vstupenky.marianskelazne.cz. Kartenverkauf auch über die Touristeninformation.

**Veranstaltungen/Festivals** Am 2. Samstag im Mai wird die **Kursaison** festlich eröffnet. Anfang Juli geht ein **Jazzfestival** über die Bühne (www.jazzove-lazne.cz). Stets in der 3. Augustwoche begeistert das **Chopinfestival** (www.chopinfestival.cz). Im Juli und Aug. wartet zudem der **Marienbader Kultursommer** mit verschiedenen Veranstaltungen auf. Ende Aug./Anfang Sept. gibt es schließlich die **Goethetage**, die ganz im Zeichen des großen Dichters stehen.

Westböhmen → Karte S. 313

Der Marienbader Karolinenbrunnen

## Sehenswertes

Das Kurzentrum Marienbads mit seinen vielen Zuckertortenbauten, seinen Parkanlagen, Kolonnaden und Pavillons, in denen die Quellen sprudeln, ist beeindruckend und verzaubert die Sinne. Zu jedem der feudalen Hotels ließen sich unzählige Geschichten erzählen: In die westböhmischen Kurorte zog es nämlich nicht nur die Leidenden, sondern auch die Gelangweilten und die Hautevolee aus aller Welt mit ihren heiratsfähigen Töchtern. Herzschmerz war hier nicht seltener als Rückenschmerz.

**Skalníkovy Sady (Skalník-Park)**: Der Park ist das Herz des Kurviertels. Benannt ist er nach dem Gartenkünstler Václav Skalník (→ Geschichte Marienbad). Im Norden der Grünanlage liegt der einzige schäbige Fleck im Kurzentrum, die *Bauruine Arnika,* ein Relikt aus sozialistischer Zeit. Die künftige Nutzung des Areals steht derzeit noch in den Sternen. Im Westen des Parks, vor der Neuen Kolonnade (s. u.), sprudelt der *Singende Brunnen* (Zpívající fontána) mit einem Durchmesser von 18 m. Zu jeder vollen ungeraden Stunde finden hier computergesteuerte Wasserspiele zu klassischer Musik statt, am späten Abend werden sie zudem farbenfroh illuminiert.

**Nová kolonáda (Neue Kolonnade)**: Die lange, leicht geschwungene gusseiserne Konstruktion mit Motiven aus Neorenaissance und Neobarock, die 1889 erbaut wurde, ist zweifelsohne eines der schönsten Bauwerke der Stadt. In der Mitte befindet sich eine kleine Orchesterbühne, auf der im Sommer fast täglich Blasmusik geboten wird. Des Weiteren beherbergt sie Cafés und Geschäfte. Direkt daneben liegt der *Kreuzbrunnen* (Křížový pramen), ein klassizistischer Brunnentempel, der von 72 Säulen umgeben wird. Hier lassen sich auch das ganze Jahr über drei verschiedene Quellwasser probieren (→ Quellen).

**Nové Lázně (Neues Kurbad)**: 1896 wurde das Bad im Stil der Neorenaissance am südlichen Rand des Skalník-Parks eröffnet. Es ist das imposanteste und prunkvollste Kurbad des Orts und auch Nichthotelgästen (→ Übernachten) zugänglich. Das Nové Lázně bietet für jedermann ärztliche Untersuchungen und Kuranwendungen von Mineralbädern über „pulsierende Magnettherapien" bis zu Paraffinwickel.

Rezeption Mo–Fr 7–20 Uhr, Sa/So 9–20 Uhr, Terminvereinbarung nötig. Preisbeispiele: Mineralbad in der Königskabine 40 €, Sprudelbad 10 €, Fußreflexzonenmassage 19 €, Schokomassage 56 €.

**Tipp**: Verlangen Sie *kabina 1* oder *kabina 2*, die für königliche Besucher eingerichtet wurden.

**Dům Chopin (Chopinhaus): Dům Chopin (Chopinhaus)**: Als man das Gebäude baute, war es das fünfte des ganzen Ortes und hieß „Haus zum Weißen Schwan" (Dům U bílé labutě). 1836 wohnte der damals 26-jährige polnische Komponist Frédéric Chopin in der zweiten Etage. Wie Goethe (→ Kasten) verliebte auch er sich in Marienbad. Und wie Goethe hatte auch er kein Glück, als er um die Hand einer jungen Dame anhielt. Seine Angebetete, die 16-jährigen Maria, stammte aus einer alten polnischen Adelsfamilie. Da Chopin aber nicht standesgemäß war, vereitelte Marias Vater eine Verbindung. Seine Sehnsucht verarbeitete der Komponist später in der Ballade G-Moll. Heute erinnert im zweiten Stock des Gebäudes eine kleine Ausstellung (Památník Fryderika Chopina) an Chopin. Im Erdgeschoss hat die Touristeninformation ihren Sitz.

**Adresse/Öffnungszeiten**: Hlavní třída 47. **Chopingedenkstätte**, Mitte April–Mitte Okt. Di/Do/So 14–17 Uhr. 0,80 €. www.chopinfestival.cz.

Westböhmen → Karte S. 313

## Goethe und eine Liebesquelle, die nicht sprudeln wollte

Als Johann Wolfgang von Goethe 1821 in Marienbad weilte, waren die Tage von Wolken verhangen und es regnete unaufhörlich. Das Haus zu verlassen war unmöglich, und so vertrieb sich der Dichter die Zeit bei Tee und Gesellschaftsabenden. Dabei lernte er die junge Ulrike von Levetzow kennen. 1823, bei Goethes letztem Besuch der Stadt, trafen sich die zwei erneut. Goethe war – wie heute die meisten Besucher Marienbads – über 70, sie gerade 19 Jahre alt geworden. Auf Gesellschaften und Smalltalk hatte Goethe keine Lust mehr: „Auch ist es trostlos von politischen Dingen, wohin man auch horcht, zu vernehmen. Mich von allen solchen wie von ästhetischen Gesprächen und Vorlesungen zu befreyen, hatte ich mich auf sechs Wochen einem hübschen Kinde in Dienst gegeben." Ein inniges Verhältnis sollte entstehen, das er später in seiner *Marienbader Elegie* beschrieb. Hand in Hand schlenderten sie durch die Parkanlagen und tranken für gewöhnlich vom Ambrosiusbrunnen, der auch „Quelle der Liebe" genannt wird. Nebenbei lernte Goethe Tschechisch und sammelte fleißig Steine – eine seiner Leidenschaften. Den Serpentinvorkommen und Mineralien der Gegend widmete er in der Abhandlung *Marienbad überhaupt und besonders in Rücksicht auf Geologie* ein Kapitel. Weniger ertragreich sollte seine leidenschaftliche Neigung zu Ulrike werden: Es gab angeblich nur einen Kuss, und als Goethe um ihre Hand anhielt, bekam er eine Absage. Die anmutige Ulrike, die ihr Leben lang unverheiratet blieb, tat später immerhin noch den berühmten Spruch: „Keine Liebschaft war es nicht".

**Městské muzeum (Städtisches Museum)**: Das klassizistische Gebäude hieß früher „Zur Goldenen Traube“. Goethe residierte hier 1823 bei seinem vierten und letzten Aufenthalt in Marienbad. Das heute darin untergebrachte Museum erfüllt so passenderweise zugleich die Funktion einer Goethegedenkstätte: Mehrere Räume zeigen noch das Originalinventar aus der Zeit des Dichters. Ansonsten widmet sich das Museum der kurgeschichtlichen Entwicklung des Ortes.

Adresse/Öffnungszeiten: Goethovo náměstí 11. Tägl. (außer Mo) 9.30–17.30 Uhr, im Winter bis 16.30 Uhr. 2,40 €, erm. die Hälfte. www.muzeum-ml.cz.

**Quellen**: Weit über 40 kalte Quellen (9–12 °C) befinden sich in und rund um Marienbad. Sie kommen aus unterschiedlichen Tiefen, haben z. T. sehr unterschiedliche chemische Zusammensetzungen, weisen aber nahezu alle einen hohen Anteil an Kohlendioxyd auf, weshalb sie auch als Sauerbrunnen bezeichnet werden. Teils sprudelten sie einst einfach aus dem Boden und wurden gefasst, teils hat man sie durch Bohrungen zum Vorschein gebracht. Um viele von ihnen baute man klassizistische Pavillons. Die bedeutendsten Quellen sind der *Kreuzbrunnen* (Křížový pramen) und die *Ferdinandsquelle* (Ferdinandův pramen) – beide haben einen hohen Anteil an Glaubersalz, das stark abführend wirkt, zudem sind sie gut gegen Allergien. Die *Rudolfquelle* (Rudolfův pramen) und die stark eisenhaltige *Ambrosiusquelle* (Ambrožův pramen) helfen bei urologischen Beschwerden und bei Blutarmut. Der *Karolinenbrunnen* (Karolinin pramen) soll gegen Blasensteine ankommen. Das alkalische Wasser der *Waldquelle* (Lesní pramen) mildert Atemwegserkrankungen. Unter uns gesagt, schmecken die meisten fürchterlich. Die vielen anderen Quellen der Stadt helfen noch so gegen manch andere Zipperlein. Erkundigen Sie sich vor dem Genuss der Wässerchen bei einem Arzt, wie viel Sie wovon trinken sollten.

Übrigens: Die *Marienquelle* (Mariin pramen), die dem Kurort überhaupt erst seinen Namen gab, ist – anders als die Legende vermuten lässt – keine Wasser-, sondern eine Gasaustrittsquelle. Das als „Mariengas“ bekannte $CO_2$-Gas wird u. a. in Form von Gasumschlägen verabreicht und wirkt gegen Bluthochdruck und Durchblutungsstörungen.

Adressen/Öffnungszeiten: Die Quellen liegen über die ganze Stadt verteilt (→ Stadtplan). Im **Kreuzbrunnen** vor der großen Kolonnade kann man die Rudolf-, Karolinen- und Kreuzbrunnenquelle kosten, tägl. 6–18 Uhr. Dort gibt es auch Schnabeltassen zu kaufen. Angeblich soll man nämlich beim Spazierengehen trinken, und mit der Profikurtasse verschüttet man weniger.

**Kirchen**: Hoch über dem Ort an der Ruská liegt die sehenswerteste Kirche Marienbads, die *russisch-orthodoxe Kirche* (auch: Sankt-Wladimir-Kirche, Pravoslavny kostel). Sie wurde 1902 gebaut und beherbergt wertvolle Ikonen und eine Ikonostase (dreitürige Bilderwand), die auf der Pariser Weltausstellung 1900 ausgezeichnet wurde. Sie ist kunstvoll mit Emaillemalereien verziert und angeblich das größte Porzellanstück der Welt.

Den Skalník-Park überblickt die römisch-katholische *Dekanatskirche Mariä Himmelfahrt* (Nanebevzetí Panna Maria). Der Bau in Form eines Oktagons entstand in der Mitte des 19. Jh. im üppigen neobyzantinischen Stil. Dekorative Szenen aus dem Apostelzyklus schmücken ihr Inneres.

**Russisch-orthodoxe Kirche**, Mai–Okt. tägl. 9.30–12 u. 13–17 Uhr, Nov.–April 9.30–11.30 u. 14–16 Uhr. 0,80 €, erm. die Hälfte. **Römisch-katholische Kirche**, im Sommer Di–Sa 9–12 u. 14–17 Uhr, So nur nachmittags, im Winter bis 16 Uhr.

# Umgebung von Mariánské Lázně

**Lázně Kynžvart (Bad Königswart)**: In der ersten Hälfte des 19. Jh. wurde der Kurort Bad Königswart gegründet. Die Familie Metternich wollte damit dem ca. 5 km südöstlich gelegenen Marienbad Konkurrenz machen. Doch mit der Pracht Marienbads kann der kleine Ort trotz so mancher ansehnlicher Bauten keinesfalls mithalten. Dafür hat Lázně Kynžvart heute die jüngeren Besucher, es ist die bedeutendste Kureinrichtung für Kinder in der Tschechischen Republik.

Lohnenswert ist ein Besuch des *Schlosses Königswart* am Ortsrand, das Fürst Metternich zwischen 1833 und 1839 nach Plänen des Wiener Architekten Pietro Nobile im Empirestil umbauen ließ. Fürst Metternich (1773–1859) – heute in erster Linie als Sektmarke bekannt – war einer der wichtigsten europäischen Staatsmänner seiner Zeit. Dem Verfechter der Monarchie war das Gedankengut der Französischen Revolution und Volkssouveränität jeglicher Art verhasst. Privat war der gebürtige Koblenzer ein leidenschaftlicher Sammler. In seinem Schloss häufte er Kunstgegenstände, Porzellan, literarische Werke, Kuriositäten usw. an und wandelte es schließlich in ein Museum um, heute eines der ältesten Europas. Zeitgenossen wie der Dramatiker Friedrich Hebbel beschrieben die Kollektion als „mehr durch den Zufall zusammengebracht, als mit Sinn und Absicht angelegt". Wie dem auch sei, eine Führung durch das Schloss, u. a. durch das Kanzlerarbeitszimmer, die Bibliothek, das Zeughaus mit rund 220 Waffen, das Billardzimmer, den Speisesaal mit einer Kollektion von 22 Familienporträts und den Musiksalon ist interessant. Am bizarrsten ist das Kabinett der Kuriositäten Hier sind u. a. ein Handschuh des 1867 hingerichteten mexikanischen Kaisers Maximilian, eine Spazierstocksammlung und ein Abdruck der rechten Hand von Alexandre Dumas – der französische Literat weilte öfters hier – ausgestellt.

**Verbindungen** **Busse** fahren regelmäßig von und nach Mariánské Lázně, der Bus hält auch vorm Schloss.

**Öffnungszeiten** **Schlossführungen** finden April u. Okt. nur Sa/So von 9–16 Uhr statt, Mai/Juni u. Sept. tägl. (außer Mo) 9–16 Uhr, Juli/Aug. tägl. (außer Mo) 9–17 Uhr. 4,40 €, erm. 2,80 €. www.kynzvart.cz.

**Kladská (Glatzen)**: Das ist Alpenromantik ohne Berge, ca. 9 km nördlich von Mariánské Lázně und ca. 4,5 km nordöstlich von Lázně Kynžvart. Inmitten des Kaiserwalds ließ Fürst Otto Schönburg-Waldenburg in der zweiten Hälfte des 19. Jh. ein *Jagdschloss* im Stil einer Schweizer Jagdhütte errichten. Im Laufe der Zeit kamen mehrere Blockhütten im Alpenstil hinzu. Kladská entwickelte sich zum Wandermekka und zu einem beliebten Ausflugsziel der Marienbader Kurgäste. Heute ist das Wald- und Seengebiet drum herum ein *Naturschutzgebiet* mit Naturlehrpfad.

**Verbindungen** **Busse**, bis zu 4-mal tägl. nach Mariánské Lázně.

**Übernachten/Essen** **Pension Kladská**, Familienbetrieb mit sehr gutem Restaurant, wo man sich marinierte Wachteln, Wildschweinschinken oder gespickte Wildhasenkeule auftischen lassen kann (Hg. 10–19 €). Dazu 6 einfache Zimmer, am schönsten sind die mit Balkon unterm Dach. DZ 50 €. Kladská 6, PLZ 35301, ✆ 354691888, www.pensionkladska.cz.

**Lovecký zámeček**, das unübersehbare Jagdschlösschen des Fürsten. Düsterer Eingangsbereich und Speisesaal mit Holzvertäfelung, Antiquitäten, Trophäen und offenem Kamin. Das komplett aus der Zeit gefallene Haus hat was (am besten bei schlechtem Wetter und im Winter!), auch wenn die Zimmer extrem in die Jahre gekommen sind. EZ ab 20 €, DZ ab 34 €. Kladská 9, PLZ 35301, ✆ 354691339, www.kladska.com.

Westböhmen → Karte S. 313

**Chodová Planá (Kuttenplan)**: Etwa 8 km südlich von Marienbad, an der Straße nach Planá, liegt Chodová Planá, aus dem das süffige, malzige **Chodovar-Bier** kommt. Abgefüllt wird es in der gleichnamigen Brauerei, einem der ältesten Brauhäuser Westböhmens (seit 1573). Ende Juni findet hier der traditionelle Wettkampf im Rollen von Eichenholzfässern statt, im August das lokale Bierfest – beide Male steht das Städtchen kopf. Ein ganzjähriger Tipp ist das *Bierbad* im Keller des Brauereihotels U Sládka (→ Übernachten). Für rund 27 € darf man sich dort 20 Minuten lang in eine mit dunklem, 34 °C warmem Badebier gefüllte Wanne legen. Das soll sehr wohltuend sein. Ausklingen lässt man das Relaxbad am besten in einer der zwei *Brauereigaststätten*. Die eine nennt sich *Ve Skále*, ist in einem stilvollen Gewölbekeller aus dem 12. Jh. untergebracht und fungiert gleichzeitig als kleines Brauereimuseum. Die andere Gaststätte ist die *Stará Sladovna*, und tatsächlich befindet sie sich auch, dem Namen entsprechend, in einer alten Mälzerei. Mit einem schönen Biergarten davor ist sie *die* Adresse für den Sommer.

**Verbindungen/Anfahrt** Für Verbindungen → Planá. Brauerei, Hotel und Gaststätten sind unter einer Leitung und im Ort nicht zu übersehen.

**Übernachten** *** **Hotel U Sládka**, das der Chodovar-Brauerei angeschlossene Hotel an der Durchgangsstraße. Herkömmliche Zimmer, dem 3-Sterne-Standard entsprechend ausgestattet. Pool. EZ 50,50 €, DZ 82 €. Pivovarská 107, PLZ 34813, ✆ 374617100, www.chodovar.cz.

**Brauereiführungen** Tägl. um 14 Uhr, 3,40 €/Pers.

**Planá (Plan)**: Das Städtchen Planá, ca. 11 km südlich von Marienbad, besitzt das, was Chodová Planá nicht hat: eine Umgehungsstraße. Dadurch wirkt das kleine Zentrum schon viel freundlicher. Der lang gezogene, meist zugeparkte Marktplatz mit einer Nepomukstatue ist umringt von einfachen niedrigen Bürgerhäusern. Den Störchen gefällt der Anblick, auf so manchen Schornsteinen drum herum nistet ein Paar. Etwas abseits vom Marktplatz steht die *Marienkirche* mit einem alles überragenden neobarocken Turm samt Zwiebelhaube. Lohnenswert ist ein Besuch des *Bergbaumuseums* (Hornické muzeum; ausgeschildert). Es befindet sich in einem alten Stollen, aus welchem vom Ende des 16. bis ins frühe 20. Jh. Silber gefördert wurde. Mit einem Schutzhelm geht es hinein, zu sehen gibt es alte Grubenlampen und Bergbaugeräte.

**Verbindungen** Bahnhof etwas außerhalb des Zentrums im Südwesten der Stadt an der Straße nach Bor. Dort fahren auch die Busse ab.

Regelmäßig **Busse** über Chodová Planá nach Marienbad und nach Tachov, bis zu 6-mal tägl. nach Stříbro, bis zu 2-mal nach Konstantinovy Lázně.

**Züge** alle 1–2 Std. nach Tachov, Marienbad, Cheb, Pilsen und Prag.

**Öffnungszeiten** **Bergbaumuseum**, April/Mai u. Sept. nur Sa/So, Juni–Aug. tägl. (außer Mo) 10–12 u. 13–16 Uhr. Führungen zur vollen Std. 2,40 €, erm. die Hälfte. www.muplana.cz.

**Camping** **Camp Karolina**, ca. 6 km südlich von Planá bzw. 2 km südöstlich von Brod nach Tichou mitten in der Pampa. Bereits von der Straße 21 Planá – Bor ausgeschildert. Idyllisch am Bach gelegener, von Bäumen umgebener privater Platz. Sehr gepflegt. Internationales Publikum. Beliebt bei Familien, es wird viel für Kinder geboten: Spielplatz, Planschpool etc. Restaurant. Mai–Mitte Okt. 2 Pers. mit Wohnmobil 16 €, Bungalow mit Küche, WC (keine Dusche) und 5 Betten 42 €. Brod nad Tichou, PLZ 34815, ✆ 777296990 (mobil), www.camp-k.cz.

**Essen & Trinken** **Na Náměstí**, verwinkeltes Fischlokal am Marktplatz (Hausnr. 41). Forelle, Lachs, Dorsch oder gar sibirischer Stör in verschiedenen Zubereitungsformen, dazu Kurzgebratenes vom Schwein, Rind oder Huhn. Hg. 5,60–16 €. ✆ 374798862.

**Klášter Teplá (Stift Tepl)**: Das Kloster liegt ca. 2 km von der Ortschaft Teplá entfernt und ca. 12 km östlich von Marienbad. Es wurde 1193 von Fürst Hroznata gestiftet und mit Mönchen des Prämonstratenserordens aus dem Kloster Strahov in Prag besetzt. Das barocke Konventsgebäude wurde nach Plänen von Christoph Dientzenhofer Ende des 17. Jh. umgebaut. Bis ins 20. Jh. prägte das Kloster maßgeblich die Entwicklung des gesamten Umlands. 1950 wurden die Mönche vertrieben, und die tschechoslowakische Armee zog ein. 1990 bekam der Orden das Kloster zurück, aber nicht mehr in dem Zustand von einst. Obwohl schon seit Jahren Restaurierungsarbeiten im Gange sind, blicken die hier wieder lebenden Mönche noch vielfach auf blankes Mauerwerk und bröselnden Stuck. Sehenswert ist die gut erhaltene Bibliothek im Neobarockstil (1905–1908), die zweitgrößte Böhmens. Sie besitzt über 100.000 Bände, im Hauptsaal befindet sich davon rund ein Drittel. In ihrem Archiv lagern die älteste deutsche Übersetzung des Neuen Testaments aus dem 14. Jh. und über 700 bedeutende Handschriften. Ein Schmuckstück ist auch die Klosterkirche, eine dreischiffige Hallenkirche mit gotischem Kreuzrippengewölbe, die ebenfalls im 17. Jh. barockisiert wurde. Ihre Pracht entfaltet die Kirche aber bislang nur im restaurierten Inneren, wo in den Sommermonaten Orgelkonzerte stattfinden. Die sterblichen Überreste Fürst Hroznatas ruhen im nördlichen Querschiff in einem monumentalen Grabbau. Nach dem Tode seiner Frau war er selbst dem Orden beigetreten. Am 14. Juli 1217 starb er in Gefangenschaft. 1897 wurde er heiliggesprochen. Mitte des 20. Jh. stieg er zum Schutzpatron der politischen Gefangenen auf. Noch heute pilgern an seinem Todestag politisch Verfolgte aus der Ära des Sozialismus an sein Grab.

**Verbindungen** Von Marienbad kein direkter **Bus** zum Kloster, in Teplá umsteigen.

**Öffnungszeiten** **Kloster**, Okt.–Dez. u. Feb.–April Mo–Sa 9–15.30 Uhr, So 11–15.30 Uhr, Mai–Sept. Mo–Sa 9–17 Uhr, So 11–17 Uhr, Jan. geschl. Besichtigung nur mit Führung. 4 €, erm. 2,80 €. www.klastertepla.cz.

**Übernachten/Essen** *** **Hotel Klášter Teplá**, in der ehemaligen Scheune des Klostergebäudes. Hält innen nicht ganz, was es von außen verspricht. 53 biedere bis ältliche Zimmer (die man öfters mal lüften könnte), Charme besitzen eigentlich nur die neuen Apartments unter schönem Gewölbe. Ordentliches Restaurant. EZ 25 €, DZ 42 €. Klášter 1, PLZ 36461, ✆ 608113388 (mobil), www.hotelklastertepla.cz.

Westböhmen → Karte S. 313

# Bečov nad Teplou

Petschau

**Von tiefen Wäldern umgeben, erhebt sich Bečov nad Teplou auf einem Hügelrücken. Eine Burg und ein Schloss überragen den reizvollen, romantischen Ort.**

Der kleine Ort ca. 20 km südlich von Karlsbad macht einen verschlafenen Eindruck. Lediglich ein paar Touristen sorgen für Leben. Das war nicht immer so. Bečov nad Teplou war einst viel größer und zählte annähernd 2500 Einwohner. Nach der Vertreibung der deutschen Bevölkerung blieben keine 200 übrig. Alle Versuche, Tschechen hier anzusiedeln, scheiterten, niemand wollte sich in dem abgelegenen Ort niederlassen. Viele Häuser wurden schließlich abgerissen und keine Plattenbauten kamen hinzu. So konnte der Ort seinen alten Charme bewahren.

Die **Burg** wurde im 14. Jh. als Wach- und Zollstation gegründet. Im 16. Jh. erweiterte man sie durch einen Renaissanceanbau. Direkt unterhalb der Burg kam Mitte des 18. Jh. das **Barockschloss** mit seinem markanten achteckigen Turm hinzu. Die letzten Adeligen, die darin wohnten, gehörten dem belgischen Geschlecht Beaufort-Spontini an. Sie brachten auch das heute wertvollste Stück der Schlosssammlung nach Bečov, den ursprünglich aus Florennes (Belgien) stammenden Reliquienschrein des Hl. Maurus aus dem 13. Jh. Noch bevor die Adelsfamilie zu Ende des Zweiten Weltkriegs das Land verlassen musste, vergrub sie den Schrein in der Burgkapelle, die mit ihren gotischen Wandmalereien ebenfalls sehenswert ist. Rund 40 Jahre blieb er dort versteckt. Heute, nach jahrelangen Restaurierungsarbeiten, ist das knapp 140 cm lange Reliquiar in Form einer Tumbe wieder zu bewundern. Es ist verziert mit kostbaren Steinen und winzigen Emailbildchen, die Szenen aus dem Alten Testament zeigen, zudem mit filigranen Goldschmiedearbeiten wie den zwölf Aposteln an den Seiten.

**Verbindungen** Alle 60–90 Min. (lediglich vormittags kaum Fahrten) mit dem **Bus** nach Karlovy Vary. Bahnhof ca. 15 Fußmin. westl. des Zentrums im Tal der Teplá. **Züge** bis zu 9-mal tägl. nach Marienbad, häufiger nach Karlovy Vary.

Bečov nad Teplou: Ort und Schloss im Grünen

**Öffnungszeiten** **Schloss**, April u. Okt. nur Sa/So 10–12 u. 13–17 Uhr, Mai/Juni u. Sept. tägl. (außer Mo) zu den gleichen Zeiten, Juli/Aug. tägl. (außer Mo) bis 18 Uhr. Es werden 2 Führungen angeboten, die eine widmet sich dem Schrein des Hl. Maurus, die andere dem Schloss selbst mit seinen diversen Salons. Je nach Führung 3,20–4,80 €, erm. 2–3,20 €, für eine fremdsprachige Führung zahlt man jeweils 1,60 € extra. www.zamek-becov.cz.

**Übernachten/Essen** **Pension Hradní Bašta**, am Marktplatz. Aufwendig restaurierte Zimmer, geschmackvoll ausgestattet. Im angeschlossenen Restaurant (tolle Terrasse) kann man gut essen: Knödelgerichte und Wild zu 6–13 €. EZ 31 €, DZ 55 €. Nám. 5. května 19, PLZ 36464, ✆ 353222802, www.hradnibasta.cz.

**Penzion U zámku**, gleich daneben. Helle, z. T. recht geräumige Zimmer, jedoch nicht gerade stilvoll (teils wilder Möbelmix). Nette Terrasse nach vorne und herrliche nach hinten. Böhmische Küche der mittleren Preisklasse, Spezialität Forelle. DZ 44 €. Nám. 5. května 17, PLZ 36464, ✆ 353999365, www.penzion-uzamku.cz.

Informationen zu **Karlsbad** bekommen Sie auf S. 371.

## Konstantinovy Lázně

Konstantinsbad

Der kleine **Kurort** liegt etwa 34 km südöstlich von Marienbad mitten im Nirgendwo. Zwischen gepflegten Wiesen und Wäldchen verstecken sich ein paar Häuser – Konstantinovy Lázně ist mehr Park als Ort. Egal, ob am Tag oder in der Nacht, Ruhe ist garantiert. Und da man vor lauter Bäumen keine Stadt sieht, ist zum Glück alles bestens ausgeschildert.

Anfang des 19. Jh., als es hier nur Felder und eine schwefelhaltige Quelle gab, welche die deutschen Bauern „Stinker“ nannten, nahm die Kurgeschichte ihren Lauf.

Beeinflusst von der Entwicklung Marienbads glaubte man, auch hier ein Kurhaus bauen zu müssen, auf das eine folgte das zweite und so weiter. Ende des 19. Jh. erlebte Konstantinsbad, so der damalige Name, schließlich seine Blüte – insbesondere bei Offizieren und Industriellen war der Kurort beliebt. In jungen Jahren verbrachte der Dichter Rainer Maria Rilke (1875–1926) hier seine Sommerwochen, damals noch ein Nobody unter den Gästen, heute einer der wenigen Namen, mit denen sich der Ort schmücken kann. Behandelt werden in erster Linie Herz-Kreislauf-Erkrankungen, Epilepsie, Blutarmut, Stoffwechselstörungen und Krankheiten der Atemorgane. Die Prusíkquelle hilft dagegen. Ihr Wasser ist ein Gemisch aus fünf verschiedenen Quellen.

**Information** **Infocentrum**, etwas zurückversetzt von der Hauptstraße Lázeňská. Sept.– Juni nur Do–Sa 9–14 Uhr, Juli/Aug. tägl. 9–16 Uhr. ✆ 374625450, www.infocentrumkl.webnode.cz.

**Verbindungen** **Busse**, häufig nach Bezdružice, bis zu 2-mal tägl. nach Planá, bis zu 7-mal nach Stříbro, nur 1-mal nach Pilsen. Die Zugverbindungen sind sehr schlecht.

**Übernachten/Essen** **Kurhotel Jirásek**, eines der besten Kurhäuser vor Ort, aber nicht zu viel erwarten. Ausgeschildert. Um übernachten zu können, braucht man keine Kur zu buchen. Vermittelt auch das Gros der anderen Kurhäuser. Restaurierte Teppichbodenzimmer ohne besondere Note. DZ 76 €. Plzeňská 79, PLZ 34952, ✆ 374615512, www.konstantinovy.cz.

*** **Hotel Jitřenka**, an der Hauptstraße, trotzdem sehr ruhig. Familiengeführtes, überschaubares Hotel mit sehr gutem Preis-Leistungs-Verhältnis. Konventionelle, gepflegte und geräumige Zimmer. Gutes Restaurant. EZ 26,50 €, DZ 45 €. Lázeňská 20, PLZ 34952, ✆ 374625218, www.hotel-jitrenka.cz.

**Camping** **Camping La Rocca**, in Konstantinsbad ausgeschildert. Großer, gepflegter Platz mit wenig Schatten. Restaurant, Kiosk, Kneipe, Feuerstelle, gute Sanitäranlagen. Tennisplatz und Pool. Hütten mit und ohne Bad. Mai–Sept. 2 Pers. mit Zelt u. Auto 11 €, Hütte für 4 Pers. mit Bad 44 €. V Aleji 136, PLZ 34952, ✆ 374625287, www.larocca.cz.

Westböhmen → Karte S. 313

# Tachov

Tachau

Die Kreisstadt mit rund 12.600 Einwohnern liegt 24 km südwestlich von Marienbad. Der Stadtkern hat ein paar schöne Ecken, vieles wirkt dennoch eher schmucklos. Den leicht bergauf verlaufenden Marktplatz umgeben mehrere alte Bürgerhäuser. Auch gibt es eine **Stadtmauer**, die in weiten Teilen erhalten und abschnittsweise begehbar ist, und ein Schloss, das heute die Stadtverwaltung und eine Schule beherbergt. Das in einem ehemaligen Franziskanerkloster untergebrachte **Museum des Tschechischen Waldes** (Muzeum Českého Lesa) sammelt fleißig: Heiligenfiguren, hussitische Kanonenkugeln, Renaissance- und Barockschlüssel, alte Bierflaschen der Chodovar-Brauerei, dazwischen ein paar Keramikfunde aus der späten Steinzeit, ausgestopfte Tiere und die Ergebnisse des letzten Grundschulmalwettbewerbs.

**Verbindungen** Busbahnhof und Bahnhof etwas außerhalb des Zentrums im Norden der Stadt. Regelmäßig **Busse** nach Planá, bis zu 6-mal tägl. nach Stříbro, Pilsen, Přimda und Marienbad. Alle 1–2 Std. **Züge** nach Planá, bis zu 4-mal tägl. nach Domažlice.

**Öffnungszeiten** **Museum des Tschechischen Waldes**, an der Durchgangsstraße. Juli/Aug. Mo–Fr 9–17 Uhr, Sa/So 10–16 Uhr, ansonsten nur bis 16 Uhr und Mi geschlossen. 0,80 €, erm. die Hälfte. www.muzeum.tachov.cz.

Zuweilen erinnern Bildstöcke an einstige Weiler und ehemalige Ortschaften

## Verschwundene Ortschaften

Auf das Ende des 2. Weltkriegs folgte die Zwangsaussiedlung der Sudetendeutschen aus der damaligen Tschechoslowakei. In weiten Teilen Westböhmens und insbesondere in den Gebieten zur bayerischen Grenze hin verloren damit viele Städte das Gros ihrer Einwohner, manche Dörfer waren gar ausgestorben. Um die Gegend wiederzubeleben, versuchte die Regierung in Prag, wolhynische Tschechen – im Nordwesten der Ukraine lebende Landsleute – zum Übersiedeln in die Grenzgebiete zu bewegen. Doch der Erfolg war bescheiden. Schließlich siedelte man, teils auch unter Zwang, Slowaken, Rumänen, Ukrainer, Sinti und Roma an. Das Terrain unmittelbar vor der Grenze wurde durch den Eisernen Vorhang zum Sperrgebiet. Die Ortschaften in jenem Streifen verfielen im Lauf der Zeit und wurden von der Natur zurückerobert. Allein im Grenzland bei Tachov verschwanden so über 20 Dörfer mit Kirchen, Schulen, kleinen Schlössern und Kapellen, zudem etliche Einöden, Mühlen usw. Jenes Gebiet lässt sich heute per pedes oder Rad herrlich erkunden. An die Ortschaften erinnert oft so gut wie nichts mehr. Wer aufpasst, findet irgendwo im Wald noch eine Hausfassade stehen, anderswo ein Denkmal für die Opfer des 1. Weltkrieges, von Sträuchern verschlungen. Angeblich sollen hier noch viele Schätze unter der Erde schlummern, vom Tafelsilber bis zum Familienschmuck, vergraben von den Sudetendeutschen kurz vor ihrer Vertreibung.

Mit dem Thema Vertreibung setzen sich viele Tschechen (egal ob Historiker, Politiker oder Honza Normalverbraucher) bis heute ungern kritisch auseinander, vielmehr übt man sich darin, die deutsch-böhmische Vergangenheit auf dem Boden der heutigen Tschechischen Republik schlicht zu ignorieren. Ganz im Gegensatz dazu versucht die junge tschechische Initiative Antikomplex, das verschwundene Sudetenland mit verschiedenen Projekten und Veranstaltungen ins Gedächtnis zurückzurufen. Ihr über 650 Seiten starker Katalog zur Ausstellung „Zmizelé Sudety/Das verschwundene Sudetenland" wurde vom Verlag Nakladatelství Českého lesa Domažlice herausgegeben (ISBN 80-86125-73-4). Weitere Infos unter www.antikomplex.cz.

# Stříbro

Mies

Das 7800 Einwohner zählende Städtchen Stříbro, ca. 34 km westlich von Pilsen, ist eine gemütliche Pause wert. Die Deutschen nannten den Ort Mies nach dem zu seinen Füßen fließenden gleichnamigen Fluss (tschech. Mže). Stříbro, übersetzt „Silber", ist genauso passend, zumal der Wohlstand des Städtchens bis zum Dreißigjährigen Krieg auf den reichen Silbervorkommen der hiesigen Bergwerke gründete. Die Schweden jedoch zerstörten viele Stollen.

Zentrum des Städtchens ist der **Masarykovo náměstí**, ein neu angelegter, zuletzt noch etwas steriler Platz mit einem superschicken Brunnen und einer superschicken Infowand, die die Besucher in drei Sprachen zu Spazier- und Stadtrundgängen ermuntert. Der Platz ist umgeben von einer Vielzahl hochgiebeliger Bürgerhäuser, die fast alle restauriert sind. Eines der schönsten Renaissancerathäuser Böhmens ist hier zu finden. An dessen Turm erfreut ein Glockenspiel. Gegenüber, in den Räumlichkeiten eines alten Minoritenklosters, befindet sich das **Stadtmuseum** (Městské muzeum). Es klärt über die Bergbauvergangenheit des Städtchens auf, präsentiert Mineralien, Keramik, Möbel, Waffen usw. Rund um die Altstadt sind noch Teile der alten Befestigungen erhalten.

**Verbindungen** Busbahnhof ca. 5 Fußmin. westl. des Zentrums, ausgeschildert. **Busse** regelmäßig nach Kladruby und Pilsen, bis zu 10-mal nach Tachov, bis zu 6-mal tägl. nach Planá, bis zu 5-mal nach Mariánské Lázně, 3-mal nach Cheb, 2-mal nach Františkovy Lázně, 1-mal nach Asch.

Bahnhof ca. 2 km südlich des Zentrums. **Züge** fahren ca. stündl. nach Pilsen, alle 2 Std. über Marienbad nach Cheb sowie nach Prag, 3-mal tägl. nach Lázně Kynžvart.

**Übernachten/Essen** **** **Hotel Alexander**, am Marktplatz. In einem Gebäude aus dem 16. Jh. 24 freundliche Parkettbodenzimmer, komfortabel ausgestattet (u. a. mit Safe) und mit hübschen Bädern. Am schönsten ist das Apartment im Turmzimmer mit königlichem Blick über den Marktplatz. EZ 52 €, DZ 60 €, Fr–So großzügiger Rabatt. Masarykovo nám. 13, PLZ 34901, ✆ 373737816, www.hotel-alexander.cz.

**Pension Stybar**, ca. 80 m vom Marktplatz entfernt. Nur 7 freundliche Zimmer und ein nettes Restaurant unter unverputztem Backsteingewölbe (dafür mit Stoffservietten und gemütlichem Garten). EZ 31 €, DZ 50 €. Plzeňská 32, PLZ 34901, ✆ 608916303 (mobil), www.penzionstybar.cz.

Stříbro besitzt eines der schönsten Renaissancerathäuser Böhmens

## Klášter Kladruby

Kloster Kladrau

**Erst Benediktinerabtei, dann Schloss. Die barockgotische Klosterkirche, ein Meisterwerk Giovanni Santinis, zählt zu den bedeutendsten Sakralbauten des Landes.**

Das ehemalige Kloster Kladrau erhebt sich 4 km südlich von Stříbro majestätisch auf einer Anhöhe über der gleichnamigen Ortschaft. Vladislav I. gründete sie bereits im Jahr 1115 als Benediktinerkloster, zehn Jahre später wurde er selbst hier beigesetzt. In seiner Blütezeit unterstanden dem Kloster weit über 100 Dörfer, mehrere Gemeinden und Burgen.

Schwer in Mitleidenschaft gezogen wurde die Klosteranlage während der Hussitenkriege und im Dreißigjährigen Krieg. Giovanni Santini baute sie im Zuge der Gegenreformation wieder auf. So verwundert es nicht, dass an der riesigen **Klosterkirche Sankt Marien** (Kostel P. Marie), der Hauptattraktion, romanische, gotische und barocke Elemente ineinander verschmelzen. Die Altarplastiken und die Heiligenstatuen sind ein Werk Matthias Bernhard Brauns. Das Konventsgebäude schuf vermutlich Kilian Ignaz Dientzenhofer. 1785 wurde das Kloster säkularisiert und diente vorübergehend als Kaserne und Hospital. 1825 ging das Objekt in den Besitz der Adelsfamilie Windischgrätz über, die es in ein Schloss umwandelte und eine Brauerei darin einrichtete. Die Kommunisten nutzten es als Kulturzentrum und ließen es gleichzeitig verfallen. Die EU muss noch kräftig in die Tasche langen, bis die gesamte Anlage restauriert ist. Heute finden hier jedes Jahr im Sommer diverse Musikveranstaltungen statt.

Zwei Führungen werden durch das Kloster angeboten. Eine hat die Kirche und das Kloster als Benediktinerabtei zum Schwerpunkt (60 Min.), die andere das Kloster als Schloss derer zu Windischgrätz (50 Min.).

**Verbindungen** **Busse** regelmäßig nach Stříbro, bis zu 3-mal tägl. nach Plzeň.

**Öffnungszeiten** **Klosteranlage**, April u. Okt. nur Sa/So 10–16 Uhr, Mai Di–Do 13–16 Uhr, Fr–So 10–16 Uhr, Juni–Aug. tägl. (außer Mo) 9–17 Uhr, Sept. tägl. (außer Mo) 9–16 Uhr. 3,20 €/Führung, erm. 2 €. Restaurant auf dem Klosterareal. www.klaster-kladruby.cz.

Nach Osten? Informationen zu **Pilsen** bekommen Sie ab S. 358.

## Horšovský Týn

Bischofteinitz

Horšovský Týn ist ein beschauliches 5000-Einwohner-Städtchen 12 km nördlich von Domažlice. Die Lage des Ortes zu beiden Seiten des Flusslaufs der Radbuza ist äußerst reizvoll und der Náměstí Republiky, der denkmalgeschützte Hauptplatz, ein Schmuckstück. Pastellfarbene Giebelhäuser aus verschiedenen Epochen säumen ihn. Die barockisierte **Peter-und-Paul-Kirche** (Kostel sv. Petra a Pavla), im 13. Jh. als gotischer Bau errichtet, beherrscht dessen Mitte. Dominiert wird der Ort von einem vierflügeligen, sgraffitoverzierten **Renaissanceschloss** (Zámek Horšovský Týn) – als wäre Italien ganz nah. Im 13. Jh., als Horšovský Týn noch Zollstation (= Teyn) an einem bedeutenden Verkehrsknotenpunkt war, stand hier eine gotische Bischofsburg. Sie brannte Mitte des 16. Jh. aus. Auf ihren Ruinen ließen

Das Renaissanceschloss von Horšovský Týn



die Lobkowitz ein prächtiges Schloss errichten, der alte Befestigungscharakter blieb dabei erhalten. Spätere Umbauten führten dazu, dass heute von der Frühgotik bis zum Klassizismus nahezu alle Stilrichtungen im und am Schloss vorzufinden sind. Wer es besichtigt, kann zwischen verschiedenen Touren wählen. Es gibt u. a. eine Führung durch den Burggrafenpalast und die Küchen (ostasiatisches Porzellan!), eine durch den Wappensaal, eine durch die Mauern der ehemaligen Burg und eine durch das Schloss. Letztere ist für all jene, die keinen ganzen Tag hier verbringen wollen, die spannendste Tour. Sie vermittelt einen Eindruck vom feudalen Leben des hier einst residierenden Adels. Salons, Tanzsaal und Bibliothek sind noch weitestgehend mit dem Originalmobiliar ausgestattet: Porzellanleuchter mit echten Edison-Birnen, englische Reisewecker aus dem Barock, böhmische und venezianische Kristalllüster usw.

Nördlich des Schlosses schließt sich der schöne große **Schlosspark** an. Besonders lohnenswert ist ein Besuch von Horšovský Týn übrigens zur Anna-Kirchweih Ende Juli, einem dreitägigen Fest mit mittelalterlichen Events.

**Verbindungen** Regelmäßig **Busse** nach Domažlice und Pilsen.

**Öffnungszeiten** **Schloss**, April u. Okt. nur Sa/So 9–12 u. 13–16 Uhr, Mai u. Sept. tägl. (außer Mo) 9–12 u. 13–16 Uhr, Juni–Aug. tägl. (außer Mo) 9–12 u. 13–17 Uhr. Nov.–März geschl. Die verschiedenen Touren dauern 30–60 Min. und kosten 1,60–3,60 €. www.horsovsky-tyn.cz.

**Übernachten/Essen** *** **Hotel Gurmán**, neben dem Schlosseingang. Beste Unterkunft des Orts mit schlichtem Restaurant. 10 farbenfrohe Zimmer (buchen Sie das „Schlosszimmer" Nr. 104 mit Himmelbett!). Auch Pierre Brice hat hier schon übernachtet. Ob ihm auch das Essen geschmeckt hat? Konventionelle böhmische Küche (Braten oder Nudeln mit Ketchup und Käse) zu 4–13,20 €. EZ 38 €, DZ ab 80 €. Nám. Republiky 2, PLZ 34601, ✆ 379410020, www.trendstav.cz.

*** **Hotel Šumava**, am Markplatz. Trotz angeblich dreier Sterne – einfaches Haus mit ebensolchen Zimmern, schlicht möbliert, aber alle mit Bad. Restaurant. EZ 29 €, DZ 49 €, Frühstück extra. Nám. Republiky 11, PLZ 34601, ✆ 379422800, www.hotel.htyn.cz.

# Domažlice

Taus

**Die reizvolle mittelalterliche Stadt ist das Herz des Chodenlandes. Zum Bleiben lädt sie v. a. Mitte August ein, wenn ein ausgelassenes Folklorefest gefeiert wird.**

Das freundliche Domažlice mit seinen rund 11.000 Einwohnern ist offiziell eine Kreisstadt und inoffiziell die Hauptstadt des Chodenlandes, das durch farbenfrohe Trachten, eine eigene Mundart und die typische Dudelsackmusik bekannt ist. Doch an das Brauchtum der Choden, eines uralten slawischen Volksstamms (→ Kasten), erinnert in Domažlice außer in Souvenirgeschäften und Museen oder zu Festtagen nur wenig. Lediglich auf den Dörfern im Umland sieht man noch gelegentlich ältere Frauen in ihren herrlichen Trachten und hört – sofern man des Tschechischen mächtig ist – ihren eigenartigen Dialekt.

## Hundsköpfe mit Dudelsack – das chodische Volk

Wer die Choden eigentlich sind und woher sie kommen, weiß niemand so genau. Urkundlich erwähnt wurde der slawische Volksstamm erstmals im Jahr 1040, als er den böhmischen Herzog Bratislav erfolgreich im Kampf gegen den deutschen Kaiser Heinrich III. unterstützte. In jenem Jahrhundert wurden die Choden auch mit der Überwachung der bayerisch-böhmischen Grenze betraut. Die deutsche Expansion Richtung Osten sollte damit aufgehalten werden. Die Aufgabe der Grenzkontrolle, die die Choden mit Kampfbeilen und scharfen Hunden durchführten, gab dem Volk auch seinen Namen (tschech. *chodit* = patrouillieren). Als Gegenleistung erwarben die Choden von den böhmischen Königen, insbesondere von König Johann von Luxemburg im Jahr 1325, besondere Privilegien: Als Freibauern sollten sie zeitlebens keinem anderen Menschen als dem König untertan sein, weniger Steuern bezahlen, von Zollgebühren befreit sein und so viele Hasen in den Wäldern jagen dürfen, wie sie wollten. Drei Jahrhunderte konnten sie ihren Sonderstatus genießen. Doch nach der Schlacht am Weißen Berg, wo sich die Choden auf die Seite der protestantischen böhmischen Stände geschlagen hatten, wurden ihnen ihre Privilegien aberkannt. Ihrem Widersacher, dem siegreichen General Maximilian Laminger von Albenreuth, wurde die gesamte Region rund um Domažlice vermacht. Sämtlich Versuche, die alten Privilegien mit legalen Mitteln zurück zu gewinnen, schlugen fehl. Es kam zum Aufstand. Diesem folgte der blutige Gegenschlag der kaiserlichen Truppen. Den Führer des chodischen Widerstandes, Jan Sladký Kozina, ließ Laminger von Albenreuth 1695 in Pilsen öffentlich hinrichten. Einer Legende nach prophezeite Kozina noch am Galgen dem General dessen Tod auf Jahr und Tag. Und wie angekündigt starb dieser exakt ein Jahr später an einem Schlaganfall.

Zur Romantisierung des chodischen Volkes trug insbesondere Alois Jiráseks (1851–1930) Roman *Hundsköpfe* bei – benannt nach dem Hundekopf im chodischen Wappen, einem Symbol für Treue und Wachsamkeit. In kommunistischer Zeit rechtfertigte man die Aufgaben der Grenzsoldaten des Kalten Krieges übrigens mit der Geschichte der chodischen Grenzhüter.

Die meisten Besucher des Städtchens sind Tagesausflügler aus dem 15 km entfernten Bayern. Erstaunlich, dass nicht mehr Touristen kommen, wartet Domažlice doch nicht nur mit billigen Zigaretten, gemütlichen Restaurants und schattigen Cafés unter Arkaden am Marktplatz auf, sondern mittlerweile auch mit einigen netten Pensionen. Beschaulich geht es v. a. am Abend in den engen gepflasterten Gassen der denkmalgeschützten Altstadt zu. Liebevoll gefertigte Hauszeichen erinnern dort ein wenig an die Prager Kleinseite. So eignet sich Domažlice jederzeit auch für einen längeren Aufenthalt.



## Basis-Infos

**Information** **Městské informační centrum**, Nám. Míru 51. Juni–Sept. Mo–Fr 7.30–17 Uhr, Sa/So 9–14 Uhr, sonst Mo–Fr 7.30–16 Uhr, Sa 9–12 Uhr. ✆ 379725852, www.idomazlice.cz.

**Verbindungen** Intercity-Busbahnhof nahe dem Zentrum zwischen Poděbradova und Dukelská, Bahnhof etwas außerhalb südöstlich des Zentrums. **Züge** 4-mal tägl. nach Regensburg, Planá und Prag, 1-mal tägl. nach Horažďovice, bis zu 6-mal nach Tachov, ca. stündl. nach Plzeň und bis zu 7-mal nach Klatovy. **Busse** regelmäßig nach Plzeň und Horšovský Týn, bis zu 5-mal tägl. nach Klatovy, bis zu 3-mal tägl. nach Prag.

**Ärztliche Versorgung** Krankenhaus westlich des Zentrums an der Kozinova. ✆ 379710310, www.donem.cz.

**Baden** Einen schönen Badesee findet man ca. 7 km südwestlich beim Ferienort **Babylon** (Busse dorthin vom Bahnhof).

**Einkaufen** **Farmářský obchod** 8, Wurst, Käse, Sirup und Marmelade von den Bauern und Hausfrauen der Umgebung, aber auch aus ganz Tschechien. Dazu ein wenig chodische Keramik und Trachten. Chodská 74. ■

**Chodská prodejna** 7, deutlich mehr Auswahl an schönen Trachten und kunterbunter chodischer Keramik. Hradská.

**Parken** Gebührenpflichtig am Marktplatz möglich. Ein weiterer großer Parkplatz befindet sich an der Hruškova nahe der Burg.

**Veranstaltung** Alljährliches Highlight ist das farbenprächtige **Chodenfest** mit Dudelsackpfeifern, Tanz, Musik und einer Messe auf dem 3 km südwestlich von Domažlice gelegenen Laurentiusberg (Veselá Hora) am Wochenende nach dem 10. August. www.chodskeslavnosti.cz.

## Übernachten/Essen & Trinken/Camping

→ Karte S. 349

**Übernachten** **Hotel Sokolský dům 2**, in bester Lage am Marktplatz. 12 an sich recht hübsche Zimmer (mit neuen Bädern und teils schönen Holzdecken), jedoch etwas lieblos ausgestattet. Restaurant. EZ 32 €, DZ 47 €. Nám. Míru 121, PLZ 34401, ☏ 379720084, www.sokolskydum.cz.

**Penzion U Chodského Hradu 3**, ebenfalls am Marktplatz. 15 sehr freundlich ausgestattete Zimmer mit Holzböden, am schönsten sind die unterm Dach. Viele Zimmer mit kleiner Teeküche. EZ 25 €, DZ 42 €. Nám. Míru 66, PLZ 34401, ☏ 379423415, www.penzionuchodskehohradu.eu.

**Pension Konšelský šenk 6**, in zentraler Lage. 10 geschmackvoll eingerichtete Zimmer: helles Holz, Parkettböden, farbenfrohes Interieur. Hinterhofgarten und gemütliche Pizzeria im gleichen Haus. Parken frei. EZ 26 €, DZ 42 €. Vodní 33, PLZ 34401, ☏ 604916396 (mobil), www.konselskysenk.cz.

**Pension Family 1**, von einer Leserin empfohlen, die sich hier bestens aufgehoben fühlte. 6 Zimmer und ein kleines Apartment. Sauna und kleiner Hinterhofgarten fürs Frühstück im Sommer. DZ ab 28 €, Frühstück (3,20 €) und Parken (1,20 €/Nacht) extra. Školní 107 (über dem Bistro Kulináře), PLZ 34401, ☏ 604763934 (mobil), www.pensionfamily.cz.

**Camping** **Autokemp Babylon**, im ca. 7 km südwestlich gelegenen gleichnamigen Ferienort. Große Stellwiese mit Restaurant und Kochgelegenheiten (besser selber brutzeln). Leider nur wenig Schatten. Chatavermietung. Veraltete, aber farbenfrohe Sanitäranlagen. Mai–Sept. 2 Pers. mit Zelt u. Auto 9,20 €, Chata für 3 Pers. 23 €. Babylon 105, PLZ 34401, ☏ 379793275, www.autokempbabylon.cz.

**Essen & Trinken** **Historická krčma U Meluzíny 5**, uriges, rustikal eingerichtetes Kneipenrestaurant. Sattmacherküche wie *Halušky* mit Kraut (eine slowakische Spätzlevariante) oder Kartoffelspinatnudeln mit Pilzen. Zudem Kaninchen, Wild und Fisch auf der Karte. Im Sommer werden zuweilen auch gute Grillgerichte serviert. Hg. 5–17 €. Gemütliche Innenhofterrasse. Vodní 19, ☏ 379768698.

**Chodský hrad 4**, im Burggebäude. Rustikal angehauchte Räumlichkeiten, vornehmlich deutsches Publikum. Typisch böhmische Küche (auch wenn die Nudelgerichte südländisch klingen mögen ...) der mittleren Preisklasse. Chodské nám. 96, ☏ 379776010.

**Restaurace Maštal v Podhradí 9**, von innen schöner als von außen. Auf Bauernstube gestyltes Restaurant mit alten Rädern an der Decke. Miniterrasse. Herzhafte böhmische Küche, Hg. 3–6,50 €. Jiráskova 42, ☏ 379722406.

**Außerhalb** **Chodská Chalupa**, Neubau auf dem Hügel Hradék direkt unterhalb eines Denkmals für den Chodenführer Jan Sladký Kozina. Schöne Weitsichten, v. a. von der Terrasse aus. Großes, rustikales Restaurant mit feschen jungen Bedienungen in chodischer Tracht. Auf den Tischen chodische Keramik, auf den Tellern böhmische bis neuböhmische Küche zu 6,40–13,20 €. Ca. 5 km westlich von Domažlice, von der Staatsstraße 26 nach Furth im Wald bestens ausgeschildert. Újezd 107, PLZ 34401, ☏ 737222755 (mobil).

## Sehenswertes

**Náměstí Míru (Platz des Friedens)**: Er ist einer der schönsten Marktplätze Westböhmens. Über eine Länge von 500 m säumen ihn farbenfrohe Bürgerhäuser mit romantischen Laubengängen, Barock- und Rokokogiebeln. Im Osten begrenzt das *Untere Tor* (Dolní Brána) den Marktplatz. Es ist ein Relikt der alten Stadtmauer und heute ein Wahrzeichen Domažlices. Überragt wird der Platz von einem etwas schiefen, 56 m hohen Rundturm, der zur *Erzdekanatskirche Mariä Geburt* (Arciděkanský kostel Narození Panny Marie) gehört. Von seiner Galerie blickt man im Süden auf den Tschechischen Wald und im Norden auf die historische Anhöhe von Baldov, wo im Jahr 1431 die Hussiten das kaiserliche Kreuzfahrerheer besiegten. Auf dem Turm befindet sich auch ein kleines Glöcklein aus dem 15. Jh. Der Volksmund hat dem Glöckchen den Namen „Advent" gegeben, da es vom ersten Adventssonntag bis Weihnachten täglich um 18 Uhr erklingt. Die Erzdekanatskirche war ursprünglich gotisch, das Kreuzgewölbe lässt dies noch erkennen. Mitte des 18. Jh. wurde sie jedoch im Stile des Barock umgebaut. Wer anders als Kilian Ignaz Dientzenhofer könnte auch hier seine Finger im Spiel haben? Gegenüber der Kirche befindet sich das *Rathaus* von Domažlice, ein schönes Gebäude im Neorenaissancestil.

**Kirchturm**, Mai–Sept. Mo–Sa 9–12 u. 13–17 Uhr, So 13–17 Uhr. 1,20 €, erm. die Hälfte.

**Chodský hrad (Chodische Burg)**: Der heute eher schlossartige Komplex verdankt sein Aussehen einem Barockumbau im 18. Jh. An die alte Burg erinnert nur noch der schlanke Burgturm, von dem man einen Rundblick über die Stadt genießen kann. Früher tagte das chodische Gericht in der Burg, zudem wurden hier die sog. Majestätsbriefe, die Dokumente über die Privilegien der Choden, aufbewahrt.

Westböhmen → Karte S. 313

Marktplatz von Domažlice

Heute beherbergen die Räumlichkeiten ein modern konzipiertes Volkskundemuseum zur chodischen Kultur. Zu sehen gibt es allerhand Trachten, Spitzen, Keramik, antike Möbelstücke und eine hübsche Bauernstube. Archäologische Funde beleuchten zudem die frühgeschichtliche Entwicklung der Region. Lohnenswert.

**Adresse/Öffnungszeiten**: Chodské náměstí. April–Okt. tägl. 9–12 u. 13–17 Uhr, im Winter Mo–Fr 9–12 u. 13–16 Uhr. 1,60 €, erm. die Hälfte. www.muzeum-chodska.com.

**Národopisné muzeum Jindřicha Jindřicha (Jindřich-Jindřich-Museum)**: Ein weiteres Museum, das sich mit der chodischen Kultur befasst. Es entstand aus der Privatsammlung des Domažlicer Komponisten und Volkskundlers Jindřich Jindřich (1876–1967), der eine erstaunliche Kollektion an Töpferwaren, Heiligenbildern und Fotografien zusammengetragen hatte. Ein Blickfang ist die chodische Stube mit historischen Möbelstücken. Es finden auch wechselnde Ausstellungen statt.

Náměstí Svobody 67. 2014 wegen Restaurierungsarbeiten geschlossen. www.muzeum-chodska.com.

## Umgebung von Domažlice

**Čerchov (Schwarzkoppe)**: Mit 1042 m ist der Čerchov der höchste Gipfel des Tschechischen Waldes. Gekrönt wird er von einem Aussichtsturm, den man Anfang des 20. Jh. errichtete, schon damals war der Berg ein beliebtes Ausflugsziel. Doch fast die gesamte zweite Hälfte des letzten Jahrhunderts stand der Grenzberg unter der Kontrolle des Militärs und war Sperrgebiet. Erst seit der Wende darf man ihn wieder besteigen und vom Aussichtsturm das betrachten, was früher nur für die Augen und Ohren der Militärs bestimmt war. Östlich des Čerchov liegt die kleine Feriensiedlung *Babylon* an einem Badesee.

**Anfahrt** Eine Anfahrt zum Gipfel ist nicht möglich. Der kürzeste Fußweg hinauf (ca. 5 km) beginnt beim Parkplatz im Weiler Carpatice auf 580 m Höhe, ausgeschildert.

**Öffnungszeiten** Aussichtsturm, Mai/Juni und Sept./Okt. nur Sa/So 10–17 Uhr, Juli/Aug. tägl. 10–17 Uhr. 1 €, erm. die Hälfte.

## Klatovy

Klattau

**Klatovy, das Tor zum Böhmerwald, ist auch bekannt als Tschechiens Nelkenmetropole. Und einer aufgehenden Blüte gleich zeigt sich das Zentrum, doch drum herum viele welke Blätter.**

Ein Glück, dass es Stadtmauern gibt. Im Falle Klatovys müssen sie gottlob nicht mehr vor Feinden schützen – in erster Linie erleichtern sie die Orientierung. Was innerhalb der teils noch gut erhaltenen Befestigungsanlagen aus dem 14. und 15. Jh. liegt, ist sehenswert, was sich drum herum erstreckt, nicht unbedingt. Zentrum der kleinen, freundlichen Altstadt ist der leicht abfallende, kopfsteingepflasterte Náměstí Míru. Er wird gesäumt von schönen alten Bürgerhäusern, die im Kern größtenteils gotisch sind. Das prächtigste Gebäude am Platz ist das **Rathaus**. Daneben erhebt sich der 81 m hohe **Schwarze Turm** (Černá věž) aus dem 16. Jh. Man kann ihn besteigen.

Ums Eck steht die barocke **Jesuitenkirche der Unbefleckten Empfängnis der Jungfrau Maria** (Neposkvrněného Početí P. Marie) aus dem Jahr 1665. Die drei Frontportale sollen das Werk Kilian Ignaz Dientzenhofers sein, für den Rest der Kirche zeichnen Domenico Orsi und Carlo Lurago verantwortlich. Spannender als die Kirche selbst sind die unter ihr gelegenen **Katakomben**. Hier ruhen mumifizierte Jesuiten und wohlhabende Bürger, zusammengeschrumpelt auf 8–10 kg. Die der Jesuitenkirche benachbarte **Barockapotheke** zählt zu den schönsten des Landes und ist seit 1964 ein Museum (Historická Expozice Barokní Lékárna). Ausgestellt sind u. a. Glasgefäße mit getrocknetem Ziegenblut und eingelegten Därmen, Apparate zum Pillendrehen und zur Salbenherstellung. Zu sehen gibt es außerdem ein 2 m langes Stoßhorn eines männlichen Narwals, das einstige Maskottchen des Apothekers. Bei den Einheimischen galt es als das Horn des legendären Einhorns, nach dem das Gebäude auch seinen Namen *U Bilhého Jednorožce* (Zum Weißen Einhorn) erhielt.

Beste Zeit für einen Besuch der 22.400 Einwohner zählenden Kreisstadt ist Anfang/Mitte Juli, wenn die *Klattauer Kirchweih* über die Bühne geht. Dann kommen nämlich auch die Nelkenzüchter aus den umliegenden Ortschaften und präsentieren ihre Neuzüchtungen. Die ersten Nelken kamen übrigens 1813 als Souvenir aus Nancy im Gepäck von heimkehrenden Soldaten, die an den Napoleonischen Kriegen teilgenommen hatten, an den Rand des Böhmerwalds. Heute genießen die hiesigen Züchter landesweiten Respekt.

Marktplatz von Klatovy

## Basis-Infos

→ Karte S. 355

**Information** **Informační centrum Klatovy**, Náměstí Míru 63. April–Sept. tägl. 9–17 Uhr, im Winter nur Mo–Fr. ✆ 376347240, www.klatovy.cz/icklatovy.

**Verbindungen** Bahnhof (vom Zentrum mit allen Stadtbussen zu erreichen) und Busbahnhof ca. 2 km außerhalb des Zentrums im Nordwesten der Stadt. Alle 1–2 Std. **Züge** bis zu 10-mal tägl. nach Sušice, Železná Ruda und Horažd'ovice.

3-mal tägl. **Busverbindungen** nach Železná Ruda, 1-mal tägl. nach Budweis.

**Ärztliche Versorgung** Krankenhaus in der Plzeňská 569 nördlich des Zentrums. ✆ 376335111, www.nemkt.cz.

**Einkaufen** **Dionýsos** **2**, freundlicher Weinladen, in dem man sich mit tschechischen Tröpfchen weit über Supermarktniveau eindecken kann. Denisova 103.

**Farmářský Obchod** **7**, hier werden fast ausschließlich Produkte aus dem Umland wie Biofleisch, Wild, Gemüse und Marmelade verkauft. Denisova 93. ■

**Öffnungszeiten** **Schwarzer Turm**, April u. Okt. nur Sa/So 9–12 u. 13–16 Uhr, Mai/Juni u. Sept. tägl. (außer Mo) 9–12 u. 13–17 Uhr, Juli/Aug. tägl. 9–12 u. 13–18 Uhr. 1,60 €, erm. die Hälfte. **Katakomben**, April–Okt. tägl. 9–18 Uhr, sonst Mo–Fr 11–16 Uhr, Sa/So 9–17 Uhr. 3,60 €, erm. die Hälfte. www.katakomby.cz. **Barockapotheke**, Mai–Okt. tägl. (außer Mo) 9–17 Uhr. Eintritt (nur mit Führung) 1,60 €, erm. die Hälfte. **Dr.-Hostaš-Museum**, tägl. (außer Mo) 9–12 u. 13–17 Uhr. 1,20 €, erm. die Hälfte.

**Parken** Gebührenpflichtig am Hauptplatz möglich.

**Radverleih** Über **Priorit**, Prazská 119, ✆ 602163613 (mobil). 10,50 €/Tag.

## Übernachten/Camping

**Hotels** *** **Hotel Ennius 5**, gepflegteste Unterkunft in der Altstadt, wenn es auch von außen nicht so aussieht. Geräumige Zimmer mit Kiefernmöbeln und Plastiktopfpflanzen. Rustikales Restaurant mit Rittersaal-Ambitionen. Keine eigenen Parkplätze. EZ 36 €, DZ 57 €. Randova 1, PLZ 33901, ✆ 376320567, www.hotel-ennius.cz.

**Hotel Klatovský Dvůr 3**, etwas außerhalb des Zentrums an der Straße nach Domažlice, deswegen leider etwas laut. 11 einfache Zimmer mit Bad, z. T. sehr geräumig. Eigene Parkplätze. EZ 20 €, DZ 32 €. Domažlická 188, PLZ 33901, ✆ 603585720 (mobil), www.klatovskydvur.cz.

**Pension U Hejtmana 6**, 7 biedere Zimmer mit TV, Kühlschrank und Kochnische. Kleiner Parkplatz, sehr zentral. Reservierung ratsam, da die Rezeption nur selten besetzt ist. DZ je nach Größe ab 28 €, kein Frühstück. Kpt. Jaroše 145, PLZ 33901, ✆ 376317918, www.uhejtmana.klatovynet.cz.

**Außerhalb** **Country Saloon 4**, → Essen & Trinken.

**Camping** **Camping Hnačov**, schöner Platz ca. 13 km östlich von Klatovy nahe dem gleichnamigen Weiler am See. Weitläufige Wiese mit einem kleinen Wald daneben. Beliebt bei Seglern und Surfern. Neues Sanitärgebäude, Feuerstellen. Restaurant. Juni–Sept. Anfahrt: Straße nach Horažďovice nehmen, bei der zweiten Abzweigung nach Plánice links ab. Bushaltestelle nahe dem Gelände (2-mal tägl. nach Plzeň, mehrmals tägl. nach Klatovy). 2 Pers. mit Zelt u. Auto 7 €, Hütten mit 4 Betten ab 20 €. Hnačov, PLZ 34034, ✆ 376394258, www.hnacov.cz.

## Essen & Trinken

**Restaurants** **Van Gogh 10**, schick-trendiges Cafērestaurant ganz im Zeichen des niederländischen Malers. Internationale Küche (Pizza, Pasta, große Salate), Hg. 5,20–12 €, zu den Spezialitäten gehören die vielen verschiedenen Steaks. Planická 3, ✆ 777768358 (mobil).

**Restaurant/Music Club Střelnice 1**, Mischung aus Restaurant und Bierhalle, der „Pilsner Urquell Original Restaurant"-Kette zugehörig, die tschechienweit für Qualität bürgt. Zapftheke im kupfernen Brauerei-Look, böhmische Küche der mittleren Preisklasse, die nicht nur die Standards bietet. Im Club nebenan, einem der wenigen Nightspots der Stadt, hin und wieder Konzerte und „tschechoslowakische Partys" (Programm auf www.strelnice-kt.cz). Pražská 22, ✆ 775383129 (mobil).

**Café-Bar & Pizzeria Segafredo 9**, heißt wirklich so! Pizzeria mit netter, großer Terrasse. Über 30 verschiedene Pizzen, dazu Pasta. Hg. 3–6 €. Pavlíkova 6, ✆ 777101764 (mobil).

**Außerhalb** »» **Unser Tipp: Country Saloon 4**, originelles Restaurant mit Cowboystiefeln an der Decke und Kuhfellen an der Wand. Serviert werden hauptsächlich super Steaks vom offenen Feuer (8–16 €). Terrasse. Ab und zu Live-Musik. Vermietet werden zudem im „Western-Style" eingerichtete Zimmer (teils sehr geräumig) im gleichen Gebäude. DZ 40 €, sehr gutes Preis-Leistungs-Verhältnis. Etwa 3 km westlich von Klatovy an der Straße nach Domažlice im Dorf Beňovy, PLZ 33901, ✆ 376313338, www.countryklatovy.cz. ««

**Café** **Mléčná 8**, Café mit Korbmöbeln und an den Wänden alte Stadtansichten. Gute Kuchen- und Tortenauswahl sowie belegte Brötchen. Netter kleiner Außenbereich. Náměstí Míru.

# Umgebung von Klatovy

**Švihov (Schwiehau):** Bei der Ortschaft Švihov, rund 10 km nördlich von Klatovy, erhebt sich im Auenbereich des Flusses Úhlava die berühmte *Wasserburg*, eine der mächtigsten Böhmens. Errichtet wurde sie zwischen 1480 und 1510. Im 18. Jh. diente sie als Getreidelager, im 20. Jh. als Kulisse für Märchen- und Ritterfilme. Unter anderem wurde hier *Drei Nüsse für Aschenbrödel* gedreht. Heute zieht die

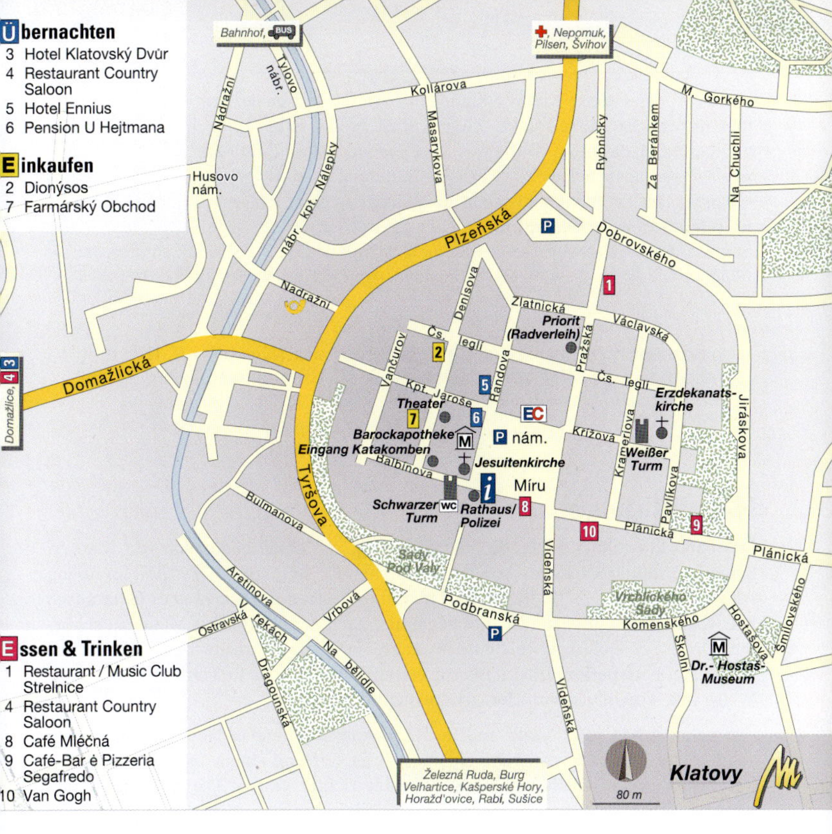


Burg jährlich mehr als 50.000 Besucher an. Bei einer Führung durch die Festung werden u. a. Räumlichkeiten mit Renaissancemöbeln besichtigt, ein großer Tanzsaal mit einer herrlichen Kassettendecke, eine Waffenkammer und die Burgkapelle mit einem Fresko des Hl. Georg als Ritter aus dem frühen 16. Jh.

**Verbindungen** Bahnhof am Ortsausgang Richtung Klatovy. Stündl. **Züge** nach Klatovy und Plzeň. Regelmäßig **Busse** nach Klatovy, Pilsen und Přeštice.

**Öffnungszeiten** **Wasserburg**, April u. Okt. nur Sa/So 10–15 Uhr, Mai u. Sept. tägl. (außer Mo) 10–16 Uhr, Juni Di–Fr 10–16 Uhr, Sa/So 10–17 Uhr, Juli/Aug. tägl. (außer Mo) 9–17.30 Uhr. Es werden 2 Führungen angeboten, eine führt durch die Burg (60 Min., die interessantere), die andere durch den Küchentrakt (50 Min.). Je nach Führung 2,80–3,60 €, erm. 2–2,40 €. www.hradsvihov.cz.

**Pilsen** (→ S. 354) erreichen Sie von Švihov über **Přeštice** (→ S. 358).

**Hrad Klenová (Burg Klenau)**: 2 km südöstlich des farblosen Städtchens Janovice nad Úhlavou erhebt sich auf einer bewaldeten Anhöhe die frühgotische Burgruine Klenová aus dem Ende des 13. Jh. samt einem **Renaissanceschloss**. Von der Burganlage angetan war der romantische Dichter Ludwig Tieck (1773–1853), der hier als Gast des Reichsgrafen Stadion-Thannhausen zu Besuch weilte. Das Schloss wird heute von der Galerie Klatovy-Klenova verwaltet und beherbergt eine Ausstellung über historische Möbelstücke. Zudem wird in vier Sälen tschechische Kunst des 20. Jh. gezeigt, darunter Werke von Max Švabinsky und Emil Filla. Auch finden immer wieder anspruchsvolle Wechselausstellungen statt. Nach dem Besuch des Schlosses lädt ein recht gediegenes Restaurant zu einer Pause ein. Hrad Klenová ist mit öffentlichen Verkehrsmitteln nicht zu erreichen.

**Schloss**, April u. Okt. tägl. (außer Mo) 10–12 u. 12.30–16 Uhr, Mai/Juni u. Sept. tägl. (außer Mo) 9–12 u. 12.30–17 Uhr, Juli/Aug. tägl. 9–12 u. 12.30–18 Uhr. 2,80 €, erm. 1,20 €. www.gkk.cz.

Informationen zu Zielen südlich von Klatovy wie **Nýrsko** (→ S. 477), **Burg Velhartice** (→ S. 474) oder **Sušice** (→ S. 472) bekommen Sie im Kapitel „Böhmerwald".

## Horažd'ovice

Horaschdowitz

Das 5500 Einwohner zählende Städtchen liegt ca. 32 km südöstlich von Klatovy. Seine Gründungsgeschichte könnte Pate stehen für so manche Ortschaft im hohen Alaska: Bereits im 13. Jh. ließen sich hier am Flusslauf der Otava vom Goldrausch getriebene Abenteurer nieder und begannen nach dem kostbaren Metall zu schürfen. Doch der Goldsegen hielt nicht lange an, und so verlegte man sich auf die Zucht von Flussperlmuscheln. Bis zur ersten Hälfte des 20. Jh. verdienten auf diese Weise viele Einwohner von Horaschdowitz ihre Brötchen.

Am gemütlichen Marktplatz und in den davon abgehenden Nebengassen stehen schöne alte Bürgerhäuser. Beherrscht wird der Ort von einem Barockschloss, das auf einem ursprünglich gotischen Kastell errichtet wurde. Darin befindet sich heute das **Stadtmuseum** (Městské muzeum), das über die Geschichte Horažďovices informiert. Nebenbei beherbergt es eine große Trophäensammlung. Die Besichtigung führt auch in eine mit Fresken reich verzierte Barockkapelle.

**Verbindungen** Bahnhof und Busbahnhof liegen nahe beieinander, ca. 200 m östlich des Zentrums. Bis zu 6-mal tägl. **Busse** und ca. 10-mal tägl. **Züge** nach Klatovy.

**Öffnungszeiten** **Stadtmuseum**, Juni–Sept. tägl. (außer Mo) 9–16 Uhr. 1,20 €, erm. die Hälfte. www.muzeumhd.cz.

Weiter Richtung Südböhmen? Nur 12 km sind es bis **Strakonice** (→ S. 438), 16 km über **Rabí** (→ S. 475) nach **Sušice** (→ S. 472) und 20 km zum Schloss **Lnáře** (→ S. 438).

## Nepomuk

Das 3800-Einwohner-Städtchen Nepomuk liegt an der Europastraße 49 zwischen Písek und Pilsen. Es soll der Geburtsort des Hl. Nepomuk sein (→ Kasten). An der Stelle seines angeblichen Geburtshauses etwas abseits des Zentrums wurde 1734–36 eine barocke **Wallfahrtskirche** nach Plänen von Kilian Ignaz Dientzenhofer erbaut. Oberhalb des weiten, bergauf verlaufenden Marktplatzes befindet sich die ehemalige katholische Schule, heute das städtische **Volkskundemuseum** samt einer Galerie. Etwas nördlich des Zentrums thront auf einer Anhöhe das barocke **Schloss Zelená Hora** (Grünberg), das aus einer mittelalterlichen Burg hervorging. Es war u. a. im Besitz der Familien Sternberg, Colloredo-Mansfeld und Auersperg. In sozialistischer Zeit saß darin das Militär. 2014 war das Schloss schon seit Jahren geschlossen. Es soll restauriert und in ein Luxushotel verwandelt werden.

## Die Nepomuk-Legende

Den Intrigen zwischen Kirche und Krone Ende des 14. Jh. fiel Johann aus Nepomuk zum Opfer, seines Zeichens Generalvikar des Prager Erzbischofs. Wenzel IV. hatte ihn zu Tode foltern und in die Moldau werfen lassen. Drei Jahrhunderte später, während der Gegenreformation, spannen die Jesuiten daraus die Geschichte vom schweigsamen Beichtvater Nepomuk, der die Beichtgeheimnisse der Königin nicht preisgeben wollte und deswegen sterben musste. Zum Beweis für die Geschichte exhumierten sie seinen Leichnam und fanden seine unverweste Zunge, die sie der Welt zur Schau stellten. (Laut weniger frommer Quellen soll es sich dabei um das verschrumpelte Gehirn gehandelt haben.) 1729 erfolgte schließlich die Heiligsprechung Johann Nepomuks. Acht Tage dauerten die prunkvollen Feierlichkeiten in Prag. Durch sein Denkmal auf der Karlsbrücke wurde er zum wichtigsten Brückenheiligen der katholischen Welt.

Etwa 6 km westlich von Nepomuk liegt die verträumte 1000-Einwohner-Gemeinde **Žinkovy** idyllisch an einem See. Das mit Zinnen und Türmchen verzierte Märchenschloss an seinem Ostufer wird seit Jahren ebenfalls umfassend restauriert – vielleicht werden bis zu Ihrem Besuch schon Führungen angeboten. Im ehemaligen Wirtschaftsgebäude und in Ferienhäusern im Schlosspark lässt es sich schon jetzt recht nett übernachten (www.chateauzinkovy.com).

**Verbindungen** Bis zu 4-mal tägl. **Busse** nach Plzeň und Žinkovy. Bahnhof ca. 3 km außerhalb im Dorf Dvorec. **Züge** regelmäßig nach Plzeň.

**Öffnungszeiten** **Museum**, Mitte Sept.–April Di–Fr 9–16 Uhr, Mai–Mitte Sept. Di–Fr 9–17 Uhr, Sa/So 9–15 Uhr. 1,60 €, erm. die Hälfte.

**Übernachten/Essen** *** **Hotel U Zeleného Stromu**, zentral gegenüber dem Museum. 56-Betten-Hotel in einem historischen Gebäude. Ordentliche Zimmer, jedoch ohne persönliche Note. Gepflegtes rustikales Restaurant im Zeichen des braven Soldaten Švejk angeschlossen. Hochwertige böhmische Küche zu 4–14 €. EZ 38 €, DZ 54 €. Nám. A. Němejce 69, PLZ 33501, ✆ 371580371, www.hotelnepomuk.cz.

**Angusfarm**, im 3 km südwestlich von Nepomuk gelegenen Dorf Sobesuky. Das zeitgemäß-rustikale Restaurant mit Sommerterrasse ist der eigenen Bio-Angusfarm angeschlossen. Für beste Fleischlappen vom Roastbeef bis zum Filet Mignon ist damit gesorgt. Dazu Ingwer- oder Lavendellimonade gefällig? Hg. 8–28 €. Sobesuky 9 (ausgeschildert), ✆ 371580069. ■

››› **Unser Tipp: ATC Nový Rybník**, ca. 3 km außerhalb von Nepomuk an der Straße nach Žinkovy nahe der Straße nach Nepomuk. Schöne Lage an einem Badesee. Wasserrutsche, Restaurant, Minigolf-, Tennis- und Beachvolleyballplatz. Gepflegte Sanitäranlagen. Freundliches Personal. Bushaltestelle fast vor der Tür. Mai–Sept. 2 Pers. mit Zelt u. Auto 8,20 €, Chata für 2 Pers. 14 €, für 4 Pers. 28 €. Plzeňská 456, PLZ 33501, ✆ 371591336, www.novyrybnik.cz. ‹‹‹

Westböhmen → Karte S. 313

Herausgeputzt – das Pilsner Zentrum

## Plzeň

Pilsen

**Pilsen ist berühmt wegen seiner Braukunst und begehrt als Produktionsstandort. Besuchenswert macht die westböhmische Metropole v. a. ihr reges Kulturleben.**

Pilsen ist mit rund 167.500 Einwohnern nach Prag die zweitgrößte Stadt Böhmens. Ihren Horizont begrenzen Industrieanlagen mit rauchenden Schloten, Gewerbeparks mit ultramodernen Fabrikationshallen internationaler Unternehmen und neu verschalte Plattenbaukonglomerate. Das Zentrum ist sympathisch, wenn auch bei Weitem kein Schmuckkästchen.

Pilsen bezeichnet sich selbst gerne als „Hauptstadt des Bieres". Das Bier wurde hier zwar nicht erfunden, die nach der Stadt benannte Biersorte aber schon. Trinken kann man es in aller Welt. Allein wegen des Gerstensafts nach Pilsen zu fahren, lohnt also kaum. Eher schon kommt man wegen so mancher Sehenswürdigkeit, auch wenn kein wirkliches Highlight darunter ist. Was der Stadt jedoch Attraktivität verleiht, ist die Mischung aus Bier, Sehenswürdigkeiten und der Tatsache, dass Pilsen eine überaus lebendige Studentenstadt (19.000 Studenten!) ist mit allem, was dazugehört: eine große Kneipenvielfalt, verschiedene Bibliotheken, gemütliche Cafés, interessante Galerien, mehrere Theater usw. Unterm Strich lohnt Pilsen daher mehr als nur einen kurzen Zwischenstopp.

**Geschichte**: Pilsens Chronik unterscheidet sich bis in die Mitte des 19. Jh. kaum von der anderer böhmischer Städte: Es gab gute Zeiten und schlechte Zeiten, Letztere bedingt wie fast überall durch große Feuersbrünste und Pestepidemien, die Hussitenkriege und den Dreißigjährigen Krieg. Stolz ist man heute darauf, dass in Pilsen 1468 mit der *Trojanischen Chronik* das erste tschechische Buch gedruckt wurde, und dass Kaiser Rudolf II. die Stadt 1599 für knapp ein Jahr zu seiner Residenz machte – er war vor der in Prag wütenden Pest geflohen. In der ersten Hälfte des 19. Jh. versuchte man sein Glück im Kurwesen – mit Karlsbad und Marienbad als die großen Vorbilder. Im Norden der Stadt, beim heutigen Lochotinský-Park ließ man einen Kurpark anlegen. Auch baute man ein Kurhaus. Doch die einzige eisenhaltige Quelle, in die man seine Kurorthoffnungen gesetzt hatte, versiegte nach kurzer Zeit.

Als Pilsens Straßen 1858 eine Gasbeleuchtung erhielten, zählte man ca. 14.000 Einwohner. Waffen und Bier besorgten Pilsens rasanten Aufstieg zur Wirtschaftsmetropole, genauer „Škoda" und die Rüstungsindustrie sowie die „Westböhmische Brauerei" und das Pilsener Urquell. Infolgedessen vervielfachte sich die Einwohnerzahl. Die Kehrseite dieser Entwicklung brachte der 2. Weltkrieg. Pilsen wurde durch die Rüstungsschmiede Škoda, die gleich hinter Krupp kam, zum Ziel alliierter Luftangriffe: 11-mal tauchten Bomber über Pilsen auf, knapp 7000 Häuser wurden zerstört. Als die US-Armee Pilsen befreite, lagen weite Teile der Stadt in Schutt und Asche.

Nach dem Krieg bauten die Kommunisten die Škoda-Werke wieder auf, errichteten jede Menge Plattenbauten und tranken dazu fleißig Bier. Auch förderten sie das Hochschulwesen, aber nicht alle Studenten dankten es ihnen mit Ehrfurcht: Etwas außerhalb, im Gefängnis Bory an der Straße nach Klatovy, inhaftierte man politisch oppositionelle Intellektuelle. Unter anderem saßen hier der ehemalige Präsident Václav Havel und der einstige Außenminister Jiří Dienstbier ein. Seit dem Niedergang des Sozialismus bemüht man sich, das Stadtbild zu verschönern, in jüngster Zeit intensiv. Grund war nicht zuletzt, dass Pilsen für 2015 zusammen mit der belgischen Stadt Mons den Titel „Europäische Kulturhauptstadt" verliehen bekam.



**Orientierung**: Das Zentrum der Stadt erstreckt sich um den Náměstí Republiky. Es ist schachbrettartig angelegt und wird dort, wo einst die Stadtbefestigungen standen, z. T. von schmalen Grünstreifen umschlossen. Mit Ausnahme der Pilsner-Urquell-Brauerei und des Škoda-Museums liegen alle Sehenswürdigkeiten nahe beieinander und lassen sich gemütlich zu Fuß abgehen.

## Basis-Infos

→ Karte S. 360/361

**Information** **Městské informační středisko Plzeň**, neben dem Rathaus am Náměstí Republiky 41. April–Sept. tägl. 9–19 Uhr, sonst bis 18 Uhr. ✆ 378035330, www.icpilsen.cz.

**Verbindungen** **Stadtverkehr**: Es existieren 3 Straßenbahnlinien, die alle durchs Zentrum führen. Zusteigemöglichkeiten für die Straßenbahn bestehen u. a. am Náměstí Republiky; Busse und Trolleybusse fahren z. B. am Kopeckého Sady nahe dem Westböhmischen Museum ab.

**Überlandbusse**: Busbahnhof an der Husova, ca. 1,5 km westlich des Zentrums. Nahezu stündl. Busse nach Prag, außerdem gute Verbindungen in alle größeren Städtchen Westböhmens, insbesondere nach Domažlice und Karlovy Vary.

**Züge**: Bahnhof ca. 1 km südwestlich des Zentrums. Häufige Verbindungen nach Prag, Mariánské Lázně und Cheb.

**Ärztliche Versorgung** Universitätskrankenhäuser im südlich des Zentrums gelegenen Stadtteil Bory, Ed. Beneše 13. ✆ 377401111, www.fnplzen.cz.

**Einkaufen** **Plzeň Plaza** 3, die Shoppingmall im Zentrum, über 100 Läden. Radčická 2.

**Koření od Antonína** **7**, alternativer Gewürzladen, dessen Duft bis auf die Straße zieht. Offene Gewürze en masse. Dominikánská 7.

**Antik Mini Galerie** **5**, einer von vielen kleinen Trödelläden in der Stadt. Der Schwerpunkt liegt auf Schmuck und Silber. Nebenan ein **Antiquariat**, das auch Deutschsprachiges bereithält. Veleslavínova 25.

**Fußball** **Viktoria Plzeň**, spielt im städtischen Stadion nahe der Tyršova nordöstlich der Altstadt. www.fcvictoria.cz.

**Parken** Recht sicher ist der **Parkplatz nahe der Großen Synagoge** und die **Nonstop-Tiefgarage** (Podzemní Garáže) beim Bahnhof, Zufahrt von der U Trati (die Straße verläuft südlich der Bahngleise, von Norden bzw. vom Zentrum kommend am Bahnhof vorbei und dann rechts halten). Parkmöglichkeiten zudem im **Innenhof der Pilsner-Urquell-Brauerei** östlich des Zentrums.

**Theater** Lohnenswert ist ein Besuch des **Tyl-Theaters**, das Anfang des 20. Jh. als Gegenstück zum Prager Nationaltheater entstand. Benannt ist es nach dem Komponisten und Dramatiker Josef Kajetán Tyl, der 1856 in Pilsen verstarb. Smetanovy Sady 16, Kartenvorverkauf in der Sedláčkova 2, www.djkt-plzen.cz.

**Veranstaltungen** Pilsen hat viel zu bieten. Zu den Highlights gehören von Feb.–März z. B. die **Smetana-Tage** (Kulturfestival, www.smetanovskedny.cz), Ende April das **Finále** (Festival des tschechischen Films, www.filmfestfinale.cz), Mitte Juni ein **Folklorefestival** (www.mffplzen.eu), Juni–Sept. ein **Straßenfestival** (www.zivaulice.eu), im Sept. ein **Theaterfestival** (www.festivaldivadlo.cz) und im Nov. ein **Jazzfestival** (www.jazzbezhranice.com). Ende Aug. findet zudem i. d. R. das **Bierfest** der Pilsner-Urquell-Brauerei statt (www.pilsnerfest.cz).

## Übernachten

**Hotels** **** **Marriot Courtyard** **6**, wenig innovativer Neubau in unmittelbarer Nähe des Zentrums. Lobby mit niedrigen Decken, möbliert im zeitgemäßen Design. Die 195 Zimmer und Suiten sind zwar sehr komfortabel (Safe, Minibar, Flachbild-TV), aber recht konventionell eingerichtet. In den dicken Teppichböden kann man fast versinken. Gehobenes Grillrestaurant angegliedert. Parken in der Tiefgarage (12 €/Nacht). DZ ab 106 €. Sady 5. května 57, PLZ 30100, ✆ 373370100, www.courtyardpilsen.com.

**** **U Zvonu** **15**, von außen ein steriler Neubau, von innen jedoch ansprechend. 27 recht schicke, der Sterneanzahl entsprechend komfortable Zimmer mit hübschen

Bädern. Café und Restaurant (mit Teppichboden!). Eigene Tiefgarage. DZ 87 €, am Wochenende 68 €. Pražská 27, PLZ 30100, ✆ 378011855, www.hotel-uzvonu.cz.

**Hotel Rous** 16, 18-Zimmer-Hotel in einem hübsch restaurierten historischen Gebäude, teils wurde die originale Bausubstanz in die zeitgemäße Architektur integriert. Gemütlich-schummrige Zimmer, dunkles Holz auf roten Teppichböden, Bäder mit schmucken Spiegeln und schwarz-weißen Bodenfliesen. Gefrühstückt wird im angeschlossenen Bistrocafé nebenan. EZ 55 €, DZ 69 €. Zbrojnická 7, PLZ 30100, ✆ 377320260, www.hotelrous.cz.

*** **Rango** 12, Hotel in einem Altstadthaus aus dem 16. Jh. 11 großzügige Standard-Zimmer und 1 Apartment mit Minibar. Bewachte Garagenplätze, beste Lage. Restaurant mit mediterraner Küche. EZ 46 €, DZ 66 €, Parken 6 €/Nacht. Pražská 10, PLZ 30100, ✆ 377221188, www.rango.cz.

*** **Slovan** 21, traditionsreiches Haus, Ende des 19. Jh. erbaut, mit pompösen Treppenaufgängen und verblichenem Glanz. Leider nur bieder-schwerfällige Standardzimmer (teils noch ohne Bad), die eine Beauty-Kur dringend nötig hätten. Trotzdem kann man dem Haus einen gewissen Charme nicht absprechen. Eigene Parkplätze. DZ ohne Bad 41 €, mit Bad 56 €. Smetanovy sady 1, PLZ 30137, ✆ 377227256, http://hotelslovan.pilsen.cz.

**Pensionen** **V Solní** 9, zentral gelegene Minipension. 3 geräumige Zimmer mit eigenem Bad (sehr sauber) und Standardmobiliar. Schnell ausgebucht, frühzeitige Reservierung ratsam. EZ 24 €, DZ 41 €, Frühstück extra. Solní 8, PLZ 30116, ✆ 377236652, www.volny.cz/pensolni.

**U Salzmannů** 11, 12 unterschiedlich große 08/15-Zimmer und -Apartments mit TV und eigenem Bad. Die Pension ist der ältesten Pilsner Bierstube angegliedert. Eigene Parkplätze (4 €/Nacht). DZ 44–60 €. Pražská 8, PLZ 30116, ✆ 377235476, www.usalzmannu.com.

**Camping** **Autocamp Bolevák Ostende** 1, am nördlichen Stadtrand direkt an einem Badesee – für einen Stadtcampingplatz ein fast schon idyllischer Ort. Große Anlage mit viel Schatten. Restaurant. Sanitäranlagen etwas veraltet, aber okay. Mai–Sept. Von der Straße nach Most ausgeschildert. Wer ohne fahrbaren Untersatz unterwegs ist, nimmt vom Zentrum Ⓢ 1 bis Studentská, muss dann aber noch ca. 10 Min. laufen. 2 Pers. mit Zelt u. Auto 11,60 €, Hütte für 4 Pers. mit Du/WC 50 €. U Velkého rybníka, PLZ 32300, ✆ 377520194, www.bolevak.eu.

**Außerhalb** »» **Unser Tipp:** *** **Schlosshof Býkov** 2, wer eine nette Unterkunft zentraler Wohnlage vorzieht, dem sei dieser ca. 10 km nördlich von Pilsen gelegene Barockhof aus dem frühen 18. Jh. empfohlen. Ein vormaliger Besitzer des Guts war Fürst Metternich. Die Zimmer (komfortabel, aber nicht immer das allerschönste Mobiliar) sind um einen gemütlichen Innenhof angelegt. Zum Hotel gehören Kongressräume, ein kleines Museum, eine Kapelle und ein gemütliches Lokal. Reitpferde, Mountainbikes, Fitnesscenter, Solarium, Sauna. Auch behindertengerechte Zimmer. Der Hof befindet sich nahe der Ortschaft Hromnice. Von Pilsen der Straße Nr. 27 nach Třemošná/Kaznějov folgen, dann ausgeschildert. EZ 34 €, DZ 52 €. Hromnice 55, PLZ 33004, ✆ 377959355, www.bykov.cz. «««

## Essen & Trinken/Nachtleben

→ Karte S. 360/361

Die Auswahl an guten Restaurants im Stadtzentrum ist enorm und jedes Jahr werden es mehr. Die gleiche Vielfalt zeichnet auch das Pilsner Nachtleben aus.

**El Cid** 17, eine gute Wahl für alle, die Abwechslung suchen. Mediterranes mit Schwerpunkt auf der spanischen Küche. Dabei sitzt man entweder im legeren Bistro- oder im gediegeneren (weiße Tischdecken) Restaurantbereich. Kleine Fischvitrine. Empfehlenswert: Paella, Entenbrust mit Portwein und Orangen oder Lachsfilet mit Spinat und getrockneten Tomaten. Zuvorkommender Service. Hg. 8–16 €. Křížíkovy sady 1, ✆ 377224595.

**Angus Steak House** 13, kleines, rustikal-stilvolles Souterrainlokal (lustige Kuhfotos an der Wand, Bänke mit Kuhfell bezogen). Nette Terrasse am Seerosenteich. Serviert wird bestes Angusfleisch aus der eigenen Zucht, entweder als dickes Steak oder als Burger. Hg. 8–32 € (500g-Steaks). Pražská 23, ✆ 377224332.

»» **Unser Tipp:** **Stará Sladovna** 4, ein Tipp in Sachen Erlebnisgastronomie. Dunkle Höhle, in der „mittelalterliche" Kost auf den Tisch kommt. Empfehlenswert sind z. B. die Wildbretmischung mit Wildschwein und Hirsch oder die bizarren „Überreste vom Pilsner Henker". Wer will, kann mit Groschen zahlen und mit den Händen essen. Das Essen wird im Tongeschirr zu angemessener Musik serviert. Hg. 4–13,50 €. Malá ulice 3, ✆ 377225151. «««

**U Mansfelda** 14, gehört zur tschechienweiten Kette der „Pilsner Urquell Original Restaurants", die für Qualität bürgt. Rustikal-modernes Ambiente, gute böhmische Küche – kosten Sie das Putenschnitzel im Kartoffelpufferteig, den Bauernschweinebraten oder Wildschweinschulter in Hagebuttensoße. Terrasse. Hg. 5,20–13,20 €. Dřevěná 9, ✆ 377333844.

**U Salzmannů** 11, älteste Bierstube Pilsens. Dunkel getäfelter Speisesaal, einfaches Ambiente. Große, fleischlastige Standardkarte, Hg. 5–9 €, noch günstigere Mittagsgerichte. Pražská 8, ✆ 377235476.

**Slunečnice** 22, im EG ein helles Selbstbedienungslokal (nur Mo–Fr 9–18 Uhr), das sich ganz der gesunden Bioküche verschrieben hat. Viel Gemüse und Salate, aber auch Hühnchen- und Fischgerichte, täglich wechselndes Angebot. Hg. bereits ab 3,50 €. Im OG die Restaurantversion im Feng-Shui-Stil. Es wird auch gutes Vollkornbrot verkauft. Jungmannova 4, ✆ 377270193. ■

**Cafés/Kneipen** **Měšťanská Beseda** 20, imposantes Kaffeehaus im Wiener Stil. Pompöse Leuchter, ultrahohe Decke. Ideal für den Nachmittagskaffee. Kopeckého sady.

**Cross Café** 18, zu einer Kette gehörendes Café mit dem typischen American-Style-Krimskrams samt Muffins und Smoothies. Das Besondere hier: Das Café befindet sich im 16. Stock des Business-Centers Bohemia – grandiosere Ausblicke auf Pilsen gibt es nicht. Anglické nábř. 1.

**Caffé Emily** 16, nettes Café im französischen Bistrostil, junges, gestyltes Publikum. Kleines Frühstücksangebot, Eisbecher, Cocktails und Kuchen. Schöne Terrasse auf einem Abschnitt der alten Stadtmauer. Zbrojnická 7.

**Potrefena Husa** 19, tschechienweit vertretenes und überaus beliebtes Kneipenrestaurant. Junges Publikum, gutes Essen. Das recht aufwendig dekorierte **Potrafena Husa PH+** nebenan ist eine Mischung aus Cocktailbar (Mi–Sa 18–2 Uhr) und Club (R'n'B, Hip-Hop, House, Mi u. Fr/Sa 22–5 Uhr, Programm auf www.pehacko.cz) und gehört mit zum Beliebtesten, was Pilsen zu bieten hat.

**Dominik** 8, witzige Outdoor-Kneipe in einem schattigen Hinterhof. Manchmal laute Musik und oft langhaariges Publikum. Kleine Gerichte. Im Winter trifft sich das Völkchen nebenan im gleichnamigen Kneipencafé mit Kicker (1. Stock). Dominikánská 3.

**Nachtleben** **House of Blues** 24, ca. 10 Fußmin. südlich des Zentrums. Großer Club, der sich, wie der Name schon sagt, auf Blues, Jazz und Rock spezialisiert hat. Man wirbt mit „Konzerten von Spitzenkünstlern aus aller Welt", tatsächlich aber vorrangig tschechische Bands. Di–Sa 18–4 Uhr. Černická 10, www.houseofblues.cz. Vom Zentrum die Prokopova nehmen (Abzweigung beim McDonald's an der Americká), nach den Bahngleisen die zweite (U Radbuzy) links ab und dann gleich wieder rechts.

**Zach's Pub** 10, Mischung aus Irish Pub, in dem das Guinness in Strömen fließt, und Music-Club mit regelmäßigen Konzerten. Man kann auch essen, z. B. ein *Full Irish Breakfast* oder Chili con Carne. Netter Biergarten im Innenhof. Palackého nám. 2, www.zachspub.cz.

**Neurotech Music Club** 23, Club und Bar. DJs und Konzerte – geboten wird alles andere als Mainstream (Jungle, Reggae, Punk, Techno). Freakiges Publikum, kleiner Eintritt. Mi u. Fr/Sa Clubbetrieb, sonst tägl. (außer So) ab 18 Uhr Barbetrieb. Resslova 17, www.neurotech.cz.

**Potrefena Husa PH+** 19, s. o.

### Was der Big Mac mit Pilsen zu tun hat

1994 wurde das erste McDonald's in Pilsen eröffnet – in jener Stadt, aus der die Familie Ray Krocs, des Begründers des Fast-Food-Imperiums, ursprünglich stammt. Ray Kroc war Milchshake-Mixer-Vertreter, bevor er in das Schnellrestaurantgeschäft einstieg. Mit einer Gedenktafel erweist die McDonald's-Filiale an der Americká dem Franchisepionier die Reverenz. Der Burger schmeckt hier deswegen aber auch nicht besser als anderswo ...

## Sehenswertes

**Náměstí Republiky (Platz der Republik)**: Zentrum Pilsens ist der Náměstí Republiky, einer der größten Plätze Böhmens. Ihn säumen schöne Barock- und Renaissancehäuser, das Alter ihrer Grundmauern reicht z. T. bis ins 13. Jh. zurück. Zu den Sehenswürdigkeiten rund um den Platz gehören die Galerien im sog. *Kaiserhaus* sowie zwei Museen (s. u.). Dominiert wird der Náměstí Republiky von der

Westböhmen → Karte S. 313

gotischen *Sankt-Bartholomäus-Kirche* (s. u.). Zwischen ihr und dem Rathaus, ein Renaissancebau mit reichem Sgraffitoschmuck, steht die Pestsäule. Die Bürger Pilsens stifteten sie 1681 der Muttergottes aus Dankbarkeit dafür, dass ihre Stadt vor einer schweren Epidemie verschont blieb. Letztmalig brach die Pest übrigens 1714 in Pilsen aus. Viele der Toten wurden gleich hier auf dem Platz bestattet; die südliche Hälfte des Náměstí Republiky war bis zum Ende des 18. Jh. ein Friedhof.

**Chrám sv. Bartoloměje (Sankt-Bartholomäus-Kirche)**: Im ausgehenden 13. Jh. wurde mit dem Bau der dreischiffigen Hauptkirche begonnen, zu Beginn des 16. Jh. waren die Arbeiten abgeschlossen, aber nicht für immer. Verheerende Stadtbrände führten dazu, dass sie mehrmals wiederaufgebaut werden musste. In der Mitte des neugotischen Hauptaltars steht die bekannte, über einen Meter hohe steinerne *Pilsner Madonna* aus dem Ende des 14. Jh. Der Glockenturm der Kirche ist mit 102 m der höchste tschechische Kirchturm. Man kann ihn besteigen, 301 Stufen führen hinauf. Er stammt aus dem Jahr 1837. Der kleinere Vorgängerturm war infolge eines Blitzeinschlags abgebrannt.

Kirchturm mit Aussichtsplattform, tägl. 10–18 Uhr. 1,40 €, erm. 1 €. Kirche, April–Sept. Mi–Sa 10–16 Uhr, Okt.–Dez. Mi–Fr 10–16 Uhr.

**Národopisné Muzeum (Volkskundemuseum)**: Das liebevoll gestaltete *Národopisné Muzeum* (Volkskundemuseum) vermittelt u. a. einen Eindruck davon, wie die Menschen in den letzten Jahrhunderten auf dem Land und in der Stadt gelebt haben. Dementsprechend hat man auch diverse Räumlichkeiten als Wohnstuben im Stil unterschiedlicher Epochen mit dem jeweils passenden Interieur eingerichtet.

Adresse/Öffnungszeiten: Náměstí Republiky 13. Tägl. (außer Mo) 10–18 Uhr. 1,60 €, erm. die Hälfte. www.zcm.cz.

**Velká synagoga (Große Synagoge)**: Die laut Synagogenprospekt drittgrößte Synagoge der Welt wurde 1892 im maurisch-romanischen Stil erbaut und jüngst restauriert. Anfangs plante man die Synagoge übrigens noch größer und im neogotischen Stil, auch sollten ihre beiden Türme höher werden. Der Entwurf wurde jedoch von den Stadtvätern abgelehnt: Kein jüdischer Bau durfte die Sankt-Bartholomäus-Kirche in den Schatten stellen. Heute erinnert die Synagoge an die einst große jüdische Gemeinde Pilsens, die durch die Nationalsozialisten ihr gewaltsames Ende fand. Von den 3200 deportierten Pilsner Juden kehrten nach dem Krieg nur 116 zurück. Das Innere der Synagoge ist sehenswert, hin und wieder finden hier auch Konzerte statt.

Adresse/Öffnungszeiten: Sady Pětatřicátníků 11. Tägl. (außer Sa) 10–18 Uhr. 2,40 €, erm. 1,60 €.

**Pivovarské muzeum (Brauereimuseum)**: Es ist das meistbesuchte Museum Pilsens, untergebracht in einer Mälzerei aus dem Jahr 1492. Zu sehen gibt es jede Menge Gläser, Flaschen, Abfüllanlagen usw. Darunter befindet sich auch eines jener 30 gläserner Fässer (3 l passen rein), die sich Papst Pius XII. (1876–1958) jeden Monat zukommen ließ. Ob er die Bierfässer allein leerte oder in Gesellschaft, ist unbekannt. Zu sehen gibt es weiterhin Eis- und Lagerkeller sowie die Rekonstruktion einer Pilsner Bierstube aus den 1930er-Jahren. Im Eintrittspreis ist eine Bierkostprobe (0,3 l) enthalten.

Adresse/Öffnungszeiten: Veleslavínova 6.; April–Dez. tägl. 10–18 Uhr, sonst 10–17 Uhr. Eintritt mit Text 3,60 €, erm. 2,40 €, mit Audioguide 4,80 €, erm. 3,60 €. www.prazdrojvisit.cz.

**Františkánsky klášter (Franziskanerkloster)**: Das Kloster samt Kirche entstand Ende des 13. Jh., war einst mit der Stadtmauer verbunden und blieb trotz schwerer Zerstörungen während der Hussitenkriege und des Dreißigjährigen Kriegs im Wesentlichen in seiner frühgotischen Gestalt erhalten. Heute beherbergt der Gebäudekomplex u. a. das jüngst restaurierte *Diözesanmuseum*. Ein Rundgang führt in das schöne Refektorium mit einem barocken Handwaschbecken, in die mit Fresken aus dem 15.

Jh. geschmückte Barbarakapelle und in den gotischen Kreuzgang mit wertvollen Plastiken aus den verschiedensten Kirchen der Diözese, u. a. von Matthias Bernhard Braun und Ignáz Platzer. Zudem erhält man interessante Infos über die prekäre Lage der katholischen Kirche in der kommunistischen Tschechoslowakei.

**Adresse/Öffnungszeiten**: Františkánská 11. **Diözesanmuseum**, April–Okt. tägl. (außer Mo) 10–18 Uhr. 2,40 €, erm. die Hälfte. www.zcm.cz.

Studentenstadt Pilsen

**Západočeské muzeum (Westböhmisches Museum)**: Im Südosten der Altstadt liegt das Westböhmische Museum, ein mächtiges Neorenaissancegebäude mit dekorativen Jugendstilelementen. Es entstand zwischen 1893 und 1902 und besitzt einen gewaltigen Fundus an kunstgewerblichen und historischen Sammlungen (rund 76.000 Objekte), aus dem man für temporäre Ausstellungen schöpfen kann. Die ständigen Expositionen im Haus bilden die Rüstkammer im Souterrain (viele Kanonenkugeln, Morgensterne, Schanzengewehre, Schutzhelme etc.), eine Ausstellung zur Stadtgeschichte zwischen dem 10. und 19. Jh. (engl./tschechisch) und eine archäologische Abteilung mit Funden aus der Region (nur tschechisch beschriftet) im 2. OG. Zudem wird im Jubiläumssaal im 3. OG Meißner Porzellan präsentiert. Für die Zukunft sind weitere Dauerausstellungen zur Paläontologie und zur Industriegeschichte geplant.

**Adresse/Öffnungszeiten**: Kopeckého sady 2. Tägl. (außer Mo) 10–18 Uhr. Eintritt für alle Dauerausstellungen 3,20 €, erm. die Hälfte. www.zcm.cz.

**Plzeňské Podzemí (Pilsner Untergrund)**: Schon im 13. Jh. begann man in Pilsen mit der Unterkellerung von Häusern. Im Lauf der Jahrhunderte erreichten die Keller Tiefen von bis zu vier Stockwerken. Sie dienten als Depots für Lebensmittel, aber auch als Werkstätten oder Brennereien. Viele waren durch ein Tunnelsystem miteinander verbunden. Einen Teil der unterirdischen Gewölbegänge kann man besichtigen, gezeigt werden dabei auch Fundstücke aus Glas und Keramik, die in alten Brunnenschächten entdeckt wurden.

**Adresse/Öffnungszeiten**: In den Untergrund steigt man vom Brauereimuseum aus (s. o.), dort kauft man auch die Tickets. April–Sept. tägl. 10–18 Uhr, sonst 10–17 Uhr, im Jan. geschl. Nur mit Führung. Informieren Sie sich vorab unter www.plzenskepodzemi.cz, wann Führungen in welcher Sprache stattfinden. Dauer 50 Min. 4 €, erm. 2,40 €. Pulli mitnehmen!

**Plzeňský Prazdroj (Pilsner-Urquell-Brauerei)**: Die Brauerei produziert eines der weltweit besten Biere. Wer sich für Braukunst interessiert, kann an einer Führung durch die Brauerei teilnehmen, dabei geht es vorbei an Braupfannen, Sudkesseln, der Abfüllanlage (120.000 Flaschen/Std.) und durch Gär- und Lagerkeller (Letztere besitzen eine Länge von insgesamt 9 km!). Die einzelnen Arbeitsgänge erfährt man per Video. Zum Schluss gibt's ein kleines Glas Bier, das zu Demonstrationszwecken noch nach jener alten Methode in einem Holzfass zur Reife gelangte, wie es zur Gründungszeit der Brauerei 1842 Usus war. Auf dem Brauereigelände befinden sich zudem ein Souvenirladen und das Restaurant *Na Spilce*, eine gepflegte Bierhalle für 550 Gäste.

Hinter dem Areal der Pilsner-Urquell-Brauerei liegt die 1869 gegründete Gambrinus-Brauerei. Beide Brauereien gehören heute zum südafrikanischen Bierkonzern *SABMiller*. Zusammen produzieren sie weit über 8 Mio. Hektoliter Bier pro Jahr, die nicht nur im eigenen Land getrunken, sondern in mehr als 50 Länder exportiert werden. 2500 Beschäftigte helfen dabei mit. Noch bis 2003 konnten diese übrigens – einmalig in tschechischen Brauhäusern – nach Schichtende in der Brauereikneipe umsonst und unbegrenzt bechern gehen. Als man anfing, einen kleinen Obolus zu verlangen, kam es fast zum Aufstand.

**Adresse/Öffnungszeiten**: Die **Brauerei** liegt östlich des Zentrums an der U Prazdroje 7; nicht zu übersehen. Für Einzelpersonen finden im Sommer tägl. um 13 und 14.30 Uhr Führungen (ca. 90 Min.) statt, im Winter Mo–Fr um 14.30 Uhr, Sa/So zusätzlich um 13 Uhr. 7,50 €. www.prazdrojvisit.cz.

**Exposition Škoda im Techmania Science Center**: Wer hier Oldtimer erwartet, liegt falsch, denn diese gibt es im Škoda-Museum in Mladá Boleslav nordöstlich von Prag zu besichtigen, wo die Autos vom Band laufen. Die kleine, interaktive und auch deutschsprachige Exposition Škoda in Pilsen informiert in erster Linie über die Geschichte des Unternehmens, insbesondere am Standort Pilsen, wo heute u. a. Werkzeugmaschinen, Walzwerke, Druckwasserreaktoren, Dampfturbinen für Kohlekraftwerke und so weiter produziert werden. Škoda/Pilsen lieferte übrigens auch Reaktorteile für den störanfälligen Temelín-Meiler.

Die Unternehmensgeschichte nahm 1869 ihren Anfang, als der Ingenieur Emil Škoda (1839–1900) die gerade zehn Jahre zuvor gegründete *Graf Waldsteinische Maschinenfabrik* in Pilsen kaufte. Anfangs konstruierte man Maschinen für den Bergbau, für Brauereien und Zuckerfabriken. Mit dem Einstieg in die Stahlerzeugung und die Rüstungsproduktion stieg Škoda zu einem der bedeutendsten Unternehmen Österreich-Ungarns auf. Neben Wehrtechnik (Großkaliberhaubitzen, Schiffsgeschütztürme usw.) entwickelte man aber auch weiterhin Projekte für die zivile Nutzung, z. B. Stauanlagen für den Suezkanal. Anfang des 20. Jh. kam durch die Übernahme der Kraftwagenfabrik *Laurin und Klement* in Mladá Boleslav der Automobilbau hinzu, Ende des 1. Weltkriegs der Lokomotivenbau. Schließlich stand der Name Škoda auch für Schiffe, Flugzeuge und Stahlbrücken.

Mit der deutschen Besetzung Böhmens wurde Škoda Teil der Reichswerke Hermann Göring AG. Nach dem Krieg verstaatlichte die Tschechoslowakei das Unternehmen, und nach dem Untergang des Kommunismus wurde es in eine Aktiengesellschaft überführt, der deutsche Volkswagenkonzern übernahm 1991 die Automobilsparte.

Die Exposition Škoda ist Teil des Techmania Science Centers, einer Technikshow, die versucht, Kindern und Jugendlichen physikalische, akustische, optische und mechanische Thematiken näherzubringen. Zum Techmania Science Center gehört seit Neuestem auch ein Planetarium.

**Adresse/Öffnungszeiten**: Das Techmania Science Center befindet sich auf dem Škoda-Werksgelände, Zufahrt über die Borská. Zu erreichen mit Ⓑ 15, 17, 18 bis Škoda V. brána. Tägl. 9–17 Uhr. 5,60 €, erm. 3,60 €. www.techmania.cz.

# Umgebung von Plzeň

**Zámek Kozel (Schloss Kozel)**: Nahe der Ortschaft *Šťáhlavy*, ca. 14 km südöstlich von Pilsen, liegt das Jagdschloss Kozel, ein eingeschossiger klassizistischer Bau, um den sich ein malerisches Ensemble ebenfalls niedriger Pavillons mit Mansardendächern gruppiert. Die Anlage ist umgeben von einem englischen Garten mit exotischen Bäumen und einem Teich mit Seerosen. Johann Adelbert Czernín von Chudenice ließ das Schloss in der zweiten Hälfte des 18. Jh. bauen. Später ging es in den Besitz von Christian Vinzenz Waldstein-Wartenberg über, jenem Mann, dessen kleine Maschinenfabrik ein gewisser Emil Škoda übernahm und weltberühmt machte. Die Räumlichkeiten des Schlosses sind sehenswert, Wandschmuck und Mobiliar – überwiegend im Empirestil – blieben weitestgehend erhalten und vermitteln so einen Eindruck, in welch angenehmer Umgebung der Adel seine Sommer verbrachte. Vom Ankleidezimmer über die große Bibliothek bis zum Billardsalon können alle Räumlichkeiten des Hauptgebäudes besichtigt werden. In der ehemaligen Reitschule zeigt eine Galerie wechselnde Ausstellungen; in der Schlosskapelle werden hin und wieder Konzerte veranstaltet. Die Anlage ist ein beliebtes Ausflugsziel der Pilsener, beim Schloss findet man ein einfaches Restaurant, ein Café und einen Minigolfplatz.

**Verbindungen** Mit dem **Zug** erreicht man Šťáhlavy stündl. von Plzeň aus, vom Bahnhof ca. 1,5 km zu Fuß.

**Öffnungszeiten** **Schloss**, April u. Okt. Sa/So 10–16 Uhr, Mai u. Sept. tägl. (außer Mo) 10–16 Uhr, Juni–Aug. tägl. (außer Mo) 10–17 Uhr. Führungen 5,60 €, erm. 3,20 €, mit dt. Text 2 €/Pers. extra. Eintritt für die Reitschule 2 €, erm. 0,80 €. www.zamek-kozel.eu.

**Přeštice (Pschreschtitz) und Umgebung**: Přeštice, ca. 22 km südlich von Pilsen gelegen, ist ein wenig attraktives Städtchen mit rund 7200 Einwohnern. Lediglich der kleine Ortskern besitzt ansatzweise Flair. Er wird überragt von einer mächtigen weithin sichtbaren, rot-beigen *Barockkirche*, entworfen von Kilian Ignaz Dientzenhofer. Verlässt man Přeštice auf der E 53 gen Süden, erreicht man nach rund 2 km Lužany (Luschan). Biegt man dort gleich hinter dem „Coop Konzum" links ab, gelangt man zum *Schloss Hlávka* (Zámek Josefa Hlávky, kein Hinweisschild). Der Architekt Josef Hlávka (1831–1908), bekannt z. B. durch den Wiener Opernbau, ließ das ursprünglich im Renaissancestil errichtete Anwesen nach seinen Vorstellungen umbauen und scharte dort allerlei Künstler um sich. Zu seinen Gästen zählte u. a. auch Antonín Dvořák, der ihm zur Einweihung der Schlosskapelle die *Messe in D-Dur, Op. 86* komponierte. Der Komponist Joseph Haydn hingegen weilte im 4 km nördlich von Přeštice gelegenen *Schloss von Dolní Lukavice* (Unter-Lukawitz). Mitte des 18. Jh. war er dort beim Grafen Karl Josef Morzin als Kammerkomponist für 200 Gulden, freie Kost und Logis angestellt. Zu Haydns Ehren finden heute stets im September Festspiele in und um Dolní Lukavice statt (www.haydn-festival.eu). Das Barockschloss selbst ist jedoch arg verwahrlost und nicht zugänglich.

**Verbindungen** Přeštice ist regelmäßig per **Bus** und **Zug** von Plzeň zu erreichen, von dort regelmäßige Busverbindungen nach Lužany und Dolní Lukavice.

**Öffnungszeiten** **Schloss Lužany**, war zuletzt nur an wenigen Sommerwochenenden zugänglich, Infos unter zamekjh@cmail.cz.

Den ca. 18 km südlich gelegenen Ort **Klatovy** (→ S. 352) erreichen Sie von Lužany über **Švihov** (→ S. 354).

**Přehrada Hracholusky (Hracholusky-Talsperre)**: 1964 wurde die Mže (Mies) ca. 15 km westlich von Pilsen durch einen Damm gestaut. Der dadurch entstandene See wirkt eher wie ein breiter Fluss. Sein Nordufer ist überwiegend bewaldet, das Südufer wird touristisch genutzt: Hier gibt es auch die besten Bademöglichkeiten – zu viel erwarten sollte man sich aber nicht. Rechts und links der Ortschaft *Hracholusky* erstrecken sich weite Datschensiedlungen.

**Verbindungen** Die Anbindung mit öffentlichen Transportmitteln ist sehr schlecht, der See ist in erster Linie ein Ziel für Selbstfahrer.

**Camping** Sie haben die Wahl zwischen mehreren Campingplätzen, auf denen im Sommer Zelte und Wohnwagen dicht an dicht stehen.

Die größte Sehenswürdigkeit westlich von Pilsen ist das **Kloster Kladruby**, → S. 346.

## Plasy

Plass

Etwa 2600 Einwohner zählt das Städtchen Plasy ca. 21 km nördlich von Pilsen im grünen Tal der Střela. Es steht ganz im Schatten eines weitläufigen barocken **Zisterzienserklosters**. Bereits 1144 wurde das Kloster von Vladislav II. gegründet. Das Gros der heute zu sehenden Bauten stammt jedoch aus dem 17. und 18. Jh., für sie zeichnen so berühmte Architekten wie Giovanni Santini und Kilian Ignaz Dientzenhofer verantwortlich. Da das ganze Areal auf sumpfigem Boden errichtet wurde, stehen die Fundamente der Mariä-Himmelfahrts-Kirche und der Klostergebäude auf über 5100 Eichenholzpfählen. 1826 ging das Kloster zusammen mit 55 Dörfern in den Besitz des Fürsten Metternich über, dem erzkonservativen österreichischen Kanzler, dessen Familie das Kloster bis 1945 gehörte (→ Lázně Kynžvart, S. 339). Am nahe gelegenen Friedhof (gegenüber der Straße) ließ er die Friedhofskapelle zu einer klassizistischen Familiengruft umbauen. Ganz im Sinne seines politischen Denkens stellt sie den dahinter liegenden Friedhof der Bürgerlichen in den Schatten.

Das Technische Nationalmuseum Prag machte sich zuletzt dafür stark, die maroden Wirtschaftsgebäude des Konvents vor dem Verfall zu retten. Sie sollen restauriert werden und irgendwann ein „Zentrum für Architekturgeschichte" beherbergen – falls denn die EU-Gelder in ausreichender Menge fließen. Die Höhepunkte einer Führung durch das Konventgebäude sind der barocke Lesesaal der Bibliothek, die einst 14.000 Bände umfasste, und jener Flügel, in dem das Krankenhaus untergebracht war. Sehenswert ist dort die Wendeltreppe von Giovanni Santini.

**Verbindungen** Bahnhof ca. 1 km vom Kloster entfernt, der Bus hält vor der Tür. **Busse** stündl. nach Plzeň und Kralovice (Mariánský Týnec), bis zu 4-mal nach Manětín. **Züge** stündl. nach Plzeň.

**Öffnungszeiten** **Kloster Plasy**, April u. Okt. nur Sa/So 9–16 Uhr, Mai/Juni u. Sept. tägl. (außer Mo) 10–16 Uhr, Juli/Aug. tägl. (außer Mo) 9–17 Uhr. Konventsführung 3,20 €, erm. 2 €. www.klaster-plasy.cz.

**Übernachten/Essen** **Penzion Rudolf II.**, an der Durchgangsstraße schräg gegenüber dem Klostereingang. 17 freundliche Zimmer (Kiefernholzmobiliar, bunte Bettbezüge). Die besseren verfügen über Wannenbäder und Satelliten-TV mit deutschen Programmen. Rustikales Restaurant mit einem Touch Mittelalterambiente (Ritterrüstungen). Außergewöhnliche ländliche Küche, z. B. Rostbraten vom Strauß, Wildschweingulasch oder Fasan. Auch einige Fischgerichte. Kleiner Außenbereich mit Kinderspielplatz. Einziger Haken: Durch die Nord-Süd-Verkehrsachse vor der Tür etwas laut. Hg. 4–12 €. DZ je nach Ausstattung 38–56 €. Plzeňská 37, PLZ 33101, ✆ 724105952, www.rudolf-II.cz.

Santini-Wendeltreppe im Kloster Plasy

Westböhmen → Karte S. 313

## Umgebung von Plasy

**Mariánský Týnec (Maria Teinitz)**: Nahe der Ortschaft Kralovice, ca. 9 km nordöstlich von Plasy, liegt Mariánský Týnec, ein Dorf mit Weiher und einer großen *Wallfahrtskirche* samt Propstei. Gebaut wurde diese in der Mitte des 18. Jh. von dem Architekten Giovanni Santini, der auch am Kloster Plasy wirkte. Und wie Plasy ging auch Mariánský Týnec in den Besitz der Metternichs über, die kein Interesse an der Pflege des einstigen Wallfahrtsorts zeigten. 1919 stürzte die große Kuppel der Kirche ein. Heute sind die mit EU-Geldern durchgeführten umfangreichen Restaurierungsarbeiten abgeschlossen. Die Propstei beherbergt das *Heimatmuseum* der Region Pilsen/Nord, das ein buntes Sammelsurium aus allen Epochen präsentiert. Bei einem Rundgang ist auch die Kirche zu besichtigen.

**Verbindungen** Kralovice ist am einfachsten mit dem **Bus** von Plzeň zu erreichen, von dort ca. 2 km zu Fuß weiter.

**Öffnungszeiten** **Museum**, Mai–Sept. tägl. (außer Mo) 9–18 Uhr, April u. Okt. bis 17 Uhr, sonst bis 15 Uhr. 1,60 €, erm. 0,80 €. www.marianskatynice.cz.

## Manětín

Manetin

Etwa 35 km nordwestlich von Pilsen liegt Manětín, ein gemütlicher kleiner Flecken ganz im Zeichen des Barock. Das einzige Leben spielt sich an der Hauptstraße vorm Schloss ab, wo man eine Handvoll Geschäfte findet, und im „Schlossrestaurant“ (Zámecká restaurace), wo schon um 11 Uhr morgens bei Bier und Schnaps über Gott und die Welt und den örtlichen Fußballverein TJ Sokol diskutiert wird. Zur Gemütlichkeit des Orts tragen auch die an jeder Ecke im Ort stehenden Barockplastiken aus Sandstein bei – die Frauenfiguren stellen übrigens die Tugenden und Jahreszeiten dar, die Heiligenstatuen sind Landes- und Schutzpatrone.

Das **Schloss** in seiner heutigen Form entstand auf den Grundmauern eines mittelalterlichen Johanniterkonvents. Es wurde in der ersten Hälfte des 18. Jh. im Auftrag des Adelgeschlechts Lažanský errichtet, das es bis 1945 bewohnte. Durch das

Schloss werden Führungen angeboten, zu sehen bekommt man u. a. ein paar herrliche Deckenfresken, Porzellan in Vitrinen, Porträts der Lažanský, die Schlossbibliothek mit mehr als 5000 Bänden – das Gros davon in deutscher Sprache – und die Dechanatskirche, die durch eine überdachte Straßenbrücke mit dem Schloss verbunden ist.

**Verbindungen** Busse ca. 7-mal tägl. nach Nečtiny und Plzeň, bis zu 4-mal nach Úterý, Rabštejn nad Střelou und Plasy.

**Öffnungszeiten** Schloss, April u. Okt. nur Sa/So 10–16 Uhr, Mai–Sept. tägl. (außer Mo) 10–16 Uhr. Führung (45 Min.) 3,60 €, erm. 2 €. www.zamek-manetin.cz.

## Umgebung von Manětín

**Rabštejn nad Střelou (Rabenstein)**: Das von Wäldern umgebene Rabštejn nad Střelou liegt rund 10 km nordwestlich von Manětín und ist ein Dorf wie aus dem Märchen: Über dem Flusslauf der sich schlängelnden Střela klettern die Häuser einen steilen, hohen Felsen hinauf. Gekrönt wird dieser von der Pfarrkirche und einem einstigen, heute leer stehenden Kloster. Direkt darunter liegt ein Barockschloss (nicht zugänglich). Ganz unten am Fluss befindet sich die einzige Schenke, der Klub Hubert, wo sich Ausflügler auf ein kühles Bier und einen Karnickelbraten versammeln. Die wenigen Wege und Straßen säumen Kreuze und Heiligenstatuen.

20 ständige Einwohner zählt der Ort, der sich gerne als die kleinste Stadt Mitteleuropas bezeichnet. Häuser gibt es für etliche Einwohner mehr, das Gros davon jedoch wird als Wochenendhaus genutzt. Rabštejn nad Střelou ist ein beliebtes Etappenziel, zumal die Gegend drum herum dank kaum befahrener Straßen zum Wandern und Radfahren nur so einlädt.

**Verbindungen** Busse bis zu 4-mal tägl. nach Manětín.

**Übernachten** Penzion U Zámku, ca. 3,5 km östlich von Rabštein an der kaum befahrenen Straße nach Žihle. In einem restaurierten, denkmalgeschützten Gebäude. Solide möblierte Zimmer mit privaten Bädern. Grill- und Spielplatz, Sauna, Restaurant mit Terrasse. Freundlich und deutschsprachig. DZ 36 €. Nový Dvůr 2, PLZ 33165, ✆ 373395337, www.pensionbeimschloss.de.

## Chyše

Chiesch

Das kleine Städtchen nahe der Europastraße 48 Karlsbad – Prag kündigt sich schon aus der Ferne durch seine überdimensionale, weiß-rote Kirche an. Warum man ausgerechnet deren Frontfassade nie gestrichen hat, weiß der Henker. Einzige Sehenswürdigkeit des Ortes ist das **Schloss der Familie Lažanský**, im 16. Jh. errichtet und im 18. Jh. barockisiert. Anfang des 20. Jh. war darin der Schriftsteller Karel Čapek (1890–1938) als Hauslehrer tätig. Čapek zählt zu den bedeutendsten tschechischen Dramatikern und Prosaautoren des frühen 20. Jh. Seine utopischen Werke wurden in alle Weltsprachen übersetzt. Das heute so gängige Wort „Roboter" ist z. B. seine Schöpfung. An den Autor erinnert eine kleine Ausstellung im Schloss (nur auf Tschechisch), zudem können mehrere schön restaurierte Salons in unterschiedlichen Farben besichtigt werden.

Neben dem Schloss wurde die alte **Schlossbrauerei** reanimiert, deren Spezialität das *Bíle Jantar* („Weißer Bernstein"), ein ungefiltertes Helles, ist. Angeschlossen ist ein Restaurant. Aus Chiesch stammen übrigens die Vorfahren des rasenden Reporters Egon Erwin Kisch. Als die Familie im 17. Jh. nach Prag übersiedelte, nannte sie sich nach ihrem Herkunftsort.

**Verbindungen** **Busse** bis zu 3-mal tägl. nach Valeč. **Züge** (Bahnhof im Norden des Orts) bis zu 5-mal tägl. nach Bečov nad Teplou.

**Öffnungszeiten** **Schloss**, Führungen (50 Min.) April u. Okt. nur Sa/So stündl. 10–17 Uhr, Mai–Sept. tägl. (außer Mo) 10–17 Uhr, Juli/Aug. Sa/So bis 18 Uhr. 3,20 €, erm. 1,60 €. www.zamek-valec.cz.

## Umgebung von Chyše

**Valeč (Waltsch)**: 10 km nördlich von Chyše liegt Valeč, ein kleiner Ort mit ein paar barocken Bauten und Fachwerkhäusern, die unter Denkmalschutz stehen. Valeč präsentierte sich lange Zeit als Mischung aus malerisch und schäbig, tendiert heute aber klar zu Ersterem. Die Kehrtwende wurde mit der Restaurierung der *Pfarrkirche* mit ihrem imposanten Holzschindeldach eingeleitet. Und fleißig setzt man das hoch über dem Ort thronende *Renaissanceschloss* (Zámek Valeč) instand, das Ende des 17. Jh. seine barocke Gestalt erhielt. Die Fassade macht schon wieder etwas her, innen aber präsentiert sich das Schloss noch immer in weiten Teilen als morbide Ruine, die dennoch im Sommer als Kulisse für wechselnde Ausstellungen dient. Der *Schlosspark* ist mit Kopien von barocken Statuen aus der Werkstatt des Bildhauers Matthias Bernhard Braun bestückt. Gegenüber dem Parkeingang erhebt sich die schöne *Dreifaltigkeitskirche*. Den Barockbau entwarf Giovanni Santini.

**Verbindungen**: **Busse** nur max. 3-mal tägl. nach Chyše, Andělská Hora und Karlovy Vary.

## Karlovy Vary

Karlsbad

**„Karlsbad ist ein Brillant in einer Smaragdfassung“ – so beschrieb Alexander von Humboldt das prunkvolle Kurzentrum mit seiner verschwenderischen Pracht an Bauten aus der Belle Époque. Umgeben von grünen, waldreichen Höhen liegt es inmitten des romantischen Teplá-Tals.**

Karlovy Vary ist noch heute auf der ganzen Welt unter dem deutschen Namen Karlsbad bekannt. Knapp 50.200 Einwohner zählt die Stadt und ca. 10.000 Gästebetten. Sie liegt rund 340 m ü. d. M. Die Hügel drum herum erreichen Höhen von knapp 650 m. Von allen großen böhmischen Kurorten ist Karlsbad nicht nur der berühmteste, sondern auch der nobelste. Exklusive Designerboutiquen, Pelz- und Schmuckgeschäfte dominieren im Kurzentrum. Das Publikum zeigt sich im Vergleich auch gemischter und jünger; es beschränkt sich nicht in erster Linie auf deutsche Rentner. Laut Kurbadstatistik reisen Besucher aus fast 90 Ländern an.

Die meisten Kurgäste kommen aus Russland – von Moskau, St. Petersburg und Jekaterinburg gibt es Direktflüge nach Karlovy Vary. Die Russen kamen schon immer gern, den Anfang machte der russische Adel. Aber auch Könige und Kaiser, indische Maharadschas und afrikanische Prinzen trugen sich in die Gästelisten Karlsbads ein, die an berühmten Persönlichkeiten wohl weltweit von keinem anderen Kurort übertroffen werden. Allein die Auflistung von Staatshäuptern und Staatsmännern würde Seiten einnehmen. Heute, nach einem halben Jahrhundert „Arbeiter- und Bauernkuren“ knüpft Karlsbad – und darin unterscheidet sich der westböhmische Kurort von allen anderen – an alte Tage an und ist bereits wieder eine bevorzugte Kuradresse der Königshäuser. Schon König Harald V. aus Norwegen oder Prinzessin Sayako, die Tochter des japanischen Kaisers, waren zu Besuch.

Westböhmen → Karte S. 313

Aber nicht nur als Kurort hat Karlsbad einen Namen. Im Rampenlicht steht die Stadt auch stets in der ersten Julihälfte, wenn das Internationale Filmfestival über die Bühne geht. Zwar wird Karlsbad noch nicht in einem Atemzug mit Cannes, Venedig oder Berlin genannt, dennoch reisen Größen aus Hollywood an. Wer war nicht schon alles hier? Leonardo DiCaprio, Whoopi Goldberg, Gregory Peck, Robert de Niro usw. Auch als Filmkulisse selbst lockt die Stadt Produktionsgesellschaften an, so wurden z. B. im Festsaal des Hotels Pupp einige Szenen der Édith-Piaf-Biografie *La Vie en Rose* gedreht.

**Geschichte**: Damit die Geschichte der Kurstadt nicht mit nüchternen Jahreszahlen beginnt, hat man sich eine Gründungslegende einfallen lassen. Angeblich ging Karl IV. im 14. Jh. in der Gegend gerne auf Jagd. Einmal hatten seine Hunde die Fährte eines großen Hirschen aufgenommen. Um seinen Verfolgern zu entkommen, sprang der Hirsch von einem mächtigen Felsen und landete in heißem Quellwasser. Die Hunde sprangen hinterher und jaulten auf. So entdeckte Karl IV. die Quellen und gründete hier die nach ihm benannte Stadt.

In Wirklichkeit aber gab es hier schon vor den Zeiten Kaiser Karl IV. eine kleine Gemeinde, und die Quellen waren schon damals wohlbekannt. Unter Karl IV. lernte man sie jedoch als Heilquellen zu schätzen, und so verlieh der Kaiser im Jahre 1370 dem Ort zahlreiche Privilegien und Rechte. Bereits im 15. Jh. kamen die ersten Kurgäste aus verschiedenen europäischen Adelshäusern. Anfangs badete man in den Thermen, mit Trinkkuren begann man erst im 16. Jh. Im Jahre 1604 zählte man bereits exakt 102 Häuser in Karlsbad. Das weiß man aus einem Bericht, der verfasst wurde, weil ein gewaltiges Feuer 99 davon vernichtet hatte – lediglich drei blieben stehen.

Anfang des 18. Jh. wurde Karlsbad schließlich weltberühmt; die ersten Kaiser und Zaren kamen zur Kur. In jenem Jahrhundert glaubte man übrigens auch, durch das Trinken von Karlsbader Wasser Armut heilen zu können. Bis zu 500 Becher pro

Beim Schlossbad

Hungerleider wurden dagegen verschrieben. 1762 entstand das erste große Badehaus. 1812 schrieb Goethe in einem Brief an Wilhelm von Humboldt: „Weimar, Karlsbad und Rom sind die einzigen Orte, wo ich leben möchte". Wie in Marienbad (→ Kasten S. 337) fühlte sich der alte Goethe übrigens auch in Karlsbad zu jungen Damen hingezogen: Angeblich hatte er ein heimliches Techtelmechtel mit der 23-jährigen Maria Ludovika Beatrix, der Kaiserin von Österreich. Und auch über eine Liebelei mit der 20-jährigen Marie Louise, der Gattin Napoleon Bonapartes, wird spekuliert. Goethe verbrachte insgesamt, zählt man die Tage seiner 13 Aufenthalte zusammen, fast zwei Jahre seines Lebens in Karlsbad.

In der zweiten Hälfte des 19. Jh. entstand das Gros der heute erhaltenen Kur- und Bürgerhäuser, und Karlsbad entwickelte sich zu einem einzigartigen weltoffenen Erholungsort, an dessen Quellen sich Menschen mit unterschiedlichsten Ansichten, Hautfarben und Religionen trafen – lediglich Geld und Macht waren ihnen gemein.

Zu Anfang des 20. Jh. verzeichnete man jährlich über 70.000 wohlhabende Kurgäste. Doch dann kamen die Weltkriege und dazwischen die Weltwirtschaftskrise – für den internationalen Nobelkurort eine Katastrophe. Als schließlich nach 1945 die Deutschen aus der Stadt vertrieben wurden, die die Mehrzahl der Einwohner gestellt hatten, war es mit dem Glanz Karlsbads vorbei. Die Kommunisten verstaatlichten das Kurwesen. Das Kurzentrum ließ man verfallen, dafür entstanden im Norden der Stadt große Plattenbausiedlungen. Seit der Samtenen Revolution sieht der Sachverhalt genau umgekehrt aus. Den Ortsrandsiedlungen schenkt man wenig Beachtung, das Kurzentrum wurde und wird aufwendig saniert. Die Investoren kommen größtenteils aus Russland, die Gelder dazu aus oft unbekannten Quellen. Die „neuen Herren von Karlsbad" sind vielen Ortsansässigen ein Dorn im Auge: Neu gebaute Wohnungen werden auf Plakatflächen z. T. nur noch in kyrillischer Schrift angeboten, an tschechischen Kunden ist man gar nicht interessiert.

Westböhmen → Karte S. 313

**Orientierung**: Das Kurzentrum liegt im Süden Karlovy Varys und erstreckt sich das gewundene Teplá-Tal entlang. Das Geschäftszentrum und der Intercity-Busbahnhof schließen nördlich daran an. Die Grenze zwischen Geschäfts- und Kurviertel liegt in etwa auf Höhe der Hauptpost. Der Flusslauf der Ohře (Eger), in welche die Teplá mündet, grenzt gleichzeitig die nördliche Neustadt vom Geschäfts- und Kurzentrum ab.

## Basis-Infos

→ Karte S. 374/375

**Information** Hauptbüro des **Infocentrum města Karlovy Vary** an der Tržiště 16 (Marktbrunnkolonnade). Mo–Fr 8–18 Uhr, Sa/So 9–17 Uhr. ✆ 355321161, www.karlovyvary.cz. Weitere Infostelle an der T.G. Masaryka 53.

**Verbindungen** Alle **Stadtbuslinien** treffen sich am Busbahnhof Tržnice.

**Standseilbahnen**: Die Bergbahn vom Hotel Pupp zum Aussichtsturm Diana fährt ganzjährig tägl. von 9–17 Uhr (April–Okt. bis 18 Uhr, Juni–Sept. bis 19 Uhr) alle 15 Min. Einfache Fahrt 1,80 €.

Die Standseilbahn vom Divadelní náměstí hinauf zum Hotel Imperial verkehrt Mo–Sa von 5.30–21 Uhr, So von 6.45–21 Uhr ca. alle 15 Min. 0,75 €/Fahrt.

**Überlandbusse und Züge**: Karlovy Vary besitzt 2 Bahnhöfe. Am oberen, dem Horní nádraží (zu erreichen mit Ⓑ 13), fahren die Züge nach Prag (alle 2 Std.), Marienbad (ca. 5-mal tägl.), Cheb (ca. stündl.) und Potůčky/Johanngeorgenstadt (5-mal tägl.) ab.

Übernachten
1 Jugendherberge Domov mládeže
7 Romania
9 Pension Amadeus
10 Villa Rosa
11 M privat
12 Savoy Westend
13 Nicol
14 Diamant
20 Krásná Královna
24 Grand Hotel Pupp
25 Imperial
Nachtleben
5 Foopaa Music Bar
22 Klub Paderewski
24 Becher's Bar
Dvory, Cheb, Shoppingcenter Fontána
Oberer Bahnhof
Panasonic-Kino
Goethewarte
Pobřežní
Chebský most
Ohře
Západní
Vítězná
Bezručova
Na vyhlídce
Gogolova pěšina
Petr Putzer (Kanuverleih)
Unterer Bahnhof
Jan-Becher
Elisabethbad (Lázně V)
Smetanovy sady
Hotel Thermal
Freibad
Polizei
Kino Čas
Pferdekutschen
Dvořákovy sady
Parkkolonnade
Lázně III
Skalníkovy sady
Mühlbrunnen-Kolonnade
Becher-Villa
Russisch-orthodoxe Kirche
Schlossbad
Marktbrunn-kolonnade
Sprudel-kolonnade
Bierbad
Jelení skok
Kirche Maria Magdalena
Sady Jeana de Carro
Lidická
Rumunská
Anglická
Americká
Italská
Jiráskova
Vrchlického
Švermova
Němcové
Mozartova
Národní
Palackého nám.
Havlíčkova
Polská
Hřbitovní
Máchova
5. května
I. P. Pavlova
Ondřejská
Zahradní
Sadová
Lazenská
Tržiště
Vřídelní
Jeana de Carro
Kolmá
Tyršova
Fügnerova
Scheinerova
Raisova
Petrín
Zámecký vrch
Petra Velikého
Poděbradská
Křížikova
Vrázova
Svahová
Krále Jiřího
Moskevská
Jaltská
Dr. Engla
Bělehradská
Dr. Davida Bechera
T. G. Masaryka
Bulharská
Jugoslávská
Zeyerova
Varšavská
nábř. Osvobození
nábř. Jana Palacha
Souvenirstände
Ondříčkova
(innerstädtisch)
Doubí

Karlsbad
120 m
Petrova Výšina
489 m
Pferdekutschen
Divadelní nám.
BUS
Stadt-theater
Unterirdische Standseilbahn
Moravská
Vyšehradská
Libušina
Zitkova
Pražská
Pražská
U Imperialu
U Imperialu
Stará Louka
Louka
Nová
Divadelní
Städtisches Museum
Husovo nám.
Nebozízek
Škroupova
Mariánskolázeňská
Hotel Imperial
Kaiserbad (Lázně I)
Grandhotel Pupp
Standseilbahn
Station Jelení skok
Aussichtsturm Diana
556 m
WC
Hirsch-quelle
Goethova stezka
Goethe-denkmal
Slovenska
Kunst-galerie
Sanatorium Richmond
Slovenská
Slovenská
Slovenská
Teplá
Freilicht-kino
Tennis
Golf Resort Karlovy Vary, Valeč, Andělská Hora, Prag
Marienbad, Bečov nad Teplou, Pilsen, Březová, Astoria Golf Club Cihelny
Essen & Trinken
2 Karel IV.
3 ZigZag Café Bar
4 Charleston
6 Kus Kus
8 Pizzeria Venezia
15 Malé Versailles
17 Promenáda
18 Velkopopovická pivnice Orion
19 Café Elefant
21 Embassy
24 Café Pupp
Einkaufen
16 Moser
23 Botanicus

Am unteren, dem Dolní nádraží, fahren ebenfalls Züge nach Marienbad (7-mal tägl.) ab. Dort befindet sich auch das Intercity-Busterminal, von dem man in fast alle größeren Orte Westböhmens gelangt. Für Reisen nach Prag sollte man von Karlsbad dem erheblich schnelleren Bus den Vorzug geben.

**Zum Flughafen**: Ⓑ 8 fährt vom innerstädtischen Busbahnhof zum Flughafen Karlsbad. Zum Airport von Prag fährt von 5–20 Uhr ca. stündl. ein Bus vom Intercity-Busbahnhof ab, Infos unter www.studentagency.cz.

**Ärztliche Versorgung** Krankenhaus an der Bezručova 19. ✆ 354225111, www.kkn.cz.

**Einkaufen** **Moser** **16** → Kasten S. 383.

**Botanicus** **23**, ein kleines duftendes Paradies. Handgemachte Seifen, Öle, Tee, Gewürze und Kräutermischungen. Liebevoll dekoriert. Mariánskolázeňská 15.

Große Einkaufszentren und Supermärkte (wie das **Fontána** mit einem großen TESCO und etlichen Bekleidungsgeschäften) liegen nahe der Ausfallstraße nach Eger (auch mit Ⓑ 22 zu erreichen).

**Parken** Verhältnismäßig sicher ist das Parkhaus des Hotels Thermal (1,60 €/Std., 10 €/Tag). Rund um die Uhr bewacht sind die Parkplätze des Hotels Pupp (2 €/Std., 14 €/Tag). Die meisten Unterkünfte verfügen zudem über eigene Parkplätze.

**Hinweis**: Das Kurzentrum ist für Fahrzeuge gesperrt. Lediglich Hotelgäste dürfen zum Ent- bzw. Beladen am Tag der An- und Abreise zu ihrem Hotel vorfahren. Dafür bedarf es einer Einfahrerlaubnis, lassen Sie sich eine solche von Ihrem Hotel zuschicken.

## Übernachten

→ Karte S. 374/375

**Hotels** ***** **Grand Hotel Pupp** **24**, das traditionsreichste Haus der Stadt (→ S. 382). Ein geniales Plüschhotel. Hier treffen sich alle: Stars und Sternchen, arabische Großfamilien und russische Nörgler. DZ je nach Kategorie 300–450 €. Mírové nám. 2, PLZ 36001, ✆ 353109631, www.pupp.cz.

››› **Unser Tipp:** ***** **Savoy Westend** **12**, im ruhigen Villenviertel Westend. Herrschaftliches Wohnen in ruhiger Lage, dazu erstklassiger Service. Besteht aus dem prunkvollen Haupthaus und 4 Villen in der Nachbarschaft. Viel Blattgold, Goldbrokat und Marmor, Stuck und Kronleuchter. 116 edel ausgestattete Zimmer und Suiten, viele mit Balkon, weitläufige Bäderabteilung. EZ ab 162 €, DZ ab 219 €, Parken inkl. Petra Velikého 16, PLZ 36001, ✆ 359018888, www.savoywestend.cz. ‹‹‹

**** **Imperial** **25**, protziges, 1912 erbautes Nobelkurhotel mit Schlosscharakter hoch über der Stadt. Über 200 geräumige Zimmer. Viel russisches Publikum. Große Kurabteilung, Tennisplätze, Golfübungsplatz etc. EZ ab 150 €, DZ ab 240 €. Libušina 18, PLZ 36001, ✆ 353203113, www.spa-hotel-imperial.cz.

**** **Krásná Královna** **20**, komfortables Kurhotel. Beste Lage. 21 großzügige Zimmer, viele mit Parkettboden, klassischem Mobiliar und geräumigen Bädern. Leider nur mäßiges Frühstück für den Preis. EZ 104 €, DZ 128 €. Stará Louka 48, PLZ 36001, ✆ 353852611, www.krasnakralovna.cz.

*** **Romania** **7**, für das Kurzentrum ein noch günstiges Hotel in einem historischen Stadthaus. Etwas düsterer Eingangsbereich. 31 Standardzimmer mit Teppichboden, Kühlschrank und TV, manche mit schönem Blick und Balkon. Parkplätze in der Nähe. Freundliches Personal. EZ 43 €, DZ ab 69 €. Zahradní 49, PLZ 36001, ✆ 353222822, www.romania.cz.

**Pensionen** **Amadeus** **9**, am Hang über der Stadt. 16 individuell eingerichtete Zimmer und ein Apartment – größtenteils etwas bieder, z. T. jedoch mit Stuck oder schwarz-weißen Fußbodenkacheln im Stil der 30er-Jahre. Manche bieten herrliche Panoramablicke. Freundliche deutschsprachige Inhaberin. EZ 60 €, DZ ab 76 €. Ondřejská 37, PLZ 36001, ✆ 723450012 (mobil), www.pension-amadeus.cz.

**Villa Rosa** **10**, in einer ockerfarbenen Villa hoch über der Stadt. 9 Zimmer und Apartments mit schweren Eichenmöbeln. Das ist nicht jedermanns Sache, die traumhafte Aussicht auf das Kurzentrum von einigen Zimmern (teilweise mit Balkon!) aber ist grandios. Sehr gepflegt und sauber, dazu freundlicher deutschsprachiger Service. Eigene Parkplätze (5 €/Tag). EZ 48 €, DZ 68 bzw. 84 € (mit toller Panoramaaussicht), Suite 96 €. Na vyhlídce 22, PLZ 36001, ✆ 353239121, www.villarosa.cz.

**Diamant 14**, hoch über dem Zentrum. Einfache Zimmer mit Teppichboden und Bad, ohne besondere Note. Dafür freundlicher Service, Weinstube für die Gäste und eigene Parkplätze. EZ 41 €, DZ 55 €. Tyršova 4, PLZ 36001, ✆ 353227060, www.pension-diamant.cz.

**M privat 11**, Pension mit nur 4 Zimmern, geräumig und sehr sauber. 2 Zimmer teilen sich Bad und Toilette. Zuvorkommender Service. Nicht von der etwas tristen Fassade abschrecken lassen – nettes Haus! 20 €/Pers. Na vyhlídce 28, PLZ 36001, ✆ 353222854.

**Nicol 13**, 4 Apartments mit gut ausgestatteten Küchen in einem Neubau, 3 mit Balkon/Terrasse. Wilder Möbelmix – schön ist was anderes, dennoch okay. Eigene Parkplätze. 8 Min. ins Zentrum. Für 2 Pers. 38 €, für 4 Pers. ab 64 €, Frühstück extra. Scheinerova 2, PLZ 36001, ✆ 353223284, www.apartments-nicol.cz.

**Jugendherberge** **Domov mládeže 1**, abseits des Zentrums im Vorort Drahovice. Im Schülerinternat werden auch über 50 Zimmer an Touristen vermietet, rund die Hälfte davon mit Kühlschrank, TV und eigenem Bad. Gute Busanbindung (auch nachts). DZ mit Bad 35 €, ohne Bad 22 €, Frühstück auf Wunsch. Lidická 38, PLZ 36020, Ⓑ10, 15 bis Haltestelle Národní, ✆ 353241111, www.dmkv.cz.

**Camping** **Autokemp Sasanka**, ca. 6 km nördlich von Karlsbad im Dorf Sadov. Recht schattenlose Wiese mit jungen Bäumen und Holzhütten drum herum. Moderne, saubere Sanitäranlagen, Restaurant in Laufnähe. Gute Busverbindungen nach Karlsbad. April–Okt. 2 Pers. mit Wohnmobil 16 €. Sadov 7, PLZ 36001, ✆ 353590130, campsadov@seznam.cz.

Schöner aber campt man nahe Kyselka auf dem Platz **Na Špici**, → S. 384.

## Essen & Trinken/Nachtleben

→ Karte S. 374/375

Im Kurzentrum reihen sich entlang der Stará Louka Restaurants von ähnlichem Niveau, mit nahezu identischen Speisekarten und – fürs Gebotene – satten Preisen aneinander. Wer auf dicke Hose machen will, geht am besten einmal ins Hotel Pupp (→ Übernachten) zum fürstlichen Diner. Wer hingegen authentisch unter Einheimischen essen will, macht sich ins nördlich des Kurzentrums gelegene, quirlige Geschäftsviertel auf – in der Fußgängerzone Zeyerova z. B. befindet sich eine ganze Reihe ordentlicher Terrassenlokale. Ansonsten treffen Sie mit den folgenden Restaurants eine gute Wahl:

**Restaurants** **Embassy 21**, dem gleichnamigen Hotel angegliedert. Edel-vornehmes, mehrfach ausgezeichnetes Restaurant mit zuvorkommendem Service, den schon Klaus Maria Brandauer, Gerard Depardieu oder Václav Havel genossen. Gemütliches Ambiente mit Kachelofen. Hummersuppe, Fasanenbrüstchen oder Chateaubriand. Für das Gebotene günstig, Hg.11–18 €, lediglich ein paar Spezialitäten wie das Bisonfiletsteak sind teurer. Reservierung empfohlen. Nová Louka 21, ✆ 353221161.

**Promenáda 17**, ebenfalls ein Hotelrestaurant und ebenfalls bekannt für seine gute Küche. Gediegenes Interieur (leider Teppichboden!), erlesene Speisekarte. Wurde schon vom Gourmet-Magazin *Der Feinschmecker* ausgezeichnet. Zu den Spezialitäten gehören die Gänsestopfleber (keine Angabe zur Herkunft) mit Äpfeln und Calvados, aber auch die Wild- und Fischgerichte sind sehr zu empfehlen. Gute Weinkarte. Hg. 16–20 €. Tržiště 31, ✆ 353225648.

**Charleston 4**, gepflegtes, leicht gehobenes Lokal für Fleischfans – Steaks, Wildgerichte, selbst original Wiener Schnitzel sind zu bekommen. Für Vegetarier gibt's immerhin ein paar Pastagerichte. Hg. 5,50–18,50 €. Bulharská 1273/1, ✆ 353230797.

**Karel IV. 2**, im Keller der ehemaligen Becherovka-Fabrik – ein Tipp für den Winter. Schwer rustikales, großes Brauereilokal, verschiedene Sorten Bier im Ausschank. Man sitzt zwischen Braukesseln und isst Kuttelflecksuppe, Lendenbraten oder Hirschgulasch – Vegetarier sind auch hier eher arm dran. Hg. 6,80–16 €. T.G. Masaryka 57, ✆ 353599999.

**Malé Versailles 15**, das Ausflugsrestaurant zehrt noch heute von seinem Ruf, einst Johann Wolfgang von Goethe als Stammgast bewirtet zu haben. Schöne im Grünen gelegene Sommerterrasse, das Interieur ist weder in der Bierstube Formanka noch im benachbarten strohblumenlastigen „Saloon" (mit Countryabenden am Wochenende) der Renner. Diverse Fleischgerichte, darunter viel Wild, Hg. 6–15,20 €. Křižíkova 420, ✆ 353033066.

**Pizzeria Venezia 8**, gediegenes Inneres mit Stuckdecke und Wintergarten. Außenterrasse mit Blick aufs Hotel Thermal. Neben Pizzen auch Pasta, Risotto, Fisch und Fleisch. Hg. 5,20–18 €. Zahradní 43, ✆ 777310615 (mobil).

**Velkopopovická pivnice Orion 18**, handfester Gasthof mit Wagenrädern und getrocknetem Knoblauch an der Wand. Herzhafte urböhmische Küche: panierter Käse, Lendenbraten, Palatschinken usw. Hg. 5–10 €. Fest in tschechischer Hand. Petřín 10, ✆ 353232007.

**Kus Kus 6**, ein hübsches Souterrainschnelllokal, in dem ausschließlich Vegetarisches auf den Tisch kommt, vieles davon auch noch in Bioqualität. Im tägl. Wechsel Suppe und 2 Hg. (um die 3,60 €). Nur Mo–Fr 7.30–14 Uhr. Bělehradská 8, 777066477 (mobil). ■

**Cafés** **Café Elefant 19**, Kurgäste schwören drauf – nicht zuletzt der Tortenvitrine wegen. Große Spiegel, gediegene Kaffeehausatmosphäre, satte Preise. Beliebt schon seit Goethes Zeiten: Der große Dichter feierte hier seinen 37. Geburtstag. Stará Louka 30.

**Café Pupp 24**, → S. 382.

**ZigZag Café Bar 3**, tagsüber ein trendiges Café mit ebensolchem Publikum. Abends oft DJ-Partys (House, Black Music). Dr. Davida Bechera 24.

**Nachtleben** **Becher's Bar 24**, im Keller des Hotels Pupp (→ Übernachten) – etwas für die gediegene Abendgestaltung. Die Bar im Stil eines englischen Clubs aus dem 19. Jh. bietet jede Menge Cocktails und dazu tägl. Livemusik. Im Sommer zieht man auf die Dachterrasse.

**Foopaa Music Bar 5**, stylishe Bar mit gold gestrichenen Stuckdecken und breiten Fensterfronten. Abends trifft sich hier die Jeunesse dorée von Karlsbad zum DJ-Sound (alles zwischen Happy House und Hip-Hop), es wird auch getanzt. Tagsüber ein nettes, luftiges Café mit leichter Snackküche. Jaltská 7.

**Klub Paderewski 22**, Livemusikclub im Gebäude des Theaters Husovka. Konzerte von grau- und langhaarigen tschechischen Rockern überwiegen. Achten Sie auf Plakate. Husovo nám. 2, www.husovka.info.

**Casinos** Zu empfehlen ist der noble **Pupp Casino Club**, dem gleichnamigen Hotel angegliedert. Angemessene Kleidung wird erbeten. Tägl. 19–4 Uhr. www.pupp.cz.

## Sport & Freizeit/Kur & Kultur

**Baden** Zum Hotel Thermal gehört ein hoch über der Stadt gelegenes **Freibad** (bazén), das u. a. mit warmem Quellwasser gefüllt wird. Für 7,20 € können auch Nichthotelgäste für 3 Std. darin baden.

Infos zum Baden in Kurbädern → Sehenswertes/Kurbäder.

**Golf** **Golf Resort Karlovy Vary**, ca. 6 km südöstlich von Karlsbad an der Straße nach Prag. Einer der besten und schönsten Plätze des Landes. Alter Baumbestand, es gibt ihn immerhin seit 1904. 18 Loch, 72 Par. Greenfee 80 €. ✆ 353331001, www.golfresort.cz.

**Kuren** Behandelt werden insbesondere Leber-, Gallen-, Magen- und Darmerkrankungen, aber auch Störungen des Bewegungsapparates sowie des Stoffwechsels. Alle Infos zum Thema Kuren und Gesundheitstourismus auf www.karlovyvary.cz.

**Pferderennen** Finden in den Sommermonaten auf der Rennbahn (Závodiště) im Vorort Dvory statt (zu erreichen mit Ⓑ 1 Závodiště). www.racingclub.cz.

**Radverleih** Zum Beispiel über die **Tschechische Bahn** am Dolní nádraží (Unterer Bahnhof; Ende März bis Anfang Nov.). 8 €/Tag. ✆ 972442559, www.cd.cz.

**Ein Tipp für Radfahrer**: Von Ende Mai bis Ende Sept. besteht an Wochenenden und Feiertagen die Gelegenheit, sog. **Cyklobusse** zu nutzen, die die Mitnahme von Fahrrädern ermöglichen. 3 Linien stehen zur Auswahl. Angesteuert werden u. a. Boží Dar, Bečov nad Teplou, Loket oder Cheb, (Stand 2014). Weitere Infos bei den Touristeninformationen sowie unter www.autobusy-kv.cz/doprava-cyklodoprava.html.

**Wandern/Spaziergänge** Aufgrund der hügeligen Landschaft muss man bei vielen Wegen mit anstrengenden Aufstiegen rechnen. Gemütliche Naturen fahren deshalb mit der Standseilbahn zum Aussichtsturm und **Ausflugsrestaurant Diana** und starten von dort. Wer will, kann auch auf halber Strecke aussteigen und von dort zur **Petrova výšina (Petershöhe)** spazieren; angeblich hat Peter der Große aufgrund einer verlorenen Wette auf einem ungesattelten Pferd hierher reiten müssen. Von der Petershöhe führt ein Weg weiter zum **Ausflugscafé Jelení skok (Hirschensprung)**, das nahe jenem legendären Ort liegt, von dem einst Hirsch und Hunde in die heißen Quellen gesprungen sein sollen (→ Geschichte). Tolle Aussicht über die Stadt! Ein weiteres schönes Ausflugsziel ist die **Goethewarte (Goethova vyhlídka)** östlich der Teplá, die man über den **Gogolweg (Gogolova pěšina)** erreicht. Von dem dortigen Aussichtsturm – 180 Stufen sind es hinauf – genießt man ebenfalls eine herrliche Weitsicht.

**Veranstaltungen** Anfang Januar wird die **Ballsaison** im Grand Hotel Pupp eingeleitet, die bis April andauert. Höhepunkt ist der **Ball der Adeligen** Ende April (→ Sehenswertes/Grand Hotel Pupp). Stets am 1. Maisamstag findet die festliche **Eröffnung der Kursaison** statt. Die erste Julihälfte steht seit Jahrzehnten ganz im Zeichen der **Internationalen Filmfestspiele** (www.kviff.com). Von den hier gezeigten rund 250 internationalen Filmen haben i. d. R. ca. 200 Weltpremiere. Im Juli u. Aug. kann man sich auf den **Musiksommer des Karlsbader Symphonieorchesters** freuen (verschiedene Veranstaltungsorte). Der Sept. beginnt mit dem **Karlsbader Folklorefestival**, bei dem Gesangs- und Tanzgruppen aus ganz Europa mitwirken. Das traditionelle Musikfestival **Dvořáks Karlsbader Herbst** erinnert alljährlich im Sept. zudem an den Aufenthalt des berühmten Komponisten im Kurort. Stets Mitte Okt. heizt ein **Jazzfestival** ein (www.jazzfest.cz).

Im Kurzentrum

Westböhmen → Karte S. 313

## Sehenswertes

Das gesamte **Kurzentrum** mit seinen überwiegend eklektizistischen Bauten ist eine Augenweide. Das offenbart sich einem, sobald man dem 1976 erbauten Hotel Thermal, einer 16-stöckigen Schandtat am nördlichen Rand des Kurgebiets, den Rücken zugewandt hat. Die prächtigste aller Straßen ist die **Stará Louka (Alte Wiese)**, eine belebte Promenadenstraße mit zahlreichen Geschäften. Le Corbusier sah in den Bauten „eine Reihe von Torten, alle vom gleichen Stil und der gleichen Eleganz“. Einen wesentlichen Anteil am heutigen Erscheinungsbild der Stadt hatte übrigens das Architekturbüro *Helmer & Fellner* aus Wien. Zu über 20 Bauten Karlsbads lieferte es in den 80er- und 90er-Jahren des 19. Jh. die Entwürfe, darunter für das Theater, die Markt- und die Parkkolonnade, das ehemalige Kaiserbad usw.

**Kolonnaden und Quellen**: In Karlovy Vary und Umgebung gibt es mehr als 80 Quellen. Im Gegensatz zu Marien- oder Franzensbad fördert das Gros der Quellen heißes Wasser zutage (auf Deutsch heißt *vary* „kochend“). Ihre Ergiebigkeit schätzt man täglich auf mehrere Millionen Liter. In den verschiedenen Mineralquellen werden bis zu 18 gelöste Mineralsalze in unterschiedlicher Konzentration nachgewiesen.

Diese Mineralsalze zeichnen auch für die Heilwirkung des Wassers verantwortlich, insbesondere bei Verdauungsproblemen. Für Heilzwecke genutzt werden i. d. R. jedoch nur zwölf alkalische Glaubersalzthermen mit Temperaturen zwischen 39 und 73 °C. Die Quellwasser, die zudem einen unterschiedlichen Gehalt an Kohlensäure aufweisen, verwendet man für Bäder, sie werden aber auch getrunken. Obligatorisch ist dann ein Kurbecher – eine Schnabeltasse –, damit man beim Spazieren nichts verschüttet. Für Anfänger gibt es gewöhnliche Plastikbecher zu kaufen. Es wird empfohlen, vor einer Trinkkur einen Arzt zu konsultieren. Egal, was im Befund steht, mehr als fünf bis sieben Becher täglich sollte man nicht zu sich nehmen. Früher trank man mehr: Friedrich Schiller, der Karlsbad 1791 besuchte, kippte noch 18 Becher pro Tag hinunter. Heute genießt man die Quellwässerchen Schluck für Schluck wie einen guten Rotwein. Die lokale Infobroschüre beschreibt die Trinkkur gar als eine „kleine Feierlichkeit" und warnt zugleich: „Es ist nicht möglich, mit dem Mineralwasser die umstehenden Pflanzen zu gießen." (!)

Die Quellen im Zentrum sind allesamt gefasst. Um dem Versiegen vorzubeugen, müssen sie wegen der krustenbildenden Eigenschaft des Wassers immer wieder nachgebohrt werden. Über den Quellen wurden Pavillons und Kolonnaden errichtet. Die schönste ist die klassizistische *Mühlbrunnenkolonnade*, eine 130 m lange Säulenhalle im korinthischen Stil aus der zweiten Hälfte des 19. Jh. an der Lazenská. Die zwölf Plastiken auf dem Dach stellen die zwölf Monate dar. Hier kann man das Wasser aus gleich fünf verschiedenen Quellen kosten: das der *Felsenquelle* (Skalní pramen, 44,8 °C), der *Libusaquelle* (Pramen Libuša, 62 °C), der *Fürst-Wenzel-Quelle* (Pramen kníže Václava I., 65 °C), der *Nymphenquelle*, auch *Rosenquelle* genannt (Pramen Rusalka, 60 °C) und des *Mühlbrunnens* (Mlýnský pramen, 56 °C). Etwas weiter südlich (an der Tržiště) steht die mit Schnitzereien verzierte *Marktbrunnkolonnade* (Tržní kolonáda). Darin sprudeln die *Kaiser-Karl-IV.-Quelle* (Pramen Karla IV., 42,6 °C), der *Marktbrunnen* (Tržní pramen, 59,6 °C) und der *Untere Schlossbrunnen I* (Horní Zámecký pramen I, 55,7 °C).

Vor der Mühlbrunnenkolonnade

## Becherovka – die 13. Quelle

Becherovka ist der berühmteste Likör des Landes und wird in Karlsbad auch liebevoll die „13. Quelle" genannt. Denn wie den Mineralquellen vor Ort schreibt man auch dem Kräuterlikör eine heilende Wirkung zu, v. a. aber regt er die Verdauung an. Getrunken wird er in Tschechien aber nicht nur als Digestif, sondern auch als Aperitif und ohnehin zu jeder passenden Gelegenheit.

Erfunden hat den Magenlikör ein Engländer namens Dr. Frobrig. Im Jahre 1805 besuchte er Karlsbad und mietete sich im Haus des Apothekers Josef Becher ein. Tagsüber trank er sich an den zwölf Quellen der Stadt gesund und abends experimentierte er mit aromatischen Kräutern und Ölen in Bechers Apotheke. Zwei Jahre später verkaufte Becher Frobrigs Mischung unter der Bezeichnung *Carlsbad English Bitter*, später dann als *Original Karlsbader Becherbitter*. Das Elixier stieß auf große Beliebtheit und fand reißenden Absatz, und die Erfolgsgeschichte des Familienunternehmens nahm ihren Lauf. Jahr für Jahr wurden neue Eichenfässer angeschafft. Bereits Anfang des 20. Jh. wurden mehr als 50.000 l im Jahr produziert. Versuche, den Becherbitter zu kopieren, gab es unzählige, der *Underberg* ist einer davon. Jedoch wird die Rezeptur streng gehütet und kein anderes Tröpfchen kann – so die hiesige Meinung – dem Original die Stange reichen. Mit der Vertreibung der Deutschen nach dem 2. Weltkrieg wurde auch die Familie Becher des Landes verwiesen und das Unternehmen verstaatlicht. Während der Zeit des Sozialismus konnte sich der Becherovka als eines der wenigen angesehenen Markenprodukte der Tschechoslowakei behaupten. Nach der Samtenen Revolution überführte man das Unternehmen in eine Aktiengesellschaft, an welcher Pernod-Ricard größter Anteilseigner wurde. Produziert wird der Likör heute im Karlsbader Vorort Bohatice, die Produktionsmenge beträgt ca. 7 Mio. l pro Jahr. In rund 30 Länder wird er exportiert, selbst die Taiwanesen schätzen seine heilenden Kräfte. Über die Geschichte und die Herstellung des Likörs informiert das Jan-Becher-Museum (Jan Becher Muzeum) am alten Produktionsstandort. Ganz nebenbei: Für wen der Becherovka pur wie Hustensaft schmeckt, der sollte ihn mal mit Tonic probieren – das Getränk nennt sich dann „Beton".

Jan-Becher-Museum im sog. „Becherplatz"-Gebäude an der T. G. Masaryka 57 (tägl. 9–17 Uhr), darin auch ein Jan-Becher-Shop (tägl. 10–18 Uhr). Unter ✆ 359578142 erfahren Sie, wann deutschsprachige Führungen durch das Museum stattfinden (kein Besuch ohne Führung, Dauer ca. 40 Min., 4,80 €/Pers.). www.becherovaka.cz.

Schräg gegenüber liegt die *Sprudelkolonnade* (Vřidelní kolonáda), ein unschöner Komplex aus Glas und Beton. Der sog. *Sprudel* (*Vřídlo*, 73,4 °C) ist die älteste und heißeste Quelle der Stadt. Einem Geysir ähnlich stößt die Quelle in einem gewaltigen, hohen Strahl (bis zu 12 m) unter einer gläsernen Rotunde annähernd 2000 l Wasser in der Minute aus. Kosten kann man das Wasser, aus welchem übrigens auch das Karlsbader Sprudelsalz gewonnen wird, in der angrenzenden Kolonnade in unterschiedlichen Temperaturen.

Das Gros der Kolonnaden und Quellen ist während der Kursaison frei zugänglich. Die **Vřidelní-Kolonnade**, in der man den Sprudel kosten kann, ist tägl. von 6–19 Uhr geöffnet.

**Městské divadlo (Stadttheater)**: Das Theater am Divadelní náměstí 2, in welchem schon Gustav Mahler dirigierte, entstand in den Jahren 1884–1886. Sehenswert ist

Westböhmen → Karte S. 313

der schmucke Zuschauersaal und dort insbesondere der Bühnenvorhang – aber nur in Verbindung mit einem Theaterbesuch zu bewundern. Der berühmteste Vertreter der Wiener Sezession, Gustav Klimt, arbeitete am Vorhang mit und porträtierte sich selbst darauf als Flötenspieler (rechts unten). www.karlovarskedivadlo.cz.

**Grand Hotel Pupp**: Es ist das berühmteste Hotel Karlsbads (→ Übernachten) und liegt im Süden der Stadt am Mírove náměstí. Ende des 19. Jh. galt es als eines der nobelsten Häuser der Welt. Es war die bevorzugte Adresse des Adels, ein Ort, um zu sehen und gesehen zu werden. Mittlerweile knüpft das Grand Hotel Pupp wieder an die Tage der Belle Époque an: Zum Frühjahrsball im April trifft sich hier der europäische Hochadel. Für den Rest des Jahres wohnt darin v. a. die russische Mafia, das behaupten zumindest böse Zungen. Der Name des Hotels geht übrigens auf den Zuckerbäcker Pupp zurück, der durch Heirat zu Reichtum gekommen war und das Hotel im Jahre 1775 erwarb. Damals wurde es noch „Böhmischer Saal" genannt. Hineinschauen sollte man auf jeden Fall einmal, und sei es auch nur auf einen Kaffee. Die Kuchen dazu werden noch immer nach Pupps Originalrezepten gebacken. Ganz nebenbei, das luxuriöseste Zimmer ist die Präsidentensuite (Nr. 355). Für stolze 1670 € wohnt man darin auf weit mehr als 100 m².

**Sanatorium Imperial**: War das Grand Hotel Pupp das Refugium des Adels, so wählte die Hochfinanz das Sanatorium Imperial (→ Übernachten) hoch auf einem Hügel über der Stadt. Damit die Gäste den mühsamen Aufstieg vom Kurzentrum nicht zu Fuß bewerkstelligen mussten, baute man eine unterirdische Standseilbahn, die noch heute in Betrieb ist (→ Verbindungen). 2003 ließ der russische Konzern *Sariin* das Hotel für mehrere Millionen Kronen modernisieren und schenkte ihm damit wieder einen pompösen Glanz.

**Goethova stezka (Goetheweg)**: Im Süden Karlsbads beginnt hinter dem Grand Hotel Pupp der Goetheweg. Er führt durch einen schmalen Stadtparkstreifen entlang der Teplá zur *Kunstgalerie* (Galerie umění), die tschechische Kunst des 20. Jh. zeigt. An Felsen rechts des Weges sieht man Tafeln – das Ganze erinnert fast an einen Wallfahrtsort –, die Kurgäste aus Dankbarkeit über ihre Genesung anbringen ließen. Auch kommt man an einem Goethedenkmal vorbei.

**Adresse/Öffnungszeiten**: **Kunstgalerie**, Goethova stezka 6. Tägl. (außer Mo) 10–17 Uhr. 1,60 €, erm. die Hälfte. www.galeriekvary.cz.

**Kurbäder**: Es gibt insgesamt sechs zentrale Bäder. Nicht ausschließlich Kurgästen vorbehalten ist das *Schlossbad* (Zámecké lázně) schräg gegenüber der Sprudelkolonnade (Vřidelní kolonáda). Es besitzt ein herrliches großes Thermalwasserbassin, ein Bad darin ist ein Genuss. Ebenfalls für jedermann zugänglich ist das *Elisabethbad* (Alžbětiny lázně, auch: Lázně V). Vor dem etwas bröckelnden Prunkbau im historisierenden Stil aus dem Jahr 1906 erstreckt sich der kleine Smetanapark mit einem netten Sommercafé. Ohne ärztliche Untersuchung können hier Perl-, Bier- und Moorbäder sowie verschiedene Massagen genossen werden, außerdem gibt es eine Salzgrotte.

Das einst prächtigste und pompöseste Bad ist das *Kaiserbad* (Císařské lázně, auch: Lázně I) im Stil der französischen Renaissance ganz im Süden der Stadt. 1895 wurde es feierlich eröffnet, 1990 wurde der Betrieb eingestellt, danach stand es leer. 2010 wurde mit der Restaurierung begonnen – zukünftig soll es jedoch nicht mehr als Bad genutzt werden, sondern kulturellen Zwecken dienen und darüber hinaus ein Museum über das Bäderwesen und die Filmfestspiele beherbergen. Schauen Sie vorbei: Die Restaurierung, für die 31,6 Mio. Euro veranschlagt sind, ist in mehreren Etappen geplant – vielleicht können Sie den prunkvollen Zander-Saal oder andere Räumlichkeiten besichtigen.

**Öffnungszeiten** **Elisabethbad**, Mo–Fr 8–19 Uhr, Sa 9–19 Uhr, So 10–17 Uhr. Perlbad 16 €, Bierbad 17 €, Salzgrotte (45 Min.) 4,50 €, Moorbad 18 €, Massagen (u. a. Schröpfkopfmassage) ab 16 €. www.alzbetinylazne.cz.

**Schlossbad**, Mo–Fr 7.30–19.30 Uhr, Sa/So 8.30–19.30 Uhr. Wer hier „Relax" bucht (je nach Saison 24–40 €), darf 1 Std. lang zwischen dem Thermomineralbecken, dem japanischen Akupressurbassin sowie der Massage- und Zirkulationsdusche hin und her springen. www.zamecke-lazne.com.

**Kirchen**: Von allen Kirchen Karlsbads sind lediglich zwei sehens- und besuchenswert, zumal die anderen auch meist verschlossen sind. Oberhalb der Sprudelkolonnade liegt die katholische, zweitürmige *Kirche Maria Magdalena* (Kostel sv. Máří Magdaleny). Sie ist ein barockes Meisterwerk Kilian Ignaz Dientzenhofers (→ Kasten S. 213), der sie im Auftrag des Kreuzherrenordens in der ersten Hälfte des 18. Jh. entwarf. An der Krále Jiřího bezaubert die blau-weiße *russisch-orthodoxe Kirche Peter und Paul* (Kostel sv. Petra a Pavla) mit ihren vergoldeten Zwiebeltürmen. Sie entstand Ende des 19. Jh. im historisierend-byzantinischen Stil, der ihr etwas Märchenhaftes verleiht. Angeblich ist sie eine Nachahmung der Kirche von Ostankino. Gebaut wurde sie für den russischen Adel, der damals einen hohen Anteil der Kurgäste stellte.

Beide Kirchen sind tägl. von 9 bis 18 Uhr zugänglich.

**Museen**: Von den drei Museen Karlsbads ist das *Städtische Museum* (Karlovarské Muzeum) das einzige im historischen Kurzentrum. Es widmet sich der Geschichte des Kurorts und der Natur der Gegend. Das Museum beherbergt zudem Modelle von Loket (→ S. 385) und Karlsbad, die die Ortschaften in der Zeit um 1650 zeigen, als nahezu alle Bauten noch Fachwerkhäuser waren. Des Weiteren gibt es das *Jan-Becher-Museum* (Jan Becher Muzeum, → S. 381) und das *Moser-Museum* (Moser Muzeum, → Kasten).

**Städtisches Museum**, Nová Louka 23. Im Sommer tägl. (außer Mo) 9–12 u. 13–17 Uhr, im Winter nur Mi–So. 2,40 €, erm. die Hälfte. www.kvmuz.cz.

Westböhmen → Karte S. 313

## Moser – geblasen und geschliffen

Was eine Rolex unter den Uhren ist oder ein Rolls unter den Automobilen, das ist Moser unter den Gläsern: teurer Glanz. Von der holländischen Königin bis zum einstigen Schah von Persien – ihren Champagner trinken oder tranken sie aus Moser-Gläsern. In ihnen spiegeln sich nicht nur Tradition und Moderne wider, sie sind zugleich ein Statussymbol. Wer zur High Society gehört oder gehören will, besitzt Moser-Gläser. Dabei ist es schon erstaunlich, dass der Karlsbader Glasbetrieb die Zeit des Sozialismus überhaupt überlebt hat – zum Arbeiter und Bauern passten bekanntlich Hammer und Sichel und vielleicht ein steinerner Krug, aber keine Luxusgüter. Die Geschichte des Glasbetriebs reicht übrigens bis ins Jahr 1857 zurück. Damals setzte der Glasgraveur Ludwig Moser mit seinem perfekten Glasschnitt neue Maßstäbe. Noch heute ist das Unternehmen mit seinen rund 320 Mitarbeitern bemüht, die hohe Qualität beizubehalten. Produziert werden u. a. prächtige Farbgläser, Vasen mit geschliffenen, geätzten oder vergoldeten Dekoren usw.

Im **Moser-Geschäft** (**16**, Karte S. 374/375 an der Tržiště 7 kann man die bunte Produktpalette bewundern. Das billigste Glas kostet ca. 32 €. Der Glashütte im Stadtteil Dvory (Ⓑ 1 Sklářská) ist ein Museum angeschlossen. Museum tägl. 9–17 Uhr. Eintritt 3,20 €, Glashüttenführung tägl. 9–14.30 Uhr alle 30 Min, 4,80 €, beides zusammen 7,20 €. www.moser-glass.com.

# Umgebung von Karlovy Vary

**Andělská Hora (Engelsberg):** Andělská Hora, ca. 8 km südöstlich von Karlovy Vary, ist ein schön gelegenes Städtchen unterhalb einer wildromantischen **Burgruine**, die seit jeher ein beliebtes Ausflugsziel der Karlsbader Kurgäste ist. Die Reste der Burganlage aus dem 14. Jh. thronen auf einem über 700 m hohen Felsen und sollen nach den ehrgeizigen Plänen der Stadtväter zu einem Kulturzentrum mit Naturbühne ausgebaut werden.

**Busse** regelmäßig von und nach Karlovy Vary.

**Kyselka (Gießhübel):** 12 km nordöstlich von Karlovy Vary, direkt am Flusslauf der Ohře (Eger), die sich hier durch ein reizvolles schmales Tal windet, liegt der kleine ehemalige Kurort Kyselka. An seine einstige Pracht erinnern feudale Kurbauten aus der zweiten Hälfte des 19. Jh. – heute allesamt im Verfall begriffen. Eine Zeit lang gab es Pläne, Kyselka für den Tourismus wieder attraktiv zu machen, u. a. als eine Art romantisches Disneyland. Doch daraus wurde nichts. Immens hohe Kosten und unübersichtliche Eigentumsverhältnisse zögern die Restaurierung des denkmalgeschützten Areals, mittlerweile ein Abenteuerspielplatz für Erwachsene, hinaus. Immerhin wurden einzelne Gebäude bereits notgesichert. Das Quellwasser des Orts ist aber noch immer berühmt: Kyselka ist die Heimat des Mattoni-Tafelwassers, und die Sprudellaster stehen auf der einzigen Straße des Orts Schlange.

**Verbindungen** **Busse**, bis 11-mal tägl. nach Karlovy Vary, bis zu 7-mal tägl. nach Ostrov.

**Übernachten/Camping/Kanuverleih**
**Na Špici**, im nördl. an Kyselka angrenzenden Dorf Radošov. Großer, freundlicher Platz an der Eger, der beste vor Ort. Tischtennis, Badminton, Feuerstellen, Waschmaschine. Kanu- und Radverleih, Gartenrestaurant. Chata- und Zimmervermietung. Kann an Wochenenden auch mal etwas lauter werden. Ganzjährig. 2 Pers. mit Zelt u. Auto 13 €, Hütten 24 € für 4 Pers., DZ mit Du/WC 32 €. Radošov 87, PLZ 36272, ✆ 353941152, www.camp.cz.

Weiter nach Norden? Informationen zu **Klášterec nad Ohří** bekommen Sie ab S. 308, zu **Jachýmov** im Erzgebirge ab S. 388.

**Svatošské skalý (Hans-Heiling-Felsen):** Etwa 9 km südwestlich von Karlovy Vary, auf halber Strecke nach Loket, liegen die Hans-Heiling-Felsen, ein beliebtes Ausflugsziel von Wanderern, Radfahrern und Kletterern. Dabei handelt es sich um bizarre Granitwände, die einer Legende nach einen versteinerten Hochzeitszug darstellen. Die imposante Felsformation über dem hier überaus reizvollen Flusstal der Eger (Ohře) beflügelte u. a. die Fantasie Goethes und der Brüder Grimm. Der deutsche Komponist Heinrich August Marschner verwandelte die Legende in die romantische Oper *Hans Heiling* (1833). Ein weißblau markierter **Wanderweg** führt vom Aussichtsturm Diana (Rozhledna Diana), hoch über Karlsbad, an den Felsen vorbei und weiter bis nach Loket. Gegenüber den Felsen gibt es zwei idyllische Waldrestaurants mit Sommerterrasse.

**Anfahrt**: Von Karlsbad auf der Straße Nr. 20 (Richtung Pilsen/Bečov nad Teplou) kommend, im Vorort Doubí beim Hotel Prima rechts abbiegen (Hinweisschild). Dann stets der Vorfahrtsstraße folgen, bis die Straße für den Verkehr gesperrt ist. Hier parken und zu Fuß weiter, noch ca. 2,5 km.

Über die Europastraße 49 gelangt man von Doubí nach **Bečov nad Teplou** (→ S. 341).

# Loket

Elbogen

**Keine Stadt Böhmens – außer natürlich Prag – wurde öfter von Malern verewigt als Loket. Goethe nannte die Stadt zu Recht „ein landschaftliches Kunstwerk". Daran hat sich bis heute nichts geändert.**

Der Anblick Lokets ist märchenhaft: Auf einem riesigen Granitfelsen, der in einer Schleife von der Ohře (Eger) umflossen wird, erhebt sich eine prachtvolle Burg, zu deren Füßen sich die Ortschaft schmiegt. Wie durch ein Wunder überstand das Städtchen nordwestlich von Karlsbad die kommunistische Ära, kein Plattenbau raubt dem Zentrum sein Flair. Der weite Markplatz mit einer barocken, rot-weißen Kirche aus der ersten Hälfte des 18. Jh. und einer Pestsäule ist malerisch. Ihn umgeben Häuser im Stil der Renaissance, Gotik und des Barock. Viele davon wurden aufwendig und liebevoll restauriert und machen Loket zu einer Perle unter den böhmischen Städten – keine Gasse, durch die man nicht schlendern will. Schade nur, dass man alle recht schnell durchlaufen hat, denn der Ort ist klein. Loket zählt rund 3100 Einwohner. Verliebten scheint das Städtchen trotz seines romantischen Charmes aber wenig Glück zu bescheren: Goethe feierte hier 1823 seinen 74. Geburtstag mit der von ihm angebeteten Ulrike von Levetzow. Bekanntlich wurde nichts daraus (→ Kasten S. 337). Der Dichter besuchte Loket nie mehr wieder.

## Basis-Infos

→ Karte S. 385

**Information** **Infocentrum Loket**, schräg gegenüber dem Hotel Císař Ferdinand an der T. G. Masaryka 12. Tägl. 10.30–12.30 u. 13–17 Uhr. ✆ 352684123, www.loket.cz.

**Verbindungen** Ca. alle 90 Min. **Busse** nach Sokolov und Karlovy Vary, 1-mal tägl. nach Bečov nad Teplou.

**Einkaufen** **Hrnčírna 7**, hübscher kleiner Keramikladen – einer von vielen im Ort. Tassen, lustige Figuren, beim Töpfern der Produkte kann man zusehen. Zudem etwas Schmuck. Nettes Café daneben. Mo/Di geschl. Náměstí T. G. Masaryka 32/36.

**Nikolka 9**, Tante-Emma-Laden, wo neben Absinth und Slivovice auch der sog. „Gottstein Lok", ein hiesiger Bitterlikör, verkauft wird. Náměstí T. G. Masaryka 61.

**Parken** Am Marktplatz.

**Veranstaltungen** Der **Loketer Kultursommer** in der zweiten Julihälfte, ein Open-Air-Opernfestival im Freilichttheater, fand zuletzt aus finanziellen Gründen nicht jeden Sommer statt. www.loket.cz

## Übernachten/Essen & Trinken

→ Karte S. 385

**Übernachten** **Hotel Císař Ferdinand 2** und **Hotel St. Florian 4**, 2 zusammengehörende, gegenüberliegende Hotels in schönen alten Stadthäusern. Familienbetrieb mit sehr freundlichem Service. Standard-Mittelklasse-Zimmer (23 im Císař Ferdinand, 29 im St. Florian), darunter viele große, aber auch ein paar winzige, was der Baustruktur geschuldet ist. Im Haus Císař Ferdinand (dort befindet sich auch die Rezeption) ist auch ei-

Loket ist ein westböhmisches Vorzeigestädtchen

ne Mikrobrauerei untergebracht. Zum leckeren 11-gradigen, halbdunklen Bier gibt es eine überschaubare Auswahl an böhmischen Klassikern. In einem Nebenraum der Bierstube wird zudem eine der angeblich weltweit größten Sammlungen an Schnabeltassen und Kurbechern präsentiert. Keine eigenen Parkplätze. EZ 52 €, DZ 74 €. T. G. Masaryka 81, PLZ 35733, ✆ 603148531, www.hotel-loket.cz.

*** **Bílý kůň** **11**, Hotel mit langer Geschichte – schon Goethe nächtigte hier. 31 ältliche, darunter aber sehr geräumige Zimmer. Zuweilen mäßiger Service. Dafür zentralste Lage und herrliche Panoramaterrasse zum Fluss hin. Restaurant. EZ 45 €, DZ 60 €. Nám. T. G. Masaryka 10, PLZ 35733, ✆ 352661809, www.hotel-bilykun.cz.

**Pension Ulrika** **8**, beste Lage. Freundliche Zimmer mit Dielenböden, SAT-TV und Minibar. Stolz ist man darauf, dass die Pension bei den Dreharbeiten zu dem James-Bond-Film *Casino Royale* kurzzeitig als Kamerastandort genutzt wurde. EZ 40 €, DZ 56 €. Zámecká 19, PLZ 35733, ✆ 352684103, www.pensionulrika.cz.

**U Frídy** **6**, charmante Minipension. Nur 2 schöne, große Zimmer mit klassischer Einrichtung. Das Bad wird geteilt. DZ 44 € inkl. Parken. Zámecká 3, PLZ 35733, ✆ 702091282 (mobil).

**Lazy River Hostel** **5**, einfaches, aber nettes Hostel in einem historischen Stadtgebäude in Burgnähe. Teils knarrende Holzböden, teils Pflanzen in den Zimmern. Nur wenige Privatzimmer, ansonsten Schlafsäle. Saubere Gemeinschaftsbäder, Küche für alle. Freundlich und deutschsprachig. Ab 12 €/Pers. Kostelní 61, PLZ 35733, ✆ 602946047 (mobil).

**Restaurants** **Hradní Restaurant** **3**, gepflegtes, etwas düsteres Lokal in den Kellergemächern der Burg. Neben Eisbein und Ente auch Spaghetti Carbonara oder Lammkeule mit Thymian. Hg. 4–10,40 €. Jan.–Juni nur 11–17 Uhr. Zámecká 67, ✆ 777878060 (mobil).

**Švejk Restaurant** **1**, von Lesern hochgelobtes Lokal: „Nirgendwo in Tschechien haben wir besser gegessen." Böhmische Küche wie „Gebratene Schweinshaxe nach Art des Leutnants Cajthaml" oder „Gulasch vom Feldkurator Katz mit Speckknödeln", darüber hinaus Wild, aber auch frischer Fisch, den man aus einer Vitrine wählen kann. Nett-gemütliche Einrichtung, Sommerterrasse. Reservierung empfohlen. Hg. 8–16 €. T. G. Masaryka 10, ✆ 776873472 (mobil).

**Atmosféra** **10**, eine ganz gemütliche, neuere Adresse am Marktplatz. Serviert wird eine überschaubare Auswahl an böhmisch-internationalen Gerichten mit mediterranen Anklängen: Steaks, Pasta, für Vegetarier gibt es Ziegenkäse mit Honig und Rucola. T.G. Masaryka 59, ✆ 352684334.

**Císař Ferdinand** **2**, → Übernachten.

Westböhmen → Karte S. 313

## Sehenswertes

**Hrad (Burg)**: Wer *Casino Royale* gesehen hat, kennt die Burg, denn Szenen des James-Bond-Thrillers wurden hier gedreht. Die Burg wurde Ende des 12. Jh. zum Schutz der böhmischen Westgrenze errichtet. Nach mehrfachen Umbauten im Laufe der Zeit diente sie im 19. Jh. als Staatsgefängnis. Heute im Besitz der Stadt und weitestgehend restauriert, darf man die einstigen Kellerverliese (mit nachgestellten Folterszenen!) freien Fußes betreten und auch wieder verlassen. In anderen Räumlichkeiten der Burg werden Waffen, eine alte Apotheke, archäologische Funde und eine Sammlung von böhmischem Porzellan gezeigt. Ausgestellt ist auch die Kopie eines Bruchstücks eines schwarzen Meteoriten, der ursprünglich 107 kg schwer war. 1775 fand man diesen im Burggraben und hielt ihn für einen versteinerten Burggrafen. Der ehemaligen Festsaal dient wechselnden Ausstellungen. Den Burgturm bewohnt übrigens der Furcht einflößende Plastikdrache Šarkan.

April–Okt. tägl. 9–16.30 Uhr (an Sommerwochenenden oft länger), sonst bis 15.30 Uhr. Eintritt mit Führung 4,40 €, mit dt. Textblatt 3,80 €, erm. 3,60 bzw. 3 €. www.hradloket.cz.

**Městská knihovna (Städtische Bibliothek)**: Die Bibliothek befindet sich im spätbarocken Rathaus am Marktplatz, das wegen seines Giebelturms ins Auge sticht. Angeschlossen ist eine kleine Ausstellung zum Buchbinderhandwerk, die der Sammelleidenschaft des 1997 aus den USA zurückgekehrten Loketer Buchbinderehepaars Sobota entspringt.

Juli/Aug. Mi/Do u. Sa/So 10–12 u. 13–17 Uhr, sonst Mo 10–18 Uhr, Di–Do 12–18 Uhr, Sa/So 10–12 u. 13–17 Uhr, Fr geschl. 0,80 €. www.mkloket.cz.

# Erzgebirge

Krušné Hory

**Einsame Hochmoore und weite Hochebenen, wo das Radwandern und Langlaufen zur Lust wird, kennzeichnen das Erzgebirge genauso wie wenig ansprechende Ortschaften und anspruchslose Skipisten.**

Das Grenzgebirge zwischen der Tschechischen Republik und Deutschland erstreckt sich über eine Länge von ca. 140 km vom Elstergebirge im Westen bis zum Elbsandsteingebirge im Osten. Die Kammlinie besitzt keine herausragenden Bergmassive, sondern verläuft leicht wellig. Bewaldete Kuppen bilden meist die Gipfel, die z. T. auf über 1200 m ansteigen. Jedoch sind die Wälder aufgrund der Emissionen der Braunkohlekraftwerke im Kohlebecken (→ S. 294) und des damit verbundenen sauren Regens stark in Mitleidenschaft gezogen, erholen sich aber mittlerweile wieder etwas. Dies gilt v. a. für den nordböhmischen Abschnitt zwischen Chomutov und Teplice, der aus touristischer Sicht weitestgehend uninteressant ist. Die Besiedlung des Erzgebirges erfolgte im 12. Jh. durch Bergleute, die hier, wie der Name schon verrät, insbesondere Erze, aber auch Silber abbauten. Die Landwirtschaft wird bis heute vernachlässigt, da hohe Niederschlagsmengen, niedrige Temperaturen und ein alles andere als fruchtbarer Boden keine guten Ernten versprechen.

**Jáchymov (St. Joachimsthal)**: Jáchymov zu Füßen des Keilbergs (→ S. 390) ist zweifelsohne der schäbigste Kurort Westböhmens. Das Gros der ausländischen Besucher aus dem grenznahen Sachsen kommt auch nicht zum Kuren, sondern der billigen Liebe und Zigaretten wegen. Dabei liegt der Ort eigentlich ganz idyllisch in einem tiefen Taleinschnitt, in dessen unterer Hälfte rund um das *Sanatorium Radium Palace* sogar ein kleiner ansehnlicher Park samt Aquazentrum existiert. Das *Stadtmuseum* (Městské muzeum) ist im oberen Teil des Orts beim Rathaus in der ehemaligen königlichen Münze untergebracht. Es erinnert an die Zeit, als der Ort noch wegen seiner Silbervorkommen berühmt war. Im Jahre 1519 begann man, in St. Joachimsthal Silbermünzen zu prägen. Aus dem sog. „Joachimsthaler" leiteten sich später die Bezeichnungen „Taler" und „Dollar" ab.

In Jáchymov liegen aber nicht nur die Anfänge des Dollars, sondern auch des Uranerzabbaus. Zur Glas- und Porzellanherstellung wurde es verwendet. Zu Beginn des 20. Jh. entdeckte die Chemikerin Marie Curie im Joachimsthaler Uranerz das Element Radium, wofür sie später den Nobelpreis erhielt. Doch der Kontakt mit dem Uran erwies sich für sie als genauso tödlich wie für Generationen deutscher Bergleute. Die durchschnittliche Lebenserwartung lag in Jáchymov bis in die Mitte des 20. Jh. bei 42 Jahren. Danach besorgten in erster Linie politische Gefangene im Zuge der stalinistischen Säuberungen den Abbau des Urans. Der Name Jáchymov stand für eines der berüchtigsten Konzentrationslager der Tschechoslowakei. Viele Internierte starben an Erschöpfung, Hunger und Leukämie. Daran soll künftig ein **Freilicht-Bergbaumuseum** erinnern, das zuletzt noch im Aufbau begriffen war. Nach dessen Fertigstellung wird man u. a. die Nachbildung einer Gefangenenbaracke sehen können. Bislang ist lediglich der sog. **Stollen Nr. 1** nahe dem unübersehbaren Förderturm der Zeche Svornost im oberen Ortsteil zugänglich. Der 260 m lange Stollen diente als Erkundungsstollen für neue Uranerzlager.

Seit 1964 wird kein Uran mehr abgebaut. Im ehemaligen Uranerzbergwerk entspringen jedoch radioaktive Thermalquellen, deren Wasser in der Behandlung von Nerven- und Rheumaerkrankungen Anwendung findet – was hier einst den Tod brachte, schenkt heute Kranken Linderung.

**Information** Informační centrum Jáchymov, im Rathaus am Náměstí Republiky. Mo–Fr 8–12 u. 12.30–17 Uhr, Sa/So ab 9 Uhr. ✆ 353811379, www.mestojachymov.cz.

**Verbindungen** Busse regelmäßig über Ostrov nach Karlovy Vary, bis zu 7-mal tägl. nach Abertamy, Pernink und Boží Dar, bis zu 5-mal tägl. nach Potůčky.

**Öffnungszeiten** Stadtmuseum, Mincovní 37. Mi–So 9–12 u. 13–17 Uhr, Mai–Sept. auch Di. 2,40 €, erm. die Hälfte. www.kvmuz.cz.

Stollen Nr. 1, Führungen Mai–Okt. Mi–So um 10, 11, 13, 14, 15 u. 16 Uhr. 2 €, erm. die Hälfte. Denken Sie an warme Kleidung und eine Kopfbedeckung! www.omks.cz.

**Boží Dar (Gottesgab)**: Die kleine 200-Seelen-Gemeinde auf 1028 m Höhe ist das touristische Zentrum des Erzgebirges auf tschechischer Seite. Das ehemalige Bergbaustädtchen nahe der deutschen Grenze steht heute ganz im Zeichen des *Wintersports*. Geboten werden mehr als 120 km gespurte Langlaufloipen, einige davon führen ins benachbarte Oberwiesenthal. Für Abwechslung im alpinen Skisport sorgen 22 Lifte, die meisten davon an Boží Dars Hausberg, dem *Klínovec* (s. u.). Aber auch im Sommer lockt der Ort Touristen an, insbesondere zum Wandern und Radfahren. Ein interessanter Weg ist der Naturlehrpfad durch das südwestlich des Orts gelegene *Hochmoor* (ausgeschildert). Im Ort selbst gibt es zwar jede Menge Hotels, Pensionen und Restaurants, oft in hübschen Holzhäuschen, ansonsten aber wenig zu tun. Um dem ein wenig abzuhelfen, hat man im Informationszentrum ein kleines *Heimatmuseum* eingerichtet.

**Information** Infocentrum Boží Dar, im winzigen „Zentrum". ✆ 603539020 (mobil), www.bozidar.cz. Tägl. 8–18 Uhr.

**Verbindungen** Busse bis zu 7-mal tägl. über Jáchymov und Ostrov nach Karlovy Vary.

**Wintersport** In und rund um Boží Dar gibt es 4 Skigebiete, das anspruchsvollste am Klínovec (s. u.), mehr Infos dazu unter www.bozi-dar.eu.

**Übernachten** Fast jedes zweite Haus ist ein Hotel oder eine Pension. Der erstge-

Westböhmen → Karte S. 313

nannte Preis ist der Sommer-HS-Preis, der zweite der Winter-HS-Preis.

*** **Hotel Praha**, eines der besten Häuser vor Ort. 42 leicht rustikal angehauchte, gepflegte Zimmer. Kleiner Wellnessbereich mit Hallenbad und Sauna. Skilift hinterm Haus. DZ 58/86 € (30 % Aufschlag bei nur einer Übernachtung). Boží Dar 45 (an der Straße, die am Ort vorbeiführt), PLZ 36262, ✆ 353815023, www.hotelpraha.cz.

**Sv. Hubert**, am Ortseingang bei der Kirche. 12 freundliche, rustikale Teppichbodenzimmer. Eigene Parkplätze. Restaurant. DZ 44/80 €. Nahebei zudem Vermietung von Apartments, für 2 Pers. ohne Frühstück ab 48/88 €. Boží Dar 22, PLZ 36262, ✆ 353815144, www.svhubert.cz bzw. www.apartmanycestar.cz.

**U sněhuláka**, kleine Pension bei der Kirche mit 7 Zimmern, z. T. im netten Landhausstil. Das Caférestaurant (hausgemachte Kuchen) ist manchmal etwas miefig. DZ 28/45 €. Boží Dar 48, PLZ 36262, ✆ 353815123, www.pensionusnehulaka.cz.

**Restaurants** **Zelený dům** („Grünes Haus"), unübersehbar grünes Haus an der Hauptdurchgangsstraße. Hier übernachtete schon Luther. Urgemütlich-dunkles Restaurant im Bauernstubenstil. Leser loben die gute Küche – dicke Pfeffersteaks, Kesselgulasch und Wildgerichte zu 4–12 €. Nette Terrasse. Boží Dar 46, ✆ 353815133.

**Anton Günther Schänke**, heißt wirklich so. Die Gaststätte widmet sich ganz dem Leben und Werk des 1937 verstorbenen gleichnamigen lokalen Heimatdichters und Volkssängers (sein Grab befindet sich auf dem örtlichen Friedhof). Andenken, Liedpostkarten und Schwarz-Weiß-Fotografien an der Wand. Große Speisekarte vom „Schmuggler-Rostbraten" bis zum Kängurusteak, Hg. 4,80–13,20 €. Schräg gegenüber dem Infocentrum, ✆ 353540377.

**Kneipe** **Kolíba**, urige, mit Holz beheizte Bierstube. Rund ein Zehntel der Dorfbevölkerung kommt hier allabendlich zusammen. Tschechische Schlager und die Stones aus den Boxen. Herzlicher Wirt, der gern Wacholderschnaps trinkt. Tägl. 17–1 Uhr. Gegenüber der Kirche.

**Klínovec (Keilberg)**: Östlich von Boží Dar erhebt sich mit 1244 m ü. d. M. der stolzeste Hügel des Erzgebirges. Auf seinem höchsten Punkt befinden sich eine verwaiste Hotelanlage (mit deren Restaurierung jüngst begonnen wurde) und ein mit Satellitenanlagen bestückter Sendeturm. Nahebei steht das Sporthotel Rudolf mit einem schönen Biergarten. Der Klínovec war bis vor einem Jahrzehnt weniger von grünen Wäldern umgeben als vielmehr von mausgrauen. Die Zahl toter Bäume in den oberen Lagen war erschreckend, mittlerweile wurde aber vielerorts aufgeforstet.

**Anfahrt** Von der Verbindungsstraße von Boží Dar nach Vejprty (Richtung Chomutov) aus beschildert. Mit dem **Auto** kann man bis zum höchsten Punkt fahren. Im Winter auch **Skibusse** ab Boží Dar.

**Sessellift auf den Klínovec** Die Talstation der auf den Keilberg führenden Sesselbahn liegt ca. 3 km außerhalb von Jáchymov, vom Kreisverkehr im unteren Ortsbereich mit „Lanovka" ausgeschildert. Im Winter befördert sie Skifahrer, im Sommer Wanderer hinauf. Tägl. 10–17 Uhr, einfache Fahrt 2,40 €. www.lanovka-klinovec.cz.

**Plešivec (Plessberg)**: Wie der Klinovec ist auch der Plešivec (1028 m), ca. 8 km südwestlich von Boží Dar, ein beliebtes Ausflugsziel. Diverse markierte Wanderwege kreuzen sich hier. Von seinem Gipfel (nahebei ein Hochseilgarten) genießt man an klaren Tagen eine herrliche Fernsicht. Seit dem Winter 2013/2014 wird auch auf dem Plešivec Ski gefahren, drei neue Sessellifte führen auf den Gipfel (www.skiarealplesivec.com). Von der Straße zwischen Jáchymov/Boží Dar und Abertamy ist der Weg auf den Plešivec beschildert.

**Horní Blatná (Bergstadt Platten)**: Horní Blatná ist ein ehemaliges Bergbaustädtchen mit rund 240 Häusern. Das schönste davon, ein liebevoll restauriertes Fachwerkpatrizierhaus, beherbergt ein unspektakuläres *Zinnmuseum*. Es befindet sich an der Bezručova, nur wenige Schritte vom Dorfplatz mit seiner barocken Pfarrkirche und ein paar Restaurants entfernt. Nahe dem Ort liegen die *Wolfsgruben*; einfach am Museum vorbei bergauf und dann der roten Wandermarkierung folgen

(Dauer ca. 30 Min.). Dabei handelt es sich um einstige Stollen, die jedoch schon vor Jahrhunderten einstürzten. So entstanden tiefe, bizarre Schluchten, in denen bis in den Sommer hinein oft noch Schnee liegt.

**Verbindungen** **Busse** bis zu 7-mal tägl. nach Jáchymov, bis zu 5-mal nach Potůčky und bis zu 4-mal tägl. nach Karlovy Vary.

**Züge** bis zu 8-mal tägl. nach Potůčky, bis zu 6-mal über Pernink und Nejdek nach Karlovy Vary.

**Öffnungszeiten** **Zinnmuseum**, Mai–Sept. tägl. (außer Mo/Di) 12–16 Uhr. 0,80 €, erm. die Hälfte. www.kvmuz.cz.

**Essen & Trinken** **Faustův Dvůr**, gemütliches Caférestaurant am Hauptplatz, das auch herzhafte Fleischlappen vom kanadischen Rind serviert (14–16 €, sonst Hg. ab 6 €). Freundlicher Service. Nám. Sv. Vavřince 4, ✆ 725858926 (mobil).

**Nejdek (Neudek)**: In einem schönen Tal liegt das rund 8200 Einwohner zählende Nejdek. Das Zentrum rund um den Náměstí Karla IV. ist freundlich und mit Bürgerhäusern im Jugendstil und im Stil des Historismus durchsetzt. Ins Auge fällt der *Schwarze Turm* (Černá věž) auf einem überhängenden Felsen, der einst Teil einer gotischen Burg war (nicht zugänglich). Ganz in der Nähe, am Náměstí Karla IV. 238, befindet sich das örtliche *Museum*, das aus dem Fundus des Karlsbader Museums wechselnde Ausstellungen präsentiert (Mi–So 8.30–12 und 13–16.30 Uhr, Eintritt variabel, www.kvmuz.cz). Den Süden der Stadt dominieren Industriebetriebe, u. a. die größte Kammgarnspinnerei Tschechiens, den Norden Plattenbauten.

**Verbindungen** **Busse** regelmäßig nach Karlovy Vary, bis zu 5-mal nach Ostrov. **Züge** regelmäßig nach Karlovy Vary und Nové Hamry, bis zu 8-mal tägl. über Pernínk und Horní Blatna nach Potůčky.

**Übernachten** *** **Hotel Anna**, beste Unterkunft vor Ort. 21 Zimmer, der Kategorie entsprechend, jedoch ziemlich geschmacklos ausgestattet. Restaurant. EZ 38 €, DZ ab 52 €. Nám. Karla IV 486, PLZ 36221, ✆ 353825756, www.annahotelnejdek.eu.

Westböhmen → Karte S. 313

**Nové Hamry (Neuhammer)**: Verlässt man Nejdek in Richtung Norden, erreicht man nach ca. 5 km Nové Hamry, ein bäuerlich wirkendes kleines Dorf mit ein paar Unterkünften in einem malerischen Tal. Die Anfahrt mit dem Zug von Karlsbad über Nejdek ist herrlich, die Strecke idyllisch.

Verbindungen: **Züge** bis zu 8-mal tägl. über Pernink und Horní Blatná nach Potůčky sowie regelmäßig über Nejdek nach Karlovy Vary.

**Kraslice (Graslitz)**: Annähernd 7000 Einwohner zählt das von Klinkersteinhäusern geprägte Städtchen rund 30 km nordwestlich von Karlsbad. Es wirkt um einiges größer und lebendiger, zumal es auch für die umliegenden, kleinen Ortschaften des westlichen Erzgebirges das kulturelle und wirtschaftliche Zentrum darstellt. Bekannt war das ehemalige Graslitz wegen seiner langen Tradition im Musikinstrumentenbau, in erster Linie Geigen, und in der Textilfertigung, insbesondere Spitzen.

**Verbindungen** Bahnhof und Busbahnhof ca. 500 m westlich des Zentrums. **Busse** bis zu 6-mal tägl. nach Sokolov, nur 2-mal tägl. nach Karlovy Vary.

**Züge** stündl. nach Sokolov, Zwickau und Klingenthal.

**Camping** **Pension Camping Nancy**, der einzige Campingplatz im Herzen des westlichen Erzgebirges und bezüglich der Lage einer der schönsten Westböhmens. Idyllischer Wiesenplatz mit Naturpool, einem plätschernden Bächlein und Grillgelegenheiten. Nur Imbiss. Fahrbarer Untersatz vonnöten. Es werden auch 4 Zimmer (nur teilweise mit privatem Bad) im oberhalb gelegenen Forsthaus vermietet. Ganzjährig. Campen 7,20 €/Pers., egal ob mit Zelt oder Wohnmobil, DZ 28 €, Frühstück extra. Ca. 6 km nördlich von Kraslice an der Straße nach Přebuz. Stříbrná, PLZ 35801, ✆ 352696360, www.atc-nancy.euweb.cz.

Písek besitzt eine der ältesten Steinbrücken Böhmens

# Südböhmen

Jižní Čechy

**Südböhmen gehört zu den beliebtesten Urlaubsregionen der Republik, und das nicht umsonst: Hier findet man die schönsten Bergregionen des Landes, dazu weite Teichlandschaften und dazwischen ein paar bildschöne Orte.**

Glanzlicht ist der viel besungene Böhmerwald, eine bukolische Welt aus rauschenden Flüssen, gurgelnden Bächen, rauem Weideland und tiefen Fichten- und Kiefernwäldern – fast immer noch so schön, wie ihn der hier gebürtige Schriftsteller

### Südböhmen – die Highlights

**Český Krumlov**: „Die Moldau macht einen Ring. Dann macht sie außerhalb desselben einen zweiten verkehrten und dann noch einen größeren." So Adalbert Stifter. Alles klar? Dazwischen liegt Český Krumlov, *der* Touristenmagnet Südböhmens. Wer kein überlaufenes Paradies will, besucht es am besten im Winter.

**Böhmerwald und Lipno-Stausee**: Hier tummeln sich die Aktivurlauber. Zum Baden, Wandern und Radfahren ist die Region einfach ideal.

**Holašovice**: Ein Bilderbuchdorf im Bauernbarock – seit 1998 auf der UNESCO-Welterbeliste.

**Třeboň**: Ein schnuckeliges Städtchen in einer entzückenden Teichlandschaft. Naturliebhaber und Radler sollten den Marker zücken.

**Jindřichův Hradec**: Eine schmucke, lebendige Stadt und ein idealer Ausgangspunkt für die Besichtigung des roten Wasserschlosses Červená Lhota.

**Orlík-Stausee**: An dem lang gestreckten See kann man nicht nur baden, sondern auch noch zwei Hinterlassenschaften der Adelsfamilie Schwarzenberg, Schloss Worlik und Burg Klingenberg, besuchen.

**Rožmberk**: Das hübsche Moldaudorf zu Füßen einer mächtigen Schlossburg ist ein beliebter Kanutentreff.

**Burg Rabí**: Nichts als Mauern – die Festung ist eine Dominante in der Landschaft, furchteinflößend und imposant.

**Hluboká nad Vltavou**: Das neogotische Schloss nahe České Budějovice gehört zu den schönsten und publikumsträchtigsten des Landes.

Adalbert Stifter einst porträtierte. Das Naturparadies an der Grenze zu Deutschland und Österreich lädt zu ausgedehnten Streifzügen ein. Südböhmen ist aber nicht nur der Böhmerwald. Unendliche Teichlandschaften, sanftes Hügelland und – wo die Moldau ins Stocken gerät – idyllische Stauseen prägen Südböhmen genauso. So vielfältig die Landschaft ist, so abwechslungsreich war die Geschichte der Region. Sie erzählt vom Goldrausch noch vor der Entdeckung des hohen Alaska, von den Adelsgeschlechtern der Eggen-, Rosen- und Schwarzenberg, die mächtige Burgen und Dornröschenschlösser hinterließen, und von den Hussiten, die sich von hier aufmachten, um Europa in Atem zu halten. Das historische Erbe der Region spiegelt sich in prächtigen Städten und Städtchen wider, die einen im Stil der Renaissance mit einem Hauch von Italien, die anderen mit barockem Puppencharme. Einziger Wermutstropfen ist das Atomkraftwerk Temelín.

## České Budějovice

Böhmisch Budweis

**České Budějovice ist die Metropole Südböhmens und unter dem Namen Budweis für Bierkenner gar weltbekannt. So steuern viele Besucher zuerst die Brauerei an. Aber es gibt noch mehr zu sehen.**

Die 94.000-Einwohner-Stadt ist das industrielle, wirtschaftliche und administrative Zentrum Südböhmens – mit allem, was dazugehört. Die meisten Touristen kommen für einen Tagesausflug aus dem nahe gelegenen Český Krumlov oder sind auf der Durchreise. Auf den ersten Blick wirkt České Budějovice großstädtisch und, da man auf dem Weg ins Zentrum die typisch tschechischen Stadtrandsiedlungen passiert, nicht unbedingt einladend. Aber die am Zusammenfluss von Malše (Maltsch) und Moldau gelegene ruhige Altstadt mit ihren sorgfältig restaurierten Laubenhäusern ist überschaubar und lädt zum Bummeln ein. Allzu große kunsthistorische Attraktionen besitzt Budweis nicht, dafür rund 12.000 Studenten, die für ein junges, lebendiges Flair sorgen. Bis 2017 oder 2018 soll mithilfe von EU-Geldern ein internationaler Flughafen entstehen.

**Geschichte**: 1265 wurde Budweis unter König Přemysl Otakar II. zur Stadt erhoben, ein Jahrhundert später mit Privilegien ausgestattet, die es zu einem bedeutenden Handelszentrum machten. Im 16. Jh. vermehrten ergiebige Silberfunde aus dem nahe gelegenen Rudolfov den Reichtum und führten zur Einrichtung einer königlichen Münze. Auch die Teichwirtschaft im Umland trug zum Wohlstand bei. Im Dreißigjährigen Krieg stand das katholische Budweis auf Seiten des Kaisers.

PLZEŇ
Město Touškov
Nýřany
Starý Plzenec
Rokycany
Dobřany
Stod
Holýšov
Staňkov
Přeštice
Blovice
Spálene Poříčí
Rožmitál pod Tremšínem
Příbram
Dobříš
Mirošov
Breznice
Popelíky
Orlík-Stausee
Kamenice
Klučenice
Lety
Kožlí
Orlík nad Vltavou
Mirovice
Schloss Orlík
Švihov
Měčín
Nepomuk
Lnáře
Blatná
Mirotice
Burg Zvíkov
Zvíkovské Podhradí
Klatovy
Habartice
Hnačov
Janovice nad Úhlavou
Klenová
Horažďovice
Písek
Chudenín
Nýrsko
Běšiny
Podolí
Kolinec
Skelná Hut
Zelená Lhota
Velhartice
Svojšice
Hrádek
Rabí
Petrovice u Sušice
Strakonice
Kestrany
Putim
Štětice
Hamry
Hojsova Stráž
Javoříčko
Sušice
Pancíř 1214
Brčálnik
Jiřičná
Nové Městečko
Hartmanice
Burg Kašperk
Volyně
Helfenburk
Krtětice
Kloub
Protivín
Vodňany
Špičák
Železná Ruda
Dobrá Voda
Annín
Kašperské Hory
Řetenice
Vodňanské Svobodné Hory
Nationalpark
Großer Arber 1456
Stachy
Račov
Dub
Blanice
Prášily
Srní
Zdíkov
Lomec
Šumava
Horská Kvilda
Zadov
Nový Dvůr
Vimperk
Žichovec
Husinec
Schloss Kratochvíle
Netolice
Zwiesel
Antýgl
Kvilda
Modrava
Filipova Huť
Nové Hutě
Boubín 1362
Prachatice
Dobčice
Černá hora 1315
Teplá Vltava
Regen
Kubova Huť
Kaplice
Libín 1119
Holašovice
Horní Vltavice
Zátoň
Blažejovice
Lenora
Volary
České Žleby
Bayerischer Wald
Grafenau
National-park Šumava
Černý Kříž
Stožec
NSG Šumava
Blanský
DEUTSCHLAND
Freyung
Nové Údolí
Jelení
Vltava
Bělá
Hodňov
Hořice na Šumavě
Ovesná
Dreisessel 1332
Nová Pec
Horní Planá
Plechý/Plöckenstein 1378
Bližší Lhota
Černá v Pošumaví
Schöneben
Přední Zvonková
Radslav
Lipno-Stausee
Dolní Lukavice
Ulrichsberg
Frymburk
Moldaublick
Vítkův Kámen
Lipno nad Vltavou
Frýdava
Svatý Tomáš
Přední Výtoň
Vyšší Brod
Donau
Passau
Rohrbach
Prag
D 5
A 3
Mže
Radbuza
Úhlava
Úslava
Otava
Blanice

Prag
Novy Knín
Benešov
Zruč nad Sázavou
Sázava
Vltava (Moldau)
Bystrice
Ledeč nad Sázavou
Vlašim
Blanice
Sedlčany
Votice
Švihov-Stausee
Sázava
Světlá nad Sázavou
Sedleč-Prčice
Šelmberk
Humpolec
Želivka
Mladá Vožice
Cunkov
Borotín
Pacov
Milevsko
Chýnovska j.
Pelhřimov
Chýnov
Kozí Hrádek
Štadle
Lužnice
Černovice
Dobronice
Choustník
Želivka
Horní Cerekev
Vltava (Moldau)
Bechyně
Černice
Kamenice nad Lipou
Albrechtice nad Vltavou
Roštejn
Deštná
Počátky
Kloděje
Komárov
Soběslav
Nová Včelnice
Týn nad Vltavou
Schloss Červená Lhota
Rásna
Klečaty
Studnice
Lhotka
Vltava (Moldau)
Temelín
Veselí nad Lužnicí
Jindřichův Hradec
Telč
Buk
Jindriš
Kunžak
Mosty
Schloss Jemčina
Horní Pěna
Dačice
Hluboká nad Vltavou
Böhmisch Kanada
Schloss Ohrada
Stráž nad Nežárkou
Nová Bystrice
Landštejn
Cizkrajov
Rožmberk-Teich
Novy Vojírov
Stálkov
Hosín
Kláštěr
Slavonice
Záboří
Rudolfov
Třeboň
Staňkov
Mariž
ČESKÉ BUDEJOVICE
Chlum u Trebone
Plána
Hamr
Litschau
Kremže
Dívčí Kámen
Trocnov
Thayaland
Klet' 1084
Holubov
Žižka-Denkmal
Lužnice
Heidenreichstein
Třísov
Zlatá Koruna
Římov
Trhové Sviny
Waidhofen an der Thaya
Mojné
Malše
Svachova Lhotka
Český Krumlov
Nové Hrady
České Velenice
Schrems
Vltava (Moldau)
Vetrní
Terezíno údolí
Gmünd
Kaplice
Thaya
Bujanov
Weitra
Metlice
Rožmitál
Malše
ÖSTERREICH
Novohradské hory
Rožmberk nad Vltavou
Ottenstein Stausee
Südböhmen
6 km

Hohe Beamte suchten Schutz in der Stadt, die von einem mächtigen Wall umgeben war. Doch noch vor dem Westfälischen Frieden lag Budweis in Schutt und Asche, nicht durch Kriegseinwirkung, sondern durch einen Großbrand im Jahre 1641. 226 Häuser wurden dabei an einem Tag zerstört. Der Wiederaufbau dauerte Jahrzehnte, erst Mitte des 18. Jh. konnte man an die alte Blüte anknüpfen. 1832 liefen die ersten Züge aus Linz in Budweis ein, nicht dampfbetrieben, sondern von Pferden gezogen (→ Sehenswertes/Pferdeeisenbahnmuseum). 1847 wurde die Papier- und Bleistiftfabrik der Gebrüder Hardtmuth gegründet, die noch heute unter dem Namen *Koh-i-noor* existiert. Mit der Industrialisierung einher ging der Zuzug von Tschechen, die zu Beginn des 20. Jh. die deutsche Bevölkerungsmehrheit kippten. In sozialistischer Zeit verdoppelte sich die Einwohnerzahl auf den heutigen Stand.

**Orientierung**: Die Altstadt ist fast komplett von der Malše und ihren Nebenarmen umschlossen. Aufgrund des schachbrettförmigen Aufbaus kann man sich nicht verlaufen. Bis auf die Brauerei Budvar lassen sich alle Sehenswürdigkeiten zu Fuß erkunden. Die Verbindung vom Zentrum zum 500 m östlich gelegenen Bahnhof bzw. Busbahnhof stellt die Lannova dar, eine der Hauptgeschäftsstraßen.

## Basis-Infos

**Information** **Městské informační centrum** im Rathaus am Nám. Přemysla Otakara II. 2. Im Sommer Mo–Fr 8.30–18 Uhr, Sa 8.30–17 Uhr, So 10–16 Uhr, im Winter verkürzt. ✆ 386801413, www. cbinfo.cz.

**Verbindungen** Bahnhof (mit Gepäckaufbewahrung) und Busbahnhof liegen nah beieinander (rund 500 m östlich des Zentrums).

**Züge** bis zu 10-mal tägl. nach Český Krumlov, alle 2 Std. nach Pilsen und Jindřichův Hradec, 6-mal tägl. nach Linz, bis zu 6-mal tägl. nach Písek, stündl. über Tábor und Benešov nach Prag.

**Busse** regelmäßig nach Český Krumlov und Prag, 5-mal tägl. nach Telč.

**Stadtbusse**: Einen Übersichtsplan hält die Touristeninformation (dort auch Ticketverkauf) bereit.

**Ärztliche Versorgung** **Krankenhaus** an der B. Němcové 54 südlich des Zentrums. ✆ 387871111, www.nemcb.cz.

**Einkaufen** **Shoppingcenter IGY** **1**, Ecke Pražská/Pekárenská, ca. 20 Fußmin. nördlich des Zentrums. Mall mit rund 80 Läden (*H & M, Deichmann, Diesel, New Yorker, Orsay* etc.).

**Manufaktura Partner** **10**, tschechische Naturkosmetik wie Bierduschgel oder Badezusätze mit Karlsbader Sprudelsalz. Kněžská 25.

**Domestika** **3**, in einem Nebengebäude des Rabensteiner Turms. Liebevoll eingerichteter Laden, den man ohne ein Mitbringsel kaum verlässt. Bunte Kissen und Topflappen, Keramik, Kerzen, Schmiedeeisernes usw. Panská.

**Koh-I-Noor Papírnictví** **22**, nahezu alles, was der lokale Schreibwarenproduzent herstellt, ist hier zu bekommen. Široká 1.

**Parken** Bewachter Parkplatz u. a. nördlich des Zentrums an der Pražská beim unübersehbaren Hotelklotz Clarion (24 Std. 6 €). Zudem gebührenpflichtige Parkplätze u. a. am Hauptplatz, am Mariánske náměstí und vor dem Südböhmischen Theater.

**Theater/Konzerte** Das größte Budweiser Theater ist das im 19. Jh. im Empirestil erbaute **Südböhmische Theater** (Jihočeske divadlo) in der Dr. Stejskala 19, ✆ 386356925, www. jihoceskedivadlo.cz. Die südböhmische Kammerphilharmonie ist in der **Otakar-Jeremiáš-Konzerthalle** in der Kněžská 6 (✆ 386353561, www.jihoceskafilharmonie.cz) zu Hause.

**Veranstaltungen** Größtes Ereignis ist das **Internationale Musikfestival** zu Ehren der einstigen Operndiva Ema Destinová im Spätsommer (www.festival-ed.cz). Übers Jahr verteilt werden verschiedene **Messen** abgehalten, die sich i. d. R. an Landwirte oder Heimwerker wenden.

Übernachten
6 Budweis
7 Residence U Černé věže
8 Life is Dream
9 Klika
12 Centrum
14 Grand Hotel Zvon
17 U Solné brány
20 Centrum
Nachtleben
18 Žlutá ponorka
21 Mc Fabrika
24 Mighty Bar Velbloud
Essen & Trinken
2 Kozlovna U Zelené Ratolesti
4 Café Once
5 La Cabaña
11 Masné krámy
13 Pasta Grande
15 Zvon Restaurace
16 Kavárna Filharmonia
17 U Solné Brány
19 Budvarka
23 Alchymista
Einkaufen
1 Shoppingcenter IGY
3 Domestika
10 Manufaktura Partner
22 Koh-I-Noor Papírnictví
Hluboká nad Vltavou, Jagdschloss Ohrada, Zoo, Brauerei Budvar und Flugplatz Hosín
Pekárenská
Pražská
Kostelní
Fráni Šrámka
Budivojova
Staroměstská
J. Haška
Resslova
Holečkova
Skuherského
B. Smetany
tř. 28 října
z. Budvar-Brauerei
Polizei
Mariánské nám.
Klavíkova
Riegrova
Jírovcova
Ausstellungsgelände Výstaviště
Husova
Rabensteiner Turm
Galerie Měsíc ve Dne
Nová
Na sadech
Na Mlýnské stoce
Hradební
Česká
Panská
Krajinská
Plachého
U Černé věže
Sokolský ostrov
Südböhm. Aleš-Galerie
Mlýnská stoka
Motorradmus.
Piaristické nám.
Piaristická
Hroznova
Rudolfovská tř.
Třeboň
St.-Nikolaus-Kathedrale
Dominikanerkirche und -kloster
Salz-pforte
nám. Přemysla Otakara II.
Kanovnická
Lannova
Bahnhof, Busbahnhof
Schwimmbad
Otakar-Jeremiáš-Konzerthalle
Radniční
Haus d. Kunst
Kněžská
Karla IV.
Senovážné nám.
Europcar
Eiserne Jungfrau
Biskupská
Široká
Südböhmisches Museum
Südböhmisches Theater
Zátkovo nábr.
Jirsíkova
Haus der Kulturen Metropol
Žižkova
Dr. Stejskala
Goethova
Dukelská
Ivy
U tří lvů
Malše
F. A. Gerstnera
U Zimního stadionu
Alešova nábr.
Vrchlického
Čechova
Lidická tř.
Campingplatz Dlouhá Louka
Pferdeeisen-bahnmuseum
Mánesova
U vodárny
Němcové
Boženy
Komenského
Krankenhaus
V zátiší
Brauerei Samson, Flughafen
50 m
České Budějovice

## Übernachten

→ Karte S. 397

**Hotels** **** **Grand Hotel Zvon 14**, das erste Haus am Platz. Traditionsreiches, gediegenes Hotel, hier nächtigte bereits Mozart. Belegt 3 zusammenhängende historische Gebäude am Hauptplatz – lassen Sie sich ein Zimmer mit schöner Aussicht geben. Zimmer unterschiedlich ausgestattet: in der Standard-Version billig-schick, in der „Executive-Version" recht groß und freundlich. Eigene Parkplätze. DZ je nach Ausstattung 120–224 € (lediglich die Suiten sind teurer, ab 276 €). Nám. Přemysla Otakara II. 28, PLZ 37001, ✆ 381601601, www.hotel-zvon.cz.

**** **Budweis 6**, rosa gestrichener und mit Zinnchen versehener Kitschpalast (ehemals eine alte Mühle, die komplett entkernt und umgebaut wurde). Innen modern, Glas, Holz und Leder dominieren. 60 Zimmer, viele mit netter Aussicht auf die Stadt. Tee und Kaffee stehen parat, Minibar, Parkplätze. Rauchverbot. Restaurant. EZ 100 €, DZ 120 € (über Hotelbuchungsseiten oft billiger). Mlýnská 6, PLZ 37001, ✆ 389822111, www.hotelbudweis.cz.

**Residence U Černé věže 7**, 36 schöne Studios und Apartments für 2–4 Pers. (35–110 m²) in einem schick restaurierten Altstadtkomplex in bester Lage. Zeitgemäß eingerichtet, Parkett- bzw. Laminatböden, Kochnische, Waschmaschine. Parkmöglichkeiten nahebei. Für 2 Pers. ab 64 €, für 4 Pers. ab 104 €, kein Frühstück. U Černé věže 13, PLZ 37001, ✆ 725178584 (mobil), www.ucerneveze.cz.

**** **U Solné brány 17**, kleiner Familienbetrieb im Herzen der Stadt. 12 ordentliche Zimmer. Freundlicher deutschsprachiger Service. Gutes Lokal (→ Essen und Trinken). EZ 60 €, DZ 80 €. Radniční 11, PLZ 37001, ✆ 386354121, www.hsb.cz.

*** **Klika 9**, sympathisches, familiäres Hotel. 25 ausreichend große, solide möblierte Zimmer. Restaurant mit Terrasse am Fluss. Eigene Parkplätze. EZ 54 €, DZ 71 €. Hroznová 25, PLZ 37001, ✆ 387318171, www.hotelklika.cz.

**Pensionen** **Life is Dream 8**, dem hübschen gleichnamigen Restaurant angeschlossen. Nur 3 großzügige Zimmer unter der Dachschräge, freundlich eingerichtet, Dielenböden, schmiedeeisernes Mobiliar. Unter den Zimmern wird gekocht (böhmisch-spanische Küche!), die Küchengerüche machen jedoch vor den Türen halt. DZ 67 €. Kněžská 31, PLZ 37001, ✆ 733609225 (mobil), www.lifeisdream.cz.

**Centrum 20**, die zentral gelegene Pension Centrum bietet 13 unterschiedlich ausgestattete Zimmer, die Spannbreite reicht von schönen Antiquitäten bis zu furniertem Billigmobiliar, alle Zimmer aber mit privaten Bädern und TV. Gepflegt und sauber. Keine Parkplätze. EZ 40 €, DZ 52 €. Biskupská 130/3, PLZ 37001, ✆ 387311801, www.penzioncentrum.cz.

**Centrum 12**, nicht verwirren lassen – gleicher Name, aber andere Unterkunft, hier am Rande der Innenstadt. Nur 5 z. T. mit Antiquitäten bestückte Zimmer mit Bad. EZ 28 €, DZ 38 €. Na Mlýnské stoce 6, PLZ 37001, ✆ 386352030, www.centrumpenzion.cz.

**Camping** **Motel/Camping Dlouhá Louka**, ca. 1,5 km südwestlich des Zentrums, von der Straße Nr. 3 in Fahrtrichtung Český Krumlov ausgeschildert. Versprach bei unserer letzten Visite der stylishste Campingplatz der Republik zu werden – weitere Umbauten sollen in den nächsten Jahren folgen. Die Anlage aus sozialistischer Zeit mit in Reihe gebauten Bungalows und großer Wiese bekam bislang schon eine neue Rezeption, schicke Sanitäranlagen und ein gutes, zeitgemäßes Restaurant. Internationales Publikum. Radverleih, Freibad in der Nähe. April–Okt. 2 Pers. mit Wohnmobil und Strom 18 €, Bungalow mit Du/WC für 2 Pers. 38 €. Stromovka 8, PLZ 37001, ✆ 387203601, www.dlouhalouka.cz.

## Essen & Trinken/Nachtleben

→ Karte S. 397

**Restaurants** **U Solné Brány 17**, kleines, gediegenes Hotelrestaurant mit niveauvoller böhmischer Küche. Als Vorspeise empfiehlt sich der gratinierte Ziegenkäse mit Blattspinat, danach die Entenbrust mit Apfelchutney und Calvados. Der Betreiber ist ein Weinkenner, was sich in der Karte niederschlägt. Hg. 6–15 €. Radniční 11, ✆ 386354121.

**La Cabaña 5**, gemütliches Lokal mit Fokus auf spanischer Küche (Tapas, Paella), so gut diese von einem tschechischen Koch eben zubereitet werden kann – eine Alternative zur schweren böhmischen Kost. Günstige Tagesgerichte, ansonsten mittlere bis gehobene Preise. Netter Außenbereich. Panská 14, ✆ 387202820.

**Alchymista 23**, beliebtes Restaurant im Backsteingewölbe mit dem in Südböhmen so populären Mittelalterflair – pseudo-keltische Musik, Gerichte vom offenen Grill und Bedienung in historischen Kostümen. Achtung, danach brauchen Sie eine frische Garderobe. Hg. 8–14 €. U Tří lvů 10, ✆ 386356545.

**Zvon Restaurace 15**, dem gleichnamigen Hotel angeschlossen. Luftig-helles Kneipenrestaurant, der „Pilsner Urquell Original Restaurant"-Kette zugehörig. Gute böhmische Küche der mittleren Preisklasse. Nám. Přemysla Otakara II. 28, ✆ 381601630.

**Masné krámy 11**, ansprechendes Restaurant in den ehemaligen Fleischbänken aus dem 16. Jh. Zum Budweiser Bier gibt es die böhmischen Klassiker wie Gulasch oder Lendenbraten mit hausgemachten Knödeln, aber auch diverse Wildgerichte. Immer wieder saisonale Angebote. Faire Preise, sehr populär. Krajinská 13, ✆ 387201301.

**Pasta Grande 13**, frühlingshaft grün gehaltenes Hinterhoflokal, das sich mediterranen Pastagerichten verschrieben hat, zudem diverse Risottos, Fisch, Fleisch und große Salate. Hg. 5,20–13,20 €. Krajinská 33, ✆ 602433357 (mobil).

**Pivnice/Biergarten** **Budvarka 19**, dem Hotel Malý pivovar angeschlossene, äußerst beliebte Bierhalle. Schon um 17 Uhr wird man hier Schwierigkeiten haben, einen Platz zu finden. An den Wänden alte Fotografien der Budvar-Brauerei, Kellner in Hemd und Krawatte. Böhmische Küche wie Brauereigulasch oder Selchfleisch im Kartoffelpuffer, Hg. 4–10,40 €. Karla IV. 8–10, ✆ 386360471.

**Kozlovna U Zelené Ratolesti 2**, großes modern-rustikales Kneipenrestaurant mit offenem Kamin. Im Sommer empfehlenswert wegen der schönen Bierterrasse (mit Kinderspielplatz). Auf den Teller kommen in erster Linie Steaks zu fairen Preisen. Husova 5, ✆ 774861480 (mobil).

**Cafés** **Café Once 4**, schönes, kleines Café, immer nett für eine Pause. Česká 2.

**Kavárna Filharmonia 16**, das Café der örtlichen Philharmonie. Überzüge aus Pseudosamt, tolle Glaslampen aus den 1980ern – so charmant wie bieder. Kuchen und gute Frühstücksangebote. Kněžská 6.

**Nachtleben** **Mc Fabrika 21**, Location etwas außerhalb des Zentrums. Mischung aus Kneipe und Musicclub mit recht interessantem Programm. Jeronýmova 6, www.mcfabrika.cz.

**Žlutá ponorka 18**, gepflegte Cocktailbar, die bei den *Czech Bar Awards* immer wieder abräumt. Adrette Barkeeper, große Auswahl. Wenn Budweis so etwas wie einen Jetset hat, dann treibt er sich hier herum. Der Lannova stadtauswärts folgen, bis es rechts in die Chelčického geht, dort Hausnr. 4.

**Mighty Bar Velbloud 24**, regelmäßig Konzerte (von Psychedelic über Elektro bis Punkrock), darunter auch spannende Gigs. D'n'B-Nights, Jamsessions etc. U Tří lvů 4, www.velbloud.info.

## Sehenswertes

**Náměstí Přemysla Otakara II.**: Stolze 133 x 133 m misst der Hauptplatz von Budweis, den schmucke, farbenfrohe Laubenhäuser im Stil des Barock und Klassizismus umrahmen. Das auffälligste Gebäude ist das hellblaue, dreitürmige *Rathaus* im Südwesten des Platzes (1727–30). Über dem mittleren Fenster sieht man das Budweiser Stadtwappen, darüber imposante Wasserspeier in Drachenform und an der Attika allegorische Statuen, die Gerechtigkeit, Tapferkeit, Tugend und Weisheit symbolisieren. Vom Turm ertönt zu jeder vollen Stunde ein Glockenspiel. Falls noch Zeit bis dahin ist, können Sie die Eckpfeiler des Rathauses nach einem eisernen Band von der Länge der sog. Wiener Elle absuchen. 1765 wurde es angebracht und war fortan den Tuchhändlern, die es bis dato mit exakten Maßen nicht so genau genommen hatten, ein Dorn im Auge. Der achteckige *Samson-Brunnen* in der Mitte des Platzes ist ein Werk der Bildhauer Zachariáš Zorn und Joseph Dietrich

Südböhmen → Karte S. 394/395

aus den Jahren 1721–26. Obenauf sieht man Samson, den mit übermenschlichen Kräften ausgestatteten letzten großen Richter des Alten Testaments, mit einem Löwen kämpfen.

**Chrám sv. Mikuláše (St. Nikolaus-Kathedrale) und Černá věž (Schwarzer Turm):** Mitte des 17. Jh. wurde die barocke St.-Nikolaus-Kirche errichtet, nachdem ihr Vorgängerbau dem verheerenden Stadtbrand 1641 zum Opfer gefallen war. Mit der Ernennung von Budweis zum Bistum wurde der dreischiffige Bau 1785 zum bischöflichen Dom erhoben. Vor über 300 Jahren wäre der Besuch der Kirche spannender gewesen: Während der Wirren des Dreißigjährigen Krieges wurden dort die böhmischen Kronjuwelen und das berühmte *Rosenkranzfest* von Albrecht Dürer (heute als Teil der Nationalgalerie im Prager Palais Sternberg zu sehen, → S. 112) vorübergehend aufbewahrt. Der Schwarze Turm nebenan überstand den Brand von 1641. Zwischen 1550 und 1577 wurde er als Ausguck und Glockenturm errichtet. Mit 72 m ist er zugleich das höchste Gebäude der Stadt. 225 Stufen führen auf seine Galerie.

**Adresse/Öffnungszeiten**: Kanovnická/Ecke U Černé věže. Die **St.-Nikolaus-Kathedrale** war zuletzt nur unregelmäßig geöffnet. **Schwarzer Turm**, April–Juni sowie Sept./Okt. tägl. (außer Mo) 10–18 Uhr, im Juli/Aug. auch Mo. 1,20 €, erm. 0,80 €.

**Rund um den Piaristické náměstí (Piaristenplatz):** Im 18. Jh. übernahm der Piaristenorden das ehemalige Dominikanerkloster am kleinen, baumbestandenen Piaristické náměstí im Westen der Altstadt und richtete darin ein Gymnasium ein. Noch heute befindet sich hier eine Schule. Besichtigen kann man die *Klosterkirche Mariä Opferung* (Kostel Obětoivání Panny Marie), das zusammen mit dem Kloster älteste Bauwerk der Stadt (1265–1300). Der gotische Kreuzgang blieb weitestgehend im Originalzustand erhalten, das Innere der Kirche wurde teilweise im Barockstil verändert. Am Hauptaltar ist das Bild der *Budweiser Jungfrau Maria* eingesetzt, einst ein Ziel frommer Wallfahrer. Die imposante Orgel stammt aus dem 17. Jh. An der Nordwestseite des Piaristenplatzes befindet sich das ehemalige *Zeughaus* (Zbrojnice)

Überraschung in der Altstadt von Budweis

aus dem Jahr 1531, in dem später Salz aus dem österreichischen Salzkammergut gelagert wurde. Statt Salz gibt es hier heute heiße Öfen zu sehen – im Gebäude ist ein privates *Motorradmuseum* (Jihočeské moto muzeum) untergebracht.

**Klosterkirche**, tägl. 9–17 Uhr. Eintritt (!) 0,40 €. **Motorradmuseum**, tägl. 10–18 Uhr, Nov.–März geschl. 2 €, erm. 0,80 €. www.motomuseum.malse.cz.

**Jihočeské muzeum (Südböhmisches Museum)**: Das Museum war z. Z. d. letzten Recherche wegen umfangreicher Restaurierungsarbeiten geschlossen und wird nach seiner Wiedereröffnung hoffentlich besuchenswerter sein als vorher. Bislang gab es dort zwar unzählige, aber wenig ansprechend präsentierte Exponate zu sehen: ausgestopfte Tiere vom Federvieh über den Luchs bis zum Karpfen (!), Vitrinen voller Pilze, Fundgegenstände aus der Bronzezeit (Tonscherben) und aus den Burgen der Umgebung. Die Gotik war mit Schlüsseln und Schlössern vertreten, die Renaissance mit Kleidern und Schmuck. An Barock und Rokoko erinnerten Glas, Musikinstrumente und Mobiliar, an das 19. und frühe 20. Jh. Trachten, Werkzeuge und Kücheneinrichtungen.

**Adresse**: Dukelská 1. www.muzeumcb.cz.

**Pferdeeisenbahnmuseum (Muzeum koněspřežky)**: 1832 nahm die Pferdebahn auf einem hölzernen Schienenstrang von Budweis nach Linz ihren Betrieb auf – angeblich die erste des Kontinents. Für die 128 km lange Strecke benötigten Personentransporte im Trab ca. 14 Stunden, Abfahrt der Züge war stets 5 Uhr morgens in Linz und Budweis. Mit Güterwaggons (vorwiegend Salz wurde gen Norden geladen, in die andere Richtung Holz), die im normalen Pferdegang unterwegs waren, dauerte die Reise gar drei ganze Tage. An den Umspannstationen im Abstand von rund 20 km wurden die Pferde gewechselt und Reparaturen vorgenommen. 1872 kam die Dampfeisenbahn und damit das Ende der „PS-Züge". Das Museum, untergebracht im ehemaligen Bahnwärterhäuschen, liegt abseits der Altstadt zwischen Lebensmittel-Discountern und lässt ein wenig die alte Zeit Revue passieren.

**Adresse/Öffnungszeiten**: Mánesova 10 (rund 10 Fußmin. südwestlich der Altstadt). Mai–Okt. tägl. (außer Mo) 9–12.30 u. 13–17 Uhr. 0,80 €, erm. die Hälfte. www.muzeumcb.cz.

**Budweiser Brauerei**: Das bekannteste Exportgut von Budweis ist das mehrfach international ausgezeichnete *Budweiser* bzw. *Budvar* der gleichnamigen Brauerei, der viertgrößten des Landes. Über 600 Mitarbeiter besorgen dort einen Ausstoß von 1,4 Millionen Hektolitern Bier jährlich, fast die Hälfte davon geht in den Export. In mehr als 50 Ländern kann das Bier getrunken werden, aber nicht in allen unter dem Namen Budweiser (→ Kasten). Das Brauwasser kommt aus mehrere Hundert Meter tiefen Brunnen. So süffig das Bier auch ist – besonders prickelnd sind die Führungen durch die moderne Brauerei nicht, und in der dortigen Bierhalle schmeckt es auch nicht anders als im Zentrum.

**Adresse/Öffnungszeiten**: **Brauerei Budvar**, Karoliny Světlé 4/Ecke Pražská (Straße Richtung Tábor/Prag), ca. 2,5 km nördlich des Zentrums. Zu erreichen mit Ⓑ 2 (steigen Sie am Mariánské nám. nördlich der Altstadt zu und an der Haltestelle „Budvar" aus). Taxi vom Zentrum ca. 4 €. Führungen werktags um 14 Uhr, April–Nov. auch Sa/So, Dauer: 1 Std. Mit Bierprobe 4 €, erm. die Hälfte. Reservierung mind. 2 Tage im Voraus erforderlich unter www.visitbudvar.cz.

Direkt weiter nach **Český Krumlov** (→ S. 444) Unterwegs passieren Sie **Zlatá Koruna** (→ S. 455) mit einem bedeutenden Kloster.

Südböhmen → Karte S. 394/395

### Budweiser – ein Schutzmarkenstreit

Auch wenn seit dem 13. Jh., also seit der Gründung der Stadt, Bier in Budweis gebraut wird: Die *Budějovický Budvar n.p.*, Produktionsstätte des hiesigen *Budvar*, wurde erst 1895 als *Český akciový pivovar* gegründet. Im fernen Amerika aber gab es ein Bier namens Budweiser schon früher. 1852 hatte ein gewisser Georg Schneider in St. Louis die *Bavarian Brewery* gegründet. Acht Jahre später ging diese an Eberhard Anheuser über, dessen Tochter Lilly Anheuser kurz darauf einen Herrn Adolphus Busch heiratete. Aus Anheuser-Busch (fusionierte 2008 mit *InBev*) wurde der größte Brauereikonzern der Welt. Und dieser brachte nach eigenen Angaben schon 1876 ein Bier namens Budweiser auf den Markt und ließ damals den Namen als Schutzmarke eintragen. Da sich weder die tschechische noch die amerikanische Brauerei auf ihre nationalen Märkte beschränkte, war der Streit um den Markennamen vorprogrammiert. Die Akte Budweiser beschäftigte Gerichte weltweit. Bei der Klärung des Namensstreits wurde nicht in allen Ländern zugunsten des besseren Geschmacks entschieden – so kam es, dass unter dem Namen „Budweiser" in Großbritannien z. B. Anheuser-Busch-Bier aus den Zapfhähnen floss, in Deutschland aber das aus České Budějovice. Um den Schutzmarkenstreit zu beenden, wollten die Amerikaner *Budějovický Budvar* übernehmen. Die Brauerei ist in Staatsbesitz. Vermutlich scheiterte der Deal am geforderten Preis – der reale Wert der Brauerei wurde noch Anfang 2012 auf rund 230 Mio. Euro geschätzt, die Markenwerte jedoch auf rund 770 Mio. Euro. Heute sind die Markenwerte mit Sicherheit niedriger, denn Anheuser-Busch wählte schließlich einen anderen Weg, um an die Namensrechte auf „Budweiser Bier" zu kommen. Die Amerikaner kauften einfach für wenig Geld die kleine zweite Brauerei der Stadt, die *Budějovický měšťanský pivovar*, die 1795 als *Budweiser Bürgerbräu* gegründet worden war. Und ganz nebenbei: Das „tschechische Budweiser" wird in den USA als *Czechvar* verkauft, Generalimporteur ist Anheuser-Busch.

## Hluboká nad Vltavou

Frauenberg

**Das Märchenschloss mit seinen Türmen und Türmchen, Basteien und Zinnen auf Kragsteinen, das auf einem Felsen über der Moldau thront, zählt zu den Top-Ten-Schlössern Böhmens.**

Davon profitiert das kleine, gleichnamige Städtchen zu Füßen der imposanten Schlossanlage, das keine 10 km nordwestlich von České Budějovice liegt. Die vielen Gäste spülen Geld in die Kassen, und so präsentiert sich Hluboká nad Vltavou um einiges gepflegter als die umliegenden Orte. Das Zentrum steht ganz im Zeichen des Ausflugstourismus: Es gibt eine Vielzahl von Restaurants, dazu ein paar Pensionen und Hotels. Die Schilder für den zehnminütigen Fußweg hinauf zum Schloss hätte man sich sparen können, Souvenirstände weisen den Weg.

Schloss Frauenberg erhebt sich auf den Fundamenten einer frühgotischen Burg, die bereits im 13. Jh. erwähnt wurde. Ende des 16. Jh. wurde die Burg in ein Renaissanceschloss umgebaut. 1661 erwarben die Schwarzenberg das Schloss und ließen es barockisieren. Die Idee zum erneuten Umbau, diesmal im Stil der Tudorgotik, hatte dann knapp 200 Jahre später Johann Adolf II. zu Schwarzenberg. Mit seiner

Gemahlin Eleonora wurde er 1838 zu den Krönungsfeierlichkeiten von Königin Viktoria nach Schloss Windsor geladen. Nach der Reise wollte auch der Fürst in solch einem Palast residieren. 1871 war der Umbau abgeschlossen.

Die stilistische Reinheit, die das Äußere des Schlosses auszeichnet, ist im Inneren nicht gegeben. Hier sorgt ein bunter Stilmix für Abwechslung. Über 140 Räumlichkeiten gibt es, aber nur einen kleinen Bruchteil bekommt man zu Gesicht.

Drei verschiedene Führungen werden durch das Schloss angeboten. Die spannendste ist jene durch die Repräsentationsräume und Salons (1 Std.), dabei passiert man u. a. den sog. Morgensalon mit der Ahnengalerie der Schwarzenberg, die Bibliothek mit 12.000 Bänden, das Schlosstheater und die Rüstkammer. Es geht vorbei an schmucken Kaminen, Tischchen mit Intarsienarbeiten, italienischen Fayencen, chinesischen Vasen, kostbaren Gobelins oder geschnitzten Wandtäfelungen. Des Weiteren gibt es eine Tour durch die Schlossküche aus dem 19. Jh., in der für bis zu 120 Personen gekocht wurde, und eine durch die Privatgemächer der Schwarzenberg, der letzten Schlossbesitzer vor der Enteignung. Egal, für welche Tour Sie sich entscheiden – achten Sie auf die Details! Es gibt manch Kurioses zu entdecken, und das schon am Hauptportal: Werfen Sie dort einen Blick auf die Türgriffe in Form eines Raben, der in den Kopf eines Türken hackt – ein Bestandteil des Wappens der Schwarzenberg.

In der ehemaligen Reithalle neben dem Schloss zeigt heute die **Südböhmische Aleš-Galerie** (Alšovo jihočeská galerie) gotische Kunst aus dem 13.–16. Jh. Die Sammlung, vorrangig Skulpturen und wertvolle Tafelbilder, gilt nach der des Agnes-Klosters in Prag (→ S. 101) als bedeutendste ihrer Art in Tschechien. Zudem sieht man Gemälde niederländischer und flämischer Meister aus dem 16.–18. Jh.

Südböhmen → Karte S. 394/395

## Von böhmischen Dörfern und der Boheme

„Ich sag' ihm das bei meiner Ehren, mir das böhmisch' Dörfer wären" – im didaktischen Tierepos *Froschmeuseler* von Georg Rollenhagen, das im Jahr 1595 erschien, tauchte die Redewendung erstmals auf. Viele Ortsnamen Böhmens klangen für deutsche Reisende schon damals fremd und unaussprechbar – was nach und nach dazu führte, dass der Ausdruck „böhmische Dörfer" für Unverständliches bzw. Unverstandenes im Allgemeinen verwendet wurde. Die Tschechen benutzen übrigens eine ganz ähnliche Wendung, nur sind es dort keine *böhmischen*, sondern *spanische Dörfer*, mit denen sich der Ahnungslose konfrontiert sieht. Kommt Ihnen das etwa spanisch vor?

Ein *Böhme* steckt natürlich auch im Wort *Boheme* (aus frz. *bohème*), das zunächst für die Pariser Künstleravantgarde vom Anfang des 19. Jh. stand und schon bald ungezwungenes (Lebens-)Künstler-Dasein schlechthin bezeichnete. Nun ist offenkundig nicht jeder Böhme ein Bohemien, aber das ist auch gar nicht gemeint. Die Wortgeschichte fußt auf einer frühen Verwendungsweise von *Böhme*, als auch noch Zigeuner bzw. Sinti so genannt wurden – vermutlich weil sie über Böhmen nach Westeuropa eingewandert waren. Populär wurde das Wort *bohème* dann durch Henri Murgers Roman *Scènes de la vie de Bohème* (1851), der literarischen Vorlage von Puccinis Oper *La Bohème* (1896).

**Verbindungen** Bahnhof weit außerhalb, besser mit dem **Bus** anfahren. Sehr gute Verbindungen nach Budweis und Týn nad Vltavou, bis zu 8-mal tägl. nach Bechyně.

**Öffnungszeiten** **Schloss**, Nov.–März tägl. (außer Mo) 10–16 Uhr, April u. Sept./Okt. tägl. (außer Mo) 9–16.30 Uhr, Mai/Juni tägl. (außer Mo) bis 17 Uhr, Juli/Aug. tägl. 9–17 Uhr. Fremdsprachige Führung je nach Trasse 6,80–10 €, erm. 3,20–6,40 €. www.zamek-hluboka.eu. **Südböhmische Aleš-Galerie**, April–Okt. tägl. 9–18 Uhr, im Winter bis 16 Uhr. 3,20 €, erm. die Hälfte. www.ajg.cz.

**Übernachten** Eine besondere Adresse:

**** **Hotel Štekl**, in einem ebenfalls im Tudorstil gehaltenen Nebengebäude des Schlosses. 44 komfortable Zimmer, manche mit herrlicher Aussicht und Himmelbetten – ein Tipp für Romantiker und Flitterwöchner. Sauna, Innenpool, Fitnesscenter usw. Restaurant mit schöner Innenhofterrasse. EZ ab 100 €, DZ ab 132 € (über Hotelbuchungsseiten oft billiger). Bezručova 141, PLZ 37341, ✆ 387967491, www.hotelstekl.cz.

**Essen & Trinken** **Originál Švejk Restaurant**, großzügiges, rustikales Restaurant mit Holzboden und langer Theke. Terrasse. Guten Appetit bei Gulasch „Otto Katze" oder Lendenbraten „Frau Müller". Hg. 4,50–9,20 €. Zentral am Náměstí Čsl. armady 28, ✆ 387965529.

**Kapr**, etwas unterhalb des Švejk. Biederes, aber gepflegtes Teppichbodenlokal, in dem man auf Fischgerichte spezialisiert ist. Erfreulich kleine Karte, Hg. 5,20–10,40 €. Tyršova 966, ✆ 387965848.

## Die Dynastie Schwarzenberg: Könige des Böhmerwaldes, der Stoff für eine Familiensaga

Durch Heirat, Politik und Waffengang stieg der unterfränkische Uradel der Schwarzenberg zu einem der bedeutendsten Geschlechter Böhmens auf. Aus den Hussitenkriegen gingen sie als Freiherren hervor, der Dreißigjährige Krieg brachte ihnen enorme Ländereien. Zwischendurch erfolgte die Erhebung in den Grafenstand und nistete sich ein Rabe ins Familienwappen ein, der einem goldenen Türkenhaupt ein Auge aushackt: Kaiser Rudolf II. zeigte sich auf diese Weise Adolf von Schwarzenberg dankbar, der als Heeresführer 1598 die von den Türken besetzte Festung Raab (heute Györ, Ungarn) zurückerobert hatte. Johann Adolf I. (1615–1683) durfte sich schließlich für seine Verdienste als Präsident des Reichshofrates mit dem Titel Reichsfürst schmücken. Dieser Titel wurde stets auf den erstgeborenen Sohn weitervererbt. Adam Franz (1680–1732) verstand es ohne großes Zutun, den Reichtum der Schwarzenberg weiter zu vergrößern. Von seiner Tante Marie erbte er 1719 den Besitz der Eggenberg, nämlich die Herrschaften Český Krumlov, Netolice, Volary, Vimperk, Orlík, Zvíkov und Chýnov. Unter Fürst Josef von Schwarzenberg (1768–1833) wurde der Schwarzenbergkanal (→ S. 463) zum Abtransport von Holz über die Große Mühl und die Donau bis nach Wien fertig gestellt. Seinem jüngeren Bruder Karl überließ er die Herrschaft Orlík (→ S. 433), die zum Stammsitz der von Karl begründeten Nebenlinie des Geschlechts wurde. Der befehligte übrigens die österreich-russisch-preußischen Truppen 1813 in der Völkerschlacht bei Leipzig und fügte dort Napoleon eine vernichtende Niederlage zu.

Fürst Josef hinterließ drei Kinder: der Erstgeborene, Johann Adolf II. (1799–1888), verlegte den Sitz der Familie von Schloss Krumau nach Schloss Frauenberg, der Zweitgeborene, Felix, wurde 1848 österreichischer Ministerpräsident, und der Jüngste, Friedrich, 1850 Erzbischof von Prag. Zu jener Zeit zählten die Schwarzenberg zu den reichsten Adelshäusern der Habsburger Monarchie. Ihre Ländereien hatten die Größe des Saarlandes, dazu besaßen sie rund zwei Dutzend Schlösser,

## Umgebung von Hluboká nad Vltavou

**Zámek Ohrada (Jagdschloss Zwinger)**: In idyllischer Lage an einem Teich rund 2 km südwestlich von Hluboká nad Vltavou steht das Jagdschloss Ohrada, das Fürst Adam Franz von Schwarzenberg 1708–21 erbauen ließ. Heute befindet sich darin ein *Forst-, Jagd- und Fischereimuseum* (Muzeum lesnictví, myslivosti a rybářství) mit vielen ausgestopften Tieren (darunter der letzte im Böhmerwald erlegte Bär aus dem Jahr 1856), jeder Menge Geweihe, Fischernetze, Jagdwaffen etc. Wer Tiere lieber lebend sieht, findet daneben den Eingang zu einem *Zoo* mit Kängurus, Eulen, Präriehunden, Flamingos, Schildkröten etc.

**Öffnungszeiten** Jagdschloss Ohrada, April/Mai u. Sept. tägl. (außer Mo) 9–17.30 Uhr, Juni–Aug. bis 18.30 Uhr. Zoo, Nov.–Feb. tägl. 8.30–16 Uhr, März u. Okt. bis 17 Uhr, April/Mai u. Sept. bis 18 Uhr, Juni–Aug. bis 19 Uhr. Kombiticket 4,40 €, erm. 3,20 €, keine Einzeltickets. www.nzm.cz bzw. www.zoohluboka.cz.

**Camping** Bezdrev, ca. 2 km südlich des Schlosses Ohrada. Weitläufiges, schattiges Areal direkt am Teich. Liegewiese. Kinderspielplatz, Tretbootverleih, Fischrestaurant. Sanitäranlagen vom alten Schlag. Juni–Aug. 2 Pers. mit Zelt u. Auto 12,50 €, Hütte ohne Bad ab 27 €, mit Bad 41 €. Bezdrev, PLZ 37341, ✆ 775113032 (mobil), www.h-r.cz.

150 Meiereien, 13 Brauereien, drei Bergwerke und, und, und ... Ansehen genossen die Schwarzenberg nicht nur unter ihresgleichen, sondern auch beim einfachen Volk: Starb oder erkrankte einer der Angestellten, so sorgte der Fürst dafür, dass die Familie nicht in Armut geriet.

Infolge der Bodenreformen in der Ersten Republik, die insbesondere deutsche Großgrundbesitzer traf (von deutscher Seite oft als Diskriminierung ausgelegt; das Unrecht war aber kaum größer als die Ungerechtigkeit der Besitzverhältnisse bis dato), verloren die Schwarzenberg sechs Großgüter und viele Ländereien. Den verbliebenen Besitz konfiszierte 1940 die Gestapo: Die Schwarzenberg hatten nicht mit den Nazis kooperieren wollen, sich mutig gegen sie gestellt. Fürst Heinrich (1903–1965) landete im KZ Buchenwald. Danach bemächtigten sich die Kommunisten des Familienvermögens auf tschechoslowakischer Seite. Mit dem Tod Fürst Heinrichs ging das Erbe auf österreichischer Seite, darunter die Herrschaft Murau in der Steiermark und ein Millionenbetrag, auf Heinrichs Adoptivsohn Karl über. Karl, genauer Karl Johannes Nepomuk Josef Friedrich Antonius Wratislav Mena, 12. Fürst zu Schwarzenberg, gefürsteter Landgraf in Klenggau, Graf von Sulz und Herzog von Krumau, wurde 1937 geboren und verbrachte seine Kinderjahre – 1948 emigrierte die Familie nach Österreich – auf Schloss Orlík. In seinem Wiener Palais umgab er sich mit Künstlern, Schriftstellern, Staatssekretären und Industriellen. 1985 wurde er Präsident der Internationalen Helsinki-Föderation für Menschenrechte, die sich insbesondere für Oppositionelle in Osteuropa einsetzte. Vier Jahre später erfolgte die Auszeichnung mit dem europäischen Menschenrechtspreis. 1990 holte ihn Václav Havel auf die Prager Burg und ernannte ihn zum Leiter der Präsidentschaftskanzlei. 1992 erhielten die Schwarzenberg all jenen Besitz zurück, der nach dem 25. Februar 1948 enteignet worden war, darunter Schloss Orlík, dazu einige Gebäude in Prag. Heute mischt Karl Fürst von Schwarzenberg die Politik auf, er ist Vorsitzender der wirtschaftsliberalen Partei *TOP 09*. Von 2007 bis 2009 und von 2010 bis 2013 war er Außenminister der Tschechischen Republik.

UNESCO-Welterbe Holašovice

**Holašovice (Holaschowitz)**: Holašovice liegt 17 km westlich von České Budějovice und ist ein Dorf wie aus dem Bilderbuch. Rund zwei Dutzend Gehöfte im Bauernbarockstil gruppieren sich um den lang gezogenen, begrünten Dorfplatz samt Tümpel. Das Gros der Höfe entstand zwischen 1840 und 1880, die meisten der verzierten Giebelfassaden sind heute liebevoll und farbenfroh restauriert. Selbst die alten Brunnen wurden wieder hergerichtet und die Straßenlaternen aus sozialistischer Zeit ersetzt. In einem Gehöft (Hausnr. 30) hat man zudem eine kleine Ausstellung mit historischen landschaftlichen Gerätschaften eingerichtet (mehr nach Lust und Laune geöffnet, 1,60 €, erm. die Hälfte). 1998 wurde Holašovice als typisches Beispiel für die früheren ländlichen Milieus in die Welterbeliste der UNESCO aufgenommen. Seitdem verirren sich selbst japanische und amerikanische Reisegruppen hierher. Bis zu 100.000 Besucher zählt der Ort pro Jahr, doch kaum einer bleibt länger als ein Stündchen – schließlich gibt es nicht viel mehr zu tun, als einmal um den Dorfanger zu spazieren und danach in eines der beiden Gasthäuser einzukehren. Wer dennoch länger bleiben will: Das Restaurace Špejchar U Vojti bietet auch Zimmer (DZ 30 €, ✆ 777621221, mobil).

**Verbindungen** **Busse** bis zu 8-mal tägl. nach Budweis.

Gen Westen? Nicht mehr weit ist es von Holašovice nach **Prachatice** (→ S. 440) und zum **Schloss Kratochvíle** (→ S. 443).

**Trhové Sviny (Schweinitz)**: Trhové Sviny, ca. 18 km südöstlich von Budweis gelegen, ist ein gemütliches 5000-Einwohner-Städtchen mit einem Springbrunnen am terrassierten Marktplatz. Südlich des Zentrums (nahe der Straße nach Benešov nad Černou) steht die schmucke, vermutlich von Kilian Ignaz Dientzenhofer entworfene *Wallfahrtskirche der Hl. Dreifaltigkeit* aus den Jahren 1705–1709. Der Zentralbau mit vier Kapellen ist von einem Kreuzgang umgeben.

**Busse** regelmäßig nach Budweis und Nové Hrady.

**Žumberk (Sonnberg):** Das Dörfchen Žumberk träumt im touristischen Abseits rund 35 km östlich von Český Krumlov vor sich hin. Im Unterschied zu den vielen Bauernsiedlungen der Umgebung besitzt es nicht nur einen Badeweiher und ein Wirtshaus, sondern auch noch mittelalterliche Wehranlagen (darunter vier Türme). Die dazugehörende gotische *Burg*, über Jahrhunderte hinweg Sitz der Herren von Žumberk, wurde im 16. Jh. im Stil der Renaissance umgebaut und erweitert. Im Innern informiert eine Ausstellung über die Geschichte des Wehrdorfes, zudem werden bemalte Bauernmöbel aus dem 18. und 19. Jh. präsentiert.

**Verbindungen** Schlechte Busanbindung.

**Öffnungszeiten** **Burg**, April u. Okt. nur Sa/So 9–17 Uhr, Mai/Juni u. Sept. tägl. (außer Mo) 9–17 Uhr, Juli/Aug. tägl. (außer Mo) 9–18 Uhr. Führung (60 Min., die letzte 1 Std. vor Schließung) 2,80 €, erm. 1,40 €.

**Übernachten** **Penzion Marie**, neben der Kirche. Restaurierte Landpension mit 55 Betten in gepflegten Zimmern und Apartments im Landhausstil, darunter auch behindertengerechte. Garten, nettes Terrassenausflugslokal. DZ 38 €. Žumberk 24, PLZ 37401, ✆ 386361112, www.zumberk.com.

# Nové Hrady

Gratzen

Das Gratzener Bergland (Novohradské hory) an der Grenze zu Österreich ist mehr hügelig als bergig, kaum eine Erhebung, die die 1000-Meter-Marke übersteigt. Bis zum Zweiten Weltkrieg gab es hier etliche kleine Ortschaften. Heute ist die Gegend verwaist und eines der wirtschaftlichen Schlusslichter Tschechiens. „Zentrum" der Region ist das 2600-Einwohner-Örtchen Nové Hrady. Es ist ein ruhiger Ort, aus dessen besseren Zeiten noch ein paar prächtige Bauten erhalten blieben wie das **Renaissancerathaus** am viereckigen Marktplatz. Etwas zurückversetzt davon steht das 1677 gegründete **Servitenkloster** (Klášter Servitů) mit der frühbarocken **Kirche St. Peter und Paul**. Von 1950 bis 1991 diente das Kloster der Grenzmiliz als Kaserne, danach bekam es der Orden in extrem verwahrlostem Zustand zurück. Das Innere der Klosterkirche besticht mit einem prächtigen vergoldeten Altarbau. Fast die gesamte Ostseite des Marktplatzes nimmt die sog. **Residenz** (1636–1644) ein, einst der Wohnsitz des Adelsgeschlechts der Buquoy, die die Geschicke Nové Hradys vom 17. Jh. bis 1945 bestimmten. Heute ist in der Residenz das gleichnamige Hotel untergebracht (→ Übernachten).

Besuchen aber kann man die hiesige **Burg**, die im 13. Jh. als Wachstation errichtet wurde. Sie liegt nur ein paar Schritte vom Marktplatz entfernt. Durch die Burg werden zwei verschiedene Führungen angeboten. Spannender ist die längere (45 Min.), bei der man u. a. die Porträtgalerie der Familie Buquoy und Trophäen exotischer Tiere zu Gesicht bekommt. Auch erfährt man etwas über die Zeit, als Nové Hrady noch bekannt war für die Herstellung von Hyalit, ein mit Mangan dunkelrot bis schwarz gefärbtes Glas. Da die Rezeptur verschollen ist, kann es heute nicht mehr produziert werden. Die zweite Tour (30 Min.) durchläuft u. a. eine nachgestellte Beamtenwohnung aus der Wende vom 19. zum 20. Jh.

Ein rot markierter Wanderweg führt von Nové Hrady zum 2 km entfernten **Terezíno údolí**, einem weitläufigen englischen Park mit einigen romantischen Bauten aus der zweiten Hälfte des 18. Jh. Er wurde nach der Gräfin Therese Buquoy benannt.

**Verbindungen** Vom **Busbahnhof** (an der Straße zum Camping) bis zu 10-mal tägl. Verbindungen nach Budweis, noch häufiger nach Trhové Sviny.

**Öffnungszeiten** **Burg**, April u. Okt. tägl. (außer Mo) 9.30–15.30 Uhr, Mai/Juni u. Sept. bis 16.30 Uhr, Juli/Aug. tägl. bis 17 Uhr. Je nach Führung mit dt. Text 2–2,80 €, erm. 1,20–1,60 €. www.hrad-novehrady.eu.

Südböhmen → Karte S. 394/395

**Kloster**, Mo–Fr 9–11.30 u. 12–17 Uhr, Sa 9–11.30 u. 12–18 Uhr, So 10–12 u. 12.30–18 Uhr. Führung 2 €. www.klaster.cz.

**Übernachten** *** **Hotel Rezidence**, in der Residenz am Marktplatz. Von außen vielversprechend, von innen ziemlich lieb- und geschmacklos restauriert – schade um das schöne Gebäude. Auf dem Weg zu den Dachgeschosszimmern kann man sich wegen der engen, schrägen Gänge leicht einen schiefen Hals holen! Man macht auf Wellness (Pool, Sauna, Massagen). 61 Zimmer mit Teppichböden, Kaufhausmobiliar und naiven Landschaftsmalereien. Restaurant. DZ 84 €. Nám. Republiky 1, ✆ 386108200, PLZ 37333, www.rezidencenh.cz.

**Penzion Pod Hradem**, im Vorort Údolí an der Durchgangsstraße, ca. 1,5 km vom Zentrum entfernt. Ordentliche Teppichbodenzimmer. Restaurant mit Terrasse. Pool. Oft ausgebucht. DZ 48 €. Údolí 10, PLZ 37333, ✆ 386361173, www.penzion-pod-hradem.cz.

**Camping** **Camping Veveří**, ca. 3 km südlich von Nové Hrady, vom Marktplatz ausgeschildert. Liebevoll gestalteter Platz im einstigen Sperrgebiet. Saubere Sanitäranlagen, Kinderspielplatz. Nettes Terrassenlokal, schöne Wiese, nebenan der Wald. Meist Radler mit Zelten. Bade- und Fischteich in der Nähe. Juni–Sept. Hütte für 4 Pers. 20 €, 2 Pers. mit Wohnmobil 8,80 €. Veveří 308, PLZ 37333, ✆ 605551369 (mobil), www.campveveri.ic.cz.

## Umgebung von Nové Hrady

**Dobrá Voda (Brünnl)**: Weithin sichtbar dominiert die mächtige *Wallfahrtskirche Mariä Himmelfahrt* rund 10 km südlich von Nové Hrady das Gratzener Hügelland. Man fragt sich, was beeindruckender ist: der Anblick der Kirche aus der Ferne oder der Ausblick von der Kirche auf die umliegenden Wälder und Felder. Unter der Haupttreppe des zwischen 1708 und 1715 errichteten Gotteshauses plätschert die Quelle, die der Siedlung ihren Namen gab (*dobrá voda* = „gutes Wasser“). Das Wasser soll eine heilsame Wirkung haben. Dobrá Voda ist nur ein Ziel für Selbstfahrer.

### Radtouren in Kombination mit Bus- oder Bahnfahrten

Durch Südböhmen verkehren sog. Cyklobusse, die sich auf die Mitnahme von Fahrrädern spezialisiert haben und auf diese Weise Radwandertouren ermöglichen, bei denen Start- und Zielpunkt nicht identisch sind. Sie fahren von Mitte Juni bis Ende September i. d. R. samstags, sonntags und feiertags, im Juli und August auf manchen Strecken gar täglich. Es gibt insgesamt 10 Linien, weitere Informationen bei den Touristeninformationen vor Ort oder unter www.cyklotrans.cz. Ganz nebenbei: Auch auf vielen Bahnstrecken Südböhmens kann man das Rad mitnehmen und an Bahnhöfen Räder leihen, Infos dazu auf www.cd.cz.

## Třeboň

Wittingau

**In der Altstadt Renaissancegiebel, Laubengänge und enge Stadttore, drum herum einmal keine Berge, sondern Teiche, so weit das Auge reicht. Třeboň ist Radlermekka, Kurort und Zentrum der böhmischen Fischereiwirtschaft.**

Třeboň und sein Umland sind in Böhmen *die* Garanten für das weihnachtliche Traditionsgericht: Nahezu sämtliche Städte Böhmens werden alljährlich eine Woche vor Heiligabend mit fetten Karpfen aus den Třeboňer Teichen versorgt. Aus den Brunnen der Marktplätze oder aus großen wassergefüllten Bottichen werden sie dann noch zappelnd verkauft und nach ihren letzten Tagen in der heimischen Ba-

dewanne mit Bergen von Kartoffelsalat verdrückt. Třeboň aber auf seine Funktion als Karpfenlieferant zu reduzieren wäre falsch: Das schnuckelige 8600-Einwohner-Städtchen besitzt ein prächtiges Schloss und eine sehenswerte, denkmalgeschützte Altstadt. Die Terrassencafés am kopfsteingepflasterten Marktplatz belegen im Sommer überwiegend Radler. Kein Wunder, lädt doch die nur leicht hügelige, von etwa 500 Teichen gespickte Landschaft drum herum zu ausgedehnten Touren ein.

**Geschichte**: Der alte deutsche Name des Städtchens erinnert an das sagenumwobene Geschlecht der Witigonen (→ S. 456), das hier im 13. Jh. eine Siedlung an einem Handelsweg nach Bayern gegründet haben soll. 1366 ging diese an die Rosenberg über. Im 15. und 16. Jh. begann man in großem Stile das sumpfige Umland durch den Bau eines Teichsystems wirtschaftlich zu nutzen. Viele der damals angelegten Kanäle, insbesondere die Abzuggräben, welche die Flüsse Lužnice und Nežárka miteinander verbinden, bestehen noch heute. Der Erfolg der Fischzucht blieb nicht aus. Zu Anfang des 17. Jh., unter der Herrschaft des letzten Rosenbergers Peter Wok II., eines bunten Vogels mit Hang zu Drogen und zur Alchemie, er- lebte Wittingau seine große Blüte. 1660 erhielten die Schwarzenberg das Schloss, in deren Besitz es bis zum Ende des Zweiten Weltkrieges blieb. 1883 wurde das Kurhaus Berta (Bertiny Lázně) eröffnet, in welchem man versuchte, mit Schlamm aus den Mooren der umliegenden Wälder Schmerzen zu lindern. Erst 1960 erhielt Třeboň den Status eine Kurortes. Heute lebt man v. a. von der Fisch- und Geflügelzucht, aber auch vom Tourismus.

**Orientierung**: Die Třeboňer Altstadt nimmt lediglich etwa 10 % der Stadtfläche ein und besteht nur aus sehr wenigen Straßen – sich zu verlaufen ist schlicht unmöglich. Bis auf die 1,5 km südlich gelegene Schwarzenberggruft befinden sich alle Sehenswürdigkeiten im Stadtzentrum.

## Basis-Infos

→ Karte S. 409

**Information** **Informační a kulturní středisko**, Masarykovo nám. 103, ✆ 384721169, www.itrebon.cz. Mai–Sept. tägl. 9–12 u. 12.45–18 Uhr, im Winter verkürzt.

**Verbindungen** **Busbahnhof**, nahe der Jiráskova in der Neustadt (ca. 500 m nordwestlich des Zentrums). Gute Verbindungen nach Budweis und Jindřichův Hradec, nur 1-mal tägl. direkt nach Prag.

Hauptbahnhof ca. 1,5 km nördlich des Zentrums, alle Züge halten jedoch auch an der nur 400 m nordöstlich des Zentrums gelegenen Station Třeboň-Lázně. **Züge** bis zu 10-mal tägl. nach České Velenice (österreichische Grenze) und Veselí nad Lužnici (dort Umsteigemöglichkeit nach Brünn, Prag etc.).

**Ärztliche Versorgung** **Poliklinik** an der Klofáčova westlich des Zentrums. ✆ 384721505.

**Einkaufen** **Třeboňský kapr prodejna ryb** **12**, frischer und frisch geräucherter Fisch aus den Teichen der Umgebung, darunter Karpfen, Forelle und Renke. Sádecká 230 (zwischen Altstadt und Schwarzenberggruft).

**Parken** Möglichkeiten rund um die Altstadt.

## Übernachten

→ Karte S. 409

**Hotels** **** **Zlatá Hvězda** **6**, am Marktplatz. 48 klassische, leicht biedere Zimmer – zwar jüngst auf Vordermann gebracht, dennoch erfüllen sie nicht die Erwartungen an ein 4-Sterne-Haus. Wellnessabteilung, gutes Restaurant (→ Essen & Trinken), Bowlingbar und Radverleih. EZ 62 €, DZ ab 99 €. Masarykovo nám. 107, PLZ 37901, ✆ 384757111, www.zlatahvezda.cz.

**Šupina Appartements** **10**, 4 schöne, modern eingerichtete Apartments, die jedoch eher Suitencharakter haben (keine Küchen, nur Wasserkocher), für 2–4 Pers., mit Namen wie „Láska" (Liebe) oder „Víra" (Glaube). In einem historischen Gebäude in ruhiger, aber bester Altstadtlage. Die Unterkunft gehört zum gleichnamigen Fischlokal (→ Essen & Trinken). Für 2 Pers. 96 €. Valy, PLZ 37901, ✆ 720993825 (mobil), www.supina.cz.

*** **Galerie** **8**, in einem historischen Gebäude. 12 großzügige Standardzimmer. Familiäre Atmosphäre, nettes Restaurant im EG. EZ 52 €, DZ 74 €. Rožmberská 35, PLZ 37901, ✆ 384385293, www.hotel-trebon.cz.

**Bílý koníček** **4**, Renaissancehaus am Marktplatz. Zimmer unterschiedlicher Kategorien: altbackene (= Standard, DZ 48 €) und auf pompös gestylte, jüngst restaurierte (= Executive, DZ 80 €). Eigene Parkplätze. Restaurant, über das im Hotelprospekt steht: „Writer Jan Werich im Restaurant geschaffen ein Charakter Sprite Čochtan. Bekannt sind die Geschichten über Big Třeboň Feuer und local Havlicek Hotelier, lief und brannte seine Hosenträger." Masarykovo nám. 97, PLZ 37901, ✆ 38472104, www.bilykonicekhotel.cz.

**Romantick 1**, nennt sich – etwas großspurig – Designhotel. Auf jeden Fall ein farbenfrohes Haus. 26 Zimmer, in jedem stets eine frische Blume. Eigene Parkplätze. 2 Gehmin. außerhalb des Zentrums. EZ 46 €, DZ 58 €. K Bertě 183, PLZ 37900, ✆ 725135888 (mobil), www.romantick.cz.

**Myslivna 7**, 13 schlichte Zimmer mit Bad. Restaurant mit Hirschgeweihen an den Wänden: Wildgerichte, aber auch jede Menge Fisch vom Aal über den Hecht bis zum Zander. Kosten Sie „Rosenbergs Fischsuppe". Hg. 6–12 €. DZ 40 €. Rožmberská 33, PLZ 37901, ✆ 384721833, www.myslivna.com.

**Pensionen** **U Míšků 2**, hübsches zweigiebliges, rosa-blaues Haus im südböhmischen Bauernbarockstil. Großzügige Zimmer (darunter auch 2 Apartments) auf 3-Sterne-Niveau. Kleiner Innenpool, Sauna, Fitnessraum, Solarium. Verspielt eingerichtetes Caférestaurant mit Innenhof (Fischspezialitäten). DZ 76 €. Husova 11, PLZ 37901, ✆ 384721698, www.misek.cz.

**U Slunce 3**, „Zur Sonne". Neubau 4 Gehmin. außerhalb des historischen Zentrums. Gepflegte zweistöckige Anlage mit gutem Restaurant. Zimmer auf 3-Sterne-Niveau. Eigene Parkplätze. DZ 52 €. Riegrova 1251, PLZ 37901, ✆ 389822493, www.penzionuslunce.cz.

**Camping** ** **Autocamp Třeboň 13**, ca. 1,5 km vom Zentrum entfernt (nahe der Schwarzenberggruft), ausgeschildert. Großes Gelände an einem See mit einem Inselchen davor. Zum Teil parzellenartig unterteilt, wenig Schatten. Restaurant, Kinderspielplatz. Im Hochsommer oft sehr voll. Ende April–Ende Sept. 2 Pers. mit Wohnmobil 11 €, Bett in der Chata 9 €. Třeboň, PLZ 37901, ✆ 384722586, www.autocamp-trebon.cz.

## Essen & Trinken/Nachtleben

→ Karte S. 409

Wo so viele Teiche für frischen Fisch sorgen, sollte man – je nach Abfischsaison – Schleie *(lín)*, Wels *(sumec)* oder Hecht *(štika)* probieren. Dazu trinkt man ein Glas *Bohemia Regent* – in Třeboň wird eines der ältesten Biere Tschechiens gebraut (seit 1379). Neben den hier aufgeführten Lokalen sind auch die Restaurants des Hotels Myslivna und der Pensionen U Míšků und U Slunce (→ Übernachten) zu empfehlen.

**Restaurants** **Šupina 10**, gilt als bestes Lokal des Städtchens. Gehoben-rustikales Interieur, nette Terrasse. Gute Fischgerichte und Fleisch vom Lavagrill zu 7,20–19 €. Sehr gepflegt ist auch das dazugehörige Restaurant (mit „k") **Šupinka 9** gleich gegenüber. In Stoßzeiten enorm voll. Valy 155, ✆ 384721149.

**Zlatá Hvězda 6**, das Restaurant des gleichnamigen Hotels direkt am Marktplatz. Auf der Karte sämtliche Fische, die die Teiche hergeben, dazu Reh, Damhirsch, Wildschweinschnitzel usw. in zeitgemäßem, freundlichem Ambiente unter altem Gewölbe. Hg. 7,50–10 €. Masarykovo nám. 107, ✆ 384757111, www.zlatahvezda.cz.

**Pivnice** **Pivovarská pivnice 11**, einfache, nette und ursprüngliche Bierhalle bei der Brauerei. Schöne Terrasse (Selbstbedienung). Deftige böhmische Küche zu günstigen Preisen, dazu auch Snacks wie eine dicke *Klobása*, eingelegter *Hermelín* oder *Olmützer Quargeln*. Auf dem Gelände wird auch Bier zum Mitnehmen verkauft – wer mag, bekommt's fassweise. Trocnovské nám.

**Cafe** **Kavárna Kina Světozor 5**, das Kinocafé mit glitzernden Lampen und weißen Stühlen ist auch abends ein beliebter Treff. Am Masarykovo nám. im ehemaligen Rathaus (Passage nehmen).

Südböhmen → Karte S. 394/395

## Sport & Freizeit/Kultur

**Baden** Bademöglichkeiten bestehen am Stadtteich Svět. Vom Zentrum der Uferstraße Světská hráz gen Westen folgen.

**Kuren/Wellness** Třeboň besitzt 2 Kurhäuser, wo Störungen des Bewegungsapparates mit Moor- und anderen Bädern sowie den verschiedensten Massagen behandelt werden: das traditionsreiche **Bertiny Lázně** (www.berta.cz, Tylova 171) und das aus sozialistischer Zeit stammende, jedoch modernisierte **Lázně Aurora** (www.aurora.cz, Lázeňská 1001). Dem Lázně Aurora ist das Aqua Viva angeschlossen, eine Mischung aus Wellnesszentrum und kleinem Aquapark.

**Radverleih** Unter anderem über das **Hotel Zlatá Hvězda** (→ Übernachten) für 12 €/Tag.

**Veranstaltungen** Ende Aug. **Rybářské trhy** (Fischermarkt). Das **Abfischen** im Okt. u. Nov. wird mancherorts von kleinen Volksfesten begleitet.

## Sehenswertes

**Masarykovo náměstí (Masaryk-Platz):** Der längliche Platz mit Brunnen und Mariensäule ist das Zentrum der Altstadt. Herrliche Laubenganghäuser mit Fassaden im Stil der Renaissance und des Barock umgeben ihn. Das auffälligste ist das 1544 errichtete *Haus zum Weißen Pferdchen* (Bílý koníček) mit einem vierstöckigen Giebel, Zinnen und schießschartenähnlichen Öffnungen, die dem Gebäude Festungscharakter verleihen. Heute befindet sich darin ein Hotel (→ Übernachten). Gegenüber steht das 1566 erbaute ehemalige *Rathaus* (heute Kino und unspektakuläres städtisches Museum), dessen 31 m hoher Turm mit Umgang, Uhr und Zwiebelhaube erst 1638 hinzukam. Der Turm kann bestiegen werden und bietet einen schönen Ausblick auf die Fischteiche der Umgebung. Das *Tyl-Theater* (1832–33) hinter dem Rathaus gehört zu den ältesten tschechischen Bürgertheatern. Den Osten des Marktplatzes schließt das sog. *Neuhauser Tor* (Hradecká brána) aus dem 16. Jh. ab, eines von drei noch erhaltenen Stadttoren. Gleich dahinter fließt der *Zlatá stoka:*

Třeboň: Städtchen mit bildschönem Marktplatz

Der rund 45 km lange „Goldene Kanal“ verbindet seit dem 16. Jh. etliche Fischteiche miteinander.

Der **Rathausturm** ist unregelmäßig geöffnet, die aktuellen Zeiten erfahren Sie bei der Touristeninformation. 1,20 €.

**Zámek (Schloss)**: Für das kleine Třeboň überrascht die Größe des mit schneeweißen Sgraffiti verzierten Schlosses. Allein der Schlosspark im englischen Stil besitzt die Fläche der gesamten Altstadt. Das Renaissanceschloss mit mächtigen Toren und mehreren Höfen ließen die Rosenberg zwischen 1565 und 75 errichten, nachdem die vormalige gotische Burg einer Feuersbrunst zum Opfer gefallen war. Unter den Schwarzenberg wurden einige Barockgebäude hinzugefügt, dazu ein Brunnen, den das Raben-Motiv aus dem Wappen der Familie ziert (→ Kasten S. 404). Bei Führungen kann man heute den Spuren beider Adelsgeschlechter folgen: Auf der Tour, die an die Rosenberg und die ältere Schlossgeschichte erinnert, besichtigt man Räumlichkeiten mit Renaissanceinterieur, die andere Tour verläuft durch die Apartments der Schwarzenberg aus dem 19. Jh. Eine dritte Trasse führt durch Reitstall, Küche und Kasematten. Den größten Teil des Schlosses nimmt das nicht zugängliche staatliche *Regionalarchiv* ein, eines der größten der Republik. Die älteste dort aufbewahrte Urkunde stammt aus dem Jahr 1184.

April/Mai und Sept./Okt. tägl. (außer Mo) 9–16 Uhr, Juni–Aug. tägl. (außer Mo) 9–17.15 Uhr, Schlosspark tägl. 7–21 Uhr. 2,80–4 €/Führung (jeweils ca. 45 Min.), erm. 1,20–2,40 €. www.zamek-trebon.eu.

**Kostel sv. Jiljí a augustiánský klášter (St.-Ägidius-Kirche und Augustinerkloster)**: Der sog. *Lange Gang (Dlouhá chodba),* ein über 100 m langer Gebäudekomplex, verbindet das Schloss mit dem Augustinerkloster im Norden der Altstadt. Es wurde 1367 unter den Rosenberg gegründet. Die dazugehörige Konventskirche, die St.-Ägidius-Kirche, wurde wenige Jahre vor der Säkularisierung des Klosters (1785) barockisiert. Dabei entfernte man ihren Hauptaltar und verteilte den um 1380/1390 entstandenen Bilderzyklus des *Meister von Wittingau* genannten unbekannten Malers auf umliegende Kirchen. Die Prager Nationalgalerie besitzt noch drei Tafeln davon, Kopien sind im Schloss und im Städtischen Museum ausgestellt. Der Kirche erhalten blieb die gotische Pläuerkalksteinskulptur der sog. *Madonna von Wittingau* (um 1400). Die Konventsgebäude dienen heute u. a. als Schülerwohnheim.

**Adresse/Öffnungszeiten**: Husova 142. Führungen nur im Sommer tägl. um 15 Uhr. 1,20 €.

**Schwarzenberská Knížecí Hrobka (Schwarzenberggruft)**: Bis weit ins 19. Jh. wurden die Angehörigen der Hauptlinie des Schwarzenberger Adelsgeschlechts in der Friedhofskirche St.

Südböhmen → Karte S. 394/395

Ägidius (Kostel sv. Jiljí) am Südufer des Teiches Svět bestattet. Als dort kein Platz mehr war, setzte sich Fürstin Eleonore von Schwarzenberg für die Errichtung einer Familiengruft ein paar hundert Meter weiter ein. Der imposante neugotische Bau im Waldpark U Hrobky entstand 1874–77. Eine monumentale Treppenrampe führt ins Innere.

**Wegbeschreibung/Öffnungszeiten**: Der Straße nach Borovany stadtauswärts etwa 1,5 km gen Süden folgen, ausgeschildert. April/Mai und Sept./Okt. tägl. (außer Mo) 9–11.30 u. 13–15.30 Uhr, Juni–Aug. tägl. (außer Mo) 9–11.30 u. 13–16.30 Uhr. Führung 2 €, erm. 1,20 €.

### Naturparadies Třeboňsko

Třeboňsko nennt sich die Wittingauer Teichlandschaft, ein Gebiet, das 700 km² umfasst, von denen 15 % mit Wasser bedeckt sind. Da die außergewöhnliche Landschaft aus Teichen und Kanälen ein Werk von Menschenhand ist, soll sie nicht nur UNESCO-Biosphärenreservat (seit 1977) bleiben, sondern sogar UNESCO-Welterbe werden, angemeldet ist sie immerhin schon.

Die ersten Fischteiche ließen die Zisterzienser und der Deutsche Ritterorden im 13. Jh. anlegen, die Karpfen sollten den Speiseplan während der Fastenzeit bereichern. Der größte Teich ist der *Rožmberk* nördlich von Třeboň. Er misst 490 ha. Bis zu 2000 Zentner Karpfen werden in guten Jahren allein daraus abgefischt. Als der Rožmberk-Teich Ende des 16. Jh. angelegt wurde, war er noch mehr als doppelt so groß. Für seinen 2,5 km langen Damm wurden damals 750.000 m³ Erde aufgeschüttet.

Dafür, dass sich die Karpfen nicht alleine fühlen, sorgen Schleie, Hechte, Welse, Aale und Zander. In den Flüssen und Kanälen tummeln sich zudem rund 150 Flussotter, darüber flattern Fischreiher, Wildgänse, Rohrdommeln, Schwarzstörche und selbst Seeadler. In den dichten Wäldern drum herum sollen sich sogar Elchfamilien wohlfühlen.

## Umgebung von Třeboň

**Chlum u Třeboně (Chlumetz)**: Der 2000-Einwohner-Ort Chlum u Třeboně liegt ca. 14 km südöstlich von Třeboň am *Badesee Hejtman*. Er ist beliebter Anlaufpunkt einer bunten Camperschar, an die zehn Plätze säumen seine Ufer. Pensionen und Hotels gibt es hingegen nur wenige. Zu den Sehenswürdigkeiten des Ortes – allesamt nicht allzu spannend – gehören die *Wallfahrtskirche Mariä Himmelfahrt*, die 1745 nach dem Vorbild der Kirche Maria Zell in der Steiermark entstand, und das hiesige *Schloss*, ein ursprünglich barockes Jagdschloss aus dem Jahr 1710. Es ist der Öffentlichkeit nicht zugänglich, obwohl man es großspurig ausschildert. Berühmtester Schlossherr war der habsburgische Thronfolger Franz Ferdinand d'Este.

**Verbindungen** **Busse** bis zu 5-mal tägl. nach Jindřichův Hradec sowie mind. stündl. nach Majdalena, wo ca. 10-mal tägl. **Zug**anschlüsse nach Třeboň bestehen.

**Camping** **Camping Sever**, direkt am Hejtman-See in Chlum. Großer, durch Bäume unterteilter Wiesenplatz, der komfortabelste der Gegend. Sanitäranlagen in ausreichender Anzahl, Kiosk, Ruderbootverleih. Ostern–Okt. 2 Pers. mit Zelt u. Auto 9,60 €, Chata 24 €. Chlum u Třeboně, PLZ 37804, ✆ 384797189, www.campsever.cz.

Jindřichův Hradec: Blick aufs Schloss

# Jindřichův Hradec

Neuhaus

Südböhmen → Karte S. 394/395

**Jindřichův Hradec ist eine quicklebendige Kleinstadt mit einer glorreichen mittelalterlichen Vergangenheit. Aus jener Zeit rührt noch immer ein Zauber, der nicht gleich eine Zeile hinter dem historischen Marktplatz endet.**

Die 22.000-Einwohner-Stadt besitzt nach der Prager Burg und dem Schloss Český Krumlov das drittgrößte Burg- und Schlossareal der Tschechischen Republik. Es nimmt eine Fläche von drei Hektar ein. Die direkt angrenzende charmante Altstadt ist von Mauern und Wasser umgeben und steht unter Denkmalschutz. Ihre Häuser, geschmückt mit Sgraffiti, Zunftzeichen, aufwendigen Giebeln, Fensterläden, Malereien oder massiven Portalen, versprühen einen Hauch jener Romantik, die italienische Städte so anmutig erscheinen lässt – ein Erbe der italienischen Renaissancebaumeister, die hier wirkten. All diese Schätze teilen die Einheimischen gerne mit den Touristen: Anders als in Prag oder Český Krumlov sitzt man in den Cafés und Restaurants der Altstadt mit ihnen an einem Tisch.

**Geschichte**: Wann hier ein Marktflecken mit einer Burg entstand, weiß man nicht. Sicher ist aber, dass 1220 ein gewisser Jindřich (Heinrich) aus dem sagenumwobenen Geschlecht der Witigonen (→ S. 456) die Burg zum „Neuen Haus“ ausbauen ließ. Bis zu ihrem Aussterben 1604 regierten hier die Herren von Neuhaus. Ihr Erbe, mittlerweile ein prächtiges Renaissanceschloss, dazu eine Stadt, die durch Schafzucht, Tuchmacherei und Teichwirtschaft reich geworden und von einem mächtigen Schanzenwall umgeben war, ging an das Geschlecht der Slavata von Chlumec und Košumberk über. Deren berühmtester Vertreter war Wilhelm (Vilém) Slavata, der 1618 als fliegender königlicher Statthalter beim Prager Fenstersturz in die Geschichte einging. 1653 zählte man exakt 405 Häuser, was genügte, um im Ranking der größten böhmischen Städte Platz drei hinter Prag und Pilsen zu belegen. Ende des gleichen Jahrhunderts fiel der Besitz an die Adelsfamilie Czernín von Chudenice, denen das Schloss bis 1945 gehörte. 1773 musste die Familie mit ansehen, wie ihre Residenz in Flammen aufging. 1801 traf es vornehmlich die Stadt – acht Tage wütete die Feuersbrunst. Ein jahrzehntelanger Wiederaufbau war die Folge. Doch an die einstige Bedeutung konnte Jindřichův Hradec nie mehr anknüpfen. Seit Mitte der 1990er gibt es eine Universität, die angeblich kleinste Mitteleuropas.

**Orientierung**: Der Hauptplatz der Altstadt ist der Náměstí Míru, das Zentrum der Neustadt der Masarykovo náměstí. Beide Plätze verbindet die Panská, eine der Hauptgeschäftsstraßen.

## Basis-Infos

**Information** **Informační středisko město Jindřichův Hradec**, Panská 136, ✆ 384363546, www.jh.cz. Mo–Fr 8–17 Uhr, Sa 8–12 Uhr, Juli/Aug. tägl. 9–17 Uhr.

**Verbindungen** Bahnhof und Busbahnhof rund 15 Fußmin. nördlich des Zentrums.

Beste Verbindungen mit dem **Bus** in die Städte Südböhmens, zudem mehrmals tägl. nach Prag.

**Züge** bis zu 7-mal tägl. nach Budweis, 5-mal nach Pilsen, ca. stündl. nach Veselí nad Lužnicí (von dort weiter nach Prag). Mit einer **Schmalspurbahn** besteht zudem alle 2 Std. ein Eisenbahnbetrieb gen Norden über Kamenice nad Lipou nach Černovíce u Tábora und gen Süden nach Nová Bystřice. Im Sommer verkehrt auf der Strecke 1-mal tägl. auch ein historischer Dampfzug. Näheres bei der Touristeninformation oder unter www.jhmd.cz.

**Ärztliche Versorgung** **Kreiskrankenhaus** ca. 300 m südöstlich des Schlosses, U Nemocnice III/380. ✆ 384376111, www.nemjh.cz.

**Einkaufen** **Vinotéka Dionýsův Nektar** **1**, Weinhandlung mit einer guten Auswahl an hochwertigen Weinen aus Mähren. Klášterská 142.

**Parken** Am Nám. Miru, ansonsten im Zentrum kaum Möglichkeiten.

**Radverleih** Räder kann man z. B. über **KG Sport** in der Štítného 116 mieten. 10 €/Tag. ✆ 608357177 (mobil, deutschsprachig).

## Übernachten

**Hotels** **** **Concertino** **4**, stillos-komfortables Haus in einem historischen Gebäude am Hauptplatz. 37 z. T. recht geräumige Zimmer mit Standardmobiliar. Kongresssaal, Tiefgarage. Restaurant. EZ ab 48 €, DZ ab 68 €. Nám. Míru 141, PLZ 37701, ✆ 384362320, www.concertino.cz.

**Bílá paní** **7**, kleineres Haus nahe dem Schloss. Gepflegte, ganz unterschiedliche Zimmer, z. T. recht groß, manche mit alten Bauernmöbeln. Biederes Gewölberestaurant mit Terrasse, zu den Spezialitäten zählt die „Weiße Frau" (Schweinefleisch im Kartoffelpuffer). Hg. 4–12 €. EZ 31 €, DZ 50 €. Dobrovského 5, PLZ 37701, ✆ 384363329, www.hotelbilapani.cz.

**Pensionen** **Pod Zámkem** **10**, charmantes Anwesen am Wassergraben unterhalb der Burg mit netter Restaurant- und Caféterrasse (→ Essen & Trinken). 13 komfortable Zimmer, die das Niveau mancher Hotels in der Stadt übertrumpfen, aber nicht ganz so charmant sind wie die Anlage selbst. DZ 48 €. Nové Stavení 16, PLZ 37701, ✆ 384384026, www.penzion-pod-zamkem.cz.

**Cyklopenzion Jindřichův Hradec** **8**, kleine, freundliche Pension mitten im Zentrum. Spricht – wie der Name schon sagt – vornehmlich Radwanderer an (Raum für Radaufbewahrung, Reparaturen). 8 gepflegte Zimmer. Kleine Terrasse, Garagenparkplätze. Unregelmäßig geöffnetes Café angeschlossen. Keine besetzte Rezeption, daher besser im Voraus reservieren. EZ 30 €, DZ 50 €. Nám. Míru 178, PLZ 37701, ✆ 723358139 (mobil), www.cyklopenzionjh.cz.

**Černej Pták** 2, 8 recht schlichte Zimmer mit Bad. Ordentliches, aber etwas miefiges Restaurant. EZ 32 €, DZ 48 €. Štítného 117, PLZ 37701, ✆ 384390790, www.cernejptak.cz.

**Jugendherberge** **U Tkadlen** 12, Jugendherberge und Hotel in den ehemaligen Gerberhäusern aus dem 16. Jh., idyllisch am Fluss mit Biergärtchen. Einfache Zimmer mit Bad, dazu noch einfachere Mehrbettzimmer ohne Bad. Parkplätze. Falls die Rezeption nicht besetzt ist, im Restaurant nachfragen. 14 €/Pers. im Mehrbettzimmer, DZ 40 €. Pod hradem 7, PLZ 37701, ✆ 384321348, www.utkadlen.wz.cz.

**Camping** **Camping Jindřiš**, im gleichnamigen Dorf ca. 5 km östlich von Jindřichův Hradec (von der E 551 und von der Straße nach Kunžak ausgeschildert). Einfacher, aber gepflegter Wiesenplatz auf einer Anhöhe. Ordentliche Sanitäranlagen. Kiosk, Kneipe im Dorf. Keine Chatas. Nahebei ein Badesee. Mitte April bis Mitte Okt. 2 Pers. mit Zelt u. Auto 9,60 €. Jindřiš 15, PLZ 37701, ✆ 384326758, www.jindris.cz.

## Essen & Trinken

**Restaurants** **Černej Pták** 2, eines der beliebtesten Lokale der Stadt – trotz viel Küchendunst. Modern-rustikal eingerichtet, hinten raus mit Terrasse. Böhmische Küche mit mediterranen Anklängen. Auch an Vegetarier wird gedacht. Hg 4,50–12 €. Štítného 117, ✆ 384390790.

**Pod Zámkem** 10, zur gleichnamigen Pension gehörend (→ Übernachten). Nette rustikale Terrasse am Wasser, auf der saftiges US-Beef und argentinische Striploin-Steaks serviert werden, dazu aber auch die böhmischen Klassiker. Hg. 6–12 €. Nové Stavení 16, ✆ 384384026.

**Restaurace Pod Věží** **3**, recht steriles Lokal in gelb gestrichenen alten Gemäuern. Freundliches Personal. Im Sommer wird die Gasse davor bestuhlt. Interessante Fisch- und Wildgerichte, dazu verschiedenartig gefüllte Kartoffelpuffer zu 6–17 €. Štítného 128, ✆ 777575872 (mobil).

**Pizzeria Padrino** **5**, jugendliches Ambiente, bunt gestrichen, Holzofen. Pizzen 4–5,60 €. Nám. Míru 158, ✆ 777660870 (mobil).

**Pivnice** **Bistro Pod Hradem** **9**, kleine, einfache Bierkneipe mit gemütlicher Terrasse am Bach, wo das *Černá Hora* in Strömen fließt. Mo–Sa 17 Uhr, So ab 15 Uhr. Pod Hradem.

## Von grünen Schnäpsen und grünen Feen

Jindřichův Hradec ist bekannt für Absinth. Hill's und Fruko-Schulz sind die lokalen Produzenten. Picasso soll mit dem giftgrünen, gallenbitteren Likör seine blaue Periode durchlebt haben, van Gogh schnitt sich im Absinthrausch ein Ohr ab. In den letzten Jahren feierte Absinth als Modedrink eine kleine Renaissance, aber außer dem Namen und seiner Hochprozentigkeit hat das aktuelle Zeitgeistgetränk mit „richtigem" Absinth wenig gemein. Letzterer nämlich enthält den aus Wermutblättern gewonnenen namengebenden Bitterstoff Absinthin und dazu Thujon, ein Nervengift, das psychedelisch wirkt und in hohen Dosen zu psychischen Schäden führen kann – wenn man zu viel des giftgrünen Stoffes trinkt, so heißt es, sieht man eine Fee gleicher Farbe. Nicht zuletzt aus diesem Grund war Absinth lange Zeit in vielen Ländern der Welt verboten. Was heute auf den Markt kommt, ist eine Art „Absinth light" mit maximal einem Fünftel der Thujon-Menge aus der Zeit Picassos und van Goghs. Dennoch heißt es aufgepasst: Schon ein Gläschen kann die Sightseeingtour in ein anderes Licht rücken. Wer stilecht probieren möchte, entzündet einen Löffel mit absinthgetränktem Zucker und kippt die karamellisierte Flüssigkeit zurück ins Glas.

**Hill's Liqueure** **11**, 1920 gegründet, seit 1990 wieder in Familienbesitz, unterhält einen Verkauf in der Mlýnská 121. Eine große Flasche Absinth kostet ca. 15 €. Den Absinth von **Fruko-Schulz** **6** bekommt man in der Komenského 12. Beide Hersteller verstehen sich auch darauf, diverse hochprozentige Billigprodukte zu destillieren und eine Vielzahl schrecklicher, zuckersüßer Liköre zu mixen.

## Sehenswertes

Zentrum der Altstadt ist der Hauptplatz **Náměstí Míru** („Platz des Friedens") mit einer prächtigen Mariensäule aus den Jahren 1764–66. Ihn säumen schöne Bürgerhäuser mit barocken und klassizistischen Fassaden. Fast alle Gebäude – die meisten haben einen gotischen Kern – besaßen einst offene Laubengänge. Nach den großen Bränden wurden sie jedoch weitestgehend zugemauert. Lediglich an der Nordseite des Platzes ist ein Häuserensemble mit Laubengängen erhalten geblieben, darunter das sog. **Langerhaus** (Langrův dům), dessen herrliche Renaissancefassade deutschsprachige Inschriften aufweist.

**Zámek (Schloss)**: Das Areal präsentiert ein Baustilmosaik der letzten sechs Jahrhunderte. Angeblich benötigt man 500 verschiedene Schlüssel, um die Türen und Tore zu den rund 320 Räumlichkeiten zu öffnen. Zum Glück gibt es organisierte Führungen. Es werden drei Touren angeboten, alle beginnen im dritten Burghof. Tour A führt durch den sog. *Adamsflügel,* einen von Adam II. in Auftrag gegebenen Renaissancepalast, für den italienische Baumeister im 16. Jh. verantwortlich zeichneten. Ganz im Stil der Renaissance ist hier das *Grüne Zimmer* gehalten, die restlichen Räumlichkeiten sind überwiegend mit neoklassizistischem und barockem Mobiliar versehen. Man sieht u. a. ein Klavier, auf dem schon Mozart klimperte, und mehrere Gemälde von Peter Brandl (1668–1735), der von František Josef Czernín gefördert wurde. Tour B hat die *mittelalterliche Burg* zum Schwerpunkt. Unter anderem besichtigen Sie die *Heilig-Geist-Kapelle* mit Fresken aus dem 14. Jh., die die Legende des Hl. Georg zeigen, und eine *schwarze Küche*. Tour C widmet sich der Geschichte des Schlosses im 18. und 19. Jh. (in der Zeit der Czernín) und seinem Wahrzeichen, dem *Gartenrondell* aus dem 16. Jh., eine Perle des europäischen Manierismus von Giovanni Mario Faconi. Wer es betrat, sollte sich wie im Himmel fühlen. Es diente vorrangig Bällen und Sommerfesten. Bei Veranstaltungen saß das Orchester in einem Raum unter dem Hauptsaal, damit die Distanz zwischen Musikern und Feiernden gewahrt blieb. Die Musik stieg durch eine kleine Öffnung in der Mitte des Raumes zu den Gästen empor.

April u. Okt. tägl. (außer Mo) 10–15.15 Uhr, Mai u. Sept. tägl. (außer Mo) 10–16.15 Uhr, Juni–Aug. tägl. (außer Mo) 9–16.15 Uhr. 3,60–4 €/Tour (ca. 45 Min.), erm. 1,60–2 €. www.zamek-jindrichuvhradec.eu.

Südböhmen → Karte S. 394/395

**Dům gobelínů (Gobelinmuseum)**: Im nördlichen Bereich der Schlossanlage befindet sich die einstige Brauerei von Neuhaus, in der u. a. František Smetana, der Vater des berühmten Komponisten, gearbeitet hat. Seit 2012 beherbergt sie ein Gobelinmuseum – Jindřichův Hradec ist bekannt für die Herstellung und Restaurierung von Gobelins. Man kann den Restauratorinnen bei ihrer interessanten Arbeit zusehen, sich selbst im Weben versuchen und erhält Infos über die im frühen 20. Jh. gegründete Tapisseriemanufaktur der Textilkünstlerin Marie Hoppe-Teinitzer. Leider richtet sich das Museum in erster Linie an Tschechen – Ausländer werden mit einem englischsprachigen Infoblatt abgespeist.

Adressen/Öffnungszeiten: April–Okt. tägl. (außer Mo) 10–12 u. 13–17 Uhr. 2,40 €, erm. die Hälfte. www.dumgobelinu.cz.

**Okresní muzeum (Kreismuseum)**: Das Museum ist in den Räumlichkeiten des einstigen Jesuitenseminars untergebracht. Stolz ist man auf eine einzigartige *Weihnachtskrippensammlung,* insbesondere auf die Krippe des lokalen Strumpfmachers Tomáš Krýza (1838–1918), die es als weltweit größte Krippe 1998 ins *Guinness-Buch der Rekorde* schaffte. Auf einer Fläche von 60 m$^2$ stehen 1398 Figuren – Menschen und Tiere –, 152 davon sind beweglich. Zudem informiert das Museum über das Uhrmacherhandwerk und zeigt archäologische Funde der Region, eine alte Barockapotheke sowie Sakralgegenstände.

Adresse/Öffnungszeiten: Balbínovo nám. April bis Nikolaus tägl. (außer Mo) 8.30–12 u. 13–17 Uhr, Juni–Aug. auch Mo, Dez.–März geschl. 2,40 €, erm. 1,60 €. www.mjh.cz.

**Národní muzeum fotografie (Nationales Fotografiemuseum):** Das moderne Museum im ehemaligen Jesuitenkolleg, einem schönen Renaissancebau, zeigt in Wechselausstellungen Werke tschechischer und ausländischer Künstler, darunter Klassiker genauso wie vergessene oder relativ unbekannte Fotografen.

Adresse/Öffnungszeiten: Balbínovo nám. April/Mai u. Okt./Nov. nur Sa/So 12–16.30 Uhr, Juni–Sept. tägl. (außer Mo) 10–17 Uhr. 3,60 €, erm. 2 €. www.mfmom.cz.

**Kirchen und Türme:** Nur ein paar Schritte vom Náměstí Míru entfernt steht die *Propsteikirche Mariä Himmelfahrt (Kostel Nanebevzetí Panny Marie).* Sie entstand im 14. Jh. unter dem Patronat des Deutschen Ritterordens. Die schönste Kapelle mit dekorativem Maßwerkrippengewölbe ist die des Hl. Hippolyt. 150 Stufen führen auf die Galerie des 69 m hohen Kirchturms. Eine weitere bedeutende Kirche ist die zweischiffige spätgotische *Kirche Johannes' des Täufers (Kostel sv. Jana Křtitele).* Das angrenzende einstige Minoritenkloster wurde 1320 gegründet. Kloster und Kirche dienen heute dem Kreismuseum als Ausstellungs- und Veranstaltungsort.

Adressen/Öffnungszeiten: Turm der Propsteikirche (Za Kostelem), April/Mai sowie Sept.–Dez. Sa/So 10–12 u. 13–16 Uhr, Juni–Aug. tägl. 10–12 u. 13–16 Uhr. 0,80 €. Kloster und Kirche Johannes' des Täufers (Štítného/Ecke Svatojánská), sofern Ausstellungen stattfinden, April–Dez. tägl. (außer Mo) 9–12 u. 13–16 Uhr, Juli/Aug. tägl. Eintritt variiert je nach Ausstellung. www.mjh.cz.

## Červená Lhota

Rothlhota

Das bonbonrote Schlösschen 12 km nordwestlich von Jindřichův Hradec thront inmitten stiller Wasser. Es ziert die Titelseiten von Reiseführern und Prospekten, und das nicht umsonst – man kann es ohne Übertreibung als eines der malerischsten Schlösser Europas bezeichnen (dennoch ist es ein Ziel für Selbstfahrer). Hervorgegangen ist es aus einer ursprünglich gotischen Wasserfeste, die so viele Umbauten wie Besitzer erlebte. Die letzte große Umgestaltung, die dem Schloss sein heutiges Aussehen gab, ging in den Jahren 1903–1912 vonstatten. Die letzten adeligen Besitzer waren bis zu ihrer Enteignung 1945 die Schönburg-Hartenstein. Bereits im 17. Jh. bekam das Renaissanceschlösschen seinen roten (tschech. rot = *červená*) Anstrich, zuvor nannte man es *Nová (Neues) Lhota.* Zu jener Zeit ersetzte man auch die Zugbrücke durch eine steinerne Brücke. 1799 starb auf Schloss Rothlhota der verarmte Komponist Carl Ditters von Dittersdorf (→ Altvatergebirge/Javorník, S. 611), der im nahen Deštná beigesetzt wurde. Auf Einladung des Freiherrn von Stillfried hatte er hier seine letzten Lebensjahre verbracht. Durch das Innere des vierflügeligen Schlosses mit einem kleinen Hof in der Mitte werden Führungen angeboten, am spannendsten ist die durch die Salons der ersten Etage (50 Min.). Das Interieur präsentiert sich überwiegend im Stil der Renaissance und des Rokoko. Ein Teil der Räumlichkeiten kann für Traumhochzeiten gebucht werden – dann fallen die Führungen aus, und es lohnt sich, ein Ruderboot zu mieten und einmal rund um das von Wasser umspülte Schloss zu paddeln.

April u. Okt. nur Sa/So 9.30–16 Uhr, Mai u. Sept. tägl. (außer Mo) 9.30–16 Uhr, Juni–Aug. bis 17 Uhr. Je nach Führung 1,20–4 €, erm. 0,80–2,40 €. www.zamek-cervenalhota.eu.

**Česká Kanada – Böhmisch Kanada**

Zieht man von Jindřichův Hradec eine Linie gen Südosten nach Nová Bystřice, von dort gen Osten nach Slavonice, dann gen Nordwest nach Kunžak und dann zurück gen Westen nach Jindřichův Hradec, so hat man grob das Gebiet umrahmt, das *Česká Kanada,* „Böhmisch Kanada", genannt wird. Es ist eine dünn besiedelte Landschaft mit zahlreichen Seen, großen Wacholderbeständen und weiten Fichtenwäldern, in denen sich Hirsche und Rehe wohl fühlen – viele Abschnitte stehen unter Naturschutz. Die höchste Erhebung ist der *Vysoký Kámen* mit 738 m. In den Wäldern rund um Kunžak erwarten den Besucher bizarre Granitformationen. Im Spätsommer sieht man viele Pilzsammler durch das Gebiet ziehen, so manche in einem Outfit, das an die einstigen Fallensteller im echten Kanada erinnert. Böhmisch Kanada eignet sich bestens für ausgedehnte Wanderungen und Radtouren, diverse markierte Pfade und Wege laden dazu ein – denken Sie jedoch an gutes Kartenmaterial!

## Kamenice nad Lipou

Kamenitz an der Linde

Kamenice nad Lipou liegt knapp 20 km nördlich von Jindřichův Hradec und ist ein verschlafenes Städtchen mit rund 3900 Einwohnern. Daran, dass der Ort schon bessere Zeiten gesehen hat, erinnern noch ein paar prächtige historische Bauten im Zentrum. An den begrünten Marktplatz grenzt das rosafarbene **Schloss Kamenitz**. Es beherbergt zum einen ein modern konzipiertes Stadtmuseum, zum anderen Ausstellungen von Schmiedearbeiten, Möbeln des 19. und 20. Jh. und altem Spielzeug, allesamt aus der Sammlung des Kunstgewerbemuseums Prag. Im Schlosspark steht – heute mehr breit als hoch – eine über 750 Jahre alte Linde. Rainer Maria Rilke (1875–1926), dessen Ahnen das Schloss bewohnten, verewigte die Anlage samt Linde in mehreren Werken.

**Verbindungen** Busse regelmäßig nach Pelhřimov und Jindřichův Hradec. Bahnhof 1 km südlich des Zentrums, alle 2 Std. Züge nach Jindřichův Hradec.

**Öffnungszeiten** Schloss Kamenitz, Mai–Sept. tägl. (außer Mo) 10–17 Uhr, April u. Okt. Di–Fr 10–15 Uhr, Sa/So bis 17 Uhr, Nov.–März nur Di–Fr 10–15 Uhr. Eintritt für alle Ausstellungen 3,20 €, erm. die Hälfte. www.upm.cz bzw. www.muzeumvsemis mysly.cz.

Weiter auf die Böhmisch-Mährische Höhe? Informationen zu **Pelhřimov** bekommen Sie ab S. 478, zu **Telč** ab S. 511 und zu **Slavonice** ab S. 507.

## Tábor

Tabor

**Das nette Städtchen Tábor ist untrennbar mit der Hussitenbewegung verbunden. Der alte Kern mit seinen verwinkelten Gassen und niederen Bürgerhäusern präsentiert sich überaus reizvoll – selbst die mit Plastikblumen dekorierte öffentliche Toilette am Marktplatz macht da keine Ausnahme …**

Die 35.000 Einwohner zählende Kreisstadt 88 km südlich von Prag, der es augenscheinlich gut geht, lohnt jederzeit einen Abstecher. Die hübsch restaurierte

Südböhmen → Karte S. 394/395

Altstadt mit ihrem Charme des „natürlich Schönen" und den krummen Gässchen, die oft so eng sind, dass nicht einmal ein Auto hindurchpasst, lädt zum Bummeln ein. Chinesische Reisegruppen sind noch die Ausnahme, und es reiht sich noch nicht Galerie an Souvenirshop. Allzu groß aber ist der historische Kern nicht, und nach ein paar Stunden hat man alles gesehen.

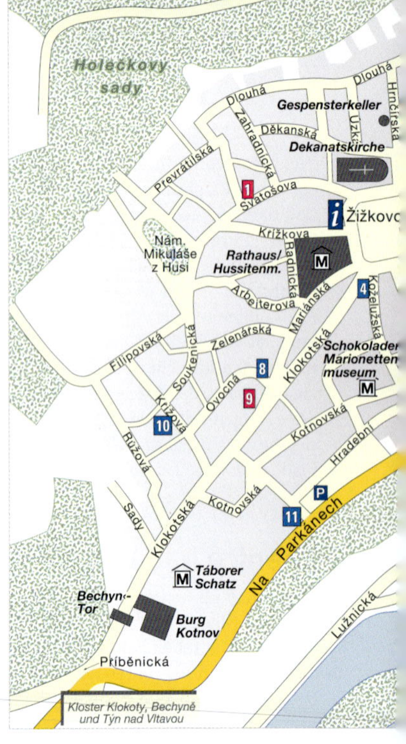


## Basis-Infos

**Information** Infocentrum Město Tábor, zentral am Žižkovo nám. 2. Mai–Sept. Mo–Fr 8.30–19 Uhr, Sa/So 10–16 Uhr, sonst Mo–Fr 9–16 Uhr. ✆ 381486230, www.taborcz.eu.

**Verbindungen** Busbahnhof und Bahnhof liegen nah beieinander im Osten der Stadt, bis ins Zentrum läuft man ca. 15 Min.

Gute **Busverbindungen** in alle Zentren Südböhmens. Regelmäßig nach Prag (Florenc oder Roztyly an der Ⓜ C).

**Züge** ca. stündl. nach Prag und Budweis, 3-mal tägl. nach Linz, bis zu 9-mal tägl. nach Bechyně.

**Ärztliche Versorgung** Krankenhaus nordwestlich der Altstadt, Zufahrt von der Kpt. Jaroše. ✆ 381608111, www.nemta.cz.

**Einkaufen** **Antikvariát Bastion 5**, nettes Antiquariat mit Musikbeschallung, Galerie und kleiner Auswahl an deutscher Literatur. Auch So 13–18 Uhr. Palackého 6.

**Antik No. 14 2**, kleiner Antiquitätenladen auf 2 Etagen in einem Hinterhof. Neben Möbeln viel Porzellan, Kaffeemühlen, Bilder und Lampen. Žižkovo nám. 14.

**Parken** Gebührenpflichtige Parkplätze u. a. an der 9. května, der Palackého, in der Tiefgarage an der Třída Čs. Armády und am Žižkovo nám.

**Radverleih** Über die Tschechische Bahn am Bahnhof möglich.

**Veranstaltungen** Highlight sind die **Táborer Begegnungen** *(Táborská setkáni)* Mitte Sept., bei denen sich das Zentrum für 3 Tage in eine mittelalterliche Stadt verwandelt, Ritterkämpfe und Umzüge inklusive (www.taborsetkani.eu).

**Orientierung**: Die Altstadt mit dem zentralen Žižkovo náměstí erhebt sich hoch über dem Flusslauf der Lužnice (Lainsitz). Gen Osten erstreckt sich die Neustadt, wo Busbahnhof und Bahnhof liegen. Die Hauptverbindungsstraße zwischen Alt- und Neustadt und zugleich die Hauptgeschäftsstraße ist die Pražská, die in die Palackého und die 9. května übergeht. Im Norden wird die Neustadt vom Jordán begrenzt, dem ältesten Stausee Mitteleuropas, der 1492 zur Trinkwasserversorgung angelegt wurde. Die Orientierung im Zentrum erleichtern Hinweisschilder.

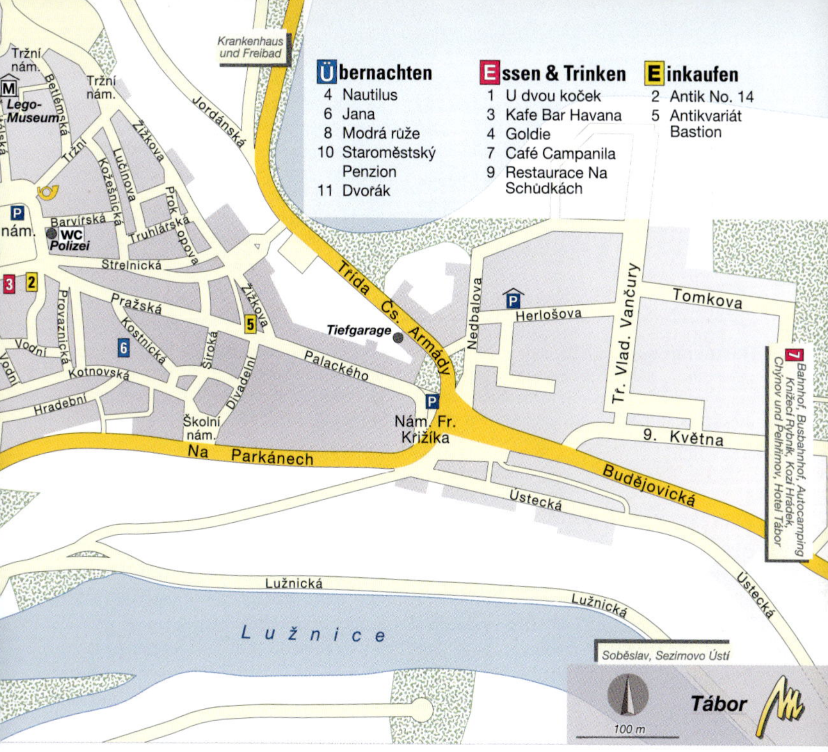


## Übernachten

**Hotels** **** **Dvořák** **11**, komfortables Hotel auf dem Gelände der ehemaligen Brauerei von Tábor, wirkt etwas überdimensioniert. 72 Zimmer ohne persönliche Note, dafür z. T. recht geräumig. Kleines Hallenbad, sichere Parkplätze (im Hof gratis, in der Tiefgarage 10 €/Tag extra). Der Wellnessbereich bietet Bierbäder. Gutes, gehobenes Restaurant im Backsteinkeller, dazu eine Sommerterrasse. EZ 96 €, DZ ab 126 €. Hradební 3037, PLZ 39001, ✆ 381207211, www.dvoraktabor.cz.

››› **Unser Tipp:** **** **Nautilus** **4**, Boutiquehotel in einem Altstadthaus am Marktplatz. Eines der schönsten Hotels auf dem tschechischen Land. Die 22 Zimmer sind im geschmackvollen Stilmix ausgestattet (Parkettböden, Antiquitäten, junges Design usw.) und mit viel Liebe zum Detail dekoriert. Sehr gutes Restaurant (→ Essen & Trinken). Sehr zuvorkommendes Personal. EZ 100 €, DZ ab 116 €. Žižkovo nám. 20, PLZ 39001, www.hotelnautilus.cz. ‹‹‹

**Pensionen** **Staroměstský Penzion** **10**, sehr gepflegte Pension in herrlich ruhiger und wunderschöner Lage in der Altstadt. Nur 3 Zimmer und eine Suite für 4 Pers. (mit voll ausgestatteter Küche), allesamt im modern-rustikalen Stil. Gemeinschaftsterrasse. Keine regelmäßig besetzte Rezeption, daher besser vorausbuchen. Ab 26 €/Pers. Křížová 93/8, PLZ 39001, ✆ 605538998 (mobil), www.staromestsky-penzion.com.

**Jana** **6**, 5 ordentliche Zimmer in einem Gebäude aus dem 16. Jh. Gefrühstückt wird im gotischen Saal oder im netten Innenhof. Kostenlose Parkmöglichkeiten, ideal auch für Radtouristen. Sehr freundliche Inhaberin (deutschsprachig). Frühzeitige Buchung im Sommer ratsam. EZ 24 €, DZ 48 €. Kostnická 161, PLZ 39001, ✆ 381254667, www.bedandbreakfast.euweb.cz.

**Modrá růže** **8**, in einer ruhigen Altstadtgasse. Unterschiedlich große Zimmer und Apartments mit unschönen 80er-Jahre-Möbeln, jedoch sauber und mit privaten Bädern.

Sauna, Restaurant mit Sommerterrasse. EZ 20 €, DZ 32 €. Ovocná 63, PLZ 39001, ☏ 381231277, www.lunchtime.cz/modra-ruze/.

**Camping** **Autocamping Knížecí Rybník**, ca. 5 km östlich von Tábor, nahe der viel befahrenen Straße Nr. 19. Trotz einiger altgrauer Gebäude auf dem großen Gelände gar nicht so schlecht. Badeweiher, neue Sanitäranlagen. Selbstbedienungsrestaurant mit Terrasse direkt über dem Wasser. Volleyballfeld. Es werden auch Zimmer und Chatas vermietet. April–Okt. 2 Pers. mit Wohnmobil 8 €, Chata für 3 Pers. 24 €, DZ mit Bad 40 €. Měšice, PLZ 39156, ☏ 380421621, www.knizecirybnik.cz.

## Essen & Trinken/Nachtleben

→ Karte S. 422/423

**Restaurants** Goldie **4**, das in Goldtönen gehaltene, schick-gediegene Restaurant des Hotels Nautilus (→ Übernachten) ist geschmückt mit großen Spiegeln und tschechischer Gegenwartskunst. Es gehört zu den besten des Landes: Raffinierte Regionalküche trifft den Rest der Welt, auch ein lobenswertes Angebot für Vegetarier. Hg. 8–20 €.

### Von Hus, Žižka, den Taboriten und Pikarden

Als einer der großen Reformatoren der Weltgeschichte gilt Jan Hus, der hundert Jahre vor Luther für eine Reform von Gesellschaft und Kirche eintrat. Um 1370 wurde er im südböhmischen Husinec als Sohn eines Bauern geboren. Trotz seiner ärmlichen Herkunft schaffte er es an die Prager KarlsUniversität, wo er ab 1398 Theologie studierte. 1400 wurde er zum Priester geweiht. Ein Jahr später folgte die Ernennung zum Dekan der philosophisch-theologischen Fakultät, und wiederum ein Jahr später wurde er Professor. In den Jahren 1409/10 stieg Hus sogar zum Rektor der Universität auf. Er förderte deren Tschechisierung und rüttelte an der Vorherrschaft der deutschen Professoren. Berühmt wurde Hus durch seine radikalen, in der Volkssprache Tschechisch vorgetragenen Predigten in der Bethlehemkapelle, wo er in Anlehnung an die Thesen des englischen Reformators John Wyclif die Abkehr der Kirche von Besitz und weltlichem Machtstreben forderte. Seine Kritik am Ablasshandel, der u. a. dazu diente, die päpstlichen Kriege zu finanzieren, und die Ermutigung des Volkes, sich gegen ihre Herren aufzulehnen, brachten den konservativen deutschen Klerus in Aufruhr. Als sich 1412 die theologische Fakultät gegen ihn stellte und der Papst ihn exkommunizierte, floh Hus auf die Burg Kozí Hradek, wo er sein Hauptwerk *De ecclesia* („Über die Kirche") verfasste. 1414 wurde er vor das Konzil in Konstanz (heute die Partnerstadt Tábors) beordert. Hus weigerte sich, seine Thesen zu widerrufen, und wurde am 6. Juli 1415 als Ketzer verbrannt, obwohl ihm König Sigismund (ab 1433 Kaiser) freies Geleit zugesichert hatte. Mit seiner Hinrichtung wollte man der Gefahr einer immerwährenden Spaltung der Kirche entgegenwirken, doch in Böhmen erreichte man damit genau das Gegenteil. Hus wurde zum Märtyrer und Nationalhelden der Tschechen, sein Todestag ist heute ein staatlicher Feiertag.

Die Anhänger von Hus formierten sich nach seinem Tod in verschiedenen Gruppierungen, die seine reformatorischen Ideen mehr oder minder radikal in die Tat umsetzen wollten. Eine davon floh wenige Monate nach dem ersten Prager Fenstersturz (1419) in den Schutz der Burg Kotnov. Dort errichtete die Gruppe ein Zeltlager, aus dem schon bald eine festungsähnliche Stadt hervorging, deren (bis heute unverändertes) Gassenwirrwarr jeden Angreifer zur Verzweiflung treiben sollte. Sie nannten ihre neue Stadt *Tábor* nach dem neutestamentarischen Berg der Verklärung Jesu. „Není nic méa nic tvé, než všecko v obc rovně mají" („Nichts gehört mir, nichts gehört dir, alles gehört allen") war das Motto der religiösen Gemeinschaft,

**U dvou koček** **1**, gepflegtes Restaurant im ländlichen Stil mit deftiger Küche wie *Halušky* (eine Art Spätzle) oder mit Speck und Kraut gefüllten Kartoffelknödeln. Auch Fondue und Raclette. Hg. 4–16 €. Svatošova 312, ✆ 381256802.

**Restaurace Na Schůdkách** **9**, freundliches Lokal. Raucher sitzen unterm Gewölbe, Nichtraucher unter schön bemalten alten Decken in einem Salon, der an ein aristokratisches Wohnzimmer erinnert. Böhmische Küche mit Seitensprüngen ins Mediterrane, dazu gute Steaks. Mittlere Preisklasse. Klokotská 106, ✆ 776722600 (mobil).

**Kafe Bar Havana** **3**, der Name weckt andere Assoziationen ... Urgemütliches, verspielt-überdekoriertes Kneipenrestaurant mit rot-weiß karierten Tischdecken und gut gezapftem Bier. Auch hier stehen Steaks und andere Fleischgerichte im Vordergrund. Hg. 4,40–12 €. Nette Terrasse zum Hauptplatz hin. Žižkovo nám. 17, ✆ 381253383.

**Café** **Café Campanila** **7**, schwarz-weiß gekacheltes Café mit großer Fensterfront. Leckere Torten und Kuchen. Straßenbestuhlung. Angeschlossen eine Pizzeria. 9. května.

Privatbesitz gab es nicht. Wer in Tábor leben wollte, musste sich nach diesem frühsozialistischen Modell seines gesamten Besitzes entledigen. Männer und Frauen hatten die gleichen Rechte. Das Abendmahl wurde in beiderlei Gestalt an die Gemeinde verteilt, also auch in Gestalt des Kelches mit dem Blut Christi, der im Ritus der römischen Kirche den Priestern vorbehalten war, was auf dem Konzil von Konstanz noch einmal ausdrücklich bestätigt worden war. Der sog. Laienkelch, den man von steinernen Tischen vorm Rathaus (sie stehen noch heute) verabreichte, wurde so zum Symbol der Männer und Frauen aus Tábor, die als Taboriten in die Geschichte eingegangen sind.

Als eine der radikalsten und sozialrevolutionärsten hussitischen Gruppierungen forderten die Taboriten nicht nur die Säkularisierung des Kirchenguts, die freie Predigt und die Rückkehr zur apostolischen Armut, sondern auch die Errichtung eines Gottesreiches durch das Schwert. Ihr militärischer Führer war Jan Žižka, um 1370 bei Trocnov geboren. Žižka gelang es sogar, Heere aufzustellen. Bereits 1420 besiegte er das kaiserliche Kreuzfahrerheer am Prager Vítkov-Berg, wo er heute in Form des größten Reiterstandbildes der Welt geehrt wird. Auch in Tábor ist er zu sehen, hier auf dem nach ihm benannten Hauptplatz. Sein erblindetes Auge ist abgedeckt, porträtiert wurde er fast immer im Profil. Beim Sturm auf die Burg Rabí verlor er 1421 sein zweites Auge. Auch vollständig erblindet gewann er noch mehrere Schlachten, bis er am 11. Oktober 1424 verstarb.

Die Kunde vom widerspenstigen Tábor durchlief ganz Europa und führte dazu, dass diverse Sekten das Städtchen zu ihrem Zufluchtsort erkoren. Eine darunter war die der Pikarden aus der nordfranzösischen Region Picardie. Ihre Auffassung, dass es die perfekte Seele nicht nötig habe, tugendhaft zu sein, kam bei den tugendhaften Taboriten aber schlecht an. Die Pikarden wurden aus der Stadt getrieben und ließen sich auf der nahen Burg Příběnice (heute eine Ruine westlich von Tábor) nieder. Ähnliche den legendären Adamiten folgten sie frei jedem ihrer Triebe. Dies führte zu rituellem Nudismus und „Liebesfesten". Ein schockierter Chronist vermerkte: „Beim Durchstreifen der Wälder und Hügel wurden manche derart vom Wahnsinn gepackt, dass Männer und Frauen ihre Kleider abwarfen und nackt herumliefen [...], dieser selbe Wahnsinn machte sie glauben, dass es keine Sünde sei, wenn sie miteinander Geschlechtsverkehr hätten." Žižka höchstpersönlich sandte eine Streitmacht aus, um 50 von ihnen auf dem Scheiterhaufen zu verbrennen, weitere 25 überließ er dem Volkszorn.

## Sehenswertes

Den besten Überblick über die schöne Altstadt gewinnt man vom **Turm der Dekanatskirche** (1440–1516) am Hauptplatz. Sie können ihn von Mai bis August tägl. von 10 bis 17 Uhr besteigen (1,20 €). Das Ziegeldächermeer, auf das Sie von hier blicken, entstand nach den verheerenden Stadtbränden 1532 und 1559; bis dahin war das Gros der Táborer Häuser aus Holz gebaut. Beim Spaziergang durch das historische Zentrum kommt man an vielen kleinen Bürgerhäusern im Stil der Renaissance mit teils herrlichen Flammengiebeln vorbei.

**Radnice (Rathaus)**: Der spätgotische Bau (1440–1521) am Žižkovo náměstí beherbergt ein sehenswertes Museum, das sich der Hussitenbewegung (→ Kasten S. 424) widmet, zudem gibt es eine Galerie mit tschechischer Kunst des 17.–20. Jh., darunter mehrere Skulpturen des Bildhauers František Bílek (1872–1941), der aus dem nahe gelegenen Chýnov (→ S. 427) stammt. Vom Rathaus gelangt man auch in die bis zu 16 m tiefen unterirdischen Gewölbe der Stadt. Sie wurden als Bierkeller angelegt (ganzjährig herrscht darin eine Temperatur von 7–8 °C), dienten aber bei Bedrohung auch als Zufluchtsort. Gerne erzählt man die Geschichte, dass Frauen, die heimlich Bier getrunken hatten, für einen Tag in die Keller gesperrt wurden – angeblich war ihnen der Bierkonsum bis ins 18. Jh. verboten. Mitte des 20. Jh. wurden die Kellerräume durchbrochen und miteinander verbunden.

Okt.–März Mi–Sa 9–17 Uhr, April–Juni u. Sept. tägl. 9–17 Uhr, Juli/Aug. tägl. 9–18 Uhr. Kombiticket für alle Ausstellungen 4 €, erm. 2,40 €. www.husitskemuzeum.cz.

**Bechyňská brána a Hrad Kotnov (Bechyně-Tor und Burg Kotnov)**: Folgt man vom Hauptplatz der Klokotská, gelangt man zum Bechyně-Tor (um 1420), dem einzigen noch erhaltenen Stadttor. In den darüber liegenden Räumlichkeiten befindet sich eine Ausstellung über die Lebensverhältnisse im Mittelalter. An das Tor schließt ein

Sommertag in Tábor

Rundturm an, der bestiegen werden kann. Er ist Teil der alten gotischen Burganlage Kotnov, in deren Schutz Tábor entstand. Außer dem Turm ist jedoch nicht mehr viel erhalten, der Stadtbrand von 1532 zerstörte den größten Teil der Burg. Vom 17. bis ins 20. Jh. diente das Burgareal als Brauerei. Heute befindet sich dort das Vier-Sterne-Hotel Dvořák (→ Übernachten).

**Bechyně-Tor**, Mai–Sept. tägl. 9–17 Uhr, April u. Okt. nur Sa/So 13–17 Uhr. 1,60 €, erm. die Hälfte. **Burgturm**, gleiche Öffnungszeiten. 0,80 €, erm. die Hälfte. www.husitskemuzeum.cz.

**Táborský poklad (Táborer Schatz)**: Die moderne Dauerausstellung befindet sich in der Mälzerei der oben erwähnten ehemaligen Brauerei. Sie vermittelt ebenfalls Einblicke in den Alltag der Táborer Bürger im ausgehenden Mittelalter. Als Grundlage dient der namengebende „Schatz", den man 2001 bei Grabungsarbeiten in der Altstadt entdeckte: gotische Kacheln, Keramikgefäße aus dem späten 16. Jh. und v. a. 4000 Silbermünzen, von denen die älteste aus dem Jahr 1524 stammt.

**Adresse/Öffnungszeiten**: Hradební, Zugang über den Hof des Hotels Dvořák. Mai–Sept. tägl. 9–12 u. 13–17 Uhr, Okt.–April Mo–Sa 10–12 u. 13–16 Uhr. 0,80 €, erm. die Hälfte.

## Umgebung von Tábor

**Chýnov (Chejnow)**: 10 km östlich von Tábor liegt Chýnov, ein unspektakuläres Städtchen, für Kunstinteressierte aber dennoch einen Besuch wert. Denn aus Chýnov stammt die Familie des Bildhauers František Bílek (1872–1941). Bílek gilt als *der* tschechische Vertreter des symbolistischen Jugendstils, zu seinen Bewunderern zählte u. a. Franz Kafka. In dem 1898 errichteten Wohnhaus Bíleks ist heute ein Museum mit Werken des Künstlers untergebracht, auch sind etliche Originalmöbelstücke zu sehen. Sehenswert ist auch der hiesige Friedhof, den Bílek mit einigen monumentalen Grabsteinen aufpeppte. Er selbst ruht im Kreise seiner Familie – halten Sie nach einer alles überragenden Statue Ausschau.

5 km nordöstlich von Chýnov kann man außerdem die bestens ausgeschilderte *Chýnov-Höhle* (Chýnovská jeskyně) besuchen. Der Höhlenkomplex in der Tiefe des Berges Pacovská hora (573 m) beeindruckt durch bizarre, farbige Dolomit-Kalksteinformationen. 45 Minuten dauert eine Tour, 260 m weit geht es in die Höhle hinein.

**Verbindungen** Regelmäßig **Busse** und **Züge** nach Tábor.

**Öffnungszeiten** **Bílek-Museum** (Údolní 133, im Ortskern mit „Dům F. Bílek" ausgeschildert), zugänglich nur nach Anmeldung unter ✆ 381297230. 2 €, erm. 1,20 €. www.citygalleryprague.cz. Der **Friedhof** ist von der Straße zur Höhle mit „Hřbitov" ausgeschildert. **Höhle**, April–Juni u. Sept. tägl. (außer Mo) 9–15.30 Uhr, Juli/Aug. tägl. (außer Mo) 9–17 Uhr, Okt. tägl. (außer Mo) Führungen um 10, 12 u. 14 Uhr. 3,60 €, erm. 1,60 €. www.jeskynecr.cz.

**Milevsko (Mühlhausen)**: Das 24 km westlich von Tábor gelegene 8700-Einwohner-Städtchen ist kein Ort, der zum längeren Verweilen einlädt. Nahe der Schnellstraße 19 (am nördlichen Ortsrand) erhebt sich jedoch ein mächtiges *Prämonstratenserkloster*. Mit dessen Bau wurde 1184 begonnen, seine goldene Zeit erlebte es Anfang des 15. Jh. Heute steht es in weiten Teilen ruinös da, auch wenn der Haupttrakt und die *Kirche Mariä Heimsuchung* schon restauriert sind. In dem ursprünglich romanischen Gotteshaus, das später immer wieder umgebaut wurde, beten noch sieben Mönche. Zudem ist auf dem Areal das *Stadtmuseum* (Milevské muzeum) untergebracht, das mit barocken Statuen, Bauernmöbeln, Trachten und martialisch-makabren Relikten aus dem Zweiten Weltkrieg aufwartet. Neben dem Kloster steht die

Südböhmen → Karte S. 394/395

*Friedhofskirche St. Ägidius* (Kostel sv. Jiljí) aus dem 12. Jh., die im Rahmen einer Klosterführung ebenfalls besichtigt werden kann.

**Verbindungen** Am besten fährt man mit dem **Bus** an, der Busbahnhof liegt zentral. Bis zu 4-mal tägl. nach Orlík und Tábor, bis zu 3-mal nach Bechyně, häufig nach Písek.

**Öffnungszeiten** **Prämonstratenserkloster**, Klášterní 557. Führungen (50 Min.) Mai/Juni u. Sept. Fr 14–16 Uhr, Sa 10–16 Uhr, So ab 11 Uhr, Juli/Aug. Mo–Sa 10–16.30 Uhr, So ab 11 Uhr. 2,40 €, erm. die Hälfte, www.milevskoklaster.cz. **Stadtmuseum**, März–Dez. tägl. (außer Mo) 9–12 u. 13–17 Uhr. 1,20 €, erm. 0,60 €. www.muzeumvmilevsku.cz.

Informationen zum **Orlík-Stausee** bekommen Sie ab S. 428.

## Bechyně

Bechin

**Bechyně, 26 km südwestlich von Tábor, ist ein verschlafen-verstaubtes Schmankerl in der südböhmischen Provinz.**

Die 5500 Einwohner leben romantisch auf einer Felszunge hoch über dem Zusammenfluss von Lužnice und Smutná. Der zu groß geratene Hauptplatz **Náměstí T. G. Masaryka** vermittelt ein Bild fast dörflicher Trägheit. Die ihn säumenden, niederen Häuser wurden weitestgehend hergerichtet, auch an der in den Platz ragenden rosa-weißen **Dekanatskirche St. Matthias** mit Zwiebelhaube hat man bereits Hand angelegt. Die Ruhe vor Ort wissen die Gäste des kleinen **Kurareals** nordöstlich des Zentrums zu schätzen. Die kohlensäurehaltigen Heilquellen werden für Trink- und Badekuren bei Störungen des Bewegungsapparates und Rheumatismus verwendet.

Hauptsehenswürdigkeit ist das hiesige **Renaissanceschloss**. Peter Wok von Rosenberg II., unter dessen Regierungszeit Bechin seine größte Blüte erlebte, ließ es zwischen 1581 und 1584 auf den Grundmauern einer gotischen Burg errichten. In dem heute nach ihm benannten Prunksaal heiratete er im Alter von 40 Jahren die 14-jährige Katharina von Ludanitz. Zur Hochzeitsfeier sollen 35.000 Liter Wein und 30.000 Liter Bier geflossen sein. 1715 gelangte das Schloss in den Besitz der Adelsfamilie Paar, der es mit Ausnahme der sozialistischen Ära bis heute gehört.

Direkt am Marktplatz liegt das kleine **Stadtmuseum** (Městské muzeum), das vornehmlich als Feuerwehrmuseum (Helme, Schläuche, Spielzeugfeuerwehrautos) dient. An der Široka steht die kleine ehemalige **Synagoge** (Synagoga), ein Zeugnis der einstigen jüdischen Gemeinde Bechins. Sie wird heute als „Touristikmuseum“ - (Muzeum Turistiky) genutzt, was sich jedoch hauptsächlich auf die Geschichte des tschechischen Wanderklubs bezieht – sehr langweilig! An der Klášterní und hoch über dem Flusslauf der Lužnice befindet sich schließlich das ehemalige **Franziskanerkloster** (Klášter), das an der Wende vom 15. zum 16. Jh. entstand. Zu besichtigen sind die spätgotische Klosterkirche Mariä Himmelfahrt und der Kreuzgang, beide mit einem Rippengewölbe aus gebrannten Ziegeln.

### Basis-Infos

**Information** Private **Tourist Information Bechyně** am Nám. T. G. Masaryka. ✆ 381213822, www.visitbechyne.cz. Juni–Aug. tägl. 8–19 Uhr, sonst tägl. 9–12 u. 13–17 Uhr.

**Verbindungen** Bahnhof und Busbahnhof liegen nahe beieinander ca. 1,5 km nordöstlich des Zentrums. Bis zu 9-mal tägl. **Züge** nach Tábor. **Busse** regelmäßig nach Týn nad Vltavou, ca. stündl. nach Tábor, bis zu 10-mal

Písek
Písecká
Bahnhof, Busbahnhof, Tábor, Soběslav und Týn nad Vltavou
U Stadionu
Gabrielova
Školní
Gabrielova
Libušina
Kurareal
Čechova
Ambulanz
Lázeňská
Novodvorská
Novodv orská
Libušina
Michalská
P
Michalská
Übernachten
1 Penzion Vila Elektra
2 Hotel Panská
3 Pension U Pichlů
Parkány
Plechamr
Ehemalige Synagoge
Touristikmuseum
Dlouhá
Široká
Soukenická
1
Kašpara Malého
Libušina
2
Masokrámská
Valtrova
P
Kloster
Dlouhá
Nám. T. G. Masaryka
i
Dekanatskirche St. Matthias
Polizei
Klášterní
3
Städtisches Museum
Klosterkirche Mariä Himmelfahrt
Táborská
Zámek
Südböhmische Aleš-Galerie
Pod Schody
Lužnice
Muzeum Vladimíra Preclíka
Větrov
Schloss
60 m
Bechyně

tägl. über Hluboká nad Vltavou nach Budweis, 1-mal tägl. nach Prachatice.

**Öffnungszeiten** **Schloss**, Juni u. Sept. Do–So 10–15 Uhr, Juli/Aug. tägl. (außer Mo) 10–15 Uhr. Außerhalb der Saison Führungen durch das Personal der Touristeninformation, dort nachfragen. Fremdsprachige Führung 8,80 €. **Stadtmuseum**, Mai–Sept. tägl. (außer Mo) 9–12 u. 13–17 Uhr. 1,60 €, erm. 1 €. **Synagoge**, Mai/Juni u. Sept./Okt. nur Sa/So 9–12.30 u. 13–17 Uhr, Juli/Aug. tägl. (außer Mo) zu denselben Zeiten, sonst geschlossen. 2 €, erm. 1,20 €. **Kloster**, Führungen nur für Gruppen ab 5 Pers., mehr dazu bei der Tourist Information (s. o.).

## Übernachten/Essen & Trinken

→ Karte S. 429

*** **Hotel Panská** **2**, historisches Gebäude am Marktplatz. 29 komfortable Zimmer und Apartments. Freundlicher deutschsprachiger Service. Restaurant mit Sommerterrasse, bei dem die Qualität der Speisen (Fisch, Fleisch, Pasta) der Sterneanzahl hinterherhinkt (Hg. 4–9 €). DZ 60 €. Billiger sind die einfacheren Zimmer in der Dependance auf dem Schlossareal (DZ ab 52 €). Nám. T.G. Masaryka 54, PLZ 39165, ✆ 381211235, www.panstvi-bechyne.cz.

››› **Unser Tipp:** **Penzion Vila Elektra** **1**, liebevoll restaurierte und mit vielen hübschen Details versehene Villa aus dem Jahr 1911. Auch die Lage hoch über dem Fluss und die wunderschön lauschige und aussichtsreiche Caféterrasse (gute Küche, auch Nichtgästen zugänglich) sind die Wucht. Die stilsicher-gehobenen Zimmer sind ganz unterschiedlich eingerichtet und besitzen alle einen Balkon bzw. eine Terrasse. EZ 42 €, DZ 71 €. Parkány 537, PLZ 39165, ✆ 381210946, www.penzionelektra.cz. ‹‹‹

**Pension U Pichlů** **3**, am Marktplatz. 5 Zimmer, alle mit TV und Bad, okay für das Geld. Restaurant mit offenem Kamin, böhmische und internationale Küche (Hg. 4–9 €, nur die Steaks sind teurer). Im Sommer sitzt man draußen am Platz auf der netten Terrasse. DZ 48 €. Nám. T.G. Masaryka 141, PLZ 39165, ✆ 775418489 (mobil), www.penzionupichlu.cz.

**Camping** **Camping Koloděje**, Luftlinie gerade mal 6 km südlich von Bechyně in Koloděje nad Lužnicí (mit dem Camper muss man jedoch einen Umweg fahren). Schöne Lage am Flusslauf der Lužnice. Unter holländischer Leitung, fast ausschließlich holländisches Publikum. Nette Atmosphäre, Snackbar. Haustiere willkommen. Auch Zimmer- und Hüttenvermietung. Juni–Aug., 2 Pers. mit Wohnmobil 16 €. Koloděje nad Lužnicí 6, PLZ 37501, ✆ 737782725 (mobil), www.campingkolodeje.eu.

## Damoklesschwert Temelín

Anders als die benachbarten Deutschen oder Österreicher stehen die Tschechen auf Atomstrom, immerhin zwei Drittel der Bevölkerung befürworten ihn. Temelín halten sie gar für das sicherste Kernkraftwerk der Welt – ganz so sicher ist es allerdings nicht. Am 11. Oktober 2004 erteilte die tschechische Nuklearaufsichtsbehörde die Genehmigung für die Dauerzulassung der zwei Druckwasserreaktoren des Atomkraftwerks. Dem war eine vierjährige Testphase mit einer Serie von Störfällen vorausgegangen, deren Auflistung ein ganzes Buch füllen würde. Und auch seit der regulären Inbetriebnahme reißt die Kette der Störfälle nicht ab: Mal läuft radioaktiv verseuchte Flüssigkeit aus, mal kommt es zum Ausfall fast des kompletten Sicherheitssystems, mal gibt eine Hauptzirkulationspumpe ihren Geist auf. Und als Damoklesschwert könnte sich eine poröse Schweißnaht an einem der Reaktordruckbehälter entpuppen ... Kein Wunder, dass Václav Havel am Ende seiner Amtszeit resümierte: „Wenn ich mir etwas als den größten Fehler vorwerfe, den ich in den zehn Jahren meiner Präsidentschaft gemacht habe, ist dies der, dass ich [...] nicht schärfer gegen den Bau Temelíns vorgegangen bin." Die Grundsteinlegung für den Bau des Kraftwerks fand 1987 statt, das Know-how dazu (Pläne, die dem Tschernobyl-Reaktor ähnelten) lieferte der große Bruder Sowjetunion. Nach der Wende, als ausländische Proteste fruchteten, wurde der US-Konzern Westinghouse damit beauftragt, das Kraftwerk dem damals neuesten Stand der Technik anzupassen. Die erheblichen Sicherheitsbedenken konnten dadurch allerdings nicht ausgeräumt werden, sodass es in Österreich und Deutschland zu massiven Protesten gegen die Inbetriebnahme des Kraftwerks kam. Nun flammen die Proteste wieder auf: Der Betreiber, die ČEZ AG, plant bis 2025 den Bau von zwei weiteren Reaktorblöcken (Investitionsvolumen etwa 12 Mrd. Euro). Auf dem Papier werden diese moderner und sicherer sein. Papier aber schützt nicht vor Schlamperei am Bau. Erst recht nicht in einem Land, in dem Aufträge nicht an den vergeben werden, der besser oder preiswerter ist, sondern an den, der die bessere Bestechungstaktik hat.

Das Kraftwerk liegt nahe der Ortschaft Temelín, etwa 20 km südlich von Bechyně. Es macht durch seine vier 155 m hoch in den Himmel ragenden Kühltürme auf sich aufmerksam. In einem kleinen Schlösschen daneben gibt es ein **Infozentrum** (ausgeschildert), das tägl. von 9–16 Uhr (im Sommer bis 17.30 Uhr) über Tschechiens Aushängeschild modernster Technik informiert. Nach vorheriger Vereinbarung unter ✆ 381102639 werden für Gruppen auch Führungen angeboten. Über Pleiten, Pech und Pannen des Kraftwerkes informiert u. a. die Webseite www.temelin.com.

# Orlík-Stausee

Orlícká přehradní nádrž

**Der sich ewig windende Stausee ist ein beliebtestes Naherholungsgebiet. Zwei bedeutende Sehenswürdigkeiten an seinen Ufern machen ihn auch für Kulturtouristen interessant: Burg Zvíkov und Schloss Worlík.**

Der Orlík- oder Worlik-Stausee, wie ihn die Deutschen nennen, entstand zwischen 1956 und 1966. Bei Solenice ganz im Norden des heutigen Sees wurde der Moldau ein 450 m langer und 91 m hoher Staudamm in den Weg gestellt. Etliche Dörfer versanken in den Fluten. Der See ging jedoch kaum in die Breite, vielmehr in die Länge, und zwar weit über den Zusammenfluss der Moldau mit der Otava hinaus. Heute ist der über 2700 ha große See ein Tummelplatz von Ausflugsschiffen, Wassersportlern und Anglern. Vor allem Letztere kommen in Scharen, denn das Gewässer gilt als eines der besten Angelreviere Tschechiens. Um den See lässt es sich herrlich wandern und Rad fahren. Durch steil abfallende Felsformationen direkt am Ufer sind die Einstiegsmöglichkeiten jedoch nicht überall optimal. Die meisten Dörfer und Weiler am See sind ohne eigenen fahrbaren Untersatz kaum zu erreichen. Etwas Abhilfe schaffen die während der Saison verkehrenden Fähren (→ Hrad Zvíkov/Verbindungen).

**Hrad Zvíkov (Burg Klingenberg)**: „Königin der böhmischen Burgen" wurde Burg Klingenberg (24 km nördlich von Písek) einst genannt. Majestätisch thronte sie damals noch hoch über dem Zusammenfluss von Wottawa und Moldau auf einem Felsen. Seit der Orlík-Stausee die Täler gefüllt hat, ist die Lage der Burg zwar nicht mehr ganz so spektakulär, auf drei Seiten von Wasser umflossen, gibt sie aber noch immer ein überaus romantisches Bild ab. König Wenzel I. ließ die Burg 1234 errichten. Sie galt als uneinnehmbar und war bis 1355, dem Jahr der feierlichen Einweihung der neuen Burg Karlstein bei Prag, Aufbewahrungsort der böhmischen Kronjuwelen. Im 16. Jh. erfolgte ein Umbau im Stil der Renaissance. 1759 zerstörte ein Brand die Burg, bis zu ihrem Wiederaufbau durch die Schwarzenberg blieb sie für rund 100 Jahre unbewohnt. Zentrum der Anlage bildet der fünfflügelige frühgotische *Königspalast* mit einem im 19. Jh. teilweise rekonstruierten Arkadenhof. Sehenswert ist auch die *Burgkapelle* mit wertvollen Fresken, am schönsten aber ist der Blick vom *Burgturm* auf die vorbeisegelnden Jachten unten am See.

Schloss Orlík

**Verbindungen/Anfahrt** Busse von Zvíkovské Podhradí (ca. 1,5 km von der Burg entfernt) bis zu 3-mal tägl. nach Milevsko, bis zu 6-mal nach Písek.

**Hinweis für Selbstfahrer**: Die Burg ist nur über den Ort Zvíkovské Podhradí und dieser wiederum nur über die Straße 121 Mirotice – Milevsko zu erreichen. Vom Parkplatz am Ende der Straße zur Burg sind es noch ca. 7 Min. zu Fuß.

**Motorschiffe** verbinden Burg Zvíkov und Schloss Worlík von April–Okt. tägl. (außer Mo) bis zu 5-mal, eine andere Route führt von Burg Zvíkov zu den Campingplätzen am See. Längste Strecke 9,60 €. Zudem finden im Hochsommer Rundfahrten statt. Infos unter www.lodnidopravaorlikslapy.cz.

**Öffnungszeiten** **Burg Zvíkov**, das Burggelände (Mai–Sept. 8–22 Uhr, sonst bis 18 Uhr) ist frei zugänglich – zugleich ein schöner Ort für ein romantisches Sonnenuntergangspicknick. Der Burgpalast (2,80 €, erm. 1,60 €) ist im April u. Okt. nur Sa/So 9–12 u. 13–15.30 Uhr geöffnet, im Mai u. Sept. tägl. (außer Mo) 9.30–12 u. 13–16 Uhr, im Juni tägl. (außer Mo) 9–12 u. 13–17 Uhr und im Juli/Aug. tägl. (außer Mo) 9–17 Uhr. www.hrad-zvikov.eu.

**Übernachten/Essen** **Pivovarský dvůr**, Hotel, Restaurant und Mikrobrauerei (helles und dunkles Bier) an der Straße zur Burg. Alles sehr gepflegt. Deftiges Essen wie „Altböhmisches Brettchen“ oder Wildschweinschnitzel (Hg. 6–15 €) von guter Qualität. Terrasse. 15 freundliche Zimmer. EZ 38 €, DZ 56 €. Zvíkovské Podhradí 92, PLZ 39701, ✆ 382285660, www.pivovar-zvikov.cz.

**Zámek Orlík nad Vltavou (Schloss Worlík)**: Auch Schloss Worlík, 14 km flussabwärts gelegen, überblickte einst wie Burg Zvíkov, einem Adlerhorst (tschech. *orlík* = kleiner Adler) ähnlich, das Moldautal. Nach dem Bau des Staudamms verwandelte es sich in ein Wasserschloss, dessen Grundmauern verstärkt werden mussten, um ein Wegschwemmen zu verhindern. Das tiefe Tal verschlangen die Wassermassen, die Wasserhöhe stieg bei Orlík um etwa 60 m an.

Die äußerst gepflegte Schlossanlage fußt auf einer gotischen Burgruine. Für den letzten großen Umbau im – wie Kritiker meinen – ziemlich verunglückten neogotischen Stil zeichnete das Adelsgeschlecht der Schwarzenberg in der Mitte des 19. Jh. verantwortlich. Während die nahe gelegene Burg Klingenberg in Staatsbesitz verblieb, bekamen die Schwarzenberg Schloss Worlik als Folge der Restitutionsgesetze 1992 zurück. Bei einer Besichtigungstour kann man in die Welt der aristokratischen Dekadenz des 19. Jh. eintauchen, zudem lernt man die Sammelleidenschaft der Schwarzenbergs kennen: In den Sälen, darunter *Jagdsaal*, *Rittersaal* und *Bibliothek*, werden u. a. Empiremöbel, unzählige Trophäen, rund 300 Gewehre sowie archäologische Funde aus Europa und selbst der Türkei präsentiert. Zum Abschluss bietet sich ein Besuch des Lokals *U Toryka* im ehemaligen Pferdestall an. Es wurde unter Leitung Karls Fürst von Schwarzenberg, der auf Orlík seine Kindheit verbracht hatte, restauriert.

Nahe Orlík nad Vltavou (auf der Straße Nr. 19) passiert man die 541 m lange *Žďákovsky most*, die hier den Orlík-Stausee überbrückt. Werfen Sie einen Blick hinab – Kanada lässt grüßen! Der Name der Brücke erinnert übrigens an ein im See versunkenes Dorf.

**Verbindungen** **Busse** bis zu 7-mal tägl. von Orlík-Zentrum nach Písek. Zur Burg Zvíkov fährt man am besten mit dem **Schiff** weiter (→ Hrad Zvíkov/Verbindungen).

**Öffnungszeiten** **Schloss Orlík**, April u. Okt. tägl. (außer Mo) 9–16 Uhr, Mai u. Sept. bis 17 Uhr, Juni–Aug. tägl. bis 18 Uhr. Letzte Führung eine Std. vor Schließung. 4,80 €, erm. 3,20 €, fremdsprachige Führung 7,60 €, erm. 5,20 €.

**Übernachten/Camping** **Pension Mlýn Kamenice**, in einer alten Mühle im gleichnamigen Weiler. Zwar 15 Fußmin. vom See entfernt, aber absolut idyllische Lage.

Südböhmen → Karte S. 394/395

Kleine, freundliche Apartments, Restaurant mit Terrasse und Grill. Reitmöglichkeiten, Badeteich vor der Tür. Ideal für Familien. Anfahrt: am Ostufer des Sees Richtung Podskalí fahren, ab Klučenice ausgeschildert. Für 2 Pers. ab 36 €. Kamenice 4, PLZ 26256, ✆ 728535104 (mobil), www.penzionkamenice.cz.

**Kemp Popelíky**, nahe der Staumauer und dem Örtchen Milešov. Schöner, zum See hin abfallender Wiesenplatz mit guten Bademöglichkeiten. Neue Sanitäranlagen (für die Größe des Platzes jedoch nicht allzu viele). An Wochenenden laute Partystimmung. Restaurant, Kiosk, Lädchen. Mai–Sept. 2 Pers. mit Zelt u. Auto 10,80 €. Milešov 73, PLZ 26256, ✆ 318853122.

### Lety – eine traurige Geschichte, die zum Himmel stinkt

Beim rund 5 km westlich von Orlík gelegenen Dorf Lety wurden in einem eigens für Sinti und Roma (→ Kasten S. 42) errichteten Konzentrationslager während des Zweiten Weltkrieges um die 1300 Menschen interniert. Über 300 starben im Lager, mindestens 500 wurden nach Auschwitz verschleppt. Jedes Jahr im Mai wird bei Lety vor einem kleinen steinernen Monument (mit „Památnik Lety" ausgeschildert) der Opfer gedacht. In Würde ist dies aber nicht möglich, denn an dem Ort des Schreckens wurde in den 1970ern eine Schweinefarm errichtet, die die Luft verpestet. Roma-Verbände fordern seit Jahren einen Abriss der Farm – bislang jedoch vergebens. Lety war das einzige KZ im „Protektorat Böhmen-Mähren", das ausschließlich von Tschechen betrieben wurde.

## Písek

Pisek

**Písek rühmt sich der ältesten Steinbrücke Böhmens und seiner Vergangenheit als Goldgräberstädtchen. Gold wert ist heute noch das grüne, bewaldete Umland, nicht aber der provinzielle Marktflecken selbst. Das soll aber niemanden von einer Stippvisite abhalten.**

Das 30.000-Einwohner-Städtchen an der Otava verdankt seinen Namen dem goldhaltigen Sand (= *písek*), den der Fluss seit Urzeiten aus dem Böhmerwald mitbringt. Über Jahrhunderte hinweg galt das Edelmetall aus Písek als bestes und reinstes Gold, das keine weitere Bearbeitung nötig hatte. Der Goldrausch ist längst vorbei, doch kleinere Nuggets werden noch heute in Flusskurven gefunden.

Das historische Zentrum der Stadt gibt leider nicht allzu viel her. Zwar wird es hier und da durch ein paar schöne Patrizierhäuser im Barock- oder Renaissancestil aufgelockert, doch wer bereits den Charme der bekannten Vorzeigestädte Südböhmens genossen hat, den wird Písek kaum in Begeisterung versetzen.

Zu den bedeutendsten Bauten der Stadt gehört die **Kamenný most**, die angeblich älteste Steinbrücke Böhmens. Sie entstand vermutlich vor dem Ende des 13. Jh. Der Überlieferung nach leitete man beim Bau das Wasser der Otava um, weil man bei den Arbeiten keine nassen Füße bekommen wollte. Diverse Hochwasser machten im Laufe der Zeit immer mal wieder Restaurierungsarbeiten notwendig, zuletzt im August 2002, als das Wasser 2 m über der Brücke stand.

Von den Kirchen Píseks ist die am südlichen Eingang zur Altstadt gelegene **Dekanatskirche Maria Geburt** (Děkanský kostel Narození Panny Marie) die sehens-

werteste. Mit dem Bau der dreischiffigen Pseudobasilika wurde Mitte des 13. Jh. begonnen. Der 74 m hohe, reliefgeschmückte Turm stammt aus dem Jahr 1489. Zu den Kostbarkeiten im Inneren gehören ein frühgotischer Bilderzyklus an den Mittelpfeilern und die sog. *Madonna von Písek,* ein gotisches Tafelbild aus dem 14. Jh. im Seitenschiff. Besuchenswert ist zudem das **Prachiner Museum** (Prácheňské muzeum) am Velké náměstí, das zu den besten Regionalmuseen Böhmens zählt. Es belegt u. a. den Westflügel der ehemaligen Burg, den einzigen Teil der Festungsanlage, der 1532 nach einem verheerenden Stadtbrand erhalten blieb. Der Zugang erfolgt über den Innenhof des zweitürmigen barocken **Rathauses** (1740–1767). Im Museum wird die Regionalgeschichte kritisch und kurzweilig bis in jüngste Zeit durchlaufen. Zu den Highlights gehören der gotische Burgsaal mit Fresken aus der zweiten Hälfte des 15. Jh., die Exposition zum Goldgräberwesen (Schürfgeräte, historische Fotos) und die archäologische Abteilung (Schmuck und Keramik).

**Orientierung**: Písek erstreckt sich zu beiden Seiten der Otava, sein kleiner Altstadtkern liegt am östlichen Ufer. Dieser besitzt zwei Marktplätze, den kleineren Alšovo náměstí mit einer Pestsäule in der Mitte und den größeren Velké náměstí mit Rathaus und Museum.

## Basis-Infos

**Information** Infocentrum Písek, in der alten Mälzerei *(Sladovna)*, Velke nám. 113, ✆ 387999999, www.pisek.eu. Im Winter tägl. 9–17 Uhr, im Sommer tägl. 9–18 Uhr.

**Verbindungen** Der winzige Bahnhof und der Busbahnhof liegen nahe beieinander im Süden der Stadt (ca. 10 Fußmin. vom Zentrum, ausgeschildert).

**Busse** regelmäßig nach Prag (Busbahnhof Na Knížecí/Smíchov), mind. stündlich nach Budweis und Strakonice, alle 2 Std. nach Český Krumlov, bis zu 3-mal tägl. nach Prachatice, 5-mal nach Tábor.

**Züge** alle 2 Std. nach Tábor.

**Öffnungszeiten** Prachiner Museum, März–Sept. tägl. (außer Mo) 9–18 Uhr, Okt.–Dez. tägl. (außer Mo) 9–17 Uhr. 1,60 €, erm. die Hälfte.

**Parken** Gebührenpflichtige Parkplätze am Alšovo nám. (kurz parken billig, lang teuer), kostenlose am großen Parkplatz am westlichen Flussufer nahe der Steinbrücke.

## Übernachten/Essen &Trinken

→ Karte S. 435

**Hotels** **** Biograf 8, Hotel in einem entkernten, schick durchgestylten Altstadthaus. 49 Zimmer in hellen Farben, auch behindertengerechte. Café und gutes Restaurant mit böhmischer und mediterran angehauchter Küche im gleichen Stil (Hg. 7,20–

Píseker Altstadt im Spiegel

13,20 €). EZ 58 €, DZ 76 €. Gregorova 124, PLZ 39701, ✆ 380425510, www.hotelbiograf.com.

*** **Bílá Růže 6**, gepflegtes, alteingesessenes (aber schon längstens auf Vordermann gebrachtes) Haus mit 80 Betten. Unterschiedliche Zimmer vom klassischen Standard bis hin zu leicht plüschigem Ambiente. Die Lobby dient gleichzeitig als pseudotrendiges Caférestaurant. EZ 55 €, DZ 60 € (inkl. Parken). Fráni Šrámka 169, PLZ 39701, ✆ 382214931, www.hotelbilaruze.cz.

** **Pod Skalou 5**, empfehlenswert wegen der Lage direkt am Fluss. In die Jahre gekommenes Haus. Schlichte Zimmer mit vorrevolutionärem Touch, die meisten mit Flussblick, aber ohne Balkon. Restaurant mit gemütlicher Sommerterrasse (gut für ein Bier, weniger zum Essen). DZ mit Bad 32 € (ohne Bad 28 €), kein Frühstück. Podskalí 158, PLZ 39701, ✆ 382214753, www.hotelpodskalou.cz.

**Pension** **U Kloudů 3**, saubere, große Zimmer mit privaten Bädern, leider recht geschmacklos möbliert. Parkplätze, Hunde erlaubt, Restaurant und Café. Außenbereich. EZ 20 €, DZ 34 €, Apartment 42 €, Frühstück extra. Nerudova 66, PLZ 39701, ✆ 382210802, www.pensionukloudu.cz.

**Restaurants** **Pizzeria San Marco 4**, riesige Pizzen mit hauchdünnem Teig aus dem Holzofen. Nettes Ambiente, superpopulär. Außenbestuhlung. Pizzen ab 4 €. Auch Eisverkauf. Velké nám. 118, ✆ 382224389.

››› Unser Tipp: **Středověká Krčma 9**, der Tipp für alle, die auf Ritter- und Burgfräuleinflair stehen. In der alten Brauerei von Písek, tolles Ambiente. Stroh auf dem Boden, schummriges Kerzenlicht, Minnesängermusik, Kellner in historischen Kostümen. Selbstverständlich schwere Kost, die man an schweren Bierbänken zu sich nimmt. Liebevoll dekorierter Außenbereich mit Biergarten. Nur Mi–So (Fr/Sa abends mittelalterliches Programm, dann 5 € Eintritt!). Cz. Hradištská 326, ✆ 382213819. ‹‹‹

**U Reinerů 2**, typisch böhmisch, auch die Karte: alle Klassiker sind vertreten. Das Gros der Hg. kostet 4–8 €. Dazu bestens gezapftes Bier. Terrasse zum Palackého-Park. Heydukova 98, ✆ 382213484.

**Na Ostrově 7**, ein Tipp für den Sommer und für Familien mit Kindern (nebenan Minigolfbahn und Spielplatz). Auf der Flussinsel Městský ostrov gelegener einfacher Biergarten vor einem historischen Backstein-Fachwerkhaus. Vornehmlich Plastikbestuhlung. Gezapft wird leckeres Bier aus Strakonice, da wird das Essen zur Nebensache. ✆ 777896897 (mobil).

**Café** **Café Mozart 1**, für das Café spricht weniger die unspektakuläre Einrichtung als vielmehr die angegliederte Bäckerei – sehr gute Backwaren. Breite Fensterfront zum Fluss hin. Auch dicke Eisbecher und Palatschinken. Nur bis 19 Uhr. Čechova.



## Umgebung von Písek

**Albrechtice nad Vltavou (Albrechtitz)**: Albrechtice nad Vltavou, 15 km südöstlich von Písek gelegen, würde wohl nie in einem Reiseführer auftauchen, wäre hier nicht einer der schönsten *Dorffriedhöfe* Böhmens zu finden – ein beliebter Drehort für Filmaufnahmen. In dessen Mitte steht die weiß getünchte *Peter-und-Paul-Kirche* aus dem 12. Jh. mit romanischen Fresken zum Jüngsten Gericht. Umschlossen wird der Friedhof von einer hohen Mauer mit farbenfrohen Blendarkaden aus der ersten Hälfte des 19. Jh. Volkstümliche Heiligenbilder mit moralisierenden Versen schmücken sie.

**Busse** regelmäßig nach Týn nad Vltavou und Písek.

## Blatná

Platten

Das landesweit durch seine Rosenzucht bekannte 6700-Einwohner-Städtchen liegt 25 km nordwestlich von Písek an der E 49 nach Pilsen. Besucher lockt es wegen seines südwestlich des Marktplatzes gelegenen **Wasserschlosses**, das märchenhaft auf einer Insel im hier teichähnlichen Lomnice-Fluss thront. Das Schloss entstand schrittweise aus einer von der Adelsfamilie Bavor von Strakonitz gegründeten romanischen Festung. Unter den Herren von Rožmitál baute der berühmte Architekt Benedikt Ried, der auch für den Vladislav-Saal auf der Prager Burg verantwortlich zeichnete, zwischen 1520 und 1530 einen Renaissancepalast an. Ein dritter Palast entstand schließlich während der Periode der Herren von Rozdražov ab 1576. Unter den Herren von Hildprant (ab 1798 und seit 1992 wieder) kam der englische Park hinzu. Bei einer Führung (1 Std.) bekommt man u. a. spätgotische Fresken im wuchtigen Hauptturm und im Rittersaal zu sehen wie auch Räumlichkeiten mit historischem Interieur und die Schlosskapelle, zum Abschluss genießt man die herrliche Aussicht auf den Schlosspark.

**Verbindungen** Bahnhof etwas außerhalb, bis zu 11-mal tägl. Züge nach Strakonice. Zentraler halten die **Busse**. Bis zu 10-mal tägl. nach Písek und Lnáře, regelmäßig nach Strakonice.

**Öffnungszeiten** Wasserschloss, April/Mai sowie Sept./Okt. nur Sa/So 10–16 Uhr, Juni tägl. (außer Mo) 10–16 Uhr, Juli/Aug. tägl. (außer Mo) 10–17 Uhr. Führung 4 € (tschechischsprachig, man bekommt einen dt. Text), erm. 3 €. www.zamek-blatna.cz.

## Umgebung von Blatná

**Zámek Lnáře (Schloss Schlüsselburg)**: 8 km nordwestlich von Blatná liegt an der verkehrsreichen E 49 die einzige Sehenswürdigkeit des großen Dorfes Lnáře: das anmutige *Barockschloss* aus der zweiten Hälfte des 17. Jh. Es wechselte häufig die Besitzer, allzu klangvolle Namen waren nicht darunter. Im Rahmen einer 60-minütigen Führung bekommt man u. a. verschiedene Freskensäle, die Schlosskapelle und eine kleine Ausstellung zur hiesigen Teichwirtschaft zu sehen.

**Verbindungen** Lnáře ist in erster Linie ein Ziel für Selbstfahrer.

**Öffnungszeiten** Schloss, Mai/Juni u. Sept. nur Sa/So 10–16 Uhr, Juli/Aug. tägl. (außer Mo) 10–17 Uhr. Führung 3,20 €, erm. 2 €. www.lnare.cz.

**Übernachten** Schlosspension Lnáře, das Schloss bietet 55 Betten, bis auf einige wenige historisch eingerichtete Apartments haben die Zimmer jedoch konventionellen Charakter. Tennisplatz, Außenpool. Vorausbuchung erforderlich. Nur April–Okt. DZ 52 €, historische Apartments ab 120 €. Zámek Lnáře, PLZ 38742, ✆ 607759704 (mobil), www.lnare.cz.

Weiter nach Mittelböhmen? Nach **Březnice** (→ S. 161) sind es von Lnáře nur 20 km. Oder nach Westböhmen? Nach **Nepomuk** (→ S. 356) sind es rund 15 km.

## Strakonice

Strakonitz

In der Industriestadt Strakonice (ca. 23.000 Einwohner) am Zusammenfluss von Otava und Volyňka wird das *Dudák* gebraut, ein überaus süffiges Bier – Braumeister ist übrigens eine Frau. Recht nett präsentiert sich das Zentrum um die beiden Hauptplätze Velké náměstí und Palackého náměstí: Ersteren schmückt eine reich mit Sgraffiti verzierte Schule, Letzteren eine Mariensäule. Ansonsten dominieren eher triste Häuserzeilen. Der Stolz und das Wahrzeichen der Stadt ist die auf der anderen Seite der Otava gelegene mächtige **Burg**, die von einem Rundturm, *Rumpál* genannt, überragt wird. Sie wurde im ersten Viertel des 13. Jh. vom Geschlecht der Bavor gegründet, jedoch bereits 1243 an den Johanniterorden abgegeben, der sie zum Sitz des böhmischen Großmeisters machte. Obwohl der Orden 1694 nach Prag umzog, behielt er die Festung bis 1925. Der Turm, der Kapitelsaal mit Wandmalereien aus dem 14. und 15. Jh. sowie der Kreuzgang mit verblichenen Fresken (ebenfalls aus dem 14. Jh.) sind als Teil des sog. **Museums des mittleren Otavagebiets** (Muzeum středního Pootaví) zu besichtigen. In seinen teils schönen Ausstellungssälen im Burgpalast überrascht das Museum zudem mit so manchen Strakonitzer Kuriositäten. Dazu gehören z. B. die Exponate aus der einstigen örtlichen Textilfabrik *Fezko,* die im 19. und 20. Jh. die gesamte islamische Welt – von der Türkei bis Indonesien – mit dem Fes, einer kegelstumpfförmigen Filzkappe, belieferte. Als die Kopfbedeckung im Orient immer unpopulärer wurde, stellte man die Produktion auf Hüte um. Nicht minder interessant ist die Ausstellung über den *dudák* – vom südböhmischen Dudelsack erhielt das hiesige Bier seinen Namen ... Die uralte Tradition des Dudelsackspielens wird in Strakonice bis heute gepflegt (→ Veranstaltungen). Anders als in Schottland wird der recht kleine Blasebalg mit dem Unterarm zusammengepresst. Auf diese Weise entfällt das Einblasrohr, und man kann beim „Pfeifen" auch singen. Die Highlights des Museums sind für viele jedoch die heißen Öfen der Strakonitzer *ČZ-Werke* aus den 1930er-, 40er- und 50er-Jahren. Das Unternehmen (1400 Beschäftigte) besteht bis heute. Seit 1996 werden jedoch keine Motorräder mehr produziert, vielmehr ist man Zulieferer von Turboladern und Kleinteilen für die internationale Automobilindustrie geworden.

**Verbindungen** Bahnhof und Busbahnhof ca. 1 km südöstlich des Zentrums, der Weg ins Zentrum ist ausgeschildert. Gute **Busverbindungen** nach fast überallhin in Süd- und Westböhmen, zudem nach Prag. **Züge** ca. stündl. nach Budweis.

**Öffnungszeiten** **Burg**, April/Mai u. Sept./Okt. tägl. (außer Mo) 9–16 Uhr, Juli/Aug. tägl. (außer Mo) 9–17 Uhr. Burgpalast mit Ausstellungen, Turm und Kapitelsaal 2 €, erm. die Hälfte. Nur Kapitelsaal und Kreuzgang 0,80 €, erm. die Hälfte. www.muzeum-strakonice.cz.

**Veranstaltungen** Ende Juli/Anfang Aug. findet das **Rumpálování** (www.strakonice.eu) statt, ein historisches Fest mit viel Musik und Kultur im Burgareal. Merken sollte man sich das viertägige **Mezinárodní Dudácký Festival** (www.dudackyfestival.cz), das internationale Dudelsackfestival, das in geraden Jahren Ende Aug. über die Bühne geht.

**Übernachten** Vielleicht hat bis zu Ihrem Besuch ein neues Haus eröffnet – zu wünschen wäre es.

*** **Amber Hotel Bavor**, der 9-stöckige Bau sieht von außen aus, als wäre er schon für den Abriss freigegeben. 77 Zimmer, z. T. mit gepolsterten Türen und Teppichen an den Wänden! Bar, Restaurant, bewachte Parkplätze. EZ ab 36 €, DZ ab 48 €. Na Ohradě 31, PLZ 38601, ✆ 383321300, www.amberhotels.cz.

*** **Hotel Bílá Růže**, in einem historischen Stadtgebäude. Die Räumlichkeiten zeugen vom Glanz vergangener Tage (man beachte den gespenstischen Speisesaal mit Kronleuchtern). Die Zimmer sind jedoch meist sehr geräumig und sauber. Im EG eine 08/15-Pivnice mit Stuckdecke. DZ 54 €. Palackého nám. 80, PLZ 38601, ✆ 383321946, www.hotelruzest.cz.

**Essen & Trinken** **Restaurace Kalich**, nettes, recht großes Lokal mit schwerer Holzdecke und Terrasse. Fleischberge in jeglicher Variation zu 6–14 €, dazu auch etwas Fisch. Velké nám. 53, ✆ 383321306.

Südböhmen → Karte S. 394/395

Informationen zum rund 20 km westlich gelegenen **Horažďovice** bekommen Sie ab S. 356, zum rund 30 km südlich gelegenen **Vimperk** ab S. 466.

# Prachatice

Prachatitz

**Dem Salzhandel verdankt Prachatice eine denkmalgeschützte Altstadt, in der sich schmucke Renaissancebauten um die besten Plätze streiten – eine angenehme Station auf dem Weg in den Böhmerwald.**

Aus der Ferne gibt das 11.200-Einwohner-Städtchen zu Füßen des 1096 m hohen *Libín* jedoch kein besonders schönes Bild ab. Dafür ist die „Neustadt" verantwortlich, die zusammen mit der in sozialistischer Zeit florierenden Elektronik- und Möbelindustrie entstand. Die kleine, kreisförmige Altstadt hingegen zieht im Sommer viele Touristen an. Man betritt sie i. d. R. durch das Piseker Tor (Písecká brána), ein Relikt der alten Stadtmauer, die bis heute in Teilen erhalten ist. Zentrum ist der leicht abschüssige Marktplatz, der stolz Velké náměstí, „Großer Platz", genannt wird. Drum herum stehen dicht gedrängt prächtige Renaissancebauten, und auch die vom Platz abgehenden schmalen Gassen werden fleißig restauriert – ein Spaziergang durch die Altstadt ist kurz, aber nett.

**Geschichte**: Anfang des 14. Jh. wurde die Stadt an einem Handelsweg von Bayern nach Böhmen gegründet. Ende des gleichen Jahrhunderts soll hier der Kirchenreformator Jan Hus einen Teil seiner Studienjahre verbracht haben. Das schützte die Stadt aber nicht vor seinen Anhängern: 1420 machten die Hussiten unter Jan Žižka Prachatitz dem Erdboden gleich. Es folgte der Wiederaufbau und nach einem Großbrand im Jahr 1507 der prachtvolle Umbau im Stil der Renaissance. Den Reichtum dazu brachte der „Goldene Steig" (*Via aurea* oder tschech. *Zlatá stezka*), jener Handelsweg, auf dem nicht nur Stoffe, Gewürze, Wein und Waffen transportiert wurden, sondern auch Salz – für Böhmen, das keine eigenen Salzvorkommen hatte, ein so begehrtes wie kostbares Gut. Die Lastpferde mit Salz waren die sprichwörtlichen Goldesel, bis zu 1300 machten pro Woche in Prachatitz Station. Im 17. Jh. jedoch stieg Budweis zum großen Salzumschlagplatz auf – der Niedergang von Prachatitz. An den Wohlstand und die Bedeutung von einst konnte man nie mehr anknüpfen.

## Basis-Infos

**Information** Infocentrum im Neuen Rathaus am Velké nám. 1, ✆ 388607574, www.prachatice.eu. Im Sommer Mo–Fr 8–17 Uhr, Sa/So 10–12 u. 13–16 Uhr, im Winter Mo–Fr 8–17 Uhr.

**Verbindungen** Bahnhof und Busbahnhof nahe beieinander an der Nádražní im Osten der Stadt, ca. 10–15 Fußmin. vom Zentrum. **Züge** tagsüber alle 2 Std. nach Volary, häufiger nach Vodňany. Gute **Bus**verbindungen zu allen größeren Städten in Südböhmen, zudem bis zu 7-mal tägl. Busse nach Prag.

**Ärztliche Versorgung** Krankenhaus südöstlich des Zentrums (nahe der Nebahovská). ✆ 388600111, www.nempt.cz.

**Einkaufen** Farmářský obchod **2**, in diesem Lädchen werden Produkte aus der Region verkauft wie leckere Marmelade und Ziegenkäse aus dem Böhmerwald, aber auch Biofleisch. Dolní Brána 26. ■

**Parken** Teuer am Marktplatz, preiswerter auf diversen Parkplätzen außerhalb der Altstadt.

**Radverleih** Über **K-Sport**, 6 €/Tag. Knížecí pivovar (U Stadionu), ✆ 388313131.

**Veranstaltungen** **Veranstaltungen** Highlight des Jahres ist das **Fest des Goldenen Steiges** mit mittelalterlichem Jahrmarkt und umfangreichem Kulturprogramm am letzten Juniwochenende.

## Übernachten/Essen & Trinken

Leider ist die touristische Infrastruktur Prachatices nicht sonderlich gut – kaum hervorzuhebende Unterkünfte, nur wenige gute Lokale. Neben den hier unter der Rubrik „Restaurants" gelisteten Lokalen ist auch das Restaurant des Hotels Koruna (→ Übernachten) zu empfehlen.

**Hotels** *** **Albatros** **1**, ca. 1 km außerhalb des Zentrums an der Straße nach Písek/Vodňany. Die Zimmer (teils mit Balkon) sind eher steril-bieder, das dazugehörige Lokal mit böhmisch-internationalen Klassikern und Spielecke ist recht trendig. Kleine Innenpoolanlage mit Pseudogrottenambiente, Sauna, Massage, sichere Parkplätze. EZ 39 €, DZ 61 €. Vodňanská 1321, PLZ 38301, ✆ 388311400, www.hotelalbatros.cz.

*** **Parkán** **5**, historisches Altstadthaus in bester Lage. Von außen viel hübscher als von innen. 17 Zimmer mit liebloser Standardausstattung, teilweise etwas dunkel wegen der schmalen Fenster, dafür einige mit Balkon. EZ 28 €, DZ 40 €. Věžní 51, PLZ 38301, ✆ 388311868, www.hotelparkan.cz.

*** **Koruna** **7**, verwinkeltes Haus nahe dem Marktplatz. 20 kleine, aber ordentliche Zimmer mit Furnierholzmöbeln und Satelliten-TV. Freundliches, uriges Restaurant, böhmische Standards zu 6–13 €. EZ 28 €, DZ 40 €. Velké nám. 48, PLZ 38301, ✆ 388310177, www.pthotel.cz.

**Pension** **Pod Hradbami** **6**, freundliches 2-stöckiges Haus mit Geranien vor den Fenstern, nur einen Katzensprung vom Zentrum entfernt. Bunt gestrichene, nett restaurierte Zimmer mit Kiefernholzmobiliar. Günstig: EZ 22 €, DZ 26 €. Zahradni 99, ✆ 777118054 (mobil), PLZ 38301, www.penzionpodhradbami.cz.

**Camping** → **Autocamp Podroužek** bei Netolice (→ S. 444, 22 km).

**Restaurants** **Restaurace Černý Médved** **4**, v. a. wegen seiner schönen Sommerterrasse zu empfehlen, das Innere ist ziemlich altbacken. Böhmerwaldpfanne mit Spätzle, Tagliatelle mit Lachs oder Hirschsteak zu 5–9,60 €. Am Marktplatz, ✆ 388300400.

**Pizzeria Marco** **9**, nette Pizzeria. Neben Pizza auch zig Sorten Pasta, Risotto und große Salate. Pizza und Pasta bereits ab 4 €. Husova 106, ✆ 388316950.

**Cafés** **Vanesa** **3**, kleine Konditorei mit guter Kuchenauswahl. Gartenterrasse. Kostelní nám.

**Kavárna Duras** **8**, die zweite Frühstücks- oder Kaffeepausenadresse, dieses Mal direkt am Marktplatz. Nette Terrasse zum Peoplewatching.

## Sehenswertes

Alle Sehenswürdigkeiten liegen direkt am oder nur ein paar Schritte vom **Velké náměstí** entfernt. Früher hieß der Platz übrigens Ringplatz – dort, wo heute ein Brunnen plätschert, stand zu jener Zeit eine Kaiser-Franz-Josef-Statue. Das Gebäude mit der künstlerisch wertvollsten Fassade am Platz ist das reich mit Sgraffiti dekorierte Alte Rathaus (Stará radnice) aus dem Jahr 1571. Unter dem Giebel verkörpern allegorische Figuren die Tugenden. Das Stadttheater trennt das Alte Rathaus vom Neuen Rathaus (Nová radnice), einem Pseudorenaissancebau aus dem Jahr 1903.

**Prachatické muzeum (Prachatitzer Museum)**: Das Museum im sog. Syter-Haus (erbaut 1604) am Velké náměstí feierte 2004 seinen 100. Geburtstag. An seinem siebten Geburtstag besuchte es Erzherzog Eugen von Habsburg und meinte: „Es ist zwar klein, aber sehr interessant." Daran hat sich bis heute nichts geändert. Neben einem Modell der Stadtbelagerung durch Jan Žižka 1420 sieht man Funde, die bei der jüngsten Restaurierung des Marktplatzes zum Vorschein kamen (darunter das Skelett eines jahrhundertealten Pferdes), dazu eine Sammlung an bemalten Zielscheiben sowie Bilder und Tafeln aus jener Zeit, als die Stadt noch überwiegend deutschsprachig war. Zudem wird über den Goldenen Steig informiert.

Adresse/Öffnungszeiten: Velké nám. 13. Mai u. Dez. tägl. (außer Mo) 10–16 Uhr, Juni–Sept. Mo 10–17 Uhr, Di–So 9–17 Uhr, Okt./Nov. nur Sa/So 10–16 Uhr. 1,20 €, erm. die Hälfte. www.prachatickemuzeum.cz.

**Kulturní centrum O. H. Hajeka (Otto-Herbert-Hajek-Kulturzentrum)**: Das Kulturzentrum auf der Südseite des Hauptplatzes zeigt einen Querschnitt aus dem Werk des 1927 im nahen Nové Hutě geborenen Künstlers Otto Herbert Hajek. Hajek, 1945 vertrieben, studierte nach dem Zweiten Weltkrieg Bildhauerei an der Staatlichen Akademie der Bildenden Künste in Stuttgart, wo er danach bis zu seinem Tod im Jahr 2005 lebte und arbeitete. Zu Ruhm kam der spätere Vorsitzende des Deutschen Künstlerbundes (1972–1979) insbesondere durch Teilnahmen an der *Biennale* in Venedig (1958) und an der Kasseler *documenta* (1964). Internationales Aufsehen erregten seine begehbaren Plastiken, die ihn in die Avantgarde der informellen Bildhauer aufsteigen ließen.

Adresse/Öffnungszeiten: Velké nám. 184. Offiziell Mo–Fr 8–17 Uhr, Sa/So 10–12 u. 13–16 Uhr. Tatsächlich muss man i. d. R. aber nach einer Begleitperson aus der Touristeninformation fragen. 0,80 €, erm. die Hälfte.

In den Gassen von Prachatice



**Muzeum České Loutky a Cirkusu (Marionetten- und Zirkusmuseum)**: Im ersten Stock wird die Geschichte des tschechischen Marionettentheaters von den Volkspuppenspielern des 19. Jh. bis hin zu den populären Puppenstars Spejbl und Hurvínek erzählt. Im zweiten Stock widmet man sich – erstmals in Tschechien – dem Zirkuswesen. Zu sehen sind alte Zirkusplakate, abgewetztes „Zaubererwerkzeug", aber auch das Motorrad, mit dem die Bären des berühmten tschechischen Zirkusdirektors Ferdinand Berousek ihre Runden drehten.

Adresse/Öffnungszeiten: Velké nám. 43. Tägl. (außer Mo) 9–17 Uhr. 2 €, erm. 1,20 €. www.nm.cz.

**Chrám sv. Jakuba (St.-Jakobs-Dom)**: Der größte Sakralbau Prachatices steht am Kostelní náměstí, ungefähr auf halber Strecke zwischen Marktplatz und Píseker Tor. Der Domturm überragt das historische Zentrum. Mit dem Bau der dreischiffigen Kirche wurde kurz nach der Stadtgründung begonnen, fertig gestellt wurde sie jedoch erst im Jahr 1513. Dazwischen, im Jahre 1420, ließ Hussitenführer Jan Žižka angeblich 85 Bürger in der Sakristei der Kirche verbrennen. Das Portal weist schöne spätgotische Verzierungen auf, genauso das Schnitzwerk am Altar im lichten Inneren. Eine Kapelle ist Johann Nepomuk Neumann (1811–1860) geweiht, einem weiteren berühmten Sohn der Stadt: 1836 wanderte der Missionar nach Amerika aus, wo er 1852 zum Bischof von Philadelphia ernannt wurde. 1977 sprach ihn Papst Paul VI. heilig. Der Kirchturm ist im Sommer zugänglich (Mo–Fr 9–16 Uhr, Sa/So ab 10 Uhr, 1,20 €).

## Umgebung von Prachatice

**Zámek Kratochvíle (Schloss Kurzweil)**: Im Grünen, rund 15 km nordöstlich von Prachatice, liegt dieses Juwel unter den südböhmischen Renaissanceschlössern, das an eine italienische Landvilla erinnert. Wilhelm von Rosenberg ließ es zwischen 1583 und 1589 als Jagd- und Lustschloss errichten. Da das Terrain einst überaus sumpfig war, steht das Schloss auf Holzpfählen. Die letzten adeligen Besitzer waren die Schwarzenberg. Das Palais ist von einem Wassergraben und einer quadratischen Befestigungsanlage umgeben – beides diente jedoch nie Verteidigungszwecken. Highlight der großen Schlosstour ist der sog. „Große Goldene Saal“ mit seiner reichen Stuckausschmückung, die Motive aus der römischen Geschichte zeigt. Zudem passiert man das rekonstruierte Arbeits- und Schlafzimmer von Wilhelms Bruder Peter Wok II., dem letzten Rosenberger (gest. 1611).

**Verbindungen** Die **Busse** zwischen Prachatice und Budweis halten vor der Schlossanlage.

**Öffnungszeiten** April u. Okt. nur Sa/So 9–12 u. 13–16.30 Uhr, Mai u. Sept. tägl. (außer Mo) 9–12 u. 13–16.30 Uhr, Juni–Aug. tägl. (außer Mo) 9–12 u. 13–17.30 Uhr. Große Tour 5,20 €, erm. 3,40 €. www.zamek-kratochvile.eu.

**Camping** **Autocamp Podroužek**, ca. 4 km südöstlich des Schlosses bzw. 1 km südlich von Netolice, von der Straße nach Lhenice ausgeschildert. Großer Wiesenplatz an einem See, vom alten Schlag, aber recht nett. Ordentliche Sanitäranlagen, Restaurant. Mai–Sept. 2 Pers. mit Zelt u. Auto 8,50 €, Chata für 2 Pers. ab 18 €. Tyršova 226, PLZ 38411, ✆ 388324468, www.autocamp-podrouzek.cz.

Weiter nach **Budweis** (→ S. 393)? Auf dem Weg dahin lohnt ein Abstecher ins Weltkulturerbedorf **Holašovice** (→ S. 406).

# Český Krumlov

Böhmisch Krumau

**Český Krumlov ist ein Wirrwarr aus Giebeln, Erkern, Laubengängen, Zinnen, Sgraffiti, Fresken, Balustraden, Brunnen, Säulen, Pflastersteinen, schrägen Treppen, roten Ziegeldächern und so fort. Und weil's hier einfach schön ist, ist das Städtchen an den Ausläufern der Šumava nicht nur UNESCO-Welterbe, sondern im Sommer auch gnadenlos überlaufen.**

Als der Schriftsteller Karel Čapek in der ersten Hälfte des 20. Jh. Český Krumlov besuchte, notierte er in seinen Reiseskizzen: „Ich weiß nicht, wievielmal sich hier die Moldau wendet [...]. Wie viel Bewohner Böhmisch Krumau hat, weiß ich auch nicht, aber 24 Wirtshäuser, drei Kirchen, ein Schloss besitzt die Stadt, dafür ein ganz großes, zwei Tore und dazu die schwere Last von Denkmälern. Eigentlich ist die ganze Stadt ein historisches Denkmal und man erinnert sich hier an Siena oder Stirling und andere berühmte Städte. Wohin man sich kehrt, überall malerische und altertümliche Winkel und ruhmvolle Vergangenheit.“ Das Bild von einst lässt sich heute noch genauso zeichnen, auch wenn die Zahl der Wirtshäuser eindeutig gestiegen ist.

Český Krumlov, ein 13.300-Einwohner-Städtchen 25 km südlich von České Budějovice, ist zweifelsohne der malerischste Ort Südböhmens, damit aber auch der touristischste. Was das Gedränge der Besucher in den engen Gassen angeht, braucht er einen Vergleich mit dem toskanischen San Gimignano nicht zu scheuen. Wirklich idyllisch präsentiert sich Český Krumlov eigentlich nur noch an kalten Winterabenden. Den Rest des Jahres ist die Stadt ein beliebtes Ziel von Japanern und Amerikanern, die von Prag hierher einen Abstecher unternehmen, von Deutschen und Österreichern, die von Český Krumlov per Rad oder pedes den Böhmerwald erkunden, und von Tausenden von Tschechen, die hier zu ausgedehnten Kanufahrten auf der Moldau starten.

**Geschichte**: Die Burg von Český Krumlov wurde erstmals 1253 als Sitz der sagenumwobenen Witigonen (→ S. 456) erwähnt, das dazugehörende Städtchen 1274 urkundlich verzeichnet. Es entwickelte sich an einer Moldaufurt, die Teil eines wichtigen Handelsweges war. Die Auenlage der damaligen Siedlung und der Lauf der Moldau, die hier mehrere Schleifen beschreibt, gaben dem Städtchen seinen Namen: *Krumben Ouwe* (Krumme Aue). 1302 ging Krumben Ouwe an die Rosenberg über, die hier für die nächsten drei Jahrhunderte herrschten. 1336 bekam die Stadt das Braurecht, ab 1497 wurde in der Umgebung Silber geschürft. Unter Wilhelm von Rosenberg erfolgte in der zweiten Hälfte des 16. Jh. mit Hilfe von italienischen Architekten der Umbau der gotischen Burganlage in ein repräsentatives Renaissanceschloss.

Aus Geldnot – die Silberminen waren versiegt – musste Peter Wok II. von Rosenberg Krumau 1602 an Kaiser Rudolf II. verkaufen. Bis 1622 blieb Krumau im Besitz der Krone, dann schenkte Kaiser Ferdinand II. es Johann Ulrich Freiherr von Eggenberg als Dank für seine Dienste im Dreißigjährigen Krieg. Die örtliche Brauerei sorgt bis heute dafür, dass der Name Eggenberg in guter Erinnerung bleibt. Mit dem Tod des letzten Eggenberg 1719 erbten die Schwarzenberg das Städtchen und erhoben es zum Mittelpunkt ihrer Herrschaft. Mitte des 19. Jh. verlegten die Schwarzenberg ihren Hauptwohnsitz nach Frauenberg (Hluboká nad Vltavou, → S. 402). Als die Schwarzenberg 1947 enteignet wurden, war das Städtchen schon nahezu entvölkert. Die deutschsprachige Bevölkerung Krumaus hatte bis zur Vertreibung rund 90 % der Einwohner ausgemacht.

In der darauffolgenden Zeit fiel Český Krumlov in einen jahrzehntelangen Dornröschenschlaf. Zur Wiederbelebung siedelte man u. a. Roma-Familien an. Trist und grau zeigte sich das Städtchen nach dem Fall des Eisernen Vorhangs. Doch mit der Aufnahme Český Krumlovs in die UNESCO-Welterbeliste 1992 setzte ein Touristenboom ein, der Geld für nötige Restaurierungsarbeiten brachte. Heute gehört Krumau zu den wohlhabendsten tschechischen Kleinstädten, rund 1 Mio. Gäste inkl. Tagestouristen zählt man jährlich. So waren auch genügend finanzielle Mittel vorhanden, um die Schäden des katastrophalen Augusthochwassers im Jahr 2002, bei dem die Altstadt 2 m unter Wasser stand, schnell zu beseitigen.

Südböhmen → Karte S. 394/395

**Orientierung**: Das Zentrum Český Krumlovs lässt sich in drei Teile gliedern. Die mächtige *Burg- bzw. Schlossanlage*, ihr zu Füßen der Stadtteil *Latrán* (ehemals die Unterburg, wo die Bediensteten lebten) und die *Altstadt* rund um den *Náměstí Svornosti*.

## Basis-Infos

→ Karte S. 448/449

**Information** Infocentrum Český Krumlov, am Hauptplatz. Tägl. 9–19 Uhr, Sa/So 13–14 Uhr Mittagspause, im Winter verkürzte Öffnungszeiten. ✆ 380704622, www.ckrumlov.cz/info.

**Verbindungen** Busbahnhof östlich des Zentrums, keine 10 Gehmin. vom Hauptplatz. Häufig **Busse** nach Zlatá Koruna und Budweis, bis zu 11-mal tägl. über Tábor nach Prag (erheblich schneller als der Zug), bis zu 4-mal tägl. über Rožmberk nad Vltavou, Vyšši Brod und Lipno nach Frymburk, 8-mal tägl. nach Horní Planá.

Zugbahnhof (mit Gepäckaufbewahrung) etwa 30 Fußmin. nördlich des Zentrums. **Züge** bis zu 9-mal tägl. nach Budweis (von dort weiter nach Prag), bis zu 7-mal nach Nová Pec und Černý Kříž.

**Ärztliche Versorgung** **Krankenhaus** an der Nemocniční 429 beim Busbahnhof. ✆ 380761911, www.nemckr.cz.

**Einkaufen** Ein beliebtes Mitbringsel ist **Bernsteinschmuck**. Regionales **Kunsthandwerk** (Keramik, Spitzen, Holzspielzeug usw.) verkaufen unzählige Läden im Zentrum. Hinzu kommen „Galerien" mit naiven Český-Krumlov- und Glasmalereien.

Ein nettes **Antikvariát** **7** befindet sich in der Dlouhá 91: vornehmlich deutsche Literatur, auch einige Bände zum Böhmerwald.

**Parken** Rund um das Zentrum gebührenpflichtige, i. d. R. von 9–24 Uhr bewachte Parkplätze. Im Zentrum selbst ist längeres Parken nicht gestattet. Die meisten Unterkünfte verfügen über private, kostenpflichtige Parkplätze.

## Übernachten

→ Karte S. 448/449

Český Krumlov verfügt über mehr als 100 Unterkünfte, trotzdem kann es im Sommer hin und wieder zu Engpässen kommen, insbesondere zum *Festival der fünfblättrigen Rose* (→ Veranstaltungen). Falls alles voll ist: Eine ganze Reihe von ordentlichen, aber unspektakulären Pensionen findet man in der Rooseveltova und im südlichen Stadtteil Plešivec (DZ 34–48 €).

**Hotels** **** **Gold** **20**, freistehendes Gebäude nahe dem Stadtpark und direkt an der Moldau in ruhiger Lage. 27 geräumige Zimmer. Bieder-klassisches Flair (z. T. Stuckdecken), Suiten mit Palastambiente. Gutes Restaurant, bewachter Parkplatz (6 €/ Nacht). EZ 80 €, DZ ab 120 €, Suiten für 2 Pers. 160 €. Linecká 55, PLZ 38101, ✆ 380712551, www.hotelgold.cz.

**** **Zlatý Anděl** **17**, belegt am zentralen Platz 3 aneinandergrenzende ursprünglich gotische Häuser. 30 Zimmer und 12 Suiten von unterschiedlicher Größe und Ausstattung – vom schmiedeeisernen Mobiliar bis zum gemütlichen Landhausstil. 2 Restaurants, Café, Cocktailbar und Bierstube. Bewachte Parkplätze. EZ 68 €, DZ ab 80 €. Nám. Svornosti 10, PLZ 38101, ✆ 380712310, www.hotelzlatyandel.cz.

**Konvice** **15**, kleines Haus mit 13 Zimmern auf mehrere Gebäude verteilt. Ebenfalls unterschiedlichste Ausstattung: manche mit Antiquitäten oder Repliken, manche mit Parkettböden und/oder schweren Holzdecken, andere mit Teppichböden und Standardmobiliar. Restaurant mit schöner Sommerterrasse. Sehr freundliches Personal. Unter deutscher Leitung. DZ 68–140 €. Horní 145, PLZ 38101, ✆ 380711611, www.boehmer waldhotels.de.

**Hotýlek U malého Vítka** **10**, „Zum Kleinen Veitchen". In 3 miteinander verbundenen Gebäuden befinden sich 20 Zimmer, alle unterschiedlich groß, mit Gefühl für die alte Bausubstanz eingerichtet. Stuck- oder Gewölbedecken, originelle Bäder, schöne Dielenböden. Jedes Zimmer heißt anders, z. B. „Honigbiene Emilka" oder „Geist Buru Buru". Restaurant. DZ je nach Ausstattung 60–84 €. Radniční 27, PLZ 38101, ✆ 380711925, www.vitekhotel.cz.

**Na Louži** **18**, gehört zur gleichnamigen Hospoda. Einfaches, kleines Hotel in einem Bürgerhaus aus dem 15. Jh. 11 Zimmer im Bauernstubenstil. Nicht besonders groß, aber gemütlich. Laut Eigenwerbung besitzen alle Zimmer nicht nur Duschen, sondern auch „Klosetts mit Wasserspülung". EZ 44 €, DZ 54 €. Kájovská 66, PLZ 38101, ✆ 380711280, www.nalouzi.cz.

**Pensionen** **Myší Díra** **19**, 10 hübsche, geräumige Zimmer mit viel Kiefernholz. Parkplätze. Das Frühstück wird aufs Zimmer gebracht. DZ 75 €. Rooseveltova 28, PLZ 38101, ✆ 380712853, www.ceskykrumlov-info.cz.

**Barbakán** **16**, gegenüber dem Stadttheater. 8 geräumige Zimmer, z. T. mit schmiedeeisernen Betten. Viel Naturholz, ein paar Antiquitäten, Holz- oder Fliesenböden. Teilweise herrliche Aussicht. Schönes Terrassenrestaurant. 3 Parkplätze vor der Tür. DZ ab 68 €. Horní 26, PLZ 38101, ✆ 380717017, www.barbakan.cz.

**Olšakovský** **12**, 4-Zimmer-Pension in toller Lage direkt am Fluss. Davor ein kleines Gärtchen mit Tischen. 3 große Zimmer unterm Dach, ein kleineres ein Stockwerk tiefer, alle mit Bad. DZ 44–60 €. Parkán 114, PLZ 38101, ✆ 604430181 (mobil), www.olsakovsky.cz.

**Danny** **3**, freundliche 8-Zimmer-Pension mit freundlichen Besitzern. Auch hier sind die schönsten Zimmer unterm Dach – viel

Das Schloss prägt die Silhouette der Stadt



Holz. Im EG ein Restaurant mit Sommerterrasse. DZ mit Bad ab 40 €. Latrán 72 (falls niemand da ist, bei Sedlákova klingeln), PLZ 38101, ✆ 603210572 (mobil), www.pensiondanny.cz.

**Hostels** **Hostel 99** **1**, sympathisches Haus. Farbenfrohe Schlafsäle mit Holzböden. Dazu ein paar recht beengte DZ, die man teilweise nur über andere Zimmer erreicht, die aber sehr nett dekoriert sind. Saubere Gemeinschaftsbäder. Gemütliche Kneipe mit Biergarten (samt schöner Aussicht) und Grill. Zudem Laundryservice, Radverleih und jeden Mittwoch ein Freibier. Wer es etwas komfortabler mag: In einem Nachbarhaus werden auch einige Pensionszimmer mit privaten Bädern vermietet. Im Schlafsaal ab 12 €/Pers., DZ (ohne Bad) ab 32 €, Pensions-DZ mit Bad ab 44 €. Věžní 99, PLZ 38101, ✆ 380713813, www.hostel99.com.

**Krumlov House** **21**, kleines Hostel mit sehr familiärer Atmosphäre. Gut geführt und empfehlenswert. Rauchfrei. Der Treffpunkt ist die nette Küche. Bunte Zimmer, Schlafräume mit max. 6 Betten. Waschservice, Grillabende, Book Exchange, kostenloser Schlittschuhverleih im Winter. Im Schlafsaal 12 €/Pers., DZ mit eigenem Bad 36 €, mit Gemeinschaftsbad 32 €. Rooseveltova 68, PLZ 38101, ✆ 728287919, www.krumlovhostel.com.

**Außerhalb/Camping** **Caravan Camp Petráškův Dvůr**, ca. 5 km nordwestlich der Stadt an der Straße nach Chvalšiny. 2 Wiesen rechts und links der Straße. Linker Hand zeltet man unter Solaranlagen (hört sich schlimmer an, als es ist), rechter Hand idyllisch am Bach. Insgesamt gepflegtes Areal mit Restaurant, Biergarten und guten Sanitäranlagen. Mitte Mai bis Ende Sept. Keine Chatas. 2 Pers. mit Wohnmobil 12,50 €. Křenov 36, PLZ 38101, ✆ 774833168 (mobil), www.petraskuv-dvur.cz.

**››› Unser Tipp: Guesthouse Rajka**, Pension und Campingplatz im Dorf Mojné, ca. 8 km nordöstlich von Český Krumlov. Ein Top-Tipp, unter junger holländischer Leitung. Tolles Campingareal bei einem alten restaurierten Gutshof. Im Gutshof selbst befinden sich einfache, aber liebevoll eingerichtete Zimmer und Apartments. Idyllischer Innenhofgarten, Küche, Feuerstelle, relaxte Atmosphäre. Kein Restaurant, das nächste in 1,5 km Entfernung! Juni–Sept. 2 Pers. mit Wohnmobil 18 €, DZ 30 €, Apartment für 4 Pers. 78 €. Mojné 7, PLZ 38232, ✆ 380743855, www.guesthouserajka.com. ‹‹‹

## Essen & Trinken/Nachtleben

In Český Krumlov haben Sie die Wahl zwischen über 80 Restaurants. Viele davon besitzen herrliche Sommerterrassen – entweder mit tollem Panoramablick oder in lauschiger Lage am Fluss. Recht provinziell präsentiert sich das Nachtleben.

**Restaurants** **Papa's Living Restaurant 6**, gepflegtes Lokal unter schönem Gewölbe, jedoch wenig stilsichere Wanddekoration: Schwarz-Weiß-Aufnahmen Krumaus neben Louis Armstrong neben den Beatles. Tolle Terrasse mit Blick über die Stadt. Nichts Böhmisches auf der Karte, dafür dicke Steaks (11–19 €), große Salate, Pasta und Rippchen. Latrán 13, ✆ 380711583.

**Le Jardin 2**, das Restaurant des Hotels Bellevue. Unterm Backsteingewölbe oder auf der Terrasse wird eine kleine Auswahl an neutschechischer Küche serviert. Kleine Karte, auf der so leckere Dinge stehen wie marinierte Rote Bete mit Ziegenkäse oder gefüllte Fruchtknödel mit Quark und Zimt. Hg. 7,50–16 €. Latrán 77, ✆ 380720109.

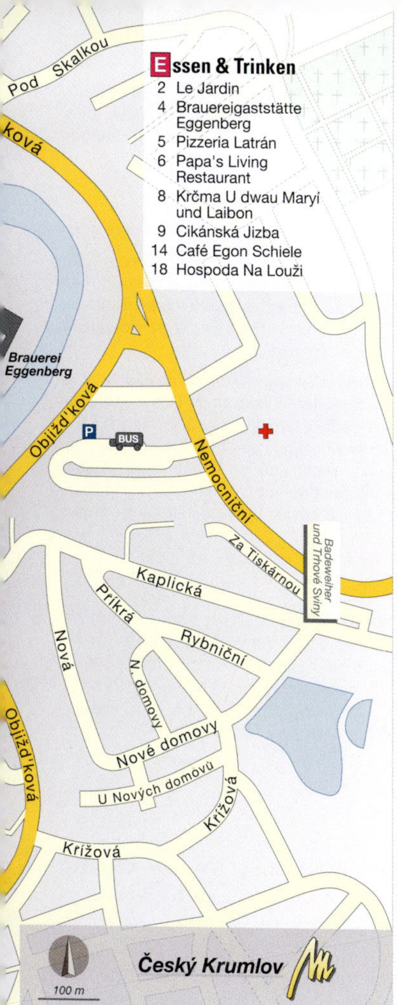


**Brauereigaststätte Eggenberg 4**, in den ehemaligen Kühlräumen der Brauerei im Stadtteil Latrán. Riesiger rustikaler Gewölbesaal. Zu hervorragendem Bier (kosten Sie das ungefilterte!) gibt es böhmische Spezialitäten zu 6–11 €. Lebhafter und natürlicher ist die derb-einfache **Pivnice Formanka** im gleichen Gebäude, mittags ein Arbeitertreff. Die supergünstigen Tagesgerichte (Standards wie Gulasch oder Lendenbraten) sind nur in Tschechisch auf einer Tafel angeschrieben. Pivovarská, ✆ 380711917.

**Hospoda Na Louži 18**, die urigste Kneipe im Zentrum! Nur ein paar derbe Holztische, ein ausgedientes Klavier und an den Wänden alte Emailleschilder, die Hinweise geben wie „Das Ausgießen der Bieruntersetzer auf den Fußboden wird vom Wirtshaus genehmigt" oder „Das Ausspucken auf den Fußboden ist amtlich verboten". Serviert werden Sattmacher wie Böhmerwaldschnitzel im Kartoffelpuffer oder „Gefüllte Bürgermeistertasche". Hg. 3,60–9,20 €. Manko nach Lesermeinung: die unfreundlich-missmutige Bedienung. Kájovská 66, ✆ 380711280.

**Pizzeria Latrán 5**, das ehemalige Café Fink war Schieles Lieblingslokal. Heute ist hier eine freundliche Holzofenpizzeria untergebracht – eine Alternative zu Kloß mit Soß! Pizzen 4,40–7,20 €. Latrán 37, ✆ 380712651.

**Krčma U dwau Maryí 8**, dieses kleine, schnuckelige Lokal im 1. Stock würde in jedem Kostümfilm als mittelalterliche Schenke durchgehen. Terrasse am Fluss. Neben deftiger altböhmischer Küche auch Vegetarierfreundliches (Hirseauflauf, Buchweizengerichte). Zuweilen etwas überforderte Köche und Bedienung. Hg. 5,60–7 €. Parkán 104, ✆ 380717228.

**Laibon 8**, gleich nebenan. Das vegetarische Restaurant bietet internationale Küche wie Ziegenkäse mit Oliven, Gemüsecurry oder marinierte Sojascheiben mit Preiselbeeren. Ebenfalls idyllische Terrasse am Fluss. Schummrig-freundliches Interieur. Hg. 5,60–8 €. Parkán 105, ✆ 775676654 (mobil).

**Cikánská Jizba 9**, die „Zigeunerstube", eine von einer Romafamilie geführte, an sich unspektakuläre Restaurantkneipe. Nicht jedoch am Wochenende: Bei feuriger Live-Zigeunermusik herrscht dann die ausgelassenste Stimmung im Städtchen – ein Erlebnis! Touristen und Einheimische im bunten Mix, es kann eng werden! Das Essen ist eher Nebensache. Nur am Abend, So geschl. Dlouhá 31, ✆ 380717585.

**Café** **Café Egon Schiele 14**, dem Egon Schiele Art Centrum (→ Sehenswertes) angegliedert. Überaus gemütliche Lokalität mit Retrotouch, natürlich mit Kunst an den Wänden. Fair-Trade-Kaffee. Široká. ■

**Nachtleben** Die beste Stimmung herrscht allabendlich in der Bar des **Traveller's Hostel 11**, das als Übernachtungsadresse wegen negativer Leserkritiken hier nicht gelistet wird. Zu den internationalen Backpackern gesellen sich etliche Locals, hin und wieder Konzerte oder DJs.

Südböhmen → Karte S. 394/395

**City Lounge** 13, Bar und Musicclub mit lang gezogener Theke. Dazu ein paar Tische am Fluss. Das Coolste, das die Stadt zu bieten hat. Elektronische Musik überwiegt. Nur Mi u. Fr/Sa 20–4 Uhr. Hradební 81, www.citylounge.cz.

## Sport & Freizeit/Kultur

**Golf** **Golf Club Český Krumlov**, beim Weiler Svachova Lhotka ca. 4 km östlich von Český Krumlov. 18-Loch-Platz, Par 71. Greenfee 28–40 €. ✆ 606754570 (mobil), www.golfck.cz.

**Radverleih** Mountainbikes kann man über **Vltava Sport Service** (Hradební 60, ✆ 380711988, www.ckvltava.cz) leihen. Ab 13 €/Tag.

**Theater/Oper/Ballett** Ein Highlight sind die allsommerlichen Aufführungen im **Freilichttheater** mit drehbarer Zuschauertribüne im Schlossgarten. Da es sich häufig um Ballettstücke, Opern oder Musicals handelt, sind Tschechischkenntnisse nicht vonnöten (Tickets 13–60 €). Kartenvorverkauf über die Touristeninformation.

**Veranstaltungen** Absolutes Highlight ist das **Fest der fünfblättrigen Rose** (www.slavnostipetilisteruze.eu), das alljährlich im Juni am Wochenende nach der Sommersonnenwende stattfindet. Für 3 Tage kehrt die Stadt in die Zeit der Ritter, Burgfräuleins und Gaukler zurück, es gibt Umzüge, Ritterturniere usw.

### Mit dem Kanu die Moldau entlang

Von Český Krumlov bieten sich Touren unterschiedlichster Länge an. Die gängigsten Routen sind 5–35 km lang (Dauer 1:30–8 Std.). Vermietet werden Raftingboote für 3–8 Pers., Kanus für 2–3 Pers. sowie Kajaks. Einen guten Ruf hat z. B. **Vltava Sport Service** (→ Radverleih). Preisbeispiele inkl. Transport: 5 km Kajak 14 € (Kanu 20 €, Raftingboot 28–34 €), 15 km Kajak 16 € (Kanu 28 €, Raftingboot 36–48 €), 35 km Kajak 26 € (Kanu 38 €, Raftingboot 54–64 €).

# Sehenswertes

... gibt es unglaublich viel, es wimmelt nur so von Museen und Galerien. Alles lässt sich spielend zu Fuß erkunden.

## In der Altstadt

**Náměstí Svornosti (Platz der Eintracht)**: Der trapezförmige Platz, den eine Mariensäule (1714–16) dominiert, ist das Herz der Altstadt. Drum herum laden im Sommer mehrere Lokale, deren Tische im Schatten der Laubengänge stehen, auf eine Pause ein. Auch wenn heute viele Häuser eine Renaissance-, Barock- oder klassizistische Fassade haben, im Kern sind sie meist gotisch. So auch das *Rathaus* an der Nordseite des Platzes (links der Touristeninformation): Hinter der weißen Renaissancefassade, deren raffinierte Attika von Vasen gekrönt wird, verbirgt sich eine Häuserzeile von mehreren älteren Gebäuden. In den Kellergewölben des Rathauses befindet sich das *Foltermuseum* (Muzeum Tortury), ein Ableger aus Prag. An die 100 Folterinstrumente werden präsentiert, darunter die Jungfrau von Nürnberg, ein Spanischer Schuh und ein Hexenstuhl. Mit Ton- und Lichteffekten wird versucht, eine gruselige Atmosphäre zu schaffen – leider vergebens. Ein paar Schritte weiter liegt etwas versteckt in der Šatlavská 141 das *Haus der Fotografie* (Dům Fotografie), wo seit Jahren Fotos von Jan Saudek gezeigt werden.

**Haus der Fotografie**, tägl. 10–18 Uhr. 4 €, erm. 2,40 €. www.dumfotografiekrumlov.cz. **Foltermuseum**, tägl. 9–20 Uhr, im Winter verkürzt. 4 €, erm. 3,20 €.

Auf der Horní, der „Oberen Straße"

Südböhmen → Karte S. 394/395

**Entlang der Horní:** Folgt man vom Náměstí Svornosti dem Sträßlein Horní bergauf, fällt rechter Hand die dreischiffige *Propsteikirche St. Veit* (Kostel sv. Vít) ins Auge. 1439 wurde sie eingeweiht, im ausgehenden 17. Jh. begann man, sie im Stil des Barock auszuschmücken. Aus jener Zeit stammt auch der Hauptaltar mit dem Hl. Wenzel, dem Schutzpatron der Stadt, im oberen Abschluss. Weiter entlang der Horní passiert man u. a. das ehemalige *Jesuitenkolleg,* einen typischen Renaissancebau mit beachtenswerten Malereien am Sims und im Hof. Heute befindet sich darin das Nobelhotel Růže (→ Übernachten). Noch etwas weiter bergauf steht linker Hand das frühbarocke Jesuitenseminar, heute Sitz des *Regionalmuseums* (Regionální muzeum). Im bunten Durcheinander wird über die Entwicklung Krumaus und seiner Umgebung bis ins 19. Jh. informiert. Zu den schönsten Exponaten gehören eine barocke Jesuitenapotheke und ein Keramikmodell (ca. 6 x 3 m) der Stadt im Maßstab 1:200, welches das historische Zentrum um 1800 zeigt.

**Regionalmuseum** (Horní 152), im Sommer tägl. 9–18 Uhr, im Winter Di–So 9–17 Uhr. 2 €, erm. 1 €, teurer, falls temporäre Ausstellungen stattfinden. www.museum-krumlov.eu.

**Egon Schiele Art Centrum:** Das mit Abstand sehenswerteste Museum Krumaus belegt die sanierten Räumlichkeiten der einstigen Stadtbrauerei und bietet 4000 m² Ausstellungsfläche. Die permanente Egon-Schiele-Exposition unterm Dach nimmt nur einen relativ kleinen Teil davon ein. Sie beleuchtet das Leben und Werk des Künstlers, präsentiert Aquarelle, Grafiken, eine kartografische Rekonstruktion seiner Krumauer Motive und ein paar von ihm entworfene Ateliermöbel. In den anderen verwinkelten Räumlichkeiten werden wechselnde Ausstellungen namhafter Künstler des 20. Jh. gezeigt – u. a. standen hier bereits Werke von Pablo Picasso, Andy Warhol, Salvador Dalí und Alfred Kubin im Mittelpunkt. Zudem gibt es ein Café (→ Essen & Trinken) und einen Shop mit Ausstellungskatalogen.

**Adresse/Öffnungszeiten:** Široká 70–72. Tägl. 10–18 Uhr. 4,80 €, erm. 2,80 €. www.schieleartcentrum.cz.

## Egon Schiele in Krumau – vom Ausgebürgerten zum Aushängeschild

Egon Schiele (1890–1918), der zunächst von Gustav Klimt und der Wiener Secession beeinflusst war, wurde später v. a. durch seine oftmals in intensiver Farbigkeit gehaltenen Akte und Selbstbildnisse bekannt. Viele seiner Bilder drücken Leiden, Schmerz und Einsamkeit aus.

Im Mai 1911, zwei Jahre nach seinem Abschluss an der Akademie der bildenden Künste in Wien, entfloh er der großstädtischen Hektik und zog nach Krumau. „Nach dem Böhmerwald will ich, neues muß ich sehen und will es forschen, will dunkle Wasser kosten, krachende Bäume, wilde Lüfte sehen, will modrige Gartenzäune staunend ansehen und zitternde Blätter hören, will Licht, Sonne sehen und nasse grünblaue Abendtäler genießen", so drückte der junge Maler seine Sehnsucht in einem Brief an seinen Freund Anton Peschka aus. Krumau hatte er nicht zufällig gewählt, der Ort war die Geburts- und Heimatstadt seiner Mutter, des Öfteren hatte er hier die Ferien bei Verwandten verbracht. Mit seiner Lebensgefährtin Wally Neuzil mietete er sich in einem kleinen Häuschen an der Moldau (Plešivecká 343) ein. Wally war gerade 17, kennen gelernt hatte er sie als Modell Gustav Klimts. In Krumau malte Schiele neben einer Reihe ausdrucksstarker Stadtansichten auch Wally – nackt im Garten. Das ging den biederen deutsch-böhmischen Einwohnern Krumaus zu weit. Als Schiele auch noch begann, die hübschesten Töchter der Stadt in teils gewagten ekstatischen Stellungen Modell sitzen und stehen zu lassen, wurden er und seine avantgardistischen Künstlerfreunde zum Verlassen der Stadt gedrängt. Nach nur drei Monaten Aufenthalt in Krumau zog Schiele zurück nach Wien. Dort trat er der Künstlervereinigung *Sema* bei, der auch Paul Klee und Alfred Kubin angehörten. In den Jahren darauf nahm er an Ausstellungen in ganz Europa teil. 1915 heiratete er Edith Harms. Ihr Glück war von kurzer Dauer. Drei Jahre später, am 28. Oktober 1918, starb seine schwangere Frau an der Spanischen Grippe, die damals europaweit über 20 Millionen Opfer forderte. Auch Egon Schiele erlag ihr, nur drei Tage nach dem Tod seiner Frau mit nur 28 Jahren. Der Nachwelt hinterließ er ein Werk von rund 330 Gemälden und 3000 Arbeiten auf Papier, das zu den künstlerischen Meisterleistungen des frühen 20. Jh. zählt und seit 1992 auch in Český Krumlov gewürdigt wird.

**Pohádkový dům (Märchenhaus)**: Den Mittelpunkt der liebevoll auf zwei Etagen angelegten Ausstellung bilden über 200 historische Marionetten, darunter richtig gruselige Spukgestalten und Märchenfiguren aus aller Herren Länder. Sie stammen aus den Beständen des Nationalmuseums und des Náprstek-Museums (beide in Prag). Zudem sieht man ein Puppentheater aus dem mittelböhmischen Schloss Kačina (1819) und das Modell eines Rummelplatzes mit beweglichen Figuren aus den 1930er-Jahren. Ein Spaß für Kinder!

Adresse/Öffnungszeiten: Radniční 29. Tägl. 10–18 Uhr. 3,20 €, Kinder die Hälfte.

**Museum Fotoatelier Seidel**: Das sehenswerte Museum wurde 2008 im Atelier und Wohnhaus der deutsch-böhmischen Fotografenfamilie Seidel eingerichtet. Josef Seidel (1859–1935) und sein Sohn Franz (1908–1997) wurden als Bildchronisten des Böhmerwaldes bekannt, dessen Menschen und Landschaften sie in unzähligen Aufnahmen festhielten. Anfang der 1950er-Jahre musste Franz Seidel, der der

Vertreibung entgangen war, das Atelier schließen, ließ es aber bis zu seinem Tod weitgehend im ursprünglichen Zustand. Auch konnte er rund 140.000 Glasplatten und Zelluloidnegative auf dem Dachboden verstecken und so vor staatlichem Zugriff bewahren. Der schöne Gebäudekomplex ist heute im Besitz der Stadt. Die rund einstündige, eindrucksvolle Tour führt u. a. durch die ehemaligen Verkaufsräume, die in Zusammenarbeit mit Zeitzeugen rekonstruiert werden konnten, durch die Privaträume der Familie Seidel, durch das Labor und das Atelier, in dem selbst die Leinwand erhalten ist, vor denen die Modelle posierten. Eine Zeitreise!

Adresse/Öffnungszeiten: Linecká 272. Mai–Sept. 9–18 Uhr, sonst bis 17 Uhr. 5,70 €, erm. 3,50 €. www.seidel.cz.

## In Latrán

**Muzeum marionet (Marionettenmuseum)**: Von der Altstadt gelangt man über die Lazebnický-Brücke in die Latrán, die Hauptgasse des gleichnamigen Stadtteils. Wenige Schritte nach der Brücke passiert man die *St.-Jobst-Kirche* (Bývalý kostel sv. Jošta), die zusammen mit einem Spital um 1330 errichtet und 1788 in ein Wohnhaus umgebaut wurde. Das Spital gab es bis 1922. Heute befindet sich in der Kirche das zweite Marionettenmuseum Český Krumlovs mit historischen und modernen Marionetten.

Adresse/Öffnungszeiten: Latrán 6. April/Mai u. Okt. tägl. 10–16 Uhr, Sept. 10–17 Uhr, Juni–Aug. bis 18 Uhr. 3,20 €, erm. 2 €. www.mozart.cz.

**International Art Studio**: Zwischen der St.-Jobst-Kirche und der Pizzeria Latrán, vormals das von Egon Schiele gern besuchte Café Fink (→ Essen & Trinken), gelangt man rechter Hand durch einen unscheinbaren Hof zum International Art Studio. Die Verkaufsgalerie wird vom Krumauer Künstler Miroslav Parál geleitet, die angebotenen Objekte sind skurril (Wohnaccessoires wie Riesenkerzen in Fingerform oder auf Männerfüßen stehende Regale). An der Fassade des Gebäudekomplexes markiert eine dünne blaue Linie aus glänzenden Keramikplättchen den Wasserstand während des Augusthochwassers von 2002. Die Galerie ist gleichzeitig ein Café (Parál Café) mit super Terrasse zum Fluss hin – dort kann man auf überdimensionalen, rot angemalten Stühlen sitzend den Kanuten zusehen.

Na Fortně, Eingang von der Latrán 16. Tägl. 10–2 Uhr. www.virtual-gallery.cz.

## In Burg und Schloss

An dem Wahrzeichen der Stadt wurde sechs Jahrhunderte lang gefeilt, immer wieder wurde um-, an- und neu gebaut. Die drei großen Adelsgeschlechter Südböhmens, die Rosen-, Eggen- und Schwarzenberg, zeichneten dafür verantwortlich. Das Resultat ist die nach Prag zweitgrößte Burganlage Böhmens mit fünf Schlosshöfen, um die sich zig Gebäude gruppieren, und mehr Zimmern, als das Jahr Tage hat.

Für gewöhnlich betritt man das Burgareal von der Latrán-Straße durch das **Rote Tor**. Über diesem erinnerte einst die Aufschrift „Audi, vide et tace, si vis vivere in pace" („Höre zu, beobachte und schweige, wenn du in Frieden leben willst") den einfachen Mann daran, wie er dem Adel zu begegnen hatte. Heute könnte der Spruch für all jene gelten, die sich einer Führung durch die Räumlichkeiten der Burganlage anschließen wollen. Zwei Routen stehen zur Auswahl: Auf **Tour I** taucht man in jene Zeit ein, als die Rosen- und Eggenberg herrschten. Highlight ist der **Maskensaal**, der 1748 von Joseph Lederer in der Trompe-l'Œil-Technik mit Szenen aus der Commedia dell'Arte ausgemalt wurde. **Tour II** führt durch einen Schlosstrakt, der nach Inventarlisten wieder so eingerichtet wurde wie zu Regierungszeiten des Schwarzenbergfürsten Johann Adolf II. (1833–1887) und seiner Frau Eleonore. Des Weiteren können besichtigt werden:

Südböhmen → Karte S. 394/395

**Schlosslapidarium**: In den Kellerräumen der Burggrafschaft (Zugang vom ersten Schlosshof) werden Bildhauerarbeiten gezeigt, die vom Schlossareal oder aus dem Umland zum Schutz vor Verwitterung hierher gebracht und vielerorts durch Kopien ersetzt wurden.

**Schlossturm und Burgmuseum**: Der Turm und der ihm angeschlossene Gebäudekomplex bilden den ältesten Teil der Burganlage, die sog. Kleine Burg. Darin befindet sich heute ein Museum, das sich u. a. der Geschichte des Schlosses und der einst hier lebenden Adelsgeschlechter widmet. Der Schlossturm war übrigens ursprünglich erheblich niedriger. Während des Renaissanceumbaus um 1580 wurde er aufgestockt und mit einer schmucken Fassadenmalerei und einem Arkadenrundgang versehen – die Aussicht über Stadt und Schloss ist herrlich. Der Zugang erfolgt vom zweiten Schlosshof.

**Wenzelskeller**: Das Kellerlabyrinth, das man vom vierten Schlosshof erreicht, stammt aus dem 14. Jh. Einer Sage nach wurde darin 1394 der böhmische König Wenzel IV. gefangen gehalten, daher der Name. Heute zeigt hier die *International Art Gallery* oft interessante Wechselausstellungen.

**Schlosstheater**: Über die sog. Mantelbrücke mit einer so aufwendigen wie auffälligen Arkadenkonstruktion aus der zweiten Hälfte des 18. Jh. gelangt man zum barocken Schlosstheater, das einst weit über die Grenzen Böhmens bekannt war. Es entstand in den Jahren 1765–66 und zählt heute mit dem Theater von Drottingholm zu den ältesten erhaltenen Barocktheatern der Welt. Ein technisch ausgetüfteltes Bühnensystem ermöglichte angeblich über 40 Szenenwechsel, ohne die Handlung auf der Bühne zu unterbrechen. Zum Fundus des Theaters gehören eine Vielzahl alter Kulissen und Kostüme, Textrepertoires, Notensammlungen und Partituren.

**Schlossgarten**: Der Rokokogarten umfasst eine Fläche von 11 ha. Betritt man ihn vom Schloss aus, liegt rechter Hand zuerst die *Winterreitschule* (Zimní Jízdárna, 1745) mit einem gemütlichen Terrassencafé. Von dort erreicht man, vorbei an einem schönen *Kaskadenbrunnen* (1750–65), das *Freilichttheater* mit einer drehbaren Zuschauertribüne (1956): Je nachdem, wohin das Publikum gedreht wird, dient als natürliche Kulisse die baumbestandene Parkanlage oder das *Lustschlösschen*

Im Schlosstheater

*Bellaria* (1706–1708). Da die Tribüne das Schlossareal in den Augen der Denkmalpfleger jedoch verschandelt, soll sie bis 2017 neu gestaltet werden.

**Öffnungszeiten** Das **Burgareal** ist mit Ausnahme des Schlossgartens ganzjährig zugänglich. Durch das **Schloss** werden von April–Okt. tägl. (außer Mo) von 8.45–16 Uhr (Juni–Aug. bis 17 Uhr) 2 verschiedene Touren (s. o.) à jeweils 60 Min. angeboten. Beide beginnen im dritten Schlosshof. Tickets kauft man im zweiten Schlosshof. Tour I 6 €, Tour II 5,40 €, erm. die Hälfte, in dt. Sprache fast das Doppelte. In der gleichen Zeit finden auch Führungen durch das **Schlosstheater** statt (Dauer 45 Min., 10 €, erm. 5,60 €, in dt. Sprache 12 €), zudem kann der **Schlossturm** (2 €, erm. 1,20 €) bestiegen werden. www.zamek-ceskykrumlov.eu.

## Umgebung von Český Krumlov

**Kleť (Schöninger)**: Der Kleť ist mit 1088 m der höchste Gipfel und das Zentrum des *Naturschutzgebietes Blanský les*. Es erstreckt sich nördlich von Český Krumlov und bietet gute Wandermöglichkeiten. Wer sich den schweißtreibenden Aufstieg auf den Kleť ersparen möchte, kann vom Weiler Krasetín mit einer Seilbahn hinauffahren (von der Verbindungsstraße Třísov – Křemže bei Holubov mit „Lanovká Kleť" ausgeschildert). Auf dem Gipfel stehen eine Sternwarte und der älteste steinerne Aussichtsturm Tschechiens (1825). Bei günstigem Wetter kann man von hier bis zu den Alpen blicken.

**Seilbahn**: Ende Juni–Anfang Sept. Mo–Fr 9–17 Uhr, Sa/So 9–18 Uhr, ansonsten nur Sa/So 9–16 Uhr. Retourticket 4,40 €, erm. 3,20 €. Zur Seilbahn verkehren keine öffentlichen Verkehrsmittel. www.holubov.cz.

**Zlatá Koruna (Goldenkron)**: Gerade 5 km müssen die Bolzer des *FK Slavoj Český Krumlov* zurücklegen, wenn sie zum Auswärtsspiel beim *FC Zlatá Koruna* antreten. Letzterer ist nach dem gleichnamigen *Zisterzienserkloster* benannt, das 1263 unter König Přemysl Otakar II. gegründet wurde. Ursprünglich hieß es „Heilige Krone" *(Svatá Koruna)* nach einer hier aufbewahrten Reliquie, einem Dorn aus der Dornenkrone Christi. Schon 1420 wurde das Kloster von den Hussiten niedergebrannt und dämmerte dann rund 200 Jahre als halbe Ruine dahin, bis es im Barockstil erneuert wurde. Aber auch die neue Blüte war nicht von allzu langer Dauer. 1785 wurde das Kloster säkularisiert und in eine Fabrik umgewandelt. In der ersten Hälfte des 20. Jh. nahmen sich die Schwarzenberg des Areals an und ließen es restaurieren. Heute fungiert das schön gelegene Kloster als Museum. Highlights der einstündigen Führung sind der Kreuzgang mit schönen Stuckaturen, die rosafarbene Schutzengelkapelle (der älteste Teil der Anlage, 1270–1280) und die barocke Konventskirche Mariä Himmelfahrt mit einer wunderbaren Rosette am Querschiff. Michael Parler, der Bruder des berühmten Peter Parler, soll am Bau der Kirche mitgewirkt haben. Zudem ist im Kloster eine Ausstellung über die Literatur Südböhmens und des Böhmerwaldes zu sehen, für die separat Eintritt zu zahlen ist.

**Verbindungen** Regelmäßig **Busse** nach Český Krumlov, der Bus hält vor dem Klostereingang.

**Öffnungszeiten** **Kloster**, April und Sept./Okt. tägl. (außer Mo) 9–12 und 13–16 Uhr, Juni–Aug. bis 17 Uhr. Führung (tschechisch, mit dt. Text) 4 €, erm. 2,40 €. Literaturausstellung 2,40 € extra, erm. 1,60 €. www.klaster-zlatakoruna.eu.

Informationen zum 16 km nordöstlich von Zlatá Koruna gelegenen **Budweis** bekommen Sie ab S. 393.

Südböhmen → Karte S. 394/395

## Rožmberk nad Vltavou

Rosenberg

Rožmberk nad Vltavou, ca. 20 km südlich von Český Krumlov gelegen, ist ein südböhmisches Vorzeigedorf. Es erstreckt sich zu Füßen seiner mächtigen **Schlossburg** an der hier wild mäandernden Moldau. Am Fluss gibt es einige Unterkünfte und Restaurants mit netten Terrassen. Von hier kann man den Kanuten zusehen oder es ihnen gleichtun.

Der Gründungsmythos der Burg blickt zurück bis zum Urvater der Witigonen, dem legendären, angeblich 1194 verstorbenen Ritter Witiko, der reicher als der König gewesen sein soll und dem Adalbert Stifter in seinem gleichnamigen Epos ein Denkmal setzte. Witiko, so heißt es, habe sein Erbe – unendliche Ländereien – auf seine fünf Söhne aufgeteilt. Jedem schenkte er dazu eine fünfblättrige Rose in unterschiedlicher Farbe, die ihr Wappen werden sollte. Und Sohn Jindřich (goldene Rose) zog los und gründete Jindřichův Hradec, Witiko II. (grüne Rose) erbaute Český Krumlov, Witiko IV. (silberne Rose) errichtete Třeboň, Sezima (schwarze Rose) schuf das Gut Sezima (heute Sezimovo Ústí, ein Vorort von Tábor), und Witiko III. (rote Rose) machte Burg Rožmberk zu seinem Sitz. Tatsache ist jedenfalls, dass es in Südböhmen ein weit verzweigtes Geschlecht der Witigonen gab. Tatsache ist auch, dass sich die Herren von Rosenberg nach der Mitte des 13. Jh. gegründeten Festung Rosenberg benannten. Als Stammsitz diente ihnen die Burg aber nur bis zur Übersiedelung nach Český Krumlov 1302, in ihrem Besitz blieb sie jedoch bis zum Aussterben des Geschlechts im frühen 17. Jh. Von 1620 bis 1945 besaß die Adelsfamilie der Buquoy das Anwesen Rosenberg.

Der auffällige, walzenförmige **Jakobínka-Turm** ist das einzige Überbleibsel der 1522 einem Brand zum Opfer gefallenen **Oberburg**. Die **Unterburg** wurde im 16. Jh. zu einem Renaissanceschloss umgebaut und im 19. Jh. im neogotischen Stil verändert. Die Buquoy richteten darin zur Selbstglorifizierung ein **Familienmuseum** ein. Dieses ist weitestgehend im Originalzustand erhalten geblieben. Die Räume sind mit schwerem neogotischem Mobiliar förmlich vollgestopft, zudem sieht man eine Reihe von Kriegsandenken, die Waffenkammer, die Kapelle und den im Renaissancestil geschmückten Rittersaal. Die sog. Kreuzrittergalerie informiert über berühmte, mit den Buquoy verwandte Kreuzfahrer wie z. B. Kaiser Friedrich I. Barbarossa. Eine

### Die weiße Frau von Rožmberk

Wer Burg Rožmberk besichtigt, wird im sog. *Rosenberger Saal* auf das Bild einer traurig blickenden, weiß gekleideten Frau mit blonden Korkenzieherlöckchen stoßen. Es handelt sich um Berta von Rosenberg, die um 1430 als Tochter Ulrichs II. von Rosenberg geboren wurde. Als 16-Jährige verliebte sie sich in den jungen böhmischen Grafen Sternberk, doch versprochen war sie bereits Hans von Liechtenstein aus der Obersteiermark. Während der Hochzeitsfeierlichkeiten traf sie sich ein letztes Mal mit ihrem Geliebten. Hans von Liechtenstein erfuhr davon und bescherte seiner Gemahlin aus Rache bis zu seinem Tode ein überaus unglückliches, von seinem Hass erfülltes Leben. Aus Gram darüber, sich nie mit ihrem Mann versöhnt zu haben, irrt Berta seitdem – in ihr weißes Witwengewand gehüllt – durch die Rosenberger Schlösser. Franz Grillparzer (1791–1872) schuf ihr in seiner Tragödie *Die Ahnfrau* ein literarisches Denkmal.

zweite Tour führt durch die rekonstruierten Privaträume der Buquoy wie Speisesaal, Salon und Spielzimmer.

**Verbindungen** **Busse** bis zu 8-mal tägl. nach Český Krumlov.

**Kanuverleih** Mehrere Anbieter, z. B. über das **Hotel U Martina**. Preise wie in Vyšší Brod (s. u.).

**Öffnungszeiten** **Burg**, April u. Okt. Di–Fr 11–13 Uhr u. Sa/So 9–15.30 Uhr, Mai u. Sept. tägl. (außer Mo) 9–15.30 Uhr, Juni bis 16.30 Uhr, Juli/Aug. bis 17 Uhr. Nov.–März nur Sa/So 10–15 Uhr. Deutschsprachige Führungen je nach Tour 5,20–7,20 €, erm. 3,20–4 €. www.hrad-rozmberk.cz.

**Übernachten/Essen** *** **Hotel U Růže**, gepflegtes kleines Mittelklassehotel am Dorfplatz. 14 Zimmer unterschiedlicher Größe, z. T. mit Balkon, am schönsten die „De Luxe"-Zimmer. Terrassenrestaurant mit Fisch- und Fleischküche der mittleren Preisklasse. DZ ab 52 €, Apartment ab 66 €. Rožmberk 78, PLZ 38218, ✆ 775661067 (mobil), www.hotel-ruze.cz.

*** **Hotel U Martina**, ebenfalls am Dorfplatz. Ganz unterschiedliche freundliche Zimmer und Apartments, auf 2 Gebäude verteilt, manche recht stilvoll mit Holzböden und schmiedeeisernen Betten, andere einfacher. Rustikales Grillrestaurant mit Terrasse. DZ 36 €, Frühstück extra. Rožmberk 79, PLZ 38218, ✆ 380749745, www.hotelumartina.cz.

# Die Lipno-Region

**Shakespeare hatte doch Recht: Böhmen liegt am Meer, zumindest seit der Flutung des hiesigen Moldautals, das seit 1958 den Lipno-Stausee bildet und als „Böhmische Riviera" vermarktet wird.**

Der rund 45 km lange und bis zu 4 km breite Lipno-Stausee auf einer Höhe von 725 m ist *der* Urlaubermagnet Südböhmens. Bis 1950 erstreckte sich hier ein fruchtbares Tal mit ein paar Dörfern vor der Kulisse des rauschenden Böhmerwaldes. Dann wurde der Damm aufgeschüttet, 25 m hoch und 282 m lang. Der See hat heute eine durchschnittliche Tiefe von 6–7 m. *Darauf* streiten Surfer, Segelboote, Ausflugsschiffe und Fähren um die Vorfahrt. *Darin* tummeln sich Hechte, Zander, Karpfen, Renken, Weißfische und, und, und.

Am Nordufer drängt sich Campingplatz an Liegewiese und Datschensiedlung. Die kleinen Orte dazwischen machten seit der Samtenen Revolution eine rasante Entwicklung durch und stellten sich peu à peu auf die gehobeneren Ansprüche ihrer stetig wachsenden Klientel ein. Zu den Stammgästen gehören heute neben Tschechen auch viele Niederländer. Wer im Hochsommer nicht im Voraus reserviert hat, dem kann es passieren, dass er sich wie Maria und Josef auf Herbergssuche fühlt und sich mit dem begnügen müssen, was gerade noch frei ist.

Das malerische Südufer zu Füßen des Böhmerwaldes, das bis 1989 im Sperrgebiet lag, ist hingegen kaum erschlossen. Auf jeden Bewohner kommen hier rund 33 ha – ein Paradies für Wanderer und Radfahrer, nicht aber für Autofahrer, denn viele Straßen sind aus Naturschutzgründen für den Verkehr gesperrt. Ab der Höhe von Frymburk gehört die Lipno-Region zum *Naturschutzgebiet (CHKO) Šumava*.

## Vyšší Brod

Hohenfurth

Das 2600-Einwohner-Städtchen liegt auf dem Weg von Rožmberk nad Vltavou zum Lipno-See. Vyšší Brod verkam während der sozialistischen Zeit zu einem äußerst tristen Ort im vergessenen Niemandsland an der österreichischen Grenze. Heute lässt es sich hier aushalten. Die Häuserzeilen rund um den baumbestandenen

Südböhmen → Karte S. 394/395

Hauptplatz wurden längst restauriert. Hier findet man auch einige Pensionen und Restaurants. Die Tische belegen überwiegend **Kanuten**, die sich stärken, bevor es über die Moldau nach Český Krumlov geht, oder Kulturtouristen vor oder nach dem Besuch des mächtigen **Zisterzienserklosters** etwas außerhalb an der Straße nach Lipno. Gegründet wurde es 1259 von Peter Wok I. von Rosenberg. Das Ordensleben dauerte bis 1941 an, dann schlossen die Nazis das Stift. Unter den Kommunisten setzte der Verfall des Klosters ein. 1990 wurde das Areal den Zisterziensern zurückgegeben, sieben Mönche spazieren seitdem wieder zwischen den z. T. noch recht leprösen Gemäuern umher.

Über die Jahrhunderte hinweg war das Kloster nicht nur kulturelles Zentrum, sondern beherbergte auch die **Familiengruft der Rosenberger**. Peter Wok II. (an Drogen- und Alkoholmissbrauch 1611 verstorben) war das letzte Familienmitglied, das hier beigesetzt wurde. Einer Legende nach erheben sich die Rosenberger alljährlich an Allerheiligen um Mitternacht aus dem Reich der Toten und versammeln sich in der **Domkirche Mariä Himmelfahrt**. Diese stammt aus der zweiten Hälfte des 14. Jh. Ihren frühbarocken Hauptaltar zierten einst neun Tafelbilder des „Meisters von Hohenfurth", die um 1350 entstanden und zu den bedeutendsten künstlerischen Leistungen der böhmischen Gotik gehören. Die Tafelbilder sind im Besitz der Nationalgalerie Prag, die eine Rückgabe bislang verweigerte. Das Tafelbild der *Hohenfurther Madonna* (um 1400 von einem ebenfalls unbekannten Künstler erschaffen) kehrte dagegen schon in die **Gemäldegalerie** des Klosters zurück, eine Kopie ziert den ursprünglichen Platz in der Kapelle der Jungfrau Maria. Der Rundgang führt zudem durch die **Klosterbibliothek**, die aus der Mitte des 18. Jh. stammt. Sie beherbergt in ihren beiden prächtigen Sälen an die 70.000 Bände. Schmuckstück der **Kunstsammlung** des Klosters ist das sog. *Záviš-Kreuz*, eine mit Perlen und Edelsteinen verzierte Goldschmiedearbeit aus der ersten Hälfte des 13. Jh.

Der Lipno-See ist ein beliebtes Angelrevier

In der ehemaligen Abtei ist ein **Postmuseum** (Poštovní muzeum) untergebracht, das über die Geschichte des Postwesens von seinen Anfängen im 16. Jh. bis heute informiert.

**Verbindungen** **Busse** 4-mal tägl. über Rožmberk nach Český Krumlov. Nach Lipno nad Vltavou gelangt man per Bus und Zug, die Busverbindungen weiter entlang des Lipno-Sees sind dürftig.

**Kanuverleih** Nahe dem Klosterparkplatz z. B. über **Půjčovna lodí Inge** (mit Sitz neben dem örtlichen Campingplatz, ✆ mobil 775748800, www.ingetour.cz) oder bei **Lodě-boot Petr Putzer** (auf der anderen Flussseite gegenüber, ✆ mobil 602129817, www.putzer.cz). 2- bis 3-stündige Touren mit Transport 12 €, 6- bis 8-stündige Touren 20 €.

**Öffnungszeiten** **Kloster**, Mai–Sept. Mo–Sa 8.45–17 Uhr, So 12.15–17 Uhr. Führung in dt. Sprache (1 Std.) 5,80 €, erm. 4,80 €. www.klastervyssibrod.cz. **Postmuseum**, April–Okt. tägl. (außer Mo) 9–12 u. 13–17 Uhr. 2 €, erm. 0,80 €. www.postovnimuzeum.cz.

**Übernachten/Essen** *** **Hotel Šumava**, am oberen Ende des Marktplatzes. Älteres, aber irgendwie charmantes, kleines Hotel mit solide möblierten Zimmern (Punktabzug für die ziemlich abgetretenen Teppichböden). Dazu ein Restaurant mit gehobener böhmischer Küche, die auf „regional und saisonal" macht. Empfehlenswert: die Wildgerichte, der Pfifferlingsrahm und die leckeren Liwanzen zum Nachtisch. DZ 52 €. Náměstí 47, PLZ 38273, ✆ 380746574, www.hotel-sumava.cz.

# Lipno nad Vltavou

Lippen

Die alte Flößergemeinde Lipno liegt heute 50 m unter dem Seespiegel. Das „neue" Lipno ist ein weit verstreuter, aus dem Boden gestampfter Ferienort, der jedes Jahr sein Gesicht verändert – es wird gebaut und gebaut. Am Seeufer erstrecken sich Hotels und Campingplätze, dazu gibt es die **Marina Lipno**, ein tschechisch-holländisches Projekt mit einem modernen Feriendorf aus der Retorte. Etwas zurückversetzt von der Uferstraße liegt die **Promenáda Lipno**, eine künstliche Flaniermeile mit Touristeninformation, Souvenirläden und ein paar Lokalen. Flair besitzt der gesamte Ort nicht, dafür aber ein gutes Freizeitangebot: Abwechslung zum Bad im See bietet die hiesige **Aquaworld**, zudem kann man eine Schifffahrt unternehmen. Im Winter ruft das **Skigebiet Kramolín** zum Brettlvergnügen, im Sommer kann man mit der Seilbahn nach oben schweben und einen **Baumwipfelpfad** erkunden. Auch fordern diverse Cross-Country-Routen **Mountainbiker** heraus.

**Information** **Infocentrum Lipno**, im Hochsommer tägl. 9–19 Uhr, ansonsten verkürzt. ✆ 380736053, www.lipno.info.

**Verbindungen** **Busse** 4-mal tägl. über Vyšší Brod und Rožmberk nach Český Krumlov. Zudem in manchen Sommern 2-mal tägl. über Frymburk und Horní Planá nach Volary.

**Baumwipfelpfad** Der 675 m lange Pfad mit 11 Erlebnisstationen auf dem Berg Kramolín endet auf einem 40 m hohen Aussichtsturm. Von dort kann man auf der mit 52 m „längsten trockenen Erlebnisrutsche

Südböhmen → Karte S. 394/395

Tschechiens" wieder nach unten gelangen. Im Sommer 10–19 Uhr, im Winter bis 16 Uhr. 7,60 €, erm. 4,80 €. Den Pfad erreicht man mit der Seilbahn (nur im Sommer), mit dem Bus oder zu Fuß. www.stezkakoruna mistromu.cz.

**Golf** **Lipno Golf Club**, an der Straße nach Frymburk ausgeschildert. 18-Loch-Platz. Greenfee 28–32 €. ✆ 380736260, www.lipnogolf.cz.

**Radfahren** Einen Radverleih (ab 5,20 €/Tag) bietet **Intersport** an der Marina.

**Seilbahn im Sommer** Fahrten tägl. 10–17 Uhr regelmäßig. Fahrt hin/zurück 3,20 €, erm. die Hälfte. Radtransport für Mountainbiker möglich.

**Skifahren** 4 Sessellifte ermöglichen Abfahrten auf 2 roten und 3 blauen Pisten, für Langläufer stehen rund 40 km gespurte Loipen zur Verfügung. www.holidayinfo.cz.

**Übernachten** Wenig Ansprechendes. Die meisten Lipno-Urlauber übernachten direkt am See in den komfortablen, aber etwas seelenlosen Apartment-Resorts **Landal Marina Lipno** (www.landal.nl, für 2 Pers. ab 430 €/Woche) und **Lipno Point** (www.lipnopoint.cz, Haus für 4 Pers. 160 €/Tag).

## Frymburk

Friedberg

Das 1350-Einwohner-Städtchen ist mit Abstand das hübscheste am Lipno-Stausee. Es liegt idyllisch auf einer Halbinsel, die durch die Flutung des Moldautals entstanden ist. Zwar sind dabei einige Häuser untergegangen, der ursprüngliche Ortskern samt spätgotischer **St.-Bartholomäus-Kirche** mit elegantem, spitzem Turm – der Blickfang Frymburks – ist aber erhalten geblieben. Rund um den freundlichen, baumbestandenen Marktplatz mit Brunnen gibt es eine Reihe netter Unterkünfte und Restaurants.

Von Frymburk besteht eine Fährverbindung ans Südufer des Sees nach Frýdava. Von dort führt ein erst gelb, dann rot markierter Wanderweg in ca. zwei Stunden zur frühgotischen **Burgruine Wittinghausen** (Vítkův Kámen). Die würfelförmige, noch bis ins 18. Jh. bewohnte Burg auf 1032 m Höhe verewigte Adalbert Stifter im Roman *Witiko* und der Erzählung *Der Hochwald*. Mit dem Rad gelangt man von der Fähranlegestelle Frýdava auf Radwanderweg Nr. 1021 zur Burgruine.

Frymburk, ein beliebter Ferienort

**Verbindungen** **Busse** halten an der Durchgangsstraße nahe der Abzweigung ins Zentrum. 5-mal tägl. direkt nach Český Krumlov, bis zu 2-mal tägl. nach Vyšší Brod und (nur in manchen Sommern) bis zu 2-mal tägl. nach Horní Planá.

**Autofähre nach Frýdava**, April u. Okt. werktags 7.20–17 Uhr alle 60–90 Min., Mai/Juni u. Sept. bis 18 Uhr, Juli/Aug. bis 20 Uhr. Sa/So stets ab 9.30 Uhr. 0,60 €/Pers., Fahrrad 0,60 €, Auto mit Fahrer 2,80 €. Infos unter ✆ 602305911 (mobil).

**Übernachten/Essen** *** **Hotel Maxant**, am Marktplatz. 24 ordentliche, sternegerechte Zimmer, z. T. mit Balkon. Sauna, Solarium, Hallenbad etc. Restaurant mit Sommerterrasse, zu den Spezialitäten gehören das Angussteak, die Forelle und die mit Backpflaumen gefüllte Schweinelende (Hg. 5,20–19,20 €). EZ 47 €, DZ 72 €, Garagenparkplatz 4 €/Tag. Frymburk 80, PLZ 38279, ✆ 380735229, www.hotelmaxant.cz.

**Penzion Frymburk**, schon fast ein kleines Hotel ist diese gepflegte Pension hinter der Kirche direkt am See. Nahezu alle Zimmer mit Balkon oder Terrasse zum See und Garten (Rasen mit Golfplatzqualität). Sichere Parkplätze. Mindestaufenthalt 2 Nächte. DZ 40 €. Frymburk 190, PLZ 38279, ✆ 777125412 (mobil), www.penzionfrymburk.cz.

**Penzion U Kostela**, kleineres Haus bei der Kirche. 11 Zimmer, teils recht geräumig und farbenfroh. Nette Sommerterrasse. DZ 40 €. Frymburk 38, PLZ 38279, ✆ 737206782 (mobil), www.ubytovani-frymburk.com.

**Camping** **Autocamp Frymburk**, ca. 800 m östlich des Zentrums, unter holländischer Leitung. Terrassenförmig angelegter Platz, fast alle Stellplätze direkt am Wasser. Kleiner Strand und Liegewiese. Moderne, saubere Sanitäranlagen. Vermietung von Chatas und einer Art „hölzerner Wohnwagen". Wassersportangebot. Im Hochsommer oft ausgebucht. Mitte April–Ende Sept. 2 Pers. mit Wohnmobil ab 28 €, 2-Pers.-Hütte ab 34 €. Frymburk 20/55, PLZ 38279, ✆ 380735284, www.campingfrymburk.cz.

## Černa v Pošumaví

Schwarzbach

Die sich dem Örtchen Černa v Pošumaví südöstlich anschließende Halbinsel ist für viele Tschechen der Inbegriff für Urlaubsfreude an der „Böhmischen Riviera". Am westlichen Ortsende führt die Uferstraße vorbei an einem netten Naturfreibad, einer kleinen Marina sowie ein paar in der Hochsaison vollen Campingplätzen und Liegewiesen bis hinunter in die Häuseransammlung **Radslav**. Ein zweites Sträßlein verläuft von Černa v Pošumaví über die Halbinsel hinweg nach **Dolní Lukavice**. Von der dortigen Liegewiese kann man beim Sonnenbaden hinüber nach Österreich blicken. Ein privat betriebenes Fährboot verbindet Dolní Lukavice im Sommer mit dem Südufer des Lipno-Sees.

**Verbindungen** **Züge** mind. 2-mal tägl. (im Sommer z. T. häufiger) nach Volary und alle 2 Std. über Český Krumlov nach Budweis. **Busse** 8-mal tägl. nach Český Krumlov.

**Camping** **Villa Bohemia**, 4-Sterne-Platz mit gepflegter Wiesenfläche und einem schönen Sandstrand davor. Freundliche Betreiber (deutsch-tschechisch), großes Angebot für Kinder, gute Sanitäranlagen. Kiosk. Mai–Sept. 2 Pers. mit Auto u. Zelt je nach Stellplatz ab 17,20 €, Bungalow für 4 Pers. 39 €. Bližná 16 (am westlichen Ortsende von Černa die Uferstraße zur Halbinsel abbiegen, dann ausgeschildert), PLZ 38223, ✆ 380744004, www.villabohemia.cz.

## Horní Planá

Oberplan

„Im Tale, das weit und fruchtbar ist, sind Dörfer herumgestreut, und mitten unter ihnen steht der kleine Flecken Oberplan." So sah es hier 1842 aus, als Adalbert Stifter die Erzählung *Der Hochwald* verfasste. Heute zählt der Geburtsort Stifters 2200 Einwohner und liegt am Ufer des Lipno-Stausees. Mehrere Brände haben seitdem auch das ursprüngliche Bild des Marktfleckens verwischt. Sieht man vom farbenfroh gestrichenen, winzigen Zentrum ab, ist der Badeort eine eher traurige Angelegenheit, zumal mittendurch die Fernstraße 39 führt, mit brummenden Trucks als Zugabe. Dafür gibt es am Seeufer einen sandigen Strand, wo sich eine fröhliche, ölsardinenartig zusammengepresste Urlauberschar im Sommer rosarot brät.

Das **Geburtshaus Stifters** (Rodný dům Adalberta Stiftera), heute ein geschütztes Denkmal der Volksarchitektur, steht an der Durchgangsstraße Richtung Černa v Pošumaví und beherbergt eine Ausstellung zum Leben und Werk des Dichters. Man sieht u. a. seine Totenmaske, den Schlüssel seines Sarges, seinen Siegelring

Südböhmen → Karte S. 394/395

und einen seiner Zylinder. Am Museum beginnt der rund 4 km lange **Adalbert-Stifter-Weg**. Der Lehrpfad führt u. a. an dem hoch über dem Ort stehenden, den See überblickenden Stifterdenkmal und einer Bronzestatue aus dem Jahr 1906 (Pomník A. Stiftera) vorbei.

## Adalbert Stifter – Langweiler oder Meistererzähler?

Niemand anders hat den Böhmerwald so tiefgründig und anschaulich besungen wie Adalbert Stifter. Seine Verehrer bezeichnen ihn als den „größten Schilderer der Naturwelt in deutscher Sprache“ und als „Meister des poetischen Realismus“. Thomas Mann hingegen nannte ihn die „Ehrenrettung der Langeweile“.

Adalbert Stifter wurde am 23. Oktober 1805 als Sohn eines Webers und Flachshändlers in Oberplan geboren. Sein Vater starb, als er zwölf Jahre alt war. Der Großvater schickte den jungen Adalbert nach Oberösterreich zur Schule. Nach dem Abitur studierte Stifter in Wien Jura und Naturwissenschaften. Nebenbei beschäftigte er sich mit der Landschaftsmalerei und der Dichtkunst, bei der insbesondere die Darstellung seiner Kindheitswelt im Böhmerwald im Vordergrund stand. Erzählungen wie *Der Hochwald* (1842) brachten ihm ersten Ruhm ein. 1850 nahm er, als Sicherheit für seine Familie, eine Stelle als Schulinspektor in Wien an. Im Geiste aber blieb er im Böhmerwald.

„Sanftes Gesetz“ nannte Stifter sein ästhetisches Programm, nach dem das Stille, Kleine und Gewöhnliche Ursprung alles Großen und Edlen sei. Meist skizzierte er einfache, klare Naturen, nicht umsonst gehören Kindergestalten wie in der Erzählung *Bergkristall* (1853, 2004 von Josef Vilsmaier verfilmt) zu seinen schönsten Schöpfungen.

Ab Anfang der 1860er quälte Stifter ein tückisches Leberleiden. 1868 machte er – so heißt es – während eines Schmerzanfalls seinem Leben ein Ende. Ein Jahr zuvor hatte er sein größtes Werk, das 1000-seitige Mittelalterepos *Witiko* beendet. Sein letzter Roman *Die Mappe meines Urgroßvaters* blieb ein Fragment.

**Information** Kulturní a informační centrum Horní Planá, in der Komenského in unmittelbarer Nähe des Marktplatzes, ausgeschildert. Im Reisebüro nebenan werden Räder verliehen. Tägl. 8–12.15 u. 13–18 Uhr, im Winter verkürzt. ✆ 380738008, www.horniplana.cz.

**Verbindungen** Züge mind. 2-mal tägl. (im Sommer z. T. häufiger) nach Volary und alle 2 Std. über Český Krumlov nach Budweis. Busse bis zu 7-mal tägl. nach Černa v Pošumaví und Český Krumlov.

Autofähre nach Bližší Lhota auf der anderen Seite des Stausees Mitte Juni–Mitte Sept. 7–18.30 Uhr halbstündl. bis stündl., an Werktagen zudem eine zusätzliche Fähre um 20.30 Uhr. Auto 12 €, 0,60 €/Pers., Fahrrad 0,60 €.

**Öffnungszeiten** Adalbert-Stifter-Haus, April–Juni u. Sept. tägl. (außer Mo) 10–12.30 u. 13.30–18 Uhr, Juli/Aug. auch Mo, Okt. tägl. (außer Mo) bis 16 Uhr, Nov.–Mitte Dez. Di–Sa 9–12 u. 12.30–16 Uhr. 2 €, erm. die Hälfte.

**Radverleih** → Information.

**Übernachten** Pension Šejko, an der Straße zum Strand bzw. der Fähranlegestelle. Gepflegte gehobene Pension, Zimmer mit Hang zum Romantischen eingerichtet. Schöne Anlage mit Pool im Innenhof. Sichere Parkplätze. 24 €/Pers., Frühstück 4 € extra. Jiráskova 170, PLZ 38226, ✆ 606635257 (mobil), www.sejko.cz.

Pension Adam, am Marktplatz. Kleine Pension mit 4 Zimmern und 2 Apartments, alle mit gefliesten Böden, überwiegend Naturholzmöbeln und ordentlichen Bädern. Café im EG. DZ 35 €. Náměstí 58, PLZ 38226, ✆ 775672414 (mobil), www.pensionadam.cz.

**Camping** Caravan Camping Horní Planá, von der Straße zur Fähre ausgeschildert.

Gepflegtes, weitläufiges Areal. Wer einen Stellplatz in der ersten Reihe bekommt, ist ein Glückspilz. Viel Wiese, aber auch geteerte Stellplätze. Mini-Sandstrand. Ordentliche Sanitäranlagen. Tennisplätze. Ostern–Ende Okt. 2 Pers. mit Wohnmobil und Strom 15,20 €, Chatas für 2 Pers. ab 26 €. Horní Planá 26, PLZ 38226, ✆ 608029982 (mobil, deutschsprachig), www.caravancamping-hp.cz.

# Nová Pec

Neuofen

Die verstreute Häuseransammlung am westlichen Ende des Lipno-Stausees besitzt neben mehreren Sägewerken einen Bahnhof, eine spartanische Camperwiese sowie ein paar Restaurants und Pensionen. Viel zu erleben gibt es vor Ort nicht, als Ausgangspunkt für Wanderungen (s. u.) ist Nová Pec aber ideal. 3 km südlich von Nová Pec verläuft der sog. **Schwarzenbergkanal** (mit „Švarcenberský kanál" ausgeschildert, vom Parkplatz noch ca. 15 Fußmin.). Der 45 km lange Kanal wurde zwischen 1789 und 1822 gebaut, um aus den abgelegenen Höhen des Böhmerwaldes Brenn- und Bauholz über die Große Mühl und die Donau bis nach Wien driften zu können. Projektiert wurde das für die damalige Zeit technische Wunderwerk mit 87 Brücken und 22 Schleusen von Josef Rosenauer, dem Forstingenieur der Adelsfamilie Schwarzenberg. Einige Abschnitte blieben bis 1962 in Funktion. Heute sind Teilstücke des Kanals verfallen und führen kein Wasser mehr, andere wurden restauriert und werden in den Sommermonaten zu „Holzschwemmshows" gelegentlich wieder in Betrieb genommen.

**Verbindungen** **Züge** mind. 2-mal tägl. (im Sommer z. T. häufiger) nach Volary und alle 2 Std. über Český Krumlov nach Budweis. Auf der Strecke Nová Pec – Ovesná – Černý Kříž verkehren bis zu 7-mal tägl. Züge, ebenso auf der Strecke Nové Údolí – Černý Kříž. Nur mäßige **Busverbindungen** in die umliegenden Orte.

**Übernachten/Essen** **Wellness Hotel Marlin**, nahe dem Bahnhof (an der Straße nach Österreich rechter Hand). Schlichtnette Zimmer mit Kiefernholzmobiliar und Dielenböden. Der Begriff „Wellness" verweist auf Solarium, Fitnessraum und Minipool im Haus. Angeschlossen ist das beliebte **Restaurant Rybářská bašta**, das stolz auf seine Fischspezialitäten verweist. Tatsächlich gibt es hier aber eher Fleischgerichte wie Steaks, Wild und den altbekannten Lendenbraten zu moderaten Preisen. DZ 52 €. Nová Pec 110, PLZ 38462, ✆ 388328193, www.wellnesshotelmarlin.cz.

Südböhmen → Karte S. 394/395

# Wanderungen von Nová Pec in den Nationalpark Šumava

Ein 16 km langer, gelb markierter und nicht umsonst **Bärensteig** (Medvědí stezka) genannter Wanderweg beginnt an der 2 km nördlich von Nová Pec gelegenen Bahnstation **Ovesná.** Man passiert dabei den **Bärenstein** (Medvědí kámen), der an den letzten im Böhmerwald erlegten Bär erinnert. Noch vor dieser Stelle besteigt man den **Perník** (1049 m) und kommt an der Siedlung **Jelení** vorbei. Der **Schwarzenbergkanal** führt dort durch einen 429 m langen Tunnel. Der Bärensteig endet in **Černý Kříž**, von wo man mit der Bahn nach Nová Pec zurückkehren kann.

Rund 11 km lang ist die recht anstrengende Wanderung von Nová Pec zum **Plöckensteinsee** (Plešné jezero) auf 1090 m Höhe; der Weg ist erst gelb, dann grün markiert. Auf einem Plateau rund 150 m über dem See – einer der schönsten Aussichtspunkte Südböhmens (gelbe Wegmarkierung vom See) – befindet sich ein Denkmal zu Ehren des Heimatdichters Adalbert Stifter, ein 15 m hoher Granitobelisk. Steigt man noch weiter bergauf, gelangt man auf den Gipfel des **Plöckenstein** (Plechý), den mit 1378 m höchsten Berg des Böhmerwaldes direkt an der österreichisch-tschechischen Grenze.

Wasserwandern auf der Moldau bei Nová Pec

Anspruchsvolle Wanderer folgen von hier dem rot markierten, ca. 13 km langen Kammweg entlang der Grenze über das **Dreiländereck** (Trojmezí, Ausweis nicht vergessen!) und den **Dreisesselberg** (1312 m, Třístoličník) nach **Nové Údolí,** wo man den Rückweg mit dem Zug (umsteigen in Černý Kříž) antreten kann.

## Šumava

Böhmerwald

**Wilde Bergflüsse, geheimnisvolle Torfgründe, steinerne Meere, abgeschiedene Gletscherseen – der Böhmerwald ist voll von herber, paradiesisch unberührter Schönheit.**

*Šumava,* „die Rauschende“, nennen die Tschechen den Böhmerwald, der sich von Nýrsko südwestlich von Klatovy bis zum Lipno-Stausee erstreckt. Das grenznahe Gebiet zwischen dem See und Železná Ruda bildet dabei den *Nationalpark Böhmerwald (Národní Park Šumava),* der mal breitere und mal schmalere Streifen drum herum das *Naturschutzgebiet Böhmerwald (CHKO Šumava).* Bestens markierte Wander- und Radwege führen durch dunkles Gehölz, wo man den Böhmerwald vor lauter Bäumen nicht sieht, hin zu den abgelegensten Winkeln: auf stürmische Gipfel, zu verfallenen Burgen, auf Hochebenen mit Mooren von scheinbar unendlicher Weite, zu alten Gutshöfen mit krähenden Hähnen davor, zu einsamen Seen und zu Dornröschen und den sieben Zwergen.

Besiedelt wurde der Böhmerwald im 12. und 13. Jh. zuerst in den Niederungen und Tälern. Viele der damaligen Kolonisten waren vom Goldrausch beseelt. Erst im 18. und 19. Jh. wurden die unwirtlichen, niederschlagsreichen und kühlen Hochlagen des Böhmerwaldes durch Holzfällersiedlungen erschlossen. Diese belieferten Glashütten, aber auch die aufkommende Streichholz-, Papier- und Druckindustrie. Über den Schwarzenbergkanal transportierte man ab der ersten Hälfte des 19. Jh. Holz aus dem Böhmerwald bis nach Wien. Damals verstand man unter dem Böhmerwald den gesamten bayerisch-böhmisch-österreichischen Gebirgszug vom heutigen Cheb bis ins österreichische Mühlviertel. Die neuen geopolitischen Verhältnisse nach dem Zweiten Weltkrieg ließen den Wald dann in Teilregionen zerfallen. Heute bezeichnet man den Abschnitt südlich von Cheb bis zur Senke zwischen

Furth im Wald und Domažlice als *Český les* (Tschechischer Wald), erst dann beginnt die im Folgenden präsentierte Šumava. Das deutsche Pendant zum Tschechischen Wald wiederum ist der *Oberpfälzer Wald* und das zur Šumava der *Bayerische Wald.*

Die Vertreibung der Bevölkerung nach dem Zweiten Weltkrieg und der danach gezogene Eiserne Vorhang ließen viele Dörfer von der Landkarte verschwinden, schufen aber zugleich ein von Menschenhand weitestgehend unberührtes Naturparadies, in dem sich Auerhahn und Fischotter gute Nacht sagten. Die noch verbliebenen Dörfer erwachen heute zu neuem Leben – v. a. in der Ferienzeit.

Leider ist die Schönheit des Böhmerwaldes bedroht. Zum einen, weil die Schutzbestimmungen, die neue große Bauvorhaben bisher unmöglich machten, gelockert werden sollen. Zum anderen wegen des Borkenkäfers, der die Fichten zerlegt. Zu lange vertraute man auf tschechischer Seite den Selbstregulierungskräften der Natur, die in natürlichen Mischwäldern Bestandteil des Ökosystems sind, in Monokulturen jedoch weniger greifen. So ließ man, nachdem Orkan Kyrill 2007 über den Böhmerwald gefegt war, alle geschädigten Bäume stehen und alle umgestürzten liegen – ein Megabüfett für den Borkenkäfer, der sich schlagartig vermehrte und auf keinen Widersacher stieß. Erst als die Borkenkäferplage 2011 bereits einen handfesten Streit zwischen Tschechien und Österreich ausgelöst hatte – der Nachbar sah seine Waldwirtschaft von den aus Böhmen einfliegenden Käfern bedroht –, entschloss man sich auf tschechischer Seite, Maßnahmen gegen die Borkenkäferplage einzuleiten. Hunderttausende Kubikmeter befallenes Holz wurden seitdem entfernt, ganze Hänge gerodet und über eine Million Bäume gefällt. Das wiederum führte zu einem Streit mit tschechischen Umweltschützern. Denn unter dem Schutz der kahlen Baumriesen wuchs ein gesunder Mischwald heran.

## Volary

Wallern

Das 4000-Einwohner-Städtchen wurde an der Wende vom 13. zum 14. Jh. von Kolonisten aus Tirol gegründet. Die Händlerkarawanen, die Salz auf dem Goldenen Steig nach Prachatitz brachten, nutzten Wallern als Raststation – damals entsprach die Distanz von 18 km einem Tagesmarsch. Holzverarbeitung und Viehzucht sind heute die wirtschaftlichen Standbeine der Bevölkerung. Gerne würde man auch stärker am einträglichen Geschäft mit dem Tourismus partizipieren, doch das heutige Volary ist alles andere als eine Perle im Böhmerwald. Man rühmt sich zwar seiner alten *Tirolerhäuser* (Gebäude mit steinernem Erd- und gezimmertem Obergeschoss, die Wohnraum, Stall und Scheune unter einem breiten Satteldach aus Schindeln vereinigen), doch leider gibt es im ganzen Ort nur noch zehn davon (der Rest brannte im 19. Jh. ab). In einem davon ist heute das örtliche **Museum** (Volarské muzeum) untergebracht, wo man u. a. etwas über die lokalen Handwerkskünste wie Holzschnitzerei und Glasherstellung erfährt.

**Verbindungen** **Busse** bis zu 7-mal nach Prachatice. **Züge** zudem 8-mal tägl. nach Budweis, bis zu 5-mal über Stožec nach Nové Údolí, bis zu 6-mal über Kubova Hut und Vimperk nach Strakonice – eine tolle Strecke.

**Öffnungszeiten/Anfahrt** **Museum**, von Prachatice kommend, die zweite Straße nach der weiß-grauen Hauptkirche rechts abbiegen, Česká 71 (im Ort nur spärlich ausgeschildert). Mai–Sept. tägl. (außer Mo) 10–17 Uhr. 0,80 €, erm. die Hälfte.

Informationen zum 17 km nördlich gelegenen **Prachatice** bekommen Sie ab S. 440.

Südböhmen → Karte S. 394/395

## Umgebung von Volary

**Stožec (Tusset)**: Die kleine, wiederbelebte Gemeinde mit Restaurants, ein paar Pensionen und Böhmerwald-Infozentrum liegt rund 13 km südlich von Lenora am Flusslauf der Kalten Moldau (Studená Vltava). Für motorisierte Fahrzeuge ist hier Endstation – die Straßen weiter zur Grenze und gen Süden sind für sie gesperrt. Stožec ist ein guter Ausgangspunkt für Wanderungen in den Nationalpark (Tourenvorschläge bekommt man beim Infozentrum).

**Verbindungen** → Volary.

**Übernachten/Essen** **Hotel České Žleby**, auf dem Weg ins gleichnamige Dorf 3,5 km nordwestlich von Stožec. Gepflegtes Landhotel in schöner Lage. 13 Zimmer und 2 Apartments, kleiner Innenpool. Hervorzuheben ist das gute Restaurant: überschaubare Karte, Biorindfleisch, sehr lecker das Gulasch mit Speckknödeln. Auch an Vegetarier wird gedacht. Hg. 5,60–13 €. DZ 59 €, Apartment für 2 Pers. 84 €. České Žleby 56, PLZ 38444, ✆ 773380189 (mobil), www.hotel-ceske-zleby.cz. ■

## Vimperk

Winterberg

Das von grünen Hügeln umrahmte 7600-Einwohner-Städtchen liegt 24 km westlich von Prachatice. Sein charmantes Zentrum schmiegt sich an den Hang, ganz oben thront die Burg, deren Fundamente bis ins 13. Jh. zurückreichen. Im 16. Jh. wurde die Burg unter den Rosenberg in ein Renaissanceschloss verwandelt und im 19. Jh. nach einem Brand unter den Schwarzenberg wieder aufgebaut. Die Burg bezeugt den einstigen Reichtum Winterbergs, das an einer Nebenroute des Goldenen Steiges lag und deswegen in ewiger Rivalität mit Prachatice stand. Daran erinnert das kleine **Museum des Goldenen Steiges** (Minimuzeum Zlaté Stezky) am Marktplatz. In der Burg selbst hat das **Städtische Museum** seinen Sitz. Es widmet sich der Flora und Fauna des Böhmerwaldes, der Glasherstellung (als Erwerbszweig längst von der Holz- und Möbelindustrie abgelöst) und dem Buchdruck. Die örtliche Jan-Steinbrenner-Druckerei wurde 1484 – wenige Jahrzehnte nach Gutenbergs Erfindung – als eine der ersten Böhmens gegründet und existierte bis 2003. Gedruckt wurden vorrangig religiöse Bücher, und zwar in 24 Sprachen, darunter auch Miniaturausgaben des Koran.

**Information** **Městské informační středisko**, am Marktplatz, ✆ 388402230, www.info.vimperk.cz. Im Sommer Mo–Do 8–17 Uhr, Fr 8–15 Uhr, Sa 9–12 u. 12.30–15 Uhr, So 9–11 u. 12.30–14 Uhr, im Winter verkürzt.

**Verbindungen** Bahnhof und Busbahnhof im Südwesten des Städtchens (ca. 1 km vom Zentrum entfernt). **Busse** ca. stündl. nach Zdíkov und Prachatice, bis zu 9-mal nach Strakonice, 2-mal nach Tábor, Písek und Český Krumlov. **Züge** bis zu 9-mal tägl. nach Strakonice, bis zu 7-mal nach Volary.

**Öffnungszeiten** **Museum des Goldenen Steiges**, wird von der Infostelle verwaltet, fragen Sie dort nach einer Begleitperson. 0,80 €, erm. die Hälfte. **Burg**, Mai/Juni u. Sept./Okt. tägl. (außer Mo) 9–16 Uhr, Juli/Aug. 9–18 Uhr. 1,60 €, erm. die Hälfte.

**Übernachten** **Hotel Zlatá Hvězda**, Traditionshotel (seit 1833), schon Kaiser Franz Josef I. übernachtete hier. Nach einer Totalrestaurierung 2010 wiedereröffnet. Geräumige, konventionelle Zimmer auf 3-Sterne-Niveau, solide möbliert, z. T. mit Küchenzeile. Große Gaststube. Freundliches deutschsprachiges Personal. Gutes Preis-Leistungs-Verhältnis. Wegbeschreibung: Vom Marktplatz die Gasse links des Glockenturms bergab nehmen. Vorbei an der Kirche gelangt man zu einem Platz mit Brunnen, hier rechts halten, nach ca. 150 m rechter Hand. EZ 25 €, DZ 48 €. 1. máje 103, PLZ 38501, ✆ 388513400, www.hotelzlatahvezda.cz.

**Essen & Trinken** **Šumavský pivovar**, rustikale Brauereigaststätte unterm Gewölbe, in der es zu 4 verschiedenen Sorten hausgebrautem Bier gute Regionalküche gibt: hausgemachten Griebenschmalz, Krautfleckerl oder Böhmerwälder Schmarrn. Überschaubare Karte, Hg. 4–8,80 €. Brauereiführungen sind möglich. Am unteren Ende des Marktplatzes, rechts am Uhrturm vorbeilaufen. Steinbrenerova 48/1, ✆ 388310511.

Informationen zum 17 km östlich von Vimperk gelegenen **Prachatice** bekommen Sie ab S. 440, zum 30 km nördlich gelegenen **Strakonice** ab S. 438, zu **Kašperské Hory** (rund 25 km nordwestlich) ab S. 470.

# Umgebung von Vimperk

**Boubínský prales (Kubany-Urwald):** Rund 8 km südlich von Vimperk erhebt sich der 1363 m hohe Boubín. Rund um den Berg erstreckt sich der 600 ha umfassende Boubínský prales, ein Urwald mit bis zu 400 Jahre alten Fichten und Tannen, der seit 1858 unter Naturschutz steht. Auf dem bewaldeten Gipfel des Boubín (Aussichtsturm) treffen sich verschiedene Wanderwege. 5,5 km beträgt der kürzeste Aufstieg (blau markiert) von Kubova Huť.

**Kubova Huť (Kubohütten):** 10 km südlich von Vimperk liegt Kubova Huť, einst eine abgeschiedene Glashütte, heute eine lang gezogene Pensionssiedlung parallel zur stark befahrenen Nationalstraße 4. Zugleich weist das Dorf die höchstgelegene Eisenbahnstation Böhmens auf, der Bahnhof liegt auf 995 m. Die Züge von Vimperk nach Volary machen hier Halt – ohne Zahnradantrieb müssen sie eine Steigung von 28 % bewältigen.

Bis zu 7-mal tägl. halten die **Züge** von Vimperk nach Volary in Kubova Hut.

**Zadov-Churáňov:** Zadov-Churáňov ist eines der drei „großen" Skigebiete des Böhmerwaldes. Von der Straße 145 Vimperk – Kašperske Hory zweigt bei Stachy eine Stichstraße dorthin ab. Langläufer finden um Zadov rund 50 km gespurte Loipen, alpinen Skifahrern stehen fünf längere Liftanlagen und ein paar kurze Schlepper zur Verfügung, darunter auch ein Sessellift auf den Churáňov (1119 m), auf dessen Gipfel eine meteorologische Station thront. Die Hänge säumen neben ein paar Häusern im alpenländischen Stil auch Hotelklötze aus vorrevolutionärer Zeit. So etwas wie ein Ortszentrum gibt es nicht.

**Verbindungen** Im Sommer 4-mal tägl. ein **Bus** nach Kvilda und Vimperk.

**Skifahren** Das Skigebiet besteht aus 3 Arealen (Churáňov, Kobyla und Nové Hutě), die nicht miteinander verbunden sind. Weitere Infos unter www.lazadov.cz.

**Übernachten im und um das Skigebiet** **** **Schlosshotel Zdíkov**, ein ehemaliger Herrensitz im gleichnamigen Dorf (ca. 7 km östlich von Zadov). Sehr charmante Adresse unter deutscher Leitung. 25 individuell eingerichtete Zimmer, allerdings in einem bunten Stilmix: Kronleuchter neben Bauernschrank, Antiquitäten auf Teppichböden. Vornehmlich deutsches Publikum. Hallenbad, Sauna. Sichere Parkplätze. Restaurant, im Sommer wird ganz romantisch der Schlosshof bestuhlt. EZ 42 €, DZ ab 50 €, Suite/Apartment ab 100 €. Zdíkov 1, PLZ 38472, ✆ 339426828, www.boehmerwaldhotels.de.

**Pension Anna**, eine der angenehmeren Pensionen in Zadov. Ziemlich weit oben am Churáňov. Schlichte, aber ordentliche Zimmer mit Bad und hellem Holzmobiliar, manche davon mit toller Aussicht. Familiäre Atmosphäre. Parkplätze. Mini-Konditorei angegliedert. Buchung einige Monate im Voraus empfehlenswert. Mit HP 23 €/Pers. Zadov 2, PLZ 38473, ✆ 606399885 (mobil), www.zadovpenzionanna.cz.

**Camping** **Mlečná draha**, ca. 10 km nordöstlich von Zadov beim Dörfchen Račov. Einer der schönsten Plätze des Landes, jedoch ausschließlich an Nudisten gerichtet (keine Ausnahmen!). An einem Badeweiher, in den man mittels einer Seilrutsche hineindüsen kann. Moderne Sanitäranlagen, gemütliches Restaurant, Garten zum Grillen, drum herum weidende Kühe. Unter holländischer Leitung und fast ausschließlich holländisches Publikum. Zimmervermietung. Mai–Mitte Sept., Pension ganzjährig. Anfahrt: Von Vimperk kommend, am Ortseingang von Zdíkov ausgeschildert, von da noch 4 km. 2 Pers. mit Zelt u. Auto 28,50 €, DZ 44 €. Račov 15, PLZ 38473, ✆ 388426222, www.m-d.nl.

Böhmerwaldlandschaft bei Zadov-Churáňov

## Kvilda

Außergefild

Das 166-Einwohner-Dorf liegt inmitten einer Šumava-Hochebene auf 1065 m ü. d. M. Gegründet wurde die einstige Holzfällergemeinde und Raststation auf dem Goldenen Steig im 15. Jh. Rund um die neogotische **Kirche des Hl. Stephan** aus dem 19. Jh. stehen ein paar traditionelle Holzhäuser, aber auch einige Bauten aus der sozialistischen Ära. Es gibt mehrere Pensionen und Hotels, einen kleinen Supermarkt, ein Postamt und Radverleiher. Eine Reihe von **Hochmooren** und die **Moldauquelle** (Pramen Vltavy) auf 1172 m Höhe machen die Gegend um Kvilda zum Wanderparadies. Ein blau markierter und 7 km langer Wanderweg führt von Kvilda zum Ursprung der „Mutter der böhmischen Flüsse", wie die Moldau gerne bezeichnet wird.

**Verbindungen** **Busse** im Sommer alle 2 Std. über Modrava, Srní und Prášily nach Železná Ruda, 2-mal tägl. nach Lenora, 4-mal tägl. über Kašperské Hory nach Sušice. Ganzjährig verkehren nur die Busse nach Zdíkov (bis zu 9-mal tägl.) und Vimperk (7-mal tägl.).

**Übernachten/Essen** **** **Hotel Šumava Inn**, die vielen Sterne hat man sich wohl selbst gegeben, dennoch eine gute Adresse im Zentrum von Kvilda. Modern eingerichtete Zimmer. Sauna, Whirlpool (müssen extra bezahlt werden). Gemütliches, rustikales Restaurant mit gehobener böhmisch-internationaler Karte, Hg. 6–13 €. DZ 68 €. Kvilda 26, PLZ 38493, ✆ 388402511, www.sumavainn.cz.

**Penzion Pohoda**, größere Pension im Zentrum von Kvilda gegenüber dem Hotel Šumava Inn. Geräumige, aber lieblos ausgestattete Zimmer mit Teppichboden. Die Gänge riechen nach den Wanderschuhen der Gäste ... DZ 38 €. Kvilda 22, PLZ 38493, ✆ 60760403 (mobil), www.ubytovani-na-jihu.cz.

**Pekárna Kvilda**, am Ortseingang von Kvilda (von Horská Kvilda kommend). Die traditionelle Dorfbäckerei hat erweitert, nennt sich nun „Restaurant" (Würstel, Suppen und deftige Hausmannskost) und „Pivovar" („Brauerei"; im Nebengebäude wird u. a. das 16-gradige Bier *Rankl Sepp* ausgeschenkt). Seit eh und je hervorragendes Brot, leckere Kolatschen und Plunder. Super Frühstücksadresse. Außenbestuhlung.

### Karel Klostermann und der Rankl Sepp

In Horská Kvilda, einem Weiler 5 km nördlich von Kvilda, steht die Statue eines lustig dreinblickenden Mannes mit Hut: Es ist der legendäre Rankl Sepp, ein Fuhrmann, der mit übermenschlichen Kräften ausgestattet gewesen sein soll und die Glashütten mit Quarzstein und Holz versorgte. Der Heimatdichter Karel Klostermann (1848–1923) verewigte ihn in seinem Roman *Im Böhmerwaldparadies*, der genau hier, in Horská Kvilda, beginnt. Klostermann wurde in Österreich geboren, verbrachte aber die meiste Zeit seines Lebens in Südböhmen. Ähnlich wie Adalbert Stifter romantisierte er den Böhmerwald in zahlreichen Romanen und Erzählungen. Überregionale Berühmtheit wie Stifter erlangte Klostermann jedoch nie.

## Umgebung von Kvilda

**Modrava (Mader):** 7 km westlich von Kvilda liegt die Siedlung Modrava (980 m ü. d. M). Ein grün markierter Wanderweg führt von hier in die *Mader Hochmoore* (Modravské slatě), den größten Hochmoorkomplex (3615 ha) im Böhmerwald. Nur die Randgebiete des überaus quellreichen Gebiets dürfen besichtigt werden, verlassen Sie den Weg nicht! Die Vegetation ist typisch für die hiesigen Moorgegenden: Alpenglöckchen, Enzian, Distel, Sonnentau, Knieholzgewächse, Latschenkiefern und verkümmerte Zwergbirken.

**Verbindungen** **Busse**, im Sommer regelmäßig nach Kvilda, alle 2 Std. über Srní und Prášily nach Železná Ruda, 2-mal tägl. nach Horní Vltavice. Ganzjährig fährt nur der Bus über Kašperské Hory nach Sušice (mind. 3-mal tägl.).

**Übernachten/Essen** **Hotel Modrava**, in Modrava an der Straße nach Antýgl. Gepflegtes Hotel. Farbenfrohe Aufgänge und rustikal-moderne Zimmer. 1-a-Service, gutes Restaurant mit gemütlicher Terrasse. Sauna und Billardsalon. DZ 76 €. Modrava 79, PLZ 34192, ✆ 376599325, www.hotelmodrava.cz.

*** **Klostermannova chata**, in Modrava an der Straße nach Kvilda, ausgeschildert. 1924 errichtete große Berghütte mit Schindeldach, heute nach aufwendiger Restaurierung Hotelbetrieb. 17 Zimmer zum Wohlfühlen (bestehen Sie auf einem mit Aussicht!), tolle Terrasse, gutes Restaurant. Sauna, Bowling, Billard. DZ ab 62 €. Modrava 4, PLZ 34192, ✆ 376324256, www.klostermannovachata.cz.

**Antýgl (Antiegl):** 5 km nördlich von Modrava liegt der Weiler Antýgl. Man kann hier campen und wandern, mehr aber nicht. Dafür beginnt in Antýgl eine nette und nicht einmal anspruchsvolle Wanderung: Sie führt in die wildromantische *Vydra-Schlucht* (vom Parkplatz erst der Straße Richtung Srní bis zur Brücke folgen, dann rechts des Flusses weiter, der Weg ist rot markiert). Nach 3 bis 4 km, bei der idyllisch gelegenen Ausflugsgaststätte Turnerova Chata (Turnerhütte), wird das tief

Südböhmen → Karte S. 394/395

eingeschnittene Flussbett mit seinen mächtigen Granitblöcken – ihrer Form wegen auch Riesentöpfe genannt – am schönsten.

**Busse** im Sommer 10-mal tägl. nach Kvilda, alle 2 Std. über Srní und Prášily nach Železná Ruda. Ganzjährig verkehrt nur der Bus über Kašperské Hory nach Sušice (mind. 3-mal tägl.).

**Srní (Rehberg) und Prášily (Stubenbach)**: Das Böhmerwalddorf Srní liegt 5 km nördlich von Antýgl und ist nicht ganz so „urwüchsig und charmant", wie es sich selber sieht. Beliebt aber ist der Ort auf jeden Fall, es gibt eine ganze Reihe an Unterkünften. Zudem ist Srní ein guter Ausgangspunkt für Wander- und Radtouren. Das Gleiche gilt für Prášily, das ca. 11 km westlich von Srní liegt. Ein beliebtes Ziel von beiden Orten aus ist der Gipfel des Poledník (1315 m). Jahrzehntelang durchstreiften dieses Gebiet neben Rehen und Füchsen nur Milizen mit geschulterten Kalaschnikows. Die Umgebung von Prášily war ein weites militärisches Übungsgelände und das ehemalige Stubenbach ein Ziel von Schießübungen. Nur der Kern des Dorfes blieb erhalten.

**Busse** im Sommer 10-mal tägl. nach Kvilda, alle 2 Std. über Srní und Prášily nach Železná Ruda. Ganzjährig verkehrt nur der Bus über Kašperské Hory nach Sušice (mind. 3-mal tägl.).

## Kašperské Hory

Bergreichenstein

Bereits im 13. Jh. war Kašperské Hory bekannt für seinen Goldreichtum, aus über 40 Stollen förderte man das edle Metall. Etwa 300 Goldmühlen gab es rund um den Ort. Doch mit der Zeit versiegte eine Goldader nach der anderen, und das Städtchen verarmte. Heute hat man eine neue Goldader entdeckt, den Fremdenverkehr. Das 1500 Einwohner zählende Städtchen 40 km südöstlich von Klatovy ist ein beliebtes Ausflugsziel, insbesondere von Radwanderern – sie bringen etwas Leben in das sonst überaus verschlafene Nest.

Rund um den hübschen kleinen Dorfplatz mit einer Pfarrkirche in der Mitte findet man Cafés und Restaurants mit Tischen und Stühlen im Freien. Ganz in der Nähe sind zwei Museen zu besichtigen: ein **Böhmerwaldmuseum** (Muzeum Šumavy) gleich hinter der Kirche und ein **Motorradmuseum** (Moto muzeum), das durch ein großes Werbebanner auf sich aufmerksam macht. Ersteres zeigt u. a. Ausgestopftes vom jungen Reh bis zur Forelle, Putten und Heiligenfiguren, lebendige (!) und tote afrikanische Käfer, Jugendstilgläser und sog. „Totenbretter", auf die einst die Verstorbenen bis zu ihrer Beerdigung gelegt wurden. Etwas einheitlicher geht es im Motorradmuseum zu. Die älteste Maschine ist übrigens eine Wanderer, Baujahr 1913.

Das eigentliche Highlight Kašperské Horys liegt jedoch rund 1,5 km westlich des Zentrums: die dreischiffige gotische **St.-Nikolaus-Kirche** (Kostel sv. Mikuláše), die noch fast so aussieht wie nach ihrem Bau im 14. Jh. Die bunten Originalfresken im Inneren stellen u. a. den Hl. Nikolaus dar, den Schutzpatron der Bergleute. Um die Kirche zu finden, biegt man vom Marktplatz in die Sušická ein (also links an der Touristeninformation vorbeigehen). Nach 50 m wieder links abbiegen in die Smetanova, dann stets geradeaus.

**Information** **Městské kulturní a informační centrum** im Rathaus in der Ortsmitte. Juli/Aug. Mo–Fr 8.30–17 Uhr, Sa/So 9–15 Uhr, Juni u. Sept. So geschl., Okt.–Mai nur Mo–Fr 9–12 u. 13–16 Uhr. ✆ 376503411, www.kasphory.cz.

**Verbindungen** Im Sommer 3-mal tägl. **Busse** über Srní, Antýgl und Modrava nach Kvilda. Ganzjährig regelmäßig Busse nach Sušice.

**Öffnungszeiten** **Böhmerwaldmuseum**, Mai–Okt. tägl. (außer Mo) 9–12 u. 12.45–17 Uhr. 1,60 €, erm. 0,80 €.

**Motorradmuseum**, Juni–Sept. tägl. 9–17.30 Uhr, sonst bis 16 Uhr. 2 €, erm. die Hälfte. www.historicke-moto.cz.

**Übernachten/Essen** **** **Park Hotel Tosch**, in der Ortsmitte. 43 klassisch-elegante, geräumige Zimmer und Apartments mit Marmorbädern. Schöner Innenpool, Kuranwendungen im hauseigenen „Böhmerwaldbad". Parkmöglichkeiten im Hof, Tennisplatz. Viel deutsches Publikum. EZ ab 68 €, DZ ab 84 €. Náměstí 4, PLZ 34192, ✆ 376582592, www.tosch-parkhotel.cz.

››› Unser Tipp: **Hotel Kašperk**, gleich nebenan, in einem schönen historischen Stadthaus direkt am Marktplatz. 24 modern eingerichtete Zimmer, nicht überschick, aber doch sehr zeitgemäß, genauso das schon fast urban wirkende Restaurant. Kredenzt wird feine neuböhmische Küche, kosten Sie das Kaninchen mit Pflaumensoße. Hg. ab 7,20 €. Großer Pluspunkt: die Schwimmhalle mit einem 17 x 6 m großen Pool und der Megasandkasten – zu Recht bei Familien sehr beliebt. Eigene Parkmöglichkeiten. EZ ab 56 €, DZ ab 74 €. Náměstí 3, PLZ 34192, ✆ 376324113, www.hotelkasperk.cz. ‹‹‹

**Rychta na Racánku**, → Hrad Kašperk.

**Camping** **Autokemp Annín I**, ca. 7 km nordwestlich von Kašperské Hory, jedoch nicht in Annín selbst, sondern auf der anderen Flussseite, von der Straße nach Sušice ausgeschildert. Schöner, an der Otava gelegener Platz. Einstiegsmöglichkeiten in den Fluss, Restaurant. Ordentliche Sanitäranlagen. April–Okt. 2 Pers. mit Zelt u. Auto 8 €, Hütten je nach Größe und Ausstattung 6–12 €/Pers. Annín, PLZ 34201, ✆ 376522698, www.kempannin.sumava.net.

## Umgebung von Kašperské Hory

**Hrad Kašperk (Burg Karlsberg)**: 3 km nördlich von Kašperské Hory ragt die Burg auf einem Felsmassiv (870 m) imposant aus einem Nadelwald empor. Kaiser Karl IV. ließ sie in der Mitte des 14. Jh. zum Schutz der Landesgrenzen und der Goldgräbersiedlungen errichten. Kašperk war übrigens eine der wenigen Burgen Böhmens, deren wehrhafte Mauern allen Angriffen standhielten. Zwei Führungen werden angeboten. Bei der einen besichtigt man neben dem Palast auch den Westturm, bei der anderen den Ostturm und das Burggrafengebäude. Jede Tour dauert ca. 55 Minuten.

Mit der Kutsche zur Burg Kašperk

Südböhmen → Karte S. 394/395

**Anfahrt** Vom Motorradmuseum am Marktplatz in Kašperské Hory aus beschildert. Nach ca. 3 km liegt linker Hand ein großer Parkplatz, von dort noch 1,5 km zu Fuß.

**Öffnungszeiten** Mai/Juni u. Sept./Okt. tägl. (außer Mo) 9–17 Uhr, Juli/Aug. tägl. 10–18 Uhr, im April nur Sa/So 10–17 Uhr. 3,20–3,60 €/Tour, erm. 3 €, fremdsprachige Führung 3,40–4 €, erm. 3 €. www.kasperk.cz.

**Übernachten** **Rychta na Racánku**, sympathische Landpension neueren Datums nahe dem Parkplatz. Ruhige Lage inmitten eines Obstgartens mit Planschbecken, Hängematte und Sandkasten. Beliebtes Ausflugsrestaurant mit schöner Terrasse angeschlossen (Mo Ruhetag). Zimmer mit privaten Bädern. Mit HP 27 €/Pers. Žlíbek 17, PLZ 34192, ✆ 376582117, www.racanek.cz.

**Dobrá Voda (Gutwasser) und Hartmanice (Hartmanitz)**: Rund 16 km westlich von Kašperské Hory passiert man auf dem Weg nach Železná Ruda das Dorf Dobrá Voda. Das *Šimon-Adler-Museum* (Muzeum Dr. Šimona Adlera) informiert dort über den Rabbiner und Historiker Dr. Šimon Adler, der 1944 in Auschwitz ermordet wurde. Nur ein paar Schritte vom Museum entfernt steht die *Kirche des Hl. Einsiedlers Gunther,* ein barocker Sakralbau aus der ersten Hälfte des 18. Jh. mit einem interessanten modernen Glasaltar. Die Kirche wurde erst 1996 neu geweiht, während des Sozialismus diente sie als Munitionslager der Grenztruppen. Nur 2 km sind es von Dobrá Voda nach Hartmanice. Die dortige 1883 erbaute *Bergsynagoge* beherbergt ein Museum, das sich mit dem einstigen deutsch-jüdisch-tschechischen Leben im Böhmerwald beschäftigt – sehr aufschlussreich.

**Verbindungen** Die **Busanbindungen** nach Dobrá Voda sind miserabel. Von Hartmanice häufig **Busse** nach Sušice, 3-mal tägl. nach Železná Ruda.

**Öffnungszeiten** **Šimon-Adler-Museum**, April–Okt. tägl. (außer Mo) 9–12 u. 12.30–17 Uhr, sonst bis 16 Uhr. 1,60 €, erm. die Hälfte. Im Museum sind auch Eintrittskarten (gleicher Preis) für die Kirche (!) zu bekommen. Führungen durch die **Kirche** tägl. (außer Mo) etwa im Stundenrhythmus. www.zcm.cz.

**Synagoge in Hartmanice**, tägl. (außer Mo) 9–18 Uhr. 1,60 €, erm. die Hälfte. www.hartmanice.cz.

## Sušice

Schüttenhofen

Das „Tor zum Böhmerwald" erstreckt sich in einem weiten, von grünen Hügeln umrahmten Tal. Fährt man jedoch von Norden hinein, macht Sušice einen wenig freundlichen Eindruck. Triste und teils verlassene Industriebetriebe säumen die Straßen – Zeugen des Niedergangs der hiesigen Streichholzindustrie (→ Kasten). Die Altstadt präsentiert sich dagegen ganz ansehnlich, insbesondere rund um den **Náměstí Svobody,** den großen, baumbestandenen Marktplatz. Ihn umgeben ein paar Gebäude aus jener Zeit, als die Stadt noch von der Salz- und Goldgewinnung lebte. Dazu gehört z. B. das heute leer stehende **Rozacínovský-Haus** (Nr. 48) mit einem gotischen Türbogen und einer Sgraffitofassade, die erst 1914 bei Restaurierungsarbeiten unter dem Putz entdeckt wurde. Das **Voprchovský-Haus** (Nr. 40), ein ursprünglich gotisches Bürgerhaus, schmückt ein außergewöhnlich schöner Giebel. Es beherbergt heute das **Böhmerwaldmuseum** (Šumava muzeum Sušice) mit einer witzigen Sammlung an Streichholzschachteln und einer der größten mechanischen Weihnachtskrippen Tschechiens.

**Information** **Městské informační středisko**, im Rathaus am Nám. Svobody. ✆ 376540214, www.mestosusice.cz/icsusice. Okt.–April Mo–Fr 9–16 Uhr, Mai–Sept. Mo–Fr 7–17 Uhr, Sa/So 9–14 Uhr.

**Verbindungen** **Busse** fahren am Flussufer ab. Regelmäßig nach Klatovy und Kašperské Hory, nur im Sommer 4-mal tägl. über Srní, Antýgl und Modrava nach Kvilda. Bahnhof ungünstige 4 km nördlich des Zentrums.

Marktplatz von Sušice

**Öffnungszeiten** **Böhmerwaldmuseum**, Mai–Okt. tägl. (außer Mo) 9–12 u. 12.45–17 Uhr, So nur halber Tag. 1,60 €, erm. 0,80 €.

**Übernachten/Essen** *** **Hotel Gabreta**, provinzielles Mittelklassehotel gleich beim Marktplatz. Standardzimmer, z. T. recht geräumig, modernstes Stück: der Fernseher. Eigene Parkplätze und Fahrradverleih. Im Restaurant gibt es neben den böhmischen Klassikern auch einige Wildgerichte, Hg. 4–10,50 €. EZ 26 €, DZ 40 €. Americké armády 73 (die Gasse rechts vom Hotel Fialka nehmen), PLZ 34201, ✆ 376523308, www.hotelgabretasusice.cz.

**Außerhalb/Camping** **Zámek Hrádek**, ein von Lesern hochgelobtes Schlosshotel im Dorf Hrádek, ca. 3,5 km nördlich von Sušice. Kronleuchter, schöne Parkettböden, klassisches Mobiliar, Putten, Stuck und ein Schlosspark zum Lustwandeln. Restaurant. Sehr freundliches Personal. Schlossführungen auch für Nichtgäste möglich, dazu gibt es ein kleines Museum. EZ ab 34 €, DZ ab 54 €. Hrádek 1, PLZ 34201, ✆ 376508514, www.zamekhradek.cz.

››› Unser Tipp: **Hotel Gandalf**, schöne Unterkunft im beschaulich-ruhigen Dorf Svojšice ca. 7 km westlich von Sušice. Mit Liebe wurde hier die ehemalige Dorfschule in ein Hotel umgewandelt. 15 helle Zimmer (auch Familienzimmer) mit alten Dielenböden. Auf (unnötigen) Schnickschnack wie TV wurde bewusst verzichtet. Garten, Bar im Keller, Innenpool mit Zugang zur Terrasse. Unter belgischer Leitung (deutschsprachig). Mit HP 47 €/Pers. Anfahrt: Sušice auf der 171 Richtung Petrovice verlassen und nach ca. 5 km rechts Richtung Cihelná abzweigen. 2 km weiter wieder rechts ab nach Castkov, durch den Ort, und schon sieht man die alte Schule von Svojšice. Svojšice 44, PLZ 34201, ✆ 602474605 (mobil), www.hotelgandalf.com. ‹‹‹

**Hospůdka U Štěpána**, stilvoller, einer Biofarm angeschlossener Landgasthof mit gehobener böhmischer Küche im idyllischen Paarhäuserdorf Vojetice ca. 9 km westlich von Sušice. Auf den Teller kommt vorrangig Biofleisch – und das schmeckt man! Überschaubare Karte, sehr gute Qualität, perfekter Service, hübsche Terrasse. Hg. 8–20 €. Extrem populär, besser reservieren. Nebenan kann zudem gecampt werden – kleines, einfaches Areal (2 Pers. mit Wohnmobil 9,20 €). Man passiert Vojetice auf der 171 nach Strážov. Vojetice 9, PLZ 34201, ✆ 376588196, www.ustepana.eu. ■

### Heiße Ware – Rotköpfe aus Sušice

Ende des 19. Jh. wurde heiße Ware aus Westböhmen in der ganzen Welt gehandelt – in Afrika, Nord- und Südamerika, Australien, Asien und überall in Europa: Streichhölzer aus Schüttenhofen. In aller Herren Ländern flackerten sie auf wie heute die Birnen von Osram.

Angefangen hatte alles 1839, als der Zimmermann Adalbert Scheinost sich mit seiner Frau Marie in ein gerade abgebranntes (!) Haus am Marktplatz einmietete und die Köpfe von Holzspänen mit Phosphor überzog. Die Technik dazu hatte das Ehepaar in Wien erlernt. Die zündende Idee überhaupt war erst ein paar Jahre zuvor in England geboren worden. Knapp zwölf Monate später stieg der hiesige Kaufmann Bernhard Fürth in die Zündholzproduktion mit ein; große Maschinen konnten angeschafft werden, und keine zehn Jahre später exportierte man schon nach Übersee. 1903 überführte man die Schüttenhofener Zündholzfabriken – mittlerweile gab es mehrere – in eine Aktiengesellschaft namens SOLO. Kurz darauf erreichte die hiesige Zündholzproduktion ihren Höhepunkt. Doch dann kamen die Weltkriege, dazwischen die Weltwirtschaftskrise, schließlich die Verstaatlichung des Unternehmens unter den Kommunisten und – parallel zu alledem – der Siegeszug des Feuerzeugs. Zur sinkenden Nachfrage gesellten sich immer höhere Herstellungskosten. Das konnte nicht gut gehen. 2008 verlagerte SOLO die Produktion nach Indien, vom Standort Sušice werden die Streichhölzer nur noch vertrieben. Rund 30 Mitarbeiter sind geblieben – von einst 2000 in den Glanzzeiten des Unternehmens.

## Umgebung von Sušice

**Hrad Velhartice (Burg Welhartitz)**: Diese Befestigungsanlage aus dem 14. Jh. (ca. 12 km nordwestlich von Sušice) zählt zu den romantischsten Burgen Südböhmens. Sie liegt landschaftlich überaus reizvoll am Rande eines steil abfallenden Plateaus und hoch über einem rauschenden Bach, wie geschaffen für Rapunzel & Co. Eine vierbogige Brückenkonstruktion verbindet den klotzigen Wehrturm mit der Ruine des alten Palasts, auch Paradieshaus *(Rájsky dům)* genannt. Der weiße Spätrenaissancepalast neben dem Paradieshaus kam im 17. Jh. hinzu. Zwei Führungen werden angeboten: Bei der langweiligeren stolpert man durch die Burganlage, vorbei an Zisternen und Kellerräumen. Bei der spannenderen wandelt man durch die Salons des Spätrenaissancepalasts. Unter anderem erfährt man dabei auch etwas über die Gesellschaftsspiele, die zu jener Zeit in Mode waren.

**Anfahrt/Verbindungen** Die Burg ist mit „Hrad" ausgeschildert. Vom Parkplatz noch ca. 5 Min. zu Fuß. **Busse** bis zu 5-mal tägl. vom Ort Velhartice nach Klatovy.

**Öffnungszeiten** **Burg**, Juli/Aug. tägl. (außer Mo) 9.30–18 Uhr, Mai/Juni u. Sept. tägl. (außer Mo) 9.30–17 Uhr, April u. Okt. nur Sa/So 9.30–16 Uhr. Eintritt in das Burgareal 1,40 €, jede Führung 2,80 €, erm. 2 €. www.hrad-velhartice.cz.

Weiter Richtung **Klatovy** → S. 352.

# Hrad Rabí

Burg Rabí

Die mächtige gotische Adelsburg aus dem 14. Jh., deren Mauern eine Gesamtlänge von 9 km haben, thront über dem 10 km nordöstlich von Sušice gelegenen Dorf gleichen Namens. Allein bei ihrem Anblick aus der Ferne scheint das Mittelalter ganz nah zu sein; nicht das von den Romantikern verklärte Mittelalter, sondern das „dunkle" Zeitalter, als Feudalherren und Raubritter das Volk ausbeuteten und Burgen ein Symbol der Bedrohung waren. Bei der Belagerung der Burg im Jahr 1421 verlor der ohnehin schon einäugige Hussitenführer Jan Žižka sein zweites Auge. Im 18. Jh. wurde die Burg verlassen und verfiel. Erste Restaurierungsarbeiten begannen, nachdem das Dorf Rabí die Burg 1920 für eine Krone an den Staat verkauft hatte. Heute ist der größte Teil des weitläufigen Geländes mit vielen Treppen, Auf- und Abgängen sowie einem mächtigen Wohnturm der Öffentlichkeit zugänglich und zählt zu den meistbesuchten Burganlagen Böhmens. Von nah und fern reist man insbesondere im Juli an, wenn zwischen den alten Festungsmauern ein **Ritterfest** veranstaltet wird. Das kommt auch dem gepflegten **Dorf Rabí** mit schönen Bauten im typisch südböhmischen Stil am Fuße der Burg zugute, es lebt vornehmlich vom Tourismus.

**Verbindungen** **Busse** regelmäßig nach Sušice, bis zu 4-mal tägl. nach Horažd'ovice.

**Öffnungszeiten** **Burganlage**, Juni–Aug. tägl. (außer Mo) 9–17 Uhr, Mai u. Sept. tägl. (außer Mo) 9–16 Uhr, April u. Okt. nur Sa/So 10–16 Uhr, Mittagspause 12–13 Uhr. Es gibt 2 verschiedene Touren, beide zusammen (ca. 1 ½ Std.) kosten 4,80 €, erm. 3,20 €. www.hradrabi.cz.

**Übernachten** *** **Hotel Atawa**, die beste Unterkunft vor Ort. Freundliche, in blauen Farbtönen gehaltene Zimmer. Hallenbad und Sauna. Parkplätze im Hof. Reservierung empfohlen. Faire Preise: EZ 22 €, DZ 44 €. Rabí 9, PLZ 34201, ✆ 603829392 (mobil), www.hotelatawa.cz.

Südböhmen → Karte S. 394/395

Burg Rabí: Im Juli tummeln sich hier die Ritter

# Železná Ruda

Markt Eisenstein

Der 1800 Einwohner zählende Grenzort in einem Tal am Flusslauf der Řezná hat sich ganz auf den Fremdenverkehr eingestellt. Es stehen mehr als 6000 Gästebetten zur Verfügung. Im Winter kommen Skifahrer, im Sommer Wanderer und Radfahrer und das ganze Jahr über Sextouristen und Schnäppchenjäger, Letztgenannte zum Zigaretten- und Vogelhäuschenkauf. Sehenswertes gibt es kaum, daran ändern auch die – bislang – zwei Museen nichts. Das **Böhmerwaldmuseum** (Muzeum Šumavy) an der Durchgangsstraße zeigt in fünf Räumen die typischen Exponate der Region. Schräg gegenüber der Kirche mit ihrem überdimensionalen zwiebelförmigen Kirchturm liegt das kleine **Motorradmuseum** (Muzeum Historických Motocyklů). Im gleichen Gebäude ist zudem eine **Ausstellung zur Geschichte des Skisports in der Region** (Historie Lyžování Na Zeleznorudsku) untergebracht. Und wenn einmal die Fördergelder bewilligt sind, soll im ehemaligen Zollhaus direkt an der Landesgrenze ein **Museum** entstehen, das sich mit der gemeinsamen Geschichte der Orte Bayerisch Eisenstein und Železná Ruda beschäftigt.

In der kalten Jahreszeit bildet Železná Ruda mit dem nördlich angrenzenden Ferienort Špičák ein **Wintersportzentrum**. Im Sommer bieten sich rund um den Ort herrliche Wandermöglichkeiten. Eine schöne Tagestour führt auf einem erst blau, dann rot markierten Weg von Železná Ruda zum idyllisch gelegenen **Teufelssee** (Čertovo jezero). Dort ist angeblich der Teufel ertrunken, weil ihm ein gemeines Mädchen einen Stein an den Schwanz band und ihn anschließend mit ihren nackten Reizen zum Baden verführte. Vom Teufelssee führt der rot markierte Weg weiter zum **Kleinen Špičák** (1159 m) und zum **Schwarzen See** (Černé jezero), der seinen Namen seiner dunkel schimmernden Wasseroberfläche verdankt. Ein gelb markierter Weg bringt Sie von dort in die Ortschaft Špičák, von wo man mit dem Bus zurück nach Železná Ruda gelangt. Ein anderer schöner Weg (rot markiert) verläuft vom Gipfel des **Pancíř** (1214 m) zum **Prenet** (1071 m). Wer sich den Aufstieg auf den Pancíř sparen will, fährt von Špičák mit dem ganzjährig betriebenen Sessellift (9–16 Uhr, hin/zurück 2,80 €, erm. die Hälfte) hinauf.

**Information** **Informační centrum**, im Rathaus (gelbes Gebäude) an der Durchgangsstraße, ✆ 376397033, www.sumava.net/itcruda. Tägl. 8–12.30 u. 13.30–18 Uhr.

**Verbindungen** Bis zu 3-mal tägl. **Busse** nach Klatovy, bis zu 5-mal nach Nýrsko, im Sommer häufiger, dann auch Verbindungen nach Lenora, Kvilda, Modrava und Srní.

Bahnhof ca. 600 m nördlich des Zentrums an der Straße nach Špičák. **Züge** bis zu 11-mal tägl. nach Klatovy und Nýrsko.

**Öffnungszeiten** **Böhmerwaldmuseum**, Javorská 154. Di–Sa 9–17 Uhr. 1,60 €, erm. die Hälfte. **Motorradmuseum und Skisportausstellung**, Mai nur Sa/So 9.30–17 Uhr, Juni–Sept. tägl. 9–17 Uhr, Weihnachten bis März nur Mi 10–16.30 Uhr. Motorradmuseum 2 €, erm. 1 €, Skisportausstellung 1 €. www.historicke-moto.cz.

**Radverleih** **Mountainbikes** (nicht viele im Sortiment, besser reservieren) gibt es u. a. bei **Beta Sport** zu mieten. 8 €/Tag. U Řezné 376 (von Bayern kommend vor der Kirche rechts abbiegen, dann die erste links), ✆ 604380293 (mobil).

**Skifahren** An den beiden Hausbergen, dem Pancíř (1214 m) und dem Špičák (1202 m), erschließen 15 Liftanlagen 10 km Abfahrtspisten. Außerdem stehen 55 km Langlaufloipen zur Verfügung. www.spicak.cz.

**Übernachten** **** **Hotel Špičák**, in ruhiger Lage nahe dem Ortsteil Špičák, von der Straße nach Nýrsko ausgeschildert. Fünfstöckiges Berghotel (Bj. 1970, jedoch renoviert). 71 der Sterneanzahl entsprechend ausgestattete Zimmer ohne persönliche Note. Buchen Sie ein Zimmer mit Balkon und Panoramablick auf den Böhmerwald. Haken: Ab vom Schuss, im Winter sind Schneeketten für die letzten paar Meter ein Muss. Oft von Reisegruppen in Beschlag genommen. Bewachte Parkplätze. Sauna, Solarium, Skischule, Sommerterrasse etc. DZ ab 52 €, oft zudem gute Paketpreise. Špičák 5, PLZ 34004, ✆ 376372111, www.orea.cz.

**Hotel Malá Paříž**, im Ortsteil Špičák (ausgeschildert). Kleines, sympathisches Familienhotel. Nur 6 freundliche Zimmer und Apartments, auch wenn sie mittlerweile etwas ältlich daherkommen. Restaurant. Sehr zuvorkommender Service. DZ 42 €. Špičák 17, PLZ 34004, ✆ 376397511, www.malapariz.cz.

**Penzion U Zlomené lyže**, etwas oberhalb des Zentrums. Schnuckeliges Böhmerwaldhaus aus dem frühen 18. Jh. mit umlaufendem Holzbalkon samt Geranien. 6 nette Zimmer. Mit viel Liebe ist das kleine Restaurant im EG eingerichtet. Sommerterrasse. Lesermeinung: „Nettes Personal, gutes Essen, empfehlenswert." Anfahrt: Von Bayern kommend, kurz hinter der Touristeninformation bzw. der Polizei, links bergauf in die Belvedérská abbiegen, nach ca. 200 m linker Hand. DZ 44 €. Belvedérská 2, PLZ 34004, ✆ 376391378, www.uzlomenelyze.cz.

**Essen & Trinken** Im Ortskern drängt sich Restaurant an Restaurant. Ausstattung und Qualität unterscheiden sich meist nur wenig. Etwas aus der Reihe fallen folgende Lokalitäten:

**Belvedér**, das rustikale Restaurant des einsam gelegenen Hotels hoch über Železná Ruda serviert keine außergewöhnlichen Gerichte, eher die Standards zu günstigen Preisen (teuerstes Essen 4,50 €). Außergewöhnlich ist jedoch das selbst gebraute Bier, das es in der hellen, halbdunklen und dunklen Variante gibt. Terrasse, aber ohne nennenswerte Aussicht. Železná Ruda 189, ✆ 376397016. Von Bayern kommend, hinter der Polizei bzw. Touristeninformation links bergauf in die Belvederská abbiegen, dann immer den Berg hoch für ca. 1,2 km.

**Café Charlotte**, bei bayerischen Grenzgängern äußerst beliebtes, großes und recht rustikales Café. Grund: Mega-Tortenvitrine, 30 verschiedene Eisbecher. Über den Köpfen der Gäste fährt eine Modelleisenbahn. Terrasse. Von Bayern kommend hinter der Kirche rechts abbiegen, dann unübersehbar.

Südböhmen → Karte S. 394/395

# Nýrsko

Neuern

**Das ca. 25 km nordwestlich von Železná Ruda gelegene Nýrsko wirkt auf der Landkarte wie ein viel versprechendes Städtchen nahe einem Stausee. Leider entpuppt sich der schön gelegene See vor Ort als ein Trinkwasserreservoir, in dem Baden verboten ist. Auch der Ort selbst enttäuscht, obwohl er das Marktzentrum einer landschaftlich reizvollen Region am Rande des Böhmerwaldes ist. Den Ortskern teilt ein Fluss in zwei Hälften, drum herum überwiegen schlichte Bauten. Schöner sind die umliegenden Dörfer wie Skelná Hut', Zelená Lhota oder Hamry, die mit einer Reihe von netten Unterkünften aufwarten können, was man von Nýrsko nicht gerade behaupten kann.**

**Verbindungen** **Busse** ca. 5-mal tägl. nach Železná Ruda, regelmäßig nach Klatovy.

**Übernachten** **Penzion Bečvářův srub**, an der Durchgangsstraße in Hojsova Stráž, fast exakt zwischen Železná Ruda und Nýrsko. Nette Pension im Blockhüttenstil, alles sehr rustikal. 4 Zimmer mit Holzböden, alle mit Bad, teilweise mit Kochmöglichkeit, dazu 1 Apartment. Restaurant mit schöner, kleiner Terrasse. DZ ab 38 €. Hojsová Stráž 201, PLZ 34022, ✆ 376383678, www.sumavasrub.cz.

››› Unser Tipp: *** **Hotel Kollerhof**, gut geführtes Haus unter deutsch-tschechischer Leitung in Hamry. Von der Straße Nýrsko – Železná Ruda bestens ausgeschildert. Natur pur. Berghotel mit traumhafter Aussicht. Komfortable, helle Zimmer, alle mit Parkettboden und Balkon. Herrliche Terrasse, Sauna, empfehlenswertes Restaurant (sehr gute Regionalküche, die nett dekoriert zum Tisch kommt, Hg. ab 5 €). Äußerst zuvorkommender Service. EZ 35 €, DZ 60 €. Hamry 29, PLZ 34022, ✆ 376390113, www.hotelkollerhof.com. ‹‹‹

**Camping** **Autokemp Nýrsko**, im Süden von Nýrsko (ausgeschildert). Enger Wiesenplatz ohne Schatten, dafür Schwimmbad nebenan. Restaurant und kleiner Laden. Kinderspielplatz. Sehr freundliches Personal. Mai–Sept. 2 Pers. mit Zelt u. Auto 8,40 €, Hütte für 2 Pers. 14,40 €. Tylova 778, PLZ 34022, ✆ 376571220, www.autokemp-nyrsko.cz.

Vysočina: Hügel, Felder, Weiden

# Böhmisch-Mährische Höhe

Českomoravská vrchovina

**Der auch Vysočina genannte Höhenzug trennt Südböhmen von Südmähren. Der liebe Gott hat diesen Landstrich ohne Wasserwaage geschaffen: Er gleicht eher einem missratenen Hochplateau als einem Gebirge.**

Südlich der *Polabí,* der weiten Elbniederung Ostböhmens, baut sich der Böhmisch-Mährische Gebirgszug auf, der Höhen von über 800 m erreicht. Das Zentrum der Region ist Jihlava. Mit Ausnahme von Telč, einer der meistbesuchten Städte Tschechiens, hinkt die touristische Infrastruktur vielerorts hinterher. Schmale, oft holprige Sträßlein schlängeln sich durch Wiesen und Wälder. Hin und wieder ein weißes Mohnfeld, von „blühenden Landschaften“ aber kaum eine Spur. So manche Dörfer wirken noch immer ärmlich, hier und da gehören Kittelschürze und Kopftuch noch zum Ausgehkostüm der Landfrauen. Andernorts werden mit EU-Fördermitteln Hotels und Restaurants restauriert, Straßen neu geteert, Marktplätze neu gepflastert usw.

## Pelhřimov

Pilgram

**Wer zufällig am zweiten Juniwochenende in der Gegend ist, sollte auf jeden Fall einen Abstecher nach Pelhřimov unternehmen, denn dann geht das Festival der Rekorde und Kuriositäten über die Bühne – ein verdammt lustiges Spektakel.**

Ansonsten ist das 16.200 Einwohner zählende Pelhřimov am Westrand der Böhmisch-Mährischen Höhe keine Stadt, die ins Pflichtprogramm gehört, auch wenn das Zentrum ganz adrett ist. Selbiges ist klein, keine 300 m breit. Von der mittelalterlichen Befestigung sind noch zwei Stadttore erhalten. In einem davon ist das **Museum der Rekorde und Kuriositäten** untergebracht, das an die Festivalhöhepunkte der letzten Jahre erinnert (→ Sehenswertes). Den quadratischen Hauptplatz Masarykovo náměstí säumen ein paar hübsche Renaissance- und Barockhäuser. Rund um das Zentrum aber gibt es wenig Rekordverdächtiges zu entdecken, dort stehen diverse Industriebetriebe (Holzverarbeitung, Maschinenbau, Textil, Schreibwaren), aber auch die örtliche Brauerei, die *Pivovar Pelhřimov,* die ein süffiges Bier abfüllt.

# Böhmisch-Mährische Höhe

## Böhmisch-Mährische Höhe – die Highlights

**Telč**: Das „Mährische Venedig“ – ein Renaissancestädtchen par excellence, schön klein und nicht umsonst Welterbe der UNESCO.

**Slavonice**: Ähnlich schön wie Telč, nur noch etwas kleiner und nicht so bekannt.

**Žďár nad Sázavou**: Die Stadt selbst hat keinerlei Reize, das nördlich anschließende Zisterzienserkloster mit der Nepomukkapelle dafür um so mehr. Auch dieser Bau ist in der Welterbeliste vertreten.

**Třebič**: Und noch mal Welterbe, hier wegen der St.-Prokop-Basilika und des alten jüdischen Viertels.

**Želiv**: Ein Kloster mit einer überaus sehenswerten Abteikirche – Barockgotik à la Giovanni Santini in höchster Vollendung.

**Lipnice nad Sazavou**: Jaroslav Hašek, Dichter und Politiker in Personalunion, ließ sich hier nieder. Na, wenn der nicht wusste, wo's schön ist …

**Jaroměřice nad Rokytnou**: Eines der prächtigsten Barockschlösser des Landes.

**Information** **Turistické informační centrum**, im Šreijnar-Haus am Masarykovo nám. 10, ✆ 565326924, www.pelhrimovsko.cz. Juni–Sept. tägl. 8.30–17 Uhr, sonst Mo–Fr 8.30–17 Uhr, Sa 8.30–12.30 Uhr.

**Verbindungen** Bahnhof ganz im Süden der Stadt, rund 2 km außerhalb des Zentrums. Busbahnhof auf dem Weg dorthin. **Busse** regelmäßig nach Kamenice nad Lipou, Prag, Jihlava und Humpolec, bis zu 5-mal tägl. nach Havlíčkův Brod und Tábor, 1-mal direkt nach Telč. **Züge** bis zu 8-mal tägl. nach Tábor.

**Ärztliche Versorgung** **Krankenhaus** an der Slovanského bratrství 710, der Straße nach Jihlava. ✆ 565355111, www.hospital-pe.cz.

**Übernachten** **Hotel Slavie** **5**, vor 100 Jahren ein Nobelhotel. Heute bietet das Haus im EG ein gutbürgerliches Restaurant, im 1. Stock eine Pizzeria und darüber 9 Zimmer auf 4-Sterne-Niveau, die 2013 geschmackvoll renoviert wurden. Eigene Parkplätze. EZ 55 €, DZ 115 €. Masarykovo nám. 29, PLZ 39301, ✆ 565321540, www.hotelslavie.eu.

**Pension Lucerna** **4**, nahe dem Hauptplatz. 9 ordentlich ausgestattete Zimmer mit Fliesenböden, Du/WC, Kühlschrank und Satelliten-TV um einen offenen Hof. Restaurant mit Terrasse. Sichere Parkplätze. DZ 33 €, Frühstück 3,20 € extra. Solní 853, PLZ 39301, ✆ 565333333, www.penzionlucerna.cz.

**Außerhalb** *** **Hotel Farma** **1**, ca. 4 km nördlich von Pelhřimov (Richtung Humpolec). Idyllisch gelegenes Hotel im Landhaus-Stil. 24 elegant eingerichtete Zimmer,

davon 19 mit behindertengerechtem Zugang. Hochgelobtes Restaurant mit wöchentlich wechselnder Karte, Schwerpunkt frische regionale Produkte, Fisch aus eigener Zucht. EZ 37 €, DZ 52 €. Služátky 25, PLZ 39301, ✆ 565327127, www.hotel-farma.cz. ■

**Camping** **Camping Kovárna**, ca. 11 km nördlich von Pelhřimov nahe dem Dorf Červená Řečice (von dort ausgeschildert). In ruhiger Lage abseits von allem. Platz unter holländischer Leitung und zu 99 % mit holländischem Publikum (meist junge Familien) belegt. Man ist bemüht, das weitläufige, einst öde und graue Gelände zu verschönern. Die Hüttchen sind schon bunt gestrichen, die Sanitäranlagen wurden modernisiert. Feuerstelle, Pool, Bar (kein Restaurant). Mai–Sept. 2 Pers. mit Wohnmobil 15 €, Hütte für 4 Pers. 32 €. Červená Řečice, PLZ 39446, ✆ 565398005, www.campingkovarna.nl.

**Essen & Trinken** **Restaurace Měšťanský dům** **3**, rustikal-modernes Nichtraucherlokal, sehr gelobt. Gute Vorspeisen, internationale Küche, auch Fisch (vorrangig norwegischer Lachs) ist auf der Karte vertreten. Hg. 6–10 €. Růžová 36, ✆ 565391727.

**Pizzeria Ponte di Pietra** **2**, relativ neue, sehr nett eingerichtete und gut besuchte Eckpizzeria mit den üblichen Pizza- und Pasta-Standards. Karlovo nám. 170, ✆ 565555355.

››› **Unser Tipp: Restaurace Hodovna und Kavárna Na Kolibce** **6**, 2 benachbarte empfehlenswerte Lokale: Das Restaurant punktet mit rustikalem Charme und feiner Speisekarte (z. B. Rosmarinlamm in Wurzelgemüse oder Kaninchenconfit mit gerösteten Kartoffelgnocchi), Hg. 6–10 €. Im Nichtraucher-Café nebenan gibt es leckeren Kaffee und guten Kuchen. Angenehme Einrichtung, Kaffeehausatmosphäre, gemischtes Publikum. Příkopy 25, ✆ 60411 6789 (mobil, Restaurant) bzw. 777113321 (mobil, Café). ‹‹‹

## Sehenswertes

**Rund um den Masarykovo náměstí:** Das Nordwesteck des Hauptplatzes überragt der Kirchturm der etwas zurückversetzten *St.-Bartholomäus-Kirche* (Kostel sv. Bartolomėje), einer dreischiffigen Pfeilerbasilika aus dem 14. Jh. Der Turm kann bestiegen werden, 148 Stufen sind es hinauf. Im Schatten des Turms steht das einstige Schloss der Herren von Říčany, das schon ab 1522 als Rathaus und ab 1850 als Gericht diente. Heute beherbergt es das *Museum der Böhmisch-Mährischen Höhe* (Muzeum Vysočiny), das auch Räumlichkeiten des sog. Šreijnar-Hauses, einem Spätrenaissancegebäude direkt am Marktplatz, belegt. Kostbarstes Ausstellungsstück ist ein reich illuminiertes, utraquistisches Gesangbuch aus dem 15. Jh. Ferner werden u. a. Volkstrachten und von Josef Mánes bemalte seidene Fahnen gezeigt. In der Nachbarschaft des Šreijnar-Hauses steht das sog. *Fárovy dům* (Hausnr. 13), ursprünglich ein Barockbau, der 1913 von Pavel Janák im Stil des Kubismus umgestaltet wurde.

**Kirchturm**, Mai–Sept. Mo–Fr 9–17 Uhr, Sa/So ab 10 Uhr. 0,55 €, erm. 0,40 €. **Museum der Böhmisch-Mährischen Höhe**, Mai–Okt. Di–Fr 9–12 u. 13–17 Uhr, Sa/So 10–12 u. 13–17 Uhr, sonst bis 16 Uhr. 1,20 €, erm. die Hälfte. www.muzeumpe.cz.

**Muzeum rekordů a kuriozit (Museum der Rekorde und Kuriositäten)**: Das skurrile Museum befindet sich im alten Iglauer Stadttor (Jihlavská brána) an der Palackého. Auf vier Stockwerken wird allerhand Kurioses gezeigt, zudem sind viele Rekorde der letzten Jahre anhand von Fotos dokumentiert: Kraftmeister Zekon, der sich Holz auf dem Schädel spalten lässt und fünf Autos mit den Zähnen zieht, das größte Wollknäuel (262 cm, 52 kg), der größte je hergestellte Baťa-Schuh (Schuhgröße 57), ein Pullover und eine Hose, die aus über 25.000 Knöpfen gefertigt wurden, eine Schultasche, in die eine ganze Klasse hineinpasst, ein Schiff aus 1000 Kunststoffflaschen, der Tscheche mit den größten Händen (er kann 16 volle Biergläser in einer Hand halten) und so fort.

Tägl. 9–17 Uhr. 3,30 €, erm. 2,20 €. www.muzeumrekorduakuriozit.cz. Für Kombitickets s. u.

**Muzeum Zlaté české ručičky (Museum des Goldenen Händchens)**: Das Museum ist so etwas wie die Fortsetzung des Museums der Rekorde und Kuriositäten, nur hat man sich hier auf Ausstellungsstücke konzentriert, deren Existenz enormer Geduld und Fingerfertigkeit zu verdanken ist. Im Mittelpunkt stehen die Streichholzarbeiten des 2003 verstorbenen Tomáš Korda aus dem ostböhmischen Vrchlabí. Unter anderem verarbeitete er in 1126 Stunden 11.554 Streichhölzer, um das berühmte Flaggschiff Golden Hinde des Weltumseglers Sir Francis Drake in allen Details zu rekonstruieren – selbst der Bordhund wurde nicht vergessen ...

**Adresse/Öffnungszeiten**: Nábř. Rekordů a kuriozit 811. Öffnungszeiten und Eintrittspreise wie das Museum der Rekorde und Kuriositäten. Kombiticket für beide Museen 4,40 €, erm. 3,10 €.



Von Pelhřimov weiter nach Osten? Informationen zu **Jihlava** bekommen Sie ab S. 492. Richtung Süden, auf dem Weg nach **Jindřichův Hradec** (→ S. 415), passieren Sie **Kamenice nad Lipou** (→ S. 421).

## Umgebung von Pelhřimov

**Hrad Kámen (Burg Kamen)**: Die Burg im gleichnamigen Dorf liegt an den Ausläufern der Böhmisch-Mährischen Höhe rund 16 km westlich von Pelhřimov. Ihre Grundmauern reichen bis ins 13. Jh. zurück. Heute beherbergt sie ein *Motorradmuseum*. Unter den Exponaten befinden sich ein paar sehenswerte Raritäten wie z. B. eine *Hildebrand-Wolfmüller* aus dem Jahre 1894 oder eine *Laurin & Klement* von 1899 – beide noch mehr Fahrrad mit Benzintank als Motorrad. Zu sehen bekommt man aber auch *Pragas*, *Jawas* und *ČZs* aus den 20ern und 30ern. Über Kámen führte zu Beginn des 20. Jh. der *Ring von Patzau* (Pacov), eine legendäre Motorradrennstrecke. Heute werden darauf zuweilen Veteranenrennen veranstaltet.

**Verbindungen** **Busse** bis zu 9-mal tägl. nach Pelhřimov.

**Öffnungszeiten** **Burg**, April u. Okt. nur Sa/So 10–17 Uhr. Mai/Juni u. Sept. tägl. (außer Mo) 10–17 Uhr, Juli/Aug. bis 18 Uhr. 2,20 €, erm. die Hälfte. www.hradkamen.cz.

Weiter Richtung **Tábor** → S. 421.

## Želiv

Selau

**Ein kleiner Ort mit großem Kloster und einem einzigartigen Bier. Fremde kommen selten vorbei.**

Im Nirgendwo ca. 13 km westlich von Humpolec liegt das 1100 Einwohner zählende Želiv, an dessen Ortsrand einer der größten und ältesten Klosterkomplexe (1139) des Landes steht. Zunächst zogen Benediktinermönche ein, aber schon 1149 ging es an den Prämonstratenserorden über. In der zweiten Hälfte des 15. Jh. fiel das Kloster in weltliche Hände und wurde durch eine Burg erweitert. 1622 kauften die Strahover Prämonstratenser aus Prag das Kloster zurück, und 1713 wurde Giovanni Santini (→ S. 491) mit der Umgestaltung des Konventsgebäudes und der Abteikirche Mariä Geburt, einem ursprünglich romanischen Bau, beauftragt. Das Ergebnis gilt heute als Paradebeispiel für Santinis Barockgotik. Die Säkularisierungswelle unter Kaiser Joseph II. überlebte das Kloster, weil es in Humpolec ein Gymnasium betrieb, nicht aber die kommunistische Ära: 1950 richteten die Genossen eine Art Arbeitslager für Geistliche im Kloster ein, später wurde daraus eine psychiatrische Verwahranstalt. 1992 bekamen die Prämonstratenser ihr Kloster in einem verwahrlosten Zustand wieder zurück. Obwohl überall fleißig gewerkelt wird und man erste Teilerfolge bereits sehen kann, wird es wohl noch eine Weile dauern, bis das gesamte Areal restauriert ist. Die **Klosterkirche** aber erstrahlt bereits in neuem Glanz – ihr Inneres ist äußerst sehenswert! Will man sich ein Bierchen gönnen, kann man dies an der Rezeption des Klosterhotels tun (→ Übernachten). Die Klosterbrauerei produziert mehrere Biere, u. a. das helle *Haštal*, das etwas stärkere *Salesius* und das Weizen *Jeronýmn*; alle drei sind unpasteurisiert und unfiltriert. Angeboten werden nicht nur Brauereiexkursionen, sondern auch Erlebniswochenenden, bei denen man gemeinsam mit dem Braumeister Bier braut.

**Verbindungen** **Bus** regelmäßig nach Humpolec, bis zu 7-mal tägl. nach Tábor.

**Öffnungszeiten** **Kloster**, Führungen Mo–Sa um 10, 14 u. 16 Uhr sowie So um 14 u. 16 Uhr – sofern 5 Leute zusammenkommen (besser anrufen, → Übernachten). 3,70 €, erm. 2,90 €. **Brauerei**, Führungen tägl. 13 Uhr (auch hier mind. 5 Pers.). 4,80 € mit Verkostung. www.zeliv.eu.

**Übernachten** **Klosterhotel Želiv**, vermietet werden einfache, aber ordentlich restaurierte Zimmer mit und ohne Bad, z. T. tolle Räumlichkeiten. Oft von Gruppen ausgebucht. Mittag- u. Abendessen kann preiswert dazugebucht werden. DZ mit Bad u. Frühstück 32 €, ohne Bad 28 €. Klášter Želiv, PLZ 39444, ✆ 565381259, www.zeliv.eu.

## Lipnice nad Sázavou

Lipnitz an der Sazawa

Die Lage des Dorfes Lipnice rund 15 km östlich von Havlíčkův Brod ist herrlich. Die Häuser ducken sich im Schatten einer mächtigen, auf einem Granitfelsen

thronenden **Burg**. Hier starb am 3. Januar 1923 der berühmteste Bohemien Böhmens, der Schriftsteller Jaroslav Hašek (→ Kasten). Sein Grab befindet sich auf dem örtlichen Friedhof. Der Dorfpfarrer mochte ihn nicht und ließ ihn neben einem Ungetauften und einem Selbstmörder an der Friedhofsmauer beisetzen. Auf dem Weg zur Burg gibt es heute eine **Hašek-Gedenkstätte** (Památník Jaroslava Haška) und gegenüber ein Hašek-Denkmal. Die Kneipe, in der er trinkend und schreibend seinen Lebensabend verbrachte, gibt es auch noch –heute geführt von Hašeks Enkel Richard und dessen Tochter. Auf der Restaurantterrasse lässt es sich bestens aushalten.

Die Burg wurde Anfang des 14. Jh. von den Herren von Lichtenberg gegründet und nach den Hussitenkriegen unter dem Adelsgeschlecht Trčka von Lípa ausgebaut. 1869 brannte sie nieder, 1917 begann man die Ruine zu sichern und wieder herzurichten. Sehenswert ist die spätgotische Burgkapelle mit Wandmalereien, der alte

Palast (14. Jh.) und der neue Palast (16. Jh.). Zudem beherbergt die Burg eine Ausstellung über mittelalterliche Keramik- und Glaskunst. Von der Anlage genießt man einen herrlichen Blick über die böhmisch-mährische Grenzlandschaft, an klaren Tagen sieht man bis zum Riesengebirge.

**Verbindungen** **Bus** bis zu 10-mal tägl. nach Havlíčkův Brod.

**Öffnungszeiten** **Hašek-Gedenkstätte**, April–Juni u. Sept./Okt. nur Sa/So 10–12 u. 13–16 Uhr, Juli/Aug. tägl. (außer Mo) 10–12 u. 13–16 Uhr. 0,90 €, erm. 0,40 €. **Burg**, April u. Sept./Okt. nur Sa/So 10–16 Uhr, Mai/Juni tägl. (außer Mo) 10–16 Uhr, Juli/Aug. tägl. (außer Mo) 9–18 Uhr, Mittagspause 12–13 Uhr. 2,60 €, erm. 1,80 €. www.hrad-lipnice.eu.

**Essen/Übernachten** **Hostinec U České Koruny**, die Hašek-Kneipe. Gemütlicher, gepflegter Gasthof mit Aussichtsterrasse. Individuell eingerichtete Zimmer mit privaten Bädern (wer mag, bucht die „Hašek-Suite"), gutes Essen. DZ 40 €. Lipnice nad Sázavou, PLZ 58232, ✆ 569486126, www.hasektour.cz.

## Jaroslav Hašek und der brave Soldat Švejk

Etwa 1200 Kurzgeschichten verfasste Jaroslav Hašek (1883–1923). Aber nicht nur als Schriftsteller machte sich Hašek einen Namen, in seinem von Eskapaden bestimmten, trinkfreudigen Leben ging er unzähligen Dingen nach. Er war Bankangestellter, Landstreicher, Journalist, Laborassistent, Hundehändler, Gründer der *Partei des maßvollen Fortschritts in den Grenzen der Gesetze,* Soldat an der galizischen Front, im russischen Bürgerkrieg, Volkskommissar in der Roten Armee usw. Als er sich gegen Ende seines Lebens im Wirtshaus Česká Koruna in Lipnice niederließ, notierte er glücklich: „Jetzt wohne ich direkt in einer Pivnice. Mir hätte nichts Besseres passieren können."

Unangepasster Bohemien: Jaroslav Hašek

Zwei Jahre vor seinem Tod erschien die erste Ausgabe des Heftchens *Die Abenteuer des braven Soldaten Švejk*. Daraus wurde später der mit Abstand erfolgreichste tschechische Roman, und der brave Soldat selbst, ein einfacher Mann aus dem Volk, aber ein Schlitzohr, stieg zu einer unsterblichen Figur der Weltliteratur auf. Hašek zeichnete ihn als einen Charakter, der es mit Optimismus und Humor versteht, in einer politisch-ideologisch verrückten Welt zurechtzukommen, indem er sich die Maske eines Trottels überstreift.

In mehr als 40 Sprachen wurden die Abenteuer des Švejks bislang übersetzt. Sie waren mit Hašeks Tod nicht zu Ende, sondern wurden von einem anderen Autor fortgesetzt. Die bekanntesten Illustrationen zum braven Soldaten schuf Josef Lada, der auch den *Kater Mikesch* kreierte. Seine ersten Entwürfe zeigten den heute so molligen Švejk noch als schlanken Hering.

## Ledeč nad Sázavou

Ledec

Ledeč nad Sázavou liegt, wie der Name schon sagt, am Flusslauf der Sázava. Dieser steht bei **Kanuten** hoch im Kurs. Man kann von hier bis nach Týnec (rund 30 km südlich von Prag) paddeln, unterwegs gibt es eine Reihe von einfachen Zeltlagerplätzen. Das 5400 Einwohner zählende Städtchen selbst besitzt einen alten Kern (südlich der Sázava) und eine mächtige **Burganlage** (nördlich der Sázava) – v. a. Letztere ist noch ziemlich restaurierungsbedürftig. Die Burg beherbergt eine Handwerksausstellung (Töpferei, Tuchmacherei, Färberei und Glasherstellung).

**Verbindungen** Busbahnhof zentrumsnah, **Busse** regelmäßig nach Havlíčkův Brod, bis zu 2-mal tägl. nach Chrudim und Lipnice nad Sázavou.

**Kanuverleih** Mehrere Anbieter im Ort, z. B. **Půjčovna lodí Ledeč**, Havlíčkova 168, ✆ 724095199 (mobil), www.pujcovnalodisazava.cz. Oder **Samba**, am Flussufer in der Nähe der Hauptbrücke, ✆ 604904737 (mobil), www.pujcovna-lodi.cz. Preise um die 12 €/Tag.

**Öffnungszeiten** **Burg**, April–Okt. tägl. (außer Mo) 9–12 u. 13–16 Uhr. 0,90 €, erm. 0,60 €.

**Essen/Übernachten** **Hotel Kaskáda**, am Marktplatz; 12 modern eingerichtete Zimmer. Restaurant mit böhmischer Küche und ein paar internationalen Gerichten. Bowling, Squash und Fitness. EZ 33 €, DZ 50 €. Husovo nám. 17, PLZ 58401, ✆ 569443753, www.kaskadaledec.cz.

**Pension Vila Markéta**, an der Straße nach Havlíčkův Brod. Die Sommeradresse vor Ort, direkt am Fluss mit Burgblick und Terrasse. Gepflegtes Restaurant. Parkplätze. Nur 5 Zimmer. DZ ab 25 €, Frühstück extra (3,50 €). Heroldovo nábřeží 314, PLZ 58401, ✆ 569727030, www.vilamarketa.cz.

Informationen zu **Kutná Hora** bekommen Sie ab S. 143.

## Havlíčkův Brod

ehem. Deutsch-Brod/Německý Brod

23.400 Einwohner zählt die Industriestadt Havlíčkův Brod. Das geschäftige Zentrum besitzt einen bildschönen Vorzeige-Marktplatz (Havlíčkovo náměstí) mit Pestsäule. Vom alten Rathaus (Südseite, Gebäude mit Türmchen) blickt der Knochenmann mit Sense auf die farbenfrohen Fassaden der frisch restaurierten Bürgerhäuser. Eine Zeile dahinter beginnt z. T. schon die Platte. Am Hauptplatz steht auch das Elternhaus (Nr. 19) des Journalisten, Schriftstellers und Freidenkers Karel Havlíček Borovský (1821–1856), nach dem das frühere Deutsch-Brod nach dem Zweiten Weltkrieg umbenannt wurde. Im Gebäude befindet sich heute das **Regionalmuseum** (Muzeum Vysočiny) mit einer Havlíček-Ausstellung. Das Nordosteck des Platzes überragt der mächtige Kirchturm der **Mariä-Himmelfahrts-Kirche**. Sie wurde im 14. Jh. vom Deutschen Ritterorden erbaut, ihr frühbarocker Hauptaltar ist sehenswert. Das örtliche Bier heißt übrigens *Rebel*.

**Verbindungen** Busbahnhof ca. 300 m südlich des Hauptplatzes. **Busse** regelmäßig nach Jihlava. Bahnhof über 1 km südlich des Zentrums. Bis zu 8-mal tägl. **Züge** nach Pardubice, bis zu 11-mal über Kutná Hora nach Prag und über Jihlava nach Brünn.

**Öffnungszeiten** **Regionalmuseum**, tägl. (außer Mo) 9–12 u. 13–17 Uhr. 1,10 €, ermäßigt die Hälfte, www.muzeumhb.cz.

**Übernachten/Essen** **Hotel U zlatého lva**, bis ins Detail restauriertes Haus am Hauptplatz. Rustikal-elegantes Caférestaurant mit Steinfliesen und schweren Balkendecken im EG. Angenehme, komfortable Zimmer. Vornehmlich Geschäftsreisende. Sehr freundliches Personal. EZ 58 €, DZ ab 71 €. Havlíčkovo nám. 176, PLZ 58001, ✆ 569420276, www.uzlateholva.cz.

Böhmisch-Mährische Höhe → Karte S. 483

**Pension Hurikán**, etwa 10 Gehmin. nördlich des Hauptplatzes. Eher schlichte, aber saubere Zimmer sowie ein hübsches „Luxus"-Apartment. Restaurant mit solider Küche. EZ 30 €, DZ 40 €, Apartment für 2 Pers. 62 €, Frühstück 2,20 € extra. U Stadionu 2116, PLZ 58001, ✆ 569420359, www.penzionhurikan.cz.

# Hlinsko und Umgebung

Ein Abstecher nach Hlinsko (9900 Einwohner) am Nordrand der Böhmisch-Mährischen Höhe lohnt für all jene, die ein ausgeprägtes Interesse an traditioneller Volksarchitektur besitzen. Denn Hlinsko und Umgebung sind Schauplätze des **Freilichtmuseums der Böhmisch-Mährischen Höhe** (Soubor lidových staveb a řemesel Vysočina). In Hlinsko selbst kann ein fußballfeldgroßes Areal mit Bauten im Blockhausstil namens *Betlém* (ausgeschildert) besichtigt werden. In *Svobodné Hamry* hingegen (der Straße 343 Richtung Trhová Kamenice/Čáslav folgen und nach rund 5 km links abzweigen) kann man – sofern wiedereröffnet (2014 geschlossen) – eine im traditionellen Stil nachgebaute Dorfschenke und ein altes Hammerwerk (Vodní kovací hamr) besuchen. Von Svobodné Hamry führt die Straße weiter ins idyllisch gelegene *Veselý Kopec* („Lustiger Hügel"), eine Ansammlung mehrerer Gehöfte, die fast alle aus dem Umland hierher verlegt wurden. Den Besuch der Museen versüßt ein Schluck vom hiesigen *Rychtář*-Bier.

**Verbindungen** Busbahnhof und Bahnhof im Norden von Hlinsko. **Bus**, bis zu 3-mal tägl. nach Polička und Žďár nad Sázavou. **Züge**, regelmäßig nach Havlíčkův Brod und Pardubice.

**Öffnungszeiten** **Betlém**, Jan.–März Di–Fr 8.30–16 Uhr, Sa 9–12 Uhr, So 13–16 Uhr, April–Juni u. Sept.–Dez. tägl. (außer Mo) 8.30–16 Uhr, Juli/Aug. tägl. (außer Mo) 9–17 Uhr. 1,70 €, erm. 1,10 €. www.vesely-kopec.cz.

**Veselý Kopec**, April u. Sept./Okt. tägl. (außer Mo) 9–16 Uhr, Mai/Juni tägl. (außer Mo) 9–17 Uhr, Juli/Aug. 9–18 Uhr. 2,60 €, erm. 1,50 €. www.vesely-kopec.eu.

**Übernachten/Essen** »» Unser Tipp: **Hospoda U sv. Huberta**, im Betlém-Areal von Hlinsko. Die urig-gemütliche Hospoda mit guter deftig-mährischer Küche (zudem Wild und frische Forelle) vermietet auch ein paar hübsche Zimmer im Landhausstil. Biergarten. 20 €/Pers. Betlém 157, PLZ 53901, ✆ 469311770, http://hubert.hlinsko.cz. ««

**Pension u tvrze**, 8 Standardzimmer im Stadtzentrum. 22 €/Pers. U Tvrze 334, PLZ 53901, ✆ 604309333 (mobil), www.penzionutvrze.cz.

**Camping** **Náš Sen**, ca. 10 km südöstlich von Hlinsko beim Örtchen Svratouch, dort unscheinbar ausgeschildert. Kleiner gepflegter Wiesenplatz am Waldrand. Unter holländischer Leitung, daher auch vornehmlich holländisches Publikum. Kinderpool, Feuerstelle, Tischtennis. Das Restaurant ist nicht immer in Betrieb. Es werden auch Zimmer vermietet. Mai–Okt. DZ mit Bad 23 €, 2 Pers. mit Zelt u. Auto 18 €. Svratouch 317, PLZ 53942, ✆ 608310222 (mobil), www.nassen.cz.

Informationen zu **Pardubice** bekommen Sie ab S. 168.

# Polička

Politschka

8900 Einwohner zählt Polička, ein ruhiges, gemütliches Städtchen mit einer Reihe netter Lokale und Unterkünfte. Das verkehrsberuhigte Zentrum ist von einer gotischen Befestigung (begehbar) umgeben, an die sich stellenweise niedrige Häuser ducken. Den Marktplatz, den Palackého náměstí, schmücken zwei Brunnen, eine schöne, über 20 m hohe Mariensäule (1731) und das gelbe klassizistische Rathaus

Polička, die Geburtsstadt des Komponisten Bohuslav Martinů

in der Mitte. Nordwestlich des Rathauses zweigt die Tylova ab, an der das Stadtmuseum liegt, das gleichzeitig als **Bohuslav-Martinů-Zentrum** (Centrum Bohuslava Martinů) fungiert. Man widmet sich der lokalen Geschichte und der hiesigen Glasindustrie, aber insbesondere dem Komponisten Bohuslav Martinů (1890–1959), dem berühmtesten Sohn der Stadt. Sein alle Gattungen umfassendes Werk (darunter zwölf Opern) wird dem Neoklassizismus zugeordnet und überrascht durch Elemente aus Jazz und tschechischer Folklore. Geboren wurde Martinů nur ein paar Schritte weiter, ganz oben im Turm der neugotischen **St.-Jakobs-Kirche** (Kostel sv. Jakuba) – dort lebten seine Eltern, der Vater war Turmwächter und Schuster. Über 192 Stufen gelangt man in das Zimmer der fünfköpfigen Familie, die heute eine Gedenkstätte ist. Eine Postkarte mit dem Ausblick vom Turm trug der später im Exil lebende Komponist stets mit sich. Auch vom Bier der hiesigen *Měštanský Pivovar*, die ein überaus leckeres Ungefiltertes braut, soll er sein Leben lang geschwärmt haben. Zu Ehren des Komponisten findet alljährlich Mitte Mai das Martinů-Festival statt (www.martinu.cz).

**Information** **Informační centrum** am Palackého nám. 160, ✆ 461724326, www.ic.policka.org. Juli/Aug. Mo–Fr 8–18 Uhr, Sa/So 9–12 u. 13–15 Uhr, Sept.–Juni Sa nur 9–12.30 Uhr, So geschl.

**Verbindungen** Busbahnhof und Bahnhof nahe beieinander im Norden der Stadt. **Busse** regelmäßig nach Svitavy und Litomyšl, bis zu 5-mal tägl. nach Pardubice, bis zu 3-mal nach Brünn, Hradec Králové und Prag. Per **Zug** gelangt man regelmäßig nach Svitavy.

**Öffnungszeiten** **Bohuslav-Martinů-Zentrum**, Tylova 114. Sept.–April tägl. (außer Mo) 9–12 u. 12.30–16 Uhr, Mai–Aug. bis 17 Uhr. Eintritt für alle Ausstellungen 3 €, erm. die Hälfte. Hier kauft man auch die Tickets für das **Geburtszimmer Martinůs** im Kirchturm (2,20 €, erm. die Hälfte; nur mit Führung, April–Sept. tägl. außer Mo ab 9 Uhr nahezu stündl.) und für die Stadtmauer (1,50 €, erm. die Hälfte). www.cbmpolicka.cz.

**Übernachten/Essen** **Pension Restaurant Otakar**, 2013 in einem Altstadthaus eröffnete Nichtraucher-Pension mit 8 unterschiedlich gestylten, recht geschmackvollen Zimmern. Nettes Restaurant mit solider

Böhmisch-Mährische Höhe → Karte S. 483

Küche, rustikaler Weinkeller. DZ ab 44 €. Šaffova 91, PLZ 57201, ✆ 461311986, www.penzionotakar.cz.

**Restaurant Herešova krčma**, am Marktplatz (Nr. 56). Uriges und schönes Restaurant im Stil einer mittelalterlichen Schenke. Netter Innenhof. Deftige Kost zu 4–15 €. ✆ 461310278.

**Palačinka**, nettes, kleines Bistro-Café mit süßen Leckereien und herzhaften Snacks. Guter Bio- und Fairtrade-Kaffee. Mo–Fr 9–18 Uhr, So 14–18 Uhr, Sa geschl. Šaffova 68. ■

**Camping** **Camping Borová**, ca. 11 km westlich von Polička beim gleichnamigen Dorf. Etwas beengter Platz mit vielen Chatas. Gute Sanitäranlagen, gepflegter Pool, viele Feuerstellen, fröhliches Publikum. Zum Essen geht man in die Hospoda U Lesa (15 Fußmin.) in einem urigen Holzhäuschen, von der Straße weiter Richtung Polička beschildert (innen mit Kachelofen und dicker Balkendecke, außen netter Biergarten; Rostbraten, Käsemix oder Schnitzel zu günstigen Preisen). Mai–Aug. 2 Pers. mit Zelt u. Auto ab 11 €. Borová 339, PLZ 56982, ✆ 603731404 (mobil), www.campborova.cz.

Informationen zu **Svitavy** bekommen Sie ab S. 231, zu **Litomyšl** ab S. 224.

## Nové Město na Moravě

Neustadt in Mähren

Nové Město ist das **Wintersportzentrum** der Böhmisch-Mährischen Höhe. Rund um den Ort gibt es 108 km gespurte Loipen. Regelmäßig finden hier Wettkämpfe statt, auch internationale. Das bekannteste Rennen ist der *Goldene Ski*, der Wettbewerb (heute auch Teil des Skilanglauf-Weltcups) wird seit 1933 ausgetragen. Am **Harusův kopec** (741 m) östlich der Stadt kann man theoretisch auch alpinen Skisport betreiben – Muskelkater in den Oberarmen garantiert, denn ohne Anschieben bekommt man an dem flachen Hang kaum Schwung. Auch im Sommer wird Ski gefahren, 2004 war Nové Město gar Austragungsort der Grasskiweltmeisterschaft. Seit 2014 kommen auch Mountainbiker in Nové Město voll auf ihre Kosten, und zwar in der sog. **Cyklo Aréna Vysočina** im Waldgebiet nördlich der Stadt (www.vysocina.bike). Es stehen Cross-Country-Strecken mit einer Gesamtlänge von rund 30 km in fünf verschiedenen Schwierigkeitsstufen zur Verfügung. 2016 findet hier gar die Mountainbike-Weltmeisterschaft statt.

Die 10.500 Einwohner zählende Stadt besitzt einen netten alten Ortskern, der rund fünf Prozent der Fläche einnimmt. Über den Rest schweigen wir. Den Marktplatz (Vratislavovo náměstí) dominiert die mit schönen figürlichen Sgraffiti verzierte **Kirche der Hl. Kunigunde** (Kostel sv. Kunhuta). Am oberen, nordwestlichen Eck steht ein **Barockschloss,** in dem heute die **Hochlandgalerie** (Horácká galerie) u. a. Plastiken und Gemälde überwiegend aus dem 20. Jh. zeigt. Am unteren Ende des Platzes, schräg gegenüber der Touristeninformation, befindet sich das **Hochlandmuseum** (Horácké muzeum) im Gebäude des Alten Rathauses. Es widmet sich dem Skisport und der lokalen Skiproduktion (heute die Marke *Sporten*), ferner präsentiert es Trachten, Keramik, Webstühle und Glaskunst (nördlich der Stadt gab es einst viele Glashütten).

**Information** **Informační centrum**, am Marktplatz. Juli/Aug. tägl. 9–12.15 u. 13–17 Uhr, April–Juni u. Sept./Okt. nur bis 16 Uhr, Nov.–März So nur bis 13 Uhr. ✆ 566598750, www.nmnm.eu.

**Verbindungen** Busbahnhof 100 m östlich des Zentrums. Häufige **Busse** nach Žďár nad Sázavou, bis zu 2-mal tägl. direkt nach Brünn und Jihlava. Bahnhof 1 km nördlich des Zentrums, **Züge** regelmäßig nur nach Žďár nad Sázavou.

**Öffnungszeiten** **Hochlandgalerie**, tägl. (außer Mo) 9–12 u. 13–17 Uhr. 1,50 €, erm. die Hälfte. www.horackagalerie.cz. **Hochland-**

museum, Öffnungszeiten wie Infozentrum. 1,50 €, erm. die Hälfte. http://hm.nmnm.cz.

**Übernachten/Essen** **Hotel Panský dům**, frisch renoviertes Nichtraucherhotel in einem historischen Haus am Marktplatz. 6 geschmackvoll eingerichtete Zimmer sowie 4 Apartments. Kein Restaurantbetrieb, aber Weinstube im Keller. Kinderspielzimmer. DZ ab 38 €, Apartment ab 58 €. Vratislavovo nám. 7, PLZ 59231, ✆ 724383550 (mobil), www.hotelpanskydum.com.

**Restaurace & Penzion U Pasáčka**, nettes Lokal am Marktplatz, das ganz im Zeichen des Skisports steht. Außenbereich im Hof, jedoch mit steriler Plastikbestuhlung. Freundliches junges Personal. Günstige Preise und nicht nur die Standards auf der Karte. Zudem 13 Zimmer und Apartments ohne besondere Note. DZ 30 €, Apartment für 2 Pers. 54 €, Frühstück extra. Palackého nám. 15, PLZ 59231, ✆ 566523612, www.pasacek.cz.

**Hotel Maršovská rychta**, ca. 2 km nördlich von Nové Město im Dorf Maršovice. Urigrustikale Dorfgaststätte mit guter Hausmannskost und schönem Biergarten. Es werden auch günstige, aber sehr simple Zimmer und Apartments vermietet. DZ 28 €, Apartment für 2 Pers. 35 €, Frühstück extra. Maršovice 1, PLZ 59231, ✆ 566615530, www.marsovskarychta.cz.

Weiter Richtung **Burg Pernštejn**, → S. 545.

## Žďár nad Sázavou

Saar an der Sazawa

**Žďár nad Sázavou ist eine Stadt, die nur Blinde schön finden können, und dennoch ist sie eine Reise wert: Am nördlichen Ortsrand liegen das alte Zisterzienserkloster und die Nepomukkapelle auf dem Grünen Berg. Letztere ist ein Werk Santinis und heute UNESCO-Welterbe.**

Die Geschichte Žďárs war über Jahrhunderte eng verbunden mit der des 1252 gegründeten Zisterzienserklosters, in dessen Besitz das Dorf am Flusslauf der Sázava (Sazawa) lange Zeit war. Als

Kirche der Hl. Kunigunde

Architektonische Meisterleistung: die Nepomukkapelle von Žďár nad Sázavou

1422 die Hussiten aufzogen und 1638 die Schweden, blieben Kloster und Dorf verwüstet zurück. 1785 wurde das Kloster säkularisiert und in ein Schloss umgewandelt. Heute ist es wieder im Besitz der Familie Kinský. Žďár blieb noch bis in die Mitte des 20. Jh. ein verträumtes Städtchen. Dann folgte die Ansiedlung von Arbeitskräften für die Stahlindustrie und den Maschinenbau. Die Einwohnerzahl stieg auf das Zehnfache an, auf heute rund 21.700. Seitdem präsentiert Žďár sämtlichen Einfallsreichtum sozialistischer Städteplaner.

**Information** **Turistické informační centrum**, am Marktplatz im Zentrum von Žďár. Mo–Fr 9–12 u. 13–17 Uhr, Sa 9–12 Uhr, Juni bis Mitte Sept. Sa 9–12 u. 13–17 Uhr, So 9–12 Uhr. ✆ 566625808, www.santinitour.cz.

**Verbindungen** Bahnhof und Busbahnhof nebeneinander ca. 1,5 km südlich des Zentrums und 5 km vom Klosterareal entfernt. Die Stadtbusse Ⓑ 1, 2 u. 6 verbinden den Busbahnhof mit dem Klosterareal, zudem halten dort auch die Busse nach Svratka und Přibyslav. **Überlandbusse** regelmäßig nach Jihlava, Polná und Nové Město na Moravě, bis zu 3-mal tägl. nach Hradec Králové und Hlinsko. **Züge** regelmäßig nach Brno und Nové Město na Moravě sowie bis zu 9-mal tägl. nach Prag.

**Übernachten/Essen** *** **Hotel Talský Mlýn**, am nördlichen Ortsrand, der Straße am Klosterareal vorbei stadtauswärts folgen, dann ausgeschildert. Nette Anlage in ruhiger Lage mit 18 schlichten Zimmern. Rustikal-gepflegtes Restaurant mit Balkendecke und Terrasse. EZ ab 19 €, DZ ab 31 €, Frühstück extra. Žďár nad Sázavou 2, PLZ 59102, ✆ 566625501, www.sportispo.cz.

»› **Unser Tipp: Pension V Kapli**, neben dem Klosterareal. Eine überaus originelle Unterkunft in einer umgebauten Kapelle. Die 6 Zimmer (mit Bad) und 2 Apartments sind klassisch-modern und komfortabel eingerichtet. Dazu schönes Café mit idyllischem Gärtchen, sehr freundlicher Service. DZ 40 €, Apartment für 2 Pers. 58 €, Frühstück 5 € extra. Santiniho 64, PLZ 59102, ✆ 566623552, www.kaple.cz. ‹«

**Camping** **Autokempink Pilák**, am nördlichen Ortsrand (am Kloster vorbei der Straße stadtauswärts folgen, dann ausgeschildert). Kleiner Platz an einem See, fest in der Hand von tschechischen Dauercampern. Gute Sanitäranlagen, gutes Restaurant in Laufnähe. Mai–Sept. 2 Pers. mit Zelt und Auto 6 €. Žďár nad Sázavou 2, PLZ 59102, ✆ 734393640 (mobil), www.sportispo.cz.

## Klosterareal und Umgebung

Verlässt man das Zentrum auf der Straße 37 gen Norden Richtung Ždírec, erreicht man das Klosterareal nach rund 3 km. Unmittelbar vor dem Klosterareal, gleich hinter einer Barockbrücke, beginnt rechter Hand ein Weg (Hinweisschild, ca. 8 Fußmin.) zur Nepomukkapelle.

**Kostel sv. Jana Nepomuckého na Zelené Hoře (Nepomukkapelle auf dem Grünen Berg)**: Die faszinierende Wallfahrts- und Friedhofskapelle von Giovanni Santini entstand zwischen 1719 und 1722. Sie besitzt den Grundriss eines fünfzackigen Sterns, aus dem wiederum fünf kleine, ovale Kapellen hervortreten. Die Kuppel in der Mitte erinnert an byzantinische Sakralbauten. Die Kapellen symbolisieren sowohl die fünf Wunden Christi als auch die fünf Sterne, welche um Nepomuks Haupt beim Brückensturz (→ S. 357) aufgeflackert sein sollen. Die herausgeschnittene Zunge des Märtyrers ruht im Reliquienschrein des Hauptaltars. Die Motive „Zunge“ und „Sterne“ wiederholen sich in fast makabrer Weise in der Ausschmückung im Innern: über der Kanzel, an der Decke, in den Seitenkapellen ... Das Gräberfeld rund um die Kapelle schließt eine im Zickzack verlaufende Friedhofsmauer mit Kreuzgang ab.

April u. Okt. nur Sa/So 9–17 Uhr, Mai–Sept. tägl. (außer Mo) 9–17 Uhr. Fremdsprachige Führung 8 €, erm. 4,40 €. www.zelena-hora.eu.

**Kloster- bzw. Schlossareal**: Dominante des gepflegten Areals ist die *Konventskirche Mariä Himmelfahrt* (Kostel Nanebevzetí Panny Marie) aus dem 13. Jh. Ihr Innenumbau war der erste Auftrag, den Giovanni Santini 1706 vom hiesigen Abt Wenzel

Wejwoda (1705–1723) erhielt. Die üppige ornamentale Ausschmückung beeindruckt besonders. Die Empore, auf welcher die Orgel steht, schwebt förmlich in den Raum. Die ehemalige Klosterprälatur, ein späterer Neubau Santinis, beherbergt heute das *Buchmuseum* (Muzeum knihy), ein Ableger des Nationalmuseums Prag. Schönster Raum ist der Hauptsaal mit einem Deckengemälde von Karl Töpper aus dem Jahr 1734. Das Museum widmet sich der Entstehung der Schrift und der Entwicklung des Buchdrucks bis (nahezu) heute. Im ehemaligen *Konventsgebäude* befinden sich die Ausstellungen „Santini" und „Barockkunst"; Letztere zeigt rund 80 Werke, die im Besitz der Prager Nationalgalerie sind. Über die Kinský informiert eine Exposition (Galerie Kinských) in den ehemaligen *Stallungen*, die ebenfalls von Santini entworfen wurden. Nördlich des Klosters, an der Straße nach Prag, erhielt Santini von Abt Wenzel Wejwoda den Auftrag zum Bau eines weiteren Friedhofs – er sollte kommende Pestopfer aufnehmen. Er wird heute *Unterer Friedhof* (Dolní Hřbitov) genannt. Der Friedhof besitzt keinen einzigen Grabstein und wirkt alles in allem etwas unheimlich. Drei einfache Kapellen symbolisieren die Dreifaltigkeit, die Friedhofsmauern ähneln sanften Wellen, und in der Mitte des Areals bläst ein einsamer Engel zum Jüngsten Gericht.

**Öffnungszeiten**: → Nepomukkapelle. Führung durch Kirche, Barockausstellung und Santini-Ausstellung (80 Min.) 4,40 €, erm. 3,30 €. Kombiticket Barockausstellung und Kinský-Galerie 3,60 €, erm. 2,90 €. Buchmuseum 1,80 € extra, erm. 1,10 €. www.zamekzdar.cz.

### Giovanni Santini und die Barockgotik

Johann Blasius Santini Aichel, bekannter unter dem Namen Giovanni Santini, wurde 1677 in Prag geboren. Sein Großvater, der Steinmetz Anton Akel, war aus dem Luganese zugewandert, seine Großmutter Christine (geborene Ost) kam aus dem damals deutschsprachigen Pilsen. Ein körperliches Leiden war vermutlich der Grund dafür, dass der junge Giovanni nicht im väterlichen Betrieb auf der Prager Kleinseite zum Bildhauer ausgebildet wurde, sondern Malerei studieren durfte. Danach entdeckte Aichel sein Interesse an der Architektur. Er unternahm Studienreisen nach Österreich und Italien und wurde Schüler von Johann Lucas von Hildebrand (1668–1745), bekannt z. B. durch das Wiener Palais Schönbrunn, und von Johann Bernhard Fischer von Erlach (1656–1723), der u. a. die Kollegienkirche in Salzburg erbaute. Anfang des 18. Jh. trat Aichel schließlich selbst als Architekt hervor. Seine ersten Auftraggeber waren die Benediktiner, Zisterzienser und Prämonstratenser, die ihre oft zerstörten oder baufällig gewordenen, ursprünglich gotischen Klöster im Zuge der Gegenreformation barockisieren ließen. Aichel verband die gotischen mit den barocken Elementen und hinterließ damit eine einzigartige Architektur, die heute als Barockgotik bezeichnet wird. Aber auch bei „Neubauten", v. a. Wallfahrtskirchen und Gnadenkapellen, verschmolz er das barocke und gotische Formenvokabular zu einer neuen architektonischen Synthese. Bis zu seinem Tod 1723 entwarf Aichel rund 100 profane und sakrale Bauten. Zu seinen Meisterwerken gehören neben der Nepomukkapelle auf dem Grünen Berg u. a. die Klosterkirchen von Sedlec (bei Kutná Hora), Želiv, Plasy und Kladruby, Schloss Karlskron (Chlumec nad Cidlinou) und die Wallfahrtskirche Křtiny bei Brünn. Aichel hinterließ keinen Schüler, der den eigenwilligen Stil fortsetzte. Sein Werk aber inspirierte später immer wieder Architekten, selbst die Kubisten bezogen sich auf Santinis Formenlehre.

**Weitere Santini-Bauten in der Umgebung**: Auch die ehemalige Dorfkneipe von *Ostrov nad Oslavou,* 10 km südlich von Žďár, entstammt der begnadeten Vorstellungskraft Santinis und war ebenfalls eine Auftragsarbeit für den Abt Wenzel Wejwoda. Ihm zu Ehren entwarf Santini das Gasthaus im Grundriss eines doppelten „W", der Initialen des Abtes. 2014 wurde das Gebäude restauriert und war nicht zugänglich. Knapp 2 km nordöstlich davon befindet sich im Dorf *Obyčtov* die *Kirche Mariä Heimsuchung.* Der gelbe Bau wurde erst nach Santinis Tod realisiert. Seine Form erinnert grob an eine Schildkröte, durch ihren schützenden Panzer ein Symbol für die Jungfrau Maria. Die vier Kapellen bilden die Beine, der Zwiebelturm den Kopf. In *Bobrová,* 10 km östlich von Obyčtov, und in *Zvole,* weitere 6 km östlich, stehen noch mehr Santini-Kirchen.

Das 26 km westlich gelegene **Havlíčkův Brod** (→ S. 485) erreichen Sie von Žďár nad Sázavou über **Přibyslav**.

# Jihlava

Iglau

**Wohlstand ist vergänglich, und so spiegelt sich die spannende Lokalgeschichte leider nur im bescheidenen Maß im Stadtbild wider.**

Ihre Gründung verdankt die heute 50.500 Einwohner zählende Stadt Silberfunden zu Anfang des 13. Jh. Daraufhin ließen sich hier Bergleute aus Schlesien, Sachsen, Franken und der Oberpfalz nieder. So entstand Iglau, eine deutschsprachige Insel inmitten einer überwiegend von Slawen bewohnten Region. Der Silberreichtum bescherte Iglau einen rapiden Aufschwung: 1249 wurde die Stadt zur königlichen Bergstadt erhoben und schon zu Ende des 13. Jh. war sie von Mauern umgürtet. In

Jihlava: Der Masarykovo náměstí ist das Herz der Stadt

die Stadt führten fünf Tore, die mit Zugbrücken ausgestattet waren. Erhalten blieb lediglich das Frauentor (Brána Matky Boží).

Im ausgehenden 14. Jh. waren die Silberminen erschöpft. Das alte Iglauer Bergrecht aber lebte fort: Aus ihm ging der Bergbaukodex *Ius Regale Montanorum* hervor, der zum Vorbild für das gesamte Bergrecht in Europa und Südamerika werden sollte. Zum neuen, ertragreichen Wirtschaftszweig entwickelte sich die Tuchmacherei. Bereits im 15. Jh. war das Iglauer Tuch weit über die Grenzen Böhmens bekannt und half, den Wohlstand der Stadt weiter zu steigern. Von den prächtigen Gebäuden jener Zeit blieb wenig erhalten, eine gewaltige Feuerbrunst zerstörte Iglau 1523. Als der Wiederaufbau weitestgehend abgeschlossen war, kam der Dreißigjährige Krieg. Eine von den Schweden geplünderte und erneut niedergebrannte Stadt war die Folge. Die Einwohnerzahl war auf ein Achtel gesunken! Fast eineinhalb Jahrhunderte strichen ins Land, bis die Klöster und die Tuchmacher Iglau zu einer neuen Blüte führten. Um 1800 war die Stadt schließlich einer der größten Tuchproduzenten im Habsburgerreich.

Die nächste Schreckensära läuteten die Nazis ein. In Iglau hatte man das Protektorat herbeigesehnt. Zur Waffen-SS meldeten sich hier so viel junge Männer wie sonst nirgendwo im Deutschen Reich. Nach dem Krieg wurden rund 16.000 deutsche Iglauer vertrieben (Einwohner 1930 ca. 25.000). Von den rund 1300 Juden, die in Iglau noch vor dem Protektorat lebten, kehrten nur 32 zurück. Den neu angesiedelten Tschechen und Slowaken fehlte der Bezug zum alten Iglau, und der Sozialismus förderte alles andere als den Erhalt des baulichen Erbes. Heute versucht man zu retten, was noch zu retten ist. Hier und da herrscht wieder ein bisschen alter Glanz.

**Orientierung**: Die Sehenswürdigkeiten Jihlavas sind bestens ausgeschildert. Sie liegen allesamt in der Altstadt, die z. T. noch von der alten Stadtmauer umgeben wird. Ihr Herz ist der *Masarykovo náměstí*, ein weiter, leicht abschüssiger Platz. Von dort fahren Busse zum Bahnhof und Busbahnhof.

## Basis-Infos

→ Karte S. 495

**Information** Infocentrum am Masarykovo nám. 2, ✆ 567167158, www.tic.jihlava.cz. Juli/Aug. Mo–Fr 8.30–18 Uhr, Sa/So bis 17 Uhr, Okt.–März Sa nur bis 12 Uhr, So geschl.

**Verbindungen** Busbahnhof ca. 10 Fußmin. nordwestlich des Zentrums. Gute Verbindungen per **Bus** nach fast überallhin in Mähren und Ostböhmen und nach Prag.

Jihlava besitzt 2 Bahnhöfe. Der *Hauptbahnhof (Hlavní nádraží)* liegt weit außerhalb des Zentrums im Norden der Stadt, Verbindung ins Zentrum mit Trolleybus A (10 Min.). Regelmäßig **Züge** über Třebíč nach Brünn und nach Havlíčkův Brod, bis zu 7-mal tägl. nach Budweis. Für Züge nach Prag muss man i. d. R. in Havlíčkův Brod umsteigen. Am *Stadtbahnhof (Jihlava město)* halten nur wenige Züge.

**Ärztliche Versorgung** Krankenhaus und **Poliklinik** an der Vrchlického 59, rund 2 km westlich des Zentrums. ✆ 567157111, www.nemji.cz.

**Einkaufen** Speciální prodejna sýrů **14**, kleines Käselädchen, in dem man sich z. B. mit südböhmischem Niva oder Hermelín eindecken kann. Angeschlossen ist ein Wein- und Delikatessenverkauf ums Eck in der Věžní. Matky Boží 30.

Čokoládové speciality **4**, hübscher Laden für Schleckermäuler: Schokolade, Pralinen, Bonbons, alles aus eigener Herstellung. Husova 6, www.chocolates.cz.

City Park **18**, Shoppingcenter an der Hradební 1. Vertreten sind u. a. *C & A*, *Marks & Spencer* und *Levi's*.

Böhmisch-Mährische Höhe → Karte S. 483

**Parken** Videoüberwachte Parkplätze in der unteren Hälfte des Marktplatzes. Billiger sind die Parkplätze in den umliegenden Straßen.

**Veranstaltungen** Highlight ist das **Mahlerfestival** im Mai/Juni, www.mahler2000.cz. In der 2. Junihälfte wird zudem alle 2 Jahre beim **historischen Stadtfest** der traditionelle Berghäuerzug nachgestellt.

**Buchtipp!** *Herma Kennel: BergersDorf.* Vitalis Verlag, Prag 2003. Ein interessanter Tatsachenroman über die Sprachinsel Iglau in den Jahren 1939–1945. Er zeigt auf, wie einfache Menschen in das Räderwerk der politischen Zeitläufe gerieten.

## Übernachten

**Hotels** **–**** **Grand Hotel Garni 5**, gelbes Jugendstilpalästchen in zentraler Lage. 33 unterschiedlich ausgestattete Zimmer – von klassisch-eleganten „Superior"-Zimmern bis zur altbackenen Kammer ohne Bad ist alles vorhanden. Eigene Parkplätze. DZ je nach Niveau 36–130 €. Husova 1, PLZ 58601, ✆ 567121011, www.grandjihlava.cz.

*** **Gustav Mahler 3**, im ehemaligen Dominikanerkloster, das bis 1990 als Kaserne diente. 36 Zimmer und Apartments auf 3-Sterne-Niveau. Abgeschlossener Parkplatz. Das angeschlossene Restaurant hat einen guten Ruf. DZ 72 €, Apartments ab 100 €, Křížová 4, PLZ 58601, ✆ 567564400, www.hotelgmahler.cz.

*** **Hotel Milenium 9**, 11 z. T. sehr geräumige Zimmer, eingerichtet mit den Schnäppchen der Möbelhäuser. Café im EG. EZ 38 €, DZ 54 €. Komenského 11, PLZ 58601, ✆ 567302721, www.hotelmilenium.cz.

**Pensionen** **Mahlerův Penzion Na Hradbách 16**, neuere Komfortpension an der Stadtmauer. 9 gemütliche Zimmer und Apartments, individuell eingerichtet, bunte Wände, Minibar, schöne Balkendecken. Gutes Restaurant, freundliches Personal. EZ ab 33 €, DZ ab 40 €. Brněnská 31, PLZ 58601, ✆ 567303300, www.mahleruvpenzion.cz.

**U svatého Jakuba 13**, eine gute Wahl. Sehr angenehme Zimmer mit Kiefernholzmobiliar, Bad und Minibar. Einladender Frühstücksraum, eigene Parkplätze im Hof, ruhige Lage. Frühzeitige Buchung ratsam. DZ 45 €. Jakubské nám. 4, PLZ 58601, ✆ 5672 12407, www.penzionjakub.ji.cz.

**Dena 17**, Neubau. Über einer Konditorei, nur wenige Schritte außerhalb der Altstadt. Zimmer mit jugendlichem IKEA-Touch. Sehr freundliche deutschsprachige Betreiber. Eigene Parkplätze. Sehr gutes Frühstück. Lesermeinung: „Ich würde immer wieder kommen." EZ 32 €, DZ 47 €. Fibichova 28, PLZ 58601, ✆ 567155199, www.penzion-dena.cz.

**Pension Oasa 1**, ca. 10 Fußmin. abseits der Altstadt. Altbau, von außen wenig ansprechend, innen jedoch nett restauriert. Helle geräumige Zimmer, solide möbliert, Bäder okay. Etwas verrauchte Kneipe mit Gartenbewirtschaftung angeschlossen. Freundliches junges Personal. EZ 23 €, DZ 32 €. Tř. Legionářů 34, PLZ 58601, ✆ 567306092, www.oasa.penzion.com.

## Essen & Trinken

**Restaurants** ››› **Unser Tipp: Restaurant Tři Knížata 15**, das Schickste, was Jihlava zu bieten hat. Modernes, weiträumiges Lokal mit tollem Maßhaus-Gewölbe. Einsehbare Küche. Gezaubert wird internationale Küche mit Hang zum Mediterranen: Doraden-Filets mit Ratatouille, Entenbrust mit Cognac-Soße, Pasta, Schweinelende mit Thymian. Hg. 4–15 €. Masarykovo nám. 44, ✆ 567210933. ‹‹‹

**Nika Atrium 7**, Restaurant mit mannshohen Pflanzen, schönem Mosaikfußboden und einem plätschernden Bächlein neben den Tischen. Die internationale Küche (Gazpacho, Risotto etc.) hinkt dem Ambiente leider etwas hinterher. Hg. 5–13 €. Husova 36, ✆ 567320449.

**Pivovarská Restaurace 8**, die ansprechende rustikale Gaststätte der Brauerei *Ježek* („Igel"). Fleischberge in zig Varianten

zu 6–12 €. Großer Biergarten. Es finden auch Führungen durch die Brauerei statt, 3,70 €/Pers., Infos unter ✆ 800153495, www.pivovar-jihlava.cz. Vrchlického 2 (nahe dem Busbahnhof etwas außerhalb des Zentrums), ✆ 567564161.

**Radniční Restaurace 11**, noch mal Bier. Brauerei-Restaurant mit Bierstube neben dem Iglauer Rathaus. Hauseigene unfiltrierte Biere. Die Speisekarte bietet eine gelungene Kombination aus böhmischer Tradition und zeitgemäßer Küche. Nettes Ambiente. Hg. 4,50–15 €. Masarykovo nám. 66, ✆ 774570365 (mobil).

**Natural Centrum 2**, die Adresse für das gesundheitsbewusste Mittagessen. Gekocht wird ohne jegliche Zusatzstoffe, oft in Bio-Qualität, viel Gemüse und Salat. Sehr preiswert, hat aber eher Kantinencharakter. Bioladen angeschlossen. Nur Mo–Fr 10.30–14 Uhr. Nám. Svobody 11, ✆ 567210379.

**Hospoda U Jakuba 10**, einfache Gambrinus-Kneipe mit dem tschechienüblichen Speisenangebot. Ein Pluspunkt ist der herrliche Biergarten mit Blick über den Stadtwald Heulos. Jakubské nám.

**Cafés** **Kavárna Muzeum** **12**, am Marktplatz in unmittelbarer Nähe zum Hochlandmuseum. Modernes Design unter prächtigem altem Gewölbe. Kuchen und Baguettes, draußen kleine Terrasse. Masarykovo nám. 55.

**Café Ignác** **6**, im ehemaligen Jesuitenkolleg am Marktplatz. Nüchterne Eleganz, ebenfalls unter Gewölbedecken. Feine Torten- und Kuchenauswahl, guter Kaffee. Tägl. bis 20 Uhr. Masarykovo nám. 64.

## Sehenswertes

Alle hier aufgeführten Sehenswürdigkeiten sind vom Marktplatz nur ein paar Schritte entfernt. Die **Pestsäule** dort wurde 1690 an der Stelle des Prangers errichtet. Das hässliche Kaufhaus in der Mitte (1983) steht für die sozialistische Moderne. Weichen musste dafür ein verschachtelter mittelalterlicher Häuserkomplex. Das **Rathaus**, das seine Ursprünge im frühen 15. Jh. hat, kann an Sommerwochenenden gelegentlich besichtigt werden.

**Muzeum Vysočiny (Hochlandmuseum)**: Spannender als die typischen Heimatmuseumsexponate (ausgestopfte Vögel und Rehe, Mineralien, Bauernmöbel etc.) sind die zwei alten Bürgerhäuser, in denen das Museum untergebracht ist. Ihr Baustil ist charakteristisch für viele Häuser des alten Iglau und nahezu einzigartig in Böhmen und Mähren. Grund dafür ist bzw. war die Feuersbrunst von 1523. Von vielen Häusern blieben nur die gotischen Grundmauern des Maßhauses (Torhalle) erhalten, wo Handel getrieben wurde oder sich die Werkstätten befanden. Die darüber gelegenen, gezimmerten Privatgemächer waren abgebrannt und wurden durch neue steinerne Aufbauten im Stil der Renaissance mit überdachtem Innenhof und Arkadenloggia ersetzt. Eines der heutigen Museumsgebäude (Hausnr. 57) belegte ab 1630 die Tuchmacherzunft. Hier sind noch Reste von Wandmalereien erhalten, darunter Methusalem, der Schutzpatron der Zunft. In der ehemaligen Meisterstube steht ein Modell, das die Stadt um 1430 darstellt.

**Adresse/Öffnungszeiten**: Masarykovo nám. 57/58. Tägl. (außer Mo) 9–12 u. 12.30–17 Uhr. 1,50 €, erm. die Hälfte. muzeum.ji.cz.

**Kirchen**: Die einzige Kirche am Masarykovo náměstí ist die *Jesuitenkirche St. Ignatius* (Kostel sv. Ignác) aus der zweiten Hälfte des 17. Jh. Die anderen Kirchen der Stadt wurden den mittelalterlichen Bauvorschriften entsprechend vom Hauptplatz etwas zurückversetzt errichtet. In der St.-Ignatius-Kirche besticht ein sehenswertes Deckenfresko von Karl Töpper aus dem Jahr 1717. Vom Hof des angeschlossenen ehemaligen Jesuitenkollegs gelangt man in den Iglauer Untergrund (s. u.). Die schönste Kirche der Stadt ist die dreischiffige *St.-Jakobs-Kirche* (Kostel sv. Jakuba) am gleichnamigen Platz. 1257 wurde sie geweiht. Den 63 m hohen Nordturm errichtete man Anfang des 14. Jh. Früher diente er als Feuerwarte, heute genießt man von ihm eine nette Aussicht über Stadt und Land. Im 15. Jh. kam der Südturm (der Glockenturm) hinzu. Die Ausschmückung der Kirche ist ein Stilpotpourri von der Gotik bis zur Sezession.

**Kirchturm**, April/Mai u. Sept. nur Sa/So, Juni–Aug. tägl. (außer Mo) 10–13 u. 14–18 Uhr. 0,80 €. Die **Kirchen** sind i. d. R. nur zu Messen geöffnet, durch den Eingangsbereich kann man jedoch oft einen Blick ins Innere werfen.

**Jihlavské podzemí (Iglauer Untergrund)**: Die unterirdischen Gänge sind mit einer Länge von 25 km und einer Fläche von rund 50.000 m² nach denen von Znojmo (→ S. 551) die zweitgrößten des Landes. Sie erstrecken sich unter dem historischen Altstadtkern. Das Labyrinth aus drei Etagen reicht bis zu 14 m tief unter die Erde und entstand als Kühl- und Lagerstätte zwischen dem 14. und 17. Jh. Einer der unterirdischen Gänge ist mit einer grünlich fluoreszierenden Farbe gestrichen und wird daher „leuchtender Gang“ genannt. Man nimmt an, dass die Farbe als „Hilfsbeleuchtung“ während des Zweiten Weltkrieges aufgetragen wurde, als die Gänge als Luftschutzräume dienten. Es wird aber auch gerne die Geschichte erzählt, dass das Phosphor an den Wänden aus den Knochen der über dem Gang beigesetzten Mönche stammt.

**Adresse/Öffnungszeiten**: Zugang über die Hluboká vom Hof des Jesuitenkollegs. Führungen (30–45 Min.) stets zu jeder vollen Std., April 10–16 Uhr, Mai 9–16 Uhr, Juni–Aug. 9–17 Uhr, Sept. 10–17 Uhr, Okt. 10–15 Uhr. 2,20 €, erm. 1,50 €. Mindestteilnehmerzahl 3 Pers. www.jihlavskepodzemi.cz.

## Von Iglau nach New York: Gustav Mahler (1860–1911)

Gustav Mahler, in Kalischt (Kaliště, 45 km nordwestlich von Jihlava) geboren, verbrachte seine Kindheit in Iglau. In der Znaimer Straße (heute Znojemská 4) betrieben seine Eltern eine Schenke mit Schnapsbrennerei, in der häufig auch Musikanten zu Gast waren. Der kleine Gustav lauschte hier den folkloristischen Kapellen, die zu jener Zeit zwischen „Leichenmusik“ und „lustiger Weise“ nicht unterschieden. Und so wundert es nicht, dass Gustav Mahler, als er im zarten Alter von sechs Jahren seine erste Komposition zu Papier brachte, eine Polka schrieb, die er mit einem Trauermarsch einleitete. Das Konträre sollte einer der wesentlichen Züge seines späteren Schaffens werden. Mit zehn Jahren trat Mahler erstmals im Stadttheater Iglaus auf, mit 15 ging er ans Konservatorium zu Wien. Vier Jahre später, nach dem Tod seiner Eltern, besuchte er Iglau zum letzten Mal. Es folgte eine stürmische Karriere als Dirigent, die ihn bis nach New York brachte. Doch mit keinem Ort fühlte er sich verbunden: „Ich bin dreifach heimatlos: als Böhme in Österreich, als Österreicher unter Deutschen und als Jude auf der ganzen Welt.“ Mahler starb 1911 in Wien. Als Dirigent blieb er unvergessen. Sein Œuvre aber, das den überlieferten Standards „guten Komponierens“ nicht entsprach, musste noch lange auf Anerkennung warten.

Jahrzehntelang erinnerte nichts in Jihlava an den berühmtesten Sohn der Stadt. Mittlerweile hat sich das geändert, die Stadt scheint sich des Tourismuspotenzials rund um den Komponisten bewusst geworden zu sein. Heute gibt es Unterkünfte im Zeichen Mahlers und das **Gustav-Mahler-Haus** (Dům Gustava Mahlera, Znojemská 4, einschließlich Gustav-Mahler-Café), in welchem v. a. die Jugendjahre Mahlers beleuchtet werden. Zu sehen gibt es u. a. alte Zeitungsausschnitte und Konzertplakate (April–Sept. tägl. außer Mo 10–12 u. 13–18 Uhr, ansonsten Di–Sa; 1,80 €, erm. 1,10 €; www.mahler.cz). Ein **Mahler-Denkmal** befindet sich – natürlich – in der Mitte des modern gestalteten **Gustav-Mahler-Parks** an der Věžní in der Nähe des Frauentores.

Böhmisch-Mährische Höhe → Karte S. 483

**Oblastní galerie Vysočiny (OGV/Regionale Gemäldegalerie)**: Die Galerie ist in zwei unterschiedlichen Häusern der Altstadt untergebracht: am unteren Ende des Marktplatzes (Nr. 24) sowie ein paar Meter nördlich des Platzes in der Komenského Nr. 10. Präsentiert wird tschechische Kunst des 19. und 20. Jh., darunter auch ein Bild von Josef Lada, dem Illustrator des „Braven Soldaten Švejk". Zudem finden immer wieder temporäre Ausstellungen statt.
Tägl. (außer Mo) 9–17 Uhr. 1,50 €, erm. die Hälfte. www.ogv.cz.

**Brána Matky Boží (Frauentor)**: Der Torturm aus dem 13. Jh. ist das einzige erhaltene mittelalterliche Stadttor Iglaus. Der Turm kann bestiegen werden, die Ausblicke sind jedoch nicht sonderlich berauschend. Zudem ist im Turm eine kleine Ausstellung zur Stadtgeschichte eingerichtet. Nett ist das Stadtmodell aus dem 15. Jh., auf dem Iglau überaus beschaulich aussieht.
Adresse/Öffnungszeiten: Zugang über das Infozentrum an der Věžní 1. Okt.–März Mo–Fr 8.30–17 Uhr, April–Sept. Mo–Fr 8.30–17 Uhr, Sa/So 10–13 u. 14–18 Uhr. 1 €, erm. 0,60 €.

## Umgebung von Jihlava

**Brtnice (Pirnitz)**: Das 3700-Einwohner-Städtchen 14 km südöstlich von Jihlava liegt im hübschen Tal des gleichnamigen Flüsschens. Überragt wird der Ort von einem mächtigen *Schlosskomplex*, 1623–1945 die Residenz der italienischen Adelsfamilie Collalto et San Salvatore. Wegen nach wie vor ungeklärter Eigentumsverhältnisse ist die Anlage in einem schlechten Zustand. Dank einer Bürgerinitiative wird aber peu à peu renoviert. Mittlerweile werden auch Führungen durch das Schloss angeboten. Der kleine Ortskern ist freundlich und wird mit jedem restaurierten Gebäude sympathischer. Am Marktplatz steht das *Sommerhaus Josef Hoffmanns*, in dem dieser auch geboren wurde. Heute erweist man hier diesem großen Architekten und Designer die Reverenz. Im Erdgeschoss wurden ein paar Räume in den Origi-

### Josef Hoffmann – zeitloses Design

Josef Franz Maria Hoffmann (1870–1956), ein Schüler Otto Wagners, begründete 1897 mit Gustav Klimt die Vereinigung „Secession". 1899 erhielt er die Professur für Architektur an der Wiener Hochschule für angewandte Kunst. Hoffmann führte den Begriff der „zweckhaften Geometrisierung" ein, was an vielen seiner Bauten durch klare Flächen, rechte Winkel und kostbares, aber sparsam verwendetes Dekor zum Ausdruck kam. Seine kubische Formensprache (z. B. Sanatorium Pukersdorf bei Wien 1904) hatte großen Einfluss auf die nachfolgende Architektengeneration des Neuen Bauens. Berühmtheit erlangte Hoffmann aber auch durch seine kunstgewerblichen Entwürfe für die „Wiener Werkstätten", ein von ihm selbst gegründetes Unternehmen, das Innendekorationen herstellte und vertrieb. Prägend für den Stil der Firma wurde Hoffmanns Credo: „Solange nicht unsere Städte, unsere Häuser, unsere Räume, unsere Geräte und unser Schmuck [...] in schlichter, einfacher und schöner Art den Geist unserer eigenen Zeit versinnbildlichen, sind wir unendlich weit gegen unsere Vorfahren zurück." Nach den Entwürfen für die Wiener Werkstätten – manche über 100 Jahre alt – werden noch heute Messer und Gabeln, Gläser, Sofas und Lampen weltweit in Designläden verkauft.

nalzustand aus der Zeit Hoffmanns zurückversetzt. Im Obergeschoss sieht man Lampen, Gläser, Mobiliar, Besteck und Porzellan des Künstlers. Achten Sie auf die schön bemalten Tapeten, deren Muster ebenfalls von Hoffmann entworfen wurden.

Verbindungen/Öffnungszeiten: **Busse** regelmäßig nach Jihlava und Třebíč. **Schloss**, Juni u. Sept. nur Sa/So 10–12 u. 13–16 Uhr, Juli/Aug. tägl. (außer Mo) 10–12 u. 13–16 Uhr. Führung 2,90 €, erm. die Hälfte. www.zamek-brtnice.eu. **Hoffmann-Museum**, April–Juni u. Sept./Okt. tägl. (außer Mo) 10–17 Uhr, Juli/Aug. tägl. zu denselben Zeiten, Nov.–März nur Sa/So 10–17 Uhr. 1,50 €, erm. die Hälfte. www.moravska-galerie.cz.

# Třebíč

Trebitsch

**Eine romanisch-gotische Basilika und ein jüdisches Viertel, beide auf der UNESCO-Welterbeliste, sind die hochkarätigen Sehenswürdigkeiten von Třebíč.**

Nicht ganz. Laut örtlichem Prospekt gibt es noch einiges mehr, beispielsweise „ein 50 m langes Schwimmbecken und ein Sprungbecken“. Tatsächlich sind jedoch nur die Basilika und das jüdische Viertel einen Besuch wert. Der Rest der 37.000-Einwohner-Stadt gibt nicht viel her – zwar ist das historische Zentrum mit einigen hübschen Renaissancebauten gespickt, doch auch Architekten der sozialistischen Ära gaben hier ihr Bestes. Alt- und Neustadt erstrecken sich südlich des Jihlava-Flusses, das Herz bildet der Karlovo náměstí. Am Martinské náměstí ein paar Schritte weiter steht die frühgotische, im 17. Jh. barockisierte Martinskirche (Kostel sv. Martina). Ihr 72 m hoher Turm samt Uhr für Kurzsichtige (das Ziffernblatt besitzt einen Durchmesser von 7 m!) kann im Sommer bestiegen werden.

Das ehemalige jüdische Viertel breitet sich am gegenüberliegenden Flussufer aus. Es besteht aus überwiegend niederen Häusern, z. T. etwas verschachtelt und durchzogen von Passagen und Treppchen. Seitdem es 2003 zum Welterbe erklärt wurde, gibt es hier Galerien, Cafés und Restaurants. Das hiesige Schloss und die Basilika liegen am Hang darüber. Das heute als Museum genutzte Schloss ging im 16. Jh. aus einem verfallenen, 1101 gegründeten Benediktinerkloster hervor. An die Benediktiner erinnern – neben der Basilika – drei Mönchskapuzen im Stadtwappen.

## Basis-Infos

→ Karte S. 501

**Information** **Informační a turistické centrum**, am Marktplatz (Karlovo nám. 47). Juli/Aug. Mo–Fr 9–18 Uhr, Sa/So bis 17 Uhr, Mai/Juni u. Sept. So nur bis 13 Uhr, Okt.–April Sa bis 13 Uhr, So geschl. ✆ 568847070, www.visittrebic.eu.

Zudem gibt es ein **Infocentrum** im jüdischen Viertel, das auch Führungen für Gruppen anbietet – wer Glück hat, kann sich einer anschließen (4 €). Subakova 1/44, ✆ 568610023. Tägl. 9–17 Uhr, im Winter verkürzt.

**Verbindungen** Busbahnhof recht zentral, gute Verbindungen per **Bus** in nahezu alle Ecken Vysočinas und Südmährens. Bahnhof ca. 10 Fußmin. südlich des Zentrums. **Züge** regelmäßig nach Jihlava und Brno, bis zu 5-mal tägl. nach Pilsen, Budweis und Jindřichův Hradec.

**Ärztliche Versorgung** **Krankenhaus** am Purkinovo nám. an der Straße nach Brünn. ✆ 568809111, www.nem-tr.cz.

**Einkaufen** **Antik Bazar Indy** **3**, netter Trödler mit so manch skurriler Überraschung. Blahoslavova 14/63.

**Parken** Gebührenpflichtige Parkplätze am Hauptplatz, zudem rund ums Zentrum.

**Veranstaltungen** Ende Juli findet das **jüdische Festival** statt, ein 1-wöchiges Festival der jüdischen Kultur (www.samajim.cz), Ende Aug. ein **mittelalterliches Fest** und Mitte Sept. das folkloristische Kartoffelerntefest **Bramborobraní**.

## Übernachten/Essen & Trinken

**Übernachten** **** **Hotel Joseph 1699** **1**, kleines, aber bestes Haus der Stadt. Gepflegt und stilvoll. Nur 14 Zimmer in einem mit EU-Geldern restaurierten Gebäudekomplex im jüdischen Viertel. Da man hier vor dem Auge der UNESCO nicht umbauen darf, wie man will, keine Einheit: große und kleinere Zimmer, Terrassen und Terrässchen. Gutes Preis-Leistungs-Verhältnis: DZ ab 76 €, Apartment ab 95 €. Skalní 85/8, PLZ 67401, ✆ 561200540, www.joseph1699.com.

**** **Hotel U Černého Orla** **8**, 21 mit dunklem Mobiliar und grünen Teppichböden ausgestattete Zimmer mit Safe und Minibar, schicke Bäder mit Regenduschen. Sauna, Fitnessraum, Restaurant. 1742 soll hier Friedrich der Große übernachtet haben. EZ 40 €, DZ 53 €, Frühstück 4,50 € extra. Karlovo nám 17/11 (Zugang über eine Passage), PLZ 67401, ✆ 568420202, www.hotelcernyorel.cz.

*** **Hotel Solaster** **11**, kleineres Mittelklassehaus in Zentrumsnähe. 13 ältliche, aber doch nette Zimmer mit individuellem Touch, dazu 2 Apartments. Sicheres Parken im Innenhof. Restaurant mit Terrasse. EZ ab 36 €, DZ 48 €. V. Nezvala 8, PLZ 67401, ✆ 568841506, www.hotel-solaster.cz.

UNESCO-Welterbe: das alte Judenviertel von Třebíč

**Pension U Synagogy** **2**, im jüdischen Viertel. Ordentliche Zimmer mit Bad und Kühlschrank (das beste ist die Nr. 7). Parkplatz, Radaufbewahrung. Rezeption nur 14–17 Uhr (Juli/Aug. bis 18 Uhr) besetzt. Für das Gebotene günstig. EZ 18 €, DZ 27 €, kein Frühstück. Subakova 3/43, PLZ 67401, ✆ 775707506 (mobil), penzionsynagoga@mkstrebic.cz.

**Penzion vis-a-vis** **12**, nahe dem Marktplatz. 15 eher altbackene Zimmer, eigener Parkplatz, Radaufbewahrung, für den Preis okay. EZ ab 17 €, DZ ab 24 €, Apartment ab 37 €, Frühstück 3 € extra. Smila Osovského 13, PLZ 67401, ✆ 568840056, www.pension-trebic.cz.

**Camping** **Kemp Poušov**, 3 km westlich des Zentrums, von der Straße nach Telč ausgeschildert. Kein besonders idyllischer Platz, aber ein sehr gepflegter. In erster Linie auf Wohnmobile ausgerichtet, dazu Chatavermietung. Kiosk mit Snacks, astreine Sanitäranlagen. Kulturinteressiertes Publikum aus aller Herren Länder. Juni–Sept. Rezeption nur Mo–Fr 12–21 Uhr. 2 Pers. mit Zelt u. Auto 8 €, Hütte ab 11 €. Poušov 849, PLZ 67401, ✆ 774624773 (mobil), www.kemppousov.cz.

**Camping Vídlak**, ca. 20 km westlich von Třebíč an einem Badesee zwischen Opatov und Předín, von beiden Orten ausgeschildert. Guter Platz unter holländischer Leitung. Auch behindertengerechte Sanitäreinrichtungen. Volleyballfeld, Feuerstellen. Keine Chatas. Ganzjährig. 2 Pers. mit Wohnmobil 17 €. Opatov 322, PLZ 67528, ✆ 7366 78687 (mobil), www.campingvidlak.cz.

**Essen & Trinken** **Restaurant Coqpit** **5**, relativ neues Lokal, schön und zentral, direkt am Fluss gelegen. Die Eigenbezeichnung „modernes europäisches Restaurant" ist vielleicht etwas hochgegriffen, dennoch gepflegt-modernes Ambiente sowie anständige, wenn auch eher konservative Küche (Rosmarin-Lammhaxe, mit Spinat gefülltes Schweinefilet usw.). Hg. 7–12 €. Havlíčkovo nábř. 146/39, ✆ 607160027 (mobil).

**Restaurace Černý Dům** 9, beliebtes Hinterhofrestaurant mit großer Terrasse, rustikal eingerichtet. Auf den Teller kommt Kurzgebratenes in großen Portionen, darunter Cordon Bleu oder das pikante „Räuber-Kotelett". Hg. 4–11 €. Karlovo nám. 16, ✆ 568844455.

**Vege Bistro** 6, angenehmes kleines Bistro mit täglich wechselnden vegetarischen und veganen Gerichten. Gut besucht und preiswert. Nur Mo–Fr 10.30–15 Uhr. Tiché nám., ✆ 774141481 (mobil).

**Centrum Lihovar** 4, Brauerei-Restaurant in einer ehem. Schnapsbrennerei. Klassisch-rustikal, großer Biergarten. Viel Kurzgebratenes, aber auch Nudeln und Salate. Mehrere eigene Biere, auch exotischere wie *Red Ale*, *IPA* oder *Porter*. Direkt neben dem Schloss. Nad Zámkem 7, ✆ 776350850 (mobil).

**Kavárna pod Lampou** 7, Café, Konditorei und Eisdiele. Žerotínovo nám. 16.

**Občerstvení Jordan** 10, Selbstbedienungslokal und -café im vorrevolutionären Stil. Gute Frühstücksadresse. Neben belegten Brötchen und Kuchen auch Suppen und Schnellgerichte. Gar nicht so schlechte Salat-Bar. Sehr günstig. Karlovo nám. 23/29.

## Sehenswertes

**Bazilika sv. Prokopa a zámek (St.-Prokop-Basilika und Schloss)**: Den Benediktinern diente die zwischen 1230 und 1260 erbaute Basilika als Abteikirche Mariä Himmelfahrt. Erst nach der Vertreibung der Mönche (1525) wurde sie dem Hl. Prokop geweiht. Den lang gestreckten dreischiffigen Bau betritt man über ein bemerkenswert schönes, romanisches *Rundportal*. Achten Sie auf die feinen Steinmetzarbeiten – der gesamte Sakralbau ist diesbezüglich ein Kunstwerk. In der Apsis und in den Chorjochen besitzt die Basilika ein achtteiliges Rippengewölbe, wie man es normalerweise in Westfrankreich, nicht aber in Mitteleuropa findet. In der *Abtskapelle* im nördlichen Seitenschiff sind frühgotische Wandmalereien erhalten geblieben. Die Mauer, die den Chor vom Langhaus abtrennt, ließ Schlossherr Jan Karl von Waldstein 1704 einbauen, um ihn als Schlosskapelle nutzen zu können. Getragen wird der Chor von 14 Pfeilern in der darunter liegenden, mächtigen *Krypta*. Die Pfeiler gehen in ein herrliches Kreuzrippengewölbe über.

Im weniger interessanten benachbarten Schloss zeigt das *Museum der Böhmisch-Mährischen Höhe* (Muzeum Vysočiny) u. a. rund 30 Weihnachtskrippen, über 250 Pfeifen, Mineralien und archäologische Funde aus dem Umland.

**Basilika**, Führungen (obligatorisch) finden zu jeder vollen Std. Mo–Do 9–16 Uhr, Fr 9–14 Uhr u. Sa/So 13–16 Uhr statt. 2,20 €, erm. die Hälfte. **Museum**, tägl. (außer Mo) 9–12 u. 12.30–17 Uhr, im Juli/Aug. auch Mo. 1,80 €, erm. die Hälfte. www.zamek-trebic.cz.

**Židovské Město (Judenviertel)**: Die ersten Juden ließen sich in Třebíč vermutlich zu Beginn des 15. Jh. nieder, die Besiedlung des jüdischen Viertel folgte im 16. Jh. 1723 wurde es zum Ghetto, ein Erlass forderte fortan die strikte Trennung jüdischen und christlichen Lebens in Třebíč. 1835 erlebte das Ghetto seinen Höhepunkt und zählte 1490 Bewohner. 1848 erhielten die Juden die vollen Bürgerrechte und durften das Ghetto wieder verlassen. Als sich die Wohlhabenden unter ihnen daraufhin am Marktplatz Häuser kaufen wollten, kam es zu antisemitischen Ausschreitungen. Im folgenden Jahrhundert schrumpfte die jüdische Gemeinde peu à peu, viele wanderten nach Prag und Brünn ab. Das schreckliche Ende der hiesigen jüdischen Gemeinde kam mit der Naziherrschaft. 1942 wurden 281 Trebitscher Juden in die Konzentrationslager deportiert, nur zehn kehrten nach dem Krieg zurück. In sozialistischer Zeit verfiel das Viertel und wurde zur Heimat einer Roma-Gemeinde. Größere bauliche Veränderungen blieben weitestgehend aus – von den ursprünglich 128 Gebäuden fehlen lediglich fünf. Heute wird das Viertel nach und nach restauriert. Zu den bedeutendsten Gebäuden gehört die *Vordere Synagoge* (Přední synagoga) am Tiché náměstí. Sie entstand zwischen 1639 und 1642 und wurde in der zweiten Hälfte des 19. Jh. im neogotischen Stil umgebaut. Heute nutzt sie die hussitische Gemeinde als Gotteshaus. Gegenüber in Hausnr. 4 befand sich das *Rabbinat* (Rabinát). Nur ein paar Schritte weiter an der Pokorného lag das ehemalige *Rathaus* (Radnice, Hausnr. 8) und – hinter einer grauen Fassade – die *Schule* (Škola, Hausnr. 15). Der Name der Straße, Pokorného, erinnert an Leopold Pokorný, einen Trebitscher Juden, der hier in Hausnr. 53 wohnte und 1937 im spanischen Bürgerkrieg fiel. Die *Hintere Synagoge* (Zadní synagoga) in der Blahoslavova 43 wurde Ende des 16. Jh. errichtet. Die Wandmalereien und liturgischen Texte auf Hebräisch kamen zu Beginn des 18. Jh. hinzu. Nach langwierigen Restaurierungsarbeiten in den 1990ern dient die Synagoge heute als Konzerthalle, zudem kann man eine Ausstellung über das jüdische Leben in Třebíč besichtigen. In der Pomezní 23, nahe dem Weg zum *jüdischen Friedhof*, befand sich einst das *Hospital* des Viertels. Der Friedhof selbst liegt an der Straße Hrádek hoch über dem Viertel und zählt rund 11.000 Gräber. 3000 Grabsteine sind noch erhalten. Der älteste stammt aus dem Jahr 1625.

**Judenviertel**, frei zugänglich. **Hintere Synagoge**, tägl. 9–17 Uhr, Juli/Aug. bis 18 Uhr, Dez. bis 16 Uhr. 2,90 €, erm. die Hälfte. **Jüdischer Friedhof**, Mai–Aug. tägl. 9–18 Uhr, Sept./Okt. u. März/April tägl. 9–17 Uhr, Nov.–Feb. tägl. 10–15 Uhr, Sa geschl. Eintritt frei.

## Umgebung von Třebíč

**Sádek**: Ca. 8 km südwestlich von Třebíč, nahe dem kleinen Dorf Kojetice, liegt das noch kleinere Dorf Sádek zu Füßen eines Hügels, dessen bewaldete Kuppel ein Barockschloss krönt. Das Schloss ging aus einer mittelalterlichen Festung hervor und wurde zuletzt – nach Jahren des Verfalls – restauriert. Auf dem Weg hinauf passiert man einen kleinen Weinberg und das *Wein- und Kulturzentrum Sádek* (Vinárské a kulturní centrum Sádek). Zu diesem gehören ein Amphitheater und ein gutes Restaurant mit schöner Terrasse, zudem werden Zimmer vermietet. Sádek ist nur ein Ziel für Selbstfahrer.

**Übernachten: Vinárské a kulturní centrum Sádek**, gut ausgestattete Zimmer mit Minibar. Absolut ruhige Lage. Das Personal ist nicht immer fremdsprachig. Faires Preis-Leistungs-Verhältnis. DZ 42 €. Kojetice 169, PLZ 67523, ✆ 568882883, www.vinohrady-sadek.cz.

## Náměšť nad Oslavou

Namiest an der Oslau

Ungefähr auf halber Strecke zwischen Třebíč und Brno liegt Náměšť nad Oslavou, ein 5000 Einwohner zählendes Städtchen am westlichen Ufer der Oslava, das gerade den Wechsel von „schäbig" zu „schön" vollzieht. Rund um den Marktplatz – einer der wenigen des Landes ohne Bierschenke – wird fleißig restauriert, viele Fassaden glänzen im neuen Gewand, andere warten noch auf die Verjüngungskur. 100 m nördlich davon gab es einst ein Kapuzinerkloster, heute befindet sich darin die **Teppichfabrik** *Habitat Bytový Textil Koberce,* der größte Arbeitgeber vor Ort. Vom Platz sind es nur ein paar Schritte bergab zu einer hübschen **Brücke** aus dem Jahr 1737, die mit 20 Heiligenstatuen geschmückt ist.

Auf der gegenüberliegenden Seite der Oslava, hoch über dem Flusslauf, thront das hiesige **Schloss**. Es ging aus einer frühgotischen Burg hervor, deren walzenförmiger Turm noch erhalten ist. Zwischen 1565 und 1578 ließ Johann Senior von Žerotín

Náměšt nad Oslavou

Böhmisch-Mährische Höhe → Karte S. 483

die Burg in ein Renaissanceschloss umwandeln, das Wappen des Geschlechts ziert das Portal am Schlossgraben. Johann Senior von Žerotín unterstützte übrigens die Böhmische Brüdergemeinde im 4 km östlich gelegenen **Kralice** bei der Einrichtung einer illegalen Druckerei, die 1579 die erste tschechische Bibel setzte (daran erinnert ein kleines Museum in Kralice). Von 1752 bis 1945 war das Schloss im Besitz der Grafen von Haugwitz, sie ließen es z. T. im Barockstil umbauen. Die Haugwitz, allen voran Karl Wilhelm, waren passionierte Musikliebhaber. Unter anderem gingen Christoph Willibald Gluck, Joseph Haydn, Antonio Salieri (Lehrer von Beethoven, Schubert und Liszt) und Johann Strauß bei den Haugwitz ein und aus. Danach zog Edvard Beneš ein. Als Nutznießer seiner Dekrete pflegte er hier den Sommer zu verbringen. Bei einer 50-minütigen Führung sieht man u. a. das Arbeitszimmer von Beneš, wertvolle niederländische Gobelins und die Bibliothek mit 15.000 Bänden. An das Schloss grenzt ein Park, im Innenhof wartet ein Restaurant mit Sommerterrasse auf Gäste. Ende Juli findet auf dem Areal das *Folklové Prázdniny* statt, ein lebhaftes Folklorefestival (www.folkloveprazdniny.cz).

**Verbindungen** **Bus** regelmäßig nach Třebíč, bis zu 8-mal tägl. nach Brünn. Bahnhof südwestlich des Zentrums, **Züge** regelmäßig nach Třebíč und Brünn, zudem halten hier 4-mal tägl. die Züge über Jihlava und České Budějovice nach Plzeň.

**Öffnungszeiten** **Schloss**, April u. Okt. nur Sa/So 9–16 Uhr, Mai/Juni u. Sept. tägl. (außer Mo) 9–17 Uhr, Juli/Aug. bis 18 Uhr. Letzte Führung (Dauer 45 Min.) 1 Std. vor Schließung. Führung 3,30 €, erm. 2,20 €. www.zamek-namest.cz.

**Übernachten** **Zámecký Penzion**, am Eingang zum Schloss. Sehr freundliche Pension mit z. T. stilvoll restaurierten Zimmern, alle mit Bad. Parkplätze. EZ 32 €, DZ 44 €, kein Frühstück. Zámek 4, PLZ 67571, ✆ 6062 07913 (mobil), www.zamek-namest.cz.

**Außerhalb** **Pivovar Dalešice**, die kleine Brauerei im Örtchen Dalešice 14 km südlich von Náměšť nad Oslavou schenkt nicht nur das süffige *Dalešické pivo* aus, sondern betreibt auch ein Restaurant, vermietet Zimmer (DZ 58 €), bietet Führungen durch die Brauerei und eine Ausstellung zum österreichisch-ungarischen Brauereiwesen. Dalešice 71, PLZ 67554, ✆ 568860942, www.pivovar-dalesice.cz.

**Camping** **AC Wilsonka**, ca. 10 km südlich von Náměšť nad Oslavou bei Hartvíkovice am wildromantischen Dalešice-Stausee (Nádrž Dalešice). Großes Gelände mit genügend Platz für alle. Ruhig, eigener Strand. Restaurant. Mai–Sept. 2 Pers. mit Zelt u. Auto 10 €, Chata für 3 Pers. ab 18 €. Hartvíkovice 221, PLZ 67576, ✆ 568645628, www.wilsonka.cz.

Ca. 25 km südöstlich von Náměšť nad Oslavou ragen die Kühltürme des *Kernkraftwerks Dukovany*, das vier sowjetische Druckwasserreaktoren besitzt, in den Himmel (1978–1985 erbaut). Eine ähnliche Anlage in Ostdeutschland wurde nach der Wiedervereinigung wegen Sicherheitsbedenken vom Netz genommen. Angeschlossen ist auch ein Atommülllager. Das AKW verfügt über ein Infozentrum und bietet auch Exkursionen an. Näheres unter www.cez.cz.

## Jaroměřice nad Rokytnou

Jaromeritz an der Rokitna

**Die Residenz von Jaroměřice nad Rokytnou ist die Hinterlassenschaft eines Schöngeistes. Jan Adam Questenberg scheute keine Mittel, um hier eines der prächtigsten Barockschlösser des Landes entstehen zu lassen.**

Jaroměřice nad Rokytnou, 14 km südlich von Třebíč, ist ein 4200-Einwohner-Städtchen, das sich schüchtern an sein mächtiges Schlosses lehnt. Dieses steht an der

Barock total: Schloss Jaroměřice nad Rokytnou

Stelle einer mittelalterlichen Wasserfeste, die im 16. Jh. unter den Grafen von Meziříčský in ein Renaissanceschloss umgewandelt wurde. 1623 ging das Schloss in den Besitz der Questenberg über, die anfangs aber wenig Interesse an dem Besitz zeigten. Das änderte sich, als der extravagante Jan Adam Questenberg (1678–1752) das Erbe antrat und das Schloss zu seinem Hauptsitz machte. Zwischen 1700 und 1737 ließ der kunstsinnige Graf das Anwesen im Stil des Barock verändern und H-förmig erweitern. Für den Umbau gewann er u. a. Domenico d'Angeli, Jacob Prandhauer und Johann Lukas von Hildebrandt. Zudem machte der Graf das Schloss zu einem Zentrum barocker Kunst. Jan Adam selbst beherrschte das Theorbenspiel (eine Laute mit zwei Hälsen). Er beschäftigte Musiker und Maler, formierte aus seinen Bediensteten eine Schlosskapelle und ließ Opern und Puppenspiele aufführen. Seinen talentierten Pagen František Václav Míča (1694–1774) beförderte er zum Hofkomponisten, der 1729 mit *L'Origine de Jaromeriz* als erster Tscheche eine Oper schrieb. Im 18. Jh. ging das Schloss an die Grafen von Kaunitz über, Ende des 19. Jh. an die von Vrbno. Seit 1945 ist es in Staatsbesitz.

Den Schlosskomplex betritt man vom Jaromitzer Marktplatz über den Ehrenhof. Durch das Vestibül gelangt man in den bezaubernden barocken Schlossgarten, an den sich ein englischer Park anschließt. Im Vestibül bucht man auch die Führungen. Drei werden angeboten, Trasse A (45 Min.) ist die spannendere: Höhepunkte sind dabei der Ahnensaal (verkleidet nach dem Vorbild der Wiener Hofkanzlei), der helle, rokokoartige Tanzsaal mit zarten Fresken und der Chinesische Salon mit einem kunstvollen, intarsiengeschmückten Parkettboden. Dazu passiert man mehrere Salons mit barocken Musikinstrumenten und kostbaren Gemälden, darunter Werke holländischer, deutscher und französischer Künstler. Trasse B (25 Min.) beinhaltet u. a. Kinderzimmer, Herrensalon und Schlossküche. An das cremefarbene Schloss schließt die weiß-rote Margaretenkirche (Kostel sv. Markéty) mit ihrer mächtigen Kuppel an. Sie wurde ebenfalls unter Jan Adam Questenberg auf dem Grundriss eines griechischen Kreuzes erbaut. Die Kirche steht im Mittelpunkt der Trasse C (30 Min.). Auf dem Schlossareal findet im Sommer ein internationales Musikfestival statt.

Böhmisch-Mährische Höhe → Karte S. 483

**Verbindungen** Bahnhof weit außerhalb, besser mit dem **Bus** anfahren, regelmäßige Verbindungen nach Třebíč und Moravské Budějovice, bis zu 3-mal tägl. nach Znojmo, bis zu 7-mal nach Brünn.

**Öffnungszeiten** **Schloss**, April u. Okt. nur Sa/So 9–16 Uhr. Mai/Juni u. Sept. tägl. (außer Mo) 9–17 Uhr, Juli/Aug. bis 18 Uhr. Je nach Tour oder Kombination (mit dt. Text) 2,50–4,70 €, erm. 2 €–3,50 €. www.zamek-jaromerice.cz.

Weiter Richtung **Vranov-Stausee** → S. 547, Richtung **Znojmo** → S. 551.

# Umgebung von Jaroměřice nad Rokytnou

**Moravské Budějovice (Mährisch Budweis)**: 7 km südwestlich von Jaroměřice nad Rokytnou liegt Moravské Budějovice (7800 Einwohner). Am Platz fällt ein pastellgrünes *Schloss* ins Auge. Heinrich Rudolf von Schaumburg ließ es in der zweiten Hälfte des 17. Jh. errichten, 1736 ging es an das Geschlecht der Wallis über, 1945 nahm es sich der Staat. Heute hat darin ein *Handwerksmuseum* (Muzeum řemesel) seinen Sitz, das hier und in den nahen ehemaligen Fleischbänken (Masné krámy) über die Geschichte der Stadt und des Handwerks informiert.

**Verbindungen** Busbahnhof 200 m vom Zentrum entfernt, gute Verbindungen mit dem **Bus** nach Třebíč, Znojmo und Jaroměřice nad Rokytnou. Bis zu 11-mal tägl. **Züge** nach Znojmo, bis zu 7-mal nach Jemnice.

**Öffnungszeiten** **Museum im Schloss**, Mai–Sept. tägl. (außer Mo) 9–17 Uhr. 2,20 €, Fleischbänke 1,10 € extra, erm. jeweils die Hälfte. www.muzeum.mbudejovice.cz.

**Übernachten** **Penzion Venuše**, am Hauptplatz. Freundlich eingerichtete Holzbodenzimmer mit Bad. Hinterhofterrasse. Pizzeria angeschlossen: Megaauswahl zu fairen Preisen. DZ ohne Frühstück 43 €, mit Frühstück 52 €. Nám. Míru 32, PLZ 67602, ✆ 568420523, www.venusemb.cz.

# Jemnice

Jamnitz

Auf halber Strecke zwischen Moravské Budějovice und Slavonice liegt das 4100 Einwohner zählende Jemnice, ein altes, hübsches Bergbaustädtchen. Der historische Kern des Ortes erstreckt sich über eine Hügelkuppe. Mittelpunkt ist der Marktplatz mit seinen bunt gestrichenen Häusern, einem kleinen **Stadtmuseum** und der ursprünglich gotischen **St.-Stanislaus-Kirche**. Nahebei steht das nach wie vor renovierungsbedürftige **Schloss** mit einem weitläufigen Park. Franz Grillparzer (1791–1872) war hier des Öfteren bei Graf Johann Philipp von Stadion (1763–1824) zu Besuch. Die letzten adeligen Besitzer stammten aus dem Geschlecht der Pallavicini (1842–1945). Mit ihnen verschwand jeglicher Wohlstand aus dem Ort. Derzeit wird das Schloss vom Orden der „Kreuzherren mit dem roten Stern" verwaltet. Dieser betreibt dort ein Armeemuseum (!), das man von Mitte April bis Ende November besichtigen kann (www.cyriaci.com). Ansonsten steckt die touristische Infrastruktur in Jemnice allerdings noch weitgehend in den Kinderschuhen, jedoch ist es wohl nur eine Frage der Zeit, bis mehr Cafés, Restaurants und Hotels eröffnen – Jemnice besitzt durchaus das Potenzial, um Ausflugsgäste anzulocken.

**Verbindungen** Busbahnhof ca. 5 Fußmin. vom Zentrum entfernt. **Busse** regelmäßig nach Dačice, bis zu 10-mal tägl. nach Moravské Budějovice, 5-mal nach Slavonice, 1-mal tägl. direkt nach Jinřichův Hradec und Třebíč. Bahnhof am Ortsrand südöstlich des Zentrums. **Züge** bis zu 7-mal tägl. nach Moravské Budějovice.

**Übernachten** **Hotel Grand**, trotz des etwas hochtrabenden Namens ein einfaches, günstiges Hotel direkt am Marktplatz. Von Lesern entdeckt. 7 schlichte Zimmer mit Kiefernholzmobiliar und Bad. Restaurant, eigene Parkplätze. EZ 14 €, DZ 24 €, kein Frühstück. Nám. Svobody 68, PLZ 67531, ✆ 775166283 (mobil), www.hotelgrandjemnice.websnadno.cz.

# Slavonice

Zlabings

**Slavonice präsentiert sich als eine Perle im Reisegebiet. Ein Spaziergang durch den Ort ist wunderschön, allerdings auch ziemlich kurz.**

Nur 1,5 km von der österreichischen Staatsgrenze entfernt, lag das Renaissancestädtchen vier Jahrzehnte lang vergessen im Grenzgebiet. Heute ist Slavonice ein gern besuchter Ort, der bei Kulturreisenden genauso ankommt wie bei Radwanderern. Kein Wunder bei einem Marktplatz wie aus dem Bilderbuch: da reich verzierte Giebel, dort dekorative Mauerzacken, dazwischen Briefchensgraffiti oder bizarre, comicähnliche Figurenszenen mit biblischem, griechisch-mythologischem oder höfischem Inhalt. In dem Städtchen geht es sehr geruhsam zu, japanische und amerikanische Reisegruppen à la Telč sind die Ausnahme.

**Geschichte**: 1260 wurde Zlabings erstmals erwähnt, im 14. Jh. war die Stadt bereits mit einer Befestigungsanlage umgeben. Im 16. Jh. erlebte sie ihre Blüte. Aus jener Zeit stammen auch die meisten der heute noch so herrlichen Renaissancehäuser am Marktplatz. Den Reichtum verdankten die Einwohner dem Tuchmacherhandwerk und der Fischzucht. Doch dann kamen der Dreißigjährige Krieg, mehrere Stadtbrände und die Pest – schwere Rückschläge für Zlabings. Als auch noch der Postweg von Prag nach Wien über Jihlava und Znojmo verlegt wurde, rutschte die Stadt in die Bedeutungslosigkeit ab. Die Bevölkerung verarmte, und Geld für barocke Umbauten fehlte, weshalb das Stadtbild in seiner ursprünglichen, einheitlichen Art erhalten blieb. Durch die Vertreibung der Deutschen nach dem Zweiten Weltkrieg verwandelte sich das weitestgehend entvölkerte Slavonice in ein bröckelndes Denkmal einstigen Wohlstands. Heute aus dem Dornröschenschlaf erwacht und fast flächendeckend frisch restauriert, zählt man wieder 2500 Einwohner, darunter einige Künstler und junge Freaks. Die meisten aber leben vom Fremdenverkehr oder arbeiten hinter der Grenze.

## Basis-Infos

→ Karte S. 509

**Information** **Regionalní informační centrum**, am Marktplatz. Juni–Aug. tägl. 8–18 Uhr, Mai u. Sept. tägl. 8–17 Uhr, Okt.–April Mo–Fr 8–16 Uhr. ✆ 384493320, www.i.slavonice-mesto.cz.

**Verbindungen** **Bahnhof** ca. 600 m südlich des Zentrums, Busbahnhof recht zentral nördlich der Altstadt. 3-mal tägl. **Busverbindungen** nach Jindřichův Hradec, bis zu 10-mal nach Dačice. **Züge** bis zu 5-mal tägl. über Dačice nach Telč.

**Ärztliche Versorgung** Kleine **Ambulanz** an der Brněnská 214. Nächstes Krankenhaus in Dačice, ✆ 384358211, www.nemdac.cz.

**Einkaufen** Mehrere Galerien, die Silberschmuck, Batikkleidung, Keramik, Puppen, Holzspielzeug, Naturprodukte usw. anbieten. Auch kleine Vintageläden eröffneten jüngst. 2 Tipps:

**Mařiž** **5**, Atelier mit bunter, lustiger Keramik – beim Herstellen der Produkte kann man zusehen. Veranstaltet auch Kurse im Bemalen von Kacheln und Bechern. Horní nám. (neben der Post).

**Galerie Jiří Netík** **10**, skurrile Skulpturen aus Holz und Metall des mährischen Künstlers Jiří Netík (geb. 1953), der den Sommer in Slavonice verbringt. Gegenüber der alten Brauerei.

Böhmisch-Mährische Höhe → Karte S. 483

**Parken** Gebührenpflichtiger Parkplatz am Nám. Míru.

**Radverleih** Über **Cyclosport U Čapů**, Jana Žižky 51, ✆ 728828837 (mobil). 10 €/Tag. www.cykloucapu.cz.

## Übernachten/Camping/Essen & Trinken

Viele Privatunterkünfte befinden sich in tollen Renaissancehäusern mit uralten Fresken und Gewölben. Oft teilen sich jedoch mehrere Zimmer die Sanitäranlagen (ab ca. 12 €/Pers.). Bei der Touristeninformation ist eine Liste der Vermieter erhältlich. Zudem gibt es eine Reihe von einfachen Radfahrerherbergen. Die Zahl besserer Hotels und Pensionen hält sich bislang in Grenzen.

**Übernachten** *** **Hotel Dům U Růže** **1**, gepflegte Mittelklasse in einem historischen Stadtgebäude. Freundlicher Service. 12 Zimmer mit Standardeinrichtung, alle mit Kitchenette und Kühlschrank. Kleines Hallenbad, Sauna, Solarium. Kunstgalerie angegliedert. EZ ab 40 €, DZ ab 65 €. Nám. Míru 452, PLZ 37881, ✆ 384493004, www.dumuruze.cz.

››› **Unser Tipp:** *** **Hotel Besídka** **6**, eine der extravagantesten Unterkünfte im Reisegebiet. Originell eingerichtete Zimmer, jedes sieht komplett anders aus. Trendmöbel unter Stuck, Bäder unter Renaissancegewölbe. Schnell ausgebucht. Das angeschlossene Restaurant ist ein beliebter Künstlertreffpunkt. Ebenfalls durchgestylt und mit viel Liebe zum Detail dekoriert, Spielecke für Kinder. Italienische und böhmische Küche, dazu Burger und Salate zu 4–10 €. DZ 60 €. Horní nám. 522, PLZ 37881, ✆ 606212070 (mobil), www.besidka.cz. ‹‹‹

**Apartmány Pod Věží** **7**, zentralste Lage. 4 Apartments mit Parkettböden, z. T. mit Antiquitäten bestückt. Sehr freundlich. Rezeption im Juwelierladen nebenan. Für 2 Pers. ab 40 €. Horní nám. 526, PLZ 37881, ✆ 7282 77178 (mobil), www.apodvezi.cz.

**Privat Giordano** **9**, charmante Privatunterkunft im Lutherischen Bethaus. 6 ganz unterschiedliche Zimmer mit Bad, z. T. mit schweren Antiquitäten vollgestellt. Parken im Hof. DZ ab 28 €, kein Frühstück. Horní nám. 517, PLZ 37881, ✆ 720456021 (mobil), www.evagiordanova.com.

**Hotel Alfa** **2**, direkt am Hauptplatz. Simpelste Unterkunft vom alten Schlag – tschechischer geht's nicht. Die Kneipe im EG ist ein Treffpunkt der Locals (großes Bier ab 0,80 €). Im Zimmer ohne Bad 8,40 €/Pers., im Zimmer mit Bad 12,40 €. Nám Míru 482, PLZ 37881, ✆ 384493261, www.hotelalfa-slavonice.cz.

**Camping** **Letní Den** **8**, reiner Holländercampingplatz, idyllische Lage in einem von Wäldern umgebenen Wiesental. Pool, sehr gepflegt. In der HS jedoch brechend voll und nichts für Wohnmobile. Mai–Sept. Stellplatz für 2 Pers. 22 €. Ca. 8 km östlich von Slavonice bei Staré Hobzí, von dort ausgeschildert, PLZ 37871, ✆ 384497128, www.campingletniden.nl.

**Essen & Trinken** → Hotel Besídka/Übernachten.

**Hospůdka U Mázhauzu** **3**, eines der nettesten Restaurants am Marktplatz. Tolle Maßhaus-Architektur mit ländlicher Einrichtung, selbst die Toiletten sind unter Gewölbe. Auf der klein0en Karte stehen u. a. Kotelett, Bratwurst oder Steak. Sommerterrasse. Hg. 4,80–11,20 €. Nám. Míru 479, ✆ 606831886 (mobil).

**Kavárna U nás doma** **4**, eine hübsche Mischung aus jugendlichem Café mit Retromobiliar und Verkaufsgalerie (Keramik, Klamotten, Accessoires). Im Angebot immer ein paar hausgemachte Kuchen. Hinten und vorne eine nette Terrasse. Nám. Míru.

## Sehenswertes

Den Hauptplatz **Náměstí Míru** („Platz des Friedens") umgeben prächtige alte Bürgerhäuser im Stil der Spätgotik und der Renaissance – eine Augenweide, egal, wohin man blickt. Die schönsten darunter gehörten einst Kaufleuten, die mit dem Zlabinger Tuch Handel trieben. Neben einem herrlichen Fassadenschmuck besitzen sie oft kunstvolle **Maßhäuser** (Torhallen) mit Zellen- und Diamantgewölben, die

reizvollen plastischen Bildern ähneln. Eines der prächtigsten Maßhäuser versteckt sich hinter der Neorenaissancefassade im Gebäude mit der Hausnummer 458/25 (heute Polizei). Auch das Gebäude, in dem heute die Touristeninformation ihren Sitz hat (Hausnr. 480/46), weist ein sehenswertes Maßhaus auf.

**Slavonické podzemí a Cechovní sál (Zlabinger Untergrund und Zunftsaal)**: Das Gros der Gebäude rund um den Marktplatz besitzt ein bis zwei Kellergeschosse. Diese sind durch ein Schachtsystem verbunden, das einst zur Entwässerung, aber auch als Zufluchtsort diente. Wer hinabsteigen will, darf auf der roten Trasse etwa 20 Minuten lang 130 m im engen Dunkel durch die Gänge (ca. 160 cm hoch und 60 cm breit) laufen, auf der blauen Trasse 400 m (Dauer: 45 Min.). Der Zugang erfolgt über das Gebäude der Touristeninformation. Im angrenzenden Renaissancegebäude mit Briefchensgraffiti (1543–49) – heute die Hospůdka U Mazhauzu (→ Essen & Trinken) – steigt man dagegen ins Obergeschoss. Dort befindet sich der sog. Zunftsaal, der durch kolorierte Sgraffiti mit neutestamentarischen Szenen samt deutscher Beschriftung bestickt (leider nicht immer zugänglich).

**Adresse/Öffnungszeiten**: **Untergrund** (Nám. Míru 480/46), nur Juli/Aug.! Rote Trasse tägl. 9.30–17 Uhr, blaue Trasse (sofern sich ein Führer findet) tägl. 9.45–15.15 Uhr. Je nach Trasse 2,40–3,20 €, erm. 1,60–2,40 €. http://podzemi.shslavonice.cz.

**Městské muzeum a Kostel Nanebevzetí Panny Marie (Stadtmuseum und Mariä-Himmelfahrts-Kirche)**: Das städtische Museum ist in einem schönen Renaissancegebäude aus dem Jahr 1550 untergebracht. Es widmet sich – natürlich – der Renaissance in Slavonice und informiert zudem über die in den Hussitenkriegen untergegangene mittelalterliche Siedlung Pfaffenschlag (4 km nordwestlich). Schräg gegenüber führt durch Hausnummer 473/39 ein Durchgang zur dreischiffigen Mariä-Himmelfahrts-Kirche. Sehenswert sind die spätgotischen Plastiken im Chor. Ihr Glockenturm, der auch als Feuerturm diente (der Wächter wohnte im 6. Stock), kann bestiegen werden – 174 Stufen sind es hinauf.

**Stadtmuseum** (Nám. Míru 476/42), offiziell nur Juni–Aug. tägl. (außer Mo) 10–12 u. 13–16 Uhr. In allen anderen Monaten kann man in der Touristeninformation nach einer Begleitperson fragen. 0,60 €, erm. 0,40 €. **Kirchturm**, Mai/Juni nur Sa/So 9.30–17.30 Uhr, Juli/Aug. tägl. 9.30–17.30 Uhr. 1 €, erm. 0,60 €.

**Lutheránská modlitebna (Lutherisches Bethaus)**: Am Horni Náměstí, dem „Oberen Platz" – im Gegensatz zum Náměstí Míru (früher Dolni Náměstí = „Unterer Platz") mehr Straße als Platz – lohnt ein Blick in Hausnummer 517/85. Im Haus befindet sich eine kleine Ausstellung mit Haushalts- und landwirtschaftlichen Geräten. Spannender ist das Obergeschoss, das früher vermutlich u. a. als Betsaal diente und mit Fresken aus der Apokalypse des Johannes ausgeschmückt ist.

**Bethaus** (Horní nám. 517/85), im Sommer ist i. d. R. immer jemand da. Falls geschlossen, einfach klingeln, das „Museum" ist der Privatzimmervermietung Giordano (→ Übernachten) angeschlossen. 0,80 €.

## Umgebung von Slavonice

**Hrad Landštejn (Burg Landstein)**: Die mächtige Burganlage auf einer Anhöhe 12 km westlich von Slavonice ist ein beliebtes Ausflugsziel bei Wanderern und Radfahrern, die hier diverse Einkehrmöglichkeiten haben. Die Festung entstand vermutlich unter den bayerischen Herren von Hirschberg im 12. Jh. Später diente die mächtige Feste der Kontrolle eines Handelsweges von Böhmen gen Süden. 1771 brannte die Burganlage nach einem Blitzeinschlag nieder und verödete. Erst in den 1970ern begann man mit der Rekonstruktion. Vom Burgfried – 150 Stufen sind es bis auf seine Aussichtsplattform – genießt man herrliche Ausblicke.

Fährt man von Burg Landstein weiter Richtung Nová Bystřice (Neubistritz), passiert man nach rund 5 km die mächtige *Barockkirche der Heiligen Dreifaltigkeit* von Domenico Orsi (in vielen Karten als „Klášter I" eingezeichnet). Sie gehörte einst zu einem 1501 gegründeten Paulanerkloster, das 1785 säkularisiert wurde. Wer die Kirche besichtigen möchte, kann im ersten Haus hinter der Kirche nach jemandem fragen, der aufsperrt (aber nur von 9–12 und 13–18 Uhr und nur für Gruppen von mind. 5 Pers.).

**Verbindungen** **Busse** bis zu 7-mal tägl. nach Slavonice.

**Öffnungszeiten** **Burg Landstein**, April u. Okt. nur Sa/So 9–16 Uhr, Mai u. Sept. tägl. (außer Mo) 9–16 Uhr, Juni–Aug. tägl. (außer Mo) 9–17 Uhr. 2,80 €, erm. die Hälfte. www.hrad-landstejn.eu.

**Übernachten** *** **Hotel Landštejnský dvůr**, Landhotel neben der Burg. 11 recht gemütliche Zimmer. Nette Wirtsstube mit Terrasse, in der deftige böhmische Küche auf den Teller kommt. DZ 48 €. Landštejn 3, PLZ 37881, ✆ 384391722, www.landstejn.cz.

Weiter Richtung Südböhmen? Informationen zu **Jindřichův Hradec** bekommen Sie auf S. 415, zu **Třeboň** auf S. 408.

**Dačice (Datschitz)**: Angeblich erblickte in Dačice 1843 der Würfelzucker das Licht der Welt. Erfinder war Jakob Christoph Rad, Vater von 16 Kindern und Direktor der hiesigen Zuckerraffinerie. Zehn Jahre später war sie pleite. Als Rohmaterial für den süßen Kubus dienten Zuckerrüben. Im *Stadtmuseum* (Městské muzeum) erinnert man stolz an die Errungenschaft, auch hat man dem Zuckerwürfel ein Denkmal gesetzt. Das Museum ist untergebracht in einem mintfarbenen **Empireschloss**, das etwas außerhalb an der Straße nach Kunžak liegt (vom Marktplatz ausgeschildert). Des Weiteren können im Schloss diverse Prunksäle besichtigt werden, darunter der Spiegelsaal und die Bibliothek. Sonst hat das 12 km nördlich von Slavonice gelegene 7600-Einwohner-Städtchen nicht allzu viel zu bieten: Zu erwähnen sind vielleicht noch der mit Sgraffiti verzierte Renaissancepalast an der Straße nach Telč (heute das Rathaus) und die sich hoch über dem weiten, ansteigenden Marktplatz erhebende Kirche des Hl. Laurentius (Kostel sv. Vavřince), deren 51 m hohen Turm man im Sommer besteigen darf.

**Verbindungen** **Busbahnhof** nahe dem Zentrum, Bahnhof am östlichen Ortsrand. **Busse** regelmäßig nach Telč, bis zu 10-mal tägl. nach Slavonice. **Züge** bis zu 12-mal tägl. nach Telč, bis zu 5-mal nach Slavonice.

**Öffnungszeiten** **Schloss (Säle)**, April u. Okt. nur Sa/So 10–15 Uhr, Mai u. Sept. tägl. (außer Mo) 10–16 Uhr, Juni–Aug. tägl. (außer Mo) 10–17 Uhr. Mit dt. Text 4 €, erm. die Hälfte. www.zamek-dacice.eu. **Stadtmuseum**, Juni–Aug. tägl. (außer Mo) 10–17 Uhr, ansonsten bis 16 Uhr. 1,60 €, erm. die Hälfte. www.muzeumdacice.cz.

## Telč

Teltsch

**Telč ist von eindringlicher Schönheit, für manche gar das malerischste Städtchen der ganzen Republik. Der historische Kern samt prunkvollem Renaissanceschloss steht auf der Welterbeliste der UNESCO.**

Das 5600-Einwohner-Städtchen, das zu den bekanntesten und meistbesuchten des Landes gehört, versteht mit seinen Reizen zu prahlen. Wer sie ungestört genießen will, sollte frühmorgens kommen, bevor die Busse eintrudeln. Die Altstadt, von zwei Teichen begrenzt, ist ein Schmuckkästchen. Am keilförmigen Hauptplatz lädt ein pittoreskes Ensemble prächtiger Renaissance- und Barockhäuser zum Giebelgucken ein. Danach besichtigt man das Schloss – das war's. Besucher, die sich im kleinen, aber feinen Telč länger einmieten wollen, finden diverse Unterkünfte.

**Geschichte**: 1339 ging die Wasserfeste von Teltsch an die Herren von Neuhaus über, und 1550, als deren Erbe geteilt wurde, an Zacharias von Neuhaus. Dessen Bruder Adam II. bekam die herrschaftliche Residenz in Jindřichův Hradec. Zacharias aber wollte sich nicht mit einer heruntergekommenen gotischen Burg zufrieden geben, zumal er auf einer Reise nach Genua Geschmack an Renaissancepalästen gefunden hatte. Er ließ italienische Baumeister kommen, die nicht nur den Umbau der Burganlage besorgten, sondern auch Impulse für die Neugestaltung des Marktfleckens gaben, der zwei Jahrzehnte vorher wieder einmal abgebrannt war. Die neuen, erstmals übrigens aus Stein errichteten Häuser erhielten eine Vorderfront mit Laubengang und ihre bis heute faszinierenden Fassaden. Nach dem Dreißigjährigen Krieg kamen die Jesuiten in die Stadt und mit ihnen ein paar wenige barocke Um- und Neubauten. In den folgenden Jahrhunderten passierte in Teltsch nicht mehr viel: Die Industrialisierung zog spurlos vorüber, und Geld für größere Baumaßnahmen fehlte – aus heutiger Sicht ein Glück, denn nur deswegen blieb das Stadtbild aus dem 16. Jh. so perfekt erhalten. Übrigens nutzte Werner Herzog die Kulisse von Telč 1979 für seinen *Woyzek*.

Böhmisch-Mährische Höhe → Karte S. 483

## Basis-Infos

**Information** **Infocentrum**, Nám. Zachariáše z Hradce 10 (Hauptplatz), ✆ 567112407, www.telc.eu. Im Juli/Aug. Mo–Fr 8–19 Uhr, Sa/So 10–19 Uhr, sonst Mo–Fr 8–18 Uhr, Sa/So 10–18 Uhr.

**Verbindungen** Bahnhof und Busbahnhof ca. 700 m östlich der Altstadt. **Busse** bis zu 3-mal tägl. nach Prag (i. d. R. Florenc, Ⓜ C). **Züge** bis zu 5-mal tägl. über Dačice nach Slavonice.

**Ärztliche Versorgung** **Poliklinik** östlich des Zentrums an der Masarykova. ✆ 567243319.

**Parken** Am Hauptplatz teuer, billiger an den etwas außerhalb des Zentrums gelegenen, großen Parkplätzen.

**Radverleih** Über den Souvenirladen **Darkové zboží** am Nám. Zachariáše z Hradce 8. 8 €/Tag. ✆ 606884598 (mobil, deutschsprachig).

**Veranstaltungen** In der ersten Augusthälfte findet das **Prázdniny v Telči** statt, ein zweiwöchiges Folklorefestival.

## Übernachten

Sämtliche Hotels sind recht klein und verfügen selten über mehr als 10 Zimmer – für den Hochsommer ist daher eine frühzeitige Buchung empfehlenswert.

**Hotels** *** **U Černehó Orla** **4**, am Marktplatz. 33 Zimmer auf der Sterneanzahl entsprechendem Niveau, jedoch ohne besondere Note. Dazu noch einige wenige Zimmer mit Du/WC auf dem Gang – für Budgetreisende. Großes Restaurant mit Sommerterrasse. Eigene Parkplätze. Freundlicher deutschsprachiger Service. DZ 72 €, Budget-DZ ohne Bad und ohne Frühstück 30 €. Nám. Zachariáše z Hradce 7, PLZ 58856, ✆ 567243222, www.cernyorel.cz.

››› **Unser Tipp:** **** **U Hraběnky** **1**, in den ehemaligen Wirtschaftsgebäuden des Schlosses. Ein sehr stilvolles Haus. Leicht rustikal eingerichtete, kuschelige Zimmer mit schönen Terrakottaböden und geschmackvoll platziertem Mobiliar, viele unter der Dachschräge (heiß im Sommer!). Bowling. Restaurant mit Hofterrasse. EZ 52 €, DZ 78 €. Etwas außerhalb des Zentrums an einer tagsüber befahrenen (abends aber ruhigen) Straße. Slavatovská 96, PLZ 58856, ✆ 567578551, www.hotel-uhrabenky.cz. ‹‹‹

*** **Anton** **2**, in Laufnähe zum Zentrum. Busgruppenabsteige, Zimmer unterschiedlicher Ausstattung von zweckmäßig bis gehoben. Restaurant. Sichere Parkplätze. DZ 48–80 €. Slavatovská 92, PLZ 58856, ✆ 567223315, www.hotel-anton.cz.

**Apartments** **Chornitzerův dům** **6**, mit Bedacht restauriertes Altstadthaus am Marktplatz. 4 schicke, sehr geräumige Apartments für 2–4 Pers., eines mit der Badewanne direkt im Schlafzimmer. Sehr komfortabel. Garten mit Grillmöglichkeit. Kostenlose Parkplätze. Für 2 Pers. 80 €, für 4 Pers. 120 €, kein Frühstück. Nám. Zachariáše z Hradce 56, PLZ 58856, ✆ 567215627, www.chornitzeruvdum.cz.

**Pensionen/Privatzimmer** **Telč 20** **9**, 5 Zimmer und ein Apartment mit Teeküche, z. T. in schönen alten Räumlichkeiten. Mit Liebe eingerichtet – teils gelungen, teils wirkt es etwas pseudoromantisch. Check-in 14.30–19 Uhr. EZ ab 36 €, DZ ab 44 €. Nám. Zachariáše z Hradce 20, PLZ 58856, ✆ 775999186 (mobil), www.hotel-penzion-telc.cz.

**Kamenné Slunce** **11**, freundliches Haus. 5 Zimmer und ein Apartment, alle mit Holzböden. Grillmöglichkeiten im Garten. Eigene Parkplätze. DZ 36 €, Frühstück extra. Palackého 27, PLZ 58856, ✆ 732193510 (mobil), www.kamenne-slunce.cz.

**Privat U Šeniglů** **7**, beste Lage am Marktplatz. 3 durchschnittliche Zimmer mit Bad, ein weiteres Zimmer in einem Neubau in der Nachbarschaft. Zu buchen über den Souvenirladen im EG (beachten Sie die üblichen Geschäftsöffnungszeiten!). 16 €/Pers., Frühstück extra. Nám. Zachariáše z Hradce 11, PLZ 58856, ✆ 775219362 (mobil), www.ubytovani-telc.cz.

**Camping** **U Roštěnky**, am nördlichen Ortsrand, ca. 1,5 km vom Zentrum entfernt. Einfacher (pro Geschlecht eine Innen- und 2 Außenduschen), aber netter Wiesenplatz am Badesee. Kein Restaurant, nur Bier und Snacks auf der Terrasse, dafür aber 2-mal

wöchentl. Grillabende (mal Forelle, mal Makrele, mal …). Achtung, hier können auch mal kleinere, lautere Events über die Bühne gehen. Juni–Sept. 2 Pers. mit Zelt und Auto 6,50 €. Roštejnský rybník (von der Straße nach Třešt ausgeschildert), PLZ 58856, ✆ 602944173 (mobil).

**Camp Javořice**, ca. 10 km nordwestlich von Telč im Dorf Lhotka. Die nette Wiese (Hanglage) gehört zu einem ehemaligen Bauernhof, in dem auch Zimmer vermietet sowie Brotzeiten und Bier geboten werden. Im Dorf gibt es zudem eine Kneipe, trotzdem eher etwas für Selbstversorger. Alles gepflegt und freundlich. Mai–Okt. 2 Pers. mit Wohnmobil 8,80 €, DZ 40 €. Lhotka 10, PLZ 58856, ✆ 567317111, www.javorice.cz.

## Essen & Trinken

**Restaurants U Hraběnky 1**, das Restaurant des gleichnamigen gehobenen Hotels (s. o.). Gepflegt-rustikal, im Winter heizt ein offener Kamin ein. Überschaubare Auswahl an böhmisch-internationalen Gerichten von guter Qualität, zu empfehlen das Steak mit Zwiebelsoße. Eher nichts für Vegetarier. Hofterrasse. Hg. 6–13 €.

**Švejk Restaurant Na Zámecké 3**, rustikales Kneipenlokal. Die Küche ist sehr deftig! Es gibt z. B. echtes Wiener Schnitzel, Schweinelende mit Käse und Speck oder das „Telč-Hühnerschnitzel" im Kartoffelpuffer. Hg. 6–13,20 €. Nám. Zachariáše z Hradce 1, ✆ 567213151.

**Pizzeria Italia 8**, gute Pizzeria, die auch Prosciutto Crudo und Rucola kennt – die Pizzen kommen allerdings nicht aus dem Holzofen. Innen eher rustikal, draußen ein paar Tische unter den Arkaden. Pizzen 3,60–6,40 €. Nám. Zachariáše z Hradce 16, 567223565.

**Cafés Cukrárna Celerin 10**, zum gleichnamigen Hotel gehörend. Nettes, kleines Konditoreicafé, Terrasse zum Marktplatz.

**U nás doma 5**, winziges Café, in dem ein paar nette junge Frauen hausgemachte Kolatschen, leckere Süßspeisen und Kunsthandwerk verkaufen. Am schönsten ist es hier im Sommer, wenn unter den Arkaden buntes Retromobiliar steht und man es sich so richtig gemütlich machen kann. Nám. Zachariáše z Hradce 60.

## Sehenswertes

**Náměstí Zachariáše z Hradce (Zachariasplatz)**: Das großartige Ensemble der farbenfrohen Bürgerhäuser rund um den Zachariasplatz ist die Attraktion schlechthin. Spaziert man die Laubengänge entlang, lässt sich so manche nette kleine Galerie entdecken. Die sich kunstvoll in den Himmel rankende *Mariensäule* ist ein Werk von David Lipart aus der ersten Hälfte des 18. Jh. Einen schönen Blick über die Altstadt genießt man vom *Turm der Heilig-Geist-Kirche* (Kostel sv. Ducha) an der Palackého südöstlich des Platzes. Der spätromanische Turm ist 49 m hoch, die einst dazugehörende Wehrkirche brannte ab. Das enge Westende des Platzes dominiert das ehemalige *Jesuitenkolleg* samt Kirche (1679 fertig gestellt), heute im Besitz der Masaryk-Universität Brünn. Es wurde zuletzt aufwendig restauriert. Dahinter erhebt sich die *Jakobskirche* (Chrám sv. Jakuba), die ihre heutige zweischiffige Gestalt nach den Hussitenkriegen erhielt. Daneben steht das Schloss.

**Turm der Heilig-Geist-Kirche**, Juni–Aug. tägl. (außer Mo) 10–12 u. 13–17 Uhr. 0,60 €, erm. 0,40 €.

**Zámek (Schloss)**: Das prächtige Renaissanceschloss mit seinen Arkadenhöfen und Bogengängen aus der Herrschaftszeit von Zacharias von Neuhaus (1550–1589) blieb weitestgehend in seinem Originalzustand erhalten, da die späteren Herren von Teltsch wenig Interesse an zeitgemäßen Umbauarbeiten zeigten. Durch das Schloss werden zwei Touren angeboten. Eine Führung widmet sich den *Renaissancesälen* mit ihren kunstvoll verzierten Kassettendecken, die schönste schmückt den *Goldenen Saal*. Im Mittelpunkt der zweiten Tour (nur Mai–Sept.) stehen die *Privatgemächer der Familie Lichtenstein-Podstatsky*, der letzten adeligen Besitzer des Schlosses (bis 1945). Dabei sieht man u. a. Delfter Fayencen, Sammlungen von

Telč ist eine der schönsten Kleinstädte des Landes

Bierkrügen und Zinn, die *Schlossbibliothek* mit 8000 Bänden und ein buntes Durcheinander kostbarer Möbel verschiedenster Stilrichtungen.

In der *Schlossgalerie* (Zámecká Galerie) werden wechselnde Ausstellungen gezeigt. Des Weiteren gibt es auf dem Schlossareal noch einen Ableger des *Böhmisch-Mährischen Museums Jihlava* (Muzeum Vysočiny Jihlava Pobočka Telč). Es ist eine Art Stadtmuseum, ganz nett gemacht, aber mit relativ wenig Infogehalt zur Stadtgeschichte. Zu sehen sind u. a. eine Bauernstube, ein bürgerliches Wohnzimmer und mittelalterliche Türschlösser.

April u. Okt. tägl. (außer Mo) 10–12 u. 13–16 Uhr, Mai/Juni u. Sept. bis 17 Uhr, Juli/Aug. bis 18 Uhr. 3,60–4,40 €/Tour (40–50 Min.), erm. 2,40–2,80 €, Galerie 2,60 € (erm. 1,80 €) extra, Museum 1,20 € extra (erm. die Hälfte). www.zamek-telc.eu.

## Umgebung von Telč

**Nová Říše (Neureisch)**: Das an sich vollkommen reizlose Dorf 10 km südöstlich von Telč wäre keinen Umweg wert, gäbe es da nicht ein mächtiges *Prämonstratenserinnenkloster* aus der ersten Hälfte des 13. Jh. 1641 ging es an den männlichen Zweig des Ordens über. Während des Zweiten Weltkrieges wurde das Kloster aufgelöst, die Mönche deportierte man in Arbeitslager. 1991 bekam der Orden das Kloster zurück. Heute arbeitet man eng mit dem Stift Geras in Österreich zusammen. Der Klosterbau im Stil des Barock und der Spätrenaissance ist von außen restauriert. Die *Abteikirche* mit kostbarem Interieur besitzt Fresken von Johann Lukas Kracker aus dem Jahr 1766. Sehenswert ist zudem die *Klosterbibliothek*.

**Verbindungen** **Busse** bis zu 5-mal tägl. nach Jihlava, bis zu 9-mal nach Telč. Haltestelle am Marktplatz nahe dem Kloster.

**Öffnungszeiten** **Kloster**, Führungen nur Juli/Aug. Mo–Sa um 9, 10.30, 13.30 u. 15.30 Uhr, So nur um 13.30 u. 15.30 Uhr. Eintritt für alle Touren 3 €, erm. 2 €. www.klasternovarise.cz.

**Hrad Roštejn (Burg Rosenstein)**: Die Burganlage, 9 km nördlich von Telč und von dichten Wäldern umgeben, ist ein beliebtes Ausflugsziel von Radfahrern. Grund dafür ist die Hospoda Na Hradě – eine urige Kneipe mit ein paar Tischen im ersten Hof. Erbaut wurde die Burg im 14. Jh., im 16. Jh. ließ sie Zacharias von Neuhaus im Stil der Renaissance zum Jagdsitz umbauen. Anfang des 20. Jh. brannte die Burg ab, in der zweiten Hälfte des 20. Jh. wurde sie wieder aufgebaut.

**Anfahrt/Öffnungszeiten**: Erst der 112 Richtung Pelhřimov folgen, nach ca. 7 km rechts ab Richtung Doupě, dann ausgeschildert. April u. Okt. nur Sa/So 10–17 Uhr, Mai tägl. (außer Mo) 9–17 Uhr, Juni–Aug. tägl. (außer Mo) 9–18 Uhr, Sept. tägl. (außer Mo) 10–17 Uhr. 2,20 €, erm. 1,50 €. www.30hrad-rostejn.cz.

Imposante Lage: Barockschloss in Vranov nad Dyjí

# Südmähren

Jižní Morava

**Südmähren wird mit warmem Klima, süffigem Wein und einer lebendigen Folkloretradition in Verbindung gebracht. Das alles stimmt – in Ansätzen.**

Südmähren liegt eingebettet zwischen der Böhmisch-Mährischen Höhe im Westen und den Weißen Karpaten an der Grenze zur Slowakei im Osten. Gen Süden schließt das österreichische Weinviertel an. Die Landschaft präsentiert sich eine Spur grüner und üppiger als die Böhmens oder Nordmährens. Das gilt v. a. für das von der Sonne verwöhnte Mikulover Gebiet, das von ausgedehnten Obstbaumplantagen und vom

## Südmähren – die Highlights

**Brno**: Die mährische Hauptstadt bietet keine Bilderbuchromantik, dafür etliche Museen, Galerien, Theater und ein ausschweifendes Nachtleben.

**Mährischer Karst**: Die Tropfsteinhöhlen des Mährischen Karstes sind die spektakulärsten der Republik und einen Ausflug wert.

**Burg Pernstein**: Mehr Burg kann eine Burg nicht sein. Ein beeindruckendes Zeugnis jener Epoche, als Männer noch Ritter waren.

**Vranov-Stausee**: Baden und Kultur stellen in diesem Feriengebiet an der Grenze zu Österreich eine Einheit dar. Im östlich angrenzenden Thayatal-Nationalpark kommen Aktivurlauber auf ihre Kosten.

**Mikulov**: Ein Hauch Italien – in der Weinstadt Mikulov müssen Sie einfach Halt machen.

**Lednicko-valtický areál**: Zwei prächtige Schlösser und drum herum fast 300 $km^2$ Landschaftspark. Die beeindruckende Kombination aus Natur und Architektur ist auf der UNESCO-Welterbeliste verzeichnet.

**Zlín**: In der Ersten Republik als perfekte Arbeiterstadt geplant, kämpft Zlín heute mit strukturellen Problemen. Einmalig ist jedoch das funktionalistische Stadtbild – ein Tipp für Architekturinteressierte.

**Kroměříž**: Kleinstadt mit ein paar Brillanten – die blühenden Gärten und das Schloss stehen ebenfalls auf der UNESCO-Welterbeliste.

Weinanbau geprägt ist. Der mancherorts gezogene Vergleich zur Toskana ist aber mehr als PR-Gag zu verstehen.

Auch die viel besungene südmährische Folklore mit ihren bunten Trachten, heidnischen Bräuchen und der skurrilen Zimbelmusik ist mehr Touristenkult als Realität. Wer nicht zufällig auf einem ausschweifenden Dorffest in der Mährischen Slowakei landet, ein ländliches Volkskundemuseum besucht oder in einer derben Gasthütte zum Spanferkel vom Grill greift, wird sie nur schwerlich ausfindig machen.

Doch keine Sorge, Südmähren kann gefallen. Wer genügend Zeit mitbringt, lernt die wilde Jugend der „Hauptstadt" Brünn kennen, entspannt sich in der Beschaulichkeit von Mikulov und Kroměříž oder in der rustikalen Einfachheit der Mährischen Walachei mit ihren hölzernen Kirchen. In Sachen Religiosität unterscheiden sich die konservativeren und sinnlicheren Südmährer übrigens deutlich von ihren böhmischen Nachbarn.

## Brno

Brünn

**Als das „Paris Mährens", die „Schöne im Schatten Prags" oder „Klein-Wien" wird Brünn gerne bezeichnet. Die Brünner mögen diese Vergleiche mit Stolz erfüllen, die Pariser, Prager oder Wiener werden sie eher mit einem abfälligen Schmunzeln kommentieren.**

Brno, der historische und kulturelle Mittelpunkt Mährens, ist mit 377.000 Einwohnern die zweitgrößte Stadt der Tschechischen Republik. Zugleich ist sie eine der bedeutendsten Industrie-, Verwaltungs- und Universitätsstädte des Landes, als traditionelle Messestadt nimmt Brünn gar eine herausragende Rolle ein. Diese Mischung hält den Puls in der mährischen Metropole hoch. Ihren Charme konnte die alte Dame aber nur fragmentarisch in die Moderne retten: Abseits der strahlend-schönen Fassadenpracht der belebten Vorzeigestraßen tun sich böse Narben auf, und der Gürtel rund um die Stadt entspricht alles andere als irgendeiner Bilderbuchromantik. Dennoch: Kunst- und Kulturinteressierte können hier ein paar kurzweilige Tage verbringen. Etliche Museen, Galerien und Theater zeichnen ein buntes Bild der eigenständigen mährischen Kulturlandschaft. Hinzu kommen ein verrücktes studentisches Nachtleben, gute Einkaufsmöglichkeiten, grüne Parks zum Relaxen in der Sonne und diverse architektonische Quertreiber, die die kühnen Ideen der Bauhausgeneration widerspiegeln.

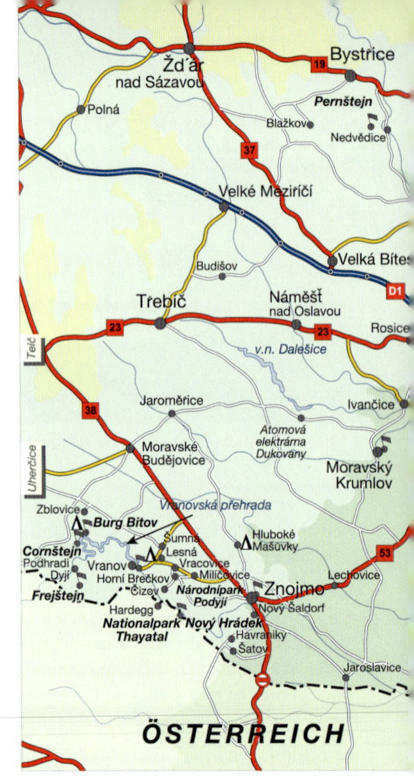


**Geschichte:** Archäologische Funde beweisen, dass die Gegend um Brünn bereits vor 70.000 Jahren von Bären- und Mammutjägern durchstreift wurde. Die Stadtgeschichte beginnt jedoch erst im 11. Jh., als hier eine Burg entstand. Ihr zu Füßen ließen sich ab der zweiten Hälfte des 12. Jh. deutschsprachige und flämische Kolonisten nieder. Das kleine Gemeinwesen wuchs schnell, 1243 erhielt es die Stadtrechte, und um 1400 zählte man bereits ca. 7000 Einwohner. Während der Hussitenkriege wurde die Stadt mehrmals belagert, jedoch nie eingenommen. Im Dreißigjährigen Krieg standen die Schweden vor den Toren Brünns – auch ihre Versuche, die Stadt einzunehmen, schlugen fehl.

1704 kam Moritz Grimm (1665–1757) aus Bayern nach Brünn, gestaltete etliche Kirchen und Paläste im Barockstil um und avancierte damit zu dem Baumeister, der das Bild der Altstadt am meisten prägte. („Ein Provinztalent, aber ein solider

## Wer hat an der Uhr gedreht …

Im Dreißigjährigen Krieg, genauer am 3. Mai 1645, begann die Belagerung Brünns durch die Schweden. General Tortennson hatte mit 28.000 Soldaten vor den Toren der Stadt Stellung bezogen. Zur Verteidigung Brünns waren dem Stadtkommandeur Raduit Louis de Souches gerade 1500 wehrhafte Männer untergeben. Monatelang mussten die Stadtmauern dem schwedischen Beschuss standhalten. Unzählige Gebäude wurden zerstört, die Zahl der Opfer war auf Brünner Seite mit 250 Toten jedoch verhältnismäßig gering. Am Morgen des 23. August riss General Tortennson der Geduldsfaden. Er gab den Befehl zum letzten Großangriff – entweder sollte die Stadt bis zum Mittag fallen, oder man würde mit dem Heer weiterziehen. Einem jungen Hirten, der von dem Befehl Wind bekommen hatte, gelang es, die Nachricht in die Stadt zu bringen. Um 11 Uhr erreichte die Meldung auch den Domglöckner, der – der Fall der Stadt zeichnete sich schon ab – kurzerhand das Mittagsgeläut anstimmte. Die Schweden brachen ihren Angriff ab, und die Stadt war gerettet. Seitdem erschallen die Mittagsglocken des Brünner Doms um 11 statt um 12 Uhr.

Handwerker“, so Kritiker.) In der zweiten Hälfte des 18. Jh. begann Brünns Aufstieg zur Industriestadt. 1766 wurde die erste Textilfabrik errichtet, 15 Jahre später gab es schon über 20, und Brünn erhielt den Titel „Mährisches Manchester“. 1839 fuhr die erste Eisenbahn nach Wien, und nach Wiener Muster wurde 1860 die barocke Stadtbefestigung beseitigt und die Innenstadt stattdessen mit Parkanlagen eingefasst. 1891 wurde das nach Plänen der Wiener Architekten Fellner und Helmer erbaute Mahen-Theater (heute *Mahenovo divadlo*) feierlich eröffnet, das erste Theater Österreich-Ungarns, das eine elektrische Beleuchtung besaß. Gleichzeitig förderte die florierende Industrie den Zuzug von Arbeitskräften und Wissenschaftlern. 1910 zählte man bereits rund 120.000 Einwohner, von denen 80.000 Deutsch und 40.000 Tschechisch als Muttersprache angaben. Zwischen den Weltkriegen stieg Brünn zu einer der modernsten Städte Europas auf, was sich architektonisch in einer Vielzahl an funktionalistischen Bauten (→ S. 535 ff.) widerspiegelt. 1928 wurde das Messegelände errichtet. Die Aufbruchstimmung fand 1939 mit dem Einmarsch der Nazis ein jähes Ende. Deren sechsjähriger Herrschaft fielen rund 11.000 Brünner Juden zum Opfer, dazu kamen noch zahllose deutsche und tschechische Oppositionelle, die in den Folterkammern der berüchtigten Festung Spielberg zu Tode kamen.

Auf den Zusammenbruch der Naziherrschaft folgte der *Brünner Todesmarsch* – ein Teil der deutschen Einwohner wurde dabei gezwungen, zu Fuß nach Wien zu gehen. 6000 Menschen starben. Nach der Machtübernahme der Kommunisten wurden Prag auf tschechischer und Bratislava auf slowakischer Seite gefördert, Brünn ergraute. Heute, nach der Dezentralisierung des Landes (den Pragern konnte man den Verfassungsgerichtshof und die Generalstaatsanwaltschaft abtrotzen), sieht die Zukunft wieder rosig aus.

**Orientierung**: Die Silhouette der Stadt prägen die Burg Spielberg und der Dom auf dem Petrov. Das Leben spielt sich mit wenigen Ausnahmen in der eiförmigen Altstadt ab, die von den Straßen *Koliště* und *Husova* umrahmt wird. Das kompakte Zentrum lässt sich gut zu Fuß erkunden und ist weitestgehend verkehrsberuhigt. Die Hauptgeschäftsstraße ist die *Masarykova*, die vom Bahnhof zum *Náměstí Svobody* führt. Auch entlang ihrer Verlängerung, der *Česká*, findet man gute Einkaufsmöglichkeiten. Zu den Attraktionen außerhalb des Zentrums (z. B. Villa Tugendhat oder Anthropos) gelangt man mit der Straßenbahn. Aufgrund des verwirrenden Einbahnstraßensystems ist die Erkundung Brünns mit dem eigenen Fahrzeug nicht zu empfehlen.

## Basis-Infos

**Information** **Tourist Information**, im Alten Rathaus an der Radnická. Mo–Fr 8–18 Uhr, Sa/So 9–18 Uhr. Organisiert Stadtführungen. ✆ 542427150/1, www.ticbrno.cz.

**Verbindungen** Den **Stadtverkehr** besorgen Busse, Trolleybusse und Straßenbahnen, Infos auf www.jrbrno.cz. Zentrale Straßenbahnstationen vor dem Bahnhof und am Moravské nám. Tickets, die für alle Verkehrsmittel gültig sind, kauft man z. B. bei der Tourist Information, in Tabakläden oder an den gelben Automaten.

**Züge**: Der schöne Bahnhof (Restaurant im Habsburger Stil) befindet sich wenige Fußmin. südöstlich des Zelný trh. Regelmäßig über Pardubice nach Prag, Tišnov, Ostrava, Jihlava, Žd'ár nad Sázavou und Olomouc, bis zu 7-mal nach Wien, bis zu 5-mal nach Berlin und Pilsen. Es gibt Pläne, den alten Hauptbahnhof durch einen modernen gläsernen Bau ca. 800 m südlich des alten Bahnhofes zu ersetzen.

**Überlandbusse**: **Intercity-Busbahnhof** 5–10 Fußmin. südöstlich des Bahnhofs an der

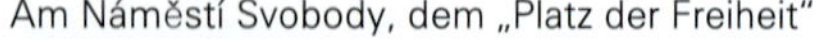

Am Náměstí Svobody, dem „Platz der Freiheit"

Plotní. Von dort kommt man in nahezu alle Winkel Tschechiens, u. a. halbstündl. nach Prag. Die komfortablen Busse der Gesellschaften *Student Agency* (halbstündl. nach Prag, regelmäßig nach Ostrava und Zlín) und *Eurolines* (ebenfalls nach Prag, in die Slowakei, nach Wien und Slowenien) starten jedoch vom **alten Busbahnhof** nördlich des Bahnhofs an der Benešova.

**Flugzeug**: Der Brünner Flughafen (www.airport-brno.cz) liegt ca. 8 km südöstlich des Zentrums. Zu erreichen von 5–22 Uhr alle 30 Min. mit Ⓑ 76 (Abfahrt in Brünn gegenüber dem Grandhotel Brno zwischen Bahnhof und altem Busbahnhof).

**Ärztliche Versorgung** **Krankenhaus U svaté Anny** an der Pekařská 53 südlich des Burgbergs. ✆ 543181111, www.fnusa.cz.

**Autoverleih** **Sixt** und **Europcar** haben ihre Büros am Flughafen. In der Innenstadt vermittelt das Hotel International (Husova 16, ✆ 542122670) Autos von **Avis**, billigstes Fahrzeug ab ca. 45 €.

**Parken** Die bewachten Parkplätze des Hotels International an der Husova (13 €/Tag) dürfen auch Nichtgäste benutzen. Recht sicher und nahe der Fußgängerzone parkt man auch im Einkaufszentrum Galerie Vaňkovka, (1. Std. frei, 10 Std. 8,50 €), Ve vaňkovce 1.

## Einkaufen

→ Karte S. 524/525

Hauptshoppingmeile ist die Masarykova (→ Orientierung) mit etlichen Modegeschäften, die man auch von daheim kennt, sowie einer Reihe netter Cafés und Fastfood-Läden. Ein paar zusätzliche Tipps:

**Antiquariate** Eine große Auswahl deutschsprachiger Literatur bieten z. B. **Antikvariát Petr Bouda** 8, Kounicova 15, und **Antikvariát Petr Vintrlík** 36, Kapucínské nám. 11.

**Kleidung** **Boutique Valentine** 20, viel Zweitklassiges, aber auch glitzernde Abendroben – z. T. Markenware aus Frankreich zu Spottpreisen! Vachova 6.

**Markt** **Obst- und Blumenmarkt** werktags am Zelný trh.

**Shoppingcenter** Größter innerstädtischer Shoppingpalast ist die **Galerie Vaňkovka** 43 an der Úzká/Ecke Domych 5 Fußmin. südöstlich des Bahnhofs. In der Maschinenfabrik aus dem 19. Jh. sind 130 Läden und ein riesiger *Tesco* untergebracht. Davor fahren kostenlose Zubringerbusse zu den außerhalb gelegenen Shoppingcentern wie **Shopping Park**, **Olympia** und **Futurum** ab.

Im historischen Zentrum lohnt zudem ein Blick ins **Obchodní centrum Dům Pánů z Lipě** 23 am Náměstí Svobody (→ Rund um den Náměstí Svobody). Stilvoll restaurierter Renaissancebau mit Cafés, Galerien, kleinen Boutiquen und Kunsthandwerksläden.

**Skurriles** **Liturgický Apoštolát** 39, am Kapucínské nám. neben der Kapuzinerkirche. Der von Nonnen betriebene Laden hält Messgewänder, Kruzifixe, Heiligenbilder, Rosenkränze und Kerzen bereit.

**Wein** **Vinotéka Špalíček**, etwas versteckt im EG des Shoppingcenters **Velký Špalíček** 27. Vorrangig mährische Produkte. Měcová/Ecke Dominikánské nám.

Eine gute Auswahl an mährischen Weinen bietet auch **Moravská banka vin** 31 an der Starobrněnská 12.

## Übernachten

→ Karte S. 524/525

Das Gros der zentralen Hotels ist für das Gebotene überteuert, was sich während Messezeiten bis zur Dreistigkeit steigert. Die Tourist Information vermittelt gegen eine kleine Provision neben Hotels auch Privatzimmer und Pensionen (ab 12 €/Pers.) sowie Betten in Studentenwohnheimen (ab 7 €/Pers.).

**Hotels** **** **Grandhotel Brno** 29, traditionsreiches Haus (seit 1870) beim Bahnhof, der Kette *Austriahotels* zugehörig. Glanzvoll das stattliche Äußere, die 110 Zimmer und Suiten sind dagegen klassisch-altbacken ausgestattet. Sauna, Fitnessraum und hauseigenes Casino. Bewachte Parkplätze. Stets wechselnde Preise, DZ 114–142 €. Benešova 18–20, PLZ 65783, ✆ 542518136, www.grandhotelbrno.cz.

Südmähren → Karte S. 518/519

»» Unser Tipp: **** **Royal Ricc 30**, eines der schönsten kleinen Hotels Tschechiens und ein Tipp in dieser Preisklasse. 13 luxuriöse Zimmer, stilvoll mit Antiquitäten (z. T. auch Repliken) und alten Kachelöfen bestückt. Alte Balkendecken, Ziegelsteinböden. 1-a-Service. Restaurant, Weinkeller, Bar, eigene Parkplätze. EZ ab 142 €, DZ ab 157 €. Starobrněnská 10, PLZ 60200, ✆ 542219262, www.royalricc.cz. ««

**** **Barceló Brno Palace 33**, in einem prunkvoll renovierten Stadtpalais. Toller Arkadenhof. Stilvolle Zimmer, gepflegtes Restaurant. DZ 100–150 €. Šilingrovo náměstí 2, PLZ 60200, ✆ 532156777, www.barcelo.com.

**** **Pegas 18**, zur gleichnamigen Brauerei gehörend. Frisch restaurierte Zimmer (jedoch nicht gerade innovativ) mit Minibar. Freundlicher Service. Zentralste Lage. EZ 72 €, DZ 91 €, während Messezeiten doppelter Preis. Jakubská 4, PLZ 60200, ✆ 542210104, www.hotelpegas.cz.

**** **Slavia 16**, besitzt eine 100-jährige Tradition. Die letzte große Restaurierung des zentral gelegenen Jugendstilbaus fand 1987 statt, dementsprechende Teppichbodenzimmer mit TV (neueren Datums) und Minibar. EZ ab 70 €, DZ ab 78 €. Solniční 15–17, PLZ 60200, ✆ 542321249, www.slaviabrno.cz.

*** **Slovan 4**, in Laufnähe zum Zentrum. Mittelklassehaus mit schicker Rezeption. Doch spätestens im Aufzug verblasst die Pracht. 96 Zimmer, unterschiedlich ausgestattet, nicht schön, aber okay. Disco im Haus. Eigene Parkplätze (9 €/Nacht). EZ ab 47 €, DZ ab 62 €. Lidická 23, PLZ 60200, ✆ 533422111, www.hotelslovan.cz.

**Pensionen** **Pension BVV 42**, nahe dem Messegelände. 17 Zimmer und 2 Apartments, alle mit privaten Bädern. Standardmobiliar, Teppichböden. EZ 32 €, DZ 44 €. Hlinky 28a (Ⓢ 1, Mendlovo nám.), PLZ 60300, ✆ 543213426, ft@bvv.cz.

**U Kašny 6**, ca. 10 Fußmin. nordöstlich des Zentrums. Sterile, billig ausgestattete, saubere Zimmer. In der „Luxusversion“ mit Du/WC und Balkon, ansonsten bis auf wenige Ausnahmen Dusche im Zimmer, privates WC jedoch außerhalb. Bierkneipe mit Hinterhofterrasse nebenan. DZ 32 €, kein Frühstück. Francouská 15, PLZ 60200, ✆ 545244762, www.kasna.cz.

**Camping** **Autocamp Obora**, ca. 15 km nordwestlich des Zentrums (Ⓑ 303 ab Brünn/Zoo), von der Straße 384 Richtung Veverská Bítýška ausgeschildert. Einer von mehreren Campingplätzen am Stausee Brněnská přehrada. Großer, leicht ansteigender Wiesenplatz, selten voll. Restaurant. Kein eigener Strand, nächster Strand 1 km entfernt. Frisch restaurierte Sanitäranlagen. Mai–Sept. 2 Pers. mit Zelt u. Auto 12 €, in der Hütte 9 €/Pers. Rakovecká 72, PLZ 63500, ✆ 546223334, www.autocampobora.cz.

## Essen & Trinken

→ Karte S. 524/525

**Restaurants** **Pod Radničním Kolem 28**, Weinrestaurant unter dem Alten Rathaus. Backsteinkeller, Sommerterrasse. Spezialität des Hauses sind dicke Steaks, serviert werden aber auch die tschechischen Klassiker. Mi abends mährische Volksmusik. Hg. 5–16 €, Mittagsmenüs für 3,30 €. Měcová 5, ✆ 542211135.

**Pegas 18**, gepflegte, äußerst populäre Mikrobrauereigaststätte. Das hiesige Bier gehört zu unseren persönlichen Favoriten, insbesondere das naturtrübe Helle *(Ležák)*. Zudem wird – außergewöhnlich in Tschechien – Weizenbier ausgeschenkt. Gute Küche mit mährischen Spezialitäten, Hg. 5–12 €. Für den Abend empfiehlt sich eine Reservierung. Jakubská 4, ✆ 542210104.

»» Unser Tipp: **Skanzeen 35**, liebevoll im Stil einer Blockhütte eingerichtetes Lokal. Hier sitzt man gerne länger. Slowakische Spezialitäten wie Sauersuppe mit Würstchen, unterschiedlich gefüllte *Harula* (eine Art Kartoffelpuffer) oder *Halušky*, die slowakischen Spätzle, die ebenfalls in verschiedenen Varianten auf den Tisch kommen. Hg. 3,50–13 €. Pekařská 80, ✆ 543244962. ««

**Zemský dům 10**, gehört zur Kette der „Pilsner Urquell Original Restaurants“, die sich durch ordentliche Küche und korrekten Service auszeichnet. Groß, gemütlich und relativ qualmfrei. Neben mährischen Spezialitäten (darunter Räucherfleisch mit Pflaumensoße oder der berühmte *Spatz*) auch Steaks vom Grill und vegetarische Gerichte. Hg. 4–11 €. Žerotínovo nám. 2, ✆ 541213118.

»» Unser Tipp: **Borgo Agnese 40**, versteckte Lage am Ende einer Sackgasse am Rande der Altstadt, aber der Weg lohnt sich: mediterrane saisonale Küche vom Feinsten. Ausgezeichnete Weinkarte, professioneller Service. Chefkoch Michal Prachař lässt sich einige Überraschungen einfallen – kosten Sie den Rehrücken in Schokoladen-Chili-Soße. Hg. ab 11 €. Kopečná 43, ✆ 515537500. «<

**Il Mercato** 32, edler Italiener direkt am Krautmarkt, der damit wirbt, dass er Fisch und Fleisch direkt aus Italien kommen lässt. Und natürlich gibt es auch hier die in Italien klassischen 5-Gänge-Menüs – inkl. Wein für 90 €. Hg. ab 10 €. Zelný trh 2, ✆ 542212156.

**Velký Špalíček** 26, helles Bio-Restaurant voller großer Pflanzen. Trotzdem hat es leider den Charme einer guten Selbstbedienungskantine. Täglich frisch zubereitete, ausschließlich vegetarische Gerichte. Kein Alkohol, keine Cola. Bis 21 Uhr. Mečová 2, ✆ 543214878. ■

**Pivovarská Restaurace** 41, zur Brauerei *Starobrno* gehörende Lokalität westlich des Zentrums. Teilt sich auf in eine große, derbe Pivnice (günstige Tagesgerichte), eine *Heineken*-Bar und ein etwas steriles, riesiges Café-Restaurant. Bierspezialität ist das 14-gradige, helle *Baron Trenck*. Die große Terrasse wäre ohne den lauten Busbahnhof davor recht nett. Große Speisekarte, Hg. 6–16 €. Mendlovo nám., ✆ 543420130.

**Leporelo** 17, kühl-stylishes Restaurant im Haus der Kunst, verbunden mit einem Designer-Shop und einer schönen Terrasse. Tägl. wechselnde Karte mit tschechischen und mediterranen Gerichten. Malinovského nám. 2

**Pivnices/Kneipen** **U Pandura** 37, lang gezogene Keller-Pivnice im Backsteingewölbe. Hier gibt es das kohlensäurearme *Černa-Hora*-Bier, und zwar als 10-gradiges *Kern* (hell), 12-gradiges *Granat* (dunkel) oder 14-gradiges *Kvasar* (hell). Etwas gewöhnungsbedürftig ist das *Borůvkové pivo* (Blaubeerbier). Günstige Standardküche. So geschl. Kapucínské nám. 8.

**Hospoda Veselá Husa** 34, zum experimentellen Theater *Husa na provázku* gehörend. Wer in der „Glücklichen Gans" sein Bier trinkt, trägt eine schwarze Hornbrille oder Rastalocken. Bilder aus alten Brünner Theatertagen an der holzverkleideten Wand. Kleine Snacks. Petrská.

**U Bláhovky** 9, typisch tschechische Bierschwemme mit frisch gezapftem Pilsner Urquell. Im Sommer eine große Menschentraube an den Stehtischen vorm Haus. Buntes Publikum. Die Schweinshaxe ist legendär. Gorkého 96/54.

**Cafés** **Soul Bistro** 12, 2014 eröffnet und direkt zum Wohnzimmer der Mitarbeiter des Tschechischen Fernsehens geworden, in dessen Gebäude es sich befindet. Verspieltes Design im französischen Landhausstil, flotte, freundliche Bedienung und Tageskarte mit jeweils 3 einfachen, aber leckeren Gerichten zu ca. 4 €. Jezuitská 7.

**Kavárna Era** 2, legendäres funktionalistisches Café aus dem Jahr 1928. Auch wenn es etwas außerhalb im Stadtteil Černá Pole liegt, lohnt sich der Besuch nicht nur wegen des herausragenden Designs, sondern auch wegen der guten Küche! Zemědělská 30, am einfachsten zu erreichen mit der Ⓢ 11, die u. a. am Janáček-Theater (Janáčkovo divadlo) vorbeikommt, steigen Sie an der Station Zemědělská aus.

**Zemanova kavárna** 11, Nachbau des funktionalistischen Cafés von Bohuslav Fuchs. Das Original wurde 1964 abgerissen, das heutige Café nach alten Plänen 1995 wieder aufgebaut. Lichter, gediegener Ort mit Sommerterrasse und Kaffeehausatmosphäre. Jezuitská 6.

»> **Unser Tipp:** **Teraza Café & Bar** 23, im 6. Stock des Renaissancegebäudes Dům Pánů z Lipě am Náměstí Svobody (→ Sehenswertes). Verglastes, überaus charmantes Café über den Dächern und Turmspitzen von Brünn – grandiose Aussichten! Im **Sound Café** ein Stockwerk darunter finden hin und wieder Partys statt. «<

**Café & Bar La Solitaire** 15, idealer Ort für ein gemütliches Gläschen mährischen Weins (große Auswahl) oder einen guten Cocktail. Warm eingerichtet, Kunst an den Wänden, Dielenböden. Dreistöckig, im Keller schwere Ledersofas. Kozí 12.

**Spolek** 25, zwei große, schlichte Säle mit Fischgräten-Parkett und Holztischen: oben gammeln Studenten und Intellektuelle bei Bier und Zigaretten, unten freuen sich junge Familien über die Kinderecke und die täglich frisch zubereiteten Gerichte. Das Spolek gilt als Geheimtipp unter jungen Brünnern. Ausländer trifft man hier wegen der versteckten Lage in einem Hinterhof in der Orlí 22 kaum.

Südmähren → Karte S. 518/519

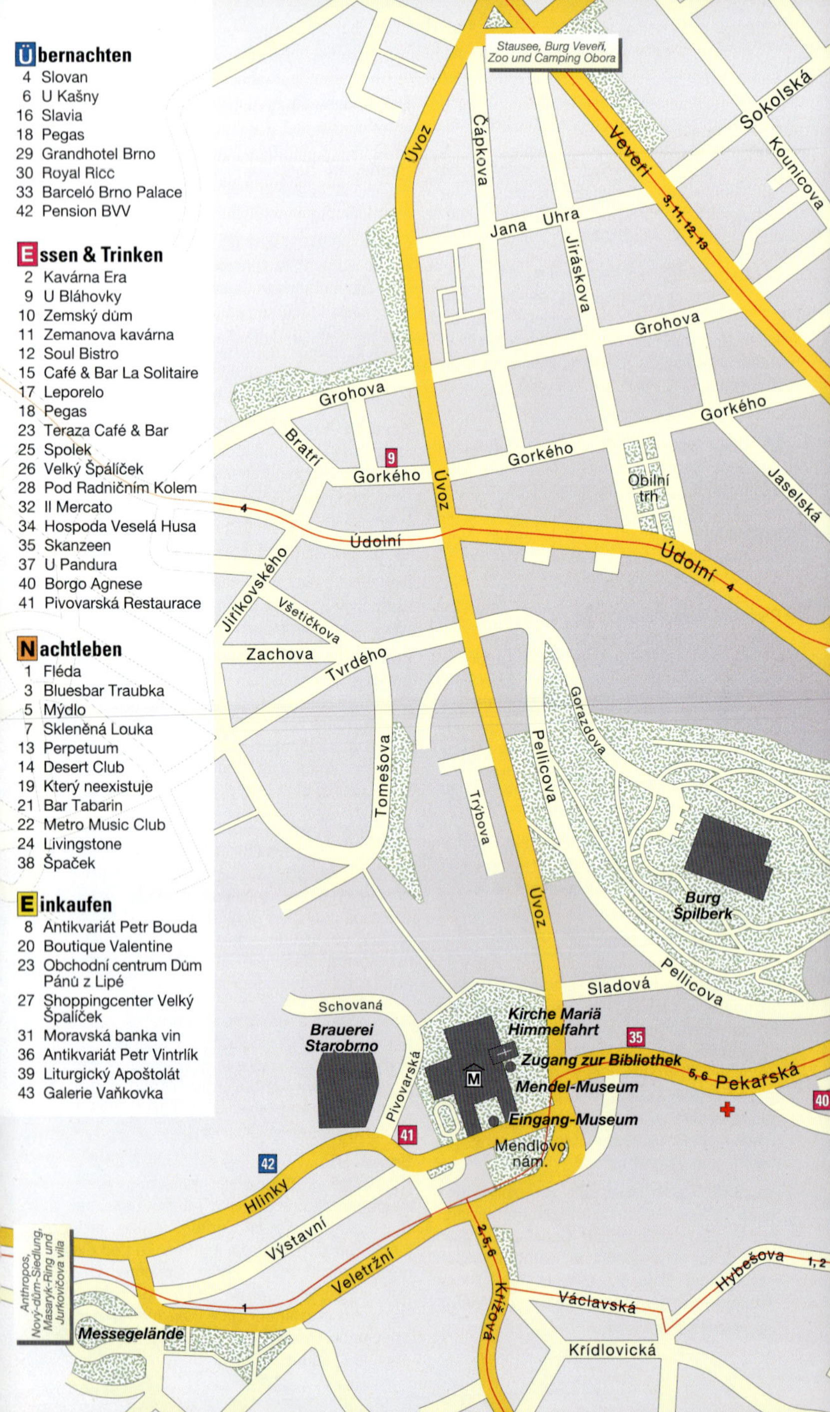

Übernachten
4 Slovan
6 U Kašny
16 Slavia
18 Pegas
29 Grandhotel Brno
30 Royal Ricc
33 Barceló Brno Palace
42 Pension BVV
Essen & Trinken
2 Kavárna Era
9 U Bláhovky
10 Zemský dům
11 Zemanova kavárna
12 Soul Bistro
15 Café & Bar La Solitaire
17 Leporelo
18 Pegas
23 Teraza Café & Bar
25 Spolek
26 Velký Špalíček
28 Pod Radničním Kolem
32 Il Mercato
34 Hospoda Veselá Husa
35 Skanzeen
37 U Pandura
40 Borgo Agnese
41 Pivovarská Restaurace
Nachtleben
1 Fléda
3 Bluesbar Traubka
5 Mýdlo
7 Skleněná Louka
13 Perpetuum
14 Desert Club
19 Který neexistuje
21 Bar Tabarin
22 Metro Music Club
24 Livingstone
38 Špaček
Einkaufen
8 Antikvariát Petr Bouda
20 Boutique Valentine
23 Obchodní centrum Dům Pánů z Lipé
27 Shoppingcenter Velký Špalíček
31 Moravská banka vin
36 Antikvariát Petr Vintrlík
39 Liturgický Apoštolát
43 Galerie Vaňkovka
Stausee, Burg Veveří, Zoo und Camping Obora
Úvoz
Čápkova
Veveří
Sokolská
Kounicova
3, 11, 12, 13
Jana Uhra
Jiráskova
Grohova
Gorkého
Bratří
Obilní trh
Jaselská
Údolní
4
Jiříkovského
Všetičkova
Zachova
Tvrdého
Gorazdova
Pellicova
Tomešova
Trýbova
Burg Špilberk
Sladová
Schovaná
Brauerei Starobrno
Pivovarská
Kirche Mariä Himmelfahrt
Zugang zur Bibliothek
Mendel-Museum
Eingang-Museum
M
Pekařská
5, 6
Mendlovo nám.
Hlinky
Výstavní
Veletržní
2, 5, 6
Křížová
Hybešova
1, 2
Václavská
Křídlovická
Anthropos, Nový-dům-Siedlung, Masaryk-Ring und Jurkovičova vila
Messegelände

1 Freibad Technisches Museum
Tugendhat-Haus 2
Blansko/Mährischer Karst
Roma-Museum
Busbahnhof, Shoppingcenter und Slavkov u Brna
Mikulov und Znojmo
Brno
100 m
Botanická
Tyršův sad
Smetanova
Antonínská
Janáček-Museum
Mezírka
Mášova
Slovákova
Kounicova
Lidická 1, 6, 7
Jeřábkova
třída Kapitána Jaroše
nám. 28. října
Drobného
Traubova
Kudelova
Milady Horákové
Příční
Stará
Příkop
Straßenbahnhaltestelle Zum Tugendhat-Haus
Koliště
Bratislavská
Ponávka
Veveří
Žerotínovo nám.
Moravské nám.
Brandlova
Marešova
Joštova
St.-Thomas-Kirche
Janáček-Theater
Rooseveltova
Statthalter-palast
St.-Jakobs-Kirche
Jakoubské nám.
Jezuitská
Za Divadlem
Haus der Kunst
Cejl
Solniční
Česká
Rašínova
Údolní
Besední dům
Besední
Běhounská
Vachova
Sukova
Mahen-Theater
Polizei
Dvořákova
Ethnographisches Museum
Komerční banka
Hotel International
Veselá
Kobližná
Malinovského nám.
Divadelní
Husova
Palais Pražakův
Kunstgewerbemus.
nám. Svobody
Poštovská
Jánská
Minoritenkirche
Mönitzer Tor
Zámečnická
Haus der Herren von Lipá
Minoritská
Dominikánské nám.
Neues Rathaus
Galerie Jan Špilar
Orlí
Alter Busbahnhof
Dominikanerkirche
Dominikánská
Panská
Radnická
Masarykova
Haus der Herren von Kunštát
Mečová
Altes Rathaus
Josefská
Novobranská
Benešova
Pellicova
BVV Fair Travel (Reisebüro)
Starobrněnská
Zelný trh
Františkánská
Busse zum Flughafen
Biskupská
Petrská
Reduta
Muzejní
Kapucínské nám.
Křenová
Kopečná
St.-Peter-und-Paul-Dom
Mährisches Landesmuseum
Kapuzinerkirche und -gruft
Anenská
Denisovy sady
Bašty
Bahnhof
Mlýnská
Jircháře
Nádražní
Leitnerova
Vodní
Uhelná
Dornych
Přízova
Hybešova
Nové sady
Úzká
Busse zu den Shoppingcentern
Leitnerova
Bezručova

## Nachtleben

→ Karte S. 524/525

Hier nur eine kleine Auswahl an Nightspots im Zentrum bzw. in Zentrumsnähe.

**Bars/Kneipen** **Který neexistuje 19**, die „Bar, die nicht existiert", ist Brünns derzeit angesagteste Cocktailbar: metallener Industrie-Look, verteilt auf 2 hochgeschossige Etagen, dazu eine Unzahl an leckeren Cocktails. Dvořáková 1.

**Špaček 38**, Kultur und Gastronomie in einem bietet das Kabarett-Café. Hier kann man nicht nur gut und günstig essen, sondern häufig auch Konzert- oder Kabarettveranstaltungen besuchen. Wer kein Tschechisch versteht, wird die gute Stimmung trotzdem mögen. Kopečná 46, www.kabaretspacek.cz.

**Skleněná Louka 7**, Kneipenkomplex auf mehreren Etagen. Bierselige Gewölbekneipe im Keller mit gitarrenlastiger Musik und gelegentlichen Lesungen. Glasdachbar im EG mit überwiegend elektronischer Musik. Einfach und nett, auch wenn der Haushund mal an die Theke pinkelt. Darüber eine alternative Teestube und unter dem Dach eine weitere Kneipe mit buntem Studentenpublikum und netter Terrasse. Kounicova 23.

**Bluesbar Traubka 3**, düstere, aber urgemütliche Szenekneipe mit guter Musik. Viele Spinnweben, teils sitzt man an alten Nähmaschinentischen. Freakiges junges Publikum trifft man auch in der Kneipe **Mýdlo 5** schräg gegenüber. Bollerofen, Kicker, simple, aber originelle Einrichtung, punkige Musik (im Hintergrund). Traubova 8 (etwas abseits des Zentrums).

**Clubs** **Fléda 1**, zuletzt *der* In-Club. Coole Location mit Programmkino und Veranstaltungen für alle Geschmäcker. 2 Bühnen und ein Chill-out-Room. Neben DJ-Partys auch Latin- und Rockkonzerte, D'n'B-Sessions etc. Tägl. ab 20 Uhr. Eintritt variabel. Štefánikova 24, www.fleda.cz, zu erreichen mit Ⓢ 1 o. 7 Hrnčířská.

**Metro Music Club 22**, Club mit Geschichte (gab es schon einmal bis 1937, wurde 2008 wiedereröffnet) und einer der beliebtesten Läden der Stadt. Fast jeden Abend gibt es Konzerte quer durch alle Genres, von Jazz über Rock bis hin zu Pop. Poštovská 6, www.metromusic.cz.

**Bar Tabarin 21**, klein, gammelig und verqualmt. Hier sammelt sich Brünns Partygemeinde, wenn alle anderen Läden der Stadt schon geschlossen haben. Nur Mi u. Fr/Sa ab 22 Uhr. Divadelní 3.

**Livingstone 24**, *der* Studententreff in Brünn, daher ist auch unter der Woche am meisten los. Großer Club, der mit Reisemitbringseln aus aller Welt (Tierfelle, afrikanische Statuen, Fotos aus Südostasien) geschmückt ist. 08/15-Discomusik. Kicker, kein Eintritt. Dominikánské nám. 5, www.livingstonebrno.cz.

**Desert Club 14**, lustiger, stets gut besuchter Kellerclub. Gemischtes Publikum von Schülern bis zu alternden Freaks. Gelegentlich Konzerte (viel Reggae und African) und Jam-Sessions, sonst Kneipenbetrieb. Rooseveltova 11, www.dodesertu.cz.

Wer es eher elektronisch mag, geht in den Technoclub **Perpetuum 13** 2 Häuser weiter in Hausnr. 9. Vor Mitternacht ist hier allerdings tote Hose. Unscheinbare Deko. www.perpetuumklub.cz.

## Freizeit/Kultur

**Klassische Konzerte** Vorrangig im **Besední dům** (www.filharmonie-brno.cz) an der Husova, dem Sitz der Staatlichen Philharmonie Brünns. Tickets bekommt man an der Vorverkaufsstelle des Nationaltheaters (s. u.).

**Messen** Brünn ist Tschechiens Messestadt, rund 50 internationale Messen finden übers Jahr verteilt statt. Zu den größten gehören die Automobilausstellung **AUTOSALON** (Anfang Juni), die Messe für Informations- und Kommunikationstechnologien **INVEX** (Ende Okt.) und die Sportmesse **SPORT Life** (Anfang Nov.). Das Ausstellungsgelände selbst wurde einst als das schönste Europas gepriesen. Sehenswert sind noch heute der Pavillon A, der hoch wie eine Kathedrale ist, und die kreisrunde Halle Z mit einer Kuppel von 93 m Durchmesser. Die Innenräume des Gebäudes Zámeček entwarf Adolf Loos. Vom Bahnhof mit Ⓢ 1 (Haltestelle Výstaviště) zu erreichen.

**Theater** In Brünn gibt es um die 20 Theater. Die bedeutendsten und größten sind dem **Nationaltheater Brünn** (Národní divadlo Brno) untergeordnet, dazu gehören die Häuser **Janáčkovo divadlo, Mahenovo divadlo** (beide an der Rooseveltova) und **Reduta** (Zelný trh, → Sehenswertes). Vorverkauf u. a. im Reduta, ✆ 542424560, www.ndbrno.cz.

**Veranstaltungen** Ende Feb. kommen bei den **Europäischen Filmtagen** (www.eurofilmfest.cz) Cineasten auf ihre Kosten (auch deutsche Produktionen), ebenso Anfang April beim **Febiofest**, einem internationalen Filmfestival (www.febiofest.cz). Das **Jazzfest Brno** (www.jazzfestbrno.cz), ein internationales Jazzfestival, findet stets Ende April statt. Anfang Mai steigt das **Brněnský Majáles** (www.brno.majales.cz), ein zweitägiges Open-Air-Festival mit etlichen Bands und DJs, die meisten kommen aus Tschechien. Das mehrtägige Festival **Ignis Brunensis Internationalis** (www.ignisbrunensis.cz) Ende Mai/Anfang Juni geht am Stausee und auf der Burg Spielberg über die Bühne – prächtige Feuerwerke! Der **Motorrad-Grand-Prix** (www.automotodrombrno.cz) wird Mitte/Ende Aug. auf dem Masaryk-Ring (Masarykův okruh) veranstaltet (Ⓑ 68 ab dem Mendlovo nám., bis Endstation). Im Sept./Okt. schließlich findet das alljährliche Musikfestival **Mährischer Herbst** (www.mhf-brno.cz) statt.

## Sehenswertes rund um den Zelný trh (Krautmarkt) und den Kapucínské náměstí (Kapuzinerplatz)

Der leicht abschüssige, gepflasterte **Zelný trh** ist einer der ältesten Plätze der Stadt. In seiner Mitte steht der große barocke **Parnassus-Brunnen** mit Szenen aus der griechischen Mythologie. Den Entwurf dazu lieferte Johann Bernhard Fischer von Erlach (1656–1723), der als kaiserlicher Hofarchitekt auch den Bau von Schloss Schönbrunn geleitet hatte. Werktags findet um den Brunnen ein lebendiger Gemüsemarkt statt. Die Südseite (obere Seite) des Platzes beherrscht der **Dietrichstein-Palast** (Ditrichštejnský palác), der Anfang des 17. Jh. erbaut wurde. Heute ist das Palais zusammen mit dem schräg dahinter liegenden **Bischofshof** (Biskupský dvůr) Sitz des **Mährischen Landesmuseums** (s. u.).

Der St.-Peter-und-Paul-Dom dominiert das Zentrum von Brünn

Südmähren → Karte S. 518/519

Gegenüber (etwas tiefer) erblickt man das älteste Theater der Stadt, **Reduta** genannt, das im 17. Jh. aus einer Weinschenke hervorging. Vor heiterem Publikum traten hier einst diverse Wandertheatergruppen auf. Auch Kinder ließ man auf die Bühne, wie 1767 den damals gerade 11-jährigen Mozart, der hier ein Konzert dirigierte. Später brannte das Theater mehrmals ab, 2007 wurde es neu eröffnet.

Vis-à-vis befindet sich der Eingang zur mittelalterlichen Gewölbeanlage unter dem Zelný trh, dem sog. **Labyrinth** (s. u.). Ein paar Schritte weiter breitet sich der **Kapuzinerplatz** aus, benannt nach dem 1604 hier gegründeten Kloster. Einen schaurigen Besuch wert ist die **Kapuzinergruft** (s. u.) unter der dortigen kleinen, schlichten Kirche. In entgegengesetzter Richtung verläuft die Radnická zum **Alten Rathaus** (s. u.) mit einem sehenswerten Portal.

Vom Krautmarkt bietet sich auch ein Spaziergang hinauf zum **St.-Peter-und-Paul-Dom** (s. u.) an. Wer den Weg über die Starobrněská und die Biskupská wählt, passiert ein paar herrliche Stadtpaläste, manche historisierend, manche im Jugendstil. Ohnehin ist das Eck rund um den Dom recht schön. Einen Abstecher wert ist auch der **Denisovy sady**, eine kleine, gepflegte Parkanlage, die sich südlich des Doms auf alten Befestigungsanlagen erstreckt. Am Abend blickt man von dort über die funkelnde Südstadt Brünns, tagsüber auf eine weite Ebene, die sich bis Wien zieht.

Altes Rathaus

**Moravské zemské muzeum (Mährisches Landesmuseum)**: Die eindrucksvollste Sammlung des Museums befindet sich im zweiten Stock des *Palais Dietrichstein* und zeigt prähistorische Funde aus Mähren. Darunter befindet sich auch die berühmte *Venus von Věstonice*, eine handgroße Frauenstatuette, die beim südmährischen Dorf Dolní Věstonice entdeckt wurde. Sie entstand vor ca. 25.000 Jahren und zählt somit zu den ältesten Statuen der Welt. Die erste Etage beherbergt eine umfassende Sammlung an Mineralien und Versteinerungen. Im Erdgeschoss gibt es ein Café und einen Museumsshop. Der benachbarte *Bischofshof* klärt u. a. über die Fauna Mährens auf, außerdem drehen ein paar Süßwasserfische in einem Aquarium ihre Runden.
Adresse/Öffnungszeiten: Zelný trh 8/ Muzejní 1. Di–Fr 9–17 Uhr, Sa/So 13–18 Uhr. Für beide Häuser (Palais Dietrichstein und Bischofshof) wird separat Eintritt verlangt. Die Höhe (1,80–4 €) hängt davon ab, was Sie sehen wollen. www.mzm.cz.

**Labyrinth**: Schon im Mittelalter wurde auf dem Krautmarkt Obst und Gemüse verkauft. Zu jener Zeit wurde der Platz zum Lagern der Ware auch unterkellert. Die unterirdischen Räume und Gänge wurden in den 1980ern wiederentdeckt, als einer Dame in der Straße Petrská buchstäblich der Boden unter den Füßen wegbrach. Heute kann man sich einer Führung durch das unterirdische Labyrinth anschließen, in dem es angeblich einst auch eine Folterkammer gab und Alchemisten an Leichen herumexperimentierten.

**Adresse/Öffnungszeiten**: Zelný trh 21. Tägl. (außer Mo) 9–18 Uhr. 5,80 €, erm. die Hälfte. www.podzemi.brno.cz.

### Vom Brünner Drachen und vom Brünner Rad

Die meisterzählten Stadtlegenden sind die vom *Brněnský drak,* dem Brünner Drachen, und vom *Brněnské kolo,* dem Brünner Rad. Der Drachen tauchte irgendwann am Fluss Svratka auf, riss dort Schafe, erlegte Hühner und fraß die badenden Jungfrauen. Angst und Schrecken machten sich breit. Schließlich wurde eine Belohnung für die Erlegung des Ungeheuers ausgesetzt. Ein Fleischergeselle strich sie ein. Er warf der Bestie eine mit ungelöschtem Kalk gefüllte, frisch geschlachtete Ziege hin. Der Drachen fraß sie, trank danach durstig Wasser, löschte damit den Kalk und platzte. Seitdem hängt er (mit Narbe am Bauch!) in der Toreinfahrt des Alten Rathauses. Tatsächlich handelt es sich jedoch um ein Krokodil. Einer anderen Legende zufolge wurde dieses der Stadt Brünn 1608 von König Matthias Corvinus geschenkt, der sich damit bei den Ständen einschmeicheln wollte. Er selbst hatte es angeblich vom türkischen Sultan Ahmet I. erhalten.

Das Rad von Brünn, 1636 entstanden, soll das Werk des Wagners Georg Birk aus Eisgrub (heute Lednice) sein. Er hatte mit einem Freund gewettet, an nur einem Tag einen Baum fällen, aus dem Holz ein Rad bauen und es ins ca. 50 km entfernte Brno rollen zu können. Er gewann die Wette. Doch die Meisterleistung brachte ihm kein Ansehen, eher das Gegenteil. Das Volk verdächtigte ihn fortan, mit dem Teufel im Bunde zu sein. Keiner gab mehr ein Rad bei ihm in Auftrag, sodass er in Armut starb.

**Kapucínská hrobka (Kapuzinergruft)**: *„Was ihr seid, waren auch wir. Was wir sind, werdet auch ihr sein."* Die Gruft mit der gestrengen Mahnung zählt zu den größten Attraktionen der Stadt, denn hier werden – wie in den berühmten Katakomben des Kapuzinerklosters in Palermo, nur in bescheidenerem Ausmaß – mumifizierte Leichen zur Schau gestellt. Bei den Toten handelt es sich überwiegend um Mönche, aber auch der Geldadel kaufte sich hier ein, in der Hoffnung, trotz anrüchiger Geschäfte zu Lebzeiten auf diese Weise schneller in den Himmel zu kommen. Die berühmteste Leiche ist die des Pandurenobersten Franz Freiherr von Trenck (1711–1749). Die Gesichter der bekleideten Mumien sind teils verzerrt, die Zähne gebleckt zum ewigen Grinsen oder Schreien. Der Mann mit dem aufgerissenen Mund und dem zur Seite geklappten Kiefer wurde angeblich scheintot beigesetzt, wachte hier wieder auf und starb dann eines qualvollen Todes.

**Adresse/Öffnungszeiten**: Kapucinské nám. Mai–Sept. Mo–Sa 9–12 u. 13–16.30 Uhr, So 11–11.45 u. 13–16.30 Uhr, Okt.–April selbe Zeiten, nur Mo geschl. 15. Dez. bis 31. Jan. geschl. 2,20 €, erm. die Hälfte. www.kapucini.cz.

**Stará radnice (Altes Rathaus)**: Das Gebäude mit seinem markanten Turm (80 m hoch, 151 Stufen) zählt zu den ältesten der Stadt. Sehenswert ist sein spätgotisches Portal. Achten Sie auf die Fiale (schlankes, spitzes Türmchen) über der Figur der

Südmähren → Karte S. 518/519

Gerechtigkeit. Sie ist so gekrümmt, dass man glaubt, sie könne jederzeit herabfallen. Bildhauer Anton Pilgram (vermutlich 1460–1516) wollte damit die Rechtschaffenheit der Ratsherrn in Frage stellen, die ihm mehrmals die Entlohnung verweigert hatten. Danach zog er nach Wien und machte sich am Stephansdom zu schaffen. Im Durchgang hinter dem Portal baumelt ein Krokodil von der Decke, an der Wand steht ein Rad – die Symbole der Stadt Brünn (→ Kasten).

**Adresse/Öffnungszeiten**: Radnická 4. **Turm**, April–Okt. tägl. 9.30–17 Uhr. 1,80 €, erm. die Hälfte. Gelegentlich werden Führungen durch das Rathaus veranstaltet. www.ticbrno.cz.

**Chrám sv. Petra a Pavla (St.-Peter-und-Paul-Dom)**: Man vermutet, dass auf dem Petrovhügel im 11. Jh. die erste Burg der Stadt errichtet wurde. Der Dom selbst ging aus einer ursprünglich romanischen Basilika hervor. Seine neogotische Gestalt erhielt er zu Anfang des 20. Jh. Sehenswert sind insbesondere die gotische *Maria mit dem Jesukind* gleich hinterm Eingang rechter Hand (14. Jh.) und der Kreuzweg von Jiří Marek aus den 1960ern – die letzten Stationen sind nicht viel mehr als ein wildes Durcheinander von Gliedmaßen. Neben dem Dom steht das *Museum sakraler Kunst* (Muzeum sakrálního umění), das aus dem Fundus der Brünner Diözese schöpft. Die Gemälde und Plastiken aus den verschiedenen Jahrhunderten sind sieben Stationen im Leben Christi zugeordnet.

**Adresse/Öffnungszeiten**: Petrov 1. **Dom**, tagsüber i. d. R. zugänglich. **Museum sakraler Kunst**, tägl. (außer Mo) 10–17 Uhr. 2,40 €, erm. 1,60 €. www.katedrala-petrov.cz.

## Sehenswertes rund um den Dominikánské náměstí (Dominikanerplatz) und entlang der Husova

Der Dominikanerplatz war einst der Fischmarkt der Stadt. Heute dient er den Angestellten des barocken **Neuen Rathauses**, welches den Platz nach oben hin begrenzt, als Parkplatz. Die Räumlichkeiten, die die Stadtverwaltung belegt, hatten die Dominikaner erbauen lassen. Im großen Innenhof kann man sich ein paar schöne Sonnenuhren anschauen. Die **Kirche** des einstigen Klosters (1658–1667) ist dem Hl. Michael geweiht. Ihr Inneres schwelgt im Barock. Gegenüber dem Rathaus befindet sich in Haus Nr. 6–7 die **Galerie Jan Špilar**. Špilar war für das Make-up und die Perücken in Milos Formans Film *Amadeus* verantwortlich. Auch Sie können sich hier stylen lassen. An der Dominikánská, die links der Dominikanerkirche bergauf führt, steht das **Dům Pánů z Kunštátu** (Haus der Herren von Kunštát, Hausnr. 9). Der Palast mit Innenhof beherbergt heute zwei Galerien und ein modernes Café. Vorrangig einheimische Avantgardekünstler stellen hier aus (tägl. außer Mo 10–18 Uhr, Eintritt variabel, www.dum-umeni.cz). Das Gebäude ist wie auch das Neue Rathaus ein Werk des bayerischen Baumeisters Moritz Grimm.

An der Husova westlich des Dominikanerplatzes befinden sich zwei Museen der **Mährischen Galerie** (Moravská galerie v Brně, s. u.) und das **Besední dům** (Haus der Beseda), der Sitz der staatlichen Philharmonie Brünn.

**Uměleckoprůmyslové Muzeum (UPM/Kunstgewerbemuseum)**: Das Kunstgewerbemuseum der Mährischen Galerie ist in einem Neorenaissancebau untergebracht, den ein jüdischer Industrieller 1880 errichten ließ. Allein die innere Ausschmückung ist sehenswert. Das Museum besitzt einen gigantischen Fundus an Bildhauerarbeiten, Stilmöbeln, Schmuck, Glas, Keramik usw. aus den verschiedensten Kunstepochen von der Gotik bis zur Moderne. Witzig ist auch der Museumsshop mit Ohrringen aus SIM-Karten oder Ketten aus Elektronikbauteilchen.

**Adresse/Öffnungszeiten**: Husova 14. Mi–So 10–18 Uhr, Do bis 19 Uhr. Der Eintritt hängt davon ab, was Sie sehen möchten (max. ca. 5,50 €). www.moravska-galerie.cz.

**Palais Pražákův**: Hier präsentiert die Mährische Galerie neben wechselnden Ausstellungen ihre Sammlung tschechischer Kunst des 20. Jh. Die Werke aus der ersten Hälfte des Jahrhunderts, insbesondere aus der Zeit zwischen den Weltkriegen (Otto Gutfreund, Josef Gočar, Josef Čapek usw.), sind erheblich interessanter als die aus der zweiten Hälfte. Wer die Sammlung in chronologischer Reihenfolge sehen will, beginnt im zweiten Stock.

Adresse/Öffnungszeiten: Husova 18. Eintritt und Öffnungszeiten → UPM.

## Sehenswertes rund um den Náměstí Svobody (Platz der Freiheit)

Der tropfenförmige, etwas zu groß geratene Platz, über den in regelmäßigen Abständen Straßenbahnen holpern, ist das Herz der Stadt. Um eine frühbarocke Pestsäule gruppieren sich *McDonald's, New Yorker* & Co., aber auch ein paar architektonische Hingucker. Einen Besuch wert ist das Gebäude der **Komerční banka**, ein einst von Bohuslav Fuchs für die *Moravská banka* entworfenes Bankgebäude. Auch wenn der funktionalistische Bau von außen nicht gerade vielversprechend aussieht – die lichtdurchflutete Schalterhalle aus den 1930ern ist sehenswert! Dominiert wird der Platz jedoch vom **Dům Pánů z Lipě**, dem **Haus der Herren von Lipá**. Das wunderschöne Renaissancegebäude aus den Jahren 1589–1596 mit herrlichem Portal und Arkadenloggia wurde aufwendig restauriert und beherbergt eine Reihe von Geschäften und Lokalen – ein Tipp ist das Aussichtscafé im Obergeschoss (→ Essen & Trinken).

An der Ecke zur Kobližná befindet sich der Eingang zur **Ethnografischen Abteilung des Mährischen Landesmuseums** (Moravské zemské muzeum Etnografický ústav). Es ist untergebracht in einem ehemaligen Damenstift aus dem 17. Jh., in dem Waisenmädchen aus guten Kreisen ihre Erziehung genossen. Ethnografisches gibt es hier jedoch nur noch selten zu sehen, meist werden wechselnde Ausstellungen zu den verschiedensten Themen gezeigt.

Adresse/Öffnungszeiten: Ethnografisches Museum, Kobližná 1. Di–Sa 9–17 Uhr. Eintritt variiert je nach Ausstellung. www.mzm.cz.

Am Náměstí Svobody

Südmähren → Karte S. 518/519

### Zu Lebzeiten verschmäht, heute gefeiert: Leoš Janáček

Leoš Janáček (1854–1928) zählt zu den großen Namen der modernen klassischen Musik. Im nordmährischen Hukvaldy geboren, kam er mit elf Jahren als Chorknabe des Augustinerklosters nach Brünn. Seine spätere musikalische Ausbildung genoss er an der Orgelschule von Prag (1875–79) und am Konservatorium von Leipzig (1879–80). Zurück in Brünn, wurde er Chorleiter des Augustinerklosters. Nebenbei begann er auf der Grundlage des mährischen Volksliedes seine ersten Klavier- und Orchesterstücke zu komponieren, später auch Opern und Streichquartette. Was in Brünn Anklang fand, wurde vom Prager Nationaltheater verschmäht. Dort wollte man von Janáček und seiner sperrigen Musik lange Zeit nichts wissen, spielte stattdessen tagein, tagaus die Werke von Smetana und Dvořák. Dass sich das Œuvre Janáčeks auf den ausländischen europäischen Bühnen durchsetzte, war v. a. Max Brod zu verdanken, einem begeisterten Fürsprecher Janáčeks, der dessen Oper *Jenufa* (1904) ins Deutsche übersetzt hatte. Heute erinnert ein kleines Museum im einstigen Wohnhaus Janáčeks in der Smetanova 14 an den Komponisten (Památník Leoše Janáčka, Di–Fr 10–12 und 13–17 Uhr, Sa 11–17 Uhr, 2 €, www.mzm.cz). Man kann sich nicht nur das Klavier des Meisters anschauen, sondern auch seine Straßenbahnzeitfahrkarte oder seinen Hut. Zudem kann man Janáčeks Kompositionen lauschen, die gerne als „Wortmusik" charakterisiert werden: Janáček sah zwischen verbalem und musikalischem Ausdruck keinerlei Unterschied.

## Weitere Sehenswürdigkeiten im Zentrum

**Kostel sv. Janů (Minoritenkirche zu den beiden Hl. Johannes)**: Eine der schönsten Kirchen Mährens! Die ursprünglich gotische Klosterkirche wurde in der ersten Hälfte des 18. Jh. von Mauritz Grimm umgestaltet, das Ergebnis ist barocke Pracht pur – Putten ohne Ende. Beachtenswert sind das mit Fresken geschmückte *Deckengewölbe* und das *Loretoheiligtum*.

Adresse/Öffnungszeiten: Ecke Minoritská/Jánska. In der Regel tagsüber zugänglich.

**Měnínská Brána (Mönitzer Tor)**: Es ist das einzige noch erhaltene Stadttor der mittelalterlichen Befestigungsanlagen. Im kleinen, runden Turm ist heute ein winziges Museum mit einer historischen Spielzeugsammlung untergebracht.

Adresse/Öffnungszeiten: Měnínská 7. Do–Mo 10–18 Uhr. 2,20 €, erm. 1,50 €. www.meninska-brana.cz.

**Kostel sv. Jakuba (St.-Jakobs-Kirche)**: Um 1220 bauten hier deutsche Kolonisten ein spätromanisches Kirchlein. 1515 brannte es nieder. 1592 begann man mit dem Bau der heutigen dreischiffigen Kirche, deren Turm mit 92 m der höchste der Stadt ist. Geht man um die Kirche herum – der Platz davor war früher ein Friedhof –, sieht man aus einem Turmfenster auf der Südseite ein nacktes Hinterteil ragen – angeblich die Rache eines schlecht bezahlten Restaurators, der sich von Pilgrams Fiale am Alten Rathaus (s. o.) inspiriert fühlte. Rund um die Kirche gibt es eine Reihe netter Straßencafés.

Adresse/Öffnungszeiten: Jakubské nám. In der Regel tagsüber geöffnet.

**Dům umění (Haus der Kunst)**: Das Haus der Kunst im Grünstreifen zwischen Rooseveltova und Koliště wird wie das Dům pánů z Kunštátu (s. o.) von der Stadt Brünn als Galerie genutzt. Präsentiert werden wechselnde Ausstellungen oft zeitgenössischer Künstler. Beeindruckend ist auch das funktionalistische Gebäude an sich: Es wurde nach dem Zweiten Weltkrieg von dem Architekten Bohuslav Fuchs entworfen.
Adresse/Öffnungszeiten: Malinovského nám. 2. Tägl. (außer Mo) 10–18 Uhr. Eintritt Mi 0,80 €, sonst 2,90 €, erm. die Hälfte. www.dum-umeni.cz.

St.-Jakobs-Kirche: lichte Architektur aus dem 16. Jh.

**Místodržitelský palác (Statthalterpalast)**: Der Gebäudekomplex wurde 1350 mitsamt *St.-Thomas-Kirche* (Kostel sv. Tomáše) als Augustinerkloster gegründet. Im 17. u. 18. Jh. erfolgte der barocke Umbau. Das Klostergebäude diente nach dem Umzug der Augustiner an den heutigen Mendlovo náměstí (s. u.) den Statthaltern Mährens als Residenz. In sozialistischer Zeit war darin das Museum der Arbeiterklasse untergebracht, heute präsentiert hier die Mährische Galerie ihre Sammlung europäischer Kunst aus sechs Jahrhunderten. Zu sehen gibt es Werke von Peter Paul Rubens, Artemisia Gentileschi, Franz Anton Maulpertsch etc. Darüber hinaus finden wechselnde Ausstellungen statt.
Adresse/Öffnungszeiten: Moravské nám. 1. Mi–So 10–18 Uhr, Do bis 19 Uhr. Eintritt 2,90–3,60 €, erm. die Hälfte. www.moravska-galerie.cz.

## Auf Burg Spielberg

Hrad Špilberk

Westlich des Zentrums erhebt sich die von einer weiten Parkanlage umgebene Burg Spielberg. Ihre Fundamente reichen bis ins 13. Jh. zurück. Lange Zeit hatte die Burg den Ruf des berüchtigtsten Gefängnisses des Habsburger Reiches. In den **Kasematten** unter dem äußeren Burgwall saßen nicht nur Räuber und Mörder an Händen und Hals angekettet ein, sondern auch Mitglieder des nationalrevolutionären italienischen Geheimbundes *Carbonari*, der gegen die Habsburger und für die Errichtung eines italienischen Nationalstaates kämpfte. Darunter war auch der Dichter Silvio Pellico (1789–1854). *Le mie prigioni – Meine Gefängnisse* (1832), sein bekanntestes Werk, erzählt von seiner Kerkerzeit und schockierte selbst in Wien derart, dass das Gefängnis 1853 geschlossen wurde. Schreie der Angst und des Todes hörten die Mauern noch einmal während der Naziherrschaft: Polnische und tschechische Oppositionelle wurden hier gefoltert und ermordet. Heute kann man die Kasematten besichtigen. Ein paar Zellen wurden rekonstruiert.

In den Räumlichkeiten der quadratisch angelegten inneren Burganlage informiert das **Museum der Stadt Brünn** (Muzeum města Brna) im Erdgeschoss über die

Südmähren → Karte S. 518/519

Geschichte der Burganlage, insbesondere über ihre bauliche Entwicklung und über die Rolle der Festung als Gefängnis. Im ersten Stock steht die Stadtgeschichte im Vordergrund. Der zweite Stock beherbergt die Ausstellung „Für ein neues Brünn – Brünner Architektur 1919–1939“ mit Plänen, Zeichnungen, Fotos und Möbelstücken der Brünner Funktionalisten (→ Kasten S. 536).

**Museum der Stadt Brünn**, Mai–Sept. tägl. (außer Mo) 10–18 Uhr, Okt.–April Mi–So 10–17 Uhr. 5,50 €, erm. die Hälfte. **Kasematten**, Mai–Sept. tägl. 10–18 Uhr, Okt.–April 9–17 Uhr. 3,30 €, erm. die Hälfte. **Kombiticket** für alle Sehenswürdigkeiten 10 €, erm. 6,20 €. www.spilberk.cz.

### Gregor Mendel (1822–1884) – ein Genie mit was für Genen

Der gebürtige Schlesier Gregor Mendel (Ordensname seit 1843) war zuerst als Lehrer, später als Prior im Augustinerkloster von Brünn tätig. Im Garten des Klosters führte er umfangreiche botanische Experimente zur Vererbungslehre durch. In seinem Glashaus im begrünten Innenhof (es stand auf jener Fläche, die heute wie ein Boulefeld aussieht) kreuzte er Erbsen, später auch Bohnen. Dabei entdeckte er die drei Grundregeln, die die Weitergabe der Erbanlagen beschreiben: die Uniformitätsregel, die Spaltungsregel und das Gesetz der freien Kombinierbarkeit der Gene. Wer mit diesen sog. *Mendelschen Gesetzen* bzw. *Mendel-Regeln* nichts anfangen kann, sollte sein Biologiebuch aus der Schulzeit hervorkramen. Zu Lebzeiten wurden die Veröffentlichungen Mendels vom wissenschaftlichen Establishment ignoriert, eine Würdigung seiner Arbeit erfolgte erst posthum.

## Rund um den Mendlovo náměstí (Mendelplatz)

Der etwas triste **Mendlovo náměstí** (Mendelplatz) liegt außerhalb des Zentrums auf dem Weg zum Messegelände. Neben der Straßenbahn Nr. 1 passieren ihn etliche Buslinien. Seine Nordseite begrenzt eine **Klosteranlage**, die im 14. Jh. entstand, zunächst Nonnen des Zisterzienserordens diente und ab 1873 dem Augustinerorden. Durch die Abtei werden heute im Sommer Führungen angeboten, zudem kann man die barocke **Klosterbibliothek** besichtigen. Die dazugehörende **Kirche Mariä Himmelfahrt** (Bazilika Nanebevzetí Panny Marie Mše Svaté) von 1322 gilt als die schönste gotische Kirche der Stadt. Besonders wertvoll ist die *Ikone der Schwarzen Madonna* (vermutlich 13. Jh.) am barocken Hochaltar. Sie soll die Stadt vor unzähligen Katastrophen bewahrt haben. Unter den Augustinern war das Kloster ein Hort der Kunst und Wissenschaft. Der Komponist Leoš Janáček (→ S. 532) wirkte hier genauso wie Gregor Mendel. An Letzteren erinnern ein Denkmal im Klostergarten und das moderne **Mendelmuseum**. Es führt in die Arbeit des großen Freidenkers ein, die sich jedoch nur Kennern wirklich erschließt. Nach dem Besuch des Museums lädt die benachbarte Brauereigaststätte Starobrno (→ Essen & Trinken) auf ein kühles Bier ein.

**Führungen durch die Augustinerabtei**, Mai–Okt. Di/Mi u. Sa stets um 13 Uhr. 2,60 €. **Führungen durch die Bibliothek**, Di/Mi u. Sa stets um 13 Uhr. 2,80 €. **Kirche Mariä Himmelfahrt**, im Sommer tägl. (außer So) 17–19 Uhr, So 7–12 Uhr, ansonsten nur zu Messen. **Mendelmuseum**, April–Okt. tägl. (außer Mo) 10–18 Uhr, Nov.–März tägl. (außer Mo) 10–17 Uhr. 2,20 €, erm. die Hälfte. www.mendelmuseum.muni.cz.

## Rund um die Innenstadt

**Muzeum Romské Kultury (Roma-Museum):** Das europaweit wohl einzigartige Museum, das sich explizit der Roma-Kultur (→ Kasten S. 42) widmet, liegt rund 15 Fußminuten nordöstlich des Zentrums im Brünner Roma-Viertel – nicht gerade das Vorzeigeeck der Stadt. Die interessante Dauerausstellung informiert über Sprache, Kunst, traditionelles Handwerk und Religion der osteuropäischen Roma. Auch das traurige Schicksal der Roma unter den Nazis wird ausführlich dokumentiert – nicht jedoch die Diskriminierung in sozialistischer und postrevolutionärer Zeit (Zwangssterilisationen, Verbannung in Ghettos usw.). Das Erdgeschoss ist wechselnden Ausstellungen von Roma-Künstlern vorbehalten. Zudem dient das Museum als Kultur- und Begegnungsstätte. Gemütliches Nichtrauchercafé im Erdgeschoss.

Adresse/Öffnungszeiten: Bratislavská 67. Di–Fr u. So 10–18 Uhr. 2,20 €, erm. die Hälfte. www.rommuz.cz.

**Anthropos:** Der westlich des Messegeländes in einem Waldpark gelegene funktionalistische Pavillon (errichtet 1928) ist entweder besucherfrei oder voller Schulklassen. Das Museum darin befasst sich mit der Menschheitsgeschichte (viele Schädel), geht auf die frühen Jäger und Sammler Mährens ein (Nachstellungen archaischen Lebens), stellt aber auch steinzeitliche Tiere vor (Rekonstruktion eines Mammuts in Originalgröße). Ein Ziel für Spezialisten, die des Tschechischen mächtig sein sollten – keine fremdsprachigen Erläuterungen.

Adressen/Öffnungszeiten: Pisárky 9. Vom Bahnhof mit Ⓢ 1 bis Haltestelle Pisárky. Di–Fr 9–17 Uhr, Sa/So 10–18 Uhr. 5,50 €, erm. die Hälfte. www.mzm.cz.

**Tugendhat-Haus:** Die von *Mies van der Rohe* in den Jahren von 1928–1930 entworfene Villa steht im Vorort Černá Pole. Benannt ist das Haus, bei dessen Bau Kosten keine Rolle spielten, nach seinem Auftraggeber, dem jüdischen Textilfabrikanten Tugendhat. Von der Straße aus gesehen, hat das Gebäude durch seine schnörkellose Geradlinigkeit zunächst eher etwas von einem gewöhnlichen Bungalow im Schuhkartonstil als von einer Traumvilla. Die kühle Eleganz des von Licht, Luft und Sonne durchdrungenen Hauses entfaltet sich erst beim Betreten. Das Wohnzimmer, 280 m$^2$ groß, wird von einer Onyxwand unterteilt, die je nach Sonneneinstrahlung dunkelgelb oder zartrot schimmert. Die Glasfront des Raumes lässt sich im Boden versenken, sodass man das Gefühl hat, mitten im Garten zu sitzen. Acht Jahre konnten die Tugendhats ihre Luxusherberge genießen, dann mussten sie vor den Nazis nach Südamerika flüchten. Die Kommunisten nutzten das Gebäude für exklusive gesellschaftliche Anlässe und führten ein paar missratene Restaurierungen durch: So ersetzte man die Glasfront des Wohnzimmers, die aus einer einzigen großen Scheibe bestand, durch viele kleine – größere herzustellen war der volkseigenen Glasfabrik nicht möglich. Heute, nach einer umfangreichen Sanierung (2010–2012), ist die imposante Glasfront wiederhergestellt. 2013 verarbeitete Regisseur Dieter Reifarth die Geschichte des Bauwerks (seit 2001 auf der UNESCO-Welterbeliste), v. a. aber seines Schöpfers Mies van der Rohe und der Familie Tugendhat, in dem Dokumentarfilm *Haus Tugendhat.*

Adresse/Öffnungszeiten: Černopolní 45. Zu erreichen u. a. vom Moravské nám. mit Ⓢ 3, 5 o. 11 bis Haltestelle Dětská nemocnice (2 Stationen), von dort der bergauf führenden Černopolní noch ca. 8 Min. folgen (Hinweisschild). Tägl. (außer Mo) 10–18 Uhr. 11 €, erm. 6,50 €. www.tugendhat.eu.

Südmähren → Karte S. 518/519

## Funktionalistische Architektur in Brünn

Die „Ausstellung zeitgenössischer Kultur" im Jahr 1928, für die u. a. das Messegelände (Výstaviště) geschaffen wurde, machte Brünn zu einem Zentrum moderner, nahezu avantgardistischer Architektur. Mutig begann man hier, Bauvorhaben zu genehmigen, die vielerorts noch abgelehnt wurden: Im Vordergrund stand die Suche nach einer reinen Architektur, die sich an den Leitsatz „Form follows function" (Louis Henry Sullivan, 1856–1924) hielt. Ausdruck dessen wurden diverse funktionalistische Bauten auf dem Messegelände, im Zentrum und in den Vororten. Beteiligt waren u. a. der aus Brünn stammende Architekt Adolf Loos (1870–1933), der sich vehement für ein ornamentfreies Bauen einsetzte, Ludwig Mies van der Rohe (1886–1969), ein Vertreter der auf geometrische Grundformen reduzierten Architektur, und v. a. Bohuslav Fuchs (1895–1972), Professor an der Technischen Hochschule Brünn. Das mit Abstand sehenswerteste funktionalistische Bauwerk Brünns ist die Tugendhat-Villa.

Haus Tugendhat: elegante Funktionalität

**Nový-dům-Siedlung und Jurkovičova vila**: Die Nový-dům-Siedlung war eines der sensationellen Projekte der „Ausstellung zeitgenössischer Kultur" von 1928 (→ Kasten) und entstand unter Beteiligung von Bohuslav Fuchs in Anlehnung an die Weißenhofsiedlung in Stuttgart. Im Unterschied zu Letzterer, wo ein besser situiertes Publikum angesprochen wurde und die Planungen ein Zimmer für Hausangestellte vorsahen, sollten die Architekten in Brünn zwei- bis dreistöckige Häuser für Familien mit mittlerem Einkommen entwerfen. Es entstand eine Reihe schachtelförmiger Betonvillen, die man allerdings nur von außen ansehen kann.

Nahe der Siedlung steht die Jurkovičova vila, ein architektonisches Juwel, 1906 von dem Architekten Dušan Jurkovič als Privathaus und Ausstellungsraum erbaut. Die

Villa spiegelt nicht nur die englische Moderne und den Wiener Jugendstil wider, sondern v. a. auch Elemente der mährischen Volkskunst. Bereits 1919 verkaufte Jurkovič seine Villa, seit 2012 kann sie besichtig werden.

Adresse/Öffnungszeiten: Die Siedlung liegt in der Nähe des Waldes Wilsonův les nördlich des Messegeländes, zu erreichen mit Ⓢ 1 vom Bahnhof (Haltestelle Bráfova). Die Häuser finden Sie rechts der Haltestelle in den Straßen Petřvaldská, Drnovická und Šmejkalova. Auch ist von dort der Weg zur Jurkovičova vila (Jana Nečase 2) ausgeschildert. **Jurkovičova vila**, April–Nov. tägl. (außer Mo) 10–12 u. 12.30–18 Uhr, im Winter nur Sa/So. 3,60 €, erm. die Hälfte. www.moravska-galerie.cz.

**Technické Muzeum (Technisches Museum)**: Das Museum beherbergt neben Dampf- und Nähmaschinen, Motorrädern von *Jawa* und *CZ*, Helikoptern und Flugzeugen (in Groß und als Modell), Öfen, Uhren, Radios, Geräten aus der Medizintechnik u. v. m. auch ein paar schöne Oldtimer. Darunter sind Raritäten wie ein Fahrzeug von *Daimler* (Wiener Neustadt) und mehrere *Z* der längst vergessenen Brünner Automarke. Im Ganzen lohnt die lange Anfahrt jedoch nur für speziell Interessierte.

Adresse/Öffnungszeiten: Prkyňova 105. Zu erreichen u. a. vom Bahnhof mit Ⓢ 13 bis Haltestelle Technické Muzeum (Endstation). Das Museum liegt gleich daneben. Tägl. (außer Mo) 9–17 Uhr. 3,60 €, erm. die Hälfte. www.technicalmuseum.cz.

## Brněnská přehrada — Brünner Stausee

Ca. 10 km nordwestlich des Zentrums liegt die Brünner Talsperre, die den Flusslauf der Svratka staut. Der dadurch entstandene, von Laubwäldern umrahmte See hat eine Länge von rund 5 km. Er ist ein beliebtes Naherholungsgebiet mit Bootsverleihern und Liegewiesen. Zum Baden aber ist er in der heißen Jahreszeit nicht geeignet, die Wasserwerte stimmen dann bedenklich. 1 km östlich des Sees lädt der Brünner **Zoo** (Zoologická zahrada) zu einem Besuch ein. Ganz im Nordosten, am Zulauf zum See, thront auf einem Hügel **Burg Eichhorn** (Hrad Veveří). Auf dem Burgareal gibt es eine Kneipe, eine Vinothek und finden hin und wieder kulturelle Veranstaltungen statt. Im Sommer starten von der Marina im Südosten des Sees regelmäßig Ausflugsschiffe zur Festung.

**Verbindungen** Zoo (Haltestelle Zoologická zahrada) und Südufer des Sees (nahe Schiffsableger; Haltestelle Přístaviště) erreicht man mit Ⓢ 1 o. 3. Von dort gelangt man mit Ⓑ 303 zur Burg.

**Öffnungszeiten** Zoo, im Sommer tägl. 9–18 Uhr, im Winter bis 16 Uhr. 3,60 €, erm. 2,60 €. www.zoobrno.cz.

Burg, April u. Okt. nur Sa/So 9–17 Uhr, Mai–Sept. tägl. (außer Mo) 9–18 Uhr. 0,80 €, erm. die Hälfte, Führung 4,70 €, erm. die Hälfte. www.veveri.cz.

# Slavkov u Brna — Austerlitz

Bei Austerlitz hatte Napoleon einen seiner größten militärischen Erfolge zu verbuchen (→ Kasten), was der 20 km östlich von Brünn gelegenen Stadt den Eintrag in die Geschichtsbücher bescherte. Heute heißt Austerlitz (6200 Einwohner) Slavkov und ist ein 08/15-Städtchen mit einem netten Kern.

Am Marktplatz steht das dreiflügelige **Schloss** der Adelsfamilie Kaunitz, die hier von 1509 bis 1919 residierte. Bedeutendster Vertreter des Geschlechts war Wenzel Anton Kaunitz (1711–94), seines Zeichens Staatskanzler unter Kaiserin Maria Theresia. Das Schloss ging aus einer Festung des Deutschen Ritterordens hervor. Nach Plänen von Domenico Martinelli wurde Ende des 17. Jh. mit den Umbauarbeiten im

Südmähren → Karte S. 518/519

## Die Schlacht von Austerlitz

Bei Austerlitz fand am 2. Dezember 1805 die Dreikaiserschlacht statt, bei welcher die verbündeten Einheiten des österreichischen Kaisers Franz II. und Zar Alexanders I. (insgesamt 85–90.000 Mann) den Truppen Napoleons I. (rund 75.000 Mann) gegenüberstanden. In den frühen Morgenstunden hatte das Gemetzel begonnen, bis zum Sonnenuntergang, dem Ende der Schlacht, waren rund 22.000 Mann gefallen. Der Sieg der zahlenmäßig unterlegenen Franzosen hatte v. a. zwei Gründe: Zum einen sorgten Sprachbarrieren auf Seiten der Verbündeten zu fehlerhaften Kommandoweitergaben, zum anderen half Napoleon der morgendliche Nebel. Als die Sonne von Austerlitz, die später vielzitierte *„soleil d'Austerlitz"* aufging, sah Napoleon die gegnerischen Verbände auf den Höhen stationiert. Im Dunst der Niederungen brachte er seine Einheiten daraufhin in Stellung und konnte so zu mehreren Überraschungsschlägen ausholen. Dadurch splitterte er die russisch-österreichischen Einheiten auf.

Friedensdenkmal auf dem Prace

Das Schlachtfeld, eine Fläche von ca. 10 x 10 km, lag westlich von Austerlitz. Auf dem Prace (Pratzen-Hügel, von Slavkov mit „Mohyla Míru" ausgeschildert), dort, wo Napoleons 4. Armeekorps der entscheidende Schlag gegen die Verbündeten gelang, erhebt sich seit 1912 ein monumentales Friedensdenkmal, das nach den Plänen des Jugendstilarchitekten Josef Fanta erbaut wurde. Gekrönt wird es von einem 10 m hohen Kreuz. Unter der Ehrenhalle befindet sich die Krypta, in der die sterblichen Überreste vieler Gefallenen beigesetzt wurden. Heute ist das Denkmal ein beliebter abendlicher Treffpunkt von Liebespaaren. Nebenan wartet eine Multimedia-Ausstellung zur Schlacht auf Besucher – wer die ähnliche Ausstellung im Schloss von Slavkov (s. o.) bereits gesehen hat, kann sich die Besichtigung sparen. Angeschlossen ist ein nettes Café. Hier (und übrigens auch im Schloss) werden zudem Landkarten verkauft, auf denen alle Details zur Schlacht (Truppenverschiebungen etc.) und weitere Denkmäler eingezeichnet sind. Die spannendste und ausführlichste Beschreibung der Schlacht lieferte Tolstoi in seinem Roman *Krieg und Frieden*. Alljährlich zum Jahrestag der Schlacht werden Kampfszenen in historischen Kostümen nachgestellt, Hunderte machen dabei mit.

**Friedensdenkmal und Ausstellung**, Mai/Juni u. Sept. tägl. 9–16 Uhr, Juli/Aug. bis 17 Uhr, Okt.–März tägl. (außer Mo) bis 15 Uhr, April tägl. (außer Mo) bis 16 Uhr. Friedensdenkmal 1 €, erm. die Hälfte, Ausstellung 2,70 €, erm. die Hälfte, zusammen 3,30 €, erm. die Hälfte. www.mohylamiru.muzeumbrnenska.cz.

(späten) Barockstil begonnen. Die Vollendung seiner Entwürfe erlebte Martinelli nicht, der Umbau zog sich über 80 Jahre hin.

Die gewöhnliche Besichtigungstour führt v. a. durch den Westflügel, in dem das Interieur noch barock und nicht wie in den anderen Flügeln bereits klassizistisch ist. Am spannendsten sind der *Saal der Vorfahren*, dessen großartiges Deckenfresko eine Göttergruppe auf dem Olymp zeigt, und der ovale *Historische Saal* mit seiner einmaligen Akustik: Unter der riesigen Kuppeldecke hört man jeden noch so leise geflüsterten Laut mehrere Sekunden lang. In dieser eindrucksvollen Atmosphäre wurde der Waffenstillstand nach der Dreikaiserschlacht unterzeichnet und der Vorfriede vereinbart, der ein paar Wochen später im Friedensvertrag von Pressburg (heute Bratislava) bestätigt wurde und für Österreich große Gebietsverluste und Reparationszahlungen zur Folge hatte.

Zudem kann man eine etwas kitschige Ausstellung zur Stadtgeschichte in den Kellergewölben besichtigen, die sich über drei Etagen in den Boden graben. Die nachgestellte Folterkammer und eine 3-D-Multimediaexposition zur Schlacht von Austerlitz sind Geschmackssache. Im Westen schließt ein weitläufiger Barockgarten an das Schloss an.

**Information** **Infocentrum Austerlitz**, am Marktplatz neben dem Schloss. ✆ 513034156, www.zamek-slavkov.cz. Nov.–März Mo–Fr 9–16 Uhr, April/Mai u. Sept./Okt. tägl. (außer Mo) 9–17 Uhr, Juni–Aug. tägl. 9–17 Uhr.

**Verbindungen** Regelmäßig **Züge** und **Busse** nach Brünn, der Busbahnhof ist zentrumsnäher.

**Öffnungszeiten** **Schloss**, April u. Okt./Nov. tägl. (außer Mo) 9–16 Uhr, Mai u. Sept. tägl. (außer Mo) 9–17 Uhr, Juni–Aug. tägl. 9–17 Uhr. Je nach Führung bzw. Ausstellung 2,90–6,20 €, erm. die Hälfte. www.zamek-slavkov.cz.

**Essen/Übernachten** **Sokolský dům**, 100 m vom Schloss entfernt am Marktplatz. Hübsches, pastellgrünes Haus mit Geranien am Fenster. Ordentliche Teppichbodenzimmer mit Bad, altbackenes und modernes Mobiliar im wilden Mix. Beliebtes Restaurant, böhmische Standards zu 3,20–12 €. Gemütliche Terrasse. EZ 27 €, DZ 55 €. Palackého nám. 75, PLZ 68401, ✆ 544221103, www.hotelsokolskydum.cz.

# Umgebung von Slavkov u Brna

**Bučovice (Butschowitz)**: Der 6400-Einwohner-Ort, über dessen Hauptplatz der Schwerverkehr auf der Europastraße 50 dröhnt, liegt 10 km östlich von Slavkov. Einzige Sehenswürdigkeit ist das *Schloss*, das zu den schönsten Renaissanceschlössern des Landes gehört. Von außen eher eine gedrungene Festung mit vier Türmen, entfaltet die Anlage ihren Reiz erst im prächtigen *Arkadenhof*. Erbaut wurde das Schloss zwischen 1567 und 1582 für den hiesigen Grafen von Boskowitz. 1597 ging es durch Heirat an die Familie Liechtenstein über, die schon bald begann, das Originalinventar auf andere ihrer zahlreichen mährischen Wohnsitze zu verteilen. Den von italienischen Künstlern geschaffenen Wand- und Deckendekor konnten sie glücklicherweise nicht mitnehmen, und so beeindruckt die fantastische Kombination aus Skulptur und Farbe in den Prunksälen bis heute – achten Sie z. B. auf die Relieffiguren der Götter Mars und Diana im sog. *Kaisersaal* oder die vermenschlichten, Krieg führenden Hasen im *Hasensaal*. Das Schloss kam 1945 in Staatsbesitz und beherbergt heute auch ein langweiliges *Regionalmuseum*.

Verbindungen/Öffnungszeiten: Regelmäßige **Bus**- und **Zugverbindungen** über Slavkov nach Brünn. **Schloss**, April u. Okt. nur Sa/So 10–16 Uhr, Mai/Juni u. Sept. tägl. (außer Mo) 10–16 Uhr, Juli/Aug. tägl. 10–16.30 Uhr. 3,30 €, erm. 1,80 €. www.bucovice.cz.

Südmähren → Karte S. 518/519

# Mährischer Karst

Moravský kras

**Flüsse verschwinden und tauchen wieder auf, dazwischen eine Schlucht mit gruseliger Geschichte und Höhlen wie geschaffen für Fantasyfilme. Auf ins mährische Märchenland!**

Das rund 100 km² große Naturschutzgebiet Mährischer Karst beginnt etwa 25 km nördlich von Brünn. Es entstand wie alle Karstlandschaften durch Erosion und Korrosion von Kalkgestein über – hier rund 380 – Millionen Jahre hinweg. Aus kleinen Rissen wurden Spalten, später Schluchten und sogar Täler. Das durch das poröse Gestein versickernde Regenwasser sammelte sich unterirdisch, formierte sich dort zu Rinnsälen, dann zu Bächen und Flüssen, die wiederum Höhlen schufen und schaffen. Die Wiederaustrittsstellen der unterirdischen Bäche heißen Karstquellen. Durch Ausscheidung von Kalkspat aus Sickerwässern entsteht sog. Höhlensinter in oft bizarren Formen. Dazu gehören auch Tropfsteingebilde. Jene – man vertauscht sie so gern –, die sich von der Decke herablassen, nennen sich *Stalaktiten* und jene, die sich vom Boden nach oben auftürmen, *Stalagmiten*. Wächst ein Stalagmit (1 cm in rund 100 Jahren) mit einem Stalaktiten zusammen, wird daraus ein *Stalagnat*. Die Färbungen mancher Tropfsteine gehen auf Mineralien wie Eisen oder Kupfer zurück.

Über 1000 Höhlen gibt es im Mährischen Karst, nur vier große wurden jedoch bislang der Öffentlichkeit zugänglich gemacht. Die schönste ist die Punkva-Höhle, zugleich einer der ganz großen Touristenmagneten des Landes. Wer die Gegend erkunden will, sollte am besten über ein eigenes Fahrzeug verfügen oder gerne wandern bzw. Rad fahren. Mit öffentlichen Verkehrsmitteln hat man schlechte Karten. Übernachtungsmöglichkeiten bestehen in Blansko, Sloup oder Jedovnice – leider allesamt Orte ohne Reize. Wir empfehlen Brünn oder Boskovice als Ausgangspunkt, auch gibt es am nordöstlichen Rand des Karstes einen empfehlenswerten Campingplatz (→ Sloup-Höhle). In der Umgebung des Mährischen Karstes lassen sich schöne Kirchen und Schlösser entdecken.

**Křtiny (Kiritein)**: Das Straßendorf liegt ca. 20 km nordöstlich von Brünn am Südrand des Mährischen Karstes. Die pompöse, sehenswerte *Marienwallfahrtskirche* (Kostel Jména Panny Marie) wirkt überdimensioniert. Sie entstand zwischen 1728 und 1750 nach Plänen von Giovanni Santini, dessen barockgotischer Stil (→ S. 491) nicht zu übersehen ist. Bemerkenswert sind die riesige, bis ins Detail bemalte Kuppel und die 30 Fenster, die viel Licht einfallen lassen und dem Gotteshaus dadurch eine extreme Leichtigkeit verleihen. Im Kreuzgang haben sich Pilger verewigt.

**Verbindungen**: **Busse** alle 10 Min. von und nach Brünn.

**Blansko**: Der 21.000-Einwohner-Ort übt, glaubt man der Stadtbroschüre, auf Touristen eine „unwiderstehliche Anziehungskraft" aus. Wir behaupten das Gegenteil. All jene jedoch, die ohne fahrbaren Untersatz unterwegs sind, müssen in Blansko auf Busse umsteigen, um ins Herz des Mährischen Karstes zu gelangen. Auch zu Fuß oder per Rad lässt sich der Karst von hier gut erkunden. Im Süden der Stadt beginnt ein 5 km langer, grün markierter Wanderweg nach Skalní Mlýn (Zugang Punkva-Höhle und Katharina-Höhle). Zudem bietet sich von Blansko eine ca. 30 km lange Radrundwanderung (Radverleih über das Infozentrum) an, auf welcher man an allen großen Sehenswürdigkeiten des Karstes vorbeikommt. Dafür folgt man im Süden von Blansko dem Radweg Eurovelo 9 nach Skalní Mlýn (Punkva-Höhle und Katharina-Höhle), von wo dieser sich weiter bis zur Sloup-Höhle

schlängelt. Danach radelt man den Weg, den man gekommen ist, ein Stückchen zurück, bis es nach links auf Radweg Nr. 5 geht. Über Ostrov (Abstecher zur Macocha-Schlucht möglich) und vorbei an der Balcar-Höhle gelangt man zurück nach Blansko. Wer länger in Blansko bleiben muss, kann das örtliche, frisch restaurierte *Schlösschen* besichtigen, in dem das wenig spannende *Stadtmuseum* (Městské muzeum) untergebracht ist, oder das hölzerne Kirchlein aus Tausenden von Schindeln mit einem leicht gotisch anmutenden Turm auf einer Anhöhe oberhalb des Schlösschens (bzw. 250 m südlich, Ecke Rodkovského/B. Němcové). Die Kirche wurde in der ersten Hälfte des 17. Jh. in der Karpato-Ukraine zusammengenagelt, 1928 wurde sie nach Brünn, 1937 nach Blansko versetzt. Trotz der russischen anmutenden Ikonen ist sie heute im Besitz der hussitischen Kirche.

**Information** **Infocentrum**, Rožmitálova 6 (nahe dem Marktplatz), ✆ 516410470, www.blanensko.cz. Mo–Fr 9–18 Uhr, Sa 9–17 Uhr, So 13–17 Uhr. Infos zu allen Höhlen und Unterkünften auf www.smk.cz.

**Verbindungen** **Bus Nr. 226** regelmäßig nach Jedovnice und Brünn, bis zu 6-mal tägl. nach Skalní Mlýn. **Züge** regelmäßig nach Brünn und Svitavy.

**Öffnungszeiten** **Stadtmuseum**, April–Okt. tägl. (außer Mo) 9–17 Uhr, Nov.–März Di–Fr 9–17 Uhr. 2,20 €, erm. die Hälfte. **Holzkirche**, nur Mi u. Sa 14–18 Uhr und zu den Gottesdiensten.

**Camping/Baden** Autokemp Olšovec, ca. 10 km östlich von Blansko am gleichnamigen Badesee (leider durch einen Zaun davon getrennt). Großer Wiesenplatz ohne Schatten. Supermarkt, Restaurant, Minigolf und wenig Flair. Ganzjährig. 2 Pers. mit Zelt u. Auto 7,40 €, Chata für 2 Pers. ab 14 €. Jedovnice, PLZ 67906, ✆ 516442134, www.olsovec.cz.

**Skalní Mlýn (Steinmühle) und Punkevní jeskyně (Punkva-Höhle)**: Der 1909 entdeckte Punkva-Höhlenkomplex ist die Hauptattraktion des Mährischen Karstes. Um dorthin zu gelangen, gibt es zwei Möglichkeiten: Von der Häuseransammlung Skalní Mlýn (Parkplatz, Hotels und Restaurants, 6 km östlich von Blansko) fährt eine Touristenbummelbahn über einen romantischen Hohlweg durch das *Suchý žleb* („Dürres Tal") zum Eingang der Punkva-Höhle, die Alternative ist der Sessellift von der Chata Macocha am Rand der gleichnamigen Schlucht (s. u.). Durch die Punkva-Höhle führt eine 1200 m lange Besichtigungstrasse. Zuerst geht es zu Fuß durch ein rund 750 m langes Tunnellabyrinth mit mehreren Höhlenkammern samt größeren und kleineren Tropfsteinen, bis man den Grund der moosbewachsenen *Macocha-Schlucht* (s. u.) erreicht. Von hier fährt man mit Motorkähnen in die Unterwelt. Die 450 m lange Bootstrasse über den unterirdisch verlaufenden Punkva-Fluss ist ein unvergessliches Erlebnis – Highlight ist die Besichtigung des sog. *Masaryk-Doms* mit herrlichen weißen Tropfsteinformationen.

**Information** Infocentrum Skalní Mlýn, ✆ 516413575, www.caves.cz. April–Juni u. Sept. tägl. 8–16.30 Uhr, Juli/Aug. tägl. 8–17 Uhr, Okt.–März tägl. 8–15 Uhr.

**Verbindungen** → Blansko.

**Öffnungszeiten** Punkva-Höhle, Nov.–März tägl. (außer Mo) 8.40–14 Uhr, April–Sept. Mo 10–16 Uhr, Di–So 8.20–16 Uhr, Okt. Di–Fr 8.40–14 Uhr, Sa/So 8.20–15.40 Uhr. 6,20 €, erm. 3,30 €. Dauer der Besichtigung ca. 60 Min. Parkplatz 2 €/Tag, von dort Touristenbummelbahn 2,90 € (hin u. zurück) extra. Seilbahn (mit Radtransport) hin u. zurück 3,20 € extra, erm. 2,50 €, kombiniertes Ticket 5,10 €, erm. 3,60 €.

**Wichtiger Hinweis**: Reservieren Sie im Sommer und an Wochenenden vorab Tickets beim Infocentrum Skalní Mlýn (s. o.)!

**Übernachten** *** Hotel Skalní Mlýn, im gleichnamigen Dorf. Klassische Hotelzimmer auf der Sterneanzahl entsprechendem Niveau. Parkplatz, Radverleih. Abends sehr ruhig, tagsüber inmitten des Touristengetümmels. EZ 28 €, DZ 43 € ohne Frühstück. Skalní Mlýn 96, PLZ 67801, ✆ 516418113, www.skalnimlyn.cz.

**Kateřinská jeskýně (Katharina-Höhle)**: Auch wenn die Besichtigung der Punkva-Höhle imposanter ist, die Tropfsteinformationen der Katharina-Höhle sind die schönsten des Mährischen Karstes. Den Höhleneingang erreicht man von Skalní Mlýn in einem kurzen Fußmarsch. 30 Minuten dauert die Besichtigung entlang der 430 m langen Trasse. Eine Augenweide ist das sog. *Bambuswäldchen,* eine mehrere Meter hohe stabförmige Stalagmitenformation. Im Hauptdom finden gelegentlich Konzerte statt.

Verbindungen/Öffnungszeiten: → Blansko. März u. Nov. Führungen nur um 10, 12 u. 14 Uhr, April tägl. (außer Mo) 8.20–16 Uhr, Sept. tägl. 8.20–16 Uhr, Mai–Aug. tägl. 8.20–16.40 Uhr, Okt. Di–Fr 9–14 Uhr, Sa/So 8.40–16 Uhr. Dez.–Feb. geschl. 3,20 €, erm. 2,50 €.

**Chata Macocha (Macocha-Hütte) und Propast Macocha (Macocha-Schlucht)**: Die Touristenhütte Chata Macocha steht am Rande des Abgrundes der 281 m langen, 126 m breiten und fast 139 m tiefen gleichnamigen Schlucht. Um zur Hütte zu gelangen, nimmt man die ausgeschilderte Stichstraße zwischen den Dörfern Vilémonice und Ostrov (Letzteres mit einem einladenden Badeteich samt Rutschen). Ihren Namen erhielt die Schlucht einer Legende nach von einer bösen Stiefmutter (tschech. *macecha* = Stiefmutter), die hier ihr Stiefkind „entsorgen" wollte, das aber zum Glück von einem gutmütigen Holzfäller gerettet wurde. Tatsache ist, dass die Schlucht durch den Deckeneinsturz einer mächtigen Karsthöhle entstand. Auf ihrem Grund verstecken sich zwei kleine Seen – von der Chata Macocha läuft man in einer halben

Stunde hinunter. Faulen genügt der Blick von der Aussichtsplattform. Zudem führt von der Hütte ein Sessellift hinab zum Eingang der Punkva-Höhle (s. o.).

Essen/Übernachten: **Chata Macocha**, touristisches Terrassenlokal (Massenabfertigung) und sehr einfache Übernachtungsmöglichkeiten. 11 €/Pers. Vilémovice 85, PLZ 67801, ✆ 516444250, www.chatamacocha.cz.

**Jeskyně Balcarka (Balcar-Höhle)**: Das Tunneltohuwabohu der 1 km südwestlich von Ostrov gelegenen Höhle wurde 1923 erschlossen. Auf einer Trasse von 600 m (Besichtigungsdauer ca. 45 Minuten) kann man bunte Tropfsteinformationen bewundern. Da die Höhle nicht ganz so spektakulär ist, hält sich hier der Andrang selbst im Hochsommer in Grenzen.

Öffnungszeiten: März u. Nov. tägl. (außer Mo) Führungen um 9, 11 u. 14 Uhr, im Okt. zudem um 10, 12 u. 13 Uhr. April u. Sept. tägl. (außer Mo) um 9, 10, 11, 12, 13, 14, 15 u. 16 Uhr, Mai–Aug. tägl. 8.20–16 Uhr regelmäßige Führungen. Dez.–Feb. geschl. 3,60 €, erm. 2,90 €.

**Sloupsko-Šošůvské jezkyně** (**Sloup-Höhle**): Mächtige unterirdische Gänge und Schluchten kennzeichnen die Sloup-Höhle nahe der gleichnamigen Ortschaft am nördlichen Rand des Mährischen Karstes. Auf 1670 m durchläuft man diese Höhle, die längste Besichtigungstrasse (Dauer ca. 100 Min.) des Karstes. Sie ist behindertengerecht ausgebaut. Bekannt wurde die Höhle durch Skelette von Höhlenbären und -löwen, die hier gefunden wurden.

**Öffnungszeiten** Nov.–März Führungen tägl. (außer Mo) um 10, 12 u. 13 Uhr, April u. Sept./Okt. tägl. (außer Mo) 9–16 Uhr, Mai–Aug. tägl. 8.20–16.30 Uhr, Dez.–Feb. geschl. 4,70 €, erm. die Hälfte.

**Camping** **Camping Baldovec**, ca. 13 km östlich der Sloup-Höhle, abseits des gleichnamigen Dorfes am Wald gelegen. Sympathischer, weiter Platz mit Pool, Hochseilgarten und Wellness-Bereich mit Sauna. Sanitäranlagen im Sommer jedoch teils überlastet. Junges, freundliches Personal, gutes Restaurant, das im Hochsommer sogar Frühstücksbüfett anbietet. Ganzjährig. Ab Rozstání ausgeschildert. Achtung: enge Zufahrt durch den Wald. 2 Pers. mit Zelt u. Auto 12 €, Chata für 4 Pers. mit eigenem Bad ab 40 €. Baldovec 319, PLZ 79862, ✆ 582395440, www.baldovec.cz.

Nach **Nordmähren?** Informationen zu **Prostějov**, das Sie auf dem Weg vom Mährischen Karst nach Olomouc passieren, bekommen Sie ab S. 603.

**Zámek Rájec nad Svitavou (Schloss Raitz)**: Das charmante Schloss der Adelsfamilie Salm liegt 7 km nördlich von Blansko hoch über dem Städtchen Rájec. Es wurde in den Jahren 1764–69 in Anlehnung an französische Landsitze mit spätbarocken und klassizistischen Stilelementen erbaut. Bei der kürzeren Führung (40 Min.) spaziert man u. a. durch die *Repräsentationssäle,* besichtigt die schöne *Bibliothek* mit rund 60.000 Bänden und sieht jede Menge *Bergkristall.* Die längere Tour (90 Min.) führt zudem durch diverse *Privatgemächer* und die *Schlosskapelle.* Umschmeichelt wird das Schloss von einem schönen *englischen Park,* in dem Kamelien gezüchtet und veredelt werden. (Beachten Sie die Hinweise, nach denen „das Fangen von Schmetterlingen und Käfern“ verboten ist!) Auf dem Gelände befindet sich auch ein *Restaurant.* Nur 4 km weiter liegt übrigens das Örtchen *Černá Hora,* in dem das gleichnamige Bier gebraut wird. Die Brauereikneipe ist ganz nett.

**Verbindungen** Die meisten **Busse** zwischen Blansko und Boskovice halten in Rájec.

**Öffnungszeiten** **Schloss**, April u. Okt. nur Sa/So 9–15 Uhr, Mai/Juni u. Sept. tägl. (außer Mo) 9–16 Uhr, Juli/Aug. tägl. (außer Mo) 9–16.30 Uhr. Je nach Führung 3,20–4,40 €, erm. 2,50–2,90 €. www.zamekrajec.cz.

Südmähren → Karte S. 518/519

# Boskovice

Boskowitz

Boskovice (11.500 Einwohner) liegt rund 40 km nördlich von Brünn. Auf den ersten Blick besitzt die Kleinstadt nicht gerade viel Aufsehenerregendes. Der Marktplatz ist mit Ausnahme des Rathauses am oberen Ende eher zweitklassig, nicht einmal ein anständiges Café findet man dort. Drum herum aber versteckt sich so manch Interessantes. Folgt man vom Platz der Gasse Zborovská, steht man schon mitten im alten **jüdischen Viertel**. Das einstige Ghetto aus dem 18. Jh. – 79 Gebäude sind noch erhalten – erstreckte sich über die Gassen Plačkova, U Vážné studny, Velenova und Bílkova. Mit Toren und Ketten wurde die jüdische Bevölkerung hier bis ins 19. Jh. von der christlichen getrennt. Von den 458 Boskowitzer Juden, die 1942 in die KZs verschleppt wurden, kehrten nur 14 zurück. Ihrer tragischen Geschichte widmet sich die Ausstellung in der **Synagoge** (Synagóga maior an der Traplova) aus dem 17. Jh. Zudem wurde ein Lehrweg mit 27 Stationen eingerichtet, u. a. zum wieder hergerichteten jüdischen Friedhof – ein Faltblatt dazu erhält man in der Touristeninformation.

Oberhalb des Rathauses führt die Hradní bergauf zum hiesigen **Schloss**, das aus einem ehemaligen Dominikanerkloster (bis 1784) hervorgegangen ist. Verantwortlich für den zwischen 1819 und 1826 vollzogenen Umbau zum repräsentativen vierflügeligen Empireschloss war die Familie Dietrichstein. 1856 ging es an die Mensdorff-Pouilly über, denen es im Zuge der Restitutionen in den 1990ern zurückgegeben wurde. Die schön restaurierten Prunksäle im Inneren sind sehenswert, achten Sie auf die herrlichen Parkettböden. Vom Schloss kann man noch weiter bergauf zu einer zinnenbewehrten **Burgruine** steigen, von wo aus man einen großartigen Ausblick hat. Übrigens ist Boskovice auch stolz auf ein kleines 4 km entferntes **Westernstädtchen**. Wer Rodeoshows, Goldwaschen und Indianertänze mag, folgt vom Zentrum der Beschilderung „Westernové Městečko Boskovice".

**Information** **Informační centrum Boskovicko**, am Marktplatz im Rathaus. ✆ 516488677, www.regionboskovicko.cz. Okt.–April Mo–Fr 8–12 u. 12.30–16.30 Uhr, So 8–11.30 Uhr, ansonsten Mo–Sa 8–17 Uhr, So 8–16 Uhr.

**Verbindungen** **Busse** regelmäßig nach Blansko, ca. 5-mal tägl. nach Brünn, Olomouc und Prostějov.

**Öffnungszeiten** **Synagoge**, April–Okt. Di–Fr 9–17 Uhr, Sa 10–16 Uhr, So 13–17 Uhr. 1,10 €, erm. die Hälfte.

**Schloss**, Mai u. Sept. Di–Fr 9–16 Uhr, Sa/So 9–17 Uhr, Juni–Aug. tägl. (außer Mo) 9–17 Uhr. 3,20 €, erm. 2 €. www.zamekboskovice.cz.

**Burg**, April u. Okt. Sa/So 10–16 Uhr, Mai u. Sept. tägl. (außer Mo) 10–17 Uhr, Juni–Aug. tägl. 9–18 Uhr. 1,50 €, erm. 1,10 €. www.hradboskovice.cz.

**Übernachten** **Hotel Pod Zámkem**, historisches Gebäude zwischen Zentrum und Schloss. Etwas steril, aber anständig. Kostenloser privater Parkplatz. EZ 25 €, DZ 43 €. Hradní 4, PLZ 79070, ✆ 516456056, www.hotelpodzamkem.cz.

**Camping de Bongerd**, im Örtchen Benešov (ca. 10 km nordöstlich von Boskovice). Unter holländischer Leitung und zu 99 % von Holländern frequentiert. Schöner und sehr gepflegter Platz, z. T. mit parzellenartigen Stellplätzen. Blitzsaubere Sanitäranlagen. Kein Restaurant, dafür Pinte im Dorf. Keine Chatavermietung. Mitte April–Mitte Sept. 2 Pers. mit Wohnmobil 18,20 €. Benešov 104, PLZ 67953, ✆ 516467233, www.camping-benesov.nl.

**Essen & Trinken** **Restaurant Makkabi** mit gemütlicher Sommerterrasse. Im alten jüdischen Viertel, von der Synagoge ausgeschildert. Kleines, rustikales Restaurant mit Standardgerichten der mittleren Preisklasse. Velenova 8, ✆ 516452039.

**U Rudyho**, winziger Biergarten und winziges, urgemütliches Lokal im zweiten Stock. Tschechische Küche, liebevoll zubereitet und das zu sehr fairen Preisen (Hg. max. 9 €). Plačkova 39, ✆ 775478578 (mobil).

**Kafírna Dogvill**, schnuckeliges Café mit alternativem Touch, das zu einer Kleinstadt wie Boskovice gar nicht passt. Nette Musik, trödeliges Mobiliar. Im jüdischen Viertel, Zborovská 9.

## Zámek Lysice

Schloss Lissitz

Das Barockschloss steht im gleichnamigen Örtchen rund 8 km südwestlich von Boskovice. Bemerkenswert ist der schöne Kolonnadengang, der den Herrensitz mit dem statuengeschmückten Garten verbindet. Bis zur Verstaatlichung des Schlosses 1945 lustwandelte hier die Adelsfamilie Dubský von Třebomyslice. Bekanntester Sprössling des alten mährischen Geschlechts ist die (deutschsprachige) Schriftstellerin Marie von Ebner-Eschenbach (1830–1916). Ihre vom Realismus geprägte, einfühlsame Prosa beschreibt das Leben des Landadels und der mährischen Dorfbevölkerung. Zu ihren bedeutendsten Werken gehört die Novelle *Das Gemeindekind* (1887). Ebner-Eschenbach, die meist in Wien lebte, verbrachte viele Sommer bei ihrem Onkel Emanuel Dubský auf Schloss Lissitz. Dieser richtete für seine Nichte eine eigene Bibliothek ein, die man heute besichtigen kann. Außerdem gibt es – auf mehrere Touren verteilt – eine Ausstellung zu Leben und Werk der Schriftstellerin zu sehen, eine wertvolle Waffensammlung, eine Kollektion handgemalter Schießscheiben und natürlich jede Menge historischer Möbel.

**Verbindungen** Regelmäßig **Busse** nach Boskovice.

**Öffnungszeiten** **Schloss**, April u. Okt. nur Sa/So 10–16 Uhr, Mai u. Sept. tägl. (außer Mo) 9–16 Uhr, Juni–Aug. tägl. (außer Mo) 9–17 Uhr. Führung 3,70 €, erm. 2,60 €. 100 % Aufschlag auf fremdsprachige Führungen. www.zameklysice.cz.

## Hrad Pernštejn

Burg Pernstein

**Türme, Zinnen, Wälle, Tore und eine weiße Frau, die durch die verwinkelten Burggänge irrt: Pernstein ist der Inbegriff einer Ritterburg und diente nicht umsonst als Kulisse für zahlreiche Märchenverfilmungen.**

Die schönste, größte und bedeutendste Burg Mährens liegt ca. 40 km nordwestlich von Brünn an der Grenze zur Böhmisch-Mährischen Höhe. Sie thront inmitten von Wäldern auf einem steilen Bergvorsprung hoch über dem Dorf Nedvědice. Pernstein diente als Stammburg des mächtigen gleichnamigen Adelsgeschlechts, das die monumentale Festung im späten 13. Jh. erbauen ließ. Auf deren Wappen – ein Auerochse mit einem Seil in der Nase – wird man bei einer Besichtigung des Öfteren stoßen. Die Symbolik geht zurück auf den Stammvater des Geschlechts, einen Köhler namens Věnava, der einen ungewöhnlich starken Auerochsen erjagte, ihn am Seil dem König vorführte und dafür in den Adelsstand erhoben wurde. Das Geschlecht erlosch an der Wende vom 16. zum 17. Jh., danach ging die Burg durch etliche Hände. Bis 1948 gehörte sie den Grafen Mitrovský von Mitrovice.

Die Burganlage durchlief mehre Umbauten. Doch trotz ihrer im 16. Jh. vollzogenen langsamen Umwandlung in einen repräsentativen Renaissancestammsitz ging ihr gotischer Wehrcharakter nie verloren. Die Architektur ist imposant, man beachte die Kragsteine und den sog. Turm der vier Jahreszeiten, der durch einen hängenden Gang mit dem Burgpalast verbunden ist. Es werden vier verschiedene Besichtigungstrassen durch die Burg angeboten. Tour I (70 Min.) erinnert an das Leben der Familie Mitrovský von Mitrovice auf Burg Pernstein, zu sehen gibt es einen Waffensaal, das Speisezimmer und das Herrenzimmer mit Billardtisch. Tour II

Südmähren → Karte S. 518/519

Burg Pernštejn

(50 Min.) beinhaltet u. a. die gotischen Gänge, den Wehrturm Barborka und den Jagdsaal, die naturwissenschaftliche Sammlung und die Bibliothek. Tour III richtet sich speziell an Kinder.

Tour IV schließlich führt in die Kapelle und die Sakristei, aber auch in das Verlies. Wer gut aufpasst, sieht vielleicht die legendäre weiße Frau durch die Gänge huschen – das bringt Glück (und Unglück, wenn sie schwarze Handschuhe trägt!). Auf dem Burggelände gibt es ein Restaurant mit Sommerterrasse und eine Vinothek.

Die hügelige Umgebung von Nedvědice lädt zum Wandern ein. Zudem kann man sich auch hier, wie in Boskovice, zu mährischen Revolverhelden und Squaws gesellen. Die **Westernstadt Šiklův Mlýn**, das Cowboyeldorado Tschechiens nahe dem ca. 15 km westlich von Nedvědice gelegenen Dorf Blažkov, ist dank bester Ausschilderung nicht zu verfehlen. Auf dem Westerngelände bestehen Campingmöglichkeiten, komfortabler nächtigt man im dortigen Drei-Sterne-Hotel.

**Verbindungen** Bis zu 7-mal tägl. **Züge** von Nedvědice nach Žďár nad Sazavou, bis zu 10-mal nach Tišnov. Vom Ort fahren nur max. 3-mal tägl. Busse zur Burg. Der Fußweg zur Burg ist zwei anstrengende Kilometer lang (gelb markiert).

**Öffnungszeiten** **Burg**, April u. Okt. nur Sa/So 9–15 Uhr, Mai/Juni u. Sept. tägl. (außer Mo) 9–16 Uhr, Juli/Aug. tägl. (außer Mo) 9–17 Uhr. Eintritt aufs Areal 1,50 €, Touren 4,40–11 € (mit deutscher Führung), Reservierung empfehlenswert: ✆ 566566101 o. pernstejn@brno.npu.cz. www.hrad-pernstejn.cz.

**Westernstadt**, Juni–Aug. tägl. (außer Mo) nonstop, ansonsten nur zu angekündigten Veranstaltungen. 6,50 €, Kinder unter 12 Jahren und Rentner die Hälfte. www.sikland.cz.

Richtung **Böhmisch-Mährische Höhe?** Informationen zum hübschen Städtchen **Polička** rund 40 km nördlich der Burg Pernštejn bekommen Sie ab S. 486. Informationen zu **Nové Město na Moravě** gibt es ab S. 488.

## Klášter Porta Coeli

Kloster Porta Coeli/Himmelspforte

Im Örtchen Předklášteří (14 km südöstlich der Burg Pernštejn bzw. 2 km westlich der Kleinstadt Tišnov) steht das einzige Zisterzienserinnenkloster auf tschechischem Boden. Es wurde im Jahr 1233 von Konstanze von Ungarn, der Witwe Otakars I., gestiftet. Die Kommunisten zeigten sich den Nonnen gegenüber großzügig, anstatt sie zu inhaftieren, durften sie als niedere Angestellte des darin eingerichteten landwirtschaftlichen Produktionsbetriebes bleiben. Seit 1990 gehört das Kloster wieder dem Orden, vier Nonnen leben derzeit darin. Seinen Namen *Porta Coeli* („Himmelspforte") erhielt es nicht zufällig: Schmuckstück der im romanisch-gotischen Übergangsstil errichteten **Klosterkirche** ist das wunderschöne **Hauptportal** mit außergewöhnlich filigranen Steinmetzarbeiten, die an die nordfranzösische Spätgotik erinnern. In der Mitte des Tympanons thront Jesus, darunter sieht man die Apostel. Das Interieur der eher schlichten, turmlosen Kirche stammt vorrangig aus dem Spätbarock. Das Mariä-Himmelfahrt-Bild am Hauptaltar ist ein Werk des Österreichers Franz Anton Maulpertsch (1724–1796). An die Nordseite der Kirche schließen der **Kreuzgang** und der etwas unheimliche **Kapitelsaal** mit Kreuzrippengewölbe an. In der ehemaligen Propstei befindet sich das **Museum des Vorlandes der Böhmisch-Mährischen Höhe** (Podhoracká muzeum). Als typisches Landmuseum zeigt es die typischen Exponate: Bauernmöbel, Mineralien, Keramik, Handwerkszeug etc.

**Verbindungen** Bahnhof und Busbahnhof in Tišnov, von dort mehrmals tägl. **Busverbindungen zum Kloster** oder 2 km zu Fuß auf einem blau markierten Weg.

Von Tišnov bis zu 8-mal tägl. **Busse** nach Brünn. **Züge** regelmäßig nach Brünn und Žďár nad Sazavou sowie bis zu 8-mal tägl. nach Prag.

**Öffnungszeiten** **Museum**, Mai–Sept. tägl. (außer Mo) 9–12 u. 12.30–17 Uhr, Okt.–April tägl. (außer Mo) 8–12 u. 12.30–16 Uhr. **Klosterführungen** Mai–Sept. Di–Sa stündl. 9–16 Uhr, außer um 12 Uhr, So nur um 9, 13, 14 u. 15 Uhr, Okt.–April Di–Sa stündl. 9–15 Uhr sowie So um 8, 9, 13, 14 u. 15 Uhr. Museum 0,90 €, erm. 0,70 €, Klosterführung 1,60 €, erm. 0,80 €. www.portacoeli.cz.

Richtung Westen auf die Böhmisch-Mährische Höhe? Informationen zu **Moravské Budějovice** bekommen Sie auf S. 506, zu **Jaroměřice nad Rokytnou** auf S. 504.

## Vranov-Stausee

Vranovská přehrada

**Die gestaute Dyje ist ein beliebtes Urlaubsgebiet. Im See kann man baden und angeln, drum herum Pilze sammeln, Rad fahren, wandern und – natürlich – Burgen und Schlösser besichtigen.**

Beim 20 km westlich von Znojmo gelegenen Städtchen Vranov nad Dyjí wurde zwischen 1930 und 1933 mittels einer knapp 60 m hohen und 290 m langen Mauer die Dyje (Thaya) gestaut. Der Fluss ging dadurch auf etwa 20 km ein wenig in die Breite und bildet heute den idyllischen Vranov-See, der als Trinkwasserreservoir und Erholungsgebiet dient. Die meisten Touristen kommen aus dem eigenen Land und übernachten in ihren Chatas oder auf Zeltplätzen. Dementsprechend ist das Angebot an Hotels und Pensionen eher bescheiden.

Südmähren → Karte S. 518/519

**Vranov nad Dyjí (Frain an der Thaya)**: Das 840-Einwohner-Örtchen liegt, von Wäldern umrahmt, rund 1,5 km südlich der Staumauer. Zur herrlichen Lage gesellt sich eine schöne alte Bausubstanz. Überragt wird der Ort von einem prächtigen *Barockschloss*, das malerisch auf einem Felsen thront. Unter dem Adelsgeschlecht der Althann ging es in einer Bauzeit von fast 100 Jahren aus einer gotischen Festung hervor. Mit den ersten Umbauarbeiten begann man 1687. Lediglich der Burgturm blieb in der alten Form erhalten. Das Glanzstück der Althann-Residenz wurde der vom berühmten Barockbaumeister Johann Bernhard Fischer von Erlach (1656–1723) entworfene ovale Ahnensaal. Der 375 $m^2$ große Saal nimmt ein eigenes Gebäude ein. Die Wände sind geschmückt mit monumentalen, die griechische Mythologie thematisierenden Fresken von Johann Michael Rottmayr (1654–1730). Die Kuppel wird von ovalen Fenstern durchbrochen. Auch die reich mit Fresken dekorierte Dreifaltigkeitskapelle ist ein Projekt Fischer von Erlachs. Bei einer Führung passiert man zudem diverse Räumlichkeiten, die den Lebensstil des hiesigen Adels im 18. und 19. Jh. dokumentieren. Seit 1948 ist das Schloss Staatseigentum.

**Information** **Turistické informační centrum**, zentral am Náměstí 47, ✆ 515296285, www.vranov-region.cz. Mo–Fr 8.30–11.30 u. 12–17 Uhr.

**Verbindungen** **Busse** häufig nach Znojmo, nur 2-mal tägl. nach Bítov.

Im Juli u. Aug. zudem ca. 3-mal tägl. **Fährschiffe** von Vranov über den Campingplatz Bítov zur Burg Bítov (hin u. zurück 3,60 €, erm. die Hälfte).

**Baden** Sandstrand **Vranovská pláž** bei der Staumauer (→ Camping Pláž). Zu Fuß vom Zentrum ca. 2,5 km, der Beschilderung „Přehrada“ folgen. Die Anfahrt mit dem Auto zum Strand ist verboten. Von den Parkplätzen noch ca. 15 Min. zu Fuß.

**Öffnungszeiten** **Schloss**, April u. Okt. nur Sa/So 9–16 Uhr, Mai/Juni u. Sept. tägl. (außer Mo) 9–17 Uhr, Juli/Aug. tägl. (außer Mo) 9–18 Uhr. Führung 1,80–7,60 €, erm. 0,90–3,20 €. Für die Kapelle (nur Juli/Aug. tägl. außer Mo 9–17.30 Uhr) zahlt man extra (1,50 €, erm. die Hälfte). www.zamek-vranov.cz.

**Achtung**: Keine Parkmöglichkeit unmittelbar vorm Schloss, die nächste ca. 600 m unterhalb des Schlosseingangs. Im Sommer kann die Strecke mit einer Bummelbahn zurückgelegt werden.

**Übernachten** **** **Zámecký Hotel**, historisches Gebäude in zentraler Lage. Freundliche Zimmer und Apartments. Großer Festsaal im ersten Stock, daher manchmal laut. Gemütliches Restaurant mit Terrasse. DZ ab 43 €, Apartment für 4 Pers. 98 €. Vranov nad Dyjí 92, PLZ 67103, ✆ 515296101, www.zameckyhotel.cz.

*** **Hotel Pod Zámkem**, an der Hauptdurchgangsstraße (vorne raus etwas laut!). Zum Teil recht geräumige Zimmer mit Kiefernholzmobiliar, angenehme Atmosphäre. Leider ziehen die Gulaschdünste des Hotelrestaurants bis in die Gänge des 2. Stocks (nicht aber in die Zimmer). Sehr freundliches Personal. DZ 43 €. Náměstí 45, PLZ 67103, ✆ 607742270 (mobil), www.podzamkem.cz.

**Penzion Kormorán**, in sehr ruhiger Lage an der Thaya, die südlich der Staumauer wieder zum Flüsschen wird, vom Zentrum ausgeschildert. Neueres Haus mit großem Garten und schlicht-ordentlichen Zimmern un-

terschiedlicher Größe (mit und ohne Bad), lassen Sie sich ein ebenerdiges mit Terrasse zum Garten geben. DZ 27 €, Frühstück extra. Nur April–Okt. Havlíčkovo nábřeží 410, PLZ 67103, ✆ 515296092, www.penzion kormoran.cz.

**Camping** **Camp Pláž**, Zeltplatz mit Strand (nahe der Staumauer). Leider stets sehr voll. Obwohl zu Fuß nur 3 km vom Zentrum entfernt, muss man einen weiten Umweg von ca. 15 km (über Šumná und Štítary) fahren. Mai–Okt. 2 Pers. mit Zelt u. Auto 14 €, Chata für 2 Pers. 14 €. Štítary 149, PLZ 67102, ✆ 724101725 (mobil), www.camp-plaz.cz.

**Muzeum Motocyklů**, ca. 6 km nordöstlich von Vranov im Straßendorf Lesná. Neben einem kleinen privaten Motorradmuseum gibt es hier ein originelles Restaurant und Campingmöglichkeiten, die zu den gepflegtesten des Landes gehören, samt idyllischem Gärtchen mit lauschigen Ecken, Feuerstelle und Pool. Hier bleibt man gerne länger – auch ohne See vor der Nase. Auch Zimmer- und Chata-Vermietung. Ganzjährig. 2 Pers. mit Zelt u. Auto 13 €, Chata für 2 Pers. 15 €. Lesná, PLZ 67102, ✆ 515291078, www.veteransalon.cz.

**Essen & Trinken** **Pážeci Dům**, in zentraler Lage. Eher gediegene Lokalität mit schöner Innenhofterrasse. Mährisch-internationale Küche der mittleren Preisklasse. Auch Übernachtungsmöglichkeiten. Tägl. (außer Mo) mittags und abends. Náměstí 44, ✆ 515296434.

**Bítov (Vöttau)**: In der kleinen, 2 km vom Nordufer entfernt gelegenen Ortschaft sehen nahezu alle Häuser gleich aus. Denn bevor 1931 das alte Bítov in den Fluten des Stausees versank, musste schnell ein neues aufgebaut werden, wobei zwei Architektenentwürfe für das Gros aller Gebäude Pate standen. Mit Ausnahme einiger Unterkünfte und Restaurants sowie eines unkonventionellen *Motorradmuseums* (Veteran Tatra Muzeum) hinter dem Restaurant Kornelly gibt der Ort wenig her. Im Motorradmuseum sind diverse alte Tatras, darunter die legendären 600/603, zu sehen. Ein grün markierter Wanderweg führt von Bítov über Cornštejn (s. u.) nach Frejštejn (s. u.), ein rot markierter von Bítov zur gleichnamigen Burg (s. u.).

**Verbindungen** **Busse** von Znojmo mehrmals tägl. nach Bítov und Bítov-Most, wo es nicht mehr weit zum Camping Bítov und zur Burg Cornštejn (s. u.) ist. Zudem Verbindungen nach Vranov und (allerdings nur wenige) nach Moravské Budějovice.

**Fährschiffe** → Vranov/Verbindungen.

**Baden** Diverse Bademöglichkeiten am See, z. B. nahe dem Camp Bítov.

**Öffnungszeiten** **Motorradmuseum**, Juli/Aug. tägl. 9.30–17.30 Uhr, ansonsten einfach im Restaurant nachfragen. 1,10 €, erm. die Hälfte. www.tatramuzeumbitov.webnode.cz.

Burg Bítov erhebt sich über dem Vranov-Stausee

Südmähren → Karte S. 518/519

**Übernachten** **Penzion U Tesařů**, orangefarbener Bau im Ortskern. 14 Zimmer mit Du/WC. Etwas geschmacklos eingerichtetes Café-Restaurant mit Terrasse (gute Kuchen, billige Tagesgerichte). Abschließbarer Parkplatz. DZ 30 €. Bítov 101, PLZ 67110, ✆ 515294616, www.utesaru.cz.

**Camp Bítov**, ca. 3 km westlich von Bítov, ausgeschildert. 3-Sterne-Platz mit Adriatrubel-Flair an einem Seitenarm des Stausees. Groß und gepflegt, schöne Lage. Kiesstrand und Pools, Restaurant, Tretbootverleih, Bar, Eisdiele etc. Mai–Sept. 2 Pers. mit Zelt u. Auto 11 €, Hütte für 2 Pers. 14 €. Bítov 64, PLZ 67110, ✆ 605842965 (mobil), www.camp-bitov.cz.

**Hrad Bítov (Burg Vöttau)**: Die Burg erhebt sich etwa 3 km nordwestlich von Bítov majestätisch auf einer Felszunge über dem Stausee. Errichtet wurde die Anlage als gotische Festung unter den Herren von Lichtenberg. 1755 gelangte sie in die Hände der Adelsfamilie Daun. Diese initiierten den neogotischen Umbau im 19. Jh., der das Aussehen der Burg bis heute bestimmt. Bei der Haupttour durch den Burgpalast (60 Min.) durchläuft man rund 20 Räume mit *illusionistischen Wandgemälden* deutscher und österreichischer Romantiker. Zu sehen sind außerdem jede Menge *ausgestopfte Tiere* (darunter über 50 Hunde), die an die Sammelleidenschaft des letzten Burgbesitzers Baron Haase erinnern. Zudem werden Touren durch das *Zeughaus* mit außergewöhnlichen Schusswaffen des 16. und 17. Jh., durch das *alte Gefängnis* und durch einen kitschigen *Gespensterkeller* angeboten.

**Anfahrt** Die Abzweigung zur Burg ist von der Straße zwischen Bítov und Zblovice ausgeschildert. Parkplatz rund 600 m entfernt.

**Öffnungszeiten** April u. Okt. nur Sa/So 9–16 Uhr, Mai/Juni u. Sept. tägl. (außer Mo) bis 17 Uhr, Juli/Aug. tägl. (außer Mo) bis 18 Uhr. Je nach Tour (mit dt. Text) 3,60–4,40 €, erm. 2,90 €. www.hradbitov.cz.

**Übernachten** **Penzion Rumburak**, neuere Pension auf dem Weg zur Burg. Anständige Zimmer. Kleiner Außenpool. Angeschlossen eine rustikale Gaststätte mit großer Terrasse, von der man einen großartigen Ausblick über die Landschaft hat. DZ 40 €. Bítov 106, PLZ 67110, ✆ 777348757 (mobil), www.restaurantrumburak.cz.

**Hrad Cornštejn (Burg Zornstein)**: Die Burgruine liegt ca. 3 km südwestlich von Bítov auf der anderen Seite der Thaya, die hier eine Schlaufe dreht. Die ehemalige Grenzfeste aus dem 13. Jh. verödete bereits im 16. Jh. Die Mauerreste sind nicht allzu spektakulär, aber aufgrund ihrer romantischen Lage ebenfalls ein beliebtes Ausflugsziel.

Nur Juli/Aug. tägl. 9–17 Uhr. 1,80 €, erm. die Hälfte.

**Uherčice (Ungarschitz)**: Uherčice, ca. 12 km südwestlich von Bítov und nahe der österreichischen Grenze gelegen, ist ein nettes Dorf mit Weiher, umrahmt von einer lieblichen Landschaft. Touristen zieht es bislang nur selten hierher. Das wird sich ändern, wenn das mächtige *Renaissanceschloss*, zu sozialistischen Zeiten als Frauengefängnis genutzt, einmal vollständig zugänglich ist. Seit Mitte der 1990er-Jahre wird es aufwendig restauriert, nachdem es fast zur Ruine verkommen war. Ein paar provisorisch eingerichtete Räumlichkeiten können bereits heute besichtigt werden, darunter der *Bankettsaal*, das barocke *Kammertheater* und die *Schlosskapelle*. Im Sommer finden ab und an kulturelle Veranstaltungen auf dem Schlossgelände statt.

Verbindungen/Öffnungszeiten: Uherčice ist ein Ziel für Selbstfahrer. **Schloss**, Juni nur Sa/So 9–17 Uhr, Juli/Aug. tägl. (außer Mo) 9–17 Uhr. 2,40 €, erm. 1,60 €, 50 % Aufschlag für fremdsprachige Führungen. www.zamek-uhercice.cz.

**Hrad Frejštejn (Burg Freistein)**: Eine weitere romantische Burgruine, diesmal flussaufwärts am Zulauf der Dyje hoch über dem Örtchen Podhradí nad Dyjí. Die Burg stammt aus dem 13. Jh. und wurde bereits im 15. Jh. verlassen. Die Reste des Rundturms, der Burgkapelle und des Palastes sind frei zugänglich.

## Nationalpark Thayatal

Narodní Park Podyjí

Der Nationalpark, ein schmaler Streifen zwischen Vranov und Znojmo, besitzt nur 63 km² Fläche. Tiefe Wälder und mittendrin die mäandernde Dyje (Thaya) prägen ihn. Jenseits der Grenze schließt sich der österreichische Nationalpark gleichen Namens an. Das einstige Sperrgebiet, in dem die Natur durch den Eisernen Vorhang lange Zeit ähnlich unberührt blieb wie im Böhmerwald, wird heute durch Rad- und Wanderwege mit dem südlichen Nachbarn verbunden. Zwei Ziele als Ausflugstipps:

**Čížov (Zaisa)**: Auf der Verbindungsstraße Vranov – Znojmo zweigen bei den Orten Lesná, Vracovice und Milíčovice Sträßlein nach Horní Břečkov ab. Von dort führt eine Stichstraße weiter zum Dorf Čížov (Parkplatz vorm Dorf, für Tagesgäste keine Zufahrt ins Dorf erlaubt), einem beliebten Wanderer- und Radlertreff. Das stille, freundliche Bauerndorf schmücken blaue Brunnen und ein gelbes Kirchlein. Der heruntergekommene kleine Friedhof an der Durchgangsstraße erinnert an die Zeit, als Čížov noch Zaisa hieß. Am Ortsende (keine 10 Min. zu Fuß) gibt es ein Besucherzentrum, das über den Nationalpark Thayatal Auskunft gibt, und schräg gegenüber einen Wachturm mit einem Teilstück des Eisernen Vorhangs, dem einzigen noch erhaltenen im Land. Errichtet wurde der Turm im Jahr 1951. Heute kann man ihn ganz gemütlich passieren und von dort zur 4 km entfernten *Hardegger Warte* (Hardeggská vyhlídka) laufen. Der kleine Aussichtspunkt bietet einen herrlichen Blick auf den Flusslauf der Thaya und das romantische Städtchen *Hardegg* auf der anderen Seite, übrigens die kleinste Stadt Österreichs (Grenzübergang für Rad- und Fußwanderer, Ausweis mitnehmen!). Von Vranov erreicht man Čížov auf einem roten Wanderweg.

**Verbindungen** **Busse** bis zu 8-mal tägl. von und nach Znojmo.

**Übernachten/Essen & Trinken** **Penzion U Marka**, nur 5 schlichte Zimmer, die sich das Bad teilen. Restaurant. Mai–Sept. 16–24 €/Pers. ohne Frühstück. Čížov 168, PLZ 67102, ✆ 737312188 (mobil), www.penzionumarka.cz.

**Hospoda U Švestků**, einfache Kneipe, im Dorf nicht zu verfehlen. Deftige mährische Hausmannskost wie Rauchfleisch mit Kraut oder gefüllte Kartoffelknödel. Sehr günstig. Terrasse. Hier kann man auch eine Chata mieten (7 €/Pers.) oder zelten (2 Pers. mit Zelt 5,60 €). Mai–Nov. 11–18 Uhr, Fr/Sa 11–21 Uhr. Čížov 153, PLZ 67102, ✆ 515291045, www.mujweb.cz/usvestku/.

**Hrad Nový Hrádek (Burg Neuhäusel)**: 3 km südlich von Horní Břečkov liegt das Dorf Lukov. Von Lukov führt ein erst rot, dann grün markierter Wanderweg zur schön gelegenen Burgruine Nový Hrádek. Im 14. Jh. wurde die Burg als Jagdsitz erbaut, Mitte des 17. Jh. von den Schweden zerstört. Aufgrund ihrer einstigen Lage im Sperrgebiet ist sie erst seit 1992 wieder zugänglich.

**Öffnungszeiten**: Mai/Juni tägl. 9–17 Uhr, Juli/Aug. bis 18 Uhr, Sept. nur Sa/So 9–17 Uhr. Führung (Dauer 50 Min.) 2,20 €, erm. die Hälfte. www.novy-hradek.eu.

## Znojmo

Znaim

**Das 33.000-Einwohner-Städtchen thront mitsamt seinem alten Schloss reizvoll auf einem Felsvorsprung über der Dyje.**

„Hier möchte ich wohl wohnen, so lieblich und freundlich ist die Gegend“, schwärmte der Schriftsteller Johann Gottfried Seume (1763–1810) von der Znaimer Region. Man braucht ja nicht gleich nach Znojmo zu ziehen, aber als Standort für

Südmähren → Karte S. 518/519

Wanderungen und Radtouren in den **Nationalpark Thayatal** (Narodní Park Podyjí, s. o.) bietet sich Znojmo dank einiger guter Unterkünfte in jedem Fall an. Dazu weist die Stadt eine Reihe an Sehenswürdigkeiten auf, u. a. rühmt man sich der größten Katakomben Tschechiens – hier aber keine Begräbnisstätten, sondern ein unterirdisches Gänge-Labyrinth. Deswegen kommen aber die wenigsten ausländischen Besucher. Die meisten, Tagestouristen aus dem nur 14 km entfernten Österreich, scheinen sich eher für einen neuen, günstigen Haarschnitt zu interessieren – die Anzahl der Friseursalons ist enorm. Beliebt ist auch ein Abstecher ins Outlet-Paradies **Freeport**, einer der größten Malls Tschechiens.

**Geschichte**: Bereits im 11. Jh. entstand hier eine Burg, in deren Schutz sich im 12. Jh. vorrangig deutschsprachige Siedler niederließen. 1226 wurde Znaim zur königlichen Stadt erhoben. Ab dem 14. Jh. wurde der Weinanbau gefördert, und im 15. Jh. exportierte man Weinfässer schon weit über die Grenzen Böhmens hinaus. Im 16. Jh. erfolgte der großflächige Stadtumbau im Stil der Renaissance. Im 17. Jh. wurde der Postweg von Wien nach Prag über Znaim verlegt, was zusätzlich Aufschwung brachte. 1871 erfolgte der Anschluss an das Eisenbahnnetz. Ende des 19. Jh. spitzte sich das Nationalitätenproblem zu. 1897 untersagte der deutsche Magistrat Amtshandlungen in tschechischer Sprache. Im Oktober 1918 wurde Znaim dann sogar Hauptstadt eines Staates namens „Deutsch-Südmähren" – nur drei Monate später, mit dem Anschluss an die Tschechoslowakei, war das Abenteuer aber schon wieder vorbei. Nach dem Zweiten Weltkrieg ergraute Znojmo. Heute trägt die Innenstadt wieder ein bunteres Kleid.

**Orientierung**: Das Zentrum der Znaimer Altstadt bilden die Plätze *Masarykovo náměstí* und der nördlich davon gelegene *Horní náměstí*. Die Verbindung stellt die Obroková her, an der sich auch die Touristeninformation befindet. Über den *Náměstí Svobody* im Norden des Zentrums brauchen Sie gar nicht hinauszulaufen – die Altstadt endet hier so abrupt, wie die Platte beginnt. Die romantischsten Winkel findet man südöstlich der Burg, dem ältesten Siedlungsgebiet Znojmos.

## Basis-Infos

→ Karte S. 555

**Information** **Turistické informační centrum**, Obroková 10, ✆ 515222552, www.znojemskabeseda.cz. Nov.–April Mo–Fr 8–18 Uhr, Sa 8–13 Uhr, Mai/Juni u. Sept./Okt. Mo–Fr 8–18 Uhr, Sa 9–17 Uhr, Juli/Aug. tägl. 8–19 Uhr.

**Verbindungen** Bahnhof und Busbahnhof ca. 10 Fußmin. südöstlich des Zentrums. Die An- und Abreise mit Bussen ist unkomplizierter und schneller.

**Züge** bis zu 8-mal tägl. über Mikulov nach Břeclav.

Gute **Busverbindungen** in die Umgebung. Zudem regelmäßig nach Brünn, bis zu 7-mal tägl. über Jihlava nach Prag, 1-mal direkt nach Hradec Králové.

**Ärztliche Versorgung** **Krankenhaus** an der Jana Jánského 11 (Richtung Přímětice ausgeschildert). ✆ 515215111, www.nemzn.cz.

**Einkaufen** Am Masarykovo nám. wird bei gutem Wetter tägl. ein **Gemüsemarkt** abgehalten. Ein schönes Einkaufsgässchen ist die enge Kramařská, wo man Trödel, Holzspielzeug und Schmuck bekommt. Ein paar zusätzliche Tipps:

**Freeport**, große Outlet-Mall mit 65 Shops von *adidas* über *Ed Hardy* und *Calvin Klein* bis *Vero Moda*. Daneben Kinderfreizeitpark, Kinos, Restaurants, Casino, Asia-

Markt etc. Rund 14 km südlich von Znojmo an der E 59 kurz vor der österreichischen Grenze.

**Znovín Znojmo 9**, offizielle Verkaufsstelle der Weinkellerei Znovín. Horní Česká 2.

**Vinné Sklepy Lechovice Prodej vín 13**, der offizielle Weinverkauf der Winzerei aus Lechovice (gute Rotweine). Dolní Česká (in einem schönen Renaissancegebäude ohne Hausnr.).

**Antikvity 17**, Trödler. Keramik mit Zwiebelmuster, Glas und Bernsteinketten. Kollárova 15a.

**Parken** Größere gebührenpflichtige Parkplätze rund um die Altstadt, z. B. am Nám. Svobody.

**Radverleih** Die **Pensionen Jesuitská** und **Solnice** (→ Übernachten) verleihen ihre Räder bei freien Kapazitäten auch an Nichtgäste. 14 €/Tag.

**Veranstaltungen** **Znojemské vinobraní** nennt sich das Zmaimer Weinfest, das alljährlich am dritten Septemberwochenende abgehalten wird – mit historischen Umzügen, Ritterspielen etc. (www.znojemske vinobrani.cz). Zudem findet stets Ende Mai/ Anfang Juni ein beliebtes **Bierfest** statt.

## Übernachten

→ Karte S. 555

**Hotels** **** **Prestige 1**, fernab des Zentrums am Ortsausgang Richtung Jihlava. 76 Zimmer, der Sternezahl entsprechend ausgestattet. Restaurant mit Gartenbetrieb (s. u.), Innenpool, Sauna. DZ 80 €. Pražská 100, PLZ 66902, ✆ 515224595, www.hotel-prestige.cz.

**Lahofer 7**, zentral gelegenes Haus mit komfortabel ausgestatteten Zimmern. Gutes Restaurant mit schönem Innenhof. DZ 77 €. Veselá 13, PLZ 66902, ✆ 515220323, www.hotel-lahofer.cz.

**Rezidence Zvon 12**, 6 schöne Zimmer, größtenteils mit Parkettböden, hübsch möbliert. Die Rezeption ist nicht immer besetzt, daher besser vorausbuchen. EZ ab 36 €, DZ ab 50 €. Mikulášské nám., ✆ 775611128 (mobil), PLZ 66902, www.rezidence-zvon.cz.

**Pensionen** ***Penzion **Solnice 6**, im historischen Zentrum, superzentral und doch sehr ruhig (Innenhoflage). Modern eingerichtete Zimmer mit viel Komfort. Sicherer Parkplatz. Fahrradverleih (13 €/Tag). Ordentliches Frühstück. Im Aufenthaltsraum Kühlschrank mit guter Auswahl lokaler Weine. DZ 44 €. Horní Česká 19, PLZ 66902, ✆ 775202010 (mobil), www.penzion solnice.cz.

**U Mikuláše 15**, 6 unterschiedlich ausgestattete Zimmer mit und ohne Bad, dazu 1 Apartment. Das große Plus der Pension ist ihre hübsche, kleine Dachterrasse. Café und Vinothek. DZ ab 25 € inkl. Frühstück. Mikulášské nám. 8, PLZ 66902, ✆ 515220856, www.penzionumikulase.cz.

**Jesuitská 3**, anständige Pension im Norden der Altstadt. 2 Zimmer und 1 Apartment, Restaurant und Weinkeller. Eigene kostenlose Parkplätze. Radverleih (14 €/ Tag). Rechtzeitige Buchung empfohlen. DZ ab 32 €, Frühstück 2,80 € extra. Jesuitská 5, PLZ 66902, ✆ 603830130 (mobil), www.jesuitska.cz.

**Austis 11**, schönes historisches Gebäude, sehr zentral gelegen. 6 ordentliche, geräumige Zimmer mit Holzfußböden und neuen Bädern, dazu 2 Apartments. Im Keller eine Bierpinte. Parkplatz im Preis inbegriffen. DZ 30 €. Václavské nám. 5, PLZ 66902, ✆ 515241949, www.austisznojmo.cz.

**Kaplanka 16**, gute Low-Budget-Adresse. 11 freundliche Zimmer in verschiedenen Größen, nur teilweise mit eigenem Bad. Manche Zimmer besitzen Balkone mit Blick auf das Thaya-Tal. Nette Terrasse, planschbeckengroßer Sommerpool, kostenfreie Parkplätze. Deutschsprachige Inhaber. Kein Frühstück, dafür Gemeinschaftsküche. DZ mit Bad 33 €, ohne Bad 22 €. U Branky 6, PLZ 66902, ✆ 775552212 (mobil), www.kaplanka.cz.

**Camping** **Camping Country**, rund 8 km nördlich von Znojmo im Dorf Hluboké Mašůvky. Liebevoll angelegter, sehr gepflegter Platz, gemischtes Publikum. Pool, Minigolf, sehr saubere Sanitäranlagen. Radverleih, Reitausflüge. Freundliche Atmosphäre. Kleines Barrestaurant mit begrenzter Speisenauswahl. Chata- und Zimmervermietung. Mai–Okt. 2 Pers. mit Wohnmobil 14 €, Hütte für 4 Pers. 73 €. Hluboké Mašůvky 257, PLZ 67152, ✆ 515255249, www.camp-country.com.

Südmähren → Karte S. 518/519

## Essen & Trinken/Nachtleben

Die angepriesene Spezialität sind die landesweit berühmten eingelegten Znaimer Gurken (auch wenn sie heute im 100 km entfernten Babice hergestellt werden). Kosten Sie sie am besten bei einem Gläschen hiesigen Weins in einer *Vinárna* (Weinstube) oder einem *Vinný Sklep* (Weinkeller). Biertrinker mögen am örtlichen Hostan gefallen finden, das die meisten Kneipen ausschenken.

**Na Věčností 14**, mit Liebe zum Detail eingerichtetes vegetarisches Café-Restaurant. Junges, alternatives Publikum, das auf die Zigarette verzichten kann. Hin und wieder Konzertabende, dazu Ausstellungen. Spezialität sind *halušky*, slowakische Spätzle, die es in vielen leckeren Varianten gibt (ca. 3,60 €). Velká Mikulášská 11, ✆ 775939898 (mobil).

**Vital Restaurant 1**, im Prestige Hotel (s. o.). Tschechische und internationale Spezialitäten, auch Fisch und Fleisch vom Grill. Wirbt damit, dass sich die Küche an der chinesischen Medizin orientiert: alles frisch, bio und schonend zubereitet. Hg. 4,20–14 €. Pražská 100, ✆ 515224595. ■

Blick auf Burg und St.-Nikolaus-Kirche

**Restaurace na České 10**, Mischung aus Café und Restaurant mit typisch tschechischer Karte. Kühles Design mit dunklem Holz und Metall, gutes Essen und freundlicher Service. Gartenbetrieb. Hg. 3,60–12 €. Dolní Česká 9, ✆ 515260155.

**Corso Bar & Restaurant 8**, insbesondere wegen seines tollen Biergartens aufgeführt, in dem im Sommer manchmal ein Spanferkel gegrillt wird. Ansonsten Fisch, Steaks und Pasta der mittleren Preisklasse. Das Innere erinnert an eine Bahnhofskneipe. Jana Palacha 1a, ✆ 775748885 (mobil).

**Café** **Café Kulíšek 4**, begrüntes Gartencafé mit Vogelkäfig und plätscherndem Brunnen. Verspielt eingerichtetes Inneres, kleine Kuchenauswahl. Velká Michalská 7.

**Kneipe** **Fotogalerie Taurus 5**, die witzige, kleine Galerie von Jindřich Kurdiovský dient gleichzeitig als Kneipe und Café mit guter Musik und nettem jungem Publikum, das sich über ausländische Zaungäste freut. Malá Michalská 4.

**Nachtleben** Der beliebteste Nightspot ist der in Laufnähe zum Zentrum gelegene **Club Gogo 2**. Fr/Sa mit DJs oder Livebands (Punk, Reggae, Jazz, Oldies, HipHop usw. Pražská 19, www.gogoklub.com.

## Sehenswertes

**Rund um den Masarykovo náměstí (Masaryk-Platz)**: Inmitten des abfallenden Platzes steht eine Pestsäule aus dem späten 17. Jh., drum herum gruppieren sich ein paar freundliche Patrizierhäuser, und ganz oben steht ein Einkaufszentrum aus sozialistischer Zeit. Diesem gegenüber (ganz unten am Platz) erhebt sich die *Kirche Johannes' des Täufers* (Kostel sv. Jana). Sie gehörte einst zum angrenzenden, im 17. Jh. gegründeten Kapuzinerkloster (nicht zu-

gänglich), das 1950 aufgelöst wurde. 1994 wurde darin eine Gruft entdeckt, in welcher die Wohltäter des Klosters in Särgen, die einfachen Mönche hingegen auf der nackten Erde bestattet wurden. Ein paar Schritte unterhalb der Kirche, an der Kollárova, steht der mittelalterliche *Wolfsturm* (Vlkova věž), der einst Teil der Stadtbefestigung war und heute bestiegen werden kann. Schräg gegenüber der Kirche befindet sich das in einem schönen Renaissancepalast untergebrachte *Haus der Kunst* (Dům Umění). Es zeigt überwiegend gotische und barocke Sakralkunst, dazu Wechselausstellungen zeitgenössischer Kunst. Interessanteste Exponate sind die Büste der *Libussa (Libuše) von Znojmo* (ca. 1270–1300) und die *Znaimer Madonna* aus Holz (1330).

**Wolfsturm**, Mai–Sept. Mo–Do 9–18 Uhr, Fr–So 9–19 Uhr. Tickets (0,70 €) gibt es in der Vinothek VOC unten im Turm. **Haus der Kunst**, tägl. (außer So/Mo) 9–11.30 u. 12–17 Uhr. 2,20 €, erm. die Hälfte. www.znojmuz.cz/du.htm.

**Zwischen Masarykovo náměstí (Masaryk-Platz) und Horní náměstí (Oberer Platz)**: Folgt man vom Masarykovo náměstí der Obroková bergauf, passiert man den *Turm des alten Rathauses* (Radniční věž), einen der schönsten Türme Mährens und eine elegante Dominante im Stadtbild. Der 79,5 m hohe Turm stammt aus der ersten Hälfte des 15. Jh. Originell ist die zweistufige gotische Turmspitze; von den

Südmähren → Karte S. 518/519

Umgängen kann man bei gutem Wetter bis zu den Alpen sehen. Das dazugehörige Rathaus hat den Zweiten Weltkrieg nicht überlebt, lediglich das hübsche Portal blieb erhalten. Ums Eck, am Slepiči trh 2 (ehemaliger Geflügelmarkt), befindet sich der Eingang zum *Znaimer Untergrund* (Podzemí) – unterirdische Gänge von über 30 km Länge. Bis zu vier Etagen bzw. 15 m reicht das Labyrinth unter die Erde, rund ein Kilometer ist zugänglich. Die verschachtelten Gänge mit Lüftungsschächten und Abflussstollen stammen wahrscheinlich aus dem 13. oder 14. Jh. und dienten einst als Lager- und Schutzräume. Hunderte von Menschen konnten sich darin verstecken. Der Legende nach wurden Arbeiter, die beim Bau beteiligt waren, nach der Fertigstellung umgebracht, um das unterirdische Geheimnis nicht preisgeben zu können. In den 1960ern mussten viele Gänge mit Beton verstärkt werden, nachdem nicht nur ein Fuhrwerk samt Pferden, sondern ganze Häuser in das ausgehöhlte Erdreich eingebrochen waren. Theoretisch hat man von fast jedem historischen Gebäude der Altstadt Zugang in den Untergrund.

**Rathausturm**, Mai–Sept. tägl. 9–17 Uhr, Okt.–April tägl. 9–16 Uhr. 1,30 €, erm. 0.90 €. **Znaimer Untergrund**, Mai u. Sept. tägl. 9–17 Uhr, Juni–Aug. tägl. 9–18 Uhr, Okt.–April nur Mo–Sa 10–17 Uhr, So 13–16 Uhr. Führung (40 Min.) 3,50 €, erm. 2 €.

**Klášter Minoritů/Jihomoravské muzeum (Minoritenkloster/Südmährisches Museum)**: Vom dreiecksförmigen, kopfsteingepflasterten Horní náměstí gelangt man über den anschließenden kleinen Václavské náměstí (Wenzelsplatz) zum ehemaligen Minoritenkloster und zur Burg. Das Kloster wurde 1239 zusammen mit dem benachbarten Klarissinnenkloster gegründet. In Letzterem ist heute eine Handelsakademie untergebracht; zuvor beherbergte es ein Gymnasium, an dem 1848–50 Gregor Mendel als Lehrer tätig war. Zahlreiche Umbauten veränderten das Aussehen des Minoritenklosters über die Jahrhunderte, lediglich zwei Flügel des Kreuzganges blieben vom ursprünglichen gotischen Bau erhalten. Im Kloster wird heute eine seltsame Mixtur an naturwissenschaftlichen, archäologischen und historischen Sammlungen präsentiert: Mineralien, Knochen und Scherben aus den verschiedensten Epochen, orientalische Waffen aus der Türkei, Persien, Indonesien und Japan etc. Auf der schönen Sommerterrasse des *Café-Restaurants Muzeum* nebenan kann man den guten Rotwein aus Lechovice kosten.

**Adresse/Öffnungszeiten**: Přemyslovců 6. Okt.–April Mo–Fr 9–11.30 u. 12–17 Uhr, Mai–Sept. tägl. 9–11.30 u. 12–17 Uhr. 1,50 €, erm. die Hälfte. www.znojmuz.cz.

**Znojmenský hrad (Znaimer Burg)**: Die Burg entstand als Přemysliden-Festung im 11. Jh. Nach dem Untergang des Fürstentums im Jahr 1191 wurde sie Eigentum der böhmischen Herrscher. 1437 starb hier König Sigismund, der letzte Luxemburger auf dem böhmischen Thron. 1710 schenkte Kaiser Karl VI. die ruinöse Burg dem Adelsgeschlecht der Deblíner, die sich an Ort und Stelle ein *Barockschloss* errichte-

Znojmo by night

ten. In den Schlossräumen – am prunkvollsten ist der mit Fresken geschmückte Eingangssaal – kann man sich die Dauerausstellung „Aus der Geschichte der Znaimer Region" ansehen, zudem das Lapidarium und die Burgkeller.

Das älteste erhalten gebliebene Denkmal der Přemyslidenepoche ist die *Rotunde der Hl. Jungfrau Maria und der Hl. Katharina* neben dem Schloss. Sie wurde um das Jahr 1037 errichtet und diente ursprünglich als Kirche, später als Tanzsaal, Schweinestall und Korbmacherwerkstatt. Aufgrund ihrer wertvollen Fresken aus dem 12. Jh. wurde die Rotunde 1962 in den Rang eines nationalen Kulturdenkmals erhoben. Die monumentalen Wandmalereien zeigen biblische Motive und zeichnen die Legende vom Ursprung der Přemysliden (→ S. 127) nach. Von der Aussichtsterrasse zwischen Rotunda und Schloss zeigen sich Stadt und Dyje-Tal von ihrer fotogensten Seite.

**Zugang** Zum Burgareal führt ein Panoramaweg, Einstieg neben dem Eingang zur Brauerei Hostan. Der Weg endet in einem Infozentrum, von wo man über die Aussichtsterrasse zur Rotunda und zum Schloss gelangt.

**Öffnungszeiten** **Schloss**, Mai–Okt. tägl. (außer Mo) 9–17 Uhr. 1,50 €. **Rotunde**, Mai–Sept. nur Sa/So 9–17 Uhr. Max. 10 Pers./Std., Führung (15 Min.) 3,20 €, keine Ermäßigung. www.znojmuz.cz/hrad.htm.

**Chrám sv. Mikuláše (St.-Nikolaus-Kirche)**: Auf dem Hügel gegenüber der Burg thront die St.-Nikolaus-Kirche, das schönste Gotteshaus der Stadt. Sie wurde um 1100 errichtet, im 15. Jh. im gotischen Stil umgebaut und später barock verziert. Von der Gotik zeugen die gigantischen, walzenförmigen Säulen im Kirchenschiff. An den Spätbarock erinnert die imposante Kanzel in Globusform (1760). In Nachbarschaft zur Kirche steht die kleine *Wenzelskapelle* (Svatováclavská kaple) aus der ersten Hälfte des 16. Jh. Das zweigeschossige Gebäude mit Rundgewölbe ist dicht an die alte Stadtmauer gebaut.

**St.-Nikolaus-Kirche**, tägl. 9–20 Uhr. **Wenzelskapelle**, Juli–Sept. tägl. 9–20 Uhr. Im Mai kann man die Kapelle tägl. um 9, 10, 11 u. 15 Uhr besichtigen, im Juni um 9, 10, 11, 15 u. 18 Uhr. Eintritt frei.

Südmähren → Karte S. 518/519

**Ehemaliges Prämonstratenserkloster in Louka (Klosterbruck)**: Das 1190 gegründete und später barock umgestaltete monumentale Kloster mit der *Kirche der Jungfrau Maria und des Hl. Wenzel* erhebt sich etwa 2 km südöstlich des Zentrums. Bekanntester Konventuale war Prokop Diviš (1698–1765), der angebliche Erfinder des Blitzableiters. Schon 1784 wurde das Kloster aufgelöst und diente danach als Tabakfabrik und – bis in jüngste Zeit – als Kaserne. Viele Trakte sind heute verwahrlost und stehen leer, andere wurden von der *Weinkellerei Znovín* restauriert. Die präsentiert in den hergerichteten Räumlichkeiten eine Mischung aus Kultur und Kommerz. Neben Klosterführungen (romanische Krypta, Keller, Stucksäle) gibt es einen Weinverkauf und Informationen über den mährischen Weinanbau.

**Wegbeschreibung** Das Kloster (von der Straße nach Wien ausgeschildert) erreicht man von der Vídeňská in einem rund 15-minütigen Spaziergang gen Süden.

**Öffnungszeiten** April–Okt. tägl. 9–18 Uhr, sonst nach Voranmeldung (✆ 515267458). Führung 2,50 €, erm. 1,10 €. www.znovin.cz.

## Umgebung von Znojmo

**Südlich von Znojmo**: Als die „mährische Toskana“, wie so manche Werbebroschüre die Region südlich und östlich von Znojmo vermarktet, darf man sich dieses Eck des Landes nicht vorstellen. Hier wird nur vereinzelt Wein angebaut und verkauft (ein paar Weinkeller z. B. im 4 km südlich gelegenen *Nový Šaldorf*). Eine kleine, kuriose „Sehenswürdigkeit“ im Zusammenhang mit dem Weinanbau findet man zudem im 10 km südlich von Znojmo gelegenen Städtchen *Šatov,* wo die Weinkellerei *Znovín* ihren Sitz hat (www.znovin.cz). Dort kann man den sog. *Bemalten Keller* (Malovány sklep, ausgeschildert) besuchen. Die Sandsteinwände des alten Weinkellers verzierte im 19. Jh. ein angeblich einarmiger Volkskünstler bei Kerzenlicht mit naiven Malereien: Kosaken, Gartenzwerge, Meerjungfrauen, der Bauer auf dem Feld usw. Künstlerischen Wert hat das Ganze nicht, auch wird hier kein Wein mehr gelagert. Aber im und vor dem frisch restaurierten Keller kann man gemütlich ein Gläschen lokalen Wein trinken. Der „beste Weinberg des Landes“ (laut Lokalpatrioten gehört er gar zu den „zehn besten Weinbergen Europas“) liegt übrigens 4 km nordöstlich von Šatov: Es ist der kleine Šobes-Hügel, um den die Thaya eine idyllische Schlaufe zieht. Die Attraktion der Gegend schlechthin ist jedoch das Freeport Outlet-Center (→ Znojmo/Einkaufen, S. 552).

**Bemalter Keller**, Mitte April–Ende Mai u. Sept.–Ende Okt. nur Sa/So 9–12 u. 13–18 Uhr, Juni–Aug. tägl. 9–12 u. 13–18 Uhr. 0,90 € (mit einem Gläschen Wein). www.malovany-sklep.cz.

**Östlich von Znojmo**: Das flache Land zwischen Znojmo und Mikulov bestimmen in erster Linie weite Felder. Die paar Reben dazwischen sind zuweilen von Stacheldraht umzäunt und mit einem „Wachhäuschen“ versehen, damit auch niemand etwas stibitzt. In *Lechovice* rund 12 km östlich von Znojmo wird der recht gute Lechovicer Rotwein in einem schicken „Weinkeller“ (Vinné sklepy Lechovice, www.vslechivice.cz) gleich an der Durchfahrtsstraße verkauft. Zum Haus gehört auch ein Restaurant mit netter Terrasse. Ein interessanter Abstecher bietet sich in das rund 23 km südöstlich von Znojmo gelegene Städtchen *Jaroslavice* an, wo die ältesten Archivweine des Landes (seit 1945) gelagert werden. Überragt wird das Örtchen von einem mächtigen, nicht zugänglichen, auf seine Restaurierung wartenden Renaissanceschloss. Von der Kirche im Dorf führt ein abenteuerlicher Treppengang zum Schloss. Weiter südlich, hinter der Grenze zu Österreich beginnt das *Veltliner Weinviertel.* Weiter in Richtung Mikulov wird der Weinanbau auch auf tschechischer Seite intensiver.

Mikulov, die Perle Südmährens

# Mikulov

Nikolsburg

**Mikulov, nur 2 km von der österreichischen Grenze entfernt, ist die Perle Südmährens. Das hat sich in den letzten Jahren herumgesprochen, dementsprechend hat die touristische Infrastruktur zugelegt.**

Das 7400-Einwohner-Städtchen breitet sich in einem von drei Hügeln umschlossenen Becken aus. Darüber thront das erhabene Schloss, um das sich malerische Gässchen schlängeln. Etliche Häuser besitzen kleine private Weingärten oder rebenüberrankte Terrassen. Fette Böden und eine dem Landstrich gewogene Sonne ließen Mikulov zur wichtigsten Winzergemeinde Mährens aufsteigen. In der Umgebung, die zu ausgedehnten Wander- und Radtouren einlädt, baut man Reben auf mehr als 2600 ha an.

**Geschichte**: Unter dem Adelsgeschlecht der Liechtenstein, die Ort und Burg 1249 von Otakar II. geschenkt bekommen hatten (→ S. 568), erhielt Nikolsburg 1359 die Stadtrechte. Die Liechtenstein erlaubten 1421 den aus Wien ausgewiesenen Juden und 1526 den verfolgten Habanern (Wiedertäufern) aus dem süddeutschen Raum die Ansiedlung. Letztere brachten bedeutende Handwerks- und Weinbaukenntnisse mit. Bis zu ihrer Vertreibung per kaiserlichem Dekret 1622 war die Glaubensgemeinschaft maßgeblich an der Entwicklung Nikolsburgs beteiligt. Unter den Dietrichstein, die Mikulov 1575 erworben hatten, v. a. unter dem Olmützer Kardinal und Bischof Franz Seraf von Dietrichstein (1570–1636), erreichte Nikolsburg zu Anfang des 17. Jh. seine größte Blüte. Der Kleriker hatte 1618 seine Bischofskanzlei und anschließend seinen ganzen Hof hierher verlegt. Er erklärte Nikolsburg zur „Hauptstadt“ Mährens, ließ am Marktplatz ein Loreto-Heiligtum errichten und lud Piaristen ein, die hier 1631 das erste Gymnasium nördlich der Alpen gründeten. 1805 hielt sich Napoleon nach der Schlacht von

Südmähren → Karte S. 518/519

Austerlitz kurz im Städtchen auf, und 1866 trafen auf Schloss Mikulov Vertreter Österreichs auf den preußischen König Wilhelm I. und seinen Kanzler Otto von Bismarck, um hier den sog. *Vorfrieden von Nikolsburg* zu schließen, der den Preußisch-Österreichischen Krieg beendete. Danach wurde es still um Nikolsburg, um das die Industrialisierung einen größeren Bogen machte. Nach dem Zweiten Weltkrieg sank Mikulov als Kleinstadt an der streng bewachten Grenze zu Österreich in die Bedeutungslosigkeit ab. Heute ist die Stadt die mit Abstand attraktivste Südmährens.

## Basis-Infos

**Information** **Turistické informační centrum Mikulov**, Náměstí 1, ✆ 519510855, www.mikulov.cz. Nov.–März Mo–Fr 9–16 Uhr, April/Mai u. Okt. bis 17 Uhr, Juni u. Sept. tägl. bis 18 Uhr, Juli/Aug. tägl. bis 19 Uhr.

**Verbindungen** Bahnhof und Busbahnhof ca. 800 m südwestlich des Zentrums. **Busse** regelmäßig über Lednice nach Břeclav sowie nach Valtice, Brünn, Dolní Věstonice und Pavlov.

**Züge** bis zu 7-mal tägl. nach Znojmo, bis zu 10-mal über Valtice nach Břeclav.

**Ärztliche Versorgung** Eine Ambulanz und mehrere Ärzte im **Lékárna dům zdravi** (Haus der Gesundheit) an der Svobody 2. ✆ 519305928.

**Baden/Wassersport** → Umgebung/Neumühler Stauseen.

**Einkaufen** Natürlich Wein! 2 Adressen: **Weinzentrum Mikulov** **8**, etliche Sorten Wein aus der Gegend, Degustationen, Accessoires und Exkursionen zu den Weinanbaugebieten der Region. Náměstí 11/199.

**Wine Shop** **12**, ausgewählte Weine von guter Qualität. Flasche ab 4 €. Svobody 9.

**Weinproben**: In und um Mikulov verteilen sich etliche Weinkeller kleiner Winzereien, nähere Auskünfte bei der Touristeninformation. Regelmäßig geöffnet hat der Keller der **Winzerei Tanzberg** (www.tanzberg.cz) im ca. 3 km nördlich von Mikulov gelegenen Dorf Bavory (im Sommer Mo–Fr 7–18 Uhr, im Winter Mo–Fr 7–17 Uhr).

**Parken** Gebührenpflichtige Parkplätze rund ums Zentrum, z. B. an der Brněnská und der Alfonse Muchy/Ecke Piaristů.

**Radverleih** Zum Beispiel bei **Topbicycle**, Kostelní nám. 2, ✆ 519513745, www.topbicycle.com. Je nach Rad 15–22 €/Tag. Tolle Touren führen ins Lednicko-valtický areál (→ S. 567).

**Veranstaltung** Highlight des Jahres ist das **Pálavské vinobraní** (www.palavske-vinobrani.cz) Anfang/Mitte Sept., ein 3-tägiges Weinfest mit viel Kunst und Kultur. Viel los ist auch beim alljährlichen **Gitarrenfestival** (www.gfmikulov.com) Mitte Juli.

## Übernachten

Für die Sommermonate sollte man unbedingt reservieren, ansonsten kann es eng werden!

**Hotels** **Templ** **10**, stilvolles Hotel im alten jüdischen Viertel, untergebracht in 2 schönen historischen Gebäuden. 17 geschmackvoll und individuell ausgestattete, komfortable Zimmer, jedes besitzt einen anderen Tier- oder Pflanzennamen. Eigene Parkplätze. Schönes Restaurant mit netter Terrasse: diverse Steaks, Pasta, auch an Vegetarier wird gedacht. DZ 60 €. Husova 50, PLZ 69201, ✆ 519323095, www.templ.cz.

*** **Eliška** **13**, 32 Zimmer mit unterschiedlicher Ausstattung. Ordentliche Standard-DZ, besser sind die gehobeneren „VIP-Zimmer". Weinkeller, sicheres Parken. DZ ab 41 €, Frühstück 3,60 € extra. Piaristů 4, PLZ 69201, ✆ 519513073, www.hoteleliska.cz.

*** Réva **2**, hervorzuheben ist die gute Lage. Die Zimmer besitzen Standardausstattung, im Réva Lux nebenan sind sie geräumiger und etwas komfortabler. Restaurant mit Terrasse, bewachter Parkplatz vor dem Haus. DZ 43 €, Frühstück 3,60 € extra. Česká 2, PLZ 69201, ✆ 519512076, www.hotelreva.cz.

**Pensionen** **»› Unser Tipp: Baltazar 7**, eine der schönsten Unterkünfte vor Ort in einem hübsch restaurierten historischen Gebäude. 6 große, komfortable Zimmer mit Parkett oder Fliesenböden und Kiefernmöbeln. Am schönsten sind die anheimelnd verwinkelten Dachzimmer. Bar. DZ ab 43 €, erhebliche Preisnachlässe in der NS. Husova 44, PLZ 69201, ✆ 519324327, www.pensionbaltazar.cz. ‹‹‹

Moravia **1**, kleine 15-Betten-Pension in zentraler Lage. Ordentliche Zimmer, alle mit eigenem Bad und TV. Privater Parkplatz. Rezeption nur von 16–21 Uhr besetzt. Sehr freundlich. DZ 36–48 €. Poštovní 1, PLZ 69201, ✆ 519511644, www.moravia.penzion.com.

**Camping** → Umgebung von Mikulov/Neumühler Stauseen.



## Essen & Trinken

Zu empfehlen ist neben den hier aufgeführten Adressen auch das Restaurant des Hotels Templ.

**Restaurants** Restaurace Pod Radnicí **4**, im Rathausgebäude am Marktplatz. Neben mährischer Küche wie dem berühmten „Spatz" oder Räucherfleisch mit Kraut auch diverse Gerichte mit Straußenfleisch. Der sterile Kellerraum ist nicht der Renner, auf der Sommerterrasse am Platz sitzt man jedoch sehr nett. Hg. 3,60–11 €. Náměstí 1, ✆ 519323848.

**Sojka & Spol** 9, nüchtern eingerichtetes Bistro, das herzhafte, frische Küche anbietet. Spezialität des Hauses sind Burger. Auch das hausgemachte Mohn-Eis ist köstlich. Náměstí 10, ✆ 518327862

**U Hroznu** 5, Weinrestaurant. Zu den Spezialitäten gehören das *Mikulover Kotelett* mit Nivakäse und Gemüse, gefüllte Kartoffelpuffer und diverse Grillgerichte. Es empfiehlt sich, die Tageskarte zu beachten. Überaus idyllische Sommerterrasse unter Reben. Hg. 4,60–8,40 €. Mo Ruhetag. Kamenny řádek 3, ✆ 519511124.

**Cafés** **Petit Café** 6, am Hauptplatz. Schnuckeliges, mit Liebe gestaltetes Café mit Bestuhlung in der Arkadenloggia – italienische Atmosphäre! Es gibt süß oder herzhaft gefüllte Crêpes bzw. Galettes. Ein wunderbarer Ort für den Sommer. Náměstí 27.

**Zdravá Kavárna** 11, das „gesunde Café" im Zentrum serviert nicht nur Bio- und Fairtrade-Produkte, es verkauft sie auch. Schön trödelige Atmosphäre. Náměstí 18. ■

**Tabák Kavárna** 3, Mischung aus Zeitungskiosk, Tabakladen und alternativ-niedlichem Café. Originell eingerichtet. Kostelní nám. 4/13.

## Sehenswertes

**Náměstí**: Der schlicht „Platz" genannte Hauptplatz besteht eigentlich aus zwei ineinander übergehenden Plätzen, einem langen, schmalen und einem kleinen, rechteckigen. Letzteren beleben eine monumentale, spitz zulaufende *Dreifaltigkeitssäule* aus den 20er-Jahren des 18. Jh. und ein *Brunnen* vom Ende des 17. Jh. Blickfang ist das sog. *Haus zu den Rittern* (Dům u Rytířů), das einzige mit Sgraffiti geschmückte Renaissancebauwerk der Stadt. Die herrliche Arkadenloggia belegt im Sommer ein hübsches Café (→ Essen & Trinken). Den Nordosten des Platzes nimmt die *Dietrichsteingruft* (Dietrichsteinská hrobka) ein. Ihre Ähnlichkeit mit einer Kirche kommt nicht von ungefähr: Als St.-Anna-Kirche wurde das Gebäude 1623 errichtet. In seinem Inneren barg es eine *Santa Casa,* die als Vorbild für das Prager Loreto-Heiligtum diente (→ S. 111). Nach einem Brand im Jahr 1784 blieben nur noch die Außenmauern des Gotteshauses übrig, Mitte des 19. Jh. wurde die Ruine im klassizistischen Stil zur Gruft der Dietrichstein umgebaut. Heute befinden sich hier 45 Sarkophage mit den sterblichen Überresten der Familienmitglieder.

**Dietrichsteingruft**, Juni–Sept. tägl. 9–18 Uhr. 2,20 €, erm. die Hälfte.

**Zámek (Schloss)**: Der imposante Schlosskomplex, der weithin sichtbar das Stadtbild beherrscht, erhebt sich rund 100 m westlich des Náměstí auf einem felsigen Hügel. Bis zum Beginn des 17. Jh. stand hier eine Burganlage. Kardinal Franz Seraf Dietrichstein ließ diese zwischen 1611 und 1618 im Renaissance-, seine Nachfahren ab 1719 im Barockstil umbauen. Am Ende des Zweiten Weltkrieges brannte das Schloss nieder. Nur vehementer Protest bewahrte es vor dem Abriss und Mikulov vor dem Verlust seines Aushängeschildes. Doch trotz Wiederaufbaus war das Gros des historischen Interieurs für immer verloren. Auf Prunk wie Stuck und Fresken müssen Sie bei einer Besichtigung deswegen weitestgehend verzichten.

Man kann zwischen verschiedenen Ausstellungen und Touren wählen. Eine führt in die *Schlossbibliothek* der Dietrichstein. Sie war nicht vom Brand betroffen, die 11.000 Bände gehören aber dennoch nicht zur Erstausstattung. Diese wurde von den Schweden 1645 in 48 Weinfässern abtransportiert, die sie zuvor fröhlich ausgetrunken hatten. Mit dem traditionellen Weinanbau in Mähren vom Mittelalter bis zum Anfang des 20. Jh. befasst sich eine Ausstellung im Schlosskeller. Highlight ist ein *Riesenfass* aus dem Jahr 1643, in dem die Zehntabgaben der Weinbauern gesammelt wurden. Es konnte über 1014 Hektoliter fassen, was in etwa dem Inhalt

Schloss Nikolsburg

von 135.000 Weinflaschen entspricht! In einem anderen Kellergewölbe wird die multimediale Ausstellung „Römer und Germanen in der Gegend der Pollauer Berge“ gezeigt, die über archäologische Grabungen in der Region informiert. Die weiteren Expositionen sind eine schillernde Mischung aus Porträts der Dietrichstein-Familie, historischen Möbeln, moderner Kunst usw.

April u. Okt. tägl. (außer Mo) 9–16 Uhr, Mai/Juni u. Sept. tägl. (außer Mo) 9–17 Uhr, Juli/Aug. tägl. (außer Mo) 9–18 Uhr. All-inclusive-Ticket 5,50 €, erm. die Hälfte, man kann aber auch für jede Ausstellung einzeln ein Ticket erwerben. www.rmm.cz.

**Kirchen**: Der auffällige, mit einer Galerie versehene Renaissanceturm (1584) der keine 100 m nördlich des Náměstí gelegenen *St.-Wenzels-Kirche* (Kostel sv. Václav) ist nach dem Schloss die zweite Dominante der Altstadt. Die Kirche selbst ist ein spätgotischer Bau. Im Hochsommer kann die Krypta unter dem Presbyterium besichtigt werden, ansonsten ist die restaurierungsbedürftige Kirche mit einer wertvollen Orgel aus dem Jahr 1771 leider nur selten zugänglich. Nur zu Messen geöffnet hat die *Kirche Johannes' des Täufers* (Kostel sv. Jan Křtitel) im Süden der Altstadt an der Komenského. Das barocke Glanzstück trumpft mit einem monumentalen Deckenfresko auf, für das der österreichische Maler Franz Anton Maulpertsch (1724–1796) verantwortlich zeichnete.

**St.-Wenzels-Kirche**, Führungen durch die Krypta nur Juli/Aug. tägl. 10–12 u. 13–18 Uhr. 0,70 €, erm. die Hälfte.

**Altes jüdisches Viertel**: Es schmiegte sich im Westen an den Schlossberg, seine „Hauptstraße“ war die heutige Husova. In Mikulov war zu Anfang des 19. Jh. eine der größten jüdischen Gemeinden Mährens ansässig, damals machte sie mit rund 3500 Mitgliedern über 40 % der Bevölkerung aus. Mit dem Recht auf Freizügigkeit ab 1848 wanderten aber die meisten Juden ab. Von den Verbliebenen konnten viele durch rechtzeitige Flucht den Nazigräueln entkommen, nach dem Zweiten Weltkrieg kehrte jedoch niemand mehr zurück. In den 1960ern und 70ern wurden die meisten Häuser des Viertels abgerissen. Von den ursprünglich zwölf Synagogen

Südmähren → Karte S. 518/519

verblieb eine einzige: Die *Obere Synagoge* wurde 1550 errichtet – zu jener Zeit wirkte der berühmte Rabbi Löw (→ S. 100) in Mikulov –, ihr heutiges Erscheinungsbild geht jedoch auf das Jahr 1720 zurück. Die Synagoge beherbergt eine eindrucksvolle Ausstellung über das mährische Judentum.

An die einstige jüdische Gemeinde erinnert auch ein weitläufiger *Friedhof* mit über 4000 Grabsteinen im Norden der Altstadt. Von dem 1972 dem Erdboden gleichgemachten *deutschen Friedhof* in der Nachbarschaft zeugt hingegen nur noch ein Denkmal. Wo heute Reben wachsen, waren einst 35.000 Menschen bestattet.

**Synagoge**, Husova 11. Mai/Juni u. Sept. tägl. (außer Mo) 9–17 Uhr, Juli/Aug. tägl. (außer Mo) 9–18 Uhr, Okt. 9–15 Uhr. 1,80 €, erm. die Hälfte. **Jüdischer Friedhof**, April u. Okt. tägl. (außer Mo) 11–16 Uhr, Mai tägl. 10–17 Uhr, Juni–Sept. tägl. 10–18 Uhr, zu anderen Zeiten kann der Schlüssel beim Infozentrum erbeten werden. 1,10 €, erm. die Hälfte. www.rmm.cz.

**Kozí Hrádek (Geißberg)**: Der gotische Turm auf einer Anhöhe in der Nähe des jüdischen Friedhofs sicherte einst den Zugang zur Stadt von Norden her. Heute genießt man von hier einen recht netten Ausblick auf die Stadt. Der Turm ist mit „Vyhlídka" ausgeschildert.

Geöffnet, wenn die Fahne auf dem Turm flaggt. 0,70 €, erm. die Hälfte.

## Mährische Weine – ein Überblick

Auf rund 18.000 ha wird in Mähren Wein angebaut, nur etwa 20 % der Fläche dienen der Rotweinerzeugung. Auf dem Weltmarkt schenkt man den hiesigen Weinen kaum Beachtung. Das hat weniger mit der im internationalen Vergleich niederen Ausstoßmenge zu tun als vielmehr mit der Qualität. Durch die Vertreibung der deutschsprachigen Winzer nach dem Krieg ging auch Know-how verloren, und die neu angesiedelten Weinbauern legten im Sozialismus mehr Wert auf Masse als auf Klasse. Um den heimischen Markt zu schützen, wurden nach der Samtenen Revolution Importweine mit hohen Zöllen belegt. Ausländischer Wein war eine unbezahlbare Luxusware. Das erklärt auch, warum die Tschechen noch 2004 in einer landesweit erhobenen Umfrage die eigenen Weine – nach den französischen – für die besten der Welt hielten! Erst seit dem EU-Beitritt erobern ausländische Weine zu fairen Preisen die Regale der Supermärkte. Seitdem versuchen auch immer mehr Winzer, ihre Weine qualitativ zu verbessern und dem internationalen Niveau anzupassen. So manchen ist es schon gelungen, allen voran der Winzerei Baloun aus Velké Pavlovice (unbedingt ein Fläschchen probieren! www.baloun.cz), anderen aber auch nicht. Die besten Tropfen kann man im **Weinsalon der Tschechischen Republik** (→ Valtice, S. 569) kosten und erstehen. Die bekanntesten mährischen Sorten im Überblick:

## Die Weißweine

**Veltlínské Zelené (Grüner Veltliner):** Die am meisten angebaute mährische Rebsorte; die Weine sind trocken, würzig und, das meinen Liebhaber, von angenehmer Säure. **Müller-Thurgau:** Die Rebsorte, die auch auf eher anspruchslosen Lagen gedeiht, erhielt ihren Namen von der Züchtung eines Schweizer Weinbauern namens Müller im Kanton Thurgau. In Mähren kennt man sie erst seit dem Zweiten Weltkrieg. Der Alltagswein mit geringem Säuregehalt erfreut sich eines großen Konsumentenkreises. **Rulandské bílé (Weißer Burgunder):** Stammt – wie der Name schon sagt – aus dem Burgund, ist i. d. R. aber als *Pinot blanc* bekannter.

**Svatý kopeček (Heiliger Berg)**: Die kleine Wallfahrtskirche St. Sebastian und ihr wuchtiger, freistehender Glockenturm kündigen Mikulov bereits aus der Ferne an. Kardinal Franz Seraf von Dietrichstein ließ die Kirche auf dem im Osten an die Stadt grenzenden kahlen Hügel 1623 nach der Überwindung der Pestepidemie errichten und dem Schutzheiligen der Pest weihen. Wer den 45-minütigen Anstieg auf sich nimmt, wird jedoch i. d. R. vor verschlossenen Türen stehen. Die Kirche ist nur zur Wallfahrt am ersten Septembersonntag geöffnet. Dann bringen in bunte Trachten gekleidete Pilger die *Schwarze Madonna von Mikulov* in einer feierlichen Prozession an 14 Kreuzwegskapellen vorbei auf den Heiligen Berg.

**Jeskyně na Turoldu (Turold-Höhle)**: Die Höhle am gleichnamigen Berg ist ein beliebtes Überwinterungsquartier von Fledermäusen. Auf einem 300 m langen Rundgang gibt es ausnahmsweise mal nicht die typischen Tropfsteine zu sehen, sondern sog. „Turold-Verzierungen", die in Tschechien angeblich einzigartig sind. Die Formationen erinnern an Korallenriffe und an versteinerten weißen Schaum.

Von der Straße nach Pavlov ausgeschildert. Mai tägl. (außer Mo) 9–16.30 Uhr, Juni–Aug. tägl. 9–17 Uhr, Sept./Okt. Di–Fr Führungen um 10, 11, 12, 13, 14, 15 u. 16 Uhr, Sa/So 9–16.30 Uhr. 2,90 €, erm. 1,80 €.

Liebhaber bezeichnen ihn als lieblich und harmonisch und nennen sein Bukett „honigartig". **Ryzlink vlašský (Welschriesling)**: Mit dem eigentlichen Riesling hat dieser einfache mährische Schoppenwein nichts zu tun. Es ist ein heller, gelbgrüner Wein mit einem recht hohen Säuregehalt. **Ryzlink rinský (Rheinriesling)**: Der eigentliche Riesling; die aus dem Rheinland stammende Rebsorte erreicht erst im Oktober oder November ihre ganze Klasse und ist deswegen in schlechten Jahren schlicht sauer. Beste Lagen sind Voraussetzung. Ordentlich ist der Riesling aus Bzenec in der Nähe von Strážnice. **Chardonnay und Sauvignon blanc**: Beide sind in Tschechien ausgesprochene Modesorten. Chardonnay hat einen hohen Säureanteil und wird gerne für Sekt verwendet. Die aromatische Sauvignontraube ist sehr pflegeintensiv, der Wein wird gerne zu kräftig gewürzten Gerichten gereicht.

## Die Rotweine

**Svatovavřinecké (Saint Laurent)**: Die aus Frankreich stammende Rebsorte verbreitete sich erst nach dem Zweiten Weltkrieg in Mähren und eignet sich auch für ärmere Böden. Die granatroten Weine sind sehr sauer und werden deswegen gerne mit weniger sauren Sorten verschnitten. **Frankovka (Blaufränkischer)**: Gott gnade Ihnen, wenn Sie sich hier vergreifen, auch wenn die Sorte zu den besten Mährens gehört. Der typische Alltagswein wird um Velkopavlovice angebaut. **Zweigeltrebe**: Kreuzung der Sorten Saint Laurent und Frankovka. Der in Österreich sehr verbreitete Wein wird auch in Mähren immer häufiger angebaut. Um eine gute Qualität zu erzielen, muss die Ernte allerdings stark eingeschränkt werden. Kenner sprechen von „süffigen Rotweinen mit festem Charakter". **Rulandské modré (Spätburgunder)**: Er wurde von Kaiser Karl IV. eingeführt. Die ausgesprochen vollen Weine gehören zu den feinsten mährischen Rotweinsorten, sind allerdings nicht einfach zu handhaben. Gute Begleiter zu Wildgerichten. **Modrý Portugal (Blauer Portugieser)**: Die Trauben reifen zeitig. Als junger Wein zählt er zu den leichten Alltagsweinen, in besserer Qualität passt er zu würzigem Käse.

# Umgebung von Mikulov

Zwischen Mikulov und den Neumühler Stauseen im Norden erheben sich die **Pollauer Berge** (Pavlovské Vrchy). Als *CHKO Pálava* steht das Naturschutzgebiet auf der UNESCO-Liste der Biosphärenreservate. Die bei Wanderern und Mufflons gleichermaßen beliebte karstig-weiße Sandsteinhügelkette besitzt felsige und unbewaldete Kämme. Dazwischen erstrecken sich Weinberge. Höchste Erhebung ist der 549 m hohe Děvín. Ein schöner, rot markierter Wanderweg führt von Mikulov quer durch die Pálava nach Dolní Věstonice (s. u.).

**Vodní nadrž Nové Mlýny (Neumühler Stauseen)**: Den rund 10 km nördlich von Mikulov gelegenen Stausee unterteilen zwei auf Dämmen gebaute Straßen in drei Abschnitte. Am Nordufer des westlichen Abschnitts liegt der Campingplatz ATC Merkur (s. u.), ein tschechischer Bibione-Platz für mehrere tausend Gäste. Geboten werden einige Strände (auch FKK), zig Restaurants und Kneipen, eine Open-Air-Bühne, ein Kinderspielplatz, ein Radverleih, Tennisplätze und bescheidene Sanitäranlagen. Gegen Gebühr können auch Nicht-Campinggäste auf das Gelände bzw. an die Strände.

Bei Dolní Věstonice (Unter-Wisternitz), einem unspektakulären Dorf am Südufer des Stausees, wurde 1924 jene rund 25.000 Jahre alte handgroße Frauenstatuette mit dickem Bauch und ebensolchen Brüsten entdeckt, die fortan *Venus von Věstonice* genannt wurde und heute im Mährischen Landesmuseum von Brünn (→ S. 517) zu sehen ist.

**Camping** **Camping ATC Merkur**, s. o., von der Europastraße 461 Richtung Brünn ausgeschildert. Mitte April bis Ende Okt. 2 Pers. mit Wohnmobil 11 €, 2-Bett-Hütte ohne Bad 16 €. Pasohlávky, PLZ 69122, ✆ 519427714, www.kemp-merkur.cz.

**Autocamp Free Star Strachotín**, ebenfalls am Nordufer des Sees, im gleichnamigen Dorf. Von der Lage her die zweite Wahl, dafür viel ruhiger. Leicht terrassierter Platz an der Staumauer, jedoch kein Seeblick! Sanitäranlagen in Containern. Beachvolleyballfeld, Bar, Restaurant in Laufnähe. Mai–Sept. 2 Pers. mit Zelt u. Auto 11 €, Bungalow für 2 Pers. ab 15 €. Za Kostelem, PLZ 69301, ✆ 608830887 (mobil), www.freestar.cz.

**Pavlov (Pollau)**: Das kleine Winzerdorf zieht sich fotogen über dem See einen Hang hinauf. Gekrönt wird das hübsche Örtchen von einer *Burgruine*. Den denkmalgeschützten Dorfplatz mit ein paar barocken Giebelhäusern und dem markanten weißen Kirchturm betrachtet man am besten bei einem gemütlichen Glas Wein auf der Terrasse der dortigen Hostinec. Überhaupt ist Pavlov der beste Ort in der Umgebung von Mikulov, um sich durch die hiesige Weinlandschaft zu trinken. Beim Umherschlendern in den verschlafenen Gassen findet man etliche Familienwinzereien, die in der Saison zur Degustation in ihre urigen Keller laden. Manche davon existieren bereits seit dem 17. Jh.

**Verbindungen** Regelmäßig **Busse** nach Mikulov.

**Übernachten/Essen** **Hotel Pavlov**, 17 Zimmer mit hellen Kiefernholzmöbeln à la IKEA und schönen Bädern. Terrassenrestaurant. DZ 58 €. Kletnická 174 (vor Ort ausgeschildert), PLZ 69201, ✆ 733534088 (mobil), www.hotelpavlov.cz.

**Penzion Vinařský dům**, freundliche Unterkunft etwas oberhalb der Kirche am Dorfplatz. Nur 4 Zimmer und 1 Apartment in einem liebevoll restaurierten alten Gebäude. Garten mit Grill, sichere Parkplätze. Rechtzeitige Buchung empfehlenswert. 13 €/ Pers. Pavlov, PLZ 69201, ✆ 519515395, www.silinek.eu.

**Penzion U Bednářů**, im netten, großen Kellergewölbe der Weinstube gibt es gutes Essen zum leckeren Wein. Übernachten kann man in 15 schlichten, gesichtslosen Zimmern und 4 Apartments (DZ 41 €). Družstevní 218, PLZ 69201, ✆ 607108450 (mobil), www.penzionubednaru.cz.

Von Mikulov weiter nach Norden? Informationen zu **Brünn** bekommen Sie ab S. 517.

## Areal Lednice-Valtice

Lednicko-valtický areál

**Orientalische Pavillons, Tempel mit antiken Götterstatuen, Obelisken und zwei prächtige Schlösser: Die 180 km² große, dekadente Spielwiese der Liechtensteinfamilie ist heute UNESCO-Welterbe.**

11 km westlich von Mikulov befindet sich die größte Parkanlage Europas. Das Gebiet zwischen Valtice an der österreichischen Grenze und dem 7 km nördlich gelegenen Lednice besticht durch Wald- und Wiesenflächen, Weinberge, Teiche und dazwischen verstreute architektonische Kleinode. Mit der Gestaltung des einzigartigen Gesamtkonzepts aus Natur, Kunst und Architektur begann das Haus Liechtenstein Ende des 18. Jh.; die Arbeiten zogen sich über mehrere Generationen hin. Die Dynastie schuf sich einen romantischen Lustgarten zwischen Hauptwohnsitz und Sommerresidenz und zugleich ein deutliches Symbol für Reichtum und Macht. Alle Bauten zu beschreiben ist aus Platzgründen ein Ding der Unmöglichkeit. Bringen Sie am besten viel Zeit mit – mindestens einen Tag – und einen gut gefüllten Picknickkorb. Schöne Touren sind auch mit dem Rad und selbst zu Pferd möglich. Hilfreiche Übersichtskarten erhält man vor Ort.

Im neogotischen Schloss Eisgrub weilten die Liechtenstein einst während der Sommermonate

Südmähren → Karte S. 518/519

### Die Liechtenstein – wirklich Liechtensteiner?

Die fast 700-jährige Geschichte des aus Niederösterreich stammenden Adelsgeschlechts der Liechtenstein in Mähren beginnt 1249. In jenem Jahr bekamen die Liechtenstein Nikolsburg (Mikulov) vom damaligen Markgrafen und späteren böhmischen König Otakar II. für treue Dienste geschenkt. Im Jahr 1608 wurde Karl I. von Liechtenstein mit dem erblichen Fürstentitel gewürdigt. Bei Ausbruch des Dreißigjährigen Krieges wählten Karl I. und seine Brüder das katholische Lager, was dazu führte, dass sie aus Mähren und Böhmen flüchten mussten und ihr Besitz vom protestantischen Lager enteignet wurde. Nach dem Sieg des katholischen Lagers erhielten Karl I. und seine Brüder ihren Besitz zurück und konnten ihn durch Zukäufe entscheidend vergrößern. Dadurch stiegen die Liechtenstein zu den größten Grundbesitzern des Landes auf. In ihrer Glanzzeit gehörte ihnen rund ein Fünftel Mährens. Karl Eusebius, der Sohn Karls I., trat 1627 im Alter von 15 Jahren das Erbe an. Für Politik hegte er wenig Interesse. Seinen Leitspruch „Geld existiert nur, damit man schöne Monumente zum ewigen und unsterblichen Gedenken hinterlassen kann“ vererbte er auch an seine Nachfolger, die ihn in ganz Mähren überaus glanzvoll in die Tat umsetzten. 1699 erwarben die Liechtenstein die Herrschaft Schellenberg und 1712 die Grafschaft Vaduz – zusammen das heutige Fürstentum Liechtenstein. Aber erst ab 1938 residierte dort auch ein Liechtenstein: Fürst Franz Josef II. Bis dahin weilte die Familie vorwiegend in Österreich und der damaligen Tschechoslowakei.

1945 wurde der Liechtensteinsche Besitz in der Tschechoslowakei im Zuge der Beneš-Dekrete konfisziert – bis heute ein Streitpunkt zwischen der Tschechischen Republik und dem Fürstentum. Im Mittelpunkt der Klärung jeglicher Restitutionsansprüche steht die Frage, ob die Liechtenstein zum Zeitpunkt der Enteignung *Liechtensteiner oder Deutsche* waren. Die Tschechische Republik will sie als Deutsche sehen, um so jedweder Forderung nach Rückgabe den Boden zu entziehen. Aus diesem Grund verweigert Tschechien dem Fürstentum Liechtenstein die Anerkennung vor 1945, obwohl der Kleinstaat viel älter ist und seit 1862 über eine eigene Verfassung und einen Landtag verfügt.

**Valtice (Feldsberg)**: Von der einstigen großen Weinbautradition Valtices (3500 Einwohner), das bis 1920 zu Niederösterreich gehörte, zeugen heute noch etliche Weinkeller. Und daran, dass in Feldsberg vor den Weltkriegen deutlich mehr Menschen lebten als heute, erinnert der viel zu große, tote Hauptplatz. Dahinter versteckt sich das *Feldsberger Schloss,* eine ehemals mittelalterliche Burg, die nach dem Verkauf Nikolsburgs (Mikulov) 1560 Hauptresidenz der Liechtenstein-Dynastie wurde. Die Liechtenstein ließen die Festung zwischen 1643 und 1730 zu einem monumentalen Barockschloss umgestalten, für das u. a. der Wiener Architekt Johann Bernhard Fischer von Erlach verantwortlich zeichnete. Bei einer Führung wird man heute durch mehrere Säle geleitet, deren prächtige Fresken- und Stuckdekorationen beeindruckend sind. Vom einstigen Mobiliar ist jedoch nicht mehr viel zu sehen: Was die Liechtenstein 1945 nicht noch schnell außer Landes bringen konnten, wurde geplündert. Ein barockes Glanzstück ist die *Schlosskapelle,* deren üppige Ausschmückung das Auge Karussell fahren lässt. Im Schlosskeller ist heute der *Weinsalon der Tschechischen Republik* (Salon Vín České Republiky) zu Hause, eine Mischung aus Verkauf und Ausstellung prämierter Weine. Maximal 100 tschechische Weine bekommen pro Jahr die Ehre, das Etikett des Salons tragen zu dürfen. Eine Weinprobe ist empfehlenswert, da man nur hier die Gelegenheit hat, die besten tschechischen Tröpfchen kombiniert kosten zu können – rund 250 Sorten stehen zur Auswahl. Um Großabnahmen zu vermeiden, dürfen nur maximal zwei Flaschen einer Sorte gekauft werden.

**Information** **Turistické informační centrum** mit kleinem Stadtmuseum am Marktplatz, Nám. Svobody 4, ✆ 519352978, www.valtice.eu. April–Sept. tägl. 9–17 Uhr, sonst Mo–Fr 7–15.30 Uhr.

**Verbindungen** **Busse** regelmäßig nach Lednice und Mikulov. **Züge** (Stadtbahnhof ca. 1 km nördlich des Schlosses) bis zu 7-mal tägl. über Mikulov nach Znojmo.

**Öffnungszeiten** **Schloss**, April u. Okt. tägl. (außer Mo) 9–16 Uhr, Mai u. Sept. tägl. (außer Mo) 9–17 Uhr, Juni–Aug. tägl. (außer Mo) 9–18 Uhr. Deutschsprachige Führung 6–8 €, erm. die Hälfte, mit dt. Text jeweils die Hälfte. www.zamek-valtice.cz. **Weinsalon**, Di–Do 9.30–17 Uhr, Fr/Sa 10.30–18 Uhr, Juni–Sept. auch So 10.30–17 Uhr. Weinproben 4–13 €. Flaschenpreise ab 3,50 €. www.salonvin.cz.

**Veranstaltungen** Anfang Mai traditioneller **Weinmarkt**, großes **Weinfest** Anfang Okt.

**Übernachten** **** **Hraniční Zámeček (Grenzschlösschen)**, in überaus idyllischer Lage zwischen Wald und Wiesen, 3 km nördlich von Valtice nahe dem Dorf Hlohovec an den Lednicer Teichen, ausgeschildert. Restaurant und Café (billig-gediegen ausgestattet) in einem Schlösschen aus dem Jahr 1827, das einst direkt an der mährisch-österreichischen Grenze stand. Schöne Terrasse nahe dem Teichufer, ein Tipp für den Sommer. Hotel im Neubau daneben. Zweckmäßige Zimmer (auch behindertengerechte). Kleiner Außenpool. Videoüberwachte Parkplätze. EZ ab 47 €, DZ ab 58 €. Hlohovec 16, PLZ 69143, ✆ 519354354, www.hranicnizamecek.cz.

**Pension Vinařský dvůr (Weinhof)**, Neubau mit schöner Innenhofterrasse außerhalb des Zentrums in ruhiger Lage. Indoorpool, Garagenparkplätze, Weinkeller und -stube. 8 gut ausgestattete Zimmer und 2 Apartments. DZ ab 41 €. Malá Strana 198 (von Straße nach Mikulov ausgeschildert), PLZ 69142, ✆ 519352425, www.vinarsky-dvur-valtice.cz.

**Essen & Trinken** **Valtická rýchta**, gilt als das beste Restaurant der Region. Gute, deftige Küche: Knoblauchsuppe, Gulasch in Rotweinsoße, Schweinelende mit Waldpilzen und hinterher „Großmutters Palatschinken" mit Pflaumen und Mohn. Hg. 5–12 €. Rustikal-gepflegte Atmosphäre, Sommerterrasse. Wegbeschreibung: den Marktplatz an der Pension Prinz vorbei verlassen, erste Straße links, dann gleich linker Hand. Mikulovská 195 (Straße nach Mikulov), ✆ 519352366.

**Zwischen Valtice und Lednice**: Ein rot markierter Wanderweg führt vom Zentrum Valtices quer durch den Waldpark Boří les ins 7 km entfernte Lednice. Auf der schönen Strecke gelangt man zunächst zu einem triumphbogenähnlichen Bauwerk, das Rendezvous, aber auch Tempel der Diana genannt wird (1810–12). Die Reliefs zeigen Jagdszenen – im Obergeschoss nahm einst die feine Gesellschaft vor der Jagd das Frühstück ein. Vorbei an der neugotischen, dem Schutzheiligen der Jagd gewidmeten Hubertus-Kapelle (Svatý Hubert) von 1854 erreicht man den Tempel der drei Grazien (Chrám Tří Gracií, 1824). Vor dem halbkreisförmigen Kolonnadengang steht eine Statuengruppe der drei Grazien, der Zeustöchter Thalia, Aglaia und Euphrosyne. Die Eisgruber Teiche, entlang derer man Lednice erreicht, dienten den Liechtenstein ab dem 15. Jh. zur Fischzucht. Heute sind ihre Ufer Heimat von rund 100 Vogelarten, darunter Reiher und Lachmöwen.

**Lednice (Eisgrub)**: Das 2300-Einwohner-Örtchen bildet das Herz des Areals. Hier steht die frühere Sommerresidenz der Liechtenstein, ein gigantisches neogotisches *Schloss* – das sehenswerteste weit und breit! Es ging aus einer gotischen Burg hervor, welche die Liechtenstein im Jahr 1249 zusammen mit Nikolsburg (Mikulov)

Südmähren → Karte S. 518/519

geschenkt bekamen. Seine heutige märchenhafte Gestalt mit Erkern, Zinnen und Türmen erhielt das Schloss zwischen 1846 und 1858. Als Vorbild dienten die englischen Herrensitze im Stil der Tudorgotik. Durch die Räumlichkeiten werden zwei Besichtigungsrouten angeboten. Spannender ist die erste Trasse, die das neogotische Interieur zum Schwerpunkt hat: Sie führt u. a. durch farblich unterschiedlich gestaltete Salons mit schweren Kassettendecken sowie durch die reich mit Schnitzarbeiten verzierte Bibliothek – eine Besonderheit ist dort die sich selbst tragende, kunstvolle Wendeltreppe aus Eichenholz. Bei der zweiten Tour durchläuft man eine Bildergalerie, die ihren Schwerpunkt auf der romantischen Malerei des 19. Jh. hat. An den Schlosskomplex lehnen sich die neogotische *Schlosskirche* und ein 92 m langes und 19 m breites *Gewächshaus* mit exotischen Pflanzen (Mitte des 19. Jh.), dessen Eisenkonstruktion damals als überaus fortschrittlich galt – achten Sie auf die gusseisernen Pfeiler, die Bambusstäbe imitieren. Auf der dem Gewächshaus entgegengesetzten Seite (im Westen) grenzen die 1696 von Johann Bernhard Fischer von Erlach entworfenen *Reitställe* an das Schloss – das einzige Überbleibsel aus der Barockzeit. Heute ist darin das sog. *Aquarium Malawi* mit tropischen Fischen aus Afrika, Südamerika und Indonesien untergebracht. Südlich und südöstlich des Schlosses erstreckt sich ein französischer *Barockgarten.*

Barockgarten in Lednice

**Information** **Turistické informační centrum**, am Parkplatz vor dem Schloss, ✆ 519340986, www.lednice.cz. Tägl. 8–17.30 Uhr (Mittagspause).

**Verbindungen** **Busse** regelmäßig nach Mikulov und Valtice. Busbahnhof vor dem Schlosseingang.

**Öffnungszeiten** **Schloss**, April u. Okt. nur Sa/So 9–17 Uhr, Mai–Aug. tägl. (außer Mo) 9–17 Uhr, Sept. tägl. (außer Mo) 9–18 Uhr. Achtung: Im Hochsommer sind Führungen (obligatorisch) oft über Stunden ausgebucht! Alle Touren (auch auf Deutsch) 13 €, erm. 9,50 €. **Palmenhaus** 2,20 € und **Aquarium** 2,20 € (erm. die Hälfte) extra. www.zamek-lednice.com.

**Parken** Kleiner Parkplatz im Zentrum, großer beim Hotel My.

**Reiten** **Hippoclub**, an der Straße nach Podivín. 12 €/Std., zudem Kutschfahrten durchs Parkareal. Übernachtungsmöglichkeiten in der angeschlossenen Pension. ✆ 519340477, www.hippoclub.penzion.com.

**Übernachten** **Hotel My**, nahe der Straße nach Podivín, von dort ausgeschildert. Moderne Lobby, weniger modern (aber durchaus okay) die 48 Zimmer und Apartments für Raucher und Nichtraucher. Auch behindertengerechte Zimmer, z. T. mit Balkon. Restaurant, Radverleih, Planschbecken für Kinder, Tennisplätze, Parkplätze. DZ ab 62 €. 21. dubna 657, PLZ 69144, ✆ 519340130, www.myhotel.cz.

**Zámecký Hotel Lednice**, in einem historischen Gebäude direkt beim Parkplatz zum Schloss. Nüchterne Gänge, gepflegte Zimmer mit „königlichen" Tapeten. Etwas hellhörig. Café angeschlossen. DZ 65 €. Zámecké nám. 65, PLZ 69144, ✆ 530503464, www.hotellednice.cz.

**Garni Hotel 1. Plavební**, hübsches einstöckiges Gebäude hinter einer Mauer an der Straße nach Podivín. 10 angenehm möblierte Nichtraucherzimmer mit farbenfroh gestrichenen Wänden, z. T. suitenartig, alle mit kleiner Terrasse zum Garten. Sehr sauber und gepflegt. Planschpool. Englischsprachig. Bewachte Parkplätze. DZ ab 62 €. 21. dubna 3, PLZ 69144, ✆ 603568876 (mobil), www.hotel-lednice.cz.

**Penzion Onyx**, etwas außerhalb des Zentrums, vom Schloss ausgeschildert. Freundliche, ordentliche Pension. 28 Zimmer im Landhausstil, alle mit Du/WC. Weinkeller, Restaurant mit Biergarten (Spanferkelabende mit Zimbelmusik!), Radverleih. Personal nicht immer fremdsprachig. Frühzeitige Buchung ratsam. EZ 27 €, DZ 36 €. Nejdecká 176, PLZ 69144, ✆ 519340068, www.penzion-ubytovani-lednice.cz.

**Camping** **Autokempink Apollo**, ca. 3 km südöstlich von Lednice, schön am Mühlteich gelegen und mit vielen Bäumen, leider aber auch direkt an der Straße nach Břeclav – der gepflegte Platz büßt dadurch sehr ein. Restaurant. Mai–Sept. Chata für 2 Pers. 17 €, 2 Pers. mit Zelt u. Auto 9,50 €. Slovácká 46, PLZ 69144, ✆ 777187160 (mobil), www.atcapollo.cz.

**Nördlich des Schlosses Lednice**: Auch der mit romantischen Bauwerken (nur die zwei wichtigsten sind aufgeführt) durchsetzte *englische Landschaftspark* bietet sich für ausgedehnte Spaziergänge an. Hinter dem Schloss warten Kutschen und kleine Motorboote, die Fußfaule über einen Kanal zum 60 m hohen *Minarett* (1797–1804) bringen. Baumeister war Josef Hardmuth, den man weniger als Architekten denn als Bleistiftfabrikanten (→ Budweis/Geschichte, S. 393) kennt. Das Fundament des Minaretts – für die konservativ-religiösen Dörfler des 19. Jh. eine Anmaßung – musste mit 500 Pfählen im sumpfigen Terrain gesichert werden. Die 302 Stufen hinauf zur Galerie lohnen sich – an guten Tagen kann man angeblich selbst die Turmspitze des Wiener Stephansdoms erkennen. Zu Fuß oder wieder mit Kutsche oder Boot kann man vom Minarett weiter zur östlich gelegenen *Hansenburg* (Janův hrad) gelangen, einer künstlichen Burgruine aus den Jahren 1807–1810. Sie diente den Liechtenstein als Jagdschlösschen, und was sonst sollte darin heute zu sehen sein als Trophäen und Waffen.

**Öffnungszeiten**: → Schloss Lednice. Das Parkareal ist frei zugänglich. Eintritt wird für das Minarett (1,80 €, erm. 1,10 €) und die Hansenburg (2,20 €, erm. die Hälfte) verlangt. www.zamek-lednice.com.

# Mikulčice

Mikultschitz

Das Dorf Mikulčice liegt 8 km südwestlich von **Hodonín**, der Geburtsstadt des ersten tschechoslowakischen Staatspräsidenten Tomáš Garrigue Masaryk (→ S. 166). Folgt man in Mikulčice der Beschilderung „Slovanské hradiště/Altslawische Burgstätte“, gelangt man über eine bei Rollerbladern beliebte Stichstraße zu einem weitläufigen **Ausgrabungsareal**. 1957 entdeckten hier Archäologen Reste einer slawischen Burgstätte aus dem 9. Jh. Freigelegt wurden Fundamente eines *Palastes* und mehrerer *Kirchen*. Weitere Informationen liefert das kleine *Museum* vor Ort, in dem auch Fundstücke wie Münzen oder Schmuck ausgestellt sind.

**Ausgrabungsstätte**, April–Okt. Di–Fr 9–16.30 Uhr, Sa/So bis 17.30 Uhr (im Juli/Aug. bis 18.30 Uhr). 2,40 €, erm. 1,50 €. www.masaryk.info.

# Zámek Milotice

Schloss Milotitz

Das Dorf Milotice liegt 15 km nördlich von Hodonín und wartet mit einem ockerfarbenen Schloss auf, das 1722–25 unter dem ungarischen Geschlecht Serényi sein heutiges Barockaussehen erhielt. Bis 1945 gehörte es der Unternehmerfamilie Seilern, heute ist es Staatseigentum. Zum Schloss führt eine schöne *Steinbrücke* mit Barockplastiken in der Gestalt von Sphingen, eines Herakles und geflügelter Pegasuspferde. Im noch unrestaurierten, romantischen Innenhof – ein Überbleibsel des älteren Renaissanceschlosses – hat sich ein nettes *Restaurant* niedergelassen, zudem gibt es eine *Vinothek* auf dem Areal. Wer an einer 50-minütigen Führung teilnimmt,

Südmähren → Karte S. 518/519

bekommt einen Einblick in das Leben des Adels in der Zeit zwischen dem 17. und 19. Jh., interessant ist v. a. die *Schlossbibliothek* mit rund 5200 Bänden und die wertvolle *Porzellansammlung*.

**Verbindungen** **Busse** regelmäßig nur von und nach Kyjov, das wiederum sehr gute **Zuganbindungen** nach Brünn hat.

**Öffnungszeiten** **Schloss**, April u. Okt. nur Sa/So 9–15 Uhr, Mai–Sept. tägl. (außer Mo) 9–16 Uhr. 3,60 €, erm. 2,90 €. www.zamekmilotice.cz.

## Strážnice

Strassnitz

In dem rund 16 km östlich von Hodonín gelegenen Ort beginnt die sog. **Mährische Slowakei** (Slovácko). Sie erstreckt sich entlang dem Flusslauf der Morava gen Norden bis Zlín, im Westen wird sie vom hügeligen **Marsgebirge** (Chřiby) und im Osten von den **Weißen Karpaten** (Bílé Karpaty) begrenzt. Die Region wirbt mit bunten Trachten, Volkstänzen, lebhaften Folklorefesten und ihren uralten Bräuchen. Zu viel erwarten sollte man dennoch nicht. Die fein bestickten Trachten und volkstümlichen Musikinstrumente werden heute nur noch selten aus dem Schrank geholt. Am letzten Juniwochenende ist dies jedoch in Strážnice der Fall, einem sonst alles andere als aufregendem 5600-Einwohner-Städtchen. Dann steigt hier eines der größten **Folklorefestivals** des Landes. Des Weiteren kann man im Sommer das liebevoll gestaltete **Freilichtmuseum Skanzen** (Muzeum Vesnice J. hovýchodní Moravy) an der Straße nach Bzenec besichtigen. Hier stehen 65 traditionelle Dorfbauten aus der Region, in denen bäuerliche Gerätschaften ausgestellt sind. Informiert wird über alte Erwerbszweige wie Weinanbau oder Wiesenwirtschaft, zudem kann man bei volkstümlichen Vorführungen wie dem Aufstellen eines Maibaumes zusehen. Gleich in der Nähe liegt das hiesige teilrestaurierte und architektonisch langweilige **Schloss** aus dem 19. Jh. Bei einer Führung sieht man die historische Schlossbibliothek und dazu einen wilden Mix aus dem Fundus der Nationalgalerie Prag: volkstümliche Musikinstrumente, Gemälde, Porzellan, Glas etc.

**Verbindungen** Bahnhof und Busbahnhof nahe beieinander im Süden der Stadt (ca. 1,5 km vom Schloss entfernt). Gute **Bus-** und **Zugverbindungen** nach Hodonín.

**Öffnungszeiten** **Schloss**, Mai/Juni u. Sept./Okt. Di–Fr 9–16 Uhr, Sa/So 9–17 Uhr (Führungen jede Std.), Juli/Aug. tägl. (außer Mo) 9–17 Uhr. 1,80 €, erm. die Hälfte.

**Skanzen**, Mai/Juni u. Sept./Okt. Di–Fr 9–16 Uhr, Sa/So 9–17 Uhr (Führungen jede Std.), Juli/Aug. tägl. (außer Mo) 9–17 Uhr (Führungen jede halbe Std.). 2,90 €, erm. die Hälfte. www.skanzen.nulk.cz.

**Camping** **Autokempink Strážnice**, nahe dem Schloss und der Straße nach Bzenec, von dort ausgeschildert. Weitläufiger Platz, Schwimmbad nebenan. Restaurant und Bar, Sanitäranlagen okay. Holländisches und tschechisches Publikum. Juni–Sept. 2 Pers. mit Zelt u. Auto 11 €, Chatas mit 4 Betten ab 42 €. Bzenecká 1533, PLZ 69662, ✆ 518332037, www.camp-straznice.cz.

**Essen & Trinken** **Restaurace Skanzen Stražnice**, rustikal-gemütliches Restaurant, angrenzend an den Skanzen und nahe dem Campingplatz. Leckere schlesisch-südmährische Küche, kosten Sie die saure *Kulajda*-Suppe und den „Scheiterhaufen", ein traditionelles Apfelgebäck. Bzenecka 671, ✆ 604245617 (mobil).

## Uherské Hradiště

Ungarisch Hradisch

Die etwas unübersichtliche 25.000-Einwohner-Stadt ist das Zentrum der Mährischen Slowakei. Der lebendige Kern Uherské Hradištěs präsentiert sich freundlich und lebendig. Am hübschen kleinen Hauptplatz, dem **Masarykovo náměstí**, lohnt ein Blick in die **Apotheke zur goldenen Krone** (U zlaté koruny) in einem schönen Neorenaissancegebäude. Unter einem herrlichen Deckengewölbe wird hier Aspirin

Ein freundliches Städtchen: Uherské Hradiště

verkauft, auch von der spätbarocken Innenausstattung ist noch etwas erhalten. Vom Hauptplatz spaziert man entlang der Havlíčkova in etwa fünf Minuten zum **Museum der Mährischen Slowakei** (Slovácké muzeum) im Smetana-Park ganz im Osten des Zentrums. Es führt in örtliche Bräuche ein und zeigt bunte Volkstrachten.

Wer Interesse für Archäologie mitbringt, kann dem westlichen Ortsteil **Staré Město** auf der anderen Seite der gemächlich dahinfließenden Morava einen Besuch abstatten (10–15 Minuten Fußweg). 1949 entdeckte man dort Überreste einer slawischen Siedlung. Man vermutet, dass hier einst das großmährische Zentrum *Veligrad* lag. Gefunden wurden Fundamente einer Friedhofskirche aus dem 9. Jh. und Gräber mit Gold- und Silberschmuck, der u. a. aus byzantinischen Werkstätten stammt. Ein multimediales Museum bei der Ausgrabungsstätte (Památník Velké Moravy, ausgeschildert) informiert über Details.

**Information** **Městské informační centrum**, am zentralen Masarykovo nám. 21, ✆ 572525525, www.uherske-hradiste.cz. Mo–Fr 8–18 Uhr, Sa/So 9–17 Uhr.

**Verbindungen** Busbahnhof (nordöstlich des Masarykovo nám.) und Bahnhof (südwestlich davon) in bequemer Laufnähe zum Zentrum. Gute **Busverbindungen** in alle größeren Städte Südmährens, zudem bis zu 5-mal tägl. nach Prag. **Züge** regelmäßig nur nach Uherský Brod.

**Öffnungszeiten** **Museum der Mährischen Slowakei**, tägl. 9–12 u. 12.30–17 Uhr. 2,30 €, erm. 1,70 €. www.slovackemuzeum.cz.

**Ausgrabungsstätte**, tägl. 9–12 u. 12.30–17 Uhr. 2 €, erm. 1,20 €. www.slovacke muzeum.cz.

**Veranstaltungen** Beim sog. **Königsritt** (Jizda Králů) am letzten Maiwochenende im ca. 15 km südöstlich gelegenen Vlčnov reitet man in den herrlichsten Trachten durchs Örtchen – ein buntes, feuchtfröhliches Stück mährisch-slowakischer Folklore (www.jizdakralu.cz).

In Uherské Hradiště selbst findet alljährlich Mitte Sept. das angeblich größte **Weinfest** Tschechiens statt. Rund um die Stadt wird v. a. die früh reifende Rebsorte Müller-Thurgau angebaut (www.slavnostivinauh.cz).

**Übernachten/Essen** **** **Hotel Slunce**, Renaissancehaus am Marktplatz. Eine der besten Unterkünfte der Stadt. 21 komfortable Zimmer, z. T. mit Klimaanlage. Modernes Café-Restaurant angeschlossen, das im Sommer direkt auf dem Platz eintischt. Eigene Parkplätze (zusätzlich 5,50 €/Nacht). EZ 76,50 €, DZ 104 €. Masarykovo nám. 155, PLZ 68601, ✆ 572432640, www.hotelslunce.cz.

*** **Best Western Hotel Grand**, ca. 100 m vom Marktplatz entfernt, die Adresse von Geschäftsreisenden. 54 Zimmer ohne persönliche Note, aber okay. Wegbeschreibung: vom Marktplatz der Havličkova Richtung Museum folgen, dann rechter Hand. EZ ab 35 €, DZ 53 €. Palackého nám. 349, PLZ 68601, ✆ 572551511, www.granduh.cz.

**U Hroznu**, helles, geschmackvolles Restaurant mit tollem Innenhof und Tischen direkt auf dem Hauptplatz. Leckeres, solides Essen: Spaghetti mit Lachs und Zitronensoße, Hähnchenbrust mit Petersilienbutter und hausgemachten Pommes. Hg. ab 6 €. Masarykovo nám 34, ✆ 603552114 (mobil).

**Jiné Café**, guter Kaffee in allen Varianten und echt italienische dickflüssige, heiße Schokolade. Dazu geniales Frühstück! 2-mal vor Ort: in der Havlíčkova 173 und am Masarykovo nám. 329.

Informationen zu **Zlín** bekommen Sie ab S. 578.

## Zámek Buchlovice

Schloss Buchlowitz

8 km westlich von Uherské Hradiště liegt die beschauliche Kleinstadt Buchlovice (2400 Einwohner) mit einem wunderschönen barocken Schlösschen im Stil einer italienischen Landvilla. Johann Dietrich von Peterswald ließ es an der Wende vom 17. zum 18. Jh. errichten, nachdem es seiner italienischstämmigen Frau auf der kühlen Burg Buchlov (s. u.) zu ungemütlich geworden war. Als Architekten vermutet man Domenico Martinelli. Nach dem Aussterben der Peterswald wurde das Schloss 1763 von der Adelsfamilie Berchthold erworben. 1908 fanden hier Beratungen der Außenminister Österreichs und Russlands statt – Gegenstand der Unterredung war der Krisenherd Balkan.

Das außergewöhnliche Landschloss mit seinen kunstvoll verzierten Fassaden besteht aus zwei gegenüberliegenden, halbkreisförmigen Gebäuden mit einem Ehrenhof in der Mitte. Bei einer 90-minütigen Führung sieht man das gesamte Areal mit einer Reihe prächtiger, aber verhältnismäßig kleiner Salons, die kunstvoll mit Stuck und Fresken ausgeschmückt sind. Das Rokokomobiliar ist noch weitestgehend das Originalmobiliar der Berchthold, die das Schloss 1945 verlassen mussten. Umgeben

Hat was von Italien: Zámek Buchlovice

ist das Ensemble von einem herrlichen Park, in dessen Gewächshäusern über 1000 Fuchsienarten gezüchtet werden, die auch gekauft werden können. Es gibt auch kürzere Führungen und eine spezielle Führung für Kinder.

**Verbindungen** Busse regelmäßig von und nach Uherské Hradiště.

**Öffnungszeiten** Schloss, April u. Okt. nur Sa/So 10–17 Uhr, Mai/Juni u. Sept. tägl. (außer Mo) 10–17 Uhr, Juli/Aug. tägl. 10–17.30 Uhr. Eintritt aufs Areal 1,50 €, erm. die Hälfte, Schlossführung 4,40 €, erm. die Hälfte. www.zamek-buchlovice.cz.

**Essen/Übernachten** *** **Hotel Buchlovice**, im Zentrum. Komfortable klassisch-moderne Hotelzimmer. Im gepflegt-rustikalen Restaurant mit Terrasse kann man recht gut essen. EZ 42 €, DZ 60 €. Nám. Svobody 426, PLZ 68708, ✆ 572596021, www.hotelbuchlovice.cz.

**Camping** **ATC Smraďavka**, 3 km von Buchlovice entfernt, südlich der E 50, ausgeschildert. Platz in einem kleinen Naherholungsgebiet. Badebecken. Schöne Lage, aber auch sehr simpel. Einfachste Sanitäranlagen. Schnellrestaurant – besser geht man zum Essen ins Lovecká Restaurace, das man auf dem Weg zum Campingplatz passiert. April–Okt. 2 Pers. mit Auto u. Zelt 6,50 €, Hütte 5,80 €/Pers. Smraďavka, PLZ 68708, ✆ 731877027 (mobil), www.atc-smradavka.cz.

## Umgebung von Buchlovice

**Hrad Buchlov (Burg Buchlau)**: Burg Buchlov thront Luftlinie gerade 3 km nordwestlich von Buchlovice auf einer der vielen bewaldeten Kuppen der *Chřiby-Hügel.* Bei schlechtem Wetter, wenn Nebelschwaden um die Burg ziehen, kann man sich kaum einen unheimlicheren Ort vorstellen. Die einstige landesfürstliche Burg wurde im 13. Jh. errichtet. Wie Schloss Buchlovice ging auch Burg Buchlau 1763 in den Besitz der Adelsfamilie Berchthold über, die die Burg im 19. Jh. nicht – wie es Mode war – im romantischen neugotischen Stil umbauen ließen, sondern als Museum der Öffentlichkeit zugänglich machte. Die vielen *wissenschaftlichen Instrumente* darin zeugen vom naturkundlichen Interesse der Familie. Bei einer 90-minütigen Führung sieht man zudem eine Reihe von spärlich eingerichteten *historischen Räumen,* die *Burgküche* mit einer Ausstattung aus dem 17. und 18. Jh. sowie eine *Bibliothek* mit rund 10.000 Bänden. Von der *Terrasse* (noch besser vom Aussichtsturm) genießt man einen schönen Blick auf die waldreiche Umgebung. Auf einer benachbarten Kuppe steht die *St.-Barbara-Kapelle* (Kaple sv. Barbory, 1673), die die Gruft der Burgherrn beherbergt. Ohne eigenes Fahrzeug erreicht man Burg Buchlov von Buchlovice über einen gelb markierten Wanderweg.

**Öffnungszeiten** Burg, April u. Okt. nur Sa/So 9–15 Uhr, Mai/Juni u. Sept. tägl. (außer Mo) 9–16 Uhr, Juli/Aug. tägl. 9–17 Uhr. Eintritt Burgareal 0,70 €, Führungen 1,50–4,70 €, erm. 0,70–2,90 €. **Kapelle**, 1,50 € extra, erm. 0,80 €. www.hrad-buchlov.cz.

**Übernachten** ››› Unser Tipp: **** **Hotel Buchlov Park**, empfehlenswerte Unterkunft etwas unterhalb der Burg. Alle Zimmer mit dunklen Holzböden und modern-rustikalem Mobiliar. Apartments mit Zugang durch den Innenhof. Absolut ruhige Lage, Innen- und Außenpool. Angeschlossen ein zwanghaft auf Großstadtflair getrimmtes Bar-Restaurant mit Biergarten. DZ 51 €. Pod hradem Buchlov, Polesi 297, PLZ 68708, ✆ 572541130, www.hotelbuchlov.cz. ‹‹‹

Südmähren → Karte S. 518/519

## Velehrad

Velehrad

Die monumentale **Basilika Mariä Himmelfahrt und St. Kyrill und Method** (Bazilika Nanebevzetí Panny Marie a sv. Cyrila a Metoděje) im rund 7 km nordwestlich von Uherské Hradiště gelegenen Dorf Velehrad gehört zu den bedeutendsten

Wallfahrtsorten des Landes. Denn lange Zeit glaubte man, dass hier die untergegangene Siedlung *Veligrad* lag, wo der Slawenapostel Method (815–85) als erster mährischer Erzbischof gewirkt haben soll (heute favorisiert man die einstige großmährische Siedlung in Staré Město bei Uherské Hradiště, → S. 572). Tatsache ist, dass in Velehrad 1205 das erste **Zisterzienserkloster** Mährens gegründet und mit Mönchen aus Plasy in Westböhmen besiedelt wurde. Die alte romanische Basilika brannte 1681 ab, daraufhin folgte der Wiederaufbau im barocken Stil. 1784 wurde das Kloster aufgelöst und im 19. Jh. von den Jesuiten wiederbelebt, die hier – mit Ausnahme der kommunistischen Ära – bis heute wirken. 1990 schaute Papst Johannes Paul II. in Velehrad vorbei, begleitet von einer halben Million Gläubigen. Zur alljährlichen Wallfahrt am Namenstag der Slawenapostel Kyrill und Method (5. Juli) kommen zwar weitaus weniger Pilger, doch es sind immer noch sehr viele.

Die Basilika ist traumhaft schön: In den Kuppeln über dem mit 86 m enorm langen Kirchenschiff wimmelt es nur so von farbenprächtigen Fresken und Putten – die pausbäckigen Engel belagern selbst die herrliche Orgel aus der Mitte des 18. Jh. Auch die geschnitzten Chorbänke (um 1700) sind einen Blick wert. In den romanisch-gotischen Fundamenten der Basilika befindet sich ein **Lapidarium**, in dem u. a. die ältesten Grabsteine Mährens ausgestellt werden.

Ganz nebenbei: Auf der Straße von Velehrad nach Uherské Hradiště passiert man den **Archeoskanzen Modra**, eine Art musealen Freizeitpark, der mit dem großmährischen Kult spielt. Die mit Schindeln und Stroh bedeckten Hütten und die Pfahlzäune wirken wenig authentisch, Ihren Kindern aber wird das egal sein.

**Verbindungen** Busse regelmäßig von und nach Uherské Hradiště.

**Öffnungszeiten** Die Öffnungszeiten der Basilika variieren ständig. Lapidarium, April/Mai u. Sept./Okt. tägl. (außer Mo) 9–12 u. 13–17 Uhr, Juni–Aug. tägl. 9–18 Uhr. 1,80 €, erm. 1,10 €. www.farnostvelehrad.cz.

Archeoskanzen Modra, Mai–Okt. tägl. 9–17 Uhr. 2,50 €, erm. 1,80 €. www.archeoskanzen.cz.

**Übernachten** **** Hotel Mlýn, neben dem Kloster an der Straße nach Buchlovice. Freundliches Haus in der ehemaligen Klostermühle. 28 klassische, der Sternenanzahl entsprechende Zimmer, auch behindertengerechte. Terrassenrestaurant, eigene Parkplätze. EZ 43 €, DZ 69 €. Na Hrádku 4, PLZ 68706, ✆ 572571460, www.hotelmlyn.cz.

## Luhačovice

Luhatschowitz

Die 5100 Einwohner zählende Stadt, der größte Kurort Mährens, liegt in einem malerischen Tal zu Füßen der **Weißen Karpaten** (Bílé Karpaty), die sich entlang der tschechisch-slowakischen Grenze erheben. Die Luft ist sauber und das Klima angenehm. Dazu ermöglichen 16 Chloridnatriumhydrogenkarbonat-Sauerbrunnen sowie eine schwefelhaltige Heilquelle Trink- und Badekuren, die v. a. bei Erkrankungen der Atmungsorgane, des Verdauungssystems und bei Störungen des Bewegungsapparates helfen. Für das Erscheinungsbild des Kurbades mit seinen herrschaftlichen Villen und Fachwerkhäusern zeichnete zuerst der slowakische Architekt Dušan Jurkovič (1886–1947) verantwortlich, der die traditionelle mährische Volksarchitektur mit Jugendstilelementen kombinierte. Danach allerdings verschandelten die Kommunisten den Ort mit so mancher Einfallslosigkeit. Mit der Pracht und Erhabenheit der westböhmischen Kurorte kann sich Luhačovice deswegen nicht ansatzweise messen. Da Karlsbad oder Marienbad für tschechische Kurer jedoch fast unbezahlbar sind, boomt der Bädertourismus auch in Luhačovice.

**Information** **Městské informační středisko**, Masarykova 950, ✆ 577133980, www.luhacovice.cz. Mo–Fr 8–17 Uhr, Sa/So 9–12 u. 12.30–17 Uhr.

Infos zu Kuren erteilt die Bäderverwaltung **Lázně Luhačovice**, Lázeňské nám. 436, ✆ 577682111, www.lazneluhacovice.cz.

**Verbindungen** Busbahnhof im Süden des Zentrums. **Busse** regelmäßig nach Zlín, 2-mal tägl. direkt nach Prag, jeweils 1-mal tägl. nach Olomouc und Hradec Králové.

**Übernachten/Essen** Es gibt Pensionen und Hotels jeder Preisklasse. Eine Empfehlung:

**** **Augustiniánský dům**, bestes Haus der Stadt im einstigen Kurhaus der Augustiner. 26 stilvolle Zimmer. Wellness-Bereich. Zum Haus gehört auch das gehobene Restaurant Symphonie mit allerbestem Ruf. Lichtes, modernes Interieur, ausgesprochen schöne Terrasse. Erfreulich kleine Karte mit feiner neuböhmischer Küche: Ziegenkäsemousse mit Roter Bete, Bauernhühnchen mit Polenta-Pommes oder Pflaumenkolatschen mit saurer Sahne. Hg. 8,50–27 €. DZ ab 135 €. Václavíka 241 (nördlich des Kurzentrums), PLZ 76326, ✆ 577113666, www.augustian.cz.

**Uherský Brod (Ungarisch Brod)**: Aus der 12 km südlich von Luhačovice gelegenen 16.700-Einwohner-Stadt kommt heute das gute Bier der *Brauerei Janáček* und kam einst Jan Amos Komenský, bekannter als *Comenius*. Genau genommen wurde der Philosoph, Theologe und Pädagoge 1592 im nahen Nivnice geboren. Das ansprechend konzipierte *Comenius-Museum* (ca. 300 m oberhalb des Marktplatzes an der Karla IV., mit „Muzeum J. A. Komenskeho" ausgeschildert) informiert über Leben und Werk des großen Sohnes der Stadt. Komenský gilt als Begründer der modernen Pädagogik, u. a. forderte er die Einführung der allgemeinen Schulpflicht. Zu seinen Hauptwerken zählt die *Didactica Magna*, die „Große Kunde vom Lehren", die 1657 erschien. Nach der Schlacht am Weißen Berg musste er als Priester der reformatorischen Böhmischen Brüder das Land verlassen. Nach Stationen in Polen, England und der seinerzeit von den Schweden kontrollierten Stadt Elbing (heute Polen) landete er schließlich in Amsterdam, wo er 1670 starb.

**Verbindungen** Gute **Busverbindungen** nach Uherské Hradiště und Luhačovice. Busbahnhof ca. 10 Fußmin. südlich der Stadt.

**Öffnungszeiten** **Museum**, tägl. (außer Mo) 9–12 u. 12.45–16.45 Uhr. Přemysla Otakara II. 37. 1,80 €, erm. 1,10 €. www.mjakub.cz.

## Valašsko, die Mährische Walachei

Luhačovice und Uherský Brod liegen in der sog. Mährischen Walachei, einem Gebiet, das sich entlang der tschechisch-slowakischen Grenze gen Nordosten über die Gebirgszüge der Weißen Karpaten und der Beskiden (→ S. 634) erstreckt. Ihren Namen erhielt die Region von den Walachen, den *Valaši*, halbnomadischen Schafhirten, die ursprünglich aus dem Gebiet des heutigen Rumäniens stammen (im Südosten Rumäniens liegt die „richtige" Walachei). Über die Ukraine und Polen wanderten die Walachen im 15. Jh. in die Bergregionen Ostmährens ein. Ihre eigenständige Kultur ist in Tschechien weitestgehend untergegangen. Ein paar auf walachisch getrimmte Touristenlokale samt bunten, in Trachten gekleidete Kellner halten sie noch künstlich wach. In vielen Dörfern erinnern zudem kunstvoll ausgeschmückte Holzkirchen an die traditionelle Bauweise der Walachen. Eine große Sammlung walachischer Bauten zeigt das *Walachische Freilichtmuseum für Volksarchitektur* in Rožnov pad Radhoštěm (→ S. 634).

Südmähren → Karte S. 518/519

# Zlín

Zlin

**Zlín, das einstige Paradebeispiel einer idealen Arbeiterstadt, präsentiert sich heute als eine Art Freilichtmuseum funktionalistischer Architektur. Schön ist Zlín deswegen nicht, aber Abwechslung zu den mittelalterlichen tschechischen Provinzstädten wird auf jeden Fall geboten.**

Die von grünen Hügeln eingerahmte 75.000-Einwohner-Stadt, die von 1949 bis 1989 *Gottwaldov* (nach Klement Gottwald, dem tschechischen Stalin) hieß, entwickelte sich ausnahmsweise nicht um eine Burg oder einen Marktplatz, sondern um eine Schuhfabrik. Zwischen 1923 und 1938 verwandelten die erfolgreichen, weltoffenen Schuhfabrikanten und Brüder Tomáš und Jan Baťa (→ Kasten S. 580f.) die unscheinbare Kleinstadt in ein einzigartiges Ensemble hypermoderner Architektur: mit unverputztem rotem Backstein auf Betonskeletten, weiten Glasfronten und abschließenden Flachdächern. Als Hauptarchitekt fungierte František Gahura, der Meisterschüler Jan Kotěras. Selbst Le Corbusier bewunderte seine Arbeit. Eines der interessantesten Gebäude und das schnörkellose Wahrzeichen der Stadt ist der 16-stöckige Mrakodrap (→ Sehenswertes), schlicht „Wolkenkratzer" genannt. Darin saß einst die Verwaltung der Baťa-Werke. Das Chef-Büro befand sich in einem verglasten Aufzug. So konnte Jan Baťa seine Mitarbeiter auf allen Etagen kontrollieren.

Doch die sozialistische Ära und der darauf folgende Niedergang der Schuhindustrie haben Zlín zugesetzt. Viele der funktionalistischen Gebäude versprühen heute keinen Funken Moderne mehr, sondern sind nur noch ein Schatten ihrer selbst: so z. B. das in den 1930ern erbaute Großraumkino (2000 Sitzplätze!) am Náměstí Práce („Platz der Arbeit"), das benachbarte Kaufhaus (Obchodní dům) oder das elfstöckige Společenský dům (heute Hotel Moskva, → Übernachten) dahinter.

Zlín ist eine Stadt im Umbruch. Die Stadtväter besinnen sich heute wieder auf ihre funktionalistischen Schätze und lassen vieles renovieren. Auf dem riesigen Areal der ehemaligen Schuhfabrik wurden die Produktionsgebäude Nummer 14 und 15 zu einer Art Kulturzentrum umgebaut, das sich nun *14/15 Baťův Institut* nennt. Darin befinden sich u. a. die Stadtbibliothek, mehrere Museen (→ Sehenswertes) und eine Kunst-Galerie. Außerdem stehen Konzerte und alle möglichen Veranstaltungen auf dem Programm (www.14-15.cz). Irgendwann einmal soll das gesamte Areal mit seinen teils noch immer maroden Hallen restauriert und wiederbelebt werden – bis hin zum werksinternen Bahnhof.

Der neue Elan tut der Stadt gut, rund 30.000 Arbeitsplätze gingen durch den Niedergang der Schuhindustrie verloren. Einen Aderlass von mehr als 10 % der Einwohner hat die Stadt seit dem Millennium zu verzeichnen. Und die bisherigen Investitionen in neue Industriezweige reichen noch lange nicht aus, um den großen Strukturwandel zu vollziehen. Doch es geht vorwärts – mittlerweile hat sich Zlín auch als Universitätsstadt etabliert. Zu der erst 2001 gegründeten Universität mit 12.600 Studenten gehört heute auch eine Filmhochschule.

**Orientierung**: Zlín besteht aus zwei Zentren, dem von funktionalistischen Bauten umgebenen *Náměstí Práce* nahe der ehemaligen Schuhfabrik im Westen und dem *Náměstí Míru* mit den Fragmenten der Altstadt im Osten. Verbunden werden beide Plätze durch die Hauptstraße Třída Tomáše Bati.

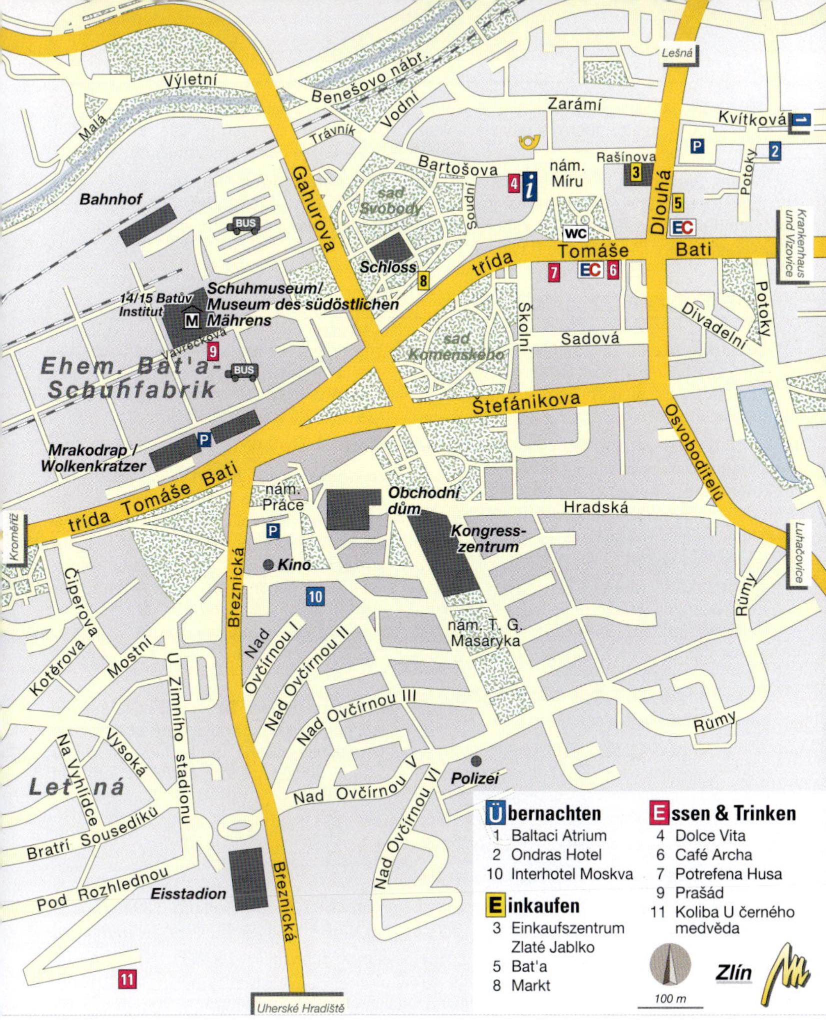


## Basis-Infos

**Information** **Městské informační a turistické středisko**, im Rathaus am Nám. Míru. Bietet auch Architekturführungen. ✆ 577630222, www.zlin.eu. Mo–Do 7.30–18 Uhr, Fr 7.30–17 Uhr, Mai–Sept. auch Sa 9–12 Uhr.

**Verbindungen** Busbahnhof und Bahnhof nordwestlich des Zentrums (200 m vom Schuhmuseum). Gute **Busverbindungen** in die verschiedensten Winkel Mährens, zudem bis zu 5-mal tägl. nach Prag (Busbahnhof Florenc, Ⓜ C). Busse nach Prag und Brno fahren auch gegenüber dem Schuhmuseum ab. **Züge** regelmäßig nur nach Vizovice.

**Ärztliche Versorgung** **Krankenhaus** (Batova nemocnice) außerhalb des Zentrums, von der Straße nach Vizovice ausgeschildert. Havlíčkovo nábřeží 600, ✆ 577551111, www.kntb.cz.

**Einkaufen** Werktags **Markt** **8** an der Třída Tomáše Bati (Pod Kaštany) nahe dem Schloss. Honig, Obst und gutes Gemüse, vieles kommt aus der Slowakei.

**Bat'a** 5, die hiesige Filiale befindet sich an der Dlouhá, bietet aber die gleiche Kollektion wie überall im Land.

**Zlaté Jablko** 3, neueste Shoppingmall der Stadt, kühl-rationales Design, gesellschaftlicher Treffpunkt der Zlíner aller Altersgruppen. Dlouhá/Ecke Rašínova.

**Parken** Gebührenpflichtige Parkmöglichkeiten z. B. am Nám. Prace. Zudem Parkhaus neben dem Schuhmuseum.

**Veranstaltungen** Bedeutendstes Festival der Stadt ist das **Kinder- und Jugendfilmfestival** (www.zlinfest.cz) Anfang Juni.

## Übernachten/Essen & Trinken

→ Karte S. 579

**Übernachten** Charmanteste Unterkunft vor Ort ist die etwas außerhalb gelegene Koliba (→ Essen & Trinken). 3 Adressen im Zentrum:

***** **Baltaci Atrium** 1, bestes Haus der Stadt. Vorwiegend Geschäftsreisende. Ordentliche Zimmer ohne besondere Note. Sauna. Rustikales Restaurant. Parken kostenlos. DZ 141 €. Lešetín II 651, PLZ 76001, ✆ 605000200 (mobil), www.baltaci.cz.

*** **Interhotel Moskva** 10, riesiger Kasten, ein Muss für Ostalgiker (innen) und Funktionalisten (außen). Schade nur, dass schon viele Zimmer mit Kaufhausmobiliar ausgestattet wurden. DZ ab 55 €, Frühstück extra. Nám. Práce 2512, PLZ 76001, ✆ 577561111, www.hotelmoskva.cz.

*** **Ondras Hotel** 2, zentral und recht günstig. 3 verschiedene Zimmerversionen (alle mit Bad): komplett unrestaurierte, solche mit neuen Betten aber alten Bädern und von Grund auf restaurierte. DZ je nach Standard 37–52 €. Kvítková 4323, PLZ 76001, ✆ 577210178, www.hotel-ondras.cz.

**Essen & Trinken** Die Auswahl ist mager!

››› **Unser Tipp: Koliba U černého medvěda** 11, Holzhütte hoch über der Stadt und mitten im Wald. Tolle Terrasse mit Grill, urige Gaststube. Deftige walachische Bergbauernkost mit viel Wild, Hg. 8–13 €. Es werden auch 7 Zimmer und 2 Apartments mit schwerem Mobiliar vermietet. DZ 61 €. Zimního stadionu 4092 (vom Eisstadion im Südwesten des Zentrums ausgeschildert), PLZ 76001, ✆ 577436908, www.koliba-zlin.cz. ‹‹‹

**Potrefena Husa** 7, Bar-Restaurant der tschechienweiten Kette. Gute böhmisch-internationale Küche. Außenterrasse an der lauten Straße. Třída Tomáše Bati 201, ✆ 577019555.

### Batagonien oder das Imperium Baťa

Die Erfolgsgeschichte der Marke *Baťa* (gesprochen *Batja*) begann 1894. Damals gründete der junge Tomáš Baťa (1876–1932), Sohn eines Schusters, in dem noch keine 5000 Einwohner zählenden Zlín eine kleine Schuhwerkstatt. Das Geschäft lief gut, denn die billigen Leinenschuhe, die vorrangig hergestellt wurden, konnte sich jeder leisten. Sechs Jahre später schon war Baťa Chef einer kleinen Fabrik mit 120 Mitarbeitern. Der Aufstieg zu einem großen Unternehmen folgte im Ersten Weltkrieg mit der Produktion von Armeestiefeln. Die Zahl der Arbeiter kletterte auf über 4000 an, und rund zwei Millionen Paar Schuhe wurden pro Jahr gefertigt. Danach stellte Baťa auf Fließbandproduktion um, gestand den verschiedenen Werkstätten eine teilweise Selbstverwaltung zu und führte ein Prämiensystem ein, das die Arbeiter am Gewinn beteiligte. Um nicht zu sehr von Zulieferfirmen abhängig zu sein, versuchte Tomáš Baťa, möglichst alles – vom Gummi über Leder und Textilien bis zu Maschinen – unter einem Dach zu produzieren. Gleichzeitig installierte er für seine Arbeiter ein bis dato beispielloses soziales Versorgungsnetz mit eigenem Krankenhaus, eigener Bank (die höchste Zinsen zahlte), Kulturangeboten usw. Und nach der Wahl Tomáš Baťas zum Bürgermeister von Zlín (1923) ließ er für seine Arbeiter komfortable, würfelförmige Familienhäuschen mit Gärten bauen – werfen Sie beispielsweise einen Blick ins Viertel Letná westlich des Hauses der Kunst. Mit Begeisterung förderte Baťa die architektonische Neugestaltung der

**Prašád 9**, gesund und vegetarisch, aber ohne Alkohol und ab 16 Uhr geschlossen. Helles Ambiente mit vielen Pflanzen. Das Essen ist billig und lecker! Direkt gegenüber dem Bata-Institut, Gebäude 23 im Areal Svít, ✆ 731523714 (mobil).

**Dolce Vita 4**, modernes Café, viele Studenten. Man kann auch essen. So Ruhetag. Nám. Míru/Ecke Bartošova.

**Café Archa 6**, megaschickes Café, das so gar nicht nach Zlín passen will. Gute Kuchen. Außenbestuhlung. Angeschlossen eine Buchhandlung. Třída Tomáše Bati.

## Sehenswertes

**Mrakodrap/„21. Budovna" (Wolkenkratzer/„21. Gebäude")**: 1938 wurde das ziegelrote Verwaltungsgebäude der einstigen Baťa-Werke (77,5 m hoch) fertiggestellt. Nach der sozialistischen Ära musste es aufwendig restauriert werden. Seit seiner Wiedereröffnung sind darin die Kreisverwaltung, das Finanzamt und ein minimalistisches Café mit Megaaussichtsterrasse im 16. Stock untergebracht. Außerdem gibt es eine kostenlose Ausstellung im Erdgeschoss zu besichtigen. Spannendstes und größtes Exponat: Jan Baťas 6 x 6 m großes fahrendes Chefbüro mit Klimaanlage und Waschbecken.

Adresse/Öffnungszeiten: Třída Tomáše Bati. Das Gebäude ist tägl. von 8–21 Uhr zugänglich.

**Obuvnické muzeum (Schuhmuseum)**: Das Museum präsentiert mehr als 1000 Paare – ein Traum für Schuhfetischistinnen und ein Albtraum für so manchen Ehemann. Da gibt es ein Replikat des Schuhwerks Karls IV., das an Cowboystiefel aus Vorhangstoff erinnert, dicke Filzstiefel der mährisch-slowakischen Landbevölkerung, Holzschuhe, wie man sie im 19. Jh. im Böhmerwald trug, Pelzstiefel der sibirischen Eskimos, schauderhafte sozialistische Schuhmode und, und, und ... Zu den Kuriositäten gehören u. a. eine Imitation von Ötzis Hirtenschuh und der Riesenschuh einer übergroßen Masseuse aus Karlsbad. Anhand eines Videofilms wird über die Baťa-Firmengeschichte (nette Werbespots) informiert.

Adresse/Öffnungszeiten: Vavrečkova 7040. Tägl. (außer Mo) 10–18 Uhr. 1,80 €, erm. 1,10 €. www.muzeum-zlin.cz.

Stadt im Stil des Funktionalismus. Durch Baťa wurde die Tschechoslowakei Anfang der 1930er zum weltweit führenden Schuhexporteur.

Zlín wuchs auf 37.000 Einwohner an, 23.000 davon arbeiteten für Baťa. 1932 starb Tomáš Baťa bei einem Flugzeugabsturz, sein Halbbruder Jan Antonín übernahm die Geschäfte. Er gründete Tochterfirmen in der ganzen Welt. 1939 flüchtete er vor den Nazis nach Kanada und nahm dabei das gesamte Management (100 Familien) sowie etliche Maschinen mit. Von dort bauten er und später Tomáš Baťas Sohn, Tomáš Baťa jun. (1914–2008), die Firma zum größten Schuhunternehmen der Welt aus. Ihre Zlíner Schuhfabrik verleibte sich 1945 der tschechoslowakische Staat ein. Fortan wurde unter dem Namen *Svít* („Licht") produziert. Nach 1989 forderte Tomáš Baťa jun. die Rückgabe des enteigneten Besitzes. Doch die damalige Führung der Tschechoslowakei lehnte ab, bot Baťa lediglich den Kauf von *Svít* an. Daran hatte Baťa wiederum kein Interesse. Millioneninvestitionen in die Modernisierung der Zlíner Fabrikanlagen blieben somit aus. Eine verpasste Chance, *Svít* ging Pleite.

*Bata* (so die internationalisierte Schreibweise), heute mit Hauptsitz in Lausanne, besitzt 25 Produktionsstätten weltweit und beschäftigt rund 40.000 Mitarbeiter. Bedient werden täglich über 1 Mio. Kunden. In Tschechien unterhält *Bata* rund 70 Verkaufsfilialen und eine Produktionsstätte in Dolní Němcí bei Uherské Hradiště. Das Unternehmen ist noch heute im Besitz der Familie Baťa.

Ein Teil der ehemaligen Baťa-Schuhfabrik dient heute als Kulturzentrum

**Muzeum jihovýchodní Moravy (Museum des südöstlichen Mährens)**: Es informiert u. a. über den Ethnografen und Folkloristen František Bartoš und die hiesigen von Tomáš Baťa ins Leben gerufenen Filmstudios. Dazu zeigt man Reisesouvenirs und spannende Schwarz-Weiß-Fotografien der Globetrotter Jiří Hanzelka und Miroslav Zikmund. Zwischen 1947 und 1950 sowie zwischen 1959 und 1964 fuhren sie mit lustigen Tatras durch zig Länder verschiedener Kontinente. Hanzelka starb 2003, Miroslav Zikmund lebt bis heute in Zlín.
Adresse/Öffnungszeiten: Vavrečkova 7040. Tägl. (außer Mo) 8–18 Uhr. 4,70 €, erm. 2,10 €. www.muzeum-zlin.cz.

**Zámek Zlín (Zlíner Schloss)**: Das barock umgebaute Renaissanceschloss in einer Parkanlage neben dem Areal der Schuhfabrik wurde zuletzt aufwendig restauriert. Nach Abschluss der Arbeiten soll hier ein Museum zur Stadtgeschichte eröffnet werden, zudem wird es ein Restaurant und eine Galerie geben.
Adresse: Soudní 1.

## Umgebung von Zlín

**Lešná (Leschna)**: Etwa 10 km nordöstlich von Zlín kann man das *Schloss* der Adelsfamilie Seilern besichtigen. Sein heutiges Aussehen geht auf die Jahre 1887–94 zurück, es spiegelt den frühesten Jugendstil wider. Im Inneren gibt es u. a. geschnitztes Mobiliar, Intarsienmöbel und eine Porzellansammlung zu sehen. Das Schloss steht inmitten des Zlíner Zoos. Rund 1300 Tiere 215 verschiedener Arten, darunter auch Gorillas, tummeln sich hier auf 50 ha.

**Verbindungen** Gute Verbindungen von und nach Zlín mit den **Stadtbussen** Nr. 34 und Nr. 36/37 (ab dem Nám. Práce).

**Öffnungszeiten** **Zoo**, Nov.–Feb. tägl. 8.30–16 Uhr, März u. Okt. 8.30–17 Uhr, April–Sept. tägl. 8.30–18 Uhr. 4,70 €, erm. 4 €. **Schloss**, Mai tägl. (außer Mo) 9–17 Uhr. Juni–Aug. tägl. 10–18 Uhr, Sept. tägl. (außer Mo) 10–17 Uhr. Eintritt zusätzlich 1,80 €, erm. 1,50 €. www.zoozlin.eu.

**Vizovice (Wisowitz)**: Die größte Attraktion des unspektakulären 4700-Einwohner-Städtchens 15 km östlich von Zlín macht gleich am Ortseingang mit einem durchdringenden Geruch auf sich aufmerksam: In der traditionsreichen *Destillerie Rudolf Jelínek* wird der beliebteste *Slivovice* des Landes gebrannt. Der Betrieb (mit kleinem Museum und Fabrikverkauf) kann während der regulären Arbeitszeiten besichtigt werden, zudem werden Schnapsproben angeboten – es gibt selbst koschere Sorten! Am lustigsten geht es Ende August auf dem Gelände zu, wenn das Zwetschgenfest steigt, das von einem Zwetschgenknödelwettessen begleitet wird. Rund 100 kg Zwetschgen braucht man übrigens für fünf bis acht Liter 100-prozentiges Destillat. Sliwowitz gilt als Edelobstbrand, dem keine künstlichen Aromen zugeführt werden dürfen.

Im Ortskern steht ein spätbarockes *Schloss* aus den Jahren 1750–70, das irgendwie an eine Kirche erinnert – kein Wunder, erster Schlossherr war der Königgrätzer Bischof Graf von Blümege. Bei zwei verschiedenen Führungen sieht man u. a. diverse Räumlichkeiten mit dem unterschiedlichsten Interieur (Barock, Rokoko, Empire, Biedermeier) und die Schlosskapelle – nichts also, was im Vergleich zu anderen Schlössern aus der Reihe fällt.

**Verbindungen** Bushaltestelle zentral, Bahnhof am westlichen Ortsrand. **Busse** und **Züge** regelmäßig nach Zlín.

**Öffnungszeiten** **Jelínek-Fabrik**, Mo–Fr 8–16 Uhr, Sa 8–11 Uhr. www.rjelinek.cz.

**Schloss**, April u. Okt. nur Sa/So 9–12 u. 13–16 Uhr, Mai/Juni tägl. 10–12 u. 13–17 Uhr, Juli/Aug. tägl. (außer Mo) 10–17 Uhr, Sept. tägl. (außer Mo) 9–12 u. 13–16 Uhr. Führungen 3,60 €, erm. 2,90 €. www.zamek-vizovice.cz.

**Essen/Übernachten** **Valašský Šenk**, von der Straße 49 Richtung Bratřejov ausgeschildert, ca. 1,5 km außerhalb des Zentrums. Haus im traditionellen walachischen Stil, urige Gaststube. Herzhafte Fleischlappen der mittleren Preisklasse vom offenen Kamin. Draußen ein netter Biergarten mit Grill und Planschbecken. Rustikal-gemütliche Zimmer. DZ mit Bad 36 €, ohne Bad/WC 22 €. Lázeňská 451, PLZ 76312, ✆ 577452652, www.senkvizovize.cz.

In die **Beskiden?** Informationen zu **Rožnov pod Radhoštěm** bekommen Sie ab S. 634.

## Kroměříž

Kremsier

**Kroměříž und Zlín trennen keine 30 km und doch ganze Welten. Das Schlossareal und der farbenprächtige Blumengarten der alten Bistumsstadt sind auf der Welterbeliste der UNESCO verzeichnet.**

Das scheint sich noch nicht herumgesprochen zu haben, denn vom großen Touristenrummel ist in Kroměříž nichts zu spüren. Das Leben in dem 29.000-Einwohner-Städtchen an der Morava geht seinen angenehm-provinziellen Gang, in den landestypischen Ortsrändern genauso wie in der teilweise unter Denkmalschutz stehenden, verkehrsberuhigten Innenstadt. Zentrum ist der gepflasterte Velké náměstí, der „Große Platz", mit Schloss, Springbrunnen, barocker Mariensäule, Blumenbeeten und Lindenbäumen. Die Häuser drum herum, darunter das Renaissancerathaus (1550–1611), sind hübsch restauriert, jedoch nicht dekorativ überladen wie anderswo. Viele der Laubengänge kamen erst wieder bei Restaurierungsarbeiten in den 1970ern zum Vorschein, nachdem sie im 19. Jh. zugemauert worden waren. Beste

Südmähren → Karte S. 518/519

Zeiten für einen Besuch von Kroměříž sind das Frühjahr und der Sommer, wenn sich die Gartenanlagen von ihrer schönsten Seite zeigen.

**Geschichte**: Als Kremsier 1131 erstmals in den Annalen auftauchte, war es schon im Besitz der Bischöfe von Olmütz. 1290 wurde aus dem Marktflecken eine Stadt, der Kaiser Rudolf II. (1552–1612) das Münzrecht verlieh. Seine größte Blüte erreichte Kremsier unter Bischof Karl von Liechtenstein-Kastelkorn (1664–95). Er ließ das von den Schweden 1643 verwüstete Renaissanceschloss in die prunkvolle Sommerresidenz des Olmützer Bistums (ab 1777 Erzbistum) umbauen und gab dabei Unsummen für italienische Architekten aus. Darüber hinaus erweiterte er die bischöfliche Kunstsammlung, gründete eine Schule für Chorknaben und unterhielt ein 30-köpfiges Chororchester.

1848/49 tagte der aus Wien vor der Revolution geflohene Habsburger Reichstag auf Schloss Kremsier. Verabschiedet wurde eine demokratische Verfassung, die die Habsburger jedoch ein paar Jahre später ohne viel Federlesens wieder aufhoben. Hohen Besuch sah das Schloss auch 1885, als Kaiser Franz Joseph I. und Zar Alexander III. hier zu Beratungen zusammentrafen. Schloss Kroměříž blieb bis zur Verstaatlichung 1949 Zentrum des Olmützer Erzbistums, dem es heute wieder gehört.

## Basis-Infos

**Information** Infocentrum, Velké nám. 115, ✆ 573321408, www.mesto-kromeriz.cz. Im Sommer Mo–Fr 9–18 Uhr, Sa/So 9–17 Uhr.

**Verbindungen** Bahnhof und Busbahnhof ca. 750 m nordöstlich des Zentrums.

Gute **Busverbindungen** nach Zlín, bis zu 5-mal tägl. nach Olomouc und Prag (Busbahnhof Florenc, Ⓜ C).

**Züge** regelmäßig nach Holešov und Bystřice pod Hostýnem.

**Ärztliche Versorgung** Krankenhaus an der Havlíčkova 69 ganz im Westen der Stadt. ✆ 573322111, www.nem-km.cz.

**Einkaufen** Arcibiskupské vinné sklepy (Erzbischöflicher Weinkeller) **1**, in den Kellern reifen Messweine, und zwar die einzigen Tschechiens, die nach vatikanischen Normen hergestellt werden. Na Kopečku.

**Vinotéka Vinitis** **5**, Weinkeller und Vinothek mit langer Tradition. Komenského nám. 435.

**Parken** Gebührenpflichtige Parkmöglichkeiten z. B. am Komenského nám. nordöstlich des Marktplatzes und am Riegrovo nám. südöstlich davon.

**Veranstaltungen** In der zweiten Junihälfte **FORFEST**, ein Festival geistlicher Musik (www.forfest.cz), Ende Aug. das **Internationale Festival der Militärmusikkapellen** (www.dk-kromeriz.cz). Ende Juni bis Ende Sept. finden zudem regelmäßig diverse andere **klassische Musikveranstaltungen** statt, vornehmlich auf dem Schlossareal.

## Übernachten/Camping

**Hotels** *** **Bouček** **6**, in einem historischen Gebäude am Marktplatz. 11 gepflegte, farbenfrohe Zimmer, darunter 3 große hübsche Suiten, z. T. mit schmiedeeisernem Mobiliar und Topfpflanzen. Lassen Sie sich eines mit Ausblick geben. EZ je nach Lage ab 36 €, DZ ab 55 €. Velké nám. 108, PLZ 76701, ✆ 573342777, www.hotelboucek.cz.

»» **Unser Tipp:** **** **La Fresca** **4**, traditionsreiches Haus, das nach seiner Restitution aufwendig restauriert und 2014 wiedereröffnet wurde. Liebevoll und individuell eingerichtete Zimmer, zum größten Teil mit Blick auf den Hauptplatz. Gutes Restaurant (s. u.). DZ ab 65 €. Velké nám. 55, PLZ 76701, ✆ 573335404, www.lafresca.cz. ««

**** **Na Octárně** **9**, kleine Hotelanlage auf 3½-Sterne-Niveau. Sehr gepflegt. Bestandteil eines begrünten Komplexes mit gutem Restaurant (s. u.) und Relax-Zentrum. Klas-

sische geräumige Zimmer. Innenpool. Sicheres Parken. Je nach Ausstattung EZ 43–51 €, DZ 69–80 €. Tovačovského 318, PLZ 76701, ✆ 573505655, www.octarna.cz.

**Pensionen** **Domov 10**, 8 individuell ausgestattete, freundliche Zimmer und 2 Apartments: mal im IKEA-, mal im Bauernstubenstil, mal mit Teppichböden, mal mit Parkett. Eigene Parkplätze. EZ ab 36 €, DZ ab 47 €. Riegrovo nám. 157, PLZ 76701, ✆ 573344744, www.penziondomov.cz.

**Malý Val 2**, sehr ruhige Lage und dennoch zentral. 14 Zimmer und Apartments, ordentlich und okay. Videoüberwachte Parkplätze, Restaurant. DZ 46 €. Malý Val 1541, PLZ 76701, ✆ 573332469, www.malyval.cz.

## Essen & Trinken/Nachtleben

**La Fresca 4**, im gleichnamigen Hotel (→ Übernachten). Etwas steife Atmosphäre unterm Gewölbe, offene Küche. Man legt viel Wert auf saisonal-regionale Produkte. Auf der Karte finden sich die üblichen Verdächtigen (Lendenbraten, Šopský-Salat) genauso wie eher Mediterranes (Pappardelle mit Lammragout). Hg. um die 8 €. ■

**Restaurant Na Octárně 9**, ebenfalls einem Hotel (→ Übernachten) angeschlossen. Gepflegt-gediegen. Schöner begrünter Innenhof. Abwechslungsreiche Karte, auch Leckereien vom Wild und vom Kalb. Für die mährische Provinz gehobenere Preise. Gute Weinauswahl.

**Restaurant und Brauerei Černý orel 8**, serviert traditionelle und „untraditionelle" tschechische Küche wie Schweinelendchen in Mohnkruste, gefüllt mit scharf gewürztem Pfirsich. Dazu kann man Wein oder das süffige Bier aus der hauseigenen Brauerei trinken. Trotz der zentralen Lage faire Preise. Tagesmenüs ab 2,90 €. Mit Pension. Velké nám. 24, ✆ 573332765.

**Caffe Incontro 3**, eine der schickeren Lokalitäten der Stadt. Auch mährische Liköre und Schnäpse. Im Sommer wird die Gasse davor bestuhlt. Ztracená 14.

**Plzeňská Pivnice 11**, eine Bierstube in ihrer Urform: Kachelböden, grüne Pilsner-Urquell-

Südmähren → Karte S. 518/519

Tischdecken, verräuchert-gelbe Gardinen und eine Tafel mit günstigen Snacks zum Bier. 1. máje 5.

**Nachtleben** Music Club TA-BU **7**, der neue In-Club der einheimischen Jugend, mit glänzend weißem Mobiliar im Industriedesign. House, Techno und tschechische Hits, dazu öfters auch mal Themenabende wie „Dirty Dancing". Křižná, www.tabuclub.cz.

## Sehenswertes

**Arcibiskupský zámek (Erzbischöfliches Schloss):** Die mächtige Bischofsresidenz mit dem dominanten, 84 m hohen Turm erhielt ihre gegenwärtige Gestalt in der zweiten Hälfte des 17. Jh. Das prachtvolle barocke Interieur stammt größtenteils aus der zweiten Hälfte des 18. Jh., da die alte Innenausstattung 1752 einem Brand zum Opfer fiel. Zwei empfehlenswerte Führungen werden angeboten: Tour 1 (90 Min.) führt durch die historischen Säle, u. a. durch den *Jagdsalon* mit Trophäen und einem Billardtisch, den *Herrensaal* mit einem wunderbaren Deckenfresko von Franz Anton Maulpertsch (1724–96) und die *Schlossbibliothek* mit rund 88.000 Bänden. Highlight ist der *Versammlungssaal,* in dem 1848/49 der Habsburger Reichstag (→ Geschichte) zusammentraf. Er wird als einer der schönsten Rokokosäle des Landes gehandelt – 400 m² sind mit Malereien bedeckt, hinzu kommen Stuckverzierungen aus echtem Gold und 22 Kristalllüster. Im Saal wurden Szenen für Miloš Formans Film *Amadeus* gedreht.

Die zweite Besichtigungstour hat die *erzbischöfliche Gemäldegalerie* mit Werken aus dem 15.–18. Jh. zum Schwerpunkt. Sie gehört zu den bedeutendsten Sammlungen ihrer Art im Land. In neun Sälen wird die Crème de la Crème der alten europäischen Meister präsentiert: Veronese (1528–1588), van Dyck (1599–1641), Hans von Aachen (1552–1615) und, und, und ... Zu den Glanzlichtern gehören die *Enthauptung Johannes' des Täufers* von Lucas Cranach d. Ä. (1472–1553) und v. a. *Die Schindung des Marsyas* von Tizian (1490–1576). Das düstere Gemälde zeigt den Zeussohn Apollo, der dem Satyr Marsyas das Fell abzieht, nachdem dieser im Wettspiel gegen ihn den Kürzeren gezogen hat.

Die Bischofsresidenz von Kroměříž stammt aus dem 17. Jh.

UNESCO-Welterbe: der Blumengarten von Kroměříž

Danach unternimmt man am besten einen Spaziergang durch den *Unteren Schlossgarten* (Podzámecká zahrada). Der englische Park mit Teichen, Statuen, romantischen Bauten und einem kleinen Zoo zieht sich bis hinunter an die Morava. Mit 64 ha ist er gut doppelt so groß wie die gesamte Altstadt.

April u. Okt. nur Sa/So 9–16 Uhr, Mai/Juni u. Sept. tägl. (außer Mo) 9–17 Uhr, Juli/Aug. tägl. (außer Mo) 9–18 Uhr. Historische Säle (nur mit Führung) 5,10 €, erm. 3,60 €, Gemäldegalerie (Besichtigung auch ohne Führer) 3,30 €, erm. 2,20 €. Extra zahlt man für den Turm (1,80 €, erm. die Hälfte). www.zamek-kromeriz.cz.

**Muzeum Kroměřížska (Museum der Region Kroměříž)**: „Natur und Mensch" nennt sich die Dauerausstellung des Museums, deren naturwissenschaftliche und archäologische Exponate sich jedoch kaum von denen anderer Regionalmuseen des Landes unterscheiden. Außerdem sieht man eine Exposition über den Kremsierer Maler und Grafiker Max Švabinský (1873–1962). Kritiker bezeichnen seinen Stil als „etwas zu überschwänglich-romantisch".

Adresse/Öffnungszeiten: Velké nám. 38. Tägl. (außer Mo) 10–12 u. 13–17 Uhr. Ausstellung „Natur und Mensch" 0,70 €, erm. die Hälfte, Švabinský-Ausstellung 1,80 €, erm. 1,10 €. www.muzeum-km.cz.

**Kirchen**: Die *Kirche Johannes' des Täufers (Kostel sv. Jana Křtitele)* am Masarykovo náměstí gilt als Perle des mährischen Barock. Sie entstand zwischen 1737 und 1768 an der Stelle eines Johanniterkirchleins aus dem 12. Jh. Sehenswert ist die prächtige, mit Fresken ausgeschmückte ovale Kuppel. Die *St.-Moritz-Kirche* (Kostel sv. Mořice) am Stojanovo náměstí ist dagegen eher zweite Wahl. Die ursprünglich gotische Kirche wurde 1836 durch einen Brand zerstört und anschließend neogotisch wieder aufgebaut.

**Biskupská mincovna (Bischöfliche Münzstätte)**: In dem 1655 errichteten Gebäude prägte man Münzen und Medaillen für die Olmützer Bischöfe. Die numismatische Sammlung aus dem 16.–20. Jh. dürfte in erster Linie Spezialisten ansprechen.

Adresse/Öffnungszeiten: Na Sladovnách. Mai–Sept. tägl. (außer Mo) 10–17 Uhr. 2,20 €, erm. 1,50 €. www.zamek-kromeriz.cz.

Südmähren → Karte S. 518/519

**Květná zahrada (Blumengarten)**: Die neben Schloss und Schlossgarten größte Sehenswürdigkeit der Stadt liegt südwestlich des Zentrums und ist in einem rund zehnminütigen Fußmarsch zu erreichen. Für die Gestaltung des 14 ha großen Lustgartens im Stil französischer Spätrenaissancegärten engagierte Bischof Karl von Liechtenstein-Kastelkorn die Architekten Filibert Luchese und Giovanni Pietro Tencalla. Sie arbeiteten zehn Jahre daran, von 1665 bis 1675. Heraus kam ein streng symmetrischer, rechteckiger Garten mit geometrisch geschnittenen Beeten. Im Norden der Anlage befindet sich eine 244 m lange *Kolonnade* mit antiken Götterstatuen und ein achteckiger *Pavillon*. Er beherbergt ein Foucaultsches Pendel, mit dessen Hilfe die Drehbewegung der Erde nachgewiesen werden kann.

Adresse/Öffnungszeiten: Zugang von der Gen. Svobody. Tägl. 8–19 Uhr, halbstündige Führungen Mai–Sept. 1,50 €, erm. die Hälfte.

## Umgebung von Kroměříž

**Holešov (Holleschau)**: In dem 11.700 Einwohner zählenden Städtchen 15 km nordöstlich von Kroměříž produziert *Nestle* heute süße Sachen. Früher lebte hier eine große jüdische Gemeinde – Mitte des 19. Jh. hatte sie 1700 Mitglieder. Von ihr zeugt die etwas versteckt zwischen unschönen Gebäuden gelegene *Šach-Synagoge* nördlich des Marktplatzes, die ihren Namen von einem hier wirkenden Rabbiner (gest. 1663) erhielt. Im Inneren des 1560 errichteten Gebetshauses kann man eine Ausstellung über die Geschichte der mährischen Juden von ihren Anfängen bis zu ihrem Untergang während der Nazizeit besichtigen. Noch etwas weiter nördlich befindet sich der ehemalige *jüdische Friedhof* mit rund 1500 Grabsteinen. Der Stadtkern ist im Begriff, aufpoliert zu werden. Im örtlichen *Barockschloss* kann man wechselnde Ausstellungen besuchen, in deren Rahmen z. B. Bilder von Alfons Mucha zu sehen sind. Der barocke Schlosspark hat einen schönen Rosengarten.

**Verbindungen** Busbahnhof und Bahnhof ca. 900 m westlich des Marktplatzes nahe der Straße nach Kroměříž. **Züge** und **Busse** regelmäßig von und nach Kroměříž.

**Adresse/Öffnungszeiten** Synagoge, Příční (den Marktplatz in entgegengesetzter Richtung zur Kirche verlassen, dann zweite Straße rechts). Mai–Sept. tägl. (außer Mo) 9–12 u. 13–17 Uhr, April u. Okt. nur Sa/So. 3,30 €, erm. 1,50 €. www.holesov.info.

**Schloss**, Führungen tägl. 10, 13 und 15 Uhr. 2,60 €, erm. 1,50 €. www.zamekholesov.cz.

**Bystřice pod Hostýnem (Bistritz am Hostein)**: Das träge 8400-Einwohner-Städtchen 10 km nordöstlich von Holešov liegt zu Füßen des 735 m hohen Berges Hostýn, von dem stolz – fast arrogant – die mächtige *Maria-Himmelfahrts-Basilika* nach unten blickt. Die Wallfahrtskirche stammt aus den Jahren 1841–45. Die Statue der sog. *Maria von Hostein* befindet sich über dem Hauptaltar.

**Verbindungen** **Busse** regelmäßig nach Přerov, bis zu 7-mal tägl. nach Zlín. **Züge** regelmäßig über Holešov nach Kroměříž (Bahnhof am südlichen Ortsende). Endstation für Motorisierte ist der Parkplatz zu Füßen des Hostein (mit „Hostýn" ausgeschildert, 1,80 €/Auto und Tag), von wo man mit Bussen (Mo–Fr 6.40–16.40 Uhr im stündl. Rhythmus, Sa/So bis 17.30 Uhr, im Winter weniger Fahrten) hinauffahren oder die restlichen 3 km zu Fuß zurücklegen kann.

Weiter in die **Beskiden?** Alles dazu ab S. 634.

Kroměříž:
Erzbischöfliches Schloss

Jeseník: Der Kurort versteckt sich im Grünen

# Nordmähren

Severní Morava

**Die grünen Berge der Beskiden und des Altvatergebirges, die endlos-tristen Industriegebiete im Oderbecken und die weite, fruchtbare Hanna-Ebene sind die prägendsten Gesichter der Region.**

Die *Hanna-Ebene (Haná),* eine der Kornkammern des Landes, erstreckt sich rund um die alte mährische Kapitale Olomouc, eine der schönsten Städte Mährens. Im Norden schließt das waldreiche Altvatergebirge an, ein vergessenes, dünn besiedeltes und unterentwickeltes Eck mit ein paar Kurorten. Das Gebirge und die östlich davon gelegenen Gebiete gehörten einst zur historischen Region Schlesien (→ S. 617). Der schlesische Teil auf tschechischer Seite wird heute *Moravskoslezsko* (Mährisch-Schlesien) genannt. Zu Mährisch-Schlesien gehört auch das einstige Schwerindustriezentrum Ostrava ganz im Nordosten Mährens. Immer noch ächzt diese Region unter dem Erbe der Umweltverschmutzung und der Misswirtschaft. Aber der wirtschaftliche Aufschwung ist nicht zu übersehen – es herrscht Aufbruchsstimmung. Südlich an die Region schließen die Mährischen Beskiden *(Moravskoslezské Beskydy)* an, ein Paradies für Wanderer.

## Olomouc

Olmütz

**Über 1000 Jahre auf dem Buckel und kein bisschen müde: Olomouc ist ohne Zweifel die lebendigste und attraktivste Stadt Nordmährens.**

Die fünftgrößte Stadt Tschechiens liegt im Herzen der fruchtbaren Hanna-Ebene am Flusslauf der Morava. Knapp 100.000 Einwohner zählt sie, darunter allein 12.000 Studenten, die der altehrwürdigen Stadt ein jugendliches Antlitz verleihen und für ein buntes Leben in den Cafés, Galerien, Clubs und Kneipen sorgen. Die Palacký-Universität gehört zu den renommiertesten Hochschulen des Landes, die acht Fakultäten sind größtenteils auf prächtige historische Paläste verteilt. Die gut erhaltene Altstadt steht unter Denkmalschutz. Sie besitzt eine Fülle von hübschen Plätzen mit schmucken Brunnen und am Hauptplatz noch eine ganz besondere Zugabe: Da reckt sich Barock pur in den Himmel, eine Dreifaltigkeitssäule, so einzigartig und außergewöhnlich, dass sie den Sprung auf die UNESCO-Welterbeliste schaffte.

# Nordmähren

**Geschichte**: Die erste urkundliche Erwähnung unter dem Namen *Olmuts* stammt aus dem Jahr 1055. Schon acht Jahre später wurde der Ort zum Bistum erhoben. In der ersten Hälfte des 12. Jh. wurden die Prämonstratenser in die Stadt gerufen, Ende des 13. Jh. Bauern, Handwerker und Kaufleute aus deutschsprachigen Ländern, die für eine erste Blüte sorgten. Als Kapitale Mährens, die an einer wichtigen Handelsroute lag, florierte Olmütz bis ins 17. Jh. Doch dann kamen der Dreißigjährige Krieg und die Schweden, zurück blieb ein völlig ausgeblutetes Olmütz. Zählte man vor dem Krieg noch rund 40.000 Einwohner, so waren es danach 1600. Die degradierte Stadt verlor in der Folgezeit nahezu alle bedeutenden Institutionen, Brünn stieg zur neuen Hauptstadt Mährens auf.

## Nordmähren – die Highlights

**Olomouc**: Groß ist die Altstadt, groß der Hauptplatz, und groß ist die Dreifaltigkeitssäule darauf: 35 m hoch und auf der UNESCO-Welterbeliste verzeichnet.

**Burg Bouzov**: Eine der schönsten Burganlagen Mährens und eine beliebte Kulisse für Mantel-und-Degen-Filme.

**Stodolní ulice**: Die Kultstraße in Downtown Ostrava. Kneipe an Kneipe, Club an Club. Hier steigt die Party im Revier.

**Nový Jičín**: Die Stadt ist eine kleine Perle und nur einen Katzensprung entfernt vom malerischen **Štramberk** und vom hässlichen **Kopřivnice** – wegen des Tatra-Museums jedoch ein Muss für Autoliebhaber.

**Rožnov pod Radhoštěm**: Im Zentrum der Beskiden befindet sich das größte Freilichtmuseum für Volksarchitektur des Landes. Auf dem Gipfel des nahe gelegenen **Radhošť** wartet eines der schönsten Hotels des Landes auf Sie.

Maria Theresia machte Olmütz im 18. Jh. zur Festungsstadt, die zusammen mit Theresienstadt (Terezín) und Königgrätz (Hradec Králové) eine nördliche Verteidigungslinie des Habsburger Reiches gegen die Preußen bildete. Weite Abschnitte der alten Festungsmauern sind von den Parkanlagen, die die Altstadt umschließen, noch zu sehen. Als nach der Schlacht von Königgrätz (→ S. 186) die politischen Karten neu gemischt waren, hatte Olmütz als Festungsstadt keine Bedeutung mehr und entwickelte sich in den Folgejahren zu einem industriellen Zentrum. Der wirtschaftliche Aufschwung lockte v. a. Tschechen an, dennoch blieb Olmütz bis zum Ersten Weltkrieg eine überwiegend deutschsprachige Stadt.

Heute steht Olomouc im landesweiten Städtevergleich gut da, die hiesige Kaufkraft spiegelt sich in den Schaufensterauslagen wider.

Orientierung: Zentren des historischen Kerns sind die aneinander angrenzenden Plätze *Horní* und *Dolní náměstí*, auf die fast alle Gassen und Straßen der Altstadt zulaufen. Im Westen, Süden und Osten wird die Altstadt von ausgedehnten Parkanlagen begrenzt.

## Basis-Infos

**Information** **Informační středisko Města Olomouce**, im Rathaus am Horní nám. Zweigstelle am Bahnhof. Tägl. 9–19 Uhr. ✆ 585513385, www.tourism.olomouc.eu.

**Verbindungen** Bahnhof ca. 15 Fußmin. östlich des Zentrums. Ⓢ 2, 4 u. 6 fahren von dort ins Zentrum. Als Bahnknotenpunkt besitzt Olomouc sehr gute **Zugverbindungen** in alle Landesteile.

Der Busbahnhof (Ⓢ 15) befindet sich weitere 5–10 Fußmin. südöstlich des Bahnhofs. Gute **Busverbindungen** in die meisten Städte Mährens (für Fahrten von und nach Prag empfiehlt sich die Bahn).

**Stadtverkehr**: Busse, Trolleybusse und Straßenbahnen sind im Einsatz. Tickets gibt es in den Touristeninformationen, an Automaten und Kiosken.

Olomouc Card: Mit der Olomouc Card haben Sie freien Eintritt zu allen Sehenswürdigkeiten der Stadt (inkl. Zoo und botanische Gärten), können alle Straßenbahnen und Stadtbusse benutzen und erhalten in einigen Restaurants und Hotels einen 10-prozentigen Nachlass. Die Olomouc Card kostet für 48 Std. 6,50 €, für 5 Tage 13 € und ist in den Informationszentren erhältlich.

**Ärztliche Versorgung** Große **Uniklinik** südwestlich des Zentrums an der I. P. Pavlova 6. ✆ 588441111, www.fnol.cz.

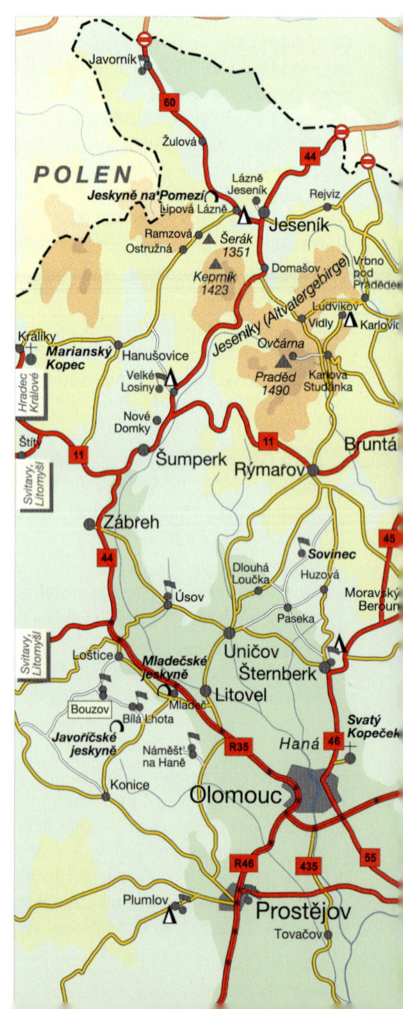

**Parken** Recht sicher parkt man im Nonstop-Parkhaus an der Koželužská. Sofern Plätze frei sind, können auch Nichtgäste die Parkplätze des Hotels Flora nahe dem Čechovy sady benutzen.

**Theater/Klassische Musik** Im schönen **Mährischen Theater** (Moravské Divadlo Olomouc) am Horní nám. ✆ 585500500, www.moravskedivadlo.cz.

**Veranstaltungen** Ende April und im Aug. findet die **Flora Olomouc**, eine Blumenausstellung, statt (www.flora-ol.cz). Der Mai bietet ein **Theaterfestival** (www.divadelni flora.cz), der Juni ein **Internationales Festival der Chorgesänge** (www.festamusicale.com). Der **Olomoucer Kultursommer** (www.olomouckekulturniprazdniny.cz) im Juli und Aug. bringt jede Menge Musik, Theater und Ausstellungen mit sich. Ein **Internationales Orgelfestival** (www.mfo.cz) wird im Sept. abgehalten.

## Einkaufen

→ Karte S. 596/597

Olomouc lädt zum Stadtbummel ein. Dafür sorgen die vielen hübschen Lädchen – wer ein Faible für Schmuck, Trödel oder Antikes hat, kommt auf seine Kosten.

**Antiquitäten** **Starožitnictví Eden** **14**, trödeliger Kleinkram jeder Art, darunter echte Schätze. Ztracená 26.

**ANTIK** **5**, ausgewählte Stücke, darunter kostbare Ikonen 1. máje 12.

**Starožitnosti Eliška Látalová** **26**, Trödel und Schnäppchen. Die Dame des Hauses berät professionell. Ein Laden, in dem man das Zeitgefühl verlieren kann. Švermova 965/5.

**Starožitnosti Ustar** **9**, der Schwerpunkt liegt auf Möbeln, Porzellanfiguren und teils wertvollen Gemälden. Denisova 21.

**Geschenke/Souvenirs** **Lidová řemesla** **7**, Holzspielzeug, Marionetten, Gugelhupfformen, in grellen Farben bemalte Ostereier, Kerzen und, und, und ... Denisova 31.

**Kleidung/Schmuck** **Calzature di Lusso** **20**, schrille italienische Schuhe, Portemonnaies und Taschen. Ztracená/Ecke Michalská. Ein paar Türen weiter (an der Ztracená) kann man bei **Stříbro** **20** zeitgemäßen Silberschmuck kaufen.

**MAX 925** **13**, bietet ebenfalls schönen Silberschmuck. Ostružnická.

**Wein** **Vincentrum Passage** **16**, rund 600 Sorten Wein, darunter etliche mährische Tröpfchen. In der Passage des Edelmannpalastes zwischen Horní nám. und Úzká.

**Shoppingcenter** **Olympia** **35**, große Mall an der Straße nach Přerov. Kostenlose Shuttlebusse (Nr. 60) vom Zentrum (Kateřínská).

## Übernachten

→ Karte S. 596/597

Viele bessere Häuser gewähren an Wochenenden großzügige Rabatte.

**Hotels** **** **Trinity** **27**, gepflegtes Nichtraucherhaus im Zentrum. 33 Zimmer und Suiten, der Sterneanzahl entsprechend ausgestattet und solide möbliert. Eigene Parkplätze. Viele Geschäftsleute und Konferenzen. Gehobenes Restaurant. DZ ab 74 €. Pavelčákova 22, PLZ 77200, ✆ 581830811, www.hotel-trinity.cz.

*** **Arigone** **12**, in ruhiger Lage in der Altstadt. 12 Zimmer, freundlich-gediegen ausgestattet, viele mit Parkettboden. Empfehlenswertes Restaurant mit gutem Weinkeller. Englischsprachiges Personal. EZ ab 58 €, DZ ab 67 €. Univerzitní 20, PLZ 77900, ✆ 585232351, www.arigone.cz.

*** **U Dómu** **2**, in einer ruhigen Gasse in Domnähe. Kleines, familiäres Haus. 6 apartmentähnliche Zimmer mit kleiner Küche. Oft ausgebucht. Sichere Parkplätze. DZ 66 €. Dómská 4, PLZ 77200, ✆ 585220813, www.hoteludomu.cz.

**Pensionen** **Křivá** **33**, modern ausgestattete, schöne Zimmer und Apartments mit Parkettboden, sehr gepflegt und besser als so manche Hotelzimmer der Stadt. Außerdem: Waschservice, Regenschirmverleih (!), Café und Parkplätze vor der Tür. EZ 56 €, DZ 73 €. Křivá 8, PLZ 77200, ✆ 585209204, www.pension-kriva.cz.

**Na Hradě** **22**, 8 angenehme, z. T. recht geräumige Nichtraucherzimmer. Hinterhofterrasse. Sicheres Parken in der Garage (7 €/ Nacht extra). EZ 47 €, DZ ab 69 €. Michalská 4, PLZ 77900, ✆ 585203231, www.penzionnahrade.cz.

**Na Hradbách** **28**, in einer ruhigen Altstadtgasse. 4 ordentliche Zimmer, alle mit Bad, TV und Kühlschrank. Nettes Team. DZ ohne Frühstück 36 €. Hrnčířská 3, PLZ 77200, ✆ 585233243, www.pensionnahradbach.wz.cz.

**U Anděla** **29**, Minipension mit z. T. riesigen Zimmern. Große Bäder, komplett eingerichtete Küchen. Gutes, gemütliches Restaurant. Gutes Preis-Leistungs-Verhältnis. DZ 31 €, kein Frühstück. Hrnčířská 10, PLZ 77900, ✆ 585228755, www.uandela.cz.

**Hostel** **Poet's Corner** **3**, gemütliches, charmant und familiär geführtes Hostel, unter australischen Leitung. WG-Ambiente, große Wohnküche, Gemeinschaftsraum und Balkon. Man teilt sich Bäder und Toiletten und kocht auch schon mal abends zusammen. Fahrradverleih. Im Mehrbettzimmer 11 €/Pers., DZ 33 €. Sokolská 1, PLZ 77900, ✆ 777570730 (mobil), www.hostelolomouc.com.

**Camping** Nächster Platz 16 km nördlich von Olomouc bei **Šternberk**, → S. 602.

## Essen & Trinken/Nachtleben

→ Karte S. 596/597

Die Palette an Restaurants, Bars und Cafés ist enorm. Verlassen Sie die Stadt nicht, ohne die *Olmützer Quargeln (Olomoucké tvarůžky)* probiert zu haben – klebrige, überaus würzige Sauerkäsescheibchen. Dazu passt ein *Litovel*, das regionale Bier aus der gleichnamigen Stadt. Das Nachtleben pulsiert unter der Woche, das Wochenende verbringen die Studenten bei Mama und Papa.

**Restaurants** **Moravská Restaurace** 24, stilvolles Weinrestaurant, das zu den besten Adressen Nordmährens gehört. Freiluftplätze. Traditionelle mährische Küche, z. B. der *Spatz*, Kaninchen in Weinsoße oder Wildspieß. Stark auf Touristen ausgerichtet. Hg. 6,90–25 €. Horní nám. 23, ✆ 585222868.

**Vila Primavesi** 19, ebenfalls stilvoll, dazu mit traumhafter Terrasse und perfektem Service in einer Art-déco-Villa, die über dem Botanischen Garten thront. Berühmt für die hervorragenden Fischgerichte. Ideal für ein romantisches Abendessen. Hg. 7–12,50 €. Univerzitní 7, ✆ 777749288 (mobil).

**Svatováclavský Pivovar** 8, Mikrobrauerei mit rustikalem Restaurant. 10- bis 13-gradiges Bier, darunter auch Weißbier und *kvasnicové*, Ungefiltertes. Dazu isst man am besten einen Quargelspieß mit Zwiebeln oder ein Lendengulasch im Kartoffelpuffer. Hg. 3,50–11 €. Mariánská 4, ✆ 585207517.

**Hostinský Pivovar Moritz** 34, eine weitere Mikrobrauerei, diesmal sitzt man im Kellergewölbe mit karierten Tischdecken und Kupferkesseln. Biergarten im Park vor dem Haus. Gutes Bier und deftiges Essen, sehr gute Hühnchenspieße! Hg. 3,60–9,50 €. Nešverova 2, ✆ 585205560.

**Drápal** 31, Pilsner-Urquell-Restaurant, urgemütlich-rustikal und dabei großzügig auf 2 Etagen angelegt. Zum Urquell gibt es Deftiges wie Hähnchenschenkel in Wein-Zwetschgensoße oder Lammkeule in Rotwein. Mittlere Preisklasse. Havlíčkova 1, ✆ 585225818.

**Konvikt** 15, Café und Restaurant im Innenhof des ehemaligen Jesuitenkonvikts, heute die Universität. Spektakulär ist die Außenterrasse im Hof, von der man einen wunderbaren Blick auf die Stadt hat. Ordentliches Essen der mittleren Preisklasse. Univerzitní 225, ✆ 585631190.

**Česká Jidelna** 17, wenn es mal schnell gehen und/oder billig sein muss ... Selbstbedienungsrestaurant, das alle Spielarten der tschechischen Küche präsentiert: dick belegte *chlebíčky*, Majonäsesalate, wechselnde Braten- und Knödelgerichte. Horní nám.

**Green Bar** 18, großes, helles vegetarisches Selbstbedienungsrestaurant. Preiswert. Nur Mo–Sa 7–20 Uhr. Ztracená 3. ■

**Kneipe/Biergarten** **Vertigo** 11, düster-verräucherte Kellerkneipe, in der schon nachmittags kräftig gebechert wird. Nettes studentisches Publikum aus aller Welt. Rockige Musik, Kicker. Univerzitní 6.

**Letní Zahrádka Na Hradbách** 1, gemütlicher, einfacher Biergarten unter schattigen alten Bäumen. Nebenan ein Minigolfplatz. Gelegentlich Livemusik. Pekární 26.

**Cafés** **Café Mahler** 21, am Horní nám. 11. Traditionsreich, aber noch lange nicht schön – Polsterecken unter kitschigen Lüstern. Trotzdem eines der populärsten Cafés der Stadt, wohl wegen der schön gelegenen Außenbestuhlung. Sehr leckere Eisbecher, Kuchen und Toasts.

››› **Unser Tipp:** **Café 87** 6, im Gebäude des Kunstmuseums. Lichtes Studentencafé mit breiten Fensterfronten – ideal zum Peoplewatching, sofern man einen guten Platz erwischt. 50 Sorten Kaffee, leckere Snacks, hausgemachte Torten und Quiches. Gutes Frühstück. Rauchen verboten. Denisova 47. ‹‹‹

**Mona Lisa** 25, einer Galerie angegliedertes, schönes Künstlercafé. Sehr farbenfroh. So geschl. Horní nám./Ecke Pavelčákova.

**Nachtleben** Im alten Befestigungswall zwischen Mlýnská und Svobody reihen sich ein paar Clubs und Bars aneinander, darunter das **Belmondo** 32, ein beliebter Danceclub, der Irish Pub **The Crack** 32 oder das **Captain Morgan's** 32, wo Essen und Rockmusik bis in den frühen Morgen geboten werden. Ein paar zusätzliche Tipps:

**U-Klub** 30, Musikclub im UG eines Studentenwohnheimes, deswegen auch fest in studentischer Hand. Fast tägl. Live-Rock, gelegentlich kleiner Eintritt. Šmeralova 12, www.uklub.cz.

Nordmähren → Karte S. 592/593

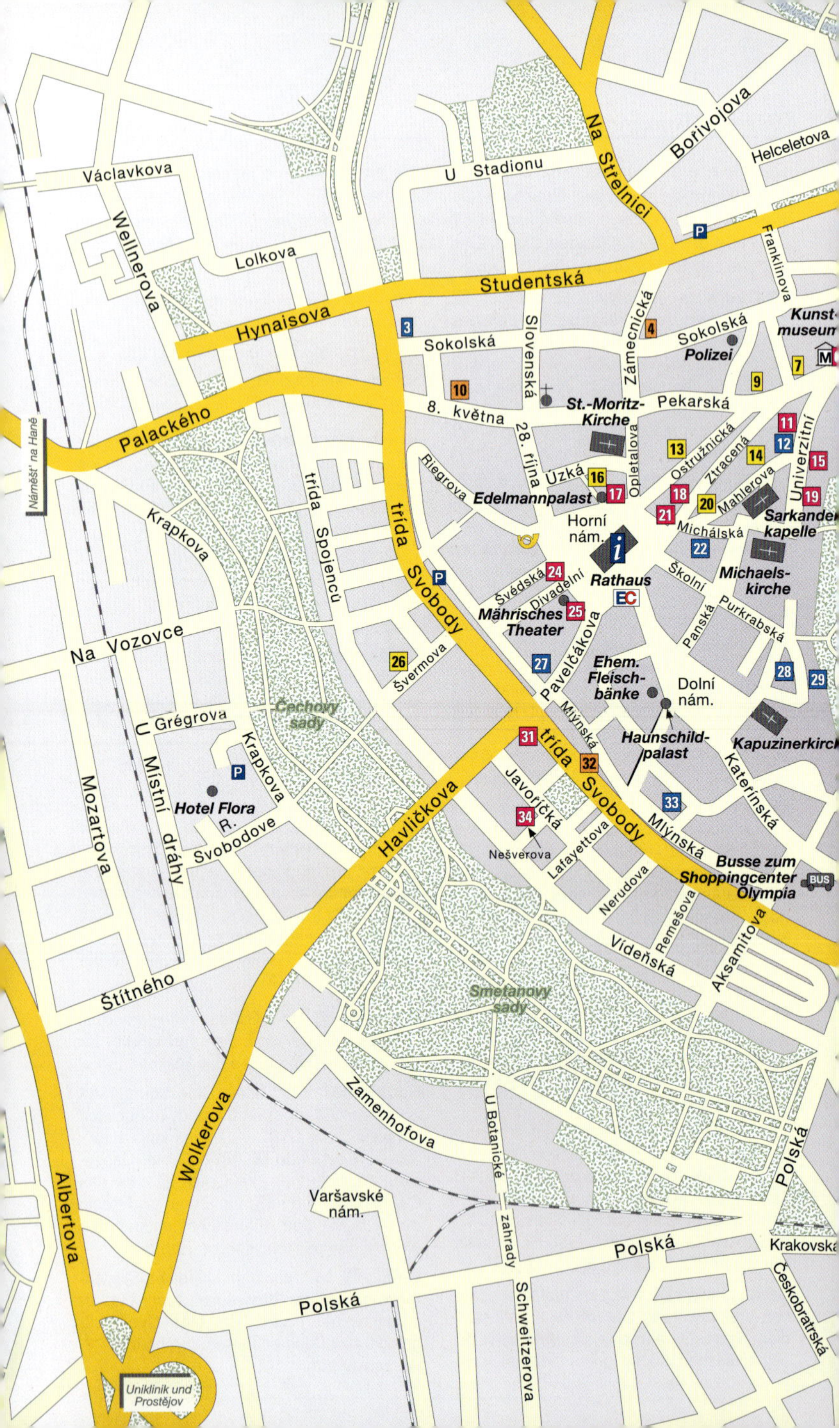

Václavkova
Wellnerova
Lolkova
U Stadionu
Na Střelnici
Bořivojova
Helceletova
Studentská
Hynaisova
Franklinova
Sokolská
Slovenská
Zámecnická
Sokolská
Polizei
Kunstmuseum
Palackého
8. května
St.-Moritz-Kirche
Pekařská
28. října
Náměst' na Hané
Riegrova
Úzká
Edelmannpalast
Opletalova
Ostružnická
Ztracená
Mahlerova
Univerzitní
Sarkander kapelle
Horní nám.
Michalská
Krapkova
třída Spojenců
třída Svobody
Švédská
Divadelní
Rathaus
Školní
Michaelskirche
Mährisches Theater
Panská
Purkrabská
Na Vozovce
Švermova
Pavelčákova
Ehem. Fleischbänke
Dolní nám.
Grégrova
Čechovy sady
Mlýnská
Haunschildpalast
Kapuzinerkirche
U Místní dráhy
Krapkova
Kateřinská
Hotel Flora
R. Svobodove
Havlíčkova
Javořičká
Lafayettova
Mlýnská
Busse zum Shoppingcenter Olympia
BUS
Mozartova
Nešverova
Nerudova
Remešova
Vídeňská
Aksamitova
Štítného
Smetanovy sady
Zamenhofova
U Botanické zahrady
Polská
Wolkerova
Varšavské nám.
Polská
Krakovská
Albertova
Polská
Schweitzerova
Českobratrská
Uniklinik und Prostějov

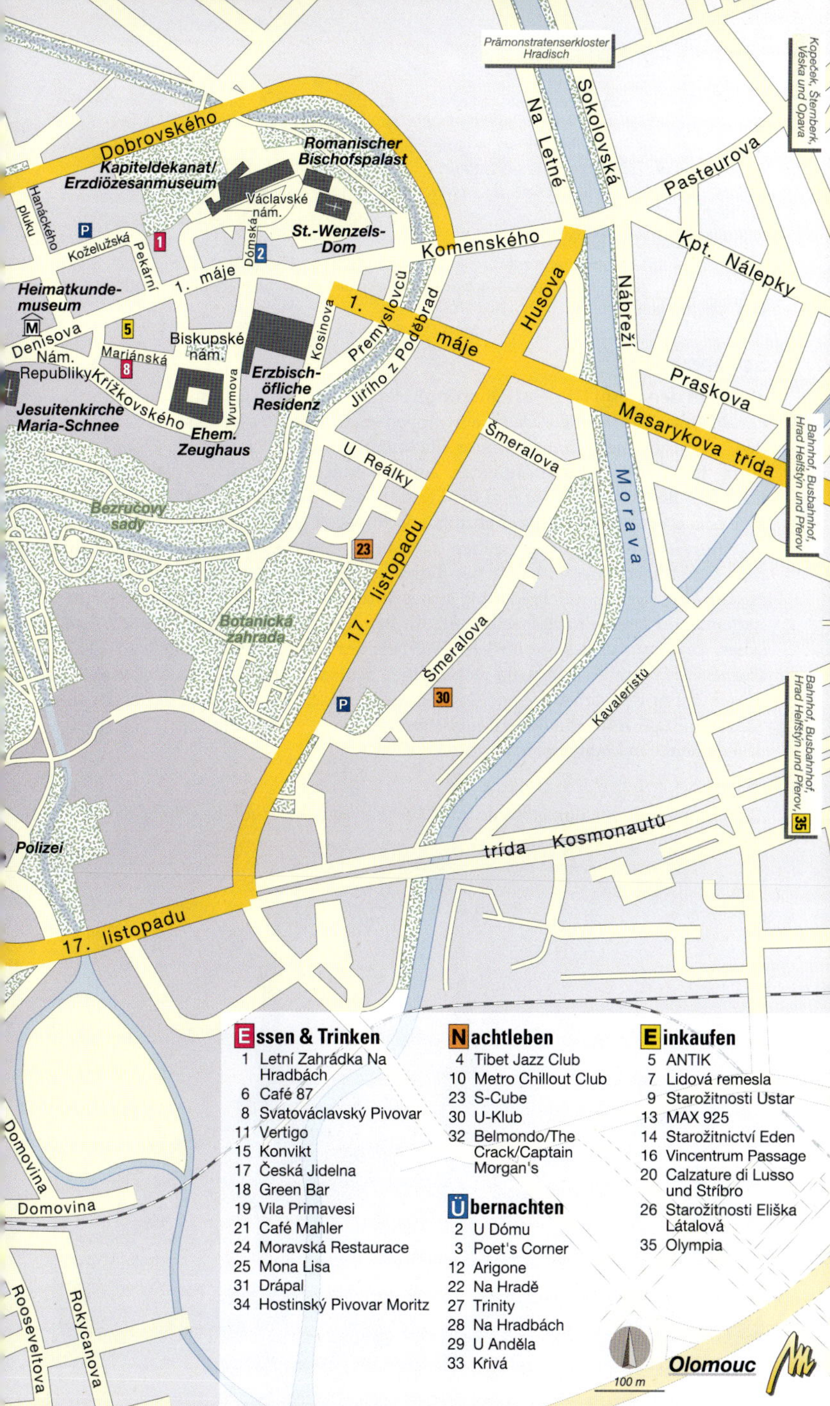


**E ssen & Trinken**
1 Letní Zahrádka Na Hradbách
6 Café 87
8 Svatováclavský Pivovar
11 Vertigo
15 Konvikt
17 Česká Jidelna
18 Green Bar
19 Vila Primavesi
21 Café Mahler
24 Moravská Restaurace
25 Mona Lisa
31 Drápal
34 Hostinský Pivovar Moritz

**N achtleben**
4 Tibet Jazz Club
10 Metro Chillout Club
23 S-Cube
30 U-Klub
32 Belmondo/The Crack/Captain Morgan's

**Ü bernachten**
2 U Dómu
3 Poet's Corner
12 Arigone
22 Na Hradě
27 Trinity
28 Na Hradbách
29 U Anděla
33 Křivá

**E inkaufen**
5 ANTIK
7 Lidová řemesla
9 Starožitnosti Ustar
13 MAX 925
14 Starožitnictví Eden
16 Vincentrum Passage
20 Calzature di Lusso und Stříbro
26 Starožitnosti Eliška Látalová
35 Olympia

**S-Cube 23**, ebenfalls ein populärer Studentenclub. Eigentlich eine Megabierhalle mit täglich wechselndem Programm – Konzerte, Karaoke, DJ-Partys und, und, und … Kleiner Eintritt. 17. listopadu 43, www.scube-ol.cz.

**Metro Chillout Club 10**, man geht nüchtern rein und kommt – auch wenn man es nicht will – bekifft raus. Marihuanavernebelter DJ-Club mit illustrem, auch älterem Publikum. Nett gestylt, innovative elektronische Musik. Unter der Woche bis 4 Uhr, Fr/Sa bis in die Puppen. 8. května 11, www.metrochilloutclub.cz.

**Tibet Jazz Club 4**, kein dunkles Kellerloch, sondern freundlich-rustikal ausgestattet, warme Farben. Häufig Livemusik, dann kleiner Eintritt. Restaurant und kleines Café. Sokolská 48, www.jazzclub.olomouc.com.

## Sehenswertes

**Rund um den Horní Náměstí (Oberring)**: Der unregelmäßig geformte Platz mit seinen schönen Patrizierhäusern ist eine Augenweide. In seiner Mitte steht der prächtige, cremefarbene *Rathauskomplex* (Radnice) mit einem stattlichen, 75 m hohen Turm. Rund 600 Jahre wurde daran an- und umgebaut. Beachtenswert sind das prächtige Renaissanceportal und die Freitreppe mit Loggia im Spätrenaissancestil. Wer Glück hat und sich einer Führung anschließen kann, darf zudem die *Hieronymus-Kapelle* (spätes 15. oder frühes 16. Jh.) und einen gotischen Rittersaal im Innern besichtigen. Die Nordseite des Rathauses ziert seit dem 16. Jh. eine astronomische Uhr, die in ihrer Pracht bis in die Mitte des 20. Jh. der Uhr des Altstädter Rathauses in Prag in nichts nachstand. Ihr heutiges Aussehen im Stil des sozialistischen Realismus erhielt sie im Jahr 1955, als der Oberring vorübergehend Stalin-Platz hieß. Die unteren Mosaike zeigen einen Schlosser und einen Chemiker als Repräsentanten der Arbeiter- und Intellektuellenklasse, weiter oben defilieren um 12 Uhr mittags fröhliche Bauern und Handwerker zu einer mährischen Volksweise, und dazwischen kräht ein Hahn.

Die mächtige Dreifaltigkeitssäule von Olomouc hat es bis auf die UNESCO-Welterbeliste geschafft

Nordwestlich des Rathauses lenkt die mächtige *Dreifaltigkeitssäule* (Sloup nejsvětější troijce) – mit rund 35 m eine der höchsten Böhmens – den Blick auf sich. Federführend bei den Arbeiten an diesem Wunderwerk an Säulenpracht mit einer kleinen Kapelle im Sockel war der Steinmetz und Baumeister Wenzel Render, der fast sein gesamtes Vermögen dafür ausgab. 1754 wurde die Säule unter Teilnahme Maria Theresias eingeweiht. 18 Heiligenfiguren aus Sandstein zieren ihre unteren drei Geschosse, obenauf befindet sich die vergoldete Statuengruppe der Dreifaltigkeit – Gott Vater als ehrwürdiger Greis, ein jugendlicher Christus mit Kreuz und die Taube des Heiligen Geistes in einer strahlenden Sonnenscheibe. In sozialistischer Zeit verkam das Säulenmonument so sehr, dass die ersten Heiligen das Fliegen lernten. Nach aufwendigen Restaurierungsarbeiten wurde die Säule im Jahr 2000 auf die Welterbeliste der UNESCO gesetzt.

Ein paar Schritte südlich der Säule steht der *Arionbrunnen* (Ariónova kašna), einer von drei Brunnen am Platz und vielleicht der interessanteste, sicher aber der jüngste. Denn anders als die beiden altehrwürdigen Barockbrunnen, der Herkules- und der Caesarbrunnen, ziert er den Platz erst seit 2002. Er thematisiert die antike Sage vom Sänger Arion, der auf hoher See von einem Delfin vor dem Ertrinken gerettet wird. Sein Schöpfer ist der in Frankreich lebende Olmützer Künstler Ivan Theimer (geb. 1944).

Der spätklassizistische Bau neben dem Arionbrunnen ist das *Mährische Theater* (→ Veranstaltungen). 1883 übernahm hier der junge Gustav Mahler den Posten des Kapellmeisters – er blieb nur drei Monate, nicht zuletzt wegen der feindseligen antisemitischen Haltung der Olmützer.

Zu den prächtigsten Gebäuden rund um den Oberring gehört ferner der *Edelmannpalast* (Edelmannův palác, Hausnr. 28) an der Nordseite des Platzes, ein Renaissancegebäude aus dem 16. Jh. 1829–31 wohnte darin der österreichische Heerführer Feldmarschall Johann Joseph Wenzel Graf Radetzky, der als Festungskommandant in Olmütz tätig war und hier den grünschnabeligen Kadetten den Marsch blies. Heute befindet sich in dem Gebäude u. a. eine Passage mit diversen Läden.

**Rathaus**, für Führungen durch das Rathaus (nur im Sommer für Gruppen ab 5 Pers.) wendet man sich an die Touristeninformation. Der Rathausturm kann im Sommer bestiegen werden (1,10 €).

**Rund um den Dolní náměstí (Unterring)**: An den Oberring schließt südlich der tropfenförmige Dolní náměstí mit zwei Brunnen, einer Mariensäule und einer schlichten *Kapuzinerkirche* (Kapucínský kostel) an. Im Gegensatz zum Oberring wirkt der Unterring etwas verstaubt – noch nicht alle Häuser haben hier die Restaurierung schon hinter sich. Eines der auffälligsten Gebäude am Platz ist der *Haunschildpalast* (Hauenschildův dům, Hausnr. 38) aus dem 16. Jh. mit einem schön verzierten Renaissanceportal und einem üppigen Erker. Nebenan in Hausnr. 40 befanden sich früher die Olmützer *Fleischbänke* (Masné krámy) – heute eine Ladenpassage.

**Rund um den Náměstí Republiky (Platz der Republik)**: Über die Ztracená und Denisova gelangt man vom Oberring zum Náměstí Republiky, der von einer Straßenbahnhaltestelle regiert wird. Das dortige *Kunstmuseum* (Muzeum Umění) lohnt einen Besuch. Im ersten und zweiten Stock präsentiert es regelmäßig spannende Wechselausstellungen, vorwiegend aus dem reichen Fundus von rund 60.000 Exponaten. Hinter der Dauerausstellung *The House of an Art Lover* im dritten Stock verbirgt sich Kunst aus der Wende vom 19. zum 20. Jh., vertreten u. a. durch Werke von Alfons Mucha (1860–1939), Jan Preissler (1870–1918) und František Bílek

Nordmähren → Karte S. 592/593

(1872–1941). Auch sind ein paar Möbel im Stil des Kubismus und der Secession zu sehen, u. a. von Josef Hoffmann (1870–1965). Im Erdgeschoss lädt das gemütliche Café 87 (→ Essen & Trinken) nach der Besichtigung auf eine Pause ein.

Die 1719 vollendete barocke *Jesuitenkirche Maria Schnee* (Kostel Panny Marie Sněžné) gegenüber dem Kunstmuseum ist leider meist verschlossen. Gelegentlich finden darin aber Konzerte statt, die Akustik ist ausgezeichnet. Ein paar Schritte weiter, im ehemaligen Klarissinnenkloster aus dem 18. Jh., befindet sich heute das *Heimatkundemuseum* (Vlastivědné muzeum). Es präsentiert eine überaus bunte Mischung: archäologische Funde aus der Umgebung, Urkunden, amerikanische Uniformen aus dem Vietnamkrieg, alte Siegel, Waffen, Schlösser, Mineralien, Ausgestopftes und, und, und ... Am schönsten ist die Sammlung historischer Uhren im dritten Stock.

**Kunstmuseum**, Denisova 47. Tägl. (außer Mo) 10–18 Uhr. 3,60 €, erm. die Hälfte. Jeden ersten So und jeden ersten Mi im Monat freier Eintritt. Das Ticket ist auch für das Erzdiözesanmuseum gültig. www.olmuart.cz.

**Heimatkundemuseum**, Nám. Republiky 5. April–Sept. tägl. (außer Mo) 9–18 Uhr, Okt.–März tägl. (außer Mo u. Di) 10–17 Uhr. 2,20 €, erm. die Hälfte. www.vmo.cz.

**Biskupské náměstí (Bischofsplatz)**: Vom Platz der Republik erreicht man über die Mariánská den Biskupské náměstí (Bischofsplatz), einen kleinen, stillen Platz, umgeben von prachtvollen Barockgebäuden. In mehreren sitzt heute die Palacký-Universität. Im ehemaligen theresianischen *Zeughaus* (Zbrojnice) an der Südseite befindet sich u. a. das Informationszentrum der Universität. Die herrliche *Erzbischöfliche Residenz* (Arcibiskupský palác) an der Ostseite stammt aus den Jahren 1664–74. 1848 fand darin die Krönung Kaiser Franz Josephs I. statt. Einen Teil des Gebäudes nimmt die philosophische Fakultät ein.

Neugotischer Hingucker: St.-Wenzels-Dom

**Václavské náměstí (Wenzelsplatz)**: Der Olmützer Wenzelsplatz, der in nichts seinem Prager Pendant ähnelt, liegt keine 200 m nördlich des Biskupské náměstí im ruhigen Abseits. Er wird dominiert vom *St.-Wenzels-Dom* (Katedrála sv. Václava), der auf den Grundmauern einer romanischen Basilika steht. Sein neugotisches Aussehen erhielt er im 19. Jh. Der 100 m in den Himmel ragende Hauptturm ist der höchste Kirchturm Mährens. Das Innere präsentiert sich hell und luftig, wenn auch etwas steril. Im Seitenaltar gegenüber der Kanzel ruhen die sterblichen Überreste Jan Sarkanders (→ Weitere Sakralbauten). Auch die Krypta kann besichtigt werden.

An die Nordseite des Kirchenschiffs grenzt ein Kreuzgang mit großartigen Wandmalereien aus dem 14. Jh. An dieser Stelle befand sich einst ein *roma-*

*nischer Bischofspalast* (Románský biskupský palác) aus der Přemyslidenzeit. An ihn erinnern heute noch neun romanische Rundbogenfenster mit schön verzierten Säulenkapitellen, die man 1867 bei Ausbesserungsarbeiten entdeckte. Im Palast wurde 1303 der letzte Přemyslide Václav III. ermordet.

Die Nordseite des Wenzelsplatzes schließt das ehemalige *Kapiteldekanat* aus dem 17. Jh. ab. Im Gebäude komponierte der 11-jährige Wolfgang Amadeus Mozart 1767 seine 6. Sinfonie in F-Dur. Heute ist hier das *Erzdiözesanmuseum* (Arcidiecézní muzeum) untergebracht. Auf einer Ausstellungsfläche von 1100 m² zeigt man sakrale Kunst des 12. bis 18. Jh., darunter die sog. *Sternberger Madonna,* eine gotische Plastik vom Ende des 14. Jh., die aus der Burgkapelle von Šternberk (s. u.) stammt. Angeschlossen ist das schicke, ruhige Café Amadeus.

**Domkrypta**, tägl. 7–18 Uhr. **Erzdiözesanmuseum**, tägl. (außer Mo) 10–18 Uhr. 3,60 €, erm. die Hälfte. Das Ticket beinhaltet auch eine Führung durch den romanischen Bischofspalast und ist zudem für das Kunstmuseum gültig. So u. jeden ersten Mi im Monat freier Eintritt. www.olmuart.cz.

**Weitere Sakralbauten**: Nur einen Katzensprung nördlich des Horní Náměstí steht die dreischiffige *St.-Moritz-Kirche* (Kostel sv. Mořice) aus dem 15. Jh. Sie ist ein abweisender Bau, trutzig wie eine normannische Burg. 1709 wurde ihr düsteres Inneres durch eine Feuersbrunst zerstört und im Barockstil erneuert. Ihre Orgel zählt 10.000 Pfeifen, zwei Organisten können gleichzeitig darauf spielen. Alljährlich im September findet hier ein Orgelfestival statt. Vom Kirchturm genießt man einen herrlichen Blick über die Stadt und auf die Hanna-Ebene.

Ebenfalls unweit des Horní Náměstí, nur östlich davon, prägt am hübschen Žerotínovo náměstí die *Michaelskirche* (Kostel sv. Michala) mit ihren drei auffälligen Kuppeln die Silhouette der Stadt. Ihr geräumiges Inneres ist im exzessiven Barockstil gehalten. Nicht weit von ihr, an der Mahlerova, steht die *Sarkanderkapelle* (Kaple sv. Jana Sarkandra). Sie wurde erst 1909–1912 anstelle des abgerissenen Stadtgefängnisses errichtet. Dort sollen radikale Protestanten Jan Sarkander, einen katholischen Priester polnischer Herkunft, 1620 zu Tode gefoltert haben. Sarkander wurde 1995 von Johannes Paul II. bei seinem Besuch in Olomouc heilig gesprochen.

Rund einen Kilometer nördlich des St.-Wenzels-Doms kann man das ehemalige *Prämonstratenserkloster Hradisch* (Klášterní Hradisko) aus der ersten Hälfte des 18. Jh. aufsuchen. Bis zu seiner Säkularisierung im Jahre 1783 war es das größte Kloster seiner Art in Europa. Heute dient das weiße, barocke Klosterareal als Militärkrankenhaus. Gelegentlich finden im prunkvollen Großen Saal Konzerte statt.

**Turm der St.-Moritz-Kirche**, April–Okt. Mo–Sa 9–16.30 Uhr, So 12–16.30 Uhr. Eintritt frei. www.moric-olomouc.cz.

**Zum Kloster Hradisch** gelangt man, indem man sich vom Nám. Republiky entlang der 1. máje und dann der Komenského gen Osten hält und nach der Überquerung der Morava links in die Sokolovská einbiegt. Vom Bahnhof verkehren Ⓑ 15 u. 21 zum Kloster. Jeden Do (um 14 u. 15 Uhr) und jeden ersten Sa im Monat (um 9, 10 u. 11 Uhr) finden Führungen durch das Kloster statt. 2,90 €, erm. die Hälfte.

## Umgebung von Olomouc

**Svatý Kopeček (Heiligenberg)**: Verlässt man Olomouc auf der Nationalstraße 46 Richtung Šternberk/Opava, grüßt nach wenigen Kilometern die hoch über der Hanna-Ebene gelegene, doppeltürmige *Wallfahrtskirche Mariä Himmelfahrt* (Poutní chrám Nanebevzetí Panny Marie). Sie wurde zwischen 1669 und 1679 von

Nordmähren → Karte S. 592/593

Giovanni Pietro Tencella erbaut, 1995 beim Besuch von Johannes Paul II. zur *Basilica minor* erhoben und jüngst umfangreich restauriert. Ihr Inneres ist eine barocke Pracht. Ganz in der Nähe liegt der *Zoo* von Olomouc (Zoologická Zahrada Olomouc). Stolz ist man auf ein Salzwasserbecken mit drei schwarzflossigen Riffhaien.

**Anfahrt/Öffnungszeiten**: Zoo und Wallfahrtskirche sind mit Stadtbus Nr. 11 und im Sommer auch Nr. 111 zu erreichen. **Zoo**, Jan./Feb. sowie Okt.–Dez. tägl. 9–16 Uhr, März u. Sept. bis 17 Uhr, April–Aug. bis 18 Uhr. 4 €, erm. 2,50 €. www.zoo-olomouc.cz.

**Šternberk (Sternberg)**: Rund 9 km nördlich von Svatý Kopeček, am Rande der Hanna-Ebene, liegt das 13.500 Einwohner zählende Šternberk. Das verwinkelt-verwirrende historische Zentrum des Städtchens mit seinen vielen Zebrastreifen quetscht sich in ein enges Tal. Überragt wird das Zentrum von zwei roten Zwiebelturmspitzen einer pompösen *Barockkirche*. Ihr angeschlossen ist ein *Augustinerkloster* aus dem 18. Jh., das auch heute noch aktiv ist und eine Galerie beherbergt. 300 m weiter wird im Dům osvěty („Haus der Bildung", zugleich die Touristeninformation, s. u.) eine *Uhrensammlung* mit Raritäten des einstigen lokalen Uhrenherstellers *Prim* gezeigt.

Die Silhouette des Städtchen prägt jedoch ein *Burgschloss*. Dessen letzte adelige Besitzer waren die Liechtenstein. Zwei Führungen werden angeboten. Jene mit dem Titel „Untergegangene Adelssitze in Nordmähren" durchläuft das obere Stockwerk und ist eher zweitklassig. Die andere Tour widmet sich den Liechtenstein und führt durch hübsch dekorierte Salons des Erdgeschosses mit wertvollen Frührenaissancebildern, zudem vorbei an kostbaren Holzplastiken und schönen Kachelöfen.

**Information** **Městské informačni centrum** (mit Uhrenausstellung), Československé armády 19, ✆ 587571243. Mo–Fr 8–17 Uhr, Sa/So 9–17 Uhr, www.mkzsternberk.cz.

**Verbindungen** Regelmäßige **Bus-** und **Zugverbindungen** nach Olomouc.

**Öffnungszeiten** **Burg**, April u. Okt. nur Sa/So 9–16 Uhr, Mai–Sept. tägl. (außer Mo) 9–17 Uhr. Je nach Trasse 3,60–5,10 €, erm. 2,50–4 €. www.hrad-sternberk.cz.

**Augustinerkloster**, Führungen nach Vereinbarung mit der Galerie Handke möglich (✆ 604012935, mobil). 3,30 €, erm. 1,50 €.

**Veranstaltungen** Größtes Ereignis ist ein **Autorennen** (seit 1905) mit dem bemerkenswerten Namen **Ecce Homo**. Es wird jedes Jahr Anfang/Mitte Sept. auf einem extrem kurvigen, 7800 m langen Parcours ausgetragen.

**Übernachten** **Pension U Hradu**, hoch über der Stadt, von der Burg ausgeschildert. Gut geführte, sehr gepflegte und freundliche Pension. 21 Zimmer (alle mit Balkon) mit teils schönem Blick über Šternberk. Nettes Restaurant mit Terrasse. Pool, Sauna. Parkplätze. DZ 43 €. Ořechová 27, PLZ 78501, ✆ 585013355, www.pensionuhradu.cz.

**Autokempink HSTS Šternberk**, ca. 2 km nördlich von Šternberk. Gepflegter Platz mit ordentlichen Sanitäranlagen und internationalem Publikum. Waschmaschine, Küche, Feuerstelle. Nur Kiosk, Restaurant in Laufnähe. Auch Hüttenvermietung (mit und ohne Bad). Mitte Mai–Mitte Sept. 2 Pers. mit Zelt u. Auto 7,50 €, Chata für 3 Pers. ab 13 €. Dolní Žleb 26, PLZ 78501, ✆ 585011300, www.campsternberk.cz.

Informationen zum rund 38 km nördlich von Šternberk gelegenen **Bruntál** bekommen Sie ab S. 614.

**Hrad Helfštýn (Burg Helfenstein)**: Die Burgruine erhebt sich weithin sichtbar rund 25 km östlich von Olomouc nahe der Stadt Lipník nad Bečvou. Das Burgareal (187 m x 152 m) zählt zu den größten der Republik. Die Grundmauern der Burg reichen bis ins 13. Jh. zurück, ihre heutige Gestalt stammt jedoch aus dem 18. Jh. – aus Angst vor den Türken baute man sie zu einer uneinnehmbaren, heute playmobilartig wirkenden Festung aus. Die Burg ist nur als Ausflugsziel für Motorisierte zu empfehlen.

**Burg**, März u. Sept./Okt. nur Sa/So 9–16 Uhr, April tägl. (außer Mo) 9–17 Uhr, Mai–Aug. tägl. (außer Mo) 9–18 Uhr. 2,20 €, erm. 1,50 €. www.helfstyn.cz.

Weiter **nach Südmähren?** Informationen zu **Kroměříž** bekommen Sie ab S. 583, zu **Holešov** ab S. 588.

# Prostějov

Proßnitz

Aus dem 44.000 Einwohner zählenden Prostějov 18 km südwestlich von Olomouc kam einst das gleichnamige Label für Damen- und Herrenmode, zugleich das bekannteste der Republik. Nach der Pleite und dem Verlust von 3000 Arbeitplätzen wurde das Fabrikgebäude 2014 gesprengt. Ansprechender als die vergangenen Modekollektionen präsentiert sich das großzügig angelegte Stadtzentrum, dessen Bauten vielfach im Zeichen des Jugendstils stehen. Das Herz der Stadt ist der weite, z. T. begrünte Hauptplatz Náměstí T. G. Masaryka. Das **Neue Rathaus** (Nová Radnice) an dessen Westseite wurde kurz vor dem Ersten Weltkrieg erbaut. Es besitzt einen mächtigen Turm mit einer Kuppel, die eine Kleinausgabe des Kapitols sein könnte. Mitten auf dem Platz steht das schöne **Alte Rathaus,** das in der ersten Hälfte des 16. Jh. erbaut wurde. Heute ist hier das **Stadtmuseum** (Muzeum Prostějovska v Prostějově) untergebracht, das u. a. an den berühmtesten Sohn des alten Proßnitz erinnert, an den Philosophen Edmund Husserl (1859–1938). Der Begründer der Phänomenologie, einer neuen Erkenntnistheorie zu Anfang des 20. Jh., lehrte in Göttingen und Freiburg. Das interessanteste Gebäude Prostějovs ist jedoch das von Jan Kotěra zwischen 1905 und 1907 erbaute **Národní Dům** (Nationalhaus) – gehen Sie am Platz gen Osten (am Kaufhaus Prior vorbei) und halten Sie sich danach links. In dem festungsartigen, mit Jugendstilelementen verzierten Bau befinden sich ein Theater, ein Café, eine Galerie und ein Restaurant. In Letzterem bezaubert das an Gustav Klimt erinnernde Relief der *Drei Grazien* über dem Kamin – ein schöner Ort für eine Pause. Das aus dem 16. Jh. stammende **Renaissanceschloss** keine 200 m westlich des Národní Dům ist äußerlich bereits vollständig restauriert, innen wird noch gearbeitet. Nach Abschluss der Restaurierungsarbeiten sollen mehrere Säle für Ausstellungen genutzt werden.

**Verbindungen** Hauptbahnhof und Busbahnhof ca. 900 m östlich des Zentrums. Gute **Busverbindungen** nach Olomouc und Plumlov. **Züge** regelmäßig nach Olomouc, bis zu 9-mal tägl. nach Náměšť na Hané und Brünn.

**Öffnungszeiten** **Stadtmuseum**, tägl. (außer Mo) 9.30–12 u. 13–17 Uhr. 1,50 €, erm. die Hälfte. www.muzeumpv.cz.

**Übernachten** *** **Grandhotel Prostějov**, einstiges Luxushotel. Leider wurde die frühere Eleganz durch protzig-sozialistische Geschmacklosigkeiten und lieblose Restaurierungen fast vollständig zerstört. 39 ordentlich ausgestattete, aber vollkommen charakterlose Zimmer und Apartments. Eigene Parkplätze. EZ je nach Größe ab 36 €, DZ 80 €. Palackého 3–5, PLZ 79601, ✆ 582332311, www.grandhotel.cz.

**–*** **Hotel Avion**, am Hauptplatz (hinter dem Kaufhaus Prior). Bis auf den freundlichen deutschsprachigen Service eine Katastrophe. Schwer in die Jahre gekommene, kleine Zimmer mit altbackenem Mobiliar. Die 3-Sterne-Zimmer sind etwas größer und besitzen TV mit deutschen Programmen. EZ ab 14 €, DZ ab 25 €. Nám. E. Husserla 15, PLZ 79601, ✆ 582344561, www.hotel-avion.cz.

Nordmähren → Karte S. 592/593

Schloss Plumlov thront imposant über einem kleinen See

## Umgebung von Prostějov

**Zámek Plumlov (Schloss Plumenau)**: Ein Schloss mit vier Flügeln hatte Karl Eusebius von Liechtenstein für seinen Sohn Johann Adam Andreas geplant und selbst entworfen. Als Standort wählte er symbolträchtig die ehemalige Přemysliden-Burg Plumlov aus, die längst zu einer Ruine verkommen war. Doch als 1685 der erste Flügel fertig war, bekundete der undankbare Sohn kein Interesse mehr an diesem abgelegenen Schloss, und die Arbeiten wurden eingestellt. Der imposante, hohe, schlanke Schlossflügel thront seitdem einsam auf einem Felsen über einem kleinen See im gleichnamigen Dorf 8 km westlich von Prostějov. Langsam, aber stetig kommen die Restaurierungsarbeiten voran, mittlerweile werden Führungen durch das Schloss angeboten. Einen pittoresken Blick auf das Schloss hat man von der anderen Seeseite – ein lohnenswerter Spaziergang.

**Öffnungszeiten** April u. Okt. nur Sa/So 13–18 Uhr, Mai u. Sept. nur Sa/So 10–18 Uhr, Juni–Sept. tägl. (außer Mo) 10–18 Uhr. 2,20 €, erm. 1,50 €. www.plumlov-zamek.cz.

**Camping** In Laufnähe zum Dorf liegt der **Campingplatz Žralok**: nette hügelige Anlage, genialer Blick auf Schloss und See, aber veraltete Sanitäranlagen. Mai–Sept. Bei Mostkovice ca. 3 km östlich von Plumlov (dort ausgeschildert), ebenfalls an einem See, befindet sich der **Autocampingplatz Přehrada**: Hier sind die Sanitäranlagen besser, und man kann direkt vom Platz aus im Stausee baden gehen.

Informationen zum **Mährischen Karst** (rund 30 km südwestlich von Plumlov) bekommen Sie ab S. 540.

**Zámek Náměšť na Hané (Schloss Namiescht)**: Rund 15 km nördlich von Prostějov steht auf einer Anhöhe das neoklassizistisch angehauchte Schloss Náměšť aus den

Jahren 1760–63. Das Schlossareal weist zusammen mit den Nebengebäuden und der Parkanlage einen kreisförmigen Grundriss auf. Bis 1916 gehörte es der Adelsfamilie Kinský, letzter privater Eigentümer war der Eisengroßhändler František Ottáhal (bis 1945). Das Schloss beherbergt heute u. a. eine *Kutschensammlung,* darunter goldverzierte Gefährte der Olmützer Bischöfe und Erzbischöfe. Miloš Forman borgte sich ein paar davon für seinen Film *Amadeus*. Zudem kann man sich u. a. ein paar repräsentative Säle (der *Goldene Saal* ist der Schönste) und die *Bibliothek* ansehen.

**Verbindungen** Am einfachsten mit dem **Zug** von Olomouc (bis zu 6-mal tägl.) zu erreichen, der Bahnhof liegt nur 5 Min. vom Schloss entfernt.

**Öffnungszeiten** April u. Okt. nur Sa/So 9–16 Uhr, Mai–Sept. tägl. (außer Mo) 9–17 Uhr. Je nach Führung 2,20–3,60 €, erm. 1,80–3,30 €. www.zamek.namestnahane.cz.

# Hrad Bouzov

Burg Busau

**Hrad Bouzov verspricht mittelalterliche Burgromantik pur: Zinnen, Türmchen, Fähnchen, Erker, Schießscharten, Brücken, Wälle und an manchen Tagen gar noch Burgfräuleins.**

Rund 30 km nordwestlich von Olomouc erhebt sich diese majestätische Burganlage über dem gleichnamigen Dorf, drum herum nur Wälder und Felder. Ihre Grundmauern reichen vermutlich bis ins 14. Jh. zurück. 1396 soll hier Georg von Podiebrad, der größte aller tschechischen Könige, geboren worden sein. 1558 brannte die Feste nieder. 1696 ging sie an den Deutschen Ritterorden über, in dessen Besitz sie bis 1939 blieb. Ihr heutiges Aussehen verdankt sie dem Hochmeister Eugen von Habsburg, der die Burganlage zwischen 1896 und 1910 im romantisch-pseudogotischen Stil umbauen ließ. Architekt war Georg Joseph Hauberrisser (1841–1922), der zuvor u. a. das Neue Rathaus in München entworfen hatte. Gleichzeitig modernisierte Hauberrisser die Burganlage. So lernte Eugen von Habsburg die Vorzüge einer Zentralheizung, eines Wasserklosetts und anderer Annehmlichkeiten zu schätzen, was ihn so erfreute, dass er Hauberrisser 1901 zum Ritter schlug. Nach der Enteignung durch die Nazis zog die SS in die Burg ein. Noch kurz vor Kriegsende brannten die Barbaren das nahe Dorf Javoříčko (s. u.) nieder und ermordeten 38 Einwohner. In sozialistischer Zeit wurden auf Burg Bouzov unzählige Mantel-und-Degen-Filme gedreht. Bei einer Führung durchläuft man kostbar ausgestattete Säle wie Ritter-, Säulen-, Jagd- und Waffensaal. Auch lohnt ein Blick in die Burgkapelle mit den Gräbern mehrerer Ordensmeister. Im Sommer werden auf dem Burgareal hin und wieder historische Jahrmärkte abgehalten, dann tanzen für gewöhnlich auch ein paar Burgfräuleins auf.

Bei Bouzov

Nordmähren → Karte S. 592/593

**Verbindungen** Gute **Busverbindungen** nach Litovel und von dort nach Olomouc.

**Öffnungszeiten** April u. Okt. nur Sa/So 9–16 Uhr, Mai u. Sept. tägl. (außer Mo) 9–17 Uhr, Juni–Aug. tägl. (außer Mo) 9–18 Uhr. Burgführung auf Deutsch 6,90 €, erm. 5,10 €, zudem diverse thematische Führungen. www.hrad-bouzov.cz.

**Essen/Übernachten** **Hotel Bouzov**, jüngst renoviertes Haus mit rustikal angehauchter Gaststube, in der die gängigen Standards zu 5–12 € serviert werden. 20 eher schlichte Zimmer in warmen Farben, unterm Dach zudem 2 komfortablere Suiten. EZ 36 €, Suite für 2 Pers. 55 €. Bouzov 15, PLZ 78325, ✆ 724486000 (mobil), www.hotelbouzov.cz.

## Umgebung von Bouzov

**Bílá Lhota (Weißöhlhütten)**: Bílá Lhota, 5 km östlich von Bouzov gelegen, ist kein weißes, sondern ein weitgehend recht graues Dorf mit einem kleinen, heruntergekommenen Schloss, das heute als Mehrzweckgebäude (Post, Bibliothek usw.) dient. Die Schule von 1912 und die Kirche erstrahlen schon im neuen Glanz, was auch für das Schloss hoffen lässt. Zum Schloss gehört ein *Arboretum*. Die romantische Anlage mit rund 450 seltenen Bäumen und Sträuchern ist einen Spaziergang wert. Immerhin soll sie im Jahr 1833 Konradin Kreutzer dazu inspiriert haben, hier die Oper *Das Nachtlager von Granada* zu komponieren.

**Arboretum**, April u. Okt. nur Sa/So 9–17 Uhr, Mai–Sept. tägl. (außer Mo) 8–18 Uhr. 1,10 €, erm. die Hälfte. www.arboretumbilalhota.cz.

**Höhlen in der Umgebung**: 4 km südlich von Javoříčko liegt die *Javoříčské jeskyně*, beim Dorf Mladeč an der Schnellstraße von Olmütz nach Prag die *Mladečské jeskyně*. Die beiden schönen Tropfsteinhöhlen kann man – im Gegensatz zu denen des Mährischen Karstes – ganz in Ruhe besichtigen.

Jan.–März u. Nov. Führungen nur Mo–Fr um 10 u. 13 Uhr, April u. Okt. tägl. (außer Mo) 9–15 Uhr, Mai–Sept. tägl. (außer Mo) 9–17 Uhr, Dez. geschl. **Javoříčské jeskyně**, kurze Trasse (360 m) 4 €, erm. 2,90 €, lange Trasse (790 m) 4,70 €, erm. 3,30 €. **Mladečské jeskyně**, 3,30 €, erm. 2,50 €.

## Úsov

Aussee

Das von Feldern umgebene, unscheinbare Städtchen liegt an der Straße 315 von Zábřeh nach Uničov. Auf einem Hügel darüber thront ein großes weißes **Schloss**, das Domenico Martinelli 1691 auf den Grundmauern einer gotischen Feste für die Liechtenstein erbaute. Im 19. Jh. begann die Schlossherrenfamilie, darin eine naturwissenschaftliche Sammlung einzurichten – viele Exponate stammten von ihren Reisen rund um die Welt, und für so manche würden sie heute fürchterlichen Ärger mit dem Zoll bekommen. Die Sammlung ist die Grundlage des im Schloss untergebrachten **Museums für Forstwirtschaft und Jagd** (Lovecko-lesnické muzeum).

**Verbindungen/Öffnungszeiten**: Úsov ist ein Ziel für Selbstfahrer. **Schloss**, April u. Sept./Okt. nur Sa/So 9–16.15 Uhr, Mai/Juni tägl. (außer Mo) 9–19 Uhr, Juli/Aug. tägl. (außer Mo) 9–19.30 Uhr. 3,30 €, erm. die Hälfte. www.muzeum-sumperk.cz.

## Sovinec

Eulenburg

Das unscheinbare Dorf mit einer Burg liegt malerisch an den Ausläufern des Altvatergebirges (keine 15 km Luftlinie östlich von Úsov). Durch die reizvolle Landschaft führen schmale, holprige Sträßlein, auf denen so gut wie nie Verkehr herrscht. Wer nicht weiß, wie er den Tag vertrödeln soll und über ein eigenes Fahrzeug verfügt, kann einen Ausflug hierher unternehmen. *Burg Sovinec* stammt aus dem 13. Jh. und wurde im 18. Jh. erweitert. Die Hochmeister des Deutschen Ritterordens aus Busau (Bouzov) nutzten sie als Sommersitz. Heute kann man sich hier eine Ausstellung zur Burggeschichte anschauen. Im Burgvorhof gibt es eine nette Schenke, davor eine gemütliche Hostinec.

April–Juni u. Sept./Okt. tägl. (außer Mo) 9–17 Uhr, Juli/Aug. tägl. (außer Mo) 9–18 Uhr. 2,90 €, erm. die Hälfte. www.sovinec.cz.

## Altvatergebirge

Jeseníky

**Das Altvatergebirge erhebt sich ganz im Norden Mährens. Weiden und Wiesen mit grasenden Kühen bestimmen die Täler, dichte Fichtenwälder die Hänge. Die Gebirgskämme sind baumlos, die Gipfel steigen auf Höhen von über 1400 m an.**

In Rejvíz muss man einfach einkehren

Das Altvatergebirge, das jährlich von rund einer Viertel Million Touristen besucht wird, umfasst mehrere Gebirgszüge und Täler. Seinen deutschen Namen erhielt es vom höchsten Berg der Region, dem *Altvater* (tschech. *Praděd,* 1491 m ü. d. M.). Wie das weiter westlich gelegene Riesengebirge hatte es in der zweiten Hälfte des 20. Jh. unter der extremen Umweltverschmutzung zu leiden, für die insbesondere die Industriebetriebe in der Region um Ostrava verantwortlich zeichneten. Vor allem die Kiefern und Fichten, die es wagten, in den höheren Lagen zu wachsen, fielen dem sauren Regen zum Opfer. Ab rund 1250 m sind die Bergkämme jedoch seit jeher kahl. Im Sommer bieten sie sich zu ausgedehnten Kammwanderungen an, ein Erlebnis ist die Tour vom Gipfel des Šerák zum Gipfel des Praděd. Im Winter kann man an mehreren Hängen Ski fahren. Ganzjährig kommen Besucher zum Kuren, der schönste Kurort ist Karlova Studánka. Šumperk (Schönberg), das „Tor zum Altvatergebirge" besitzt eine adrette Innenstadt, gespickt mit einem Rathaus im historisierenden Stil, Jugendstilhäusern, netten Restaurants und einer lebendigen Fußgängerzone, die in einen hübschen Park mündet. Das Bier der Region ist das *Holba* aus Hanušovice.

**Stichwort Cyklobusse**: Von Juni bis Sept. verkehren im Altvatergebirge sog. Cyklobusse, die die Mitnahme von Fahrrädern und somit Touren ermöglichen, bei denen Start- und Endpunkt nicht identisch sind. Infos unter www.arriva-morava.cz.

Nordmähren → Karte S. 592/593

**Králíky (Grulich)**: Das verschlafene Städtchen lag einst verkehrsgünstig am Handelsweg von Olomouc ins Glatzer Ländchen, ganz im Westen des Altvatergebirges. Heute liegt es nur 5 km von der polnischen Grenze entfernt, wo der sprichwörtliche Hund begraben liegt. Aus seinen Glanzzeiten aber, dem frühen 18. Jh., stammt die eindrucksvolle Wallfahrtskirche *Mariánský Kopec* (Marienberg), die weithin sichtbar hoch über dem Städtchen thront. Die dreischiffige Basilika war einst Teil eines Servitenklosters, das 1883 von den Redemptoristen übernommen wurde. Die Pilgerfahrten auf den Marienberg endeten unter den Kommunisten, die das Kloster in ein Gefängnis für Geistliche umwandelten.

Eine eher skurrile Attraktion in Králíky ist das *Befestigungsmuseum Hůrka* (Berghöhe), zwei Festungsbauten, die zwischen 1935 und 1938 als Bollwerk im Innern eines Berges angelegt wurden. 400 Soldaten sollten sich hier für mehrere Wochen verschanzen können. Heute kann man an Führungen durch das 1,75 km lange Gängesystem teilnehmen.

**Wallfahrtskirche**, im Sommer tägl. 8.30–17 Uhr, im Winter bis 16 Uhr. **Hůrka**, Juni–Aug. tägl. (außer Mo) 10–16 Uhr stündl. Führungen, Sept.–Mai Führungen um 11, 13 u. 15 Uhr. http://hurka.boudamuseum.com.

Weiter **nach Westen?** Auf dem Weg nach **Hradec Králové** (→ S. 178) passieren Sie mehrere Schlösser, zudem das **Adlergebirge** (→ S. 220).

**Velké Losiny (Groß-Ullersdorf)**: Velké Losiny ist ein endloses, auf den ersten Blick fahles Straßendorf in reizvoller Landschaft. Aufgrund einiger warmer Schwefelquellen (22–30 °C), denen man eine heilsame Wirkung bei Rheumaerkrankungen zuschreibt, darf sich der Ort als Kurort bezeichnen. Das kleine, schmucke Kurareal (mit „Lázně" ausgeschildert) samt frisch renoviertem Kurhotel liegt in einer großzügigen Parkanlage. Noch 2015 soll das Areal durch einen großen Außenpool bereichert werden.

Am südlichen Ortsrand kann man ein schönes *Renaissanceschloss* besichtigen, das die Herren von Žerotín Ende des 16. Jh. erbauen ließen. Ende des 17. Jh. fanden darin berüchtigte Hexenprozesse statt, bei denen mehr als 100 Personen verurteilt und nicht wenige bei lebendigem Leibe auf dem Scheiterhaufen verbrannt wurden. 1802 ging das Schloss an seine letzten adeligen Besitzer, die Liechtenstein (bis 1945), über. Bei einer Führung sieht man u. a. kostbare Aubussoner und Delfter Gobelins, den Rittersaal mit ledernen Wandbehängen und einer vergoldeten Kassettendecke sowie die Renaissancebibliothek.

Interessant ist auch ein Besuch der *Papiermanufaktur* (Ruční papírna Velke Losiny) an der Hauptdurchgangsstraße des Ortes. Seit rund 400 Jahren wird dort Papier von Hand geschöpft, seit dem letzten Jahrhundert so erfolgreich, dass heute der tschechische Präsident darauf Staatsverträge unterschreibt. Vor Ort hofft man auf den Eintrag der Manufaktur in die UNESCO-Welterbeliste – das würde Touristen aus aller Welt anlocken. Natürlich kann man sich auch mit Papier eindecken.

**Information** **Infocentrum**, an der Lázenska 674, der Straße zum Kurhaus. Mo–Fr 8–12 u. 13–17 Uhr. ✆ 583248361, www.iclosiny.cz.

**Verbindungen** Regelmäßige **Busverbindungen** nach Šumperk, bis zu 8-mal tägl. nach Jeseník.

**Öffnungszeiten** **Schloss**, April u. Okt. nur Sa/So 9–16 Uhr, Mai–Aug. tägl. (außer Mo) 9–17 Uhr, Sept. tägl. (außer Mo) 9–16 Uhr. 5,10 €, erm. 4 €. www.zamek-losiny.cz.

**Papierfabrik**, Okt.–April tägl. (außer Mo) 10–16 Uhr, ansonsten tägl. 9–17 Uhr, Juli/Aug. gar bis 18 Uhr. Führung durch Museum und Fabrik 3,50 €, erm. 2,50 €. www.muzeumpapiru.cz.

**Kuren** **Thermalbad Velké Losiny**, bietet diverse Pakete mit Wellness-Angeboten. Etwa 4 Tage inkl. Bädernutzung 214 €/Pers. Das Haus selbst offeriert angenehme, zeitgemäß eingerichtete Zimmer mit großzügigen Bädern. Lázeňská 323, PLZ 78815, ✆ 583394111, www.lazne-losiny.cz.

**Übernachten/Essen außerhalb** **Na Domkách**, recht unscheinbares Haus in schöner Hanglage ca. 8 km südlich von Velké Losiny in Nové Domky (von der Straße nach Šumperk kurz vor Šumperk, in Raputín, ausgeschildert). Große, einfach eingerichtete Zimmer. Das dazugehörige Restaurant bietet sehr gute Hausmannkost. Es lohnt sich, auf den Tagestipp der Dame des Hauses zu hören, die manchmal selbst am Herd steht und Zwetschgenknödel oder Pilzsuppe kocht, die ihresgleichen suchen. Vermietet auch Chatas. DZ 24 €. Nové Domky 220, PLZ 78701, ✆ 583213967, www.novedomky.cz.

**Jeseník (ehem. Frývaldov/Freiwaldau)**: Das in einem Talkessel gelegene 11.500-Einwohner-Städtchen ist das Zentrum des Altvatergebirges. Charme besitzt es nicht, dafür gute Einkaufsmöglichkeiten – meinen zumindest die polnischen Grenztouristen. Nur ein paar Schritte vom Hauptplatz entfernt befindet sich die einzige Sehenswürdigkeit der Stadt, eine ehemalige *Wasserburg*, heute das *Heimatkundemuseum* mit einer Ausstellung zur Geschichte der Region (insbesondere Bergbau und Kurwesen), zur Geologie (viele Steine) und zur Fauna (viel Ausgestopftes).

**Information** **Městské informační centrum**, im Alkron-Einkaufszentrum am zentralen Masarykovo nám. ✆ 584498155, www.jesenik.org. Mo–Fr 9–11 u. 12–18 Uhr, Sa/So 9–11 u. 12–17 Uhr.

**Verbindungen** **Busse** regelmäßig nach Lazně Jeseník, Žulová und Javorník, bis zu 4-mal tägl. nach Ostrava und Prag, bis zu 6-mal nach Olomouc, 2-mal nach Brünn. Busbahnhof ca. 200 m südlich des Zentrums. **Züge** 4-mal tägl. über Olomouc nach Brünn, bis zu 6-mal nach Krnov und Šumperk. Bahnhof ca. 800 m östlich des Zentrums.

**Öffnungszeiten** **Museum in der Wasserburg**, Sept.–Juni tägl. (außer Mo) 9–17 Uhr, Juli/Aug. tägl. 9–17 Uhr. 2,50 €, erm. die Hälfte. www.muzeum.jesenik.cz.

**Übernachten/Essen** **** **Hotel Slovan**, am Hauptplatz. 35 klassische Hotelzimmer, eines davon behindertengerecht. Alle Zimmer mit Minibar und Tresor. Eigene Parkplätze, Sauna, Solarium. Im Restaurant mit Außenterrasse werden u. a. Wiener Kalbsschnitzel mit Preiselbeersoße oder Hummercremesuppe serviert. Hg. 6–17 €. EZ 50 €, DZ 72 €. Masarykovo nám. 23, PLZ 79001, ✆ 777779729 (mobil), www.slovanhotel.cz.

**Pension Schlesisches Haus**, an der Straße, die nördlich der Bahngleise nach Lipová-lázne (dort übrigens mehrere einfachere Pensionen) führt. Familiäre Pension mit bieder-rustikalen, aber gut in Schuss gehaltenen Zimmern. Deutschsprachig, deswegen auch viel deutsches Publikum (auch Busgruppen). DZ 36 €. Lipovská 630, PLZ 79001, ✆ 584413704, www.slezskydum.cz.

**Hotel Křížový Vrch**, kleines Landhotel samt traditionsreicher Ausflugsgaststätte im Waldgebiet Luftlinie etwa 1,5 km östlich von Jeseník. Familiäres Flair, ländlich-gemütlich eingerichtete Zimmer, alle mit Balkon. Gediegen-rustikale Gaststätte mit überdurchschnittlich guter Küche (Spezialität: Wildgerichte und Steaks, Hg. 6–14 €). Im Sommer wird draußen gegrillt, im Winter heizt der Kamin ein. DZ 60 €. Anfahrt: Um mit dem Auto dorthin zu gelangen, muss man einen kleinen Umweg fahren (ca. 4 km). Dafür verlässt man Jeseník gen Süden auf der Straße Nr. 44 Richtung Běla pod Pradědem/Šumperk, zweigt aber noch vor dem Ortsende auf die Straße Nr. 453 nach Rejviz ab. 700 m weiter geht es abermals links ab, ab hier auch ausgeschildert. Za Pilou 6, PLZ 79001, ✆ 584402063, www.krizovyvrch.cz.

**Camping** **Autocamping Bobrovnik**, zwischen Jeseník und Lipová-lázne, von der Straße, die südlich der Bahngleise entlangführt, ausgeschildert. Großer Platz mit vielen Bäumen. Bunt gemischtes polnisch-tschechisch-holländisch-deutsches Publikum. Kinderspielplatz, Restaurant (leider mit den wohl schmutzigsten Tischdecken Nordmährens), veraltete Sanitäranlagen. Ganzjährig. 2 Pers. mit Zelt u. Auto 7,70 €, Chata für 2 Pers. ab 19 €. Lipová-lázne 790, PLZ 79061, ✆ 584411145, www.bobrovnik.cz.

Nordmähren → Karte S. 592/593

**Lázně Jeseník (Gräfenberg)**: Der Kurort, der rund 2 km nordwestlich von Jeseník den Hang hinauf klettert, kann mit dem Prunk der westböhmischen Kurorte nicht im Geringsten mithalten. Auch hinkt die Zahl der restaurierten Kurhäuser weit hinterher. Lázně Jeseník bietet dafür die schöneren Ausblicke, insbesondere vom höchstgelegenen Kurhotel Priessnitz. Die Kurgäste kommen überwiegend aus dem eigenen Land, dazu gesellen sich Polen und ein paar Deutsche. Behandelt werden in erster Linie Atemwegserkrankungen, Kreislaufbeschwerden, Erkrankungen des Nervensystems, Bluthochdruck und Entzündungen jeder Art. Es gibt ein paar Cafés, aber kaum Restaurants, da die Kurgäste pauschal buchen und in den Kurhäusern verpflegt werden. Im *Geburtshaus von Vinzenz Priessnitz* (Nr. 175, etwas versteckt, ungefähr auf halber Höhe des Ortes) erweist man dem Gründer des Kurortes die Reverenz; angeschlossen ein Café.

**Verbindungen** Alle 45 Min. **Busse** hinab nach Jeseník.

**Öffnungszeiten** Priessnitz-Geburtshaus, tägl. (außer Mo) 10–12 u. 14–17 Uhr. 1,10 €, erm. die Hälfte.

**Übernachten/Kurinfo** *** **Hotel Priessnitz**, bestes Kurhotel vor Ort. 143 der Sterneanzahl entsprechend ausgestattete Zimmer, alle mit Balkon. Kurbehandlungen im Haus, Tanzcafé für die Abendgestaltung. Über das Hotel, zugleich die Kurinfo, kann man auch günstigere Kurhotels buchen. DZ ab 50 €, Priessnitzova 12/299, PLZ 79003, ✆ 584491111, www.priessnitz.cz.

**Rejvíz (Reihwiesen)**: Den hübschen kleinen Ort zieren mehrere Holzhäuser mit bunt bemalten Fensterläden. Er liegt Luftlinie nur 12 km östlich von Jeseník und ist ein beliebtes Wanderziel (grün markierter Weg ab Jeseník), zumal die urige Gaststube der Pension Rejvíz zur Einkehr einlädt. Wer zu viel getrunken hat, nimmt den Bus zurück nach Jeseník, wer noch mehr getrunken hat, kann in einfachen Zimmern mit und ohne Bad (DZ ab 22 €) übernachten (✆ 584413091, PLZ 79376, www.rejviz.com). Nahe dem Ort befindet sich ein *Naturschutzgebiet* mit einem Moor.

## Wasserdoktor Vinzenz Priessnitz

Vinzenz Priessnitz (1799–1851) gilt als Begründer der Hydrotherapie. Aus Gräfenberg, dem heutigen Lázně Jeseník, machte er die erste Wasserheilanstalt der Welt. Der Bauernsohn kam im Alter von 16 Jahren unter die Räder eines Fuhrwerks. Der herbeigerufene Wundarzt prophezeite ihm ein Leben als Krüppel, sofern er die Verletzungen überhaupt überstehen würde. Priessnitz aber wurde kein Krüppel. Er heilte sich mit kalten Umschlägen, denn im Wald hatte er beobachtet, wie auch verletzte Rehe ihre Wunden in Quellwasser tauchten. Seine Genesung sprach sich herum. Und nachdem Priessnitz auch noch ein Dienstmädchen aus der Nachbarschaft auf ähnliche Weise geheilt hatte, wurde er zum „Wasserdoktor", den Kranke von nah und später auch von fern aufsuchten. Er therapierte mit Wassertrinkkuren und Wasserbädern, dazu ließ er seine Patienten im Sommer barfuß spazieren gehen, im Winter Holz hacken oder Schnee schippen. Bis heute sind über Priessnitz und dessen Wasserkuren mehr als 400 Bücher geschrieben worden. Priessnitz selbst, der sich nie als Gelehrter sah, verfasste keine einzige wissenschaftliche Arbeit. 1866 erschien die an die Heilmethoden Priessnitzs angelehnte Abhandlung *Meine Wasserkur* von Sebastian Kneipp (1821–1897). Kneipp wurde dadurch weltbekannt.

**Jeskyně na Pomezí (Grenzhöhle)**: Fährt man von Jeseník nach Javorník, passiert man kurz hinter Lipová-lázně die Jeskyně na Pomezí, ein Miniaturhöhlensystem mit schmalen, hohen Spaltengängen. Mit etwas Fantasie erinnern einige der Stalagmiten und Stalaktiten an Früchte, Gemüse oder Pilze.

April–Juni u. Sept./Okt. tägl. (außer Mo) 9–16 Uhr, Juli/Aug. tägl. bis 17 Uhr. 4 €, erm. 2,90 €. www.jeskynecr.cz.

**Žulova (ehem. Frýdberk/Friedberg)**: Ungefähr auf halber Strecke zwischen Jeseník und Javorník passiert man Žulova. Die Häuser der vergessenen Ortschaft gruppieren sich um eine einstige Felsenburg. Deren gotischer Rundturm blieb als Turm einer kleinen, im 19. Jh. erbauten *Barockkirche* erhalten. Ein Teil der alten deutschen Gräber drum herum wurde eingeebnet, andere hat man an die Friedhofsmauer verbannt. Irgendwann wird wohl nur noch eine deutschsprachige Gedenktafel für die Gefallenen des Ersten Weltkrieges – wie vielerorts im Altvatergebirge – daran erinnern, dass die Gegend einst überwiegend deutsch besiedelt war.

Die **Busse** zwischen Jeseník und Javorník passieren Žulova.

**Javorník (Jauernig)**: Das 2900-Einwohner-Städtchen liegt 28 km nordöstlich von Jeseník, ist im Norden, Westen und Süden von Polen umgeben und befindet sich damit gewissermaßen im toten Winkel der Republik. Im 18. Jh., als es noch Jauernig hieß und weit und breit keine Grenzen existierten, war das hoch über dem Ort gelegene *Schloss Johannisberg* (Jánský Vrch) Schauplatz eines regen musikalisches Schaffens, das ganz Schlesien in den Bann zog. Dafür sorgte Bischoff Schaffgotsch (1716–1795), dem es gelungen war, den Komponisten Carl Ditters (1739–1799) an seinen Hof zu holen. Ditters, ein Schüler und Freund Christoph Willibald Glucks, komponierte auf Johannisberg mehrere komische Opern. In Anerkennung seiner Arbeit wurde er 1773 in den Adelsstand erhoben und durfte sich fortan Carl Ditters von Dittersdorf nennen. Heute finden ihm zu Ehren im August und September die *Dittersdorf-Musikfesttage* statt. Durch das jüngst restaurierte Schloss, das seit alters her der Sitz der Breslauer Bischöfe war, werden Führungen angeboten, ausgestellt ist u. a. eine Pfeifensammlung mit rund 2000 Exemplaren. Der Fußweg hinauf zum Schloss ist vom Zentrum ausgeschildert. Am südlichen Ortseingang, in der Puškinova 57, befindet sich das einstige Wohnhaus von Carl Ditters von Dittersdorf. Heute ist hier ein Musikgymnasium untergebracht. Über das Leben des Komponisten informiert das *Städtische Museum* (Městské muzeum) an der Nádražní 160.

Schloss Johannisberg in Javorník

Altvatergebirge bei Ramzová

**Verbindungen** Regelmäßig **Busse** von und nach Jeseník.

**Öffnungszeiten** **Schloss**, April u. Okt. nur Sa/So 9–15 Uhr, Mai–Aug. tägl. (außer Mo) 9–16 Uhr, Sept. tägl. (außer Mo) 9–15 Uhr. Es werden 4 unterschiedliche Touren angeboten. 1,80–3,60 €, erm. 1,10–2,50 €. www.janskyvrch.cz.

**Städtisches Museum** (zugleich das Infozentrum), Okt.–April Mo–Fr 8–15.30 Uhr, Mai–Sept. Di–Fr 8–16.30 Uhr, Sa 10–16 Uhr. 1,80 €, erm. 1,10 €. www.kulturnidum javornik.cz.

**Übernachten** **Hotel Taverna**, an der Durchgangsstraße. Gepflegtes kleines Hotel mit ebensolchem Restaurant samt Terrasse. Viel polnisches Publikum. Ordentliche Zimmer mit Bad. DZ 36 €. 17. listopadu 450, PLZ 79070, ✆ 584440363, www.hotel-taverna.cz.

**Ramzová (Ramsau)**: Ramzová liegt rund 12 km südwestlich von Jeseník und bildet zusammen mit den nahen Ortschaften Ostružná und Petříkov eines der größten, jedoch nicht zusammenhängenden *Skigebiete* des Altvatergebirges. Die anspruchsvollsten Abfahrten bietet das Skigebiet Ramzová (Informationen zum Wintersport unter www.czech-mountains.eu). Die dortige Sesselliftanlage bringt Sie auch im Sommer auf den *Šerák* (Hochschar, 1351 m), auf dessen Gipfel die *Georgshütte* Erfrischungen anbietet. Von dort lassen sich herrliche Wanderungen unterschiedlicher Länge unternehmen. Mit wunderbaren Ausblicken verbunden ist die rund 9,5 km lange, rot markierte Kammwanderung über den *Keprník* (Köpernik, 1423 m) zum *Červenohorské sedlo* (Rothenbergsattel) mit Übernachtungs- und Einkehrmöglichkeit. Von dort kann man mit dem Bus nach Jeseník zurückfahren. Wer will, kann die Wanderung bis auf den *Praděd* (s. u.) fortsetzen. Für ca. 10 km folgt man dabei vom Rothenbergsattel weiter der roten Markierung.

**Verbindungen** Bis zu 6-mal tägl. **Busse** nach Jeseník, bis zu 4-mal nach Prag. **Züge** regelmäßig nach Jeseník, bis zu 5-mal tägl. nach Šumperk und Olomouc.

**Seilbahn im Sommer** Talstation in Ramzová, von der Straße Jeseník – Hanušovice mit „Lanovka Dráha" ausgeschildert. Im Juli/Aug. tägl. 8.30–17.30 Uhr, im Winter 8.30–16.30 Uhr. Ramzova – Šerák retour 6,20 €, erm. 4,70 €.

**Übernachten** In Ramzová, Ostružná und Petříkov mehrere überwiegend einfache Unterkünfte. Eine Adresse in Ramzová:

**Penzion Neubauer**, beim Sessellift. Gemütliche Gaststube, Skiverleih. Neu eingerichtete Zimmer (5 DZ, 1 Dreier, 2 Vierer und 1 Apartment für 5 Pers.) mit eigenem Bad. Im Sommer DZ 35 €, im Winter bis zu 47 €. Ramzová, PLZ 78826, ✆ 603480714 (mobil), www.penzionneubauer.cz.

**Karlova Studánka (Karlsbrunn):** Der extrem ruhige Kurort Karlova Studánka ist eine von dichten Nadelwäldern umschlossene Perle im Altvatergebirge. Er liegt rund 15 km nördlich von Bruntál auf erfrischenden 800 m Höhe am Ostfuß des Praděd (s. u.). In der zweiten Hälfte des 18. Jh. wurde er vom Deutschen Ritterorden gegründet. Anfangs hieß der Kurort noch *Hinnewieder*, 1803 wurde er zu Ehren von Erzherzog Karl Ludwig, ab 1801 Hochmeister des Ordens, in Karlsbrunn umbenannt. Karlova Studánka ist nicht groß, die Häuser kann man an Fingern und Zehen abzählen. Dabei dominieren massive Holzhäuser oder dunkelbraune schindelbedeckte Bauten mit cremefarbenen Fensterläden und Balkonen. Auch die *Kolonnade* ist eine Holzkonstruktion. Die *Marienkapelle* gleicht den Landkirchen, die der Orden in Schlesien erbauen ließ. Das eisenhaltige Quellwasser und die hiesigen Moorbäder dienen vorwiegend zur Heilung von Atemwegs- und Gefäßerkrankungen. Die Luft soll heute mit die reinste der ganzen Republik sein, und damit das auch so bleibt, herrscht im Ort Fahr- und Rauchverbot.

**Information** **Informační centrum**, im Zentrum. Eher Souvenirshop, insgesamt wenig hilfreich. Tägl. 9–17 Uhr. ✆ 554772004, www.jeseniky-praded.cz. **Kurinfos** unter www.kstudanka.cz.

**Verbindungen** Regelmäßige **Busse** nach Bruntál.

**Parken** Parken ist nur am oberen und unteren Ende des Kurorts erlaubt.

**Übernachten** Die Auswahl ist im Zentrum bescheiden, zumal die Kurhäuser nicht an Tagesgäste vermieten. Mehrere Pensionen findet man in Lesná, dem Viertel unterhalb, sowie in Hubertov, dem Viertel oberhalb von Karlova Studánka. Eine Reihe von Unterkünften gibt es zudem im 7 km südlich gelegenen Malá Morávka, allerdings liegen die meisten davon direkt an der Durchgangsstraße.

**Pension U Válků**, im Ortsteil Lesná. Hübsches Haus mit Geranien am Fenster. Freundliche Zimmer im IKEA-Stil, großer Garten, sichere Parkplätze. Terrasse, Gemeinschaftsküche, Radverleih. DZ 29 €. Karlova Studánka 89, PLZ 79324, ✆ 606200868 (mobil), www.uvalku.wz.cz.

**Außerhalb/Camping** **** **Hotel Singer**, zweistöckiges Haus mit gepflegtem Grün drum herum. In Ludvíkov, ca. 5 km nördlich von Karlova Studánka. 55 Betten, die schönsten Zimmer unterm Dach. Kleiner Wellnessbereich. Rustikales Restaurant. DZ 64 €. Ludvíkov 65, PLZ 79326, ✆ 554211225, www.hotelsinger.cz.

**Pension Grizzly**, Berghaus im rustikal-alpenländischen Stil, ebenfalls in Ludvíkov. Gemütliche Gaststube mit ausgestopften Tieren, darunter auch der namengebende Grizzly. Eigener Parkplatz. Alle Zimmer mit Bad. DZ 35 €. Ludvíkov 65, PLZ 79326, ✆ 554753182, www.pensiongrizzly.cz.

**Autocamping Dolina**, ebenfalls in Ludvíkov. Gepflegter, von Wald umgebener Platz, Stellflächen z. T. unter Nadelbäumen. Ältere, aber in Schuss gehaltene Sanitäranlagen. Viele Chatas. Nur Kiosk, gegenüber ein Restaurant. Mai–Mitte Okt. 2 Pers. mit Zelt u. Auto 6,90 €, Chata für 2 Pers. ab 9,10 €. Ludvíkov 112, PLZ 79326, ✆ 554751983, www.autokemp-vrbno.cz.

**Essen & Trinken** Das Restaurant des **Hotels Džban** im Zentrum ist überaus beliebt. Deftige Knödelküche, günstig. ✆ 554772014. Nebenan gibt es eine gute, kleine **Bäckerei (Pekařství)** – früh kommen, schnell ausverkauft!

**Praděd (Altvater) und Umgebung:** 1 km südlich von Karlova Studánka, wo sich die Straße Richtung Rýmařov und Bruntál gabelt, liegt *Hvězda (Stern)*, nichts anderes als ein großer Parkplatz mit Bushaltestelle, Restaurant und einer Schranke. Für 6–12 € (je nach Saison) wird die Schranke geöffnet, und man darf mit seinem eigenen

Nordmähren → Karte S. 592/593

Wagen bergauf bis nach *Ovčárna* (Schafshütte) fahren. Dort gibt es mehrere Berghütten mit Einkehr- und Übernachtungsmöglichkeiten, zudem im Winter alpine Abfahrtsmöglichkeiten am 1464 m hohen *Vysoká hole* (Infos zum Wintersport auf www.jeseniky.net). Billiger ist die Anfahrt mit dem nahezu stündlich von Hvězda verkehrenden Bus. Aber Achtung: Die Busse sind im Sommer oft übervoll! Von Ovčárna sind es noch ca. 3 km bis auf den Praděd, den höchsten Berg Nordmährens (erst der roten, dann der blauen Markierung folgen). Auf seinem Gipfel in 1491 m Höhe steht ein Fernsehturm mit Aussichtsplattform und Restaurant. Vom Praděd bietet sich die Möglichkeit einer schönen Kammwanderung zum Gipfel des *Šerák* (→ Ramzová). Zudem führt von der Barborka-Hütte (zwischen Ovčárna und Praděd-Gipfel) ein blau markierter Weg entlang der *Bílá Opava* (Weiße Oppa) hinab nach Karlova Studánka.

**Bruntál (Freudenthal)**: Über 90 % der Einwohner verlor Bruntál nach dem Zweiten Weltkrieg. Mit der Neubesiedlung kamen Plattenbauten, das alte Zentrum ließ man verfallen. Heute ist das historische Häuserensemble rund um den Náměstí Miru wieder restauriert. Die Sehenswürdigkeit Bruntáls (16.900 Einwohner) ist aber nicht der Hauptplatz, sondern das einstige *Schloss* des Deutschen Ritterordens, in dem bis 1939 die Hochmeister residierten. Man findet es, indem man vom Hauptplatz beim Metzger Bivoj der Zámecká folgt. Das Schloss beherbergt u. a. das *Städtische Museum* (Muzeum v Bruntále) mit einer Ausstellung über altes Kunsthandwerk. Zudem kann man reich ausgeschmückte Säle und die prunkvolle Schlossbibliothek besichtigen.

**Verbindungen** Regelmäßig **Busse** nach Krnov, Opava, Karlova Studánka und Šumperk. Zudem gute **Zugverbindungen** nach Krnov, bis zu 8-mal tägl. nach Olomouc.

**Öffnungszeiten** **Schloss**, Okt.–April tägl. (außer Mo) 9–16 Uhr, Mai–Sept. tägl. 9–17 Uhr. Schlossführung 2,90 €, erm. die Hälfte. **Museum** 0,70 € extra, erm. die Hälfte. www.mubr.cz.

**Übernachten** *** **Hotel Slezan**, ein von

Sommer in Bruntál

Plattenbauten umgebenes, äußerlich heruntergekommenes Plattenbauhotel, dafür in recht zentraler Lage und mit nettem Personal. 62 Zimmer und Apartments, darunter restaurierte und unrestaurierte. Lobbybar, Solarium, Friseur, Restaurant. DZ je nach Standard 35–49 €. Revoluční 20, PLZ 79201, ✆ 554711907, www.hotelslezan.cz.

# Opava

Troppau

Opava ist eine Industriestadt mit 58.000 Einwohnern, die keinen größeren Umweg lohnt. Wer aber zufällig vorbeikommt, kann hier jederzeit eine interessante Pause einlegen. Die Stadt war einst sehr reich, zudem die Hauptstadt des österreichischen Kronlandes Schlesien (bis 1918). Damals hieß sie noch Troppau und besaß ein reges kulturelles Leben. Durch Luftangriffe im Zweiten Weltkrieg, die Vertreibung der Hälfte ihrer Einwohner und durch die spätere „moderne Bebauung" im und rund um das Zentrum verlor die Stadt jedoch viel von ihrem einstigen Charme. Seit einigen Jahren bemüht man sich, den historischen Kern zu restaurieren. Hier und dort erstrahlen wieder ein paar alte Prachtbauten in neuem Glanz. Dazu gehört z. B. das **Rathaus** (Radnice) mit seinem über 70 m hohen Turm am Horní náměstí (Oberring). Ihm gegenüber befindet sich das **Schlesische Theater** (Slezské divadlo) im historisierenden Stil. Links davon erhebt sich die **Probsteikirche Mariä Himmelfahrt** (Kostel Nanebevzetí Panny Marie), ein mächtiger Backsteinbau aus der zweiten Hälfte des 14. Jh. (Seiteneingang nehmen). Beachtenswert ist ihr spätbarocker Hochaltar von Johann Schubert, der von einer auf Säulen ruhenden Krone abgeschlossen wird. Östlich des Horní náměstí, über die Straße Mezi trhy zu erreichen, liegt der Dolní náměstí (Niederring), der schönere der beiden zentralen Plätze. Im angrenzenden **Jesuitenkolleg** trat einst der schlesische Landtag zusammen. 200 m südöstlich davon steht in einer kleinen Parkanlage das prächtige Gebäude des **Schlesischen Museums** (Slezské zemské muzeum Opava), das sich der Geschichte Schlesiens widmet und ausgestopfte Tiere, Steine, Heiligenstatuen, Trachten u. v. m. aus der Gegend zeigt.

**Information** **Městské informační centrum**, Horní nám. 67, ✆ 553756143. Mo–Fr 8–18 Uhr, April–Okt. auch Sa 8–11 Uhr. www.infocentrum.opava-city.cz.

**Öffnungszeiten** **Museum**, Komenského 10. Tägl. 9–19 Uhr. 2 €, erm. die Hälfte. www.szm.cz.

**Verbindungen** Vom Ostbahnhof (Opava-Východ) ca. 300 m südöstlich des Zentrums regelmäßig **Züge** nach Krnov, Bruntál, Ostrava und Hradec nad Moravicí, bis zu 7-mal tägl. nach Olomouc. Vom ca. 1,5 km südöstlich des Zentrums (Stadtbus Nr. 211 u. 220) gelegenen Busbahnhof gute **Busverbindungen** in alle näheren kleineren und ferneren größeren Städte.

**Übernachten** *** **Hotel Iberia**, ca. 100 m nördlich des Rathauses. Eines der besten Häuser der Stadt, in einem historischen Gebäude. 16 angenehme Zimmer (auch ein behindertengerechtes), der Zahl der Sterne entsprechend ausgestattet. Parken 4 €/Nacht extra. Im Restaurant serviert man

Nordmähren → Karte S. 592/593

zeitgemäße Küche (Chorizo mit Oliven und getrockneten Tomaten, Tintenfisch in Wein), Hg. 4–12 €. EZ 56 €, DZ 74 €. Pekařská 11, PLZ 74601, ✆ 553776700, www.hoteliberia.cz.

**Penzion Koruna**, einfache Pension, alle Zimmer jedoch recht freundlich restauriert und mit Kochmöglichkeiten versehen. Buchbar über das Hotel Koruna am Horní nám., die Pension liegt gleich ums Eck. EZ 22 €, DZ 32 €. Na Valech 4, PLZ 74601, ✆ 553621132, www.penzionkoruna.cz.

**Essen & Trinken** Kosten Sie das Bier der hiesigen Brauerei *Zlatovar!*

**Restaurant U Bílého Koníčka**, gepflegtes Lokal mit rustikalem Touch in einem schönen Renaissancehaus. Nach vorne Bestuhlung zum Platz hin, nach hinten kleiner Biergarten. Mährische Küche wie der berühmte „Spatz", *Halušky* (eine Art Spätzle) mit Speck oder Olmützer Quargeln im Kartoffelpuffer. Hg. 5–13 €. Dolní nám. 4, ✆ 775580669 (mobil).

**Café Kramer**, neben der Touristeninformation am Horní nám. Gepflegtes Café im Wiener Kaffeehausstil. Außenbestuhlung, gute Kuchen.

## Umgebung von Opava

**Krnov (Jägerndorf)**: Krnov liegt 23 km nordwestlich von Opava direkt an der polnischen Grenze. An die einstige Pracht der Stadt erinnern heute noch ein paar repräsentative Bauten im Zentrum, die im neuen Glanz erstrahlen. Dazu gehört das 1901 errichtete, lachsrosafarbene *Neorenaissancerathaus* mit farbenfrohem Mosaikdach am Hlavní náměstí, dem Hauptplatz. Daneben steht der von Atlanten bewachte Jugendstilbau der *Spořitelna* (Sparkasse). Im Inneren befindet sich ein schönes Art-nouveau-Café. 150 m weiter westlich, am Zámecké náměstí, lohnt ein Blick auf die Arkaden und Sgraffiti im *Schlosshof* – das Schloss selbst beherbergt heute Büros und ein Restaurant.

Rund 34.000 Deutsche (mehr als die heutige Einwohnerzahl, ca. 24.000) wurden 1945/46 aus Jägerndorf vertrieben. In ihre frei gewordenen Häuser zogen in den 1950ern u. a. griechische Kommunisten ein, die im Zuge des griechischen Bürgerkriegs (1942–49) ihre Heimat verlassen mussten und in der damaligen Tschechoslowakei Zuflucht fanden. Insgesamt kamen zu jener Zeit rund 15.000 Griechen ins Land. Die meisten kehrten im Laufe der Jahrzehnte nach Griechenland zurück, doch immer noch leben rund 3500 Griechen in Tschechien – und die meisten davon im Raum Krnov. Über das ausgesprochen gute griechische Lokal Hermes im Städtchen (→ Essen & Trinken) braucht man sich so nicht zu wundern.

**Verbindungen** **Busbahnhof** recht zentral, bis zu 7-mal tägl. Busse nach Opava. Bahnhof westlich des Zentrums, regelmäßig **Züge** nach Bruntál, alle 2 Std. nach Olomouc, bis zu 5-mal tägl. nach Jeseník.

**Übernachten** **** **Hotel Pepa**, 4 Sterne? Restaurierte Teppichbodenzimmer im wilden Stilmix: 80er-Jahre-Polstermöbel neben antiken Schränken, wilde Kunstdrucke neben Aktzeichnungen. Freundliches, junges Personal. Düsteres Restaurant im EG. Garagenparkplätze. EZ 25 €, DZ 41 €. Zámecké nám. 7, PLZ 79401, ✆ 554620005, www.hotelpepa.cz.

**Essen & Trinken** **Hermes**, griechisches Café-Restaurant am Hauptplatz (Hlávní nám. 22). Angenehme Lokalität, modern und hell, dezente Musik, einsehbare Küchentheke. Neben Gyros und Souvlaki auch Pasta und eine beeindruckende Auswahl an Salaten. Hg. 5–15 €. ✆ 774747960 (mobil).

**Hradec nad Moravicí (ehem. Hradec u Opavy/Grätz bei Troppau)**: Das Straßendorf liegt rund 8 km südlich von Opava am Flusslauf der Moravice. Hoch darüber thront die einstige Schlossanlage der Fürsten Lichnovský, die hier von 1788 bis 1945 residierten. Mehrmals ließ die Familie ihr Anwesen umbauen, zwischen 1861 und 1888 im gegenwärtigen neogotischen Stil. Bei diesem Umbau kam auch das sog. *Rote Schloss* (Červený zámek) hinzu, ein roter Backsteinbau. Er ging aus den ehemaligen Stallungen hervor und beherbergt heute u. a. ein Hotel (→ Übernachten). Dahinter liegt der ältere Teil der Anlage, das *Weiße Schloss* (Bílý zámek). Durch dieses führen zwei Rundgänge (45 und 75 Min.). Je nachdem, welchen man wählt, bekommt man die umfangreiche Gemäldegalerie oder die luxuriösen Repräsentationssäle zu sehen. Zudem erinnert man an Ludwig van Beethoven, Niccolò Paganini und Franz Liszt, die als Gäste der kunstsinnigen Lichnovský im Schloss ein und aus gingen. Aber auch Auguste Rodin, Rainer Maria Rilke, Hugo von Hofmannsthal und Golo Mann waren des Öfteren zu Besuch. Alljährlich im Juni findet auf Schloss Hradec ein Violinenfestival im Zeichen Beethovens statt (Informationen unter www.moravskehrady.cz). Um die Schlösser erstreckt sich ein weiter Park.

## Schlesien und das Hultschiner Ländchen

Die historische Landschaft Schlesien umfasste grob die Gebiete beiderseits der oberen und mittleren Oder. Natürliche Grenzen fehlten. Die Bevölkerung war überwiegend deutschsprachig: In Niederschlesien (mittleres Odergebiet mit Breslau, heute Wroclaw, als Zentrum) machten die Deutschsprachigen praktisch die gesamte Bevölkerung aus, in Oberschlesien (mit Oppeln, heute Opole, als Zentrum) stellten sie teils die Mehrheit, andernorts waren sie eine Minderheit. Stets wurde Schlesien zwischen den verschiedensten Mächten herumgereicht. Das Kernland der historischen Landschaft gehörte zu Polen (1137–1335), zu Böhmen (1335–1526), zum Habsburgerreich (1526–1742), zu Preußen bzw. Deutschland (1742–1945) und ist heute unter dem Namen *Śląsk* wieder weitestgehend ein Teil Polens. Das südliche Oberschlesien wiederum, die Region zwischen Altvatergebirge und Beskiden, gehört zu Tschechien und wird *Moravskoslezsko,* Mährisch-Schlesien, genannt.

Diese Randregion blickt auf eine z. T. eigenständige geschichtliche Entwicklung zurück. Das Gebiet um Troppau (heute Opava) z. B. verblieb bis zum Ersten Weltkrieg bei Österreich. Das benachbarte Hultschiner Ländchen (Hlučínsko), die Region um die Stadt Hlučín (Hultschin), gehörte dagegen bis zum Ende des Ersten Weltkriegs zu Deutschland. Obwohl der Anteil der Deutschen im Hultschiner Ländchen nicht mehr als 16 % betrug, wurde das Gebiet nach dem Krieg gegen den Willen der Bevölkerung der Tschechoslowakei zugesprochen. Den Hultschiner Tschechen, die man auch als *Prajzaci* (Preußen) verspottete, wurde die deutsche Nationalität aberkannt. Nach dem Anschluss an Nazideutschland machte man aus den *Prajzaci* wieder Deutsche und nach dem Ende des Zweiten Weltkrieges wieder Tschechen.

1989 kam dann neue Bewegung in die Nationalitätenfrage. Nach den Gesetzen der Bundesrepublik Deutschland führt der Entzug der deutschen Staatsangehörigkeit durch einen anderen Staat nämlich nicht zum Verlust der Staatsangehörigkeit. Und als nach der Samtenen Revolution der Westen bessere berufliche Perspektiven bot, setzte im Hultschiner Ländchen ein Ansturm von Abertausenden junger Tschechen auf deutsche Pässe ein.

Nordmähren → Karte S. 592/593

**Verbindungen** Regelmäßige **Busverbindungen** nach Opava.

**Öffnungszeiten** **Weißes Schloss**, April u. Okt nur Sa/So 10–16 Uhr, Mai–Sept. Di–Fr 9–17 Uhr, Sa/So 10–18 Uhr. Je nach Führung 2,90–4 €, erm. 1,80–2,50 €. www.zamek-hradec.cz.

**Übernachten** *** **Hotel Belaria**, ca. 1,5 km von Hradec nad Moravici entfernt, im Ort ausgeschildert. Einst als sozialistische Luxusanlage mit Pool und Konferenzräumen im Grünen gebaut. Heute, aufwendig restauriert und modern eingerichtet, besticht das Hotel v. a. durch seine Lage mitten im Grünen. EZ 31 €, DZ 44 €. Žimrovická 663, PLZ 74741, ✆ 553612222, www.belaria.cz.

**Hotel Cervený Zámek**, im Roten Schloss. Ein gewisses *Shining*-Flair kann man dem Haus nicht absprechen. Zimmer einfach, aber okay, manche mit Gemeinschaftsbad auf dem Flur. Restaurant. DZ mit Bad 32 €. Městečko 1, PLZ 74741, ✆ 553783021, www.cervenyzamek.cz.

**Autokempink Hradec**, für Wohnmobile steht eine lichte Wiese zur Verfügung, Zelte werden in einem dunklen Eck aufgestellt. Bis auf ein paar tschechische Dauercamper tote Hose. Veraltete Sanitäranlagen, Feuerstelle, Restaurant. Etwas für den Notfall. Anfang Mai–Ende Okt. 2 Pers. mit Zelt u. Auto 6,50 €, 2-Pers.-Chata mit Bad 9,80 €. Ca. 2 km südlich des Ortes zwischen Waldrand und E 57, PLZ 74741, ✆ 777044303 (mobil), www.kajlovec.cz.

# Ostrava

Ostrau

**„1989 – erste Umgestaltungsbemühungen zu einer menschenfreundlicheren Stadt" – so verkündet es die lokale Chronik. Schönreden will man nichts in Ostrava, dem alten Kohle-Stahl-Zentrum im mährischen Revier. Schöner machen aber schon. Dabei leugnet man die Industriebrachen nicht, sondern nutzt sie als einzigartige Technikmuseen.**

Ostrava, das sind 295.000 Einwohner in einer noch in weiten Teilen grauen Stadt zwischen Abraumhalden, Fördertürmen und Schwerindustrietristesse. Allein über 30 Bus- und Straßenbahnhaltestellen sind Zeugen der Stahlzeit: Sie heißen z. B. *Witkowitzer Hochofen (Vítkovice vysoké pece), Neue Hütte – Südtor (Nová Huť – Jižní Brána), Grube Jan Šverma (Důl Jan Šverma)* und so fort. Wer an diesen Stationen aussteigt, steht meist vor stillgelegten Industriekonglomeraten mit verrosteten Kränen, düsteren Schornsteinen und über die Straßen verlaufenden Rohren. Tausende Jobs gingen hier in den letzten Jahrzehnten verloren. Und wann sämtliche Abraumhalden zu Grünflächen umgewandelt sind, steht in den Sternen.

Das tiefe Tal der Tränen aber, in dem der einzige Lichtblick der lokale Fußballclub *FC Baník Ostrava* war, ist durchschritten. Zum rettenden Anker wurde u. a. die Automobilindustrie. Die Fördergelder der EU lockten *Hyundai* nach Ostrava, gefolgt von Zulieferern, aber auch Firmen aus der IT-Branche und der Biotechnologie kamen. Seitdem vollzieht sich ein Wandel im Stadtbild – mit den neuen Jobs kam Geld, und mit dem Geld kamen renovierte Fassaden und schickere Geschäfte, dazu der überdimensionierte Glaspalast *Forum Nová Karolina*, Shopping-Mall und Bürogebäude in einem – wodurch die Innenstadt leider auch spürbar blutleerer geworden ist.

Zugleich besinnt sich Ostrava auf seine einzigartigen Industriedenkmäler, immer mehr Gruben und Zechen werden der Öffentlichkeit zugänglich gemacht, was bisher v. a. tschechische Touristen anzieht. Hoch im Kurs steht Ostrava aber auch bei den grenznahen Polen. Sie lieben die Stadt bzw. das billige Bier. Getrunken wird es in der *Stodolní*, einer Kneipenstraße, wie es in Tschechien keine zweite gibt (→ S. 623).

**Geschichte**: Im 13. Jh. ließ der Olmützer Bischof Bruno von Schaumberg an der Mündung der Ostravice (Ostrawitza) in die Odra (Oder) eine Grenzfeste bauen. In deren Schatten entstand im Laufe der Zeit ein kleines Tuchmacherstädtchen. 1763, damals zählte Ostrau keine 2000 Einwohner, entdeckte man die ersten Kohlevorkommen in der Umgebung. 1828 folgte die Gründung der ersten Eisenhütte, der Rudolfshütte, aus der später die Witkowitzer Eisenwerke hervorgingen. Keine 20 Jahre später war Ostrau mit Prag, Wien und Krakau durch die neu geschaffene Ferdinand-Nordbahn verbunden. Ostraus Aufstieg zum größten Industriezentrum der Habsburger Monarchie begann. Wiener Industrielle und Bankiers (u. a. Salomon Mayer Rothschild) investierten in die Stadt. Weitere Gruben wurden erschlossen, in deren Nähe Kokereien, Stahl- und Walzwerke sowie Arbeitersiedlungen entstanden. Zu Beginn des 20. Jh. hatte sich die Einwohnerzahl bereits weit mehr als verzehnfacht, und ein Versiegen der Zuzugsströme zeichnete sich noch lange nicht ab. Selbst aus Galizien lockte Ostrau Arbeitskräfte an. Am Ende des Zweiten Weltkriegs, in dem die Stadt als Zentrum der Rüstungsindustrie unter den Luftangriffen der Alliierten schwer zu leiden hatte, zählte man 125.000 Einwohner.

Nach der Vertreibung der Deutschen (rund ein Sechstel der Einwohner), mit der auch die Dreisprachigkeit Ostravas (deutsch, tschechisch und polnisch) endete, förderten die Kommunisten den Zuzug Zehntausender slowakischer Familien. Neue Satellitenstädte rund um die Gruben und Hüttenkombinate kamen hinzu. In sozialistischer Zeit galt die Stadt als sehr wohlhabend, die Läden waren bestens bestückt. Die vielen Arbeiter machten Ostrava zugleich zu einer Hochburg der KP. Die Planwirtschaft aber, die die Rechnung ohne die Umwelt machte, sorgte dafür, dass tagsüber ein trüber, giftiger Dunst über der Stadt hing, der aus den Schloten der Schwer- und Chemieindustrie kam. Nachts hingegen lag ein roter Schein über ihr, den die Hochöfen in den Himmel zauberten.

**Orientierung**: Der Großraum Ostrava ist fürchterlich zersiedelt. Vorbei an Wohnstädten, Abraumhalden und Industrieanlagen gelangt man ins Zentrum, das sich *Moravská Ostrava* nennt. Dessen Kern umrahmen die Straßen *Českobratrská* im Norden und *Nádražní* im Westen sowie der Flusslauf der *Ostravice* im Osten. Im Südosten wird das Zentrum vom Messegelände begrenzt. Zentraler Platz ist der ansehnliche *Masarykovo náměstí*.

Nach der Samtenen Revolution kam der große Umbruch. Die maroden Betriebe waren dem internationalen Wettbewerb nicht mehr gewachsen und sprachen allen modernen Umweltnormen Hohn. 1994 wurde auf dem Stadtgebiet Ostravas die Kohleförderung eingestellt. Nach und nach machte ein Stahlwerk nach dem anderen dicht. 1998 wurde die Eisenerzeugung in Vítkovice eingestellt, einst der größte Produzent vor Ort. Über 100.000 Bergleute und Hüttenarbeiter verloren ihren Job und mussten umgeschult werden. Heute schöpfen die Betriebe, die den Niedergang der lokalen Stahlindustrie überlebt haben, wieder Hoffnung, darunter auch der größte Arbeitgeber der Stadt (9000 Angestellte), die Stahlhütte *Nová Huť*, die mittlerweile zu *ArcelorMittal* gehört, dem größten Stahlproduzenten der Welt. Ostrava zählt heute zu den attraktivsten Standorten für Investitionen in Mittelosteuropa, nicht zuletzt deshalb, weil sich von der Universität vor Ort (30.000 Studenten!) hoch qualifiziertes Personal rekrutieren lässt.

Nordmähren → Karte S. 592/593

## Basis-Infos

**Information** **Ostravský informační servis**, Nádražní 7, ✆ 596136218, www.ostravainfo.cz. Mo–Fr 7–18 Uhr, Sa 9–14 Uhr.

**Verbindungen** Züge: Ostrava besitzt mehrere Bahnhöfe. Der **Hauptbahnhof** (hlavní nádraží) liegt 2 km nördlich des Zentrums (Ⓢ 1, 2 o. 8). Von dort regelmäßig Züge nach Prag, Olomouc, Frýdek-Místek und Brünn, 2-mal tägl. nach Kroměříž. Manche Züge, darunter auch die Direktzüge nach Prag, halten auch an der zentral gelegenen Bahnstation **Ostrava-Stodolní**.

Busse: Busbahnhof **ÚAN** in Laufnähe südwestlich des Zentrums (→ Stadtplan).

> Nach Prag (mit dem Pendolino ca. 3 Std., sonst 4 Std.) und Olomouc (ca. 1 Std. mit dem Pendolino) sollte man dem schnelleren **Zug** den Vorzug geben! Busse brauchen nach Prag mind. 5:30 Std., nach Olomouc 1:30–2 Std.!

Flughafen: Ca. 24 km südwestlich der Stadt (www.airport-ostrava.cz), zu erreichen per Bus vom Busbahnhof ÚAN (s. o.) oder per Taxi (ca. 20 €).

Stadtverkehr: Tickets für Straßenbahnen und Trolleybusse erhält man an den gelben Automaten bei den meisten Haltestellen oder in Tabakläden.

**Ärztliche Versorgung** Krankenhaus westlich des Zentrums an der Nemocniční 20. ✆ 596191111, www.mnof.cz.

**Autoverleih** Am Flughafen sitzen u. a. **Hertz** (✆ 225345081, www.hertz.cz), **Sixt** (mobil ✆ 724536962, www.e-sixt.cz, gibt es auch im Zentrum, Peterkova 1) und **Budget** (✆ 597471196, www.budget.cz).

**Einkaufen** Shoppingcenter **Forum Nová Karolina** 27 mit 181 Läden, 2 Kinos, einem Fitnesscenter und 23 Cafés und Imbissen. Jantarová 4. Tram- und Bushaltestelle Karolina, Trollejbushaltestelle Karolina u Lávky.

**Vinný sklep U Mostu** 8, gute Beratung und große Auswahl an Weinen. 28. Říjná 572/4. Wer hier nicht fündig wird, kann es noch in der **Vinotéka** 6 an der Nádražní 45 versuchen.

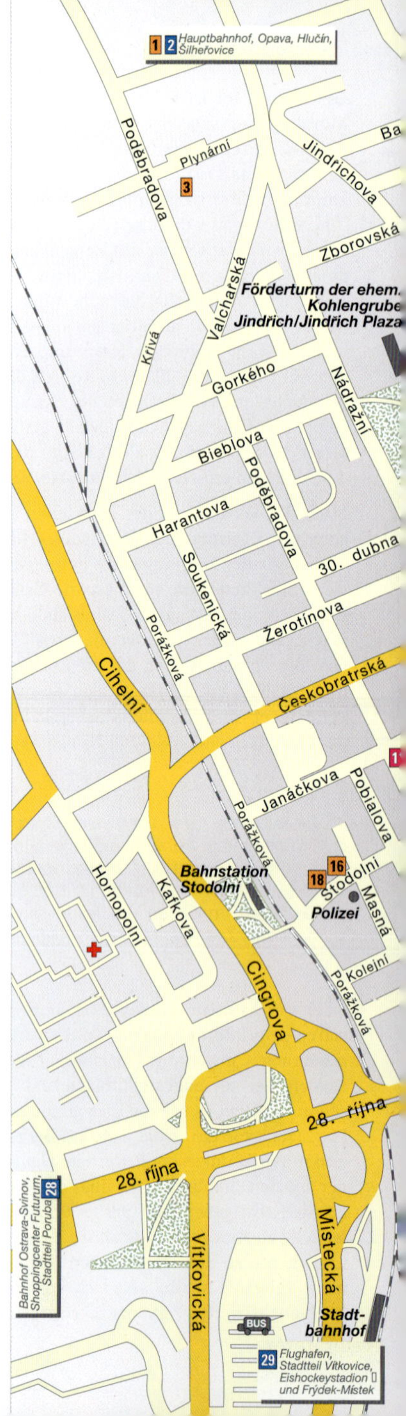

Landek Park
Zoo und Kohlengrube Michál
Fußball-stadion
Tiefgarage
Prokešovo nám.
Neues Rathaus
Jiří-Myron-Theater
Msg. Šrámka nám.
Erlöser-kirche
Polizei
Kaufhaus Prior Horník
Stadt-mus.
Masarykovo nám.
Jiráskovo nám.
Husovo nám.
Husův sad
Bezručův sad
ČSA-Büro
Kunst-galerie
Hotel Palace
Smetanovo nám.
Puppen-theater
Parkhaus
Messegelände
Antonín-Dvořák-Theater
Burg
Ostravice
Ostrava
100 m
Českobratrská
Sokolská tř.
Bohuminská
Frýdecká
Těšínská
Český Těšín
Na Karolíně
28. října
Nádražní
Havlíčkovo nábr.
Michálkovická
U Staré elektrárny
Zámostní
Keltičkova
Sýkorův most
Biskupská
Střelniční
Divadelní
Pivovarská
U Výstaviště
Vojanova
Žofinská
Puchmajerova
Tyršova
Jurečkova
Denisova
Hollarova
Poděbradova
Stodolní
Škroupova
Mlýnská
Chelčického
Zahradní
Milíčova
Poštovní
Reální
Zámecká
Ant. Macka
Dr. Šmerala
Matiční
Přívozská
Husova
Veleslavínova
30. dubna
Na Desátém
Bráfova
Herodova
Ostrčilova
Gregorova
Ženíškova
Slavíčkova
Verdunská
Blahoslavova
Sadová
Čs. legií
Zeyerova

Einkaufen
6 Vinotéka
8 Vinný sklep U Mostu
9 Hopsyk Zastavárna
26 Dům knihy
27 Forum Nová Karolina

Nachtleben
1 Klub Hudebr Mlejn
3 Fabric
13 Bastila
14 Koxovna
16 Boomerang
18 Café de la O
23 Club Marley

Essen & Trinken
4 Restaurace Pod Věží
7 Restaurace U Rady
10 Café 10
11 Moravská chalupa
12 Černá hvězda
15 Spolek
19 U zrzavé Mary
21 Comedor Mexicana
22 Pilsner Urquell Original Restaurant
25 Kavárna Elektra

Übernachten
2 Nikolas
5 Maria
17 Trio
20 Mamaison Imperial
24 Palác Elektra
28 Zámek Zábřeh
29 Veronika

**Hopsyk Zastavárna 9**, Trödel ohne Ende: Lampen, Bilder, Geschirr, Möbel und, und, und … Nádražní/Ecke Janáčkova.

**Dům knihy 26**, der angeblich größte Buchladen der Republik. Mit Café. Smetanovo nám 8.

**Parken** Gebührenpflichtige Tiefgarage am Prokešovo nám. beim Neuen Rathaus, Parkhaus beim Messegelände am Havlíčkovo nábř./Ecke Střelniční. Zudem großer gebührenpflichtiger Parkplatz an der Pivovarská.

## Übernachten/Camping

→ Karte S. 620/621

In der unteren Preisklasse sieht es miserabel aus.

**Hotels** **** **Zámek Zábřeh 28**, die stilvollste Unterkunft der Stadt, in einem ehemaligen Herrensitz. Mit Liebe restaurierte Zimmer, eingerichtet mit Antiquitäten und Repliken, fast alle mit alten Holzdecken. Gutes und gemütliches Restaurant, eigene Mikrobrauerei, Bierbad möglich. Im südwestlichen Stadtteil Zábřeh, vom Zentrum mit Ⓢ 2, 7 u. 13 zu erreichen (Station Karpatská). DZ ab 163 €. Ulice u Zámku 42, PLZ 70030, ✆ 554819411, www.zamek-zabreh.cz.

**** **Mamaison Imperial 20**, solides, restauriertes Hotel im Zentrum. 141 Zimmer auf 4-Sterne-Niveau, aber ohne persönliche Note. Hallenbad, Sauna, Brasserie und steriles Kneipenrestaurant. Vorrangig Geschäftsleute. Tiefgarage. EZ ab 65 €, DZ 120 €. Tyršova 6, PLZ 70138, ✆ 599099779, www.mamaison.com.

*** **Palác Elektra 24**, Aparthotel in zentraler Lage. Apartments mit 1–4 Schlafzimmern, alle mit Kitchenette. Solide ausgestattet, z. T. mit Holzböden. Für 2 Pers. 69 €. Umělecká 305/1, PLZ 70200, ✆ 595133644, www.palac-elektra.cz.

*** **Trio 17**, in einer Nebengasse der belebten Stodolní, etwas für Partypeople. Geschmacklose, aber saubere Zimmer über einem Oldies-Club. EZ 52 €, DZ 58 €. Pobialova 10, PLZ 70200, ✆ 596111247, www.hoteltrio.cz.

*** **Maria 5**, zentral, aber ruhig. Schönes historisches Gebäude, mit eigenem Parkplatz. Renovierte Zimmer neben altbackenen – vor dem Einchecken unbedingt anschauen! EZ je nach Ausstattung ab 44 €, DZ ab 54 €. Přívozská 23, PLZ 70200, ✆ 596110676, www.hotel-maria.cz.

*** **Nikolas 2**, anständiges Mittelklassehaus. Die Zimmer zur Straße sind wegen der Straßenbahn davor recht laut. Ansonsten aber in Ordnung. Breite Betten, Safe, Föhn. Hoteleigene Parkplätze ohne Aufpreis. Unter russischer Leitung. Freundliches Personal. EZ ab 38 €, DZ ab 53 €. Nádražní 124 (in Bahnhofsnähe), PLZ 70200, ✆ 596134002, www.nikolas.cz.

** **Veronika 29**, eine ordentliche Budgetadresse, ca. 10 Straßenbahnmin. abseits des Zentrums (von der Stodolní mit Ⓢ 2 zu erreichen, Haltestelle Mírové nám.). Saubere Zimmer mit privaten Bädern und TV. EZ 30 €, DZ 41 €. Mírové nám. 3 d (Ostrava-Vítkovice), PLZ 70300, ✆ 596664001, www.hotelveronika.cz.

**Camping** **Camping Jezero**, trostlose Wiese an einem Badesee mit Beach-Volleyball-Platz, Wasserski-Anlage, Tischtennis, Minigolf, Basketball- und Fußballfeld. Bei Hlučín, ca. 15 km nordwestlich von Ostrava, von der Straße 56 ausgeschildert. Juni–Sept. 2 Pers. mit Zelt u. Auto 8,70 €. Celní 12 a, PLZ 74801, ✆ 739706563 (mobil), www.sra-hlucin.cz.

## Essen & Trinken/Nachtleben

→ Karte S. 620/621

Das hiesige Bier nennt sich *Ostravar*, ausgeschenkt wird es vornehmlich in einfachen Pinten. Wer etwas auf sich hält, trinkt *Radegast*, das populäre Bier aus den Beskiden.

**Restaurants** **Restaurace Pod Věží 4**, im Komplex des Neuen Rathauses. Gediegene Lokalität im Art-déco-Stil, originalgetreu restauriert. Fein abgewandelte mährische Küche, kosten Sie die Wildpastete und danach das Filetsteak. Zuvorkommender Service, wenn auch nicht immer fremdsprachig. Hervorragende 4-Gänge-Menüs für 14 €, Hg. ab 3,90 €. Prokešovo nám. 8, ✆ 599443561.

### Stodolní ulice – eine Gasse, eine Party

In der Stodolní und ihren Seitengassen reiht sich Club an Bar, mittlerweile sind es rund 60 Locations. Am Wochenende ist hier die Hölle los. Selbst aus dem nahen Polen reist dann die Szene an, nicht zuletzt des billigeren Bieres wegen. Die „Straße, die niemals schläft", ist Kult, hat eine eigene Website (www.stodolni.cz), einen Fanclub und selbst eine eigene Bahnstation. Das Treiben ist bunt und billig (die meisten Clubs kosten keinen Eintritt), oft auch niveaulos, aber lustig und für jeden Geschmack offen. Es gibt Rockschuppen, jede Menge Irish Pubs, Technopartys, Clubs mit Go-go-Tanz, dazwischen Stripbars, rote Lichter und immer wieder Straßenstände, an denen bis spät in die Nacht Hühnerschenkel bräunen. Die Fluktuation der Locations ist enorm, und was heute in ist, kann bei Ihrem Besuch schon längst wieder out sein. Ein paar Anlaufpunkte:

**Boomerang 16**, Fr/Sa tanzt hier der Bär. Aufgedrehte Kids, Kicker, geniale Stimmung. Geschmackloses Ambiente. Stodolní 22.

**Café de la Ostrava 18**, kleiner gemütlicher DJ-Laden, nennt sich auch „Coffeeshop", und wirklich wird hier kräftig gekifft zu Reggae, Hip-Hop oder Jungle. Stodolní 28.

**Koxovna 14**, der Name kommt nicht von „Koksen", obwohl man sich bei einigen der ekstatisch Tanzenden durchaus fragen kann, woher sie nur die Energie haben. House- und Dance-Music. Stodolní 17.

**Bastila 13**, feucht-fröhliche Bar mit der Musik vergangener Zeiten, dementsprechend auch etwas älteres Publikum. Tagsüber ein netter Ort für ein Päuschen. Stodolní 7.

**Comedor Mexicana 21**, Restaurant mit Erlebnisgastronomie-Ambiente: dekoriert mit Sombreros, Pflanzen, Flickerlteppichen und einer Kutsche. Gutes Essen, das dem mexikanischen tatsächlich nahe kommt. Freundlicher, aber etwas lahmer Service. Hg. 4,50–12 €. Zámecká 20, ✆ 596208515.

**Moravská chalupa 11**, möchtegernrustikales, gehobeneres Lokal. Gute mährische Spezialitäten. Es gibt *Salate aus dem mährischen Bauernhaus*, Wachteln und Hirschkeule oder – als Imbiss – die innen helle und außen dunkelrote *Ostrauer Bratwurst*. Hg. 6,80–16 €. So geschl. Musorgského 9, ✆ 596124937.

**Pilsner Urquell Original Restaurant 22**, rustikales Restaurant mit rustikaler Küche. Die landesweite Kette enttäuscht selten. Mittlere Preisklasse, günstige Mittagsgerichte. So Ruhetag. Kolejní 2, ✆ 774023599 (mobil).

**Restaurace U Rady 7**, einfache Bierschwemme mit schwarzem Holzmobiliar und langer Theke. Mittagsküche mit Braten und Knödeln, abends kommen deftige Fleischberge auf den Teller, alles sehr günstig. Meist gerammelt voll. Im Sommer tischt man auf der Gasse davor auf. So erst ab 16 Uhr. Poštovní 16, ✆ 596110688.

**Kneipe U zrzavé Mary 19**, nennt sich zwar Irish Pub, ist aber alles andere als das. Recht punkige, verräucherte Musikkneipe, in der schon am Nachmittag kräftig gebecherovkat wird. Gegenüber der Kunstgalerie an der Jurečkova.

**Biergarten Spolek 15**, netter Biergarten unter alten Bäumen, wo auch Steaks gegrillt werden. Das dazugehörige Restaurant kann man ignorieren. Nádražní/Ecke Jurečkova.

**Cafés Kavárna Elektra 25**, ein stylisch-kühles Kaffeehaus in einem denkmalgeschützten Gebäude. Schon während der Ersten Republik gab es dieses Kaffeehaus, seit 2012 wieder. Nádražní 5.

**Černá hvězda 12**, trendiges Café in Rot-Schwarz. Interessant sind die in die Wand eingelassenen Fotoaufnahmen aus Ostrava. Gute Kuchen, kleine Snacks, frisch gepresster O-Saft, Cocktails. Stodolní 2.

**Café 10 10**, v. a. bei jungen Leuten sehr populäres, nettes Café im Kaffeehausformat. Im Sommer mit großer Terrasse. Jiráskovo nám 10.

Nordmähren → Karte S. 592/593

**Nachtleben/Clubs** → Kasten. 3 zusätzliche Tipps etwas außerhalb:

**Klub Hudební Bazar Mlejn** **1**, auf dem Gelände einer ehemaligen Mühle. Häufig Livekonzerte (Jazz, Rock, Blues etc.) mit witzigen lokalen Bands. Super Stimmung. Tägl. (außer So). Nádražní 138 A (in der Nähe des Hauptbahnhofs), www.mlejn.com.

**Fabric** **3**, in einer alten Fabrik. Viel Housepartys, aber auch regelmäßig Livekonzerte, Programm auf www.fabrik.cz. Nur Fr/Sa 21–5 Uhr, So nur, wenn Konzerte anstehen. Plynární 7 (Seitenstraße der Nádražní, auf halber Strecke zwischen Zentrum und Hauptbahnhof, hinter dem auffälligen Club Nashville). Zu erreichen mit Ⓢ 4, Haltestelle Plýnarní (Endstation).

**Club Marley** **23**, großräumiger Szenetreff beim Ausstellungsgelände (gleich hinter dem Puppentheater). Schräges junges Publikum, das gerne Drogen nimmt. Regelmäßig Partys. Černá louka.

## Sport & Freizeit/Kultur

**Eishockey** Der **HC Vítkovice Steel** (www.hc-vitkovice.cz) spielt in der modernen ČEZ Aréna im Stadtteil Zabřeh, vom Zentrum (Hotel Palace) mit Ⓢ 14 zu erreichen, Haltestelle ČEZ Aréna. Tickets erhält man in der Arena.

**Fußball** Der **FC Baník Ostrava** (www.fcb.cz) spielt im Stadion Bazaly, Bukovanského 4/1028, Stadtteil Slezská Ostrava, zu erreichen vom Husův sad mit den Trolleybussen Nr. 104, 108 o. 109 (Haltestelle Stadion Bazaly). Tickets erhält man im Stadion.

**Theater/Klassische Musik** Oper, Operette und Ballett u. a. im **Antonín-Dvořák-Theater** (Divadlo Antonína Dvořáka) am Smetanovo nám. und im **Jiří-Myron-Theater** (Divadlo Jiřího Myrona) an der Čs. legií 12 (hier Vorverkauf für beide Häuser, ✆ 596276203, www.ndm.cz).

**Veranstaltungen** Ende Mai–Mitte Juni lädt Ostrava zum **Janáčkův máj**, einem internationalen Festival der klassischen Musik (www.janackuvmaj.cz). Ende Juni findet im Městský stadion in Vítkovice bereits seit über 40 Jahren das **Zlatá treta** (Golden Spike, www.zlatatreta.cz) statt, ein international bedeutendes Leichtathletikmeeting, das im Weltranking noch vor Berlin oder Oslo steht. **Colours of Ostrava** heißt das Ethnomusikfestival Mitte Juli (www.colours.cz). Auf das internationale Folklorefestival **Folklore without Borders** (www.folklorbezhranic.cz) Mitte Aug. folgt – jedoch nur in ungeraden Jahren – **Spectaculo Interesse**, ein Puppentheaterfestival mit Teilnehmern aus mehreren Ländern Ende Sept./Anfang Okt. (www.dlo-ostrava.cz).

## Sehenswertes im Zentrum

Das Zentrum Ostravas bietet keine altertümlichen Gassen zum Schlendern, die historische Bausubstanz ist rar. Jedoch bemüht man sich, die wenigen noch erhaltenen prächtigen Häuserfassaden aus der Zeit um 1900 zu restaurieren. Dass die Stadt damals überaus wohlhabend war, bezeugen Bauten wie das neoklassizistische **Antonín-Dvořák-Theater** (1907) am Smetanovo náměstí oder die **Erlöserkirche** (Kostel Božského Spasitele, 1883–1889) im Stil der Neorenaissance. Dieser zweitgrößte Kirchenbau Mährens an der Čs. legii wurde 1996 zum Dom erhoben. Das Zentrum prägen auch mehrere funktionalistische und konstruktivistische Gebäude aus den 1920er und 1930er-Jahren. Das interessanteste Gebäude aus jener Epoche ist das **Neue Rathaus** (Nová Radnice) an der Sokolská nahe dem Fluss. Es sticht schon von weitem durch seinen 86 m hohen Turm aus Beton, Stahl und Glas ins Auge. Ganz oben befindet sich eine Aussichtsgalerie, ein Aufzug bringt Sie hinauf. Dort weist ein Plakat Ostrava als „Stadt im Grünen" aus, „in der 30 m² Grünfläche auf jeden Einwohner kommen".

**Aussichtsturm des Neuen Rathauses**, April–Okt. tägl. 9–19 Uhr, Nov.–März nur bis 17 Uhr. 1,80 €, erm. 1,50 €.

**Museen im Zentrum**: Zum Fundus der *Kunstgalerie* (Galerie výtvarného umění) im *Dům Umění* an der Jurečka 9 gehört die umfangreiche Kunstsammlung des Ostrauer Mäzens und Baumeisters František Jurečka. Sie bildet oft die Grundlage temporärer Ausstellungen zur tschechischen Malerei, Grafik und Bildhauerei des 19. und 20. Jh. Das *Stadtmuseum* (Ostravské Museum) im barocken Rathaus am Masarykovo náměstí beherbergt die *Venus von Landek,* eine kleine, ca. 23.000 Jahre alte Figur aus rötlichem Stein in Form eines weiblichen Torsos. Benannt ist sie nach ihrem Fundort, einem Hügel im Stadtteil Petřkovice.

**Kunstgalerie**, tägl. (außer Mo) 10–18 Uhr. 1,80 €, erm. die Hälfte. www.gvuo.cz. **Stadtmuseum**, Mo–Fr 9–17 Uhr, Sa 9–13 Uhr, So 13–17 Uhr. 2,20 €, erm. 1,80 €. www.ostrmuz.cz.

## Sehenswertes zwischen Abraumhalden und Zechen

Die Zechen, Gruben und Arbeitersiedlungen rund um den Stadtkern sind sehenswert und schockierend zugleich. Straßenbahn Nr. 2 bringt Sie z. B. in den Stadtteil Vítkovice, dabei kommt man am Industrieareal **Dolní oblasť Vítkovice** vorbei. Hier befanden sich die Witkowitzer Eisenhüttenwerke *(Vítkovické železárny)*, eine Stadt aus Stahl mit einer gigantischen Schornsteinansammlung heruntergekommener Kokereien und Hochöfen. Der Tiefbauschacht *Důl Hlubina* lieferte die Kohle zum Feuern, bis 1998 wurde hier noch gearbeitet. 2002 wurde das Gelände zu einem nationalen Denkmal erklärt, seit 2014 ist es Industriemuseum und kann besichtigt werden (dafür steigt man an der Haltestelle Vítkovice vysoké pece aus) – spannend! Der riesige Gasometer dient heute als Infozentrum, Galerie, Museum und Veranstaltungshalle. Die alte sog. „Energieschaltzentrale 6“ wurde zu einem interaktiven Technikmuseum aufbereitet, in dem man alles anfassen kann – weshalb es im Gebäude von Kindern nur so wimmelt. Am interessantesten aber sind die Führungen, bei denen man mit Schutzhelm die marode Eisenhütte durchstreunt und bis oben auf den Hochofen klettern kann.

Gasometer auf dem Areal Dolní oblasť Vítkovice

Nordmähren → Karte S. 592/593

Wer mit der Straßenbahn weiterfährt und am Mírové náměstí, dem „Friedensplatz", aussteigt, steht vor dem **Vítkovicer Rathaus** und inmitten einer Arbeitersiedlung aus unverputztem Ziegelstein im Stil der Wiener Industriearchitektur vom Ende des 19. Jh. – rund um Ostrava war so mancher Schüler Otto Wagners am Werke.

**Adresse/Öffnungszeiten**: **Dolní oblast Vítkovice**, Ruská 2993. Tägl. 10–18 Uhr. 7 €, erm. 4,80 €. Führungen (Dauer 100 Min., tägl. um 10, 12, 14 u. 16 Uhr) kosten 5,50 €, erm. 3,30 €. Hinweis: Das Industriemuseum befand sich 2014 noch im Aufbau. Es sollen weitere Touren erschlossen und dabei zusätzliche Fabrikanlagen eingebunden werden. Informationen unter www.dolni vitkovice.cz.

**Landek Park**: Die ehemalige „Anselmgrube" im Stadtteil Petřkovice (Ortsteil Landek), wo noch bis zu Beginn der 1990er-Jahre Kohle gefördert wurde, dient heute als *Bergbaumuseum* (Hornické muzeum). Die Ausstellung zur Geschichte des Bergbaus in der Villa des Direktors ist nicht allzu spektakulär, ein Erlebnis ist es jedoch, mit ehemaligen Kumpeln in den Schacht hinabzufahren. Das ist jedoch nur in Verbindung mit einer Führung möglich, die in deutscher Sprache im Voraus gebucht werden muss (✆ 602532414, mobil).

**Adresse/Öffnungszeiten**: Pod landekem, Ostrava-Petřkovice. Vom Zentrum (Stodolní) mit Ⓢ 12 bis Sad Boženy Němcové, weiter mit Ⓑ 34, 56, 68, 70 o. 72 bis Haltestelle Hornické muzeum, dann noch ca. 500 m zu Fuß (ausgeschildert). Ganzjährig tägl. 9–18 Uhr. Eintritt aufs Areal frei, Führung je nach Länge 3,20–5,50 €, erm. die Hälfte. www.landekpark.cz.

**Důl Michal (Kohlengrube Michal)**: Auch das Bergwerk Michal im Stadtteil Michálkovice kann besichtigt werden. Bis 1993 wurde hier noch gearbeitet. Gegründet wurde die Grube 1843, der technische Stand entspricht weitestgehend dem der ersten Hälfte des 20. Jh.

**Adresse/Öffnungszeiten**: Čs. armády 95/413. Zu erreichen vom Husův Sad mit Trolleybus Nr. 104 (bis Endstation fahren). April u. Okt. Sa/So Führungen um 9, 11, 13 u. 15 Uhr, Mai/Juni u. Sept. zu den gleichen Zeiten, jedoch tägl. (außer Mo), Juli/Aug. zusätzliche Führung um 17 Uhr. 2,90 €, erm. 1,80 €. www.dul-michal.cz.

**Hrad (Burg)**: Im 13. Jh. wurde die Burg am Zusammenfluss der Lučína mit der Ostravice zur Sicherung der mährisch-schlesischen Grenze erbaut und später mehrmals erweitert. Infolge des Untertageabbaus sackte sie im letzten Jahrhundert jedoch um rund 16 m ab. In der Anlage kann man eine Ausstellung zur Geschichte der Burg und der Stadt besuchen. Auch darf natürlich die obligatorische „Folterkammer" im Schlosskeller nicht fehlen.

**Wegbeschreibung/Öffnungszeiten**: Vom Ausstellungsgelände mit „Hrad" beschildert, ein recht netter, rund 10-minütiger Spaziergang. März–Mai tägl. (außer Mo) 11–16 Uhr, Juni–Aug. tägl. (außer Mo) 9–20 Uhr, Sept./Okt. u. Dez. tägl. (außer Mo) 10–18 Uhr, Nov. 10–16 Uhr. 2,90 €, erm. die Hälfte. www.cerna-louka.cz.

## Umgebung von Ostrava

Viel Schönes gibt es rund um Ostrava, den Mittelpunkt des weitläufigen, gut eine halbe Million Menschen zählenden Industriereviers, nicht zu entdecken. Der Kohleabbau und die Eisenhüttenwerke sowie die weiterverarbeitende Industrie prägten die Region über Jahrzehnte. Für die Arbeiter schufen die Kommunisten Wohnstädte aus der Retorte. Ein interessantes Beispiel sozialistischer Städteplanung der 1950er ist z. B. **Havířov** (16 km südöstlich von Ostrava), wo einst rund 100.000

Menschen lebten, heute jedoch ein Viertel weniger. Die einzigen Gruben, die in der Region noch in Betrieb sind, findet man in der 25 km östlich gelegenen 62.000-Einwohner-Stadt **Karviná.**

**Český Těšín und Cieszyn (Teschen)**: Die rund 35 km östlich von Ostrava gelegene Grenzstadt Český Těšín ist trostlos. Sie bietet sich jedoch für einen spannenden Ausflug ins Nachbarland an, ins polnische Cieszyn sind es nur ein paar Fußminuten. Teschen wurde 1920 geteilt, als sich Polen und die Tschechoslowakei nach langen Streitigkeiten darauf einigten, die Olše (Olza) als Grenzfluss zwischen beiden Ländern zu akzeptieren. Die Tschechen zogen den Kürzeren, denn die Polen bekamen die recht hübsche Altstadt.

Regelmäßig **Busse** und **Züge** nach Ostrava. Bahnhof und Busbahnhof 10 Gehmin. von der Grenze.

**Frýdek-Místek (Friedeck-Friedberg)**: Einst waren die rund 25 km südlich von Ostrava gelegenen Städte Friedeck und Friedberg durch die mährisch-schlesische Grenze getrennt, heute sind sie in einer Doppelstadt mit rund 57.000 Einwohnern vereint. Místek am westlichen Ufer der Ostravice ist der geschäftigere Stadtteil. Sehenswert ist er aber nicht. Auch Frýdek am anderen Ufer ist keine Perle, besitzt aber einen ruhigen, hübschen Platz (Zámecké náměstí) mit einem Brunnen, über den der Hl. Florian wacht. Drum herum findet man ein paar Restaurants. Auch steht am Platz das *Schloss*, das Wahrzeichen der Stadt. Einst gehörte es den Herren von Teschen, heute befindet sich darin u. a. das *Museum der Beskiden* (Muzeum Beskýd ve Frýdku) mit einer Ausstellung zu Volk, Flora und Fauna des Gebirgszugs und zur Stadtgeschichte. Auch erinnert man an die Dichter Petr Bezruč (1867–1958), der eine Zeit lang in Místek lebte und sich gegen die Ausbeutung der hiesigen Bergarbeiter einsetzte, und Erwin Goj (1905–1989), der unter dem Pseudonym Óndra Lysohorsky publizierte. Anfangs schrieb er auf Deutsch, später auf Lachianisch, einem tschechisch-polnischen Mischdialekt, der noch heute im Grenzgebiet vereinzelt gesprochen wird. Die Kommunisten bezichtigten ihn, polnische Irredentisten zu unterstützen, weswegen seine Gedichte ab 1958 nicht mehr verlegt werden durften.

**Verbindungen** Bahnhof auf der Frýdek-Seite, ca. 10 Gehmin. vom Schloss entfernt. Regelmäßig **Züge** nach Ostrava, bis zu 6-mal tägl. nach Valašské Meziříčí. Busbahnhof auf der Místek-Seite, gute **Busverbindungen** in die Beskiden und in alle größeren Städte Mährens. Beide Stadtteile verbinden die **Stadtbusse** Nr. 1, 2, 6, 9 u. 10.

**Öffnungszeiten** **Museum im Schloss**, Di–Fr 8–12 u. 12.30–16 Uhr, Sa/So 13–17 Uhr. Je nach Führung 0,70–1,50 €, erm. die Hälfte. www.muzeumbesky.com.

**Übernachten/Essen** **Hotel Silesia**, in Frýdek am Marktplatz. Altstadthaus mit 14 nett eingerichteten, komfortablen Zimmern, manche davon mit Balkendecken aus dem 18. Jh. Videoüberwachte Parkplätze. Angenehmes Restaurant. EZ 51 €, DZ 71 €. Zámecké námestí 1258–1259, PLZ 73801, ✆ 558631049, www.hotelsilesia.cz.

**Hukvaldy (Hochwald)**: Rund 10 km südwestlich von Frýdek-Místek liegt das hübsche Dorf Hukvaldy, ein beliebtes Ausflugsziel zu Füßen einer *Burgruine*. Es steht ganz im Zeichen des Komponisten Leoš Janáček (→ S. 532), der hier 1854 geboren wurde. In dem Häuschen, in dem er schließlich seinen Lebensabend verbrachte, befindet sich heute eine *Gedenkstätte* (Památník Leoše Janáčka). Das Innere wurde seit Janáčeks Tod 1928 kaum verändert, selbst das Stehpult, an dem er komponierte, wurde nicht verschoben. Im Freilichttheater auf der Burg (vom Dorf ca. 1,5 km bergauf, dem roten Wanderweg folgen) findet im Juni und Juli das Musikfestival *Janáčeks Hukvaldy* mit einer Vielzahl unterschiedlicher Veranstaltungen statt. Zuweilen röhren dann die Damhirsche aus dem benachbarten Wildpark dazu.

Nordmähren → Karte S. 592/593

**Verbindungen** Gute **Busverbindungen** nach Frýdek-Místek.

**Öffnungszeiten** **Burg**, April u. Okt. tägl. (außer Mo) 9–16 Uhr, Mai–Aug. tägl. (außer Mo) 9–18 Uhr, Sept. tägl. (außer Mo) 9–17 Uhr. 2,60 €, erm. 1,80 €. www.janackovy hukvaldy.cz.

**Leoš-Janáček-Gedenkstätte**, April u. Okt. tägl. (außer Mo) 10–16.30 Uhr, Mai u. Sept. tägl. (außer Mo) 10–17 Uhr, Juni–Aug. tägl. (außer Mo) 10–18 Uhr. 1,10 €, erm. die Hälfte. www.janacek-nadace.cz.

## Příbor

Freiberg

Příbor (8500 Einwohner) ist die charmante kleine Ausgabe von Nový Jičín (s. u.). Hier wurde am 6. Mai 1856 der Begründer der Psychoanalyse Sigmund Freud (eigentlich Sigismund Schlomo Freud) als Sohn eines jüdischen Wollhändlers geboren. In der Zámecnická 117 durchlebte er seine orale und anale Phase. 1860 siedelte die Familie nach Wien über. Über seine ersten Lebensjahre notierte Freud später: „Tief in mir überlagert, lebt noch immer fort das glückliche Freiberger Kind, der Erstgeborene einer jugendlichen Mutter, der in dieser Luft, auf diesem Boden seine ersten unauslöschlichen Eindrücke empfangen hat." 1938 emigrierte Freud vor den Nazis nach London, ein Jahr später starb er.

Erst seit dem Fall des Eisernen Vorhangs versucht man in Příbor die glückliche Tatsache, Freuds Geburtsstadt zu sein, werbeträchtig zu vermarkten. Man hat den Hauptplatz in Náměstí S. Freuda umbenannt, am Weg dorthin eine Büste des Psychologen aufgestellt und eine **Gedenkstätte** (Rodný Dům Sigmunda Freuda) in seinem Geburtshaus eröffnet. Auch im **Stadtmuseum** (Městské Muzeum) im frisch renovierten Piaristen-Kloster erweist man Freud heute die Reverenz.

**Verbindungen** Gute **Busverbindungen** nach Nový Jičín und Frýdek-Místek. **Züge** regelmäßig nach Štramberk und Kopřivnice.

**Öffnungszeiten** **Freud-Gedenkstätte**, vom Marktplatz beschildert. April–Sept. tägl. (außer Mo) 9–17 Uhr, sonst bis 16 Uhr. 1,50 €, erm. die Hälfte. www.freudmuzeum.cz.

In Příbor erblickte Sigmund Freud das Licht der Welt

**Stadtmuseum**, Lidická 50. Di u. Do 8–12 u. 13–16 Uhr, So 9–12 Uhr. 1,10 €, erm. die Hälfte.

**Übernachten** **Penzion Freudův Sen**, an der Straße nach Nový Jičín, ca. 5 Fußmin. vom Marktplatz entfernt. Ordentliche Teppichbodenzimmer mit Bad. Die Rezeption ist gleichzeitig eine Verkaufsstelle von „Freud-Souvenirs". Englischsprachig. DZ 36 €, Frühstück 3,30 € extra. Jičínská 543, PLZ 74258, ✆ 556722337, www.penzion-freuduv-sen.s-ubytovani.cz.

## Štramberk

Stramberg

Exakt 24 Straßen und Gassen besitzt das kleine Štramberk, eine der schönsten Ortschaften der Gegend und ein mehr als gut besuchtes Ausflugsziel. Die Häuser, darunter viele alte, aus ganzen Stämmen gezimmerte, klettern einen Hang hinauf, der von einem **Rundturm** gekrönt wird. Dieser war einst Teil einer Burganlage, die 1241 einem Angriff der Tataren standhielt, im 16. Jh. aber dem Verfall preisgegeben wurde. Vom Hauptplatz, der von steinernen Häusern im Volksbarockstil umgeben ist, führen steile Treppen zum Burgturm hinauf. Am Platz selbst, nahe der Pfarrkirche in Hausnr. 31, kann man das **Stadtmuseum** besuchen. Es zeigt eine kleine Sammlung an Funden aus dem Paläolithikum, die u. a. in der nahen **Šipka-Höhle** ausgegraben wurden, aber auch Zeichnungen von **Zdeněk Burian**. Burian (1905–1981) verbrachte seine Kindheit in Štramberk und machte sich durch Illustrationen von Abenteuerbüchern (u. a Jack London, Robert Louis Stevenson und Karl May) einen Namen. Er hinterließ ein Werk von 14.000 Zeichnungen.

Beim Infozentrum beginnt die Horní Bašta, eine der schönsten Gassen Štramberks. Vorbei geht es an hübschen Häuschen mit davor aufgestapelten Holzscheiten. Vor oder nach dem Spaziergang sollten Sie die *Štramberské uši* (Stramberger Ohren) kosten, ein lebkuchenartiges Gebäck. Am besten schmecken die „Ohren" mit Sahne gefüllt, man bekommt sie an jeder Ecke. Ihren Namen erhielt die hiesige Spezialität von einer schaurigen Sage: Demnach ließen die Tataren bei ihrem fluchtartigen Abzug 1241 Säcke voller Ohren zurück, die sie ihren Opfern abgeschnitten hatten.

**Information** **Městské informační centrum**, Zauličí 456, Okt.–März tägl. (außer Mo) 8.30–16 Uhr, sonst bis 17 Uhr. ✆ 558840619, www.stramberk.cz.

**Verbindungen** Regelmäßige **Busverbindungen** nach Kopřivnice und Nový Jičín. **Züge** regelmäßig über Kopřivnice nach Příbor.

**Öffnungszeiten** **Stadtmuseum**, Nov.–März tägl. (außer Mo) 9–16 Uhr, sonst bis 17 Uhr. 1,80 €, erm. 0,70 €. www.zdenekburian.cz.

**Burgturm**, April u. Okt. Di–Fr 9–17 Uhr, Sa/So 10–18 Uhr, Mai–Sept. tägl. 9–19 Uhr, Nov.–März 10–16 Uhr. 1,30 €, erm. 0,90 €. www.stramberskatruba.cz.

**Übernachten** **Jaroňkova Pekárna**, am Marktplatz. Café, Bäckerei (super Brot) und Pension in einem hübschen Bauernbarockhaus. Nur 2 nette Zimmer und 2 Apartments mit rustikaler Ausstattung. DZ 54 €, Apartment 62 €. Náměstí 7, PLZ 74266, ✆ 556808843, www.relaxvpodhuri.cz.

Nordmähren → Karte S. 592/593

**»» Unser Tipp:** *** **Hotel Roubenka**, im unteren Ortsbereich in sehr ruhiger Lage, ausgeschildert. Empfehlenswerter, mit Geschmack restaurierter alter Bauernhof. 8 freundliche, komfortable Zimmer, stilvolles ländliches Restaurant. Parken im Hof. EZ 32 €, DZ 66 €. Dolní 327, PLZ 74266, ✆ 556852566, www.roubenkahotel.cz. ««

**Essen & Trinken** **Městský Pivovar**, am Marktplatz. Urig-gemütliche Gaststätte, die zu mährischen Spezialitäten (Hg. 3–5 €) selbstgebrautes 12-gradiges Bier serviert. Schöne Sommerterrasse. ✆ 556813710.

**Kopřivnice (Nesseldorf)**: Die 22.500 Einwohner zählende Stadt liegt nur einen Katzensprung von Štramberk entfernt und ist doch eine andere Welt. Sie besteht aus zwei Teilen: den *TATRA-Werken* und den Arbeitersiedlungen aus sozialistischer Zeit. Die Geschichte der TATRA-Werke begann Mitte des 19. Jh. Damals gründete hier Ignaz Schustala die *Nesseldorfer Wagenfabrik*, die anfangs Kutschen und später auch Eisenbahnwaggons fertigte. Die erste Kutsche mit Motor wurde 1897 zusammengeschraubt und *Präsident* genannt – 14 Stunden brauchte man damit nach Wien! Der erste wirkliche Präsident, der einen TATRA (so hieß das Unternehmen ab 1921) bestellte, war Tomáš Garrigue Masaryk 1935. In sozialistischer Zeit wurden zwar die meisten TATRAs produziert, aber nur noch wenige Modelle entwickelt. Der 613, der 1974 auf den Markt kam, war die letzte wirkliche Neuentwicklung auf dem Pkw-Sektor, alles, was danach kam, nur noch Modellpflege. Nach der Wende stand TATRA mehrmals vor dem Aus. Mit dem niederländischen Lkw-Produzenten DAF (selbst zum Paccar-Konzern gehörend) fand man jedoch das nötige Geld und Know-how, um die Lkw-Sparte am Leben zu halten. Heute werden Allradtrucks produziert, zu den Abnehmern gehört v. a. weltweit das Militär. Die Pkw-Sparte soll künftig wiederbelebt werden, geplant ist der Bau von Retro-Autos für Liebhaber.

Im hiesigen *TATRA-Museum* (im Schatten des unübersehbaren TATRA-Hotels) kann man 76 verschiedene TATRA-Modelle aus allen Zeiten besichtigen – ein Erlebnis für Autofans. Ausgestellt sind neben den alten Klassikern auch kuriose Prototypen wie ein Kufenfahrzeug mit Propellerantrieb aus dem Jahr 1942 oder der schwarze 603er, mit dem die Politbonzen durchs Land kutschiert wurden – Fidel Castro besaß angesichts der kubanischen Hitze allerdings ein weißes Modell. Nach der Samtenen Revolution wollte man übrigens Václav Havel einen goldenen TATRA 700 schenken. Der lehnte jedoch dankend ab – schließlich war er viele Jahre seines Lebens aus TATRAs heraus bespitzelt worden ...

**Verbindungen** **Busse** regelmäßig nach Nový Jičín (über Štramberk), Příbor und Frenštát por Radhoštěm. **Züge** regelmäßig nach Štramberk und Příbor.

**Öffnungszeiten** **TATRA-Museum**, Mai–Sept. tägl. (außer Mo) 9–17 Uhr, sonst bis 16 Uhr. 4,30 €, erm. 2,90 €. www.tatramuzeum.cz.

# Nový Jičín

Neutitschein

**Nový Jičín ist eine überaus freundliche Stadt und ihr Marktplatz eine Augenweide. Große Attraktionen sind Mangelware, als angenehmer Standort für Ausflüge in die Beskiden ist Nový Jičín jedoch jederzeit zu empfehlen.**

Zentrum der 23.500-Einwohner-Stadt an der Jičínká (Titsch) ist der quadratische Masarykovo náměstí. Der Hauptplatz ist überaus malerisch, nicht zuletzt deswegen, weil er nicht wie in vielen anderen Städten als Parkplatz missbraucht wird. Umgeben ist er von alten Patrizierhäusern mit Laubengängen. Die meisten datieren aus der zweiten Hälfte des 18. Jh., ein Großbrand hatte 1773 nahezu den ge-

Nový Jičín ist ein überaus freundliches Städtchen

samten Altstadtkern verwüstet. Eines der wenigen Häuser am Platz, das dem Brand nicht zum Opfer fiel, ist die **Alte Post** (Stará pošta, Nr. 20), ein Renaissancebau mit zweistöckigen Arkaden aus dem Jahre 1563. 1813 übernachtete der russische Zar Alexander I. darin. Heute lädt im zweiten Stock das Café *Hudební Kavárna* auf eine Pause ein. Den Platz schmücken zudem gusseiserne Laternen und eine Mariensäule (1710). Vor dieser steht ein Brunnen mit einem kleinen, tanzenden Bauernpaar. Es ist das Werk des Bildhauers Franz Barwig (1868–1931) aus dem nahen Šenov (Schönau). Das Bauernpaar trägt die deutsche Kuhländertracht und erinnert an jene Zeit, als Neutitschein noch das Zentrum des sog. Kuhländchens (Kravařsko) war, einer deutschen Sprachinsel. Bis 1945 waren rund drei Viertel der Einwohner deutschsprachig.

Im alten **Schloss** der Herren von Žerotín, einem eher unspektakulären Bau südlich des Hauptplatzes, befindet sich heute u. a. ein **Hutmuseum** (Muzeum Novojičínska). Es zeigt Exemplare der 1799 gegründeten *Hückelschen Hutfabrik,* die bis heute unter dem Namen *Tonak* fortbesteht. Die mächtige **Mariä-Himmelfahrts-Kirche** (Farní chrám Nanebevzetí Panny Marie) östlich des Marktplatzes stammt aus der ersten Hälfte des 18. Jh. und besitzt einen markanten Turm. Leider ist sie meist verschlossen – schade, denn ihr barockes Inneres samt dem schönen Hauptaltar (1739) des Olmützer Künstlers Andreas Zahner ist sehenswert. **Starý Jičín** nennt sich schließlich die weithin sichtbare Burgruine auf einer bewaldeten Kuppe südwestlich der Stadt.

**Information** **Infocentrum**, im Besucherzentrum am Hauptplatz, das auch eine kleine Hutausstellung und einen Hutverkauf beherbergt. Masarykovo nám. 45/29, ✆ 556711888, www.icnj.cz. Mo–Fr 8–17 Uhr, Sa/So 9–16 Uhr.

**Verbindungen** Stadtbahnhof ca. 300 m nördlich des Hauptplatzes, den Busbahnhof passiert man auf dem Weg dahin. Regelmäßige **Züge** nur nach Suchdol, wo man auf Züge Richtung Prag und Ostrava umsteigen kann. Gute **Busverbindungen** in die größeren Orte der Beskiden und nach Ostrava.

Nordmähren → Karte S. 592/593

**Öffnungszeiten** Hutmuseum, April–Sept. Di–Fr 8–12 u. 13–17 Uhr, Sa/So 9–16 Uhr, Okt.–März Di–Fr 8–12 u. 13–16 Uhr, So 9–15 Uhr, Sa geschl. Stündl. Führungen zu 1,80 €, erm. 0,90 €. www.muzeumnj.cz. Burgruine Starý Jičín, März–Juni u. Sept./Okt. Sa/So 10–17 Uhr, Juli/Aug. tägl. 10–17 Uhr. 1,20 €, erm. die Hälfte. www.hradstaryjicin.cz.

Altstadtgasse in Nový Jičín

**Übernachten** Graphic Hotel **5**, etwa 500 m südwestlich des Hauptplatzes. Neueres Haus mit gepflegten Zimmern (lassen Sie sich aber keines direkt überm Restaurant andrehen). Eigene Parkplätze in der Nähe. DZ 51 €. Vrchlického 1516/2, PLZ 74101, ✆ 555506888, www.hotelnovyjicin.cz.

Penzion U Zvonu **1**, am Rande der Altstadt. 9 ordentliche, z. T. sehr geräumige Zimmer, manche mit Balkon. Freundliches, deutschsprachiges Personal. Parkplätze, Restaurant. EZ 36 €, DZ 50 €. Štefánikova 4, PLZ 74101, ✆ 603464806 (mobil), www.penzionuzvonu.cz.

Hotel Praha **3**, alter Stadtpalast in zentraler Lage nahe dem Marktplatz. Im prunkvollen Speisesaal (mit Möbeln aus sozialistischer Zeit) werden die mährischen Klassiker serviert, Hg. ab 7 €. Im ersten Stock unrestaurierte und teilrestaurierte Zimmer mit und ohne Bad (umfangreichere Sanierung geplant). DZ 36 €. Lidická 6, PLZ 74101, ✆ 730821490 (mobil), hotelpraha.nj@gmail.com.

Penzion U Holubů **2**, einfache Pension mit Restaurant. Teilweise Zimmer mit Etagenbad. DZ mit Bad 31 €. Kostelní 36, PLZ 74101, ✆ 556708131, www.penzionuholubu.infomorava.cz.

**Essen & Trinken** Steak House **4**, neben saftigen Rinderlappen (8,50–12 €) auch gute Vorspeisen wie Weinbergschnecken und Pastagerichte. Revoluční 6, ✆ 556706304.

## Umgebung von Nový Jičín

**Zámek Kunín (Schloss Kunevald)**: Folgt man der Straße 57 gen Norden, passiert man das unendliche Straßendorf Kunín und dabei das gleichnamige Barockschloss aus der ersten Hälfte des 18. Jh. Es wurde nach Plänen von Johann Lukas Hildebrandt erbaut, der auch das Schloss Belvedere in Wien entwarf. Gräfin Truchsess Zeil-Waldburg gründete in Kunín 1783 eine Landschule für arme Bauernkinder, die auch František Palacký (1798–1876), der große tschechische Historiker, besuchte. Die 60-minütige Führung durch das Schloss ist nicht sonderlich spannend, denn vom Originalinventar ist nicht mehr allzu viel erhalten. Die Bibliothek z. B. plünderten im Zweiten Weltkrieg die russischen Soldaten, nachdem ihnen das Klopapier ausgegangen war.

Verbindungen/Öffnungszeiten: Busse regelmäßig von und nach Nový Jičín. April u. Okt. nur Sa/So 9–16 Uhr, Mai–Sept. tägl. (außer Mo) 9–17 Uhr. 2,60 €, erm. 1,50 €. www.zamek.kunin.cz.

**Valašské Meziříčí (Walachisch-Meseritsch)**: Die 22.700-Einwohner-Stadt liegt 16 km südlich von Nový Jičín und nennt sich wegen ihres reichen Kulturlebens – man mag es kaum glauben – auch „wallachisches Athen“. Unauslöschliche Eindrücke

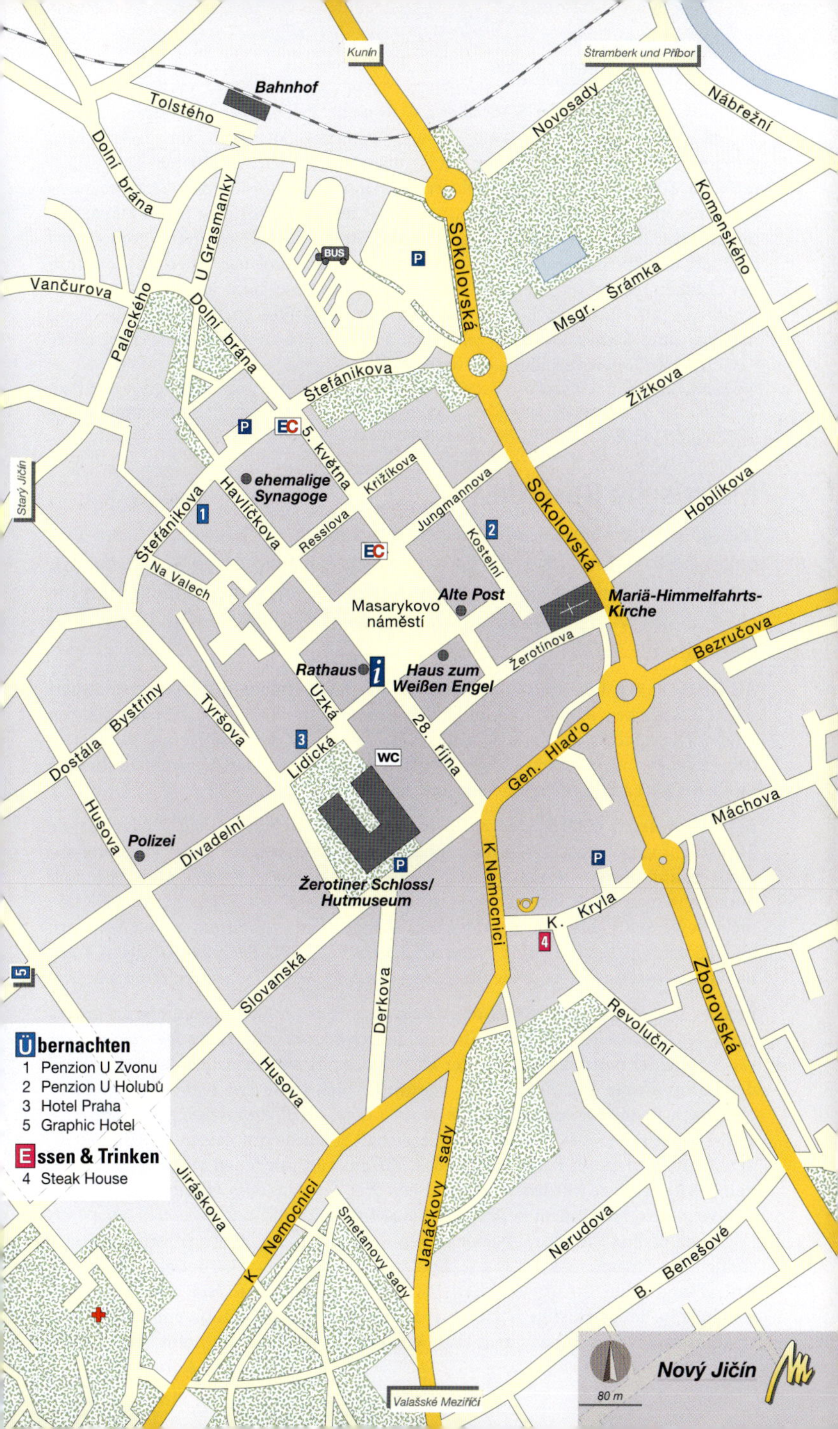
Kunín
Štramberk und Příbor
Bahnhof
Tolstého
Nábřežní
Novosady
Dolní brána
Komenského
U Grasmanky
BUS
P
Sokolovská
Vančurova
Palackého
Dolní brána
Msgr. Šrámka
Štefánikova
Žižkova
P
EC
5. května
Starý Jičín
ehemalige Synagoge
Křižkova
Jungmannova
Hoblíkova
Štefánikova
1
Havlíčkova
Resslova
2
Kostelní
Sokolovská
EC
Na Valech
Alte Post
Masarykovo náměstí
Mariä-Himmelfahrts-Kirche
Bezručova
Žerotínova
Rathaus
i
Haus zum Weißen Engel
Bystřiny
Úzká
28. října
Tyršova
3
Gen. Hlaďo
Dostála
Lidická
WC
Máchova
Husova
Polizei
Divadelní
P
P
Žerotiner Schloss/ Hutmuseum
K Nemocnici
K. Kryla
4
Slovanská
Derkova
Zborovská
5
Revoluční
Übernachten
1 Penzion U Zvonu
2 Penzion U Holubů
3 Hotel Praha
5 Graphic Hotel
Husova
Essen & Trinken
4 Steak House
Janáčkovy sady
Jiráskova
K Nemocnici
Smetanovy sady
Nerudova
B. Benešové
80 m
Nový Jičín
Valašské Meziříčí

hinterlässt der Besuch der Stadt aber i. d. R. nicht, lediglich der Marktplatz besitzt so etwas wie Charme. Um vom großen Kulturangebot etwas mitzubekommen, muss man die zwei Schlösser der Stadt aufsuchen: Im apricotfarbenen *Schloss Žerotín* (ca. 100 m vom Marktplatz entfernt), heute ein Kulturzentrum, finden zuweilen Konzerte und Ausstellungen statt, auch ist hier das städtische Infozentrum untergebracht. Im *Empireschloss Kinský* an der Straße nach Nový Jičín/Olomouc informiert das *Kreismuseum* (Okresní vlastivědné muzeum) u. a. über die Tradition der Glasherstellung und der Gobelinfertigung. Daneben steht eine typische *Beskidenkirche* mit Holzdach. Eine protestantische Holzkirche in Blockbauweise kann man im rund 5 km südöstlich gelegenen *Velká Lhota* nach Voranmeldung unter ✆ 571638007 (www.velkalhota.cz) besichtigen.

**Verbindungen/Öffnungszeiten**: Regelmäßig **Busse** nach Nový Jičín und Rožnov pod Radhoštěm, bis zu 8-mal tägl. nach Zlín. **Züge** regelmäßig nach Kroměříž. **Museum**, tägl. (außer Mo) 9–17 Uhr. 2,60 €, erm. die Hälfte. www.muzeumvalassko.cz.

## Mährische Beskiden

Moravskoslezské Beskydy

**Die mährischen Beskiden erstrecken sich südlich der Linie Nový Jičín –Frýdek-Místek – Třinec. Über das Gebirge wacht der heidnische Gott Radegast. Je mehr man sich der slowakischen Grenze nähert, desto schöner wird die Landschaft: Wälder und sattgrüne Bergwiesen überwiegen, Felder sind Mangelware.**

Als Beskiden wird die nördliche Kette der Karpaten entlang der polnisch-slowakischen Grenze bezeichnet. Nur ein kleiner Bruchteil des Gebirges ragt nach Mähren hinein. Der höchste Berg auf tschechischem Terrain ist der Lysá Hora (1323 m). Im letzten Jahrhundert hatten die waldreichen Höhen unter den Umweltbelastungen aus dem Ostrauer Kohlebecken extrem zu leiden.

Besiedelt wurden die Beskiden im 15. Jh. von den Walachen (→ S. 577), die hier die Schafzucht einführten. Deren traditionelle Holzhäuser wurden leider vielerorts abgerissen und durch zusammengeschraubte Modularbauten ersetzt. Doch hier und dort sieht man noch ihre schönen alten Holzkirchen. Im Winter (Schneeketten nicht vergessen!) laden die Beskiden zum Langlauf ein, im Sommer zum Wandern und Radfahren. 1160 km² sind Naturschutzgebiet (CHKO Beskydy). Übrigens kommen nur selten Ausländer in die Beskiden – ein paar Worte Tschechisch sind hilfreich.

**Rožnov pod Radhoštěm (Roschnau)**: Rožnov ist mit 17.000 Einwohnern die größte Stadt der Mährischen Beskiden. Sie liegt an sich reizvoll im Tal der Rožnovská Bečva, doch leider rauscht nicht nur der Fluss hindurch, sondern auch der Verkehr auf der Europastraße 442. Der Grund, warum jährlich rund eine halbe Million Besucher nach Rožnov kommen, ist das *Walachische Freilichtmuseum für Volksarchitektur* (Valašské muzeum v Přírodě). Bereits 1924 wurde mit dessen Aufbau begonnen, heute umfasst es rund 120 Objekte, die aus verschiedenen Dörfern der Beskiden hierher verlegt wurden. Es besteht aus drei Arealen: dem *Hölzernen Städtchen* (Dřevěné městečko), dem *Mühltal* (Mlýnská dolina) und dem *Walachischen Dorf* (Valašská dědina). Alle drei Areale liegen – wie auch das Zentrum von Rožnov – südlich des Flusses und der E 442. Das *Hölzerne Städtchen* ist der älteste Teil der Anlage und schließt östlich an das Zentrum von Rožnov an. Hier stehen rund 20 Gebäude, u. a. das einstige hölzerne Rathaus (18. Jh.) von Rožnov und eine stattliche Holzkirche (17. Jh.) aus dem Dorf Větřkovice u Příbora. In ihrem Schatten hat

Zünftig: Kneipe im Walachischen Freilichtmuseum

man einen kleinen Ehrenfriedhof angelegt, auf welchem Emil Zátopek (1922–2000, → Kasten) begraben liegt. Im *Mühltal* etwas weiter östlich (auf der gegenüberliegenden Straßenseite) gibt es eine Sägemühle und eine Hammerschmiede zu bestaunen. Das darüber liegende *Walachische Dorf* ist einer Hochlandsiedlung mit Schafzucht und Ackerbau nachempfunden. Neueste Attraktion ist der etwas abseits von allem stehende hölzerne *Aussichtsturm Jurkovičová rozhledna*, der nach Plänen des Architekten Dušan Jurkovič aus dem Jahr 1896 entworfen wurde. Egal wo, überall gibt es Slivovice und walachische Spezialitäten zu kosten, serviert von Buben oder Mädchen in walachischen Trachten und begleitet von folkloristischen Tanz- und Musikdarbietungen.

### Die „tschechische Lokomotive" Emil Zátopek

Emil Zátopek (geb. 1922 in Kopřivnice, gest. 2000 in Prag) war einer der erfolgreichsten Langstreckenläufer aller Zeiten. Auf der Fünf- und 30-Kilometer-Strecke stellte er zwischen 1949 und 1955 18 Weltrekorde auf, zudem holte er mehrmals Gold bei den Olympischen Spielen in London (1948) und Helsinki (1952). Sein eigentümlicher Laufstil – schnaufend, mit schmerzverzerrtem Gesicht und weit ausladenden Armen – brachte ihm den Beinamen „tschechische Lokomotive" ein. Während des Prager Frühlings forderte er einen Olympiaboykott für die UDSSR, daraufhin wurde er für fünf Jahre in die Uranminen von Jáchymov (→ S. 388) geschickt. Später bekam er eine Stelle als Müllmann in Prag – nicht selten klatschten Passanten Beifall, wenn sie ihn erkannten. Zátopeks Lebensgeschichte erzählt Jean Echenoz in dem Roman *Laufen* (Berlin Verlag).

Nordmähren → Karte S. 592/593

**Information** **Informační centrum**, Masarykovo nám. 131. Im Sommer Mo–Sa 8.30–18 Uhr, So 9–17 Uhr. Im Winter Mo–Fr 8.30–16 Uhr, Sa 9–12 Uhr. ✆ 571652444, www.roznov.cz.

**Verbindungen** **Busse** häufig nach Valašské Meziříčí, Horní und Dolní Bečva, bis zu 8-mal tägl. nach Velke Karlovice, 2-mal tägl. direkt nach Brünn.

**Öffnungszeiten** **Freilichtmuseum**, Mai/Juni u. Sept./Okt. tägl. (außer Mo) 9–17 Uhr, Juli/Aug. tägl. (außer Mo) 9–19 Uhr, im Winter 10–16 Uhr, im Nov. geschl. Ticket für alle Bereiche 7,30 €, erm. 5,50 €. www.vmp.cz.

**Radfahren** Von Mai–Sept. verkehren **Cyklobusse**, Infos unter www.valasskycyklobus.cz.

**Übernachten** Nur wenige empfehlenswerte Häuser; viele liegen dazu noch direkt an der E 442.

**** **Hotel Eroplán**, an der lauten E 442. 49 komfortable Zimmer und Apartments. Restaurant, Nachtclub mit Musikprogramm, das garantiert nicht jeden ansprechen wird. Relaxzentrum mit Sauna und Solarium, videoüberwachte Parkplätze. EZ 53 €, DZ 57 €. Horní Paseky 451, PLZ 75661, ✆ 571648014, www.hoteleroplan.cz.

**** **Hotel AGH**, nettes, kleines Komforthotel im ruhigen Zentrum (gut ausgeschildert). 23 gepflegte, farbenfrohe Zimmer und Apartments mit dem üblichen 4-Sterne-Schnickschnack, jedes etwas anders eingerichtet. Bar, Restaurant, kostenlose Parkplätze. EZ 53 €, DZ ab 69 €. Čechova 142, PLZ 75661, ✆ 571625666, www.hotel-agh.cz.

*** **Hotel Horal**, 18 klassische, sehr ordentliche Hotelzimmer und Apartments an der E 442. Gepflegtes Nichtraucherlokal, sichere Parkplätze. EZ 46 €, DZ 49 €, Apartment für 2 Pers. ab 80 €. Horní Paseky 1691, PLZ 75661, ✆ 571648343, www.horalhotel.cz.

**Camping** **** **Camping Rožnov**, am östlichen Ortsende Richtung Horní Bečva. Großer, bestens ausgestatteter 4-Sterne-Platz. Pool, Kinderspielplatz, Sportareal, Restaurant, Laden. Ganzjährig. 2 Pers. mit Zelt u. Auto 9,10 €, Chata für 2 Pers. ab 14,50 €. Radhoštská 940, PLZ 75661, ✆ 571648001, www.camproznov.cz.

**Essen & Trinken** Die oben aufgeführten Hotels verfügen über gepflegt-sterile Restaurants, die neben Carpaccio und Pasta auch einige „walachische Spezialitäten" (5–18 €) servieren. Noch ein Tipp im Abseits:

**Restaurant Písečná**, im nördlichen Vorort Dolní Paseky. Großes, luftiges Restaurant mit vielen Pflanzen. Gute regionale Küche der mittleren Preisklasse. Hin und wieder Livemusik. Von Valašské Meziříčí kommend, nach dem Busbahnhof die erste Straße (5. května) links ab. Stets der Vorfahrtsstraße folgen, bis das Lokal linker Hand auftaucht, Hradištko 1532, ✆ 571651218.

Heidengott Radegast grüßt im Rathaus von Frenštát pod Radhoštěm

**Frenštát pod Radhoštěm (Frankstadt) und Trojanovice:** Das Zentrum von Frenštát (11.000 Einwohner) gewinnt seit dem Abzug der Roten Armee und dem Zuzug von Siemens mehr und mehr an Farbe. Außer einem guten Campingplatz und der original *Radegast-Statue* vom Radhošť-Gipfel (s. u.) in der Rathaushalle hat das Städtchen aber wenig zu bieten. 3 km südlich liegt Trojanovice, ein ewig langes Straßendorf mit einigen Hotels und Pensionen, das irgendwann an einem großen Parkplatz endet. Dort befindet sich die Talstation des *Skiareals Pustevny,* des besten Skigebiets der Mährischen Beskiden. Hier stehen im Winter acht Schlepplifte und ein Sessellift für den alpinen Skisport zur Verfügung (mehr dazu unter www.pustevny.cz.). Der Sessellift ist auch den Sommer über in Betrieb und bringt Wanderer nach Pustevny (s. u.).

**Verbindungen** Von Frenštát pod Radhoštěm regelmäßige **Zugverbindungen** nach Frýdek-Místek und Ostrava, zudem **Busse** häufig nach Rožnov und Trojanovice, 3-mal tägl. nach Příbor.

**Übernachten/Camping/Essen** **Autokemp Frenštát pod Radhoštěm**, in Frenštát von der Straße nach Kopřivnice ausgeschildert. Neuer, gut gesicherter 4-Sterne-Platz, einer der gepflegtesten des Landes. Lagerfeuer- und überdachte Grillstellen, gute Sanitäranlagen. Freundliche Holzbungalows mit Bad. Vor dem Gelände befindet sich die für jedermann zugängliche Valašská Rychta, ein rustikales Restaurant mit zünftigem Biergarten und walachischen Schmankerln: *Halušky* in verschiedenen Varianten, Sauersuppe und diverse große Fleischlappen. Hg. 2,60–9,30 €. Nebenan ein Aquapark. 2 Pers. mit Zelt u. Auto 8,40 €, Chata für 2 Pers. 24 €. Dolní 1807, PLZ 74401, ✆ 556836624, www.autokemp-frenstat.cz.

*** **Hotel Na Dolině**, nahe Trojanovice, von der Straße nach Buzkovize ausgeschildert. Kleineres Haus mit 13 Zimmern. Charmantes Restaurant im traditionell-rustikalen Stil, Tennisplatz davor. EZ ab 45 €, DZ ab 60 €. Trojanovice 112, PLZ 74401, ✆ 605111715 (mobil), www.nadoline.cz.

**Pension Koliba Juřena a syn**, an der Straße zwischen Frenštát und Trojanovice. Gebäude im walachischen Stil. Drei 4-Bett-Zimmer, alle mit Bad. Rustikales Restaurant mit Grillspezialitäten vom offenen Feuer (So Ruhetag). Gepflegte Wiese drum herum, Parkplätze im Hof. Für 2 Pers. 24 €, Frühstück extra. Lomná 780, ✆ 603954410 (mobil), PLZ 74401, www.koliba-jurena.cz.

**Hinweis**: Die Straße von Trojanovice nach Pustevny ist für den Pkw-Verkehr gesperrt.

**Radhošť (Radhoscht) und Pustevny**: Der Radhošť (1129 m), zu dessen Füßen Rožnov (südlich) und Frenštát (nördlich) liegen, ist der mit Abstand bekannteste Berg der Mährischen Beskiden. Diese Tatsache verdankt er den vielen Sagen, die sich um ihn ranken. Früher sollen auf seinem Gipfel zur Sonnenwende Kultfeierlichkeiten zu Ehren des heidnischen Berg- und Fruchtbarkeitsgottes Radegast, gekoppelt mit Liebesritualen und Opferdarbietungen, veranstaltet worden sein. 1898 errichtete man auf dem Berg eine neobyzantinische Holzkapelle, die den Slawenaposteln Kyrill und Method geweiht wurde. Heute ist sie stets am 5. Juli Schauplatz einer Wallfahrt. Die Aussicht vom Berg ist herrlich, die nahen Sendemasten trüben die Idylle jedoch ein wenig. Auf den Radhošť gelangt man von Rožnov über einen ca. 7 km langen, rot markierten Wanderweg (Einstieg beim Campingplatz). Man kann aber auch mit dem Bus oder dem eigenen Fahrzeug über Horní Bečva nach Pustevny fahren, eine Häuseransammlung auf einem Bergsattel zu Füßen des Radhošť-Gipfels auf rund 1000 m Höhe, wo es allerdings nur kostenpflichtige und nur begrenzt Parkplätze gibt. Die ältesten Gebäude Pustevnys stammen aus den 1880ern – farbenfrohe, reich mit Schnitzwerk verzierte Holzhäuser (→ Essen & Trinken/Übernachten). Ein rund 4 km langer, blau markierter Wanderweg führt von Pustevny auf den Gipfel. Man passiert dabei die mächtige Statue des Heidengottes Radegast mit Stierkopf, Horn und Ente – leider ein Imitat. Das Original, das ein Gewittersturm zu Fall brachte, schuf Albín Polášek 1930; es steht heute im Rathaus von Frenštát (s. o.). Wer ein Fläschchen des hiesigen Biers mitbringt, kann mit Radegast mit *Radegast* anstoßen – vielleicht bewirkt das Wunder ... Das gute Bier kommt übrigens aus Nošovice bei Frýdek-Místek. Nach Pustevny gelangt man auch mit dem Sessellift von Trojanovice (s. o.).

Nordmähren → Karte S. 592/593

**Verbindungen** Bis zu 7-mal tägl. **Busse** von und nach Rožnov.

**Übernachten/Essen** »» Unser Tipp: **Maměnka a Libušín**, Hotel und Restaurant in grandioser Lage, nur einen Windzug unter dem Beskidenhimmel. Die 11 Zimmer verteilen sich auf 3 mit Liebe zum Detail restaurierte, innen wie außen reich dekorierte alte Holzhäuser. Wunderschön und komfortabel ausgestattet, traumhafte Bergblicke. Internationales Publikum. Dazu eine bildschöne Gaststube – ein beliebtes Ausflugsziel –, in der man lokale Spezialitäten wie Brinsennockerl mit Beskidenkäse und Speck oder walachische Krautsuppe serviert. Für das Gebotene preiswert. Frühzeitige Buchung empfehlenswert. DZ je nach Saison 50–69 €, am teuersten zur Skisaison. Pustevny, PLZ 75657, ✆ 736682289 (mobil), www.libusin-mamenka.cz. «««

**Velké Karlovice (Karlowitz)**: Rund 25 km sind es auf der Straße 481 von Rožnov ins südlicher gelegene Velke Karlovice – eine landschaftlich überaus reizvolle Strecke, teilweise fühlt man sich ans Alpenländle erinnert. Unterwegs passiert man das *Skiareal Soláň*, eines von mehreren Miniskigebieten der Gegend. Velke Karlovice selbst ist ein weit verstreutes Nest in einem grünen Tal, das zwar vom Tourismus lebt, aber nicht einzig allein davon geprägt wird. Den Ortskern bildet die 1754 erbaute *Holzkirche* im Bauernbarock. Gleich daneben liegt der Friedhof. Die Gräber sind mit Bildern der Verstorbenen versehen – deren Trachten vermitteln einen Eindruck von der alten regionalen Folklore. Schöne Ausblicke genießt man auf der Weiterfahrt gen Osten Richtung slowakische Grenze. Wechselt man dort auf die ebenfalls aussichtsreiche Straße 56, die gen Norden Richtung Frýdek-Místek führt, passiert man unterwegs den *Šance-Stausee*, ein Trinkwasserreservoir (Baden verboten!). Bei seiner Flutung verschwand das alte Zentrum des am See gelegenen Dorfes *Staré Hamry*.

**Information** **Informační centrum**, kleine Infostelle im Zentrum (mit Museum). ✆ 571444039, www.velkekarlovice.cz. Mai–Sept. tägl. 9–17 Uhr, im Winter 7.30–16 Uhr.

**Verbindungen** Gute **Busverbindungen** nach Vsetín, bis zu 8-mal tägl. nach Rožnov pod Radhoštěm.

**Übernachten/Camping** Die Touristeninformation verfügt über eine bebilderte Unterkunftsliste, meist handelt es sich um kleinere Privatunterkünfte und diverse Chatas. 2 Empfehlungen:

*** **Hotel Horal**, in Léskové (ca. 5 km östlich von Velké Karlovice). Recht komfortable Anlage mit hauseigener Sauna, kleinem Golfareal, Tennisplatz, Hochseilgarten etc. Die Zimmer sind auf mehrere Gebäude verteilt, besitzen Flatscreen-TVs und Minibar. DZ 62 €. Léskové 583, PLZ 75606, ✆ 571495500, www.valachy.cz.

»» Unser Tipp: **Badůrka**, kleine Ferienanlage etwas außerhalb des Dorfes, so idyllisch, dass man hier Wochen verbringen könnte. 6 im traditionellen Stil gebaute und liebevoll ausgestattete Holzhütten für 2–10 Pers., ideal für Familien. Jeweils mit komplett eingerichteter Küche und eigenem kleinen Garten. Extrem ruhig, hier nervt höchstens mal der Hahn. Keine Rezeption, nur im Voraus buchbar. Je nach Hütte und Saison 53–150 €/Nacht. Pluskovec, PLZ 75662, ✆ 605509939 (mobil), www.valasske-chalupy.cz. «««

**Autokempink Machůzky**, netter Platz zu Füßen eines Skihanges, große Wiese an einem Bach. Es werden auch Chatas vermietet, die in Reih und Glied stehen. Kiosk, einfache Sanitäranlagen. Ganzjährig. 2 Pers. mit Zelt u. Auto 4,70 €, Chata für 4 Pers. 19 €, mit eigener Toilette 25,50 €. 2 km östlich von Velké Karlovice an der Straße nach Makov, PLZ 75662, ✆ 571444522, www.machuzky.cz.

**Essen & Trinken** Achtung – es gibt kaum Restaurants vor Ort. Wer hier Urlaub macht, versorgt sich selbst oder wird in den Pensionen und Hotels bekocht! Eine gute Adresse ist:

**Hospoda Kyčerka**, etwas außerhalb des Dorfes in schöner Lage. Kuschelig-rustikale Bierstube im walachischen Neubau. Neben Sauersuppe, Apfelstrudel und interessanten Fischgerichten sind v. a. die Würste aus der hauseigenen Räucherei zu empfehlen. Hg. 4–10,50 €. Pluskovec 774, ✆ 739604179 (mobil).

Abruzzen • Ägypten • Algarve • Allgäu • Allgäuer Alpen • Altmühltal & Fränk. Seenland • Amsterdam • Andalusien • Andalusien • Apulien • Australien – der Osten • Auvergne & Limousin • Azoren • Bali & Lombok • Barcelona • Bayerischer Wald • Bayerischer Wald • Berlin • Bodensee • Bornholm • Bretagne • Brüssel • Budapest • Chalkidiki • Chiemgauer Alpen • Chios • Cilento • Comer See • Cornwall & Devon • Costa Brava • Costa de la Luz • Côte d'Azur • Cuba • Dolomiten – Südtirol Ost • Dominikanische Republik • Dresden • Dublin • Ecuador • Eifel • Elba • Elsass • Elsass • England • Fehmarn • Föhr & Amrum • Franken • Fränkische Schweiz • Fränkische Schweiz • Friaul-Julisch Venetien • Gardasee • Gardasee • Genferseeregion • Golf von Neapel • Gomera • Gran Canaria • Graubünden • Hamburg • Harz • Haute-Provence • Ibiza • Irland • Island • Istanbul • Istrien • Italien • Span. Jakobsweg • Kalabrien & Basilikata • Kanada – Atlantische Provinzen • Karpathos • Kärnten • Katalonien • Kefalonia & Ithaka • Köln • Kopenhagen • Korfu • Korsika • Korsika Fernwanderwege • Korsika • Kos • Krakau • Kreta • Kreta • Kroatische Inseln & Küstenstädte • Kykladen • Lago Maggiore • La Palma • La Palma • Languedoc-Roussillon • Lanzarote • Lesbos • Ligurien – Italienische Riviera, Genua, Cinque Terre • Ligurien & Cinque Terre • Limnos • Liparische Inseln • Lissabon & Umgebung • Lissabon • London • Lübeck • Madeira • Madeira • Madrid • Mainfranken • Mainz • Mallorca • Mallorca • Malta, Gozo, Comino • Marken • Mecklenburgische Seenplatte • Mecklenburg-Vorpommern • Menorca • Rund um Meran • Midi-Pyrénées • Mittel- und Süddalmatien • Montenegro • Moskau • München • Münchner Ausflugsberge • Naxos • Neuseeland • New York • Niederlande • Norddalmatien • Norderney • Nord- u. Mittelengland • Nord- u. Mittelgriechenland • Nordkroatien – Zagreb & Kvarner Bucht • Nördliche Sporaden – Skiathos, Skopelos, Alonnisos, Skyros • Nordportugal • Nordspanien • Normandie • Norwegen • Nürnberg, Fürth, Erlangen • Oberbayerische Seen • Oberitalien • Oberitalienische Seen • Odenwald mit Bergstraße, Darmstadt, Heidelberg • Ostfriesland & Ostfriesische Inseln • Ostseeküste – Mecklenburg-Vorpommern • Ostseeküste – von Lübeck bis Kiel • Östliche Allgäuer Alpen • Paris • Peloponnes • Pfalz • Pfälzer Wald • Piemont & Aostatal • Piemont • Polnische Ostseeküste • Portugal • Prag • Provence & Côte d'Azur • Provence • Rhodos • Rom • Rügen, Stralsund, Hiddensee • Rumänien • Sächsische Schweiz • Salzburg & Salzkammergut • Samos • Santorini • Sardinien • Sardinien • Schottland • Schwarzwald Mitte/Nord • Schwarzwald Süd • Shanghai • Sinai & Rotes Meer • Sizilien • Sizilien • Slowakei • Slowenien • Spanien • St. Petersburg • Steiermark • Südböhmen • Südengland • Südfrankreich • Südmarokko • Südnorwegen • Südschwarzwald • Südschweden • Südtirol • Südtoscana • Südwestfrankreich • Sylt • Teneriffa • Teneriffa • Tessin • Thassos & Samothraki • Toscana • Toscana • Tschechien • Türkei • Türkei – Lykische Küste • Türkei – Mittelmeerküste • Türkei – Südägäis • Türkische Riviera – Kappadokien • Umbrien • Usedom • Venedig • Venetien • Wachau, Wald- u. Weinviertel • Wales • Warschau • Westböhmen & Bäderdreieck • Westliche Allgäuer Alpen und Kleinwalsertal • Wien • Zakynthos • Zentrale Allgäuer Alpen • Zypern

Reisehandbuch MM-City MM-Wandern

# Etwas Tschechisch

## Aussprache

Grundsätzlich gilt, dass alle Vokale ohne Längenzeichen kurz gesprochen werden, alle mit gedehnt werden. Die Betonung liegt stets auf der ersten Silbe. **Hier nur die Abweichungen von der deutschen Aussprache:**

| | |
|---|---|
| á | langes A wie in Vater |
| é | langes Ä wie in Hände |
| C, c | wie Ts (nie wie K!) |
| d' | erweichtes D wie Dj |
| Ě, ě | wie Je, erweicht zudem vorangehendes D, T und N |
| H, h | wenn es zwischen zwei Vokalen steht, wie das deutsche H, ansonsten wird es zum Teil leicht angehaucht ausgesprochen, also fast wie unser Ch |
| í, ý | langes I wie in Liebe |
| ch | wie das Ch in Ach |
| K, k | K, unbehaucht |
| Ň, ň | erweichtes N wie Nj in Sonja |
| ó | langes O wie in Mode |
| R, r | gerolltes R |
| Ř, ř | in etwa Rsch |
| S, s | wie Ss |
| Š, š | wie Sch |
| t' | erweichtes T wie Tj |
| ů, ú | langes U |
| V, v | wie W |
| Z, z | stimmhaftes S (nie Tz) |
| Ž, ž | wie J in Journal |

## Grundlegende Wörter und Sätze

| | |
|---|---|
| Ano/Ne | *Ja/Nein* |
| Děkuju/Prosím | *Danke/Bitte* |
| Pardon, promiňte | *Entschuldigung* |
| Ahoj | *Hallo/Tschüs* |
| Na shledanou | *Auf Wiedersehen* |
| Dobré jitro | *Guten Morgen* |
| Dobrý den | *Guten Tag* |
| Dobrý večer | *Guten Abend* |
| Dobrou noc | Gute Nacht |
| Jak se máte? | *Wie geht es Ihnen?* |
| Prosím vás, můžete mi pomoci? | *Können Sie mir bitte helfen?* |
| Máte …? | *Haben Sie …?* |
| Kolik je hodin? | *Wie viel Uhr ist es?* |
| Pomoc! | *Hilfe!* |
| Velké/Malé | *groß/klein* |
| Dobře/Špatně | *gut/schlecht* |
| S/Bez | *mit/ohne* |

# Unterwegs

### Ortsbezeichnungen

| | |
|---|---|
| Nádraží | *Bahnhof* |
| Zámek | *Schloss* |
| Ulice | *Straße/Gasse* |
| Třída | *Boulevard* |
| Náměstí | *Platz* |
| Klášter | *Kloster* |
| Hrad | *Burg* |
| Zahrada | *Garten* |
| Kostel | *Kirche* |
| Banka | *Bank* |
| Směnárna | *Wechselstube* |
| Nemocnice | *Krankenhaus* |
| Most | *Brücke* |
| Starožitnictví | *Antiquitätengeschäft* |
| Knihkupectví | *Buchhandlung* |
| Lékárna | *Apotheke* |
| Lahůdky | *Feinkostladen* |
| Obchodní dům | *Kaufhaus* |
| Potraviny | *Lebensmittelgeschäft* |
| Trh | *Markt* |
| Pošta | *Postamt* |
| Cestovní kancelář | *Reisebüro* |

### Zur Orientierung

| | |
|---|---|
| Kde je …? | *Wo ist …?* |
| Jak je to daleko? | *Wie weit ist das?* |
| Jak se dostanu k …? | *Wie komme ich zu …?* |
| Kdy? | *Wann?* |
| Nalevo | *Links* |
| Napravo | *Rechts* |
| Rovně | *Geradeaus* |
| Autobusem | *Mit dem Bus* |
| Vlakem | *Mit dem Zug* |
| Příjezd/Odjezd | *Ankunft/Abfahrt* |
| Musím přestupovat? | *Muss ich umsteigen?* |
| Musím mít místenku? | *Muss ich reservieren?* |
| Autem | *Mit dem Auto* |
| Pěšky | *Zu Fuß* |
| Taxíkem | *Mit dem Taxi* |
| Jízdenka | *Fahrkarte* |
| Autobusová stanice | *Busbahnhof* |

### Mit dem Auto unterwegs

| | |
|---|---|
| Měl/-a jsem poruchu | *Ich habe eine Panne* |
| Můžete se na to podívat? | *Können Sie mal nachsehen?* |
| Je tady někde blízko autoopravna? | *Wo ist hier in der Nähe eine Werkstatt?* |
| Stala se nehoda | *Es ist ein Unfall passiert* |
| Zavolejte prosím rychle policii | *Rufen Sie bitte schnell die Polizei* |
| Plnou prosím | *Voll tanken, bitte* |

### Verständigung

| | |
|---|---|
| Rozumím | *Ich verstehe* |
| Nerozumím | *Ich verstehe nicht* |
| Co? | *Was?* |
| Mluvíte anglicky /německy? | *Sprechen Sie Englisch/ Deutsch?* |
| Mluvím jen málo … | *Ich spreche nur wenig …* |
| Jak se to řekne česky? | *Wie sagt man das auf Tschechisch?* |
| Jmenuji se … | *Ich heiße …* |

# Hinweise

| | |
|---|---|
| Vchod | *Eingang* |
| Východ | *Ausgang* |
| Záchod | *Toilette* |
| Muži | *Männer* |
| Ženy | *Frauen* |
| Otevřeno/Zavřeno | *Offen/Geschlossen* |
| Pozor! | *Gefahr!* |
| Policie | *Polizei* |
| Kouření zakázáno | *Rauchen verboten* |
| Koupání zakázáno | *Baden verboten* |
| Vstup zakázán | *Eintritt verboten* |

## Zahlen

| | | | | | |
|---|---|---|---|---|---|
| Jeden | 1 | Čtrnáct | 14 | Osmdesát | 80 |
| Dva | 2 | Patnáct | 15 | Devadesát | 90 |
| Tři | 3 | Šestnáct | 16 | Sto | 100 |
| Čtyři | 4 | Sedmnáct | 17 | Sto jedna | 101 |
| Pět | 5 | Osmnáct | 18 | Dvě stě | 200 |
| Šest | 6 | Devatenáct | 19 | Tři sta | 300 |
| Sedm | 7 | Dvacet | 20 | Čtyři sta | 400 |
| Osm | 8 | Dvacetjedna | 21 | Pět set | 500 |
| Devět | 9 | Třicet | 30 | Šest set | 600 |
| Deset | 10 | Čtyřicet | 40 | Sedm set | 700 |
| Jedenáct | 11 | Padesát | 50 | Osm set | 800 |
| Dvanáct | 12 | Šedesát | 60 | Devět set | 900 |
| Třináct | 13 | Sedmdesát | 70 | Tisíc | 1000 |

## Wochentage

| | |
|---|---|
| Pondělí | *Montag* |
| Úterý | *Dienstag* |
| Středa | *Mittwoch* |
| Čtvrtek | *Donnerstag* |
| Pátek | *Freitag* |
| Sobota | *Samstag* |
| Neděle | *Sonntag* |

## Monatsnamen

| | |
|---|---|
| Leden | *Januar* |
| Únor | *Februar* |
| Březen | *März* |
| Duben | *April* |
| Květen | *Mai* |
| Červen | *Juni* |
| Červenec | *Juli* |
| Srpen | *August* |
| Září | *September* |
| Říjen | *Oktober* |
| Listopad | *November* |
| Prosinec | *Dezember* |

## Übernachten

| | |
|---|---|
| Můžete mi prosím doporučit nějaký dobrý hotel? | *Können Sie mir bitte ein gutes Hotel empfehlen?* |
| Máte ještě volné pokoje? | *Haben Sie noch Zimmer frei?* |
| Jednolůžkový | *Einzelzimmer* |
| Dvoulůžkový | *Doppelzimmer* |
| Se sprchou/s koupelnou | *Mit Dusche/Bad* |
| Na jednu noc | *Für eine Nacht* |
| Kolik stojí pokoj se snídaní? | *Was kostet ein Zimmer mit Frühstück?* |
| Máme bohužel všechno obsazené | *Wir sind leider voll belegt.* |
| Mám reservaci | *Ich habe reserviert* |
| Nosič | *Portier* |
| Klíč | *Schlüssel* |

# Essen und Trinken

### Allgemein

| | |
|---|---|
| Kde je tady nějaká dobrá restaurace? | *Wo gibt es hier ein gutes Restaurant?* |
| Dobrou chuť | *Guten Appetit* |
| Na zdraví! | *Prost!* |
| Jsou tyto místa volná? | *Sind diese Plätze frei?* |
| To jsem si neobjednal/-a | *Das habe ich nicht bestellt* |
| Nejím maso | *Ich esse kein Fleisch* |
| Zaplatím prosím | *Die Rechnung bitte* |
| Snídaně | *Frühstück* |
| Oběd/večeře | *Mittag-/Abendessen* |
| Bylo to výborné | *Das Essen war ausgezeichnet* |

### Frühstück

| | |
|---|---|
| Chléb | *Brot* |
| Houska | *Rundes Brötchen* |
| Rohlík | *Längliches Brötchen* |
| Máslo | *Butter* |
| Vejce | *Eier* |
| Vajíčko na měkko | *Weiches Ei* |
| Míchaná vejce | *Rühreier* |
| Vejce na slanině | *Eier mit Speck* |
| Med | *Honig* |
| Džem | *Marmelade* |
| Šunka | *Schinken* |
| Salám | *Wurst* |
| Sýr | *Käse* |
| Uzený sýr | *Räucherkäse* |
| Cukr | *Zucker* |
| Sůl | *Salz* |
| Pepř | *Pfeffer* |

### Getränke

| | |
|---|---|
| Pivo | *Bier* |
| Budvar | *Budweiser* |
| Plzeňský prazdroj | *Pilsner Urquell* |
| Černé pivo | *Dunkles Bier* |
| Nealkoholické pivo | *Alkoholfreies Bier* |
| Bílé víno | *Weißwein* |
| Ryzlink | *Riesling* |
| Červené víno | *Rotwein* |
| Frankovka | *Blaufränkischer (trockener, beliebter Rotwein)* |
| Svařené vino | *Glühwein* |
| Džus | *Saft* |
| Minerální voda | *Mineralwasser* |
| Čaj | *Tee* |
| Káva | *Kaffee* |
| Káva překapávaná | *Filterkaffee* |
| Černá káva | *Schwarzer Kaffee* |
| Bílá káva | *Kaffee mit Milch* |
| Káva bez kofeinu | *Koffeinfreier Kaffee* |
| Vídeňská káva | *Wiener Kaffee (mit Sahnehaube)* |
| Mléko | *Milch* |
| Čokoláda | *Schokolade* |

### Zum Auftakt

| | |
|---|---|
| Předkrmy | *Vorspeisen* |
| Pražská šunka | *Prager Schinken* |
| Polévka | *Suppe* |
| Bramborová polévka | *Kartoffelsuppe* |
| Čočková | *Linsensuppe* |
| Hovězí vývar | *Rinderbrühe* |
| Žampionový krém | *Champignoncreme-suppe* |
| Hrachová | *Erbsensuppe* |
| Rajská | *Tomatensuppe* |
| Zeleninová | *Gemüsesuppe* |

### Das Beste zum Bier

| | |
|---|---|
| Nabídka dne | *Tagesgericht* |
| Hlavní jídlo | *Hauptgericht* |
| Maso | *Fleisch* |
| Vepřové | *Schweinefleisch* |
| Vepřový řízek | *Schweineschnitzel* |
| Vepřový steak | *Schweinesteak* |

| | |
|---|---|
| Kotleta | *Kotelett* |
| Žebírko | *Rippchen* |
| Uzená krkovice | *Rauchfleisch* |
| Hovězí | *Rindfleisch* |
| Telecí | *Kalbfleisch* |
| Guláš | *Gulasch* |
| Svíčková neobjednal/-a | *Lendenbraten mit Sahnesoße* |
| Španělský ptáček | *Gefüllte Rinderroulade* |
| Sekaná | *Hackbraten* |
| Biftek | *Beefsteak* |
| Skopové | *Lammfleisch* |
| Játra | *Leber* |
| Ledvinky | *Nieren* |
| Jazyk | *Zunge* |
| Kuře | *Hähnchen* |
| Kachna | *Ente* |
| Pečená husa | *Gänsebraten* |
| Ryby | *Fisch* |
| Pstruh | *Forelle* |
| Kapr | *Karpfen* |
| Zavináč | *Hering* |
| Tuňák | *Tunfisch* |
| Krevety | *Krabben* |
| Na roštu | *gegrillt* |

### Und dazu

| | |
|---|---|
| Přílohy | *Beilagen* |
| Houskové knedlíky | *Semmelknödel* |
| Špekové knedlíky | *Speckknödel* |
| Bramborové knedlíky | *Kartoffelknödel* |
| Brambory | *Kartoffeln* |
| Bramborový salát | *Kartoffelsalat* |
| Hranolky | *Pommes frites* |
| Rýže | *Reis* |
| Zelí | *Sauerkraut* |
| Červené zelí | *Rotkraut* |
| Špenát | *Spinat* |
| Zelenina | *Gemüse* |
| Cibule | *Zwiebeln* |
| Česnek | *Knoblauch* |
| Fazole | *Bohnen* |
| Hrášek | *Erbsen* |
| Květák | *Blumenkohl* |
| Mrkev | *Karotten* |
| Chřest | *Spargel* |
| Houby | *Pilze* |
| Salát | *Salat* |
| Okurka | *Gurke* |
| Rajčata | *Tomaten* |
| Ocet | *Essig* |
| Tatarská omáčka | *Remouladensoße* |

### Zum Abschluss

| | |
|---|---|
| Zákusky | *Nachspeisen* |
| Kompot | *Kompott* |
| Zmrzlina | *Speiseeis* |
| Ovocné knedlíky | *Obstknödel* |
| Palačinky | *Palatschinke* |
| Vdolečky se šlehačkou | *böhmisches Hefegebäck mit Sahne* |
| Sýrový talíř | *Käseplatte* |
| Dort | *Kuchen* |

### Zwischendurch

| | |
|---|---|
| Chlebíček | *Belegtes Brötchen* |
| Pečivo | *Gebäck* |
| Klobásy | *Würste* |
| Párek | *Würstchen* |
| Slanina | *Speck* |
| Hořčice | *Senf* |
| Oříšky | *Erdnüsse* |

### Obst

| | |
|---|---|
| Ovoce | *Obst* |
| Banán | *Banane* |
| Hrozny | *Weintrauben* |
| Hruška | *Birne* |
| Jablko | *Apfel* |
| Jahody | *Erdbeeren* |
| Maliny | *Himbeeren* |
| Pomeranč | *Orange* |

# MM-Wandern

informativ und punktgenau durch GPS

- für Familien, Einsteiger und Fortgeschrittene
- ausklappbare Übersichtskarte für die Anfahrt
- genaue Weg-Zeit-Höhen-Diagramme
- GPS-kartierte Touren (inkl. Download-Option für GPS-Tracks)
- Ausschnittswanderkarten mit Wegpunkten
- Konkretes zu Wetter, Ausrüstung und Einkehr

**Übrigens:**
Unsere Wanderführer gibt es auch als App für iPhone™, WindowsPhone™ und Android™

- Allgäuer Alpen
- Andalusien
- Bayerischer Wald
- Chiemgauer Alpen
- Eifel
- Elsass
- Fränkische Schweiz
- Gardasee
- Gomera
- Korsika
- Korsika Fernwanderwege
- Kreta
- La Palma
- Ligurien
- Madeira
- Mallorca
- Münchner Ausflugsberge
- Östliche Allgäuer Alpen
- Pfälzerwald
- Piemont
- Provence
- Rund um Meran
- Sächsische Schweiz
- Sardinien
- Schwarzwald Mitte/Nord
- Schwarzwald Süd
- Sizilien
- Spanischer Jakobsweg
- Teneriffa
- Toscana
- Westliche Allgäuer Alpen
- Zentrale Allgäuer Alpen

NOTIZEN

NOTIZEN

NOTIZEN

# Register

Blühende Landschaften

## Register Prag

## Was haben Sie entdeckt?

Haben Sie ein romantisches Hotel gefunden, eine urige Pivnice oder einen schönen Wanderweg? Wenn Sie Ergänzungen, Verbesserungen oder neue Tipps zum Buch haben, lassen Sie es uns bitte wissen. Auch für Kritik sind wir dankbar!

**Schreiben Sie an:** Michael Bussmann und Gabriele Tröger, Stichwort „Tschechien"
c/o Michael Müller Verlag GmbH | Gerberei 19, D – 91054 Erlangen
michael.bussmann@michael-mueller-verlag.de

Die in diesem Reisebuch enthaltenen Informationen wurden von den Autoren en nach bestem Wissen erstellt und von ihnen und dem Verlag mit größtmöglicher Sorgfalt überprüft. Dennoch sind, wie wir im Sinne des Produkthaftungsrechts betonen müssen, inhaltliche Fehler nicht mit letzter Gewissheit auszuschließen. Daher erfolgen die Angaben ohne jegliche Verpflichtung oder Garantie der Autoren bzw. des Verlags. Autoren und Verlag übernehmen keinerlei Verantwortung bzw. Haftung für mögliche Unstimmigkeiten. Wir bitten um Verständnis und sind jederzeit für Anregungen und Verbesserungsvorschläge dankbar.

ISBN 978-3-89953-835-9

© Copyright Michael Müller Verlag GmbH, Erlangen 2005–2015. Alle Rechte vorbehalten. Alle Angaben ohne Gewähr. Druck: Druckerei Hofmann, Nürnberg.

Aktuelle Infos zu unseren Titeln, Hintergrundgeschichten zu unseren Reisezielen sowie brandneue Tipps erhalten Sie in unserem regelmäßig erscheinenden Newsletter, den Sie im Internet unter **www.michael-mueller-verlag.de** kostenlos abonnieren können.

## Klimaschutz geht uns alle an.

Der Michael Müller Verlag verweist in seinen Reiseführern auf Betriebe, die regionale und nachhaltig erzeugte Produkte bevorzugen. Ab Januar 2015 gehen wir noch einen großen Schritt weiter und produzieren unsere Bücher klimaneutral. Dies bedeutet: Alle Treibhausgasemissionen, die bei der Produktion der Bücher entstehen, werden durch die Ausgleichszahlung an ein Klimaprojekt von myclimate kompensiert.

Der Michael Müller Verlag unterstützt das Projekt »Kommunales Wiederaufforsten in Nicaragua«. Bis Ende 2016 wird der Verlag in einem 7 ha großen Gebiet (entspricht ca. 10 Fußballfeldern) die Wiederaufforstung ermöglichen. Dadurch werden nicht nur dauerhaft über 2.000 t $CO_2$ gebunden. Vielmehr werden auch die Lebensbedingungen der lokalen Bevölkerung deutlich verbessert.

In diesem Projekt arbeiten kleinbäuerliche Familien zusammen und forsten ungenutzte Teile ihres Landes wieder auf. Eine vergrößerte Waldfläche wird Wasser durch die trockene Jahreszeit speichern und Überschwemmungen in der Regenzeit minimieren. Bodenerosion wird vorgebeugt, die Erde bleibt fruchtbarer. Mehr über das Projekt unter **www.myclimate.org**

myclimate ist einer der weltweit führenden Anbieter im Bereich der freiwilligen $CO_2$-Kompensation. myclimate Klimaschutzprojekte erfüllen höchste Qualitätsstandards und vermeiden Treibhausgase, indem fossile Treibstoffe durch alternative Energiequellen ersetzt werden. Das Projekt »Kommunales Wiederaufforsten in Nicaragua« ist zertifiziert von Plan Vivo, einer gemeinnützigen Stiftung, die schon seit über 20 Jahren im Bereich Walderhalt und Wiederaufforstung tätig ist und für höchste Qualitätsstandards sorgt.

**www.michael-mueller-verlag.de/klima**